W. Sturm · M. Herrmann · C.-W. Wallesch

Lehrbuch der Klinischen Neuropsychologie

W. Sturm   M. Herrmann   C.-W. Wallesch

Lehrbuch der Klinischen Neuropsychologie

Grundlagen · Methoden · Diagnostik · Therapie

SWETS & ZEITLINGER
PUBLISHERS

Sturm, W., Herrmann, M., Wallesch, C.W. (Hrsg.) Lehrbuch der Klinischen Neuropsychologie

Umschlaggestaltung: Juliane Fladt-Hertel, Eppelheim
Herstellung: Goldener Schnitt, Sinzheim
Satz: M. Schneider, Baden-Baden
Druck: Druckhaus Röck, Weinsberg
Bindung: Großbuchbinderei Fikentscher, Darmstadt

Gedruck auf säurefreiem Papier

ISBN 9-026-51612-6
NUGI 711

Vorwort

Die Klinische Neuropsychologie ist das wissenschaftliche Anwendungsgebiet der allgemeinen und experimentellen Neuropsychologie. Sie verwendet die Erkenntnisse ihrer Grundlagenwissenschaft zusammen mit den Methoden der allgemeinen und klinischen Psychologie bei der Diagnostik und Therapie von Patienten mit Hirnfunktionsstörungen. Die Aus- und Weiterbildung zum klinischen Neuropsychologen beinhaltet sowohl die theoretischen und experimentellen Grundlagen der Neuropsychologie als auch die klinische Anwendung dieser Kenntnisse. Hierzu gehören sowohl das interdisziplinäre, aus der Psychologie, Neurologie, Psychiatrie, Neuroanatomie und Neurophysiologie stammende Wissen zu den zentralnervösen Grundlagen menschlichen Verhaltens und Erlebens einschließlich der zugehörigen experimentellen und klinischen Methoden als auch das Wissen über spezifische neuropsychologische Diagnostik- und Therapiemethoden sowie der institutionellen Rahmenbedingungen, in denen neuropsychologische Diagnostik und Therapie stattfinden.

Sämtliche Aspekte der Aus- und Weiterbildung zum Klinischen Neuropsychologen sind im Curriculum der Gesellschaft für Neuropsychologie (GNP) und der interdisziplinären Gemeinsamen Kommission Klinische Neuropsychologie (GKKN) repräsentiert. In dem vorliegenden Lehrbuch der Klinischen Neuropsychologie werden sowohl die Grundlagen als auch die klinischen Aspekte umfassend und vollständig den Curriculumsinhalten entsprechend dargestellt.

Ein Kapitel zur Geschichte der Neuropsychologie stellt das interdisziplinäre Umfeld dar, aus welchem sich die Neuropsychologie als eigenständige psychologische Disziplin entwickelt hat. Weiterhin werden im ersten Teil des Lehrbuchs die neurowissenschaftlichen Grundlagen sowie die allgemeinen Prinzipien des diagnostischen und therapeutischen Vorgehens behandelt.

Im klinischen Teil werden zu jedem Störungsbild die spezifischen (funktionell-) neuroanatomischen Grundlagen, die zugrundeliegenden Theorien und Modelle sowie Möglichkeiten der Diagnostik und Therapie dargestellt. Diese Darstellungsweise berücksichtigt unserer Meinung nach besser als Kapitel zur allgemeinen Darstellung von Diagnostik- und Therapiemethoden die jeweiligen spezifischen Eigenarten der Störungsbilder.

Da die klinisch-neuropsychologische Tätigkeit immer in einem interdisziplinären Umfeld ausgeübt wird, war es uns ein besonderes Anliegen, Kapitel zu den Rahmenbedingungen dieser Tätigkeit, insbesondere zu den Möglichkeiten interdisziplinärer Zusammenarbeit und zu den rechtlichen und institutionellen Voraussetzungen der Klinischen Neuropsychologie vorzulegen.

Wir sind froh, dass wir renommierte deutschsprachige Autoren für die Mitarbeit gewinnen konnten und insbesondere auch dem Verlag dankbar, dass er ein ausgewogenes Verhältnis zwischen qualitativ hochwertiger Darstellung und kostengünstigem Preis realisieren konnte.

Aachen und Magdeburg, im August 1999

Walter Sturm
Manfred Herrmann
Claus-W. Wallesch

Inhaltsverzeichnis

1 Grundlagen

1.1 Zur Geschichte der Neuropsychologie

BRUNO PREILOWSKI

Zusammenfassung

Die Entwicklung der Klinischen Neuropsychologie über die letzten einhundert Jahre kann in Perioden eingeteilt werden, die durch wichtige wissenschaftliche Leistungen und herausragende Persönlichkeiten, aber auch durch politische Entwicklungen markiert wurden. Zu den ersteren Einflüssen gehören beispielsweise die neurowissenschaftlichen Entdeckungen im Bereich der Hirnforschung sowie die Entstehung der experimentellen und differentiellen Psychologie gegen Ende des 19. Jahrhunderts. Zu den letzteren muss man vor allem die Weltkriege sowie den Korea- und Vietnamkrieg rechnen: Die diagnostischen und therapeutischen Ansätze zur Untersuchung und Behandlung der Hirnverletzten dieser Kriege schufen das Fundament der heutigen Klinischen Neuropsychologie.

Neben den Perioden, die gewissermaßen die wissenschaftlichen Entwicklungen und den Zeitgeist widerspiegeln, sind es aber vor allem einzelne Persönlichkeiten, die die wichtigen Fragen stellen, Anstöße zu ihrer Beantwortung geben und darüber hinaus auch nach außen wirken und so das Bild einer angewandten Wissenschaft maßgeblich prägen. In diesem Sinne werden einzelne Personen und ihre wissenschaftlichen und persönlichen Verbindungen untereinander hervorgehoben. Darüber hinaus geschieht dies aber auch, weil diese Personen die für die Klinische Neuropsychologie besonders bedeutsame interdisziplinäre Kooperation verkörpern. Es wurde ferner versucht deutlich zu machen, dass die wesentlichen Probleme der Klinischen Neuropsychologie bereits sehr früh erkannt wurden und daher auf die Erfahrungen der letzten hundert Jahre auch heute noch mit Gewinn zurückgegriffen werden kann.

Vorbemerkung

Die Eigenständigkeit der Klinischen Neuropsychologie als Wissenschaft und Beruf wird von den Disziplinen, die an ihrer Entstehung beteiligt waren, durchaus noch mit gemischten Gefühlen betrachtet. Die Suche nach den Wurzeln dieses relativ jungen Gewächses gerät daher auch nicht selten in die Gefahr, Eigentumsansprüche einzelner Berufsgruppen zu legitimieren. Die folgende Beschreibung der Entstehung des Faches und seiner Entwicklung innerhalb der letzten einhundert Jahre ist kein Versuch einer Beweisführung für einen solchen Anspruch. Mit der Darstellung der Wurzeln der Klinischen Neuropsychologie soll vielmehr ihr interdisziplinärer Ursprung aufgezeigt werden. Dies erscheint deshalb besonders wichtig, weil damit auch die Bereiche gekennzeichnet werden, aus denen das notwendige fortwährende Wachstum kommen kann, auf das ein wissenschaftlich fundierter Beruf angewiesen ist.

Die durch den begrenzten Umfang des Kapitels erzwungene Auswahl der Inhalte ist subjektiv, ebenso wie der Versuch, den Ablauf der Entwicklung der Klinischen Neuropsychologie in Perioden zu gliedern. Gerade letzteres ist mit einer Vereinfachung der komplexen historischen, gesellschaftspolitischen und wissenschaftlichen Ereignisse verbunden. Es entsteht also eine Art Karikatur, die aber hoffentlich die besonderen Charakteristika um so deutlicher erkennen lässt.

Die Periode bis zum Beginn des Ersten Weltkrieges

Die Entdeckung von differenzierten Strukturen und Funktionen des Gehirns sowie von Unterschieden in den menschlichen Leistungen: Entwicklung in Hirnanatomie, Klinischer Neurologie, Hirnpathologie, Experimentalpsychologie und Differentieller Psychologie

In der letzten Hälfte des vergangenen und zu Anfang unseres 20. Jahrhunderts kam es in der Hirnforschung zu einem enormen Wissenszuwachs: Die Analyse der anatomischen Feinstruktur des Gehirns von Menschen und Tieren führte zu detaillierten Untergliederungen insbesondere des zerebralen Kortex (Brodmann, 1909; Flechsig, 1901; Meynert, 1867). Um die gleiche Zeit schienen Stimulations- sowie Ablationsexperimente (Ferrier, 1886; Fritsch & Hitzig, 1870; Munk, 1890) ebenso wie umfangreiche klinische Beobachtungen und deren Bezug zu Ausmaß und Lokalisation von Gehirnschäden (Bonhoeffer, 1899; Broca, 1861; Gudden, 1896; Jackson, 1878; Liepmann, 1900; Wernicke, 1874; Wilbrand, 1887) diese Differenzierung auch in funktioneller Hinsicht zu bestätigen.

Eine gewisse Entsprechung dieser Entwicklung fand sich etwa zur gleichen Zeit in den Fortschritten von Physiologie und Psychologie, insbesondere im Bereich der Sinnesphysiologie und der Wahrnehmungspsychologie. Vor allem führten die methodischen Entwicklungen der Psychophysik und der experimentellen Psychologie zur weiteren messenden Differenzierung nicht nur von sensorischen sondern auch von sogenannten höheren, geistigen Leistungen (Binet & Henri, 1896; Ebbinghaus, 1897; Fechner, 1860; Stern, 1900; Wundt, 1874-1875).

Zwar gab es gegen eine enge kortikale Lokalisation einzelner Funktionen von Anfang an Widerstand oder zumindest einschränkende

Einwendungen (Flourens, 1846; Goltz, 1881; Monakow, 1914 und später dann Goldstein, 1923; Lashley, 1929), dennoch dominierte das neuroanatomisch lokalisatorische Denken ebenso wie die psychologische Untergliederung in einzelne Funktionen, wie beispielsweise Aufmerksamkeits-, Bewusstseins-, emotionale oder motivationale Prozesse sowie Wahrnehmungs-, Lern- oder Gedächtnisfunktionen. Trotz einiger Pendelschwünge über die letzten hundert Jahre ist dies auch kennzeichnend für die heutige Klinische Neuropsychologie geblieben.

Die enge zeitliche Beziehung zwischen den damaligen Entwicklungen in Neuroanatomie, Physiologie, Neurologie/Psychiatrie und Psychologie kann man sehr deutlich daran erkennen, dass alle bedeutenden Lehrbücher der zu dieser Zeit noch neuen Wissenschaft von der Psychologie eine ausführliche Darstellung des damaligen Standes der Neurowissenschaften enthielten. Allerdings gab es kaum Versuche, die Inhalte der verschiedenen Wissenschaftsbereiche miteinander in Beziehung zu setzen. So blieben beispielsweise die Befunde der Klinischen Neurologie[1], überwiegend zur Wahrnehmung, Sprache oder Praxie, von den Themen, die in der sich entwickelnden Experimentalpsychologie vorherrschten, wie etwa der Psychophysik und der Bewusstseins-, Willens- oder Gedächtnisproblematik, weitgehend unberührt und umgekehrt. Bis auf engere Kontakte im Bereich der Psychiatrie fanden die Auseinandersetzungen über die Bedeutung von funktionalen Ausfällen und die Versuche, höhere kognitive Funktionen auf der Basis von klinischen Beobachtungen zu erklären, fast ausschließlich im Bereich der Klinischen Neurologie statt (Broca, 1861; Jackson, 1915; Kussmaul, 1881; Lichtheim, 1885; Liepmann, 1900; Marie, 1906; Werni-

---

[1] Ähnlich wie aufgrund der thematischen Ausrichtung der Forschung von der „Psychologie" gesprochen wird, obwohl diese noch ein Teil der Philosophie war, so wird hier je nach Schwerpunkt der Forschung von Psychiatrie oder Neurologie gesprochen, obwohl beide noch in einem gemeinsamen Fach organisiert waren.

cke, 1874, um nur die wichtigsten Namen zu nennen).

Eine weitere, für die Klinische Neuropsychologie wichtige Entwicklung war die Entstehung der Differentiellen Psychologie (Binet & Henri, 1896; Stern, 1900) und mit ihr die Entwicklung von psychologischen Tests (Binet & Simon, 1905; Cattell, 1890; Galton, 1883). Die experimentelle Psychologie versuchte sich zu dieser Zeit gerade erst als eigenständige Wissenschaft zu etablieren. Sie hatte daher als vorrangiges Ziel, allgemeine Gesetzmäßigkeiten des menschlichen Verhaltens zu entdecken. Dabei störten Unterschiede in den Leistungen einzelner Versuchspersonen. Diese Variabilität wurde als Fehler betrachtet, den man durch die Untersuchung von hoch trainierten und hoch motivierten Versuchspersonen zu vermeiden suchte. Aber gerade die interindividuellen Unterschiede waren beispielsweise für die Arbeit von Pädagogen von großer Bedeutung. Dass sich Menschen in ihren Fähigkeiten unterscheiden, war natürlich keine neue Erkenntnis. Um so interessanter ist es festzustellen, dass diese Unterschiede erst so spät eine eigene wissenschaftliche Bedeutung gewannen. Dabei spielte die Industrialisierung mit ihrer enorm um sich greifenden Mechanisierung und die damit zunehmend unterschiedlichen, spezifischen Anforderungen an die berufstätigen Menschen eine große Rolle. Der damalige Stand der Technik bot nur begrenzte Möglichkeiten, die Maschinen an den Menschen anzupassen. Man musste also den für die Bedienung der Maschine passenden Menschen finden.

Die führenden Aktivitäten in der differentiellen, angewandten Psychologie fanden vorerst vor allem in England (Sir Francis Galton), in Frankreich (Alfred Binet) und in den USA (James McKeen Cattell und später Charles E. Spearman, beides übrigens Schüler bzw. Mitarbeiter von Wundt) statt. Die methodischen Fortschritte führten letztlich aber auch in Deutschland zur Einführung von objektiven Tests im Bereich der Erziehung (Meumann, 1901), der Psychiatrie (Kraepelin, 1895/96) und der Industrie (Münsterberg, 1891, 1912, 1914). Eine Neuropsy-

chologie im heutigen Sinne gab es noch nicht, jedoch kann man in den testpsychologischen Untersuchungen psychiatrischer Patienten durch Kraepelin und in der experimentellen Pädagogik Meumanns durchaus Ansätze hierzu erkennen.

Die Entstehung der Psychotechnik

Die Vielzahl neuer, technisch anspruchsvoller Berufe führte zu Beginn unseres Jahrhunderts zur Anwendung differentialpsychologischer Methoden in der Personalauslese. Hugo Münsterberg, ein Schüler Wilhelm Wundts, entwickelte beispielsweise in den USA einen Berufseignungstest für Straßenbahnfahrer und prägt den Begriff „Psychotechnik" als „Wissenschaft von der praktischen Anwendung der Psychologie im Dienste der Kulturaufgaben" (Münsterberg, 1914). Während des Ersten Weltkrieges wurden dann in vielen Ländern umfangreiche Auswahlverfahren entwickelt, die von Intelligenztests bis hin zu komplexen senso-motorischen Leistungstests reichten. Die Mehrzahl dieser Tests wurde erst nach dem Ende des Krieges bekannt, als die Psychotechnik in viele Bereiche der Industrie, im Postdienst, bei den Eisenbahnen oder im städtischen Verkehr Einzug hielt. Der enorme Aufschwung führte auch zur Einrichtung vieler Psychotechnischer Prüflaboratorien, in denen neben Papier-und-Bleistift-Aufgaben vor allem auch Gerätetests verwendet wurden.

Einen Eindruck von dem sich ständig erweiternden Spektrum dieser Testverfahren erhält man durch die Kataloge der damals führenden Gerätehersteller. Da gab es zum Beispiel E. Zimmermann, der seit 1887 feinmechanische Geräte zuerst für die Physiologie und Medizin und dann später für die Experimentalpsychologen des Wundtschen Laboratoriums baute. Danach auch „special laboratory devices for the following divisions of science: Psychotechnology, Experimental Pedagogics, Psychiatry-Neurology, Experimental Phonetics" wie es im englischsprachigen Katalog von 1934 heißt (Zimmermann, 1934). In den Katalogen Zimmermanns erscheinen dann auch alle Psychotechniker von Rang mit ihren besonderen Prüfsystemen und Tests. Jedoch finden wir ebenso im Ergänzungsteil von 1930 („Neuerungen") – beispielsweise unter Nr. 507 den „Pneumatischen Zitterschreiber nach Luria," der an die Versuche Alexander R. Lurijas zur 'motorischen Kopplung der Systeme' und objektiven Messung von emotionalen Situationen erinnert (Lurija, 1929).

In den Abbildungen und Beschreibungen dieser Kataloge kann man übrigens viele der Geräte eindeutig als Vorläufer heutiger, auch in der Klinischen Neuropsychologie gebräuchlicher apparativer Tests wiedererkennen. Darüber hinaus wurde sehr viel Wert auf möglichst naturgetreue Simulation von verschiedenen Arbeitsbedingungen gelegt. So konnte beispielsweise das Reaktionsverhalten in verschiedenen Situationen – etwa unter der Bedingung des „Blendungssehens" oder des „Dämmerungssehens" – untersucht werden. Daneben gab es auch den tragbaren „Psychologischen Arbeitsprobenkasten nach Giese" oder den „Psychotechnischen Prüfkasten nach Moede." Überhaupt schien der mobile Einsatz nichts Ungewöhnliches zu sein, denn für viele Testgeräte gab es tragbare Versionen, beispielsweise das „Reisetonometer" (bestehend aus einem „Windkästchen" und drei Stimmpfeifen) zur Prüfung der Hörfähigkeit.

Obwohl die Psychotechnik von sehr profilierten Psychologen geprägt wurde (Baumgarten, 1928; Münsterberg, 1912, 1914; Stern, 1918; Tramm, 1920), gab es auch eine Reihe von zweifelhaften Testverfahren. Dieses war gerade im Zusammenhang mit einem wachsenden „Psychotechnik-Markt" Wasser auf die Mühlen derjenigen, die dieser angewandten Psychologie sehr kritisch gegenüberstanden. Die Einwände gegen fehlende theoretische Grundlagen und vorschnelle Anwendungen ohne wissenschaftliche Evaluation waren oft berechtigt. Die Diskussion über die fehlenden Gütekriterien von Tests, zur Überbewertung von Wirklichkeitsnähe und Augenscheinvalidität oder über Abstraktionen und Generalisierungen ist bis heute relevant. Es handelt sich nach wie vor um wichtige Probleme der

diagnostischen und therapeutischen Methodik, die durch die heute zur Verfügung stehenden Möglichkeiten von Video- und Computertechnik nur um neue Dimensionen erweitert wurden.

Die Periode von 1914 bis 1933: Vom Beginn des Ersten Weltkrieges bis zur Machtergreifung der NSDAP

Die Entstehung der Klinischen Neuropsychologie aus den Bemühungen von Ärzten, Pädagogen und Psychologen um die Versorgung von Hirnverletzten des Ersten Weltkrieges

Die zunehmende Technisierung fand auch im militärischen Bereich statt, und so förderte auch der Erste Weltkrieg die Entwicklung von Selektionsverfahren und diagnostischen Methoden. Die gleiche Psychotechnik wurde dann zur Untersuchung und Behandlung der Opfer dieses Krieges herangezogen. Die Entwicklung der Klinischen Neuropsychologie wurde dabei auch in nicht unwesentlicher Weise durch die „Fortschritte" der Schusswaffentechnik in Form von Hochgeschwindigkeitsprojektilen und durch die Verbesserungen in der medizinischen Versorgung der Kriegsverletzten gefördert, indem sie die Chance erhöhten, eine Kopfverletzung zu überleben. Bisher hatten die Nervenärzte überwiegend Patienten mit pathologischen oder altersbedingten Hirnveränderungen, d.h. mit zumeist schlechter allgemeiner körperlicher und geistiger Verfassung sowie geringer Überlebenserwartung gesehen. Nun aber waren sie und die Gesellschaft mit einem Heer von jungen, im allgemeinen gesunden Menschen konfrontiert. Diese litten als Folge von Hirnverletzungen oft weniger unter „einfachen" sensorischen oder motorischen Beeinträchtigungen als vielmehr unter massiven Veränderungen höherer geistiger Funktionen.

Das soziale, gesellschaftliche und auch wirtschaftlich-finanzielle Problem, das diese Gruppe von Patienten darstellte, führte zu erheblichen Anstrengungen, diese Personen wieder in den Erwerbsprozess einzugliedern oder zumindest gerecht zu entschädigen. Trotz der

Unterstützung durch die Versicherungsträger und die Arbeitgeberverbände, schien dies aber für die Betroffenen doch mit erheblichen Schwierigkeiten verbunden zu sein. Darauf lässt eine Anmerkung Walter Moedes schliessen, der 1917 schreibt: „Der Kampf um die Rente, die Hand in Hand mit der Ausbildung des Versicherungswesens einsetzte und nach wie vor auf beiden Seiten hartnäckig und bitter geführt wird, dürfte auch bei der Rentierung der Kriegsverletzten, zumal der Gehirngeschädigten, in voller Schärfe sich entwickeln, da der Gehirnschaden eben dem unbewaffneten Auge nicht sichtbar ist, wie die Lähmung oder Verstümmelung eines Gliedes, sondern besonderer psychologischer Methoden zu seiner genauen Feststellung bedarf" (Moede, 1917, S. 20).

Walter Moede arbeitete als Assistent am Institut für experimentelle Pädagogik (einer Abteilung des Wundtschen Laboratoriums für Experimentalpsychologie in Leipzig) und als Leiter eines psychologischen Lazarettlaboratoriums für Gehirngeschädigte. Er übernahm viele der psychotechnischen diagnostischen Tests, die er modifizierte und durch spezifische Übungen ergänzte. In seinem Buch „Die Untersuchung und Übung des Gehirngeschädigten nach experimentellen Methoden" gibt er 1917 eine Beschreibung der neuropsychologischen Aufgaben in Diagnostik und Therapie. Dabei stützt er sich vor allem auf die Arbeit mit Kriegsverletzten. Viele seiner Aussagen, beispielsweise zu den besonderen psychotherapeutischen Anforderungen, zur Berentungsbeurteilung und Berufsberatung wie auch zur interdisziplinären Kooperation und Abgrenzung der fachlichen Bereiche, sind auch heute noch lesenswert.

Ähnliche „Hirnverletztenstationen" waren in anderen Teilen Deutschlands und Österreichs eingerichtet worden. So beispielsweise das „Sonderlazarett für kopfschussverletzte Krieger" in Köln-Lindenthal von Walther Poppelreuter (Poppelreuter, 1916) und das „Institut zur Erforschung der Folgeerscheinungen von Hirnverletzungen" in Frankfurt/Main von Kurt Goldstein (Goldstein, 1916; Goldstein, 1919). Weitere Einrichtungen wurden in Mannheim, München,

Halle, Graz (Hartmann, 1915) und Wien (Froeschels, 1915) etabliert. In den meisten Fällen wurden hier Kriegsverletzte aufgenommen, deren Schädigungen schon einige Wochen zurücklagen und die nicht mehr bettlägerig waren. Neben psychologischen Laboratorien gab es in diesen Einrichtungen Übungswerkstätten und Schulen. Zusätzlich wurden durch die Kriegsbeschädigten-Fürsorge in den größeren Städten, wie beispielsweise in Berlin (Fuchs, 1918) besondere Schulen für Hirnverletzte eingerichtet. Während man bezüglich der Untersuchungsverfahren auf die psychologischen und psychotechnischen Tests zurückgreifen konnte, gab es für die Therapieansätze nur Modelle aus der allgemeinen Pädagogik. Doch zumeist schien jeder, ob Neurologe, Psychologe oder Pädagoge, vor allem seiner eigenen Intuition zu folgen. Fast immer wurden die gleichen Verfahren, die zur Diagnostik verwendet wurden, auch für die Übungsbehandlung eingesetzt. Hierbei trat dann ein Problem noch deutlicher zutage, das auch im Rahmen der Diagnostik immer wieder moniert wurde: Viele der Verfahren wurden weder als ausreichend alltagsnah und praxisrelevant angesehen, noch schien gewährleistet zu sein, dass man spezifische grundlegende Funktionen erfassen und üben konnte. Die Frage hinter diesem Problem, wie konkret oder abstrakt eine Aufgabe sein muss, um sowohl diagnostisch reliabel und valide wie auch therapeutisch effektiv zu sein, ist bis heute eine der wichtigsten im Bereich der Klinischen Neuropsychologie geblieben.

Insgesamt scheinen sich die Hoffnungen auf eine langfristig erfolgreiche Wiedereingliederung der Hirngeschädigten in den Erwerbsprozess nicht bestätigt zu haben. Zu schwer waren die medizinischen und psychologischen Langzeitfolgen der Hirnverletzungen. Langsam setzte sich die Erkenntnis durch, dass die traumatischen Hirnschädigungen nicht folgenlos verheilen, sondern chronische Beschwerden verursachen. Auch scheinbar mit Erfolg rehabilitierte Patienten zeigten längerfristig Probleme, beispielsweise leichte Reizbarkeit, vorschnelle Ermüdung, Überforderung in komplexeren Situationen, oder sie wurden durch sogenannte Spätepilepsien behindert, die medikamentös noch nicht zu beherrschen waren. Viele Hirngeschädigte waren also auf eine ständige Behandlung und Betreuung angewiesen. Auf der anderen Seite aber gab es für eine dauerhafte Unterbringung mit gleichzeitiger Sicherstellung einer sinnvollen, erwerbstätigen Beschäftigung zu wenige Plätze.

Die Auswertung der Neuropsychologischen Untersuchungen der Hirnverletzten und das Ende der Klinischen Neuropsychologie in Deutschland

In der Nachkriegszeit erschienen noch einige wissenschaftliche Abhandlungen über die Auswirkungen von Hirnschädigungen auf der Basis der durchgeführten Untersuchungen (z.B. Gelb & Goldstein, 1920; Kleist, 1934; Poppelreuter, 1917, 1918), aber kaum noch Arbeiten zur Rehabilitation von Hirngeschädigten. Manche der vorher führenden Vertreter der Hirnverletztenfürsorge versuchten, ihre Einrichtungen durch die Übernahme anderer Aufgaben zu sichern, was darauf hindeutet, dass die Unterstützung für die ursprünglichen Zwecke nicht mehr vorhanden war.

So versuchte der Arzt und Psychologe Poppelreuter beispielsweise ein Institut für Klinische Psychologie zu etablieren, das ganz der medizinischen Begutachtung nach wissenschaftlichen Maßstäben gewidmet sein sollte. Auch versuchte er, die Übungserprobung, die als diagnostisches Verfahren bei Hirnverletzten angewendet worden war, als ein Standardverfahren für die industrielle Personalauslese einzubringen. Beides offensichtlich ohne dauerhaften Erfolg, wie man aufgrund der zunehmend anklagenden und enttäuscht bitteren Anmerkungen in seinen Publikationen vermuten muss (Poppelreuter, 1923, 1928).[2]

Das Hirnverletzteninstitut in Halle war psychologisch von Fritz Giese, der 1918 als Psychologe bei Poppelreuter gearbeitet hatte, aufgebaut worden. Nun wurde es zum „Provincialinstitut für Praktische Psychologie" und Giese mit der Zeit zu einem der führenden industriellen Psychotechniker, zuerst in Stutt-

gart, dann in Berlin (Giese, 1925, 1935). Der bereits erwähnte Moede hatte schon 1918 den Weg in die industrielle Psychotechnik eingeschlagen und war bis 1945 außerordentlicher Professor für diesen Bereich an der TH Berlin.

Eine besondere Stellung nahm weiterhin das 1915 von Kurt Goldstein gegründete „Institut zur Erforschung der Folgeerscheinungen von Hirnverletzungen" in Frankfurt am Main ein. Kurt Goldstein hatte bei Carl Wernicke in Breslau studiert und war in Königsberg als Privatdozent für Psychiatrie und Neurologie mit Experimentalpsychologen der Würzburger Schule in Kontakt gekommen. Ab 1914 arbeitete er bei Ludwig Edinger in Frankfurt als Assistent in der Neuropathologie. Edinger hatte 1903 eine eigene Abteilung am Senckenberg-Institut erhalten, der eine eigenständige neurologische Station angegliedert war.

Die Arbeit des Goldsteinschen Instituts war langfristig für die Entwicklung der Klinischen Neuropsychologie von besonderer Bedeutung. Im Zentrum stand die Zusammenarbeit zwi-

---

[2] Poppelreuter ist eine schillernde Figur. Wegen seiner unzweifelhaften Verdienste für die Hirngeschädigten wurden nach dem Zweiten Weltkrieg besondere Leistungen in der Versorgung von Hirnverletzten mit einer nach ihm benannten Medaille geehrt. Dieses unterblieb, als Poppelreuters Verhältnis zum Nationalsozialismus öffentlich diskutiert wurde. Über die Hintergründe seiner persönlichen und politischen Entwicklung sowie seines Todes im Jahr 1939 ist wenig bekannt. Bis 1930 leitete er eine psychotechnische Abteilung an der TU Aachen. Seine Veröffentlichungen sind geprägt von Kritik, die immer härter, allgemeiner und politischer wird – so, wenn er allenthalben Scheinwissen, Scheinkönnen oder Scheindenken anprangert (Poppelreuter, 1933). Im Wintersemester 1932 hält er eine Vorlesung an der Universität Bonn mit dem Titel: „Politische Psychologie als angewandte Psychologie an Hand von Hitlers 'Mein Kampf'". Eine Zusammenfassung erscheint 1934 unter dem Titel: Hitler der politische Psychologe (Poppelreuter, 1934). Ab 1933 ist er Abgeordneter der NSDAP im Reichstag und bis 1936 stellvertretender Vorsitzender der Deutschen Gesellschaft für Psychologie.

schen Goldstein und Adhémar Gelb. Es war offensichtlich nicht nur die fachliche Ergänzung zwischen einem Neurologen und einem Experimentalpsychologen, die diese Kooperation so erfolgreich gestaltete, sondern auch eine Ergänzung zweier sehr unterschiedlicher Temperamente. Während von Kurt Goldstein berichtet wird, dass er sehr flexibel mit den Befunden umging und ihm das Schreiben leicht fiel, wird Adhémar Gelb als vorsichtig, seinen Ergebnissen immer erst einmal misstrauend beschrieben und als jemand, der sich – wie Hans-Lukas Teuber es einmal ausdrückte – bei jeder Zeile, die er zu Papier bringen musste, quälte.

Was dieses Institut ebenfalls auszeichnete, war die Vielzahl von offensichtlich freundschaftlichen und erfolgreichen Kollaborationen. Beispielsweise mit W. Benary, W. Fuchs, W. Hochheimer, Frieda Reichmann (später Fromm-Reichmann), Eva Rothman, E. Weigl. Karl Lashley besuchte das Institut in den zwanziger Jahren und war voller Bewunderung. In der Einleitung zu einer Sammelpublikation von Gelb und Goldstein wird das Ziel der Arbeit in Frankfurt und die Genugtuung, die beide daraus zogen, beschrieben:

„Die Einsicht, dass wir bei der Erforschung hirnpathologischer Erscheinungen zu prinzipiell neuen theoretischen Auffassungen in verschiedenen vielumstrittenen Fragen der Psychologie und Psychopathologie kommen würden, wenn medizinische und psychologische Erfahrung und Methodik sich zusammen in den Dienst der Forschung stellten, führte zu einer Arbeitsgemeinschaft des Neurologen mit dem Psychologen. Als Arbeitsstätte wurde das „Institut zur Erforschung der Folgeerscheinungen von Hirnverletzungen in Frankfurt a.M." geschaffen. Für die Herausgeber und deren Mitarbeiter erwuchsen aus ihrer Tätigkeit schönste Stunden gemeinsamen Schaffens in gegenseitiger Förderung" (Gelb & Goldstein, 1920).

Obwohl Goldstein zum Nachfolger Edingers ernannt wurde, folgte er 1930 einem Ruf nach

Berlin als Universitätsprofessor und Direktor einer großen Neuropsychiatrischen Klinik. Nach der Machtergreifung der NSDAP wurde er jedoch als „Linker" und Jude von eigenen Assistenten denunziert. Er wurde sogar eine Zeitlang in einem Keller festgehalten, dort auch körperlich misshandelt und schließlich gezwungen zu erklären, dass er Deutschland für immer verlassen werde. Nach seiner Flucht, die ihn zunächst nach Holland führte, erreichte er 1935 New York. In den USA hat Goldstein dann wesentlich zur Entwicklung der Klinischen Neuropsychologie beigetragen.

Adhémar Gelb war 1931 auf eine ordentliche Professur für „Philosophie insbesondere Psychologie" nach Halle berufen worden. Zwei Jahre später wurde er wegen nichtarischer Abstammung entlassen. Mit ihm verlor in dieser ersten Welle der teilweise als „Beurlaubungen" deklarierten Entlassungen ein Drittel aller professoralen Vertreter der Psychologie ihre Stellung. Gelb erkrankte sehr schwer und starb 1936.

Die Periode von 1933 bis 1945: Von der Machtergreifung bis zum Kriegsende

Die Professionalisierung der Psychologie findet ohne die Klinische Neuropsychologie statt

Die Klinische Neuropsychologie existierte praktisch nicht mehr, aber die Sonderlazarette für Hirngeschädigte gab es noch. Mayer und Rahf (1993) berichten, dass sie 1935 sogar noch erweitert und neue geschaffen wurden. Zu Beginn des Zweiten Weltkrieges gehörte zu jedem Wehrbereich ein solches Sonderlazarett. Ähnlich wie in den Institutionen des Ersten Weltkrieges gab es auch hier Leistungsprüfungen vor allem in Form von Arbeitserprobung, die aber vor allem von Medizinern durchgeführt wurden. Über die Beteiligung von Psychologen in diesen Lazaretten ist nur wenig bekannt. Aber es gab sie offensichtlich, denn 1942 wurde ihre Arbeit in den Sonderlazaretten offiziell verboten. Gleichzeitig kam es zu einer generellen Auflösung der psychologischen Dienste in der Wehrmacht. Offensichtlich wurde das Verbot von 1942 jedoch nicht befolgt, denn es wurde im Oktober 1944 nochmals wiederholt (Geuter, 1984).

Diesem Abbau war eine beispiellose Professionalisierung und Verbreitung der angewandten Psychologie vorausgegangen. Die Wehrmacht war Ende der dreißiger Jahre zum größten Arbeitgeber für Psychologen geworden. Auch an den Universitäten wurden neue Lehrstühle errichtet und kriegswichtige Forschung nachdrücklich unterstützt. Die Fächer Psychotechnik, Ausdruckskunde und Charakterologie erhielten im Rahmen des Studiums ein besonderes Gewicht. Psychotechniker und Wehrmachtspsychologen bemühten sich um die Einführung einer Diplom-Prüfungsordnung, um so über eine beamtenrechtliche Regelung der Laufbahn von Psychologen eine Verbesserung ihrer Situation zu erreichen. Am 16.6.1941 wurde eine solche Ordnung durch das Reichsministerium für Erziehung, Wissenschaft und Volksbildung erlassen (Reichsminister für Wissenschaft, 1941).

Aber schon ein Jahr später wurde sie bereits wieder verändert, wobei vor allem das Prüfungsfach „Biologisch-medizinische Hilfswissenschaften" in „Biologische Hilfswissenschaften" umbenannt wurde. Dies ging auf die Bemühungen von Psychiatern und Neurologen zurück, die von Anfang an gegen die Diplom-Prüfungsordnung und die darin verankerten medizinischen Lehrinhalte zu Felde gezogen waren, um die Bildung einer neuen Gruppe ‚vermeintlich medizinisch vorgebildeter Nicht-Mediziner' zu verhindern. Im Rahmen der Kampagne gegen „eine neue Kurpfuscher-Gruppe" verweigerten die Mediziner auch die in der Prüfungsordnung verlangte Ausbildung von Psychologen im Fach „Allgemeine Psychopathologie." Psychiater, wie Ernst Kretschmer, die sich nicht an diesem Boykott beteiligten, wurden von ihren Kollegen heftig angegriffen. Kretschmer gehörte übrigens auch zu denjenigen, die sich für den Einsatz von Psychologen in den Sonderlazaretten für Hirnverletzte eingesetzt hatten.

Es ist hier nicht der Ort, um dieses dunkle Kapitel psychologisch-medizinischer Auseinandersetzungen auszubreiten.[3] Aber es musste Erwähnung finden, weil die Vorkommnisse während der Nazizeit das Klima zwischen den beiden Disziplinen bis heute belasten. Allerdings sollte dabei nicht vergessen werden, dass der Nationalsozialismus vor allem durch seine antijüdische Politik auch unter Neurologen und Psychiatern Opfer forderte (Peiffer, 1998).

Die Periode von 1945 bis 1950 in Deutschland

Die neurologische Versorgung der Hirnverletzten, die Aphasie- und Agnosieforschung

In Deutschland änderten sich die Verhältnisse bezüglich der Neuropsychologie auch nach dem Kriege kaum. Die Versorgung der Hirnverletzten lag nach wie vor ausschließlich in den Händen von Neurologen und Psychiatern, die die Idee von Einzelfunktionen, wie sie von Psychologen in Tests und Übungsverfahren zugrunde gelegt wurden, zumeist ablehnten. Zwar sprachen die Vertreter der klassischen Hirnpathologie von „Werkzeugstörungen." Aber damit waren komplexe Syndrome wie beispielsweise Aphasien, Apraxien oder Agnosien gemeint, die durch exemplarische Fallbeschreibungen definiert wurden. Dagegen hatten die Psychologen auf objektive Einzeltestbefunde gesetzt, die ein differenzierteres Bild der Leistungsminderungen bzw. noch erhaltenen Funktionen ergaben und auch den großen individuellen Unterschieden eher gerecht werden sollten. Bezüglich der Rehabilitationsansätze berichtet Mayer in seinem Überblicksreferat:

> „So gerieten allmählich nach dem Krieg die vor allem von Psychologen entwickelten und erprobten Übungen zur Therapie geschädigter Einzelfunktionen

---

[3] Es kann an anderer Stelle nachgelesen werden, zum Beispiel in den Dokumentationen von Geuter (Geuter, 1984). Da viele der maßgeblichen Psychiater und Neurologen auch politisch sehr aktiv waren, konnte ein Teil ihrer Aktivitäten aus den War Crimes Records der Alliierten rekonstruiert werden. Weitere Aufschlüsse sind zu erwarten, wenn die beim Berlin Document Center vorhandenen Personalunterlagen der NSDAP ausgewertet werden.

in Vergessenheit. Weitere Erkenntnisse und Erfahrungen gingen nach Schließung der Wehrmachtslazarette durch die Alliierten verloren. Ein Großteil der Krankenakten war vernichtet oder nicht mehr auffindbar. Eine systematische Aufarbeitung der Behandlungsmethoden und der Behandlungsergebnisse war nicht möglich. Die weitere Behandlung der Hirnverletzten des Krieges erfolgte in den damals noch vorwiegend psychiatrisch orientierten Nervenkliniken" (Mayer & Rahf, 1993, S. 8).

Aus neuropsychologischer Sicht sind in Deutschland vor allem Untersuchungen aus dieser Zeit zur Aphasie (z.B. Conrad, 1949) und zu einzelnen anderen Teilbereichen der Neuropsychologie von Bedeutung (z.B. Bodamer, 1947; Faust, 1947 zur Prosopagnosie). Auch in Frankreich gab es unmittelbar nach dem Krieg nur wenig neuropsychologische Forschung. Und die Psychologie war auch hier kaum beteiligt. Lediglich in Paris hatte Théophile Alajouanine Interesse an interdisziplinärer Forschung gezeigt und den Psychologen André Ombredane und die Linguistin Marguerite Durand für Untersuchungen zur Aphasie gewonnen (Alajouanine et al., 1939). Man kann davon ausgehen, dass die fehlende Beteiligung der Psychologen an der Neuropsychologie in Kontinentaleuropa nach dem Kriege auch auf das Fehlen von experimentell ausgebildeten Psychologen zurückzuführen ist.

Die Zeit von den Dreißiger Jahren bis 1950 in Großbritannien und Nordamerika

Die Entwicklung einer interdisziplinären Klinischen Neuropsychologie

Aus Platzgründen konnte eine Reihe der für die neurologische Seite der Neuropsychologie bedeutsamen Entwicklungen der Hirnforschung in Deutschland, insbesondere der neurochirurgischen (z. B. durch Fedor Krause oder Otfried Foerster), nicht weiter ausgeführt werden. Dasselbe gilt leider auch für die

angelsächsische neurologische und neurochirurgische Tradition, die mit den Namen Jackson, Head, beziehungsweise Cushing, Horsley und Sherrington verbunden ist. Mit Bezug auf die Klinische Neuropsychologie, wie wir sie heute kennen, kann hier nur auf die Bedeutung der Experimentellen Psychologie hingewiesen werden, die sich in England und Nordamerika ohne Unterbrechung entwickeln konnte und sogar während des Krieges besonders gefördert wurde.

Für England soll vor allem der Einfluss von O. Zangwill hervorgehoben werden. Zangwill hatte seine Ausbildung in Experimenteller Psychologie in Cambridge erhalten. Schon vor 1940 führte er regelmäßig Untersuchungen zum Gedächtnis bei Patienten in einem Psychiatrischen Krankenhaus durch und begeisterte als Tutor andere angehende Experimentalpsychologen für Untersuchungen mit Patienten. Darunter war 1938 auch Brenda Milner, die später nach Kanada auswanderte. Auf ihren Beitrag zur Entwicklung der Klinischen Neuropsychologie werden wir später noch zu sprechen kommen.

Zangwill arbeitete dann von 1940 bis 1945 an der Brain Injuries Unit in Edinburgh. Aus dieser Zeit stammen die mit Andrew Paterson durchgeführten ersten Arbeiten, die auf eine besondere Rolle der rechten Hemisphäre für räumliche Funktionen hinwiesen (Paterson & Zangwill, 1944). Nach dem Krieg wurde Zangwill stellvertretender Direktor des Instituts für Experimentelle Psychologie an der Oxford University. Hier baute er seine klinischen Verbindungen mit Krankenhäusern in Oxford und London aus, an denen später sehr produktive neuropsychologische Abteilungen entstanden (z.B. am Radcliffe Infirmary und Queen Square Hospital). Seine Schüler, beispielsweise George Ettlinger, John McFie, Malcolm Piercy, Elisabeth Warrington, Maria Wyke, und später dann deren Schüler haben in der nachfolgenden Zeit die Klinische Neuropsychologie über England hinaus bekannt gemacht.

Als Zangwill 1952 nach Cambridge berufen wurde und dort das Psychologische Institut neu aufbaute, sorgte er für eine eindeutig biologische Ausrichtung. So holte er unter anderem Larry

Weiskrantz aus den USA (einen Schüler von Lashley), um ein Primatenlabor am Institut einzurichten. Weiskrantz hat später in Oxford die Tradition der parallelen tier- und humanexperimentellen, auch der klinischen Forschung, fortgesetzt. Die mit seinem Namen verbundenen Arbeiten zu Blindsight (zusammen mit Nick Humphrey) (Weiskrantz, 1986) und zu amnestischen Störungen (zusammen mit Elizabeth Warrington) (Warrington & Weiskrantz, 1973; Weiskrantz, 1982) gehören mittlerweile zu den neuropsychologischen Klassikern.

Ein wichtiger fördernder Faktor, der auch der Entwicklung der Klinischen Neuropsychologie zugute kam, war die besondere Unterstützung, die die experimentelle Psychologie während des Krieges durch die britische Regierung erfuhr. Das Ergebnis dieser Bemühungen ist nicht nur in dem direkt anzuwendenden Wissen aus dieser Zeit abzulesen, das man mit den Beiträgen der Psychotechnik in Deutschland vergleichen könnte, sondern spiegelt sich auch in wichtigen theoretischen und methodischen Fortschritten in der psychologischen Grundlagenforschung (e.g. Broadbent, 1958) wider.

Ähnliches gilt auch für die Entwicklung in Nordamerika. Dort gab es zwar in den dreißiger und vierziger Jahren noch relativ wenige neuropsychologische Untersuchungen an Menschen, aber die Grundlagen für die spätere Entwicklung einer interdisziplinären Klinischen Neuropsychologie waren bereits vorhanden: Es gab eine bedeutende interdisziplinäre tierexperimentelle Hirnforschung, bzw. Vergleichende und Physiologische Psychologie (P. Bard, P. C. Bucy, S. I. Franz, M. A. Kennard, H. Klüver, K. S. Lashley, R. W. Sperry, C. N. Woolsey, um nur einige der wichtigsten Wissenschaftler zu nennen), und gleichzeitig erlebte die Experimentalpsychologie ein enormes Wachstum. Vor allem die solide methodische Ausbildung brachte den Psychologen in vielen Bereichen einflussreiche Positionen; die Ideen beispielsweise von C. L. Hull, B. F. Skinner, J. B. Watson und vor allem K. S. Lashley hatten weit über die Psychologie hinaus großen Einfluss.

Während des Krieges wurde in den USA, wie auch in Großbritannien, die psychologische Forschung in vielen Bereichen der Armed Forces und an den Staatlichen Medizinischen Institutionen (in Kooperationen mit einigen Universitäten) besonders gefördert: An den ersteren sammelten sich vor allem die Experimentalpsychologen, die, vergleichbar den Psychotechnikern, senso-motorische Prozesse untersuchten sowie Selektions- und Trainingsmethoden entwickelten und erprobten (unter ihnen z.B. E. A. Bilodeau, J. S. Brown, P. M. Fitts, E. Fleishman, R. M. Gagné, J. P. Guilford, R. M. Held, A. W. Melton, R. H. Seashore). Eine dem Kaliber dieser Ansammlung von Wissenschaftlern vergleichbare neurowissenschaftliche Gruppe wurde von Lashley am Yerkes Laboratory, der Primatenstation der Harvard Universität in Orange Park (Florida), zusammengebracht. Hier sind vor allem R. A. Blum, G. Clark, D. O. Hebb, H. W. Nissen, A. H. Riesen, R. W. Sperry und J. Semmes zu nennen, die dann allesamt auch in der Nachkriegszeit wichtige Beiträge zur Experimentellen und Klinischen Neuropsychologie liefern sollten.

Unter den wenigen klinisch-neuropsychologischen Untersuchungen der dreißiger Jahre in den USA sind vor allem die Publikation von Weisenburg und McBride (1935) zur Aphasie und die Arbeiten von Ward C. Halstead hervorzuheben. Von 1935 an untersuchte Halstead neurochirurgische Patienten mit Hirnläsionen in systematischer Weise, indem er eine Batterie von 27 Tests anwandte und die quantitativen Ergebnisse mit denen verschiedener Kontrollgruppen verglich. Diese Vergleichsgruppen bestanden aus normalen, gesunden Personen, normal gesunden Personen unter experimentellem Stress (beispielsweise zum Tode verurteilten Gefangenen), neuropsychiatrischen Patienten und Schädelhirntraumatikern. Für einige der neurochirurgischen Patienten konnte er auch Vor- und Nachherdaten erheben. Neben einer ausführlichen Verhaltensdokumentation sowie Korrelations- und Faktorenanalysedaten, sorgte Halstead für eine umfangreiche medizinische Dokumentation einschließlich der neuropathologischen Befunde, die er auch anderen Forschern zur Verfügung stellte. Das Labor, an dem Halstead diese Untersuchungen durchführte, war von den Neurochirurgen Percival Bailey, Paul C. Bucy and A. Earl Walker an der University of Chicago eingerichtet worden und stellt wahrscheinlich eine der ersten Kooperationen dar, in deren Rahmen die Auswirkungen von Hirnläsionen auf das Verhalten systematisch untersucht werden konnten. Halstead, der mit einem Psychologiestipendium an das Labor gekommen war, arbeitete hier über ein Jahrzehnt. Er profitierte dabei auch von der Unterstützung so prominenter Biologen und Psychologen wie Heinrich Klüver, C. Judson Herrick und Karl S. Lashley sowie führender Methodiker wie L. L. Thurstone und Karl Holzinger. Eine Zusammenfassung der Ergebnisse dieser Forschung wurde 1947 und 1951 publiziert (Halstead, 1947, 1951).

Von den Tests der Halstead Battery, über deren Gütekriterien bis heute heftig diskutiert wird, überlebten einige Einzelverfahren in verschiedenen anderen Kombinationen. Am bekanntesten ist die Halstead-Reitan Battery, die von Ralph M. Reitan zusammengestellt und erprobt wurde. Reitan hatte 1950 in Chicago promoviert und war seit 1951 am Indiana University Medical Center tätig, wo er auch ein neuropsychologisches Labor aufbaute. Auch seine Version der Testbatterie ist immer wieder variiert worden (Filskov & Boll, 1981; Lezak, 1995).

Zu den frühen klinisch-neuropsychologischen Untersuchungen gehörten auch Arbeiten von Kurt Goldstein, der in Martin Scheerer wieder einen Psychologen für seine Projekte gefunden hatte (Goldstein & Scheerer, 1941). Die Kooperationen zwischen Halstead und den Chicagoer Neurochirurgen blieb nicht die einzige. So untersuchte Karl U. Smith an der University of Rochester Patienten, bei denen William P. Van Wagenen eine Durchtrennung des Balkens zur Kontrolle von epileptischen Anfällen durchgeführt hatte (Smith & Akelaitis, 1942) und in Montreal testete Donald Hebb Patienten, bei denen von Wilder Penfield – ebenfalls zur Behandlung von Epilepsien – Teile des frontalen Kortex entfernt worden waren (Hebb & Penfield, 1940). Aber die eigentliche Blüte der Klinischen Neuropsychologie begann erst gegen Ende des Zweiten Weltkrieges mit der Einrichtung spezieller Neuropsychologischer Einheiten an den Krankenhäusern der Veterans Administration (VA).

Ganz wichtig waren auch die ersten Ansätze einer Klinischen Neuropsychologie des Kindes- und Jugendalters, vor allem im Zusammenhang mit Untersuchungen über Entwicklungsdyslexien und zur Pädagogik hirngeschädigter Kinder (e.g. Orton, 1925, 1937; Strauss & Lehtinen, 1947).

Die Periode von 1950 bis Anfang der achtziger Jahre in Nordamerika

Eine Periode des Wachstums einer interdisziplinären Klinischen Neuropsychologie, die für ihre internationale Entwicklung bestimmend wird

Um diese Zeit mit dem enormen Aufschwung der Klinischen Neuropsychologie in der gebotenen Kürze darzustellen, kann man nur beispielhaft einige Entwicklungen herausgreifen. Dies soll vor allem wiederum für Nordamerika und Großbritannien geschehen, denn von dort aus kamen nach 1950 auch die wichtigsten Anstöße für den Wiederaufbau der Klinischen Neuropsychologie in Kontinentaleuropa.

Eine dieser Entwicklungen nahm ihren Anfang an der University of Iowa. Arthur Benton, der zusammen mit Morris Bender während des Krieges erste neuropsychologische Erfahrungen am San Diego Naval Hospital gesammelt hatte, war als Professor für Klinische Psychologie an die University of Iowa berufen worden. Hier begann er um 1950, vor allem mit Unterstützung des Psychologen und Neurochirurgen Russell Meyers, seine neuropsychologischen Arbeiten über das Gerstmann-Syndrom. Später kamen dann mit Hilfe einer großen Zahl von Doktoranden wichtige Untersuchungen zu Reaktionszeiten, zum Körperschema, zur Extinktion bei bilateraler Stimulation, zur motorischen Impersistenz und ab den sechziger Jahren Untersuchungen zur Zerebralen Asymmetrie und Aphasie. Großen Einfluss hatte die Iowa Gruppe auch durch die Entwicklung und Verbreitung von standardisierten Tests (Benton et al., 1983).

Unter den Mitarbeitern Bentons ist neben Harvey Levin und Amiram Carmon vor allem Otfried Spreen besonders hervorzuheben. Er hat nicht nur an der University of Victoria in Kanada zusammen mit W. H. Gaddes eines der ersten Ausbildungsprogramme für Klinische Neuropsychologen aufgebaut, sondern auch einige der ersten deutschsprachigen, zusammenfassenden Abhandlungen der Nachkriegszeit zur Klinischen Neuropsychologie geschrieben (z. B. Spreen, 1978).

Neben der sogenannten „Iowa Group" wären als besonders einflussreich auch die „Boston Group" zu nennen. Darüber hinaus man kann auch noch von einer „New York Group" und einer „Montreal Group" sprechen. Zwischen all diesen Arbeitsgruppen gab es eine Vielzahl von synergistischen Beziehungen, und zusammen mit den englischen Neuropsychologen hatten sie auch einen entscheidenden Anteil am Wiederaufbau der Klinischen Neuropsychologie in Frankreich, Italien und Deutschland.

Direkt oder indirekt hatten alle diese Gruppen eine Verbindung zu Kurt Goldstein. So arbeitete 1949 am National Veterans Aphasia Center des Cushing VA Hospitals in Framington, Massachusetts, ein früherer ärztlicher Mitarbeiter Goldsteins, Fred Quadfasel, mit einem psychologischen Doktoranden namens Harold Goodglass. Diese Kooperation setzte sich nach der Promotion von Goodglass zuerst in Framington und dann in der Aphasiegruppe am Boston VA Hospital fort. Diese Aphasiegruppe wuchs sehr schnell. Unter denen, die 1958 zu ihr stießen, ist vor allem Edith Kaplan zu nennen, mit der Goodglass den bekannten Aphasietest („The Boston Diagnostic Aphasia Examination") herausbrachte, und Frank Benson sowie Norman Geschwind, der als brillanter Verhaltensneurologe und charismatische Persönlichkeit 1963 der Nachfolger von Quadfasel wurde.

Geschwind gründete 1965/66 ein weiteres Aphasiezentrum an der Boston University. Als er 1969 auf eine Professur für Neurologie an die Harvard University berufen wurde, übernahm er auch die Leitung der Neurologischen Klinik zuerst am Boston City Hospital und dann ab 1975 am Beth Israel Hospital. Nach dem Weggang von Geschwind wurde Goodglass Leiter des Aphasiezentrums am Boston VA Hospital.

Genauso wie Quadfasel und Goodglass hielt auch Geschwind es für sehr wichtig, die klassische neuropsychologische Literatur im Detail aufzuarbeiten. So entstanden nicht nur umfangreiche Überblicksarbeiten (Geschwind, 1965; Goodglass & Quadfasel, 1954); aus den frühen, insbesondere deutschsprachigen Veröffentlichungen kamen oft auch die Inspirationen für die Erklärung neuer klinischer Befunde und für neue Untersuchungen (Geschwind & Kaplan, 1962; Geschwind & Levitsky, 1968; Geschwindet al., 1968).

In Boston entstand in den sechziger Jahren noch ein weiterer neuropsychologischer Schwerpunkt und zwar in Gestalt des neu organisierten Psychologischen Instituts am Massachusetts Institute of Technology (MIT). Der Motor dieser Entwicklung war Hans-Lukas Teuber. Teuber hatte Goldstein noch als Kind in Berlin kennengelernt. Als Student an der Harvard University 1941 begegnete er ihm wieder. Teuber war nach seiner Schulzeit in Berlin und einem Studium an der Universität von Basel in die USA gekommen und war wissenschaftliche Hilfskraft und Doktorand am Psychologischen Institut der Harvard University. Goldstein war dort, vor allem auf Betreiben von Lashley, Gastprofessor.

Nach dem Ende des Krieges gab Teuber Kurse in Physiologischer Psychologie und Neuropsychologie am Psychologischen Institut der New York University, die offensichtlich sehr beliebt waren. Gleichzeitig hatte er am Bellevue Medical Center der New York University ein „Psychophysiologisches Labor" eingerichtet. Dies geschah zusammen mit Morris Bender, den Teuber von San Diego kannte und der jetzt der Leiter der Neurologie an diesem Krankenhaus war. Benton, der ja ebenfalls mit Bender in San Diego gearbeitet hatte, berichtet, dass er selbst als Psychologe oft mehr Interesse an der Neuroanatomie und Pathologie gehabt habe, als der Neurologe Bender, der seinerseits dem Verhalten des Patienten viel mehr Aufmerksamkeit schenkte. Bender führte Benton übrigens auch in die Methode der gleichzeitigen doppelten sensorischen Stimulation ein. Mit Bender und Stan Battersby sowie etwas später mit Josephine Semmes, Lila (Braine) Ghent, Mortimer Mishkin und Sidney Weinstein führte Teuber systematische Untersuchungen an den im Koreakrieg verwundeten Hirnverletzten durch. Die Ergebnisse dieser Untersuchungen stellten wesentliche Fortschritte im Verständnis der Wahrnehmungsveränderungen nach Hirnschäden dar (Teuber, 1955).

Als Teuber 1961 an das MIT ging, gelang ihm nicht nur die Neuorganisation des Psychologischen Instituts, er konnte es darüber hinaus in relativ kurzer Zeit zu einem der international führenden Institute im Bereich der Vergleichenden und Physiologischen Psychologie ausbauen. Von Anfang an war die enge Verzahnung von biologischen, psychologischen und informationstheoretischen Grundlagenarbeiten mit der klinischen Forschung ein Kennzeichen dieses Instituts. Dabei hatte Teuber die große Gabe, die wesentlichen Ergebnisse der verschiedenen Forschungsrichtungen miteinander in Beziehung setzen und auch für Nichtfachleute verständlich machen zu können. Er war übrigens auch der erste, der nach dem Krieg – zuerst 1961 auf dem Internationalen Kongress in Bonn und dann auf einem Kongress der Deutschen Gesellschaft für Psychologie (1968 in Tübingen) – Vorträge über die Neuropsychologie hielt, wobei er ein sehr breites Spektrum von Befunden aus dem gesamten Bereich der Experimentellen und Klinischen Neuropsychologie zu integrieren versuchte (Teuber, 1969).

Zu den vielen klinischen Kooperationspartnern von Teuber zählten neuropsychologische Einrichtungen an Kliniken in New York und Boston, die teilweise von seinen ehemaligen Studenten und Mitarbeitern geleitet wurden. Auch mit dem Montreal Neurological Institute der McGill University bestanden schon früh enge Kontakte. Unter den Mitarbeitern am Bellevue Hospital wie auch am Psychologischen Institut des MIT, das mittlerweile in Department of Brain und Cognitive Sciences umbenannt wurde, war eine ganze Reihe von Doktoranden von Donald Hebb und Brenda Milner aus Montreal.

Wie bereits erwähnt, hatte Hebb in Montreal schon in den vierziger Jahren mit Wilder Penfield kooperiert. Eine wirkliche Klinische Neuropsychologie entstand dort aber erst, als Brenda Milner, die Experimentalpsychologin aus Oxford, 1950 anfing, die neurochirurgischen Patienten regelmäßig zu untersuchen. Zuerst als Doktorandin, später als Leiterin der Abteilung, führte Brenda Milner systematische Untersuchungen über die Auswirkungen der Epilepsiechirurgie durch. Ihre ersten Einzelfalldarstellungen (Milner, 1954) und insbesondere die Berichte über den Patienten H.M. (Milner et al., 1968; Scoville & Milner, 1957) gehören zu den bekanntesten Falldarstellungen der Amnesieliteratur. Neben den Beiträgen zu seitenspezifischen Auswirkungen von Temporallappen- und Hippocampusläsionen sind insbesondere auch ihre Arbeiten zum Frontalkortex von großem Einfluss gewesen. Diese korrigierten unter anderem auch die Schlussfolgerungen von Hebb und Penfield, die keine gravierenden Defizite nach frontalen Läsionen gefunden hatten, und sie zeigten darüber hinaus, wie in den Temporallappen, Unterschiede in den Auswirkungen von links- und rechtsseitigen Ablationen (Milner, 1982). In Montreal verbanden sich besonders vorteilhaft die umfangreichen Erfahrungen kontinuierlich durchgeführter, umfangreicher und systematischer Diagnostik mit ideenreichen Projektstudien.

Wie die bereits beschriebenen US-amerikanischen Gruppen, so zog auch das Montreal Neurological Institute talentierte Forscher und Kliniker aus der ganzen Welt an. Außerdem waren diese Laboratorien auch über den Austausch von Studenten relativ eng miteinander verbunden. Brenda Milner pflegte darüber hinaus eine besondere Kooperation mit zwei Wissenschaftlern, denen sie auch persönlich sehr eng verbunden war. Der eine war Teuber an der Ostküste der USA, der andere R. W. Sperry an der Westküste. Während sie im wissenschaftlichen Bereich mit Teuber vor allem das Interesse an Frontalhirnfunktionen verband, galten die gemeinsamen Arbeiten mit Sperry insbesondere der Lateralität.

Roger Wolcott Sperry hatte zuerst Literaturwissenschaft studiert, war dann zur

Experimentalpsychologie und später in die
Biologie geraten. In bahnbrechenden experimentellen Arbeiten zur Spezifizität von
Nervenverbindungen hatte er in den dreißiger
Jahren seine Chemospezifizitätshypothese
gegen die Resonanztheorie seines Doktor-
vaters Paul Weiss durchsetzen können. Später
ging er experimentell ebenfalls gegen die
Äquipotentialitäts- und Isomorphismusvor-
stellungen von Karl Lashley und Wolfgang
Köhler vor. Seine Arbeiten über die Auswirkungen der Durchtrennung intracorticaler Verbindungen auf visuelle Gedächtnisleistungen
würde man heute als Beiträge zum sogenannten „binding problem" ansehen. Er entwickelte
außerdem die Corollary Discharge Theory
(Sperry, 1950), die, wie die zur gleichen Zeit
von von Holst und Mittelstaedt publizierte
Reafferenztheorie (Holst & Mittelstaedt,
1950), einen wichtigen Einfluss auch auf klinisch neuropsychologische Ideen, beispielsweise zu Frontalhirnfunktionen hatten (Preilowski, 1972; Teuber, 1964). In Sperrys Labor
konnte in den fünfziger Jahren auch die
Spezifizität der interhemisphärischen Verbindungen nachgewiesen werden (Myers, 1955).
Aus diesen Untersuchungen entstand ab 1958
am California Institute of Technology in Pa-
sadena die berühmte Split-brain Forschung,
die zuerst an Tieren und dann, in Kooperation
vor allem mit dem Neurochirurgen Joseph E.
Bogen, bei Patienten durchgeführt wurde. Für
diese Arbeiten erhielt Sperry 1981 den
Nobelpreis für Physiologie oder Medizin
(Preilowski, 1984; Sperry, 1982).

Die Gründe für die sehr subjektive Auswahl
und die stark personenbezogene Darstellung
dieser Entwicklungsperiode der Klinischen
Neuropsychologie werde ich im nächsten Abschnitt näher erläutern. Ich hielt diese Gründe
für so bedeutsam, dass ich aus Platzgründen
andere wichtige Bereiche – die zu diesem
Zeitpunkt national wie international weniger
großen Einfluss auf die Entwicklung der Neuropsychologie hatten, gar nicht erwähnt habe.
Es sind dies vor allem die Neuropsychologie des Kindes- und Jugendalters sowie die
Tätigkeiten von Neuropsychologen im Bereich der geistigen Behinderungen und der
Psychiatrie.

Hauptgründe für die Entwicklung einer bedeutsamen Experimentellen und Klinischen Neuropsychologie nach dem Zweiten Weltkrieg in den USA und Großbritannien

Es erscheint sinnvoll an dieser Stelle in der
Beschreibung einzelner Entwicklungen inne-
zuhalten und zu versuchen zusammenzufassen, was die eigentlichen Ursachen für das
enorme Wachstum der Neuropsychologie insbesondere in den USA und Großbritannien
waren.

Die Grundvoraussetzung war ohne Zweifel
ein ausreichendes Reservoir von neurowissenschaftlich, neurologisch und psychologisch
gut ausgebildeten Forschern und Klinikern.
Sicher kam auch hinzu, dass man größere
Gruppen von hirnverletzten Soldaten über
längere Zeit hinweg systematisch untersuchte.
Dadurch sind Fortschritte in der Entwicklung
von Testverfahren und Normen (von speziellen Einzelverfahren wie auch Testbatterien,
deren Entstehungsgeschichte ein eigenes Kapitel füllen könnte) möglich geworden. Diese
Testverfahren und Normen hatten ihrerseits
wiederum einen fördernden Einfluss auf die
weitere Entwicklung der Klinischen Neuropsychologie. Die Fortschritte in der Klinischen
Neuropsychologie konnten hierbei insbesondere auf den theoretischen und methodischen
Neuerungen der psychologischen Diagnostik
aufbauen (z.B. Allport, 1937; Anastasi, 1968;
Cronbach, 1949; Meehl, 1954).

Was aber insbesondere die Entwicklung in
Nordamerika betrifft, so kam hier noch hinzu,
dass es schon seit den dreißiger Jahren eine
Reihe von Persönlichkeiten und philanthro-
pischen Organisationen gab, die amerikanische wie internationale und vor allem interdisziplinäre Verbindungen ermöglichten und
den Austausch von Wissen und Erfahrungen in
Konferenzen und Publikationsorganen organisierten. Aus den Veröffentlichungen dieser
Konferenzen erhalten wir das Bild einer intensiven und unvoreingenommenen Auseinandersetzung über die Funktionen des Gehirns
zwischen Forschern, die sowohl in tier- und
humanexperimenteller Forschung als auch in
der Klinik aktiv waren. Die Forschung wie die
Auseinandersetzungen über Ergebnisse und

über Hypothesen zu ihrer Erklärung waren problemorientiert, ohne dass es ohne weiteres möglich wäre, zwischen Vertretern einzelner Disziplinen zu unterscheiden.

Besonders wichtig war sicher auch, dass sich zu bestimmten Zeiten an bestimmten Orten eine „kritische Masse" von Forschern und Klinikern sammelte. Zumeist war der Nukleus solcher Aggregationen ein sich besonders effektiv ergänzendes Arzt-Psychologen Team, wie die bereits erwähnten Bender und Teuber, Meyers und Benton, Quadfasel und Goodglass, Rasmussen und Milner, Bogen und Sperry oder Geschwind und Kaplan. Die Dynamik einer solchen kritischen Masse blieb dann vor allem dadurch erhalten, dass diese Laboratorien auch besonders motivierte und fähige Studenten, internationale Gastforscher sowie einflussreiche Kooperationspartner und nicht zuletzt auch Geld anzogen.

Darüber hinaus könnte man drei weitere Faktoren nennen: Zum einen herausragende Persönlichkeiten, die nicht nur eine erfolgreiche Gruppe aufbauten, sondern die Ergebnisse dieser Forschung auch nach außen, in einer für Laien verständlichen Art und manchmal auch medienwirksam darstellen konnten. Hierbei spielten dann die beiden anderen Faktoren eine sehr hilfreiche zusätzliche Rolle: Erstens, eindrucksvolle Forschungsergebnisse und zweitens, ein intuitiv eingängiges Erklärungskonzept. Besonders eindrucksvoll sind beispielsweise Beschreibungen einzelner Patienten oder aufsehenerregender Experimente: die Geschichte von H.M. berührt jeden von uns mehr als Mittelwerte einer Gruppe von Patienten.

Ein gutes Beispiel für aufsehenerregende Experimente und intuitiv ansprechende Erklärungen der Ergebnisse ist die Split-brain Forschung. Schon vor der Verleihung des Nobelpreises an Sperry war sie durch die eindrucksvolle experimentelle Demonstration der Diskonnektionseffekte unter den Wissenschaftlern bekannt geworden. Neben der Wirksamkeit der Einzelfallbeschreibungen zog hier vor allem auch die Körper-Geist-Problematik Forscher der verschiedensten Disziplinen an und sorgte so für eine rasche Verbreitung dieser Forschungsergebnisse. Darüber hinaus

wurde die Bedeutung der Split-brain Befunde für das tägliche Leben des Mannes auf der Straße auch in der allgemeinen Öffentlichkeit, in Zeitungsartikeln und Talkshows diskutiert. Ein Konzept, das leicht generalisierbar ist und sich zu intuitiv verständlichen Erklärungen alltäglicher Erfahrungen eignet, wird schnell Teil unseres Allgemeinwissens. Und in der Tat sind rechts- und linkshemisphärische Funktionsbeschreibungen, beziehungsweise die Gegenüberstellung von „Rechts- und Linkshirnigem" mittlerweile Teil des Allgemeinwissens und in Managerkursen oder in Lehrerkreisen genauso zu finden wie in Filmen oder Cartoons.

Neben den wissenschaftlichen Erfolgen sollte man auch den Einfluss der beginnenden Professionalisierung und Internationalisierung erwähnen, der maßgeblich von den angelsächsischen Forschungsgruppen ausging. Dazu gehört zum einen eine über die Jahre rasant wachsende Zahl von Veröffentlichungen sowie die Schaffung von Publikationsorganen, wie Handbücher und Zeitschriften, speziell zur Neuropsychologie. Darüber hinaus wurden Akademien und wissenschaftliche wie berufliche Vereinigungen gegründet. So entstand 1968 die International Neuropsychological Society und 1976 die National Academy of Neuropsychology. Zehn Jahre später wurde in der APA, der American Psychological Association, die Division 40 (Division of Clinical Neuropsychology) eingerichtet, auf deren Betreiben die Klinische Neuropsychologie als „Clinical Specialty" anerkannt wurde.

Zur Bedeutung der Rehabilitation in der nordamerikanischen Neuropsychologie

Schon sehr früh lag der Schwerpunkt der nordamerikanischen Neuropsychologie auf der Hirnforschung und im Anwendungsbereich auf der Diagnostik und Begutachtung. Die Anzahl der rehabilitativen Einrichtungen war und ist noch immer relativ gering. Trotzdem sind vor allem aus den USA auch auf diesem Gebiet wichtige Anstöße für entsprechende Entwicklungen in Europa gekommen. Zum einen gab es eine umfangreiche tierexperimentelle Forschung über die physiologischen Adaptationsprozesse nach Hirnschädigungen sowie über verschiedene Einflussfaktoren, wie Zeitpunkt, d.h. Alter des Organismus, oder Art, Umfang und Dynamik von Hirnverletzungen. Eine Übersicht ist zum Beispiel in den von Finger herausgegebenen Büchern zu finden (Finger, 1978; Finger & Stein, 1982). Zum anderen aber gab es auch eine Reihe von Modellversuchen zu pharmakologischen wie psychologischen therapeutischen Interventionen bei Patienten mit Hirnverletzungen (Diller, 1968).

Einer der ersten, die sich um die experimentalpsychologischen Grundlagen der Rehabilitation von Hirngeschädigten bemühten, war Leonard Diller. Im Rahmen der medizinischen Rehabilitation des New York University Medical Centers etablierte er 1953 ein Psychologieprogramm, aus dem mit der Zeit eine Abteilung für Klinische Neuropsychologie und Rehabilitation entstand. Ab 1964 war hierbei auch Yehuda Ben-Yishay beteiligt. Die Grundzüge der sogenannten „Kognitiven Rehabilitation" von Hirngeschädigten, die von Diller entwickelt worden waren, wurden von Ben-Yishay durch ein hochelaboriertes Psychotherapieprogramm ergänzt. Die Verbindung von Kognitionstraining und Psychotherapie wie auch den Ansatz eines „therapeutischen Milieus" könnte man bis zu Goldstein (Goldstein, 1919; Goldstein, 1942), der einer von Ben-Yishays Lehrern an der New School of Social Research in New York war, zurück verfolgen. Weitere vergleichbare therapeutische Ansätze entstanden in den achtziger Jahren (z.B. Prigatano et al., 1986).

Neben diesen psychotherapeutischen Programmen gab es schon sehr früh Versuche aus existierenden therapeutischen Ansätzen der Klinischen und Entwicklungspsychologie Trainingsprogramme für Hirngeschädigte zu entwickeln. So beispielsweise zur Bewältigung alltäglicher Probleme durch Förderung der sozialen Kompetenzen (Doll, 1951) wie auch der senso-motorischen Fertigkeiten (z.B. Activities of Daily Living-ADL: Brown, 1960) oder von Problemlösestrategien (Spivack et al., 1976).

In den siebziger Jahren erfasste die Biofeedback-Euphorie auch die Neuropsychologen, was zur Ergänzung des Repertoirs von Verhaltensmodifikationstechniken durch verschiedene Entspannungs- und Konditionierungsparadigmen führte. Die Anwendung von Feedbacktraining konzentrierte sich zuerst vor allem auf motorische Störungen (Hemiplegie, Spastizität, Dystonien wie Torticollis), später auch auf andere hirnorganisch bedingte Störungen wie Inkontinenz und Epilepsie (Cleeland, 1981). Spektakulärere Behauptungen über die Effektivität beispielsweise von „Quantitative EEG Analysis" (QEEG) und Electroencephalographic Entrainment Feedback (EEF) als Neurotherapie unter anderem auch bei Hirngeschädigten sind neueren Datums. Allerdings bestehen die Belege hierfür bisher fast ausschließlich aus anekdotischen Beschreibungen, die als Werbung von Firmen entsprechender Geräte und Programme und von einzelnen Anwendern verbreitet werden. Darüber hinaus gibt es nur eine Reihe von unveröffentlichten Konferenzbeiträgen und einige wenige Einzelfallstudien (z. B. Rozelle & Budzynski, 1995). Insgesamt waren diese Biofeedbackentwicklungen noch zu wenig überzeugend, um bisher einen größeren Einfluss auf die Diagnostik und Therapie im Bereich der Klinischen Neuropsychologie genommen zu haben.

Die Periode von 1950 bis Anfang der achtziger Jahre in Westdeutschland und einigen anderen europäischen Ländern

Die Entwicklung in der Bundesrepublik

In den ersten zehn Jahren nach Ende des Zweiten Weltkriegs gab es Gruppen von Neurologen und Neurochirurgen, die sich auch weiterhin intensiv mit der Versorgung von Hirnverletzten auseinandersetzten. Sie gründeten 1948 die Arbeitsgemeinschaft für Hirntraumafragen, die sich später in Gesellschaft für Hirntraumatologie und klinische Hirnpathologie umbenannte. Anfang der 80er Jahre wurde daraus schließlich die Deutsche Gesellschaft für Neurotraumatologie und Klinische Neuropsychologie.

Die Gruppe der neuropsychologisch interessierten Neurologen war relativ klein, und die
heißen Themen der damaligen Zeit wurden
durch die Entwicklung neuer elektrophysiologischer Techniken geprägt. Hier ist insbesondere der Einfluss Richard Jungs zu nennen,
der Techniker und Kliniker, human- und
tierexperimentelle Forscher in Freiburg/Br. in
einer Abteilung für Klinische Neurophysiologie zusammenführte, die er ab 1951 aufgebaut hatte. In Jungs Institut wurden Pionier-
arbeiten zum EEG und zur Elektronystag-
mographie sowie zu extrazellulären kortikalen
Einzelzellableitungen geleistet. Die Tatsache,
dass in der Folge die Doktoranden und Mitarbeiter Jungs viele Lehrstühle und wichtige
neurologische Forschungsabteilungen in
Deutschland übernahmen, hatte ebenfalls
großen Einfluss auf die Neurowissenschaft in
Deutschland. Damit wurde nämlich auch
das von Jung gepflegte parallele Arbeiten im
menschlichen und tierexperimentellen Bereich
in viele neurologische Abteilungen übernommen. Jung hatte gegen Ende des Krieges auch
einige Zeit bei Karl Kleist in einem Armee-
krankenhaus für Hirnverletzte gearbeitet. Er
brachte neuropsychologischen Fragestellungen durchaus Interesse entgegen. Aber bis auf
einige spätere Untersuchungen zur Lateralität
(in denen sich auch sein kunsthistorisches und
musikalisches Interesse widerspiegelt) galt
sein Hauptaugenmerk und das seiner Schüler
weniger den kognitiven als vielmehr den
grundlegenden sensorischen und motorischen
Funktionen.

Von der kleinen Gruppe neuropsychologisch Arbeitender wurden bereits Klaus
Conrad und Clemens Faust erwähnt. Desweiteren wären Eberhard Bay in Düsseldorf und
Anton Leischner in Bonn anzuführen. Und
damit wären gleichzeitig die Gebiete benannt,
in denen auch nach 1950 kontinuierlich ge-
forscht wurde, nämlich das Gebiet der
Agnosie- und vor allem der Aphasieforschung.

Wenn man sich für Deutschland auf ein
Datum festlegen müsste, das man als Markierung des Beginns einer interdisziplinären
Klinischen Neuropsychologie ansehen könnte,
dann am ehesten wohl auf das Jahr 1952.

Zu diesem Zeitpunkt eröffnete Friedrich
Schmieder in Gailingen, einem am Rhein und
an der Grenze zur Schweiz gelegenen Dorf,
eine Rehabilitationsklinik für Hirngeschädigte. Schmieder vertrat die Auffassung, dass
die Folgen von Hirnschädigungen kausal
durch sogenanntes zerebrales Funktionstraining zu therapieren wären. Im Laufe der
Zeit wurde an seinen Kliniken ein umfassendes Programm zur Behandlung der hirnverl-
letzten Patienten entwickelt. In den ersten
Jahren schienen die Inhalte vor allem von
Schmieders Intuition bestimmt worden zu
sein, und zuerst arbeiteten als Therapeuten vor
allem Praktiker (Handwerker und Künstler),
die erst nach und nach durch „professionelle
Therapeuten" ergänzt wurden.

Zu den Verdiensten von Friedrich Schmieder
gehört auch die Unterstützung des Modell-
projekts eines Rehabilitationskrankenhauses
für Kinder und Jugendliche, das 1972 ebenfalls in Gailingen eröffnet wurde. Die erfolgreiche Tätigkeit von Neuropsychologen in den
Kliniken Dr. Schmieder und im Neurologischen Rehabilitationszentrum Jugendwerk
Gailingen hatte einen großen Einfluss auf die
später in anderen Teilen Deutschlands einge-
richteten Rehabilitationseinrichtungen.

In den 60er Jahren wurden dann die ersten
Professuren mit neuropsychologischen Schwerpunkten an den medizinischen Fakultäten, z.B.
in Tübingen und Aachen eingerichtet. Im
Bereich der Neurologie der Aachener Universität hatte der Neurologe Klaus Poeck ab
1967 eine Abteilung aufgebaut, in der Linguisten, Neurologen und Psychologen zusammen-
arbeiteten. In dieser Arbeitsgruppe sind
wesentliche diagnostische Instrumente und
Ansätze zur Rehabilitation, vor allem der
Aphasie, entstanden. In Tübingen übernahm
der Psychologe und Mediziner Klaus Mayer
1969 die Leitung einer Abteilung für Neurologie und Neuropsychologie. Die ersten
Professuren für Neuropsychologie an psychologischen Instituten (in Bielefeld und Freiburg) wurden erst mehr als zehn Jahre später
eingerichtet.

Klinische Neuropsychologie in Österreich und in der Schweiz

Die Neuropsychologie Österreichs ist vor allem mit den Wiener Neuropsychiatern Otto Pötzl, Hans Hoff und dem Ehepaar Ilse und Karl Gloning verbunden. Pötzl ist insbesondere für seine klassischen Beiträge zu visuellen Wahrnehmungsstörungen bekannt (Pötzl, 1928). Hoff sah sich in der Tradition der sogenannten Wiener Schule. Zu ihren ersten Repräsentanten werden auch Theodor H. Meynert und Sigmund Freud gerechnet. Obwohl als das Typische der Wiener Schule der Versuch gesehen wurde, die klassische Lokalisation höherer Funktionen durch dynamische Gesichtspunkte zu ergänzen, sind die Wiener neuropsychologischen Arbeiten denen der klassischen deutschen Hirnpathologen doch sehr ähnlich. Charakteristisch sind zum Beispiel die ausführlichen Fallbeschreibungen (Gloning, 1965). Seit den späten sechziger Jahren aber beinhalten die Arbeiten aus Wien auch zunehmend Ergebnisse und statistische Vergleiche auf der Basis von Tests einer größeren Anzahl von Patienten (Gloning et al., 1969). Hierfür kann man zwei Einflüsse vermuten: Zum einen das wachsende Interesse an der Lateralitätsforschung, die überwiegend auf dem Vergleich von Patientengruppen mit einseitigen Läsionen beruhte, obwohl das erneute Interesse vor allem durch die Berichte über einzelne Split-brain Patienten entfacht worden war. Zum anderen wird in den Arbeiten der Glonings die Interaktion der Wiener Gruppe mit Henry Hécaen und dem „Internationalen Neuropsychologischen Symposium" deutlich. Die Bedeutung Hécaens und des von ihm initiierten internationalen Kontaktkreises für die Entwicklung der Europäischen Neuropsychologie wird später noch näher ausgeführt werden.

Das „Internationale Neuropsychologische Symposium" spielte übrigens auch eine Rolle in der Entwicklung der Schweizer Neuropsychologie. In Zürich wurde in den sechziger Jahren an der neurochirurgischen Universitätsklinik unter seinem Direktor Hugo Krayenbühl ein neuropsychologisches Laboratorium nach dem Vorbild von Montreal eingerichtet. So wie in Großbritannien und Nordamerika größere Gruppen von Kriegsverletzten mit standardisierten Verfahren untersucht wurden (z.B. Newcombe, 1969) konnten in Zürich durch systematische Untersuchungen und Vergleiche zwischen größeren Patientengruppen mit ähnlichen Läsionen Erfahrungen über die Auswirkungen von beispielsweise rechts- und linkshemisphärischen Läsionen gesammelt werden. Etienne Perret, der die Leitung des neuropsychologischen Laboratoriums in Zürich inne hatte, war dabei in seiner Arbeit, durch Interaktionen mit den ständigen Mitgliedern des „Internationalen Neuropsychologischen Symposiums", wie Brenda Milner und Freda Newcombe, geprägt worden (Perret, 1973).

Zur Neuropsychologie in den Ostblockländern

Was sich in jener Zeit auf der anderen Seite des Eisernen Vorhanges im Bereich der Klinischen Neuropsychologie tat, kann hier nur angedeutet werden. Eine Gesamtdarstellung der Entwicklungen in der DDR sowie in den übrigen Ostblockstaaten fehlt bis heute. Nur aus Arbeiten, die auf Englisch, Deutsch oder Französisch publiziert wurden, und über die Tätigkeiten von westlichen Wissenschaftlern in diesen Ländern ist einiges darüber bekannt geworden. Davon wiederum kann hier nur ein sehr kleiner Teil angesprochen werden.

Den größten Einfluss auf die Entwicklung der Klinischen Neuropsychologie in den Ostblockstaaten hatte Alexander R. Lurija.[4] Lurija hatte seit seiner Studentenzeit experimentalpsychologisch gearbeitet, hatte mit Freud korrespondiert und nach seinem zusätzlichen Medizinstudium auch neuropsychologisch gearbeitet. Durch einzelne Publikationen war er auch im Westen bekannt geworden. In den Mittelpunkt des Interesses rückte er aber erst, als er 1966 in Moskau den Internationalen Kongress für Psychologie organisierte und als seine Bücher in englischer und deutscher Übersetzung erschienen. Diese

---

[4] Neben der lautgetreuen Übertragung in die lateinische Schrift existiert die buchstabengetreue als Luria.

(Luria, 1966, 1972a, 1974) wurden dann auf Jahre hinaus auch im Westen nicht nur die am häufigsten verwendeten Textbücher in den Neuropsychologiekursen, sondern auch zu Bestsellern außerhalb der Colleges und Universitäten.

Die ganze Bedeutung Lurijas und die Einflüsse, die seine Arbeit geprägt haben, lassen sich aus den übersetzten Werken jedoch nur teilweise erschließen. Zu sehr sind nach Meinung von Kennern der russischen Originalliteratur die frühen Veröffentlichungen Lurijas durch Versuche geprägt, politische Pressionen zu vermeiden, während die neueren eher ein geglättetes – um nicht zu sagen geschöntes – Bild der Entwicklung seiner neuropsychologischen Ideen zeigen (Joravsky, 1974). Zu den Physiologen, deren Einfluss Lurija besonders anerkennt, gehören Sechenov und Bechterew sowie Bernstein. Von psychologischer Seite sind neben der Psychoanalyse Freuds auch Dilthey und die Berliner Gestaltpsychologie zu nennen. Aber am wichtigsten war wohl der Einfluss des Psychologen und Pädagogen Lew Semjonowitsch Wygotskij, den Lurija 1924 in Petrograd auf dem 2. Allunionskongress für Psychoneurologie [sic] traf und mit dem er in Moskau bis zu dessen Tode im Jahr 1934 arbeitete.

Lurijas Beschreibungen von den Funktionen des Gehirns sind intuitiv ansprechend, seine Erklärungen gut verständlich und seine illustrierenden Beispiele spannend zu lesen. Die Sicherheit, mit der er alles in ein funktionelles Schema einordnet, macht seine Vorstellungen vor allem für neurowissenschaftliche Laien besonderes attraktiv. Auch seine Einzelfalldarstellungen (Luria, 1968, 1972b) haben viel dazu beigetragen, dass er zu den meist gelesenen Neuropsychologen gehört. Insgesamt findet man bei Lurija all das, was oben bereits für den Erfolg der Neuropsychologie in den USA als wesentliche Faktoren genannt wurde: Interessante, menschlich ansprechende und alltagsbezogene Beschreibungen einzelner Schicksale, Betonung rätselhafter Verhaltensveränderungen, eingängige, relativ einfache Erklärungen, und nicht zuletzt eine charismatische Persönlichkeit mit der Fähigkeit, dies alles in Schrift und Wort publik

zu machen sowie Kolleginnen und Kollegen zu begeistern. Und so wie man nach dem Krieg nach Montreal, Boston und Oxford, Cambridge oder London pilgerte, um an der Quelle der Neuropsychologie zu lernen, reisten viele aus Ost und West nach Moskau in die Rossolimostraße. Was aber die praktische diagnostische und therapeutische Arbeit von Lurija betrifft, so sind seine wesentlichen Charakteristika, beispielsweise intuitive und subjektive Ansätze, verbunden mit ad hoc improvisierten Prüfungen und Übungen kaum übernommen worden. Vielmehr wurden einzelne Prüfungen verwendet und unter Nutzung seines Namens Testbatterien entwickelt, die eigentlich genau das Gegenteil seines Ansatzes, den er in seiner Autobiographie als „romantische Wissenschaft" charakterisierte, darstellen (Spiers, 1981). Andere Pionierleistungen, wie der Einsatz von Stimulanzien und Cholinesterasehemmern in der Rehabilitation von Hirngeschädigten (Luria et al., 1969) finden erst heute wieder verstärkte Beachtung.

Zu denen, die viele Jahre engen Kontakt mit Lurija hatten, gehörte auch Egon Weigl. Weigl war von München, von einem Ingenieurstudium und der Beschäftigung mit der Psychoanalyse Alfred Adlers, schließlich in Berlin mit der Gestaltpsychologie Max Wertheimers in Berührung gekommen. Er hatte am Institut von Goldstein und Gelb in Frankfurt/Main gearbeitet und bei Gelb promoviert. Seine Dissertation beinhaltete seine Untersuchungen zum abstrakten Denken und Tests der Ideen von Gelb und Goldstein (Weigl, 1927a, b). Der in der ersteren dieser beiden Publikationen beschriebene Ordnungstest wurde später zur Grundlage anderer Sortierverfahren. Beispielsweise entwickelten Berg und Grant aus dem „Weigl-type card sorting problem" den Wisconsin Card Sorting Test (Grant & Berg, 1948). Weigl hatte sich zwischenzeitlich auch als Psychotechniker betätigt (Weigl, 1929), bevor er in Berlin noch einmal mit Goldstein arbeitete. Nach der Machtergreifung der Nationalsozialisten emigrierte er nach Rumänien, wo er zum Ende des Krieges wegen antifaschistischer Aktivitäten im Gefängnis landete. Nach der Befreiung unterrichtete er an der Bukarester Universität und forschte mit den Aphasiologen Kreindler und Fradis. Hier entwickelte er die bekannte „Deblockierungsmethode" (Weigl, 1961). Ab 1961 setzte er seine neurolinguistischen Untersuchungen zusammen mit seiner Frau Irina in Ostberlin fort.

Die Entwicklung und internationale Verbreitung einer interdisziplinären Neuropsychologie

Der Durchbruch einer interdisziplinären Neuropsychologie auf dem Europäischen Kontinent und die damit entstehende gleichgewichtige Partnerschaft mit den angelsächsischen Neuropsychologen ist untrennbar mit dem Namen Henry Hécaen verbunden. Und nicht von ungefähr habe ich den Beginn dieser Periode mit dem Jahr 1950 datiert. In diesem Jahr nämlich traf sich zum ersten Mal „The Symposium", wie es zuerst genannt wurde, das spätere „International Neuropsychological Symposium", das oben bereits erwähnt wurde. Die Idee zu diesem Symposium kam von Hécaen.

Henry Hécaen stammte aus einer bretonischen Familie und war einige Jahre als Schiffsarzt zur See gefahren, wie andere vor ihm in seiner Familie. Danach wechselte er in die Psychiatrie. Noch mehr aber interessierte ihn die Neurologie und die Neuropsychologie. Schon 1949 veröffentlichte er zusammen mit Julian de Ajuriaguerra ein Textbuch der Neuropsychologie (Hécaen & Ajuriaguerra, 1949), dem dann viele weitere neuropsychologische Bücher folgen sollten. Hécaen baute schon sehr früh Kontakte zu ausländischen Kollegen auf, die sich mit neuropsychologischen Fragestellungen beschäftigten. So beispielsweise zu dem Neuropsychiater Hans Hoff in Wien und dem Experimentalpsychologen Oliver Zangwill in Oxford. Aus diesen Kontakten entstand eine internationale Vereinigung zur Förderung der Erforschung von Gehirnfunktionen und der Fragen im Grenzbereich zwischen Neurologie, Psychologie und Psychiatrie. Das Besondere an dieser Gruppe war, dass man nur auf Einladung Mitglied werden konnte, und dass es zuerst

weder einen Namen, noch eine Satzung oder sonst irgendwelche festgeschriebenen Regeln gab. Interessant war auch, dass die Teilnehmer aus Frankreich, Deutschland und Österreich (Bay, Gloning, Hécaen, Hoff, Jung, Pötzl, von Stockert) alle Neurologen und/oder Psychiater waren. Die anderen Teilnehmer (Oldfield, MacFie, Piercy, Moyra Williams, Zangwill) waren alle Engländer und Experimentalpsychologen. Diese eigenartige Verteilung von Medizinern und Psychologen nach Nationalitäten hatte noch relativ lange Bestand, wobei die Gruppe der Psychologen von den Nordamerikanern (z.B. Teuber, Milner, Benton, Kinsbourne) und die der Neurologen von den Italienern (z.B. De Renzi, Vignolo, Gainotti) verstärkt wurde. Tatsächlich spiegelte dies auch die Situation der Neuropsychologie der damaligen Zeit wider. Aber mit zunehmenden gegenseitigen Besuchen und längeren Aufenthalten zur gemeinsamen Forschung sowie dem Austausch von Studenten und Mitarbeitern zwischen den einzelnen Arbeitsgruppen vermischten sich die Gruppierungen immer mehr und führten zu einer echten interdisziplinären Kooperation.

Ein weiterer wichtiger Schritt in Richtung einer internationalen Verbreitung der Neuropsychologie war die Gründung der Zeitschrift „Neuropsychologia" im Jahre 1963, das erste ausschließlich dem Gebiet der Neuropsychologie gewidmete Publikationsorgan. Wiederum war dies eine Initiative von Hécaen, die er jetzt mit Hilfe der Symposiumsgruppe verwirklichte. Die Vorbereitungen dazu erstreckten sich über fünf Jahre, denn zuerst herrschte allgemeine Skepsis darüber, ob sich eine Zeitschrift für das Gebiet der Neuropsychologie überhaupt lohnen würde. Aber schon zwei Jahre später erschien in Italien vor allem durch die Bemühungen von Ennio DeRenzi mit „Cortex" eine weitere internationale neuropsychologische Zeitschrift. Und in den Jahren danach sollten noch viele andere folgen.

Mit der rasanten Entwicklung der Neuropsychologie wurde auch das Interesse an öffentlich zugänglichen und damit größeren Foren stärker, und so entstand auch unter Mitwirkung von Mitgliedern des oben erwähnten Neuropsychologischen Symposiums

1965 in Europa die „European Brain and Behaviour Society" (EBBS) und einige Jahre später in den USA – wie bereits erwähnt – die „International Neuropsychological Society" (INS). Die EBBS veranstaltet jährliche Konferenzen zum gesamten Spektrum der Beziehung zwischen Gehirnfunktionen und Verhalten und eine Reihe von Workshops zu bestimmten Themen der Gehirn-und Verhaltensforschung sowie zu den in diesem Zusammenhang relevanten Forschungsmethoden. Die „International Neuropsychological Society" (INS), die mittlerweile auch eine eigene Zeitschrift herausgibt, organisiert pro Jahr jeweils ein Treffen innerhalb Nordamerikas und eines außerhalb.

Von den achtziger Jahren bis heute

Die letzten nicht ganz zwanzig Jahre in der Entwicklung der Neuropsychologie könnte man weltweit als eine Phase der Professionalisierung kennzeichnen. In Deutschland entstanden bis Anfang der neunziger Jahre etwa einhundert Rehabilitationseinrichtungen für Hirngeschädigte, in denen eine neuropsychologische Grundversorgung gewährleistet ist. Darüber hinaus wurden Tageskliniken und Modelleinrichtungen unter verschiedenen Trägerschaften eingerichtet. Unter ihnen ist das Bogenhausener Modell vielleicht das bekannteste. Durch verschiedene Forschungsprogramme wurde auch versucht, die weitere Entwicklung der experimentellen und klinischen Neuropsychologie zu unterstützen. So wurden etwa durch das von der Hannelore Kohl Stiftung unterstützte Kuratorium ZNS Projekte zum Einsatz von Computern in der Diagnostik und Therapie gefördert. Weitere Geldmittel wurden von der Europäischen Gemeinschaft und dem Bundesministerium für Forschung und Technologie zur Verfügung gestellt. Viele der Entwicklungen von diagnostischen und therapeutischen Programmen waren jedoch schon vor dieser Unterstützung, zumeist durch die Initiative einzelner Arbeitsgruppen, begonnen worden. Und viele der originellsten Beiträge kommen immer noch von Arbeitsgruppen und einzelnen Neuropsy-

chologen, die ihre eigenen zeitlichen und finanziellen Ressourcen investieren.

In den letzten Jahren wurden insbesondere die Frührehabilitationseinrichtungen erweitert und damit auch neuropsychologisches Neuland betreten. Ein weiterer neuer Schwerpunkt, der zur Ausdehnung der Neuropsychologie in den psychiatrischen Bereich führte, ist die Diagnostik und Behandlung neuropsychologischer Störungen bei geriatrischen Patienten. In anderen psychiatrischen Schwerpunkten und auch in Anwendungsbereichen, wie beispielsweise in der Forensik oder der Arbeitsmedizin, ist der Anteil von neuropsychologisch Tätigen immer noch relativ gering. Das gleiche gilt für die Pharmakologie und Toxikologie.

Die insgesamt positive Bilanz dieser Entwicklung wird jedoch durch die Tatsache getrübt, dass neben den Tageskliniken, die zumeist in den Großstädten zu finden sind, viel zu wenige neuropsychologische Ambulanzen entstanden, die auch außerhalb der Ballungsgebiete eine wohnortnahe Versorgung von Hirngeschädigten sicherstellen könnten. Im Gegensatz zu Nordamerika, wo die Neuropsychologen vielfach eigenständig und ambulant tätig sind, ist die Zahl der niedergelassenen Neuropsychologen in Deutschland noch sehr gering. Dies führt immer wieder dazu, dass Patienten nach Beendigung ihres Rehabilitationsaufenthalts in einer Klinik keine weitere Unterstützung in ihren Rehabilitationsbemühungen erhalten.

Ein weiteres Problem der raschen Entwicklung der Neuropsychologie ist das der Kommerzialisierung. Vor allem, wenn dies zu unsachgemäßer und unkritischer Anwendung von neuropsychologischen Test- und Trainingsmaterialien führt oder mit der Entwicklung und dem kommerziellen Vertrieb von Kurztests oder Trainingsmaterialien unter Vortäuschung wissenschaftlicher Gewähr verbunden ist. Damit wurde die Qualitätssicherung zu einer der bedeutendsten Aufgaben, deren Bewältigung die weitere Zukunft der Klinischen Neuropsychologie bestimmen wird.

Neben der Kontrolle der Gütekriterien von Test- und Therapiematerialien, ist ein für eine positive Zukunftsentwicklung entscheidender Schritt die Sicherstellung einer qualitativ hochwertigen Ausbildung wie auch Fort- und Weiterbildung. Hierzu gibt es in Europa und Nordamerika mittlerweile eine Reihe von Festlegungen zur Akkreditierung von Ausbildungsstätten und Zertifizierung von fachlich kompetenten klinischen Neuropsychologen. Einen großen Anteil an diesen ersten Maßnahmen zur Qualitätssicherung haben die Vereinigungen, die sich in den verschiedenen Ländern oder Sprachbereichen etablierten.

Im deutschsprachigen Bereich hat die Gesellschaft für Neuropsychologie (GNP) hier die Vorreiterrolle übernommen. Die GNP wurde 1986 anlässlich des 12. Arbeitstreffens einer Gruppe von Neuropsychologen gegründet. Eine gewisse Entwicklungshilfe wurde ihr dadurch zuteil, dass die 1982 aus der Gesellschaft für Hirntraumatologie und Klinische Hirnpathologie entstandene Deutsche Gesellschaft für Neurotraumatologie und klinische Neuropsychologie (DGNKN) bis 1984 nur Ärzten eine ordentliche Mitgliedschaft zugestand, und dies, obwohl beispielsweise die interdisziplinäre Aphasiediagnostik und -therapie einen inhaltlichen Schwerpunkt der Arbeit innerhalb dieser Gesellschaft bildete. Innerhalb relativ kurzer Zeit wuchs die GNP sehr schnell. In verschiedenen Arbeitskreisen wurden nicht nur Methoden und Materialien für neuropsychologische Diagnostik und Therapie entwickelt, getestet und verbreitet. Auch die Aus-, Fort- und Weiterbildung war von Anfang an ein Schwerpunkt der GNP-Arbeit.

Da es in Deutschland nach 1933 keine wirklich interdisziplinäre Neuropsychologie mehr gegeben hatte, ist es nicht verwunderlich, dass sich im Zuge der Professionalisierung der Klinischen Neuropsychologie auch fachpolitische Reibungen zwischen den verschiedenen, an der Diagnose und Behandlung von Hirnverletzten beteiligten Berufsgruppen ergaben. Trotz fachpolitischer Egoismen kam es jedoch auch immer wieder zu gemeinsamen Gesprächen und Bemühungen der verschiedenen Disziplinen. Dies ist im Wesentlichen auch denen zu verdanken, die als Mitglieder des oben beschriebenen „International Neuro-psychological Symposium" mit der Selbstverständlichkeit internationaler interdisziplinärer Neuropsychologie vertraut waren.

In diesem Rahmen fanden dann auch erste Gespräche über eine gemeinsame Ausbildung von Klinischen Neuropsychologen im deutschsprachigen Raum statt. Konkrete Schritte wurden aber erst seit Februar 1991 unternommen, als sich in einer Sitzung des GNP-Ausschusses „Aus- und Weiterbildung" Vertreter der GNP mit Repräsentanten der Deutschen Gesellschaft für Neurologie (DGN), der Deutschen Gesellschaft für Neurologische Rehabilitation (DGNR) und der Deutschen Gesellschaft für Psychologie (DGfPs) trafen. Grundlage der Gespräche war ein Papier der GNP vom Juni 1988, in dem ein Curriculum zur postgradualen Ausbildung von Neuropsychologen vorgestellt wurde. Ein Jahr später wurde verabredet, eine „Kommission Klinische Neuropsychologie" zu bilden, in der Vertreter der DGN, der Föderation Deutscher Psychologenvereinigungen (gebildet aus der DGfPs und dem Berufsverband Deutscher Psychologinnen und Psychologen BDP) und der GNP vertreten sein sollten. Im Dezember 1993 fand eine erste Sitzung dieser Kommission statt, eine weitere im September 1994. Die offizielle Konstitution der Kommission erfolgte aber erst im Februar 1995.

In der Zwischenzeit war das seit 1988 diskutierte Curriculum von der Mitgliederversammlung der GNP nur teilweise akzeptiert worden. So wurde beispielsweise die vorgeschlagene mündliche Prüfung abgelehnt. Die veränderte Fassung wurde dann am 30.09.1994 verabschiedet. Die Übergangsregelungen zur Zertifizierung und Ausführungsbestimmungen waren bereits am 22.10.1993 beschlossen worden. Ein inhaltlich vergleichbares Curriculum wurde nun auch von der „Gemeinsamen Kommission Klinische Neuropsychologie" vorgelegt und durch die Trägervereinigungen Deutsche Gesellschaft für Neurologie, Föderation der Psychologenvereinigungen und die Gesellschaft für Neuropsychologie beschlossen. Dieses Curriculum ist nun die Grundlage der folgenden weiteren Kapitel dieses Buches.

1.2 Strukturelle und funktionelle Neuroanatomie

Hans J. Markowitsch

> *Zuerst also Anatomie und dann Physiologie; wenn*
> *aber zuerst Physiologie, dann nie ohne Anatomie*
> *(Gudden, 1886).*

Zusammenfassung

Die funktionelle Neuroanatomie wird in ihren Prinzipien abgehandelt, beginnend mit allgemeinen Prinzipien des Hirnbauplans und seiner Grundelemente, den Nerven- und Gliazellen. Überträgerstoffe, Kernstrukturen, Kortexareale und Fasermassen werden hinsichtlich Aufbau und Funktion erläutert. Die Hauptbereiche des Gehirns werden nach einem Top-Down-Schema erläutert, beginnend mit der Hirnrinde. Die einzelnen Kortexlappen mit ihren wesentlichen Arealen werden nachfolgend erläutert, dann die telencephalen Kerne, das Zwischenhirn mit Thalamus und Hypothalamus als wesentlichen Elementen, das limbische System, Mittelhirn, Brücke, Kleinhirn und verlängertes Rückenmark. Zum Abschluss wird kurz auf die Bedeutung der funktionellen Neuroanatomie für die Hirnforschung eingegangen.

Wie das eingangs aufgeführte Zitat von Gudden (1886) deutlich machen soll, ist ein Verständnis der Arbeitsweise unseres Gehirns ohne ein Verständnis seines Aufbaus nicht möglich. Der Aufbau des Nervensystems ist zu unterteilen in einen generellen, allgemein gültigen und einen speziellen, regionenspezifischen.

Allgemeine Prinzipien des Hirnaufbaus

Das Gehirn besteht aus Stützmasse, den „verklebenden" und das Gerüst bildenden Elementen und den eigentlichen Nervenzellen (Neuronen), die unmittelbar und direkt unser Verhalten kontrollieren.

Glia

Gegenüber den Neuronen sind die allgemeinen Elemente die weit zahlreicheren und in der Funktion vielfältigeren. Darüber hinaus können sie sich im Gegensatz zu den allermeisten Nervenzellen regenerieren, was andererseits für eher unspezifische Funktionen spricht.

Hauptelemente der unspezifischen Anteile des Gehirns sind die Gliazellen, die sich wiederum auf der Basis ihres Aussehens (ihrer Morphologie) und ihrer Funktion in drei Hauptgruppen unterteilen lassen, Astro-, Oligodendro- und Mikrogliazellen. Diese Aufteilung in drei Gruppen erfolgt hauptsächlich auf Grund ihrer Gestalt und ihrer Funktion, wobei die Astrozyten am weit verbreitetsten im Zentralnervensystem (ZNS) auftreten und Stütz- und Ernährungsfunktionen für die Nervenzellen wahrnehmen, die Oligodendrozyten vor allem die Hüllschicht der Axone markhaltiger Neuronen des ZNS bilden (im peripheren Nervensystem [PNS] sind es die Schwannschen Zellen) und die Mikrogliazellen, die als sog. Fresszellen für den Abtransport und die Absorption geschädigter oder abgestorbener Neurone sorgen. (Die Schwann-Zellen des PNS umhüllen jeweils nur Teile eines Axons, während die Oligodendrogliazellen des ZNS die Umhüllung von Axonen mehrerer Neurone wahrnehmen können.) Vergessen sollte man auch nicht die Gruppe der Ependymzellen, die die Hohlräume (Rückenmarkskanal, Hirnventrikel) auskleiden und damit eine Art Abdichtung oder Trennschicht zwischen Neuronen und Zerebrospinalflüssigkeit (Liquor) darstellen. Ausdrücke wie „Gliom" machen des weiteren deutlich, dass Gliazellen durch unkontrolliertes Wuchern auch die Ursache mancher Hirntumore darstellen. Die Größe der Gliazellen variiert stark, liegt aber (wie die der Säugetiernervenzellen) im µm-Bereich.

Neurone

Die Nervenzellen bilden für jede Form von Informationsverarbeitung die grundlegenden Elemente des Nervensystems. Ihr unterschiedliches Aussehen führte zu einer Vielzahl von Namen (z.B. Stern-, Korb, Körner-, Armleuchter-, Pyramidenzellen). Gemeinsam ist nahezu allen, daß sie aus drei Grundbereichen und einem Zellkern bestehen. Die Grundbereiche sind der Zellkörper (Soma, Perikaryon), der signalaufnehmende (dendritische) und der signalweiterleitende (axonale) Bereich (Abb. 1).

Der Zellkörper enthält (genau wie der sonstiger Körperzellen) ein „Kraftwerk", das ihn am Leben hält, einen Zellkern, der das genetische Material enthält und in den der sog. Nucleolus eingelagert ist, und eine Außenhaut, die Zellmembran. Obwohl Signale anderer Neurone grundsätzlich an allen Stellen auf die Zelle einwirken können, tun sie dies vor allem an den Dendriten, die deswegen auch feine Noppen, die Dornen, enthalten (Abb. 1c, 2).

Die meisten Neurone des ZNS enthalten Aufschaltungen von Hunderten bis Tausenden anderer Neurone und geben über ihre Synapsen (Telodendria) Information an mehrere andere Nervenzellen weiter. Die Signalverarbeitung erfolgt dabei im Säugetier-ZNS in der Regel über bioelektrische Prozesse, die sich untergliedern in graduelle und Alles-oder-Nichts-Prozesse, und die dadurch entstehen, dass im Normalfall (= Ruhezustand der Zelle) außerhalb des Neurons vor allem Na^+ und Cl^- Ionen existieren und innerhalb vor allem K^+ Ionen und große, negativ geladene Proteine (Abb. 3). Die graduellen Prozesse (oder Potentialänderungen) entstehen dadurch, dass Signale anderer Neurone an der Aufschaltstelle,

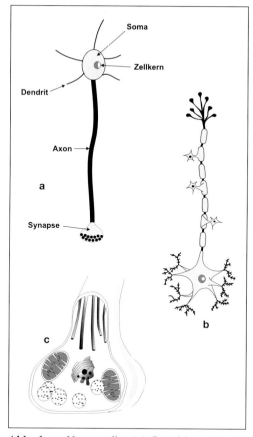

Abb. 1a-c. Nervenzelle. *(a)* Grundelemente sind der Zellkörper mit dem darin befindlichen Zellkern, das fortleitende Axon, an dessen Ende die Synapse ist (in der Regel mehrere) und der signalaufnehmende, dendritische Teil; *(b)* „verfeinert" dargestelltes Neuron: um das Axon befinden sich isolierende Gliazellen, die im peripheren Nervensystem Schwannsche Zellen und im zentralen Oligodendroglia(zellen) genannt werden; die aufgefächerten synaptischen Endknöpfchen („Telodendria") sind am Axonende sichtbar; *(c)* aufgeschnitte Innenansicht einer Synapse mit den synaptischen Bläschen (helle Kugeln), die den Transmitter enthalten.

vereinfacht beschrieben, zu einem erhöhten Einstrom von Ionen führen, was das Zellpotential verändert. Der Einstrom positiv geladener Ionen führt dabei zu einer Depolarisierung (wodurch dann ein Aktionspotential entstehen kann), der negativer Ionen resultiert

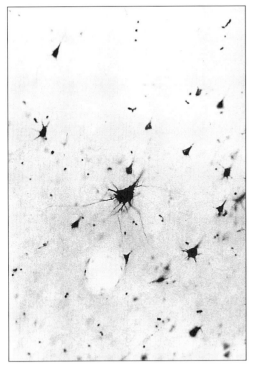

Abb. 2. Beispiel von mit Meerrettichperoxidase ge-
färbten Neuronen im Zentralnervensystem.

in einer Hyperpolarisierung, also einer Nega-
tivitätserhöhung, und führt damit zu einer
Hemmung oder Inhibition.

Die Vorgänge von De- und Hyperpolarisation lassen sog. exzitatorische oder inhibitorische postsynaptische Potentiale von mehreren Millisekunden (u. U. auch 20, 30 ms)
Dauer und Potentialschwankungen im Bereich
von bis zu ca. 30 mV entstehen. Eine zeitliche
und räumliche Summation eintreffender
Signale führt zu einer Summation dieser
Vorgänge und resultiert entsprechend (für den
exzitativen Fall) in einem oder in mehreren
Aktionspotentialen, die nach Erreichen eines
Schwellenwerts nach dem Alles-oder-Nichts-
Gesetz zu einer explosionsartigen Entladung
führen (durch massiven Einbruch positiver
Ionen wie bei einem Dammbruch).

Das Aktionspotential stellt damit den
grundsätzlichen Kommunikationsvorgang einer Nervenzelle zu ihren Partnerzellen dar
(Abb. 4). Seine Fortleitung erfolgt nur bei

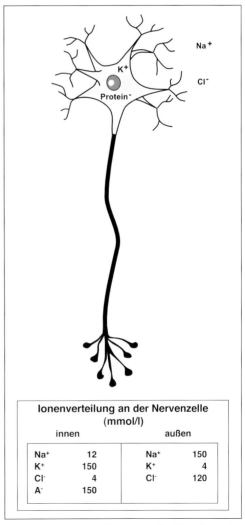

Ionenverteilung an der Nervenzelle (mmol/l)			
innen		außen	
Na⁺	12	Na⁺	150
K⁺	150	K⁺	4
Cl⁻	4	Cl⁻	120
A⁻	150		

Abb. 3. Grundüberblick über die Verteilung der
wichtigsten Ionen im Intra- und Extrazellularraum.

nicht-myelinisierten Axonen (d.h., bei Nervenzellen ohne die umhüllenden Gliazellen)
graduell, ansonsten saltatorisch (durch Sprin-
gen von einem Gliazellzwischenraum [No-
dium] zum nächsten und damit wesentlich
schneller).

Die ca. 20 Milliarden Nervenzellen mit
ihren nochmals um Zehnerpotenzen höheren
Kontaktstellen bilden den Kommunikations-
apparat, der unser Gehirn ausmacht.

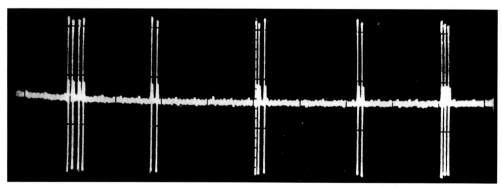

Abb. 4. Beispiel einer extrazellulären Registrierung von Aktionspotentialen einer Nervenzelle.

Guldin (1996) beschreibt in allgemeinverständlicher und gut bebilderter Form Wesentliches zu Aufbau und Funktion der Nervenzellen.

Transmitter

Die Übertragung von einer Nervenzelle auf die nächste erfolgt durch Überträgerstoffe, Transmitter, die in den Vesikeln der Synapsen gespeichert sind (Abb. 1c). Transmitter werden durch Enzyme synthetisiert und abgebaut.

Die Überträgerstoffe lassen sich unterteilen in die biogenen Amine, zu denen Acetylcholin, die Katecholamine und die Indolamine gehören. Die adrenergen Katecholamine sind Adrenalin [Epinephrin], Noradrenalin [im internationalen Sprachgebrauch meist ‚Norepinephrin‘] und Dopamin. Die Indolamine werden in Serotonin [5-HT = 5 Hydroxytryptamin] und Histamin unterteilt. Mit Ausnahme von Acetylcholin sind alle Monoamine und können Erregung wie Hemmung vermitteln. Hinzu kommen Opioide, eine Reihe von Peptiden und Hormonen, die als Transmitter oder Neuromodulatoren wirken können. (Neuromodulatoren beeinflussen den Ausstoß und die Wirkweise von Transmittern bzw. bewirken langsame, langanhaltende Effekte.)

Neben diesen Transmittern existieren noch die Aminosäuren Glutamat, Aspartat, Gammaaminobuttersäure (= GABA) und Glycin, wobei GABA der wesentlichste der hemmenden Transmitter des ZNS ist.

Im Kapitel Pharmakopsychologie wird auf mögliche medikamentöse Beeinflussungen der Transmittersysteme und damit auf medikamentöse Behandlungsmöglichkeiten eingegangen.

Kernstrukturen, Kortexareale und die weiße Masse

Neurone gleichen Typs (und z.T. auch gleicher Funktion) ballen sich häufig zu sog. Kernen zusammen. Diese finden sich in ganz unterschiedlicher Größe meist im Innern der Hirnmasse und können sich – insbesondere, wenn sie größer sind – wieder aus mehreren Teilkernen zusammensetzen, die durch unterschiedliche Lage und Morphologie ihrer Zellen (und z.T. auch durch Grenzen bildende Axonbündel [= Faserzüge]) abgrenzbar sind (z. B. die Amygdala).

Der Außenbereich unseres Gehirns, die Hirnrinde (= zerebraler Kortex) wiederum ist durch das Vorkommen verschiedenartigster Neuronentypen unterteilbar. Am bekanntesten ist die sog. zytoarchitektonische Hirnkarte von Korbinian Brodmann (1909, 1914), die auf der Verteilung und dem Aussehen (der Struktur) von Nervenzellen basiert: Abb. 5). Als Nebenbemerkung sei an dieser Stelle angeführt, dass innerhalb des zerebralen Kortexes unterschiedliche Neuronentypen in horizontalen Schichten angeordnet sind, ähnlich den verschiedenen Lagen einer Torte. Jede der 3-6 Schichten ist dabei hinsichtlich Funktion und Verschaltung von den anderen abgrenzbar (Abb. 6).

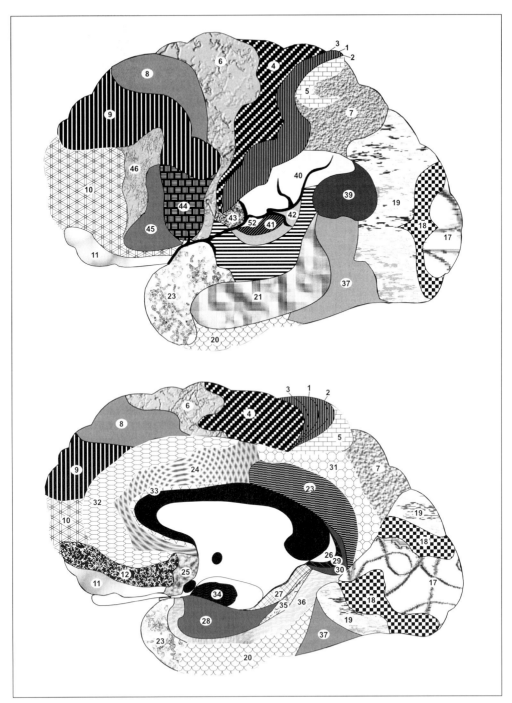

Abb. 5. Die Brodmannsche Hirnkarte in ihrer zuletzt (1914) von Brodmann vorgenommenen Modifikation. Diese Hirnkarte unterteilt die Rinde des zerebralen Kortexes in Regionen, die sich auf Grund der Art, Zusammensetzung und Verteilung ihrer Neuronen unterscheiden.

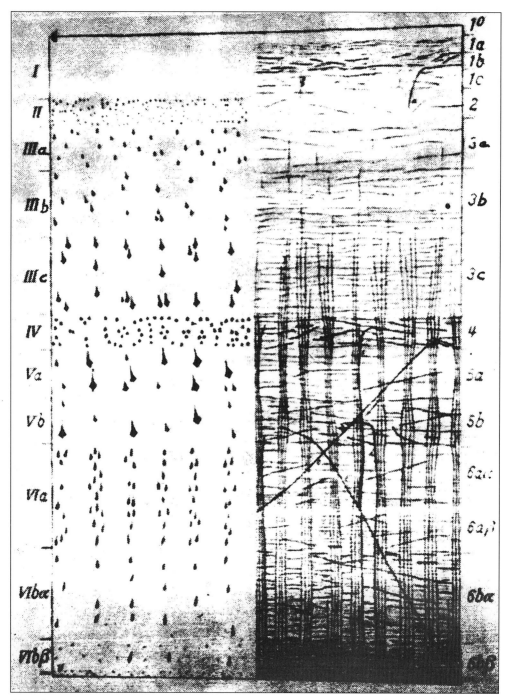

Abb. 6. Schematischer Aufbau der menschlichen Hirnrinde. Links: Die Zytoarchitektonik des sechs-schichtigen Grundtypus; rechts: die Faser- oder Myeloarchitektonik desselben Rindentypus (nach Brod-mann und Vogt aus Sanides, 1964).

Abb. 7. Entwicklung des Nervensystems bis zum adulten Gehirn.

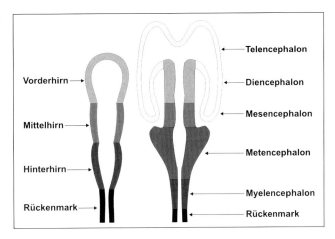

Andere Hirnkarten basieren z.T. auf gleichen Kriterien, kommen aber zu anderen (und meist noch vielfältigeren) Regionenunterteilungen (z.B. Economo & Koskinas, 1925), oder basieren auf anderen Kriterien wie der Myeloarchitektur (Art und Verteilung myelinisierter Fasern). Fasern stellen als weiße Masse sozusagen die dritte neuronale Variante dar: Als Verbindungen zwischen Neuronen bündeln sie sich oft zu Fasersträngen und können beträchtliche Längen (bei Giraffen z.B. mehrere Meter), Aufzweigungen und Bündel erreichen. Zum Teil kommunizieren sie zwischen benachbarten Arealen, z.T. aber auch – wie Neurone innerhalb der Formatio reticularis – vom tiefen Hirnstamm bis zum Endhirn. Weitere, vergleichsweise wenig beachtete Hirnkartierungen basieren auf der Angioarchitektonik (Verteilung der Blutgefäße), Gliaarchitektonik (Verteilung der Gliazellen), Chemoarchitektonik (z.B. Nieuwenhuys, 1995) oder Pigmentarchitektonik (Braak, 1984).

Grundaufbau des Gehirns

Obwohl der Haeckelsche Satz, dass die Ontogenese eine Rekapitulation der Phylogenese darstellt, keine uneingeschränkte Gültigkeit besitzt, lässt sich gleichwohl die Ausformung des menschlichen Gehirns onto- und phylogenetisch vergleichen: Ausgehend von einem einfachen Neuralrohr kommt es zu einer Bläschenbildung, woraus sich dann schließlich unser Gehirn entwickelt (Abb. 7). Das Gehirn selbst ist umgeben von drei Hirnhäuten. Diese sind (von innen nach außen) die Pia mater, die Arachnoidea (Spinnwebhaut) und die Dura mater. Der Raum zwischen Arachnoidea und Pia heisst Subarachnoidalraum. Er ist mit der Zerebrospinalflüssigkeit (= Liquor) gefüllt und enthält die größeren Blutgefäße.

Eine vergleichende Grundübersicht mit einem schematisch im Längsschnitt gezeichneten prototypischen Säugetiergehirn und – farblich in den Regionen kompatibel – dem menschlichen Gehirn, findet sich in Abbildung 8.

Neben der Grundaufteilung des Gehirns in die in Abbildung 7 dargestellten fünf Hauptbereiche Tel-, Di-, Mes-, Met- und Myelencephalon ist eine Feinaufgliederung notwendig, die sich allerdings um so schwieriger eindeutig vollziehen lässt, je weiter man ins Einzelne geht: Abbildungen 9 und 10 geben eine Grundeinteilung.

Zu ergänzen ist diese Einteilung durch die Aufzählung der 12 Hirnnerven (Tab. 1). Erwähnt werden sollte auch, dass es insbesondere zwischen Telencephalon und Diencephalon Übergangsgebiete gibt (z.B. Septum, Globus pallidus).

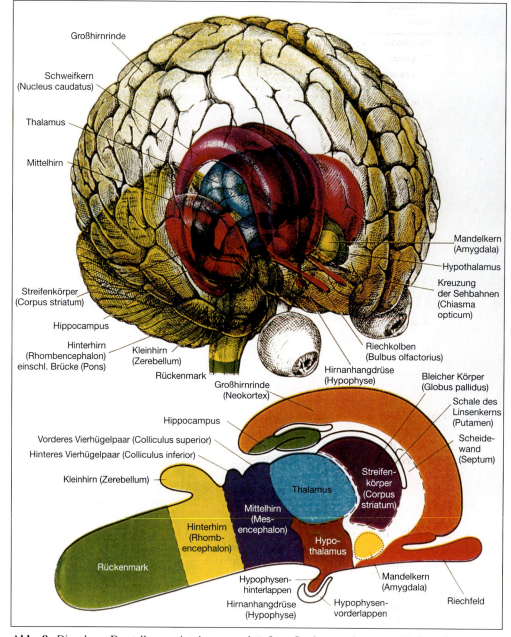

Abb. 8. Die obere Darstellung zeigt innere und äußere Strukturen des menschlichen Gehirns, die untere farblich korrespondierend in einem hypothetischen Säugergehirn die analogen Abschnitte und Regionen, wie sie auch eine Entsprechung in der phylogenetischen Entwicklung des Gehirns haben (Original: Abb. 5 in Nauta & Feirtag, 1979, S. 74).

Tabelle 1. Die zwölf Hirnnerven (N = Nervus als Singular, Nn = Nervi als Plural)

Numerierung	Name	Grundfunktion	Spezifische Funktionen
I	Nn. olfactorii	sensorisch	Geruch
II	N. opticus	sensorisch	Sehen
III	N. oculomotorius	motorisch sensorisch	Augenbewegungen; Pupillenkonstriktion Signalaufnahme von Augenmuskeln
IV	N. trochlearis	motorisch sensorisch	Augenbewegungen Signalaufnahme von Augenmuskeln
V	N. trigeminus	sensorisch motorisch	Gesichtsempfindungen Kauen
VI	N. abducens	motorisch sensorisch	Augenbewegungen Signalaufnahme von Augenmuskeln
VII	N. facialis	sensorisch motorisch	Geschmacksempfindungen von den vorderen 2/3 der Zunge mimische Muskulatur, Innervation von Platysma und Musculus stapedius
VIII	N. vestibulocochlearis	sensorisch	Hör- und Gleichgewichtssinn
IX	N. glossopharyngeus	sensorisch motorisch	Geschmack vom hinteren Zungendrittel Speichelfluss, Schlucken
X	N. vagus	sensorisch motorisch	Empfindungen aus Abdomen und Thorax Kontrolle über Abdomen, Thorax und Muskeln des inneren Halsbereichs
XI	N. accessorius	motorisch sensorisch	Genick-, Schulter- und Kopfbewegungen Signale der Genickmuskeln
XII	N. hypoglossus	motorisch sensorisch	Zungenbewegungen sensorische Signale der Zungenmuskeln

Die Hauptbereiche des Gehirns

Im Folgenden wird das Gehirn „vom Kortex abwärts" beschrieben.

Kortex

Der Kortex stellt die „Umhüllung" des Gehirns dar wie die Rinde die Umhüllung des Baumes. Seine Stärke liegt zwischen etwas über einem und etwas über vier Millimetern. Beim Menschen sind über 90% des Kortex neocortical, d.h. aus sechs Schichten aufgebaut. Dieser Grundtypus ist der evolutionär zuletzt entstandene. Ihm voraus gehen die allokortikalen Anteile, die nur 3-5 Schichten enthalten. Dreischichtig sind z.B. der Riechkolben (Bulbus olfactorius) und der Hippocampus, fünfschichtig z.B. Teile des cingulären Kortexes. Der Kortex stellt den „Überbau" des Gehirns dar, was sich darin zeigt, dass er das phylogenetisch jüngste Attribut des Gehirns darstellt und dass er innerhalb der Säugetiere bei den Primaten seine größte Ausweitung und Differenzierung erreichte. (Als Nebenbemerkung sei hier angeführt, dass manche Delphinarten unter den Walartigen zwar z.T. proportional zum Körpergewicht noch mehr Kortex als der Mensch aufweisen, dieser aber von „primitiverer" Struktur ist, d.h. im zytoarchitektonischen Aufbau eher den nicht-neokortikalen Anteilen des menschlichen Kortex entspricht; Morgane et al., 1986.)

Der menschliche zerebrale Kortex (= Großhirnrinde) wird in mehrere Lappen unterteilt, von denen die außen (= lateral) sichtbaren vier – Frontal- [Stirnhirn-], Temporal- [Schläfen-], Parietal- [Scheitel-] und Okzipitallappen [Hinterhauptslappen] – die bekanntesten darstellen. Daneben aber sollte man auch den entlang der Innenwand (= medial) gelegenen Lobus limbicus, das Operculum und die Inselrinde (in

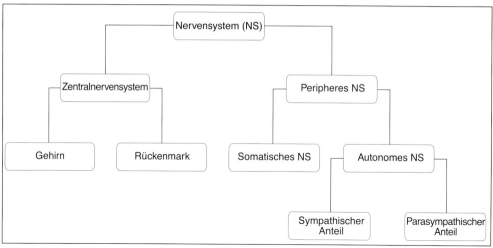

Abb. 9. Grundaufteilung des Nervensystems.

der Sylvischen [= lateralen] Furche) nicht vergessen (Abb. 11). (Die wichtigsten Richtungsbezeichnungen sind in Abbildung 12 aufgeführt.)

Ganz grob vereinfacht stellt der Kortexbereich vor der Zentralfurche den aktiven, abgebenden, Handlungen signalisierenden, motorischen und der hinter der Zentralfurche liegende den aufnehmenden, rezipierenden, sensorischen Anteil dar. Die linke und die rechte Kortexhälfte (= Hemisphäre) gelten beim Menschen als funktional ungleichwertig: Bei den allermeisten Menschen ist die linke die sprachgebundene und Detailanalysen vornehmende, die rechte die nicht-verbale, ganzheitlich integrative (s. Kapitel 1.4).

Es ist immer noch Konvention, die Kortexfelder in primäre und in Assoziations- oder Integrationsgebiete aufzuteilen; andere sprechen von primären, sekundären und tertiären Feldern. Die primären enthalten die Hauptrepräsentation und repräsentieren nur eine Modalität (oder – für die primäre motorische Rinde – die Motorik). Sekundäre liegen z.T. zwiebelschalenartig um die primären herum und sind immer noch unimodal, während die tertiären dann zwischen den Sinnen Verknüpfungen (Assoziationen) herstellen oder (wie im Stirnhirn und im limbischen Lappenbereich) andere integrative Funktionen wahrnehmen.

Über die phylogenetische Entwicklung des Kortex ist man sich nicht einig. Während die einen annehmen, die Assoziationsregionen seien die phylogenetisch jüngsten, weil sie intermodale Verknüpfungen vornehmen und von daher Informationen zusammenführen („Integrationskortex") gehen andere davon aus, dass diese supramodalen Regionen (die also Information von mehreren Sinnesmodalitäten verarbeiten), die eher primitiven seien und die primär sensorischen die höchst entwickelten. Insbesondere Sanides (1970) hatte hierzu eine Reihe von Arbeiten geschrieben, die von anderen bekannten Neuroanatomen aufgenommen wurden (s.a. Mesulam, 1998) und von zwei Entwicklungslinien oder Entwicklungstrends ausgehen (Yeterian & Pandya, 1988). Ventrale und mediale Anteile des Kortexes enthalten weniger als sechs Grundschichten, während zur Lateralfläche zunehmend der sechsschichtige Typus auftaucht. Die zwei Grundformationen gehen nach Sanides vom archikortikalen Hippocampusgebiet und vom paleokortikalen olfaktorischen oder insulären Gebiet aus. Über Zwischenstufen entwickelt sich hieraus jeweils der Isokortex (Abb. 13a). Der medial gelegene paralimbische und der laterale parainsuläre Kortex stellen derartige Zwischenstufen dar, aus denen letztendlich die weiteren Felder entstehen (Abb. 13b).

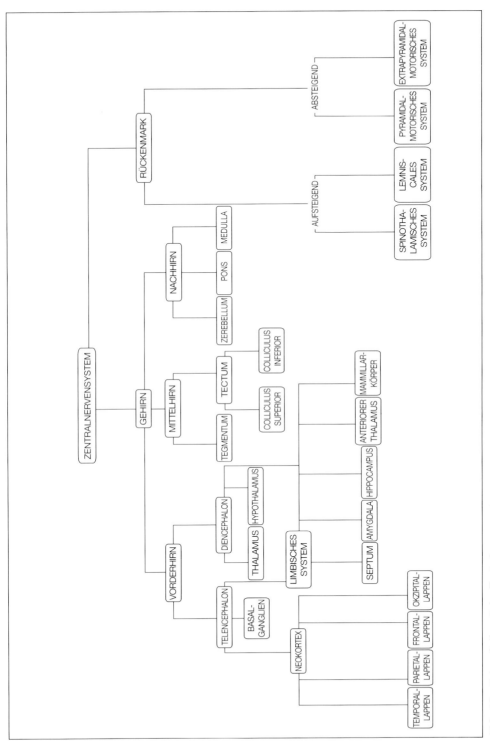

Abb. 10. „Feinaufteilung" des Zentralnervensystems

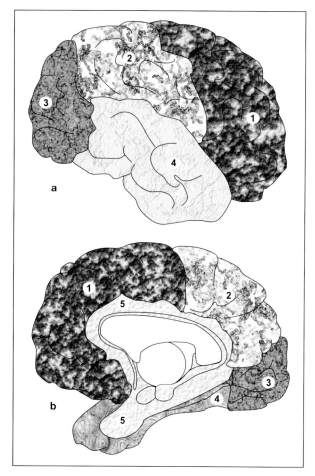

Abb. 11a, b. Unterteilung der Großhirn-hemisphäre in Lappen. *a)* Lateralan-sicht, *b)* Medialansicht. 1: Frontal- oder Stirnhirnlappen; 2: Parietal- oder Schei-tellappen; 3: Okzipital- oder Hinter-hauptslappen; 4: Temporal- oder Schlä-fenlappen; 5: Lobus limbicus oder lim-bischer Lappen (nach Abb. 4 aus Nieu-wenhuy et al., 1991).

Zahlreiche Faserbündel dienen der Verbin-dung zwischen Regionen und Lappen (wes-wegen sie auch Assoziationsfasern genannt werden). Der Fasciculus uncinatus verbindet den inferolateralen Frontallappen mit dem anterioren Temporallappen, der Fasciculus arcuatus eher mittlere und dorsale Stirnhirn-bereiche mit mittleren und dorsalen Schläfen-lappenregionen sowie dem frontoparietalen Operculum, der Fasciculus longitudinalis su-perior frontale mit parietalen und okzipitalen Regionen und das in der weißen Substanz des Gyrus cinguli gelegene Cingulum orbitofron-tale mit ventralen parietalen Regionen. Außerdem enthält das Cingulum Fasern des Papezschen Schaltkreises (s. S. 42). Nicht zu vergessen ist hier der Balken (= Corpus cal-losum), die wichtigste Querverbindung zwi-schen den Hemisphären, die neben einer Ver-knüpfung homotoper Felder auch in gerin-gerem Umfang heterotope Areae verbindet.

Frontallappen

Das vordere Drittel des Kortex, d.h. alles, was sich anterior von der Fissura centralis (= F. Rolandi) befindet, heisst Frontallappen und unterteilt sich in die unmittelbar anterior der Zentralfurche befindliche motorische Rinde (Area 4 der Brodmannschen Hirnkarte: Abb. 4), die davor liegenden prämotorischen und supplementär motorischen Bereiche (Area 6), das frontale Augenfeld (Area 8) und das eigentliche Stirnhirn im Brodmannschen

Abb. 12. Richtungsbezeichnungen.

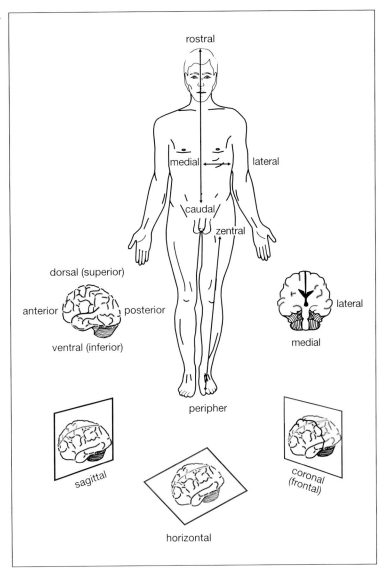

Sinne (Brodmann, 1912). Dieses wird heute meist als präfrontaler Kortex bezeichnet, wobei der Tradition und der Funktion entsprechend noch eine ungenaue Aufteilung in den dorsolateralen und orbitofrontalen Anteil vorgenommen wird (Markowitsch, 1988). (Ungenau ist diese Aufteilung, weil auch noch entlang der Medialwand präfrontaler Kortex existiert, der funktionell im dorsalen Bereich in etwa dem dorsolateralen und im ventralen in etwa dem orbitofrontalen entspricht.)

Entsprechend der Brodmannschen Nomenklatur können grundsätzlich die Areae 9, 10, 45 und 46 als dorsolateral und die Areae 11, 12, 13 (auf der basalen Stirnhirnfläche) und 47 als orbitofrontal (Abb. 4) gelten. Mesulam (1998), dessen Theorieabhandlung über Aufbau und Funktion des Gehirns, insbesondere des Kortex, überaus lesenswert ist, untergliedert die

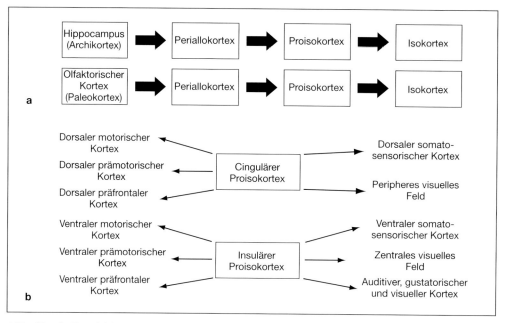

Abb. 13a, b. Entwicklungstrends (Gradationen) bei der Kortexauffaltung nach Sanides und Pandya. *a*: Flußdiagramm, dass die von den beiden Grundeinheiten sich ausbildende Sequenz zeigt (nach Abb. 1 von Yeterian & Pandya, 1988); *b*: die weitere kortikale Differenzierung, ausgehend vom medial gelegenen cingulären und vom lateral gelegenen insulären Kortex (nach Fig. 1 von Yeterian & Pandya, 1988). Archikortex: das hippocampale Gebiet; Paleokortex: das präpiriforme Gebiet und Umfeld. Für eine sehr detaillierte und umfassend begründete Begriffsdefinition verschiedener Rindenareale empfiehlt sich das 2. Kapitel von Stephan (1975) und hierin insbesondere die Abb.16.

Areae 11 und 12 weiter und rechnet deren anteriore Anteile (zusammen mit dem anterioren Teil der Area 8) dem präfrontalen Kortex zu, und deren posteriore Anteile dem orbitofrontalen.

Der dorsolaterale Stirnhirnbereich wird vorwiegend durch Attribute wie Initiative, Handlungsplanung, Supervision, Kurzzeitgedächtnisverarbeitung (Fuster, 1997) gekennzeichnet, der orbitofrontale als mit Persönlichkeitsdimensionen, Sozialverhalten, motivationalen und emotionalen Aspekten in Zusammenhang stehend; daneben ist er aber auch in die Kontrolle autonomer Funktionen (z.B. Herzschlag, Atmung, Blutdruck) involviert (Röhrenbach & Markowitsch, 1997). Manche Forscher sehen das eigentlich den Menschen als soziales Individuum Ausmachende an das Stirnhirn gebunden (z.B. Altruismus; Damasio, 1995).

Ventral anliegend an das Stirnhirn liegen olfaktorische Kortexbereiche, zuvorderst der Bulbus olfactorius, daneben aber auch olfaktorischer Assoziationskortex (Area 13). Nicht vergessen sollte man, dass die Brocasche Sprachregion (Teile der Areae 44 und 45) in der linken Hemisphäre praktisch im Übergangsdreieck zwischen den motorischen, den dorsolateralen und den orbitofrontalen Feldern liegt. Ihr Ort korrespondiert damit mit dem der Mundrepräsentation im sich posterior anschließenden motorischen Kortex ('Homunkulus': Abb. 14).

Ergänzend zur Charakterisierung des Stirnhirns ist auch anzufügen, dass mittels dynamischer bildgebender Verfahren (vor allem mittels Positronen-Emissions-Tomographie) erhaltene Ergebnisse das Stirnhirn als wichtig für die langfristige Informationsverarbeitung ansehen, wobei dem linken eine zentrale Rolle bei der Aufnahme und dem rechten beim Abruf

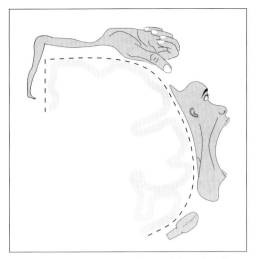

Abb. 14. Der motorische Homunkulus im Gyrus praecentralis (Somatotopie des primären motorischen Kortex).

von Information zukomme (Fletcher et al., 1997; Markowitsch, 1995, 1997).

Parietallappen

Dorsal posterior an den Stirnhirnlappen schließt sich der Scheitellappen an, der korrespondierend in dem direkt an die Rolandische Fissur anliegenden Bereich den somatosensorischen Kortex enthält, der auch wieder als Homunkulus repräsentiert ist. Analog zu mehreren auf den Raum bezogenen, immer kleineren Körperschema-Repräsentationen auf motorischer Seite, gibt es diese auch auf somatosensorischer Seite. Entsprechend findet sich die Mundregion am inferioren Fuß dieser Region und enthält mit der Zungenrepräsentation gleichzeitig die corticale Geschmacksregion (Area 43). Posterior folgen die parietalen Assoziationsgebiete, superior die Areae 5 und 7 und inferior die Area 39 und 40. Diese Regionen sind zwar grundsätzlich weiterhin somatisch orientiert, darüber hinaus aber integrieren sie auch Informationen aus den anderen Sinnen, zumindest aus dem Gesichts- und Gehörsinn. Damit wird die Bereitschaft zu handeln nicht nur vom Stirnhirn, sondern auch vom Parietallappen aus gesteuert. Auch die Steuerung von Rechenleistungen wird hier (Areae 39,

40) angesiedelt, und (rechtshirnige) Schäden im Parietal- wie im Frontalbereich können zu Neglect führen.

Temporallappen

Der Schläfenlappen hat sich phylogenetisch erst spät herausgebildet und mit seinem Erscheinen auch zu einer Verlagerung des Hippocampusbereiches von dorsal nach ventral geführt (Abb. 15). Vermutlich geht mit der Temporallappenentstehung auch eine Funktionsveränderung einher, die aus dem ursprünglich an das räumlich-olfaktorische System gekoppelten medialen Schläfenlappenbereich einen machte, der Zeit- und Gedächtnisfunktionen wahrnimmt.

Weite Bereiche des lateralen Schläfenlappens haben auditive Funktionen, beginnend mit der im ventralen Operculum liegenden primären Hörrinde, die meist nicht entsprechend der Brodmannschen Terminologie als Area 52, sondern als A I bezeichnet wird (und entsprechend dann die sekundären und tertiären auditiven Kortexbereiche als A II and A III). Um diese Regionen schließen sich die des auditiven Assoziationskortexes an – im Übergangsbereich nach parietal (links) die Wernickesche Sprachregion. Inferior liegt der auch als solcher bezeichnete inferiore Temporalkortex, der als integrativer Ausläufer des visuellen Assoziationskortexes angesehen werden kann, ganz anterior der temporale Pol (Area 38), der früher als olfaktorischer Integrationskortex angesehen wurde, jedoch vor allem auf Grund seiner Lage und seiner kortikalen und thalamischen Verbindungen als Intregrationskortex angesehen werden muss (Markowitsch et al., 1985), dem vor allem Funktionen beim Abruf langfristiger Information zugesprochen werden müssen (Markowitsch, 1995, 1999a).

Die ventralen und medialen Anteile des Temporalhirns enthalten großteils phylogenetisch alten Kortex, in dessen Zentrum der Hippocampus liegt (Abb. 16). Um ihn herum der parahippocampale Gyrus und der peri- und der entorhinale Kortex, alles Regionen, die trichterförmig eintreffende Informationen dem Hippocampus zuschicken und umgekehrt auch

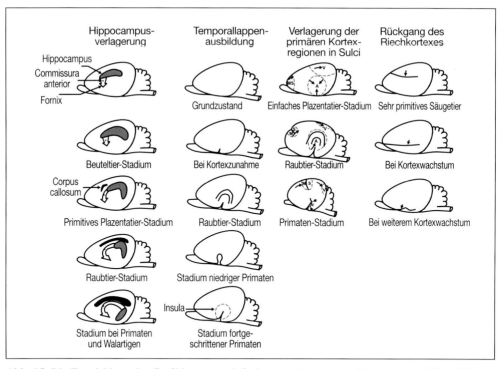

Abb. 15. Die Entwicklung des Großhirns vom einfachen zum komplexen Säuger. A = auditiver Kortex; M = motorischer Kortex; S = somatosensorischer Kortex; V = visueller Kortex. (Nach Isaacson, Douglas, Lubar & Schmaltz, 1971).

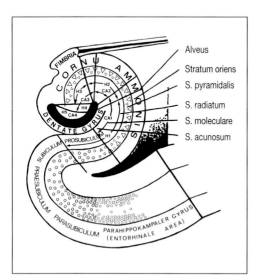

Abb. 16. Schematische Darstellung der hippocampalen Formation im Querschnitt (nach Fig. 7.121 von Williams & Warwick, 1975).

wieder von diesem ausgesandte zurück an die Integrationsregionen der Hirnrinde senden (Abb. 17). Der mediale Temporallappen gilt als wichtigster Bereich bei der Informationseinspeicherung und Konsolidierung.

Okzipitallappen

Der Hinterhauptslappen hat weitestgehend visuelle Funktionen, beginnend mit dem primären visuellen Kortex (Area 17 oder V1), der beim Menschen fast ausschließlich in der medialen Kortexwand liegt und der, wie die anderen Sinne auch, topologisch aufgebaut ist. Komplettausfälle des primären visuellen Kortex einer Hirnhälfte führen zu Halbseitenblindheit (= Hemianopsie = Hemianopie), Teilausfälle zu entsprechend eingegrenzten Gesichtsfeldausfällen (z.B. Quadrantenanopsie). Auch wieder wie bei den kortikalen Repräsentationsarealen anderer Sinne liegen zwiebelschalenförmig um

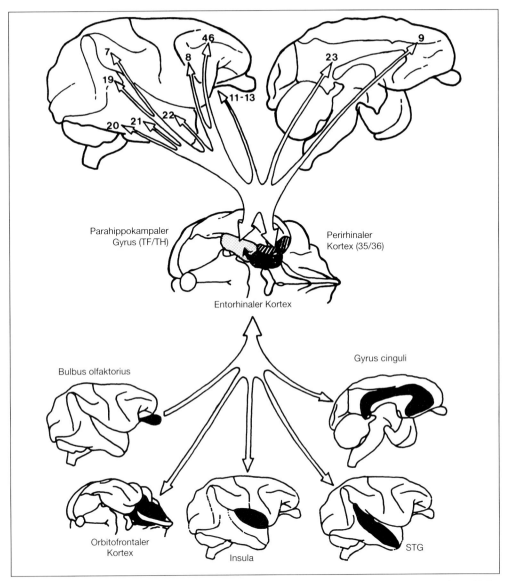

Abb. 17. Afferenzen und Efferenzen der hippocampalen Formation modifiziert nach Abb. 6 von Zola-Morgan und Squire (1990).

V1 die sekundären und tertiären visuellen Areae (Areae 18, 19 = V2, V3), um die dann aber in laterodorsaler und lateroventraler Richtung Dutzende weiterer visueller Regionen kommen, die keine der Brodmannschen Nomenklatur entsprechende Abgrenzung mehr haben (Ungerleider & Haxby, 1994).

Am bekanntesten geworden ist die Unterteilung in eine dorsale und eine ventrale visuelle Bahn, wobei die dorsale, in den Parietallappen reichende primär mit visueller Raumorientierung zu tun hat, die ventrale, die sich zum inferioren Temporalkortex hinzieht, mit Objektrepräsentation.

Limbischer Lappen

Medial zieht sich um den Balken der cinguläre Gyrus, der bei den meisten Säugetieren noch nicht dem sechsschichtigen Kortexgrundtypus entspricht und der einerseits als Teil des weiter unten (s. S. 47) beschriebenen Papezschen Schaltkreises gilt und andererseits mit Aufmerksamkeit und Schmerzwahrnehmungen in Zusammenhang gebracht wird. Als schmales Restband zieht sich mit dem Indusium griseum noch ein rudimentärer Hippocampusanteil unmittelbar zwischen Balken und cingulärem Kortex entlang. Während die ganze Region den cingulären Gyrus bildet, wird als cingulärer Kortex im eigentlichen Sinne nur der anteriore Teil des Gyrus bezeichnet, während der posteriore retrosplenialer Kortex heisst. Durch den cingulären Gyrus zieht sich das Cingulum als Faserbündel, das wiederum Teil des Papezschen Zirkels bildet (s. S. 47).

Telencephale Kerne

Neben der Kortexmasse existiert im Telencephalon eine ganze Reihe unterschiedlich großer Kerne, von denen die telencephalen Basalganglienkerne die bekannteste Gruppe sind. Die Basalganglien werden traditionell als motorische Kerne angesehen, die grundsätzlich Aufschaltungen (= Efferenzen) vom Kortex bekommen und in tiefere Regionen schalten. Wichtig ist auch deren indirekte Zurückschaltung zum Kortex, die über den Thalamus verläuft.

Die wichtigsten telencephalen Anteile der Basalganglien heißen Nucleus caudatus (= geschweifter Kern), Putamen (= Schale des Linsenkerns) und Globus pallidus (= bleicher Körper). Die letzten beiden werden als Linsenkern (= Nucleus lentiformis) zusammengefasst, die ersten beiden als Striatum (von manchen auch Neostriatum genannt), und alle drei zusammen bilden das Corpus striatum. Heutzutage werden neben motorischen Funktionen auch weitere den Basalganglien und insbesondere dem Nucleus caudatus attribuiert. Dieser erhält auch weit gefächert und topographisch Afferenzen von anterioren („motorischen") wie von posterioren („sensorischen") Kortexbereichen, ist anterior aber am größten, weswegen den motorischen Funktionen ein Primat zugeschrieben wird. Gerade in jüngerer Zeit werden aber zunehmend auch Funktionen im kognitiven Bereich als vom Nucleus caudatus aus kontrolliert angesehen (z.B. prozedurale Lernfunktionen).

Störungen im Bereich der Basalganglien können zu einer Reihe von Krankheitsbildern führen, von denen die Parkinsonsche Krankheit (primär verursacht durch eine Degeneration dopaminerger Neurone der im Mittelhirn befindlichen Substantia nigra, die den Nucleus caudatus mit dopaminergen Afferenzen versorgt) und die Chorea Huntington die bekanntesten sind (vgl. Kapitel 1.6).

Zu den Basalganglien wird manchmal auch das medial an die Inselrinde angrenzende sichelmondförmige Claustrum und – entwicklungsgeschichtlich – die Amygdala (= Corpus amygdaloideum) gezählt. Wegen ihrer vorwiegend motivational-emotionalen Funktionen (die auch die für eine Gedächtnisbildung notwendige Bewertung einkommender Information einschließt) wird die Amygdala jedoch getrennt von diesen und als zugehörig zum limbischen System (s. S. 47) betrachtet. Insbesondere großflächige und bilaterale Schäden im Bereich der Amygdala können zu ausgeprägten Verhaltens- und Persönlichkeitsänderungen führen, die von Klüver und Bucy in den 30iger Jahren an Affen beschrieben wurden und heutzutage auch mit der Bezeichnung Klüver-Bucy-Syndrom für den Menschen vielfach beschrieben sind (z.B. Aichner, 1984). Ein Bindeglied zwischen den „motorischen" Basalganglien und dem limbischen System stellt das sogenannte ventrale Striatum, gebildet vor allem aus dem Nucleus accumbens (septi) und der Substantia innominata, dar. D. h., man kann in ein dorsales Striatum, gebildet aus Nucleus caudatus und Linsenkern, und ein ventrales, gebildet aus den eben genannten Kernen, differenzieren. Der größte Kern der Substantia innominata ist der Nucleus basalis von Meynert, der Acetylcholin-produzierende Neurone enthält.

Abbildung 18 zeigt in zwei Koronalschnitten die Lage relevanter Basalganglien und Abbildung 19 verdeutlicht die unter-

Abb. 18. Zwei Frontalschnitte durch das menschliche Gehirn. Der linke geht durch den anterioren Bereich des Stirnhirns und zeigt die dortige Mächtigkeit der Basalganglien; der rechte ist weiter posterior gelegen und zeigt die auf dieser Höhe sichtbare Aufteilung des Linsenkerns. 1 = Amygdala, 2 = Nucleus caudatus (Schweifkern), 3 = Claustrum, 4 = Corpus callosum, 5 = Capsula externa, 6 = Capsula extrema, 7 = Globus pallidus, 8 = Insula (Insel), 9 = Putamen, 10 = Capsula interna, 11 = Septum pellucidum, 12 = Lateraler Ventrikel.

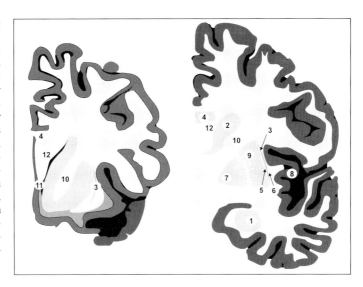

schiedlichen Verschaltungsmuster und Netzwerkeinbettungen des dorsalen und des ventralen Striatums.

Eine andere, meist als Kern bezeichnete telencephale Region ist das Septum (medialer und laterale Septumkern), das mittig im Stirnhirnbereich liegt und für einen Teil seiner Funktionen eine Art Gegenspieler zur Amygdala darstellt (Markowitsch, 1999a, 1999b). Der Septumkern (nicht zu verwechseln mit der im gleichen Gebiet gelegenen, nahezu neuronenfreien Scheidewand [= Septum pellucidum] wie auch weitere im Vorderhirn gelegene Kerne (N. basalis von Meynert, Kerne des diagonalen Bands von Broca) enthalten Acetylcholin als Transmitter und scheinen ebenso wie die hippocampale Region in sehr frühen Stadien der Alzheimerschen Krankheit zu degenerieren.

Das Zwischenhirn

Die beiden Hauptbereiche des Diencephalons sind dorsal der Thalamus und ventral der Hypothalamus. Der Thalamus ist etwa taubeneigroß und besteht aus einigen Dutzend Einzelkernen, die früher in drei Hauptgruppen unterteilt wurden: In die sensorischen und motorischen, die assoziativen und die un-

spezifischen Kerngruppen. Diese Unterteilung hat aber eine Reihe von Wenns und Abers (z.B. Definition nach Afferenzen oder nach Efferenzen der Kerne, thalamische Repräsentation von Schmerz und Geruch), weswegen sie heute meist einer Zweiteilung Platz gemacht hat. Eine Dreiteilung lässt sich allerdings weiterhin durch die anatomischen Gegebenheiten rechtfertigen, nämlich dadurch, dass eine Faserschicht – die Lamina medullaris interna – den Thalamus so durchschneidet, dass man in eine laterale (sensorische und motorische), eine mediale und eine anteriore Kerngruppe unterteilen kann (Abb. 20). Die Lage einzelner Thalamuskerne ist in Abbildung 21 verdeutlicht.

Die meisten Thalamuskerne schalten auf den Kortex auf, wobei die diffus projizierenden meist die erste Kortexschicht erreichen und die der anderen individuell zugeordnete, „spezifische" Ziele haben, weswegen sie auch spezifische Thalamuskerne (oder Relay-Kerne) genannt werden (diese erreichen dann im Regelfall die vierte Kortexschicht) (Tab. 2). Wegen dieser Verbindungen spricht man vom Thalamus als dem Tor zum Kortex, obwohl die meisten Verbindungen reziprok sind, also von spezifischen Kortexregionen auch wieder zurück zu einem thalamischen Kern führen. Viele der Kerne haben ihre Bezeichnung auf Grund ihrer Lage erhalten und grundsätzlich

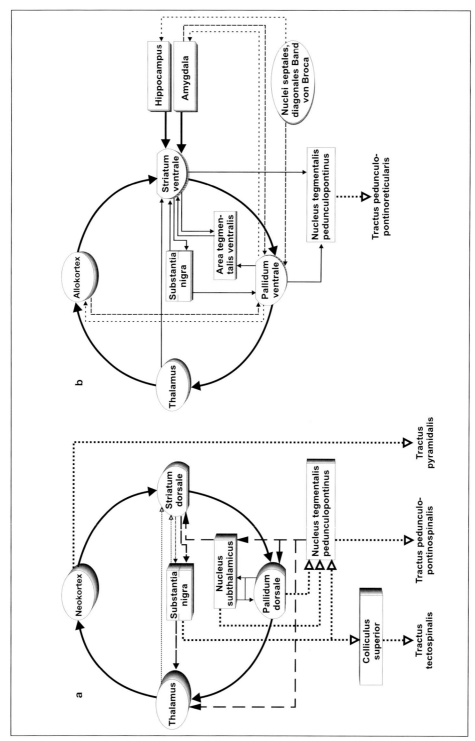

Abb. 19a, b. Summarische Darstellung wichtiger Verbindungen innerhalb des sog. extrapyramidalmotorischen Systems. In Bildteil *a*) ist die Vernetzung des dorsalen Striatums, in Bildteil *b*) die des ventralen Striatums gezeigt. (Nach Abb. 182 von Nieuwenhuys et al., 1991).

Tabelle 2. Grundeinteilung thalamischer Kerne hinsichtlich ihrer Verbindungen und Funktionen

Kerne	Afferenzen*	Efferenzen	Funktionen
Anteriore Kerne			
Nucleus anterior (eig. mehrere Einzelkerne)	Mammillarkörper	Gyrus cinguli	limbisch (= mot., emot., Gedächtnis)
Laterale Kerne			
N. ventralis anterior	Globus pallidus	prämotorischer K.	motorisch
N. ventralis lateralis	N. dentatus des Kleinhirns	motor. u. prämotorischer K.	motorisch
N. lateralis dorsalis	Gyrus cinguli	Gyrus cinguli	emotional
N. lateralis posterior	parietaler K.	parietaler K.	sens.-integr.
N. ventralis posterior Lateralis	somatosens. B.	somatosens. K.	somatosens. (Körperrepr.)
N. ventralis posterior medialis	sens. K. des N. trig.	somatosens. u. gust. K.	somatosens., gustatorisch (Gesicht)
N. geniculus lateralis	Retina	primärer visueller K.	Sehfunktion
N. geniculus medialis	Colliculus inferior	primärer auditiver K.	Hörfunktion
N. pulvinaris	Coll. sup.; temp., par., okz. K.	temp., par., okz. K.	sens.-integr.
*Medialer Kern***			
N. medialis dorsalis	Amygdala, Hypothalamus, Tub. olf.	präfrontaler K. (+ temp. Pol)	limbisch
Diffus projizierende Kerne			
Mittellinienkerne	Formatio reticularis, Hypothalamus	Basales Vorderhirn	limbisch
Intralaminare, centro-verschiedenartige mediane und centro-laterale Kerne	Kortex, Formatio reticularis, Globus pallidus, Rückenmark	Basalganglien, Kortex	
N. reticularis thalami	Kortex, Thalamus, Hirnstamm	Thalamuskerne	Modulierung thalamischer Aktivität

* Nicht berücksichtigt ist, dass die spezifischen Thalamuskerne in der Regel reziprok mit ihren cortica-len Aufschaltfeldern verbunden sind.

** Es wäre durchaus möglich, diesen Kern in eine Reihe von Teilkernen aufzuteilen (z.B. Hassler, 1982), was auch seinen vielfältigen Funktionen gerecht würde (mit olfaktorischer Projektion und Aufschal-tung in das frontal Augenfeld z.B. sensorisch und motorisch). Die Tabelle wurde z.T. in Anlehnung an Table 20-1 von Kelly (1985) gestaltet.

Abkürzungen: eig. = eigentlich; emot. = emotional; gust. = gustatorisch; Körperrepr. = Körperrepräsentation; K. = Kortex; mot. = motivational; N. = nucleus; okz. = okzipital; par. = parietal; sens.-integr. = sensorisch-integrativ; sens. K. des N. trig. = sensorische Kerne des Nervus trigeminus; somatosens. = somatosensorisch; somatosens. B. = somatosensorische Bahnen des Rückenmarks; temp. = temporal; Tub. olf. = Tuberculum olfactorium

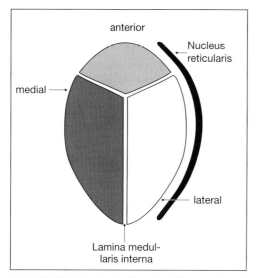

Abb. 20. Die Grundaufteilung des Thalamus in einen lateralen („senso-motorischen"), medialen und anterioren Sektor entsprechend des Verlaufs der Lamina medullaris interna. (modifiziert nach England & Wakely, 1991).

findet sich auch hier eine topographische Zuordnung in der Weise, dass anteriore Kerne mit anterioren Kortexarealen und posteriore mit posterioren verbunden sind.

Grundsätzlich ist der anteriore Thalamus mit dem Gyrus cinguli verbunden, der mediodorsale mit dem präfrontalen Kortex, der Nucleus ventralis anterior mit dem prämotorischen, der Nucleus ventralis lateralis mit dem motorischen Kortex, die posterioren (ventralen) Kerne sind meist mit dem Parietalhirn verbunden, die Pulvinariskerne mit Temporal-, Parietal- und Okzipitalhirnbereichen. Das Corpus geniculatum mediale ist mit dem Hörkortex und das Corpus geniculatum laterale mit der primären Sehrinde verbunden. Der Nucleus reticularis thalami, der sichelmondförmig den eigentlichen Thalamusbereich umschließt, hat keine kortikalen, sondern nur thalamische Projektionen.

Durch den Thalamus ziehen eine Reihe von Arterienästen, deren Schädigung zu meist charakteristischen Ausfällen führt (Tab. 3).

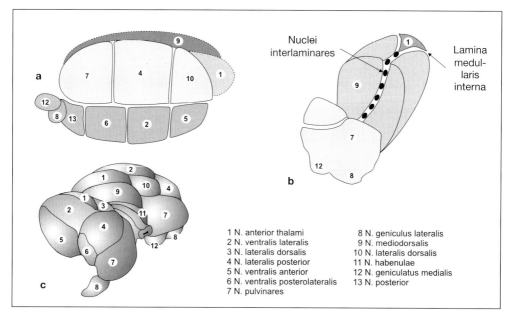

1 N. anterior thalami
2 N. ventralis lateralis
3 N. lateralis dorsalis
4 N. lateralis posterior
5 N. ventralis anterior
6 N. ventralis posterolateralis
7 N. pulvinares
8 N. geniculus lateralis
9 N. mediodorsalis
10 N. lateralis dorsalis
11 N. habenulae
12 N. geniculatus medialis
13 N. posterior

Abb. 21a-c. Der Thalamus und seine Kerne in verschiedenen Perspektiven. *a*) Der Thalamus schematisch von lateral gesehen und in wesentliche Kerne unterteilt; *b*) diagrammatische Thalamusperspektive mit Bezeichnung und Lage einiger Kerne; *c*) Die anatomische Grundstruktur der beiden Thalamushälften; Die dargestellten Kerngebiete sind mit Nummern versaehen und aufgelistet (N. = Nucleus, Nuclei). [Abb. a) und b) modifiziert nach England & Wakely, 1991; Abb. c) modifiziert nach Nieuwenhuys et al., 1991].

Tabelle 3. Kernsymptome nach Schädigung der vier thalamischen Arterienseitenäste.

Arterienast	Symptome
Polare (tuberothalamische) Arterie	Dysphasie, Hemineglect, visuell-räumliche Störungen
Paramediane Arterie	Bewusstseinsstörungen, anterograde Amnesie, Konfusion, Gedächtnisstörungen
Posteriore choroidale Arterie	Motorische, sensorische und neuropsychologische Dysfunktionen
Geniculothalamische	Schädigung am häufigsten vorkommend, Transiente ischämische Attacken (TIAs) in der Regel vorausgehend, hemisensorische Defekte, meist keine neuropsychologischen Störungen, kein gestörtes Bewusstsein

Aufstellung nach Graff-Radford et al. (1985).

Ähnlich dem Thalamus enthält der Hypothalamus eine Vielzahl von Kernen, die zum Teil nach ihrer Lage benannt wurden und in wenigen Fällen deswegen auch die gleiche Namensbezeichnung wie thalamische Kerne tragen, weswegen man im Zweifel immer noch ‚thalami‘ oder ‚hypothalami‘ an den Namen anfügen sollte (z.B. N. dorsalis medialis hypothalami).

Hypothalamische Kerne regeln motivationale und emotionale Verhaltensweisen, sind eingebunden in Funktionen des autonomen Nervensystems, regulieren die Biorhythmik und (in Interaktion mit der Hypophyse) den Hormonhaushalt von Körper und Hirn.

Limbisches System

Einfach strukturierte Lehrbücher behandeln das limbische System innerhalb des Kortexes. Tatsächlich gibt es telencephale, diencephale und sogar mesencephale Anteile. Primär von Bedeutung sind die telencephalen und diencephalen (Markowitsch, 1999b). Das limbische System ist eine seit über einem Jahrhundert verankerte Bezeichnung, die ein wechselhaftes Auf und Ab hatte, aber immerhin den Titel mehrerer Übersichtswerke bildete und sich als sinnvoll zur Charakterisierung bestimmter Hirnbereiche erwies.

Zentral ist, dass emotionale und motivationale Funktionen am direktesten durch Strukturen des limbischen Systems repräsentiert sind und dass darüber hinaus Strukturen des limbischen Systems zentral an der Übertragung von Information vom Kurzzeit- ins Langzeitgedächtnis beteiligt sind.

Zwei Schaltkreise müssen hier Erwähnung finden, die zusammen betrachtet auch schon fast alle der wesentlichen limbischen Hirnregionen ausmachen: Der Papezsche Schaltkreis, der ausgehend von der hippocampalen Formation über den Fornix in die Mammillarkörper verläuft, von dort über den mammillothalamischen Trakt (= Tractus Vicq d'Azyr) in den anterioren Thalamus, von dort entweder direkt zurück führt, u.z. in das Subiculum als Teil der hippocampalen Formation (Irle & Markowitsch, 1982), oder indirekt über cingulären Kortex und Cingulum in die hippocampale Formation. Dieser Schaltkreis wird als essentiell für die Übertragung von Information in das Langzeitgedächtnis betrachtet.

Der zweite Schaltkreis liefert die emotionale Bewertung aufgenommener Information und entscheidet damit deren Wertigkeit für eine Übertragung ins Langzeitgedächtnis; er heißt basolateral limbischer Kreis (Sarter & Markowitsch, 1985) und enthält die Amygdala, den mediodorsalen Thalamuskern und mediale Anteile des Stirnhirns (Area subcallosa) als seine drei Komponenten.

Gedächtnisstörungen treten häufig nach limbischen Schäden auf, wobei massive und anhaltende Amnesien in der Regel eine symmetrische bilaterale Schädigung einzelner Strukturen voraussetzen. Die Unterteilung in medial diencephale Amnesien (Schäden im Bereich der mediodorsalen und anterioren Thalamuskerne und umliegender Faserstrukturen), mediale Schläfenlappenamnesien (Schäden im Umfeld der hippocampalen Formation) und basale Vorderhirnamnesien ist mehr an den Regionen als an inhaltlichen Unterscheidungskriterien orientiert, was aber an mangelnden Forschungsergebnissen zur Differenzierbarkeit liegen mag (Markowitsch, 1999a). Innerhalb des medialen Temporallappenbereichs nimmt die Amygdala offensichtlich eine Sonderstellung ein, da sie vor allem die emotionale Bewertung eintreffender und einzuspeichernder Informationen reguliert.

Mesencephalon

Das Mesencephalon enthält vereinfacht gesagt dorsal das Tectum, ventral das Tegmentum und die Substantia nigra (= schwarze Substanz) und dazwischen vor allem Faserstrukturen mit sehr kleinen Kernen, aber auch den für die Motorik bedeutenden Nucleus ruber (= roter Kern) und das u. a. für die Schmerzwahrnehmung bedeutende periaquaeductale Grau.

Die Bezeichnung Tectum bezieht sich eigentlich auf die Gehirne von Nichtsäugern, die hier ihr „oberstes" Sehzentrum haben. Bei Säugern sitzt hier die Vierhügelplatte (= Corpora quadrigemina) mit den superioren (= vorderen) und inferioren (= hinteren) Colliculi. Die superioren Colliculi bestehen aus mehreren Neuronenschichten, von denen die oberen reine Sehfunktion haben und primär für Bewegungssehen („Wo"-System des Sehens) zuständig sind (das „Was"-System sitzt im Okzipitalkortex) (Ungerleider & Haxby, 1994). Die tieferen Schichten sind multimodal und integrieren taktile, auditive und visuelle Information, die auch wieder vor allem der schnellen Orientierung im Raum dient. Die inferioren Colliculi sind reine Hörkerne, die Information in den Thalamus weiterschalten.

Im ventralen Mesencephalon befinden sich dopaminerge Kerne, von denen die ventrale tegmentale Area rein dopaminerg ist, während von der Substantia nigra nur ein Teilkern (die pars compacta im Gegensatz zur pars reticulata) dopaminerg ist. Die Substantia nigra ist als mesencephales Basalganglion mit dem Nucleus caudatus im Vorderhirn verbunden.

Brücke und Kleinhirn

Der metencephale Hirnbereich unterteilt sich in die ventrale Brückenregion (= Pons) und das dorsal mit ihr verbundene Zerebellum. Der Pons enthält vor allem Fasermassen des Hirnstamms, aber auch eine Reihe von Kernstrukturen, die die verschiedenartigsten Funktionen von Schlaf mit Motorik regulieren. Das mit ihm verbundene Kleinhirn wird am häufigsten mit Motorik- und Gleichgewichtsfunktionen in Zusammenhang gebracht (Koordination, Muskeltonus), steuert aber ebenfalls noch eine Reihe weiterer Verhaltensäußerungen bis hin zu (prozeduralen) Lern- und Gedächtnisvorgängen. Auch sehr exakte zeitliche Steuerungsmechanismen sind an Kleinhirnbereiche gebunden. Es ist unterteilbar in die Kleinhirnrinde (mit dem Wurm [vermis] in der Mitte und den lateralen Kleinhirnhemisphären) und in vier Kerne – die Nuclei dentatus, globosus, fastigii und emboliformis. (Neuerdings wird von einzelnen Forschern sogar eine Verbindung zwischen Bewusstsein und dem Nucleus neodentatus [einem nur beim Menschen existenten Teilkern des N. dentatus] hergestellt.) Zur Neuropsychologie des Kleinhirns vgl. Kapitel 5.1.

Verlängertes Rückenmark

Das Myelencephalon enthält weitere lebenswichtige Kerne sowie einen Großteil der Formatio reticularis, die aus insgesamt an die hundert Kernen unterschiedlicher Größe besteht und ihren Namen auf Grund der vielfältigen Verflechtungen der Kerne untereinander und der Verzweigung einzelner Neurone, die oft über mehrere Hirnabschnitte reichen (Abb. 22), erhielt.

Meist unterteilt man die Formatio reticularis in drei Zonen, eine mediane oder paramediane mit den Raphé-Kernen, eine mediale mit vor allem großen Neuronen („Nucleus reticularis gigantocellularis") und eine laterale mit eher kleinen Zellen, die vor allem sensorisch-assoziative Funktionen haben. Kerngruppen, deren Neurone einen bestimmten Transmitter haben, finden sich

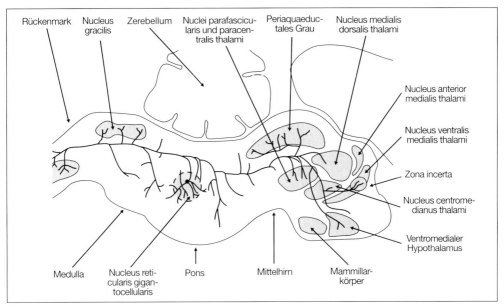

Abb. 22. Beispiel eines verzweigten, sich durch mehrere Hirnbereiche ziehenden Neurons der Formatio reticularis (nach Abb. 12 von Scheibel & Scheibel, 1958).

vorwiegend auf dieser und der darüber liegenden metenephalen Ebene (z.B. die Raphé-Kerne, die Serotonin produzieren, der Locus coeruleus, der Noradrenalin/Norepinephrin produziert). Die Kontrolle von Atmung, Kreislauf, Schluck- und Erbrechvorgängen und anderen einfachen motorischen Reflexen findet sich hier ebenso wie die von Schlaf-Wach-Vorgängen. Verbunden mit der Schlaf-Wach-Rhythmik sind für die Formatio reticularis natürlich auch die schon beschriebenen Aktivierungs-, Arousal- oder Weckfunktionen zu nennen.

Bedeutung der funktionellen Neuroanatomie

So, wie der Aufbau eines Computers seine Arbeitsweise festlegt, bestimmt der Aufbau des Gehirns die Steuerung unseres Verhaltens. Der anatomische Laie verfällt angesichts der Vielfalt hirnanatomischer Verbindungen leicht auf die Aussage, es sei im Gehirn ja ohnehin alles mit allem verbunden, weswegen genaue Kenntnis von Strukturen und Verbindungen

obsolet sei. Tatsächlich finden sich die Dipole – ganzheitlich-gestaltartig-holographische Sichtweise gegenüber mosaikartig detailliert – seit den Anfängen der Hirnforschung (Markowitsch, 1992) und das hat seit dieser Zeit auch zu Kontroversen geführt, die vor allem durch Untersuchungsgegenstand (z.B. Eidechse oder Mensch) und Untersuchungsmethodik (umgrenzte Läsion gegenüber EEG oder funktioneller Bildgebung) bedingt waren.

So, wie keine Hirnregion isoliert für sich arbeitet, ist umgekehrt auch keine Gleichwertigkeit zwischen den Hirnregionen gegeben (man denke nur an die Cochlea als Teil des Gehirns). Stattdessen ist eine Systematik nach den Verschaltungsprinzipien von Konvergenz und Divergenz erkennbar, die sowohl serielle wie parallele Komponenten der Informationsverarbeitung enthält. Schon früh haben deswegen Forscher wie John Hughlings Jackson (s. Markowitsch, 1992) Hierarchieebenen postuliert, die gleichzeitig unterschiedliche Komplexitätsstufen der Verarbeitung repräsentierten. Das Säugetiergehirn spiegelt diese Hierarchieebenen wieder, wie das oben

(s. S. 48) angeführte Beispiel des Tectums gegenüber dem visuellen Kortex zeigt. Entsprechend kann man sich Modelle und Möglichkeiten neuraler Reorganisation nach Hirnschäden vorstellen, die abgestuft Möglichkeiten des Erhalts oder der Wiedergewinnung von Leistungen darstellen.

Die Kenntnis von Verschaltungswegen und benachbarten Kortex- und Kernregionen ermöglicht auch, die funktionalen Auswirkungen isolierter Hirnschäden vorhersagen zu können und deutet an, wo am ehesten Kompensationsmöglichkeiten und Chancen für ein ‚Hirnfunktionstraining' bestehen. Auf diese Weise macht die funktionelle Neuroanatomie die Grundlagen und Gesetzmäßigkeiten deutlich, nach denen unser Verhalten abläuft und auf denen unscr psychisches Geschehen basiert.

Das Begreifen neuroanatomischer Zusammenhänge führt auch zu einem Verständnis dafür, dass gerade die komplexesten Funktionen sowohl durch phylogenetisch alte, „tiefliegende" als auch durch die phylogenetisch jüngsten Hirnstrukturen kontrolliert werden. Das Bewusstsein ist hierfür Paradebeispiel (Markowitsch, 1999a), Aufmerksamkeit und Konzentrationsfähigkeit stellen weitere Beispiele dar, die zeigen, dass sowohl Anteile der Formatio reticularis des Hirnstamms als auch Teile des Stirnhirns hier zusammenwirken.

1.3 Neurochemische Grundlagen

Klaus W. Lange

Zusammenfassung

Neurotransmitter werden in Neuronen synthetisiert, gespeichert und unter bestimmten Bedingungen in den synaptischen Spalt freigesetzt, um am postsynaptischen Neuron oder Effektorgan eine bestimmte – exzitatorische oder inhibitorische – Wirkung hervorzurufen. Rezeptoren am postsynaptischen Neuron können ionotrop oder metabotrop sein. Pharmaka können an den Rezeptoren als Agonisten oder Antagonisten wirken. Die wichtigsten Neurotransmitter im ZNS sind die Aminosäuren Glutamat uns GABA. In definierten funktionalen Systemen sind außerdem Acetylcholin und die Monoamine Dopamin, Noradrenalin, Adrenalin und Serontin von Bedeutung. Für die Neurotransmitter gibt es im ZNS jeweils mehrere Rezeptortypen mit unterschiedlichen Eigenschaften. Das Kapitel gibt einen Überblick über den Zusammenhang zwischen Neurotransmittersystemen und Verhaltensfunktionen.

Einführung

Die Grundlage der Erregungsübertragung zwischen Nervenzellen ist die Freisetzung von chemischen Botenstoffen (Neurotransmitter), die durch ein Aktionspotential ausgelöst wird. An den Kontaktstellen zwischen Neuronen, den Synapsen, werden Informationen, die als Serien von Aktionspotentialen eintreffen, vom präsynaptischen Neuron auf das postsynaptische Neuron übertragen. Das geschieht entweder unmittelbar durch Ionenströme (elektrische Synapsen) oder, was viel häufiger auftritt, mittelbar durch Neurotransmitter (chemische Synapsen). Der Prozess der Erregungsübertragung an chemischen Synapsen gliedert sich in verschiedene Schritte. Zunächst muss der Neurotransmitter synthetisiert werden, daraufhin erfolgt die Speicherung und schließlich die Freisetzung in den synaptischen Spalt. Nach Ausbreitung im synaptischen Spalt bindet der Neurotransmitter an präsynaptisch und/oder postsynaptisch lokalisierte Rezeptoren, und schließlich wird der Transmitter aus dem synaptischen Spalt entfernt. Zu den chemischen Neurotransmittern zählen kleine Moleküle wie z. B. Aminosäuren, Monoamine und Azetylcholin sowie größere Moleküle (Neuropeptide). Diese Neurotransmitter werden von einem Neuron freigesetzt und beeinflussen entweder ein anderes Neuron oder eine Muskelzelle. Damit eine chemische Substanz als Transmitter klassifiziert werden kann, muss eine Reihe von Kriterien erfüllt sein:

1. Ein Transmitter wird in Neuronen synthetisiert, die die dafür erforderlichen Enzyme aufweisen.
2. Ein Transmitter kann in präsynaptischen neuronalen Endigungen nachgewiesen werden und wird unter bestimmten Bedingungen freigesetzt, um am postsynaptischen Neuron oder Effektororgan eine bestimmte Wirkung zu erzielen.
3. Die exogene Gabe der Transmittersubstanz in entsprechender Konzentration löst am postsynaptischen Neuron die gleiche Reizantwort aus, die auch durch eine elektische Stimulation des präsynaptischen Neurons hervorgerufen wird.

4. Die Wirkung eines Transmitters wird durch einen spezifischen Mechanismus (Inaktivierung im Synapsenspalt oder Entfernung aus dem Spalt durch Aufnahme in Neurone oder Gliazellen) sowie durch andere chemische Substanzen in einer dosisabhängigen Weise beendet.
5. Rezeptoren für den Transmitter sind prä- und/oder postsynaptisch nachweisbar.

Chemische Signalübertragung an Synapsen

Die Kommunikation zwischen Neuronen wird größtenteils durch Synapsen vermittelt. Neurotransmittermoleküle werden aus synaptischen Endknöpfen in den synaptischen Spalt ausgeschüttet und binden dann an Rezeptormolekülen der postsynaptischen Membran, wo sie an anderen Neuronen exitatorische oder inhibitorische postsynaptische Potentiale auslösen. An sogenannten gerichteten Synapsen liegen der Ort der präsynaptischen Neurotransmitterausschüttung sowie der Rezeptor auf der postsynaptischen Membran dicht beieinander. Bei ungerichteten Synapsen liegt der Ort der Transmitterfreisetzung in einiger Entfernung vom Zielort des Rezeptors. Dabei werden Neurotransmittermoleküle aus einer Reihe von Erweiterungen der Axone (Varikositäten) freigesetzt und gelangen diffus verteilt zu den Zielzellen.

Neurotransmitter haben generell zwei Wirkungsweisen an postsynaptischen Membranen:
1. Exzitation als Folge von Depolarisation der postsynaptischen Membran. An erregenden Synapsen verursachen Neurotransmitter an der postsynaptischen Membran eine Depolarisation, die bei ausreichender Amplitude ein Aktionspotential auslöst.
2. Inhibition hervorgerufen durch Hyperpolarisation der postsynaptischen Membran.

Die erregenden und hemmenden postsynaptischen Potentiale werden durch Ionenströme an der postsynaptischen Membran verursacht, die dadurch entstehen, dass sich als Folge der Bindung des Transmitters an den postsynaptischen Rezeptor spezifische Ionenkanäle öffnen. Bei erregenden Synapsen handelt es sich um Kanäle für kleine Kationen, durch die vor allem Na^+-Ionen in die Zelle gelangen. Bei hemmenden Synapsen sind es Kanäle für K^+- und Cl^--Ionen.

Im Gehirn wird der größte Teil synaptischer Kommunikation durch zwei Transmittersubstanzen vermittelt, und zwar durch
1. Glutamat, das eine exzitatorische Wirkung aufweist, und
2. γ-Aminobuttersäure (GABA) mit inhibitorischer Wirkung.

Die beiden Transmitter Glutamat und GABA sind für den größten Teil der Weiterleitung von Informationen innerhalb des Gehirns verantwortlich; insgesamt werden im Gehirn jedoch Dutzende von Transmittern verwendet. Dabei unterscheidet man zwei Neurotransmittertypen:
1. Klassische Neurotransmitter; das sind kleine niedermolekulare Neurotransmitter, die im Zytoplasma der präsynaptischen Axonendigungen synthetisiert und in einer großen Zahl von synaptischen Bläschen (Vesikel) gespeichert werden. Auf diese Weise werden sie vor intrazellulären Abbauenzymen geschützt. Nach der Ausschüttung lösen sie rasch eintretende und kurz anhaltende Wirkungen aus.
2. Neuropeptide (Neuromodulatoren); das sind größere höhermolekulare Neurotransmitter mit Ketten von bis zu zehn Aminosäuren. Wie andere Proteine werden diese Neuropeptide von den Ribosomen im Zytoplasma des Zellkörpers (Perikaryon) synthetisiert. Danach werden sie vom Golgi-Apparat der Zelle ebenfalls in Vesikeln angereichert und über Mikrotubuli des Axons zu den synaptischen Endknöpfen transportiert. Sie rufen langsamer eintretende und längere Zeit andauernde Wirkungen hervor und wirken daher eher modulatorisch.

Klassische Neurotransmitter und Neuromodulatoren können kolokalisiert sein, d.h. sie können zusammen in der selben Axonendigung vorkommen. Wahrscheinlich können auch mehrere klassische Neurotransmitter in einer Endigung auftreten. Die von einem Neuron weitergeleitete Information wird als elektrisches Signal über das Axon in die Axonterminale weitergeleitet. An der Synapse wird das elektrische Signal mit Hilfe von chemischen Transmittersubstanzen über den synaptischen Spalt weitergegeben. Transmittermoleküle müssen zur Signalübertragung an Membranrezeptoren binden. Nach Bindung dieser Moleküle erzeugt der Rezeptor ein elektrisches oder Stoffwechselsignal in der postsynaptischen Zelle.

Synthese, Freisetzung und Wirkung von Neurotransmittern

Bei der Synthese, Freisetzung und Wirkung von Neurotransmittern lassen sich in der Regel folgende Schritte unterscheiden:

1. Synthese von Neurotransmittermolekülen aus Vorläufermolekülen (precursor) mit Hilfe von Enzymen.
2. Speicherung der Neurotransmittermoleküle in Vesikeln.
3. Enzymatischer Abbau von Transmittermolekülen, die aus Vesikeln ins Zytoplasma diffundieren.
4. Freisetzung (Exozytose) der Neurotransmittermoleküle durch Verschmelzen der Vesikel mit der präsynaptischen Membran als Folge elektrischer Erregung; die Exozytose niedermolekularer Neurotransmitter und von Neuropeptiden wird durch Kalziumionen gesteuert.
5. Bindung der freigesetzten Neurotransmittermoleküle an Autorezeptoren auf der präsynaptischen Membran und Hemmung der Freisetzung weiterer Neurotransmittermoleküle (negative Rückkopplung).
6. Gleichzeitige Aktivierung postsynaptischer Rezeptoren durch freigesetzte Neurotransmittermoleküle.
7. Deaktivierung freigesetzter Neurotransmittermoleküle durch Wiederaufnahme in die präsynaptische Endigung oder durch enzymatischen Abbau im synaptischen Spalt.

Rezeptoraktivierung durch Neurotransmitter

Die freigesetzten Neurotransmittermoleküle lösen an den postsynaptischen Neuronen Signale aus, indem sie an Rezeptormoleküle in den Neuronenmembranen binden. Bei den Rezeptoren handelt es sich um Proteine, die Bindungsstellen für spezifische Neurotransmitter aufweisen. Dadurch kann ein Neurotransmitter auch nur solche Neurone beeinflussen, die über die entsprechenden Rezeptoren verfügen. Jeder Neurotransmitter kann an mehr als einen Typ von Rezeptoren binden. Die verschiedenen Rezeptorsubtypen, an die ein bestimmter Neurotransmitter binden kann, liegen üblicherweise in unterschiedlichen Hirnarealen, und reagieren in unterschiedlicher Weise auf den Neurotransmitter. Entsprechend der Verteilung der Rezeptorsubtypen im Gehirn kann also ein Neurotransmitter unterschiedliche Botschaften in verschiedenen Hirnregionen übermitteln.

Für einen Neurotransmitter gibt es verschiedene Typen von Rezeptoren, die sich hinsichtlich ihrer Lage und Wirkung voneinander unterscheiden:

1. Postsynaptische Rezeptoren an Dendriten, Perikarya oder Axonhügeln anderer Neurone.
2. Präsynaptische Rezeptoren an Axonendigungen desselben Neurons, das den Transmitter freisetzt. Präsynaptische Rezeptoren können als Autorezeptoren die Ausschüttung desselben Transmitters beenden oder verstärken und stellen somit einen negativen oder positiven Rückkopplungsmechanismus dar.

Die Bindung eines Neurotransmitters an einen postsynaptischen Rezeptor kann ein Neuron in unterschiedlicher Weise beeinflussen:

1. Ionotrope Rezeptoren sind an chemisch gesteuerte Ionenkanäle in der postsynaptischen Membran gekoppelt. Wenn ein Neurotransmitter an einen Rezeptor bindet, öffnet sich der Ionenkanal und ruft dadurch unmittelbar ein postsynaptisches Potential hervor. Durch die Öffnung von Na^+-Kanälen und den daraus resultierenden Einstrom von Na^+-Ionen in das Neuron werden exzitatorische postsynaptische Potentiale und somit eine Depolarisation ausgelöst. Durch die Öffnung von K^+- oder Cl^--Kanälen und entsprechenden Ausstrom von K^+-Ionen aus dem Neuron bzw. Einstrom

von Cl⁻-Ionen in das Neuron entstehen inhibitorische postsynaptische Potentiale und damit eine Hyperpolarisation der Membran.

2. Metabotrope Rezeptoren sind Membranproteinkomplexe, die keinen Ionenkanal enthalten. Sie vermitteln eine langsamere, aber länger anhaltende Wirkung. Dabei aktiviert der Neurotransmitter den Rezeptor, der seinerseits über ein Kopplungsprotein (G-Protein) und eine Kaskade sekundärer Botenstoffe (second messenger) einen Einfluss auf Ionenkanäle, den Stoffwechsel oder die Aktivierung des Genoms nehmen kann. Der sekundäre Botenstoff kann nach Diffusion durch das Zytoplasma auf drei verschiedene Arten wirken:

   a) Er bindet an Ionenkanäle und erzeugt dadurch exzitatorische oder inhibitorische postsynaptische Potentiale.

   b) Er beeinflusst unmittelbar die Stoffwechselaktivität des Neurons.

   c) Er aktiviert das Genom, indem er in den Zellkern wandert, sich an die DNA bindet und dadurch die Genexpression beeinflusst.

Wiederaufnahme und enzymatischer Abbau von Neurotransmittern

Die Wirkung von Neurotransmittern wird nach der Ausschüttung aus den axonalen Endigungen und der Bindung an Rezeptoren durch zwei Mechanismen wieder beendet:

1. Wiederaufnahme des Neurotransmitters in die präsynaptische Endigung, durch die der größere Teil der Neurotransmittermoleküle nach der Freisetzung wieder aus dem präsynaptischen Spalt entfernt wird. In den präsynaptischen Endigungen wird der Neurotransmitter dann wieder in Vesikeln gespeichert und kann erneut ausgeschüttet werden.

2. Enzymatischer Abbau im synaptischen Spalt, durch den beispielsweise Azetylcholin mit Hilfe das Enzyms Azetylcholinesterase abgebaut wird. Viele der enzymatischen Abbauprodukte werden von den präsynaptischen Endigungen wieder aufgenommen und zur Synthese neuer Neurotransmittermoleküle zur Verfügung gestellt.

Pharmakologische Beeinflussung der synaptischen Übertragung

Die Teilschritte der Synthese, Freisetzung, Wirkung und des Abbaus von Neurotransmittern können durch Pharmaka beeinflusst werden. Zum Beispiel kann ein Pharmakon eine hohe Affinität zum postsynaptischen Rezeptorprotein für einen Transmitter haben. Grundsätzlich lassen sich dabei unterscheiden:

1. Agonisten, die den gleichen Effekt haben wie der Transmitter.

2. Antagonisten, die die Transmission in einem Transmittersystem reduzieren oder blockieren.

Eine agonistische Wirkung von Pharmaka kann im Rahmen der synaptischen Übertragung an folgenden Teilschritten einwirken:

1. Ein Pharmakon steigert die Synthese des Neurotransmitters, indem es beispielsweise die Menge der Vorläufersubstanz, aus der der Neurotransmitter synthetisiert wird, erhöht.

2 Ein Pharmakon erhöht die Menge des Neurotransmitters, indem es das Enzym, das den Abbau des Neurotransmitters katalysiert, blockiert.

3. Ein Pharmakon erhöht die Freisetzung des Neurotransmitters aus den synaptischen Endknöpfen.

4. Ein Pharmakon bindet an die präsynaptisch lokalisierten Autorezeptoren und hemmt deren inhibitorische Wirkung auf weitere Neurotransmitterfreisetzung.

5. Ein Pharmakon bindet an die postsynaptisch lokalisierten Rezeptoren, aktiviert sie und simuliert dadurch die Wirkung des Neurotransmitters.

6. Ein Pharmakon hemmt die Deaktivierung des Neurotransmitters, indem es die Wiederaufnahme oder den Abbau blockiert.

Eine antagonistische Wirkung von Pharmaka kann durch ein Einwirken auf folgende synaptische Prozesse vermittelt werden:

1. Ein Pharmakon hemmt die Synthese des Neurotransmitters, indem es beispielsweise das die Synthese katalysierende Enzym blockiert.

2. Ein Pharmakon bewirkt, dass der Neurotransmitter aus den Vesikeln austritt und von
   abbauenden Enzymen zerstört wird.
3. Ein Pharmakon blockiert die Freisetzung
   des Neurotransmitters aus der präsynaptischen Endigung.
4. Ein Pharmakon bindet an die präsynaptisch
   lokalisierten Autorezeptoren, aktiviert sie
   und hemmt dadurch die Freisetzung des
   Neurotransmitters.
5. Ein Pharmakon bindet an die postsynaptisch
   lokalisierten Rezeptoren, ohne sie zu aktivieren, und blockiert sie dadurch für die
   Wirkung des üblichen Neurotransmitters.

Klassische Neurotransmitter

Es gibt vier Klassen niedermolekularer Neurotransmitter:
1. Aminosäuren (Glutamat, Aspartat, GABA,
   Glyzin),
2. Azetylcholin,
3. Monoamine (Dopamin, Noradrenalin, Adrenalin, Serotonin),
4. Lösliche Gase (Stickstoffmonoxid).

Synapsen, die Glutamat, GABA, Azetylcholin,
Dopamin, Noradrenalin oder Serotonin als
Transmitter verwenden, nennt man entspre-
chend glutamaterge, GABAerge, cholinerge,
dopaminerge, noradrenerge oder serotonerge
Synapsen.

Aminosäuretransmitter

Einige Neurone des zentralen Nervensystems
verwenden einfache Aminosäuren als Transmitter. Da Aminosäuren von allen Zellen des
Gehirns für die Proteinsynthese verwendet
werden, ist der Nachweis schwierig zu führen,
dass eine bestimmte Aminosäure auch als
Transmitter verwendet wird. An der Mehrzahl
rasch wirkender und zielgerichteter Synapsen
im zentralen Nervensystem von Säugern werden die Aminosäuren Glutamat, Aspartat,
GABA und Glyzin als Transmitter verwendet.
Glutamat ist der wichtigste exzitatorische, GABA
der häufigste inhibitorische Neurotransmitter.

Glutamat

Glutamat ist der wichtigste exzitatorische
Neurotransmitter des zentralen Nervensystems. Synapsen, die Glutamat verwenden,
finden sich an etwa 50 % der Neurone des zentralen Nervensystems, besonders im Telenze-
phalon und Hippokampus. Die Freisetzung
von Glutamat aus axonalen Endigungen erfolgt in Abhängigkeit von Ca^{2+}. Wird die Endigung durch ein Aktionspotential depolarisiert, kommt es u.a. zu einem Ca^{2+}-Einstrom in
das Neuron, der eine Verschmelzung der Vesikel mit der präsynaptischen Membran bewirkt.
Die Beendigung der synaptischen Prozesse erfolgt durch Wiederaufnahme des Transmitters
in präsynaptische Endigungen oder Gliazellen.

Der postsynaptische Glutamatrezeptor liegt
in verschiedenen Haupttypen vor. Drei dieser
Haupttypen, von denen wiederum verschiedene Subtypen existieren, sind ionotrop und entsprechend ihrer Affinität gegenüber syntheti-
schen Agonisten benannt:
1. NMDA (N-Methyl-D-aspartat)-Rezeptor,
2. AMPA (α-Amino-3-hydroxy-5-methyl-4-
   isoxazol-propionsäure)-Rezeptor,
3. Kainat-Rezeptor.

Außerdem existiert ein metabotroper Rezeptortyp, von dem wiederum verschiedene Subtypen bekannt sind.

Der NMDA-Rezeptor hat besondere Eigenschaften. An ihm wirkt das in der Extra-
zellulärflüssigkeit vorhandene Mg^{2+} als nicht-
kompetitiver Blocker und versperrt den zugehörigen Ionenkanal. Eine Transmitteraus-
schüttung ist daher wegen der Undurchlässig-
keit des Ionenkanals zunächst wirkungslos.
Wird jedoch das Membranpotential des postsynaptischen Neurons durch Stimulation des
AMPA-Rezeptors leicht vordepolarisiert, diffundiert Mg^{2+} aus dem Ionenkanal, und Na^+-
Ionen können in die Zelle einströmen und eine starke Depolarisation auslösen. Durch denselben Ionenkanal können zusätzlich auch
Ca^{2+}-Ionen in die Zelle eintreten. Sie tragen
dort über sekundäre Botenstoffe zur Ausbildung langanhaltender Potenzierungen der
synaptischen Effektivität bei (Langzeitpotenzierung).

Tabelle 1. Wichtige klassische Neurotransmitter

Neurotransmitter	Vorkommen	Vorstufe (Synthesenzym)	Inaktivierung (Abbauenzym)	Rezeptoren
Glutamat	Ubiquitär im ZNS	α-Ketoglutarat aus Zitratzyklus, (Aminotransferase, Glutaminase)	Reabsorption (Glutamat-Dehydrogenase)	NMDA, AMPA, Kainat, metabotrop
GABA	Kortex, Corpus striatum, Rückenmark	Glutamat (Glutamat-Dekarboxylase)	Reabsorption (GABA-aminotransferase)	$GABA_A$ und $GABA_B$
Azetylcholin	Motorische Endplatte, autonome Ganglien, Corpus striatum, Neokortex	Azetyl-CoA aus Zitratzyklus (Cholinazetyltransferase)	Enzymatische Hydrolyse (Azetylcholinesterase)	muskarinerg, nikotinerg
Dopamin	Corpus striatum	Tyrosin aus dem Blut (DOPA-Dekarboxylase)	Vorwiegend durch Reabsorption (Monoaminoxidase)	D_1 und D_2
Noradrenalin	Hirnstamm	Tyrosin aus dem Blut (Dopamin-β-hydroxylase)	Vorwiegend durch Reabsorption (Monoaminoxidase)	α_1, α_2, β_1, β_2,
Adrenalin	Nebennierenmark	Tyrosin aus dem Blut (Phenylethanolamin-N-methyltransferase)	Vorwiegend durch Reabsorption (Monoaminoxidase)	α und β
Serotonin	Hirnstamm (Raphe-Kerne)	Tryptophan aus dem Blut (Tryptophan-5-hydroxylase)	Reabsorption (Monoaminoxidase)	$5\text{-}HT_1$, $5\text{-}HT_2$

Langzeitpotenzierung wird vor allem im Hippokampus beobachtet und ist ein wichtiger Teilschritt bei Lernprozessen. Bei normaler Aktivierung der Synapsen öffnet Glutamat alle Kanäle bis auf die NMDA-Kanäle. Bei wiederholter synaptischer Aktivierung und somit starker postsynaptischer Depolarisation werden auch NMDA-Kanäle geöffnet, da durch die intrazelluläre Positivierung die blockierenden Mg^{2+}-Ionen aus den NMDA-Kanälen entfernt werden. Dann können vermehrt Ca^{2+}-Ionen in die Zellen einströmen und die für die Langzeitpotenzierung verantwortlichen Vorgänge auslösen. Es kommt zu einer Langzeitaktivierung von Proteinkinasen als sekundäre Botenstoffe. Schließlich erhöht ein postsynaptisch freigesetzter Faktor, bei dem es sich wahrscheinlich um Stickoxid handelt, als retrograder Botenstoff die präsynaptische Glutamatfreisetzung.

Durch exzessive Stimulation von NMDA-Synapsen können postsynaptische Neurone auch irreversibel geschädigt werden (Exzitotoxizität). Exzitotoxizität trägt zur Pathogenese des Morbus Alzheimer und zu den Folgeschäden bei Schlaganfällen bei, die primär durch Sauerstoffmangel verursacht sind. In den Gehirnen von Patienten mit Morbus Alzheimer fällt eine deutliche Verminderung der Konzentration von Glutamat und Glutamatrezeptoren im Hippokampus auf. Da der Hippokampus bei Lern- und Gedächtnisleistungen von großer

Bedeutung ist, können diese Veränderungen mit den charakteristischen Gedächtnisstörungen bei Alzheimerpatienten zusammenhängen.

GABA (γ-Aminobuttersäure)

GABA wird aus Glutamat unter Einwirkung des Enzyms Glutamat-Dekarboxylase synthetisiert. GABA wirkt hemmend auf postsynaptische Strukturen und ist der wichtigste inhibitorische Neurotransmitter des zentralen Nervensystems. Der Transmitter kommt vorwiegend in Interneuronen im gesamten zentralen Nervensystem vor. Die Hauptwirkung von GABA besteht in einer Hyperpolarisation und somit einer Hemmung der Zielzelle. Es gibt mindestens zwei postsynaptische Mechanismen, die durch verschiedene Rezeptoren ausgelöst werden:
1. GABA$_A$-Rezeptor, der ionotrop ist und unmittelbar einen Cl$^-$-Kanal öffnet. Der Einstrom von Cl$^-$-Ionen führt zu einer Hyperpolarisation, also zu einem inhibitorischen postsynaptischen Potential.
2. GABA$_B$-Rezeptor, der metabotrop ist und über G-Proteine einen K$^+$-Kanal öffnet. Präsynaptische GABA$_B$-Rezeptoren schließen Ca^{2+}-Kanäle und hemmen die Transmitterfreisetzung.

Die GABA-Wirkung wird dadurch beendet, dass der Transmitter durch die präsysnaptische Endigung und Gliazellen aufgenommen wird.

Barbiturate, die zu den Schlafmitteln zählen, und Benzodiazepine, die angstlösend und muskelrelaxierend wirken, können an das Rezeptorprotein des GABA$_A$-Ionenkanals binden und verstärken so die inhibitorische Wirkung von GABA. Der Untergang GABAerger Neurone im Corpus striatum ist die Grundlage der Chorea Huntington. Als Folge dieses Neuronenuntergangs fällt die inhibitorische Kontrolle des Globus pallidus und der Substantia nigra aus. Das verursacht vermutlich die bei Choreatikern auftretende Bewegungsstörung. Auch die Ätiologie einiger Epilepsieformen wird mit Veränderungen GABAerger Neurone oder GABAerger Rezeptoren im Neokortex in Verbindung gebracht.

Azetylcholin

Azetylcholin ist im zentralen und peripheren Nervensystem weit verbreitet und wird von etwa 10 % der Synapsen des zentralen Nervensystems als Neurotransmitter verwendet. Der Transmitter wird aus Cholin und Azetyl-Koenzym A in einer einzigen enzymatischen Reaktion gebildet, die durch das Enzym Cholinazetyltransferase katalysiert wird. Cholin kann nicht von Neuronen synthetisiert werden und muss daher mit der Nahrung aufgenommen werden. Die Freisetzung von Azetylcholin erfolgt, wie für Glutamat beschrieben, in Abhängigkeit von Ca^{2+}.

Azetylcholin wird in folgenden Systemen als Neurotransmitter verwendet:

Im peripheren Nervensystem
1. Motoneurone im Vorderhorn des Rückenmarks und Neurone der motorischen Hirnnervenkerne. Azetylcholin wird an den neuromuskulären Synapsen der Wirbeltiere freigesetzt und ruft dort Kontraktionen der quergestreiften Skelettmuskeln hervor.
2. Alle präganglionären sympathischen und parasympathischen sowie alle postganglionären parasympathischen Neurone. Parasympathisch innervierte Drüsen und glatte Muskeln werden durch Azetylcholin entweder stimuliert oder inhibiert, abhängig von der Wirkung der vorhandenen cholinergen Rezeptoren.

Im zentralen Nervensystem
3. Kerngruppen des basalen Vorderhirnkomplexes:
   mediales Septum, diagonales Band von Broca und Nucleus basalis Meynert. Die Neurone dieser Kerne innervieren den zerebralen Kortex und den Hippokampus.
4. Weitere cholinerge Kerne im Dienzephalon.

Neben diesen cholinergen Systemen mit langen Projektionsbahnen gibt es noch cholinerge Interneurone im Corpus striatum und Nucleus accumbens.

Im zentralen Nervensystem hat Azetylcholin keine einheitliche Funktion. Die Wirkung hängt von der jeweiligen Zielzelle und ihren

Rezeptoren ab. Azetylcholin kann sowohl exzitatorische als auch inhibitorische Effekte auslösen. Multiple Subtypen von Azetylcholinrezeptoren konnten identifiziert werden. Die einfachste Einteilung von Azetylcholinrezeptoren unterscheidet entsprechend der Stimulation durch Muskarin oder Nikotin:

1. Muskarinerge Rezeptoren. Die Stimulation muskarinerger Rezeptoren führt zu langsameren Antworten, die exzitatorisch oder inhibitorisch sein können und durch Atropin und Skopolamin blockiert werden. Muskarinerge Rezeptoren sind mit G-Proteinen verbunden.
2. Nikotinerge Rezeptoren. Die Antwort auf Stimulation nikotinerger Rezeptoren erfolgt sehr rasch, ist immer exzitatorisch und kann durch Kurare blockiert werden. Nikotinerge Rezeptoren gehören zur Familie der ionotropen Rezeptoren.

Nach der Freisetzung aus den präsynaptischen Endigungen wird Azetylcholin durch das Enzym Azetylcholinesterase, das in der postsynaptischen Membran vorliegt, inaktiviert. Nach der Spaltung in Cholin und Azetat wird Cholin wieder in die Axonendigungen aufgenommen. Etwa die Hälfte des anfallenden Cholins steht für eine Neusynthese zur Verfügung.

Azetylcholin ist wahrscheinlich im Rahmen des aufsteigenden retikulären Aktivierungssystems von Bedeutung, das an kortikaler Aktivierung, Aufwachen und Aufmerksamkeit beteiligt ist. Der Übergang vom Schlaf zum Wachzustand wird von einer erhöhten Feuerrate cholinerger Neurone im Hirnstamm und im basalen Vorderhirn begleitet. Außerdem führt die pharmakologische Stimulation cholinerger Aktivität zu erhöhter kortikaler Aktivierung. Diese Wirkungen werden durch die cholinergen Kerne des basalen Vorderhirns und des Ponto-Mesenzephalons vermittelt. Pontomesenzephale cholinerge Neuronengruppen lösen wahrscheinlich kortikale EEG-Desynchronisierung und rasche Augenbewegung während des REM-Schlafs aus.

Weitere wichtige Verhaltensfunktionen von Azetylcholin betreffen kognitive Prozesse wie Lernen, Gedächtnis und Aufmerksamkeit. Neuropathologische, neurochemische und pharmakologische Befunde legen es nahe, dass die Degeneration des aufsteigenden cholinergen Systems, der Hauptquelle der kortikalen cholinergen Innovation, negative Auswirkungen auf kognitive Funktionen haben kann. Experimentelle Untersuchungen an Tieren zeigen, dass die Blockade von muskarinergen Rezeptoren mit Atropin oder Skopolamin die Informationsaufnahme und -speicherung in unterschiedlichen Lernparadigmen beeinträchtigen kann. Die Gabe von Skopolamin beim Menschen kann deklarative Gedächtnisprozesse beeinträchtigen. Ein cholinerges Defizit ist wahrscheinlich auch an kognitiven Störungen und vor allem an Gedächtnisdefiziten beim Morbus Alzheimer beteiligt, bei dem eine fortschreitende Demenz auftritt. Beim Morbus Alzheimer wird eine ausgeprägte Degeneration des cholinergen Systems vom basalen Vorderhirn zum Kortex beobachtet. Die Gehirne von Alzheimerpatienten weisen einen deutlichen Verlust cholinerger Neurone im Nucleus basalis Meynert und eine entsprechende Verminderung des Azetylcholingehalts im Kortex auf. Exzitotoxische Läsionen des Nucleus basalis, die ein ausgeprägtes cholinerges Defizit im Neokortex verursachen, führen bei Versuchstieren zu Lern- und Gedächtnisdefiziten. Diese Befunde führten zur cholinergen Hypothese als Grundlage für Gedächtnisdefizite bei der Alzheimerkrankheit. Eine Alternativhypothese ist, dass Azetylcholin nicht unmittelbar Lern- und Gedächtnisprozesse erleichtert, sondern vielmehr mittelbar wirkt und Aufmerksamkeitsfunktionen beeinflusst.

Monoamine

Zur Gruppe der Monoamin-Transmitter gehören:

1. die Katecholamine Dopamin, Noradrenalin und Adrenalin, die strukturell nahe miteinander verwandt sind.
2. das Indolamin Serotonin.

Monoamine werden von verschiedenen Neuronensystemen des Gehirns gebildet. Die meisten dieser Systeme bestehen aus Kernen im Hirnstamm mit einer kleinen Zahl von Zellkörpern, deren Axone sich mehrfach verzweigen und eine große Zahl terminaler Endigungen in vielen Hirnregionen aufweisen. Daher modulieren monaminerge Neurone die Funktionen vieler Hirnareale, indem sie die Aktivität bestimmter Hirnfunktionen steigern oder vermindern. Monoamine machen kaum mehr als etwa ein bis zwei Prozent der im zentralen Nervensystem verwendeten Transmittersubstanzen aus, scheinen aber eine herausragende Rolle für Motorik, emotionales Verhalten und Kognition zu spielen.

Dopamin

Der Vorläufer des Dopamins ist die essentielle Aminosäure Tyrosin, die mit der Nahrung zugeführt werden muss. In Anwesenheit des Enzyms Tyrosin-Hydroxylase entsteht L-Dihydroxyphenylalanin (L-DOPA). Unter dem Einfluss des Enzyms Dopa-Dekarboxylase entsteht schließlich Dopamin. Die Produktion von Dopamin und der anderen Katecholamine wird durch das Enzym Monoaminoxidase (MAO) reguliert. Dieses Enzym befindet sich in den monoaminergen Endigungen, wo es überschüssige Mengen der Transmittersubstanz zerstört. Nach der Ausschüttung wird Dopamin rasch wieder aus dem synaptischen Spalt in die präsynaptische Endigung aufgenommen, wo es durch MAO abgebaut werden kann. Außerhalb des Neurons wird es durch Catechol-O-Methyltransferase (COMT) metabolisiert.

Abhängig vom postsynaptischen Rezeptor kann die Wirkung von Dopamin inhibitorisch oder exzitatorisch sein. Es gibt mindestens fünf Dopaminrezeptor-Subtypen, von denen alle metabotrop sind. Am weitesten verbreitet sind D_1- und D_2-Rezeptoren. D_1-Rezeptoren sind ausschließlich postsynaptisch lokalisiert, während D_2-Rezeptoren sowohl präsynaptisch wie auch postsynaptisch zu finden sind. Die Stimulation von D_1-Rezeptoren erhöht die Produktion des sekundären Botenstoffes zyklisches AMP (cAMP), während die Stimulation von D_2-Rezeptoren die Produktion von cAMP vermindert.

Dopamin ist an verschiedenen wichtigen Verhaltensfunktionen beteiligt; dazu gehören

Bewegung, Aufmerksamkeit, Lernen und Verstärkung. Das Gehirn enthält verschiedene Systeme mit dopaminergen Neuronen. Die drei wichtigsten haben ihren Ursprung im Mesenzephalon:

1. Die Zellkörper der Neurone des nigrostriatalen Systems befinden sich in der Substantia nigra, die Axone projizieren zum Neostriatum, das aus Nucleus caudatus und Putamen besteht. Das Neostriatum ist ein wichtiger Teil der Basalganglien, die an der Bewegungskontrolle maßgeblich beteiligt sind.
2. Die Zellkörper der Neurone des mesolimbischen Systems befinden sich in der Area tegmentalis ventralis. Ihre Axone projizieren zu verschiedenen Teilen des limbischen Systems einschließlich Nucleus accumbens, Amygdala und Hippokampus. Der Nucleus accumbens spielt eine wichtige Rolle hinsichtlich der Verstärkerwirkung von Stimuli und Drogen.
3. Die Zellkörper der Neurone des mesokortikalen Systems befinden sich in der Area tegmentalis ventralis. Die entsprechenden Axone projizieren zum präfrontalen Kortex. Diese Neurone haben eine exitatorische Wirkung auf den präfrontalen Kortex und beeinflussen dadurch Funktionen wie Kurzzeitgedächtnis, Handlungsplanung und Problemlösen.

In hypothalamischen Neuronen produziertes Dopamin bewirkt eine tonische Inhibition der Prolaktinsekretion der Hypophyse.

Dopamin wirkt fördernd auf die willkürliche Umschaltung motorischer Programme. Eine Verminderung des Dopamingehalts im Corpus striatum um über 80 % führt zu Morbus Parkinson, bei dem die Patienten unter Bewegungsarmut (Akinese), erhöhtem Muskeltonus (Rigor) und Ruhetremor leiden. Im Endstadium der Krankheit verschwinden die dopaminergen Neurone der Substantia nigra fast vollständig. Die therapeutische Gabe der Dopaminvorstufe L-DOPA und von postsynaptisch wirkenden Dopaminagonisten kann die motorischen Störungen bei Parkinsonpatienten deutlich verbessern.

Störungen dopaminerger Systeme werden auch mit Schizophrenie und halluzinatorischen Psychosen in Zusammenhang gebracht. Pharmaka, die D_2-Rezeptoren blockieren, führen bei Patienten mit schizophrenen Psychosen zu einer Verbesserung der Symptome wie Halluzinationen, Wahnvorstellungen und gestörte Denkprozesse. Daher wurde die Hypothese aufgestellt, dass Schizophrenie durch eine Überaktivität dopaminerger Neurone hervorgerufen werde. Symptome, die bei schizophrenen Psychosen beobachtet werden, können auch durch Dopaminagonisten hervorgerufen werden.

Der Verstärkermechanismus bestimmter Reize ist von der Freisetzung von Dopamin abhängig und führt zu Verhalten, durch das diese Reize immer häufiger gesucht werden. Auch Substanzen wie Opiate und Kokain können natürliche Reize bei der Auslösung dieses Mechanismus ersetzen. Daher wird dieser Verstärkungsmechanismus als neurobiologisches Substrat der Drogenabhängigkeit angesehen.

Noradrenalin

Der mit der Nahrung zugeführte Vorläufer für Noradrenalin ist Tyrosin, das wie bereits beschrieben zu Dopamin umgewandelt wird. Der letzte Schritt der Noradrenalinsynthese findet innerhalb der Vesikel statt. Zunächst werden die Vesikel mit Dopamin gefüllt, dann wird Dopamin unter Einwirkung des Enzyms Dopamin-β-Hydroxylase in Noradrenalin umgewandelt. Überschüssiges Noradrenalin in den terminalen Endigungen wird durch Monoaminoxidase Typ A (MAO-A) abgebaut. Die meisten Neurone, die Noradrenalin als Neurotransmitter verwenden, setzen die Substanzen nicht aus axonalen Endknöpfen frei, sondern aus axonalen Varikositäten.

Es gibt verschiedene Subtypen noradrenerger Rezeptoren, die üblicherweise als adrenerge Rezeptoren bezeichnet werden, da sie sowohl auf Adrenalin als auch auf Noradrenalin reagieren. Die Neurone des zentralen Nervensystems enthalten β_1- und β_2-adrenerge Rezeptoren sowie α_1- und α_2-Rezeptoren. Alle vier Rezeptortypen werden auch außerhalb des Gehirns in verschiedenen Organen des Körpers

gefunden und sind für die Wirkungen der Katecholamine verantwortlich, wenn sie als Hormone außerhalb des zentralen Nervensystems wirken. Ein weiterer Subtyp adrenerger Rezeptoren, der β3-Rezeptor, tritt ausschließlich außerhalb des zentralen Nervensystems auf. Alle adrenergen Rezeptoren sind metabotrop und können sowohl exzitatorische als auch inhibitorische Wirkungen hervorrufen.

Noradrenerge Neurone befinden sich in der Pons und in der Medulla und können in drei wesentliche Gruppen unterteilt werden:
1. Locus coeruleus.
2. Laterales tegmentales System.
3. Dorsales medulläres System.

Der Locus coeruleus ist das wichtigste noradrenerge Kerngebiet und projiziert in alle Regionen des Telenzephalons und Dienzephalons, in das Zerebellum sowie in das Rückenmark. Diese weitreichende Innervation zeigt an, dass dieses Kerngebiet an der Modulation einer Reihe von wichtigen Verhaltens- und physiologischen Funktionen beteiligt ist. Elektrophysiologische und Verhaltensstudien legen es nahe, dass der Locus coeruleus eine bedeutende Rolle bei der Vermittlung von Prozessen der Aufmerksamkeit und Vigilanz spielt. Ableitungen an Neuronen des Locus coeruleus bei der Ratte zeigen, dass diese Zellen während des Slow-Wave-Schlafs langsamer feuern als während des Wachens. Während des REM-Schlafs sind sie überhaupt nicht aktiv. Bei Versuchstieren führen Läsionen des Locus coeruleus zu verschlechterten Aufmerksamkeits-, Lern- und Gedächtnisleistungen.

Noradrenerge Neurone scheinen auch an der Steuerung des Sexualverhaltens und der Kontrolle von Hunger und Sättigung beteiligt zu sein.

Bei Patienten mit Morbus Alzheimer wird im Locus coeruleus eine ausgeprägte Degeneration beobachtet. Die daraus resultierende verminderte noradrenerge Innervation des Kortex ist vermutlich an der kognitiven Beeinträchtigung von Alzheimerpatienten beteiligt. Auch bei Depression liegt eine verminderte Funktion des noradrenergen Systems nahe, da unter der Therapie mit Pharmaka, die die Rückaufnahme von Noradrenalin hemmen und somit die extrazelluläre Konzentration des Transmitters erhöhen, eine Verbesserung der depressiven Symptomatik auftreten kann.

Eine der Funktionen des lateralen tegmentalen Systems und des dorsalen medullären Systems besteht in der noradrenergen Innervation des Hirnstamms und von Rückenmarkskernen, die autonome Funktionen regulieren. Im peripheren Nervensystem ist Noradrenalin ein Transmitter der sympathischen postganglionären Endigungen und z.B. am Herzen sowie der Gefäßmuskulatur von Bedeutung.

Adrenalin

Adrenalin ist ein Hormon, das vom Nebennierenmark gebildet wird. Adrenalin wird im Gehirn auch als Transmitter verwendet, ist dort aber weniger bedeutend als Noradrenalin. Als Neurotransmitter beeinflusst Adrenalin über eine Freisetzung im Hypthalamus die Vasopressin- und Oxytozinsekretion. Über Adrenalinfreisetzung in den Nucleus solitarius und den Nucleus dorsalis des Nervus vagus werden Atmung und Blutdruck reguliert. Neben Noradrenalin ist Adrenalin im peripheren Nervensystem ein Transmitter an sympathischen postganglionären Endigungen.

Serotonin

Serotonin (5-Hydroxytryptamin = 5-HT) ist ein Indolamin, das aus der Aminosäure Tryptophan synthetisiert wird. Serotonin wird aus varikösen Erweiterungen serotonerger Nervenfasern freigesetzt und nicht aus terminalen Endigungen. Die Freisetzung des Transmitters kann durch präsynaptische 5-HT-Autorezeptoren inhibiert werden. Freigesetztes Serotonin wird durch einen Wiederaufnahmemechanismus zurück in die Neuronen transportiert. Der intrazelluläre Abbau des Transmitters wird durch MAO katalysiert.

Es wurden mindestens neun verschiedene Typen von Serotoninrezeptoren identifiziert. Die 5-HT-Rezeptorsubtyen gehören teilweise zur Gruppe der an G-Protein gekoppelten Rezeptoren und vermitteln exzitatorische oder in-

hibitorische Wirkungen. Andere 5-HT-Rezeptoren beeinflussen unmittelbar einen Membrankanal und rufen auf diese Weise schnelle exzitatorische Reaktionen hervor. Weitere 5-HT-Rezeptorsubtypen inhibieren oder stimulieren die Synthese von zyklischem AMP.

Die Zellkörper serotonerger Neurone befinden sich in neun Gruppen, von denen die meisten in den Raphe-Kernen des Mesenzephalons, in der Pons und der Medulla lokalisiert sind. Die beiden wichtigsten Gruppen befinden sich im dorsalen und medialen Raphe-Kern, die sich in der Nähe der Mittellinie des Hirnstamms befinden. Die Zellkörper in diesen Kernen sind der Ursprungsort auf- und absteigender Bahnen, die weitreichende Areale des Gehirns und des Rückenmarks innervieren. Die Axone der Neurone des dorsalen und medialen Raphe-Kerns projizieren zum zerebralen Kortex. Außerdem innervieren Neurone des dorsalen Raphe-Kerns die Basalganglien.

Es gibt zwei Arten serotonerger Axone, die unterschiedliche Funktionen zu haben scheinen:
1. Das D-System hat seinen Ursprung im dorsalen Raphe-Kern. Die varikösen Erweiterungen dieser Axone treten nicht mit anderen Neuronen in synaptischen Kontakt, sondern vielmehr scheint das aus ihnen freigesetzte Serotonin in die Umgebung zu diffundieren und als Neuromodulator zu fungieren.
2. Das M-System entspringt aus dem medialen Raphe-Kern. Die varikösen Erweiterungen dieser Neurone befinden sich in der Nähe postsynaptischer Membranen und scheinen konventionelle Synapsen zu bilden.

Obwohl Serotonin nur von einer sehr geringen Zahl der Neurone des Gehirns als Transmitter verwendet wird, hat die Substanz auf Grund ihrer weitreichenden Verbindungen eine große Bedeutung bei der Regulation einer Reihe grundlegender physiologischer Funktionen und Verhaltensweisen. Verschiedene halluzinogene Drogen scheinen ihre Wirkung durch eine Interaktion mit serotonerger Transmission hervorzurufen. LSD (Lysergsäurediäthylamid) verzerrt z.B. die visuelle Wahrnehmung und wirkt als direkter Agonist an bestimmten 5-HT-Rezeptor-Subtypen.

Die Auswirkungen von Serotonin auf Verhalten sind komplex. Serotonin spielt eine Rolle bei der Regulation der Stimmung, von Schlafen und Wachen, des Essens sowie der Schmerzwahrnehmung. Die Lage der Raphe-Kerne innerhalb der Formatio reticularis machen sie zu wichtigen Kandidaten bei der Steuerung von Schlafen und Wachen. Bei der Verhaltensregulation hat Serotonin im wesentlichen eine dämpfende Wirkung, z.B. wirkt es schlafanstoßend. Serotonerge Neurone sind auch an der Kontrolle des Träumens beteiligt. Elektrophysiologische Untersuchungen an Katzen zeigen, dass die Neurone des dorsalen Raphe-Kerns charakteristischerweise eine sehr regelmäßige Feuerrate aufweisen. Die Feuerrate ist am höchsten, wenn die Katzen wach sind, sie ist geringer während des Slow-Wave-Schlafs und beinahe völlig unterdrückt während des REM-Schlafs. Die Neurone des dorsalen Raphe-Kerns werden bei sich wiederholenden Bewegungen aktiviert und durch starke sensorische Reize inhibiert.

Serotonin ist auch modulierend an zahlreichen anderen Funktionen wie Ess- und Sexualverhalten beteiligt. Serotonin übt eine inhibitorische Wirkung auf die Nahrungsaufnahme aus. Daher werden serotonerge Agonisten bei der Behandlung der Fettsucht eingesetzt. Weiterhin ist Serotonin vermutlich an der Regulation von impulsivem Verhalten beteiligt; deutlich reduzierte serotonerge Aktivität scheint mit Suizidalität oder pathologischer Aggression assoziiert zu sein. Serotonin ist mit der Ätiologie von Zwangstörungen in Verbindung gebracht worden, da Pharmaka, die selektiv die Wiederaufnahme von Serotonin inhibieren, eine therapeutische Wirksamkeit bei dieser Störung zeigen.

Veränderungen des Neurotransmitters Serotonin werden auch mit unipolarer Depression assoziiert. Verglichen mit gesunden Personen weisen depressive Patienten geringere Liquorkonzentrationen des Serotoninmetaboliten 5-Hydroxyindolessigsäure (5-HIAA) auf; auch bei Suizidopfern ist die Liquorkonzentration von 5-HIAA vermindert. Eine Verbesserung der Depression wurde nach der Behandlung mit der Serotoninvorstufe L-5-Hydroxytryptophan (5-HTP) beobachtet.

Die absteigenden Fasern aus dem kaudalen Raphe-Kern ins Rückenmark regeln im Zusammenspiel mit anderen Neurotransmittern die Schmerzwahrnehmung. Serotonin wirkt dabei hemmend auf die Schmerzwahrnehmung im Hinterhorn des Rückenmarks. Abgesehen von seinen neuronalen Wirkungen spielt Serotonin bei der Regulation des zerebralen Blutflusses und der Gefäßweite eine bedeutende Rolle. Die Projektionen serotonerger Neurone zu Hirnarteriolen sind bei der Entstehung der Migräne von Bedeutung. Sie können eine Kontraktion der Gefäße herbeiführen, was für die neurologischen Ausfallsymptome und die Kopfschmerzen von Bedeutung ist. Die Gabe von Serotoninantagonisten kann oft prophylaktisch die Migränesymptome vermindern.

Neuropeptide

Neben den klassischen Neurotransmittern gibt es eine Reihe von Neuropeptiden, die im zentralen oder vegetativen Nervensystem wirken und häufig synaptische Modulatoren sind. Unmittelbar verursachen sie keine Leitfähigkeitsänderungen an synaptischen Membranen, vielmehr beeinflussen sie die Dauer und Intensität der Wirkung der klassischen Transmitter.

Peptide, die im Darm hormonähnliche Wirkung aufweisen, können im zentralen Nervensystem an der Erregungsübertragung wie auch an der neuroendokrinen Steuerung mitwirken. Dabei handelt es sich um Peptide wie Substanz P, Cholezystokinin, Neurotensin und das vasoaktive intestinale Polypeptid. Ihre wesentlichen Aufgaben lassen sich aus der bevorzugten Lokalisation in neuroendokrinen und nozizeptiven Systemen herleiten. Enkephaline binden an Morphinrezeptoren und sind u.a. bei der Vermittlung der Schmerzempfindung beteiligt.

Zusammenhang zwischen zentralen Neurotransmittern und Verhalten

Unser Wissen über den Zusammenhang von bestimmten Neurotransmittersystemen des Gehirns und Verhaltensfunktionen beruht im wesentlichen auf folgenden Forschungsstrategien:

1. Untersuchung von Veränderungen der Konzentration von Neurotransmittern oder deren Metaboliten im Liquor oder Urin bei neurologischen oder psychiatrischen Erkrankungen.
2. Analyse post mortem von Transmitter- oder Rezeptorkonzentrationen in umschriebenen Hirnarealen bei Patienten mit neurologischen oder psychiatrischen Erkrankungen.
3. Nachweis von biochemischen Veränderungen in vivo mit bildgebenden Verfahren wie z.B. Positronenemissiontomografie, bei denen radioaktiv markierte Liganden für bestimmte Transmittersysteme verwendet werden.
4. Auslösung von Verhaltensänderungen bei Mensch oder Tier durch zentral wirksame Substanzen, die auf bestimmte Transmittersysteme einwirken.
5. Experimentelle Läsionen von Neurotransmittersystemen bei Versuchstieren z.B. mit Neurotoxinen und Analyse der resultierenden Verhaltensänderungen.

Auf Grund der Ergebnisse solcher Untersuchungsansätze wurden Hypothesen formuliert, die bestimmte Neurotransmitter mit physiologisch ablaufenden oder krankhaft veränderten Verhaltensfunktionen in Verbindung bringen. Erfolgreich waren diese Ansätze insbesondere beim Morbus Parkinson:

1. In den Gehirnen von Parkinsonkranken ist eine Dopaminverminderung zu beobachten.
2. Eine experimentell hervorgerufene Dopaminreduktion führt bei Versuchstieren zu motorischen Defiziten.
3. Eine pharmakologische Substitution des Dopaminverlusts verbessert die Symptome.

In ähnlicher Weise wurden später eine Dopaminhypothese der Schizophrenie, Monoaminhypothesen der Depression und eine Azetylcholinhypothese des Morbus Alzheimer aufgestellt. Allerdings ist die Befundlage hinsichtlich einer Untermauerung dieser Hypothesen schlechter und widersprüchlicher als bei der Parkinsonkrankheit. Das kann zunächst daran liegen, dass nicht nur ein einziger Neurotransmitter für die Ätiopathogenese eines Verhaltensdefizits von Bedeutung sein muss, sondern vielmehr erst aus der gestörten Funktion verschiedener Transmittersysteme abweichendes Verhalten resultiert. Weiterhin können neurochemische Störungen, die mit bildgebenden Verfahren im Verlauf einer Krankheit oder bei pathologischen Untersuchungen nach dem Tode festgestellt werden, durch Medikamente induziert sein und stellen nicht unbedingt die Ursache der Krankheit dar. Schließlich können neurochemische Veränderungen in einem Transmittersystem darauf beruhen, dass sie sekundär als Folge einer aus dem Gleichgewicht geratenen Interaktion mit einem primär gestörten Neurotransmitter auftreten. Die bei der Schizophrenie beobachtete zentrale Erhöhung von D2-Rezeptoren, die u.a. der Dopaminhypothese zugrunde liegt, ist wahrscheinlich vor allem die Folge der Neuroleptikatherapie. Außerdem ist eine dopaminerge Überfunktion wahrscheinlich nicht primär die Ursache schizophrener Psychosen, sondern vermutlich das Ergebnis einer zentralen Unterfunktion glutamaterger Systeme, die mit dopaminergen Systemen interagieren und ein Gleichgewicht herstellen. Die Hypothese einer verminderten Glutamatfunktion könnte daher möglicherweise die Ätiologie schizophrener Psychosen besser beschreiben.

1.4 Hemisphärendominanz, Händigkeit und Geschlechtsspezifität

L. Jäncke

Zusammenfassung

Der Begriff Hemisphärenlateralisierung beschreibt, dass homologe Hirnareale der linken und rechten Hemisphäre entweder gänzlich andere Funktionen ausüben oder dass sie bestimmte Funktionen unterschiedlich effizient verarbeiten. Hierbei kann eine Hemisphäre besonders effiziente Verarbeitungsstrategien für eine psychische Funktion anbieten. Diese Hemisphäre wird dann als Ñdominantì hinsichtlich dieser Funktion bezeichnet. Die offensichtichste funktionale Asymmetrie ist die Händigkeit. Ca. 85-90% aller Menschen bevorzugen die rechte Hand für alltägliche unimanuale Tätigkeiten. Scheinbar gekoppelt mit der Händigkeit sind Sprachfunktionen überwiegend auf der linken Hemisphäre lokalisiert. Die rechte Hemisphäre ist „dominant" für eine Reihe von nicht-sprachlichen Funktionen, unter ihnen die räumliche Vorstellungsfähigkeit und wahrscheinlich auch die übergeordnete Aufmerksamkeitssteuerung. Es besteht offenbar auch ein Zusammenhang zwischen funktionalen Asymmetrien und anatomischen Asymmetrien. Hervorzuheben ist hier die Rechts-Links-Asymmetrie des Planum temporale. Diese anatomische Asymmetrie ist wahrscheinlich die strukturelle Grundlage der Sprachlateralisierung. Auch im handmotorischen Areal finden sich Links-Rechts Volumenunterschiede, welche die strukturelle Grundlage der Händigkeit sein können. Obwohl diese anatomischen Asymmetrien statische Asymmetrien darstellen, scheinen dennoch plastische Einflüsse auf diese makrostrukturellen Marker einzuwirken, was anhand der anatomischen und funktionalen Asymmetrien bei professionellen Musikern plausibel wird. Bei weiblichen Versuchspersonen werden häufig reduzierte funktionelle Asymmetrien gefunden, die allerdings im Durchschnitt sehr gering sind. Als Ursachen für diese geschlechtsspezifischen Asymmetrien werden eine Reihe von Einflussfaktoren diskutiert, unter ihnen geschlechtsspezifische Hormonkonzentrationen. Bzgl. der Ursachen von Asymmetrien werden genetische, reifungsbiologische oder exogene Faktoren, wie z. B. soziale Beeinflussung oder Geburtstraumata favorisiert. Trotz der offensichtlichen Hemisphärendominanz ist nicht zu vernachlässigen, dass beide Hemisphären in der Regel integrativ zusammenarbeiten müssen, um diverse Aufgaben zu bewältigen.

Vorbemerkung

Unter dem Begriff Hemisphärenasymmetrien fasst man makroskopische und mikroskopische anatomische (zyto-, myelo-, glio- oder angio-architektonisch) sowie funktionale Unterschiede zwischen beiden Hirnhemisphären zusammen. Solche Rechts-Links-Unterschiede werden auch oft kurz als Asymmetrien oder – wenn das Phänomen der Asymmetrie im Vordergrund steht – als Lateralisierung bezeichnet. Makroanatomische Rechts-Links-Unterschiede können im Volumen bestimmter Hirnareale, in der Gyrifizierung, sowie in der Form und Länge bestimmter Sulci ausgemacht werden. Hinsichtlich der mikroskopischen Asymmetrien kann die Anzahl und das Volumen von Neuronen und Gliazellen, sowie das Ausmaß der intrahemisphärischen Verkabelung Rechts-Links-Unterschiede ausmachen. Unter funktionaler Lateralisierung versteht man, dass homologe Hirnareale der linken und rechten Hemisphäre entweder gänzlich andere Funktionen ausüben oder dass sie bestimmte Funktionen unterschiedlich effizient verarbeiten. Eng verbunden mit der anatomischen und funktionalen Lateralisierung ist auch der interhemisphärische Informationsaustausch über das *Corpus callosum*. So wird z. B. vermutet, dass die Individuen, die eher ‚ambilateral‘ orientiert sind (funktional keinen ausgeprägten Rechts-Links-Unterschied aufweisen), über einen intensiveren interhemisphärischen Informationsaustausch verfügen, während deutlich lateralisierte Personen einen vergleichsweise geringen Informationsaustausch zeigen. Neuerdings wird sogar diskutiert, dass die Entwicklung der interhemisphärischen ‚Verkabelung‘ wesentlich für die Entwicklung der funktionalen Hemisphärenlateralisierung sei. Im folgenden wird ein Überblick über diesen Forschungsbereich geliefert, wobei lediglich klassische und aktuelle Befunde besprochen werden (weiterführend siehe Davidson et al., 1995).

Funktionale Links-Rechts-Asymmetrien

Händigkeit

Die Händigkeit ist die am häufigsten untersuchte und offensichtlichste funktionale Asymmetrie des Menschen. Die Mehrzahl aller Menschen gebraucht vorwiegend die rechte Hand für die Manipulation alltäglicher Tätigkeiten. Lediglich ein kleiner Prozentsatz verwendet vorwiegend die linke Hand oder gar beide Hände gleich gut bzw. häufig. Die exakte Prävalenzschätzung der Händigkeit ist außerordentlich schwierig, da bislang noch kein allgemein akzeptiertes Kriterium zur Händigkeitsdiagnose existiert. Als verlässlichste Schätzung der Händigkeitsprävalenz können bislang die Befunde von Gilbert & Wysocki (1992) bezeichnet werden. Diese Autoren haben im Rahmen einer Umfrage des National Geographics ca. 1.2 Millionen US-Amerikaner nach der bevorzugten Schreib- und Wurfhand befragt. Im

Durchschnitt gaben 10.5% der Frauen und 13% der Männer an, mit der linken Hand zu schreiben. Komplementär hierzu gaben demzufolge 89.5% der Frauen und 87% der Männer an, mit der rechten Hand zu schreiben. Auffallend ist auch, dass mit zunehmendem Alter immer weniger Menschen angaben, mit der linken Hand zu schreiben (siehe Tabelle 1). Des weiteren ist auch bekannt, dass mit zunehmendem Alter der Prozentsatz der Personen zunimmt, die eine Umerziehung der Schreibhand von Links nach Rechts erfahren haben (6% bei 71-80 jährigen, 8% bei 81-90jährigen, mehr als 8% bei jenen, die älter als 90 Jahre alt sind). Fasst man die Prozentsätze für die Linkshändigkeitsprävalenz und die Prävalenz zur Umerziehung der Schreibhand zusammen, so erhält man Schätzungen der ‚tatsächlichen‘ Linkshändigkeitsprävalenz je nach Alter von 11%-18% (Hugdahl et al., 1993).

Die altersabhängige Reduktion der Linkshändigkeitsprävalenz wird mit zwei Aspekten in Verbindung gebracht:
1. Einem in der Vergangenheit vorhandenen stärkeren sozialen Druck, die rechte Hand für alltägliche Tätigkeiten zu verwenden, obwohl eine Veranlagung zur Linkshändigkeit bestand und
2. einer vermeintlich höheren Mortalitätsrate von Linkshändern.

Bzgl. des sozialen Drucks, die rechte Hand vor allem zum Schreiben zu verwenden, darf nicht unerwähnt bleiben, dass Schulkinder noch bis zum vorigen Jahrzehnt vor allem in Europa und den USA zur Rechtshändigkeit umgezogen wurden, auch wenn eine Veranlagerung zur Nutzung der linken Hand bestand. Hinsichtlich der größeren Mortalitätsrate von Linkshändern existieren eine Reihe von Arbeiten, die nahelegen, dass Linkshändigkeit häufiger mit verschiedenen Gesundheitsrisiken (z.B. Immunerkrankungen, Brustkrebs, Alkoholismus, mentale Retardation, Homosexualität und Geburtskomplikationen) und gehäufter Unfallanfälligkeit, bedingt durch die für Rechtshänder konzipierte Umwelt, assoziiert sei. Diese Auffassung ist allerdings nicht unwidersprochen geblieben und stimuliert derzeit heftige Diskussionen.

Tabelle 1. Händigkeitsprävalenz (in %) für das Benutzen der **linken** Hand zum Schreiben geschätzt aus zwei Arbeiten. Die Prävalenz zum Benutzen der rechten Hand ist die Komplementärsumme. In der Studie von Gilbert & Wysocki (1992) wurden 1.2 Millionen US-Amerikaner hinsichtlich ihrer bevorzugten Schreib- und Wurfhand befragt. Angegeben ist auch die Prävalenz der Subgruppe von Personen, die mit der rechten Hand Schreiben aber mit der linken Hand Werfen. Der in den rechten Spalten angegebene Datensatz (Hugdahl et al., 1993) gibt neben der Linkshändigkeitsprävalenz auch den Anteil der Personen an (Männer und Frauen), die eine Umerziehung der Schreibhand von Links nach Rechts konstatieren.

Daten von Gilbert & Wysocki (1992)				Daten von Hugdahl et al. (1993)	
	Links Schreiben		Rechts Schreiben/ Links Werfen	Links Schreiben	Umerziehung von Links auf Rechts
Alter in Jahre	M	F	M	F	M + F	M + F
10-20	13,5	10,8	1,8	1,5	–	–
21-30	13,2	10,8	1,8	1,3	15	3
31-40	13,3	10,2	1,8	1,3	14	1
41-50	12	9,8	1,9	1,5	12	1
51-60	9	7	2,2	2	14	2
61-70	6	5	3,8	2,9	8	4
71-80	4	4	4	3,2	5	6
81-90	–	–	–	–	3	8
91 >	–	–	–	–	<1	8.5

M, F: Männer und Frauen; –: keine Daten für die entsprechende Kategorie

Die Handpräferenz wird in der Regel mittels diverser Fragebogen getestet. Diese Tests beinhalten Items, in denen die Handpräferenz anhand unterschiedlicher Fragen erfragt wird. So beinhalten alle Fragebogen Items, die überprüfen, mit welcher Hand vorwiegend geschrieben, geworfen, eine Zahnbürste beim Zähneputzen gehalten oder mit welcher Hand eine Schere bedient wird. Häufig verwendet wir das „Edinburgh Inventory" von Oldfield (Oldfield, 1971). Zur Auswertung wird die Beantwortung jedes Items gleichwertig aufsummiert und zu einem Gesamthändigkeitsindex verrechnet. Zu kritisieren ist hieran, dass offenbar nicht jede unimanuale Tätigkeit gleichwertig zur „Händigkeit" beiträgt. Gelegentlich werden auch Tätigkeiten abgefragt, die von den befragten Personen nie oder nur höchst selten durchgeführt werden (z.B. eine Schere halten). Aus diesem Grunde schlägt Annett vor, zur Händigkeitsdiagnose die Items unterschiedlich zu gewichten (Annett, 1996). Die daraus resultierende Klassifikation in konsistent Rechts- und/oder Linkshändige, sowie Gemischthändige

hat sich in der neuropsychologischen Forschung als sehr fruchtbar erwiesen.

Grundsätzliches Problem dieser Händigkeitsfragebogen ist, dass die Probanden aufgefordert sind, sich vorzustellen, mit welcher Hand sie diese Tätigkeiten ausführen würden. Dies stellt natürlich gewisse Anforderungen an die Fähigkeit und den Willen zur Visualisierung. Es darf auch nicht außer acht gelassen werden, dass vor allem bezahlte Versuchspersonen geneigt sein könnten, die Fragebogen im Sinne einer vermuteten sozialen Erwünschtheit auszufüllen. Außerdem hängt die Händigkeitsdiagnose erheblich von der Anzahl abgefragter Tätigkeiten ab. Man kann nämlich davon ausgehen, dass mit zunehmender Anzahl der abgefragten Tätigkeiten die Wahrscheinlichkeit zur Diagnose von Linkshändigkeit drastisch abnimmt.

Gerade diese unerwünschten Einflussgrößen ließen schon früh das Bedürfnis nach objektiveren Testverfahren entstehen. Solche objektiveren Testverfahren sind vor allem Geschicklichkeitstests (auch Leistungstests genannt), bei denen die Probanden aufgefordert werden, unterschiedlichste Tätigkeiten mit der rechten und linken Hand durchzuführen. Zur Berechnung der Händigkeit wird dann im allgemeinen die Leistung der linken Hand von der Leistung der rechten Hand abgezogen, wobei diese Differenz auch häufig an der Gesamtleistung normiert wird. Die so ermittelten Kennwerte werden dann als Lateralisierungskoeffizienten bezeichnet. Solche Handleistungstests sind aus verschiedenen Gründen sehr gut zur Händigkeitsdiagnose geeignet:

– sie sind objektiv,
– sie erlauben die Händigkeitsmessung auf einer kontinuierlichen Skala,
– sie sind robuster gegenüber sozialen Einflussfaktoren,
– sie erfordern keine besondere Vorstellungsfähigkeit von Tätigkeiten, die selten durchgeführt werden,
– sie erlauben die Untersuchung von Personengruppen, die den Handpräferenzfragen intellektuell nicht folgen können (z.B. Kinder) und
– man kann Trainingseinflüsse auf die Handleistung beurteilen (z.B. nach neurologischen Schädigungen). Typische Handleistungstests werden in einschlägigen Publikationen beschrieben (Annett, 1992; Jäncke, 1996b).

Neben der Händigkeit fällt bei den meisten Menschen auch eine Bevorzugung eines Fußes auf (z.B. wenn man einen Ball fortschiesst, einen Gegenstand mit den Zehen greift oder mit dem Fuß etwas zertritt). Dieses Phänomen wird in Analogie zur oben beschriebenen Händigkeit als Fußpräferenz oder Füßigkeit bezeichnet. Leider existieren zu diesem Phänomen vergleichsweise wenig Studien (zusammengefasst bei Peters, 1988). Dennoch lässt sich sagen, dass Rechtshänder eine deutliche Präferenz für den rechten Fuß beim Treten (einen Ball forttreten) aufweisen, während für Linkshänder als Gruppe keine deutliche Fußpräferenz festzustellen ist (Fußpräferenz für den rechten Fuß bei Rechtshändern: 96%-100%, bei Linkshändern: 16%-59%). Neben der Fußpräferenz fällt auch eine Leistungsdominanz eines der beiden Augen hinsichtlich der Sehschärfe und/oder der

Dominanz eines Auges z.B. beim Anvisieren von entfernten Objekten und beim Zeigen auf ein entferntes Objekt auf. Etwa 70% aller Menschen bevorzugen das rechte Auge, wobei auch bei dieser funktionalen Asymmetrie ein Zusammenhang zur Händigkeit herzustellen ist (Boursassa et al., 1996). Eine ähnliche Bevorzug und/oder Leistungsdominanz ist auch für eines der beiden Ohren feststellbar. Z.B. benutzen die meisten Menschen intuitiv bevorzugt ein Ohr, um es an den Telefonhörer zu halten. Es ist allerdings kein Zusammenhang zwischen solchen Ohrpräferenzen und anderen auditorischen Lateralisierungsmaßen und der Händigkeit festzustellen.

Die Sprache: Eine Funktion der linken Hemisphäre

Befunde aus der Neurologie

Unter Sprachlateralisierung versteht man, dass perzeptive und expressive Sprachfunktionen bevorzugt oder effizienter von einer Hemisphäre verarbeitet werden. Die für die Verarbeitung der Sprachfunktionen effizientere Hemisphäre wird allgemein auch als ‚sprachdominante' Hemisphäre bezeichnet. Die Neurologen Broca und Wernicke konnten zeigen, dass linkshemisphärische Läsionen im Gyrus frontalis inferior (Area 45 nach Brodmann) zu expressiven (Broca) und linkshemisphärische Läsionen im Gyrus temporalis superior (Area 22) zu perzeptiven (Wernicke) Sprachstörungen führen. Die mit Läsionen des Gyrus frontalis inferior der sprachdominanten (meist linken) Hemisphäre einhergehenden Symptome werden seitdem als Broca-Aphasie und jene Symptome, welche bei Schädigung des hinteren meist linken Gyrus temporalis superior auftreten, als Wernicke-Aphasie bezeichnet. Diesen ersten neurologischen Studien folgten eine Vielzahl von Arbeiten, welche die linkshemisphärische Verarbeitungs- bzw. Kontrolldominanz für Sprachmaterial differenzierter belegen konnten (zusammenfassend bei Bryden et al., 1996). So wurde z. B. die *Aphasieprävalenz* bei Vorliegen von rechts- und linkshemisphärischer Läsion in Abhängigkeit von der Händigkeit der Patienten überprüft. Erkenntnisse über

die Sprachlateralisierung liefern ganz besonders auch Befunde, die mit dem sogenannten
Wada-Test erzielt wurden. Dieser Test wird fast
ausschließlich bei neurologischen Patienten
angewendet, die einen neurochirurgischen Eingriff zu erwarten haben. Hierbei wird den Patienten ein sehr schnell und kurzzeitig wirkendes
Barbiturat (Natrium-Amobarbital) in die linke
oder rechte A. carotis interna injiziert. Während
der Injektion treten Hemiparesen und je nach
Seite der Injektion und Sprachlateralisierung
des Patienten aphasische Symptome auf. Treten z. B. bei Hemmung der linken Hemisphäre
und nicht bei Hemmung der rechten Hemisphäre aphasische Symptome auf, so kann man
davon ausgehen, dass der Patient eindeutig
linkshemisphärisch sprachdominant ist. An
neurologisch gesunden aber endogen depressiven Patienten wurden während der *Elek-
trokrampftherapie* Befunde erhoben, die Rückschlüsse auf die Sprachlateralisierung erlauben. Hierbei wurden den Patienten unilateral Elektroschocks an der linken und rechten
Kopfhälfte appliziert und nachfolgende Dys-
phasien registriert. Zusammengefasst konnte in
all diesen Studien zur Sprachlateralisierung
festgestellt werden, dass fast alle Rechtshänder
über eine linkshemisphärische Sprachdominanz zu verfügen scheinen. Hinsichtlich der
Sprachlateralisierung von Linkshändern sind
die Befunde recht heterogen. So schwanken die
Schätzungen für linkshemisphärische Sprachdominanz bei Linkshändern zwischen 23% und
78%, während bihemisphärische Sprachorganisation bei 9% bis 66% und rechtshemisphärische Sprachorganisation bei 11%-19% der
Linkshänder konstatiert wird.

   Obwohl diese Befunde häufig als wesentlicher Beleg für unterschiedliche Sprachlateralisierung von Rechts- und Linkshändern angeführt werden, ist es von Bedeutung, darauf
hinzuweisen, dass diese Studien einige Mängel
aufweisen, die die weiterführende Interpretation erschweren. Vor allem der Umstand,
dass fast ausschließlich Patienten untersucht
wurden, die teilweise schon über einen längeren
Zeitraum neurologisch erkrankt waren und dass
auch teilweise Patienten mit früheren rechtshemisphärischen Läsionen aufgenommen wurden, schränkt die Interpretation dieser Befunde

stark ein. Es ist nämlich nicht aus zuschließen,
dass sich in Folge der Erkrankungen veränderte
funk- tionale kortikale Organisationen ergeben
haben könnten. Ein weiteres Problem ist die
häufig uneindeutige Händigkeitsklassifikation,
die vor allem die Diagnose der Linkshändigkeit
betrifft. Man kann allerdings zusammenfassend
feststellen, dass fast alle Rechtshänder linkshemisphärische Sprachdominanz aufweisen.
Bzgl. der Sprachlateralisierung von Linkshändern scheint ein recht großer Prozentsatz ebenfalls linkshemisphärische Sprachlateralisation
zu zeigen. Nur ein kleiner Teil der Linkshänder
fällt durch ‚atypische‘ Sprachlateralisierung auf.

Untersuchungsbefunde von gesunden Probanden

In den oben zitierten Untersuchungen wurden
fast ausschließlich neurologische Patienten
untersucht, was nahelegt, diese Befunde mit
Vorsicht zu interpretieren, da nicht auszuschließen ist, dass krankheitsspezifische kortikale Reorganisationsprozesse stattgefunden
haben, welche eine Generalisierung der Befunde auf gesunde und junge Personen erschwert. Aus diesem Grunde ist es von besonderem Interesse, Lateralisierungsbefunde bei
jungen und gesunden Personen zu erheben.
Prävalenzschätzungen für das Vorliegen links-
und rechts- hemisphärischer Sprachdominanz
können insbesondere anhand der Befunde von
verbalen dichotischen Hörtests und *tachistoskopischen gesichtsfeldabhängigen Präsenta-
tionen von verbalem Material* geleistet werden
(genaue Darstellungen dieser experimentellen
Techniken finden sich in Kapitel 2.1).

   Die mit den dichotischen und tachistoskopischen Tests ermittelten Befunde hinsichtlich der
Sprachlateralisierung lassen sich wie folgt zusammenfassen: 85%-94% der Rechtshänder
und 70%-80% der Linkshänder weisen einen
linkshemisphärischen Vorteil bei der Verarbeitung von verbalem Material auf (Bryden, 1988;
McKeever et al., 1995). Einen signifikanten
Linksohrvorteil und/oder einen signifikanten
Vorteil der linken Gesichtsfeldhälfte für verbales
Material zeigen lediglich 5% der Rechts- und
maximal 15% der Linkshänder. Diese Befunde
bestätigen teilweise die bereits dargestellten Be-

Tabelle 2. Metaanalytische Befunde der Lateralisierungseffekte für gesichtsfeldabhängige tachistoskopische Reizungen und dichotische Hörtests (nach Voyer 1996). Die Effektgröße gibt die an der geschätzten Standardabweichung normierte Leistungsdifferenz zwischen dem linken und rechten Gesichtsfeld (lGF, rGF), bzw. dem linken und rechten Ohr (lOhr, rOhr) wieder.

Reizklasse	Testmodalität	Asymmetrierichtung	Effektgröße
verbale Aufgaben			
Benennen	visuell	rGF > lGF	1,04 *
Buchstaben	visuell	rGF > lGF	0,65 *
Zahlwörter	visuell	rGF > lGF	0,63 *
lexikalische Entscheidungen	visuell	rGF > lGF	0,58 *
Bild-Wort Vergleich	visuell	rGF > lGF	0,50 *
verbale Stimuli	auditorisch	rOhr > lOhr	0,52 *
non-verbale Aufgaben			
Punkte aufzählen	visuell	lGF > rGF	0,65 *
Gesichtererkennen	visuell	lGF > rGF	0,49 *
Mustererkennen	visuell	lGF > rGF	0,36 *
Linienorientierungen	visuell	lGF > rGF	0,34 *
Objekte erkennen	visuell	lGF > rGF	0,29 *
Punkte erkennen	visuell	lGF > rGF	0,26 *
non-verbale Stimuli (Musik)	auditorisch	lOhr > rOhr	0,39 *

*: signifikante Asymmetrie mit $p < 0.05$

funde, welche anhand von Läsionsstudien und Wada-Tests gewonnen wurden. Allerdings lassen die Studien an gesunden Probanden vermuten, dass etwas mehr Links- händer als es ältere neurologische Studien vermuten lassen, über eine ‚typische' linkshemisphärische Sprachdominanz zu verfügen scheinen.

In Folge der voranschreitenden technischen Entwicklung werden positronenemissionstomographische Messungen (PET) des Glucoseverbrauchs und der Hirndurchblutung sowie funktionelle kernspintomographische Messungen (funktionelle Magnetresonanz-Tomographie fMRT) der Blutoxygenierung immer interessanter für die Neuropsychologie. Bei PET-Untersuchungen an gesunden Probanden wurden Wortartikulationen, semantische Problemlösungen, auditiv und visuell perzeptive Aufgaben, phonetische Diskriminationsaufgaben und das Diskriminieren von Tonhöhen verlangt. Obwohl in diesen Studien relativ kleine Probandengruppen untersucht worden sind, so dass hierdurch die Verallgemeinerung der Befunde erschwert ist, sind aber die mit dieser Methode erzielten Befunde für die Grundlagenforschung von einigem Belang, da sie erstmals neurophysiologische Aktivitätsmuster liefern,

die bestimmten Funktionen und genau zu lokalisierenden Hirnarealen zuzuordnen sind. In diesen Studien konnten folgende Befunde zusammenfassend festgestellt werden:

– Visuell dargebotene Buchstaben und Worte evozieren bilaterale Durchblutungssteigerungen in inferior-posterior-temporalen Hirnarealen, wobei die linksseitigen Strukturen etwas stärker aktiviert sind als die rechten Strukturen (Sakurai et al., 1992);

– visuell dargebotene Sätze evozierten Aktivierungsveränderungen vorwiegend im Broca- und Wernicke Areal, wobei die räumliche Ausdehnung der Aktivierung mit zunehmender Komplexität der Stimulation zunahm. Neben den Aktivierungen in den Broca- und Wernicke-Arealen fanden sich – allerdings wesentlich schwächer – Aktivierungen in den homologen Arealen der rechten Hemisphäre (Just et al., 1996); auditorisch dargebotene Phonemidentifikationsaufgaben und semantische Aufgaben evozierten *bilateral* Durchblutungssteigerungen primär- und sekundär-auditorischer Hirnareale mit gelegentlicher linkshemisphärischer Aktivierungsdominanz (z.B. Zatorre et al., 1992);

– auditorisch dargebotene semantische Aufgaben evozierten linkslateralisierte Aktivierungen im dorso- und inferior-lateralen
Frontalkortex (Binder et al., 1995);
– phonetische Diskriminationsaufgaben evozierten eine gesteigerte Durchblutung im
Broca-Areal (Zatorre et al., 1992).

Zusammengefasst ist festzuhalten, dass PET-
und fMRT-Studien keine klaren Lateralisie-
rungsphänomene zu Tage bringen, sieht man
einmal von der konsisten asymmetrischen Aktivierung inferior und dorsal frontaler Hirnbereiche bei Phonemidentifikations- und semantischen Aufgaben ab. Grundsätzlich muss man
davon ausgehen, dass diese Aktivierungen als
Repräsentationen von unterschiedlichen funktionalen Prozessen zu werten sind. So ist z.B.
möglich, dass PET- und fMRT-Aktivierungen
funktional Hemmung und Erregung indizieren
können. In diesem Sinne wäre es plausibel anzunehmen, dass eine Aktivierung auf der sub-
dominanten Hemisphäre funktional anders zu
interpretieren wäre als eine Aktivierung auf
der dominanten Hemisphäre. Zur Klärung dieser Problematik sind allerdings weiterführende
Studien notwendig.

Weitere lateralisierte Funktionen

Befunde aus der Neurologie

Während für die Verarbeitung sprachbezoge-
ner Informationen und die Kontrolle unima-
nualer Bewegungen klare funktionale Lateralisierungen gefunden wurden, die auf eine
Verarbeitungs- bzw. Kontrolldominanz der
linken Hemisphäre für diese Funktionsbereiche schließen lassen, sind die Befunde bzgl.
der funktionalen Leistungsdominanz der rechten Hemisphäre insgesamt weniger eindeutig.
Am eindeutigsten scheint noch eine Leistungsdominanz der rechten Hemisphäre für die Verarbeitung von raumbezogenen Informationen
zu sein. Eine Reanalyse der Daten von 272 Patienten mit unilateralen Läsionen ergab, dass
ca. 70% der Rechtshänder mit rechtshemisphärischer Läsion Störungen in der Verarbeitung von raumbezogenen Informationen auf-

wiesen (Bryden et al., 1983). Störungen in der
Verarbeitung von raumbezogenen Informationen wurde in dieser Studie definiert anhand
des Auftretens von ‚räumlicher Agnosie‘,
‚räumlicher Dysgraphie‘, ‚Verlust des topographischen Gedächtnisses‘ und ‚Konstruktions-
und Ankleideapraxie‘. Nur 55% der Linkshänder zeigten das gleiche Symptommuster bei
rechtshemisphärischer Läsion. Die meisten
dieser rechtshemisphärischen Läsionen betrafen posterior parietale Hirnareale, was die Bedeutung dieser Hirnbereiche für nonverbale
Funktionen hervorhebt. Ältere Daten konnten
allerdings zeigen, dass offenbar nicht alle nonverbalen raumbezogenen Informationsverarbeitungsprozesse in gleicher Weise durch
rechtshemisphärische Läsionen gestört zu sein
scheinen. So fiel es Patienten mit rechtshemisphärischen Parietallappenläsionen vor allem
schwer, Würfel zu identifizieren (90% der Patienten) oder zweidimensionale Muster mit einer Schere aus Papier anzufertigen (86% der
Patienten). Ankleideapraxien und Halbseiten-
vernachlässigungen der linken Körperhälfte
und des linken Gesichtsfeldes waren nur bei
ca. 2/3 dieser Patienten festzustellen. Nur die
Hälfte aller Patienten fielen durch Defizite hinsichtlich des Verlustes der topographischen
Diskriminationsfähigkeit auf (McFie et al.,
1960).

Neben den Defiziten in der Verarbeitung
raumbezogener Informationen fallen bei den
Patienten mit rechtsseitigen parietalen Läsionen auch noch Aufmerksamkeitsdefizite auf,
die meistens mit der Verarbeitung der raumbezogenen Informationen in Beziehung stehen.
So zeigen z.B. einige Patienten einen sogenannten „Halbseitenneglekt" (Hemineglekt),
was einer Unaufmerksamkeit gegenüber einer
Hälfte ihrer räumlichen Umgebung entspricht.
Hierbei werden Objekte auf der linken Seite
oder Ereignisse, die links von den Patienten
stattfinden, nicht wahrgenommen. Eine beein-
druckende Folge rechtsseitiger Läsionen im
Temporallappen (Areae 20 und 21) stellt die
Prosopagnosie dar. Hierbei handelt es sich um
die Unfähigkeit, Gesichter zu erkennen bzw.
zu unterscheiden. Unabhängig von der Prosopagnosie können noch andere Agnosien bei
rechtshemisphärischen Läsionen auftreten:

Die *Agnosie für Zeichnungen* (Defizite im Erkennen und Interpretieren von Zeichnungen und geometrischen Objekten; Läsionen in den Areae 18, 19, 20 und 21), die *Farbagnosie* (Unfähigkeit, Farbe zu erkennen; Läsionen in den Areae 18 und 19), Anosognosie (Unfähigkeit, ein Bewusstsein für Krankheiten zu entwickeln; Läsionen in den Areae 7 und 40) und die *visuell-räumliche Agnosie* (Defizite im stereoskopischen Sehen und in der Entwicklung topographischer Konzepte; Läsionen in den Areae 18, 19 und 37). Läsionen im rechten Temporallappen (Areae 42 und 22) resultieren in unterschiedlichen Ausfällen bzw. Defiziten. Seltener werden *Geräusch-, Ton- und/oder Klangagnosien* beobachtet, häufiger allerdings Ausfälle bzw. Defizite im musikalischen Bereich (Amusie). Die musikalischen Ausfälle umfassen unter anderem die Unfähigkeit, Melodien zu erkennen und musikalische Rhythmen oder Tempi auseinanderzuhalten. Diskutiert wird derzeit, ob sich bei professionellen Musikern ein anderes Lateralisierungsmuster ergibt.

Untersuchungsbefunde von gesunden Probanden

Die Analyse von funktionalen nonverbalen Asymmetrien bei gesunden Personen ergab verglichen mit den funktionalen verbalen Asymmetrien ein etwas heterogeneres Bild. Die Befunde hierzu sind zusammengefasst in Tabelle 3 dargestellt. Man erkennt hier, dass für nicht-verbale tachistoskopische Aufgaben, in denen das Zählen von Punkten, die Identifikation von Gesichtern, das Erkennen von Mustern, und die Analyse von Linienorientierungen gefordert wurde, Bevorzugungen des linken Gesichtsfeldes festzustellen waren. Auffallend war auch, dass mentale Rotationsaufgaben, welche immer als klassisches Beispiel für rechtshemisphärische Funktionen galten, keine deutlichen funktionalen Asymmetrien hervorriefen. Hinsichtlich auditorischer Funktionen sind es vor allem Musikreize, welche einen Linksohrvorteil (rechtshemisphärische Verarbeitungsdominanz) evozieren. Grundsätzlich ist allerdings aus Tabelle 3 ersehbar, dass die Lateralisierungseffekte bei nonverbalen Aufgaben durchweg geringer

ausfallen als bei verbalen Aufgaben. Möglicherweise deutet sich hier an, dass viele der nonverbalen Aufgaben durch räumlich verteilte Netzwerke und nicht durch lateralisierte fokale Netzwerke verarbeitet werden.

Hinsichtlich der *Aufmerksamkeitssteuerung* wird der rechten Hemisphäre eine besondere Bedeutung beigemessen. So wird vermutet, dass die rechte Hemisphäre hierfür dominant sei (s. Kap. 4.1 u. 4.2). Während die linke Hemisphäre die Aufmerksamkeit lediglich auf die kontralaterale (rechte) Seite ausrichten kann, soll die rechte Hemisphäre in der Lage sein, beide Seiten mit Aufmerksamkeit zu belegen. Bei einer rechtshemisphärischen Läsion wäre die flexible Aufmerksamkeitssteuerung durch die rechte Hemisphäre nicht mehr vorhanden, was letztlich zu dem oben bereits beschriebenen Halbseitenneglekt der linken Seite führen soll, da die linke Hemisphäre die Aufmerksamkeitslenkung auf die linke Seite nicht mehr übernehmen kann. Dieses Modell erhält experimentelle Unterstützung durch eine Reihe von Studien, in denen gezeigt werden konnte, dass bei rechtshemisphärischen parietalen Läsionen neben dem Halbseitenneglekt zur linken Seite auch weniger Reize der rechten Seite erkannt werden (Weintraub et al., 1987). Neuerdings wird – gestützt durch vielfältige Befunde – vermutet, dass neben dem „räumlichen" Aufmerksamkeitssystem noch ein übergeordnetes Aufmerksamkeitssystem existiert, welches die „räumliche" Aufmerksamkeit kontrolliert, grundsätzlich aber die Aufrechterhaltung der Aufmerksamkeit für vielfältige Funktionen bereitstellt und aufrechterhält. Dieses System soll durch neuronale Netzwerke auf der rechten Hemisphäre unter Einschluss frontaler und parietaler Hirnbereiche kontrolliert werden (Pardo et al., 1991).

Klinische wie auch experimentelle Befunde belegen, dass die linke Hemisphäre eine „lokale", während die rechte Hemisphäre eine *„globale"* Verarbeitungsstrategie bevorzugt. Hierunter versteht man, dass z.B. bei Darbietung visueller Reize die rechte Hemisphäre die globale Form des Reizes analysiert, während die linke Hemisphäre eher die Details, also die „lokalen" (besser fokalen oder detaillierten) Aspekte des visuellen Reizes bevorzugt

Tabelle 3. Zusammenfassung der Reizklassen, für die lateralisierte Verarbeitungen festgestellt wurden. Aufgeführt sind auch Reizklassen, die im Text keine Erwähnung fanden (siehe hierzu auch Davidson et al., 1995).

	linke Hemisphäre	rechte Hemisphäre
visuell	Buchstaben	komplexe geometrische Muster
	Wörter	Tiefeninformationen, stereoskopisches Sehen
	lokale Informationen	globale Informationen
		Gesichter
		Farben
auditorisch	Sprachlaute	Musik
		Umgebungsgeräusche
	kurz aufeinanderfolgende	länger aufeinanderfolgende auditorische Reize
	auditorische Reize	
somatosensorisch		taktiles Erkennen komplexer Muster (Braille)
motorisch	Feinmotorik, Zielmotorik	Haltung, Stand
Systeme	Sprache (allgemein)	Prosodie
	Emotion (Annäherung)	Emotion (Abwehr)
	verbales Gedächtnis	visuelles Gedächtnis
	Arithmetik	
		Aufmerksamkeit (übergeordnet)
	Verarbeitung sequentieller	Verarbeitung von Mustern
	Informationen	

analysiert. Kürzlich konnten Fink et al. diesen interhemisphärischen Verarbeitungsunterschied anhand einer eindrucksvollen PET-Studien deutlich machen. Bei der Beachtung der „globalen" Reizaspekte ergab sich eine Aktivierung des rechten Gyrus lingualis, während die ‚lokale' Reizanalyse mit Aktivierungen des linken inferior okzipitalen Kortex einherging (Fink et al., 1996).

Letztlich soll noch erwähnt werden, dass sich zunehmend Befunde mehren, die Hemisphärenasymmetrien mit der Kontrolle von Emotionen bzw. mit der Verarbeitung von emotionalen Reizen in Zusammenhang bringen. So ist z.B. aus der klinisch neuropsychologischen Literatur bekannt, dass bei rechtshemisphärischen Läsionen prosodische Aspekte der Sprache und affektive Inhalte von visuellen Reizen (z.B. Gesichtsausdrücken) nicht mehr angemessen verarbeitet und auch nicht mehr generiert werden können (Schmitt et al., 1997). Gestützt werden diese Befunde auch durch Arbeiten an gesunden Probanden, bei denen gezeigt werden konnte, dass im verba-

len dichotischen Hörtest ein Linksohrvorteil (Verarbeitungsdominant der rechten Hemisphäre) evoziert werden konnte, wenn bei den dargebotenen Wörtern die Analyse der emotionalen Stimmung und nicht die Analyse des phonetischen oder semantischen Kontextes im Vordergrund stand. Stand bei den gleichen verbalen Reizen die Analyse phonetischer Aspekte im Vordergrund, ergab sich wieder der bekannte Rechtsohrvorteil, welcher eine linkshemisphärische Verarbeitungsdominanz indiziert (Bulman Fleming et al., 1994). Obwohl die rechte Hemisphäre offenbar stärker in die Verarbeitung emotionaler Prozesse involviert ist, bedeutet dies aber nicht, dass die linke Hemisphäre ausschließlich mit der Analyse nicht-affektiver Informationen betraut ist. Die Arbeiten von Davidson (Davidson et al., 1995) legen vielmehr nahe, dass die linke Hemisphäre (insbesondere frontale Hirnbereiche) in die Kontrolle von Annäherungsverhalten bzw. der Analyse von Reizen, die mit Annäherungsverhalten in Zusammenhang zu bringen sind, involviert ist. Die rechte Hemisphäre dagegen soll eher in die Kontrolle und Analyse von Abwehrverhalten eingebunden sein. In diesem Sinne ist zu vermuten, dass beide Hemisphären in die Analyse und Kontrolle von Emotionen eingebunden sind, nur wahrscheinlich in unterschiedlicher Weise.

Anatomische Links-Rechts-Asymmetrien

Perisylvische Hirnasymmetrien

Anatomische Asymmetrien wurden vor allem in perisylvischen Hirnbereichen (Hirnbereiche um die Sylvische Fissur) gesucht, da vermutet wurde, dass die besonders leistungsfähige Anbildung von kognitiven Leistungen – insbesondere Sprachleistungen – mit einer Volumenzunahme in diesen Hirngebieten einhergeht. Das Hirngebiet, das hinsichtlich einer solchen Struktur-Funktionsbeziehung am besten untersucht wurde, ist das Planum temporale (PT). Das PT ist ein Hirngebiet, das auf dem hinteren Teil der Supratemporalfläche lokalisiert ist. Die Bedeutung des PT für die funktionale Lateralisierung wird im wesentlichen durch drei Aspekte begründet:

– zunächst ist festzustellen, dass das PT im Zentrum der „Wernicke-Region" liegt, bei deren Ausfall auf der sprachdominanten Hemisphäre bekanntlichermaßen eine sensorische Aphasie auftritt;

– positronenemissionstomographische Messungen der Hirndurchblutung und des Glucosestoffwechsels haben gezeigt, dass verbal auditorische Stimulationen zu erhöhten Aktivierungen bilateraler Hirnareale führen, die auch das PT einschließen;

– wenn während der auditorisch-verbalen Stimulation phonetische Diskriminationsaufgaben von den Testpersonen verlangt werden, werden erhöhte Blutdurchflusswerte vor allem im linken Gyrus temporalis superior, also dem Hirngebiet, auf dessen Oberfläche das PT lokalisiert ist, festgestellt;

– weite Bereiche des PT sind als stark granulärer Kortextyp zu identifizieren, dessen zytoarchitektonischer Aufbau dem des Assoziationskortex ähnelt. Dieser Kortextyp unterscheidet sich deutlich von dem Kortex der primären Hörrinde und deutet an, dass Bereiche des PT in der sekundären und tertiären Verarbeitung auditorischer Informationen involviert.

Zusammengefasst konnte bei ca. 75% der bislang untersuchten Leichengehirne größere PT-Areale auf der linken Hemisphäre festgestellt werden. Bei ca. 13% der untersuchten Gehirne ist das rechte PT größer als das linke, und bei weiteren ca. 12% fiel eine PT-Symmetrie auf. Im Rahmen neuer *in vivo* Studien mittels der Magnetresonanztomographie konnten bei gesunden und jungen Personen die *post mortem* Befunde bzgl. der Rechts-Links PT-Asymmetrie bestätigt werden (Steinmetz, 1996). Darüber hinaus zeigte sich, dass Rechtshänder eine deutlichere linksgerichtete PT-Asymmetrie aufwiesen als Linkshänder. Aufgrund des Zusammenhangs zwischen der Händigkeit und der Sprachlateralisierung (s.o.) und dem Umstand, dass das PT weitgehend in höhere auditorische Analysen eingebunden ist, wird vermutet, dass diese Links-Rechts-Asymmetrie die strukturelle Grundlage der Sprachlateralisierung darstellt. Diese Vermutung wird auch dadurch genährt, dass bei rechtshändigen Musikern mit absolutem Gehör eine exzessive linksgerichtete Asymmetrie auffiel. Dieser Personenkreis fällt dadurch auf, dass sie in der Lage sind, einen Ton ohne Zuhilfenahme eines Referenztones verbal zu bennenen. Es wird vermutet, dass sich diese zusätzliche verbale Funktion in Form von zusätzlichen neuronalen Netzwerken im PT-Bereich niederschlägt. Hiermit ist wahrscheinlich eine Volumenzunahme im PT-Bereich verbunden (Schlaug et al., 1995). In diesem Zusammenhang interessant sind die Befunde, welche bei Legasthenikern eine reduzierte Links-Rechts Asymmetrie zu finden glauben. Möglicherweise deutet sich hier eine strukturell bedingte Sprachstörung an (Larsen et al., 1990).

Asymmetrien im handmotorischen Areal

Zu Anfang dieses Kapitel wurde die Händigkeit als offensichtlichste funktionale Asymmetrie dargestellt. Es ergibt sich natürlich die Frage, ob diese Asymmetrie ähnlich wie die Sprachlateralisierung eine strukturelle Grundlage – oder zumindest ein strukturelles Korrelat – aufweist. Hinweise für händigkeitsrelevante Struktur-Funktionsbeziehungen liefert eine neure Arbeit (Amunts et al., 1997) in der ein Linksüberwiegen der Tiefe des *Sulcus centralis* im Bereich des handmotorischen Areals festgestellt wurde. Die *Sulcus centralis* Tiefe kann als ein Indikator für die Größe des handmotorischen Areals aufgefasst werden, wobei anzunehmen ist, dass das Volumen dieses Hirnbereiches von der Neuronen- und Gliazellenanzahl, sowie der Synapsenanzahl determiniert wird. Darüber hinaus konnte gezeigt werden, dass Linkshänder durch ein reduziertes Linksüberwiegen der *Sulcus centralis* Tiefe oder gar durch ein Rechtsüberwiegen der *Sulcus centralis* Tiefe auffielen. Besonders interessant waren auch die Befunde hinsichtlich der ebenfalls untersuchten professionellen rechtshändigen Musiker. Diese Musiker verfügten über ein deutlich reduziertes von normalen Kontrollpersonen abweichendes Linksüberwiegen der *Sulcus centralis* Tiefe. Interessant war auch, dass die *Sulcus centralis* Tiefen bei Musikern auf der rechten und linken Hemisphäre deutlich größer als bei Normalpersonen waren. Darüber hinaus fiel auch auf, dass jene Musiker, die besonders früh mit dem musikalischen Training begonnen hatten, besonders große *Sulcus centralis* Tiefen aufwiesen. Diese Befunde lassen vermuten, dass der außerordentlich frühe Beginn des motorischen (musikalischen) Trainings eine kortikale Plastizität zur Folge hat, die zu makroanatomisch feststellbaren Veränderungen im handmotorischen Areal führen und möglicherweise eine Vergrößerung des handmotorischen Areals indizieren. Es ist darauf hinzuweisen, dass bei diesen Musikern eine mit dem Beginn des musikalischen Trainings korrelierende Reduktion der Handgeschicklichkeitsasymmetrie beobachtet werden konnte (Jäncke et al., 1997a). Interessanterweise koinzidieren diese Befunde auch mit Resultaten, wonach Streicher über ein vergrößertes sensomotorisches Areal, objektiviert anhand von magnetencephalographischen Untersuchungen, verfügen (Elbert et al., 1995).

Der interhemisphärische Informationsaustausch

Es ist ein zunehmendes Interesse daran zu beobachten, anatomische Auffälligkeiten des *Corpus callosum* mit neuropsychologischen Befunden in Beziehung zu setzen. Vor allem Witelson (Witelson et al., 1991) hatte darauf hingewiesen, dass die Gehirne von nicht konsistenten Rechtshändern (insbesondere bei Männern) ein größeres *Corpus callosum* (objektiviert anhand der Mittsagittalfläche des *Corpus callosum*) aufweisen sollen als die Gehirne konsistenter Rechtshänder. Vor allem das *Splenium* und der *Isthmus* (posteriore Teile der *Corpus callosum* Mittsagittalfläche) sollte bei nicht konsistenten Rechtshändern größer sein. Witelson vermutete, dass die größere Balkenfläche bei nicht konsistenten Rechtshändern Ausdruck einer stärkeren bihemisphärischen Repräsentation kognitiver Funktionen sei. Diese Vermutung ist dadurch begründet, dass die Händigkeit mit anderen lateralisierten Funktionen (z. B. auditorische Lateralisierung, Sprachperzeption und -verarbeitung) korreliert. Es ist also zu vermuten, dass nicht konsistente Rechtshänder auch hinsichtlich anderer lateralisierter Funktionen eher geringer lateralisiert sind und eine Tendenz zur Symmetrie aufweisen. Symmetrisch angelegte Hemisphären und Verarbeitungsmechanismen erfordern wahrscheinlich einen intensiven interhemisphärischen Informationsaustausch, der möglicherweise durch eine größere Anzahl von Kommissuren begünstigt wird.

Im Rahmen neuerer Untersuchungen mittels der MRT-Technologie wurden auch junge und gesunde Personen präzise *in vivo* morphometrisch vermessen und die Größe der *Corpus callosum* Mittsagittalflächen vermessen. Die bislang zu diesem Thema publizierten Studien konnten kein klares Bild bzgl. des Zusammenhanges zwischen der Größe des *Corpus callosums* und der funktionalen Lateralisierung aufdecken (zusammenfassend bei Jäncke et al., 1997b, Jäncke et al., 1999). Es konnte allerdings gezeigt werden, dass ein unterproportionaler Zusammenhang zwischen dem Gehirnvolumen und der *Corpus callosum* Größe besteht, der möglicherweise Geschlechtunterschiede und unterschiedliche anatomische und funktionale Asymmetrien erklären könnte: Große Gehirne fielen durch ein relativ kleines *Corpus callosum* (*Corpus callosum* relativiert am Gehirnvolumen) auf, während kleine Gehirne erstaunlicherweise relativ große *Corpus callosum* Areale aufweisen. Unter der Vorraussetzung, dass große und kleine Gehirne sich nicht hinsichtlich der Neuronendichte und der interneuronalen Vernetzung unterscheiden, und dass die Mittsagittalfläche des *Corpus callosums* Anzahl und/oder Dicke der die Mittlinie kreuzenden Axone indiziert, mag man nun spekulieren, dass große Gehirne verglichen mit kleinen Gehirnen über eine relativ reduzierte interhemisphärische Kommunikation verfügen. Diese Vermutung wird durch Simulationsrechnungen gestützt, die wahrscheinlich machen konnten, dass die mit zunehmender Hirngröße größer werdenden interhemisphärischen Distanzen zu groß werden, um in angemessener Zeit überbrückt zu werden. Um z.B. bei einem großen Gehirn die interhemisphärische Transmissionszeit für alle Axone in etwa der Größenordnung konstant zu halten, wie sie für kleinere Gehirne zu veranschlagen ist, müsste das *Corpus callosum* in Folge starker Myelinisierung besonders (überproportional) groß werden, ein Umstand, der nicht den oben besprochenen Befunden entspricht. Hieraus könnte man ableiten, dass die funktionale Lateralisierung unter anderem (vielleicht sogar im wesentlichen) eine Funktion der Hirngröße ist, wobei die funktionale Lateralisierung sich in Folge der Notwendigkeit zur schnellen Kommunikation innerhalb funktionsverwandter neuronaler Netzwerke ergibt. Insofern könnte man auch in Frage stellen, ob, wie häufig vermutet, der Geschlechtsunterschied hinsichtlich des Ausmaßes von funktionalen Lateralisierungen direkt durch geschlechtsspezifische Einflüsse, oder einfach durch den bekannten Gehirngrößenunterschied zwischen den Geschlechtern zu erklären ist. In der Tat konnte gezeigt werden, dass Frauen mit großen Gehirnen in etwa gleich große Mittsagittalflächen des *Corpus callosum* aufweisen wie Männer mit großen Gehirnen. Komplementär hierzu fielen die Mittsagittalflächen des *Corpus callosum* bei Männern mit kleinen Gehirnen genauso groß aus wie bei Frauen mit kleinen Gehirnen.

Geschlechtsabhängige Unterschiede der Hemisphärenasymmetrie

In einer Reihe von Arbeiten wurden Geschlechtsunterschiede hinsichtlich der Bearbeitungsleistung bei der Lösung verschiedener Aufgaben berichtet. Frauen sind z.B. im Durchschnitt verbal gewandter, verfügen über eine höhere Wahrnehmungsgeschwindigkeit und sind in der Lage, bestimmte manuelle Präzisionsaufgaben geschickter durchzuführen. Männer dagegen weisen im Durchschnitt bessere Leistungen hinsichtlich des räumlichen Vorstellungsvermögens auf. Insbesondere lösen sie leichter Aufgaben, bei denen sie einen Gegenstand in der Vorstellung drehen oder auf andere Weise handhaben sollen. Auch bei Tests, die mathematisches Schlussfolgern oder die Orientierung über einen Weg verlangen, sind sie Frauen überlegen. Zudem schneiden sie beim Einsatz zielgerichteter motorischer Fertigkeiten besser ab. Obwohl diese Geschlechtsunterschiede häufig berichtet werden, ist anzumerken, dass sie nicht immer beobachtet werden und sich in Folge von Übung und Vorerfahrung mit den jeweiligen Aufgaben deutlich verringern können und gelegentlich nach Übung nicht mehr zu beobachten sind.

Neben den allgemeinen Geschlechtsunterschieden, welche hinsichtlich der oben aufgeführten kognitiven Funktionen häufig berichtet werden, finden sich auch *geschlechtsspezifische funktionale Asymmetrien*. Beeindruckend ist die Tatsache, dass ca. 4mal mehr Männer als Frauen unter Stottern und Legasthenie leiden, ein Umstand, der auf eine geschlechtsspezifische Effizienzverminderung linkshemisphärisch lokalisierter Sprachstrukturen schließen lassen könnte. Auffällig ist auch der Geschlechtsunterschied hinsichtlich der Händigkeitspävalenz. Für Männer kann eine ca. 2-3.5% größere Linkshändigkeitsprävalenz als für Frauen festgestellt werden (siehe Tabelle 1). Möglicherweise hängt diese geschlechtsspezifische funktionale Asymmetrie mit der

Tabelle 4. Metaanalytische Befunde (aus Voyer, 1996) hinsichtlich der Geschlechtsunterschiede in funktionalen Asymmetriemaßen. Eine von Null abweichende positive Effektgröße indiziert eine bei Frauen geringere funktionale Asymmetrie.

	Anzahl der Studien	Effekt- größe
visuelle Modalität		
verbale Aufgaben	123	0,058
nonverbale Aufgaben	112	0,076 *
auditorische Modalität		
verbale Aufgaben	94	0,062
nonverbale Aufgaben	26	0,070 *
taktile Aufgaben		
verbale Aufgaben	17	0,129
nonverbale Aufgaben	24	0,155

*: $p < 0,05$

besseren feinmotorischen Leistungsfähigkeit bei Frauen zusammen, denn die meisten Händigkeitspräferenzinventare erfragen die Händigkeitspräferenz für feinmotorische Tätigkeiten. Auch für andere psychische Funktionen können geschlechtsspezifische Asymmetrien nachgewiesen werden. Die Metaanalyse von Voyer (1996) konnte des weiteren bestätigen, dass Frauen in einigen Bereichen reduzierte funktionale Asymmetrien aufwiesen, diese Geschlechtsunterschiede allerdings außerordentlich gering ausfielen (siehe Tabelle 4). So zeigte sich, dass Frauen im Durchschnitt bei visuell nonverbalen Aufgaben aber nicht bei visuell verbalen Aufgaben reduzierte Asymmetrien aufweisen. Auditorisch dargebotene verbale und nonverbale Stimuli evozierten schwache Lateralisierungsunterschiede zwischen den Geschlechtern. Hinsichtlich taktil dargebotener Reize ergaben sich zwar numerisch größere Geschlechtsunterschiede, diese Unterschiede blieben aber infolge der relativ geringen Anzahl von publizierten Studien zu dieser Modalität statistisch unauffällig.

Obwohl im Durchschnitt eher schwache aber konsistente Geschlechtsunterschiede hinsichtlich der oben aufgeführten Funktionen festzustellen ist, ist bemerkenswerterweise konsistent eine Varianzvergrößerung hinsichtlich der gemessenen Lateralisierungsparame-

ter in den Stichproben mit weiblichen Personen zu bemerken. Dieser Umstand weist einerseits auf einen geschlechtsspezifischen Variabilitätsfaktor hin, andererseits macht er aber auch deutlich, dass die Geschlechtsunterschiede nur mit relativ großen Stichproben konsistent nachzuweisen sind. Möglicherweise ist dies der Grund, weshalb häufig widersprüchliche Befunde auf diesem Forschungsgebiet berichtet werden, sofern nicht große Stichprobengrößen verwendet werden. Als Beispiel für dieses statistische Problem mögen neuere kernspintomographische Studien dienen, in denen Hirndurchblutungskorrelate bei der Beurteilung von Reimen gemessen wurden. In einer Studie zeigten Frauen symmetrische Aktivierungen in frontalen Hirnbereichen während Männer durch linksdominante Aktivierungen bei Beurteilung von Reimen auffielen (Shaywitz et al., 1995). Eine neuere Studie konnte diesen geschlechtsspezifischen Unterschied an einer größeren Stichprobe (n = 80) allerdings nicht mehr replizieren (Frost et al., 1997).

Die Ursachen für diese Geschlechtsunterschiede sind bis heute ungeklärt. Als mögliche Verursachungsfaktoren werden

1. geschlechtsspezifische hormonelle Einflüsse,
2. geschlechtsspezifische Hirnorganisationen,
3. spezifische und/oder unspezifische genetische Ursachen,
4. geschlechtsspezifische Reifungsgeschwindigkeiten,
5. geschlechtsspezifische Umgebungseinflüsse und Lernerfahrungen, sowie
6. geschlechtsspezifische kognitive Bearbeitungsstrategien genannt.

zu 1. *Geschlechtsspezifische hormonelle Einflüsse:* Untersuchungen, in denen entweder der Androgengehalt im Blut oder die Testosteronkonzentration im Speichel bestimmt und mit den Testergebnissen in psychologischen Tests (räumliches Vorstellungsvermögen, Wahrnehmungsgeschwindigkeit) in Beziehung gesetzt wurden, ergaben, dass Männer mit wenig Testosteron ihren Geschlechtsgenossen mit viel Testosteron hinsichtlich des räumlichen Vorstellungsvermögens überlegen waren, während bei den Frauen mehr Testosteron mit besseren Leistungen korreliert war. Solche Befunde lassen vermuten, dass es möglicherweise einen optimalen Androgenspiegel gibt, bei dem das räumliche Vorstellungsvermögen am effektivsten funktioniert; er müsste dann etwa im unteren Teil des für Männer typischen Streubereichs liegen. Es konnte allerdings kein Zusammenhang zwischen dem Testosteronspiegel und der Wahrnehmungsgeschwindigkeit festgestellt werden. Für das mathematische Schlussfolgern war bei den Männern der Befund hingegen ähnlich wie der bei den Tests zum räumlichen Vorstellungsvermögen: Diejenigen mit wenig Androgen erreichten höhere Testwerte als solche mit viel Testosteron; bei den Frauen indes war keine Korrelation erkennbar.

Anhand der Befunde welche an Kindern und Erwachsenen mit frühkindlichen Hormonstörungen gewonnen wurden, konnte in der Tat gezeigt werden, dass außergewöhnliche Geschlechtshormonkonzentrationen in frühen Entwicklungsphasen die kognitive Entwicklung zu beeinflussen scheinen. So erbringen Mädchen, welche an einem *Adrenogenitalen Syndrom (AGS)* leiden (eine genetisch bedingte Vergrößerung der Nebennierenrinde mit abnorm hoher Androgenausschüttung ab dem 3. Schwangerschaftsmonat) in räumlichen Tests (Aufgaben, bei denen Jungen gewöhnlich besser abschneiden) bessere Leistungen als gesunde Mädchen. Jungen, die an der gleichen Krankheit litten, zeigten keine Auffälligkeiten. Man könnte anhand dieser Befunde spekulieren, dass das Testosteron spezifisch auf rechtshemisphärische Funktionen einwirkt. Eine optimale Testosteronkonzentration könnte demzufolge die überwiegend auf der rechten Hemisphäre lokalisierten räumlichen Funktionen günstig beeinflussen.

Studien hinsichtlich des möglichen Einflusses von atypischen Hormonkonzentrationen auf die Ausprägung funktionaler Asymmetrien sind sehr selten durchgeführt worden. In diesem Zusammenhang sind Befunde interessant, die an Personengruppen gewonnen wurden, die aufgrund genetischer Defizite unter normabweichenden Konzentrationsverhältnissen von Geschlechtshormonen leiden. So fallen z. B.

Männer, die unter dem *„Klinefelter Syndrom"* leiden (Genotyp XXY, peri- und postnatal geringere Testosteronkonzentrationen) im Vergleich zu normalen Männern durch *häufigere Linkshändigkeit* und *geringere funktionale Asymmetrie* für linkshemisphärisch kontrollierte Aufgaben auf. Allerdings scheinen diese Individuen bei rechtshemisphärisch kontrollierten Funktionen „normale" funktionale Asymmetrien aufzuweisen, wobei die Gesamtleistung bei Aufgaben, die typischerweise durch die rechte Hemisphäre verarbeitet werden, deutlich schlechter als bei genotypisch normalen Männern ist. Im übrigen sind die sprachlichen Fähigkeiten bei dieser Personengruppe stärker als andere Funktionen beeinträchtigt, was die Hypothese erlaubt, dass selektiv linkshemisphärisch lokalisierte Sprachfunktionen offenbar beeinträchtigt sind (zusammenfassend bei Rovet et al., 1996). Bei Männern, die unter einer *kongenitalen adrenalen Hyperplasie* leiden, einer Erkrankung, die *durch erhöhte pränatale Testosteronkonzentration* gekennzeichnet ist, ist die Linkshändigkeitsprävalenz nicht erhöht (Nass et al., 1987).

Zunehmend mehren sich auch Befunde, wonach in Abhängigkeit von der Menstruationszyklusphase verschiedene kognitive Funktionen bei Frauen unterschiedlich leistungsfähig sind. Im wesentlichen ergab sich in diesen Studien, dass in jenen Menstruationsphasen, die mit erhöhten Östrogenkonzentrationen einhergehen, die Verarbeitung räumlicher Aufgaben meist beeinträchtigt ist, während gleichzeitig gesteigerte sprachliche Ausdrucksfähigkeiten und verbesserte motorische Geschicklichkeiten zu beobachten sind. Gelegentlich wird sogar von jahreszeitlichen Schwankungen der raumbezogenen Fähigkeiten berichtet, wobei die Leistungen im Frühjahr verbessert sind, wenn der Testosteronspiegel niedriger ist. Die Stabilität dieser Befunde muss sich allerdings noch bestätigen.

Auch funktionale Asymmetrien scheinen in Abhängigkeit von hormonellen Schwankungen zu variieren. Zusammengefasst erbrachten diesbezügliche Studien, dass bei Frauen hohe Steroidkonzentrationen (in der lutealen und follikulären Phase), verbale und nicht-verbale funktionale Asymmetrien zu verringern zumindest aber zu verändern scheinen. Es ist allerdings unklar, ob diese Effekte direkt auf die veränderten Steroidkonzentrationen zurückzuführen sind. Rode et al. (1995) konnten nämlich letztlich zeigen, dass die in ihrer Untersuchung gemessene funktionale Asymmetrie zwar in Abhängigkeit des Menstruationszyklus variierte, aber nicht direkt mit der Östrogen- und Progesteronkonzentration korrelierte. Somit ist anzunehmen, dass die Steroide bestenfalls eine modulierende Wirkung auf andere biochemische Systeme (z.B. Katecholamin-, GABA- oder Acetylcholinsystem) ausüben, welche dann kognitive Leistungen beeinflussen können.

zu 2. *Geschlechtsspezifische Hirnorganisation:* Hinsichtlich möglicher geschlechtsspezifischer Hirnorganisationen als wesentliche Grundlage geschlechtsspezifischer kognitiver Unterschiede ist zumindest für den Humanbereich bislang kein zwingender Beleg erbracht. Der auffallendste Geschlechtsunterschied besteht zweifellos in der Hirngröße, wobei Männer im Durchschnitt über ein ca. 200 g schwereres Gehirn verfügen (Männer: ca. 1400 g; Frauen: ca. 1200 g). Ob dieser Geschlechtsdimorphismus direkt mit intellektuellen Leistungsfähigkeiten zusammenhängt, ist derzeit unklar und aus verschiedenen Überlegungen heraus eher unwahrscheinlich. Wahrscheinlich ist der Hirngrößen- bzw. Hirnvolumenunterschied darauf zurückzuführen, dass Männer eine größere Körperoberfläche neuronal zu versorgen haben als Frauen. Auch die Befunde bzgl. anatomischer Asymmetrien (z.B. *Planum temporale Asymmetrie*) und anatomischer Merkmale der interhemisphärischen Kommunikation (Größe des Mittsagittalschnittes des *Corpus callosum*) konnten bislang keine deutlichen Geschlechtsunterschiede herausarbeiten, auch wenn Einzelbefunde meist an kleinen Stichproben gewonnen dies vermuten lassen (siehe hierzu Jäncke et al., 1999). Man muss demzufolge davon ausgehen, dass bislang kein zwingender empirischer Beweis für einen Geschlechtsdimorphismus hinsichtlich anatomischer Asymmetrien und makrostruktureller Merkmale der interhemisphärischen Kommunikation zumindest beim Menschen vorliegt.

In älteren klinisch neuropsychologischen Arbeiten findet man noch Hinweise für geschlechtsspezifische kortikale Organisationen sprachlicher und nichtsprachlicher Funktionen. So fand z.B. McGlone (McGlone, 1980) eine dreifach höhere Aphasieinzidenz nach linkshemisphärischer Läsion bei rechtshändigen Männern im Vergleich zu rechtshändigen Frauen. Unter den Nicht-Aphasikern ihrer Studie zeigten nur die Männer signifikant schlechtere Verbal-IQs und verbale Gedächtnisleistungen nach linksseitiger im Vergleich zu rechtsseitiger Schädigung. Diese Befunde werden meist als wesentlicher Beleg für geschlechtsspezifische Hirnorganisationen und geschlechtsspezifische funktionelle Asymmetrien betrachtet. In neueren Arbeiten zumeist mit überlegenen Stichprobengrößen können allerdings solche geschlechtsspezifischen Befunde nicht mehr bestätigt werden und implizieren zumindest hinsichtlich der funktionalen Lateralisierung keine ausgeprägten geschlechtsspezifischen Unterschiede (z.B. Inglis et al., 1984). Interessant sind allerdings Befunde, die einer Reanalyse von Aphasiefällen entstammt, wonach Frauen offenbar über eine mehr intrahemisphärische Organisation von kognitiven Funktionen verfügen, während bei Männern scheinbar bihemisphärische Organisationen vorherrschen (Kimura, 1987).

zu 3. *Spezifische und/oder unspezifische genetische Ursachen:* Die Argumente hinsichtlich geschlechtsspezifischer genetischer Ursachen für geschlechtstypische Asymmetrien sind meist auch an mögliche hormonelle Ursachen gebunden. Für einen direkten genetischen Einfluss auf die Genese von Asymmetrien liegen derzeit allerdings keine Evidenzen vor.

zu 4.. *Geschlechtsspezifische Reifungsgeschwindigkeiten:* Diskutiert werden auch geschlechtsspezifische Reifungsgeschwindigkeiten als Grundlage für Geschlechtsunterschiede in funktionalen und anatomischen Asymmetrien. Hierbei wird angenommen, dass die frühere Reifung von kognitiven Funktionen bei Mädchen auch die Hemisphärenasymmetrie nachhaltig beeinflussen soll. Diesbzgl. Befunde liegen derzeit allerdings nicht vor.

zu 5. und 6. *Geschlechtsspezifische Umgebungseinflüsse und Lernerfahrungen, geschlechtsspezifische sowie kognitive Bearbeitungsstrategien:* Zunehmend an Bedeutung gewinnen derzeit wieder Modelle, in denen Lernerfahrungen und Umgebungseinflüsse als Verursachungsfaktoren diskutiert werden. Vor diesem Hintergrund sind geschlechtsspezifische Umwelt- und Lernerfahrungen durchaus als relevante Einflussfaktoren in Betracht zu ziehen. So könnte z.B. die Etablierung einer typisch „weiblichen" verbalen Verarbeitungsstrategie dazu führen, dass auch nicht-verbale Aufgaben eher mit verbalen kognitiven Strategien verarbeitet werden. In Lateralisierungstests könnte dies bei räumlichen Vorstellungsaufgaben zu reduzierten funktionalen Asymmetrien führen. Solche durchaus interessante Überlegungen warten derzeit auf experimentelle Unterstützung.

Die Entwicklung funktionaler und anatomischer Hemisphärenasymmetrien

Hinsichtlich der Ontogenese von funktionalen und anatomischen Asymmetrien ergaben klinische und nicht-klinische Studien, dass Asymmetrien schon im Säuglingsalter existieren. So sind bereits bei Feten (ab der 35. Schwangerschaftswoche) linksseitig dominierende PT-Areale etwa in der gleichen Größenordnung wie bei Erwachsenen feststellbar. Feten führen bevorzugt den rechten und nicht den linken Daumen zum Mund, um an ihm zu saugen. Im Säuglingsalter fallen auch die typischen funktionalen Asymmetrien, z.B. Bevorzugung einer meist der rechten Hand und der Rechtsohrvorteil für sprachliches Material im dichotischen Test, auf. Auffallend ist lediglich, dass klinische Studien eine größere funktionale Plastizität nach unilateraler Läsion bei Kindern nahelegen. So scheinen linksseitige Läsionen bei Kindern, welche den Spracherwerb noch nicht abgeschlossen haben, mit Aphasien assoziiert zu sein, die sich schneller zurückbilden. Offenbar verfügen junge Gehirne über eine überlegene Fähigkeit, sich nach Läsionen neu zu organisieren (zusammengefasst bei Previc, 1991).

Die auffälligen funktionalen Hemisphärenasymmetrien wurden mit Hilfe von Modellen zu erklären versucht, die genetische, reifungsbiologische oder exogene Faktoren, wie z. B. soziale Beeinflussung oder Geburtstraumata favorisieren (zusammenfassend in Provins, 1997). Im Folgenden werden einige wesentliche Aspekte hinsichtlich der möglichen Ursachen von Hemisphärenasymmetrien angesprochen.

Genetische oder nicht-genetische Modelle zur Erklärung der Hemisphärenasymmetrie

Im Rahmen der genetischen Modelle werden ein oder zwei Gene postuliert, welche die Händigkeit und die kortikale Sprachdominanz entweder getrennt oder gekoppelt genetisch prädisponieren sollen. Die zur Unterstützung dieser Modelle angefertigten Modellrechnungen können zwar die Prävalenz von Rechts- und Linkshändigkeit recht gut erklären, sind allerdings ungeeignet, die Händigkeitsprävalenz bei eineiigen Zwillingen vorherzusagen bzw. zu erklären. So ist z. B. bekannt, dass ca. 20% aller eineiigen Zwillinge diskordante Händigkeit aufweisen (ein Zwilling rechts- und der andere Zwilling linkshändig). Solche Diskordanzen sind im Rahmen ‚strenger' genetischer Modelle nicht möglich, denn die Zwillinge sollten dann auch eine ähnliche wenn nicht gar die gleiche Hemisphären- und Handdominanz aufweisen. Das etwas ‚moderatere' genetische Modell von Marian Annett (Annett, 1996) kann dieses Problem durch einen zusätzlich aufgenommenen „Zufallsfaktor" erklären, der beim Fehlen eines „Händigkeitsgens" Richtung und Ausmaß der Asymmetrie per Zufall entstehen lassen soll. Trotz der teilweise einleuchtenden Resultate der Modellrechnungen darf allerdings nicht außer Acht gelassen werden, dass bislang keine empirische Evidenz für genetische Ursachen von anatomischen und funktionalen Asymmetrien vorliegt. So erbrachten Zwillingsstudien bislang keinerlei Hinweise für eine Konkordanz innerhalb eineiiger Zwillinge hinsichtlich der Handgeschicklichkeitsasymmetrie, der auditorischen Lateralisierung, sowie der *Planum temporale* Asymmetrie (Jäncke, 1996a).

Nicht nur die vorliegende empirische Evidenz, sondern auch theoretische Überlegungen lassen die genetischen Modelle der Lateralisierungsgenese zweifelhaft erscheinen. Derzeit ist es als höchst spekulativ zu werten, ein oder gar zwei Gene, welche für die Determinierung von Lateralisierungen verantwortlich sein sollen, zu postulieren. Solche Modelle müssen sich mit bislang völlig ungelösten Problemen auseinandersetzen. Z.B. ist unklar, welche asymmetrischen Funktionen und/oder anatomischen Merkmale hinsichtlich ihrer Asymmetrie genetisch beeinflusst werden. Ist es die Händigkeit, die Sprachlateralisierung, oder sind es gar die raumbezogenen Verarbeitungsprozesse? Sind es ein, zwei oder gar mehrere Gene? Determinieren die einzelnen Gene Richtung und/oder Ausmaß von Asymmetrien? Worin liegt der evolutionäre Vorteil zur Ausbildung von Asymmetrien? Auch Spekulationen, die eine Kopplung zwischen verschiedenen Funktionen vermuten (z.B. zwischen der Händigkeit und Sprache), sind höchst fragwürdig. Wie oben bereits dargestellt, ist die Korrelation zwischen der Händigkeit und der Sprachlateralisierung eher mäßig. Auch die Korrelationen zwischen verschiedenen funktionalen Asymmetriemaßen sind bescheiden oder gelegentlich nicht vorhanden. Aufgrund dieser Inkonsistenzen in der Modellbildung werden zunehmend wieder Lern- und Sozialisationseinflüsse als bestimmende Faktoren vorgeschlagen (Provins, 1997). Als Bestätigung für die Bedeutung von Lerneinflüssen mag die oben bereits dargestellte Studie mit professionellen Musikern dienen, in der gezeigt werden konnte, dass Handgeschicklichkeitsasymmetrie und anatomische Volumenasymmetrie im handmotorischen Areal durch Übung verändert werden können.

Anatomische und funktionale Asymmetrien als Folge von asymmetrischer Wachstumsretardierung

Eine der Kernannahmen der einflussreichen Theorie von Geschwind & Galaburda (Geschwind et al., 1985) ist die geschlechtsabhängige kortikale Entwicklung. Aufgrund der Tatsache, dass Linkshändigkeit, Dyslexie, Stottern und Entwicklungsstörungen bei Männern gehäuft vorkommen, nahmen Geschwind & Galaburda an, dass Testosteron die für diese Funktionen relevanten Hirnbereiche beeinflusst. Sie gingen davon aus, dass größere pränatale Testosteronkonzentrationen das Wachstum der linken Hemisphäre, insbesondere des *Planum temporale*, einschränken würden. Diese linkshemisphärische Wachstumseinschränkung sollte dann zu einer kompensatorischen Volumenzunahme der rechten Hemisphäre führen. Zusätzlich vermuteten sie, dass die erhöhte Testosteronkonzentration auch Schilddrüsenfunktionen beeinflussen würde, was letztlich auch das Auftreten von allergischen Erkrankungen beeinflussen sollte. Bezogen auf den hypothetisierten Testosteroneinfluss auf das Wachstum der linken Hemisphäre folgerten Geschwind & Galaburda, dass Frauen asymmetrischere *Planum temporale*-Regionen aufweisen würden als Männer. Die geschlechtsabhängige *Planum temporale*-Asymmetrie sollte dann auch mit geschlechtsabhängiger intrahemisphärischer Organisation zusammenhängen. Frauen, die ja gemäß Geschwind & Galaburda eher asymmetrische perisylvische Areale aufweisen sollen, sollten eher auf *intrahemisphärische* Strukturen beim Bearbeiten verschiedenster Funktionen zurückgreifen. Den Männern, die ja eher symmetrische Planum temporale-Areale aufweisen sollen, wurde eine ausgiebigere *interhemisphärische* Informationsverarbeitung unterstellt (Galaburda et al., 1990). Die geschlechts-abhängigen funktionellen Asymmetrien lassen sich anhand dieses Modells wie folgt erklären: Die effizienteren intrahemisphärischen Verarbeitungssysteme weiblicher Gehirne erlauben eine bessere Verarbeitung von Reizen, die der nichtspezialisierten Hemisphäre zugeführt werden. Hierdurch werden weibliche Gehirne unabhängiger von interhemisphärischen Informationsverarbeitungsprozessen. Diese Umstände sollen die im Vergleich zu Männern reduzierten funktionellen Asymmetrien bei Frauen erklären. Des weiteren sollen bei Männern sprachliche Funktionen eingeschränkt (durch Wachstumshemmung linksseitiger perisylvischer Hirnbereiche) und räumliche Funktionen unterstützt bzw. gefördert werden (durch kompensatorische Zunahme rechtsseitiger perisylvischer Hirnbereiche). Bislang konnte diese Theorie in einigen Teilbereichen bestätigt bzw. unterstützt werden, für andere teilweise wesentliche Bereiche fehlen bislang experimentelle Belege (z.B. geschlechtsabhängige Asymmetrie perisylvischer Hirnbereiche).

Das Problem der „Dualisierung"

Abschließend soll noch auf ein grundsätzliches Problem der Hirnasymmetrieforschung eingegangen werden, nämlich der vermeintlichen Dualität beider Hemisphären. Auch wenn beide Hemisphären offenbar für einige Funktionen besonders spezialisiert zu sein scheinen, bedeutet dies allerdings keineswegs, dass die für eine Funktion dominierende Hemisphäre alleine die entsprechende Funktion kontrolliert. So ist mittlerweile deutlich, dass selbst Sprachinformationen nicht ausschließlich in der sprachverarbeitungsdominanten Hemisphäre verarbeitet werden, sondern auch in der hierfür nicht spezialisierten Hemisphäre. Dies wird insbesondere durch neuere PET- und fMRT-Studien deutlich. Dies bedeutet wahrscheinlich, dass mehr oder weniger simultan

auf beiden Hemisphären unterschiedliche Aspekte der Sprache verarbeitet werden können. Es ist auch sehr wahrscheinlich, dass beide Hemisphären in Abhängigkeit von der Komplexität des zu verarbeitenden Materials miteinander interagieren, eine Vermutung, welche durch neuere Befunde genährt werden konnte. So konnte gezeigt werden, dass funktionale Hemisphärenasymmetrien mit zunehmender Komplexität des Reizmaterials größer werden. Einfache Reize können z.B. im Sinne des „direct access" Modells auch noch von der nicht spezialisierten Hemisphäre angemessen verarbeitet werden. Des weiteren ist auch noch darauf hinzuweisen, dass seltener als man erwarten würde, eine sogenannte, komplementäre˙ Hemisphärenasymmetrie zu beobachten ist. Hierunter sind Asymmetriemuster mit typischer linkshemisphärischer Sprachdominanz und gleichzeitiger rechtshemisphärischer nicht-sprachlicher Verarbeitungsdominanz subsummiert. Man kann also nicht zwangsläufig davon ausgehen, dass eine Hemisphäre grundsätzlich für diese und die andere für jene Funktion spezialisiert ist. In Zukunft wird mehr die Interaktion beider Hemisphären beim Bewältigen der vielfältigen Anforderungen, sowie die individuelle Ausprägung der kortikalen Organisation und damit des Lateralisierungsmusters im Vordergrund stehen.

1.5 Kognitive Modelle in der Neuropsychologie

Klaus Willmes

Zusammenfassung

Die kognitive Neuropsychologie hat in den letzten zwanzig Jahren an Bedeutung für die gesamte Neuropsychologie gewonnen. Ihre Forschungsergebnisse haben einerseits zur Qualifizierung und Modifikation von Theorien der kognitiven Psychologie gedient. Andererseits hat die stärkere Orientierung an expliziten Verarbeitungsmodellen die experimentelle und diagnostische Forschung in der Neuropsychologie positiv beeinflusst. Besonders relevant an kognitiv neuropsychologischer Forschung ist der Nachweis von Leistungsdissoziationen, insbesondere von doppelten Leistungsdissoziationen, die auf eine modulare Organisation und funktionelle Spezialisierung kognitiver Funktionen hinweisen, auch wenn diese vorwiegend für input-nahe und nicht für zentrale Funktionen gezeigt werden konnten. Als Demonstrationsbeispiel für Arbeits- und Denkweise der kognitiven Neuropsychologie wird das Modell von Bruce und Young zum Erkennen und Verarbeiten von (bekannten) Gesichtern ausführlicher erläutert. Die weitgehende Konzentration des kognitiv neuropsychologischen Ansatzes auf Leistungs- und Fehlerdaten einzelner, intensiv untersuchter Patienten mit interessanten, möglichst selektiven Schädigungsmustern stellt eine Beschränkung dar. Abschließend wird argumentiert, dass der integrative Ansatz der kognitiven Neurowissenschaften unter Einbeziehung anderer Modellklassen wie Konnektionismus und parallel-distribuierter Verarbeitung in Verbindung mit Erkenntnissen funktioneller Bildgebung ein umfassenderes und angemesseneres Bild der Arbeitsweisen des menschlichen Gehirns liefern kann.

Einleitung

Die Kognitionswissenschaften (cognitive science) sind als der Versuch charakterisiert worden, die Sichtweisen von Psychologie, Linguistik, Anthropologie, Philosophie, Computerwissenschaften und Naturwissenschaften über das Denken zusammenzuführen (Hunt, 1989). In der kognitiven Psychologie wird der Versuch unternommen, das Wesen der menschlichen Intelligenz und des menschlichen Denkens zu verstehen, indem die mentalen Strukturen und Prozesse des Erkennens und Wissens experimentell und theoretisch untersucht werden. In dem Informationsverarbeitungsansatz der kognitiven Psychologie (siehe auch Eysenck & Keane, 1995) werden die Verarbeitungsschritte und Prozesse beim Ausführen kognitiver Aufgabenstellungen selbst modelliert und experimentell untersucht. Es geht darum, komplexe Verhaltensweisen in eine hypothetisch angenommenen Abfolge von Verarbeitungsschritten zu untergliedern (Massaro & Cowan, 1993). In einem Informationsverarbeitungsmodell wird so der Informationsfluss von Verarbeitungskomponente zu Verarbeitungskomponente spezifiziert einschließlich der Transformation dieser Information innerhalb der verschiedenen Stufen. Es wird angenommen, dass Information in Systemzuständen repräsentiert ist und durch mentale Operationen umgewandelt wird. Eine Festlegung auf eine spezielle Art von Repräsentation, ob als diskrete Symbole oder kontinuierliche Größen oder eine bestimmte Art von Prozessen, wie etwa sog. Produktionsregeln (Anderson & Lebiere, 1998) ist dabei nicht erforderlich.

Es ist schwerlich möglich, einen exakten Zeitpunkt anzugeben, zu dem der Begriff „kognitive Neuropsychologie" zum ersten Mal als theoretischer Begriff verwendet worden ist. Initial sind es einzelne Fallbeispiele gewesen, die eine veränderte Art der Theoriebildung und der Auswahl methodologischer Grundprinzipien in der Neuropsychologie mit nahegelegt haben. Der Patient K.F. von Shallice und Warrington (vgl. Shallice, 1988, Kap. 3) z. B. hatte ein nicht beeinträchtigtes (episodisches) Langzeitgedächtnis, was sich in guten Leistungen im Paar-Assoziationslernen, im Nacherzählen einer Geschichte oder in verbalen Wiedererkennungsaufgaben zeigte. In Aufgabenstellungen zur Merkspanne, die nach allgemeiner Ansicht das Kurzzeitgedächtnis (genauer: einen phonologischen Kurzzeitspeicher) erfordern, gab es deutliche Beeinträchtigungen für verbales Material (Zahlenmerkspanne von 1-2), während das non-verbale Kurzzeitgedächtnis ebenfalls unbeeinträchtigt erschien. Solch ein Muster von erhaltenen und gestörten Leistungen war nicht vereinbar mit gängigen Gedächtnismodellen, in denen die Präsenz von Informationen im Kurzzeitgedächtnis als entscheidend für den Transfer ins Langzeitgedächtnis galt.

Ähnlich einflussreich waren die Aufsätze von Marshall und Newcombe (1966, 1973), in denen die Autoren aufgrund der Art der Lesefehler einzelner Patienten die zu jener Zeit gängigen sequentiellen Lesemodelle in Frage stellten. Die kritische Art von Lesefehlern waren sog. semantische Fehler (ill wird als „sick" gelesen, city als „town"), die es wenig plausibel erscheinen lassen, dass beim Lesen der Zugriff auf die Bedeutung eines Wortes nur durch interne Umwandlung von Buchstaben (Graphemen) in Laute (Phoneme) zustande kommen kann, denn Stimulus und gelesenes Wort sind lautlich nicht ähnlich. Solche Befunde an Patienten mit sog. Tiefendyslexie (deep dyslexia) führten zur Formulierung von sog. „dual-

route" Modellen des Lesens (vgl. auch Kap. 4.10 dieses Buches).

Wichtig war auch die Gründung der Zeitschrift *Cognitive Neuropsychology* durch Max Coltheart im Jahr 1984. Diese Zeitschrift hatte eine kleine Revolution in der experimentellen Psychologie mit einer Abkehr vom Gruppenstudien-Ansatz im Sinn. Detaillierte Fallstudien von Patienten mit Hirnschädigung sollten auch zur Modifikation und Entwicklung von Theorien der kognitiven Psychologie beitragen können.

Was ist kognitive Neuropsychologie

Kognitive Neuropsychologie hat zwei Hauptziele:

1. Das Leistungsprofil, d.h. das Muster von geschädigten oder teilweise beeinträchtigten sowie unbeeinträchtigten, erhaltenen kognitiven Leistungen eines hirngeschädigten Patienten soll erklärt werden als (vollständige oder teilweise) Schädigung einer oder mehrerer Komponenten eines (kognitiv-)psychologischen Modells normaler kognitiver Verarbeitung.
2. Aus diesem Leistungsprofil geschädigter und erhaltener kognitiver Funktionen sollen (Rück-)Schlüsse auf normale, unbeeinträchtigte kognitive Prozesse gezogen werden. Insbesondere dieses zweite ambitionierte Ziel ist Gegenstand vieler Diskussionen gewesen. Kosslyn und Intriligator (1992) akzeptieren eine „schwache" Version, in der die (experimentelle) Untersuchung des Verhaltens von gesunden Probanden und Patienten *Restriktionen* für Theorien normaler kognitiver Verarbeitung sowie interessante und ungewöhnliche Informationen für die Theoriebildung liefern kann. Die Autoren verwerfen eine „starke" Version, in der diese Theorien aus dem gestörten Verhalten selbst erschlossen (inferiert) werden sollen.

Informationsverarbeitungsmodelle

Ein wichtiger Zugang zum Verständnis komplexer Systeme oder Prozesse besteht in dem

Versuch, sie in Komponenten (oder Teilprozesse) zu zerlegen (*zu fraktionieren*) und zu studieren, was jede Komponente tut, von welchen anderen Komponenten sie beeinflusst wird und welche anderen Komponenten sie selbst beeinflusst. Dieses Analyseproblem ist nicht einfach, denn die Existenz und die Eigenschaften der Komponenten müssen aus dem Verhalten gegenüber einer Aufgabenstellung als ganze erschlossen werden. In den meisten Untersuchungen mentaler Prozesse in Echtzeit (sog. on-line Methoden) wird das kognitive System als „black-box" angesehen. Die wichtigste Methode der kognitiven Psychologie zur Analyse der Bestandteile eines mentalen Prozesses ist die Additive-Faktoren Methode (AFM; Sternberg, 1969, 1998). Ihre wichtigsten Prinzipien sind nachfolgend angeführt:

1. In ihrem Einfluss auf die Gesamtdauer eines Prozesses verhalten sich die Zeitspannen für die Verarbeitungsstufen additiv.
2. Falls sich die Dauer einer Verarbeitungsstufe um ein bestimmtes Zeitintervall verändert und alle anderen Stufen unverändert bleiben (lokalisierte Veränderung), verändert sich die Gesamtdauer des Gesamtprozesses um genau dieses Zeitintervall.
3. Falls eine Menge von (experimentellen) Einflussfaktoren so beschaffen ist, dass nicht mehrere von ihnen eine Verarbeitungsstufe beeinflussen, dann ist der Einfluss eines Faktors auf die Gesamtdauer eines Prozesses invariant über die verschiedenen Ausprägungsstufen der anderen Faktoren. Falls jeder dieser Faktoren einen invarianten Einfluss hat, sind die Effekte dieser Faktoren additiv. Umgekehrt ist es bei zwei Faktoren mit additiven Effekten plausibel anzunehmen, dass sie keine Verarbeitungsstufe gemeinsam beeinflussen.
4. Falls bei einem Prozess mit Verarbeitungsstufen zwei Faktoren interagieren (jeder Effekt moduliert den Effekt des jeweils anderen Faktors), dann müssen die beiden Faktoren mindestens eine Verarbeitungsstufe gemeinsam beeinflussen. Umgekehrt ist es bei zwei dieselbe Verarbeitungsstufe beeinflussenden Faktoren plausibel anzunehmen, dass sie interagieren.

Die additive Faktorenmethode ist vorwiegend bei der Analyse von Reaktionszeitexperimenten (in neuerer Zeit auch in Studien zu ereigniskorrelierten Potentialen) eingesetzt worden. Die Methode ist prinzipiell beschränkt auf den Nachweis von Komponenten oder Teilprozessen, die *seriell* als eine Abfolge von Verarbeitungsstufen (stages) angeordnet sind bzw. ablaufen. Parallel ablaufende mentale Prozesse sind so nicht nachzuweisen. Allerdings gibt es eine Fülle experimenteller Belege, dass für viele mentale Prozesse serielle Verarbeitung angenommen werden kann: Abruf von Information aus dem Gedächtnis, Absuchen einer visuellen Vorlage, Vergleich von zwei visuell dargebotenen Objekten, Entscheidung darüber, ob eine Kette von Buchstaben ein Wort ist. Die Eigenschaft einer separaten Modifizierbarkeit/Beeinflussbarkeit eines Teilprozesses oder einer Verarbeitungsstufe durch jeweils einen der experimentellen Faktoren ist das entscheidende Kriterium für die Existenz dieses Teilprozesses. Eine Verarbeitungsstufe ist also definiert als ein unabhängig modifizierbarer Teilprozess eines komplexen Gesamtprozesses.

Allerdings lässt sich nicht alle Informationsverarbeitung als sequentielle Abfolge von Informationsverarbeitungsschritten darstellen. Auch wenn kognitive Verarbeitung durch die Art und Intensität angebotener Stimuli wesentlich bestimmt ist, so spielen Kontext, Erwartungen und vorausgegangene Erfahrungen eines Individuums ebenfalls eine entscheidende Rolle. Diese Wechselbeziehung kann gut durch die Unterscheidung zwischen sog. *bottom-up* und *top-down* Verarbeitung charakterisiert werden. In aller Regel finden sich beide Arten von Prozessen in allen kognitiven Aktivitäten. Auch die (visuelle) Wahrnehmung als typische „stimulus-driven" Verarbeitung ist andererseits ein aktiver „conceptually-driven" Prozess des wahrnehmenden Organismus, ohne welchen verschiedene Formen visueller Täuschungen nur schlecht zu erklären wären. Die Betonung der einen oder anderen Art von Prozessen findet sich wieder in Theorien der direkten Wahrnehmung im Unterschied zu konstruktivistischen Theorien (siehe z.B. Eysenck & Keane, 1995, Kap. 4).

Modularität

Marr (1982) erhebt die soeben speziell für sequentielle Modelle beschriebene *Dekomponierbarkeit* zu einem allgemeinen „Prinzip modularen Designs". Nur so sei es möglich, dass bei Veränderung eines Teilprozesses oder einer Teilkomponente nicht alle anderen Komponenten ebenfalls eine Modifikation erfahren (müssen). Ellis (1987) hat darauf hingewiesen, dass es nur bei modulärem Design leicht möglich sei, z. B. ein neues Modul hinzuzufügen und mit den bestehenden Modulen zu verbinden. Als Beispiel führt er an, dass nur eine verschwindende Minderheit aller Menschen Lesen und Schreiben in einer alphabetischen Schrift gelernt hat. Lesen und schreiben zu können scheint aber im Gehirn kognitive Module zu etablieren, die – wie genetisch festgelegte oder in der frühen Entwicklung entstandene Module – nach Hirnschädigung selektiv beeinträchtigt werden können und als Folge eine Fülle von verschiedenen Lese- und Schreibstörungen nach sich ziehen. Allport (1980) hat argumentiert, dass man auch für gesunde Personen eine Form von Modularität im Sinne unabhängiger Verarbeitungskomponenten unter bestimmten experimentellen Bedingungen nachweisen kann. Wenn Probanden in sog. „dual task" Aufgaben gleichzeitig zwei komplexe Anforderungen ohne Nachteile für die jeweils andere Aufgabenstellung ausführen können, muss deren Ausführung von distinkten und separierbaren kognitiven Modulen bestritten werden.

Wenig später schlug Fodor (1983) in seinem viel beachteten Buch „The Modularity of Mind" eine sehr allgemeine Theorie der Perzeption und Kognition vor. In seiner funktionalen Taxonomie psychologischer Prozesse unterscheidet er Sinnesorgane (transducers) sowie Input-Systeme und zentrale Verarbeitungsinstanzen (central processors). Kognitive Wissenschaft solle sich besonders auf Inputsysteme konzentrieren, die funktional dazu dienen, die „Welt so zu repräsentieren, dass sie dem Denken zugänglich wird". Fodor führte 9 mehr oder weniger voneinander unabhängige, typische (aber nicht notwendige) Eigenschaften kognitiver Module an (1983, S. 47ff):

1. Bereichsspezifität (domain specificity)
2. Notwendige Arbeitsweise (mandatory operation)
3. Beschränkte Zugriffsmöglichkeit (limited central access)
4. Schnelle Arbeitsweise (fast operation)
5. Abgeschlossenheit (informational encapsulation)
6. Oberflächlicher Output (shallow output)
7. Bindung an eine feste neuronale Architektur (association with fixed neural architecture)
8. Charakteristische und spezifische Schädigungsmuster (characteristic and specific breakdown patterns)
9. Charakteristisches Entwicklungsmuster (ontogeny of characteristic pace and sequencing)

Oft sind obige Merkmale in ihrer Gesamtheit als notwendige Eigenschaften eines modulären Systems angesehen worden, obwohl Fodor selbst das nicht so dargestellt hat. Coltheart (1999) diskutiert mehrere dieser Kritiken und schlägt vor, ein kognitives System (processing module) genau dann modulär zu nennen, wenn es *bereichsspezifisch* ist, d.h. wenn es nur auf eine bestimmte Klasse von Stimuli anspricht, z.B. auf Gesichter, aber nicht auf andere visuell angebotene Objekte, geschriebene Wörter oder gesprochene Wörter.

Insbesondere Shallice (1988) hat darauf hingewiesen, dass obige Liste von Eigenschaften zu restriktiv ist. Er betont als wichtigstes Kriterium für Modularität das Ausmaß an Interaktion zwischen (Teil)Systemen und die Möglichkeit des Rückgriffs auf generelle Ressourcen wie etwa im „effort"-Konzept von Kahneman (1973). Da nach den theoretischen Überlegungen von Shallice (1988, Kap. 11) neuropsychologische Daten nie eine definitive Antwort bezüglich der Modularität eines Systems geben können, zieht er das Konzept von „funktionellen" oder „isolierbaren" Teilsystemen im Sinne von Posner (1978) oder Tulving (1983) vor. Selbst distribuierte Netzwerke können doppelte Dissoziationen zeigen. Ein frühes Beispiel ist ein Netzwerkmodell für das Lesen einzelner Nomina (Hinton & Sejnowski, 1986).

Marshall (1984) und Shallice (1988, 1991) diskutieren die für die Fodor'sche Konzeption entscheidende Frage, wie weit in der Verarbeitung sensorischer Stimuli Bereichsspezifität gilt und wie abstrakt (d.h. nicht-sensorisch) andererseits eine kognitive Domäne sein kann. Es gibt bestimmte Wissensbereiche, die selektiv beeinträchtigt sein können, wie etwa elementare arithmetische Kenntnisse (vgl. Kap. 4.11), die selbst die intakte Arbeitsweise von Systemen erfordern, die nach Fodor'schen Kriterien nicht modular sind. Auch für einige, traditionell als zentral und äquipotential angesehene Systeme mit komplexen Prozessen wie visuelle Aufmerksamkeit, semantisches Gedächtnis oder Kontroll- und Exekutivfunktionen findet man zunehmend Belege für selektive Beeinträchtigungen.

Methodologische Grundannahmen

Caramazza (1984, 1986, 1992) hat die Grundannahmen des kognitiv neuropsychologischen Ansatzes und die Struktur valider Erklärungen anhand neuropsychologischer Daten wiederholt dargestellt (siehe auch Blanken, 1988; Olson & Caramazza, 1993). Es geht ihm um die Frage, was man über normale Informationsverarbeitung lernen kann, wenn man bestimmte Störungsmuster eines Patienten in sorgfältig ausgeführten Einzelfallexperimenten untersucht. Er geht aus von einem Modell M, z.B. einem Informationsverarbeitungsmodell mit spezifizierten Input/Output-Relationen und – wenn möglich – einer Spezifizierung der Arbeitsweise der einzelnen Modellkomponenten sowie einer funktionellen Hypothese H (plus Hilfshypothesen A und Anfangsbedingungen C), wie eine Aufgabenstellung von einer gesunden Person normalerweise ausgeführt wird, d.h. welche Komponenten des Modells sie in welcher Weise nutzt.

1. *Fraktionierungsannahme:* Eine (erworbene) Hirnschädigung kann zu einer selektiven Schädigung oder Beeinträchtigung von Komponenten der kognitiven Verarbeitung führen. Diese Komponenten werden mit Hilfe von detaillierten Untersuchungen der Leistungen in einer Menge von Aufgabenstellungen identifiziert. Man spricht von einer „funktionellen Läsion" L_i bei Patient i.

2. *Transparenzannahme:* Das kognitive System eines hirngeschädigten Patienten ist grundsätzlich dasselbe wie bei einer gesunden Person mit Ausnahme einer „lokalen" Modifikation des Systems durch eine Hirnläsion. Es wird also angenommen, dass das beobachtete (gestörte) Verhalten direkt die Arbeitsweise von M unter einer funktionellen Lokalisationshypothese L anzeigt (zur Kritik siehe Sergent, 1988). Es sei betont, dass L eine hypothetische funktionelle lokale Läsion im Verarbeitungsmodell darstellt. Deshalb wird diese Annahme auch *„Lokalitätsannahme"* genannt: Die Transparenzannahme bedeutet somit für einen Patienten i, dass $M \& L_i$ vorliegen und nicht ein reorganisiertes oder grundlegend modifiziertes kognitives System M'_i.

3. *Universalitätsannahme:* Die kognitiven Systeme aller gesunden Personen sind in ihren wesentlichen Aspekten gleich ($M_i \equiv M$).

Eine Menge von Beobachtungen O_i, d.h. ein Leistungsmuster für eine Menge von Aufgabenstellungen für einen Patienten i liefert dann relevante Evidenz zur Stützung einer Hypothese H in einem Modell M, wenn aus einer spezifischen Hypothese nebst Hilfshypothesen in Modell M sowie bestimmten Anfangsbedingungen und der individuellen funktionellen Läsion L_i das beobachtete Leistungsmuster O_i folgt. Aus diesen Überlegungen ergibt sich, dass die Untersuchung von Patientengruppen nur sinnvoll sein kann, wenn $L_i \equiv L$ ist. Die funktionellen Läsionen sind jedoch nicht vor Ausführung der jeweiligen Experimente bei den Einzelfällen bekannt, sondern werden aus den Ergebnissen dieser Experimente erschlossen. In dieser Sichtweise können die Befunde aus Einzelfallstudien lediglich *kumulativ* ein Verarbeitungsmodell M stützen.

Generell lassen sich die Leistungen eines Patienten auf vier kausale Faktoren zurückführen (Caramazza, 1984).

– Die Leistungen sind Effekt einer hypothetisch angenommenen Störung einer oder mehrerer Verarbeitungskomponenten (*Subtraktivitä*tsannahme, Saffran, 1982). Falls im Gehirn nach einer Läsion neue Module gebildet werden können, sind solche Patienten nicht interessant für eine Theorie über normale Funktionen, wohl aber für neurowissenschaftliche Theorien über Plastizität des zentralen Nervensystems.

- Die Leistungen sind Ausdruck normaler individueller (Leistungs-)Variation.
- Sie sind der Effekt kompensatorischer Bemühungen (wie z.B. Patienten, die beim Lesen eine Buchstabierstrategie verfolgen, sog. „letter-by-letter reader"). Diese kompensatorischen Strategien könnten selbst wieder zu Hypothesen über die Arbeitsweise des Gehirns führen.
- Es handelt sich um Störungen anderer als der angenommenen Komponenten.

Shallice (1979, 1988, 1991) hat den auf obigen Annahmen basierenden „ultrakognitiven" Ansatz kritisiert, der charakterisiert ist durch eine strikte Ablehnung von Gruppenstudien, ein mangelndes Interesse an der neurobiologischen Verankerung kognitiver Prozesse, eine Vernachlässigung klinischer Aspekte, klinisch orientierter Untersuchungen und der Testergebnisse aus standardisierten Testbatterien, welche in der Regel weniger detailliert als spezifische Untersuchungsmethoden wichtige kognitive Funktionen wie Aufmerksamkeit, Gedächtnis, Sprache, etc. erfassen. Wenn man diese Informationen vernachlässigt, ist es nicht gut möglich zu entscheiden, ob ein beobachtetes Leistungsmuster nicht auch ein Epiphänomen einer ganz anderen Störung oder der Hirnläsion sein kann. Die Läsionsinformation sollte berichtet werden, auch wenn sie in der kognitiven Neuropsychologie keinen Erklärungsstatus besitzt. Shallice argumentiert auch, dass Gruppenstudien per se nicht uninformativ sind, aber dass es problematisch ist, aus der an einer Stichprobe beobachteten Assoziation von verschiedenen Beeinträchtigungen auf die Betroffenheit *eines* (funktionell) isolierten Teilsystems zu schließen. Es wird üblicherweise der Fall sein, dass mehrere funktionelle Teilsysteme in variabler Weise betroffen sein können. Das liegt z.B. bei einem Schlaganfall an dem für die kognitiven Funktionen zufälligen Charakter einer Hirnläsion (Poeck, 1983), die bedingt ist durch die individuelle Ausgestaltung der Gefäßversorgung des Gehirns und den zufälligen Ort der Hirnläsion. Untersucht man eine Gruppe von Patienten, so ist kaum auszuschließen, dass eine Assoziation zwischen verschiedenen Beeinträchtigungen durch variable aber überlappende Beteiligung mehrerer Teilsysteme vorgetäuscht sein kann.

(Doppelte) Dissoziationen und Assoziationen

Spätestens seit dem klassischen Aufsatz von Teuber (1955) haben doppelte Dissoziationen von Leistungen einen besonderen Stellenwert in der Neuropsychologie. Ursprünglich wurde der Begriff verwendet, wenn es für zwei verschiedene Gruppen von Beobachtungseinheiten mit unterschiedlich lokalisierten Hirnläsionen komplementäre Leistungsunterschiede bezüglich zweier psychischer Funktionen gab, Eine der beiden Leistungen musste jeweils (weitestgehend) normal, die jeweils andere Leistung massiv beeinträchtigt bzw. (nahezu) unausführbar sein. In dem Aufsatz von Teuber handelte es sich um Makakenaffen mit experimentell gesetzten lokalen kortikalen Läsionen in Aufgaben zum Diskriminationslernen, um die spezifische Lokalisation visueller bzw. taktiler Funktionen im Assoziationskortex zu belegen.

Teuber selbst hat angemerkt, dass eine doppelte Dissoziation auch ohne detaillierte Läsionsinformation auf eine Funktionsspezialisierung hinweist. Bei Vorliegen einer doppelten Dissoziation ist unter Modularitätsannahme mindestens eine der beiden einzelnen Dissoziationen Ausdruck eines spezifischen Defizits. Kinsbourne (1971) hat darauf hingewiesen, dass nicht beide einfachen Dissoziationen ein Indiz für jeweils spezifische Defizite sein müssen. Es könnte auch sein, dass eine der beiden Aufgabenstellungen quantitativ geringere Ressourcen (Norman & Bobrow, 1975) zu einer erfolgreichen Bearbeitung durch das selbe Teilsystem benötigt. Dann ist es möglich, dass nur ein Patient mit einer Störung in dieser Aufgabenstellung ein spezifisches Defizit aufweist.

Shallice (1979, 1988) hat die methodologischen Aspekte des Konzepts der doppelten Leistungsdissoziation besonders klar herausgearbeitet. Er schlägt auch die Unterscheidung dreier Abstufungen von Dissoziationen vor: klassische, starke und Trenddissoziation (Shallice, 1988, S. 227; vgl. auch Kap. 2.1 und 4.10).

Im Falle einer *klassischen* Dissoziation muss die bessere der Leistungen in den beiden Aufgabenstellungen im Bereich normaler Leistungsvariabilität liegen, auch wenn sie eventuell unter dem prämorbiden Leistungsniveau angesiedelt ist. Die beeinträchtigte Leistung wird als sehr schlecht angenommen. Für eine *starke* Leistungsdissoziation wird eine ähnlich große Leistungsdiskrepanz angenommen, allerdings ist auch die bessere Leistung unterhalb des Bereiches normaler Leistungsvariabilität. Für eine *Trend*dissoziation werden lediglich signifikante Unterschiede im Bereich beeinträchtigter Leistungen gefordert. Zu beachten ist, dass Dissoziationen (wie auch Assoziationen) zwischen Leistungen und Verhaltensweisen beobachtet werden, dass sich Modellüberlegungen aber auf Dissoziationen zwischen psychischen Funktionen beziehen. Es ist jedoch kaum möglich, psychologische Aufgabenstellungen so zu gestalten, dass sie zu ihrer Bearbeitung nur eine psychische Funktion erfordern.

Das gesamte Buch von Shallice (1988) ist so aufgebaut, dass es funktionelle Syndrome über Mengen von Dissoziationen definiert. Caramazza (1986) teilt nicht die Ansicht, dass (doppelte) Dissoziationen eine ausgezeichnete Rolle für die Theoriebildung haben. Je nach Beschaffenheit eines Verarbeitungsmodells liefern auch Assoziationen zwischen Störungen Argumente für die Ablehnung oder Stützung eines speziellen kognitiven Modells (vgl. Shallice, 1988, Kap. 10.3).

Anhand des Dissoziationskonzepts lässt sich noch eine Unterscheidung zwischen „reinen" (*pure*) und „gemischten" (*mixed*) Fällen unterscheiden (siehe z.B. Shallice, 1988, 1991). Im ersten Fall ist nur ein einziges Teilsystem betroffen oder geschädigt, im zweiten Fall sind es mehrere. Allerdings ist es nicht möglich, unabhängig von einer Theorie zu entscheiden, ob eine Anzahl von Symptomen bei einem bestimmten Patienten durch die Schädigung einer einzelnen oder mehrerer Komponente(n)

hervorgerufen worden ist. Dagegen ist offensichtlich, dass eine Dissoziation, die aufgrund einer Schädigung mehrerer Komponenten auftritt, auch bei einem reinen Fall vorkommen kann.

Eine detaillierte Analyse des Verhältnisses von experimentellen Variablen, beobachteten Leistungen und hypothetisch angenommenen psychischen Prozessen liefern Dunn und Kirsner (1988). Sie argumentieren, dass keine funktionelle einfache oder doppelte Dissoziation logisch die Annahme nur eines beteiligten Prozesses ausschließen kann. Wenn die verwendeten Aufgabenstellungen in entgegengesetzter Weise von demselben Prozess abhängen, kann eine doppelte Dissoziation resultieren. Sie führen das Konzept der umgekehrten Assoziation (*reversed association*) ein, bei dessen Vorliegen auf zwei separate Prozesse geschlossen werden kann.

Nicht alle Fälle von doppelten Dissoziationen sind allgemein akzeptiert. Eine doppelte Dissoziation in der (visuellen) Verarbeitung von Objekten gegenüber Wörtern ist nicht kontrovers, da die Existenz unterschiedlicher Verarbeitungsmechanismen für beide Arten visueller Objekte gut belegt scheint. Weitaus problematischer ist die Existenz von doppelten Dissoziationen bei sog. „*kategorie-spezifischen*" semantischen Störungen (z.B. Caramazza, 1998, Shallice, 1988, Kap. 12.8). Diese, wie andere berichtete Unterschiede im Zugriff/Abruf aus dem semantischen System gegenüber Störungen des semantischen Speichers selbst sowie unterschiedliche Störungen je nach Modalität (verbal gegenüber visuell und/oder amodal) oder Art der semantischen Attribute (visuell gegenüber nicht-perzeptuell) sind sehr relevant für ein Verständnis der Organisation konzeptuellen Wissens im Gehirn (Coltheart et al., 1998). Häufiger festgestellt worden sind deutliche Leistungsunterschiede im Benennen von belebten gegenüber unbelebten Objekten („*living*" vs. „*non-living*"; Warrington & McCarthy, 1983, Warrington & Shallice, 1984, Caramazza & Shelton, 1998). Caramazza (1998) unterscheidet verschiedene Klassen von Theorien zur Erklärung von kategorie-spezifischen Defiziten.

1. Sensorisch/funktionale Theorien nehmen nicht an, dass konzeptuelles Wissen in Ka-

tegorien organisiert ist, sonders dass katego-
rie-spezifische Defizite Folge der relativen
Wichtigkeit perzeptuellen Wissens (zur Unterscheidung von Lebewesen) gegenüber
nicht-perzeptuellem funktional/asssoziati-
vem Wissen (zur Unterscheidung von Werkzeugen) sind.

2. Korrelative Theorien besagen, dass Items
einer semantischen Kategorie viele gemeinsame Eigenschaften besitzen, die wegen Implementierung in benachbarten neuronalen
Strukturen auch gemeinsam von einer Hirnschädigung betroffen sein können.

3. Caramazza selbst bevorzugt eine Theorie
bereichspezifischen Wissens, die annimmt,
dass Wissen in weiten, in der Evolution relevante konzeptuelle Kategorien organisiert
ist.

Evolutionäre Zwänge haben demnach zur Ausbildung hoch spezialisierter neuronaler Mechanismen zum schnellen Wiedererkennen
oder Klassifizieren von Elementen bestimmter
Wissenskategorien geführt. Zu den überle-
benswichtigen Kategorien gehören Artgenos-
sen, Tiere, Pflanzen und Werkzeuge sowie
eventuell auch Körperteile (Shelton et al.,
1998).

In der kognitiven Neuropsychologie werden einzelne Patienten wie einzelne Experimente der Natur angesehen. Die Leistungs-
oder Fehlermuster einzelner Patienten werden
– wie schon in der „klassischen Phase" der
Neuropsychologie in den letzten Dekaden des
vorigen Jahrhunderts – nicht verglichen mit
den Leistungen in einer großen Normstichprobe, sondern stets auf Kompatibilität mit einem
theoretischen Verarbeitungsmodell hin untersucht. Eine ausführliche Diskussion findet
man in McCloskey (1993), der die Argumente
gegen den Einsatz von Patientengruppen in der
theoretisch orientierten Neuropsychologie besonders klar zusammenstellt. Vorausgegangen
war eine über etwa ein Jahrzehnt laufende, oft
heftig geführte Diskussion in verschiedenen
angesehenen internationalen Zeitschriften
über den geringen Wert neuropsychologischer
Ergebnisse, die an funktionell heterogenen
Stichproben gewonnen wurden. In der Klinischen Neuropsychologie akzeptierte Syn-

dromgruppen wie etwa verschiedene Aphasie-
syndrome (oder nach Art, Lateralität oder
Lage einer fokalen Hirnschädigung zusammengestellte Patientengruppen) wurden als
„schwache" (weak) Syndrome, d.h. qualitativ
heterogene Syndrome gekennzeichnet (Schwartz,
1984).

Beispiel für ein kognitiv neuropsychologisches Modell: Die Verarbeitung von Gesichtern

Gesichter bieten eine Fülle von Informationen
verschiedener Art. Ihre physische Beschaffenheit kann verwendet werden, um Eigenschaften wie Geschlecht oder Alter einer Person zu
erschließen oder Gesichter hinsichtlich ihrer
Ähnlichkeit zu vergleichen. Die emotionale
Befindlichkeit einer anderen Person kann aus
dem Gesichtsausdruck erschlossen werden,
und das Gesicht ist der wichtigste Hinweis auf
die Identität einer persönlich bekannten oder
berühmten Person. Gesichter sind aber auch
einfach komplexe visuelle Objekte, und es ist
von Interesse, ob es lediglich graduelle oder
qualitative Unterschiede zur Verarbeitung anderer Objekte gibt. Erst seit etwa 20 Jahren
sind theoretisch motivierte Modelle vorgeschlagen worden, die die verschiedenen funktionalen Komponenten der mentalen Verarbeitung von Gesichtern explizieren. Besonders
erfolgreich ist das Modell von Bruce und
Young (1986) gewesen. Es ist in der Lage, die
wichtigsten experimentalpsychologischen Resultate wie die verschiedenen Störungsmuster
in der Gesichterverarbeitung (Prosopagnosie)
nach erworbener Hirnschädigung zu erklären.

Im Modell werden 7 verschiedene Arten
von Information (sog. Codes) unterschieden,
die in der mentalen Verarbeitung von Gesichtern eine Rolle spielen: Die Betrachtung eines
Photos oder eines anderen Bildes von einem
Gesicht führt zur Erzeugung eines *bildhaften
(pictorial)* Codes, der auch Details über Be-
leuchtung und Körnung eines Bildes sowie
Haltung und Ausdruck enthalten kann. Diese
Art von Information ist bereits ausreichend,
um in Wiedererkennungs-Experimenten mit
denselben Photos die Gedächtnisentscheidung
zu ermöglichen. Die Wiedererkennung bei

veränderter Kopfposition, Ausleuchtung, Alter, Frisur oder verändertem emotionalem Gesichtsausdruck erfordert einen abstrakteren, *strukturellen* Code. In Laborexperimenten sinkt die Wiedererkennensrate in Abhängigkeit von Stärke und Art der Veränderungen. Ein bekanntes Gesicht ist im (episodischen) Gedächtnis repräsentiert als eine Kollektion von miteinander in Beziehung stehenden strukturellen Codes für verschiedene Positionen (Portrait, Profil, Halbprofil), die metrischen konfigurationalen Aspekte eines Gesichtes (relationale Merkmale 2. Ordnung) wie die Gesichtsform (rund, oval, eckig) oder die Stellung von Augen, Nase und Mund sowie deren Distanzen zueinander und Beschreibungen einzelner isolierter Merkmale (Form der Augen, Bartwuchs, Muttermale, Narben, usw.). Wie generell für die Verarbeitung von visuellen Objekten, kann man auch für Gesichter die von Marr (1982) vorgeschlagenen drei Stufen *primal sketch*, *2 1/2D sketch* (betrachterspezifisch) und *3D model* (objektzentriert) unterscheiden, die in Verbindung mit einer vom aktuellen Gesichtsausdruck unabängigen Beschreibung insgesamt die strukturelle Beschreibung ausmachen. Ein Gesicht wird als bekannt wiedererkannt, wenn die aktuell encodierte strukturelle Information hinreichend gut mit dem gespeicherten strukturellen Code übereinstimmt. Für unbekannte Gesichter kann lediglich visuell basierte semantische Information (*visually derived semantic code*) bezüglich Alter, Geschlecht, Atttribuierungen wie Vertrauenswürdigkeit oder Verschlagenheit oder Ähnlichkeitsurteile zu bekannten Personen abgeleitet werden. Bei persönlich bekannten oder berühmten Gesichtern treten noch identitäts-spezifische semantische Informationen hinzu (*identity-specific semantic code*) wie der Beruf, der Wohnort, welche Freunde jemand hat, usw. Zugang zu diesen Informationen macht i.a. erst die Bekanntheit eines Gesichtes aus. Die vermutete Bekanntheit (*feeling of knowing*) wird erst aufgelöst, wenn der Zugang zu diesen Informationen wieder möglich ist. Bruce und Young unterscheiden von diesen identitässpezifischen semantischen Informationen als letztes den Eigennamen (*name code*) einer Person in Form eines Output Codes, so

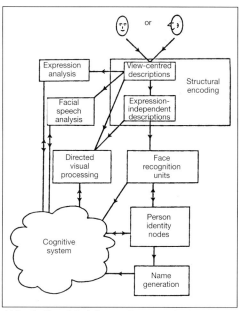

Abb. 1. Das Modell von Bruce und Young zum Wiedererkennen von Gesichtern.

dass der Name einer wiedererkannten Person geäußert werden kann.

Sowohl für bekannte wie unbekannte Gesichter kann die Bedeutung des Gesichtsausdrucks interpretiert werden in einem Ausdrucks-Code (*expression code*). Auch die Lippenbewegungen einer sprechenden Person können die auditive Sprachperzeption beeinflussen (*facial speech code*). Der sog. McGurk-Effekt (McGurk & MacDonald, 1976, Massaro 1998) entsteht, wenn visuelles Mundbild und Lippenbewegung eines Sprechers (z.B. für die Silbe /pa-pa/ bzw. /da/) nicht mit dem gehörten Laut (z.B. für die Silbe /na-na/ bzw. /ba/) übereinstimmen. Als Höreindruck entsteht oft ein „Kompromiss" zwischen den konkurrierenden Informationen (häufig /ma-ma/ bzw. /va/).

In einem in der kognitiven Neuropsychologie üblichen „boxes-and-arrows" Modell werden, wie in Abbildung 1 dargestellt, die funktionellen Komponenten eines Informationsfluss und -verarbeitungsmodells und ihre Beziehungen zueinander dargestellt. Bruce und Young heben hervor, dass ihr Modell übereinstimmt mit den Ergebnissen experimenteller Forschung an Probanden und Patienten und die (alltäglichen) Fehler gesunder Personen sowie die bei Patienten vorgefundenen Störungsmuster als „lokale" Fehlfunktionen bzw. Schädigungen einzelner oder mehrerer Komponenten (Module) oder Verbindungen zwischen ihnen „erklären" kann. Da die Arbeitsweise des gesamten restlichen kognitiven Systems im Modell nicht spezifiziert wird, wird es als „Wolke" dargestellt. Jeder der Kästen repräsentiert ein Verarbeitungsmodul (eine Verarbeitungsinstanz), deren Arbeitsweise unabhängig von anderen Komponenten manipuliert oder gestört oder isoliert werden kann, sei es durch eine Hirnschädigung oder eine experimentelle Manipulation. Uni- oder bidirektionale Pfeile zwischen den Verarbeitungskomponenten stellen den Zugang zu bestimmten Informationen, die Umwandlung oder Rekodierung von Informationen oder die Aktivierung einer Komponente durch eine andere dar.

Auf der Verarbeitungsebene der strukturellen Enkodierung werden zwei hierarchisch geordnete Stufen unterschieden. Die betrachterspezifische Beschreibung liefert die relevante Information für die Verarbeitung des emotionalen Gesichtsausdrucks sowie der Lippenbewegung und des Mundbildes. Die abstraktere, von Emotionsausdruck und Perspektive freie Beschreibung liefert die relevante Information für die Teilprozesse der Wiedererkennung einer Person. Jede dieser drei von der strukturellen Enkodierung aus aktivierbaren Komponenten liefert eine andere Art der Kategorisierung von gesichtsrelevanten Informationen. Dieser Modellteil zeigt also eine heterarchische Organisation mit angenommener, paralleler Verarbeitung der verschiedenen Arten von Informationen. Mit Aufgabenstellungen zur Zuordnung (Matching) von zwei Photos desselben unbekannten Gesichts aus unterschiedlicher Perspektive, zur Zuordnung derselben Emotion bei zwei verschiedenen Gesichtern und der Klassifikation von Gesichterphotos von berühmten Persönlichkeiten bzw. unbekannten Personen nach bekannt/unbekannt können diese drei Aspekte separat erfasst werden. In dem Buch von Young (1998) sind u.a.

Studien an Patienten berichtet, die selektive Beeinträchtigungen in nur einer der drei Aufgabenstellungen zeigen und somit Belege für die funktionelle Separiertheit der drei Klassifizierungsmodi liefern.

Im linear hierarchischen Teil des Modells wird der Prozess des Identifizierens eines bekannten Gesichts weiter in Teilkomponenten aufgespalten. Am Beginn steht das Wissen darum, dass das gesehene Gesicht einer bekannten Person gehört. Dieses ist in einem Assoziativspeicher abgelegt. Eine Wiedererkennens-Einheit für Gesichter (*face recognition unit*) wird aktiviert, wenn die zuvor erstellte stukturelle Beschreibung des Gesichts genügend Ähnlichkeit mit der strukturellen Beschreibung eines gespeicherten Gesichts aufweist. Diese Wiedererkennes-Einheit für Gesichter hat Zugriff auf einen Teil des Assoziativgedächtnisses (im kognitiven System), in dem spezifische semantische Informationen über eine bekannte Person abgelegt sind. Letztere bewirken, dass man sich u.U. sicher fühlt, eine Person zu kennen. In diesem speziellen Modell wird nun angenommen, dass auf den Namen einer Person nur über den aktivierten Personen-Identitäts-Knoten zugegriffen werden kann. Die Unterscheidung zwischen Erkennungs-Einheiten für Gesichter und Personen-Identitäts-Knoten liegt vorwiegend darin, dass man zu ersterer nur über die strukturelle Enkodierung des Gesichts gelangt, während man zum Personen-Identitäts-Knoten auch über die Stimme oder den gesprochenen Namen einer Person gelangen kann. Erst bei letzterer handelt es sich um das Erkennen der Identität einer Person, nicht nur eines Gesichtes.

Störungsmuster bei Patienten (Überblick in Young, 1998) sind so beschaffen, dass die Verarbeitung stets nur bis zu einer der drei Komponenten in der linearen Hierarchie unbeeinträchtigt ist. Wohl ist von Patienten berichtet worden, die zwar den Namen einer vertrauten bzw. berühmten Person nicht nennen konnten, aber Fragen nach z.B. Beruf, Wohnsitz sicher oder besser wussten. Die Tatsache, dass noch nie eine umgekehrte Leistungsdissoziation berichtet worden ist, stützt die Annahme einer seriellen Organisation in diesem Modellteil ebenso wie besonders Tagebuch-Daten von erlebten Problemen mit dem Erkennen von Personen. Zwei Arten von Schwierigkeiten sind besonders typisch: Es gibt die Gewissheit, ein Gesicht bereits gesehen zu haben, ohne dass weitere Informationen über die Person erinnert werden können. In diesem Fall war die Wiedererkennens-Einheit nicht in der Lage, auf den betreffenden Personen-Identitäts Knoten zuzugreifen und damit auch nicht auf den Namen. Weiterhin gibt es das „tip-of-the-tongue" Phänomen, bei den man eine Person an ihrem Gesicht erkennt, aber den Eigennamen nicht nennen kann, obwohl er „einem auf der Zunge liegt". Typischerweise versucht man in dieser Situation nicht, sich auf das spezielle Aussehen des Gesichts zu konzentrieren sondern auf Dinge, die man über eine Person weiß (d.h. man versucht, Personen-Identitäts-Knoten stärker zu aktivieren).

In bestimmten Aufgabenstellungen und Situationen ist es erforderlich und möglich, selektiv auf einen bestimmten Aspekt von Gesichtern aufmerksam zu sein, etwa die Stellung der Augen oder ein spezifisches Merkmal wie die Kopfform, um in einer Menge effektiver nach einer persönlich bekannten Person suchen zu können. Deshalb ist im Modell eine Komponente der gezielten visuellen Verarbeitung (directed visual processing) enthalten. Damit ist im Modell eine Unterscheidung eingeführt zwischen Prozessen, die für die Verarbeitung unbekannter Gesichter wie der Vergleich zweier Gesichter oder das Wiedererkennen aus einer Auswahlmenge erforderlich, und Prozessen, die für die Verarbeitung bekannter Gesichter entscheidend sind (über die Wiedererkennens-Einheiten für Gesichter). Schließlich sei noch darauf hingewiesen, dass das übrige nicht näher spezifizierte kognitive System auch Informationen an die vorgeschalteten Komponenten senden kann, allerdings nicht an die Personen-Identitätsknoten oder an den nach phonologischen Gesichtspunkten organisierten Ausgabespeicher für Eigennamen.

Es gibt eine lange Debatte in der neuropsychologischen Literatur darüber, ob es ein einheitliches Syndrom der Prosopagnosie (Bodamer, 1947) gibt, d.h. der Unfähigkeit, vertraute Gesichter von Familienangehörigen, Freunden oder bekannten Persönlichkeiten zu identifi-

zieren trotz intakten Sehens und der erhaltenen Fähigkeit, die Bestandteile eines Gesichts zu erfassen sowie eine Person anders als über das Gesicht (z.B. die Stimme) zu identifizieren. Nur in Ausnahmefällen (z.B. einem Fall von De Renzi) sind bei ausführlicher neuropsychologischer Untersuchung nicht auch Schwierigkeiten bei der Verarbeitung anderer komplexer visueller Objekte aufgetreten. Am Verarbeitungsmodell aus Abbildung 1 orientierte Untersuchungen von 9 Einzelfällen mit einer umfangreichen Testbatterie (Schweich & Bruyer, 1993) haben ergeben, dass es sehr verschiedene Störungsmuster gibt, die aber alle mit dem Modell kompatibel sind. Bei vier Patienten gibt es bereits bei der Entscheidung „Gesicht ja/nein" Defizite, was dazu geführt hat, vor der strukturellen Enkodierung noch eine Komponente einzuführen, die diese grundlegende Entscheidung leistet (Bruyer, 1993).

Ausblick: Die Zukunft der kognitiven Neuropsychologie – Kognitive Neurowissenschaften

In sehr vielen Bereichen der Neuropsychologie ist der Ansatz der kognitiven Neuropsychologie in den letzten 25-30 Jahren erfolgreich gewesen (Ellis & Young, 1996, Parkin, 1996). Eine stärkere theoretische Orientierung an expliziten Verarbeitungsmodellen hat zu einem differenzierteren Verständnis verschiedenster Störungsbilder bei Patienten unterschiedlichster Ätiologie beigetragen. Umgekehrt sind kognitive Modelle u.a. aufgrund von Befunden über selektive Beeinträchtigungen modifiziert und häufiger zusätzliche (parallele) Verarbeitungsrouten und -komponenten eingeführt worden.

Eine andere Konsequenz einer stärkeren kognitiven Orientierung ist in der Publikation neuer diagnostischer Testverfahren und Untersuchungsbatterien zu sehen, die deutlich expliziter an einem Verarbeitungsmodell orientiert sind und bei denen der inhaltlichen Validität und Homogenität der Anforderungen in einem Test sowie der Konstruktvalidität der Aufgabenstellungen viel mehr Beachtung beigemessen wird. Beispiele sind etwa die Birmingham Object Recognition Battery (BORB; Riddoch

& Humphreys, 1993) oder die Johns Hopkins University Dyscalculia Battery (vgl. Macaruso, Harley & McCloskey, 1992).

Im letzten Jahrzehnt hat es auch in der neuropsychologischen Rehabilitationsforschung einen stärkeren Einfluss der kognitiven Neuropsychologie gegeben (erster Überblick in Seron & Deloche, 1989). Kognitiv werden solche Therapieansätze bei einzelnen Patienten genannt, die sich explizit auf ein kognitives Verarbeitungsmodell beziehen und an einer in diesem Modell „lokalisierten" funktionellen Läsion sowie den von einem Patienten bevorzugten spezifischen Verarbeitungsstrategien ansetzen. Allerdings ist die Beziehung zwischen initialem Störungsmuster und Wahl des Therapieansatzes nicht trivial, besonders wenn es sich um multiple funktionelle Läsionen handelt. Als heuristische Unterscheidung ist vielleicht sinnvoll, bei Verlust von gespeicherten Informationen oder massiven Veränderungen einer Verarbeitungskomponente Ansätze zu favorisieren, die auf Wiederherstellung der gestörten Komponente oder auf den systematischen Einsatz von Umweg- oder Ersatzstrategien abzielen, während bei Störungen des Zugriffs oder leichten Beeinträchtigungen einer Komponente eher fazilitierende und stimulierende Methoden effektiv sein können. Weiterhin ist zu betonen, dass typische Informationsverarbeitungsmodelle Veränderungen in Form von Entwicklung oder Lernen nicht thematisieren. Es ist auch nicht theoretisch aufgearbeitet, welche Modifikationen ein geschädigtes kognitives System als Folge von verschiedenen Interventionsformen und Arten der Hirnschädigung durchlaufen kann (Caramazza, 1989, Riddoch & Humphreys, 1994).

Kritik an zentralen Annahmen des kognitiv neuropsychologischen Ansatzes ist wiederholt geäußert worden. Farah (1994) liefert Argumente gegen eine modulare Organisation mit Lokalitätsannahme. Sie schlägt als Prinzipien des parallelen distribuierten Verarbeitens (*parallel distributed processing, PDP*, Rumelhart & McClelland, 1986; siehe auch Eysenck & Keane, 1995) drei andere grundlegende Annahmen interaktiver Verarbeitung vor

1. Wissen ist in verteilten Netzwerken als Muster von Verbindungsstärken innerhalb einer Menge von Verarbeitungseinheiten abgelegt.
2. In PDP-Systemen (sog. konnektionistischen Systemen) geschieht die Verarbeitung nicht nach Alles-oder-Nichts Regeln: Repräsentationen können partiell aktiviert sein; Wissen kann partiell sein, entweder weil der Erwerb dieses Wissens, d.h. das Lernen noch nicht abgeschlossen ist oder weil es zu partiellen Schädigungen gekommen ist.
3. Die Verarbeitungseinheiten in PDP-Modellen sind vielfach miteinander verbunden mit oft wechselseitiger inhibitorischer oder exzitatorischer Wirkung.

Diese Interaktivität (siehe auch Sergent, 1988) wird als gewichtigster Unterschied zum Lokalitätskonzept angesehen. Farah führt auch beispielhaft Netzwerkmodelle an, die nach abgeschlossenem Lernen bei Ausschalten von Verarbeitungseinheiten oder Verbindungen (doppelte) Leistungsdissoziationen zeigen. Einen Überblick über Anwendungen von Netzwerkmodellen in der kognitiven Psychologie geben Ellis und Humphreys (1999). Besonders interessant im Vergleich zu anderen Modellen der kognitiven Psychologie ist, dass es in konnektionistischen Modellen explizite Theorien des Lernens gibt, die erklären können, wie selbst elaboriertes Wissen oder Kontrollstrukturen durch Kontakt mit einer Reizumwelt erworben werden können. Dabei stehen nicht die gelernten Inhalte im Vordergrund – diese hängen von dem Lernangebot ab –, sondern die Mechanismen des Lernens.

Bei vielen der PDP-Modelle ist deren biologische Plausibilität nicht von vorrangigem Interesse. Es sind vielmehr abstrakte mathematische Modelle, auch wenn die meisten Autoren solcher Modelle annehmen, dass zumindest prinzipiell die physikalischen Eigenschaften des Gehirns relevant sind für seine psychologischen Funktionen. Wichtig war der Nachweis, dass bestimmte Aspekte kognitiver Funktionen und deren Schädigungen prinzipiell mit Netzwerkarchitekturen modellierbar sind. Einen aktuellen Überblick über biologisch plausible Netzwerkmodelle geben Rolls und Treves (1998).

Lernen, d.h. Bildung von Assoziationen zwischen verschiedenen Inputs und Outputs, geschieht durch Veränderungen der Verbindungsstärken zwischen den abstrakten Neuronen (sog. „units", Einheiten) nach einer bestimmten (Lern-)Regel. Eine häufig verwendete Regel verwendet die sog. „backward propagation of errors", kurz *backpropagation*. Zu Beginn einer Lernphase werden die Netzwerkverbindungen mit Zufallsgewichten belegt. Nach Eingabe eines Input-Musters in das Netz liefern die Ausgabeeinheiten ein Output-Muster, welches in der Regel sehr stark von dem intendierten, zu lernenden Output-Muster abweicht. Der backpropagation-Algorithmus stellt diese Abweichungen fest und modifiziert die Verbindungsgewichte so, dass die Fehlerabweichungen reduziert werden. Die Mustereingabe wird so häufig wiederholt, bis die erwünschte Ausgabe resultiert. Entsprechend wird mit weiteren zu lernenden Mustern verfahren.

Interessant ist die konnektionistische Implementierung von Gedächtnis. Ein Gedächtniseintrag ist ein bestimmtes (gelerntes) Aktivierungsmuster über den durch gewichtete Verbindungen verknüpften abstrakten Neuronen, das nicht räumlich lokalisiert ist und durch einen bestimmten Schlüsselreiz aktiviert werden kann. Einzelne Einheiten sind so in aller Regel an vielen Gedächtnisinhalten beteiligt. Einheiten in konnektionistischen Netzwerken können Dinge in der Welt repräsentieren. Diese Repräsentationen können distribuiert oder lokal sein. Regelgeleitetes Verhalten kann also in Netzwerken realisiert sein, ohne dass die Regeln explizit im Netzwerk repräsentiert sind. Ein Vorteil konnektionistischer Netzwerke in der Modellierung neuronaler Systeme ist, dass sie bei Schädigung in der Regel nicht komplett ausfallen, sondern nur noch eingeschränkt und nicht mehr optimal funktionieren (sog. „graceful degradation").

Interne Repräsentationen sind im konnektionistischen Ansatz also grundsätzlich anders konzipiert als traditionell in der kognitiven Psychologie, in der symbolische Repräsentationen als mentale Bilder (images; Kosslyn, 1994) oder Propositionen in regelhafter Weise

manipuliert werden, ohne dass eine Annahme über die neuronale Implementierung getroffen wird. Über eine subsymbolische und distribuierte Repräsentation sind komplexe Verhaltensweisen leichter zu modellieren als über große Mengen von expliziten propositionalen Regeln. Weiterhin sind distribuierte Repräsentationen *inhalts-addressierbar*, d.h. Teile eines Gedächtnisinhaltes reichen aus, um den gesamten Gedächtnisinhalt zu aktivieren; so kann der Duft einer Blume die Erinnerung an den letzten Urlaub wachrufen. Weiterhin ist Generalisierbarkeit leicht zu erreichen; ähnliche Input-Muster führen zu ähnlichen Output-Mustern. Es lassen sich allerdings ebenso Netzwerkmodelle mit lokalen Repräsentationen, d.h. eine Einheit entspricht einem Konzept, konzipieren. Abschließend lässt sich, etwa wie bei Eysenck und Keane (1995), feststellen, dass symbolische Repräsentationen vielleicht eher die Makrostruktur und distribuierte Repräsentationen die Mikrostruktur kognitiver Repräsentationen darstellen. Auch für die Verarbeitung von Gesichtern sind konnektionistische Modelle vorgeschlagen worden (vgl. Kapitel 13 in Young, 1998, Young & Burton, 1999 sowie Ellis & Humphreys, 1999, Kap. 4.7).

Die kognitive(n) Neurowissenschaft(en) werden typischerweise charakterisiert als eine Synthese aus (experimentellen) Neurowissenschaften, experimenteller und kognitiver Psychologie und Computerwissenschaften, insbesondere der Forschung zur Künstlichen Intelligenz (Kosslyn & Andersen, 1992, Rugg, 1997). Im Unterschied zur kognitiven Neuropsychologie ist von zentraler Bedeutung, wie Verarbeitungsinstanzen und -prozesse im Gehirn realisiert sind. Dabei stehen nicht neurophysiologische Prozesse an einzelnen Neuronen im Vordergrund, sondern die Arbeitsweise und das Zusammenwirken größerer Neuronenverbände oder von ganzen Hirnarealen (sie z.B. Koch & Davis, 1994). Kosslyn und Koenig (1992) charakterisieren den Ansatz der kognitiven Neurowissenschaften als „wet mind" während die kognitive Neuropsychologie sich lediglich mit „dry mind" befasst.

Abschließend seien als weitere relevante Quelle von Informationen über die Realisierung kognitiver Funktionen in zerebralen Netzwerken die verschiedenen Methoden der funktionellen Bildgebung wie ereigniskorrelierte Potentiale, Positronen-Emissionstomographie (PET), funktionelle Magnetresonanztomographie (fMRT) und Magnetenzephalographie (MEG) genannt (Frackowiak et al., 1997, Rugg, 1997). Eine interessante PET-Studie zur Verarbeitung von bekannten Ge-

sichtern ist von Gorno Tempini et al. (1998) berichtet worden mit dem rechten Gyrus lingualis und rechtem und linkem Gyrus fusiformis für die perzeptuelle Analyse für bekannte und unbekannte Gesichter sowie einem Areal im linken lateralen anterioren Teil des mittleren Temporallappens, welches besonders bei berühmten Gesichtern aktiviert war.

1.6 Klinische Neurologie

Claus-W. Wallesch & Manfred Herrmann

Zusammenfassung

Neuropsychologen arbeiten mit Patienten, die an neurologischen Erkrankungen leiden und die zusätzlich neurologisch-medizinisch behandelt werden. Ein grundlegendes Verständnis der Pathogenese, Klinik, Therapie und Prognose der Grunderkrankung ist für den patientenbezogenen Dialog und Informationsaustausch als Grundlage der interdisziplinären Behandlung und Rehabilitation von grundlegender Bedeutung.

In diesem Kapitel wird versucht, das Wissen über neurologische Diagnostik, Methoden und Krankheitsbilder darzustellen, das für Neuropsychologen relevant ist. Im einzelnen werden neurovaskuläre Erkrankungen, traumatische Schädigungen des ZNS, intrakranielle Tumoren, Hydrozephalus, ZNS-Infektionen, Multiple Sklerose, Epilepsien, extrapyramidale Erkrankungen, Krankheiten mit Demenz, Motoneuronerkrankungen, heredodegenerative und metabolische ZNS-Erkrankungen, akute organische Psychosyndrome und alkoholassoziierte ZNS-Erkrankungen in dem Umfang dargestellt, der aus neurologischer Sicht Basiswissen für Klinische Neuropsychologen darstellt. In Abhängigkeit von der Art der Tätigkeit des einzelnen Neuropsychologen werden Teile des ausgewählten Materials ohne Bedeutung sein, während in anderen Gebieten vertieftes Wissen erforderlich ist. Die Professionalisierung eines Berufes – hier des Neuropsychologen – verlangt jedoch, dass Standards gesetzt werden. Nach Ansicht der Autoren ist das hier Dargestellte eine erste Annäherung an einen solchen Standard.

Vorbemerkung

Patienten mit neurologischen Erkrankungen machen den weit überwiegenden Teil der Klientel von Neuropsychologen aus. In den Haupttätigkeitsfeldern von Neuropsychologen – Akutkrankenhaus, Einrichtungen der Neurologischen Rehabilitation, ambulante Versorgung – arbeiten Neuropsychologen eng mit Neurologen zusammen. Kenntnisse über neurologische Krankheiten sowie diagnostische und therapeutische Methoden der Neurologie sind daher für Neuropsychologen von essentieller Bedeutung. Umgekehrt ist zu fordern, dass mit Neuropsychologen kooperierende Neurologen Kenntnisse über diagnostische und therapeutische Methoden dieses Faches besitzen.

Das medizinische Gebiet der Neurologie hat als Inhalte die Prävention, Diagnostik, Behandlung und Rehabilitation von Erkrankungen des zentralen und peripheren Nervensystems sowie der Muskulatur. Die Ausbildung zum Facharzt umfasst mindestens 4 Jahre in der Neurologie und 1 Jahr in der Psychiatrie, jeweils an einer anerkannten Weiterbildungsstätte. Inhalte und Umfang der Weiterbildung sind in der Weiterbildungsordnung festgelegt, die Gebietsbezeichnung wird von der zuständigen Ärztekammer nach einer Prüfung („Fachgespräch") verliehen.

Im Folgenden sollen diejenigen Inhalte der Neurologie, deren Kenntnis für Neuropsycho-

Tabelle 1. Neurologische Termini

Akinese, Hypokinese:	verminderte Spontanmotorik bei fehlender Parese, z.B. bei extrapyramidalen Erkrankungen, Depression
Ataxie:	Koordinationsstörung mit dysmetrischen (über- und unterschiessenden, häufig fehlkorrigierten) Bewegungen. Meist weiter spezifiziert als z.B. Extremitäten-, Rumpf-, Gang-, Standataxie
Athetose, athetotisch:	Hyperkinesie mit langsamen, kräftigen Bewegungen
Babinski, Zeichen nach:	bekanntestes der sogenannten „spastischen Zeichen" (Babinski, Gordon, Oppenheim, Chaddock, Strümpell - jeweils nach dem Erstbeschreiber benannt). Unterschiedliche Stimuli (beim Babinski ein kräftiges, langsames Bestreichen der lateralen Fussohle von der Ferse im Bogen zum ersten Zwischenzehenraum) führt zu einer tonischen Extension der Grosszehe und einer Spreizung der Kleinzehen.
Chorea, choreatisch:	Hyperkinesie mit raschen, heftigen Bewegungen
Diadocho-kinese:	Fähigkeit, rasch wechselnde Bewegungen durchzuführen
Dysästhesie:	Fehlwahrnehmung sensibler Reize
Dyskinesie:	ungewollte spontane Bewegungen. Die Abgrenzung zur Hyperkinese ist unscharf
Dysmetrie:	zielgerichtete Bewegungen verfehlen ihr Ziel durch Unterschiessen (Hypometrie) oder Überschiessen (Hypermetrie)
Dystonie:	Dyskinesie mit im Vordergrund stehendem Anstieg des Tonus eines oder mehrerer Muskeln und sehr kräftigen, langsamen Bewegungen.
Hemianopsie, Quadranten-anopsie:	als homonyme Hemianopsie wird ein halbseitiger und gleichseitiger Gesichtsfelddefekt beider Augen bezeichnet. Bei der Quadrantenanopsie ist nur jeweils der obere oder untere Teil der Gesichtsfeldhälften betroffen.
Herdsymptom:	klinisch einer Lokalisation im ZNS zuzuordnende Symptome.
Hypästhesie:	verminderte Wahrnehmung sensibler Reize
Hyperkinese:	ungewollte spontane Bewegungen. Die Abgrenzung zur Dyskinesie ist unscharf.
Myoklonie:	ungewollte, rasche spontane oder reizinduzierte Bewegungen
Parästhesie:	sensible Fehlwahrnehmung bei fehlendem oder inadäquatem Reiz
Parese:	Lähmung. Der Begriff wird für muskulär, peripher durch Nervenläsion und zentral verursachte Lähmungen verwendet.
Plegie:	komplette Lähmung eines Muskels oder Körperteils
Reflex:	unwillkürliche, ZNS-vermittelte, stereotype Reaktion auf einen definierten Reiz. Man unterscheidet Eigen- oder Muskeldehnungsreflexe (durch Schlag auf den Sehnenansatz ausgelöst) von Fremdreflexen (durch einen unangenehmen Reiz ausgelöst – z.B. Bauchhautreflex).
Rigor:	eine anhaltende, wächserne, sich bei passiver Bewegung nicht verändernde Tonuserhöhung der Muskulatur. Eines der Kardinalsymptome des M.Parkinson
Spastik:	eine durch Läsion zentral-motorischer Bahnen verursachte Tonuserhöhung der Muskulatur, die bei aktiver und passiver Bewegung deutlich zunimmt.
Tremor:	Zittern. Für eine ätiologische Zuordnung müssen Frequenz, Rhythmik und Auftretensbedingungen (Ruhe, Halten, Bewegung u.a.) charakterisiert werden.

logen unabdingbar sind, kurz dargestellt werden. Als weiterführende Literatur werden folgende Werke empfohlen:
- als Gesamtdarstellung des Faches: Poeck &
  Hacke(1998),
- zur neurologischen Untersuchung: Schenck
  (1992),
- zur neurologischen Therapie: Brandt et
  al.(1998).

Die neurologische Untersuchung

Im Vergleich zu anderen Gebieten der Medizin
tragen Anamnese und klinische Untersuchung
in der Neurologie in besonders hohem Maße
zur Diagnose bei. Apparative und Laboruntersuchungen haben häufig nur bestätigenden
Charakter. Die klinische neurologische Untersuchung umfaßt in der Regel:
- die Untersuchung der Hirnnerven
- die Prüfung von Eigen- und Fremdreflexen
  sowie pathologischer Reflexe (z.B. Zeichen
  der Babinski-Gruppe)
- die Prüfung der Spontan- und Willkürmotorik

- die Prüfung der Koordination
- die Prüfung der Sensibilität
- eine Prüfung auf Zeichen meningealer und
  radikulärer Reizung
- eine verhaltensneurologische Untersuchung
- eine psychopathologische Untersuchung
- eine orientierende internistische Untersuchung
- ggf. eine neuroorthopädische Untersuchung

Die Dauer der Untersuchung ist abhängig von
der Untersuchbarkeit des Patienten. Sie nimmt
in der Regel mindestens 30 Minuten in Anspruch. Für die Untersuchung bewusstseinge-
störter und unkooperativer Patienten sowie für
Notfallsituationen wird der Ablauf verkürzt
und modifiziert.

Tabelle 1 erklärt in neurologischen Befunden häufig verwendete Termini.

Gebietsspezifische Zusatzuntersuchungen

Tabelle 2 beschreibt ausgewählte apparative und
Laboruntersuchungen, die für die neurologische
Diagnostik von besonderer Bedeutung sind.

Tabelle 2. Klinisch-Neurologische Zusatzuntersuchungen

Angiographie:	es handelt sich um ein Röntgenverfahren, bei dem ein röntgendichtes Kontrastmittel in ein Blutgefäß eingegeben und seine Verteilung im Versorgungsgebiet dargestellt wird. Für neurologische Fragestellungen wird in der Regel ein Katheter von der Leistenarterie über die Aorta in die Karotiden und Vertebralarterien eingeführt und der Kontrastmittelfluss über einen Bildverstärker der weiteren computerisierten Bearbeitung zugänglich gemacht (DSA = digitale Subtraktionsangiographie). Komplikationen können durch Gefäßverletzungen und allergische Reaktionen auftreten.
Computertomographie (CT):	Das CT ist weiterhin die führende Methode in der Neurotraumatologie, neurologischen Intensivmedizin sowie für die Darstellung knöcherner Strukturen.
Dopplersonographie:	s. Ultraschallverfahren
Elektroenzephalogramm (EEG):	Aufzeichnung von kortikal spontan generierten Potentialen (im μV-Bereich) von der Schädeloberfläche. Dabei können Allgemeinveränderungen (als Korrelat diffuser Schädigungen), Herdbefunde (heute von nachgeordneter Bedeutung) und epilepsiespezifische Potentiale auftreten. Das EEG besitzt weiterhin grosse Bedeutung in der Epileptologie, Neurotraumatologie, neurologischen Intensivmedizin und in der Diagnostik von organischen Psychosyndromen.

Tabelle 2. Klinisch-Neurologische Zusatzuntersuchungen (Fortsetzung)

Elektromyogramm (EMG):	Ableitung von Aktionspotentialen und Ruheaktivität von Muskeln mit Nadel- oder Oberflächenelektroden.
Elektronystagmographie (ENG)/ Elektrookulographie (EOG):	Aufzeichnung von willkürlichen und unwillkürlichen Augenbewegungen auf visuelle und vestibuläre Reize. Die Methode hat Bedeutung in der Hirnstammdiagnostik, da die Okulomotorik dort ausgedehnte Repräsentationen hat.
evozierte Potentiale (EP):	Durch computerisierte Mittelung lassen sich im EEG reizabhängige Signale identifizieren. Voraussetzung ist, dass ein zeitlich definierter Reiz vielfach dargeboten wird und als Trigger für eine Mittelwertbildung (Averaging) dient. Klinisch angewendet werden visuell (VEP), akustisch (AEP) und somatosensibel evozierte Potentiale (SEP).
Liquordiagnostik:	Der Liquor cerebrospinalis umgibt das ZNS und füllt die Ventrikel aus. ZNS und Liquor liegen hinter der Blut-Hirn-Schranke. Der Liquor wird in der Regel durch Lumbalpunktion (Entnahme mit dünner Nadel aus dem Duralsack in Höhe der mittleren Lendenwirbelsäule) gewonnen. Liquorzellbild und -eiweissfraktionen geben Aufschluss über infektiöse und entzündliche ZNS-Prozesse sowie über die Intaktheit der Blut-Hirnschranke.
Transkranielle Magnet- stimulation (TCM):	Ein rascher, heftiger Magnetpuls induziert in einem definierten Areal an der Hirnoberfläche einen kurzdauernden Strom, der wiederum zur Entladung von Neuronen führt. Gemessen wird die periphere Antwort eines dem stimulierten Gebiet zugeordneten Muskels. Durch Vergleich mit der Latenz nach Reizung der zugehörigen Nervenwurzel lässt sich die zentrale motorische Leitungszeit errechnen.
Magnet-Resonanztomographie (MRT = Kernspintomographie):	zum Prinzip vergleiche Kapitel 2.2. In Abhängigkeit von den physikalischen Parametern lassen sich unterschiedliche Strukturen bzw. Substanzen (Eisen, Wasser) hervorheben und durch Vormagnetisierungspulse die Gefässe darstellen. Gabe eines Kontrastmittels erlaubt die Abbildung von Regionen mit gestörter Blut-Hirnschranke. Für die meisten klinischen Fragestellungen ist das MR dem CT weit überlegen. Die Möglichkeiten der Methode sind noch längst nicht ausgeschöpft. Die MRT kann nicht eingesetzt werden bei Patienten mit elektronischen Implantaten (Schrittmacher, Pumpen, Cochlea Implants) und magnetisierbarem Material im Untersuchungsgebiet (z.B. neurochirurgische Clips).
Ultraschallverfahren:	Die direktionale extra- und transkranielle cw-Dopplersonographie nutzt den Dopplereffekt eines an den roten Blutkörperchen reflektierten Ultraschallkegels, um die Geschwindigkeit des Blutstroms zu messen. Damit werden im Bereich von Engstellen (Stenosen) auftretende Be- und Entschleunigungen sowie Strömungsunregelmässigkeiten („Wirbel") erfassbar. Bei der farbcodierten Duplexsonographie wird zusätzlich ein Ultraschall-Schnittbild dargestellt, das die Organgrenzen, soweit sie Ultraschall reflektieren, zeigt. Der mit direktionalem Ultraschall erfasste Blutfluss wird farbkodiert nach Ort, Geschwindigkeit und Strömungsrichtung in das Schnittbild eingeblendet.

Krankheitsbilder

Akute zerebrale Zirkulationsstörungen

Der ischämische Insult

Epidemiologie
In Deutschland ist mit etwa 200.000 Neuer-
krankungen an ischämischen Insulten pro Jahr
zu rechnen. Die wichtigsten Risikofaktoren
sind Alter, arterielle Hypertonie, Fettstoff-
wechselstörungen, Diabetes, Nikotinabusus
und Herzkrankheiten mit dem Risiko der Bildung von kardialen Emboli (bestimmte Rhyth-
musstörungen, Klappenfehler, Septumdefekte,
Infarkt). Vor allem bei jüngeren Patienten sind
Gefäßdissektionen, Gerinnungsstörungen und
Gefäßentzündungen (Arteriitiden) weitere
wichtige Ursachen.

Symptomatik
Der ischämische Insult ist gekennzeichnet
durch den plötzliche Ausfall der Funktion eines
umschriebenen, durch die Anatomie und Pathophysiologie der Gefäßversorgung definierten
Hirnteils. Dabei lassen sich Insulte im vorderen
(Carotis interna, Arteria cerebria media, Arteria
cerebri anterior) und hinteren (Vertebralarteri-
en, Arteria basilaris, Arteria cerebri posterior)
Versorgungsgebiet häufig bereits klinisch unterscheiden. Insulte im vorderen Stromgebiet
führen zu rein kontralateralen neurologischen
Defiziten (Hemiparese, Hemihypästhesie, Gesichtsfelddefekt (zumeist Quadrantenanopsie
infolge der Auffächerung der Sehbahn im Pa-
rietal- und Temporallappen)). Zusätzlich können je nach Lokalisation der Schädigung neuropsychologische Syndrome (Aphasie, Apraxie, konstruktive Apraxie, Neglekt usw.) auftreten. Im hinteren Stromgebiet kommt es wegen
Beteiligung der Kerngebiete und der komplexen Anatomie der auf unterschiedlichen Etagen
zur anderen Seite kreuzenden Bahnsysteme
häufig zu bilateralen Ausfällen. Das Kleinhirn
und seine Verbindungen zum Hirnstamm werden vom hinteren Stromgebiet versorgt, daher
ist Hemiataxie ein häufiges Symptom.
    Die Versorgung der A. cerebri posterior aus
dem vorderen oder hinteren Stromgebiet ist
variabel, so dass die Zuordnung einer Hemi-

anopsie und/oder einer reinen Alexie der genaueren Analyse (z.B. durch neurovaskuläre
Ultraschalldiagnostik) bedarf.
    Die Unterscheidung zwischen den Syndro-
men des vorderen und hinteren Stromgebietes
ist klinisch wichtig, weil Insulte im vertebroba-
silären Gebiet Symptom einer Basilaristhrombose sein können, die wegen ihres häufig de-
letären Ausgangs (Tod, „locked-in Syndrom" =
Querschnittsyndrom in Höhe der Brücke) der
raschen Intervention (Lyse) bedarf.
    In Abhängigkeit von Schwere und Dauer
der Durchblutungsstörung können ischämische Insulte einen unterschiedlichen Verlauf
nehmen:
- transiente ischämische Attacke (TIA): die
  Symptomatik ist innerhalb von 24 Stunden
  abgeklungen.
- prolongiertes reversibles ischämisches neurologisches Defizit (PRIND): die Symptomatik ist innerhalb einer Woche abgeklungen.
- progressive Stroke (PS): die Symptomatik
  nimmt in den ersten Stunden und Tagen weiter zu.
- als completed stroke (CS) wird der Zustand
  bezeichnet, in dem die neurologische Symptomatik über längere Zeit stabil bleibt.

Diagnostik
Im Vordergrund der Diagnostik steht die möglichst rasche Aufklärung der Pathogenese. Die
Maßnahmen umfassen die neurologische und
internistische Untersuchung, ein CT zum Blu-
tungsausschluß, die neurologische Ultraschall-
untersuchung, ggf. die kardiologische Ultra-
schalluntersuchung (oft ist zur Darstellung der
Vorhöfe eine transösophageale Echokardiogra-
phie erforderlich), und bei negativen Befunden,
jedoch klinisch hinweisender Konstellation die
Gerinnungsdiagnostik sowie die Suche nach
Laborzeichen einer entzündlichen Gefäßer-
krankung. Ein MRT vermag Hinweise auf eine
Schädigung der kleinen Hirnarterien als Ursache des Insultes zu geben („subkortikale vaskuläre Enzephalopathie", „M.Binswanger" mit
Risikofaktoren Hypertonie und Diabetes mellitus sowie familiär). Bei jüngeren Patienten und
nicht befriedigend geklärter Ursache wird die
Indikation zur Angiographie gestellt.

Ziel der Diagnostik ist in jedem Fall die Ursachenaufklärung, um die Grundkrankheit adäquat behandeln und so weiteren Ereignissen vorbeugen zu können. Dabei sind folgende Konstellationen häufig:

– Stenose oder Verschluß in den das Insultgebiet versorgenden grösseren Arterien (ca. 25%),
– Nachweis oder begründeter Verdacht auf eine kardiale Emboliequelle (Septumdefekt, Klappenfehler, Vorhofflimmern – ca. 35%),
– Nachweis einer subkortikalen vaskulären Enzephalopathie mit lakunären Infarkten (ca. 20%).

Seltenere Ursachen sind Dissektion (traumatisch bedingte Ablösung der Gefäßinnenschicht), Vaskulitis, Gerinnungsstörung, fibromuskuläre Dysplasie (multiple Verdickungen der Gefäßwand, meist bei Frauen).

Therapie

Sofern eine ganz frische Thrombose oder Embolie Ursache einer wenige Stunden bestehenden, gravierenden Symptomatik ist, kann in spezialisierten Zentren eine Lysebehandlung erwogen werden, wobei die Indikation bei einer Basilaristhrombose wegen der ungünstigen Spontanprognose großzügiger gestellt wird als bei einem Insult im vorderen Stromgebiet. Davon abgesehen zielt die Akutbehandlung darauf ab, durch Gewährleistung optimaler metabolischer Verhältnisse in den kritischen ersten Stunden bis wenigen Tagen nach dem Ereignis möglichst viel Gewebe im Randbereich des Infarktes zu retten. Dies geschieht durch Stabilisierung des Blutdrucks auf hochnormalem Niveau, Flüssigkeitsbilanzierung, ausreichende Oxygenierung, Vermeidung von Hypo- und Hyperglykämie und von Fieber. Die Behandlung erfordert speziell qualifizierte Pflegekräfte. Rehabilitationsmaßnahmen (Physiotherapie, Ergotherapie, Logopädie) setzen so früh wie möglich ein. Bei ausgedehnten und durch malignes Ödem raumfordernden Mediainfarkten kann bei jüngeren Patienten die operative Dekompression durch Entfernung eines grossen Knochendeckels in Betracht kommen.

Die langfristige Behandlung umfasst:
– Bei symptomatischer Stenose mit Gefäßeinengung > 70% die Karotisoperation mit anschliessender Gabe von ASS oder Ticlopedin bzw. Clopidogrel (bei Unverträglichkeit von ASS) sowie regelmäßige Ultraschallkontrollen.
– Bei symptomatischer Stenose < 70% die Gabe von ASS oder Ticlopedin bzw. Clopidogrel (bei Unverträglichkeit oder Rezidiv unter ASS) sowie regelmäßige Ultraschallkontrollen.
– kardialer Emboliequelle die an das individuelle Risikoprofil angepasste Antikoagulation („Marcumarisierung"), sofern die Ursache nicht z.B. durch Herzoperation behoben werden kann.
– Bei subkortikaler Enzephalopathie mit lakunären Infarkten: optimale Einstellung und engmaschige Kontrolle von Blutdruck und Blutzucker.

Rehabilitationspflichtige Symptome

Im chronischen Stadium erklärt sich die Konstellation der rehabilitationspflichtigen Symptome teilweise aus der Gefäßversorgung des ischämischen Gehirnareals :

A. cerebri media: brachiofacial (an Arm und Gesicht) betonte Hemiparese, Aphasie, ideomotorische Apraxie, konstruktive Apraxie, Hemineglekt. Nur bei sehr großen Infarkten Hemianopsie, häufiger Quadrantenanopsie.

Vorwiegend vordere Astgruppe: geringere neuropsychologische Defizite, keine Gesichtsfelddefekte.

Vorwiegend hintere Astgruppe: keine Hemiparese, häufig „flüssige" Aphasie, häufig visuelle Benennstörung.

A.cerebri anterior: beinbetonte Hemiparese, Antriebsstörung, selten Gedächtnisstörung, selten kortikale Blasenstörung, selten Apraxie der linken Hand infolge der Läsion von Kommissurenfasern.

A. cerebri posterior: Hemianopsie, evtl. reine Alexie (durch Schädigung von Kommissurenfasern), bei Einbeziehung von Endstromgebieten im basalen Temporallappen und im Thalamus Sprach-, Gedächtnis- und Aufmerksamkeitsstörungen, ggf. Störungen der visuellen Formverarbeitung.

Die Sinusthrombose

Es handelt sich um einen thrombotischen Verschluß eines venösen intrakraniellen Blutleiters. Risikofaktoren sind Schwangerschaft, Ovulationshemmer, lokale (Nebenhöhlen, Mittelohr) oder systemische Entzündungen, Tumoren und Gerinnungsstörungen. Die thrombosebedingte Abflußbehinderung führt im Drainagegebiet zur Stauung und damit zu Ödem, Stauungsblutung und zum venösen, häufig hämorrhagischen Infarkt.

Charakteristische Symptome sind zunehmende Kopfschmerzen, Bewusstseinstrübung und epileptische, häufig fokal beginnende Anfälle, im weiteren Verlauf Herdsymptome und Hirndruckzeichen (Erbrechen, Stauungspapillen). Typische Differentialdiagnosen der Sinusthrombose sind Enzephalitis, Insult, Tumor. Bereits der Verdacht rechtfertigt ein Notfall-MRT, bei Nichtverfügbarkeit ein Notfall-CT mit Kontrastmittelgabe. Häufig kann die Diagnose erst durch eine Angiographie geklärt werden. Die Therapie besteht aus Antikoagulation mit Heparin, auch dann, wenn es bereits zu Einblutungen gekommen ist. Parallel erfolgt die Ursachenabklärung. Die Patienten werden je nach Ursache antikoaguliert, bei bestimmten Gerinnungsstörungen lebenslang.

Rehabilitationsbedarf ergibt sich, wenn es zu venösen Infarkten gekommen ist.

Spontane intrakranielle Blutungen

Die intrazerebrale Blutung

Intrazerebrale Blutungen manifestieren sich unter dem Bild des akuten Insultes. Sie führen häufiger als ischämische Insulte zu Hirndruckzeichen, Bewusstseinsstörungen und Krampfanfällen. Das frühe CT bei Insult sichert die Diagnose der Blutung. Blutungen machen etwa 15% der akuten Insulte aus.

Die Akutbehandlung besteht aus Blutdruckkontrolle, Überwachung der Vitalfunktionen und des Neurostatus sowie spezialisierter Pflege und Frührehabilitation wie beim ischämischen Insult. Eine Indikation zur operativen Entleerung der Blutung ergibt sich nur bei zu-

nehmender Bewusstseinstrübung. Bei größeren Blutungen in der hinteren Schädelgrube wird eine operative Liquorableitung durchgeführt, um den Abfluß zu sichern.

Auch bei der intrazerebralen Blutung ist die Klärung der Ursache zur Vermeidung des Rezidivs von herausragender Bedeutung. Bei größeren Blutungen kann sie erst nach deren Resorption mit einigen Wochen Verzögerung erfolgen. In der Zwischenzeit sind Blutdrucksteigerungen, z.B. auch in einer zwischengeschalteten AHB-Maßnahme, zu vermeiden (keine körperliche Anstrengung, kein Treppensteigen, kein Pressen). Typische Ursachen sind bei jüngeren Patienten Gefäßmißbildungen, im mittleren Lebensalter die arterielle Hypertonie und im Seniorenalter eine zerebrale Amyloidangiopathie. Außerdem tragen Patienten mit schlecht eingestellter Antikoagulation (Compliance-Problematik) ein besonderes Risiko. In jedem Alter kann es sich auch um eine Blutung in einen Tumor oder eine Metastase handeln. Diese werden in der frühen Bildgebung von der Blutung maskiert. Die abrupte Hirndrucksteigerung durch die Blutung führt zu hypertensiven Blutdruckwerten. Bei Aufnahme gemessene hohe Werte erlauben daher keine Ursachenzuweisung.

Die minimale Diagnostik bei intrazerebraler Blutung (noch) unbekannter Ursache umfasst somit ein MRT nach Resorption (z.B. nach 3-4 Monaten). Dieses dient dazu, Gefäßmißbildungen (Angiome, Kavernome), Tumoren und Metastasen zu identifizieren oder sicher auszuschliessen.

Das Blutungsrisiko bei Angiomen (primitive Gefässe mit Verbindungen zwischen arteriellem und venösem System) beträgt ca. 3%/ Jahr, das bei Kavernomen (dilatiertes Kapillarbett ohne Druckgradienten) ist um eine Größenordnung niedriger. Die Operationsindikation von Kavernomen wird daher für den Einzelfall abgewogen. Für die Behandlung grösserer und schlecht zugänglicher Angiome werden Vor- und Nachteile von Operation, neuroradiologischer Embolisation und stereotaktischer Bestrahlung einzelfallbezogen diskutiert. Nicht selten wird ein kombiniertes Vorgehen (z.B. Operation oder Bestrahlung nach Embolisation) gewählt.

Bei Blutungspatienten besteht häufig eine große Diskrepanz zwischen einer gravierenden initialen und langfristig nur geringen Symptomatik. Auch grosse Blutungen können mit nur kleinen bleibenden Substanzdefekten einhergehen. Im Initialstadium ist das von der Blutung betroffene Gewebe jedoch durch Ödem, chemische Reizung und entzündliche Resorptionsvorgänge funktionell schwer beeinträchtigt. Patienten mit Blutungen in das Stammganglien-Thalamusgebiet können auch nach Resorption an anhaltenden Aufmerksamkeits- und Antriebsstörungen leiden, die ihre Rehabilitation erheblich erschweren. Eine Rehabilitationsprognose ist somit erst nach Resorption der Blutung möglich.

Die Subarachnoidalblutung

Symptome

Die Subarachnoidalblutung (SAB) manifestiert sich durch plötzliche heftige Kopfschmerzen und rasch eintretende Zeichen der meningealen Reizung (Meningismus – Kopf kann wegen Schmerzzunahme nicht mehr gebeugt werden). Außerdem können fokale neurologische Symptome und Bewusstseinstrübung auftreten. Die Mortalität hängt u.a. von der Bewusstseinslage ab: bei Aufnahme wache Patienten 13%, somnolente 28%, komatöse 72%. Jährlich treten etwa 10 Fälle von SAB pro 100.000 Menschen auf, Frauen sind deutlich häufiger betroffen als Männer.

Diagnostik

Bereits bei Verdacht wird ein Notfall-CT veranlaßt, welches das Blut in den basalen Zisternen darstellt. Sofern der Patient nicht vital bedroht ist und innerhalb von 48-72 Stunden einer geeigneten Einrichtung zugeführt wird, wird eine angiographische Darstellung sämtlicher hirnversorgender Arterien vorgenommen. In 85% der Fälle lässt sich so ein Aneurysma (= arterielle Gefäßaussackung) darstellen, nicht selten finden sich mehrere. Prädilektionsstelle sind der Arterienkranz an der Hirnbasis (Circulus Willisii) und die Abgangsabschnitte der aus ihm hervorgehenden Arterien, vor allem die A. communicans ant., A. cerebri ant. und der proximale Mediananteil. Nur 15%

der Aneurysmen betreffen den hinteren Anteil des Gefäßringes.

Therapie

Bei nachgewiesenem Aneurysma wird der Patient umgehend operiert und dabei das Aneurysma mit einem Clip verschlossen sowie das in den basalen Zisternen stehende Blut ausgespült. Die Operation ist Voraussetzung für die optimale Behandlung in der Akutphase. Bei bestimmten Lokalisationen wird heute der neuroradiologischen endovaskulären Intervention („coiling") der Vorzug gegeben.

In den ersten 3 Wochen nach SAB ist der Patient vor allem durch sogenannte arterielle Gefäß-Spasmen bedroht. Dabei handelt es sich um Stenosen infolge von Veränderungen an den Gefäßwänden (Intimaverquellung und Endothelproliferation). Die Spasmen können zu ischämischen Insulten bis hin zu ausgedehnten Anterior- und Mediainfarkten führen. Häufig sind kleinere Äste der A.communicans anterior und A.cerebri anterior zum basalen medialen Frontallappen sowie der erste größere Anteriorast, die A.recurrens Heubner zum basalen Caudatumkopf betroffen. Diese Versorgungsgebiete sind Repräsentationen von Gedächtnisfunktionen, so dass Gedächtnisstörungen nach anteriorer SAB häufig sind.

Das Ausmaß von Spasmen in der A.cerebri media und in Teilen des Circulus Willisii kann mit der transkraniellen Dopplersonographie indirekt gemessen und so die Therapie gesteuert werden. Diese besteht zum einen in der Gabe von Nimodipin, einem Kalziumantagonisten, der die Arterien weit stellt, zum anderen in der Sicherstellung eines hochnormalen arteriellen Blutdrucks.

Patienten, die keiner Frühoperation unterzogen wurden, leiden vermehrt unter Spasmen, außerdem unter stärkeren Kopfschmerzen und Meningismus. Bei ihnen besteht ein erhebliches Risiko der frühen Rezidivblutung (ca. 2% /Tag in den ersten 2 Wochen). Die Blutdruckanhebung zur Spasmenbehandlung erhöht bei ihnen das Blutungsrisiko.

Patienten nach SAB entwickeln in ca. 10% einen Hydrocephalus durch Störung der Liquorzirkulation. Zumindest bei atypischem

Rehabilitationsverlauf (ausbleibende Besserung, sekundäre Verschlechterung) sollte daher ein CT erfolgen.

Schädel-Hirn-Trauma

Definition

Traditionell werden drei Schweregrade von gedeckten (nicht mit Eröffnung der Dura einhergehenden) Kopfverletzungen unterschieden:
- die Schädelprellung als Trauma ohne Bewusstseinsverlust und ohne zerebrale neurologische Ausfälle.
- die Commotio cerebri (Gehirnerschütterung) mit Bewusstseinsstörung < 1 Stunde und posttraumatischer amnestischer Lücke < 8 Stunden. Neurologische Herdzeichen sowie die Darstellung von zerebralen Verletzungsfolgen in der Bildgebung schließen die Diagnose aus.
- die Contusio cerebri (Gehirnquetschung) mit Bewusstlosigkeit > 1 Stunde oder Amnesie > 8 Stunden oder zerebralen Herdzeichen oder Darstellung von Substanzschäden in der Bildgebung oder auf das Trauma beziehbaren EEG-Veränderungen nach > 24h.

In Deutschland kommt es derzeit jährlich zu etwa 200.000 Schädel-Hirn-Traumen (SHT) mit nachweisbarer Hirnbeteiligung (Commotio und Contusio).

Die Abgrenzung von Commotio und Contusio ist problematisch, wird jedoch von der Rechtsprechung verlangt (Commotio zieht nach gefestigter Rechtsprechung keine Dauerschäden nach sich). Auch größere, umschriebene traumatische Läsionen können mit dem klinischen Bild der Commotio einhergehen, sogar die „contusio sine commotio" kommt vor. Unter dem Begriff Contusio werden Traumata subsumiert, die von objektiver und subjektiver Beschwerdefreiheit nach wenigen Tagen bis zu schwersten Bildern mit Todesfolge reichen. Da es, abgesehen von Komplikationen wie raumfordernden traumatischen Blutungen ein Kontinuum der Schwere gedeckter Schädelhirntraumen gibt, eignet sich eine Ska-

Tabelle 3. Glasgow Coma Scale (Teasdale & Jennett, 1974; nach Masur, 1995).

	Punkte
Augenöffnung:	
spontan	4
auf Ansprechen	3
auf Schmerzreize	2
keine	1
Beste verbale Reaktion:	
orientiert	5
verwirrt	4
unangemessen	3
unverständlich	2
keine	1
Beste motorische Reaktion:	
auf Aufforderung	5
gezielte Abwehrbewegung	4
Beugen auf Schmerz	3
Strecken auf Schmerz	2
keine	1

la eher zur Schweregradeinteilung und Verlaufsdokumentation. In der Notfallmedizin und Neurochirurgie hat sich hierfür die Glasgow Coma Scale durchgesetzt (Tabelle 3).

Beuge- und Strecksynergismen auf Schmerzreize sind dabei als Mittelhirnsymptome und damit als Zeichen einer primär sehr schweren Hirnverletzung oder sekundärer Komplikationen (z.B. raumforderndes Ödem) zu werten.

Diagnostik

Die Versorgung des akut Hirnverletzten umfasst zunächst die Sicherung der Vitalfunktionen und die orientierende neurologische Untersuchung. Diese prüft Bewusstseinslage und bei Bewusstlosen die Reaktionen der Glasgow Coma Scale, Halbseitenzeichen auf Schmerzreize sowie Hirnstammreflexe. Bei ansprechbaren Patienten kann eine auf wenige Minuten verkürzte neurologische Untersuchung erfolgen. Bei komatösen Patienten und bei fokalen neurologischen Symptomen schließt sich das Schädel-CT zum Nachweis oder Ausschluss unmittelbar lebensbedrohlicher intrakranieller Komplikationen (z.B. Epiduralhämatom) an.

Typische CT-Befunde in der Akutphase nach SHT und ihre unmittelbaren therapeutischen Konsequenzen sind:

– epidurales Hämatom: akute neurochirurgische Intervention.
– akutes subdurales Hämatom: bei Raumforderung akute neurochirurgische Intervention.
– traumatische Subarachnoidalblutung: Dopplermonitoring und Behandlung von Spasmen.
– zerebrale Contusionsherde und intracerebrale Contusionsblutungen: ggf. Hirndruckmessung und -behandlung.
– traumatische Mittelhirn-/Ponsblutung: aus biomechanischen Gründen häufig bei schwerem SHT, die Folgen (Tetraparese, Dysarthrie, Ataxie) erschweren die Rehabilitation; keine unmittelbare therapeutische Konsequenz.
– Ödem: klinisches oder apparatives Hirndruckmonitoring, ggf. -behandlung.
– intrakranielle Luft: Hinweis auf Liquorfistel (Eintrittpforte für Infektionen – Gefahr von bakterieller Meningitis und Abszess): Antibiotikaprophylaxe, Suche nach und Deckung der Duralücke.

Contusionsherde und -blutungen sind oft in dem der Gewalteinwirkung gegenüberliegenden Teil der Hirnoberfläche ausgedehnter als am primären Einwirkungsort („Contre-coup").

In der neuroradiologischen Befundung von CT- und MR-Aufnahmen von Patienten mit akutem SHT wird heute vermehrt auf das Vorliegen multipler kleiner Läsionen und Einblutungen im Marklager und an der Mark-Rindengrenze geachtet, die Ausdruck einer diffusen axonalen Schädigung sind und denen erhebliche prognostische Bedeutung zukommt.

Therapie

In der Akutphase nach schwerem SHT, ggf. nach neurochirurgischer Intervention, steht das Hirndruckmanagement im Vordergrund. Bei vielen Patienten, die das Trauma überleben, sind im Verlauf die Hirndruckschäden ausgeprägter als die direkten Traumafolgen. Hirndruckanstieg führt klinisch zu Zeichen der Mittelhirnkompression (z.B. Beuge-Streck-

und Streck-Strecksynergismen) und gleichzeitig zu einer ausgedehnten zerebralen Minderperfusion, die bei bewusstlosen Patienten häufig nicht erkannt wird. Ein klinisches Hirndruckmonitoring ist bei sedierten, relaxierten und beatmeten Patienten nicht möglich, daher ist bei diesen die Anlage einer Hirndrucksonde erforderlich.

Eine Hirndrucksenkung kann durch Oberkörperhochlagerung, bestimmte Beatmungsregimes zur Senkung des arteriellen Kohlendioxid-Partialdrucks (Hirndrucksenkung durch reflektorische Gefäßkonstriktion) und durch osmotische Substanzen erfolgen. Die forcierte Beatmung erfordert Sedierung des Patienten und schränkt so die Möglichkeiten der neurologischen Untersuchung ein. Zur Prognosestellung sowie zur Überwachung der intrazerebralen Situation sind somatosensibel und akustisch evozierte Potentiale relativ aussagekräftig.

Apallisches Syndrom

Bei Überleben eines sehr schweren Hirntraumas und auch schwerer Hirnschädigungen anderer Ätiologie (z.B. Hypoxie, Spätreanimation) endet das Koma nach einigen Wochen mit dem Wiedereinsetzen des Schlaf-Wachrhythmus. Der Patient hält zeitweise die Augen offen und entspricht damit nicht mehr der Definition des Komas.

Im apallischen Syndrom erfolgen über Reflexe hinaus keine gerichteten Reaktionen auf Aussenreize. Zwar kann es auf intensive akustische oder visuelle Reize zur Kopf- oder Augenwendung kommen, Fixation oder Blickfolge treten jedoch nicht auf. Der Übergang zum apallischen Syndrom rechtfertigt nicht prognostische Hoffnungen. Andererseits gestattet erst ein langes Bestehen („persistent vegetative state") therapeutischen Pessimismus.

Zur Kritik des Begriffes „apallisches Syndrom" wurde wiederholt angeführt, dass dem Syndrom keine einheitliche Pathogenese zugrundeliegt, sondern strukturelle oder funktionale Schädigungen auf unterschiedlichen zerebralen Funktionsebenen zum gleichen Phänotyp führen könnten.

Der in der englischsprachigen Literatur verwendete Begriff des „persistent vegetative state" (PVS) legt die Annahme eines unabänderlichen Endzustandes nahe. Die American Neurological Association hat in einer neueren Stellungnahme ausgeführt, dass die Diagnose eines PVS erst nach mindestens einem Monat gestellt werden könne und die Diagnose keine Annahmen über Dauerhaftigkeit oder Irreversibilität erlaube. Als neutrale und eindeutige Bezeichnung wurde die Benennung als „postcomatose unawareness" vorgeschlagen.

Die Prognose des apallischen Syndroms ist abhängig von seiner Dauer, seiner Ätiologie sowie vom Alter des Patienten. Die Ergebnisse bildgebender (z.B. ausgedehnte Hirnrindennekrosen) oder elektrophysiologischer (z.B. fehlender N20/P25-Komplex im SEP) erlauben im Einzelfall die Stellung einer ungünstigen Prognose. Bei erwachsenen Patienten mit apallischem Syndrom, das mehr als 3 Monate besteht, scheint es nur in seltenen Ausnahmefällen zur Wiedererlangung der funktionalen Selbstständigkeit zu kommen.

In der Rückbildung des apallischen Syndroms lässt sich häufig ein allmählicher Wiederaufbau höherer Hirnleistungen verfolgen: Zumeist setzt zuerst eine Schmerzreaktion mit ungerichteter Abwehr und Grimassieren ein, dann folgen optisches Fixieren und optisches Folgen sowie Greifbewegungen und Manipulationen. Auch das Auftreten einer N400 als ereigniskorreliertes Potential nach sprachlichen Stimuli mit semantischer Inkongruenz kann ein frühes Zeichen der Rückbildung sein. Die Rückbildung verläuft häufig mit Fluktuationen: Phasen der Unresponsivität wechseln mit Perioden der beginnenden Kontaktaufnahme. Sobald gerichtete Reaktionen auftreten, bedürfen die betroffenen Patienten intensiver Rehabilitationsmaßnahmen. Im weiteren werden im Rahmen der allmählichen Reintegration häufig Bilder durchlaufen, die einem Klüver-Bucy-Syndrom teilweise entsprechen (orales Explorationsverhalten, Greifautomatismen, Hyperphagie, Hypersexualität).

Der Patient nach schwerem Hirntrauma

Die neurologische und neuropsychologische Symptomatik nach schwerem Trauma ist u.a. von folgenden Faktoren abhängig:

- den fokalen Schäden (Coup und Contre-Coup)
- der diffusen Schädigung („diffuse axonal injury")
- der biomechanisch bedingten Mittelhirn-Hirnstammschädigung
- den Hirndruckfolgen
- der Erholung und Restitution
- Therapieeffekten.

Diffuse Schädigung, Mittelhirn-Hirnstammschädigung und Hirndruckfolgen führen dazu, dass neben den fokalen Symptomen Ataxie, Tetraspastik, Dysarthrie, Aufmerksamkeits- und Antriebsstörungen häufig sind und die Rehabilitation erschweren.

Intrakranielle Tumore

Pathologie

Eine Tumorbildung kann von folgenden intrakraniellen Strukturen ausgehen (in Klammern WHO-Grade, s.u.):
- Glia: Astrozytom (I-III), Oligodendrogliom (II-III), Glioblastom(IV),
- Gangliogliom (I-II), Gangliozytom (selten),
- Ependym (die Auskleidung der Liquorräume): Ependymom (II-III),
- Plexus chorioideus: Plexuspapillom (I), Plexuskarzinom (III-IV),
- Epiphyse: Pinealom (II-III), Pineoblastom (IV),
- Meningen: Meningeome (I-III),
- Hypophyse: Adenome (I), Karzinom (III-IV),
- Hirnnerven: Neurinom (I),
- embryonales Gewebe: Medulloblastom (IV), primitive neuroektodermale Tumore – PNET (IV),
- embryonale Strukturen: Kraniopharyngeom (I),
- Blutzellen: Lymphome (eigene Klassifikation),
- Absiedelungen anderer Gewebe: Metastasen.

Bei der WHO-Klassifikation handelt es sich um eine histologische Gradierung mit Aussagekraft ibs. für die Wachstumsgeschwindigkeit und damit die klinische Prognose. Ab Grad III besteht in der Regel die Indikation zur Bestrahlung.

Folgende Tumore sind besonders häufig: Astrozytome (30% der intrakraniellen Tumoren außer Metastasen), Glioblastom (30%), Meningeom (22%). Im Kindesalter sind Ependymome und Medulloblastome die häufigsten Tumoren.

Klinik

Neben fokalen Ausfällen sind erstmalig auftretende epileptische Anfälle ein typisches Frühsymptom der intrakraniellen Raumforderung. Der neurologische Befund hängt von der Lokalisation des Tumors ab. Hirndruckzeichen (Kopfschmerz, Morgenerbrechen) können vor allem bei raschem Wachstum das erste Symptom sein.

Zur klinischen Beurteilung des Schweregrades der Beeinträchtigung ist der Karnofsky-Index üblich. Er reicht in 10%-Schritten von 10% (moribund) über 50% (auf häufige Hilfe angewiesen) bis 100% (keine Beschwerden oder Krankheitszeichen).

Für die Diagnostik und Therapieplanung bei Hirntumoren sind MRT und Histologie (entweder aus dem OP-Präparat oder aus einer stereotaktischen Biopsie) die wichtigsten Methoden.

Gliome

Gliome sind infiltrativ wachsende intrazerebrale Tumore, die, von wenigen Ausnahmen abgesehen, nicht metastasieren. Wegen der Infiltration können sie (ebenfalls von wenigen Ausnahmen abgesehen) nicht radikal entfernt werden und rezidivieren daher. Die Überlebenszeit nach Operation beträgt im Median für Grad II ca. 5, Grad III (OP + Bestrahlung) ca. 3 und Grad IV (Glioblastom, OP + Bestrahlung) knapp 1 Jahr. Die verwendeten aggressiven Bestrahlungsregimes führen bei etwa 10% der Patienten zur Entwicklung einer Leukenzephalopathie. Dabei handelt es sich um Marklagerdegenerationen im Feld der Hochdosisbestrahlung mit lokalisationsabhängig

zunehmenden neurologischen und neuropsychologischen Defiziten.

Die Behandlung der Gliome umfasst:

1. Die Operation: dabei soll soviel Tumorgewebe wie möglich entfernt werden, ohne dass es zu operationsbedingten zusätzlichen Defiziten kommt. Gleichzeitig dient die Operation der Gewinnung von Tumorgewebe zur histologischen Diagnose. Bei inakzeptablem Risiko von operationsbedingten Schäden erfolgt nur die stereotaktische Punktion. Bei Gliomen WHO-Grad I und II ist die Operation die einzige Behandlung.

2. Die Bestrahlung: sie führt bei Gliomen Grad III und IV zu einer signifikanten Verlängerung der Zeit bis zum manifesten Rezidiv. Da auch maligne Gliome relativ niedrige Mitoseraten haben und die Bestrahlung vor allem auf Zellen in Mitose wirkt, sind hohe Dosen erforderlich. Der Bestrahlungsplan muss ein niedriges Risiko der Schädigung intakter Strukturen gewährleisten. Dennoch kommt es auch bei Verteilung der Dosis auf üblicherweise 30 Einzelgaben gelegentlich zu Leukenzephalopathien, meist erst nach Monaten.

3. Die Chemotherapie: es werden verschiedene Schemata verwendet, die alle einen Nitrosoharnstoff (z.B. CCNU im PCV-Schema) enthalten und daher knochenmarkstoxisch sind. Eine allgemein akzeptierte Indikation besteht für Oligodendrogliome Grad III. Auch für Astrozytome Grad III ist eine Verlängerung der mittleren Überlebenszeit belegt. Bei Glioblastomen scheint es zu einer Zunahme des Anteils der Langzeit-Überleber zu kommen. Nutzen und Nebenwirkungen der Chemotherapie sind im Einzelfall abzuwägen.

4. Die symptomatische Behandlung: Gliome Grad III und IV sind von einem Ödem umgeben, das auf einer Störung der Blut-Hirnschranke beruht. Die Gabe von Glucocorticoiden (üblicherweise Dexamethason) restituiert die Funktion der Bluthirnschranke. Glucocorticoide können daher sowohl zur akuten Hirndruckbehandlung als auch zur symptomatischen Besserung eingesetzt werden. Tumorpatienten mit relevantem Ödem erhalten daher über längere Zeiträu-

me häufig hohe Tagesdosen und erleiden entsprechende Nebenwirkungen (Diabetes, Gewichtszunahme, Thrombosen, affektive Störungen u.v.a.).

Die antiepileptische Behandlung bei manifesten Anfällen oder erhöhtem Anfallsrisiko gehört ebenfalls zur symptomatischen Behandlung.

Meningeome

Die Menigeome gehen von der Arachnoidea (inneren Hirnhaut) aus, wachsen langsam und komprimieren das Gehirn. Nur bei Malignisierung kommt es auch zur zerebralen Infiltration. Typische Lokalisationen sind die Falx, die Konvexität und das Keilbein. Gelegentlich treten sie frontobasal (Olfaktoriusrinne) und im Kleinhirnbrückenwinkel auf, selten in den Ventrikeln. Ihr langsames Wachstum führt dazu, dass sie häufig erst bei erheblicher Größe symptomatisch werden, meist durch Anfälle oder Herdsymptome. Sie haben dann oft bereits zu regionalen Druckatrophien des Gehirns geführt.

Die Therapie besteht in der Operation. Bei langsam wachsenden Meningeomen wird unter Berücksichtigung der Gesamtprognose evtl. auf die Operation verzichtet und nur symptomatisch behandelt (z.B. antiepileptisch). Häufig ist wegen ungünstiger Lage (z.B. Nähe zu Hirnnerven und Gefässen) nur eine Teilresektion möglich. Rezidive sind nicht selten. Bei klinischer Relevanz erfolgt die Nachoperation. Bei Malignität wird eine Bestrahlungsbehandlung durchgeführt.

Hydrocephalus

Der Terminus Hydrozephalus bezeichnet rein deskriptiv eine weit über die Norm hinausgehende Vergrößerung der intrakraniellen Liquorräume. Betrifft die Volumenzunahme die Ventrikel, spricht man von einem Hydrocephalus internus, wenn die Liquorräume über der Konvexität und die Zisternen vergrößert sind, von einem Hydrocephalus externus. Der Terminus „Hydrocephalus e vacuo" bezeich-

net die Liquorraumzunahme bei Hirnatrophie. Im Folgenden soll nur der Hydrocephalus internus weiter betrachtet werden.

Der Hydrocephalus internus beruht auf einem Missverhältnis zwischen Liquorproduktion einerseits und Liquorabfluss sowie -resorption andererseits. Gebildet wird der Liquor in den Plexus chorioidei in den Ventrikeln. Er kann den Ventrikelraum nur über Öffnungen des IV. Ventrikels (Foramina Luschkae und Magendii) verlassen. Er umströmt dann die Außenfläche des Gehirns zu den venösen Sinus, in deren Umgebung er resorbiert wird. Der Liquorfluss kann blockiert werden an den Foramina Monroi zwischen Seiten- und III. Ventrikel, am Aquädukt zwischen III. und IV. Ventrikel, durch Raumforderung im Bereich des IV. Ventrikels und durch Strömungsbehinderungen im Subarachnoidalraum (z.B. nach Meningitis oder Subarachnoidalblutung).

Der Hydrocephalus occlusus

Er entsteht durch eine Blockade des Liquorflusses innerhalb des Gehirns. Diese kann prä- und perinatal, durch angeborene Missbildungen oder durch im späteren Leben auftretende Erkrankungen eintreten. Typische Ursachen des kindlichen Hydrozephalus sind Ventrikelblutungen unter der Geburt, Meningitis, Tumoren in der hinteren Schädelgrube und Missbildungen.

Zum übermäßigen Schädelwachstum kommt es nur, wenn der Hydrozephalus schon besteht, bevor die Schädelnähte geschlossen sind. Die hydrozephale Schädelkonfiguration kann ein wichtiges diagnostisches Indiz sein, wenn im Erwachsenenalter bei einer bildgebenden Untersuchung zufällig geblähte Ventrikel festgestellt werden (in diesem Fall hat der Befund meist keinen Krankheitswert und keine therapeutische Konsequenz – es handelt sich dann meist um einen sog. „arrested hydrocephalus", bei dem die liquorproduzierenden Plexus (s.o.) atrophiert sind).

Ein akut auftretender Hydrocephalus occlusus z.B. durch Tumoren oder andere Raumforderungen (Blutungen) in der Umgebung des III. Ventrikels, des Aquädukts und des IV. Ventrikels ist ein neurologischer Notfall mit rasch einsetzenden Hirndruckzeichen, der durch Liquorableitung behandelt wird.

Der Hydrocephalus communicans
(= Hydrocephalus malresorptivus;
= Normaldruck-Hydrozephalus)

Der Name Hydrocephalus communicans bedeutet, dass Aquädukt und Abfluss aus dem IV. Ventrikel durchgängig sind. Beeinträchtigt sind jedoch entweder der Fluss um die Außenfläche des Gehirns oder die Resorption. Es kommt somit zu einem Missverhältnis zwischen Liquorproduktion und Resorption (daher auch H. malresorptivus), die durch einen Anstieg des durchschnittlichen Liquordrucks ausgeglichen wird. Die Bezeichnung als „Normaldruckhydrozephalus" (normal pressure hydrocephalus – NPH) ergibt sich daher, dass der Druck bei einmaliger Messung häufig normal ist, die 24-Stundenmessung zeigt jedoch einen abnormen Tagesverlauf und sog. Plateauwellen erhöhten Drucks. Die chronische Druckerhöhung führt zu den beiden neuroradiologischen Zeichen des NPH:
– Ausweitung der Ventrikel einschließlich des IV. Ventrikels bei gleichzeitiger Verminderung („Anpressung") des Oberflächenwindungsreliefs. Nach dem „Luftballonprinzip" (Poeck, 1994) sind für die Aufweitung zunächst grössere Drücke notwendig, während die Ausweitung vorgedehnter Ventrikel nur geringer Druckanstiege bedarf.
– Auspressung von Liquor in das zerebrale Marklager, vor allem an den Vorder- und Hinterhörnern der Seitenventrikel.

Der NPH ist charakterisiert durch die Symptomentrias Gangstörung, Harninkontinenz und Demenz vom subkortikalen Typ mit im Vordergrund stehender psychomotorischer Verlangsamung. Die Gangstörung ist recht charakteristisch und wurde als Gangapraxie aufgefasst. Die Füße scheinen am Boden zu kleben, jeder Schritt wird einzeln initiiert. Die Entstehung dieser Trias wurde von Geschwind darauf zurückgeführt, dass Faserverbindungen zum frontomedialen Kortex von der Ventrikelaufweitung besonders betroffen seien (Gangstörung – Läsion der Verbindungen des moto-

rischen Kortex für die untere Extremität sowie der supplementärmotorischen Area (SMA); Blasenstörung – Verbindungen des frontalen Blasenzentrums; psychomotorische Verlangsamung – Verbindungen der SMA).

Die Therapie des NPH besteht in der Shuntanlage, wobei sich gezeigt hat, dass diese die Gangstörung gut, die Blasenstörung mäßig und die Verlangsamung und Demenz häufig nur unbefriedigend bessert. Vor allem bei fortgeschrittenen Fällen ist die Shuntoperation mit Nebenwirkungen behaftet, es kann zu subduralen Flüssigkeitsansammlungen mit raumfordernder Wirkung (Hygromen und Hämatomen) kommen. Frühe Intervention und damit frühe Diagnostik sind daher anzustreben.

Die subkortikale vaskuläre Enzephalopathie („M.Binswanger") kann zu klinisch und radiologisch ähnlichen Bildern führen. Die Klinik ist gekennzeichnet durch subkortikale Demenz und Akinese, die Bildgebung zeigt häufig ebenfalls Marklagerveränderungen und einen Hydrocephalus e vacuo. Dieser kann, wegen des oben beschriebenen „Luftballonphänomens", durchaus ein Missverhältnis zuungunsten der Ventrikel aufweisen. Die Differentialdiagnose kann klinisch häufig nur durch Probepunktion mit Ablassen größerer Liquormengen und kontrollierte Verlaufsbeobachtung von Gangbild und neuropsychologischen Defiziten geklärt werden.

Arachnoidalzysten

Arachnoidalzysten sind gekammerte Flüssigkeitsansammlungen in Kontakt zu den Hirnhäuten z.B. nach Geburtstrauma oder bei Agenesie von Hirnteilen. Sie können zu Druckschäden des Gehirns führen, wenn keine freie Kommunikation zu den Liquorräumen besteht. In diesen Fällen sind sie häufig mit einer Flüssigkeit gefüllt, die eiweißreicher als Liquor ist, was sich im MR leicht darstellen lässt.

Bakterielle und virale Entzündungen des Gehirns und seiner Häute

Der Terminus Meningitis bezeichnet eine Entzündung der Hirnhäute mit Symptomen der meningealen Reizung (Schmerz, Reizüberempfindlichkeit, Dehnungszeichen = Meningismus). Sofern Symptome einer Gehirnbeteiligung hinzutreten (meist Bewusstseinsstörung, Anfälle), spricht man von einer Meningoenzephalitis. Da der Liquor ausgedehnten Kontakt zu den Meningen hat, ist er bei einer Meningitis oder Meningoenzephalitis immer entzündlich verändert. Meningitiden können von Bakterien, Viren und Pilzen verursacht werden

Als Enzephalitis bezeichnet man eine Entzündung des Gehirns, meist durch Viren, gelegentlich durch Bakterien (embolische Herdenzephalitis). Zerebrale Symptome (Bewusstseinsstörung, Anfälle, Herdsymptome) stehen im Vordergrund, Zeichen der meningealen Reizung und Liquorveränderungen können fehlen, wenn die Entzündung keinen Kontakt zu den Liquorräumen hat.

Ein Hirnabszess ist eine umschriebene eitrige Einschmelzung nach bakterieller oder Pilzinfektion.

Im folgenden werden nur solche Erkrankungen besprochen, bei denen neuropsychologische Diagnostik und Therapie relevant erscheint.

Die bakterielle Meningitis

Bakterien können über den Blutkreislauf (hämatogen), über präformierte Wege (entlang der Riechbahn, bei HNO-Infektionen) sowie bei offenen Hirnverletzungen und entzündlichen Arrosionen von Knochen und Dura (HNO-Infektionen) in den Subduralraum gelangen. Die häufigsten Erreger der eitrigen Meningitis bei bislang gesunden Erwachsenen sind Pneumokokken, Meningokokken, Listerien, Haemophilus, bei Krankenhausinfektion Enterokokken, Pseudomonas und Staphylokokken. Der Erregernachweis erfolgt aus dem Liquor-Zellpräparat oder der Liquorkultur, die antibiotische Behandlung nach Antibiogramm. Die Prognose ist von vielen Faktoren (Alter, Abwehrlage, Erreger, frühzeitige Be-

handlung) abhängig. Die Mortalität beträgt etwa 20%, die Zahl der Defektheilungen ist etwa ebenso hoch.

Typische neurologische Komplikationen sind Hirnödem, Hydrozephalus, Abszess, Sinusthrombose, Infarkte und Blutungen bei Arteriitis, bei Befall der Hirnbasis auch Hirnnervenausfälle, ibs. Schwerhörigkeit.

Bei ausbleibendem Rehabilitationsfortschritt sollte ein Hydrozephalus durch CT ausgeschlossen werden.

Der Hirnabszess

Die akute Symptomatik umfasst zerebrale Herdsymptome, Anfälle und Zeichen der meningealen Reizung. Die Erreger gelangen hämatogen, durch örtliche Fortleitung (z.B. aus dem Mittelohr) oder durch offene Verletzung in das Gehirn. In der Behandlung werden antibiotische Therapie und operative Entleerung sowie häufig Resektion der entzündlichen Kapsel miteinander kombiniert.

Das Ausmaß der örtlichen Schädigung determiniert den Rehabilitationsbedarf. Die Patienten tragen ein erhöhtes Anfallsrisiko und werden daher meist bereits prophylaktisch antiepileptisch behandelt.

Die embolische Herdencephalitis

Bei bakterieller Endokarditis kommt es häufig zur Abschwemmung infizierter (= septischer) Emboli, die zu meist kleinen Infarkten führen. Ausgehend von den in den Emboli enthaltenen Bakterien kommt es zu Bildung multipler Abszesse. Es handelt sich um eine schwere Erkrankung mit rasch, oft schubweise fortschreitenden neurologischen Defiziten. Antibiotische Behandlung führt zur bakteriologischen Sanierung und beendet die Progredienz. Die bis zur Therapie entstandenen Defizite machen neuropsychologische Diagnostik und ggf. Therapie erforderlich.

Die Meningitis tuberculosa

Es handelt sich um eine chronische lymphozytäre Meningitis, häufig mit Hirnnervenausfällen. Die Liquorkonstellation (Lymphozyten, hohes Einweiss, niedriger Zucker) ist hinweisend, jedoch nicht beweisend (ähnliche Befunde bei Pilzmeningitiden). Die Diagnose wird mittels der Polymerasekettenreaktion gestellt. Die antituberkulöse Therapie zieht sich über Jahre. Eine häufige Folgeerkrankung ist die Entwicklung eines Hydrozephalus.

Die Virus-Meningitis

Bei der eitrigen Meningitis wird das Liquorzellbild von Granulozyten dominiert. Bei den Virusmeningitiden, der Meningitis tuberculosa, Pilzmeningitiden und einigen anderen Erkrankungen findet sich dagegen im Liquor eine Lymphozyten-Vermehrung.

Die Virusmeningitiden führen wie die eitrige Meningitis zu Kopfschmerz, Überempfindlichkeit gegenüber Reizen (Licht, Geräusche) und Zeichen der meningealen Reizung. Die Symptomatik ist weniger schwer als bei der akuten bakteriellen Meningitis. Dennoch ist zu deren Ausschluss immer eine Liquorpunktion erforderlich. Eine Vielzahl von Viren kann zu einer akuten lymphozytären Meningitis führen. Eine spezifische Therapie gibt es nicht. Die Prognose ist günstig, solange keine enzephalitischen Symptome (Anfälle, Herdsymptome, mehr als leichte Bewusstseinstrübung) auftreten.

Die Herpes simplex-Encephalitis

Es handelt sich um die häufigste akute Enzephalitis. Das Herpes simplex-Virus dringt über die Nasenschleimhaut und die Riechfasern in das Gehirn ein. Es befällt primär Strukturen des limbischen Systems und führt dort zu Ödem, hämorrhagischer Entzündung und zu Nekrosen. Prädilektionsstellen sind der mediobasale Frontallappen und der basale Temporallappen. Im Verlauf überschreitet die Encephalitis die Grenzen des limbischen Systems.

Die Krankheit beginnt mit neurologischen Herdsymptomen (Aphasie, fokale Anfälle, seltener Hemiparese) und ist rasch progredient. EEG und MR, nicht jedoch CT, weisen bereits früh charakteristische Befunde auf. Unbehandelt führt die Erkrankung häufig zum Tode oder zu gravierenden kognitiven Folgeschäden im Bereich von Aufmerksamkeitsfunktionen, Ge-

dächtnis, Emotionalität und Sprache. Da eine wirksame Therapie zur Verfügung steht (Aciclovir) wird bereits bei Verdacht behandelt. Patienten, bei denen das klinische Vollbild bestanden hat, bedürfen der neuropsychologischen Diagnostik und Behandlungsplanung.

Die parainfektiöse Enzephalitis

Einige Virusinfekte (z.B.Masern) und Impfungen (z.B.Pocken) können in seltenen Fällen einige Tage nach Erkrankungsbeginn bzw. Impfung zu Bewusstseinsstörungen, Anfällen und Herdsymptomen führen. Das MR zeigt Entmarkungsherde. Todesfälle und Defektzustände sind nicht selten (zusammen ca. 50%).

Die Neuroborreliose

Durch Zeckenbiss kann neben dem Erreger der Frühjahr-Sommer-Meningoenzephalitis (einer Viruserkrankung) auch ein Bakterium, Borrelia burgdorferi, übertragen werden. Zunächst bildet sich an der Bissstelle eine charakteristische Hautrötung (Stadium I). Etwa einen Monat später kann sich eine lymphozytäre Meningitis mit Reiz- und Ausfallserscheinungen entwickeln (Stadium II). Nach Monaten und Jahren kann eine schubweise verlaufende chronische Enzephalomyelitis auftreten, die in ihrer Symptomatik an eine Multiple Sklerose erinnert (Stadium III – Neuroborreliose). Das Vorliegen einer Borreliose kann bei negativem serologischen Befund im Blut ausgeschlossen werden. Die Diagnose einer Neuroborreliose bedarf eines positiven Liquorbefundes. Wir behandeln jede aktive oder fraglich aktive Borreliose antibiotisch, wobei die Behandlung einer Neuroborreliose länger dauert (3 Wochen) und parenteral durchgeführt wird. Zwei bis 3 Monate nach Abschluss der Behandlung ist eine Kontrollpunktion erforderlich.

Die Neurolues

Der Erreger der Syphilis ist dem der Borreliose verwandt. Auch bei der Lues kommt es zunächst zur lokalen Affektion, dann bei einem Teil der Infizierten zur lymphozytären Meningitis und schließlich als tertiäre Lues

zum chronischen Befall des ZNS. Hierbei werden drei Bilder unterschieden:
- die meningovaskuläre Lues, bis zum Ende des 2. Weltkrieges die häufigste Ursache von Insulten bei Patienten unter 50 Jahren.
- die Tabes dorsalis – eine Rückenmarkserkrankung.
- die progressive Paralyse, ein Befall der grauen Substanz des Großhirns durch Treponemen.

Bei der progressiven Paralyse ist das Stirnhirn besonders betroffen, so dass die Patienten häufig psychopathologische Symptome zeigen. Frühsymptome sind affektive Labilität, Interessenverlust, Nivellierung der Persönlichkeit, häufig Wahnideen. Im weiteren Verlauf kommt es zu einer dementiellen Entwicklung, die nach antibiotischer Therapie teilweise reversibel ist.

Die Diagnostik beinhaltet die spezifische Serologie in Blut und Liquor. Beim Nachweis der Produktion luesspezifischer Antikörper im ZNS wird immer die antibiotische Sanierung, meist mit Penicillin, angestrebt.

HIV-Infektion/AIDS

Das HI-Virus befällt im Stadium IV der Infektion (manifestes AIDS) in ca. 30% der Patienten das Gehirn und die Meningen und führt zu einer akuten oder chronischen Meningitis/Meningoenzephalitis und einer chronischen Enzephalopathie. Letztere manifestiert sich unter dem Bild einer Störung von Aufmerksamkeitsfunktionen mit Entwicklung zu einer subkortikalen Demenz.

Die Immundefizienz der Patienten führt dazu, dass opportunistische ZNS-Infektionen häufig unter dem Bild einer subakuten Meningoenzephalitis oder mit zerebralen Herdsymptomen auftreten. Dies sind vor allem:
- Toxoplasmose,
- Pilze (v.a. Kryptokokkose),
- Tuberkulose, Listeriose,
- Viren (progressive multifokale Leukenzephalopathie, Cytomegalie).

Multiple Sklerose

Epidemiologie und Verlauf

Etwa 1 von 1000 Deutschen leidet unter einer Multiplen Sklerose, Frauen häufiger als Männer. Die Erkrankung tritt meist zwischen dem 20. und 40. Lebensjahr auf. Sie folgt in den meisten Fällen zunächst einem schubförmigen Verlauf mit klinisch vollständiger Rückbildung der neurologischen Symptome (Remission). Die Krankheit kann nach wenigen Schüben zum Stillstand kommen. Häufiger kommt es nach mehreren Schüben zu bleibenden Residuen oder zum Übergang in einen chronisch-progredienten Verlauf mit oder ohne zusätzliche Schübe. Primär chronisch progrediente Verläufe sind selten. Während MS-Patienten früher häufig an Harnwegsinfekten verstarben, ist ihre Lebenserwartung heute kaum mehr herabgesetzt. Etwa 1/3 aller MS-Patienten erreicht das Rentenalter ohne relevante Behinderung, ein weiteres Drittel kann sich mit 65 Jahren noch selbst versorgen, nur ein Drittel ist hilfs- oder pflegebedürftig.

Symptome und Pathogenese

Typische Frühsymptome der MS sind die Opticusneuritis (Sehstörung auf einem Auge, oft Augenbewegungsschmerz), die allerdings bei isoliertem Auftreten nur in 50% in eine MS übergeht, sowie flüchtige motorische oder sensible Mono- und Hemiparesen oder eine transiente, meist inkomplette Querschnittsymptomatik. Typische Residuen nach mehreren Schüben und Symptome bei chronisch-progredientem Verlauf sind Augenbewegungsstörungen, Dysarthrie, Ataxie, spastische Para- oder Tetraparese, sensible Querschnittsymptomatik, Blasenentleerungsstörung, Wesensänderung, affektive Störungen und eine Demenz vom subkortikalen Typ. Psychopathologische und kognitive Symptome fehlen meist bei Patienten mit im Vordergrund stehender spinaler Symptomatik.

Es handelt sich bei der Multiplen Sklerose um eine entzündliche Entmarkungskrankheit, vermutlich im Rahmen einer pathologischen Autoimmunreaktion im ZNS.

Diagnostik

Die Diagnose einer MS kann bei bestimmten Symptomkonstellationen klinisch gestellt werden. Sie wird gestützt und in frühen Phasen der Erkrankung ermöglicht durch den Nachweis von im ZNS gebildeten Antikörpern (intrathekale IgG-Synthese, z.B. oligoklonale Banden) im Liquor und durch den Nachweis von Entmarkungsherden im MRT.

Therapie

Die Therapie der MS umfasst rehabilitative und medikamentöse Maßnahmen. Zu den ersteren gehören je nach Symptomatik Krankengymnastik, Ergotherapie, Logopädie, ggf. Blasentraining und neuropsychologisches Training.

Die symptomatische medikamentöse Behandlung umfasst häufig Antispastika (Baclofen, Tizanidin, Dantrolen) und Mittel zur Behandlung der Blasenstörung (z.B. Anticholinergika,). Diese Medikamente können zentrale Nebenwirkungen haben.

Der akute Schub kann mit hohen Dosen von Kortikosteroiden behandelt und abgekürzt werden. Die Schubrate kann durch regelmäßige Injektion von Interferon beta 1a oder 1b um etwa ein Drittel gesenkt werden. Vermutlich senkt auch die Behandlung mit Azathioprin die Schubrate. Bei schweren Verläufen mit häufigen Schüben und rasch zunehmenden Residuen und bei chronisch-progredientem Verlauf kann eine Immunsuppression mit Cyclophosphamid unternommen werden. Gezieltere Eingriffe ins Immunsystem sind Gegenstand intensiver Forschung, eine Reihe von Medikamenten sind in klinischer Erprobung oder stehen kurz vor der Zulassung (z.B. Copolymer-1).

Epilepsien

Definition und Epidemiologie

Als Epilepsie wird das wiederholte Auftreten zerebraler Krampfanfälle bezeichnet. In Deutschland gibt es etwa 400.000 Betroffene. Grundsätzlich kann jede Person in bestimmten Situationen (Schlafentzug, Fieber, Medikamente und Drogen und deren Entzug) mit einem Anfall reagieren, man spricht dann von einem „Gelegenheitskrampf". Auch der Nachweis von sogenannten „epilepsiespezifischen Potentialen" im EEG ohne klinisch manifeste Anfälle berechtigt nicht zur Diagnose einer Epilepsie.

Pathogenese

Dem epileptischen Anfall liegen pathologische Entladungen von Gruppen von Neuronen, im generalisierten Krampfanfall des gesamten Kortex, zugrunde. Einige Anfallstypen, ibs. die des Kindesalters sind durch charakteristische EEG-Veränderungen (z.B. spike-wave-Muster) gekennzeichnet. Darüber hinaus vermag das EEG, ibs. im Rahmen von besonderen epileptologischen Untersuchungen (z.B. EEG-Videometrie, implantierte Elektroden) Hinweise auf den Ort der Anfallsentstehung zu geben, was für die Planung von epilepsiechirurgischen Eingriffen von Bedeutung ist.

Typen epileptischer Anfälle

Tabelle 4 gibt eine Übersicht über Anfallstypen (für eine Übersicht über Epilepsien im Kindesalter wird auf Kap. 5.4 verwiesen). Es ist zu beachten, dass es neben den epileptischen noch eine Vielzahl von Anfällen nichtepileptischer Genese gibt (z.B. Synkopen, psychogene Anfälle), die differentialdiagnostisch zu berücksichtigen sind.

Die Zuordnung zum Anfallstyp und die Differentialdiagnose gegenüber nichtepileptischen Anfällen ist oft nur durch eine detaillierte Fremdanamnese möglich. Fokale Anfälle weisen auf eine umschriebene Pathologie hin. Generalisierte Anfälle können sowohl Ausdruck einer vermehrten Anfallsbereitschaft als auch einer lokalen Pathologie (Tumor, Narbe usw.) sein. In jedem Fall sollte eine zerebrale Bildgebung (MRT) durchgeführt werden.

Therapie

Der einzelne epileptische Anfall bedarf keiner medikamentösen Therapie, da es sich um ein zeitlich begrenztes Geschehen handelt. Gene-

Tabelle 4. Typen epileptischer Anfälle

1.	Fokale Anfälle
1.1.	Einfach fokale Anfälle (ohne Bewusstseinsstörung)
1.1.1.	mit motorischen Symptomen (hierzu gehören z.B. die motorischen Jackson-Anfälle)
1.1.2.	mit sensiblen Symptomen
1.1.3.	mit sensorischen Symptomen (Halluzinationen, Schwindel)
1.1.4.	mit autonomen Symptomen
1.1.5.	mit neuropsychologischen Symptomen
1.1.6.	mit psychopathologischen Symptomen (z.B. Angst)
1.1.7.	fokal beginnender, sekundär generalisierender Anfall
1.2.	Komplex fokale Anfälle (mit Bewusstseinsstörung, „psychomotorischer", „Temporallappenanfall")
2.	Generalisierte Anfälle
2.1.	generalisierte Epilepsien des Kindes- und Jugendalters (z.B. Blitz-Nick-Salaam-Krämpfe, Absencen, Impulsiv-Petit-Mal)
2.2.	Epilepsien mit spezifischem Auslöser (z.B. Aufwachepilepsie, musikogene, Lese-Epilepsie)
2.3.	klonische Anfälle
2.4.	tonische Anfälle
2.5.	tonisch-klonische Anfälle (klassischer Grand Mal).

rell gilt für Laien und Fachleute die Regel, beim Patienten zu bleiben, seine Vitalfunktionen zu sichern und ihn vor Verletzungen zu schützen. Ein generalisierter tonisch-klonischer Anfall hat folgenden zeitlichen Ablauf:

(Sekunden bis Minuten: evtl. fokaler Beginn, Aura)

– ca. 1-2 Minuten: tonische Phase, evtl. eingeleitet von einem Initialschrei, Sturz, generalisierte, anhaltende Muskeltonuserhöhung.
– ca. 2-5 Minuten: klonische Phase: intermittierende Muskeltonuserhöhung mit Bewegungseffekt (hier ist der Schutz vor Verletzungen – Kopf, Zunge – besonders wichtig)
– danach 10-30 Minuten erschwerte Erweckbarkeit („Terminalschlaf") – hier sollten Erweckbarkeit, ggf. Schmerzreaktion geprüft werden (zum Ausschluss eines Status epilepticus).

Medikamente werden erst in der Serie (wiederholte Anfälle, dazwischen kein Koma) und im Status (anhaltendes Koma) eingesetzt. Der Status epilepticus ist lebensbedrohlich, da ein massiv erhöhter Substratverbrauch im Gehirn besteht und es zur Azidose und zum Ödem kommt. Folgende Medikamente kommen parenteral zur Behandlung von Serie und Status zur Anwendung: Benzodiazepine (Diazepam, Clonazepam), Phenytoin, Barbiturate.

Eine langfristige antiepileptische Behandlung ist indiziert, wenn der Patient mehr als einen Anfall erlitten hat. Bei sehr niedriger Anfallsfrequenz (z.B. weniger als 2 Anfälle/Jahr) kann auf die Behandlung verzichtet werden, wenn keine sekundären Gründe (Kraftfahrtauglichkeit) vorliegen. In der ambulanten Versorgung werden die Medikamente einschleichend eindosiert, um typische Nebenwirkungen (Müdigkeit, Konzentrationsstörungen, Ataxie) gering zu halten. Sofern die Anfallsursache durch Operation behoben wurde (z.B. Meningeom) und postoperativ keine Anfälle mehr auftreten, kann die Medikation nach z.B. 6 Monaten ausgeschlichen werden. Davon abgesehen wird die antiepileptische Behandlung so lange angepasst, bis der Patienten anfallsfrei ist oder ein Minimum an Anfällen erreicht hat. Bei Anfallsfreiheit kann nach etwa 2 Jahren der Versuch gemacht werden, die Medikamente über mehrere Monate auszuschleichen. Die meisten Patienten bleiben danach anfallsfrei. Viele Patienten behalten die antiepileptische Behandlung bei, um die nach zweijähriger Anfallsfreiheit wiedergewonnene Fahrtauglichkeit (nur private Nutzung von Pkw) nicht zu gefährden.

Für die Langzeitbehandlung häufig eingesetzte Medikamente sind Carbamazepin, Phenytoin und Valproat. Von diesen hat vor allem Carbamazepin in der Eindosierungsphase merkliche Auswirkungen auf höhere Hirnleistungen (Müdigkeit). Seltener verwendet werden Primidon, Phenobarbital und Clonazepam, die ebenfalls zu Müdigkeit führen. Vor allem bei therapieresistenten fokalen Epilepsien kommen die sog. „neuen" Antiepileptika (u.a. Lamotrigin, Vigabatrin, Gabapentin, Topiramat) zum Einsatz, nicht selten mit dem Erfolg einer erheblichen Reduktion der Anfallsfrequenz.

Neben der medikamentösen Behandlung kann eine Änderung der Lebensführung (ausreichender Schlaf, Alkohol nur in kleinen Mengen), das Anfallsrisiko senken.

Bei medikamentös nicht adäquat behandelbaren Anfallsleiden ist die Indikation für einen epilepsiechirurgischen Eingriff zu prüfen. Hierfür sind spezialisierte Bildgebungs-, neurophysiologische und neuropsychologische (z.B. Wada-Test) Untersuchungen erforderlich (vgl. Kap. 5.4).

Extrapyramidale Erkrankungen

Extrapyramidale Erkrankungen gehen mit Bewegungsstörungen einher, die sich von zentralen und peripheren Paresen, der Ataxie und den Apraxien unterscheiden. Kennzeichnende motorische Symptome sind Hypo- und Akinese, Hyperkinesen, Rigor, posturale (Haltungs-) Störungen, Dystonien und Tremor.

Morbus Parkinson und Parkinson-Syndrom

Definition
Das Parkinson-Syndrom ist gekennzeichnet durch Rigor, Tremor, Akinese und posturale Störungen. Der Parkinsontremor ist ein niederfrequenter Ruhetremor, der unter mentaler Belastung zunimmt. Andere Tremorformen, die nicht hinweisend für ein Parkinsonsyndrom sind, sind der Haltetremor (bei essentiellem Tremor, verstärktem physiologischem Tremor, in Verbindung mit Ruhetremor auch bei M. Parkinson), der Aktionstremor und der orthostatische (Stand-) Tremor.

Klinik des M. Parkinson
Als M. Parkinson bezeichnet man das Auftreten der Parkinson-Symptomatik aufgrund einer definierten Pathogenese, nämlich der Degeneration dopaminerger Neurone in der Substantia nigra des Mittelhirns, die auf das Striatum projizieren. Die Erkrankung beginnt nur selten vor dem 40. Lebensjahr, meist nach dem 50. In Deutschland sind etwa 200.000 Personen betroffen.

Vor allem zu Beginn der Erkrankung lassen sich ein Tremor-Dominanztyp mit insgesamt besserer Prognose, ein Akinese-Typ und ein Mischtyp unterscheiden. Im Verlauf der Erkrankung treten häufig weitere spezifische Symptome zur o.g. Trias hinzu: posturale Störung (Patienten neigen zu Stürzen bei fehlender Haltungskorrektur), propulsive Phänomene (Stophemmung, Sprechbeschleunigung/Tachyphasie, Silben- und Wortwiederholungen/Palilalie), autonome (Salbengesicht, Speichelfluss) und kognitive Symptome (Umstellungserschwerung, Bradyphrenie). Außerdem scheinen bestimmte Persönlichkeitsmerkmale (z.B. Inflexibilität) bei Parkinsonpatienten häufiger zu sein. Eine Demenz entwickelt sich nur bei etwa 10% der Patienten. Fast alle Betroffenen sind 10 Jahre nach Krankheitsbeginn arbeitsunfähig.

Therapie des M. Parkinson
Das dopaminerge Defizit kann durch Gabe von L-Dopa, einer Vorstufe von Dopamin, die die Blut-Hirnschranke überwindet und im Gehirn zu Dopamin metabolisiert wird, ausgeglichen werden. Im Verlauf der Erkrankung nimmt die Zahl der dopaminergen Neurone jedoch soweit ab, dass eine kontinuierliche Freisetzung von Dopamin nicht mehr gewährleistet ist. Es kommt zu medikamenteninduzierten Hyperkinesen sowie zu On-Off Phänomenen (plötzlicher Verschlechterung der Beweglichkeit). Das Auftreten dieser Symptome kann herausgezögert werden, wenn frühzeitig Dopaminagonisten (z.B. Pergolid, a-Dihydroergocryptin, Cabergolin, Ropirinol) oder retardierte L-Dopa-Präparate eingesetzt werden. Weitere medikamentöse Behandlungsprinzipien sind die Hemmung des Dopamin-Abbaus durch Selegelin oder einen COMT-Hemmer, die Gabe eines NMDA-Antagonisten (Amantadin) und die Gabe von Anticholinergika (z.B. Biperiden). Durch Anticholinergika wird ein dopaminerg-cholinerges Gleichgewicht im Striatum zugunsten der dopaminergen Übertragung beeinflusst. Anticholinergika haben erhebliche kognitive Nebenwirkungen (Gedächtnisstörungen, Auslösung von Verwirrtheitszuständen), wirken jedoch besonders gut auf den Tremor.

Da alle Parkinsonmedikamente letztlich an zentralnervösen Übertragungsprozessen angreifen, sind ZNS-Nebenwirkungen häufig. Besonders gefürchtet sind Verwirrtheitszu-stände und pharmakogene Psychosen, v.a. Halluzinosen und paranoide Psychosen. In Spätstadien lassen sie sich häufig nicht mehr durch Anpassung der Parkinson-Medikation unter Kontrolle bringen. Die Gabe von Stan-dard-Neuroleptika ist in der Regel nicht indi-ziert, da durch die anti-dopaminerge Wirkung die Symptomatik verschlechtert wird. Hier kann, meist mit gutem Erfolg, auf atypische Neuroleptika (Clozapin, Risperidon, Odanse-tron) zurückgegriffen werden.

Bei schwerem, therapierefraktärem Tremor kommt bei jüngeren Patienten eine stereotakti-sche Thalamotomie oder Hochfrequenzstimu-lation in Betracht. Für die Behandlung der Aki-nese sind die stereotaktische Pallidotomie und die Hochfrequenzstimulation im Pallidum der-zeit in der Diskussion.

Ursachen eines Parkinson-Syndroms

Außer durch den M.Parkinson kann die Trias der Symptome des Parkinson-Syndroms durch eine Vielzahl von Ursachen hervorgerufen werden. Ein typischer Tremor ist hierbei aller-dings selten. Tabelle 5 gibt einen Überblick.

Tabelle 5. Einige Ursachen eines Parkinson-Syn-droms

Degenerativ:
- idiopathischer M.Parkinson
- Systematrophien

Hereditär:
- M.Wilson (eine erbliche Kupferspeicherkrank-heit)

Symptomatisch:
- postenzephalitisch
- toxisch (z.B. nach CO- oder Mangan-Vergiftung)
- medikamenteninduziert (v.a. Neuroleptika, eini-ge Ca-Antagonisten)
- posttraumatisch (Encephalopathia pugilistica bei Boxern)
- vaskulär (bei subkortikaler vaskulärer Enzepha-lopathie)
- Hydrocephalus malresorptivus

Soweit diese Erkrankungen das Striatum betreffen, wie die Systematrophien oder die subkortikale vaskuläre Enzephalopathie, ist die Wirksamkeit von Dopaminergika wegen des fehlenden Angriffspunktes begrenzt und das Nebenwirkungsrisiko erhöht.

Systematrophien

Bis zu 10% der als M.Parkinson diagnostizier-ten Patienten sollen an einer Systematrophie leiden. Primär ist nicht die dopaminerge nigrostriatale Projektion, sondern andere, meist meh-rere, Systeme betroffen. Die Erkrankungen sind rascher progredient als der M.Parkinson, der medikamentösen Behandlung ist meist nur geringer Erfolg beschieden.

Steele-Richardson-Olszewski-Syndrom (SRO)

Es handelt sich um eine Degeneration in aus-gedehnten Gebieten von Zwischen- und Mit-telhirn sowie in den Basalganglien. Klinische Zeichen sind Akinese, nackenbetonter Rigor, psychomotorische Verlangsamung, Dysarthrie und eine Störung der willkürlichen Augenbe-wegungen, v.a. nach unten. Die Augenbewe-gungsstörung ist supranukleär, d.h., sie hat ih-re Ursache oberhalb der okulomotorischen Kerne im Hirnstamm, weil reflektorische Au-genbewegungen nicht betroffen sind. Die Er-krankung wird daher auch als progressive su-pranukleäre Parese (PSP) bezeichnet. Das Bild der subkortikalen Demenz wurde bei dieser Erkrankung erstbeschrieben.

Multisystematrophie (MSA)

Die Erkrankung ist gekennzeichnet durch pro-grediente extrapyramidale, pyramidale, zere-belläre und autonome Symptome mit intraindi-viduell unterschiedlichen Schwerpunkten. Bei im Vordergrund stehenden extrapyramidalen Symptomen wird das Bild als striato-nigrale Degeneration (SND), bei zerebellären Zeichen als olivopontocerebelläre Atrophie (OPCA), bei prominenten autonomen Symtomen als Shy-Drager-Syndrom (SDS) bezeichnet.

Corticobasale Degeneration

Hier finden sich Atrophien im Mittelhirn und umschrieben im Kortex. Die Patienten weisen ein akinetisch-rigides Syndrom, Myoklonien, Dystonie, subkortikale Demenz sowie, wenn vorhanden nahezu pathognomonisch, ein Alien-Hand-Zeichen (unwillkürliche exploratorische und manipulatorische Bewegungen einer Hand) auf.

Chorea und andere Hyperkinesen

Als Chorea bezeichnet man heftige, unwillkürliche, nur kurzzeitig willkürlich unterdrückbare Bewegungen der Muskulatur. Bei halbseitigen Hyperkinesen spricht man von Hemichorea.

Typische Ursachen sind
– die Chorea Huntington, eine autosomal dominante Erbkrankheit (familiäre Belastung meist bekannt, Erkrankungsbeginn etwa ab 30, zusätzlich psychotische Symptome und Demenz),
– die Chorea minor (im Rahmen einer Streptokokkeninfektion),
– hormonell: Schwangerschaftschorea und Chorea unter Ovulationshemmern,
– symptomatisch bei anderen Erkrankungen, z.B. Kollagenosen,
– einige seltene Stoffwechselstörungen und Erbkrankheiten.

Die Chorea Huntington führt zu Demenz und Tod an Komplikationen oder Kachexie. Ob der Nachkomme eines Patienten Genträger ist, lässt sich humangenetisch feststellen. Bei nahezu vollständiger Penetranz erkranken praktisch alle Genträger. Viele der mit 50% Wahrscheinlichkeit betroffenen Nachkommen machen ihren Kinderwunsch von genetischer Diagnostik abhängig. Psychologische Betreuung ist vor und nach der Diagnostik besonders wichtig.

Dystonien

Bei den Dystonien kommt es zu protrahierten Muskelkontraktionen, die Glieder, Rumpf, Kopf oder Teile davon in abnorme Haltungen oder Stellungen zwingen. Ursache sind vermutlich Transmitter-Ungleichgewichte im striato-pallido-thalamischen System.

Generalisierte Dystonien betreffen den ganzen Körper und sind meist genetisch oder als Spätdyskinesie durch Neuroleptikagaben bedingt.

Fokale Dystonien sind auf eine Körperregion begrenzt. Beispiele sind:
– Blepharospasmus (Lidkrampf),
– spasmodische Dysphonie,
– Torticollis spasmodicus,
– Schreibkrampf.

Manche Dystonien sind Dopa-sensitiv. Die Behandlung mit Anticholinergika hat meist nur mäßigen Erfolg. Bei fokalen Dystonien bringt eine Therapie mit Botulinum-Toxin zeitlich begrenzt deutliche Besserung.

Tics und Gilles-de-la-Tourette-Syndrom

Tics sind kurzdauernde, nicht zielgerichtete, unwillkürliche Muskelkontraktionen, die zu Bewegungen oder Lautäußerungen führen. Das Gilles-de-la-Tourette Syndrom ist durch multiple Tics, darunter häufig Koprolalie (anstößige Äußerungen) gekennzeichnet. Ausserdem können Echolalie, Echopraxie und Zwangshandlungen bei dieser Erkrankung auftreten. Die Krankheit tritt familiär gehäuft auf. Neuroleptika dämpfen die Tics. Die Möglichkeiten der symptomatischen Besserung sind gegen die Nebenwirkungen abzuwägen.

Demenzen

Im aktuell gültigen „Diagnostischen und Statistischen Manual Psychischer Störungen" DSM IV werden als allgemeine diagnostischen Merkmale für eine dementielle Erkankung folgende Kriterien genannt:

Kriterium A1:   Gedächtnisstörungen als wesentliches Frühsymptom
Kriterium A2a: Aphasische Symptome
Kriterium A2b: Apraktische Störungen
Kriterium A2c: Agnostische Störungen
Kriterium A2d: Störungen von Exekutivfunktionen
Kriterium B: Die zuvor genannten neuropsychologischen Defizite beeinträchtigen die berufliche und soziale Leistungsfähig-

keit der Patienten und stellen eine Verschlechterung gegenüber einem früheren Leistungsstand dar.

Das klinisch bedeutsamste differentialdiagnostische Ausschluss kriterium einer Demenz ist eine schwere depressive Störung (Episode einer Major Depression, „depression of the dementia type"), die ebenso mit den genannten kognitiven Störungen einhergehen kann (früher daher als „Pseudodemenz" bezeichnet). Die dementiellen Symptome einer Depression setzen häufig akut mit der emotional-affektiven Störung ein und sind bei geeigneter antidepressiver Behandlung vollständig reversibel. In manchen Fällen können Demenz und Depression auch parallel auftreten, manche Demenzformen können auch mit einem Delir (vgl. weiter unten) oder emotional-affektiven Symptomen (depressive Verstimmung, Wahnphänomene) assoziiert sein.

Eine Demenz muss weiterhin differentialdiagnostisch abgegrenzt werden von einer Schizophrenie, geistigen Behinderung und altersbedingten kognitiven Abbauprozessen.

Demenz kann bei einer Vielzahl von Erkrankungen auftreten. Tabelle 6 gibt einen unvollständigen Überblick. Dieser verdeutlicht, dass eine Reihe von Ursachen einer Demenz behandelbar sind. Die Diagnostik zielt primär auf deren Nachweis bzw. Ausschluss.

Klinisch lassen sich demente Patienten drei prototypischen Demenzsyndromen zuordnen, bei denen jeweils unterschiedliche Leitsymptome im Vordergrund stehen:

1. das Syndrom der kortikalen Demenz mit im Vordergrund stehenden Teilleistungsstörungen des Gedächtnisses und anderer höherer Hirnleistungen („Hirnwerkzeugstörungen" der Sprache, des Handelns, des Erkennens, des Handelns im Raum, des Rechnens usw.) bei jedoch lange erhaltener Persönlichkeit und weitgehend intaktem Antrieb. Prototyp und bei weitem häufigste Ursache ist die frühe bis mittelschwere Alzheimer-Demenz.

2. das Syndrom der subkortikalen Demenz mit im Vordergrund stehender psychomotorischer Verlangsamung, Aufmerksamkeits- und Antriebsstörung. Es findet sich nicht

Tabelle 6. Erkrankungen mit Demenz. Unvollständiger Überblick über häufigere Ursachen

Degenerative Erkrankungen:
– M.Alzheimer
– M.Pick
– Lewy-Körperchen-Erkrankung
– Chorea Huntington
– Systematrophien
   (z.B. Steele-Richardson-Olszewski-Syndrom)

Zerebrovaskuläre Erkrankungen:
– subkortikale vaskuläre Enzephalopathie
– Multi-Infarkt-Demenz
– Demenz bei strategischem Infarkt
– Z.n. Massenblutung

Entzündliche und infektiöse Erkrankungen:
– Neurosyphilis
– AIDS
– Multiple Sklerose (Spätstadien)
– Jakob-Creutzfeldtsche Erkrankung

Andere:
– Hydrocephalus malresorptivus
– intrakranielle Raumforderung
– posttraumatische Demenz
– Stoffwechselstörungen (z.B. M.Wilson)
– Hypoxie
– Hypovitaminosen
– Endokrinopathien (z.B. Hypothyreose)
– toxisch (z.B. Alkoholdemenz)

nur bei extrapyramidalen Erkrankungen wie dem Steele-Richardson-Olszewski-Syndrom sondern auch bei chronischer Raumforderung, der subkortikalen vaskulären Enzephalopathie sowie bei metabolischen und endokrinologischen Störungen.

3. das Syndrom der frontalen Demenz mit im Vordergrund stehenden Störungen der Handlungskontrolle und -planung. Prototyp ist der M.Pick.

Demenz vom Alzheimer-Typ

Epidemiologie und Pathogenese

Es wird davon ausgegangen, dass mehr als die Hälfte aller Demenzfälle durch die Alzheimersche Erkrankung bedingt sind. In Deutschland leben mehr als 500.000 Betroffene. Andere

Schätzungen gehen von 1.000.000 Patienten aus. Die variierenden Zahlen ergeben sich aus diagnostischen Problemen (s.u.). Ein Auftreten vor dem 50. Lebensjahr ist selten, etwa 30% der 90jährigen sind betroffen.

Pathologisch ist die Krankheit gekennzeichnet durch die Ablagerung abnormer Proteine in den Neuronen und durch kortikalen Zelluntergang mit Schwerpunkt zunächst im Hippocampus und temporoparietalen Assoziationskortex. Ganz zu Anfang steht die Degeneration des Nucleus basalis Meynert, des wichtigsten cholinergen Projektionskerns. Später sind auch andere Neurotransmissionssysteme betroffen.

Symptomatik

Zu Beginn steht meistens die Gedächtnisstörung im Vordergrund. Häufig besteht am Anfang der Erkrankung auch eine depressive Verstimmung. In vielen Fällen ist bereits früh eine weitgehend spezifische semantische Störung nachweisbar (Verarmung semantischer Felder in Wortproduktionsaufgaben).

Im weiteren Verlauf kommt es zu ebenfalls charakteristischen (item-spezifischen) Wortfindungsstörungen und visuell motivierten Paraphasien beim Benennen. Visuelle Agnosie und ideatorische Apraxie sind im Verlauf der Alzheimerschen Erkrankung häufig, während sie bei anderen Erkrankungen nur selten auftreten. Die Sprachstörung ist anfangs durch Wortfindungsstörungen, dann Paraphasien und Echolalie gekennzeichnet. In finalen Stadien besteht Mutismus. Zunehmender Befall des Parietallappens führt zu konstruktiver Apraxie und räumlicher Orientierungsstörung.

Die Alzheimersche Erkrankung stellt den Prototyp der „kortikalen Demenz" dar. In den ersten Jahren sind Antrieb und Persönlichkeit des Patienten weitgehend erhalten. Der Antrieb kann sogar gesteigert sein, was zu Problemen in der Beaufsichtigung des Patienten führen kann. „The happy wanderer", der Patient, der wegläuft und nicht mehr zurückfindet, leidet in der Regel an einem M. Alzheimer.

Diagnostik und Differentialdiagnose

Mit Sicherheit kann die Diagnose nur durch Biopsie oder Autopsie gestellt werden. Die wahrscheinliche Diagnose eines M. Alzheimer stützt sich daher auf den Ausschluss anderer Erkrankungen. Dem M. Alzheimer ähnliche Bilder treten vor allem bei zerebrovaskulären Erkrankungen (v.a. Multi-Infarkt-Demenz), Hypothyreose (im Alter häufig und häufig atypisch verlaufend) und anderen endokrinen Erkrankungen, chronischen Stoffwechselstörungen, Hydrocephalus malresorptivus, intrakranieller Raumforderung, Lues (Progressive Paralyse), Enzephalitiden (z.B. AIDS), der Lewy-Körperchen-Erkrankung (hier in Verbindung mit Parkinson- und psychotischer Symptomatik) und in Frühstadien der Jakob-Creutzfeldt-Erkrankung auf. Auch die Abgrenzung zu einer Depression ohne Antriebsstörung (im Alter häufig) kann Schwierigkeiten bereiten.

In Teilbereichen der neuropsychologischen Symptomatik ähnliche Bilder kommen bei den regionalen Hirnatrophien vor, so nimmt die Aphasie bei progressiver fokaler kortikaler Degeneration (Lobaratrophie) meist denselben Verlauf wie die Sprachstörung beim M. Alzheimer. Etwa die Hälfte der progressiven Lobaratrophien gehen im Verlauf in eine generalisierte Atrophie und Demenz vom Alzheimer- oder frontalen Typ über.

Die Diagnostik umfasst die neurologische und neuropsychologische Untersuchung, ein CT oder MR sowie bei nicht auf eine andere Erkrankung hinweisenden Befunden eine internistische, ibs. endokrinologische Untersuchung und Liquordiagnostik.

Therapie

In der medikamentösen Behandlung des M. Alzheimer werden eine Vielzahl von Substanzen eingesetzt (Cholinergika, Glutamatantagonisten, „Nootropika"). Für den Cholinesterasehemmer Tacrin ist eine Verzögerung des intellektuellen Abbaus und der Aufnahme in ein Pflegeheim um Monate bis Jahre nachgewiesen. Die Substanz ist mit erheblichen, vor allem hepatotoxischen und gastrointestinalen Nebenwirkungen behaftet. Neuere Cholinesterasehemmer (Donepezil, Rivastigmin) sind besser verträglich und anscheinend ähnlich wirksam. Auch Piracetam und Nicergolin können vorübergehend zu einer begrenzten symptomatischen Besserung führen.

Daneben beinhaltet die Behandlung dementer Patienten:
- die therapeutische Beeinflussung der psychosozialen Belastung von Patienten und Angehörigen,
- die Optimierung sozialer Fertigkeiten (z.B. durch kognitive Milieutherapie),
- die neuropsychologische, ergotherapeutische und logopädische Behandlung (je nach Störungsprofil).

Bei der Behandlung von Agitiertheit und Verwirrtheit sollte, wenn irgend möglich, auf die Gabe von Neuroleptika verzichtet werden, da diese die kognitiven Defizite erheblich verstärken. Stattdessen sollten Angstreduktion, Orientierungshilfen, Schlafregulation (nur nachts ins Bett) sowie neuropsychologische Behandlungsprogramme (z. B. Realitäts-Orientierungs-Training, Validation) zur Anwendung kommen.

Die subkortikale Demenz

Definition und Symptomatik
Das Konzept der „subkortikalen Demenz" wurde 1974 von Albert und Mitarbeitern entwickelt, um den Abbau höherer Hirnleistungen beim Steele-Richardson-Olszewski-Syndrom zu charakterisieren und funktionell-anatomisch zu untermauern. Die Autoren beschrieben ein Demenzsyndrom bei dieser Erkrankung, das als Achsensymptome psychomotorische und kognitive Verlangsamung aufweist und weiterhin durch Gedächtnisdefizite und eine Störung kognitiv-prozeduraler Fertigkeiten charakterisiert ist. Sie erklärten diese Defizite als Ausdruck einer Störung der kortikalen Aktivierung durch Läsion subkortikaler Kerngebiete.
Ob den Demenzen vom subkorticalen Typ tatsächlich eine Funktionsstörung der subkortikalen Kerngebiete und ihrer Verbindungen zugrundeliegt, ist weiterhin umstritten. Das nosologische Konzept der subkortikalen Demenz erwies sich jedoch als klinisch wichtig. Demenzen mit im Vordergrund stehenden und die Symptomatik weitgehend erklärenden Störungen von Basisfunktionen höherer Hirnleistungen (Antrieb, Aufmerksamkeit, psycho-

motorische Geschwindigkeit) lassen sich von der kortikalen Demenz, wie sie sich beim M. Alzheimer findet, klinisch und psychometrisch abgrenzen. Zumindest im frühen Stadium der kortikalen Demenz sind Antrieb, basale Aufmerksamkeitsfunktionen und psychomotorische Aktivität erhalten, die charakteristischen Symptome späterer Stadien des M. Alzheimer wie Apraxie und Agnosie fehlen bei der subkortikalen Demenz.
Von besonderer klinischer Bedeutung ist, dass sich unter den Demenzen vom subkortikalen Typ solche Krankheiten häufen, bei denen eine Behandlung möglich ist (z.B. Hydrocephalus malresorptivus, intrakranielle Raumforderung, Hypothyreose, chronische Intoxikation). Anders als beim M. Alzheimer finden sich bei den meisten Erkrankungen mit subkortikaler Demenz früh pathologische Zeichen bei der körperlich neurologischen Untersuchung und im EEG.

Therapie
Die bei der subkortikalen Demenz betroffenen Basisfunktionen höherer Hirnleistungen sind in hohem Maße von der Integrität monaminerger Transmissionsysteme, ibs. des dopaminergen und des noradrenergen, und ihrer Zielstrukturen abhängig. Neben der Behandlung der Grundkrankheit ist bei subkortikalen Demenzen auch eine pharmakologische Manipulation der monaminergen Transmissionssysteme möglich. Hier kommen auch bei Patienten, die nicht primär an einer Basalganglienerkrankung leiden, in erster Linie Substanzen in Betracht, die direkt (Dopaminergika) oder indirekt (Amantadin) die dopaminergen Transmissionssysteme beeinflussen. Klinisch gelegentlich zur Anwendung kommen Antidepressiva mit antriebssteigernder Wirkung (z.B. Desipramin, neuerdings Fluoxetin), ohne dass der Effekt dieser Behandlung bislang systematisch untersucht wurde.

Die frontale Demenz

Klinisch bestehen Überschneidungen zwischen der subkortikalen und der „frontalen Demenz". Unter der letzteren Kategorie werden in der Literatur zwei Typen subsummiert:

– Patienten, die Verhaltensauffälligkeiten auf- weisen, die der Läsion des frontobasalen Kortex zugeschrieben werden, also Persön- lichkeitsveränderungen, soziales Fehlver- halten, Enthemmungsphänomene, Kritik- schwäche.
– Patienten, die psychometrisch Auffälligkei- ten wie bei dorsolateralen Frontalhirnläsio- nen beschrieben, zeigen (Störung frontal- exekutiver Funktionen).

Etwa 10% aller degenerativen Demenzen sol- len der „Demenz vom Frontalhirntyp" mit früh im Vordergrund stehenden Persönlichkeitsver- änderungen zuzurechnen sein (klinisch als M.Pick beschrieben). Davon sollen nur ein Fünftel die pathologischen Kriterien eines M.Pick erfüllen.

Motoneuronerkrankungen

Als Motoneuronerkrankungen werden eine Reihe von degenerativen Erkrankungen zu- sammengefasst, die das erste (von der motori- schen Großhirnrinde zum Vorderhorn des Rückenmarks) und/oder zweite (vom Vorder- horn zum Muskel) Motoneuron betreffen. Da- zu gehören die spinalen Muskelatrophien (hereditäre Erkrankungen der zweiten Moto- neurone), die spastische Spinalparalyse (meist hereditäre Erkrankung der ersten Motoneuro- ne) sowie die amyotrophische Lateralsklerose (ALS, hereditäre Fälle selten), die beide Mo- toneurone befällt. Die letztere ist die bei wei- tem häufigste Motoneuronerkrankung und soll als einzige näher besprochen werden.
  Die ALS ist eine Erkrankung des höheren Lebensalters, kann jedoch gelegentlich bereits bei jungen Erwachsenen auftreten. Im Verlauf der Erkrankung degenerieren die kortikalen motorischen Pyramidenzellen und damit die Pyramidenbahnen sowie die peripheren Moto- neurone. Lediglich die okulomotorischen Ker- ne und die Innervation der Sphinkteren sind nicht betroffen. Sensible, zerebelläre oder ex- trapyramidale Symptome gehören nicht zur ALS. Typische Frühsymptome sind umschrie- bene Muskelatrophien an Händen oder Schul- tergürtel, Fußheberparese und Paresen im Ver-

sorgungsgebiet der unteren Hirnnerven („Bul- bärparalyse"). Die Diagnose stützt sich auf den Nachweis der Schädigung des ersten (Reflex- steigerung, Zeichen der Babinski-Gruppe, Untersuchung mittels transkranieller Magnet- simulation) und zweiten Motoneurons (Atro- phie, Faszikulieren, elektromyographische Veränderungen) bei Fehlen einer Beteiligung anderer Systeme.
  Die Erkrankung führt nach einigen Jahren zum Tode. Spätstadien sind durch ausgedehn- te, schwerste Paresen, zunehmende Atemläh- mung und rezidivierende Aspirationspneumo- nien gekennzeichnet. Die Patienten sterben an Komplikationen (Pneumonie) oder an der Atemlähmung, wobei meist der Schlaf in ein hypoxisches Koma übergeht.
  In etwa 10% der Fälle geht die ALS mit ei- ner mäßiggradigen Demenz, oft vom frontalen Typ, einher.

Heredodegenerative Erkrankungen

Einige heredodegenerative Erkrankungen wurden bereits besprochen (z.B. Chorea Hun- tington, spinale Muskelatrophie). Weitere, z.B. die hereditären Neuropathien sind neuropsy- chologisch ohne Relevanz.

Heredoataxien

Die häufigste Heredoataxie ist der M.Fried- reich, der autosomal rezessiv vererbt wird. Da- bei kommt es zur fortschreitenden Degeneration der spinozerebellären Bahnen und der Hinter- stränge, bei manchen Patienten auch des N.opti- cus und der Pyramidenbahnen. Das Kleinhirn ist nur gering betroffen, die schwere Ataxie ergibt sich hauptsächlich aus der Deafferentierung.
  Die Erkrankung beginnt im Schulalter mit zunehmender Ataxie und Dysarthrie. Viele Pa- tienten leiden außerdem an einem charakteri- stischen Hohlfuß, einer Skoliose, einem Dia- betes und einer Kardiomyopathie. Letztere begrenzt die Lebenserwartung, die meisten Pa- tienten sterben in der 5. Dekade.
  Unter dem Begriff der „autosomal domi- nanten zerebellären Ataxie" (ADCA) werden eine Gruppe von Erkrankungen zusammen-

gefasst, die dominant vererbt werden, bei denen eine zerebelläre Ataxie im Vordergrund steht, und die um das 40. Lebensjahr auftreten.

Metabolische Erkrankungen

Eine Vielzahl von Stoffwechselstörungen kann zu strukturellen und funktionalen Veränderungen im ZNS führen. Tabelle 7 gibt einen unvollständigen Überblick.

Akute organische Psychosyndrome

Definition und Auftretensbedingungen

Akute organische Psychosyndrome sind „gekennzeichnet durch eine sich über einen kurzen Zeitraum entwickelnde Bewusstseinsstörung und eine Veränderung kognitiver Funktionen" (Definition des Delirs im DSM IV). Im Gegensatz zu den Demenzen kommt es zu einem akuten oder subakuten Zusammenbruch der kognitiven Integrität. Eine Vielzahl metabolischer und struktureller Hirn-

Tabelle 7. Metabolische Erkrankungen mit ZNS-Beteiligung.

	Art der Störung	wichtige neurologische Symptome
M. Wilson	Kupfertransport	Akinese, Rigor, Hyperkinesen, Dysarthrie, Ataxie, Demenz
Porphyrie	Störung des Hämoglobinabbaus	Krampfanfälle, Verwirrtheit, Psychose, Polyneuropathie
Lipidspeicherkrankheiten	Ablagerung von z.B. Gangliosiden oder Cerebrosiden	adulte Formen selten. Demenz, Epilepsie, Ataxie, Spastik, Blindheit, Polyneuropathie
Mitochondriopathien	vererbte Mitochondrienfunktionsstörung	Myopathie, Augenmuskelparesen, Myoklonusepilepsie, akute Hirnnekrosen, Ataxie, Demenz

krankheiten können akute organische Psychosyndrome auslösen (vgl. Tab. 9).

Obwohl die Ursachen vielfältig sind, entspricht das klinische Bild akuter organischer Psychosydrome wenigen stereotypen Formen (Somnolenz, Verwirrtheit, Delir, affektive Psychose), was auf eine oder wenige gemeinsame pathophysiologische Endstrecke(n) hinweisen könnte. Diskutiert wird vor allem eine Erschöpfung der cholinergen Transmission, die einen hohen metabolischen Turnover aufweist. Die Verwirrtheit ist das mit Abstand häufigste klinische Bild.

Neben der Grunderkrankung sind folgende Auslöser für akute organische Psychosyndrome belegt: psychosozialer Stress, Schlafstörung, sensorische Deprivation und Overload sowie Immobilisation.

In der angloamerikanischen Literatur wird für den Verwirrtheitszustand der Begriff „delirium" verwendet. Tabelle 8 stellt die diagnostischen Kriterien nach DSM IV dar. Dabei werden eine hyperaktiv-hyperalerte und eine hypoaktiv-hypoalerte Variante sowie eine gemischte Form mit Fluktuationen zwischen Hyper- und Hypoaktivität unterschieden.

Klinik

Neben dem typischen Verlauf mit raschem Beginn, kurzer Dauer (Stunden bis Tage) und fluktuierendem Schweregrad ist vor allem die zeitliche und situative Desorientiertheit klinisches Leitsymptom. Sie wird häufig erst bei

Tabelle 8. Diagnostische Kriterien des Delirs im DSM-IV

A) Bewusstseinsstörung, die mit einer Veränderung der kognitiven Funktionen einhergeht, welche nicht besser durch eine bereits bestehende oder sich entwickelnde Demenz erklärt werden kann. Die Fähigkeit, die Aufmerksamkeit auf einzelne Reize zu richten, aufrechtzuerhalten und gezielt zu wechseln, ist beeinträchtigt.

B) Veränderung der kognitiven Funktionen oder Entwicklung einer Wahrnehmungsstörung.

C) Das Störungsbild entwickelt sich in der Regel innerhalb kurzer Zeit und fluktuiert im Tagesverlauf.

gezieltem Befragen offensichtlich (bei miss-
trauischen Patienten ist die Frage nach dem
Alter am unverfänglichsten).

Wahrnehmungsstörungen, vorwiegend in
der visuellen Modalität, sind häufig. Meist
handelt es sich um illusionäre Verzerrungen
und Verkennungen. Lebhafte Halluzinationen,
ebenfalls meist in der visuellen Modalität, sind
für das Delir sowie Verwirrtheitszustände unter Anticholinergika und Dopaminergika typisch.

Für den Höhepunkt schwererer Verwirrtheitszustände besteht Amnesie, und auch die
Erinnerung an leichtere Verwirrtheit ist gemindert und fragmentarisch.

Die gestörte Wachheit des verwirrten Patienten wird vor allem am gestörten Schlaf-
Wach-Zyklus deutlich. Häufig bestehen nächt-
liche agitierte Wachheit und Schläfrigkeit
tagsüber, oder es wird in kurzen Etappen ge-
schlafen.

Nicht selten liegen dem Verwirrtheitszustand mehrere Ursachen zugrunde, die sich
erst im Verlauf der Diagnostik und (Fremd-)
Anamneseerhebung in ihrer Gesamtheit darstellen. Tabelle 9 gibt eine Übersicht über häufige Ursachen akuter organischer Psychosyndrome.

Diagnostik

Bei den akuten organischen Psychosyndromen
besteht das primäre diagnostische Ziel darin,
die Ursache zu identifizieren und sie einer Behandlung zuzuführen. Einige Ätiologien bedürfen der notfallmäßigen Therapie. Die bedeutsamsten apparativen Untersuchungsverfahren sind CT und EEG. Das EEG vermag
ätiologische Hinweise zu geben (hepatische,
urämische Enzephalopathie, Differentialdiagnose der Bewusstseinsstörung beim urämi-
schen Patienten, epileptisches Geschehen). Es
spielt gelegentlich auch eine Rolle in der Verlaufsdiagnostik und Prognostik.

Therapie

Sofern die Ursache des akuten Verwirrtheits-
zustands behoben oder kompensiert werden
kann, ist die Prognose generell günstig. Die

Tabelle 9. Häufige Ursachen von Verwirrtheitszuständen

1. Medikamente und Intoxikationen (Auswahl):
   Aminophyllin, Antiarrhythmika, Antibiotika,
   Anticholinergika, Antiparkinsonmittel, Digitali-
   salkaloide, Interferone, Lithium, Sedativa, Alkohol, Drogen, organische Lösungsmittel

2. Entzugssyndrom: Alkohol, Sedativa, Hypnotika

3. Metabolische Encephalopathien:
   – Hypoglykämie, hepatische, pankreatische,
     pulmonale und renale Insuffizienz, Porphyrie
   – Endokrinopathien: Hyper-, Hypothyreose, Hy-
     per-, Hypoparathyreoidismus, Hypopituitaris-
     mus, M.Addison, M.Cushing
   – Störungen des Elektrolyt-, Säure-Basen- und
     Wasserhaushalts

4. Infektionen
   – intrakranielle
   – systemische: akutes rheumatisches Fieber,
     Brucellose, Diphtherie, Mononukleose, Influ-
     enza, Legionellose, Malaria, Mumps, Typhus,
     Sepsis, Pneumonie.

5. Schädel-Hirntrauma

6. Epilepsie: iktal, interiktal, postiktal

7. Zerebro- und kardiovaskuläre Erkrankungen

8. Intrakranielle Raumforderung

9. Physikalisch: Hitze, Kälte, Bestrahlung, Elek-
   trotrauma

Patienten sind jedoch bedingt durch ihre Verwirrtheit und eingeschränkte Kooperations-
fähigkeit durch Komplikationen besonders gefährdet.

Um Kooperation des verwirrten Patienten
zu erzielen, muss es ihm ermöglicht und regelmäßig abverlangt werden, mit seiner Umgebung zu interagieren. Von besonderer Bedeutung sind dabei die Reduktion der Angst und
die Hilfe zur Reorientierung. Dazu muss die
Umgebung stabilisiert werden. Ständig wechselnde Situationen und agierende Personen
sind soweit als möglich zu vermeiden. Sinn
und Zweck diagnostischer und therapeutischer
Maßnahmen müssen, wegen Aufmerksam-
keits- und Merkfähigkeitsstörungen oft mehrmals, erklärt werden. Aus denselben Gründen

ist es notwendig, dem Patienten seine aktuelle Situation immer wieder zu erläutern. Die Einbeziehung eines belastbaren und kooperativen Angehörigen in die Pflege kann vorteilhaft sein; ist ein solcher nicht vorhanden, sollte eine speziell erfahrene Pflegekraft mit den Aufgaben der Angstreduktion und Reorientierungshilfe beauftragt werden.

Die Gabe von Sedativa beim verwirrten Patienten sollte sehr zurückhaltend erfolgen, da sie die Beurteilung des aktuellen Zustands erschwert. Sie dürfen also allenfalls nach erfolgter Ursachenabklärung verabreicht werden. Andererseits beschleunigt die Induktion des physiologischen Schlafes das Abklingen von Verwirrtheitszuständen.

Alkoholassoziierte Erkrankungen

Das Alkoholentzugsdelir

Während in der internationalen Literatur das Alkoholentzugsdelir als Prototyp der hyperaktiv-hyperalerten Form des Verwirrtheitszustandes angesehen wird, neigen viele deutsche Autoren dazu, das Delir von den übrigen Verwirrtheitszuständen abzugrenzen. Pathophysiologisch scheint eine noradrenerge Überstimulation im Vordergrund zu stehen, was auch die vegetative Entgleisung zu erklären vermag.

Psychopathologisch unterscheidet sich das Delir von den übrigen akuten organischen Psychosyndromen vor allem durch die prominenten visuellen Halluzinationen und die Agitiertheit. Die vermehrte Anregbarkeit und Suggestibilität von deliranten Patienten macht die Halluzinationen oft von außen beeinflussbar (Lesen vom leeren Blatt). Außer im Entzug kann ein Delir trotz weiterer Alkoholzufuhr auch bei interkurrenten Erkrankungen auftreten.

Die klinische Abgrenzung des Delirs von den übrigen Verwirrtheitszuständen erscheint sinnvoll, da das Delir als solches, und nicht nur die ihm zugrundeliegende Ätiologie, wegen der Gefahr der vegetativen Entgleisung lebensbedrohlich ist. Das Prädelir mit seiner eskalierenden vegetativen Symptomatik und nur diskreten psychopathologischen Auffälligkei-

ten (innere Unruhe, fahrige Psychomotorik, Schlafstörung, lebhafte Träume) und dem charakteristischen Tremor (gesteigerter physiologischer Tremor) verdient daher besondere Aufmerksamkeit und rasches therapeutisches Handeln. Das unbehandelte Delir hat eine Mortalität von etwa 30%.

Die Wernicke-Enzephalopathie

Bei der Wernicke-Enzephalopathie kommt es akut zur z.T. hämorrhagischen Degeneration im Thalamus, Hypothalamus, Mamillarkörpern, periaquäduktal, in den Kernen im Boden des IV. Ventrikels und im Kleinhirn. Als Ursache wird ein akuter Thiaminmangel angenommen, der v.a. bei Alkoholikern sowie selten bei konsumierenden (z.B. fortgeschrittenen Krebs-) Erkrankungen und inadäquater parenteraler Ernährung auftritt.

Die Erkrankung ist gekennzeichnet durch Bewusstseinsstörung, mnestische Störungen, Paresen der okulomotorischen Nerven und Störungen der Blickmotorik (Blickparesen, sakkadierte Blickfolge, dysmetrische Blickbewegungen, pathologische Nystagmen) sowie Ataxie.

Die Diagnose wird klinisch gestellt, bereits bei vagem Verdacht wird mit der Behandlung mit Thiamin (Vitamin B1) begonnen. Bei frühem Therapiebeginn sind die Symptome weitgehend rückbildungsfähig, bei verzögertem besteht die Gefahr der Ausbildung eines Korsakow-Syndroms mit bleibender schwerer Störung des Neugedächtnisses.

Die zentrale pontine Myelinolyse

Es handelt sich um eine akute Entmarkung im Bereich des Pons, die meist iatrogen durch einen zu raschen Elektrolytausgleich bei schwerer Hyponatriämie bedingt ist. Risikogruppen sind Alkoholiker und Patienten mit endokrinologisch bedingten Elektrolytstörungen (z.B. M. Addison). Im Vordergrund der akuten Symptomatik stehen Bewusstseinsstörung, Tetraparese, Ataxie und Hirnnervenausfälle bis hin zum locked-in-Syndrom. In der Regel verbleiben schwere rehabilitationspflichtige Defizite.

Das Marchiafava-Bignami-Syndrom

Bei dieser alkoholassoziierten Erkrankung kommt es zu einer akuten Entmarkung der Großhirnkommissuren. Das akute Stadium ist durch Bewusstseinsstörung, Tetraparese, Dysarthrie und Anfälle gekennzeichnet. Im Verlauf kann es zu einer erheblichen Besserung kommen. Das Auftreten einer chronischen Split-Brain-Symptomatik nach Marchiafava-Bignami-Syndrom wurde beschrieben.

Weitere alkoholassoziierte Erkrankungen

sind die alkoholische Hirnatrophie und Demenz (deren Ausmaß nur mäßig miteinander korreliert), die alkoholische Kleinhirnatrophie und die alkoholische Polyneuropathie (alkoholtoxische Erkrankung der peripheren Nerven). Hirnatrophie und Polyneuropathie sind teilweise reversibel.

1.7 Klinische Neuropsychiatrie in der Neuropsychologie

MANFRED HERRMANN

Zusammenfassung

Neuropsychiatrische Störungen werden nach zentral-neurologischen Erkrankungen vielfach beobachtet. Sie können, wenn nicht frühzeitig diagnostiziert und behandelt, den Erfolg und Verlauf neuropsychologischer Rehabilitation negativ beeinflussen. Demzufolge ist ihre Diagnose und die Anbahnung bzw. Überprüfung therapeutischer Maßnahmen ein elementarer Bestandteil der neuropsychologischen Tätigkeit. Entsprechend der Einordnung dieses Kapitels in das gesamte Lehrbuch liegt der Schwerpunkt vorwiegend auf der Vermittlung von Basiswissen und weniger auf den klinischen Implikationen neuropsychiatrischer Erkrankungen. Es werden die Grundlagen neuropsychiatrischer Diagnostik und Behandlung beschrieben und exemplarisch Modelle der Pathogenese und pathophysiologie neuropsychiatrischer Störungsbilder im Kontext der Klinischen Neuropsychologie dargestellt.

Vorbemerkung und Begriffsbestimmung

Emotional-affektive Störungen sind eine häufige Folge von Läsionen des zentralen Nervensystems, die einen bedeutenden Einfluss auf die Bedingungen und Möglichkeiten der neurologisch-neuropsychologischen Rehabilitation haben. Die Inzidenzraten neuropsychiatrischer Veränderungen nach ZNS-Läsionen schwanken in Abhängigkeit von der neurologischen Grunderkrankung und deren Verlauf. Es muss jedoch davon ausgegangen werden, dass jede Erkrankung des Gehirns auch mit neuropsychiatrischen Veränderungen assoziiert ist (Robinson & Travella, 1996). Psychische Veränderungen der Patienten dürfen jedoch nicht nur als ein Symptom einer zentral-neurologischen Grunderkrankung interpretiert werden, sondern interagieren mit allen Ebenen medizinischer und neuropsychologischer Maßnahmen und können in erheblichem Maße den Verlauf und die Prognose der Erkrankung bestimmen. So gehen beispielsweise depressive Veränderungen in der Frühphase eines Schlaganfalls häufig mit einer pessimistischen Grundhaltung, fehlender Therapiemotivation und mangelnder Kooperation zur aktiven Mitarbeit an therapeutischen Maßnahmen einher (Herrmann & Wallesch, 1993). Da die Rehabilitationsprognose jedoch von möglichst frühzeitig einsetzenden und hochfrequent durchgeführten funktionellen und/oder medikamentösen Therapiemaßnahmen abhängig ist, die nur mit der aktiven und motivierten Kooperation der Patienten durchgeführt werden können, ist die Diagnose und adäquate Therapie emotional-affektiver Veränderungen nicht selten entscheidend für den Erfolg von Rehabilitationsmaßnahmen. Die Diagnose und dementsprechend auch die Therapie neuropsychiatrischer Störungen nach Schlaganfällen, Schädel-Hirn-Traumata, neoplastischen, neurodegenerativen oder entzündlichen Erkrankungen des Gehirns ist jedoch immer noch häufig beeinflusst durch ätiopathogenetische Konzepte und Modellvorstellungen der behandelnden

Ärzte oder Therapeuten. Ob eine depressive Veränderung nach Schlaganfall als „psychoreaktives" Korrelat der körperlichen Beeinträchtigung oder Phase eines Krankheitsbewältigungsprozesses interpretiert oder pathophysiologisch im Sinne einer läsionsinduzierten Störung eines neurobiochemischen Gleichgewichts aufgefasst wird, kann einen erheblichen Einfluss auf die therapeutischen Strategien und Behandlungsansätze haben und sich in unterschiedlichen Phasen der Erkrankung auch negativ auf den Rehabilitationsprozess auswirken. Obwohl diese dichotomen Krankheitstheorien gerade bei psychischen Erkrankungen einen nachhaltigen Einfluss auf die therapeutischen Konsequenzen hatten und haben, wird deren Stellenwert in den letzten Jahren zunehmend bezweifelt. Dies wird unter anderem auch daran deutlich, dass in den letzten Revisionen von psychiatrischen Klassifikationssystemen eine ätiologische Zuordnung in endogene oder exogene („organische" oder „nicht-organische") Störungen zunehmend – wie etwa in der letzten revidierten Fassung des „Diagnostic and Statistical Manual of Mental Disorders" (DSM IV; American Psychiatric Association, 1994) – aufgegeben werden. Als ursächlich hierfür wird angegeben „that the arbitrary distinction between conditions that could be directly attributed to CNS dysfunction and conditions in which the etiology was, as yet, unknown resulted from a lack of knowledge rather than because of a real difference" (Tucker, 1996, S. 1010). Die ätiopathogenetische Zuordnung, d.h. die mögliche Kausalbeziehung und pathophysiologische Interpretation einer neuropsychiatrischen Störung soll in diesem Kapitel nicht weiter vertieft werden. In Abgrenzung zu Kapitel 7, welches den Schwerpunkt auf die allgemeine psychotherapeutische Diagnostik und Intervention legt, liegt das Hauptaugenmerk dieses Kapitels auf dem engeren Zusammenhang zwischen einer zentral-neurologischen Erkrankung und den pathophysiologisch assoziierten psychischen Störungen. Neuropsychiatrische Störungen sind hier definiert als eine pathologische Veränderung des psychischen Status von Patienten mit wahrscheinlicher oder nachgewiesener hirnorganischer Störung. Im folgenden werden daher vorrangig diejenigen neuropsychiatrischen Erkrankungen thematisiert, deren Kausalzusammenhang mit einer hirnorganischen Störung als empirisch gut belegt gelten kann.

Phänomenologie, Symptome und Beschreibungsebenen

Die Phänomenologie neuropsychiatrischer Störungen ist sehr facettenreich und orientiert sich überwiegend an den Beschreibungsmustern der klassischen Psychopathologie und den daraus entwickelten diagnostischen Kategorien und Beschreibungssystemen. Die am häufigsten im Kontext mit einer hirnorganischen Erkrankung genannten (Robinson & Travella, 1996) – und zugleich auch am intensivsten beforschten – neuropsychiatrischen Veränderungen sind:
– Depressive Syndrome („major depression", dysthyme Störung)
– Disinhibitorische Syndrome (affektive Psychosen mit zumeist produktiver oder manischer Symptomatik, affektive Instabilität, pathologisches Lachen und Weinen, Angst oder Panikstörungen, Aggression, Distanzlosigkeit oder andere Formen sozial auffälligen Verhaltens)
– Syndrome emotionaler Indifferenz (Hypobulie, Apathie, ...)
– Demenzen (vgl. Kapitel 1.6 und 6.2) und
– Delirante Syndrome („Delirium") oder akute „organische" Verwirrtheitszustände (vgl. Kapitel 1.6)
– Organisch bedingte Halluzinosen, Wahn und Zwangssymptome
– Organisch bedingte „Wesensänderung"

Die Verwendung dieser Symptomkategorien ist insofern problematisch, als dass nosologische Einheiten neuropsychiatrischer Störungen nach hirnorganischen Veränderungen suggeriert werden, die in den dargestellten prototypischen Formen selten anzutreffen sind und bezüglich Ausprägung und Verlauf von Einzelsymptomen und in Abhängigkeit von Art und Prognose der neurologischen Grunderkrankung erheblich variieren können. Weiterhin orientiert sich die Beschreibung neuro-

psychiatrischer Erkrankungen an unterschiedlichen Kriterien, wie z.B. der Lokalisation eines pathologischen Prozesses („Frontalhirnsyndrom", „Syndrome der weißen Substanz",...), der betroffen funktionell-neuroanatomischen Systeme („fronto-striatales Syndrom",...), der betroffenen Gefäßsysteme und
deren Territorien („choroidea anterior-Syn-

drom") oder der der jeweiligen Erkrankung
zugrundeliegenden Pathophysiologie (metabolische, endokrinologische Syndrome; Neurotransmitterdefizite oder -imbalancen,...). Im
Kontext der neuropsychologischen Diagnostik
und Therapie von Patienten mit hirnorganischen Läsionen ist es zunächst sinnvoller, eine
exakte Beschreibung von Auffälligkeiten auf

Tabelle 1. Beschreibungsebenen inhibitorischer und disinhibitorischer Symptome bei neuropsychiatrischen Störungen nach hirnorganischen Veränderungen (modifiziert nach Herrmann et al., 1999)

Beschreibungs-ebenen	inhibitorischer Komplex	disinhibitorischer Komplex
Motorisch	– motorische Verlangsamung – Sprechverarmung – Verarmung in Gestik und Mimik – Verarmung der Motorik	– Hyperaktivität, motorische Unruhe – gesteigerte Sprechaktivität – nonverbale Hyperexpressivität – Utilisationsverhalten, Echopraxie
Sensorisch-perzeptiv	– mangelnde Reagibilität auf Umgebungsreize – Ausblendung, Nichtwahrnehmung von Sinnesreizen	– Halluzinationen (visuell, auditiv, taktil-kinaesthetisch) – veränderte Wahrnehmung (Konstanz, Form, Größe, ...; Metamorphopsien)
Emotional-affektiv	– depressive Grundstimmung – synthyme Wahnvorstellungen (Verarmung, Verlust) – geringes Selbstwertgefühl, Selbst-ablehnung – emotionale Indifferenz, „Gefühl-losigkeit" – Apathie, Abulie	– manische, euphorische Grundstimmung – paranoide Wahnvorstellungen – Selbstüberschätzung, Größenwahn – Aggressionsausbrüche, gesteigerte Aggressivität – affektive Instabilität, „Affektinkontinenz" – pathologisches Lachen und Weinen
Behavioral	– Appetit und Gewichtsverlust – Energie und Interessenverlust – sozialer Rückzug	– Hyperphagie, orales Explorations-verhalten – Hypersexualität, ungerichtete Aktivitätssteigerung – Distanzlosigkeit, Nichtbeachtung sozialer Konventionen
Kognitiv	– verminderte Ansprechbarkeit – Entscheidungsunfähigkeit, reduzierte Planungs und Hand-lungsfähigkeit, reduzierte Gedächtnisleistung, ... – reduzierte Konzentrations- und Aufmerksamkeitsleistungen	– verstärkte Ablenkbarkeit – Ideenflucht, Perseverationen, Regelbrüche, assoziative Lockerung, ... – reduzierte Fehlerkontrolle, ...
Biozyklisch	– Schlafstörungen (frühmorgend-liches Erwachen, Ein- und Durch-schlafstörungen), Müdigkeit	– vermindertes Schlafbedürfnis

der Verhaltensebene und im emotionalen oder kognitiven Bereich zu leisten. Eine Zuordnung oder Klassifikation im Rahmen von Diagnosesystemen (vgl. folgenden Abschnitt) sollte – wenn überhaupt – erst mit nachgeordneter Priorität erfolgen. Als im klinischen Kontext nützlich für die Beschreibung von emotional-affektiven Störungen nach zerebralen Läsionen hat sich eine Zuordnung zu den Polen inhibitorischer und disinhibitorischer Symptome erwiesen. In Tabelle 1 sind neuropsychiatrische Symptome aufgelistet und den Beschreibungsebenen motorische, sensorisch-perzeptive, emotional-affektive, behaviorale, kognitive und biozyklische Veränderungen zugeordnet. Diese Tabelle ist weder vollständig noch eindeutig bezüglich der Zuordnung zu Kategorien und soll lediglich eine Hilfestellung zur Gliederung und Beschreibung möglicher neuropsychiatrischer Symptomprofile geben.

Eine unspezifische Beschreibung emotional-affektiver Veränderungen nach hirnorganischen Läsionen, etwa als Teil des „hirnorganischen Psychosyndroms" oder „psychoorganischen Durchgangssyndroms", erweist sich als untauglich für die Neuropsychologie. Diese Termini implizieren, dass es zum einen ein einheitliches psychopathologisches und neuropsychologisches Symptomcluster nach hirnorganischen Schädigungen gibt, was weder theoretisch noch empirisch haltbar ist, und dass die neuropsychiatrische Auffälligkeit einen transienten Charakter habe, welcher zumeist nicht gegeben ist. Viele neuropsychiatrische Störungsmuster sind auch Jahre nach einer Hirnschädigung – wenn auch häufig in abgeschwächter Form – noch deutlich vorhanden und haben einen negativen Einfluss auf die berufliche und psychosoziale Reintegration der Patienten. Aus den erwähnten Gründen muss auch ein Terminus wie „Frontalhirnsyndrom" heute als obsolet gelten. Er umfasst Verhaltensauffälligkeiten, die von Enthemmungsphänomenen, wie Greifreflexen, Automatismen und Utilisationsverhalten, bis zu beeinträchtigen Gedächtnis und Aufmerksamkeitsleistungen oder Störungen exekutiver Funktionen reichen können und dokumentiert eher die Unsicherheit des Untersuchers, als dass er Hinweise für die adäquate Problemerfassung und Therapie geben könnte.

Sowohl in bezug auf die Kommunikation mit anderen Berufsgruppen, als auch in bezug auf die Überprüfung des Erfolges therapeutischer Interventionen sollte bei der Beschreibung neuropsychiatrischer Auffälligkeiten auf Syndrome oder zugrundeliegende Modellvorstellungen verzichtet werden und statt dessen die Probleme des Patienten bei Untersuchung und im Alltag exakt beschrieben werden.

Untersuchung und Diagnostik

Die neuropsychiatrische Diagnostik ist immer multimodal und umfasst verschiedene Untersuchungsebenen (vgl. Mueller & Fogel, 1996). Eine Übersicht zu obligatorischen Bestandteilen der neuropsychiatrischen Diagnostik ist in Tabelle 2 dargestellt. Da Patienten mit neuropsychiatrischen Störungsbildern häufig desorientiert sind, Wahrnehmungs- und Bewusstseinsveränderungen oder Kommunikationsstörungen aufweisen, ist neben der Exploration und Verhaltensbeobachtung die Fremdanamnese besonders wichtig. Viele relevante Informationen (Schlafstörungen, Interessenverlust, soziale Interaktion,...) können häufig nur durch Angehörige des Patienten, Pflegepersonal, Therapeuten oder Mitpatienten gewonnen werden. Neben der formalen psychiatrischen Statuserhebung ist auch die neurologische Untersuchung (vgl. Kapitel 1.6) Bestandteil der neuropsychiatrischen Diagnostik. Kognitive Einschränkungen sind häufig bereits durch die Exploration, Verhaltensbeobachtung und Fremdanamnese ersichtlich oder durch ein neuropsychologisches Screening auf der Basis von Paper and Pencil-Verfahren dokumentierbar. Laborchemische, bildgebende und elektrophysiologische Untersuchungen sind elementare Bestandteile der Diagnosesicherung und Therapiekontrolle. Da die einzelnen Ebenen der Diagnostik in verschiedenen Kapiteln dieses Lehrbuches differenzierter dargestellt sind, wird auf eine detaillierte Darstellung verzichtet.

Wie bereits weiter oben betont, ist eine notwendige Voraussetzung für jegliche Diagnostik neuropsychiatrischer Störungen die exakte Beschreibung von Verhaltensauffälligkei-

Tabelle 2. Bestandteile der neuropsychiatrischen Diagnostik

Anamnese/Fremdanamnese/Verhaltensbeobachtung

– Neurologische/psychiatrische Grunderkrankungen, Verlauf der aktuellen Erkrankung
– Alkohol-, Drogen-, Medikamentenanamnese, aktuelle Medikation
– Grad der Wachheit, Bewusstseinseinschränkungen
– Erscheinungsbild (Hygiene, Bekleidung, körperliche Stigmata ...)
– Haltung gegenüber dem Untersucher und der Untersuchungssituation
– Verhaltensauffälligkeiten (Zeichen extrapyramidal-motorischer Störungen, posturale Auffälligkeiten, Gestik, Mimik, psychomotorische Unruhe, Perseverationen, ...)

Psychiatrischer Status

– Orientiertheit (Person, Situation, Ort, Zeit)
– Formale und inhaltliche Denkstörungen
– Stimmung und deren Verhaltens-/Erlebenskorrelate (Schlafstörungen, vegetative Auffälligkeiten, Appetit und Gewicht, Energie, Antrieb, Zukunftserwartungen, Suizidalität,...)
– Affekt (emotionale Reaktionen, Kongruenz, Modulation,...)
– Krankheitswahrnehmung und -einsicht

Neurologischer Status

– Untersuchung der Hirnnerven
– Prüfung der Spontan-, Willkürmotorik und Kraft
– Prüfung von Eigen-, Fremd- und pathologischen Reflexen
– Prüfung der Koordination
– Prüfung der Sensibilität

Kognitiver Status

– Orientierende Untersuchung der Sprache und des Sprechens (Flüssigkeit, Sprachverständnis, Benennen, Nachsprechen, Buchstabieren, Schreiben, Lesen)
– Orientierende Untersuchung von Gedächtnisfunktionen (episodisch, semantisch, verbal, nonverbal)
– Orientierende Untersuchung visuoperzeptiver und -kognitiver Funktionen (Beschreibung des Raumes, Zeichnen, Kopieren, Diskrimination)
– Orientierende Untersuchung exekutiver Funktionen (Handlungsplanung, Konzeptbildung, -identifikation)

Tabelle 2. Bestandteile der neuropsychiatrischen Diagnostik (Fortsetzung)

– Orientierende Untersuchung von Rechenleistung und Aufmerksamkeitsfunktionen (Konzentration, Ablenkbarkeit, Maßnahmen zur Aufmerksamkeitssicherung)

Laborchemischer Status

– Routinelabor
– Medikamentenspiegel
– Endokrinologischer Status
– Liquordiagnostik

Bildgebende und elektrophysiologische Untersuchungen

– Kraniales Computertomogramm/ Magnetresonanztomographie
– u.U. SPECT oder PET-Untersuchung
– Elektroenzephalograpie

---

ten, emotional-affektiven Veränderungen und explorierten kognitiven Störungen. Daher sollte vor jedem Versuch einer Klassifikation, Diagnosezuordnung oder Graduierung einer neuropsychiatrischen Störung immer eine exakte Beschreibung der Verhaltensauffälligkeiten erfolgen. Erst dann erscheint eine Einordnung des Störungsbildes auf der Basis von psychiatrischen Klassifikationssystemen, Diagnoseschemata oder Fremd- und Selbstbeurteilungsverfahren sinnvoll. Zudem stellt sich die Verwendung von „klassischen" psychiatrischen Diagnoseverfahren bei Patienten mit neuropsychiatrischen Störungen als problematisch dar. Einerseits ist eine organische Erkrankung als Ursache einer psychopathologischen Veränderung häufig als Ausschlusskriterium oder nur sehr unscharf definiert, andererseits liegen bislang nur sehr wenig Verfahren vor, die bei Patienten mit hirnorganischen Läsionen psychometrisch überprüft wurden. Daten zu Validität, Reliabilität oder Veränderungssensitivität wurden fast ausschließlich bei Patientengruppen mit psychiatrischen Erkrankungen ohne nachgewiesene hirnorganische Veränderung gewonnen. Als ein weiteres Problem muss die mögliche Konfundierung neuropsychologischer und psychopathologischer Items bei vielen psychiatrischen Untersuchungsverfahren genannt werden. So ist es beispielsweise oft schwierig zu entscheiden, ob Symptome wie Energieverlust oder Beeinträchtigungen der Konzentration als neuropsychologisches Korrelat einer Hirnschädigung oder aber als Symptom einer depressiven Veränderung interpretiert werden sollen.

Im folgenden werden unterschiedliche Ansätze der Diagnostik neuropsychiatrischer Störungen skizziert. Allgemein können neben der klinischen Untersuchung folgende diagnostische Schemata und Verfahren differenziert werden:
- multiaxiale Klassifikationssysteme
- Fremd und Selbstbeurteilungsskalen
- endokrinologische oder metabolische Marker

Multiaxiale Klassifikationssysteme

Die bekanntesten Klassifikationssysteme psychiatrischer Störungen sind in den jeweils aktuellen Fassungen das „Diagnostic and Statistical Manual of Mental Disorders" (DSM IV, American Psychiatric Association, 1994) und die „International Classification of Diseases" (ICD-10, Hiller et al., 1995). Beiden Verfahren beruhen auf dem Versuch einer reliablen und validen Diagnosezuordnung auf der Basis von obligaten und fakultativen Einzelsymptomen. Während das DSM IV vorwiegend international und in der neuropsychiatrischen Forschung zur Anwendung kommt, wird der ICD-10 deutschsprachig überwiegend zur Diagnoseverschlüsselung verwendet. Kennzeichnend für die Entwicklung beider Verfahren in den letzten Jahren ist es, dass sie sich in ihrer aktuellen Version inhaltlich angenähert haben und auf ätiologische Zuordnungen weitgehend verzichten (vgl. Tucker, 1996). Für beide Klassifikationssysteme gilt aber auch, dass neuropsychiatrische Störungsbilder nach Hirnschädigungen nicht oder nur unzureichend spezifiziert sind.

Fremd und Selbstbeurteilungsskalen

Diese Instrumente dienen zur Graduierung, d.h. zur Bestimmung des Schwergrades einer psychopathologischen Veränderung. Selbstbeurteilungsverfahren sind allgemein mit dem Nachteil behaftet, dass Patienten mit Sprachoder sprachassoziierten Störungen oder Beeinträchtigungen der visuellen Exploration häufig nicht untersucht werden können. Um dieses Manko auszugleichen, wurden nonverbale Verfahren (zumeist sogenannte „Visual Analogue Scales") entwickelt, die ihrerseits jedoch kaum eine differenzierte Erfassung emotionalaffektiver Veränderungen zulassen, da viele Symptome neuropsychiatrischer Störungen nur schwer oder nicht visualisierbar bzw. graphisch darstellbar sind (bspw. Energieverlust, Pessimismus, Suizidalität, etc.). Ein weiterer Nachteil von Selbstbeurteilungsverfahren ist die manchmal problematische Krankheitsoder Störungswahrnehmung (Anosognosie, Anosodiaphorie) bei Patienten mit hirnorganischen Veränderungen. Daher fällt häufig auch eine numerisch nur gering ausgeprägte Korrelation zwischen Selbst- und Fremdbewertung auf, die dann als Effekt eines spezifischen Antwortverhaltens (soziale Erwünschtheit, zentrale Tendenz) fehlinterpretiert wird. Für eine Vielzahl psychopathologischer Veränderungen wurden entsprechende Skalen entwickelt (zur Übersicht vgl. Arnold & Pössl, 1993; Masur, 1995; Cummings, 1997), die jedoch fast alle mit der bereits angesprochenen Problematik einer mangelnden psychometrischen Überprüfung bei Patienten mit hirnorganischen Schädigungen behaftet sind.

Endokrinologische oder metabolische Marker

Diese Marker emotional-affektiver Störungen wurden vorwiegend in experimentellen Untersuchungen zur Diagnoseabsicherung insbesondere depressiver Störungen nach zerebralen Läsionen verwendet. Dabei konnte dargestellt werden, dass psychopathologische Veränderungen mit Veränderungen der Konzentrationen von Metaboliten zentraler Neurotransmitter im Liquor assoziiert sein können (bspw. bei Depression nach Schlaganfall; Bryer et al., 1992). Weiterhin gibt es zahlreiche Studien, die eine zentrale Störung der Hypothalamus-Hypophysen-Nebennierenrinden-

Achse bei depressiven Veränderungen postulieren. So wurden pathologische Resultate, d.h. eine Non-Suppressivität im Dexamethason-Suppressionstest (DST) bei depressiven Patienten nach Schlaganfall berichtet. Infolge mangelnder Spezifität und Sensitivität können pathologische Resultate im DST jedoch nicht als ein sinnvolles Kriterium für die Diagnosesicherung neuropsychiatrischer Erkrankungen gelten (Dam et al., 1994). Die Analyse von metabolischen oder endokrinologischen Markern in Liquor und Serum, ebenso wie neuere bildgebende Verfahren (Liganden-Positronenemissionstomographie oder kernspinspektroskopische Untersuchungen) werden in der Zukunft sicher eine immer größere Bedeutung haben und lassen Fortschritte in der Erforschung der Pathophysiologie neuropsychiatrischer Erkrankungen erwarten, sind für die klinische Routine bislang jedoch noch ohne Relevanz.

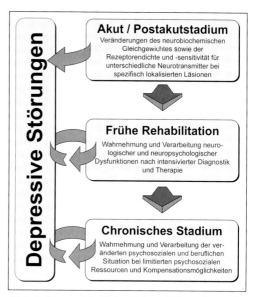

Abb. 1. Unterschiedliche Vulnerabilitätsphasen für depressive Veränderungen im Verlauf von Schlaganfallerkrankungen (modifiziert nach Herrmann & Wallesch, 1993)

Verlauf neuropsychiatrischer Erkrankungen

Verlauf und Zeitdauer neuropsychiatrischer Störungen nach zentral-neurologischen Erkrankungen sind vorwiegend abhängig von Art und Prognose der neurologischen Grunderkrankung, erst in zweiter Linie von der Lokalisation der Läsion, dem Zeitpunkt der Erstdiagnose und den jeweiligen Behandlungsansätzen. Bei Patienten mit Schlaganfall werden in der frühen Erkrankungsphase häufig depressive Veränderungen registriert, während nach Schädel-Hirn-Trauma – infolge des überwiegenden Schädigungsmechanismus mit frontobasalen Verletzungen (vgl. Kapitel 1.6 und 5.7 und Fall 1 in Abbildung 2) – ebenso wie nach entzündlichen Erkrankungen des Gehirns disinhibitorische Syndrome in der Frühphase der Erkrankung überwiegen. Nicht selten kann auch ein Syndromwandel, d.h. ein Wechsel oder auch eine Kombination der psychopathologisch dominierenden Symptome, im Erkrankungsverlauf beobachtet werden. So wurden in einer Längsschnittuntersuchung unserer Arbeitsgruppe mit zerebralen Insultpatienten innerhalb des ersten Monats nach Erkrankungsbeginn überwiegend schwere de-

pressive Syndrome im Sinne einer „major depression" registriert (21%). Diese nahmen nach einem halben Jahr Erkrankungsverlauf deutlich ab (5%), während Phobien (20%), dysthyme Störungen (17%), Sozialängste (15%) und Panikstörungen (9%) zunahmen. Nach einem Jahr Erkrankungsdauer wiederum stieg der Anteil schwerer depressiver Störungen wieder an. Diese Daten spiegeln sich auch in Literaturbefunden (Robinson et al., 1987; Åström et al., 1993) und können als Beleg dafür gelten, dass es im Verlauf einer zentral-neurologischen Erkrankung unterschiedliche vulnerable Phasen und auslösende und moderierende Faktoren für die Entwicklung neuropsychiatrischer Erkrankungen gibt. So findet man beispielsweise bei depressiven Erkrankungen nach Schlaganfall Hinweise, dass die depressive Veränderung bei bestimmten Subgruppen von Patienten in der frühen Erkrankungsphase als Konsequenz einer läsionsbedingten Veränderung eines neurobiochemischen Gleichgewichts mit kompensatorischen Up- oder Down-Regulationsmechanismen von Rezeptorendichte und -sensitivität interpretiert werden kann (Mayberg et al., 1988; Mayberg, 1993). Im Rehabilitationsverlauf und chronischen Krankheitsstadium zeigen wiederum andere Patientengruppen depressive Störungen, die dann vielfach im Sinne emotional-affektiver Modi der Krankheitsverarbeitung bzw. maladaptiver Krankheitsverarbeitungsstrategien interpretiert werden (Herrmann & Wallesch, 1993). Abbildung 1 zeigt ein Modell der unterschiedlichen Vulnerabilitätsphasen depressiver Störungen im Verlauf von Schlaganfallerkrankungen, wobei keine ätiopathogenetische Zuordnung der Depression erfolgt.

Der Verlauf unterschiedlicher neuropsychiatrischer Erkrankungen zeigt auch, dass der am Anfang dieses Kapitels postulierte nachgewiesene oder wahrscheinliche Zusammenhang einer psychopathologischen Veränderung mit einer zentral-neurologischen Erkrankung häufig nicht auf den ersten Blick evident ist. Dies soll anhand der in Abbildung 2 dargestellten Fallbeschreibungen disinhibitorischer Syndrome mit den zugrundeliegenden Schädigungen des Gehirns illustriert werden. Der erste Patient stellt den „klassischen" Fall eines disinhibitorischen Syndroms nach Schädel-Hirn-Trauma mit Verletzung orbitofrontaler Gehirnstrukturen dar. Die Patienten sind direkt nach Schädigungseintritt bzw. nach Aufklaren einer Bewusstseinstrübung psychopathologisch auffällig und der Zusammenhang zwischen den in bildgebenden Verfahren nachgewiesenen Gehirnverletzungen und der neuropsychiatrischen Störung erscheint auf den ersten Blick ersichtlich. Schwieriger wird die Zuordnung eines disinhibitorischen Syndroms zu einer Gehirnläsion, wenn entweder die Läsion sehr unscheinbar ist oder die Läsionslokalisation nicht in einen pathophysiologischen Zusammenhang mit der neuropsychiatrischen Erkrankung gebracht wird (Fall 2). Obwohl Thalamusstrukturen, insbesondere die dorsomedialen und intralaminären Kerngebiete, in der biologisch orientierten Schizophrenieforschung eine herausragende Rolle spielen (Swerdlow & Koob, 1987; Gray et al., 1991), werden Thalamusläsionen in der klinischen Neurologie bislang nur selten mit neuropsy-

chiatrischen Auffälligkeiten in Verbindung gebracht. Fall 3 zeigt, dass die neuropsychiatrische Störung einer hirnorganisch nachweisbaren Veränderung um Wochen bis Monate vorausgehen kann. Erst drei Wochen nach dem akuten Beginn eines disinhibitorischen Syndroms zeigten sich bei der bis dato unauffälligen Schwangeren erste Anzeichen einer Temporallappenpathologie in der MRT-Untersuchung. Die zunächst als Schwangerschaftspsychose fehlgedeutete psychopathologische Symptomatik war hier vermutlich Ausdruck einer atypisch verlaufenden Herpes simplex-Enzephalitis, einer viralen Erkrankung die sich vorwiegend temporobasal und orbitofrontal manifestiert (vgl. Kapitel 1.6). Der vierte Fall in Abbildung 2 verdeutlicht, dass manchmal auch bildgebende Verfahren keinen Nachweis einer hirnorganischen Läsion bei einer neuropsychiatrischen Erkrankung erbringen und dass erst die Analyse neurobiochemischer Marker eine Hirnpathologie in vivo aufzeigen kann. Im dargestellten Fall war die neuropsychiatrische Veränderung die initiale und auch den gesamten Krankheitsverlauf dominierende Symptomatik. Neurologische Defizite traten erst kurz vor dem Tod des Patienten auf und bildgebende Untersuchungen zeigten über den gesamten Krankheitsverlauf keine auffälligen Befunde. Erst der Nachweis einer Erhöhung spezifischer Proteine im Liquor (Protein 14-3-3, Protein S-100B und Neuronenspezifische Enolase) stützten die Verdachtsdiagnose einer Variante der Creutzfeld-Jakobschen Erkrankung, die letztlich nur im Autopsiematerial gesichert werden konnte.

Modelle zur Ätiopathogenese neuropsychiatrischer Erkrankungen

Neuropsychiatrischen Störungen werden als Konsequenz der Schädigung von Hirngewebe und daraus resultierenden funktionellen pathobiochemischen Veränderungen interpretiert. Die pathophysiologischen Interpretationsansätze psychopathologischer Veränderungen wie sie in der biologisch orientierten Psychiatrie und der Neuropsychiatrie entworfen wurden, erscheinen auf den ersten Blick sehr un-

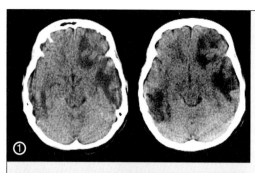

Nach Treppensturz zunächst über 3 Wochen räumlich und zeitlich desorientiert, Logorrhoe, Konfabulationen und Argwohn gegenüber Mitpatienten sowie paranoide Wahnvorstellungen.

Im CCT nach Resorption der intracerebralen Blutungen links orbitofrontale und temporale Kontusionsherde mit rechts temporalem Contre-coup.

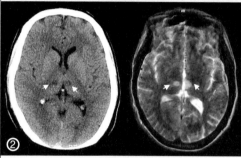

Nach akut einsetzender Bewußtseinstrübung distanzloses, aggressives Verhalten mit Ideenflucht, Konfabulationen und Neologismen sowie Wahnvorstellungen und visuellen Halluzinationen.

Im CCT und MRT etwa 3 Tage nach Beginn der Symptomatik bilaterale ischaemische Läsionen der (➡) dorsomedialen und intralaminären Thalamuskerne.

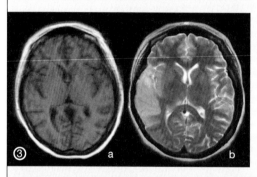

In der Endphase einer Schwangerschaft akut einsetzende psychomotorische Agitiertheit mit Logorrhoe, Perseverationen, Ideenflucht, und Denkstörungen; nach 3 Wochen zunehmende Bewußtseinstrübung und Koma, nach Aufklaren kataton-psychotischer Zustand.

Unauffälliges frühes MRT (a); erst nach einsetzendem Koma signalhyperintense Areale im rechten Temporallappen und medialen Thalamus (b).

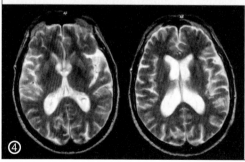

Akut einsetzende visuelle Störungen mit Metamorphopsien, Prosopagnosie und visuellen und auditorischen Halluzinationen; zunehmende Desorientiertheit und Agitiertheit, dann Somnolenz, Myoklonien, pathologische Reflexe und Tod 3 Monate nach Beginn der Symptomatik.

Im CCT und MRT durchgehend altersentsprechend unauffälliger Status

Abb. 2. Disinhibitorische Störungen und deren zeitlicher Zusammenhang mit Auffälligkeiten in bildgebenden Untersuchungen.
(Ich danke Prof. Döhring, Direktor der Klinik für Diagnostische Radiologie der Otto-von-Guericke-Universität Magdeburg, für die Überlassung des Bildmaterials.)

terschiedlich. Basieren biologisch-psychiatrische Pathogenesemodelle überwiegend auf der Annahme einer Hyper- oder Hypoaktivität von spezifischen Neurotransmissionssystemen, so fokussieren neuropsychiatrische Erklärungsansätze auf primär neuroanatomisch definierten funktionellen Systemen. Diese Interpretationsansätze müssen jedoch als zwei Seiten der gleichen Medaille betrachtet werden, denn es kann davon ausgegangen werden, dass jede Verletzung von Hirnstrukturen auch mit der Störung eines sensiblen neurobiochemischen Gleichgewichtes assoziiert ist und dass eine Neurotransmissionsstörung zu einer funktionellen „Läsion" neuroanatomisch definierter Systeme führt. Die über viele Jahrzehnte tradierte Annahme, nur bestimmte Hirnareale seien für die „Produktion" von spezifischen emotional-affektiven Verhaltensweisen verantwortlich, muss heute als obsolet gelten. Neuropsychiatrische Veränderungen von Verhalten, Fühlen und Denken können als Folge einer Störung der multiplen Interaktion verschiedener funktioneller Systeme und der dadurch bedingten strategischen Bedeutung von lokalen oder diffusen hirnorganischen Veränderungen interpretiert werden. So können – wie auch aus Abbildung 2 deutlich wird – unterschiedlich lokalisierte Läsionen innerhalb eines funktionellen Systems ähnliche Symptome hervorrufen. Gleichwohl zeigt die neuropsychiatrische und neurobiologische Forschung, dass bestimmte Hirnstrukturen bei Verletzung besonders vulnerabel für die Entstehung neuropsychiatrischer Symptome sind. Empirisch ist diese Assoziation bislang am besten für schwere depressive Störungen und disinhibitorische Syndrome in der postakuten Phase nach Hirnschädigungen belegt. Um die moderne Denkweise zur Ätiopathogenese neuropsychiatrischer Störungen darzustellen, werden diese Befunde im folgenden an zwei Modellen mit unterschiedlichen Schwerpunkten illustriert.

In einer Vielzahl von Untersuchungen wurde dargestellt, dass Patienten mit schweren depressiven Störungen sowohl funktionelle (bspw. einen Hypometabolismus oder eine Hypoperfusion in der PET-Untersuchung; vgl. Kapitel 2.2) als auch morphologische Veränderungen in fronto-striatalen Strukturen aufzeigen (bspw. Drevets et al., 1997). Für depressive Störungen nach Schlaganfällen konnte wiederholt gezeigt werden, dass Patienten mit linkshemisphärischen frontalen Läsionen unter Einbeziehung der Basalganglien signifikant häufiger und schwerer von depressiven Störungen betroffen sind, als Patienten mit rechtshemisphärischen Läsionen oder Patienten mit linkshemisphärischen Schädigungen ohne Läsion frontaler Strukturen und Basalganglien (vgl. Starkstein et al., 1987; Herrmann et al., 1993; Herrmann et al., 1995; Robinson, 1998). Läsionen der Basalganglien (insbesondere des ventralen Striatums und der umgebenden weißen Substanz) scheinen von strategischer Bedeutung zu sein, da diese Läsionen zu einer Unterbrechung von Fasersystemen des medialen Vorderhirnbündels führen und somit direkt oder indirekt kortiko-thalamische Schleifensysteme beeinflussen. Es wurden in der Literatur verschiedene Modelle zur fronto-striato-thalamischen Dysfunktion als Erklärung der Pathophysiologie depressiver Störungen formuliert (Swerdlow & Koob, 1987; Depue & Iacono, 1989; Drevets & Raichle, 1992; Mega & Cummings, 1994). Ein Modell ist in Abbildung 3 vereinfacht dargestellt und wird nachfolgend näher erläutert.

In diesem Modell werden drei Feedback-Schleifen postuliert:
1. eine positive Rückkopplungsschleife: limbischer Kortex (LKX) $\Rightarrow$ Ncl. dorsomedialis thalami (DM) $\Rightarrow$ LKX. Diese rein excitatorische Schleife dient zur Aufrechterhaltung eines kontinuierlichen kortikalen Aktivierungsmusters.
2. eine positive Feedback-Schleife: LKX $\Rightarrow$ ventrales Striatum / Ncl. accumbens (NAC) $\Rightarrow$ ventrales Pallidum (VP) $\Rightarrow$ DM $\Rightarrow$ LKX. Über dieses System wird einerseits mittels GABAerger Projektion des VP auf den DM ein inhibitorischer Effekt auf Schleife 1 erreicht, andererseits steht diese Projektion auch unter der inhibitorischen Kontrolle von GABAergen Spiny I Fasern aus dem NAC, die ihrerseits wiederum in ihrer Aktivität durch die excitatorische LKX $\Rightarrow$ NAC-Projektion verstärkt werden. Diese zweite Schleife dient zum einen der

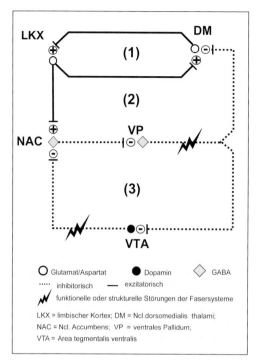

LKX   DM

(1)

(2)

NAC   VP

(3)

VTA

○ Glutamat/Aspartat   ● Dopamin   ◇ GABA
····· inhibitorisch   —— exzitatorisch
⚡ funktionelle oder strukturelle Störungen der Fasersysteme

LKX = limbischer Kortex; DM = Ncl.dorsomedialis thalami;
NAC = Ncl. Accumbens; VP = ventrales Pallidum;
VTA = Area tegmentalis ventralis

Abb. 3. Modell zur Pathologisierung depressiver Störungen auf der Basis interagierender Schleifensysteme (vereinfacht nach Swerdlow & Koob, 1987; zur Legende vgl. S. 135, 136)

Aufrechterhaltung der Aktivität kortikaler Neuronenverbände („thereby helping to maintain ongoing cognitive or emotional processes"), zum anderen einer Fokussierung kortikaler Aktivitätsmuster und deren Modulation durch unspezifische Mittelhirnprojektionen (ventrales Tegmentum).

3. eine negative Rückkopplungsschleife: NAC ⇒ VP ⇒ ventrales Tegmentum (VTA) ⇒ NAC. Über diese Dopamin vermittelte Inhibition der inhibitorischen NAC Modulation des VP kann ein hemmender Einfluss auf die positive kortiko-thalamo-kortikale Rückkopplung ausgeübt werden. Die Funktion dieser Schleife besteht darin, „to disrupt or ‚switch' ongoing informational processes, thereby allowing for the initiation of new processes" (Swerdlow & Koob, 1987, S. 202).

Das wesentliche Konstrukt dieses Modells besteht in dem Effekt der aszendierenden dopaminergen Fasersysteme auf den Ncl. accumbens: „Thus, the primary function of dopaminergic activity in this hypothesized circuitry is to modulate the capacity of the spiny I matrix to ‚filter out' irrelevant patterns, ‚initiate' new patterns, or ‚switch' existing patterns of cognitive or emotional information." (Swerdlow & Koob, 1987, S. 204). Eine Läsion im ventralen Striatum bzw. aszendierender Fasersysteme (in Abbildung 3 mit Pfeilen angedeutet) würde diesem Modell zufolge zu einer tonischen Disinhibition der kortiko-thalamischen Feedback-Schleife (1) führen. Die Konsequenz ist eine Beeinträchtigung der Initialisierung oder Modulation bestehender, bzw. simultane Aktivierung verschiedener „cognitive" oder „emotional sets". Psychomotorische Verlangsamung, Verarmung an Gefühlen und Affekten sowie das Perseverieren in Denkmustern werden als die depressiven Verhaltens- und Erlebenskorrelate dieser neurobiochemischen Dysregulation interpretiert.

Dieses Modell verdeutlicht in vereinfachter Weise einerseits die komplexe Interaktion verschiedener funktioneller oder neurobiochemischer Systeme, andererseits die weiter oben angesprochene These, dass unterschiedlich lokalisierte Läsionen innerhalb eines funktionellen Systems ähnliche neuropsychiatrische Symptome verursachen können.

Zur Ätiopathogenese disinhibitorischer Syndrome wird nachfolgend ein Modell dargestellt, welches vorwiegend auf entwicklungsgeschichtlich definierten funktionell-neuroanatomischen Systemen beruht und im Kontext mit Hirnschädigungen erstmals von Starkstein und Robinson (1997) formuliert wurde. Die klinische Erfahrung zeigt, dass disinhibitorische Symptome (vgl. Tabelle 1) am häufigsten nach Läsionen des orbitofrontalen und/oder temporobasalen Kortex beobachtet werden. In jüngeren entwicklungsanatomischen Theorien (Sanides, 1962; 1969) wird ein duales Prinzip der Gehirnentwicklung postuliert. Dem Paläokortex zugeordnete Hirnareale entstammen einer sogenannten „ventralen" Entwicklungslinie, während der Archikortex sich entlang einer „dorsalen" architektonischen Schiene entwickelt (vgl. Kapitel 1.2, Abb. 13). Die überwiegenden Faserverbindungen verlaufen innerhalb oder zwischen den Gehirnarealen, die einem entwicklungsgeschichtlich definierten Strang zugeordnet werden, auch wenn vielfältige Verbindungen zwischen „dorsalen" und „ventralen" Gehirnarealen bestehen, die am deutlichsten im frontalen Kortex ausgeprägt sind (Petrides & Pandya, 1994). Diese entwicklungsgeschichtlich bedingte Zweiteilung findet sich nicht nur im Kortex, sondern verläuft ebenso durch die tiefen Großhirnkerne. Während z.B. der parvozelluläre Anteil des dorsomedialen Thalamuskerns überwiegend auf den präfrontalen Kortex projiziert, ist der magnocelluläre dorsomediale Thalamus vorwiegend mit dem orbitofrontalen Kortex verbunden. Nach Ansicht verschiedener Autoren (Starkstein & Robinson, 1997; Pandya & Barner, 1987) ist die anatomische Zweiteilung auch mit einer funktionell unterschiedlichen Differenzierung ventraler und dorsaler Gehirnareale verbunden. Während die primäre Funktion „dorsaler" Gehirnareale in der Erstellung von motorischen, sensorischen oder kognitiven Programmen liegt, haben „ventrale" Areale vorwiegend die Funktion, diese Programme zu kontrollieren und zu steuern („decision making"). In Abhängigkeit von kontextuellen Hinweisreizen (durch Verbindungen zu den polymodalen Assoziationsarealen des parietalen Kortex) und Gedächtnissystemen (assoziative, biographische und „object reward" Systeme) werden über „ventrale" Kortexareale dorsal generierte Verhaltensweisen entweder gehemmt („inhibition") oder freigesetzt („release"). Verletzungen „ventraler" Gehirnareale (orbitofrontaler und temporobasaler, ebenso wie aber auch dorsomedialer thalamischer Strukturen, vgl. Fall 2 in Abbildung 2) würden demzufolge disinhibitorische Syndrome auslösen.

Die unterschiedlichen neurobiologischen Grundlagen von inhibitorischen und disinhibitorischen Symptomen werden durch neurobiochemische, neuropharmakologische, elektrophysiologische und (funktionell-) bildgebende Untersuchungen belegt. Weiterhin scheinen Läsionen der rechten und der linken Gehirnhälfte unterschiedliche neuropsychiatrische Veränderungen zur Folge zu haben: inhibitorische Syndrome werden häufiger nach Schädigungen in der linken Gehirnhälfte beobachtet, während disinhibitorische Verhaltensauffälligkeiten zumeist nach rechtshemisphärischen Verletzungen auftreten. Auch hier scheint die Ursache wiederum in entwicklungsgeschichtlich asymmetrisch angelegten Neurotransmissionssystemen zu liegen, was im Kontext des vorliegenden Kapitels jedoch nicht weiter vertieft werden soll, und in der Literatur z.T. auch kontrovers diskutiert wird (vgl. Gainotti, 1997).

Interventionen und therapeutische Ansätze

Jede neuropsychiatrischer Erkrankung bei Patienten mit hirnorganischen Verletzungen ist prinzipiell als behandlungsbedürftig anzusehen. Es lassen sich prinzipiell 3 Formen der therapeutischen Intervention abgrenzen:
– pharmakologische Behandlungsansätze
– verhaltensmodifikatorische Behandlungsansätze
– Setting-/Milieuorientierte Behandlungsansätze

Alle Behandlungsmöglichkeiten haben Vor- und Nachteile, die in Tabelle 3 kurz zusammengefasst sind. Da die einzelnen Interventionsmöglichkeiten in anderen Kapitels dieses Lehrbuchs detaillierter dargestellt sind, werden sie im folgenden nur kurz skizziert. Pharmakologische Behandlungsansätze sind von Müller und Cramon (1994) sowie in Kapitel 8 näher beschrieben, Interventionen im Rahmen von Programmen zur Verhaltensmodifikation und settingspezifische Ansätze sind in Kapitel 7 dargelegt.

Pharmakologische Behandlungsansätze

Vor allem in den postakuten Erkrankungsphasen gibt es häufig kaum Alternativen zu pharmakotherapeutischen Interventionen. In der Literatur am besten belegt ist die pharmakotherapeutische Intervention bei depressiven Veränderungen nach Schlaganfall. In verschiedenen Studien konnte gezeigt werden, dass

Tabelle 3. Interventionsebenen bei neuropsychiatrischen Störungen (modifiziert nach Herrmann et al., 1999)

Interventionsebenen bei neuropsychiatrischen Störungen

Pharmakologische Behandlungsansätze

Vorteile:	Nachteile:
– symptomorientierte differentielle Indikation	– unerwünschte Neben- und Wechselwirkungen
– „schneller" Wirkungseintritt	– kognitive Begleiteffekte
– graduier- und kontrollierbare Blutplasmaspiegel	– negative Interaktion mit Remissions- und Regenerationseffekten

Verhaltensmodifikatorische Behandlungsansätze

Vorteile:	Nachteile:
– Transfer auf Alltagssituationen und unterschiedliche therapeutische Settings	– personal- / zeitintensiv
– Einbindung des Behandlungs- / Rehateams und der Angehörigen der Patienten	– limitiert auf bewusstseinsklare, orientierte Patienten ohne schwere aphasische Störungen oder Störungen des Antriebs und der Motivation
– Integration verschiedener Therapieebenen	

Setting- / Milieuorientierte Behandlungsansätze

Vorteile:	Nachteile:
– frühe Einbeziehung von Angehörigen	– Intensive Adaptation der räumlichen und strukturellen Rahmenbedingungen
– Verantwortung und Mitgestaltung des gesamten Reha-Umfeldes („Gruppenpflege", Teamintervention ...)	– personal- / zeitintensiv
– Konstanz der therapeutischen Rahmenbedingungen	– limitierte Möglichkeiten des Alltagstransfers

durch die antidepressive Medikation nicht nur die Stimmung der Patienten, sondern ebenso der Rehabilitationserfolg deutlich verbessert werden kann (Reding et al., 1986). Dabei wurden unterschiedliche Präparate eingesetzt wie klassische Antidepressiva (bspw. Imipramin, Desipramin, Amitriptylin; Trazodon), Amphetamine (Dextroamphetamin oder Methylphenidat) oder selektive Serotonin Reuptake Inhibitoren (SSRI; Fluvoxamin, Fluoxetin, Paroxetin, Citalopram). In letzter Zeit werden für die antidepressive Therapie nach zerebralen Läsionen SSRI favorisiert. Sie haben eine zu den zuvor genannten Präparaten vergleichbare antidepressive Wirkung, empfehlen sich jedoch infolge des deutlich geringeren Ausmaßes und Profils unerwünschter Arzneimittelwirkungen (insbesondere durch das Fehlen von zentral anticholinergen Effekten, welche zu Desorientiertheit und Verwirrtheit sowie zu Gedächtnisstörungen führen können).

Ebenso sind disinhibitorische Syndrome (Agitiertheit, Aggressivität, Wahnvorstellungen, Halluzinationen, ...) in der postakuten Erkrankungsphase häufig nur pharmakotherapeutisch beeinfluss bar. Bei produktiv-psychotischer Symptomatik kann häufig auf die Behandlung mit Neuroleptika nicht verzichtet werden (eingeführt bei Patienten mit erworbenen Hirnschädigungen sind Haloperidol, Clozapin oder Thioridazin; für Neuroleptika der neueren Generation gibt es bislang nur wenig Erfahrungen im Einsatz mit hirnorganisch beeinträchtigten Patienten). Gegen die Gabe von Neuroleptika sprechen allerdings Befunde, die eine negative Interaktion zwischen neurobiologischen Mechanismen der Regeneration und Neuroleptikaeffekten berichten. Feeney und

Mitarbeiter (Feeney et al., 1982) konnten beispielsweise im Tiermodell zeigen, dass Haloperidol den Rückgang einer Parese nach Ablation des Motorkortex deutlich verzögern bzw. sogar aufheben kann. Weiterhin muss berücksichtigt werden, dass manche neuropsychiatrische Störungen als Effekt einer zu hoch dosierten Pharmakotherapie entstehen können (bspw. Psychosen infolge zu hoher L-Dopa oder Dopaminergikadosierung bei Patienten mit Morbus Parkinson), andererseits eine Therapie mit Neuroleptika die Symptome der neurologischen Grunderkrankung verstärken können. Jede pharmakotherapeutische Therapie beeinflusst ein sensibles neurobiochemisches Gleichgewicht, welches bei Patienten mit Hirnschädigungen zumeist ohnehin besonders labil ist. Da viele Psychopharmaka negative Effekte auf kognitive Fähigkeiten (Gedächtnisstörungen, Verwirrtheit) haben können, ist jede Entscheidung für eine psychopharmakologische Behandlung immer auch ein Kompromiss zwischen dem Bemühen, kurzfristig Rehabilitationsfähigkeit herzustellen oder auch den Pflegeaufwand zu verringern und der Billigung von zumeist passageren Beeinträchtigungen kognitiver Leistungen. Eine Behandlung mit Psychopharmaka sollte nicht nur frühzeitig wieder beendet werden, sondern ebenfalls einschleichend titriert und in niedriger Dosierung gehalten werden, da Patienten mit erworbenen Hirnschädigungen nicht nur zumeist älter sind sondern auch häufiger unter unerwünschten Arzneimittelwirkungen leiden. Zu weiteren Details der Pharmakotherapie bei neuropsychiatrischen Störungen siehe Kapitel 8 und Fogel (1996).

Verhaltensmodifikatorische Behandlungsansätze

Während die Psychopharmakotherapie bei neuropsychiatrischen Störungen als relativ gut etabliert gelten kann und die Wirkungen vieler Präparate durch randomisierte und Placebokontrollierte Untersuchungen erwiesen wurden, gibt es für psychotherapeutische Interventionen bei neuropsychiatrischen Erkrankungen bislang kaum gesicherte Daten. Dennoch steht es außer Frage, dass die psychotherapeutische Behandlung bei stabilisierten zentral-neurologischen Erkrankungen mit neuropsychiatrischen Störungen eine sinnvolle und notwendige Intervention in der neurologisch-neuropsychologischen Rehabilitation darstellt. Die Voraussetzungen für eine psychotherapeutische Behandlung sind bewusstseinsklare und orientierte, motivierbare und kooperierende Patienten, so dass entsprechende Interventionsformen ihren Platz überwiegend in der stationären und ambulanten Rehabilitationsphase finden. Bereits in den achtziger Jahren wurden von englischen Autoren Verhaltensmodifikationsprogramme zur Intervention bei neuropsychiatrischen Störungen vorgestellt und vorwiegend bei Patienten nach Schädel-Hirn-Trauma evaluiert (Eames & Wood, 1985). Diese Interventionen basieren in der Regel auf dem Setting der „Token Economy" und beinhalten unterschiedliche Strategien der operanten Verhaltensmodifikation (Kontingenzmanagement, Shaping, soziale Verstärker, vgl. Kapitel 7). In den letzten Jahren wurde ein ganzes Arsenal von eklektizistisch geprägten und häufig esoterisch anmutenden psychotherapeutischen Verfahren in die neurologisch-neuropsychologische Rehabilitation eingeführt. Ein Effizienznachweis durch empirische und kontrollierte Studien wurde bislang jedoch ausschließlich von verhaltenstherapeutisch-kognitiv orientierten Verfahren erbracht. Dies gilt sowohl für die Behandlung emotional-affektiver Veränderungen auf der Basis von Anpassungsstörungen oder maladaptiver Mechanismen der Krankheitsverarbeitung, als auch für die Entwicklung kompensatorischer Strategien für persistierende neuropsychologische Defizite. Das Spektrum psychotherapeutischer Interventionen umfasst sowohl die Einzelbehandlung emotional-affektiv auffälliger Patienten als auch die Arbeit mit Patienten- und/oder Angehörigengruppen.

Setting/Milieuorientierte Ansätze

Vorwiegend in der therapeutischen Betreuung von neuropsychiatrischen Störungen bei Patienten mit chronisch degenerativen Erkrankungen haben sich Therapieansätze bewährt, die eine Adaptation der Umgebung an den Patienten fordern (bspw. Realitäts-Orientierungs-Training). Vorwiegend bei desorientierten, agitierten oder psychotischen Patienten erweist es sich als hilfreich, wenn eine Konstanz und klare Struktur der Umgebung erreicht werden kann. Dazu gehören einerseits konstante Bezugspersonen (Pflege, therapeutisches und ärztliches Personal; Mitpatienten) als auch Strukturierungs-- und Orientierungshilfen (feste zeitliche Strukturen, Markierung von Räumen und Wegen, konstante Bezugspunkte und Örtlichkeiten). Ebenso kann die Einbeziehung von Angehörigen der Patienten in die Rehabilitationsmaßnahmen (Krankenpflege, funktionelle Therapien) bis hin zur kontinuierlichen Begleitung („rooming-in") ein wichtiger Aspekt bei der Anpassung der Umgebungsbedingungen sein. Infolge des zumeist sehr hohen Personalaufwands und der besonderen räumlichen Ausstattung sind diese Behandlungsansätze neuropsychiatrischer Störungen jedoch speziellen (Früh) Rehabilitationseinheiten vorbehalten und selten in allgemeine Rehabilitationsmaßnahmen integrierbar.

1.8 Neuropharmakologie, Psychopharmakologie

Sybille Rockstroh

Zusammenfassung

Die wichtigsten Neurotransmitter, über die Psychopharmaka wirken, sind die Amine Dopamin, Noradrenalin und Serotonin und die Aminosäure GABA. Über das Dopaminsystem wirken die Neuroleptika, über das Noradrenalin- und Serotoninsystem die Antidepressiva und über GABA die Schlaf- und Beruhigungsmittel. Das Acetylcholinsystem wird als entscheidend für die Behandlung der Alzheimer Krankheit betrachtet, doch steht die Medikamentenentwicklung noch am Anfang. Glutamat ist der wichtigste erregende Neurotransmitter im Gehirn mit Funktionen bei neurotoxischen Prozessen und der neuronalen Plastizität. Auch hier sind wirksame Medikamente noch in der Entwicklung.

Neuroleptika sind Dopamin-Antagonisten. Ihre hohe Wirksamkeit bei der Behandlung der Schizophrenie hat zur Hypothese geführt, dass die Schizophrenie durch einen Dopaminüberschuss im limbischen System entsteht. Auf der Ebene der Informationsverarbeitung wird vermutet, dass Dopamin eine Rolle bei der Reizfilterung und Steuerung des Aufmerksamkeitsfokus spielt. Antidepressiva sind Noradrenalin- bzw. Serotoninrückaufnahmehemmer oder sie inhibieren als MAO-Hemmer den enzymatischen Abbau dieser Neurotransmitter. Bei der Depression wird ein Noradrenalin- bzw. Serotoninmangel vermutet. Auf der Ebene der Informationsverarbeitung scheint Noradrenalin eine Rolle bei Aufmerksamkeitsprozessen (Orientierungsreaktion, aufmerksame Wachheit) zu spielen. Serotonin ist an generellen homöostatischen Prozessen beteiligt. Es reguliert den Schlaf, zirkadiane Rhythmen, Ess- und Sexualverhalten und hat einen Einfluss auf Angst und Schmerzempfinden. Tranquilizer und Hypnotika wirken als Agonisten am GABA-Rezeptor. GABA ist der wichtigste Neurotransmitter mit inhibitorischer Wirkung im Gehirn. Auf der Ebene der Informationsverarbeitung hat GABA Effekte auf die Merkfähigkeit.

Vorbemerkung

Die Neuropharmakologie untersucht die Effekte psychotroper Substanzen auf das Nervengewebe. Die Psychopharmakologie befasst sich mit den Wirkungen psychotroper Pharmaka, speziell von Psychopharmaka, auf die Psyche. Zu den Psychopharmaka zählen nach herkömmlichen Einteilungen, die sich an den psychiatrischen Krankheitsbildern orientieren, die Antidepressiva, Neuroleptika, Tranquilizer/ Anxiolytika und Hypnotika. Manche Einteilungen zählen auch die Nootropika und Stimulantien dazu. Daneben gibt es Pharmaka, die auf das ZNS wirken, jedoch nicht zu den Psychopharmaka gezählt werden, wie die Analgetika, Anaesthetika, Antiepileptika, Parkinsonmittel und Muskelrelaxantien. Diese weisen neben der zentralnervösen Hauptwirkung oft auch psychotrope Nebenwirkungen auf, wie beispielsweise Merkfähigkeitsstörungen bei bestimmten Antiepileptika oder Halluzinationen bei Parkinsonmitteln oder Muskelrelaxantien. Psychotrope Nebenwirkungen haben auch andere Pharmaka, deren Zielorgan nicht das ZNS ist, wie beispielsweise die Antihypertensiva oder Beta-Rezeptorenblocker. Antihypertensiva verändern das Reaktionsvermögen und bei Beta-Rezeptorenblockern sind Schlafstörungen und Halluzinationen möglich.

Neuropharmakologie und Psychopharmakologie sind wichtige Zweige der Neurowissenschaften. Die Anwendung von Psychopharmaka in der Forschung öffnet ein „Fenster zum Gehirn": Über Pharmakawirkungen sind indirekte Schlüsse auf die neurochemischen Grundlagen von psychischen Prozessen möglich. Dies hat in den letzten Jahren zu großen Fortschritten in der Theoriebildung zur Pathogenese von psychiatrischen Erkrankungen geführt.

Dieses Kapitel wird das Wissen zusammenstellen, das über die neurochemische Basis von psychischen Prozessen und ihren Störungen besteht. Es orientiert sich nicht an therapeutischen Anwendungen der Psychopharmaka oder psychiatrischen Störungsbildern, sondern stellt die Neurotransmitter in den Mittelpunkt, über die Psychopharmaka wirken. Dies sind die biogenen Amine Acetylcholin, Dopamin, Noradrenalin und Serotonin und die Aminosäuren Glutamat und Gamma-Aminobuttersäure (GABA).

Grundlagen

Der Informationsfluss im ZNS läuft über die Synapse. Hier werden elektrische Signale in chemische umgewandelt. Diese Umwandlung geschieht über Neurotransmitter. Neurotransmitter entfalten ihre Wirkung über Rezeptoren. Es werden zwei Typen von Rezeptoren unterschieden:
1. Ionotrope Rezeptoren: Sie haben einen Ionenkanal, dessen Durchlässigkeit durch den Transmitter verändert wird. Dieser Rezeptortyp vermittelt schnelle Wirkungen.
2. Metabotrope Rezeptoren: Hiermit wird ein Membranproteinkomplex bezeichnet, der keinen Ionenkanal enthält. Bei Stimulation des Rezeptors werden weitere Botenstoffe, sogenannte „second messenger", freigesetzt. Diese können auf die Ionenkanäle

Einfluss nehmen, aber auch den zellinternen Stoffwechsel beeinflussen. Mit diesem Rezeptortyp verbinden sich längerfristige Wirkungen.

Psychopharmaka greifen in die Prozesse auf Neurotransmitterebene ein. Sie können wie die Neuroleptika Transmitterantagonisten sein, d.h. sie binden an den Rezeptor und verhindern dadurch die Transmitterwirkung. Antidepressiva wirken durch eine Hemmung der Rückaufnahme des Neurotransmitters oder die Hemmung des Transmitterabbaus. Benzodiazepine sind Transmitteragonisten, d.h. sie verstärken die Rezeptorfunktion.

Neben den Neurotransmittern gibt es eine große Zahl weiterer Moleküle, Peptide und Hormone, die im Gehirn als Botenstoffe wirken (siehe Tab. 1). Ihre Bedeutung für die medikamentöse Therapie ist bisher jedoch geringer als die der erwähnten Neurotransmitter.

Bei den Aminosäuren werden exzitatorische (Glutamat und Aspartat) und inhibitorische (GABA und Glycin) unterschieden. Exzitatorische Aminosäuren depolarisieren Neuronen und bewirken damit die Reizweiterleitung, während inhibitorische Aminosäuren Neuronen hyperpolarisieren und damit die Reizweiterleitung hemmen.

Die Amine leiten sich vom Ammoniak (NH_3) her, wobei eines oder mehrere H-Atome durch eine andere Gruppe ersetzt werden. Dopamin,

Tabelle 1. Klassen von Neurotransmittern

Aminosäuren	Amine	Peptide
Glutamat	Acetylcholin	Opiode (z.B. Enzephaline)
Aspartat	Noradrenalin	Sekretine (z.B. Glukagon)
GABA	Adrenalin	Insuline
Glycin	Dopamin	Gastrine (z.B. Cholecystokinin)
	Serotonin	Tachykinine (z.B. Substanz P)
	Histamin	Somatostatin Neurohypophysiale Peptide (z.B. Vasopressin, Oxytocin)

Abb. 1. Strukturformeln der biogenen Amine

Serotonin, Histamin, Noradrenalin und Adrenalin sind Monoamine, hier wurde ein H-Atom ersetzt, während Acetylcholin ein quartäres Amin ist (siehe Abb. 1). Bei den Catecholaminen Dopamin, Noradrenalin und Adrenalin ist ein H-Atom durch den Catecholring ersetzt. Die Catecholamine weisen eine gemeinsame Synthesekette auf.

Acetylcholin

Bahnen
Acetylcholin wird in großen Neuronen an der Basis des Frontallappens gebildet. Der Neuronenkomplex reicht vom medialen Septum, über das Diagonalband von Broca bis zum Nucleus basalis Meynert. Die Axone dieser Neurone verlaufen zum Zerebralkortex und zum Hippocampus. Eine andere Gruppe großer cholinerger Zellen ist der pontomesenzephalo-tegmentale Komplex, der aufsteigend zum Thalamus und Dienzephalon projiziert und absteigend zur Pons und Formatio reticularis. Cholinerge Neuronen sind weit im Ge-

hirn und Rückenmark verbreitet. Das diffuse Aktivierungssystem des Gehirns hat wichtige cholinerge Komponenten.

Synthese und Inaktivierung
Das Enzym Acetylcholintransferase verwandelt Cholin mit dem Substrat Acetyl-Coenzym A zu Acetylcholin. Der Abbau erfolgt durch hydrolytische Spaltung mittels der Acetylcholinesterase. Das hierbei gebildete Cholin wird durch ein Transportprotein in die präsynaptischen Nervenendigungen aufgenommen (Abb. 2).

Rezeptoren
Die Rezeptoren werden in den muscarinischen und den nicotinischen Typ unterteilt. Der muskarinische Rezeptor ist metabotrop, während der nikotinische Rezeptor ionotrop ist.

Funktion, Substanzwirkungen
Acetylcholin ist durch seine Rolle bei der Verbindung zwischen Nerv- und Muskelzelle, der motorischen Endplatte, bekannt geworden. Im ZNS spielt Acetylcholin bei Lern- und Ge-

Cholin ⟶ Acetylcholin ⟶ Cholin
Acetylcholintransferase   Acetylcholinesterase

Abb. 2. Synthese und Inaktivierung von Acetylcholin

dächtnisprozessen eine Rolle. Im Tierversuch führt die Lesion des Nucleus basalis Meynert zu schweren Lern- und Merkfähigkeitsproblemen. Gaben des muscarinischen Antagonisten Scopolamin verursachen bei Gesunden Lern- und Merkfähigkeitsdefizite. Bereits bei niedriger Dosierung sind Aufmerksamkeitsprozesse beeinträchtigt, so dass vermutet wird, dass die Lern- und Merkfähigkeitsdefizite aus den beeinträchtigten Aufmerksamkeitsprozessen resultieren. Insbesondere scheinen automatische Prozesse der Aufmerksamkeitssteuerung betroffen zu sein, die nach Acetylcholinblockade seriellen Verarbeitungsprozessen weichen. Scopolamin wird zur experimentellen Induktion von kognitiven Störungen verwendet und dient als Modell für die Alzheimer Krankheit. Der cholinerge Agonist Nikotin hat dagegen positive Effekte auf Aufmerksamkeitsprozesse, während es zur Merkfähigkeit keine konsistenten Ergebnisse gibt. Effekte gibt es vor allen Dingen bei Aufgaben, die die Kapazitätslimitierung der Aufmerksamkeit ansprechen, d.h. Aufgaben zur Daueraufmerksamkeit, zur geteilten Aufmerksamkeit und zum Arbeitsgedächtnis. Die neuroanatomische Struktur des Acetylcholinsystems mit seinen weitgefächerten Projektionen in den Zerebralkortex legt nahe, dass Acetylcholin eine Funktion bei aktivierenden, aufmerksamkeitssteuernden Prozessen hat. Es wird vermutet, dass es eine Erhöhung der allgemeinen Effektivität von kortikalen Prozessen bewirkt und damit an der Steuerung von Aufmerksamkeitsressourcen und der Zuweisung von Verarbeitungskapazität beteiligt ist (Sarter & Bruno, 1997).

Die Ergebnisse zur Merkfähigkeit sowie die Tatsache, dass Alzheimer Patienten eine 50 bis 90%ige Verringerung der Acetylcholintransferase im Hippocampus und Zerebralkortex aufweisen, haben zur Acetylcholin-Hypothese der senilen Demenz geführt.

Wirkstoffe

Die bekannteste cholinerge Substanz ist der Nikotin im Tabak. Scopolamin, ein cholinerger Antagonist, ist ein Medikament gegen Reise- bzw. Seekrankheit. Ein Anwendungsgebiet cholinerger Psychopharmaka wird im Bereich der Nootropika vermutet. Dabei hat sich bisher

nur die Verhinderung der Hydrolyse von Acetylcholin durch die Administration von Acetylcholinesterase Inhibitoren als wirksam erwiesen, während andere Versuche wie die Verbesserung der Synthese durch die Administration von Vorläufern, die Erhöhung der synaptischen Freisetzung und die Verwendung von Agonisten zur direkten Stimulation des postsynaptischen Rezeptors fehlgeschlagen sind. Medikamente mit inhibitorischer Wirkung auf die Acetylcholinesterase sind Donepezil, Rivastigmin und Tacrin. Sie eignen sich zur Behandlung von milden bis mittelschweren Alzheimer Erkrankungen. Im Durchschnitt tritt bei 10-20% der Patienten eine Besserung der Symptomatik auf. Die Progredienz der Erkrankung wird um 6-12 Monate verlangsamt. Nebenwirkungen bestehen vor allen Dingen in Form von gastrointestinalen Beschwerden wie Übelkeit, Erbrechen, Diarrhö und Dyspepsie. Bei Donepezil und Tacrin kann auch Bradykardie bzw. Hypotonie auftreten, bei Tacrin sind auch cholinerge Krisen mit Atemstörungen möglich. Zusätzlich kann es zu Hepatotoxizität bei etwa 30% der Patienten kommen. Eine vorsichtige Dosierung und sorgfältige Kontrollen der Leberenzyme sind daher nötig.

Dopamin

Bahnen

Dopamin wird von Neuronen der Substantia nigra produziert. Es gibt drei dopaminerge Nervensysteme im Gehirn. Die mesolimbische-mesokortikale Bahn steuert höhere Hirnfunktionen wie Kognitionen und Emotionen. Hier setzt vermutlich die Wirkung der Neuroleptika an. Das nigrostriatale System ist für die Kontrolle von Bewegungsabläufen entscheidend. Dies erklärt die Nebenwirkungen Akinesie und Rigor von Neuroleptika. Die Degeneration dieses Systems ist die Ursache für die Entstehung des Morbus Parkinson. Das tuberoinfundibuläre System beeinflusst die Ausschüttung von Hormonen der Hypophyse. Der erhöhte Prolactinspiegel nach Neuroleptikagaben entsteht durch Dopaminantagonismus in diesem System.

Tyrosin $\longrightarrow$ Dihydroxyphenylalanin (DOPA) $\longrightarrow$ Dopamin $\longrightarrow$ Homovanillinsäure
  Tyrosinhydroxylase   DOPA   MAO, COMT
                                                       Decarboxylase

Abb. 3. Synthese und Inaktivierung von Dopamin

Synthese und Inaktivierung

Der Vorläufer von Dopamin ist die Aminosäure Tyrosin (Abb. 3). Diese wird durch die Tyrosinhydroxylase zu Dihydroxyphenylalanin (DOPA) hydroxiliert. Im nächsten Schritt wird durch das Enzym DOPA Decarboxylase Dopamin gebildet. Die Entfernung von Dopamin aus dem synaptischen Spalt erfolgt durch Wiederaufnahme in die Nervenendigungen oder enzymatischen Abbau. Der Abbau zu Homovanillinsäure erfolgt mittels zweier Enzyme, der Monoaminooxidase (MAO) und der Catechol-O-Methyltransferase (COMT). Ein weiteres Abbauprodukt, das beim Menschen jedoch nur in geringen Mengen auftritt, ist die 3,4-Dihydroxyphenylessigsäure (DOPAC).

Rezeptoren

Die Dopaminrezeptoren lassen sich in die Untergruppen D_1 bis D_5 unterteilen. Die antipsychotische Wirkung von Neuroleptika hängt eng mit der Fähigkeit zusammen, an den D_2- bzw. D_4-Rezeptor zu binden.

Funktion, Substanzwirkungen

Wegen der Bedeutung des dopaminergen Systems bei der Behandlung der Schizophrenie wird die Funktion von Dopamin eng im Zusammenhang mit den Symptomen der Schizophrenie gesehen. Es wird vermutet, dass das mesolimbische-mesokortikale Dopaminsystem eine Rolle bei der Informationsfilterung und Steuerung des Aufmerksamkeitsfokus hat. Diese Hypothese stammt bereits aus den 50iger Jahren und wird durch zahlreiche Untersuchungen der Aufmerksamkeitsleistung von Schizophrenen und Personen mit schizotypischer Persönlichkeit gestützt (Überblick bei Braff, 1994). Auch physiologische Daten wie die fehlende Habituation bei der Konditionierung von Reaktionen des autonomen Nervensystems bestätigen die Hypothese der mangelnden Reizfilterung bei Schizophrenie

(Überblick bei McDowd et al., 1994). Weitere Stützung erfährt diese Hypothese durch die Funktion des Thalamus, der über das dopaminreiche Striatum innerviert wird. Der Thalamus hat durch seine vielfältigen neuronalen Verbindungen einerseits mit den meisten Sinnesorganen und andererseits mit dem Kortex eine Funktion bei der Informationsfilterung und Reizselektion, was zum Modell des thalamischen Filters geführt hat. Afferente sensorische Information wird hier durch efferente kortikale Information moduliert, so dass eine Reizselektion und -transformation stattfindet. Von zentraler Bedeutung für die Durchlässigkeit des Filters ist das Striatum, das den Thalamus hemmend innerviert. Es wird durch aszendierende dopaminerge Bahnen hemmend und vom Kortex deszendierende glutaminerge Bahnen erregend innerviert, was einer Öffnung bzw. Schließung des Filters gleichkommt (Abb. 4). Diese beiden einander antagonierenden Transmittersysteme sind in der Lage, psy-

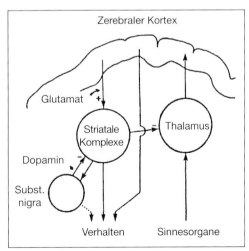

Abb. 4. Dopamin-Glutamat-Antagonismus im Bereich des limbischen Systems (modifiziert nach Carlsson et al., 1993)

chotomimetische Zustände bei Gesunden zu produzieren, einerseits durch Dopamin-Agonisten wie die Amphetamine, andererseits durch Glutamat-Antagonisten wie beispielsweise Phencyclidin. Störungen in der Feedbackschleife zwischen den beiden Transmittersystemen werden als entscheidend für die psychotische Symptomatik betrachtet (Carlsson et. al., 1993).

Die hohe Wirksamkeit der Dopamin-Antagonisten bei der Behandlung der Schizophrenie sowie die Möglichkeit, psychoseähnliche Zustände bei Gesunden durch Gaben von Amphetaminen zu produzieren, hat zur Dopamin-Hypothese der Schizophrenie geführt. Diese postuliert in ihrer einfachsten Form, dass die Schizophrenie durch einen Dopaminüberschuss im limbischen System entsteht. Diese zuerst rein pharmakologische Hypothese ist inzwischen durch post-mortem Untersuchungen der Gehirne von Schizophrenen und PET-Studien, bei denen die Dichte der Dopamin-Rezeptoren im Gehirn Schizophrener festgestellt wird, besser gestützt als die Acetylcholin-Hypothese der senilen Demenz oder die Catecholamin- bzw. Monoamin-Hypothese der Depression.

Wirkstoffe

Die wichtigsten Pharmaka mit antagonistischer Wirkung auf das Dopaminsystem sind die Neuroleptika. Im deutschsprachigen Raum sind über 40 Präparate zugelassen. Neuroleptika sind dämpfende Medikamente mit antipsychotischer Wirkung. Sie wirken nicht muskelrelaxierend und auch in höheren Dosen nicht narkotisch. Neuroleptika haben ein breites Wirkungsspektrum, das von überwiegend psychomotorisch dämpfend (z.B. Levomepromazin) über antipsychotische Wirksamkeit bei paranoid-halluzinatorischen Syndromen (z.B. Haloperidol) zu antiautistischer Wirksamkeit (z.B. Benperidol) verläuft. Das Hauptanwendungsgebiet sind paranoid-halluzinatorische Psychosen. Haloperidol gilt immer noch als Referenzsubstanz für die Wirksamkeit von Neuroleptika, wobei die extrapyramidal-motorischen Nebenwirkungen in Kauf genommen werden.

Atypische Neuroleptika (z.B. Clozapin) rufen auch bei langfristiger Gabe keine extrapy-ramidal-motorischen Nebenwirkungen hervor. Sie erweisen sich bei therapieresistenten Schizophrenien als hochwirksam. Diese Pharmaka wirken auch auf andere Transmittersysteme. Clozapin weist beispielsweise auch Bindungen an das glutaminerge, serotoninerge und histaminische System auf. Einem Serotonin-Rezeptor, dem 5-HT$_2$-Rezeptor, wird Bedeutung bei der Verhinderung der extrapyramidal-motorischen Nebenwirkungen beigemessen. Es gibt auch Hinweise, dass atypische Neuroleptika nicht an den D$_2$- sondern D$_4$-Rezeptor binden.

Neuroleptika rufen eine Reihe von Nebenwirkungen hervor, deren wichtigste extrapyramidal-motorische Nebenwirkungen, Veränderungen des Blutbildes und der Anstieg des Prolactinspiegels sind. Clozapin kann Agranulozytose verursachen und darf nur bei genauer Überwachung des Blutbildes verordnet werden.

Ein Anwendungsgebiet für Stimulantien des Amphetamin-Typs (z.B. Methylphenidat) ist das hyperkinetische Syndrom bzw. Attention-Deficit-Hyperactivity-Disorder (ADHD) bei Kindern. Hier setzt eine paradoxe Wirkung der Stimulantien ein, die die Kinder motorisch ruhiger und aufmerksamer macht. Überzeugende Erklärungsansätze für den pharmakologischen Effekt gibt es bisher nicht. Es bestehen Hinweise auf eine Dysregulation der Catecholamine (Pliszka et al., 1996). Stimulantien haben bei Kindern eine Vielzahl schwerer Nebenwirkungen wie Verzögerung des Längenwachstums, Herzfrequenz- und Blutdruckerhöhung, erhöhte Ängstlichkeit, Schlafstörungen, Appetitlosigkeit und depressive Verstimmung. Eine mögliche Indikation sollte in engen Grenzen gehalten werden.

Noradrenalin

Bahnen

Noradrenerge Zellkörper finden sich in der Pons und der Medulla im Hirnstamm. Die deutlichste Zellgruppierung befindet sich im Locus coeruleus. Die Axone dieses kleinen Kerns reichen zu fast jedem Teil des Gehirns.

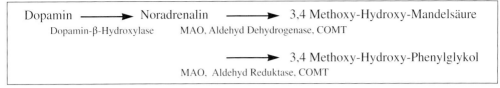

Abb. 5 Synthese und Inaktivierung von Noradrenalin

Absteigende Axone verzweigen sich bis weit hinein ins Rückenmark.

Synthese und Inaktivierung
Noradrenalin wird aus Dopamin gebildet, nachdem dieses wieder in die Vesikel aufgenommen wurde. In noradrenergen Neurone enthalten sie Dopamin-Beta-Hydroxylase, ein Enzym, das aus Dopamin Noradrenalin synthetisiert, indem es eine Hydroxylgruppe zu der Seitenkette fügt (Abb. 5). Noradrenalin wird hauptsächlich durch Wiederaufnahme aus dem synaptischen Spalt entfernt. Es wird durch die Enzyme MAO und COMT zu 3,4 Methoxy-Hydroxy-Mandelsäure bzw. 3,4 Methoxy-Hydroxy-Phenylglykol abgebaut.

Rezeptoren
Noradrenerge Rezeptoren werden in die Alpha- und Beta-Kathegorie unterteilt. Alpha- und Beta-Rezeptoren werden wiederum in die Subtypen $Beta_1$ und $Beta_2$ bzw. $Alpha_1$ und $Alpha_2$ unterschieden.

Funktion, Substanzwirkungen
Bereits in den 70iger Jahren wurde aufgrund einer großen Zahl von Tierversuchen die Hypothese aufgestellt, dass Noradrenalin eine Rolle bei aufmerksamer Wachheit, Vigilanz und der Orientierungsreaktion spielt. Es konnte gezeigt werden, dass Aktivität des Locus coeruleus nur bei Zielreizen bzw. neuen Reizen auftritt, wobei die Noradrenalinausschüttung in Abhängigkeit von der Neuheit eines Reizes zunimmt (Aston-Jones et. al., 1991). Habituationsprozesse werden durch Noradrenalinausschüttung verzögert. Die Aktivität des Locus coeruleus läss t nach, wenn ein Reiz ohne prädiktive Bedeutung ist oder kein Antwortverhalten erforderlich ist. Bei Lernexperimenten tritt Locus coeruleus Aktivität während des Lernvorganges und bei der Extinktion ein (Sara et al., 1994). Das noradrenerge System reagiert somit auf Neuheit und Änderungen in der eintreffenden Information. Gleichzeitig wird das vegetative Nervensystem aktiviert, um auf neue potentiell bedrohliche Reize die Antwortbereitschaft zu erhöhen.

Mikroiontophoretische Untersuchungen, bei denen der Transmitter über Mikropipetten appliziert und die Aktivität der stimulierten Zelle über Mikroelektroden erfasst wird, konnten zeigen, dass die Basalaktivität postsynaptischer Neuronen nach Noradrenalinapplikation unterdrückt wird, während das Antwortverhalten auf spezifische Signale verstärkt wird. Dies hat zur Hypothese geführt, dass Noradrenalin eine spezielle Funktion bei der Verstärkung von eintreffenden Signalen hat und das Verhältnis von Signal-zu-Rauschen von stimulierten Zellen verbessert.

Die Wirksamkeit von Substanzen, die die Konzentration von Noradrenalin im synaptischen Spalt erhöhen, hat zur Catecholamin-Hypothese der Depression geführt. Sie wurde 1965 von Schildkraut formuliert und besagt, dass die Depression mit einem Mangel an Catecholaminen, vor allem Noradrenalin, verbunden ist. Fast gleichzeitig wurde die Serotonin-Hypothese der Depression aufgestellt, die postuliert, dass die Depression durch einen Mangel an Serotonin bedingt ist. Für beide Transmittersysteme wird von der Monoamin-Hypothese der Depression gesprochen. Im Gegensatz zu den Neuroleptika können Antidepressiva allerdings auf keinen gemeinsamen Wirkmechanismus zurückgeführt werden. Auch scheint die Depression kein klinisch-biochemisch einheitliches Krankheitsbild zu sein. Die Monoamin-Hypothese der Depression hat daher einen sehr viel geringeren Stellenwert als die Dopamin-Hypothese der Schizophrenie.

Wirkstoffe

Pharmaka mit Wirkung auf das noradrenerge System sind die trizyklischen Antidepressiva. Trizyklika (z.B. Amitriptylin, Clomipramin, Doxepin, Imipramin) hemmen die Rückaufnahme von Noradrenalin in das freisetzende Neuron. MAO-Hemmer (z.B. Moclobemid) inhibieren den enzymatischen Abbau. Sie tun dies transmitterübergreifend für das noradrenerge und serotoninerge System, da beide Systeme metabotrope Rezeptoren haben und dabei das gleiche Enzym Adenylylcyclase, das den second messenger herstellt, durch MAO-Hemmer in seiner Aktivität eingeschränkt wird. Da das noradrenerge System auch vegetative Funktionen reguliert, führen Antidepressiva zu Nebenwirkungen auf Blutdruck, Puls, Speichelfluss, Verdauung, Körpertemperatur und Hautdurchblutung. Die Symptome sind von Patient zu Patient sehr unterschiedlich, sie können sogar entgegengesetzt sein. Die Nebenwirkungen bei MAO-Hemmern sind geringer.

Agonisten des noradrenergen Systems wie z.B. der Alpha$_1$-Agonist Modafinil sind Stimulantien, die weniger periphere Nebenwirkungen verursachen als Amphetamine und ein geringeres Suchtpotential haben. Modafinil wird zur Behandlung der Narkolepsie und bei Hypersomnien eingesetzt.

5-Hydroxytryptamin (Serotonin)

Bahnen

Serotoninerge Zellkörper liegen hauptsächlich in den Nuclei raphes des Hirnstamms. Die rostralen Projektionen innervieren diffus das Vorderhirn, Zellen des kaudalen Teils führen zum Rückenmark. Serotoninerge Bahnen verlaufen zum limbischen System, Neostriatum und Thalamus. Das Serotoninsystem ist größer und im Gehirn weiter verbreitet als die bereits besprochenen Transmittersysteme.

Synthese und Inaktivierung

Serotonin wird aus der essentiellen Aminosäure Tryptophan synthetisiert. Das Enzym Tryptophanhydroxylase oxidiert Tryptophan zu 5-Hydroxytryptophan. Dieses wird durch Hydroxytryptophan-Decarboxylase zu 5-Hydroxytryptamin (5-HT, Serotonin) umgewandelt. Serotonin wird durch Wiederaufnahme in die Nervenendigungen aus dem synaptischen Spalt entfernt. Der Abbau erfolgt über die Monoaminooxydase. Die Oxidation führt zu 5-Hydroxyindolessigsäure (Abb. 6).

Rezeptoren

Bisher sind sieben Serotoninrezeptoren klassifiziert worden: 5-HT$_1$ bis 5-HT$_7$ (Hoyer & Martin, 1996). Einige davon werden in weitere Subtypen unterteilt, so dass bisher 14 Serotoninrezeptoren bekannt sind. Nur der 5-HT$_3$-Rezeptor ist ein ionotroper Rezeptor, die anderen Serotoninrezeptoren sind metabotrop.

Funktion, Substanzwirkungen

Die Tatsache, dass Serotonin außerordentlich weitverzweigte Projektionen aufweist und die Nuclei raphes wie Schrittmacher 1-5mal pro Sekunde feuern, hat die Vermutung nahe gelegt, dass das serotoninerge System an generellen homöostatischen Funktionen beteiligt ist (Cooper et al., 1996). Ein Serotonin-Defizit liegt bei bestimmten depressiven Erkrankungen und Suizidalität vor. Dies stützt die Serotonin-Hypothese der Depression.

Ein Serotonin-Defizit wird auch bei persönlichkeitsgestörten Personen mit antisozialem, fremdaggressivem Verhalten vermutet. Auch bei der Bulimie und dem Typ II Alkoholismus

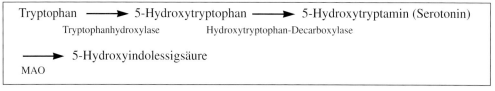

Tryptophan ⟶ 5-Hydroxytryptophan ⟶ 5-Hydroxytryptamin (Serotonin)
    Tryptophanhydroxylase   Hydroxytryptophan-Decarboxylase

⟶ 5-Hydroxyindolessigsäure
MAO

Abb. 6. Synthese und Inaktivierung von Serotonin

liegt offenbar ein Serotoninmangel vor. Bei allen diesen Störungen führt das Serotonin-Defizit zu einer Unterzuckerung in bestimmten Hirnarealen. Hierdurch wird der Kontrollverlust über autoaggressive oder fremdaggressive Impulse erklärt (Benkert, 1995).

Serotonin übt über seine Vielzahl von Rezeptoren unterschiedliche Funktionen im Gehirn aus. Es reguliert den Schlaf, Ess - und Sexualverhalten, zirkadiane Rhythmen, die Körpertemperatur, Erbrechen und Schmerzempfinden. Es dämpft die Angst und senkt die Reaktivität bei Habituationsprozessen. In Tierversuchen wurden nach Gabe eines $5\text{-}HT_3$-Antagonisten auch Verbesserungen der Merkfähigkeit festgestellt. Der $5\text{-}HT_3$-Rezeptor weist als ionotroper Rezeptor Ähnlichkeiten mit dem cholinergen nicotinischen Rezeptor auf.

Wirkstoffe

Serotoninrückaufnahmehemmer sind wirksame Antidepressiva mit spezifischer Wirkung bei Zwangsstörungen (z.B. Citalopram, Fluvoxamin, Paroxetin, Fluoxetin). Sie weisen weniger Nebenwirkungen auf als Trizyklika, die die Rückaufname von Noradrenalin hemmen.

Medikamente, die $5\text{-}HT_2$-Antagonismus mit D_2-Antagonismus kombinieren (z.B. Risperidon), gehören in die Substanzklasse der atypischen Neuroleptika, da sie weniger extrapyramidal-motorische Nebenwirkungen hervorrufen als klassische Neuroleptika.

Serotoninerge Pharmaka weisen häufig multiple Wirkungen auf. Das Antiemetikum Ondansetron, ein HT_3-Antagonist, wirkt nicht nur gegen Brechreiz, z.B. bei der Chemotherapie Krebskranker oder der Bulimie, sondern auch anxiolytisch. Das Migränemittel Sumatriptan, ein $5\text{-}HT_{1D}$-Agonist, gehört in die gleiche Untergruppe von Serotonin-Agonisten wie Buspiron, ein Anxiolytikum, das am $5\text{-}HT_{1A}$-Rezeptor wirkt. Da die über das Serotoninsystem behandelten Störungen zunehmend als funktional miteinander verbunden betrachtet werden, wird von einem Serotonin-Dysfunktions-Syndrom gesprochen (Benkert, 1995).

Glutamat

Bahnen

Die Aminosäuren Glutamat und Aspartat sind die wichtigsten Neurotransmitter bei der exzitatorische Signalübertragung im Gehirn. Es wird vermutet, dass Glutamat mehr als die Hälfte des neuronalen Informationsflusses im Gehirn vermittelt. Da Glutamat an intermediärem Metabolismus beteiligt ist, es spielt beispielsweise eine wichtige Rolle bei der Detoxifikation von Ammoniak im Gehirn, ist der Verlauf bestimmter Bahnen bisher nicht bekannt.

Synthese und Inaktivierung

Glutamat wird auf zwei Arten synthetisiert:
1. aus Glukose über den Zitronensäurezyklus
2. aus Glutamin, das durch das Enzym Glutaminase in Glutamat umgewandelt wird.

Die Entfernung von Glutamat aus dem synaptischen Spalt geschieht durch einen Transportprozess in die Gliazellen bzw. Nervenendigungen. In den Gliazellen wird Glutamat zu Glutamin abgebaut. Dieses kann in die Nervenendigungen eindringen, um die Glutamatkonzentration im Neuron wiederherzustellen. Das vom Neuron aufgenommene Glutamat wird nicht abgebaut (Abb. 7).

Rezeptoren

Glutamatrezeptoren werden in folgende Kategorien unterteilt:
1. N-methyl-D-aspartat- (NMDA) Rezeptor,
2. Non-NMDA Rezeptoren (Kainat, AMPA)
3. metabotrope Glutamat Rezeptoren.

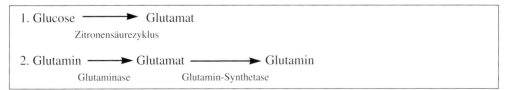

Abb. 7. Synthese und Inaktivierung von Glutamat

Der NMDA-Rezeptor hat wegen seines komplexen Aufbaus und seiner Rolle bei unterschiedlichen physiologischen und pathologischen Prozessen wie Merkfähigkeit, Epilepsie und neurotoxischen Prozessen bei Hirnischämie besonderes Interesse erfahren. Er ist weit im Gehirn und Rückenmark verbreitet und weist eine besonders hohe Dichte im Hippocampus und Zerebralkortex auf. Der Rezeptor-Komplex besteht aus einem Ionenkanal, der von Magnesium-Ionen in Abhängigkeit von der elektrischen Spannung geöffnet wird und den Einstrom von Kalzium-Ionen erlaubt. Der Rezeptor-Komplex enthält außerdem mindestens sechs weitere Bindungsstellen, an denen Substanzen die Aktivität des Rezeptors ändern können. Beispielsweise ist Glutamat am Rezeptor nur aktiv, wenn auch Glycin an der entsprechenden Bindungsstelle vorhanden ist. Polyamine potenzieren die Rezeptoraktion, Zink-Ionen am Eingang des Ionenkanals bilden eine spannungsunabhängige Blockade. Eine Bindungsstelle für Phencyclidin, einem non-kompetitiven NMDA-Antagonisten, befindet sich im Inneren des Kanals. Hierdurch wird der Ionenstrom durch den Kanal verringert (Abb. 8).

Funktion, Substanzwirkungen

Glutamat spielt eine wichtige Rolle bei neurotoxischen Prozessen im Gehirn. Ischemien verursachen eine erhöhte Konzentration von Glutamat und Aspartat, was zur Hyperstimulation des NMDA-Rezeptors führt. Es kommt zu einem erhöhten Einstrom von Natrium- und Chlor-Ionen, zu osmotischer Schwellung und Zelltod. Dieser neurotoxische Prozess findet bei hohen Konzentrationen von Glutamat innerhalb eines

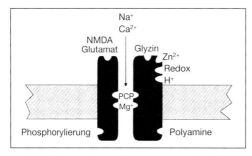

Abb. 8. Modell des NMDA-Rezeptors (modifiziert nach Kornhuber & Weller, 1996)

kurzen Zeitraums (5 bis 30 Minuten) statt. Bei geringer Glutamat-Konzentration setzt ein langsamer Zelltod ein, der von Kalzium-Ionen abhängig ist. Die erhöhte intrazelluläre Kalzium-Konzentration führt zur Aktivierung kataboler Enzyme, Störung des Energiemetabolismus der Zelle und Zelltod. Im Tiermodell verhindert die Administration von NMDA-Antagonisten die Schädigung des Gehirngewebes. Es wird daher vermutet, dass sich NMDA-Antagonisten zur medikamentösen Therapie von traumatischen Hirnverletzungen, Hypoxie, Hypoglykämie und Schlaganfall eignen.

Der funktionale Antagonismus von Dopamin und Glutamat im Bereich des limbischen Systems legt die Vermutung nahe, dass Glutamat an der Pathogenese der Schizophrenie beteiligt ist und therapeutische Möglichkeiten im Bereich der NMDA-Antagonisten zu erwarten sind (Carlsson et al., 1993). Die Straßendroge Phencyclidin (PCP, „angle dust") ruft psychotomimetische Effekte hervor, die der positiven Symptomatik und im Gegensatz zur Amphetamin-Psychose auch der negativen Symptomatik der Schizophrenie sehr ähnlich sind. Auch Untersuchungen zur Glutamat-Konzentration im Gehirn Schizophrener stützen diese Hypothese.

Eine weitere Funktion des NMDA- und auch AMPA-Rezeptors liegt im Bereich der neuronalen Plastizität. Eine kurze hochfrequente Stimulation afferenter Nervenfasern im Bereich des Hippocampus führt zu lang anhaltender Potenzierung (long-term potentiation = LTP) der synaptischen Reizweiterleitung: Es kommt über Stunden bei Hirnpräparaten und über Wochen beim lebenden Tier zu einer erhöhten synaptischen Antwort der stimulierten Zelle, auch wenn diese nur schwach erregt wird. Der zugrunde liegende Mechanismus ist noch nicht völlig geklärt. Bekannt ist, dass es bei der LTP zu einer erhöhten Glutamat-Konzentration kommt, die jedoch im physiologischen Bereich liegt im Gegensatz zur Konzentration bei den neurotoxischen Prozessen. Diese scheint durch einen Kommunikationsprozess zwischen post- und präsynaptischem Neuron zustande zu kommen. Der Kalzium-Einstrom nach Beseitigung der Magnesium-Blockade aktiviert Enzyme, die die Synthese von Botenstoffen beispielsweise des Platelet Activating Factor (PAF) auf ein Vielfaches der extrazellulären Konzentration erhöhen. PAF diffundiert zum präsynaptischen Neuron und stimuliert dort die Glutamatausschüttung (Kornecki et al., 1996). Metabotrope Rezeptoren scheinen eine Rolle zu spielen, wenn die Stimulation der Zelle nur schwach ist.

Es wird vermutet, dass dieser Mechanismus der Lern- und Merkfähigkeit zugrunde liegt. Im Tierexperiment führen Injektionen von NMDA-Antagonisten in den Hippocampus zu Störungen der Merkfähigkeit. Die Administration eines kompetitiven NMDA-Rezeptor Antagonisten bei gesunden Probanden führte dosisabhängig zu Merkfähigkeitseinbußen (Rockstroh et al., 1996).

Wirkstoffe

Das in den 50iger Jahren als Anaesthetikum entwickelte Phencyclidin (PCP, „angle dust") und seine Derivate Ketamin und Cyclohexamin sind NMDA-Rezeptor Antagonisten. Phencyclidin wurde bei kleineren chirurgischen Eingriffen eingesetzt, bis es wegen seiner teilweise bis zu 10 Tagen anhaltenden psychotomimetischen Effekte 1965 vom Markt genommen wurde. Ketamin zeigt diese Nebenwirkungen nicht und wird als Narkosemittel verwendet.

Substanzen, die sich für die Behandlung von psychiatrischen oder neurologischen Erkrankungen eignen, befinden sich noch in der Entwicklung. Schwierigkeiten bereiten dabei die psychotomimetischen Nebenwirkungen. Ein Glutamatmodulator ist Memantin, das für die Behandlung von leichten bis mittelschweren Hirnleistungsstörungen eingesetzt wird.

Gamma-Aminobuttersäure (GABA)

Bahnen

GABA ist der wichtigste Neurotransmitter mit inhibitorischer Wirkung bei der Signalübertragung im Gehirn. Schätzungsweise 30% aller Synapsen im Gehirn sind GABAerg. Es werden zwei Arten von Neuronen unterschieden: Lange projizierende Neuronen wie die Purkinje Zellen des Zerebellums oder die Neuronen der nigrostriatalen Bahnen. Die Mehrzahl der Neuronen im Gehirn sind jedoch kurze Interneuronen. Sie dienen der Verhinderung von überschießender neuronaler Aktivität. GABAerge Neuronen sind im Gehirn und Rückenmark weit verbreitet, im peripheren Nervengewebe sind sie dagegen kaum vorhanden. GABAerge Bahnen entspringen dem Caudatus und führen zur Substantia nigra, wo sie einen hemmenden Einfluss auf die nigrostriatalen dopaminergen Neuronen ausüben. Im Rückenmark führen die Renshaw-Zellen GABA, um die Aktivität der spinalen Motoneuronen zu inhibieren. Die Purkinje Zellen des Zerebellums sind GABAerg und werden ihrerseits durch kurze GABAerge Interneuronen des zerebellären Kortex inhibiert.

Synthese und Inaktivierung

GABA wird aus der Aminosäure Glutamat durch das Enzym Glutamatdecarboxylase synthetisiert. Die Inaktivierung erfolgt über Wiederaufnahme in die Nervenendigungen sowie die benachbarten Gliazellen. GABA wird durch die GABA-Transaminase zu Bernsteinsäuresemialdehyd und durch Dehydrogenase zu Bernsteinsäure abgebaut. Bernsteinsäure geht in den Zitronensäurezyklus ein (Abb. 9).

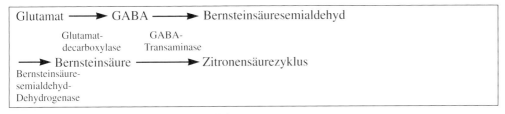

Abb. 9. Synthese und Inaktivierung von GABA

Tabelle 2. Übersicht über die wichtigsten Neurotransmitter des ZNS, Substanzbeispiele, therapeutisches Anwendungsgebiet und die vermuteten psychischen Funktionen

Transmitter	Rezeptoren	Substanzklasse	Substanzen	Anwendungs-gebiet	Funktion
Acetylcholin	nicotinischer muscari-nischer	Nootropika	Donepezil, Rivastigmin, Tacrin	M. Alzheimer	Arbeits-gedächtnis, Merkfähigkeit
		Antiemetikum (*musc. Antagon.*)	Scopolamin	Reise- bzw. Seekrankheit	
		(*nicotin. Agonist*)	Nikotin		
Dopamin	D$_1$-D$_5$	Neuroleptika (*Antagonisten*)	Levomepro-mazin, Haloperidol, Benperidol, Clozapin	Schizophrenie	Informations-filterung, selektive Auf-merksamkeit, Emotionen
		Amphetamine (*Agonisten*)	Amfetaminil Methylphe-nidat	Narkolepsie ADHD	
Noradrenalin	Alpha$_{1,2}$ Beta$_{1,2}$	Antidepressiva	Amitriptylin, Clomipramin, Doxepin, Imipramin	Depression	Vigilanz, Orientierungs-reaktion, Angst, Lust, vegetatives Gleichgewicht
		MAO-Hemmer Stimulantien	Moclobemid Modafinil	Narkolepsie	
Serotonin	5HT$_1$-5HT$_7$	Antidepressiva	Citalopram, Fluvoxamin, Paroxetin	Depression	homöostatische Funktionen, zirkadiane Rhythmen, Schmerz, Erbrechen, Angst
	5-HT$_{1A}$ 5-HT$_{1D}$ 5-HT$_2$ 5-HT$_3$	Anxiolytikum Migränemittel atyp. Neurolept. Antiemetikum	Buspiron Sumatriptan Risperidon Ondansetron	Angst Migräne Schizophrenie Brechreiz	
Glutamat	NMDA, Kainat, AMPA, metabotrope	Anaesthetikum Parkinsonmittel	Ketamin Memantin	Chirurgie Hirnleistungs-störungen, M. Parkinson	neuronale Plas-tizität, LTP Merkfähigkeit
GABA	GABA$_A$ GABA$_B$	Benzodiaze-pine, *Agonisten*	Diazepam, Oxazepam, Lorazepam	Angst, Schlafstörungen	neuronale Plas-tizität, LTD Merkfähigkeit
		Benzo.-*Antag.* Barbiturate	Flumazenil Phenobarbital	Suizidversuch Epilepsie	

Abkürzungen:
ADHD Attention Deficit Hyperactivity Disorder,
LTP Long Term Potentiation,
LTD Long Term Depression.

Rezeptoren

Es werden zwei Rezeptoren unterschieden: der GABA$_A$- und der GABA$_B$-Rezeptor. Über die molekulare Struktur des GABA$_A$-Rezeptors besteht detailliertes Wissen: Er besteht aus einem Rezeptor-Komplex, der eine Vielzahl von Untereinheiten hat. Bisher sind 15 davon bekannt. Eine davon ist der Benzodiazepin-Rezeptor, an den die Benzodiazepine binden. Sie erhöhen die Frequenz, mit der sich der Ionenkanal öffnet. Auch Barbiturate haben eine eigene Bindungsstelle am GABA$_A$-Rezeptor. Sie verlängern die Öffnungszeit des Ionenkanals. Der GABA$_A$-Rezeptor enthält einen Ionenkanal, der für Chlor-Ionen durchlässig ist. Die erhöhte postsynaptische Chlorkonzentration hyperpolarisiert das Neuron und erschwert damit die depolarisierenden Effekte von erregenden Signalen.

Der GABA$_B$-Rezeptor scheint über second messenger-Systeme mit Calcium- und Kalium-Kanälen verbunden zu sein. Die inhibitorische Wirkung entsteht durch Erhöhung der Durchlässigkeit für Kalium-Ionen oder Erniedrigung der Durchlässigkeit für Calcium-Ionen. Der GABA$_B$-Rezeptor vermittelt späte inhibitorische postsynaptische Potentiale.

Funktion, Substanzwirkungen

Das GABAerge System spielt eine Rolle bei Lern- und Merkfähigkeitsprozessen. Im Tierversuch führt die Injektion von GABA-Agonisten ins Striatum zur Amnesie. Eine Nebenwirkung der Benzodiazepine, die als Agonisten am GABA$_A$-Rezeptor wirken, sind Merkfähigkeits- und Aufmerksamkeitsstörungen. GABA-Antagonisten scheinen dagegen die Merkfähigkeit zu erhöhen, wenn sie vor dem Lernvorgang injiziert werden. Die Verabreichung nach dem Lernvorgang verursacht dagegen eine retrograde Amnesie.

Auf Zellebene scheint GABA eine Rolle bei der Langzeitdepression (LTD) und Depotenzierung zu haben (Kano, 1995). Dieses sind Mechanismen der Antwortreduktion der Zelle.

Bei der LTD wird die Basalaktivität der Zelle reduziert und bei der Depotenzierung das Antwortverhalten der durch LTP stimulierten Zelle.

Wirkstoffe

Benzodiazepine, die wichtigsten Vertreter der Tranquilizer und Hypnotika, sind Agonisten am GABA-Rezeptor (z.B. Diazepam, Oxazepam, Lorazepam). Tranquilizer haben eine angstlösende und antiaggressive Wirkung. Sie machen in höheren Dosen müde und führen Schlaf herbei (sedativ-hypnotische Wirkung). Sie haben außerdem eine muskelrelaxierende und antikonvulsive Wirkung. Sie werden daher als Schlaf- und Beruhigungsmittel und Antiepileptika eingesetzt. Benzodiazepine weisen hauptsächlich Nebenwirkungen auf, die im zentralnervösen Bereich liegen und gelten als gut verträglich: Es kommt zu Müdigkeit, Aufmerksamkeitsdefiziten und Merkfähigkeitsproblemen bis hin zur Amnesie ab Medikamenteneinnahme. Es kann außerdem zu Muskelschlaffheit und Koordinationsproblemen kommen. Bei Benzodiazepinen besteht ein Abhängigkeitsrisiko. Abruptes Absetzen führt zu Entzugsproblemen.

Ebenso sind die schlaferzwingenden Barbiturate GABA-Agonisten. Wegen der Vergiftungsgefahr – mit Barbituraten ist der Suizid möglich – und des hohen Suchtpotentials sind sie als Schlafmittel aus dem Handel gezogen. In Mischpräparaten sind Barbiturate jedoch noch enthalten, ebenso werden sie als Antiepileptika verordnet.

Benzodiazepin-Antagonisten (Flumazenil) werden zur Aufhebung von Benzodiazepin-Wirkungen (z.B. bei Intoxifikation nach Suizidversuch) eingesetzt. Somnolenz und Bewusstseinseintrübung lassen nach der Administration rasch nach. Hierdurch erhöht sich die Anwendungssicherheit der Benzodiazepine, da die vorhandene Toxizität unter Kontrolle gebracht werden kann.

1.9 Psychophysiologie

Jochen Fahrenberg & Martin Peper

Zusammenfassung

Psychophysiologie als psychologisch-physiologische Doppelbetrachtung umfasst eine Vielzahl von theoretischen Konzepten, von Untersuchungsebenen und -methoden. Die Unterscheidung von kortikaler und peripherer Psychophysiologie oder die Abgrenzung der Psychophysiologie von neurophysiologisch orientierter Hirnforschung sind nicht überzeugend. „Periphere" Veränderungen an den Effektororganen der vegetativen, motorischen und endokrinen Systeme interessieren als Indikatoren zentralnervöser Prozesse. Die vegetativen Reaktionen während einer Emotion oder motivierten Verhaltenssequenz sind wahrscheinlich die valideren Indikatoren medullär-pontiner, mesenzephaler und „limbischer" Aktivität als die aus größerer räumlicher Nähe abgeleiteten neokortikalen EEG-Veränderungen. Insgesamt handelt es sich heute jedoch um eine zusammenwachsende Neuro-Psychophysiologie mit überlappenden theoretischen Konzepten und z.T. austauschbaren Methoden.

Die Psychophysiologie hat Abstand von der alten Vorstellung nehmen müssen, dass mit einem physiologischen Messwert eine „Objektivierung" psychologischer Vorgänge erreicht oder „Aktivierung" auf einfache Weise diagnostiziert werden kann. Statt dessen geht es um die Erfassung von Aktivierungsmustern und -komponenten. Dies verlangt eine stärker funktionell und systemisch orientierte Betrachtung und zugleich anspruchsvollere Mess- und Datenanalyse-Konzepte. Heute interessieren statt globaler Konzepte von Aktivierung (Arousal, Stress) mit ihren vagen Überschussbedeutungen und unpräzisen Operationalisierungen eher bestimmte biobehaviorale Funktionseinheiten, kriterienbezogenes Assessment oder verhaltensmedizinisch wichtige Symptommechanismen sowie (neuro-) physiologisch akzentuierte Analysen.

Es wurden einige Beispiele für die wissenschaftlich fruchtbare Anwendung psychophysiologischer Konzepte und Methoden in der Neuropsychologie dargestellt: Die Orientierungsreaktion und das Habituationstempo lassen eine Komponente des Arousals und einen elementaren Lernprozess in der Informationsverarbeitung von Reizen erkennen. Psychophysiologische Konditionierungsstudien eröffnen einen Zugang zu automatischen bzw. präattentiven Verarbeitungsmodi. Interessante Anwendungen in der Neuropsychologie sind die Messung vegetativer Funktionsstörungen nach umschriebenen zerebralen Läsionen (insbesondere Verletzungen des Hirnstamms und des Hypothalamus) oder nach degenerativen und Systemerkrankungen des Gehirns. Mit der automatischen Detektion von Körperlage und Bewegungsmustern sowie der Erfassung des Tremors unter Alltagsbedingungen (24-Stunden-Registrierung) eröffnet sich ein weites Feld neuropsychologischer Forschung auch im Hinblick auf die Praxis der Rehabilitation. Diese Beispiele zeigen, dass die Psychophysiologie nicht nur als EEG-Forschung, sondern auch durch die Messung vegetativer und motorischer Funktionen im psychologischen Kontext zur Neuropsychologie beiträgt.

Einleitung

Psychophysiologie und Neuropsychologie

Sowohl Psychophysiologie als auch Neuropsychologie befassen sich mit der biologischen Grundlage von Verhalten und Bewusstseinsprozessen. In der Psychophysiologie wurde traditionell die Korrelation (Wechselwirkung, Identität, Komplementarität) beider Seiten und die Gleichberechtigung der Methoden (Hans Berger, 1921) betont. In der Neuropsychologie und in der vorwiegend tierexperimentell arbeitenden Physiologischen Psychologie ist dagegen häufiger eine reduktionistische Orientierung zu erkennen, Wahrnehmung, Lernen, Sprache usw. auf die Tätigkeit bestimmter Hirnstrukturen zurückzuführen.

Die Begriffsgeschichte dieses Grenzgebietes verschiedener Disziplinen spiegelt die Auseinandersetzung wieder, welche im 19. Jahrhundert zwischen „Psychikern" und „Somatikern" geführt wurde und bis in die Gegenwart reicht. Diese verschiedenen Sichtweisen der höheren, an das Gehirn des Menschen gebundenen Lebensprozesse sind nicht nur Ausdruck philosophischer Auffassungen des Leib-Seele-Problems, sondern beeinflussen wahrscheinlich auch die Theorienbildung und Methodologie der Forscher.

Seit es vor etwa 150 Jahren möglich wurde, den Puls, die Atmung, den Hautwiderstand, später auch den Blutdruck, EKG und EEG während mentaler und emotionaler Vorgänge kontinuierlich aufzuzeichnen, gilt diese „Polygraphie" physiologischer Veränderungen als typisch für die Psychophysiologie. Im Gegensatz hierzu war die Neuropsychologie lange Zeit mangels geeigneter, zeitlich und räumlich auflösender Techniken oder kontinuierlicher Datenerfassungen auf grobe Lokalisations- und Strukturannahmen sowie diskrete sensorische, motorische u.a. Funktionsprüfungen oder psychologische Testuntersuchungen angewiesen.

Zumindest in der Forschung handelt es sich heute um eine zusammenwachsende Neuro-Psychophysiologie mit überlappenden theoretischen Konzepten und austauschbaren Methoden, wenngleich auch in den Fragestellungen, Ausbildungsschwerpunkten und Praxisfeldern Unterschiede fortbestehen. Psychophysiologie kann weitgehend als eine Facette der Neurowissenschaften gesehen werden, wobei „periphere" Veränderungen, z.B. an den Effektororganen des vegetativen, motorischen oder endokrinen Systems primär als Indikatoren zentralnervöser Prozesse interessieren. Das psychophysiologische Forschungsprogramm ist jedoch keineswegs auf die Analyse „peripher-physiologischer" Veränderungen begrenzt. Die „peripheren" vegetativen Reaktionen während einer motivierten Verhaltenssequenz sind wahrscheinlich die valideren Indikatoren medullär-pontiner, mesenzephaler und „limbischer" Aktivität als die aus größerer räumlicher Nähe abgeleiteten neokortikalen EEG-Veränderungen. Vielmehr wird durch den Begriff Psychophysiologie im – Vergleich zu den anderen Facetten der Neurowissenschaften – die methodische und kategoriale Eigenständigkeit der psychologischen Ebenen betont (siehe auch Biopsychologie, Verhaltensneurobiologie). Wenn in den folgenden Abschnitten Konzepte und Methoden der Psychophysiologie übersichtsartig dargestellt werden, so sind meist nur Akzentuierungen und didaktische Hervorhebungen innerhalb einer zusammenwachsenden Neuro-Psychophysiologie gemeint.

Grundlagen und Anwendungen

In diesem Kapitel sind wichtige theoretische Konzepte der Psychophysiologie, z.B. Aktivierung/Arousal darzustellen. Zum Verständnis und zur kritischen Auseinandersetzung mit entsprechenden Publikationen sind einerseits Grundlagen der funktionellen Neuroanatomie und der Physiologie, insbesondere der Physiologie der vegetativ-endokrinen und motorischen Systeme, andererseits Informationen über die Untersuchungsmethodik erforderlich. Struktur und Organisationsprinzipien des vegetativen Nervensystems sind Gegenstand der Grundausbildung in Physiologischer Psychologie (siehe Schmidt & Thews, 1997; speziell Jänig, 1997). Aus der Vielzahl der auch neuropsychologisch interessanten Funktionsbereiche soll hier nur die kardiovaskuläre Kontrolle und die Steuerung der elektrodermalen Aktivität herausgegriffen werden.

Da Grundlagen und Methoden hier nicht ausführlich referiert werden können, wird dies teils exemplarisch, teils übersichtsartig mit Querverweisen und Literaturangaben geschehen. Dabei werden einige Untersuchungsansätze und typische Versuchsanordnungen (Paradigmen) hervorgehoben. Den psychophysiologischen Untersuchungsansätzen (Assessmentstrategien) und den zentralen Methodenproblemen wird relativ viel Raum gegeben. Was wird durch physiologische Parameter indiziert? Kann erwartet werden, dass z.B. emotionale Prozesse durch die Registrierung der Herzfrequenz u.a. vegetativer Variablen objektivierbar sind? Welche Konsequenzen ergeben sich aus den in der Regel verhältnismäßig geringen Korrelationen zwischen solchen Aktivierungsindikatoren? Was folgt aus der geringen Konvergenz multipler (multimodaler) Operationalisierungen, z.B. bei der Diagnostik von Angstreaktionen? Die Kenntnis solcher Methodenprobleme ist für die kritische Evaluation von Forschungsberichten wesentlich und kann vor der Überinterpretation von Befunden bewahren. Abschließend werden einige psychophysiologische Untersuchungsansätze im Rahmen von neuropsychologischen Fragestellungen in Forschung und Klinik erläutert.

Übersicht zu den neuroanatomischen Grundlagen ausgewählter vegetativer Funktionen

Die longitudinale Organisation viszerosensorischer und viszeromotorischer Funktionen ist Gegenstand der „autonomic neuroscience" (Jänig, 1997; Boucsein, 1992) Im Unterschied zum somatischen Nervensystem innerviert das vegetative Nervensystem (engl. „autonomic nervous system", ANS) die glatte Muskulatur aller Organe, das Herz sowie endo- und exokrine Drüsen. In erster Linie dient das ANS der neuronalen Kontrolle des inneren Milieus (Homöostase) und zur Anpassung an Umweltanforderungen bzw. an das Verhalten

des Organismus. Das ANS gliedert sich in den Sympathikus, den Parasympathikus und das Darmnervensystem. Das parasympathische und das sympathische System wirken meist simultan auf die Organe ein und zeigen dabei antagonistische Effekte (Ausnahmen bilden u.a. die Schweißdrüsen und die Genitalorgane). Stark vereinfachend wird der Sympathikus gewöhnlich mit ergotropen, der Parasympathikus mit trophotropen Funkionsmustern assoziiert. Im peripheren ANS erfolgt die Signalübertragung an den vegetativen Ganglien über neurochemische (cholinerge-nicotinerge) Synapsen. Die Signalübertragung von postganglionären Neuronen auf den Effektor erfolgt beim Sympathikus über α- und β-adrenerge Synapsen, beim Parasympathikus über cholinerg-muscarinerge Synapsen. Eine wichtige Ausnahme bildet die ausschließlich sympathisch-cholinerge Innervation der Schweißdrüsen.

Die terminalen Neurone von Sympathikus und Parasympathikus liegen außerhalb des ZNS. Die Somata der präganglionären sympathischen Neurone liegen in Brust- und Lendenmark der Wirbelsäule. Die Axone dieser Neurone verlassen das Rückenmark durch die Vorderwurzeln und projizieren in die meist paarig angelegten vegetativen Ganglien; diese sind in den sog. Grenzsträngen rechts und links der Wirbelsäule organisiert. Die Axone der postganglionären Neurone projizieren zu den Effektoren. Die Zellkörper der präganglionären parasympathischen Neurone liegen im Hirnstamm und im Sakralmark. Sie ziehen in speziellen Nerven zu den organnahen parasympathischen postganglionären Neuronen. Hervorzuheben sind insbesondere der Nervus vagus (X. Hirnnerv), der die Organe des gesamten Bauch- und Brustraums mit parasympathischen Efferenzen versorgt, sowie der Nervus splanchnicus pelvinus, der die Beckenorgane innerviert.

Die Aktivität in den präganglionären Neuronen in Rückenmark und Hirnstamm ist ein Ergebnis integrativer Prozesse im ZNS. Die spinalen Systeme unterliegen den deszendierenden inhibitorischen und exzitatorischen Einflüssen von Hirnstamm und Rückenmark, welche wiederum von kortikalen Strukturen beeinflusst werden. In den nächst höher gelegenen Strukturen werden spinale Systeme zu Funktionskomplexen organisiert. So sind das kutane Vasokonstriktor- und das Sudomotorsystem in einem Thermoregulationssystem integriert. Folgende Ebenen der efferenten Kontrolle entlang der Neuraxis sind wesentlich (Tabelle 1).

Auf der Ebene des Hirnstamms sind medulläre, pontine und mesenzephale Zentren an der Steuerung vegetativer Prozesse beteiligt. Als bedeutsame mesenzephale Struktur sind die Aktivierungssysteme der medialen Formatio reticularis zu nennen. Auch kortikale Regionen sind für die Regulation vegetativer Funktionen und die Interozeption, d.h. die Wahrnehmung viszeraler Reize, von Bedeutung. Der Hypothalamus nimmt als „vegetatives Kopfganglion" eine zentrale Rolle innerhalb des vegetativen Systems ein und beeinflusst und koordiniert über das hypothalamohypophysäre System die vegetative Aktivität auf nervösem und endokrinem Weg. Die Area hypothalamicus lateralis sowie der ventromediale Hypothalamuskern erhalten Afferenzen u.a. vom Nucleus centralis der Amygdala. Dieses System ist insbesondere für die Vermittlung konditionierter und unkonditionierter sympathischer Aktivierungen, elektrodermaler Reaktionen, und Blutdruckerhöhungen verantwortlich. Efferente Verbindungen des posterolateralen Hypothalamus zu den retikulären Aktivierungssystemen legen eine Beeinflussung des allgemeinen Aktivierungsniveaus nahe (vgl. Boucsein, 1992). Insgesamt scheinen die Einflüsse exterozeptiver, insbesondere angstauslösender Reize vor allem im Netzwerk des limbischen Vorderhirns nachweisbar zu sein, weniger jedoch im Bereich pontiner und medullärer Netzwerke, die vorwiegend homöostatischen Funktionen bei der Kreislaufregulation dienen.

Ein Konzept der vegetativen Regulation muss auch die Beiträge kortikaler Strukturen einbeziehen (Cerchetto & Saper, 1990). Tierexperimentelle Läsionsstudien, Tracer-, EEG- und Reizungsuntersuchungen konnten die kortikalen Beiträge zur Steuerung des ANS spezifizieren. Diese Befunde belegen, dass eine funktionelle Ordnung entsprechend der Organisation des somatomotorischen und -sensorischen Kortex wahrscheinlich ist. Als gesichert gelten Befunde zur Rolle des insulären Kortex, bei dem es sich offenbar analog zum primären somatosensorischen Kortex um ein organotop organisiertes viszerosensorisches Areal handelt. Der mediofrontale Kortex soll analog zum primären motorischen Kortex eine viszeromotorische Funktion besitzen. Der infralimbische Kortex entspricht eventuell der prämotorischen Komponente des somatomotorischen Systems.

Kardiovaskuläre Kontrolle

Als Effektoren der neuronalen Kreislaufregulation sind das Herz, die Arterien und Venen vegetativ innerviert (siehe z.B. Schmidt & Thews, 1997). Die neuroanatomischen Zusammenhänge der Herz-Kreislaufaktivität sind bis zur rhombenzephalen und medullären Ebene relativ gut bekannt. Der Hypothalamus und die HPA-Achse sind ebenfalls an der Steuerung von Herz-Kreislauffunktionen maßgeblich beteiligt. Nur wenige Informationen existieren jedoch zu den Einflüssen der kortikalen Ebene, obgleich diese zweifellos an der Steuerung von Herz-Kreislauffunktionen beteiligt ist. Eine adäquate Konzeption der longitudinalen Organisation der Herzkreislauf-Aktivität muss die Effektororgane, die spinale Ebene, den Hypothalamus, das Mesenzephalon, die rhombenzephale und medulläre Ebene, sowie die kortikale Ebene einschließen.

Auf rhombenzephaler und medullärer Ebene wurden Integrations- und Relaiszentren („Kreislaufzentren") beschrieben, welche der Aufrechterhaltung der Homöostase im kardiovaskulären System dienen. Diese verarbeiten u.a. Informationen aus den Baro- und Chemorezeptoren in der Arteria carotis und den atrialen Dehnungsrezeptoren. Der Hypothalamus spielt eine übergeordnete Rolle bei der neuralen Kontrolle kardiovaskulärer Funktionen. Bei der Integration von Reizbewertung und emotional-vegetativem Reaktionsverhalten sind noch andere Strukturen wie der Nucleus centralis der Amygdala und der Nucleus interstitialis striae terminalis beteiligt. Vom Hypothalamus aus bestehen direkte neuronale Verbindungen zu den präganglionären sympathischen und parasympathischen Neuronen.

Tabelle 1. Stark vereinfachende Darstellung der longitudinalen Organisation viszerosensorischer und viszeroeffektorischer Funktionen, anhand der Ergebnisse neurobiologischer Läsions- und Stimulationsexperimente zur zerebralen Kontrolle kardiovaskulärer und elektrodermaler Funktionen (siehe auch Boucsein, 1992; Locwy & Spyer, 1990).

Neokortex

– Frontaler Kortex	Inhibition und Exzitation der Elektrodermalen Aktivität (EDA)
– Präfrontaler Kortex	Depressorische kardiovaskuläre Reaktionen
– Ventromedialer frontaler Kortex	Pressorische kardiovaskuläre Reaktionen bei Stimulation
– Prämotorischer Kortex, Area 6	Exzitatorische Einflüsse auf die EDA
– Insulärer Kortex mit Verbindungen zum Hypothalamus, Amygdala, Ncl. tractus solitarius (NTS), parabrachiales	Viszerales sensomotorisches Zentrum für kardiovaskuläre Reaktionen
– Anteriorer limbischer Kortex	Exzitatorische Einflüsse auf die EDA
– Globus Pallidus	Spontane Hautpotentialänderungen, exzitatorische oder inhibitorische Einflüsse auf die EDA

Limbisches Vorderhirn und Mesenzephalon

– Ncl. interstitialis striae terminalis	Efferente Kontrolle des kardiovaskulären Systems
– Amygdala, insbes. basolaterale und zentrale Kerngruppe	Exzitatorische Wirkung auf die elektrodermale Orientierungsreaktion (OR) und Defensivreaktion; Beeinflussung des für die kardiovaskuläre Kontrolle bedeutsamen Ncl. tractus solitarius
– Hippokampus, insbesondere Fornix und Mammilarkörper	Inhibitorische Wirkungen auf die elektrodermale OR
– Hypothalamus (mit HPA-Achse)	Direkte Verbindungen zu den präganglionären sympathischen und parasympathischen Neuronen; Steuerung und Integration vegetativer Vorgänge durch sympathische oder vagale Einflüsse
– Ncl. hypothalamici anterior (Ncl. paraventricularis, Ncl. dorsomedialis)	Efferente Kontrolle des kardiovaskulären Systems; Auslösung der EDA
– Ncl. paraventricularis	Zentrale Regulation sympathischer Reaktionen, hypothalamo-retikulo-spinale Sympathikusbahn
– Area lateralis, mediales Vorderhirnbündel	Integration auf- und absteigender Information; Verbindung mit präganglionären parasympathischen Neuronen zur kardiovaskulären Kontrolle; keine Wirkungen auf die EDA

Rhombenzephalon und Medulla

– Formatio reticularis u.a.	Inhibition oder Exitation der EDA; Integration und Anpassung von baro- und chemorezeptiven und respiratorischen Reflexen, homöostatische kardiovaskuläre Funktionen
– Pontines Grau, Ncl. parabrachialis, Locus coeruleus, noradrenerge Zellgruppe A5	Tonusregulation des peripheren sympathischen Systems
– Dorsaler Vaguskomplex (Ncl. dorsalis nervi vagi, Ncl. tractus solitarius), Ncl. ambiguus	Umschaltstationen für Reflex-Leitungsbögen (viszerotop im Ncl.) tractzs solitarius) bzw. Schrittmacherzentren (z.B. für Atmung, Vasomotoren etc.) mit sympathischen und parasympathischen Afferenzen und Efferenzen

Andere Regionen: Kleinhirn

Keine Wirkungen auf EDA bekannt; möglicherweise Einflüsse auf die kardiovaskuläre Konditionierung

Spinale Ebene und Effektororgane

– Ncl. intermediolateralis, prä- und postgangl. Neurone u.a.	Innervierung der Effektororgane

Weiterhin wird das Herz-Kreislaufsystem neurosekretorisch durch Aktivierung des limbisch-hypothalamisch-hypophysären adreno-kortikalen Systems und durch Aktivierung des sympathisch-adrenergen-Systems kontrolliert. Mehrere Zonen des Hypothalamus können unterschieden werden, die bei entsprechender Stimulation funktionssteigernde Kreislaufreaktionen (z.B. erhöhter sympathischer Tonus am Herzen und an den Widerstandsgefäßen, Tachykardie und Kontraktilitätssteigerung der Ventrikel) oder funktionsdämpfende Kreislaufreaktionen (u.a. Bradykardie) auslösen. Es wird zwischen einer posterioren (kaudalen) sympathisch exzitatorischen Zone mit Nucleus dorsomedialis, Area praeoptica medialis, Nucleus ventromedialis und einer rostralen (kranialen) sympathisch-inhibitorischen bzw. parasympathisch-exzitatorischen Zone unterschieden.

Auf kortikaler Ebene ist vor allem der insuläre Kortex von Bedeutung, der absteigende Bahnen an den Hypothalamus, Amygdala, Nucleus parabrachialis und Nucleus tractus solitarius entsendet. Im Bereich des medialen präfrontalen Kortex sind funktionsdämpfende Reaktionen auslösbar. Relevante Gebiete sind insbesondere auch die mediale Oberfläche des Frontallappens (nahe der frontalen motorischen Areale rostral vom Genu corporis callosi). Im Bereich des somatomotorischen und sensorischen Kortex finden sich hauptsächlich funktionsdämpfende, jedoch auch -steigernde Reizpunkte. Bei geeigneter Reizung eines Areals kann eine Kontraktion der Extremitätenmuskulatur und zugleich die begleitende lokale Durchblutungssteigerung ausgelöst werden (zur kardiovaskulären Psychophysiologie siehe auch Fahrenberg, 1999).

Elektrodermale Aktivität (EDA)

Boucsein (1992) hat ein Arbeitsmodell der zerebralen Kontrolle elektrodermaler Reaktionen vorgeschlagen. Ein erster Auslösemechanismen der EDA soll im Zusammenhang mit Orientierungs- und Defensivreaktionen unter der Kontrolle der Amygdala (Exzitation) und des Hippokampus (Habituation/Inhibition) stehen. Ein zweiter Auslösemechanismus (präparatorische EDA) soll dagegen als Begleitreaktion von antizipatorischen Vorgängen

und der Vorbereitung motorischer Akte einzuschätzen sein. Der Zusammenhang zwischen der feinmotorischen und lokomotorischen Aktivität und korrespondierenden EDA-Änderungen scheint u.a. auf eine gemeinsame Kontrollinstanz im prämotorischen frontalen Kortex (Area 6) oder den Basalganglien (insbesondere Nuc. caudatus, Putamen oder Globus pallidus) rückführbar zu sein. Exzitatorische oder inhibitorische Gebiete sind aber auch in anderen Regionen des frontalen Kortex nachweisbar. Eine Reihe von Arbeiten deuten auf die Bedeutung frontaler Hirnstrukturen und deren subkortikalen Verschaltungen für die Kontrolle vegetativer Veränderungen hin. Eine Hirnschädigung im Bereich ventromedial frontaler oder anterior zingulärer Regionen scheint zum Beispiel für die Reduktion elektrodermaler Orientierungsreaktionen auf visuelle emotionale Reize verantwortlich zu sein (Tranel & Damasio, 1994).

Übersicht zur Untersuchungsmethodik

Physiologische Messungen

In psychophysiologischen Laboratorien können zahlreiche physiologische Funktionen gemessen werden, doch beschränkt man sich zumeist auf einige wenige Variablen. Dies ist z.T. durch die größere oder geringere messtechnische Zugänglichkeit und durch implizite Annahmen über die Konstruktvalidität eines Maßes zu erklären. Eine Übersicht über häufiger verwendete Messgrößen vegetativer und motorischer Systeme enthält Tabelle 2 (zum EEG siehe Kapitel 2.3). Weder die speziellen methodischen Details der Ableitungen, Sensoren, Elektroden, Verstärkereinstellungen, Filterung u.a. Vorverarbeitung des Signals, noch die sog. Parameterabstraktion, d.h. die Festlegung der relevanten Signalcharakteristika, und deren robuste, möglichst gut reproduzierbare Erfassung durch geeignete Software-Algorithmen können hier besprochen werden (einführend Cacioppo & Tassinary, 1990; Schandry, 1989, siehe auch Rösler, im Druck). In sog. „Guidelines" wurden Standardisierungen für einige der häufig verwendeten psychophysio-

Tabelle 2. Häufig verwendete physiologische Variablen. Anmerkung: Grundsätzlich müßten hier auch Messmethoden der Hirndurchblutung, des Hirnmetabolismus u.a. neurowissenschaftliche Methoden genannt werden (siehe Kapitel 2.1, 2.2 und 2.3).

Biosignal/Variable	Abkürzung
Herzfrequenz	HF
Herzfrequenz-Variabilität (z.B. 0.10 Hz-Band)	HFV (Bänder)
Respiratorische Sinusarrhythmie Blutdruck (systolisch, diastolisch, mittlerer)	RSA
Pulswellengeschwindigkeit	PWG
Elektrokardiogramm (z.B. ST-Senkung, P- oder T-Wellen-Amplitude)	EKG (ST, T)
Atmung (Frequenz, Volumen), Pneumogramm	
O_2/CO_2 Gasaustausch (Spirogramm)	
O_2 Sättigung (transkutan)	tcO_2
Temperatur (Finger, Kern)	
Elektrodermale Aktivität (phasisch, tonisch): Hautleitwert bzw. Hautfeuchte	EDA
Körperlage	
Bewegung (Aktometrie, Akzelerometrie)	
Sprechaktivität	
Elektromyogramm	EMG
Elektrookulogramm (Lidschlag)	EOG
Elektroenzephalogramm (spontan, evoziert)	EEG

logischen Messmethoden ausgearbeitet (Kommissionen der Society for Psychophysiological Research).

Aus den erhaltenen Messwerten (Datenpunkten) sind in einem zweiten Schritt die Daten für deskriptive Darstellungen oder Inferenzstatistik zu gewinnen. Diese Sekundäranalyse umfasst Entscheidungen u.a. über die zeitliche Segmentierung und Aggregation von Messwerten, die Prüfung der Verteilungen und Reliabilitäten, die problematische Definition von „Reaktionswerten" zur Beschreibung der Veränderung von einem „Ruhe"- oder Ausgangswert zum Belastungswert (Prä-Post-Messung), die Unterscheidung phasischer, d.h. kürzerer, und tonischer, d.h. anhaltender Veränderungen. Einige dieser biometrischen Probleme haben in der Fachliteratur eine anhaltende Diskussion gefunden, da aus der jeweiligen Entscheidung u.U. Konsequenzen für die Hypothesenprüfung folgen, unter bestimmten Bedingungen sogar bis zur Umkehrung der Schlussfolgerungen (Stemmler, 1998; Stemmler & Fahrenberg, 1989). Ein bekannteres Beispiel ist die Kontroverse um Ausgangswert-Abhängigkeiten, für die es Argumente aus funktionell-homöostatischer Sicht und aus statistischer Sicht (Messfehler und Reaktionswert-Definitionen) gibt. So kann es eine entscheidende Rolle spielen, ob ein gemessener Belastungswert auf einen u.U. schon antiziptorisch erhöhten Ausgangswert („Ruhe") oder auf den basalen Wert der Nachtruhe während einer 24-Stunden-Registrierung bezogen wird.

Die physiologischen Messmethoden unterscheiden sich hinsichtlich Zumutbarkeit, Aufwand und Reliabilität. Wichtige Aspekte sind dabei: einfache Befestigung von Elektroden und Sensoren, geringe methodenbedingte Reaktivität, Häufigkeit von Artefakten und Aufwand für Kontrollen, Präzision der Messung und Parameterabstraktion, zeitliche Auflösung, Kennlinien von Reiz-(Belastungs-) Intensität und Reaktionsamplitude, Reproduzierbarkeit und Generalisierbarkeit (bei Messwiederholungen und über Settings) sowie Plausibilität und Akzeptanz aus Sicht der Probanden. Die Auswahl der Variablen wird von der Fragestellung und von methodischen Prinzipien und Annahmen über Indikatoren–Konstrukt–Beziehungen abhängen, so dass keine allgemeingültige Rangordnung geeigneter Variablen bzw. Indikatoren aufgestellt werden kann (siehe Tabelle 2). Außerdem verlangen einige Messungen strikte Kontrollen (z.B. EEG hinsichtlich EOG), andere Methoden, wie Aktometrie und EMG, Temperatur, EDA, sind verhältnismäßig robust. Die am EKG gemessene Herzfrequenz ist wahrscheinlich die hinsichtlich messtechnischer Bedingungen und Zuverlässigkeit herausragende Variable. Ihre Interpretation ist jedoch aus hämodynamischen, systemisch-vegetativen und metabolischen Gründen nicht einfach. Dies hat zur

Entwicklung spezieller psychophysiologischer Paradigmen und zum Versuch einer Dekompensation verschiedener Varianzanteile geführt (sog. „additional heart rate", respiratorische Sinusarrhythmie RSA und andere Bänder der Herzfrequenzvariabilität).

Instrumentation für Labor und Feld

Statt der großen, stationären „Polygraphen" früherer Psychophysiologie-Laboratorien werden heute kleinere, computergestützte Messsysteme verwendet. Die Entwicklung führte zu portablen Rekorder/Analyzer-Systemen. Diese für das ambulante Monitoring geschaffenen Systeme sind oft modular aufgebaut und können sowohl im Feld als auch im Labor eingesetzt werden. Durch die portablen Messwertspeicher ist ein wichtiges neues Anwendungsfeld für psychophysiologische Untersuchungen entstanden. Während die 24-Stunden-Registrierungen des Blutdrucks oder des EKG seit Jahren unentbehrliche Routinemethoden der Medizin für das Monitoring von Risikopatienten sind, ist das „ambulante Assessment" in Psychologie und Psychophysiologie noch relativ selten (zur Übersicht: Fahrenberg & Myrtek, 1996, im Druck). Auch im Bereich der Neuropsychologie eröffnen sich damit neue Untersuchungsmöglichkeiten, z.B. die Messung der Tremoraktivität von Parkinson-Patienten über 24-Stunden unter Berücksichtigung von Tageszeit, Aktivitäten, emotionaler oder mentaler Beanspruchung und besonderen Ereignissen (siehe Seite 167).

Die effiziente Anwendung psychophysiologischer Methodik hängt entscheidend ab von der verfügbaren Software
1. für die Biosignalanalyse,
2. die Datenkontrolle, vorzugsweise interaktiv und halbautomatisch am Bildschirm, sowie
3. die optimale Datenorganisation für die statistischen Analysen.

Die Hersteller der Rekorder liefern nur selten für Forschungszwecke ausreichende Programme, so etwa für die Analyse von EEG und EKG. Die Untersucher sind deshalb oft auf sehr langwierige Softwareentwicklungen oder auf die Kooperation mit anderen Laboratorien angewiesen.

Mit der Ausweitung der Registrierungen vom Labor ins Feld verschärfen sich auch die Fragen nach der Kontrolle störender Umgebungsbedingungen. Tatsächlich verfügen viele Labors nicht über hochgradig schallgedämmte Untersuchungsräume (ca. 50-60 dB) mit Vollklimatisierung (etwa 24° Celsius, 55% relative Feuchte). Unterschiede der ambienten Temperatur sind u.a. für die Vasokonstriktion und den Blutdruck relevant; es kann zu „Schwitzeffekten" der EDA kommen, es gibt Temperaturdriften, u.a. in Elektroden-Haut-Systemen, aber auch in Beschleunigungssensoren. Viele andere Effekte und Artefakte können auftreten, sind aber z.T. nicht hinreichend bekannt oder fallen nicht auf.

Bei Untersuchungen in Kliniken ohne geeignete Untersuchungsräume könnte daran gedacht werden, zumindest die Raumtemperatur und den Lärmpegel automatisch mitzuregistrieren. Eine nachträgliche Berücksichtigung der unerwünschten Varianz ist jedoch schwierig. Es bleibt oft nur der Ausweg, auf kritische Segmente oder ganze Rekords zu verzichten. Die störenden Effekte, aufgrund eines unregelmäßigen Tageslaufs oder besonderer Ereignisse, welche sich auf die Registrierungen auswirken, sind in der Praxis wahrscheinlich wichtiger als Effekte zirkadianer Rhythmen physiologischer Funktionen.

Psychophysiologische Konzepte und Assessment

Grundbegriffe

Psychophysische Aktivierungsprozesse sind universelle Phänomene; sie kennzeichnen als induzierte, als spontane oder als periodisch auftretende Zustandsänderungen die höheren Lebensprozesse des Menschen, z.B. Aufmerksamkeit und Orientierungsverhalten, Wachen – Schlafen, Spannung – Entspannung, Belastung – Beanspruchung – Überforderung, Emotionen, Stimmungen und antriebsbezogene Zustände. Diese organismischen Zustandsänderungen (Funktionsanregungen) treten unter einer Mannigfaltigkeit von primär psychologisch oder primär physiologisch definierbaren Bedingungen auf und sind in einer Mannigfaltigkeit psychologischer (introspektiver, behavioraler) und physiologisch-biochemischer Variablen beschreibbar. Der Begriff *psychophysischer Aktivierungsprozess* hebt – ebenso wie die hier einzuordnenden Begriffe Aktivierung (Aktivation), Arousal, Erregung, Beanspruchung (Stress, Strain) – eine breite Klasse von Phänomenen hervor, die zu einer psychologisch-physiologischen Doppelbetrachtung herausfordern.

Als *Aktivierungsvariable* wird eine psychologische und physiologische Variable dann bezeichnet, wenn eine deutliche situations- bzw. stimulusabhängige Variation zu erkennen ist. Unter den physiologischen Variablen gilt dies u.a. für viele kardiovaskuläre Messwerte, für die EEG-Parameter, für das EMG und auch für die elektrodermale Aktivität. Als *Aktiviertheit* wird hier der durch Ruhe- bzw. Belastungswerte beschriebene Zustand bezeichnet und als *Aktivierung* die durch Veränderungs- (Reaktions-)Werte (oder systemtheoretische Parameter) beschriebene Zustandsänderung. Die Terminologie hinsichtlich der Niveauwerte und der Veränderungswerte ist noch sehr uneinheitlich, doch ist die Unterscheidung von relativer Ruhe bzw. Pause und Reaktion, da sie durch die üblichen Provokationsmethoden im psychophysiologischen Labor konstituiert wird, durchgängig zu finden. *Psychophysische Reaktivität* meint die habituelle Disposition bzw. die Verhaltenswahrscheinlichkeit, in bestimmten Situationen, also unter spezifizierten Reiz- und Test-Bedingungen, mit einer stärker oder schwächer ausgeprägten psychophysischen Aktivierung zu reagieren bzw. Aktiviertheit auszubilden. Dieses Konzept der Reaktivität (Reagibilität, Arousability) wird oft sehr global verwendet.

Aktivierungsmuster sind koordinierte Änderungen in mehreren Variablen, die sich methodisch als Profile nach drei Aspekten – Niveau (Level), Streuung (Scatter) und Gestalt (Shape) – beschreiben lassen. Die psychophysiologische Forschung hat sich eingehend mit der Unterscheidung stimulusspezifischer, individualspezifischer und motivations- (bzw. kontext-) spezifischer Aktivierungsmuster befasst. Die

Annahme, dass sich Basisemotionen in vegetativ-endokrinen Aktivierungsmustern unterscheiden, ist noch immer nicht befriedigend belegt (siehe Stemmler, 1992, 1998). Individualspezifische Reaktionsmuster („Blutdruck-Reagierer" oder „Muskelspannungs-Reagierer") sind vielleicht für die Ätiologie funktioneller (psychosomatischer) Störungen wichtig.

Konstrukte und Indikatoren

Psychophysiologen sind gewöhnlich nicht an physiologischen oder biochemischen Messwerten per se interessiert, sondern verwenden diese Daten als Indizes theoretischer Konstrukte wie Stimulusintensität, Orientierungsreaktion, Beanspruchung, Angst usw. Dies wirft die Frage nach der Konstruktvalidität der Indizes auf und verlangt eine psychophysiologische Datentheorie bzw. Assessmenttheorie, wie psychologische (Überschuss-) Bedeutungen aus physiologisch-biochemischen Daten abzuleiten und empirisch zu sichern sind (Fahrenberg, 1995; Stemmler, 1992).

Die Bedeutungsvielfalt eines bestimmten physiologischen Parameters lässt sich am Beispiel der Herzfrequenz erläutern, die u.a. folgendes repräsentiert: ein direktes Maß des Sinusrhythmus (Puls); ein Index β-adrenerger Aktivität oder – genauer – ein Index der momentanen hämodynamischen Regulation innerhalb des „akzentuierten Antagonismus" sympatischer und vagaler Kontrolle des Herzens; ein Aspekt der metabolischen und thermoregulatorischen Aktivität und der Muskelarbeit; ein Index körperlicher Leistungsfähigkeit und Fitness; ein Index für einen Zustand allgemeiner Aktiviertheit bzw. Aktivierungsreaktion (Emotion, Beanspruchung); ein Index für die Intensität, Neuheit oder individuelle Bedeutung eines Stimulus; ein Index der kardiovaskulären Komponente in einem Mehrkomponenten-Modell der Aktivierung.

Psychophysiologische Aktivierungsdiagnostik

Wenn im psychophysiologischen Labor Aufgaben, z.B. das Kopfrechnen unter Zeitdruck

oder das Halten einer freien Rede zu einem bestimmten Thema, gestellt werden, ist regelmäßig eine psychophysische Aktivierung zu
beobachten: erhöhte Wachheit und Anspannung, EEG-Veränderungen (insbesondere ein
verringerter Anteil des Alphabandes), Zunahme der neuromuskulären Aktivität (Tonus der
gestreiften Muskulatur, Lidschlag, Tremor,
motorische Unruhe), Zunahme von Herzfrequenz, Blutdruck u.a. hämodynamischen Parametern, Abnahme der peripheren Durchblutung und Hauttemperatur, Zunahme der elektrodermalen Aktivität (Hautleitwert und Variabilität), erhöhte Ausscheidung von Katechola-
minen, Kortisol usw. Dieses häufig beschriebene mittlere Reaktionsprofil wurde früher als
Hinweis auf eine einheitliche Dimension der
Aktivierung oder Deaktivierung in einer systemischen, gerichteten, relativ homogenen Zunahme bzw. Abnahme vieler Parameter verstanden. Eine große Zahl psychophysiologischer Forschungsarbeiten hatte die Kovariation und Konsistenz solcher Aktivierungsparameter zum Thema. Lacey (1967) zog jedoch
aus seinen Arbeiten über Reaktionsmuster die
Schlussfolgerungen „(...) that activation or
arousal processes are not unidimensional but
multidimensional and that the activation processes do not reflect just the intensive dimension of behavior but also the intended aim or
goal of the behavior, or, as I phrased it in an
earlier paper, the nature of the transaction between the organism and its environment" (S.
25). „I think the experiments show that electroencephalographic, autonomic, motor, and
other behavioral systems are imperfectly cou-
pled, complexly interacting systems" (S. 15).

Später haben Lang, Rice und Sternbach
(1972), gestützt auf Lacey's Arbeiten, das viel-
zitierte Drei-Systeme Prinzip formuliert: „In
human subjects, emotional behavior includes
responses in three expressive systems: verbal,
gross motor and physiological (autonomic,
cortical, neuromuscular). The responses of no
single system seem to define or encompass an
'emotion' completely, thus demanding for a
triple response measurement" (S. 624). Diese
TRM-Strategie ist vor allem im Bereich der
Emotionsforschung und in der Verhaltenstherapie von Angstzuständen befolgt worden. Da-

bei wurde übersehen, dass es sich nicht nur um
drei, sondern je nach Kategorisierung, um viele Ebenen und Systeme handelt, welche in der
Regel nur eine geringe Kovariation aufweisen.
Die notwendige multimodale Diagnostik
(Mehrebenen-Beschreibung) und die genaue
Analyse psychophysiologischer Kopplungs-
Entkopplungs-Prozesse bleiben zentrale Aufgaben der psychophysiologischen Forschung
(siehe Fahrenberg, 1987; 1992; Hörhold,
1998; Stemmler, 1992, im Druck).

Die neueren Grundlagenstudien haben im
Prinzip Laceys (1967) Schlussfolgerung über
„Reaktionsfraktionierung" bestätigt und einerseits durch wesentlich umfangreichere Datensätze (hinsichtlich Funktionssystemen und
Belastungen) erweitert, andererseits durch die
Berücksichtigung wichtiger Methodenprobleme besser gesichert. Es gibt *keinen einzelnen*
Aktivierungsindikator oder Prädiktor, weder
die relative Power des EEG-Alphabandes, die
Herzfrequenz, noch die elektrodermale Aktivität oder die Katecholaminausscheidung, um
individuelle Unterschiede der globalen Aktivierung (Arousal, Arousability, Beanspruchung, Stress) zuverlässig vorherzusagen. Solche Übergeneralisierungen sind obsolet.

In der Tat haben die Begriffe Arousal, Aktivation oder Stress/Strain keine prägnante wissenschaftliche Bedeutung mehr; sie gehören
z.T. bereits der Umgangssprache an. Die Versuche, zwischen einem kortikalen Arousal und
einer vegetativen Aktivation zu unterscheiden,
haben sich begrifflich nicht durchgesetzt.
Ebensowenig haben Stress und Strain eine
feste Bedeutung, da von Kortisol und ACTH
bis zu vagen Auskünften über „Psychostress"
vieles gemeint sein kann. Da die multivariate
psychophysiologische Forschung gezeigt hat,
dass die Kovariation der verschiedenen Indikatoren, auch der physiologischen Variablen
untereinander, zu gering ist, um solche globalen Konzepte zu rechtfertigen, können diese
heute nur noch als Bezeichnung für Problem-
felder gelten. Sowohl die Forschung als auch
die diagnostische Praxis sollten sich auf einzelne Funktionssysteme und Komponenten
beziehen und müssen jeweils eine prägnante
Operationalisierung zu erreichen versuchen.
Es mangelt vielfach noch an maßgeblichen

Standardisierungen, so dass konsequente Überprüfungen bzw. Replikationen erschwert sind.

Psychophysiologische Emotions- und Persönlichkeitsforschung

Eysenck (1967) hatte postuliert, dass Emotionalität (Neurotizismus) eine biologische Basis in der Reaktivität des „limbischen Systems" und Extraversion eine Basis in den retikulären Aktivierungssystemen haben. Beim gegenwärtigen Stand der Forschung ist die behauptete Korrelation emotionaler Labilität (operationalisiert durch die Fragebogen-Skala) und vegetativer Labilität bzw. Reaktivität (operationalisiert durch Funktionsprüfungen) als falsifiziert anzusehen (Fahrenberg, 1992; 1995; Myrtek, 1980). Die Befunde zur Dimension Extraversion-Introversion sind vielleicht etwas günstiger, jedoch inkonsistent. Diese kritische Einschätzung wird durch die Befunde einer Metaanalyse (Myrtek, 1998) bestätigt und gilt auch für andere hypothetische Persönlichkeitsdimensionen und ebenso für die biochemische Persönlichkeitsforschung (siehe Fahrenberg, 1995; Schneider-Janessen, 1990). Solche psychophysiologischen Eigenschaftskonstrukte waren – in der Tradition der älteren Temperaments- und Konstitutionsforschung – plausibel. Sie wären für die Theorienbildung und Diagnostik, auch in der Neuropsychologie und Neuropsychiatrie, von hervorragender Bedeutung, sind jedoch in dieser globalen Form empirisch nicht haltbar.

Ein weiteres wichtiges Thema der psychophysiologischen Grundlagenforschung ist die Frage, ob sich die sog. „Basisemotionen" durch spezifische physiologisch-endokrine Muster unterscheiden. Auch zu dieser Forschungsrichtung muss aufgrund neuerer, multivariater und methodenkritischer Untersuchungen eine sehr skeptische Einstellung eingenommen werden. Intensive Emotionen („Affekte") wie Angst und Ärger sind zweifellos von vegetativen und endokrinen Veränderungen begleitet, doch ist dies unter natürlichen Bedingungen kaum untersuchbar. Laborexperimente sind jedoch auf problematische Verfahren zur Provokation von Emotionen angewiesen, ohne dabei die Inten

sität und Prägnanz der Basisemotionen kontrollieren zu können. Wahrscheinlich sind in der früheren Forschung oft Kontextunterschiede, d.h. Besonderheiten dieser Provokationsmethoden, und Intensitätsunterschiede statt spezifischer Muster erfasst worden. So beruht eine oft genannte Arbeit (Levenson et al.,1990; zitiert auch von Birbaumer & Schmidt, 1997; Schmidt & Thews, 1997) offensichtlich auf Artefakten (Boiten, 1996). Die weitere Forschung muss zeigen, ob die skeptische Einstellung aufgegeben werden kann (siehe auch Stemmler, 1998).

Psychophysiologisches Assessment

Die Psychophysiologie hat Abstand von der alten Vorstellung nehmen müssen, dass mit einem physiologischen Mess wert, z.B. der Herzfrequenz, eine „Objektivierung" psychologischer Vorgänge erreicht oder „Aktivierung" auf einfache Weise diagnostiziert werden kann. Statt dessen geht es heute um die Erfassung von Aktivierungsmustern und die Messung von Aktivierungskomponenten. Dies verlangt eine stärker funktionell und systemisch orientierte Betrachtung und zugleich anspruchsvollere Mess- und Datenanalyse-Konzepte. Die Entwicklung der modernen Assessmenttheorie legt es außerdem nahe, bestimmten methodischen Prinzipien zu folgen. Dazu gehören das Denken in Prädiktor-Kriterien-Beziehungen und die präzisere Formulierung von Assessmentstrategien, welche spezifizieren, welche Daten mit welchen theoretischen und methodischen Annahmen zu welchem Zweck erhoben werden (siehe Stemmler, 1992, im Druck). Im folgenden werden beispielhaft nur einige dieser Prinzipien und Untersuchungskonzepte erwähnt: das Konzept der sympathisch-vagalen Balance und die Dekompensation, d.h. die Unterscheidung wichtiger Komponenten von Herzfrequenz und Herzfrequenz-Variabilität.

Die Ergebnisse psychophysiologischer Untersuchungen verlangen einerseits eine psychologisch-behaviorale Interpretation, andererseits eine physiologische Erklärung. Vegetative Veränderungen sind dabei innerhalb des funktionellen Antagonismus von Sympathikus und Parasympathikus zu sehen, wobei die EDA eine Sonderstellung einnimmt (s.o.). Speziell bei kardiovaskulären Reaktionen wird deutlich, dass wegen der vielfältigen Rückkopplungen eine systemische Betrachtung notwendig ist, d.h. kardiale und periphere, inotrope und chronotrope u.a. Effekte zu messen sind (Schmidt & Thews, 1997).

Die Analyse der Herzfrequenz-Variabilität ist hier ein wichtiger methodischer Ansatz, um zwischen der sympathisch vermittelten Komponente (sog. 0.10 Hz-Band) und der vagalen Komponente (RSA, ca. 0.15 bis 0.45 Hz) zu differenzieren. Die Messung der sympathisch-vagalen Balance am Herzen ist jedoch nur unter bestimmten Vorbehalten möglich (siehe Berntson et al., 1997). Methodisch noch anspruchsvoller ist die strukturierte Messung wichtiger Aktivierungskomponenten, welche Modellierungen und multivariate Messungen verbindet (siehe Stemmler, 1992).

Die Herzfrequenz ist vor allem von den metabolischen Anforderungen aufgrund der Muskelarbeit, aber auch von thermoregulatorischen, orthostatischen u.a. Mechanismen abhängig. Von psychophysiologischem Interesse sind in der Regel nur die Veränderungen aufgrund emotionaler und mentaler Belastung. Im Labor können Reaktionswerte im Vergleich zu Ruhewerten definiert werden. Die Bewegungsaktivität ist jedoch unter Alltagsbedingungen, z.B. am Arbeitsplatz bzw. beim 24-Stunden-Monitoring, nicht zu kontrollieren. Durch einen Algorithmus, welcher die mittels Beschleunigungssensoren geschätzten Effekte aufgrund körperlicher Aktivität auspartialisiert, kann jedoch diese nicht-metabolisch bedingte Herzfrequenz („additional heart rate") kontinuierlich erfasst werden (siehe Myrtek et al., 1996).

gemein-psychologisch oder differentiell angelegt: experimentelle Versuchspläne (mit Permutation der Bedingungen) oder Untersuchungen mit einer festgelegten Bedingungsabfolge, welche für den Vergleich von Personen (Patientengruppen) notwendig ist. Mit dem ambulanten psychophysiologischen Monitoring bzw. ambulanten Assessment, d.h. der Datenerhebung unter Alltagsbedingungn, ist ein wichtiger neuer Untersuchungsansatz hinzugekommen.

Zu den häufigsten Paradigmen gehören: Orientierungsreaktion und Habituation der OR; Reiz-, Reaktions-Paradigmen; Konditionierung; Provokation von Emotionen, Anspannung, Beanspruchung („Stress"), Überforderung durch Aufgaben, Stimulation (Filme, Dias usw.), Imagination, Suggestion usw.; direkte Symptom-Messungen (Symptom-Kontext-Analysen), z.B. des Blutdrucks von Hypertonikern während eines Interviews oder der Tremoraktivität von Parkinson-Patienten.

Die Aktivierungstheorie und -diagnostik haben, zumal in jener simplifizierenden Praxis, die möglichst nur einen Indikator für das eindimensional gedachte Konstrukt bzw. eine einfache TRM-Methodik verwenden möchte, grundsätzliche Kritik gefunden. Andererseits werden multivariate Ansätze und Mehrkomponenten-Modelle die technischen und praktischen Möglichkeiten der meisten Anwender überfordern. So zeichnet sich in vielen Bereichen eine Umorientierung der psychophysiologischen Forschung ab. Statt globaler Konzepte von Aktivierung (Arousal, Stress) mit ihren vagen Überschuss bedeutungen und unpräzisen Operationalisierungen interessieren eher bestimmte biobehaviorale Funktionseinheiten, kriterienbezogenes Assessment oder verhaltensmedizinisch wichtige Symptommechanismen – jedenfalls noch stärker (neuro-) physiologisch akzentuierte Analysen.

Psychophysiologische Paradigmen

In der psychophysiologischen Forschung haben sich typische Versuchsanordnungen herausgebildet, die zwar nicht völlig standardisiert, aber von verschiedenen Untersuchern ähnlich angelegt sind. Diese Paradigmen sind entweder all-

Ausgewählte Anwendungsbeispiele der Neuro-Psychophysiologie

Habituation der Orientierungsreaktion

Die Orientierungsreaktion (OR) als aufmerksame Hinwendung zu exterozeptiven Reizen

("*Was ist das?*") besteht aus sensorischen, motorischen und vegetativen Komponenten. Am besten ist die OR an der regelmäßig gut ausgebildeten EDA zu erkennen. Die Herzfrequenzreaktion ist wegen ihres mehrphasigen Verlaufs und wegen der atemabhängigen Variabilität schwieriger auszuwerten und die vasokonstriktive Komponente bereitet messtechnische Schwierigkeiten. Die Amplitude der ersten Orientierungsreaktion bei repetitiver Stimulation gilt als ein Maß des aktuellen Arousal (Aktiviertheit, Wachheit). Die Abnahme der folgenden OR-Amplituden repräsentiert die Habituation, d.h. die Gewöhnung an den bekannten Reiz. Die Habituation kann als ein elementarer Lernprozess verstanden werden, denn das ZNS muss sich ein Schema von diesem Reiz und seiner Bedeutungslosigkeit bilden. Neuropsychologische Erklärungsansätze wurden von Sokolow und anderen Autoren entworfen (siehe Baltissen & Sartory, 1998). Die Amplitude der OR und die individuellen Unterschiede des Habituationstempos sind in der Psychophysiologie und Neuropsychologie häufig gemessen worden, um einen Aspekt des Arousals oder eine Teilfunktion der Informationsverarbeitung zu erfassen.

Ein neuropsychologisch interessantes Anwendungsfeld ist die Funktionsprüfung bei nach Unfällen oder Intoxikationen komatösen Patienten. So sollen neben den ereigniskorrelierten Potentialen im EEG auch vegetative Indikatoren des Orientierungs- und Habituationsprozesses bei Patienten mit „apallischem Syndrom" einen prognostischen Stellenwert besitzen. Allerdings konnten die bislang existierenden Untersuchungen Habituations- oder Lernvorgänge kaum nachweisen. Dies deutet darauf hin, dass bei diesen Hirnverletzungen entweder erhebliche subkortikale Schädigungen vorliegen oder dass „bewusste" Prozesse für die Auslösung vegetativer Reaktionen eine größere Rolle spielen als bisher angenommen.

Kardiovaskuläre Funktionsstörungen, die nach degenerativen und Systemerkrankungen des Gehirns sowie nach primären und sekundären Läsionen des Hirnstamms in Erscheinung treten können, sind im Rahmen neurokardiologischer Ansätze intensiver untersucht worden (z.B. Johnson et al., 1984; Stober,

1990). Ebenso sind auch Beeinträchtigungen der elektrodermalen OR nach umschriebenen zerebralen Läsionen wahrscheinlich (vgl. Boucsein, 1992). Bei Patienten mit Erkrankungen der Basalganglien, z.B. Morbus Parkinson und Chorea Huntington, wurde eine verminderte elektrodermale OR bzw. eine raschere Habituation beobachtet. Diese Befunde wurden als Hinweis für die funktionelle Bedeutung der Basalganglien für das Aufmerksamkeits- und Orientierungsverhalten gedeutet. Störungen vegetativer Funktionen sind häufig bei Patienten mit hypothalamischen Läsionen zu beobachten, z.B. Beeinträchtigungen des Schlafs und der Thermoregulation sowie endokrine Störungen. Auch dienzephale Schädigungen können Veränderungen vegetativer Reaktionsmuster auslösen.

Fokale bzw. lateralisierte Hirnläsionen können sich differentiell auf emotional induzierte elektrodermale ORs auswirken (Übersicht z.B. Peper & Irle, 1997). Bei vielen neokortikal geschädigten Patienten waren elektrodermale und kardiale Reaktionen nach Darbietung visueller Reize beobachtbar. Nach rechtshemisphärischen Läsionen wurden jedoch reduzierte elektrodermale OR auf emotionale Stimuli oder Schmerzreize beobachtet, während nach linkshemisphärischen Läsionen diese Reaktionen gleich oder sogar stärker ausgeprägt waren als bei gesunden Personen (siehe auch Davidson et al., 1992). Diese überschießenden Reaktionen wurden als Anzeichen einer Disinhibition rechtshemisphärischer Aktivierungsprozesse gedeutet. Ein solcher Hemisphärenunterschied der vegetativen Reaktivität soll vom Ausmaß möglicher visueller Wahrnehmungsdefizite unabhängig sein (Zoccolotti et al., 1982). Tranel und Damasio (1994) beobachteten reduzierte elektrodermale ORs auf emotionale Reize bei fokalen Läsionen in präfrontalen Regionen, nicht jedoch nach Läsionen, welche die Amygdala einschlossen.

Mehrere Einzelfallstudien prüften die aus tierexperimentellen Modellen abgeleitete Hypothese, dass die Amygdala eine zentrale Kontrolle der vegetativen Reaktivität, insbesondere der EDA ausübt. Frühe Untersuchungen hatten Hinweise ergeben, dass die Auslösung der elektrodermalen Reaktionen nicht nur bei Affen, sondern auch beim Menschen durch Amygdala-entfernung reduziert wird. Der Defekt visuell evozierter vegetativer Aktivierungen wurde als Konsequenz der Diskonnektion von visuellem Kortex und der Amygdala interpretiert. Neuere Fallstudien mit Patienten mit bilateralen Läsionen der Amygdala zeigten allerdings im Vergleich zu Kontrollprobanden normale elektrodermale Orientierungsreaktionen bei Darbietung emotionaler Reize (z.B. Tranel & Hyman, 1990). Diese Diskrepanz mag dadurch zu erklären sein, dass Strukturen außerhalb des Temporallappens, wie etwa die Basalganglien an der Kontrolle der elektrodermalen Orientierungsreaktion beteiligt sind. Andererseits ist es denkbar, dass die Amygdala primär für die Konditionierung vegetativer Reaktionen bedeutsam ist.

Assoziatives Lernen

Neurobiologische Forschungsergebnisse belegen, dass medial-temporale Strukturen, insbesondere die Amygdala, für emotional-assoziative Lernvorgänge wesentlich sind (z.B. LeDoux, 1996). Über die neuralen Mechanismen der Konditionierung behavioraler, motorischer und vegetativer Reaktionen beim Menschen ist bislang nur weniges bekannt. Neuere Einzelfallstudien deuten darauf hin, dass eine intakte Amygdala für vegetative Lernvorgänge beim Menschen wesentlich ist. Bechara und Mitarbeiter (1996) berichteten über eine Patientin, die nach einer bilateralen Läsion der Amygdala eine Störung der Konditionierung elektrodermaler Reaktionen zeigte, deklaratives Wissen über die Lernprozedur jedoch abrufen konnte. Bei einem Patienten mit bilateraler Läsion des Hippokampus ergab sich der umgekehrte Befund.

Diese Untersuchung zur Dissoziation deklarativer und nicht-deklarativer bzw. impliziter Lernleistungen ist ein Beispiel einer an neurobiologischen Funktionssystemen ausgerichteten neuro-psychophysiologischen Forschung. Allerdings sind angesichts der komplexen kortikal-limbisch-retikulären Kopplung vegetativer Effektoren und unter Berücksichtigung der interindividuellen Variabilität vegetativer Reaktionsmuster solche Einzelbefunde nur mit Vorsicht zu interpretieren und müssen repliziert werden. Inzwischen konnten Gruppenstudien mit temporal geschädigten Patienten Defizite der differentiellen Akquisition vegetativer Reaktionen bestätigen (z.B. LaBar et al., 1995; Peper et al., 1997).

Trotz verschiedener methodischer Schwierigkeiten dieser häufig univariat angelegten Forschung verdeutlichen die Ergebnisse, dass psychophysiologische Ansätze einen Zugang zu automatischen bzw. präattentiven Verarbeitungsmodi eröffnen, die einer ausschließlich behavioral orientierten Neuropsychologie weitgehend verschlossen bleiben würden (vgl. Peper, 1999). Die Kombination von Läsionsstudien mit funktionell-bildgebenden Verfahren und pychophysiologischen Methoden werden in Zukunft eine überzeugendere Analyse der unterschiedlichen vegetativen Steuerungsmechanismen ermöglichen.

Tremor, Körperlage und Bewegungsaktivität

Tremor ist ein Leitsymptom des Morbus Parkinson; Tremor tritt jedoch auch bei einer Anzahl anderer neurologischer Erkrankungen sowie als verstärkter „physiologischer" Tremor bei Gesunden unter Belastung auf (Elble & Koller, 1991; Deuschl et al., 1996). Differentialdiagnostisch ist dabei die Frequenz des Tremors wichtig. Der typische Parkinson-Tremor hat eine Frequenz von 3 bis 6 Hz und manifestiert sich bevorzugt an den oberen Extremitäten, aber auch an den Beinen und in der Kopfregion. Tremor wird in der Regel durch die klinische Untersuchung festgestellt (siehe Unified Parkinson's Disease Rating Scale, UPDRS) oder durch Registrierung des Elektromyograms diagnostiziert, wobei zwischen Ruhetremor und Haltetremor unterschieden wird. Die Amplitude des Tremors ist jedoch mit dem EMG kaum zu erfassen, obwohl dies für die Einstellung der tremorlytischen Medikation und für die Beurteilung des Behandlungsverlaufs wichtig wäre.

In der psychophysiologischen Methodik sind in den letzten Jahren Fortschritte bei der kinematischen Analyse, d.h. der Messung von Bewegungen und Bewegungsstörungen, sowie bei der kontinuierlichen Registrierung der Körperposition erzielt worden. So ist die Tremoraktivität mit kalibrierten Beschleunigungssensoren wesentlich einfacher als durch das EMG zu erfassen. Die Koordination der Agonisten und Antagonisten ist zwar mit dieser Methode nicht zu analysieren, doch kann durch Akzelerometrie nicht nur die Frequenz, sondern auch die Amplitude des Tremors gemessen werden. Durch kombinierte Frequenz-Amplituden-Analyse ist es sogar möglich, die Veränderungen beider Parameter und die relative Dauer der Tremoraktivität kontinuierlich darzustellen. Mit kalibrierter Akzelerometrie lassen sich darüber hinaus Veränderungen der Körperlage, d.h. Liegen, Sitzen, Stehen, sowie bestimmte Bewegungsformen im 24-Stunden-

Monitoring automatisch registrieren (Fahrenberg, Foerster, Smeja & Müller, 1997; Foerster & Smeja, 1999).

Die Kombination dieser methodischen Entwicklungen erlaubt es nun, die Veränderungen der Tremoraktivität eines Patienten während verschiedener Situationen am Tag und außerdem während des Schlafs zu erfassen (Smeja et al., im Druck). Die im 24-Stunden-Monitoring deutliche Dynamik der Tremoraktivität kann aus einer kurzer Tremorregistrierung im Kliniklabor nicht ausreichend vorhergesagt werden. Die Methodik der Akzelerometrie eignet sich im Prinzip auch zur Objektivierung anderer Bewegungsabläufe, Bewegungsstörungen und spezieller Dyskinesien.

1.10 Neurobiologische Grundlagen von Funktionsrestitution und Reorganisation

Siegfried W. Schoen

Zusammenfassung

Die Fähigkeit von Nervenzellen, während der Entwicklung und Regeneration des ZNS neue Synapsen auszubilden oder die synaptische Funktion dem jeweiligen Bedarf anzupassen, wird synaptische Plastizität genannt. Es lassen sich hierbei drei Hauptformen unterscheiden: die Entwicklungsplastizität; die übungsinduzierte Plastizität und das Lernen im erwachsenen Gehirn; sowie die läsionsinduzierte Plastizität, d.h. die Regeneration nach Verletzungen des ZNS. Grundsätzlich kann eine Synapse nach aktivitätsabhängigen und/oder morphologischen Prinzipien modifiziert werden: Durch die korrelierte Aktivität von Synapse und Zielneuron (u.a. in Form der Langzeitpotenzierung) wird die betreffende Verbindung funktionell verstärkt; andernfalls wird sie aufgehoben (Hebb'sche Regel). Die Wirksamkeit der Reizleitung hängt neben äußeren Stimuli von zahlreichen Neurotransmittern und Neuromodulatoren ab. Morphologisch bilden viele Neurone als Antwort auf intensive Stimulation oder auf umliegende Verletzungen Axonkollateralen, die aussprossen und in entfernten Arealen synaptische Verbindungen eingehen. Dabei beruht die Kopplung oder Entkopplung von Synapse und nachgeschaltetem Neuron auf der korrekten zeitlich-topographischen Expression zahlreicher Zellerkennungs- und Wachstumsmoleküle.

Die synaptische Reorganisation ist während der Entwicklung – der sog. kritischen Perioden – am flexibelsten, wenn aus einem genetisch angelegten Überschuß von Synapsen die korrekten Verbindungen selektiert und ausgebildet werden. Mit zunehmenden Alter läßt jedoch die plastische Kapazität des Gehirns – und als Ausdruck dessen seine Lern- und Regenerationsfähigkeit – nach. Hier spielen der gewebsständige „neurite growth inhibitory factor" und die fallenden Konzentrationen von trophischen Substanzen eine wichtige Rolle. Es ist deshalb von besonderer therapeutischer Bedeutung, experimentelle Strategien zur Förderung der funktionellen und morphologischen Plastizität im erwachsenen ZNS zu entwickeln. Diese beruhen neben Training, welches aktivitätsabhängig die synaptische Effizienz steigert, vornehmlich darauf, diejenigen molekularen Bedingungen, die juvenilen Neuronen ihre Plastizität und Sprossungsfähigkeit verleihen, dem reifen Nervensystem zuzuführen.

Vorbemerkung

Es entspricht der allgemeinen klinisch-neurologischen Erfahrung, dass im Kindesalter erlittene Verletzungen oder Erkrankungen des Zentralnervensystems (ZNS) im Verlauf der weiteren Entwicklung bzw. Genesung funktionell zufriedenstellend ausgeglichen werden können. Junge Patienten, die an Tumoren im motorischen Kortex oder in den kortikalen Spracharealen erfolgreich operiert wurden, erholen sich sogar vollständig von ihrer Halbseitenlähmung oder ihrer Aphasie, wenn die Läsion während eines definierten Zeitraums der postnatalen Entwicklung erfolgte. Es handelt sich um die sog. „kritische Periode", während derer umschriebene Hirnareale, die jeweils eine bestimmte Funktion unterstützen, ausreifen. Nur während dieses engen Zeitfensters, welches spätestens in der Pubertät endet, besitzen die Neurone des Zentralnervensystems genügend Kapazität, um etwaige Ausfälle durch funktionelle Modifikation oder Neubildung von Synapsen zu kompensieren. Hierin drückt sich das Phänomen der „synaptischen Plastizität" aus, d.h. die Fähigkeit von Axonterminalen, während der ZNS-Entwicklung entweder die Effizienz der synaptischen Übertragung zu verstärken oder auszusprossen und an ihr Zielneuron korrekt anzukoppeln. Umgekehrt impliziert synaptische Plastizität auch die Lösung von bereits etablierten Verbindungen, falls diese sich als ineffizient oder fehlerhaft herausstellen. Das Nebeneinander dieser Mechanismen gewährleistet während der kritischen Periode die präzise Entwicklung von neuronalen Netzwerken, die erst sämtliche Leistungen unseres Gehirns ermöglichen.

Tritt eine Gehirnerkrankung, z.B. ein Schlaganfall, nach der kritischen Periode auf, so bleibt die Erholung der betroffenen Areale häufig unvollständig und die Hemiparese oder die Aphasie des älteren Patienten können trotz bester medizinischer Akutversorgung und Rehabilitation persistieren. Offenbar sind die geschädigten oder auch die verbliebenen gesunden Nervenzellen nicht mehr imstande, in dem Maße funktionell und morphologisch zu regenerieren wie während der frühkindlichen Entwicklung – sie haben ihre Plastizität verloren. Allerdings hat die neurobiologische Forschung der letzten zwei Jahrzehnte gezeigt, dass gewisse Formen der synaptischen Plastizität sogar im erwachsenen Nervensystem existieren. Diese sind Grundlage für Lern- und Gedächtnisleistungen. Desweiteren können Regenerationsvorgänge nach umschriebenen Läsionen, also experimentell, induziert werden und eröffnen so neue therapeutische Schritte zur Funktionsrestitution und Reorganisation neuronaler Netzwerke im erkrankten, adulten Gehirn und Rückenmark.

Typen synaptischer Plastizität

Es können drei Arten synaptischer Plastizität unterschieden werden (Tabelle 1):
1. Die *Entwicklungsplastizität*, die dafür verantwortlich ist, dass sich die motorischen, sensorischen, kognitiven und sprachlichen Leistungen bzw. ihre neuronalen Korrelate im ZNS entwickeln.
2. Die *übungsinduzierte Plastizität im erwachsenen ZNS*, die über die Entwicklung hinaus in nur bestimmten Gebieten des Gehirns persistiert; sie ist u.a. die Grundlage von *Lernen* und *Gedächtnis*.
3. Die *läsionsinduzierte Plastizität*, d.h. die Regeneration nach Verletzungen des ZNS.

Das Phänomen der synaptischen Plastizität kann jeweils definiert werden als die Fähigkeit von Nervenfasern, während der Entwicklung und Regeneration des ZNS
a) funktionstüchtige neue Synapsen auszubilden, sei es durch rein aktivitätsabhängige Veränderungen in der synaptischen Übertra-

Tabelle 1. Typen synaptischer Plastizität

Entwicklungs-Plastizität	Übungsinduzierte Plastizität	Läsionsinduzierte Plastizität
Selektion synaptischer Verknüpfungen nach (epi-) genetischen Signalen	Aktivitätsabhängige Selektion synaptischer Verknüpfungen	Selektion synaptischer Verknüpfungen durch neuronale Regeneration
Funktionelle Entwicklung sämtlicher Teilleistungen des Gehirns	Dynamische Anpassung der Gehirnleistungen an die Umwelt, Grundlage von Lernen und Gedächtnis	Funktionsrestitution nach ZNS-Läsionen

gung, sei es durch morphologische Modifikationen von Terminalen; und

b) eine fehlerhaft angelegte oder funktionsuntüchtige Synapse wieder vom Zielneuron zu lösen oder zumindest stillzulegen (O'Leary, 1992; Singer, 1995; Katz & Shatz, 1996).

Die Formbarkeit von Synapsen äußert sich also sowohl durch strukturelle Veränderungen (z.B. Neubildung, Elongation oder Retraktion von Axonterminalen) als auch durch Schwankungen in der synaptischen Übertragung (vermehrter oder verminderter Transmitterausstoß). Zudem hängt die Formbarkeit einer Terminale von der Präsenz bzw. biochemischen Aktivität zahlreicher Adhäsionsmoleküle, wachstumspermissiver und -inhibitorischer Faktoren sowie von Gliazellen, den nicht-neuronalen Elementen des ZNS, ab.

Entwicklungsplastizität und Kritische Perioden

Die Jahre der frühkindlichen Entwicklung, während derer die Synapsen, die in eine bestimmte Hirnfunktion involviert sind, besondere Plastizität besitzen, werden als kritische Periode(n) bezeichnet (Creutzfeldt, 1983; Singer, 1995; Katz & Shatz, 1996). Der Begriff „kritisch" wird deshalb verwendet, weil in diesem Entwicklungsabschnitt korrekte, funktionstüchtige neuronale Netze aufgebaut werden und eine vollständige Regeneration bzw. Kompensation von ZNS-Verletzungen (noch) möglich ist. Umgekehrt aber gibt es den Fall, dass Läsionen aufgrund einer verstärkten retrograden Degeneration von juvenilen Neuronen schlimme Fehlentwicklungen zur Folge haben. Für jede Leistung unseres Gehirns, sei sie kognitiver, motorischer oder sensorischer Natur, gibt es eine eigene kritische Periode während der postnatalen Hirnentwicklung, die spätestens in Pubertät endet. „Kritisch" ist diese Zeitspanne auch deshalb, weil sie erfahrungsabhängig ist und deshalb auch fehlerhafte synaptische Verbindungen aufgebaut werden können. Aus einem initialen, genetisch angelegten Überschuss an Synapsen werden nur diejenigen herausgefiltert und konsolidiert, die über entsprechende Reize aus der Umwelt stimuliert und zur Erfüllung bestimmter Fähigkeiten gebraucht werden, die übrigen werden abgebaut oder zumindest funktionell stillgelegt.

Gemessen an funktionellen Gesichtspunkten ermöglichen die zum Zeitpunkt der Geburt bestehenden neuronalen Netze lediglich rudimentäre Gehirnleistungen, z.B. die Massenbewegungen des Säuglings. Während der ersten Jahre der kindlichen Entwicklung entstehen hieraus gezielte Hand- und Greifbewegungen, entsprechend einer Verfeinerung der zugrundeliegenden synaptischen Verbindungen und Aussortierung nicht benötigter Synapsen.[1] Es verbleiben diejenigen, die aufgrund ihrer höheren Effizienz bzw. ihres vermehrten Gebrauchs einen Selektionsvorteil besaßen. Hieraus ergibt sich, dass Synapsen auch nach epigenetischen, d.h. nach aktivitäts- und erfahrungsabhängigen Kriterien „ausgewählt" werden (Singer, 1995; Katz & Shatz, 1996). Werden allerdings die Umweltreize während der kritischen Periode unterbunden, so bedingt dies – wie schon oben erwähnt – eine fehlerhafte synaptische Vernetzung, die nach Ablauf der kritischen Periode irreversibel wird. Hospitalismus-Kinder (Spitz, 1945) und sensomotorische Fehlentwicklungen, z.B. während der Reifung des Seh- und Sprachsystems, sind bedauernswerte Beispiele hierfür.

Die Entwicklung des Sehens

In berühmten Experimenten zeigten Hubel und Wiesel (1970) – und in der Folge zahlreiche weitere Autoren (siehe Creutzfeldt, 1983; Rauschecker, 1991; Singer, 1995; Katz & Shatz, 1996) – an der Katze und am Affen, dass die Art frühkindlicher Erfahrung für die kortikale Entwicklung und Güte der Sehfähigkeit von entscheidender Bedeutung ist (Abb. 1). Als Folge unbeeinträchtigten binokulären Sehens reagieren beim Tier 80% der Neurone im visuellen Kortex auf visuelle Reizung beider Augen, 20% auf Reizung nur eines Auges.

---

[1] Auch die postnatal fortschreitende Myelinisierung der Pyramidenbahn trägt zur motorischen Entwicklung bei.

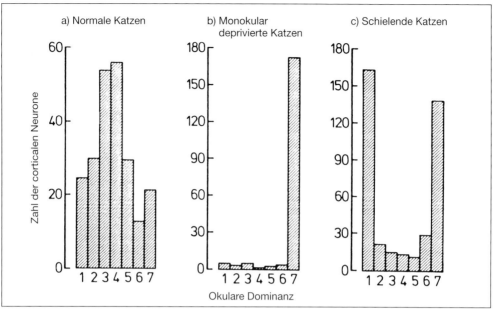

Abb. 1a-c. Physiologisches Korrelat der Entwicklungsplastizität, dargestellt anhand der okulären Domi-
nanzdiagramme von beidäugig sehenden (*a*), einäugig sehenden (*b*) und schielenden (*c*) Kätzchen (aus
Creutzfeldt, 1983, nach Hubel & Wiesel, 1970). Säulen 1 und 7 repräsentieren die Neurone des visuellen
Kortex, die ausschließlich auf Stimulation des rechten bzw. linken Auges reagieren; die Nervenzellen in 3
und 4 werden gleichermaßen von beiden Augen angeregt, jene in 2 bzw. 5 und 6 mehr vom rechten bzw.
vom linken Auge. Bei *normalen* Tieren reagieren die meisten Neurone gleichermaßen auf Stimulation des
rechten oder linken Auges; es liegt ein Großteil an binokulären Zellen vor. Wurden Katzen in den ersten
postnatalen Wochen *monokular depriviert*, reagieren nach einer bestimmten Zeit alle Neurone des visuellen Kortex nur noch auf Stimulation des offen gebliebenen Auges (monokuläre Neurone). Bei *schielenden* Katzen bilden sich zu gleichen Teilen Nervenzellen aus, die ausschließlich vom rechten oder linken
Auge angeregt werden; dagegen ist der Anteil binokularer Neurone gering.

Bekommen die Tiere innerhalb der ersten
postnatalen Wochen ein Auge verschlossen
und versucht man, nach wenigen Tagen die
Neurone des visuellen Kortex über dieses
(wieder geöffnete) Auge zu reizen, so erweist
sich dies als unmöglich. Es ist kortikal blind –
annähernd 100% der Neurone lassen sich jetzt
über das andere Auge, also ausschließlich
monokulär, stimulieren. Der Effekt lässt sich
berichtigen oder sogar umkehren, wenn nun
das andere Auge verschlossen wird. Ähnliche
Verschiebungen in der Okularität der Neurone
erfolgen beim Strabismus, wo gar keine Bi-
nokularität mehr nachweisbar ist. Die Konkurrenz der beiden Augen um Neurone im noch
unreifen visuellen Kortex lässt sich nicht unbe-
grenzt fortsetzen. Bleibt ein Auge über die kri-

tische Periode – die ersten drei postnatalen
Monate bei der Katze, das erste Lebensjahr
beim Primaten und die ersten vier Lebensjahre beim Menschen – hinaus blind oder schie-
lend, so verliert es für immer die Fähigkeit,
Neurone auf kortikaler Ebene zu stimulieren:
Es bleibt blind, die Plastizität (Formbarkeit)
der Sehrinde ist beendet.

Diese Gegebenheiten sind Grund, warum
eine frühkindlich durch z.B. Katarakt, Schie-
len oder Infektion erworbene Fehlsichtigkeit
so rasch wie möglich therapiert und korrigiert
werden sollte. Wird nämlich die Fehlsichtigkeit des betroffenen Auges erst im Schulalter
erkannt, so bringt eine Operation zu diesem
späten Zeitpunkt die Sehfähigkeit nicht zurück. Im Gegensatz zu den Kindern erlangen

Abb. 2. Morphologisches Korrelat der Entwicklungsplastizität, dargestellt anhand der Entwicklung der thalamo-kortikalen Afferenzen während der postnatalen Entwicklung der Sehrinde von Kätzchen (aus LeVay et al., 1978). Nach Injektion von radioaktivem Prolin in ein Auge wird dieses durch aktiven transneuronalen Transport über den Thalamus in den visuellen Kortex (hier Area 17) transportiert, wo es mittels Autoradiographie als weißes Muster im Kortexschnitt sichtbar gemacht wird. Im Alter von 15 Tagen enden die einem Auge zugehörigen Fasern entlang der gesamten kortikalen Schicht IV, entsprechend einem homogenen Markierungsband. Im Laufe der Entwicklung wird dieses Band unregelmäßig: es bildet sich bis Ende des dritten Lebensmonats ein periodisches, fleckförmiges Muster in der Prolinverteilung aus. Dies bedeutet, dass sich die thalamo-kortikalen Afferenzen eines Auges aktiv auf umschriebene kortikale Bezirke, die sog. okulären Dominanzkolumnen, zurückziehen.

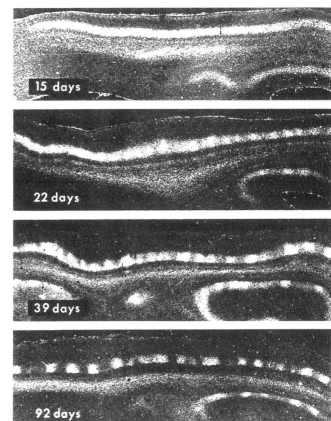

Patienten, die im Erwachsenenalter an einer Katarakt erblinden, durch den operativen Eingriff ihre volle Sehfähigkeit wieder.

Anatomisch liegt den geschilderten elektrophysiologischen Abläufen eine eindrucksvolle Plastizität der thalamo-kortikalen Afferenzen zugrunde (LeVay et al., 1978) (Abb. 2): Die dem fehlsichtigen Auge zugehörigen Fasern ziehen sich aus ihren kortikalen Zielgebieten zurück, während die Fasern des gesunden Auges sich gleichzeitig in die frei gewordenen Plätze ausbreiten und dort neue Synapsen ausbilden. Die Beweglichkeit der Axone entspricht wahrscheinlich einer aktiven Elongation bzw. Retraktion von Fasern und Synapsen, zumal während der frühkindlichen Entwicklung kaum über degenerierende oder phagozytierte Terminalen im visuellen Kortex berichtet wurde. Gegen Ende der kritischen Periode verlieren die thalamo-kortikalen Axone ihre plastischen Eigenschaften; ihre Synapsen werden gefestigt und die kritische Periode endet.

Die Entwicklung der Sprache

Die (allermeist) linkshemisphärische Dominanz für Sprache ist genetisch festgelegt. Dennoch kann die nicht-sprachdominante, rechte Hemisphäre die Sprachfunktion übernehmen, falls die sprachdominante Hemisphäre durch ein Trauma oder einen Tumor ausfällt (Übersicht in Creutzfeldt, 1983): Kommt es zu einer solchen Läsion in der Periode des Schreiens (0-3 Monate) und des Lallens (4-20 Monate), ist die Sprachentwicklung kaum verzögert. Eine Läsion während der Sprachentwicklung (21-36 Monate) führt zum vollständigen Verlust der bisher erreichten Sprachleistung. Danach entwickelt sich in der bisher nicht-sprachdominanten Hemisphäre Sprache wieder vollständig, wobei die Phasen der Sprachentwicklung nochmals durchlaufen werden. Echte Aphasien treten auf bei Schädigungen der sprachdominanten Hemisphäre zwischen dem 3. und 10. Lebensjahr, wenn die Grundstruktur der Sprache bereits entwickelt ist und nur noch grammatikalisch und vokabularisch verfeinert wird. Trotz guter Erholung der Sprache verbleiben Schreib- und Lesestörungen. Spätestens ab dem 14. Lebensjahr ist eine Übernahme kompletter Sprachfunktionen durch die nicht-sprachdominante Hemisphäre nicht mehr bzw. nur eingeschränkt möglich. Demgemäß bilden sich Aphasien, die mehrere Monate nach einem Schlaganfall nicht abgeklungen sind, in der Regel trotz intensiver Aphasie-Therapie nicht mehr vollständig zurück. Insgesamt lässt sich aus diesen Beobachtungen schließen, dass die Hemisphärendominanz für Sprache zwischen dem 3. und 5. Lebensjahr – der kritischen Periode – fixiert wird und dass sich die Plastizität des Sprachsystems danach erschöpft und spätestens in der Pubertät sistiert.

Übungsinduzierte Plastizität und Lernen im adulten ZNS

Wie oben dargelegt, werden mit Abschluss der kritischen Perioden Synapsen an ihren Zielneuronen morphologisch und funktionell gefestigt. Ihre plastische Kapazität lässt in der Folge rasch nach; eventuell vorher aufgetretene Fehlvernetzungen können durch Abbau oder Neubildung von Synapsen nicht mehr oder nur unvollständig kompensiert werden. Doch persistieren besondere Formen der Plastizität in definierten Gebieten des erwachsenen ZNS oder können hier wieder angeregt werden. Die Bezirke des ZNS, die über kritische Perioden hinaus im Erwachsenenalter eine stete Formbarkeit ihrer Synapsen behalten, müssen sich in besonderem Maße auf ständig wechselnde Umwelteinflüsse oder intrinsische Signale ein-

stellen. Es sind dies auch diejenigen Hirnstrukturen, die Schlüsselpositionen bei Lernvorgängen und bei der Gedächtnisbildung einnehmen (Übersichten in Kandel et al., 1991; Menzel, 1996). Wie während der Hirnentwicklung erfordern diese Formen der Plastizität im adulten Gehirn Training und/oder starken sensorischen Input, also repetitiven Gebrauch bestimmter Synapsen.

Reorganisation im sensomotorischen Kortex.

Merzenich und Mitarbeitern (Jenkins & Merzenich, 1992; Nudo et al., 1996) ist es gelungen, durch elektrische Reizung von umschriebenen Hautbezirken der Hand von Eulenäffchen das Handfeld innerhalb des somatosensorischen Kortex (Area 3b) soweit zu kartieren, dass jedem Finger, ja jeder Fingerkuppe, ein rezeptives Miniaturfeld zugeordnet werden kann (Abb. 3). Wird der Affe trainiert, einen

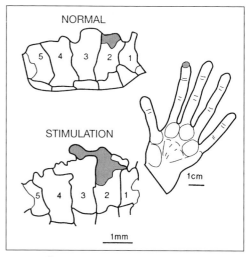

Abb. 3. Übungsinduzierte Plastizität im erwachsenen Nervensystem. Gezeigt ist die topographisch-funktionelle Karte der Fingerrepräsentationen 1-5 innerhalb des sensomotorischen Kortex von Eulenäffchen (aus Jenkins et al., 1990). Die kortikale Repräsentationsfläche der Zeigefingerspitze (grau unterlegte Fläche) nimmt nach Training (z.B. nach häufigem Drehen einer Scheibe) signifikant gegenüber normalen, nicht trainierten Tieren zu.

einzigen Finger für das Drehen einer Scheibe zu benützen oder damit bestimmte Bewegungen auszuführen (z.B. erschwertes Ergreifen von Futter aus einem Zylinder), so hat sich nach ca. 100 Tagen das sensorisch-rezeptive Feld der Fingerkuppe um 500% vergrößert. Im motorischen Kortex hat sich parallel dazu das Areal des trainierten Fingers um bis zu 40% vergrößert.

Es ist anzunehmen, dass auch beim Menschen die Körperrepräsentation auf kortikaler Ebene nicht statisch festgelegt ist und sich spezifischen Erfordernissen anpassen kann. Ein beeindruckendes Beispiel sind blinde Menschen, die Brailleschrift lesen; bei ihnen ist im sensomotorischen Kortex eine Vergrößerung der Repräsentation des außerordentlich stimulierten Lesefingers mittels nicht-invasiver elektrophysiologischer Methoden meßbar (Pascual-Leone & Torres, 1993). Trainingsbedingte Veränderungen der kortikalen Repräsentation einzelner Leistungen korrelieren auch mit der klinischen Besserung nach Schlaganfällen (s.u.).

Intermodale Plastizität

Diese Plastizitätsform stellt, was ihre funktionelle Bedeutung angeht, ein viel diskutiertes Problem der kognitiven Neuropsychologie dar (Übersicht in Rauschecker, 1995). Der Begriff meint, ob der Ausfall einer sensorischen Modalität (wie bei Blindheit oder Taubheit) durch besondere Schärfung der übrigen, intakten Sinne kompensiert werden kann. Tatsächlich wurde mittels funktioneller Bildgebung nachgewiesen, dass bei blinden Menschen während akustischer Stimulation Hirngebiete aktiviert werden, die normalerweise den kortikalen Sehrealen zugehören. Anscheinend haben diese Areale auch eine gewisse funktionelle Bedeutung beim Lesen (i.e. Ertasten) von Brailleschrift. Im Tierversuch gibt es Evidenz für vergleichbare sensorische Substitutionen. Doch bleibt die ungelöste und vielleicht unlösbare Frage, welcher Art die Wahrnehmung eines blinden Menschen ist, wenn ein „visuelles" Hirngebiet durch akustische oder taktile Stimulation aktiviert wird.

Lernen und Gedächtnis

Unklar ist, ob die übungsbedingte Vergrößerung oder funktionelle Aktivierung von kortikalen Arealen allein durch morphologische Neubildung von Synapsen zustande kommt. Alternativ könnten bereits präformierte Synapsen durch veränderte Signalflüsse „umfunktioniert" werden. Tatsächlich unterliegen beide Mechanismen, nämlich funktionelle und morphologische Veränderungen von Synapsen, den klassischen Lernprozessen. Diese sind neben dem Kortex (s.o.) auch im Hippocampus (deklaratives Gedächtnis) sowie im Striatum und Kleinhirn (motorisches Lernen, prozedurales Gedächtnis) untersucht. Das olfaktorische Gedächtnis, im Tierreich als Warnsinn und der Partner- und Futtersuche dienend, wird im Riechkolben und olfaktorischen Kortex kodiert (Übersichten in Kandel et al., 1991; Menzel, 1996).

Prinzipien synaptischer Plastizität

Aktivitätsabhängige, funktionelle Modifikation von Synapsen

Durch Training (also wiederholten Gebrauch) werden in allen o.g. Fällen Synapsen so eingeschliffen, dass die Güte ihrer Übertragung anhaltend steigt, wodurch die Vernetzung und Funktion dieser Terminalen neu determiniert werden. Statt vermehrter Exzitation ist auch der Wegfall inhibitorischer Zuflüsse oder die Reaktivierung von sog. „stummen" Synapsen, d.h. die Verwendung von zwar angelegten aber normalerweise nicht gebrauchten Synapsen,

Tabelle 2. Prinzipien synaptischer Plastizität

Funktionelle Modifikation von Synapsen	Strukturelle Modifikation von Synapsen
Aktivitätsabhängige Stabilisierung oder Stillegung von Synapsen durch Veränderung der synaptischen Effizienz	Morphologische Stabilisierung oder Stillegung von Synapsen (z.B. Wachstum, *sprouting,* Retraktion)

möglich (Donoghue et al., 1996). Da die Effekte Stunden bis Tage andauern, erhalten bestimmte Synapsen einen Selektionsvorteil gegenüber weniger benutzten Verbindungen. Es laufen hierbei u.a. die Phänomene der Habituation, Dishabituation, Sensitivierung, Langzeitpotenzierung und Langzeitdepression ab. Sie stellen auf zellulärer Ebene die elektrophysiologische Grundlage für das assoziative und nicht assoziative Lernen sowie die Gedächtnisbildung dar (Kandel et al., 1991; Menzel, 1996; Artola & Singer, 1993; Calabresi et al., 1996). Die ektrophysiologischen und molekularen Grundlagen der Langzeitpotenzierung, die zu einer besonders kräftigen und dauerhaften Steigerung des Transmitterausstoßes führt, sind weiter unten beschrieben.

Morphologische Modifikation von Synapsen

Aufgrund der synaptischen Effizienzsteigerung können auch Zahl oder Größe der betreffenden Terminalen zunehmen, entsprechend einem morphologischen Substrat des Lernerfolgs. Werden z.B. Mäuse trainiert, akrobatische Kletterübungen zu verrichten, steigt die absolute Synapsenzahl im Kleinhirn (Greenough & Bailey, 1988), wohingegen sie bei untrainierten Tieren sinkt. Bereits nach wenigen Stunden Langzeitpotenzierung bzw. intensiven Lernens soll Synapsenwachstum im Hippokampus nachweisbar sein (Übersicht in Bailey & Kandel, 1993), was jüngst bestritten wird (Sorra & Harris, 1998). Schließlich wurde bei kortikalen Reorganisationsvorgängen, die sich über mehrere Millimeter der Kortexoberfläche erstrecken, auch eine Neubildung bzw. ein Aussprossen von Axonkollateralen nachgewiesen, obgleich dieses sog. sprouting (s.u.) von geringerer Bedeutung als die aktivitätsabhängigen synaptischen Modifikationen sein dürfte (Rauschecker, 1995).

Besondere Bedeutung gewinnen sowohl funktionelle als auch strukturelle Veränderungen von Synapsen beim dritten Typ synaptischer Plastizität, der Regeneration nach Verletzungen des adulten ZNS.

Läsionsinduzierte Plastizität und Regeneration

Gemäß der Cajalschen Lehre ging man bis in die 60er Jahre davon aus, dass die Neuronenverbände und synaptischen Verbindungen im erwachsenen ZNS fest angelegt und nicht mehr modifizierbar sind (siehe Steward, 1994). Dieses Prinzip muss seit der Entdeckung plastischer Abläufe im reifen Gehirn (s.o.) als überholt gelten. Ebenso gilt für das *verletzte* Zentralnervensystem, dass Neurone, ihre Verbindungen und ihre Funktionen nach Abschluss der kritischen Perioden nicht notwendigerweise statisch festgelegt sind. Die Entdeckung von regenerativen Fähigkeiten geschädigter Neurone ist eines der größten Forschungsgebiete der grundlagenorientierten und klinisch angewandten Neurobiologie geworden. Hierin liegt möglicherweise begründet, warum nach Gehirn- oder Rückenmarksverletzungen durch gezielte Therapieansätze ein gewisses Maß an funktioneller und/oder struktureller Restitution erreicht werden kann.

Die läsionsinduzierte Reorganisation des Septum und Hippokampus

Die initiale Erkenntnis einer vornehmlich strukturellen, läsionsinduzierten Plastizität stammt aus den 60er Jahren. Man stellte fest, dass denervierte Neurone im Hirnstamm und Septum von umliegenden, gesunden Gebieten reinnerviert werden können (Raisman & Field, 1990; Steward, 1994): Intakte Areale bilden, als plastische Antwort auf eine weit entfernte Läsion, Axonkollateralen aus, die in das denervierte Areal einsprossen und dort (teils funktionstüchtige) Synapsen ausbilden. Man bezeichnet dieses Phänomen als axonale Sprossung (*sprouting*). Einmal denervierte Neurone müssen also nicht aufgrund von Innervationsmangel zugrundegehen, sondern können fremde Synapsen empfangen.

Der Hippokampus stellt eines der meistuntersuchten Modelle von sprouting und synaptischer Regeneration dar. Nach stereotaktischer Ausschaltung des entorhinalen Kortex (eines Teils des limbischen Systems) bei Ratten degeneriert dessen axonale Projektion innerhalb des hippokampalen Gyrus dentatus. Die hier untergegangenen Synapsen werden jedoch innerhalb weniger Wochen ersetzt, da Axonkollateralen aus dem kontralateralen Hippokampus und den rostral gelegenen Septumkernen in das denervierte Gebiet einsprossen (Abb. 4) (Literatur in Masliah et al., 1991; Schoen & Kreutzberg, 1994). Zusätzlich wachsen bestimmte intrahippokampale Axone, die Moosfasern, in das denervierte Areal aus. Die letzt-

genannte Sprossungsreaktion ist auch für Epilepsien charakteristisch und konnte in menschlichem Autopsiematerial bestätigt werden. Das überschießende Aussprossen der Moosfasern und die daraus resultierende glutamaterge Überexzitation unterhalten bei dieser Erkrankung vermutlich die abnorme iktale Aktivität des Hippokampus (Ebert & Löscher, 1995; Parent & Lowenstein, 1997).

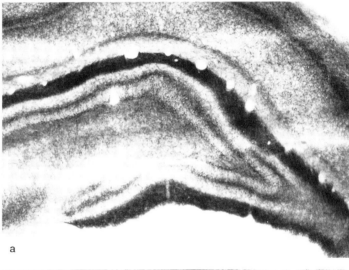

Abb. 4a, b. Läsionsinduzierte Plastizität und axonale Regeneration im adulten ZNS. Darstellung der Acetylcholinesterase-Aktivität im Hippokampus (Gyrus dentatus) einer Ratte am 30. postoperativen Tag nach entorhinaler Deafferentierung (a) und eines Normaltieres (b) (Präparate von Schoen & Kreutzberg, 1994 nach Lynch et al., 1972). Ein dunkelbraunes Band erhöhter AChE-Färbung zeigt im operierten Hippokampus das massive, kollaterale Einsprossen von Axonen aus den Septumkernen an. Die Fasern wachsen exakt in den Bezirk ein, in dem durch die Operation nahezu sämtliche Afferenzen aus dem entorhinalen Kortex und deren zugehörige Synapsen untergegangen waren.

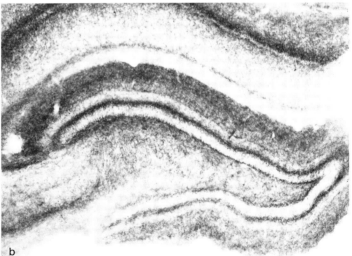

Die läsionsinduzierte Reorganisation des sensomotorischen Kortex

Die hier durch Übung induzierbaren plastischen Phänomene wurden bereits oben erwähnt. Mit vergleichbaren Modifikationen reagiert die sensorische Hirnrinde auf direkte Läsionen (Abb. 5). Wird z.B. das rezeptive Feld von Finger 3 stereotaktisch zerstört, so hat sich nach ca. 100 Tagen – während derer Finger und Hand freilich trainiert werden müssen – ein gröberes Repräsentationsareal, das sowohl diesen Finger als auch die benachbarten Finger 2 und 4 umfasst, neben der Läsionsstelle ausgebildet (Jenkins & Merzenich, 1992). Es ist vorstellbar, dass die Ausbildung solcher Mischrepräsentationen verschiedener Muskelgruppen für die unkoordinierten Bewegungsmuster, die wir bei Schlaganfall- oder hirnverletzten Patienten in der Erholungsphase sehen, verantwortlich sind (Dettmers et al., 1996). Eine weitere klinisch häufige Beobachtung, nämlich dass Patienten mit Tumoren im motorischen Kortex keine nennenswerten Lähmungen bieten, liegt darin begründet, dass während des zerstörerischen Tumorwachstums eine plastische Funktionsverlagerung in Areale außerhalb der Läsion stattgefunden hat (Seitz et al., 1995). Kürzlich wurden plastische

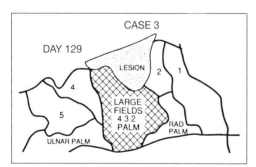

Abb. 5. Läsionsinduzierte Plastizität und funktionelle Regeneration im adulten sensomotorischen Kortex von Eulenäffchen (aus Jenkins et al., 1987). Die Abbildung zeigt, wie sich 129 Tage nach stereotaktischer Destruktion des kortikalen Feldes von Finger 3 (entsprechend einem kleinen Schlaganfall) eine große topographische Mischrepräsentation, die die Finger 2-4 umfasst, neben der ursprünglichen Läsionsstelle ausgebildet hat.

Veränderungen im somatosensorischen Kortex als Korrelat für die Phantomschmerzen von amputierten Patienten entdeckt (Flor et al., 1995).

Inwieweit bei den kompensatorischen Reorganisationsvorgängen im Kortex der Versuchstiere bzw. Patienten rein funktionelle Modifikationen von Synapsen oder auch *sprouting*-Phänomene die Veränderungen neuronaler Netzwerke bedingen, bleibt unklar.

Die interhemisphärische Reorganisation des Sprachsystems

Eine verblüffende Reorganisation der sprachverarbeitenden Hirnrinde wurde kürzlich bei Patienten, die eine Wernicke-Aphasie aufgrund ischämischer Infarzierung der linken perisylvischen Sprachregion erlitten hatten, entdeckt. Misst man den zerebralen Blutfluss mittels Positronen-Emissionstomographie während der Durchführung spezifischer sprachlicher Übungsaufgaben, so findet sich bei den Patienten eine Aktivierung in den rechtsseitigen – normalerweise nicht benützten – Sprachzentren (Weiller et al., 1995). Dieser Befund kann als Reaktivierung präexistenter Sprachzentren gedeutet werden und steht in Einklang mit der bihemisphärischen Sprachkapazität im Kindesalter (s.o.). Funktionell dürfte hier entweder die Demaskierung stummer Synapsen oder ein Wegfall von interhemisphärischer Inhibition zugrunde liegen (s.o.).

Identifizierung plastischer Synapsen

Während plastische Funktionsänderungen von Synapsen in Form von z.B. Langzeitpotenzierung oder Langzeitdepression durch elektrophysiologische Einzelzellableitungen nachgewiesen werden (Artola & Singer, 1993) und sich durch moderne bildgebende Verfahren (funktionelle Kernspin- und Positronen-Emmissionstomographie, Magnetenzephalographie) topographische Veränderungen kortikaler Repräsentationen detektieren lassen (Flor et al., 1995; Dettmers et al., 1996), ist es morphologisch bisher nicht gelungen, im Gewebsschnitt eine plastische Synapse als solche zu identifizieren. Die besondere experimentelle Wertigkeit einer solchen Substanz läge darin, mit ihr Ort und Erfolg der synaptischen Reorganisation direkt sichtbar zu machen. Zwar sind zahlreiche Substanzen bekannt, die wachsende Axone und Terminalen kennzeichnen (z.B. GAP-43 oder Synaptophysin; Masliah et al. 1991). Jedoch erlauben diese keine Rückschlüsse auf den speziell plastischen Status einer Synapse, also darauf, ob das Bouton am Zielneuron gefestigt ist oder sich im Zustand der funktionellen oder morphologischen Labilität befindet. In den letzten Jahren kristallisiert sich das Adenosin-produzierende Ektoenzym 5'-Nukleotidase als ein elektronenmikroskopisch nachweisbares, potentielles Erkennungsmolekül für plastische Synapsen sowohl während der Hirnentwicklung als auch -regeneration heraus (Schoen et al., 1993; Schoen & Kreutzberg, 1994, 1995).

Molekulare und zelluläre Mechanismen synaptischer Plastizität

Trotz der obengenannten Erkenntnisse über die läsionsinduzierte Plastizität muss festgehalten werden, dass die Regenerationsfähigkeit des adulten ZNS gemessen am klinischen Erfolg häufig unvollständig bleibt. Offenbar ist die plastische Kapazität von Neuronen während kritischer Perioden am höchsten; innerhalb einiger Hirngebiete – insbesondere den gedächtnisrelevanten Strukturen von Kortex und Hippokampus – bleibt sie bestehen oder kann durch Training angestoßen werden; in anderen ist sie relativ gering. Das vorrangige Problem der neurobiologischen Forschung lautet deshalb: Welche physiologischen oder biochemischen Mechanismen verleihen unreifen Neuronen ihre plastische Kapazität? Im Gegenschluss muss verstanden werden, warum adulte Neurone kaum mehr plastisch sind. Könnten adulte Neurone wieder plastisch werden und Erkrankungen des adulten ZNS durch
a) ausreichendes und zielgenaues Neuritenwachstum oder
b) Veränderungen in der synaptischen Effizienz kompensieren, wenn man ihnen bestimmte Eigenschaften unreifer Neurone zuführt?

Man hat erkannt, dass das Nachlassen der Regenerationsfähigkeit bzw. der axonalen Sprossung sowie der synaptischen Plastizität im adulten ZNS vornehmlich auf zwei Faktoren beruht: Erstens kann das erwachsene Gehirn nach Abschluss der kritischen Perioden kaum mehr auf funktionell undeterminierte, überzählige Synapsen zurückgreifen, um daraus zu selektionieren und auf veränderte Bedingungen zu reagieren (O'Leary, 1992; Singer, 1995; Katz & Shatz 1996). Zweitens sinkt im Laufe der Entwicklung die Konzentration an wachstumsstimulierenden Substanzen im Gehirn ab, wohingegen vermehrt wachstumshemmende Stoffe gebildet werden (Hagg et al., 1994; Schwab, 1992). Allen Formen synaptischer Plastizität liegen prinzipiell folgende funktionelle Mechanismen zugrunde (Tabelle 3).

Neuronale Aktivität und Gebrauch

Wie bereits angedeutet (s. S. 175), ist als wichtiges Substrat der Plastizität bekannt, dass während der Entwicklung und Regeneration des ZNS nur diejenigen synaptischen Kontakte am Zielneuron gefestigt werden, deren Reizübertragung auf die nachgeschalteten Neurone am effektivsten ist. Die anderen werden abgekoppelt und verschwinden spurlos, oder werden zumindest funktionell stillgelegt.

Es ist naheliegende aber nicht genügende Bedingung, dass Training oder sensorische Erfahrung den betreffenden Synapsen einen Selektions- und Konsolidierungsvorteil verschaffen. Die synaptische Übertragung ist aus elektrophysiologischen Gründen erst dann optimal, wenn vor- und nachgeschaltete Neurone synchron aktiv sind; in anderen Worten wird eine synaptische Verbindung verstärkt, wenn eine aktive Synapse A auf ein bereits erregtes Neuron B trifft. Die Notwendigkeit einer Aktivitätskorrelation wird nach ihrem Erstbeschreiber *Hebb'sches Prinzip* (Hebb, 1949; Rauschecker, 1991; Singer, 1995) genannt und wurde in Form der Lanzeitpotenzierung (LTP) auch experi-

Tabelle 3. Molekulare und zelluläre Grundlagen synaptischer Plastizität und Regeneration

Neuronale Aktivität und Gebrauch	Synaptische Modulation durch: – externe Stimuli und gewebsständige Neurotransmitter – korrelierte Aktivität prä- und post-synaptischer Neurone (Hebb'sche Regel, LTP)
Axonales Wachstum und Zielfindung	Zeitlich-topographische Steuerung der Synapto-genese durch: – Neuronale Wachstums-faktoren – Adhäsions- und Re-pulsionsmoleküle
Gliazellen	Gegensätzliche Beein-flussung der synaptischen Reorganisation durch: – Bildung wachstums-permissiver Substan-zen – Bildung wachstums-hemmender Substan-zen und von Narben-gewebe

mentell bestätigt; diese führt zu einer anhaltenden Steigerung der synaptischen Effizienz (Abb. 6). Würde Synapse A auf ein stummes oder asynchron aktives Neuron B feuern, so wäre die entstehende funktionelle Kopplung zwischen beiden weniger stark (entsprechend einer Langzeitdepression). Die Güte der Reizleitung, welche die Veränderungen in der synaptischen Verschaltung nach sich zieht, unterliegt auf molekularer Ebene einer Fülle von Transmittern und Neuromodulatoren. Allen voran greift die selektive Aktivierung glutamaterger NMDA-Rezeptoren und GABAerger Rezeptoren in die plastischen Prozesse ein (Artola & Singer, 1993; Kleinschmidt et al., 1987; Rabacchi et al., 1992; Donoghue et al., 1996). Jüngst entdeckte Effekte von Langzeitpotenzierung und -depression zeigen sich auch auf genomischer Ebene in der Aktivierung oder Deaktivierung bestimmter Transkriptionsfaktoren (u.a. des „*cAMP related element binding protein*", CREB), die wiederum komplizierte, im Detail noch nicht aufgeklärte molekulare Kaskaden und letztlich das Wachstum oder die Regression von Synapsen anstoßen (Carew, 1996). Möglicherweise birgt das Verhältnis dieser Transkriptionsfaktoren zueinander gar den molekularen Schlüssel für Lernen und Vergessen.

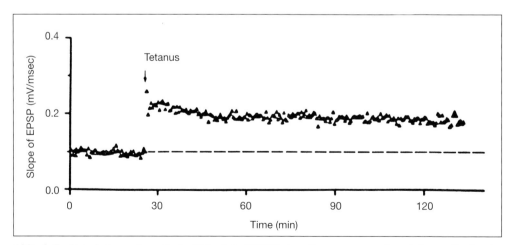

Abb. 6. Exzitatorische postynaptische Potentiale (EPSP) einer Synapse vor und nach Langzeitpotenzierung (aus Kandel et al., 1991, nach Nicoll). Als Folge einmaliger Applikation einer repetitiven Reizung (hier Tetanus) steigt das EPSP um ca. 100%. Auch wenn danach normale, nicht-tetanische Stimuli verabreicht werden, wird mehrere Stunden lang ein abnorm hohes Potential generiert.

Adhäsionsmoleküle und trophische Faktoren

Neben aktivitätsabhängigen Regeln vermitteln zahlreiche adhäsive oder repulsive sowie wachstumsfördernde oder wachstumshemmende Moleküle die Richtung und den Erfolg der synaptischen Reorganisation (Tessier-Lavigne & Goodman, 1996; Brosämle, 1998; Fields & Itoh, 1996; Schubert, 1991). Wachstumspermissiv wirken einerseits neurotrophe Substanzen (allen voran die Familie der neuronalen Wachstumsfaktoren und wachstumsassoziierten Proteine) sowie zahlreiche Adhäsions- und Erkennungsmoleküle an der Neuronoberfläche (z.B. Netrine, Cadherine und Laminin). Andere Substanzen wiederum wirken als Stoppsignal auf auswachsende Axone und leiten diese durch Chemorepulsion zur Zielregion (z.B. weitere Netrine, Semaphorine, Eph-Liganden und Tenascin). All diese Proteine modulieren das Wachstumspotential der Nervenzellen und führen die sprossende Axone an ihre korrekten Zielneurone. Ohne solche Wachstums- und Erkennungsmoleküle, die in definierten zeitlich-topographischen Mustern gebildet werden, könnten Neurone nicht überleben, keine Neuriten aussenden, ihre Zielneurone nicht finden und keine synaptischen Kontakte aufbauen. Häufig werden sie in strategisch wichtiger Lokalisation, nämlich im synaptischen Spalt oder auf axonalen Wachstumskolben, exprimiert. Interessanterweise kann ihre Bildung auf der Zelloberfläche von der neuronalen und synaptischen Aktivität moduliert werden, so dass aktivitätsabhängige (s.o.) und trophische bzw. adhäsive Plastizitätsmechanismen eng ineinander greifen.

Gliazellen

Auch Astrozyten und Mikrogliazellen, den nicht-neuronalen Elementen des ZNS, kommt eine herausragende Rolle für die Bildung aber auch den Abbau synaptischer Verknüpfungen zu. Tatsächlich werden Gliazellen unter Entwicklungs- und Regenerationsbedingungen aus ihrem Ruhezustand aktiviert; sie proliferieren und stellen den umgebenden Neuronen eine Fülle der genannten neurotrophen und wachstumspermissiven Substanzen zur Verfügung (Müller, 1995; Kreutzberg, 1996). Besonders müssen in diesem Zusammenhang die Schwann-Zellen, die glialen Stützzellen des peripheren Nervensystems, sowie eine besondere Astrozytenpopulation des Bulbus olfactorius, herausgehoben werden. Es ist bekannt, dass auf Grundlage der Schwann-Zellen und Fibroblasten (Bindegewebszellen) durchtrennte periphere Nerven – im Gegensatz zu Nervenfasern im Gehirn – über weite Strecken auswachsen und denervierte Muskeln reinnervieren können (Raivich & Kreutzberg, 1993). Die Glia im Riechkolben trägt zur beeindruckenden Plastizität dieser Struktur, die der Bildung eines olfaktorisches Gedächtnisses dient (s.o.), bei: sie stellt das Substrat für das axonale und synaptische Wachstum, das im Bulbus olfactorius – anders als im übrigen ZNS – sowohl unter Normal- als auch Regenerationsbedingungen ständig abläuft (Ramon-Cueto et al., 1998).

Neben solchen biochemischen neuro-glialen Interaktionen trägt Mikroglia auch mechanisch zur axonalen Reorganisation bei, indem ihre Fortsätze die nicht benötigten oder degenierenden synaptischen Boutons phagozytieren oder von der Neuronoberfläche ablösen (sog. *„synaptic stripping"*; Kreutzberg, 1996). Astrozyten trennen in der frühen Ontogenese wie vorübergehende Barrieren funktionelle ZNS-Kompartimente voneinander ab, wodurch die einwachsenden Axone sortiert und geleitet werden (Faissner & Steindler, 1995). Mit fortschreitender Gewebsreifung sowie im Läsionsfall umhüllen Astrozytenfortsätze immer größere Anteile der Neuronoberfläche (Graeber & Kreutzberg, 1988; Schoen et al., 1993), wodurch der Regenerationserfolg afferenter Synapsen reduziert wird.

Besonders dynamisch bleibt selbst im erwachsenen Gehirn die astrozytäre Plastizität in den hypothalamischen Ncl. paraventricularis und Ncl. supraopticus, wo sie dem physiologisch aktuellen Bedarf an bestimmten Hormonen unterworfen ist und somit auf intrinsische Signale reagiert (Hatton, 1985). Die Neurone dieser Kerngebiete bilden die Hormone Vasopressin und Oxytocin, die die Flüssigkeitsresorption in der Niere, die Uteruskontraktionen während der Geburt und den Milchfluss beim Stillen steuern. Ist der hormonelle Bedarf hoch, ziehen sich die Astrozytenfortsätze von der Oberfläche der Nervenzellen zurück, wodurch jene zu variablen funktionellen Verbänden zusammengeschlossen werden; ist der hormonelle Bedarf gering, werden die Neurone von Astrozyten umhüllt und voneinander getrennt.

Hemmung des Neuritenwachstums

Eine Dichotomie in den glialen Funktionen besteht darin, dass Gliazellen Plastizität und Regeneration auch verhindern können. So kann die Bildung einer „Glianarbe" nach Verletzungen eine erfolgreiche axonale Innervation eines Areals unterbinden. Die Proliferation von Gliazellen und Makrophagen wird vornehmlich durch Mediatorsubstanzen, sog. Zytokine, bedingt, die bei Verletzungen oder Entzündungen freigesetzt werden. Die solchermaßen aktivierte Glia bildet zudem eine Fülle von extrazellulären Matrixproteinen (Proteoglykane) sowie eine Barriere aus kollagenreicher Basalmembran im Läsionszentrum, die einwachsende Axone abstoßen (Kreutzberg, 1996; Stichel & Müller, 1998; Fawcett & Geller, 1998).

Erst kürzlich wurde bekannt, dass Oligodendrozyten eine im erwachsenen ZNS ubiquitäre Substanz bilden, die auf das Neuritenwachstum inhibitorisch wirkt, den *„neurite growth inhibitory factor"*. Die Entdeckung dieses wachstumsinhibierenden Faktors durch Schwab und Mitarbeiter (Schnell & Schwab, 1990; Schwab, 1992) stellt einen der wichtigsten Fortschritte der Plastizitäts- und Regenerationsforschung dar. Seine Präsenz dürfte, nach heutigem Kenntnisstand, die Hauptbedingung für die mangelnde Sprossungsfähigkeit adulter Neurone darstellen. Das hochpotente Molekül ist während der ZNS-Entwicklung kaum nachweisbar, wohingegen seine Konzentration nach Abschluss der kritischen Perioden, also zeitgleich mit dem Nachlassen synaptischer Plastizität, im Gewebe stark zunimmt. Umgekehrt verhalten sich die Konzentrationen der o.g. primär wachstums-

stimulierenden Moleküle: sie sind hoch während der ZNS-Entwicklung aber nieder im adulten Gehirn. Aus dem gegenläufigen Verhalten dieser beiden Substanzklassen lassen sich fundamentale therapeutische Strategien zur Induktion synaptischer Plastizität ableiten.

Therapeutische Strategien zur Induktion von synaptischer Plastizität und Regeneration

Auf dem Boden der elektrophysiologischen und molekularen Mechanismen, die synaptischer Plastizität zugrundeliegen, ergeben sich folgende Zielrichtungen der klinischen und experimentellen Regenerationsforschung (Tabelle 4).

Tabelle 4. Wichtige therapeutische Strategien zur Induktion synaptischer Plastizität und Regeneration

Aktive Übung	Krankengymnastik, Logopädie Unterstützt durch noradrenerge Substanzen
Trophische Substanzen Transplantationen *„Genetic engineering"*	Potentielle künftige Therapie neurodegenerativer Erkrankungen oder zerebraler Ischämien durch direkte Gabe von Wachstumsfaktoren oder durch Implantation von Zelltypen, die per se oder nach genomischer Manipulation wachstumspermissive Substanzen bilden
Ausschaltung des *neurite growth inhibitory factor*	Gabe neutralisierender Antikörper, beim Menschen in Planung
Hemmung der Glianarbe	(im tierexperimentellen Stadium) Pharmakologische Inhibitonglialer Proliferationsfaktoren sowie neurotoxischer und inflammatorischer Zytokine

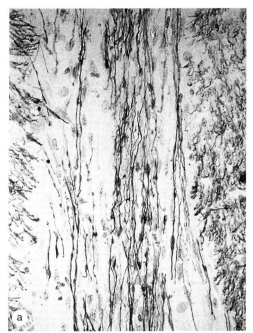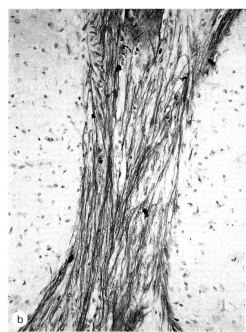

Abb. 7a, b. Axonale Regeneration und sprouting im adulten Rattenhirn nach Schwannzell-Implantat. *a)* Immunhistochemische Färbung von Schwann-Zellen, die als Suspension in einen kortiko-thalamischen Stichkanal gefüllt wurden. Die langen Fortsätze der Schwann-Zellen ziehen senkrecht durch das Bild. *b)* Immunhistochemische Färbung von Axonen, die wenige Wochen nach der Implantation dicht gebündelt durch den Stichkanal wachsen. Es handelt sich um aussprossende Axonkollateralen von intakt gebliebenen Neuronen. (Die Präparate wurden von Dr. Gary Brook, Neurologische Klinik der RWTH Aachen, freundlicherweise zur Verfügung gestellt).

A) Training und Gebrauch sind zur Funktionsrestitution zwar wichtig, aber induzieren in alleiniger Anwendung oft nicht in ausreichendem Maße synaptische Plastizität und Regeneration. Pharmakologisch unterstützt werden z.B. Krankengymnastik und logopädische Therapie durch eine nachhaltige Stimulation des zentralen noradrenergen Systems, wodurch sowohl im Tierversuch als auch beim Patienten langanhaltende Besserungen von Hemiplegie oder Aphasie erreicht wurden (Feeney, 1997).

B) Eine Strategie, die das Auswachsen von Neuriten im ZNS nach Verletzungen oder neurodegenerativen Erkrankungen stimulieren soll, beruht auf der Zugabe von wachstumsfördernden Molekülen. Im Tierexperiment und *in vitro* gibt es hierzu vielversprechende Ansätze, z.B. über die intraventrikuläre Infusion der genannten trophischen Substanzen (Hagg et al.,

1994). Aufgrund zahlreicher Nebenwirkungen ist die Anwendung beim Menschen (noch) im Experimentalstadium.

C) Alternativ wird versucht, embryonale oder genomisch veränderte Nerven- oder Gliazellen zu transplantieren, damit diese im Gehirn des Wirts die fehlenden Stoffe produzieren. Bei Parkinson-Patienten ist es bereits gelungen, eine klinische Besserung durch Implantationen dopaminhaltiger, embryonaler Nebennierenzellen in die Basalganglien herbeizuführen (Björklund, 1992; Lindvall, 1998). Ein häufig dabei auftretendes Problem besteht im mangelnden Überleben der Transplante im Wirtsorganismus. Im Tierversuch erhofft man sich, durch Implantation von Schwann-Zellen (Abb. 7a,b) und olfaktorischer Glia (s.o.) die wachstumsstimulierende Funktion dieser Zellen in das Gehirn zu übertragen. Darüberhinaus konnten ins ZNS implantierte Fibroblasten, die Bindegewebselemente des peripheren Nervensystems, derart genetisch manipuliert werden, dass sie Nervenwachstumsfaktor bilden („genetic engineering"; Übersichten in Hagg et al., 1994; Steward, 1994).

D) Neben der Bereitstellung wachstumsfördernder Substanzen können die o.g. Zelltypen gleichzeitig eine Brückenfunktion ausüben, indem sie verletztes Nervengewebe auffüllen, als Schienen für die einwachsenden Axone dienen und somit den Kontakt zwischen den prä- oder postläsionalen Arealen herstellen. Bioverträgliche Kunststoffträger für diese Zwecke sind in Entwicklung. Aguayo (1985) hat in berühmt gewordenen Experimenten auf anderem Wege versucht, die regenerative Kapazität des peripheren Nervensystem auf das ZNS zu übertragen: Er überbrückte einen Rückenmarksquerschnitt mit einer Prothese aus peripherem Nerv. Regenerierende Axone sprossten hier ein und fanden Anschluss an das distale Rückenmark, während sie auf direktem Wege durch die Läsionsstelle nicht penetrieren konnten.

E) Eine große therapeutische Hoffnung liegt in der Hemmung des *„neurite growth inhibitory factor"* begründet – die Schaffung eines wachstumspermissiven Milieus im erwachsenen Nervensystem durch Ausschaltung von widrigen Wachstumsbedingungen. Unterdrückt man nämlich die Bildung oder Wirkung dieses Faktors (z.B. durch spezifische Antikörper), können im adulten Gehirn und Rückenmark die Axone sehr viel besser regenerieren als durch Zugabe von neurotrophen Substanzen allein (Schnell & Schwab, 1990).

F) Um eine erfolgreiche zentralnervöse Regeneration zu erreichen, wird schließlich versucht, die o.g. „Narbenbildung" durch Astrozyten und Makrophagen zu unterbinden. Dies kann durch Inhibition oder Abbau der bei Verletzungen gebildeten Zytokine, Proteoglykane und Basalmembran gelingen (Fawcett & Geller, 1998; Stichel & Müller, 1998).

Bei allen therapeutischen Interventionen ist ein ungelöstes Problem, inwieweit die neugebildeten Synapsen tatsächlich ihre korrekten Zielneurone finden. Doch darf erwartet werden, dass aufgrund des bemerkenswerten experimentellen Fortschritts der letzten Jahre bald kausal besser begründete Antworten auf zahlreiche invalidisierende und stigmatisierende Erkrankungen des adulten ZNS zur Verfügung stehen werden. Für das *kindliche* ZNS bleibt festzuhalten, dass das Gehirn seine vielfältigen Leistungen vornehmlich im übenden Wechselspiel mit der Umwelt entfalten muss, andernfalls bleiben diese unentwickelt.

2 Methoden

2.1 Forschungsmethoden der Neuropsychologie

WALTER STURM

Zusammenfassung

Die Klinische Neuropsychologie basiert auf den Ergebnissen neuropsychologischer Forschung. Alle neuropsychologischen Forschungsmethoden zielen auf die Untersuchung der Zusammenhänge zwischen Gehirn und Verhalten ab. Zu den klassischen Methoden der Neuropsychologie gehört die tierexperimentelle Forschung ebenso wie die neuropsychologische Forschung an gesunden Probanden. Letztere dient insbesondere der Erfassung der funktionellen Spezialisierung der beiden Großhirnhemisphären mithilfe der tachistokopischen gesichtsfeldabhängigen visuellen sowie der dichotischen auditiven und taktilen dichhaptischen lateralisierten Stimulusdarbietung. Zu den neueren Methoden gehören Messungen der Flussgeschwindigkeit zerebraler Arterien, die transkranielle Magnetstimulation und Blickbewegungsuntersuchungen. Die klinische Forschung beschäftigt sich mit Untersuchungen von Verhaltensabweichungen oder -änderungen durch angeborene Missbildungen oder erworbene Schädigungen des Gehirns. Hierbei sind sowohl irreversible, läsionsbedingte Funktionsausfälle als auch reversible Funktionsblockierungen z.B. durch Narkotisierung einer Hirnhälfte (Wada-Test), Elektrokrampfbehandlung oder elektrische Stimulation und die Beobachtung der Dynamik transienter ischämischer Attacken von Interesse.

Vorbemerkung

Die Klinische Neuropsychologie basiert auf dem Wissen, welches die experimentelle Neuropsychologie unter Verwendung ihres Methodeninventars gewonnen hat und ständig ergänzt und differenziert. So wäre eine spezifisch neuropsychologische, an den Zusammenhängen zwischen Gehirn und Verhalten orientierte Diagnostik nicht möglich, ohne auf die Kenntnisse z.B. zur Hemisphärenspezialisierung (s. Kap. 1.4) oder zu spezifischeren, z.B. aus Läsionsstudien oder funktioneller Bildgebung (s. Kap. 2.2) gewonnenen Ergebnissen zu Lokalisations-Funktionszusammenhängen zurückgreifen zu können. Auch das für die neuropsychologische Therapie relevante Wissen um die Mechanismen zur funktionellen Restitution oder Reorganisation basiert u.a. auf Experimenten, die mithilfe neuropsychologischer Methoden durchgeführt wurden. Die Forschungsmethoden der Neuropsychologie entstammen zu etwa gleichen Teilen der experimentellen Psychologie und den medizinischen Disziplinen der Neurologie, Neuroanatomie und Neurophysiologie. Neuro- und elektrophysiologische Methoden sind in Kap. 2.3 aufgeführt.

Alle neuropsychologischen Forschungsmethoden haben die Aufdeckung der Zusammenhänge zwischen beobachtbarem Verhalten und dessen anatomischen, physiologischen und biochemischen zerebralen Grundlagen zum Ziel. Hierzu bedient sich die Neuropsychologie entweder der experimentellen Forschung am Tier, der Untersuchung der sponta-

nen Aktivitäten des gesunden Gehirns und
seiner Reaktionen auf die verschiedensten
Reizsituationen und der klinischen Forschung, d. h. der Untersuchung von Verhaltensabweichungen oder -änderungen, die entweder durch angeborene Missbildungen oder
aber erworbene Schädigungen des Gehirns
verursacht wurden.

Tierexperimentelle Forschung

Bei der neuropsychologischen Forschung am
Tier können an nahezu beliebigen Stellen des
Hirns unter streng kontrollierten Bedingungen
direkte Eingriffe vorgenommen werden. Hierbei kommen folgende Techniken zur Anwendung:
● *Irreversible Funktionsausschaltung* bestimmter Hirnstrukturen durch chirurgische,
  thermische oder chemische Läsionen,
● *Vorübergehende Funktionsblockierung*, z.B.
  durch Pharmaka oder Unterkühlung,
● elektrische oder chemische *lokale Stimulation.*

Mithilfe dieser Methoden ist es möglich, die
Veränderung des Verhaltens im Vergleich zu
den Verhaltensbeobachtungen vor den Eingriffen zu registrieren und Rückschlüsse auf die
Funktion der entsprechenden Hirnareale zu
ziehen.
    Eine andere Vorgehensweise besteht darin,
das Verhalten der Tiere durch gezielte Beeinflussung (z.B.Training) einer bestimmten Ver-
haltensweise zu verändern und die Auswirkungen dieses Einflusses auf das Gehirn zu
beobachten. Dies erfolgt durch:
● die *Registrierung der elektrischen Hirnaktivität* an beliebigen Stellen mithilfe von Tiefenelektroden,
● die *Untersuchung lokaler histologischer
  oder biochemischer Veränderungen* nach
  gezielter Dauerdeprivation (Reizentzug) vor
  allem während der Hirnentwicklung.

Beim Menschen sind die meisten der genannten Techniken aus ethischen Gründen nicht
oder nur mit großen Einschränkungen (z. B. in
der Psychochirurgie und bei Reizversuchen

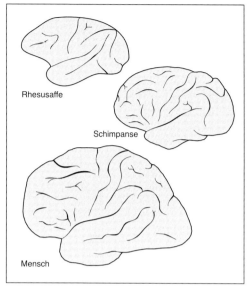

Abb. 1. Größenvergleich zwischen dem Gehirn eines Rhesusaffens, eines Schimpansen und eines
Menschen (aus Sturm, W. (1997). Experimentelle
und klinische Neuropsychologie. In W. Hartje & K.
Poeck (Eds.), Klinische Neuropsychologie. Stuttgart: Thieme).

während stereotaktischer Operationen, s. Seite 201 f.) anwendbar. Viele Ergebnisse der
Neurobiologie und Neurophysiologie basieren
in hohem Maße auf tierexperimentellen Untersuchungen. Obwohl es grundlegende Unterschiede in der Hirnanatomie sogar zwischen
Primaten und dem Menschen gibt (s. Abb. 1),
sind die aus solchen Studien gewonnenen Erkenntnisse doch von unmittelbarer Relevanz
für die menschliche Neurobiologie. So stammen z.B. die bahnbrechenden Erkenntnisse
über die Organisation des visuellen Systems in
einen ventralen und dorsalen Anteil mit jeweils unterschiedlichen Funktionen (Ungerleider & Mishkin, 1982) aus tierexperimentellen
Studien und konnten erst viel später beim
Menschen mithilfe funktioneller Bildgebung
bestätigt werden (Ungerleider & Haxby, 1994;
s. a. Kap. 4.6). Auch Erkenntnisse zur funktionellen Reorganisation und Plastizität neuronaler Verbände wurden zunächst in Tierexperi-
menten gewonnen. So konnten Jenkins et al.
(1990) bei Affen eine erhebliche Vergrößerung

der kortikalen sensorischen Repräsentation nach intensiver sensorischer Reizung der Fingerspitzen nachweisen. Jenkins und Merzenich (1987) fanden innerhalb von 3 Monaten nach einer experimentellen Läsion des Handareals bei Eulenäffchen eine erneute Repräsentation der geschädigten Areale, allerdings mit veränderter Topographie (s.a. Kap. 1.10).

Die Erkenntnismöglichkeiten aus der Tierforschung haben allerdings ihre natürlichen Grenzen. Beim Tierexperiment sind die Kommunikationsmöglichkeiten zwischen dem Versuchsleiter und dem Versuchstier im Vergleich zum Experiment am Menschen äußerst eingeschränkt. Jedes Versuchstier muss für das Experiment zunächst in vielen Versuchsdurchgängen trainiert werden, damit es in der Untersuchungssituation auf bestimmte Stimuli die zugeordneten Reaktionen überhaupt zeigen kann. Nur ein auf diese Weise trainiertes Verhalten kann dann während des Experiments abgerufen werden. Diese Einschränkungen begrenzen die Beobachtungsmöglichkeiten im Tierexperiment auf eine ganz spezifische Weise. Einige typisch menschliche Verhaltensweisen, wie z. B. die Sprache, können im Tierexperiment gar nicht untersucht werden. Untersuchungen des limbischen Systems und des Hypothalamus bei Tieren haben zwar wichtige Hinweise auf die Relevanz dieser Strukturen für das emotionale Verhalten gegeben, der emotionale Inhalt dieses Verhaltens ist allerdings bei Tieren nur sehr schwierig zu untersuchen, da Tiere über ihren emotionalen Zustand nicht berichten können (Heilmann & Valenstein 1993).

Experimentelle Untersuchungen an gesunden Probanden

Die modernen bildgebenden Verfahren erlauben heute die gezielte Untersuchung intra- oder interhemispärischer zerebraler Netzwerke mithilfe von Aktivierungsstudien bei Gesunden mithilfe der Positronen-Emissions-Tomographie (PET), der funktionellen Kernspintomographie (funktionelle Magnetresonanz-Tomographie fMRT, s. Kap. 2.2) oder der topographischen Analyse der elektrischen

(Kap. 2.3) oder magnetischen Hirnaktivität („Brain-Mapping", Kap. 2.2). Die Ergebnisse dieser Untersuchungsmethoden haben die Kenntnisse der Neurowissenschaften zur Funktionsweise des Gehirns in den letzten 10 Jahren dramatisch erweitert und werden in den Kapiteln dieses Buches im Zusammenhang mit der funktionellen Neuroanatomie der jeweiligen Funktion dargestellt. Traditionell gilt das besondere Interesse der experimentellen Neuropsychologie bei der Untersuchung der Funktionsweise des gesunden Gehirns der funktionellen Spezialisierung der beiden Großhirnhemisphären.

Die klassischen Untersuchungstechniken beim gesunden Probanden nutzen die Möglichkeiten, durch besondere experimentelle Vorkehrungen Sinnesreize primär in nur eine der beiden Großhirnhemisphären zu übermitteln. Unter normalen Bedingungen werden sowohl die visuellen als auch die akustischen Sinneseindrücke simultan in beide Hirnhälften projiziert. Bei der visuellen Wahrnehmung werden die Informationen aus dem rechten Gesichtsfeld über den ungekreuzten Anteil des Tractus opticus vom linken Auge und dessen im Chiasma opticum kreuzenden nasalen Anteil des rechten Auges ausschließlich in die Sehrinde der linken Hemisphäre weitergeleitet. Entsprechendes gilt umgekehrt für das linke Gesichtsfeld (Abb. 2). Dadurch ist zwar theoretisch eine nahezu vollständige Lateralisierung der visuellen Sinneseindrücke gegeben, durch unwillkürliche und willkürliche Augenbewegungen bei frei beweglichem Blick kommt es jedoch normalerweise zu einer weitgehend gleichen Repräsentation beider Gesichtsfelder in beiden Hemisphären.

Bei der akustischen Wahrnehmung besteht grundsätzlich keine derartige primäre Lateralisierung, da die Hörbahnen von jedem Ohr sowohl ungekreuzt zur ipsilateralen als auch gekreuzt zur kontralateralen Hemisphäre verlaufen (Abb. 3). Dabei überwiegt allerdings sowohl funktionell als auch anatomisch der gekreuzte Anteil der Hörbahnen.

Die sensiblen Informationen aus der linken und rechten Körperhälfte werden in die somatosensible Rindenregion der kontralateralen Hemisphäre projiziert (Abb. 4). Eine aus-

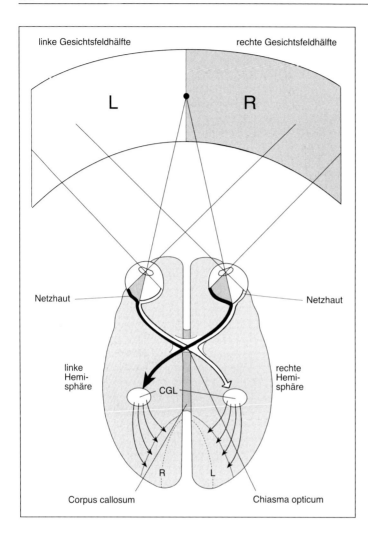

Abb. 2. Verlauf der Sehbahnen zu den Hemisphären. Bei Betrachtung des Fixationspunktes sieht jedes Auge zwar beide Gesichtsfeldhälften, die Informationen aus der rechten Gesichtsfeldhälfte erreichen jedoch nur die linke Hirnhälfte, die aus der linken Gesichtsfeldhälfte nur die rechte Hemisphäre, weil die Nervenfasern von den beiden Hälften der Sehbahn getrennt verlaufen (nach Springer, S.P. & Deutsch, G. (1995). Linkes – rechtes Gehirn. Heidelberg: Spektrum Akademischer Verlag). CGL = Corpus geniculatum laterale.

schließlich kontralaterale Repräsentation ist allerdings nur für die am meisten distal gelegenen Körperregionen (z. B. die Fingerspitzen) zu erwarten, während proximale Regionen (z.B. an Oberarm und Schulter) teilweise auch bilaterale Repräsentationen aufweisen.

Unmittelbar nach der ersten intrahemisphärischen Informationsverarbeitung findet für alle Modalitäten jedoch ein sehr rascher Informationsaustausch über die Kommissurenfasern, vor allem des Corpus callosum in die gegenüberliegende Hemisphäre statt.

Gesichtsfeldabhängige Reizdarbietung

Bei der gesichtsfeldabhängigen tachistoskopischen Darbietung visueller Stimuli kann unter experimentell kontrollierten Bedingungen eine Beschränkung der visuellen Informationsvermittlung auf zunächst jeweils nur eine Hemisphäre erreicht werden. Die sehr rasche tachistoskopische Darbietung der visuellen Reize in einer Gesichtsfeldhälfte mit einer maximalen Darbietungsdauer von ca. 150 msec dient dem Zweck, eventuelle Augenbewegungen während der Stimulus-Präsentation zu verhindern und so die oben er-

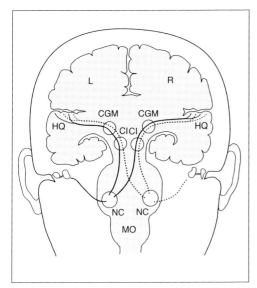

Abb. 3. Verlauf der Hörbahnen (nach Popper K.R. & Eccles, J.C. (1977). The Self and Its Brain. Berlin: Springer).

MO   Medulla oblongata
NC   Nucleus cochlearis
CI   Colliculus inferior
CGM   Corpus geniculatum mediale
HQ   Heschlsche Querwindungen

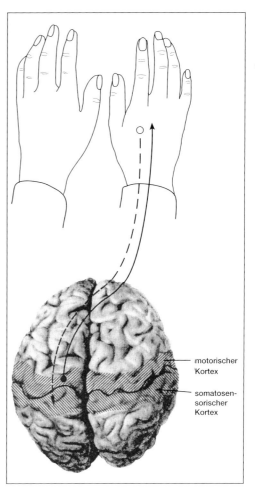

Abb. 4. Somatosensorische und motorische Bahnen verlaufen nahezu vollkommen gekreuzt (nach Kolb, B. & Wishaw, I.Q. (1996). Neuropsychologie. Heidelberg: Spektrum Akademischer Verlag).

wähnte bilaterale kortikale Projektion der visuellen Informationen zu vermeiden. In Abbildung 5 ist der typische Versuchsaufbau dargestellt. Die Versuchsperson wird aufgefordert, einen im Zentrum des Darbietungsfeldes liegenden Punkt (Fixationspunkt) zu fixieren. Dann wird in der linken bzw. rechten Hälfte des Projektionsfeldes ein visueller Stimulus dargeboten und die jeweils geforderte Reaktion (z.B. taktiles Aussortieren eines zum visuell gezeigten Stimulus passenden Gegenstandes mit der linken oder rechten Hand) registriert.

Neben den in Abbildung 5 gezeigten Projektionstachistoskopen kommen auch sogenannte Einblick-Tachistoskope zur Anwendung, bei denen die visuelle Information oft über mehrere getrennte Kanäle dargeboten wird. Eine moderne Variante besteht in der computergesteuerten tachistoskopischen Darbietung direkt am Videomonitor. Hier sind bei

älteren Standardbildschirmen allerdings Beschränkungen bezüglich der Darbietungszeiten zu beachten, da wegen der für den Bildaufbau benötigten Zeit bestimmte Zeiten nicht unterschritten werden können.

Das Verfahren hat viel zur Aufklärung der funktionellen Spezialisierung der Großhirnhemisphären beigetragen und wurde u.a. häufig zur Untersuchung der Hemisphärenspezialisierung bei sog. Split-Brain-Patienten eingesetzt. Bei Split-Brain-Patienten wurden das

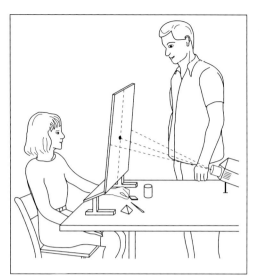

Abb. 5. Versuchsaufbau bei visuell-tachistoskopischer Reizdarbietung, hier mit taktiler Reaktionsmöglichkeit (nach Springer, S.P. & Deutsch, G. (1995). Linkes – rechtes Gehirn. Heidelberg: Spektrum Akademischer Verlag).

corpus callosum und die commissura anterior, welche die beiden Großhirnhemisphären miteinander verbinden (s. Abb. 9), zur Behandlung medikamentös nicht beeinflussbarer Epilepsien operativ durchtrennt. Auf diese Weise war es möglich, die Funktionen der anatomisch und funktionell weitgehend voneinander getrennten Hemisphären separat zu untersuchen (s. Seite 199 f. „operative Durchtrennung des corpus callosum"). Bei diesen Patienten aber auch bei der gesichtsfeldabhängigen Untersuchung gesunder Probanden hat sich die Dominanz der linken Hemisphäre für sprachliches Material immer wieder dadurch bestätigt, dass sprachliche Stimuli, die im rechten Gesichtsfeld dargeboten werden, rascher und sicherer erkannt und verarbeitet werden als bei Darbietung im linken Gesichtsfeld. Umgekehrt wird nichtsprachliches, visuelles Material besser bei Darbietung im linken Gesichtsfeld, d.h. von der rechten Hemisphäre verarbeitet.

Da bei diesem Verfahren die Stimulusmerkmale aber auch die Darbietungsweise sehr flexibel variiert werden können, ist es möglich, die funktionelle Spezialisierung der beiden Hemisphären sehr differenziert zu erfassen. So besteht z.B. neben der Darbietung von Stimulusmaterial in nur einem Gesichtsfeld auch die Möglichkeit, beiden Gesichtsfeldhälften simultan unterschiedliche oder identische Stimuli zum Vergleich anzubieten. Auf diesem Weg lässt sich die Interaktion der beiden Hemisphären im ersten Stadium des Informationsverarbeitungsprozesses erforschen.

Der Nachteil der kurzen Reizdarbietung bei der Erkennung komplexer Stimuli wurde von Zaidel (1978) durch die Enführung der sog. Z-Linse behoben. Es handelt sich um eine Kontaktlinse, die eine Lateralisierung der visuellen Information sicherstellt, obwohl der Proband während der Untersuchung die Augen frei bewegen kann (Abb. 6).

Dichotisches Hören

In der akustischen Sinnesmodalität erscheint eine lateralisierte, hemisphärenabhängige Reizdarbietung auf Grund der Anatomie der Hörbahnen (siehe oben) theoretisch eigentlich nicht möglich. Physiologische Tierstudien haben aber gezeigt (Tunturi, 1946), dass derjenige Anteil der Hörbahnen, der jeweils vom einen Ohr zur kontralateralen Hemisphäre führt, sowohl anatomisch als auch funktionell von größerer Bedeutung ist. Diese funktionelle Asymmetrie zeigt sich jedoch unter normaler binauraler oder monauraler Stimulation nicht, sondern nur dann, wenn beide Ohren streng simultan unterschiedliche Informationen erhalten. Eine derartige simultane Reizdarbietung ist allerdings nur unter Laborbedingungen mithilfe einer Stereodarbietung über Kopfhörer möglich. Diese auf Broadbent (1954) zurückgehende Technik wird als Dichotic-Listening Verfahren oder dichotisches Hören bezeichnet. Hierbei werden als Stimuli vor allem kurze Zahlwörter, Konsonant-Vokal-Silben (z.B. la, ti, usw.), einfache Wörter, zum Teil aber auch komplexere Wort- bis sogar Satzgefüge und schließlich auch Töne, Geräusche und Laute sowie kurze Melodien verwendet.

Abb. 6. Die Z-Linse macht es möglich, ohne Fixationskontrolle Informationen visuell nur einer Hemisphäre zu vermitteln. Bild a zeigt den Versuchsaufbau (nach Zaidel, 1978), Bild b die Technik im Detail: Ein Auge wird abgedeckt und das zu verarbeitende Bild gelangt mithilfe der Z-Linse lediglich auf eine Hälfte der Netzhaut des anderen Auges.

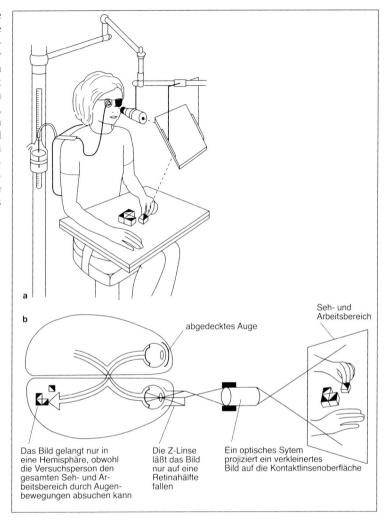

Zur Erklärung der Lateralisierungseffekte beim dichotischen Hören wurde die Hypothese aufgestellt, dass im Endabschnitt der Hörbahnen im Temporallappen der jeweiligen Hemisphäre eine Art Okklusion des funktionell schwächeren ipsilateralen Anteils der Hörbahnen durch den stärkeren, vom kontralateralen Ohr kommenden Anteil stattfindet (Kimura, 1967). In diesem letzten Abschnitt der Hörbahnen kommt es zu einer teilweisen Überlappung der kontralateralen und ipsilateralen Nervenbahnen und zu einer teilweisen Unterdrückung der schwächeren ipsilateralen Informationen (Abb. 7). Dies führt dann bei dichotischer Reizdarbietung zur Lateralisierung der dargebotenen Informationen in den Hemisphären, zumindest im primären Stadium, bevor ein Informationsaustausch über den Balken stattfindet.

Bei der Herstellung des dichotischen Stimulusmaterials muss darauf geachtet werden, dass der Darbietungsbeginn bzw. das Darbietungsende für beide Stimuli des simultan eingespielten Reizpaares möglichst exakt zusammenfallen. Je nach dem Komplexitätsgrad der Stimuli sind hierbei Toleranzen zwischen etwa 20 und

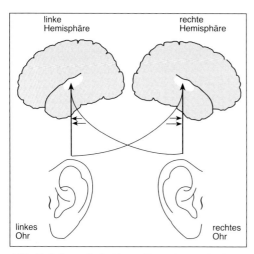

Abb. 7. Schematische Darstellung des Verlaufs der Hörbahnen mit Okklusionseffekt (Pfeile) von den gekreuzten auf die ungekreuzten Bahnen (nach Kimura, 1967).

80 msec vertretbar. Außerdem sollte der Intensitätsunterschied zwischen den beiden Kanälen, vor allem bei kurzen Signalen, 6 dB nicht überschreiten. Bei komplexeren Reizen ist eine Differenz von 15 bis 20 dB noch tolerierbar.

Unter diesen technischen Voraussetzungen zeigt sich beim dichotischen Hören häufig eine Bevorzugung des rechten Ohres für sprachliches Material (Rechts-Ohr-Effekt) und eine Überlegenheit des linken Ohres für nichtsprachliches Material, wie zum Beispiel einzelne Töne, Tonfolgen und Akkorde (Links-Ohr-Effekt).

Taktile Stimulation

Die somato-sensorischen Bahnen können genauso gut jeweils kontralateral den zerebralen Hemisphären zugeordnet werden wie die visuellen und auditiven. Dennoch gibt es wesentlich weniger taktile Studien mit lateralisierter Reizdarbietung als entsprechende Untersuchungen für die anderen sensorischen Modalitäten. Mithilfe taktiler Stimulation ließ sich u.a. eine Links-Hand-Überlegenheit für das Erkennen des Neigungswinkels einer Linie nachweisen.

In vielen Studien wird allerdings ein taktiles (dichhaptisches) Analogon zur dichotischen Methode verwendet. Witelson (1974, 1976) ließ ihre Versuchspersonen 10 Sekunden lang paarweise Zahlen oder sinnlose Formen mit dem Zeige- oder Mittelfinger der rechten und linken Hand abtasten. Es ergab sich eine numerische, aber nicht signifikante Überlegenheit der rechten Hand für die Zahlen und eine hoch signifikante Überlegenheit der linken Hand für die sinnlosen Formen. In anderen Untersuchungen wurden die Stimuli (Buchstaben oder Zahlen oder Formen bzw. Linien in einer bestimmten Neigungsrichtung) entweder simultan durch zwei Versuchsleiter auf die rechte oder linke Hand gezeichnet, oder die aus Sandpapier ausgeschnittenen Formen und Buchstaben wurden über die Fingerspitzen der Versuchspersonen gezogen. Jedesmal ergab sich ein Links-Hand-Effekt für die Formen und die Linienneigung und ein Rechts-Hand-Effekt für die Zahlen oder Buchstaben.

Untersuchung spezifischer Hemisphärenaktivierung mithilfe der simultanen bilateralen transkraniellen Dopplersonographie

Mit Hilfe der simultanen bilateralen transkraniellen Dopplersonographie lassen sich asymmetrische Änderungen der Flussgeschwindigkeit in den homologen Hirnbasisarterien der linken bzw. der rechten Hemisphäre in Abhängigkeit von der Qualität der zu verarbeitenden kognitiven Stimuli nachweisen (Thomas et al., 1994; Hartje et al., 1994; Vollmer-Haase et al., 1998). Bei verschiedenen sprachlichen Aufgaben (Satzergänzung, Erkennen gleicher oder gegensätzlicher Wortbedeutungen, Gemeinsamkeitenfinden) ließ sich eine signifikant höhere Blutflussgeschwindigkeit in der linken im Vergleich zur rechten A. cerebri media nachweisen. Bei nonverbalen, visuell-räumlichen Aufgaben führte eine Untersuchung der Wahrnehmungsgeschwindigkeit (schnelles Entdecken identisch ausgemalter Schwarz/Weiß-Bilder) zu einer höheren Zunahme der Blutflussgeschwindigkeit in der rechten mittleren Hirnarterie. Ähnliche Ergebnisse wurden für das Erkennen von Synonymen und syntaktisch identischen Sätzen als sprachliche und für das Erkennen von Gesichtsausdrücken und geometrischen Designs als nichtsprachliche Aufgaben gefunden. Rihs et al. (1995) halten die Methode für relevant bei der individuellen Identifizierung der Hemisphärendominanz für kognitive Aufgaben. Die Nachteile der Methode liegen allerdings – z.B. im Vergleich mit der Untersuchung der regionalen Steigerung des zerebralen Blutflusses mithilfe der Positronen-Emissions-Tomographie (PET) – in der geringen räumlichen Auflösung, welche sich durch die Größe des kortikalen Areals, das von der untersuchten Arterie versorgt wird, ergibt (s.a. Schwartz et al., 1997)

Transkranielle Magnetstimulation

Barker et. al. (1985) konnten erstmalig durch ein starkes, kurzzeitig aufgebautes Magnetfeld kortikale Neuronen nichtinvasiv reizen. Diese transkranielle Magnetstimulation (TMS) erlaubt die Induktion eines elektrischen Felds im Kortex ohne schmerzhaften Stromfluss durch die Haut. Die TMS basiert auf dem Faradayschen Prinzip, dass ein in einer Spule kurzfristig aufgebautes Magnetfeld einen Stromfluss erzeugt. Bei den heute gebräuchlichen Stimulationsspulen beträgt die Pulsdauer zwischen 200 und 600 s. Bei einem Magnetfeld von bis zu 2 Tesla fließt ein Strom von bis zu 15 000 A. Wird die Spule tangential über dem Kopf plaziert, induziert das Magnetfeld parallel zur Spule im Hirngewebe einen Stromfluss. Die Richtung des Stromflusses ist dabei entgegengesetzt der Stromflussrichtung in der Spule. Die Stärke des Magnetfelds fällt mit dem Abstand von der Spule exponentiell ab, so dass die Stimulationstiefe im Gewebe nur wenige Zentimeter beträgt. Durch den Stromfluss werden in dem unmittelbar unter der Spule liegenden Hirnareal Neuronen depolarisiert. Der hierdurch erzielte Effekt hängt von der funktionell-anatomischen Beschaffenheit des stimulierten Kortexabschnitts ab: während im primären motorischen Kortex die Stimulation zu einer Erregung der Pyramidenzellen mit einem unwillkürlichen Zucken der entsprechenden Muskeln führt, wird der primäre visuelle

Kortex durch Stimulation in seiner Funktion gehemmt (Inhibition).

Die TMS wurde zunächst klinisch-neurologisch bei der Messung der zentralmotorischen Leitungszeit nach Stimulation des Motorkortex eingesetzt. In neuerer Zeit wurde jedoch zunehmend ihre Bedeutung bei der Erfassung kognitiver Leistungen erkannt. Hierbei wird vorzugsweise die getriggerte TMS eingesetzt, bei der das Magnetfeld in Abhängigkeit von einem anderen Ereignis aufgebaut wird, z.B. nach der Präsentation eines visuellen oder auditiven Reizes oder durch ein bestimmtes Verhalten des Probanden. Sind sowohl Zeitpunkt des Auftretens als auch die vermutete kortikale Lokalisation einer bestimmten kognitiven Funktion bekannt, lässt sich diese Funktion mittels getriggerter TMS stören. Die zeitliche Triggerung der TMS macht eine Stimulation zu verschiedenen Zeitpunkten innerhalb eines bestimmten Zeitfensters möglich, so dass eine zeitabhängige Auswirkung der Stimulation z.B. auf eine bestimmte kognitive Leistung untersucht werden kann. Die TMS bewirkt praktisch eine raum-zeitlich begrenzte reversible „Läsion". So untersuchten Pascual-Leone et al. (1994) den Einfluss der TMS auf die räumliche Ausrichtung der Aufmerksamkeit und konnten durch wiederholte parietale Stimulation bei gesunden Probanden die Symptome eines Halbseitenneglects hervorrufen. Walsh et al. (1998) konnten zeigen, dass TMS des rechten parietalen Kortex zu einer Beeinträchtigung bei visuellen Suchaufgaben führte, aber nur, wenn diese zum ersten Mal ausgeführt wurden und eine serielle Suchstrategie erforderten, aber nicht, sobald die Aufgabe erlernt war. Dies zeigt nach Auffassung der Autoren, dass der rechte Parietalkortex nur an neuen, aber nicht an bereits erlernten visuellen Suchaufgaben beteiligt ist. Ziemann et al. (1998) diskutieren die Möglichkeiten des TMS-Einsatzes in der Epilepsieforschung und die Methode hat sich bereits bei der Behandlung von Depressionen bewährt (George et al., 1995).

Insgesamt hat die TMS-Methode den Vorteil einer guten räumlich-zeitlichen Auflösung. Gleichzeitig ist dies aber auch ihr Nachteil: die TMS kann nur zur Untersuchung von Prozessen eingesetzt werden, für die es bereits topographisch-chronometrische Hypothesen gibt, die mithilfe anderer Methoden (z.B. PET, fM-RT oder EKP) generiert wurden. TMS eignet sich nicht für ungezieltes Suchen (Kammer & Spitzer, 1996).

Blickbewegungsuntersuchungen (Okulographie)

Mit Hilfe der Okulographie untersucht man Augenbewegungen z.B. während des Lesens oder beim Betrachten von Bildern. Die Untersuchung von Blickbewegungen kann Rückschlüsse auf kognitive und Aufmerksamkeitsprozesse geben. Während visueller Suchprozesse sind sakkadische Augenbewegungen eine wichtige Komponente des Aufmerksamkeitsprozesses. Obwohl es experimentelle Untersuchungen gibt, die zeigen, dass visuelle selektive Aufmerksamkeit auch ohne Augenbewegungen stattfinden kann (Posner 1980, siehe Kap. 4.1) spielen sie außerhalb der experimentellen Situation bei Aufmerksamkeitsprozessen im Alltag eine wichtige Rolle.

Bei der klassischen Okulographie nutzt man die elektrischen Dipol-Eigenschaften des Auges. Während die Hornhaut positiv ist, stellt die Netzhaut den negativen Pol dar. Um das Auge herum werden Elektroden angebracht, welche die Positionsveränderungen dieses Dipols erfassen. Bei der *searchcoil*-Technik werden Kontaktlinsen benutzt, die einen Eisenring enthalten. Auf diese Weise können mithilfe magnetischer Felder Augenbewegungen registriert werden.

Mit neueren Untersuchungsmethoden lassen sich die Augenbewegungen des Probanden auf einer visuellen Vorlage direkt darstellen. Dies geschieht mithilfe einer Videokamera, welche die Reflektion eines für den Patienten unsichtbaren Infrarotlichts von der Pupille erfasst (sogenannte Pupillen-Korneal-Reflektionsmethode, s. Abb. 8 und Young & Sheena, 1975).

Karnath (1993) untersuchte die Blickbewegungen eines Patienten mit linksseitigem Neglect bei der Exploration einfacher Zeichnungen. Unabhängig vom Inhalt und Aufforderungscharakter der Bilder kam es in keinem Fall zu einer Exploration der linken Bildhälfte. Seit Just und Carpenter (1980) die Hypothese

aufstellten, dass die Interpretation eines Wortes in einem Satz oder Text direkt zur Beziehung der Fixation dieses Wortes steht und dass alle kognitiven Prozesse, die notwendig sind, das fixierte Wort zu verstehen, vor der Weiterbewegung des Auges beendet sein müssen, ist es zu einer verstärkten Anwendung dieser Methode auch bei neurolinguistischen Fragestellungen gekommen (z.B. Huber et al., 1988; Hund & Huber, 1991; Wilbertz et al., 1991).

Klinische Forschung

Der klinische Forscher hat es in der Regel mit Hirnschädigungen zu tun, deren Lokalisation und Größe vorgegeben ist. Hierbei können sowohl *angeborene* als auch später *erworbene Funktionsstörungen* von Interesse sein. Die klinische Forschung kann allerdings nicht im üblichen Sinne als experimentelle Methode bezeichnet werden, da die unabhängige Variable (Hirnläsion, Durchblutungsstörung usw.) vom „Versuchsleiter" nicht willkürlich manipuliert werden kann. Die wissenschaftliche Bedeutung der klinischen Forschung ergibt sich vielmehr durch gezielte Planung und statistische Analyse der Leistungsvergleiche innerhalb und zwischen Patientengruppen mit unterschiedlichen zerebralen Funktionsausfällen. Ein besonderes Problem besteht aber darin, dass man homogene Gruppen von Patienten mit vergleichbaren Läsionen nur dann erhält, wenn man sie aus einer sehr großen Population auswählen kann und dennoch keine allzu strengen Maßstäbe an die Ähnlichkeit der Läsionslokalisation legt, wenngleich die modernen bildgebenden Verfahren eine Zuordnung erheblich erleichtern. Ein zusätzliches Problem für Gruppenstudien ergibt sich aus der prämorbiden Variabilität von Verhaltens- und Leistungsvariablen der Patienten. In den Forschungsansätzen der „kognitiven Neuropsychologie" gewinnt daher die kontrollierte Untersuchung von Einzelfällen wieder zunehmende Bedeutung insbesondere bei der Modellbildung in der Neuropsychologie (s. Seite 198 f. und Kap. 1.5).

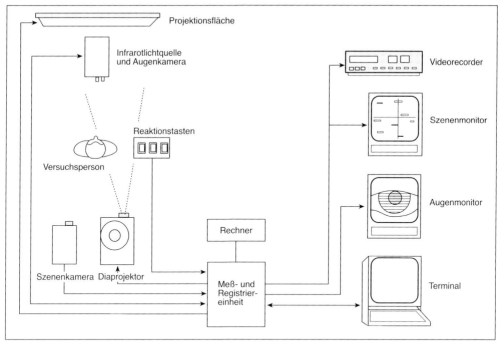

Abb. 8. Versuchsaufbau und Steuerung einer Blickbewegungsuntersuchung nach der Pupillen-Korneal-Reflektionsmethode.

Untersuchung angeborener Funktionsstörungen

Die frühe, aus der klassischen Hirnpathologie entstandene neuropsychologische Forschung befasste sich u.a. mit Fällen von Missbildungen, bei denen mehr oder weniger große Regionen des Zentralnervensystems nicht oder nur mangelhaft zur Ausbildung kamen, wie beim von Gamper (1926) untersuchten Mittelhirnwesen mit fehlender Ausbildung des End- und Zwischenhirns oder bei der von Monnier und Willi (1953) beschriebenen Missbildung, bei der auch das Mittelhirn nicht entwickelt und nur noch der Hirnstamm funktionsfähig war.

Derartige angeborene Missbildungen erlauben zwar z. B. eine Untersuchung der isolierten Funktion des Hirnstamms, eine differenzierte neuropsychologische Interpretation ist jedoch schwierig, da aus den noch erhaltenen Funktionen nicht ohne weiteres auf die Funktion dieser Hirnstrukturen im normal entwickelten Hirn geschlossen werden kann.

Eine größere Bedeutung kommt in diesem Zusammenhang dem angeborenen Balkenmangel zu, obgleich es sich auch hierbei meist nicht nur um eine isolierte Missbildung lediglich des Corpus callosum handelt. Bei der Untersuchung dieser Patienten bedient man sich vorzugsweise der auf den Seiten 190 und 192 beschriebenen Techniken der gesichtsfeldabhängigen visuellen Reizdarbietung und des dichotischen Hörens. Weiterhin eignen sich Aufgaben, die das Vergleichen von taktilen Eindrücken, die gleichzeitig der rechten und linken Hand übermittelt werden, verlangen (Seite 194). Im Hinblick auf den ungekreuzten, ausschließlich ipsilateralen Verlauf der Riechbahnen von der rechten und linken Nasenöffnung kann auch das Erkennen oder Wiedererkennen von lateralisiert dargebotenen Geruchseindrücken geprüft werden. Eine Fragestellung war hier beispielsweise, ob visuelle, taktile, auditive oder über Geruchsempfindungen der rechten Hemisphäre angebotene Informationen von den Patienten benannt werden können, da aufgrund des Balkenmangels diese Informationen die linke Hemisphäre theoretisch nicht erreichen und somit eine sprachliche Identifizierung unmöglich sein sollte. Tatsächlich konnten alle Patienten mit Balkenmangel die oben angeführten Aufgaben in praktisch unauffälliger Weise lösen. Das wissenschaftlich interessante Ergebnis dieser Studien liegt daher in der Beobachtung, dass bei angeborenem Balkenmangel die vorderen und hinteren Kommissuren für einen ausreichenden interhemisphärischen Informationsaustausch sorgen und dass außerdem die sensorischen Informationen über im Mittelhirn gelegene Bahnen jeweils sowohl der kontralateralen als auch der ipsilateralen Hemisphäre zugeleitet werden. Zudem ist nicht auszuschließen, dass beim Gesunden normalerweise streng lateralisierte Funktionen bei Patienten mit angeborenem Balkenmangel bilateral angelegt wurden.

Untersuchung von erworbenen Funktionsstörungen

Die meisten Erkenntnisse der klinisch-neuropsychologischen Forschung stammen aus der Beobachtung der Funktionsausfälle nach erworbenen zerebralen Läsionen, wobei die Frage nach der Lokalisierbarkeit bestimmter psychischer Funktionen im Vordergrund steht. Aus den Folgen von einerseits krankheitsbedingten, andererseits operativ herbeigeführten *irreversiblen Schädigungen* oder aber auch *reversiblen Funktionsblockierungen* sollen dabei psychophysiologische Zusammenhänge erschlossen werden.

Irreversible, krankheitsbedingte (nichtoperative) Funktionsausfälle

Es handelt sich hier um die Erfassung von Funktionsausfällen nach lokalisatorisch und ätiologisch sehr unterschiedlichen Läsionen in bestimmten Hirngebieten. Da solche Läsionen trotz moderner Bildgebung meist schon im Einzelfall nicht eng zu umgrenzen sind und außerdem auch noch interindividuell stark variieren, lassen sich Aussagen über assoziierte

Funktionen in der Regel hier nur durch die psychologische Analyse der Funktionsausfälle bei größeren Patientengruppen treffen, die jeweils nach Gesichtspunkten wie Lokalisation, Ätiologie oder Dauer der Schädigung zusammengestellt sind.

Das Hauptproblem bei dieser Vorgehensweise liegt darin, dass die beobachteten Funktionsstörungen einem Hirngebiet zugeschrieben werden, welches lediglich den zentralen Überlappungsbereich der verschiedenen individuellen Läsionen darstellt.

Ein weiteres Problem liegt darin, dass eine Funktionsbeeinträchtigung der Patienten nur durch einen Vergleich mit den Leistungen Gesunder und unter Berücksichtigung der mutmaßlichen prämorbiden Leistungsfähigkeit des Patienten erfasst werden kann. Es wäre daher wünschenswert, die Untersuchung möglichst mit Testverfahren durchzuführen, deren Objektivität und Zuverlässigkeit gesichert ist und die nach Möglichkeit auch eine Berücksichtigung des Lebensalters und der Ausbildung des individuellen Probanden zulassen. Für die meisten Fragestellungen ist es jedoch unerlässlich, spezielle Untersuchungstechniken zu entwickeln, über deren Gütekriterien zunächst nichts bekannt ist. Meist sind Aussagen über den Zusammenhang zwischen bestimmten Läsionen und Funktionsausfällen nur über die statistische Analyse von Gruppenmittelwerten zu erzielen, wobei gesichert werden muss, dass die zu vergleichenden Gruppen sorgfältig bezüglich relevanter Einflussgrößen wie Alter, Bildung, Geschlecht und ggfls. Schädigungsdauer parallelisiert sind. Allgemein sind hier die Regeln experimentell-psychologischer Versuchsplanung zu beachten (Hannay, 1986). Auch unter Berücksichtigung dieser Einflussgrößen kann eine Aussage über die Zuordnung einer Funktion zu einer bestimmten Hirnregion nur dann gemacht werden, wenn die betreffende Funktion nicht auch durch Läsionen anderer Hirngebiete beeinträchtigt wird. Bei derartigen Fragestellungen ist der Nachweis einer „doppelten Dissoziation" (Teuber, 1955) besonders aussagekräftig. Dieser liegt folgendes Prinzip zugrunde: Läsion einer Hirnregion A führt zum Ausfall der Funktion a, nicht aber einer zweiten Funktion b. Läsion einer Hirnregion B führt zum Ausfall der Funktion b, nicht aber der Funktion a. Eine doppelte Dissoziation konnte zum Beispiel für die Gedächtnisfunktion der beiden Temporallappen nachgewiesen werden (s. Kap. 4.3).

Die Suche nach derartigen Leistungsunterschieden im Einzelfall ist das spezielle Interesse der „kognitiven Neuropsychologie" (s. Kap. 1.5). Die von dieser Forschungsrichtung bevorzugt angewandte Methode der intensiven Untersuchung von Einzelfällen steht im Gegensatz zur traditionellen klinisch-experimentellen Neuropsychologie, die aus den obengenannten Gründen Gruppenstudien bevorzugt. Nach Überzeugung der Vertreter der kognitiven Neuropsychologie gehen aber gerade durch die Mittelungsprozesse in Gruppenstudien wichtige Informationen über individuelle Unterschiede zwischen den Patienten innerhalb dieser Untersuchungsgruppen verloren. Auf der anderen Seite ist es jedoch das erklärte Ziel der kognitiven Neuropsychologie, aus Einzelfällen generalisierbare Theorien über kognitive Funktionen zu erstellen, und zwar so, dass diese Theorie schließlich auf alle in der Literatur zu dieser Störung berichteten Einzelfälle zutrifft. Aus der Beobachtung doppelter Dissoziationen von Funktionen zwischen Einzelfällen mit unterschiedlichen Hirnläsionen leiteten Marr (1982) und Fodor (1983) die Annahme ab, dass psychische Funktionen in sogenannten *Modulen (Modularitätshypothese)* angelegt sind.

Irreversible Funktionsausfälle nach operativen Eingriffen

Bei operativen Eingriffen kann im Gegensatz zu den krankheitsbedingten Hirnläsionen der Ort und der Umfang der Substanzschädigung genauer bestimmt werden, was im Einzelfall eine bessere Zuordnung zwischen Läsion und Funktionsausfall möglich macht. Die operativen Eingriffe können von sehr umgrenzten Läsionen, zum Beispiel bei stereotaktischen Operationen, bis hin zur vollständigen Entfernung einer ganzen Endhirnhemisphäre bei der Hemisphärektomie reichen.

Hemisphärektomien

Derartig radikale Eingriffe wurden vor allem bei Patienten mit frühkindlicher Hemiplegie und schwersten epileptischen, medikamentös nicht beeinflussbaren Anfallsleiden vorgenommen. Man wollte durch die Entfernung der vorgeschädigten Hemisphäre eine Ausbreitung der epileptischen Aktivität von der geschädigten auf die gesunde Hemisphäre verhindern. Bei der Interpretation der Ergebnisse und Untersuchungen an hemisphärektomierten, frühkindlich Hirngeschädigten ist allerdings zu beachten, dass die operativ entfernte Hemisphäre schon von Anfang an weitestgehend funktionsuntüchtig war und die gesunde Hemisphäre schon vor der Operation viele Funktionen der anderen Hirnhälfte übernehmen musste. Aus diesem Grund ist es nicht ohne weiteres möglich, aus der Leistungsfähigkeit der verbliebenen Hemisphäre auf die Funktionsweise dieser Hemisphäre bei Gesunden zu schließen. Tatsächlich zeigten sich bei den Patienten im Anschluss an die Operation meist keine auffälligen Funktionsverschlechterungen, sondern in einigen Fällen sogar Leistungsverbesserungen, da die gesunde Hemisphäre durch die frühkindlich geschädigte epileptogene postoperativ nicht mehr in ihrer Funktion gestört werden konnte. Bei den seltenen Fällen, in denen eine Hemisphärektomie zur Behandlung von im Erwachsenenalter aufgetretenen Schädigungen (meist Operation ausgedehnter Tumoren) durchgeführt wurde, stimmten die Ergebnisse zu den Funktionen der verbliebenen Hemisphäre jedoch weitgehend mit den Befunden zur funktionellen Spezialisierung der Hemisphären aus Untersuchungen an Gesunden und Split-Brain- Patienten überein.

Operative Durchtrennung des corpus callosum („Split-Brain"-Operation)

Die operative Durchtrennung der neokortikalen Kommissurenfasern (Abb. 9) erfolgte ebenfalls zur Unterbindung einer Ausbreitung der epileptischen Aktivität von einer Hemisphäre auf die andere. Bei den sogenannten *Split-Brain-Patienten* ist es möglich, die Leistungsfähigkeit der rechten und linken Hemisphäre relativ isoliert zu untersuchen (z.B.

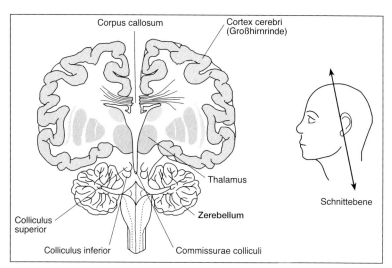

Abb. 9. Schräg verlaufender Koronal(Frontal)schnitt (s. Schnittebenendarstellung rechts) zur Veranschaulichung der Balkendurchtrennung bei einer Split-Brain-Operation. Die sensorischen Strukturen des Mittelhirns bleiben erhalten und ermöglichen einen subkortikalen Informationsaustausch zwischen den beiden Hemisphären (aus: Sperry, R.W.: The Great Cerebral Commissure. Scientific American 1964).

Sperry, 1974). Bei streng lateralisierter Reizdarbietung kann in diesem Fall im Unterschied zum Gesunden kein Informationsaustausch zwischen den Hemisphären stattfinden. Auf diese Weise wird es überhaupt erst möglich, nicht nur (wie beim Gesunden) das allererste Stadium der intrahemisphärischen Informationsverarbeitung zu untersuchen, sondern auch die weiterführenden, späteren Informationsverarbeitungsprozesse.

Diese finden dann nicht mehr nur in den primären sensorischen oder motorischen Projektionsgebieten und den unmittelbar angrenzenden Regionen statt, sondern auch in den zugeordneten Assoziationsgebieten. Abbildung 10 zeigt diese sekundären und tertiären Verarbeitungsgebiete auf einer sensomotorischen Projektionskarte des menschlichen Neokortex.

Bei der Untersuchung von Split-Brain Patienten kann es durch methodisch bedingte Artefakte allerdings unabsichtlich doch zu einem Informationsaustausch zwischen den Hemisphären kommen. So würde eine laute Verbalisierung von taktilen oder visuellen Informationen, die ausschließlich der linken Hemisphäre dargeboten werden, über den bilateralen akustischen Input dazu führen, dass auch der rechten Hemisphäre aufgrund ihres rudimentären Sprachverständnisses die be-

treffenden Informationen doch noch vermittelt werden. Zu einem ähnlichen Effekt würde es kommen, wenn dem Patienten beispielsweise ein Objekt tachistoskopisch im linken Gesichtsfeld (rechte Hemisphäre) gezeigt wird und er dieses nachher nach dem Multiple-Choice-Verfahren visuell identifizieren soll. Die rechte Hemisphäre würde in diesem Fall zwar zunächst den visuellen Suchprozess steuern, da ja nur sie die richtige Lösung kennt, durch die freie, nicht lateralisierte visuelle Wahrnehmung der so gefundenen Lösung erhält dann aber auch die linke Hemisphäre die Information, so dass der Patient die Lösung über diesen Umweg durchaus auch verbalisieren kann. Dies könnte zu der falschen Annahme führen, dass die rechte Hemisphäre zu sprachlich expressiven Leistungen fähig ist.

Eine besondere Variante der gesichtsfeldabhängigen tachistoskopischen Reizdarbietung besteht bei Split-Brain Patienten darin, dass, ähnlich wie beim dichotischen Hören, beiden Hemisphären gleichzeitig unterschiedliche Informationen dargeboten werden. Daran anschließend wird dem Probanden eine Auswahl von Lösungsmöglichkeiten vorgelegt, unter denen sich sowohl die im rechten als auch die im linken Gesichtsfeld dargebotenen Stimuli befinden. Die Wahl einer Lösung durch

Abb. 10. Sensomotorische Projektionskarte des menschlichen Kortex. Dunkle Zonen stellen primäre sensorische oder motorische Felder dar, welche auf sekundäre (hellgraue) oder tertiäre (unmarkierte) Rindenfelder projizieren (nach Kolb, B. & Wishaw, I.Q (1996). Neuropsychologie. Heidelberg: Spektrum Akademischer Verlag).

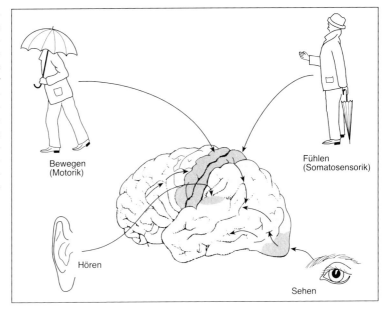

den Patienten gibt Aufschluss darüber, welche Hemisphäre die Wahl bestimmt, d. h. in der Reaktion aktiv die Führungsrolle übernimmt und die Reaktion der anderen Hemisphäre hemmt. So boten Levy et al.(1972) Split-Brain-Patienten tachistoskopisch sogenannte *Chimärenbilder* an, d.h. Gesichter, deren linke und rechte Hälfte jeweils von unterschiedlichen Personen stammten. Auf diese Weise wurde jeweils eine der beiden Gesichthälften in die beiden voneinander getrennten Hirnhälften der Patienten projiziert. Die Patienten bemerken die Inkohärenz der Bilder nicht, zeigen aber unterschiedliche Reaktionsweisen in Abhängigkeit davon, welcher Hemisphäre die jeweilige Gesichthälfte gezeigt wurde. Bei verbaler Aufgabenstellung („Sagen Sie, wen Sie gesehen haben?") wird aus einer multiple choice-Aufgabe das Gesicht ausgewählt, dessen Hälfte in die linke Hemisphäre fiel, bei nonverbaler Aufgabenstellung („Zeigen Sie auf die Person, die Sie gesehen haben") wird das Gesicht gewählt, dessen Hälfte der rechten Hemisphäre gezeigt wurde (Abb. 11).

Auch bei den Split-Brain Untersuchungen darf jedoch nicht übersehen werden, dass oft schon lange Zeit vor der Durchtrennung der Kommissuren eine schwere Schädigung einer der beiden Hemisphären bestand, die ja den eigentlichen Anlass zur Operation darstellte. Es ist daher nicht völlig auszuschließen, dass es, wie bei der Hemisphärektomie, zu einer teilweisen, allmählichen Nivellierung der ursprünglichen Dominanzverhältnisse gekommen sein kann.

Lobektomien

Berühmte Beispiele für das neuropsychologische Studium der Ausfallserscheinungen nach der operativen Entfernung eines Endhirnlappens (*Lobektomie*), sind die Untersuchungen von Milner (1972) bei Patienten nach ein- oder beidseitiger Temporallappenresektion zur Behandlung medikamentös nicht beeinflussbarer Epilepsien. Diese Arbeiten haben wesentliche Aufschlüsse über die Bedeutung der Temporallappen und insbesondere deren medio-basaler Region für die Gedächtnisfunktionen erbracht.

Lobotomien und stereotaktische Operationen

Die Durchtrennung von Faserverbindungen zwischen verschiedenen, innerhalb einer He-

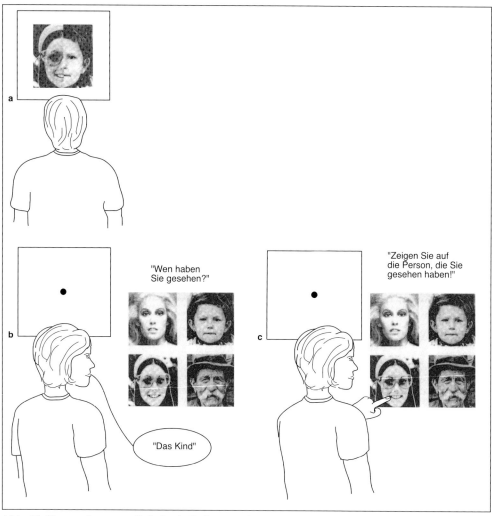

Abb. 11. Untersuchung von Split-Brain-Patienten mit sog. Chimären-Bildern: a) die Patientin fixiert die Mitte des Bildschirms, auf dem das Bild tachistoskopisch dargeboten wird. Anschließend soll die Patientin das Bild entweder b) verbal oder c) durch Zeigen mit der linken oder rechten Hand identifizieren (nach Levy et al., 1972).

misphäre gelegenen Hirnregionen *(Lobotomie)*, wurde vor allem in der Psychochirurgie durchgeführt und konzentrierte sich insbesondere auf die Durchtrennung der Verbindungen zwischen Frontallappen und limbischem System. Untersuchungen der neuropsychologischen Folgen derartiger Eingriffe haben die Bedeutung des Frontallappens und seiner subkortikalen Verbindungen für Persönlichkeits-

merkmale wie Antrieb und Affektivität gezeigt.

Zu sehr umgrenzten Läsionen in subkortikalen Strukturen, z. B. Thalamus und Basalganglien, kommt es bei *stereotaktischen Operationen*, die zur Behandlung vor allem extrapyramidaler Bewegungsstörungen (zum Beispiel Parkinson-Krankheit) oder von Schmerzzuständen durchgeführt wurden.

Reversible Funktionsblockierung

Wada-Test
Der Wada-Test (Wada & Rasmussen, 1960) wird meist zur Bestimmung der sprachdominanten Hemisphäre vor operativen Eingriffen angewandt. Allgemein führt hierbei eine Injektion des Narkosemittels (Natrium-Amytal) in die rechte oder linke Arteria carotis (Halsschlagader) zu einer wenige Minuten andauernden Funktionsblockierung der durch diese Arterie versorgten Hemisphäre mit Hemianopsie und Hemiplegie der kontralateralen Körperhälfte. Die Leistungsfähigkeit der nichtnarkotisierten bzw. die Leistungsausfälle der narkotisierten Hirnhälfte können während dieses Zeitraums isoliert untersucht werden, wodurch man Rückschlüsse auf die Funktionen beider Hirnhälften ziehen kann.

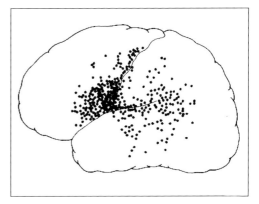

Abb. 12. Die Punkte auf der Oberfläche der linken Hemisphäre kennzeichnen die Stellen, an denen elektrische Stimulation zu Sprach- und Sprechstörungen führte (nach Penfield & Roberts, 1977)

Elektrokrampfbehandlung
Elektrokrampfbehandlung wird heute allenfalls noch unilateral über der rechten, nicht sprachdominanten Hemisphäre bei endogen depressiven Patienten angewandt. Durch die elektrische Reizung und hierdurch ausgelöste Krampfentladung kommt es als Nebeneffekt zu einer vorübergehenden anterograden Amnesie, die Gelegenheit dazu gibt, die Gedächtnisstörung unter anderem in Abhängigkeit von der Seite der Applikation des Elektrokrampfes zu analysieren

Elektrische Stimulation
Bei operativen Eingriffen am Gehirn werden insbesondere bei Operationen der linken Hirnhälfte vor dem operativen Eingriff elektrische Stimulationsversuche der Kortexoberfläche vorgenommen. Da das Gehirn keine Schmerzrezeptoren besitzt, können diese beim wachen Patienten durchgeführt werden, so dass die Reaktion der Patienten auf die Stimulation un-

mittelbar registriert werden kann. Die Ergebnisse dienen zur Abgrenzung motorischer und sprachlicher Funktionsgebiete, die bei der Operation ausgespart bleiben sollen. Auf diese Weise soll verhindert werden, dass es versehentlich zu einer Schädigung dieser Funktionen kommt. Abbildung 12 zeigt die mithilfe solcher Stimulationsversuche durch Penfield und Roberts (1977) aufgefundenen Punkte, an denen eine elektrische Reizung zu Störungen des Sprechens führte.

Transiente ischämische Insulte
Bei flüchtigen ischämischen Insulten (TIA, Transient Ischemic Attack) kann es, je nach dem Versorgungsgebiet der betreffenden Arterien, zu unterschiedlichen, zum Teil sehr spezifischen Funktionsstörungen kommen (z. B. flüchtige Aphasien und amnestische Episoden). Hierbei ist die Beobachtung der Störungsrückbildung von besonderem Interesse.

2.2 Bildgebende Verfahren – Aktivierungsstudien mit PET und fMRT

Cornelius Weiller

Zusammenfassung

Mit funktioneller Kernspintomographie (fMRT), Positronen-Emissions-Tomographie (PET), die metabolische Folgen synaptischer Aktivität messen und mit Magnetenzephalographie und Elektroenzephalographie, die die entsprechenden elektrischen oder magnetischen Felder der Hirnaktivität messen, ist es möglich geworden, die Korrelate kognitiver Prozesse direkt in-vivo am menschlichen Gehirn darzustellen. Neue Ansätze betrachten dabei nicht nur die funktionelle Spezialisierung einzelner Gebiete, sondern die funktionelle Integration durch das Zusammenwirken verschiedenen Regionen. Mit der ereigniskorrelierten fMRT lässt sich die zeitliche Auflösung verbessern, mit anatomisch informierter Nachverarbeitung die Zuordnung des Signals zu kortikalen Strukturen.

Vorbemerkung

Die Weiterentwicklung bildgebender Verfahren ermöglichte es, räumliche Kartierungen der Aktivität des menschlichen Gehirns vollkommen nicht-invasiv zu erstellen. Die Positronen Emissions Tomographie (PET) und die funktionelle Kernspintomographie (fMRT, functional magnetic resonance imaging; fMRS functional magnetic resonance spectroscopy) messen lokale, neuronal bedingte Änderungen in der Stoffwechselaktivität. Der Energiebedarf der Membranrepolarisation und die Synthese von Neurotransmittern führen zu einem Anstieg des lokalen Glukoseverbrauchs, der einen Anstieg des regionalen zerebralen Blutflusses (rCBF), des Blutvolumens (rCBV) und der Oxygenierung und nur in geringem Maße des O_2-Verbrauchs (rCMRO2) zur Folge hat (Jüptner & Weiller, 1995). Allen metabolischen Verfahren ist eigen, dass sie an die „hämodynamische Antwort" gebunden sind, die nur indirekt mit der synaptischen Aktivität zusammenhängt, träge reagiert und langsam abfällt. Die Strahlenbelastung beim PET begrenzt die Wiederholbarkeit von Untersuchungen. Andererseits lassen sich manche Aufgaben nur im PET ausführen (kaum Einschränkung der Bewegungsfreiheit, keine Abhängigkeit von magnetischen Materialien). Vor allem aber hat das PET eine in vivo unübertroffene Sensitivität und lassen sich mit Ligandenverdrängungsstudien ganz neue Aspekte der Biochemie der Hirnfunktion untersuchen. Zu den Vorteilen der fMRT zählen die Erfassung der Aktivität des gesamtem Gehirns in wenigen Sekunden, die dabei erzielte zeitliche (Millisekunden) und räumliche Auflösung (Millimeter) und die beliebige Wiederholbarkeit der Anwendbarkeit beim Menschen. Durch die hohe Verfügbarkeit geeigneter Magnetresonanztomographen und die nichtinvasive Natur der Untersuchung im Gegensatz zur PET, wird der Stellenwert der fMRT insbesondere in den klinischen Neurowissenschaften (d.h. Neurologie, Psychiatrie und Psychologie) weiter steigen. Mit demselben Gerät können eine Vielzahl von weiteren Daten des gleichen Probanden gewonnen werden (anatomische Strukturen, Spektroskopie etc.), Zeitreihenuntersuchungen und ereigniskorrelierte fMRT ermöglichen neuartige Untersuchungsdesigns. Die simultane Entladung von Neuronengruppen führt zu elektrischen und magnetischen Feldern, die mit moderner EEG-Technik oder der Magnetenzephalographie (MEG) mit hoher zeitlicher Auflösung anatomisch zuortbar sind. Vorteile der Messung biomagnetischer Felder des menschlichen Organismus sind das berührungslose Messen und damit die Vermeidung undefinierter Elektroden-Haut-Potentiale, die hohe zeitliche Auflösung und die „Nähe" zu den neuronalen Prozessen. Aufgrund der Nichtinvasivität des Messverfahrens ist es für Wiederholungsmessungen und Longitudinalstudien prädestiniert.

Design von Aktivierungsstudien

Viele Aktivierungsstudien beruhen auf der „Subtraktionstechnik" um einzelne Elemente kognitiver Verarbeitung zu isolieren. In der einfachsten Form werden hierarchisch aufeinander folgende Funktionen von einander abgezogen unter der Annahme, dass jede nächste Aufgabe in der kognitiven Hierarchie alle Funktionen der vorhergehenden Ebene umfasst und eben noch ein oder mehrere weitere, die die zu untersuchenden darstellen (Abb. 1). Bekanntestes Beispiel stellt die Studie von Petersen et al. (1988) dar, wobei zunächst das Betrachten eines Kreuzes vom passiven Sehen von Wörter abgezogen wurde, implizierend, dass dabei Regionen gezeigt würden, die für visuelle Stimulation, Wortform und automati-

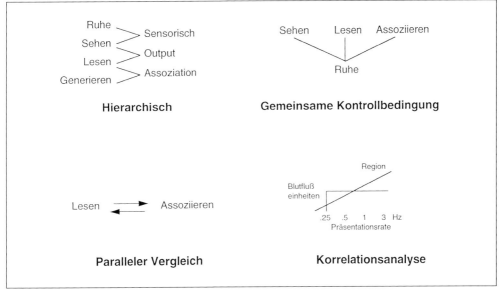

Abb. 1. Vier häufig benutzte Varianten eines Paradigmadesigns. Das hierarchische Modell, links oben, ist der Studie von Petersen et al. zur Einzelwortverarbeitung entnommen (Petersen et al., 1988). Für dieses Beispiel werden drei andere Designs dargestellt. Rechts oben wird eine gemeinsame Kontrollbedingung zum Vergleich für jede Aktivierung benutzt, unabhängig von ihrer Stellung in der angenommenen kognitiven Hierarchie, ein Beispiel findet sich bei Weiller et al. (1995). Diese Methode bleibt bei der hierarchischen Annahme, aber auf nur einer Ebene und kann so die Unterschiede in der Aktivierung zwischen verschiedenen Output-Anforderungen untersuchen. Im Parallelvergleich (links unten) werden die Unterschiede zwischen zwei kognitiven Bedingungen verglichen, ohne dass Gebiete erkannt werden, die für beide Bedingungen charakteristisch sind (vgl. Demonet et al., 1992). Hierbei ist die a priori Hypothese entscheidend für die Interpretation. Korrelationsanalysen (rechts unten) messen Änderungen des Blutflusses oder des BOLD-Signals in Relation zu einem externen Parameter (hier aus der Studie von Price et al. (1992) ist die Präsentationsrate von Wörtern die interessierende Variable).

sche semantische Verarbeitung verantwortlich sind. Im nächsten Schritt, Vorlesen derselben Wörter, wurde zu den vorhergehenden Funktionen noch Motor-Output und Artikulation erwartet. Wörter generieren minus Wörter wiederholen sollte die semantischen Assoziationsregionen darstellen. Die Einfachheit der Interpretation war der Hauptgrund für den weitverbreiteten Einsatz der Subtraktionstechnik. Idealerweise wird dabei Input und Output konstant gehalten und die Richtung der Aufmerksamkeit auf den einen oder anderen Aspekt reicht bereits aus, um differenzierbare Kartierungen zu erhalten (vgl. Corbetta et al., 1990). Es ist aber nicht anzunehmen, dass kognitive Fähigkeiten wirklich in einer additiven, hierarchischen Weise aufgebaut sind. Die Annahme, dass jede Stufe in der kognitiven Hierarchie alle Funktionen der vorhergehenden Ebene umfasst und das es zu keiner Interaktion zwischen den einzelnen Komponenten kommt wurde in vielen Studien als falsch identifiziert (Friston et al., 1996). Dies zeigt sich, wenn man zwei Studien zur Verbgenerierung vergleicht (Frith et al., 1991; Warburton et al., 1995; Weiller et al., 1995). Verbgenerierung versus Repetition führt zu einem Abfall des rCBF im Gyrus temporalis superior (Frith et al., 1991). Verbgenerierung versus Ruhe führt zu einem Anstieg im Gyrus temporalis superior (Wise et al., 1991). Erst in der dritten Studie, in der die drei Bedingungen verglichen wurde, zeigte sich, dass der Anstieg im Gyrus temporalis von Ruhe aus gesehen in der Repetitionsaufgabe höher war als der ebenfalls signifikante Anstieg in der Generierungsaufgabe (Weiller et al., 1995). Ein weiteres Problem der Subtraktionstechnik ist, dass manche Regionen automatisch aktiviert werden, auch wenn dies für die Aufgabe augenscheinlich gar nicht nötig ist. Auch „stille" Sprachproduktion führt zur Aktivierung von „expressiven" Sprachregionen. Eine Alternative zur hierarchischen Subtraktion ist die Verwendung einer gemeinsamen Baseline, mit der verschiedene Aktivierungsbedingungen verglichen werden (Rijntjes et al., 1997), hierdurch wird die Aufsum- mierung der Fehler vermieden. Um Interaktionen zwischen einzelnen Studienkomponenten erfassen zu können benötigt man ein faktorielles Design. Ein

Beispiel für ein solches faktorielles Design ist eine Studie die das neuronale Korrelat von automatisierten Bewegungen untersucht hat (Rijntjes et al., 1999). In dieser Studie sollten die Probanden ihre Unterschrift entweder mit der Hand (HU) oder mit dem Fuß (FU) durchführen (Abb. 2). Zusätzlich gab es zwei Kontrollbedingungen, repetitive Zickzack-Bewegungen mit Hand (HZ) oder Fuß (FZ). Diese 4 Bedingungen stellen ein komplettes 2 mal 2 faktorielles Design dar. Die experimentellen Faktoren hierbei sind die ausführende Extremität (Hand oder Fuß) und die Art der Bewegung (Zickzack oder Unterschrift). Dieses Design erlaubt die Auswertung der Haupteffekte d.h. Signalunterschiede zwischen Fuß oder Handbewegungen (HZ+HU vs. FZ+FU) und Unterschiede zwischen Art der Bewegung (HZ+FZ vs. HU+FU). Inwieweit die Extremität mit der die Bewegung ausgeführt wird das Muster der unterschriftbedingten Aktivierungen beeinflusst ist die Interaktion. Die Interaktion testet demnach die Differenz einer Differenz z.B. (FU-FZ)-(HU-HZ). Die Subtraktionsmethode geht davon aus, dass diese Interaktion nicht existiert, d.h. dass das Muster der Aktivierungen für den Vergleich (FU-FZ) und (HU-HZ) identisch ist, d.h. die Annahme eines unterschriftspezifischen Systems, das unabhängig von der ausführenden Extremität operiert. Das Ergebnis der Studie zeigte sowohl Regionen in denen es zu Interaktionseffekten kam als auch Regionen, die sich als Extremitäten-unabhängig zeigten. Letztere Information, nämlich die Identifikation eines Haupteffektes (Unterschrift) ohne Interaktion ist durch eine Konjunktionsanalyse möglich (Price & Friston, 1997).

Eine weitere Alternative sind Korrelationsdesigns, bei denen Blutflussänderungen mit externen Variablen modelliert werden. Diese Variablen können einerseits im Experiment vorgegeben sein (z.B. Wortpräsentationsrate (Price et al., 1992) oder Kraftentwicklung (Dettmers et al., 1995) oder aber vom Probanden während der Untersuchung generiert werden (z.B. Hautwiderstandsänderungen, Schmerzwahrnehmung). Diese Technik erlaubt es, zerebrale Antworten auf eine bestimmte Reizklasse genauer zu charakterisie-

Abb. 2. Designmatrix für ein fMRT-Experiment (EPI), TR=4 sec. Es wurden 432 scans in 6 scans pro Epoche bei einem Probanden gemessen. Die Designmatrix kodiert in jeder Spalte a-priori Wissen über das Experiment. Die ersten fünf Spalten geben an, welcher scan unter welcher von 5 Bedingungen akquiriert wurde, wobei z.B. ein heller Wert in Spalte x und Zeile y angibt, dass scan y unter Bedingung x gemessen wurde. Deutlich ist zu erkennen, dass die Ruhebedingung (Bedingung 5) jede zweite Epoche umfasst. Die darauffolgenden Spalten mit Ausnahme der letzten Spalte implementiert den sogenannten ‚Hochpassfilter‘. Von links nach rechts nimmt die zeitliche Frequenz pro Spalte zu. Die letzte Spalte beinhaltet die gemessenen globalen Mittelwerte der einzelnen scans. Oberhalb der Designmatrix ist ein sogenannter ‚contrast‘ angezeigt, der den Vektor (0 0 1 0 -1) kodiert. Dieser contrast testet die Hypothese, ob es unter Bedingung 3 im Vergleich zur Ruhebedingung zu Aktivierungseffekten kommt.

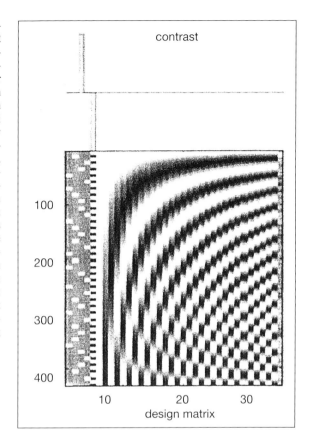

ren, als dies mit einem kategorialen Design möglich ist. Weiterhin kommen parametrische Designs ohne Kontrollbedingung aus, da lediglich die Korrelation zwischen dem Parameter und dem gemessenen Signal interessiert. Neben der einfachen Aussage, ob Signaländerungen mit dem interessierenden Parameter in manchen Teilen des Gehirns korreliert sind, erlaubt es diese Technik auch, verschiedene Gehirnregionen anhand ihres Antwortprofils zu unterscheiden. So konnte beispielsweise in einer parametrischen Studie, bei der die Wortpräsentationsrate variiert wurde (Price et al., 1992), gezeigt werden, dass bilaterale frontale Kortexabschnitte ein binäres An-Aus Verhalten zeigten, d.h. schon bei geringer Wortpräsentationrate voll aktiviert waren. Der primär auditorische Kortex hingegen zeigte einen linearen Anstieg mit steigender Wortpräsentationsrate, ein Indiz für die frühe Verarbeitung

von akustischem Material. Der periauditorische Assoziationskortex zeigte eine nichtlineare Beziehung zur Wortpräsentationsrate: initial stieg das Signal an, zeigte aber jenseits von 60 Wörtern pro Minute wieder einen Abfall. Dieser Abfall könnte durch die Tatsache bedingt sein, dass bei schneller Wortpräsentationsrate zu wenig Zeit zur lexikalischen Analyse einzelner Wörter bleibt. Ein weiteres Beispiel für eine Anwendung der Korrelationsanalyse ist in Abbildung 3 dargestellt.

Datenerhebung

Positronen-Emissions-Tomographie (PET)

Aktivierungsstudien mit PET benutzen instabile Radioisotope, die in einem Zyklotron vor Ort hergestellt werden. Die mit Isotopen mar-

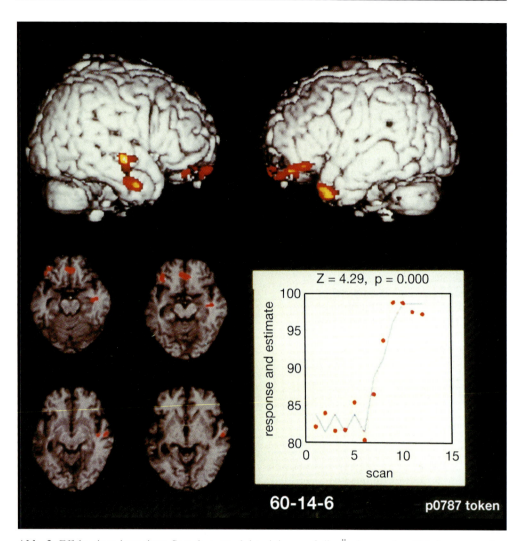

Abb. 3. Effekt eines intensiven Sprachverständnistrainings auf die Änderung des Aktivierungsmusters während einer Sprachverständnisaufgabe bei einer Patientin nach hinterem Mediainfarkt links und Aphasie. Die Patientin hatte 6 Monate zuvor einen Schlaganfall mit Aphasie durch einen Infarkt im hinteren linken Temporallappen erlitten (Bild; MRT links unten). Zum Zeitpunkt der Untersuchung hatte sie im Aachener Aphasie Test eine Wernicke-Aphasie mit deutlicher Störung des Sprachverständnisses. Bei der Patientin wurde in 12 Einzelmessungen von je 40 Sekunden Dauer der regionale zerebrale Blutfluss (rCBF) mit PET und $H_2^{15}O$ Infusion während einer einfachen Sprachverständnisaufgabe gemessen („scan" im rechten Bild). Zwischen den Messungen, während die Patientin zum Abklingen der Radioaktivität (ca. 11 Minuten) ruhig im Scanner verblieb, erfolgte ein intensives, multimodales Sprachverständnistraining, aufgeteilt in 11 Sitzungen zu je 8 Minuten (für Details vgl. Musso et al., 1999). Dadurch kam es zu einer trainingsinduzierten Verbesserung des Sprachverständnisses, gemessen mit einem Exzerpt aus dem Token Test des Aachen Aphasia Bedside Test, jeweils unmittelbar vor jeder rCBF Messung (gestrichelte Kurve auf dem Bild rechts unten). Die Korrelationsanalyse zeigt diejenigen Hirnregionen, in denen die rCBF-Änderungen während der 12 Messungen signifikant mit den Änderungen des Token Tests, d.h. der trainingsinduzierten Sprachverbesserung bei diesen Patienten, korrelierten (blaue Linie im Bild rechts unten): im rechten Temporallappen und im bifrontalen Kortex (oberes Bild) (mit freundlicher Genehmigung von M.Musso, Jena).

kierten Liganden sind natürlich vorkommende Moleküle, die sich entsprechend bekannter Modelle wie die physiologischen Substanzen im Körper verteilen und im untersuchten Organ unter Freisetzung eines Positrons zerfallen. Das Positron trifft schnell auf sein Antiteilchen, das Elektron und beide zerfallen unter Aussendung von 2 Photonen (Gammaquanten), die sich in einem Winkel von 180° voneinander mit Lichtgeschwindigkeit entfernen. In Koinzidenz geschaltete, ringförmig angeordnete Detektoren ermöglichen den Rückschluss auf den Ort des Zerfalls. Computertomographische Rekonstruktionsverfahren ermöglichen eine schichtweise bildliche Darstellung der Verteilungsmuster. Wird gleichzeitig die Radioaktivitätsmenge im arteriellen Blut bestimmt, kann über bekannte Modelle absolut quantifiziert werden (Lammertsma et al., 1989). Die Messung des Blutflusses (rCBF) erfolgt mit mit ^{15}O- markiertem H_2O. ^{15}O als Tracer mit einer kurzen Halbwertszeit von ca. 2 min. erlaubt wiederholte Messungen des Blutflusses in einer Sitzung (Frackowiak & Friston, 1994).

Die System-dead-time und zufällige Koinzidenzen in der PET-Maschine bestimmen die technisch möglichen Obergrenzen, um das Signal- Rausch- Verhältnis durch die Applikation größerer Mengen des Radiopharmakons zu verbessern. Alternative ist die Dosisfraktionierung. Anstelle einer Studie mit einer großen Menge Radioaktivität durchzuführen, werden verschiedene Studien im gleichen physiologischen Zustand repliziert, wobei jeweils nur ein Teil der Gesamtradioaktivität injiziert wird. Die resultierenden Bilder werden dann gemittelt. Die Aufnahmezeit einer einzelnen Messung dauert zwischen 40 und 120 Sekunden und begrenzt damit die zeitliche Auflösung der PET-Technik. Typischerweise werden 6-12, in Einzelfällen 18 repetitive Durchgänge während einer Sitzung durchgeführt. Zwischen den Durchgängen wird gewartet, bis das radioaktive Material zerfallen ist (normalerweise 10,5 Minuten entsprechend 5 Halbwertszeiten), so dass eine Gesamtuntersuchungsdauer von etwa 2 Stunden resultiert. Bei Ligandenaktivierungsstudien wird die Freisetzung endogener Neurotransmittern bei bestimmten

Paradigmen quantifiziert (Bartenstein et al., 1993; Friston et al., 1997). Hierdurch kann die funktionsabhängige Neurobiochemie mit guter räumlicher Auflösung dargestellt werden. Einsatz finden Isotope mit etwas längerer Halbwertszeit wie ^{11}C (etwa 20 Minuten) oder ^{18}F (etwa 2 Stunden), bedingt durch die notwendige Zeit für die radiochemischen Operationen. Beispiele stellen die Freisetzung von ^{11}C-Diprenorphin bei Schmerz, Dopa-Ausschwemmung bei Craving und lerninduzierten Vorgängen dar.

Magnetresonanztomographie (MRT)

Die Magnetresonanz-Bildgebung (MRT) unterscheidet sich von den anderen bildgebenden Verfahren in verschiedenerlei Hinsicht: Im Gegensatz zum CCT ist die MRT eine Emissions- und keine Transmissionstechnik. Das Signal kommt aus dem Gewebe selbst und ist, im Gegensatz zu anderen Emissionstechniken wie PET oder SPECT, eine intrinsische chemische und biochemische Eigenschaft des Gewebes. Die prinzipielle Grenze für das räumliche Auflösungsvermögen der MRT liegt unterhalb eines Millimeters bei funktioneller Bildgebung. Gegenwärtig erlaubt die Technik kortikale Gebiete, die bei einer bestimmten Aufgabe aktiv sind mit einer räumlichen Auflösung von 2 mm zu differenzieren, bei einer technischen zeitlichen Auflösung von 1 Sekunde. Die weite Verbreitung des fMRT darf nicht darüber hinweg täuschen, dass die Beziehung des gemessenen Signals zur kortikalen elektrischen Aktivität unklar ist.

Die Atomkerne in unserem Körper und insbesondere die Wasserstoffkerne (Protonen) stellen kleine Magnete dar, die zufällig verteilt sind, so dass netto kein magnetisches Feld entsteht. Um ein magnetisches Feld messen zu können, das eine Aussage über den Zustand des jeweiligen Gewebes machen kann, wird der Kopf in ein starkes Magnetfeld gebracht (z.B. 1,5 Tesla), wodurch sich die körpereigenen Magnete in eine stabile Richtung (B_0) ausrichten. Dann wird ein magnetischer Feldimpuls (B_1) (RF-Puls, der zur Exzitation der Protonen führt (RF für Frequenz im Radiofrequenzband, die der Resonanzfrequenz entspricht, daher der Terminus Nuclear magnetic resonance)), welcher im einem bestimmten Winkel zum ersten (B_0) steht, zugeschaltet, wodurch Moleküle in eine Richtung gekippt werden. Der Winkel zwischen der Richtung der beiden Magnetfelder wird als Flipwinkel bezeichnet, er beträgt bei einer typischen Spinechosequenz 90° und bei einer Gradientenechosequenz < 90°. Das starke Magnetfeld B_0 versucht nun, die Magnete zurückzukippen. Bei der Rückkehr in den Ausgangszustand verhält sich jedes Gewebe etwas anders, hierdurch entstehen zwei gewebeabhängige Zeiten, T1 und T2. T1 entspricht der longitudinalen Relaxation, dies ist die Zeit, die es nach dem RF-Puls dauert, bis die Magnetisierung in ihrer ursprünglichen Stärke ihre alte Größe erreicht hat. T2 ist die transversale Relaxationszeit, das ist die Zeit, die es dauert, bis die durch den RF-Puls erzielte Ausrichtung in eine transversale Ebene abgeklungen ist. Der durch lokale Inhomogenitäten des Magnetfeldes bedingte Signalverlust, T2*, wurde zunächst als limitierendes Übel angesehen, wodurch es zur Einführung von spin-echo-Sequenzen kam, die mit einem zweiten, refokussierenden RF-Impuls nach dem initialen exzitatorischen Impuls die Dephasierungseffekte aufheben oder die Zeit zwischen dem exzitatorischen Impuls und der Datenakquisition wurde soweit wie möglich verkürzen (z.B. in Fast Low-Angle SHot Imaging). Erst als man realisierte, dass paramagnetische Substanzen im Blut als vaskulärer Marker sinnvollen Kontrast geben können, wurden Sequenzen ohne Refokussierungsimpuls mit relativ langem Intervall zwischen Exzitation und Datenakquisition benutzt.

Um eine gute räumliche Auflösung zu erhalten, muss das schwache Signal über einen bestimmten Zeitraum integriert werden, wodurch relativ lange Akquisitionszeiten entstehen. Das MR-Signal ist vorübergehender Natur (wenige -zig Millisekunden bis zu 2-3 Sekunden bei Standard-T2-Spinechosequenz) und refraktär, d.h. es bedarf mehrerer Zehntelsekunden bis sich das Signal soweit erholt hat, dass eine erneute Aufnahme möglich wird. Für Aktivierungsstudien am Menschen sind aber kurze Untersuchungszeiten essentiell. Neben der Tatsache, dass die Experimente nicht zu lange dauern sollten, werden nahezu alle zerebralen Prozesse innerhalb weniger Minuten Habituations-, Ermüdungs- und anderen konfundierenden Prozessen unterworfen. Je länger die Untersuchungszeit, desto größer die Wahrscheinlichkeit für eine Bewegung des Kopfes, welche nur schwer korrigierbar ist. Zwei Techniken für kurze Aufnahmezeiten wurden entwickelt. Die *„Gradienten-Echo"* Methode (FLASH= Fast Low-Angle SHot) verkürzt durch einen geringen Flipwinkel die Relaxationszeiten (Frahm et al., 1994). Sie ist auf konventionellen Maschinen einsetzbar. *„Echo planar imaging"* (EPI) verkürzt die Zahl der Repetitionen von Exzitation und Datenaufnahme, indem mehr Datenpunkte pro Exzitation gesammelt werden (Turner et al., 1993). Nur mit EPI sind Aufnahmen des ganzen Kopfes möglich, was aber zumindest bei kognitiven Fragestellungen eine unumgängliche Voraussetzung darstellt. Im Vergleich zu den langsameren Techniken hat EPI eine etwas schlechtere räumliche Auflösung (etwa 2 mm), aber eine zeitliche Auflösung von etwa 100 ms. Die EPI-Technik ist empfindlicher gegenüber Magnetfeldinhomogenitäten im Gehirn, die nicht durch „shimming" (Korrektur der statischen Feldhomogenität durch Korrektur-coils) verbessert werden können. Auch die Hardware-Spezifikation limitiert die Möglichkeiten der experimentellen Designs. Mit dem Siemens Vision System können z.B. je nach soft-ware-Ausstattung bis zu 25.000 Bilder aufgenommen werden bis eine Pause zur Daten- verarbeitung und Speicherung auf Disc gemacht werden muss. Dies entspricht etwa 40-50 Minuten, sodass längere Paradigmen, die z.B. protrahierte physiologische oder psychologische Phänomene untersuchen, hier an Grenzen stoßen.

Diffusions-gewichtete MR-Bildgebung

Diffusion ist ein Prozess, der auf der Brownschen Molekularbewegung, also einer thermokinetischen, zufälligen Bewegung beruht. MR Sequenzen werden sensitiv für die mikroskopische Bewegung von Wasser, indem man einer MR-Sequenz zusätzliche starke Gradientenpulse hinzufügt und die Sequenz somit für die Wasserdiffusion „sensitiviert". Durch diese starken Gradientenpulse werden ungerichtet diffundierende Wassermoleküle angeregt, erfahren jedoch aufgrund ihrer Mobilität einen Signalverlust. Hierdurch beeinflusst die Wasserdiffusion wesentlich die empfangene Signalintensität. Eine geringe Signalintensität zeigt eine relativ schnelle Diffusion an, während eine hohe Signalintensität eine niedrige Diffusionsgeschwindigkeit kodiert. Die Diffusions- gewichtete MR- Bildgebung findet Einsatz in der fMRT, da der Einstrom extrazellulären Wassers in die Zellen einer der ersten Vorgänge bei der Exzitation der Zelle ist.

Die *dynamische MR Bildgebung* ist die am besten untersuchte MR- Methode zur Perfusionsbestimmung und macht sich die Veränderung der lokalen Magnetfeldinhomogenität (magnetische Suszeptibilität) nach Injektion eines paramagnetischen Kontrastmittels zu Nutze. Bei der Passage des Kontrastmittels durch das Kapillarbett kommt es zu einer verstärkten Dephasierung der Protonenspins in und um die zerebralen Gefäße (Suszeptibilitätseffekt). Schnelle, serielle Gradienten-Echo-Sequenzen mit hoher Sensitivität für die lokalen Magnetfeldänderungen werden benutzt, um diese Änderung während der Passage des Kontrastmittels darzustellen. Auch wenn es sich bei der dynamischen MR- Bildgebung um eine semiquantitative Methode handelt, hat die hohe räumliche Auflösung, die einfache Anwendung und die kurze Untersuchungszeit von 2-3 Minuten zu einer raschen Verbreitung geführt. Parameterbilder des zerebralen Blutvolumens nach photischer Stimulation zeigten den primär visuellen Kortex.

BOLD- (Blood Oxygenation-Level-Dependent-) Technik (Kwong et al., 1992)

Beim Energieverbrauch der Zelle wird dem Hämoglobin im Blut O_2 entzogen, Oxyhämoglobin wird zu Deoxyhämoglobin reduziert. Während neuronaler Aktivität steigt der rCBF stärker an als für den O_2 Bedarf des Gewebes erforderlich, d.h. das Gewebe wird mehr mit Blut durchströmt als O_2 verbraucht wird. In Hochflussgebieten, d.h. aktivem neuronalem Gewebe, ist daher, obwohl mehr O_2 verbraucht wird, der Gehalt an Oxyhämoglobin höher. Die sogenannte BOLD Technik misst dieses Zuviel an Oxyhämoglobin als „endogenem Kontrast". Diese Technik hat sich inzwischen weltweit durchgesetzt und ist die Basis nahezu aller fMRT-Untersuchungen. Die fMRT in dieser Form ist wie PET abhängig vom rCBF und misst nicht direkt die neuronale Aktivität. Da die hämodynamischen Veränderungen sehr viel langsamer schwanken als die neuronalen, mag die potentielle zeitliche Auflösung der MRT so nicht ausnutzbar sein. Der Suszeptibilitätsunterschied zwischen oxygeniertem und deoxygeniertem Blut ist gering , so dass die mit der BOLD Technik gemessene Signaländerung klein sind (2-5 % bei 1,5 T, bei Aufgaben, die zu 10-40% rCBF Änderung im PET führen), nehmen aber zu bei höheren Feldstärken (bis zu 30% bei visueller Stimulation und 4 T). Allerdings nehmen bei höheren Feldstärken auch die spontanen Signaländerungen zu und sind die Geräte mit höheren Feldstärken unproportional teurer.

Durch die hohe räumliche Auflösung der MRT sind die Aufnahmen empfindlich für Bewegungen des Kopfes während der Aufnahme. Diese führen nicht nur zu einer Verschlechterung des Signal-Rausch-Verhältnisses, sondern kreieren selbst falsche „Aktivierungen" , besonders am Rand des Gehirns oder in tiefen Fissuren, die leider vielen frühen Untersuchungen zugrunde liegen. Neben guter Fixation im Gerät werden hier die verschiedenen Methoden der post-hoc Koregistrierung wie beim PET eingesetzt.

Funktionelle Kernspinspektroskopie (fMRS)

Die funktionelle Kernspinspektroskopie misst den Wassergehalt in einem vorgegebenen Volumenelement (voxel of interest) mit einer typischen Größe von 1x 1x 1 cm (Hennig et al., 1994). Haupteffekt der fMRS ist wie bei der fMRT der Blutfluss. Ihre Vorteile sind ein optimiertes Signal-Rausch-Verhältnis, eine extreme Stabilität von besser als 0,1% und eine exzellente zeitliche Auflösung von 25 ms, wenn man sich auf den initialen Effekt, der wahrscheinlich auf dem Anschwellen der Zellen durch den Wassereinstrom beruht, beschränkt. Der Hauptnachteil liegt darin, dass die Voxel, in denen man messen möchte, vordefiniert werden müssen. Außerdem war es bis vor kurzem nur möglich, einen Voxel gleichzeitig zu messen. Ein potentieller Ausweg kann es sein, diese Technik mit dem PET zu kombinieren. Zunächst werden im PET die Gebiete bestimmt, die während einer bestimmten Aufgabe einen Anstieg des rCBF aufweisen. Hiermit lassen sich dann für die fMRS die voxel individuell optimal plazieren und kann so vorgegeben die hohe zeitliche Auflösung genutzt werden.

Datenanalyse

Das Ziel ist es, die experimentell erzeugten Daten durch eine Linearkombination von verschiedenen Effekten und einem Restrauschen zu modellieren (Allgemeines Lineares Modell; Friston, 1998; Friston et al., 1995). Diese Effekte können z.B. experimentell kontrollierbare Variablen sein, aber auch bekannte störende Einflüsse (z.B. globaler Blutfluss oder Zeiteffekte). Das Modell wird vollständig durch eine „Design Matrix" spezifiziert, in der die erwarteten Effekte eingebettet werden (Abb. 2). Bei Hypothesen-geleiteten Aktivierungsstudien werden meist ein oder mehrere Variablen kontrolliert oder zumindest gemessen und die Effekte in jedem Voxel an Hand des linearen Modells geschätzt. Hierbei werden störende Effekte von den Daten subtrahiert, um möglichst nur die „interessanten" Signalanteile in die Statistik eingehen zu lassen, die durch das Paradigma induziert wurden. Die Stärke jedes interessanten Effekts wird in jedem Voxel getestet und in ein statistisches Volumen eingetragen. Dieses statistische Gesamtvolumen kann nun mit stochastischen Methoden (Theorie der „Gaussian random fields") bearbeitet werden, um aktivierte Cluster, d.h. räumlich benachbarte koaktivierte Voxel, zu identifizieren und die Signifikanz der aktivierten Cluster zu schätzen. Die hierzu notwendigen statistischen Voraussetzungen sind nach einer Glät-

tung der Daten mit einem räumlichen Tiefpassfilter approximativ gegeben.

Es gibt eine Reihe von die Statistik konfundierenden Faktoren. Im Gegensatz zu Phantommessungen, finden sich bei fMRT-Zeitreihenuntersuchungen des menschlichen Gehirns niederfrequente zufällige und nicht-zufällige Rauschanteile. Diese entstehen durch Kopfbewegungen, langsame globale Schwankungen der O_2-Sättigung oder physiologische Pulsationen durch Herzschlag und Atmung. Bewegungsartefakte sind seit den ersten fMRT Tagen als schwerwiegender Störfaktor bekannt. Zum Glück beinhaltet eine fMRT-Zeitreihe genügend Daten, um Bewegungen relativ genau zu beschreiben, so dass die Bewegungseffekte durch „Realignment-Routinen" posthoc korrigiert werden können. Physiologisches Rauschen entsteht durch T1-Effekte, Herzschlag, Atmung und andere noch nicht sehr gut erklärte Effekte. Das Gehirn bewegt sich innerhalb der Schädelkalotte mit jedem Herzschlag und bei jedem Atemzug um mehrere Millimeter. Der Herzschlag verursacht periodische Blutflusseffekte, die sich im wesentlichen auf die Gefäße beschränken und pulsatile Bewegungen durch die induzierten intrakraniellen Druckschwankungen. Letztere sind besonders stark im Hirnstamm zu bemerken, können sich aber auf das ganze Gehirn ausdehnen. Die Atmung führt zu einer generalisierten Schwankung der Blutoxygenierung, einer atemabhängigen Schwingung des Kopfes und zu Druckschwankungen in den zerebralen Sinus, eventuell mit Fernwirkung auf den Liquorraum. Die zu erwartende Zeitkurve dieses Rauschen hängt von der Repetitionszeit der Messungen ab. Ist diese kurz (< 1 Sekunde) im Vergleich zur Herz- und Atemfrequenz, werden beide als periodische Funktionen eingehen, die auf einfache Weise durch das lineare Modell erkannt und als störender Effekt entfernt werden können. Bei Ganzkopf-EPI oder anderen langsamen, single slice Techniken beträgt die Repetitionszeit (TR) typischerweise mehrere Sekunden, so dass diese Effekte dem Aliasingeffekt unterliegen und sich als tieffrequente Schwingungen über die Messungen hinweg manifestieren. Abhilfe ist grundsätzlich durch EKG-Triggerung der Aufnahmen oder durch Entfernung mit einem Hochpass-Filter möglich. Bewegungen des Probanden innerhalb der Kamera sind unvermeidlich und ein großes Problem. Verschiedene Methoden zur Fixierung des Kopfes sind mehr oder weniger unzulänglich und führen zu einer deutlichen Beeinträchtigung der Untersuchungsperson oder der Versuchsbedingungen. Bei kooperativen Individuen ist unter Umständen die Bitte, sich möglichst zu entspannen und nicht zu bewegen die wirkungsvollste Methode. Nach Akquisition der Daten wird versucht, durch eine Reihe von statistischen Verfahren das Ausmaß der Bewegungen zwischen den einzelnen Durchgängen zu schätzen und zu korrigieren.

Funktionsbezogene zeitliche Variationen des Signals im fMRT durch neuronale Aktivität sind verzögert und durch die hämodynamische Zeitkonstante Tau geglättet. Diese stellt eine Kombination aus der Zeit dar, die benötigt wird, die Widerstandgefäße über den erhöhten Flussbedarf zu informieren und der Zeit, die der Flussanstieg braucht, bis er das venöse Bett erreicht hat. Die Zeitkonstante liegt typischerweise bei 8 Sekunden.

Grundlegend für fMRT- Messungen (z.B. EPI) ist es, paradigmainduzierte Effekte über die Zeit mit einer bestimmten Frequenz auftreten zu lassen, der sogenannten Paradigmafrequenz. Rauschanteile, sowohl niederfrequente als auch hochfrequente Störungen sollten nicht in der Paradigmafrequenz liegen. Deshalb fasst man üblicherweise mehrere Aktivierungsbedingungen zu einer sogenannten Epoche zusammen, wobei Aktivierungsepochen während der Messung mit genauso langen Ruheepochen alternieren, so dass durch die gewählte Epochendauer die Paradigmafrequenz induziert wird. Damit werden die bekannten Störfrequenzen vermieden, was ein bessere Trennung zwischen Signal und Rauschen ermöglicht.

Die Datenanalyse von PET und fMRT- Aktivierungsstudien hat viele Ähnlichkeiten, daher werden diese hier gemeinsam behandelt. Es gibt eine Reihe von Verfahren, am weitesten verbreitet ist derzeit das „statistical parametric mapping" (SPM), das von Karl Friston in London entwickelt wurde. Auf dieses beziehe ich mich im folgenden. Ein zusätzliches Problem der fMRT-Daten ist neben der hohen Anfälligkeit für Bewegungen, die große Datenmenge und daraus resultierend die langen Verarbeitungszeiten. Um die Bilder verschiedener Probanden miteinander zu vergleichen, ist eine Transformation in einen standardisierten anatomischen Raum erforderlich. Der zur Zeit am meisten genutzte Referenzraum basiert auf dem stereotaktischen Atlas von Talairach und Tournoux, der die Interkommissurallinie als Referenzlinie nimmt (Talairach & Tournoux, 1988). Hierfür gibt es eine Reihe von Algorithmen, die PET- oder funktionellen kernspintomographische Bilder und ein anatomisches Bild koregistrieren (Friston et al., 1989; Woods et al., 1992). Hieran schließen sich ein oder mehrere Filterverfahren an, wobei sowohl hochfrequentes Rauschen, hauptsächlich durch das Gerät bedingt, wie auch niederfrequentes Rauschen entfernt werden. Bei der Analyse von fMRT-Daten ist zusätzlich zu beachten, dass bei Repetitionszeiten < 8 Sekunden zeitlich aufeinanderfolgende Messwerte in einem Voxel durch die hämodynamische Antwortfunktion korreliert sind, während man bei PET von zeitlich unabhängigen Beobachtungen ausgehen kann (Friston, 1997). Da die Hämodynamik in entfernten Regionen des Gehirns verschieden ist, ist die zeitliche Autokorrelationsfunktion bei fMRT nichtstationär, was die korrekte Analyse der Daten bedeutend erschwert. Um auf den statistisch einfach zu behandelnden Fall einer stationären zeitlichen Autokorrelation zu reduzieren, glättet man die fMRT- Daten zusätzlich in jedem Voxel über die Zeit, so dass die Stärke der Autokorrelation in jedem Voxel fast vollständig durch die Glättung bestimmt wird und damit nahezu stationär ist. Die Analyse durch das allgemeine lineare Modell muss dementsprechend angepasst werden (autokorrelierter Fehler).

Wann PET, wann fMRT ?

Mit der Entwicklung der fMRT haben die PET-Aktivierungsstudien stark abgenommen. Dies war bis vor kurzem eher auf die breitere Verfügbarkeit des MRT, fehlende Radioaktivität und beliebige Wiederholbarkeit, denn auf eindeutige qualitative Vorteile zurückzuführen. Der weitverbreitete und unkontrollierte Einsatz führte beim MRT z.T. auch zu schlechten Daten. Daneben lassen sich nicht alle Paradigmen, oft schon aus räumlichen Gegebenheiten gut im MRT ausführen und gibt es ungelöste, technische Probleme bei Untersuchungen von Prozessen, die eine lange Aufnahmezeit erfordern (z.B. Untersuchungen zur Habituation oder Gewöhnung oder auch Therapieeffekte). Die neuen Entwicklungen der MRT sind jedoch sehr vielversprechend.

Neue Entwicklungen

fMRT: Noch schneller – noch besser

Die hohe zeitliche Auflösung der fMRT hat es unter anderem ermöglicht ereigniskorrelierte fMRT (efMRT) durchzuführen. Dieses Verfahren ist analog den evozierten Potentialen in der Elektrophysiologie (EEG, MEG) zu sehen. Einzelne Stimuli werden wiederholt präsentiert und die gemessenen Signale zeitlich in Bezug zu diesen Stimuli gesetzt. Auf experimentellen Hochfeldsystemen (4T) ist es möglich durch die hohe Sensitivität mit Repetitionszeiten im Bereich von 100 ms zu arbeiten. Dieses feine Abtastraster erlaubt es individuelle hämodynamische Antworten nach einem Stimulus zu messen. Obwohl diese hämodynamische Antwort eine Zeitkonstante im Bereich von Sekunden hat, bedeutet das nicht, das die zeitliche Auflösung auch nur im Sekundenbereich liegt. Denn obwohl das Signal an sich lange dauert, ist die Kopplung an das auslösende Ereignis (neuronale Aktivität) sehr präzise und erlaubt Aussagen über zeitliche Aktivierungsdifferenzen. R. Menon demonstrierte dieses Chronometrie genannte Verfahren indem er visuelle Stimuli im rechten und linken Gesichtsfeld im Abstand von 500 ms darbot (Menon et al., 1998). Die im rechten, bzw. linken okzipitalen Kortex gemessenen hämodynamischen Antworten zeigten sehr präzise diese Latenz von 500 ms. Inwieweit sich diese zeitliche Auflösung auf andere Modalitäten

übertragen lässt, ist noch nicht bekannt. Ein weiteres Problem stellt die Tatsache dar, dass verschiedene kortikale Regionen durch Unterschiede der Vaskularisierung unterschiedliche Latenzen aufweisen können. Eine Signallatenz zwischen parietalen und okzipitalen Regionen kann zum einen durch die biologische Signallaufzeit aber auch durch Unterschiede in der hämodynamischen Latenz bedingt sein. Beim derzeitigen Stand der Technologie ist eine Unterscheidung dieser beiden Faktoren nicht möglich. Durch eine parametrische Variation des zeitlichen Abstands von zwei Stimuli lassen sich aber zumindestens Aussagen darüber machen, inwieweit beide sequentiell voneinander abhängen.

Ereigniskorrelierte fMRT (efMRT) lässt sich aber nicht nur auf experimentellen MR Tomographen nutzen. Repetitionszeiten für multislice Aufnahmen auf klinisch eingesetzten MR Tomographen sind allerdings länger (zwischen 2 und 8s) als für die genaue Abtastung nötig wäre. Dieses Problem kann durch phasenversetzte Abtastung, entweder mit festem oder zufälligen Phasenversatz umgangen werden (Turner et al., 1998).

Zwei verschiedene Möglichkeiten haben sich in der Analyse von efMRT Daten durchgesetzt. Zum einen ist es möglich bei festem Phasenversatz die evozierten Antworten über Wiederholungen der gleichen Stimulusklasse zu mitteln. Dieses Verfahren ist damit unabhängig von dem erwarteten Signal und findet vor allem dann Anwendung, wenn ungewöhnlich lange Datenaquisitionszeiten auftreten (z.B. in Arbeitsgedächtnisaufgaben). Das zweite Verfahren versucht ähnlich der Kreuzkorrelation oder multiplen linearen Regression das gemessene Signal durch ein Modell zu erklären. Ansonsten ist die statistische Analyse identisch mit der für geblockte fMRT Experimente. Zur Zeit unterstützt nur das Softwarepaket „Statistical Parametric Mapping" (SPM) direkt die Auswertung von efMRT Daten (Friston et al., 1998).

Der Hauptvorteil der efMRT ist darin zu sehen, dass es möglich wird, verschiedene Stimuli, die in konventionellen geblockten Designs in verschiedenen Blöcken präsentiert werden müssten, einzeln, und wichtiger noch, randomisiert zu präsentieren (Buckner, 1998). Dadurch wird die Entstehung eines für geblockte Experimente typischen „kognitiven sets" wirksam unterdrückt. Dazu ein Beispiel. In einem Gedächtnisexperiment soll getestet werden inwieweit bekannte (d.h. kurz vorher gelernte) und unbekannte Stimuli verschiedene Gehirnareale aktivieren. In einer konventionellen geblockten fMRT Studie, aber auch in PET Studien, würde man in einem Block bekannte und in einem anderen Block unbekannte Stimuli präsentieren und nach Signaldifferenzen zwischen den beiden Blöcken suchen. Jeder Block besteht dabei aus der Präsentation von mehreren Stimuli der gleichen Klasse (alt oder neu). Das bedeutet für den Probanden, dass er nach dem zweiten oder dritten Stimulus bereits weiß, dass dieser Block nur Stimuli einer Klasse enthält. Die Art des nächsten Stimulus ist somit vorhersagbar. Dieses Problem lässt sich teilweise damit umgehen, das ein Block nicht nur Stimuli einer Klasse sondern auch vereinzelt Stimuli der anderen Klasse enthält. Der Preis, der für dieses bessere Design gezahlt werden muss ist natürlich ein schlechteres Signal, da beide Blöcke nun zum Teil Stimuli aus der gleichen Klasse enthalten. Ereigniskorrelierte fMRT ist für solche Studiendesigns ideal. Stimuli aus beiden Klassen werden randomisiert präsentiert und getrennt voneinander ausgewertet. Zu keinem Zeitpunkt des Experiments kann der Proband vorhersagen, welche Art von Stimulus als nächstes präsentiert wird. EfMRT hat aber noch einen weiteren Vorteil. Kommt es bei einer Aufgabe, z.B. Handbewegung zu einer Kopfbewegung, so ist es mit efMRT möglich artefizielle Aktivierungen, die durch die Kopfbewegung verursacht wurden von echten, durch neuronale Aktivität getriggerte Antworten zu trennen. Das ist deswegen möglich, da jegliche Aktivitätsänderung zum Zeitpunkt der Bewegung (event) noch nicht durch die hämodynamische Antwortfunktion bedingt sein kann, da diese erst mit einer Latenz von ungefähr 2 Sekunden eintritt.

fMRT verbindet

Das Gehirn besteht zu einem Großteil aus weißer Substanz, d.h. Verbindungen zwischen einzelnen Neuronenverbänden. Diese Verbindungen erlauben es spezialisierten Regionen, Informationen auszutauschen und dienen damit der funktionellen Integration. Im Vergleich zu Untersuchungen der funktionellen Spezialisierung durch die Subtraktionsmethode, hat die Untersuchung der funktionellen Integration kaum Eingang in die funktionelle Gehirnbildgebung gefunden (McIntosh et al., 1994). Kurz gesagt, die funktionelle Bildgebung hat bis jetzt hauptsächlich Fragen zum „Wo" aber kaum zum „Wie" beantwortet. Das ist einerseits durch die konzeptionelle Einfachheit der Subtraktionsmethode und ihrer Interpretation sowie den auf der anderen Seite mathematisch komplexen und rechenintensiven Verfahren, die der Analyse der funktionellen Integration zugrunde liegen, erklärbar.

Die einfachste Metrik, um Abhängigkeiten der Signale verschiedener Gehirnregionen zu beschreiben, ist die Kovarianzmatrix oder, in der normalisierten Form, die Korrelationsmatrix. Die sogenannte funktionelle Konnektivität basiert ausschließlich auf dieser Matrix. Das Maß der Korrelation kann unter gewissen Gesichtspunkten, insbesondere bei komplexvernetzten Systemen jedoch zu irreführenden Interpretationen führen. Werden z.B. die Regionen B und C beide von Region A beeinflusst, B und C sich aber untereinander nicht beeinflussen, wird es trotzdem zu einer Korrelation zwischen B und C kommen. Dies lässt sich damit erklären, dass beide Regionen von einer gemeinsamen Ursprungsregion A beeinflusst werden. Die effektive Konnektivität ist eine Technik, die genau solche Abhängigkeiten berücksichtigt. Methoden zur Analyse der effektiven Konnektivität, wie zum Beispiel Strukturgleichungsmodelle (Büchel & Friston, 1997; McIntosh et al., 1994) berücksichtigen in dem oben beschriebenen Beispiel, dass die Varianz in B und C bereits hinreichend durch den gemeinsamen Einfluss aus A erklärt ist und daher die effektive Konnektivität zwischen B und C als vernachlässigbar beschreiben.

In einer kürzlich publizierten Studie wurde die Neurobiologie der dem Lernen zu grundeliegenden plastischen Veränderungen erstmals mit Hilfe der effektiven Konnektivität beim Menschen beschrieben (Büchel et al., 1999). Das benutzte Paradigma ist dem bekannten Spiel „Memory" sehr ähnlich: Die Probanden sollten die Assoziation verschiedener Objekte mit ihrer Position auf dem Bildschirm lernen. Es ist bekannt, dass die zwei zu assoziierenden Stimuluskomponenten, die Identität und die Lokalisation in verschiedenen visuellen Systemen verarbeitet werden. Die Analyse der Objektidentität ist vornehmlich eine Eigenschaft des ventralen visuellen Systems, die Analyse der räumlichen Anordnung hingegen ist eine Eigenschaft des dorsalen visuellen Systems (Ungerleider et al., 1998). Die bei dieser Studie gestellte Aufgabe, nämlich die Assoziation zwischen zwei Stimulusattributen zu lernen, bedarf einer Interaktion des ventralen und des dorsalen Systems. Die getestete Hypothese lautete deswegen, dass die effektive Konnektivität zwischen den Systemen ansteigt. In der Tat konnte gezeigt werden, dass die effektive Konnektivität zwischen dem parietalen Kortex (dorsales System) und dem posterioren inferotemporalen Kortex (ventrales System) während des Lernens anstieg. Interessanterweise zeigte die individuelle Lerngeschwindigkeit der Probanden eine enge Korrelation mit dem zeitlichen Verlauf der effektiven Konnektivität. Eine kategoiale Analyse der Daten zeigte gleichzeitig eine Reduktion der regionalen Aktivität während des Lernvorgangs. Dieses Beispiel zeigt deutlich, dass die plastische Veränderung zwischen zwei vernetzten Systemen der Subtraktionsmethode verborgen geblieben wäre. Diese neue Methode wird in Zukunft vor allem in der Untersuchung von Patienten eine große Rolle spielen. In der Neurologie sind dies vor allem Zustände nach Läsionen durch Hirninfarkte. Wenn der Funktionsausfall als eine Unterbrechung der Verbindung von Zentren gesehen wird, so wird die Funktionsrestituti-

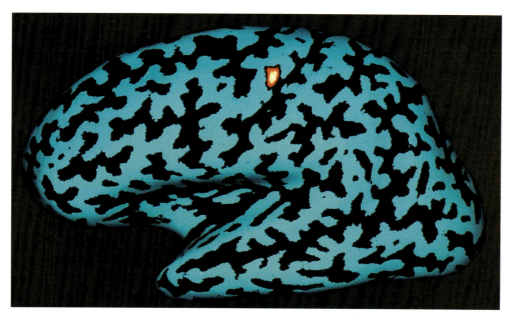

Abb. 4. Beispiel zur Demonstration eines neuroanatomisch bedingten Modells. Ergebnis einer Aktivierung durch Fingeropposition der rechten Hand. Die Ursprungsorte des BOLD-Signals wurden auf der individuellen kortikalen Oberfläche mit Hilfe eines neuroanatomischen Modells bestimmt. Dargestellt sind signifikante Ergebnisse (p < 0.05) einer funktionellen Analyse der linken Hemisphäre in einer Ansicht des „inflated cortex" (Bild mit freundlicher Genehmigung von S. Kiebel, Jena).

on (z.B. bei Aphasie) einer „Rekoordination" entsprechen. In der Psychiatrie ist das Konzept der effektiven Konnektivität besonders für die Schizophrenieforschung interessant, da diese Techniken es erlauben werden, die Hypothese des der Schizophrenie zugrundeliegenden Diskonnektionssyndromes direkt zu testen (Frith et al., 1995). Andere vermutete „Diskonnektions"-Syndrome, wie Schreib-Lesestörungen (Dyslexie) können so ebenfalls untersucht werden.

Die bekannte Technik der sogenannten „flat maps", d.h. einer auf eine Ebene projizierte kortikale Oberfläche, ist durch schnellere Rechner und neue Optimierungsverfahren möglich geworden. Auf der Basis eines hochauflösenden T1-gewichteten MRT wird der Kortex segmentiert und dessen Oberfläche durch eine Triangularisierung approximiert, sodass eine Genauigkeit im Subvoxelbereich erreicht wird. Durch die zweidimensionale Darstellung lässt sich die Aktivierung besser den Gyri und Sulci zuordnen (Abb. 4).

Magnetenzephalographie (MEG)

Während das MEG das magnetische Feld an einem gegebenen Ort referenzunabhängig misst, werden im EEG Spannungsdifferenzen zwischen zwei Orten im oder auf dem Körper erfasst. Die Messung der extrem schwachen biomagnetischen Felder erfolgt nichtinvasiv und berührungsfrei und unabhängig vom Widerstand von Knochen, Haut und Elektroden. Die Messtechnik erfordert jedoch beachtlichen apparativen Aufwand. Der entscheidende Vorteil ist, dass das biomagnetische Feld im wesentlichen nur von den intrazellulären Strömen hervorgerufen wird, während die elektrische Potentialverteilung auf der Körperoberfläche von den Volumenströmen hervorgerufen wird und auch noch weit entfernt von der Quelle messbar ist. Die biomagnetischen Felder sind sehr schwach. Sie liegen zwischen einigen zehn Pikotesla ($1 \, pT = 10^{-12} \, T$) und einigen wenigen Femtotesla ($1 \, fT = 10^{-15} \, T$). Dagegen liegen die Größenordnungen der Störfelder, z.B. Streufelder von stromdurchflossenen Kabeln, vibrierenden Installationsrohren oder von in

der Nachbarschaft des Labors gelegenen Elektromotoren zwischen 10^{-7} und 10^{-8} Tesla. Deshalb ist es zum einen notwendig, diesen „Störpegel" soweit zu reduzieren, dass die biomagnetischen Nutzsignale ausreichend über dem Störpegel liegen (Großraumabschirmungen, Gradiometer). Zum anderen ist der Nachweis der extrem schwachen neuromagnetischen Felder mit herkömmlichen Magnetfeldmessverfahren nicht möglich. Die derzeit einzige Nachweismöglichkeit besteht in dem Einsatz supraleitender Quanteninterferometer (SQUIDs).

Biomagnetische Feldquellen lassen sich physikalisch im einfachsten Fall durch ein Stromdipolmodell beschrieben. Die Summe der intrazellulären Ströme wird dann von einem Dipol repräsentiert, der die Primärquelle darstellt, weil er die aktive Quelle des biomagnetischen Feldes widerspiegelt. Nach dem Biot-Savartschen Gesetz lässt sich die von einem Stromdipol erzeugte räumliche Verteilung des Magnetfeldes, bestehend aus Primärquelle und Sekundärquelle (Volumenleiteranteil), berechnen. Für die Quellenlokalisation wird aus der gemessenen Magnetfeldverteilung Bz (x,y,z) durch eine Rückrechnung die Magnetfeldquelle bestimmt; diese Lösung ist nicht eindeutig (inverses Problem). Bei unbekannten Quellverteilungen müssen Randbedingungen aus anatomischen und physiologischen Kenntnissen heraus eingeführt werden. Die räumliche Auflösung ist im wesentlichen durch die Anzahl der Messpunkte, also der Kanäle in MEG oder EEG bestimmt. Im einfachsten Fall ist zu einer Zeit nur eine fokale Region von weniger als 0,5 cm Durchmesser aktiv und lässt sich somit anhand eines einzelnen äquivalenten Stromdipol beschreiben. Im Falle von zwei oder mehreren gleichzeitig aktiven Quellen nimmt die räumliche Auflösung deutlich ab. Eine zuverlässige Trennung der Quellen wird mit abnehmender Distanz zwischen den Quellen schwieriger, so dass für Distanzen unterhalb einer bestimmten Grenze, dem kritischen Inter-Quellen-Abstand, die Quellen nicht von einer einzelnen äquivalenten Quelle unterschieden werden können. Dies ist gegenwärtig eine wesentliche Beschränkung der Untersuchung kognitiver Funktio-

nen. Die letzteren zugrundeliegenden weitver-
teilte Netze erfordern zudem in vielen Fällen
den Einsatz von Ganzkopf-MEG-Systemen,
bei denen die Datenanalyse noch komplizierter ist. Methodische Themen der näheren Zukunft werden die bessere Ausnutzung der zeitlichen Auflösung des MEG betreffen. Z.Zt.
beschränken sich die meisten Arbeiten noch
darauf, Stromdichtekurven oder Dipole dem
anatomischen Bild zuzuordnen („magnetic
source imaging"), während das Potential des
MEG in der Zuordnung der zeitlichen Abfolge
der Exzitation der verschiedenen aktiven Hirnregionen liegt. Die Integration der verschiedenen Verfahren sollte es erlauben, die im PET
oder fMRI gefundenen Koordinaten aktivier-
ter Gebiete als Randbedingung (constraint) zu
benutzen, in dessen Vorgaben die Dipolanaly-
se des MEG gezwungen wird.

Bei allen Aktivierungsstudien müssen eine
Reihe von Annahmen über die Art und Weise,
wie kognitive Prozesse im Gehirn ablaufen,
gemacht werden, über die man geteilter Meinung sein kann (Binder et al., 1995; Friston et
al., 1996). Hieraus folgt, dass die Interpretation
immer eine subjektive ist und daher kontrovers
bleiben wird. Trotzdem kann gesagt werden,
dass die Aktivierungsstudien in ihrer großen
Mehrheit bisher immer eine physiologische
Bedeutung hatten. Zum Teil ist zunächst nur
die Kartierung des ausgehenden neunzehnten
und beginnenden 20. Jahrhunderts bestätigt
worden, zumindest, wenn es um basale Funktionen geht. Jedoch waren diese Kartierungen
viel zu grob oder stark vereinfachend und sind
die Netze, die jetzt bei einer Funktion aktiv gefunden werden, wesentlich größer als erwartet.
Wahrscheinlich ist nicht nur die Tatsache, dass

eine Region bei einer bestimmten Aufgabe aktiv ist, von Bedeutung, sondern auch die Dynamik der Antwort auf den Stimulus. Diese
konnte mit Läsionsstudien nicht beantwortet
werden, wird aber wohl die Domäne der fMRT
werden. Die Interaktion von Hirngebieten ist
ein ganz neues Gebiet, das nur wenig untersucht wurde. Die Vielzahl von Aktivierungsstudien generiert eine schnell wachsenden
Zahl von Gebieten und Untergebieten, die bei
komplexen Aufgaben aktiv werden. So
schnell, dass gegenwärtig schneller Daten produziert werden, als dass wir diese gründlich interpretieren könnten. Konsensus über die Art,
wie die Daten präsentiert werden, ist essentiell, um die Arbeiten der verschiedenen Arbeitsgruppen vergleichen zu können. Weiße
Flecken auf den funktionellen Karten des
menschlichen Gehirns beginnen sich zu füllen.
Neue Definitionen, Abgrenzungen und Verbindungen anatomischer Regionen des Gehirns
werden nötig, um so mehr als auch noch die
anderen Daten aus Elektrophysiologie, Mag-
net- und Elektrostimulation und Inhibitions-
experimente einfließen werden. Die Anatomie des menschlichen Gehirns bekommt eine
neue Bedeutung und es ist nicht zuviel gesagt,
dass große Teile neu werden geschrieben werden müssen. Es wird in Zukunft nicht nur darauf ankommen, die verschiedenen Methoden
zu kombinieren, sondern die der biologischen
Fragestellung am ehesten gerechtwerdende
Methode auszuwählen. Diese Ansätze einer inhaltlichen Verbindung der verschiedensten
Wissenschaftler mit unterschiedlicher Ausbildung und Methodenkenntnis kann uns unserem Ziel nur näher bringen, die menschliche
Kognition zu verstehen.

2.3 Neuro- und elektrophysiologische Verfahren

Martin Heil & Frank Rösler

Zusammenfassung

Mit EEG und MEG ist es möglich, die synchrone Aktivität postsynaptischer Potentiale kortikaler Zellverbände mit einer sehr hohen zeitlichen Auflösung zu erfassen. Die Interpretation dieser Befunde erfordert aber eine genaue Kenntnis der Ableit- und Analysetechnik. Eine Signalanalyse im Frequenzbereich resultiert in den relativen Signalstärken von Frequenzbändern und bildet den Aktivierungszustand des Organismus ab. Exogene ERP-Komponenten erfassen die Leitungsgeschwindigkeit spezifischer Sinnessysteme und sind daher in der neurologischen Diagnostik weit verbreitet. In den endogenen Komponenten bilden sich einzelne Aspekte der Informationsverarbeitung ab. Die topographische Analyse der Biosignale erlaubt Rückschlüsse auf die kortikale Aktivierungsverteilung.

Vorbemerkung

Die Messung elektrischer oder magnetischer Korrelate der Hirnaktivität (Elektroenzephalographie, EEG, und Magnetoenzephalographie, MEG, siehe Abb. 1) hat sowohl in der Anwendung als auch in der Grundlagenforschung eine immense Bedeutung. Kein anderes Verfahren erlaubt Untersuchungen mit einer den Prozessen angemessenen zeitlichen Auflösung. In der Neurologie werden EEG oder MEG in der klinischen Diagnostik als Screening-Verfahren regelmäßig eingesetzt (z.B. bei Anfallsleiden, zerebralen Durchblutungsstörungen, in der Schlafforschung, etc.), während sie als Methode zur Lokalisation von Tumoren durch bildgebende Verfahren abgelöst wurden (siehe Kap. 2.2). Besondere Bedeutung kommt dem EEG und MEG in der Forschung zu. Völlige Non-Invasivität, beliebige Wiederholbarkeit, hohe zeitliche Auflösung, und niedrige Kosten (bei eingeschränkter räumlicher Auflösung) machen die Attraktivität dieser Verfahren aus.

Im klinischen Bereich wird das EEG häufig lediglich „per Augenschein" ausgewertet (siehe Neundörfer, 1990). Ein solches „visuelles Analyseverfahren" besitzt offensichtliche Mängel. Wir werden uns daher im folgenden auf quantifizierbare Aspekte der Verfahren beschränken, die aufgrund der Computerentwicklung auch im klinischen Bereich immer stärker an Bedeutung gewinnen. Wir beziehen uns beispielhaft immer auf EEG-Aktivitäten. Wenn nicht anders angemerkt, gilt entsprechendes auch für das MEG. Inwieweit das aufwendigere MEG Erkenntnisfortschritte gegenüber dem EEG liefert, bleibt noch zu klären (Pantev et al., 1995).

Physiologische Grundlagen

Bei der Betrachtung der Spontanaktivität im EEG bzw. MEG fallen mehr oder weniger regelmäßige Schwingungsfolgen auf, die unterschiedliche Frequenz- und Amplitudenmuster aufweisen können. Der Frequenzgehalt des Signals erstreckt sich über den Bereich von 0 bis ca. 40 Hz, die Amplituden können maximale Werte von bis zu 250 Mikrovolt errei-

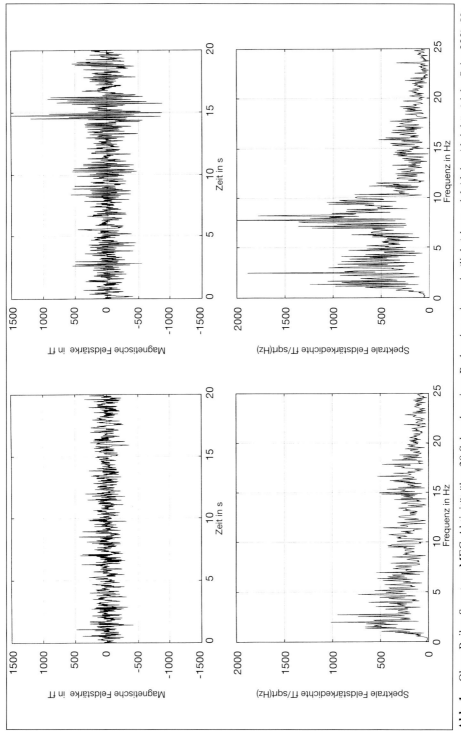

Abb. 1. Obere Reihe: Spontane MEG-Aktivität über 20 Sekunden eines Probanden mit wenig (links) bzw. viel Alpha-Aktivität (siehe Seite 223). Untere Reihe: Entsprechende Leistungsspektren. Diese Abbildung wurde uns dankenswerterweise von Dr. Burkhard Maeß, MPI für Neuropsychologische Forschung, Leipzig, zur Verfügung gestellt.

chen. Trotz offener Fragen können die mittlerweile als gesichert geltenden Befunde zu den physiologischen Grundlagen dieser Aktivität folgendermaßen zusammengefasst werden (Creutzfeldt, 1995):

Das Aktionspotential eines Neurons verursacht in benachbarten Nervenzellen Veränderungen im Membranpotential. Postsynaptische Potentiale (PSPs) beruhen auf dem Austritt negativer (exzitatorischer PSPs) oder positiver (inhibitorischer PSPs) Ionen und damit elektrischer Ladungen in den Extrazellulärraum. Diese werden aktiv oder passiv wieder in die Zelle aufgenommen. Um an der Kopfoberfläche ein elektrisches oder magnetisches Potential ableiten zu können, ist die *synchrone postsynaptische Aktivität ganzer Neuronenverbände* nötig.

Unspezifische thalamische Afferenzen in den Kortex bilden Synapsen an den apikalen Dendriten der Pyramidenzellen primär in der Schicht I, also in der Nähe der Kortexoberfläche. Depolarisationen dieser Region modulieren die Erregbarkeit des Neurons. Es entstehen intra- und auch extrazelluläre Stromflüsse entlang der Dendriten der Pyramidenzellen. Eine Depolarisation der Apikaldendriten führt beispielsweise zu einem negativen Pol (einer Senke) an der Kortexoberfläche bei gleichzeitiger Entstehung einer Quelle (positiver Pol) am Zellsoma, ein Zustand, der als (elektrischer) Dipol beschrieben werden kann. Aufgrund der parallelen Anordnung der Pyramidenzellen ist es möglich, dass sich bei synchroner Aktivation die Dipoleigenschaften tausender Zellen summieren. Neben diesen Pyramidenzellen spielen auch Gliazellen eine Rolle bei der Entstehung der Biosignale, da erhöhte neuronale Aktivität zu Gliadepolarisationen führt (Bauer et al., in press). Andererseits können Aktionspotentiale sowie die Aktivität der Korb- und Sternzellen für die Entstehung des EEG's vernachlässigt werden.

Die für das EEG (und MEG) typischen Rhythmen (v.a. der Alpha-Rhythmus, siehe Seite 223) werden nicht vom Kortex allein generiert. Vielmehr ist anzunehmen, dass der Thalamus als „Schrittmacher" für die hirnelektrische Aktivität fungiert. Bei DC-(Gleichspannungs-) Ableitungen werden synchrone und andauernde Depolarisationen apikaler Dendriten der Pyramidenzellen als negative Potentialverschiebungen sichtbar. Es wird daher angenommen, dass eine Negativierung auf der Kopfoberfläche eine erhöhte kortikale Erregbarkeit, Positivierungen hingegen eine relative Hemmung, wahrscheinlicher aber eine Rücknahme kortikaler Erregbarkeit anzeigen (Creutzfeldt, 1995).

Jeder elektrische Stromfluss ruft ein Magnetfeld hervor. Die magnetischen Feldlinien umgeben die Längsachse eines elektrischen Dipols. Das Gehirn generiert daher auch sehr schwache magnetische Felder, die mit supraleitenden Detektoren (superconducting quantum interference device, SQUIDs) gemessen werden können, obwohl deren magnetische Stärke (gemessen in pico Tesla, pT) lediglich ein hundertmillionstel der durch das Erdfeld hervorgerufenen Stärke beträgt. Aus physikalischen Gründen beschränkt sich aber die Messbarkeit des MEG auf tangential zur Schädeloberfläche gelegene Dipole. Zur Schädeloberfläche senkrecht gelegene kortikale Säulen, die erheblich zur Generierung des EEG beitragen, bleiben für das MEG weitgehend unentdeckt. Andererseits wird das MEG durch die das Hirn umgebenden Schichten (Zerebrospinalflüssigkeit, Hirnhaut, Schädelknochen) im Gegensatz zum EEG nicht beeinflusst. Die Möglichkeiten, die eine Kombination von EEG und MEG für die Neurowissenschaften bietet, werden erst in jüngster Zeit genutzt.

Signalerfassung und Artefaktquellen

Die schwachen elektrischen Spannungsschwankungen des Gehirns werden mittels an der Schädeloberfläche angebrachter Elektroden abgeleitet und registriert. Am häufigsten verwendet man Silber-Silberchlorid Elektroden, da sie das Signal bei der Übertragung am wenigsten verfälschen. Die Ableitpositionen werden dabei in der Regel analog zum Internationalen 10-20-System bestimmt (s. Abb. 2). Mittels eines Differenzverstärkers wird die Spannungsdifferenz zwischen zwei Elektroden gemessen. Von bipolaren Ableitungen

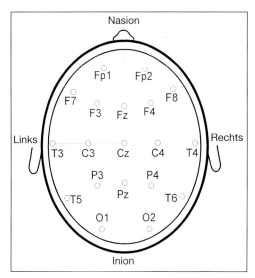

Abb. 2. EEG-Ableitpositionen nach dem internationalen 10-20er System.

spricht man, wenn beide Elektroden über elektrisch aktiven Regionen plaziert wurden. Befindet sich eine Elektrode an einem elektrisch relativ inaktiven Ort (z.B. den Ohrläppchen oder der Nase), so spricht man von unipolaren Ableitungen. Wird das EEG simultan von sehr vielen Positionen abgeleitet, so bietet sich u.U. die Umrechnung auf eine Durchschnittsreferenz ("common average reference") an (Lehmann, 1987). Hierbei wird zu jedem Zeitpunkt von jeder Ableitung der Mittelwert sämtlicher Kanäle abgezogen. Es bildet sich somit nur noch die relative Spannungsverteilung ab. Dieses Vorgehen macht allerdings nur bei sehr vielen Ableitungen Sinn, und es darf nicht vergessen werden, dass durch diese Berechnung ipsative Messwerte resultieren. Magnetische Felder sind im Gegensatz dazu referenzfrei messbar.

Das EEG- und das MEG-Signal setzen sich aus verschiedenen Signalanteilen unterschiedlicher Frequenz und Amplitude zusammen. In Abhängigkeit des interessierenden Signals ist es daher wünschenswert, bestimmte Signalanteile auch auf Kosten anderer Bereiche zu verstärken. Die Verstärker sind in der Regel mit Filtern ausgestattet, die bestimmte Frequenzbereiche unterdrücken: Die Zeitkonstante (tc)

bestimmt die untere Grenzfrequenz. Der Wert tc entspricht der Zeit, nach der ein Gleichspannungspotential auf 37% seines Wertes reduziert wurde. Kurze Zeitkonstanten führen daher dazu, dass im aufgezeichneten Signal keine langsamen Frequenzanteile mehr vorhanden sind.

Für das klinische Routine-EEG stellen langsame Frequenzen und Gleichspannungsanteile des EEG Artefakte dar, deren Einfluss durch eine Zeitkonstante unterdrückt werden kann. In der Grundlagenforschung dagegen werden gerade diese langsamen Hirnrindenpotentiale als wichtiges Korrelat kognitiver Prozesse untersucht (siehe Seite 227). Um diese registrieren zu können, sind eine zeitaufwendige Behandlung der Kopfhaut sowie weitere Korrekturverfahren unerlässlich.

Sogenannte "low-pass"-Filter (obere Grenzfrequenz) dämpfen den Einfluss schneller Frequenzen. Dies ist insbesondere unter Beachtung des Abtasttheorems bedeutsam. Mittels eines Analog-Digital-Wandlers werden die analogen Spannungsverläufe in digitale Werte umgewandelt. Dies geschieht x mal pro Sekunde, wobei x die Abtastrate darstellt (128 Hz bedeutet daher 128 Abtastpunkte pro Sekunde). Aufgrund des Abtasttheorems sind nur Frequenzen von maximal x/2 Hz korrekt messbar, höhere Frequenzen produzieren Artefakte (sog. "aliasing"). Low-pass-Filter sorgen dafür, dass im Signal keine Frequenzen größer als x/2 Hz mehr vorhanden sind. Schließlich dämpfen "notch"-Filter spezifische Frequenzbereiche (z.B. die Wechselstromfrequenz von 50 Hz).

Das EEG und auch das MEG werden daher von der Art, in der sie aufzeichnet wurden, mit bedingt. Aufgrund der geringen Amplitude dieser Signale ist eine Kontrolle und evtl. Korrektur des Einflusses von Artefakten unerlässlich. Insbesondere biologische Artefakte, und hier neben allgemeinen Bewegungsartefakten v.a. Lid- und Augenbewegungen, spielen eine wesentliche Rolle (eine ausführliche Darstellung findet sich in Lutzenberger et al., 1985). Lidbewegungen ("*Blinzeln*") führen im EEG und MEG zu steilen, hochamplitudigen Ausschlägen, die im Rohsignal deutlich zu finden sind. Entsprechend behaftete Signalabschnitte sollten für die weitere Auswertung nicht berücksichtigt werden. Bei gleichzeitiger Aufzeichnung des EOGs (Elektrookkulogramm; d.h. die Aufzeichnung der elektrischen Aktivität der Augen) ist eine Korrektur mittels linearer Regression möglich. Es wird davon ausgegangen, dass sich das gemessene EEG (EEGg) additiv zusammensetzt aus dem wahren EEG (EEGw) und dem Einfluss des EOGs. Das EEGw wird somit geschätzt aufgrund der Differenz zwischen EEGg und dem mit der Korrelation zwischen EEGg und EOG gewichteten EOG. *Augenbewegungen* führen aufgrund der elektrischen Polarität des Auges zu langsamen Potentialschwankungen. Eine getrennte Aufzeichnung des lateralen und vertikalen EOGs ist zur Identifikation und einer auf einer multiplen Regression basierenden (siehe Lutzenberger et al., 1985) Korrektur unerlässlich.

Signalanalyse im Frequenzbereich

Die wichtigste Charakteristik der Spontanaktivität ist die Frequenzverteilung, d.h. der (absolute Beitrag oder der relative) Anteil verschiedener Frequenzen innerhalb eines gegebenen Zeitabschnittes. Die wichtigste Auswertungsmethode stellt hier die Fourier-Analyse dar. Dabei geht man davon aus, dass jede Kurvenform in eine Anzahl von Sinus- und Cosinusfunktionen zerlegt werden kann, so dass die Summe dieser Funktionen das Originalsignal wiedergibt. Jede einzelne dieser Funktionen unterschiedlicher Frequenz ist durch einen Amplitudenwert bestimmt. Addiert man die quadrierten Amplitudenwerte der beiden Funktionen eines bestimmten Frequenzwertes, und trägt diese als Funktion dieser Frequenzen ab, so erhält man ein sogenanntes Leistungs- oder Powerspektrum, d.h. die Verteilung der Signalstärke innerhalb eines bestimmten Zeitabschnittes auf die entsprechenden Frequenzanteile. Die Einheit dieses Powerspektrums beträgt daher (mikro-) Volt im Quadrat (eine detailliertere Beschreibung findet sich in Rösler, 1996).

Die im EEG vorkommenden Frequenzen werden aufgrund von Konventionen in sogenannte Frequenzbänder eingeteilt, d.h., die Signalstärke bestimmter Frequenzbereiche wird gemittelt. Diese Kategorisierung legt eine Korrespondenz mit Aktivitionszuständen nahe. Hierbei sollte aber beachtet werden, dass die Übergänge zwischen den Bändern sowohl morphologisch als auch funktional fließend sind. *Alpha-Wellen* im Frequenzbereich von 8 bis 13 Hz kennzeichnen den entspannten Wachzustand, insbesondere bei geschlossenen Augen. Die Alpha-Aktivität dominiert v.a. über posterioren Ableitorten. Werden die Augen geöffnet, so tritt eine deutlich sichtbare Alpha-Blockade ein, d.h. ein Rückgang des Signalanteils in diesem Frequenzbereich. Bei geistiger oder körperlicher Aktivität herrschen im EEG *Beta-Wellen* (Frequenzbereich 14-30 Hz) vor. Man spricht hierbei auch von desynchronosierten EEG-Phasen, während man ein von Alpha-Wellen dominiertes EEG als „synchronisiert" bezeichnet. Beim Übergang zum Einschlafen, im dösenden Wachzustand, aber auch bei tiefer Entspannung treten meist *Theta-Wellen* auf (5-7 Hz). Gerade das kindliche EEG zeigt sehr häufig Theta-Wellen, wohingegen Alpha-Wellen sehr viel seltener auftreten. Das *Delta-Band* (0.5 bis 4 Hz) ist kennzeichnend für Phasen des tieferen Schlafs.

Neben der Fourier-Analyse kommen bei der Auswertung der Spontanaktivität zunehmend nicht-lineare, auf der mathematischen Chaos-Theorie basierende Verfahren zum Einsatz (siehe z.B. Elbert et al., 1996).

Ereigniskorrelierte Aktivität

Während das Spontan-EEG quasi die ständige Aktivität unseres Gehirns abbildet, kann man Ereigniskorrelierte Potentiale (ERPs von engl. event-related potentials) als spezifische Antworten des Gehirns auf definierte Reize ansehen. ERPs bilden den Anteil der im EEG messbaren Spannungsveränderungen, der vor, während und nach einem sensorischen, motorischen oder psychischen Ereignis zeitsynchron und phasenstarr auftritt. ERPs sind in ihrer Amplitude sehr viel kleiner (selten mehr als 20 Mikrovolt) als das Spontan-EEG, und werden daher von diesem überlagert. Das Problem, ein geringamplitudiges „Signal" (hier, das ERP) innerhalb eines hochamplitudigen „Rauschens" (hier, das Spontan-EEG) zu entdecken, wird analog zur Nachrichtentechnik durch die Mittelung von EEG-Zeitabschnitten

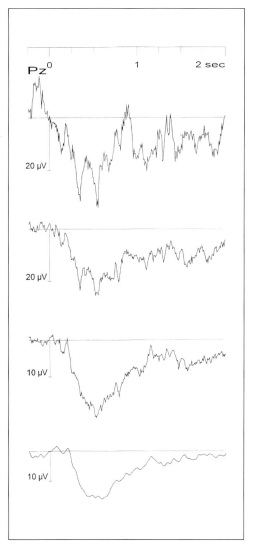

Abb. 3. Extraktion von ERPs aus dem Spontan-EEG durch Mittelung. Die Ableitungen erfolgten von Pz gegen die Ohrläppchen. In den vier Zeilen ist von oben nach unten der Potentialverlauf dargestellt ohne sowie nach 5, 15 und 45 Mittelungen. Zu beachten ist die veränderte Skalierung in den beiden unteren Reihen.

äquivalenter Ereignisse gelöst. Diese Mittelung führt dazu, dass sich zufällig variierende Aktivitäten zu Null herausmitteln, während solche elektrokortikalen Antworten, die mit gleicher Form und Phase auftreten, als gemitteltes Potential sichtbar werden (siehe Abb. 3). Es sollte klar geworden sein, dass „Signal" und „Rauschen" hier nicht primär inhaltlich definiert sind.

Die Komponenten des ERPs werden in der Literatur unterteilt in solche, die vor allem von der physikalischen Reizcharakteristik (v.a. der Intensität) abhängen (*exogene Potentiale*), und solche, die von den physikalischen Bedingungen relativ unabhängig sind, aber psychische Veränderungen abbilden (*endogene Potentiale*). Die Trennlinie ist nicht exakt festzulegen. Offensichtlich aber treten endogene Potentiale nicht in den ersten 100 msek auf. Zur eindeutigen Kennzeichnung der Potentiale gibt man im Allgemeinen deren Polarität (P = positiv, N = negativ) bezogen auf einen Referenzpunkt und die Ordnungszahl der Komponente an, also N1 für die erste negative Komponente. Alternativ setzt man häufig die Gipfellatenz an die Stelle der Ordnungszahl, also z.B. N220 anstatt N2.

Exogene Komponenten Ereigniskorrelierter Aktivität

Die Latenz exogener Ereigniskorrelierter Potentiale bildet die Geschwindigkeit ab, mit der Reizimpulse im jeweiligen Sinnessystem weitergeleitet werden. Unter klinischem Aspekt dient die Messung exogener ERPs einer objektiven Funktionsprüfung der jeweiligen sensorischen Leitungsbahnen (siehe Stöhr et al., 1982).

Ein akustisch evoziertes ERP (Abb. 4) besteht aus einer komplexen Aufeinanderfolge von Ausschlägen im EEG. Die Potentialschwankungen innerhalb der ersten 10 Millisekunden werden als Hirnstammpotentiale bezeichnet. Sie besitzen eine sehr geringe Amplitude, so dass einige tausend Mittelungen nötig sind, um sie gegen das „Grundrauschen" des EEG's sichtbar zu machen. Die einzelnen Potentiale werden in zeitlicher Reihenfolge

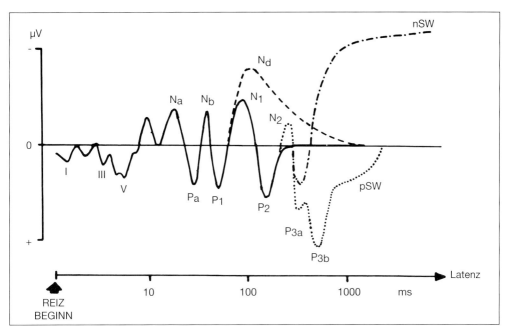

Abb. 4. Schematische Darstellung der Komponentenstruktur eines ERPs bei akustischer Reizung. Zu beachten ist die logarithmische Zeitskala. Die unterschiedlichen Kurvenverläufe ab ca. 100 ms zeigen mögliche endogene Potentiale, deren Registrierung von psychologisch definierten Bedingungen abhängen.

mit römischen Ziffern (I-VI) gekennzeichnet. In ihnen bilden sich einzelne Stationen der Leitung des akustischen afferenten Impulses zu den primären Projektionsfeldern im Kortex ab (Stöhr et al., 1982). Die Latenz, Amplitude und Form der Hirnstammpotentiale sind bei einigen neurologischen Erkrankungen (z.B. multipler Sklerose) verändert.

Visuell evozierte Potentiale werden meist durch die Darbietung von Umkehrmustern (z.B. schwarz-weiß alternierenden Schachbrettmustern) ausgelöst. Umkehrgeschwindigkeit (meist alle 500 ms) und Musterintensität sind hierbei konstant zu halten. Die Latenz der im ERP deutlich sichtbaren P100 ist bei gesunden Versuchspersonen erstaunlich konstant mit einem Mittelwert von 100 ms und einer Standardabweichung von lediglich 4 ms. Latenzen über 112 ms (dreifache Standardabweichung) werden als abnorm angesehen. Der Anstieg der Latenz kann durch Demyelinisation des Tractus opticus verursacht sein. Etwa 75 % der Patienten mit multipler Sklerose zeigen ei-

nen signifikanten Anstieg der Latenz (siehe Stöhr et al., 1982).

Auch durch taktile Reizung, meist durch elektrische Stimulation des Nervus Medianus am Handgelenk, können Potentiale evoziert werden. Die Ableitungen erfolgen in der Regel von Positionen über dem kontralateralen motorischen Kortex. Das somatosensorisch evozierte Potential findet seine Anwendung hauptsächlich in der Messung der Nervenleitgeschwindigkeit bei Neuropathien und zur Diagnose der multiplen Sklerose.

Endogene Komponenten Ereigniskorrelierter Aktivität

Endogene Potentiale sind definitionsgemäß weitgehend unabhängig von den physikalischen Eigenschaften der sie auslösenden Reize. Eine Reihe endogener Komponenten hat sich innerhalb der Grundlagenforschung etabliert, so dass deren Nutzung in der Neuropsychologie immer häufiger anzutreffen ist. Spezifische, endogene ERP-Aktivität ist aber weniger einzelnen Störungsbildern als spezifischen Prozessen der Informationsverarbeitung zuzuordnen, die sowohl bei gesunden Personen als auch in möglicherweise veränderter Form bei Patientengruppen anzutreffen sind. Folgende Auswahl an Komponenten soll daher kurz vorgestellt werden: Nd, mismatch negativity und N2, P300-Komplex, N400, Bereitschaftspotential, CNV, langsame Hirnrindenpotentiale.

Während die sensorischen Komponenten der exogenen Potentiale obligatorisch anzutreffen sind, stellen die *Nd* oder *Verarbeitungsnegativität* optionale und stärker kognitive Komponenten dar. Im klassischen Paradigma werden der Versuchsperson (Vp) z.B. Sequenzen von Tönen unterschiedlicher Frequenz im linken und im rechten Ohr dargeboten. Zehn Prozent der einem Ohr dargebotenen Töne weichen geringfügig von der Frequenz der Standardtöne ab. Die Aufgabe besteht darin, die Töne abweichender Frequenz in einem Ohr zu zählen. Verglichen werden die physikalisch identischen Standardtöne in den Bedingungen, in denen das entsprechende Ohr zu beachten war oder nicht. Im Zeitbereich um 100 ms lösen die zu beachtenden Reize eine stärkere Negativierung aus als die nicht zu beachtenden Reize (Hillyard & Hansen, 1986).

Etwa 200 ms nach Darbietung eines Reizes tritt eine deutliche negative Komponente auf, die *N2*. Weicht der akustische Reiz von der erwarteten Reizfolge ab (z.B. aufgrund seiner Lautstärke, Dauer oder Frequenz), so tritt eine deutliche Erhöhung dieser Negativierung auf (die *„mismatch negativity"*, MMN), und zwar unabhängig davon, ob die Reizfolge von dem Probanden beachtet wurde oder nicht. Nach Näätänen (1992) bildet sich in dieser MMN die automatische Entdeckung physikalischer Abweichungen in Reizfolgen ab, so dass sich ihre Nutzung in der Komaforschung anbietet (Rendtorff-Wagner, 1997).

Mit Sicherheit ist keine andere ERP-Komponente so intensiv untersucht worden wie die *P300*, die positive Welle, deren Gipfelamplitude frühestens 300 ms nach Reizdarbietung mit einem Maximum über parietalen Ableitorten

auftritt. Die Amplitude ist abhängig von der Wahrscheinlichkeit des Reizes (je seltener der Reiz, desto größer die Amplitude), der Aufgabenrelevanz (je größer die Relevanz, desto größer die Amplitude) und der Menge an Information, die ein Reiz enthält. Infolgedessen wurde die P300 vor allem mit Evaluationsprozessen der Informationsverarbeitung in Verbindung gebracht (siehe das „contextupdating"-Modell von Donchin & Coles, 1988).

Die *N400* tritt als Reaktion auf semantische Verletzungen der erwarteten verbalen Information über centro-parietalen Arealen auf. Je stärker ein Wort von der durch den Satz- oder Wortkontext gebahnten Erwartung abweicht, desto größer ist die Amplitude der N400 (van Petten & Kutas, 1991).

Das *Bereitschaftspotential* (BP) tritt etwa eine Sekunde vor einer Willkürbewegung als eine rampenförmige Negativierung mit einer maximalen Ausprägung über präzentralen Ableitorten auf. Eine Erhöhung der Kraft oder der Geschwindigkeit, v.a. aber eine Erhöhung der Präzision oder der zeitlich-räumlichen Koordination der auszuführenden Bewegung führt zu einer Amplitudenerhöhung dieses Potentials. Erst in der Phase kurz vor Ausführung der Bewegung findet sich eine Lateralisierung mit einer stärkeren Negativierung über dem zur ausführenden Hand kontralateralen Motorkortex. Das Differenzpotential kontralateral minus ipsilateral wird als *lateralisiertes Bereitschaftspotential* (LRP) bezeichnet, in dem sich der Zeitpunkt der Auswahl der Reaktionshand abbildet (Coles, 1989).

Die *CNV* („contingent negative variation") kann im sog. 2-Stimulus-Paradigma beobachtet werden. Ein erster (Warn-)Reiz kündigt einen nach einem festen Intervall auftretenden zweiten, imperativen Reiz an. In dem Intervall tritt eine langsame Negativierung auf. Da die Amplitude der negativen Potentialverschiebung vor allem mit dem Informationsgehalt der Reize, der Relevanz der antizipierten Reaktion sowie der Motivation und Aufmerksamkeit der Person variiert, wird die Bedeutung der CNV vor allem auf der Ebene psychologischer Konstrukte diskutiert (Rockstroh et al., 1989).

Unter *langsamen Hirnrindenpotentialen* versteht man Spannungsänderungen im EEG, die eine zeitliche Ausdehnung von mehreren hundert Millisekunden bis zu einigen Sekunden haben können und die keine klare Gipfelstruktur besitzen, sondern eher rampen- oder plateuförmig erscheinen (Bereitschaftspotential und CNV sind daher den langsamen Hirnrindenpotentiale zuzurechnen). Konvergierende Befunde der Grundlagenforschung (zusammenfassend siehe z.B. Rockstroh et al., 1989; Rösler et al., 1997) belegen, dass qualitativ unterschiedliche kognitive Prozesse zu topographisch unterschiedlichen Aktivierungsmustern führen, und dass die Amplitude negativer Hirnrindenpotentiale monoton mit der Aufgabenschwierigkeit kovariiert. Es scheint also prinzipiell möglich, die funktionale Topographie des Neokortex zeitlich exakt und experimentell präzise zu analysieren.

Topographische Analyse

EEG- und MEG-Aufzeichnungen werden heute in der Regel von möglichst vielen Ableitorten registriert. Die Erfassung der räumlichen Verteilung dieser Aktivitäten tritt immer mehr in den Vordergrund (siehe Wong, 1991). Hierbei sind grundsätzlich zwei Ziele zu unterscheiden: Beim „Brain-Mapping" geht es in erster Linie um die *Darstellung* der räumlichen Verteilung beliebiger Kennwerte. Die zu gewinnenden Aussagen bleiben auf der Ebene der ökonomischen und auch für Laien erfassbaren *Beschreibung* der Ableitorte erhöhter Aktivität. Eine *Lokalisation der Generatoren* dieser Aktivität im Hirn wird hingegen mittels unterschiedlicher mathematischer Verfahren versucht. Die Übergänge zwischen diesen beiden Ansätzen gestalten sich aber trotz der grundlegenden Unterschiede fließend.

Beim Brain Mapping werden die Parameter der Aktivität (z.B. Powerspektren bestimmter Frequenzspektren, Gipfelamplituden ereigniskorrelierter Potentiale, oder Durchschnittsamplituden langsamer Potentiale) pro Ableitort in einen Grauton (oder Farbwert) umgesetzt. Die zwischen den Ableitorten liegenden Werte werden dann interpoliert. Beim Verfahren der „Vier nächsten Nachbarn" (nearestneighbor) beispielsweise werden die fehlenden Werte durch eine lineare Kombination der abstandsgewichteten Nachbarelektroden geschätzt. Bei der sog. „spline"-Interpolation werden die fehlenden Werte durch mathematische Funktionen berechnet, die die physikalischen Forderungen der Ladungsminimierung erfüllen (s. Abb. 5). Unabhängig von der spezifischen Interpolationsmethode verbessert sich natürlich die Schätzung der Potentialverteilung, je mehr Ableitorte verwendet wurden. An die Spline-Interpolation kann sich die Ermittlung der Stromquellendichte (current source density; CSD) anschließen, die die zweite Ableitung des Potentials nach dem Ort, und damit den Strom darstellt. Es ergibt sich die Größe des Stromes, der an einer bestimmten Stelle aus dem Schädel austritt bzw. in ihn hineinfließt.

Für die Neurowissenschaften bedeutend interessanter als eine Beschreibung der Topographie der Potentiale wäre natürlich eine dreidimensionale Lokalisation der Generatoren dieser Aktivität im Hirn. Die Verteilung des zu messenden Potentials bei gegebenen Generatoren und gegebenem Wissen der Übergangseigenschaften der dazwischen liegenden Schichten ist durch sog. Vorwärtsrechnungen eindeutig möglich. Das „inverse" Problem, d.h. die Berechnung der Generatoren bei gegebenem Potential, ist nicht eindeutig lösbar, wie Hermann von Helmholtz schon vor 150 Jahren gezeigt hat. Da das Potential selbst lediglich auf einer zweidimensionalen Oberfläche registriert wurde, kann ein-und-dasselbe Oberflächenpotential von beliebig vielen unterschiedlichen Generatorenverteilungen herrühren. Die Quellenlokalisation (z.B. mittels sogenannter Dipolmodelle) basiert daher auf zusätzlichen, einschränkenden Annahmen. Inwieweit die Kombination dynamischer Verfahren wie EEG und MEG mit strukturellen Verfahren wie der Magnetresonanztomographie eine Lokalisation der Generatoren kurzzeitiger, flexibler mentaler und kognitiver Zustände erlaubt, wird die hierzu gerade erst einsetzende Forschung zeigen müssen (z. B. Fuchs et al., 1994).

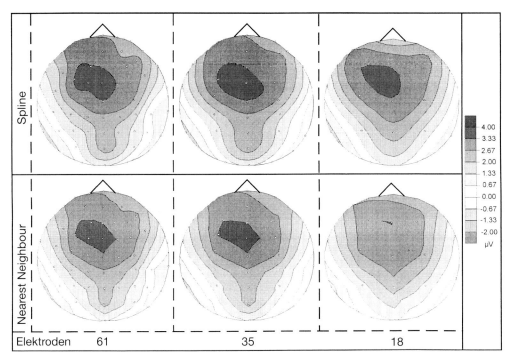

Abb. 5. Topographische Karten der Hirnaktivität. Dargestellt sind die Unterschiede zwischen „spline" und „nearest-neighbour" Interpolationen der Gipfelamplitude einer visuell evozierten N2 bei Aufzeichnung von 61, 35 bzw. 18 Elektroden.

Vergleichende Bewertung

EEG- und MEG-Verfahren werden aufgrund ihrer Non-Invasivität, ihrer geringen Kosten, und der beliebigen Wiederholbarkeit der Messungen auch in Zukunft einen wichtigen Platz in der angewandten Neuropsychologie behalten. In der Grundlagenforschung der Neurowissenschaften wird die Bedeutung dieser Verfahren nach Ansicht der Autoren in Zukunft trotz moderner bildgebender Verfahren (Kap. 2.2) erheblich zunehmen. Lediglich elektrische oder magnetische Korrelate der Hirnaktivität bieten eine der Dynamik hirnphysiologischer Vorgänge angemessene zeitliche Auflösung, nicht jedoch die erst mit einer Latenz von einigen Sekunden einsetzenden Durchblutungsveränderungen, die die Grundlage funktionaler bildgebender Verfahren darstellen (siehe Kap. 2.2).

2.4 Statistische und psychometrische Aspekte in der Neuropsychologie

Klaus Willmes

Zusammenfassung

Die wichtigste diagnostische Aufgabe in der Neuropsychologie besteht in der differenzierten hypothesengeleiteten Analyse der Leistungen individueller Patienten. Diese Leistungen können in normierten psychometrischen Testverfahren, experimentellen Untersuchungen oder eigens zusammengestellten Aufgaben erbracht worden sein. Über die einmalige Untersuchung hinaus sind diagnostische Aussagen über den Verlauf einer neuropsychologischen Schädigung oder die Auswirkungen einer gezielten neuropsychologischen Therapie wichtig. Für die verschiedenen Arten von Leistungsdaten werden psychometrische und statistische Verfahren zur Statusdiagnostik und Beurteilung von Leistungsveränderungen vorgestellt. Besonderer Wert wird auf die Untersuchung von (doppelten) Leistungsdissoziationen wie die Überprüfung von spezifischen Therapieeffekten gelegt. Für Testverfahren mit normierten Werten werden die Methoden der psychometrischen Einzelfalldiagnostik nach H.P. Huber erläutert, für nicht normierte Daten die Grundgedanken der kriteriumsorientierten Leistungsmessung. Für die inferenzstatistische Prüfung diagnostischer Hypothesen über den individuellen Kompetenzgrad werden Randomisierungstests als angemessene Verfahrensklasse vorgestellt.

Einleitung

In diesem Kapitel wird ein wesentlicher Aspekt des Einsatzes statistischer und psychometrischer Verfahren in der Neuropsychologie dargestellt. Es geht um eine differenzierte Analyse der Leistungen individueller Patienten, die für diagnostische Fragestellungen von zentraler Bedeutung ist. Die Leistungen können in normierten psychometrischen Testverfahren, experimentellen Untersuchungen oder ad hoc zusammengestellten Aufgaben für spezielle diagnostische Fragestellungen beobachtet worden sein.

Aufgrund gut gestützten neuropsychologischen Wissens über spezifische Zusammenhänge zwischen fokalen oder diffusen Hirnschäden und beeinträchtigten oder gestörten psychischen Funktionen lassen sich für einen einzelnen Patienten oft gezielte diagnostische Hypothesen über erwartete Leistungsunterschiede zwischen verschiedenen Tests eines Testprofils oder einer Testbatterie ableiten. Für einen neuropsychologischen Befund ist es wünschenswert, eine für Dritte überprüfbare Entscheidung bezüglich dieser Hypothesen treffen zu können

Oft ist die einmalige Status-Diagnostik bei neuropsychologischen Patienten nicht ausreichend oder aussagekräftig. Die Analyse des spontanen Verlaufs und/oder eine oder mehrere Kontrolluntersuchungen nach einem Zeitintervall sind für die Beurteilung eines neuropsychologischen Patienten häufiger erforderlich. So sollte beispielsweise der Verdacht auf Vorliegen einer degenerativen Hirnerkrankung nicht aufgrund einer einzelnen neuropsychologischen Untersuchung geäußert werden, sondern

sich auf den Nachweis von schlechter werdenden Leistungen aus mindestens zwei Untersuchungen in geeignetem Zeitabstand stützen.

Weiterhin ist die Analyse von Leistungsveränderungen nach einer Phase neuropsychologischer Therapie geeignet, um die Wirksamkeit der therapeutischen Interventionen zu
belegen. Insbesondere der Nachweis differen-
tieller Veränderungen ist zur Stützung eines
spezifischen Therapieeffektes von großer Bedeutung. So sollten diejenigen (Unter)testlei-
stungen eines Testprofils nach Beendigung der
Therapie deutlich stärkere Verbesserungen
aufweisen, die als Indikatoren für die spezifisch trainierte psychische Funktion gelten.
Diese Analyse individueller Leistungsmuster
und ihr Vergleich ist nicht beschränkt auf die
wissenschaftliche Erprobung neuer Therapieansätze oder -methoden, sondern sollte auch
Bestandteil ‚kontrollierter klinischer Praxis"
(Petermann, 1992) in der neuropsychologischen Versorgung sein.

Gerade unter dem Gesichtspunkt einer zunehmenden Forderung nach Qualitätssicherung und Qualitätskontrolle im gesamten Gesundheitswesen werden Fragen der Über-
prüfbarkeit diagnostischer Aussagen und Entscheidungen sowie des Nachweises der Wirksamkeit neuropsychologischer Therapie an
Bedeutung gewinnen.

Aussagen über Patienten anhand von normierten Testverfahren bilden sicher einen
Schwerpunkt der diagnostischen Tätigkeit klinisch arbeitender Neuropsychologen. Unter
Umständen liegen aber für eine spezifische
Fragestellung keine geeigneten, etablierten
Verfahren vor. Dennoch ist eine diagnostische
Aussage erwünscht, die sich dann auf eigens
zusammengestelltes Untersuchungsmaterial
stützen muss. Die Analyse der Leistungen einzelner Patienten in nicht normierten Testverfahren ist auch unter zwei weiteren Gesichtspunkten in der Neuropsychologie relevant. Es
gibt einerseits einzelne neuropsychologische
Störungsbilder oder Beeinträchtigungsmuster,
die generell selten anzutreffen sind, so dass
Methoden zur Analyse des Einzelfalls unabdingbar sind. Im methodischen Ansatz der kognitiven Neuropsychologie (Shallice, 1988;
vergl. Kapitel 1.5 dieses Buches) hat die Ana-

lyse individueller Leistungs- und Störungsmuster einen besonderen Stellenwert. Oft werden
die theoretisch an einem speziellen Verarbeitungsmodell orientierten Untersuchungsverfahren für die Analyse eines einzelnen Patienten extra neu zusammengestellt. Für solche
„maßgeschneiderten" Verfahren sind in der Regel keine Informationen über deren Konstruktvalidität und Reliabilität oder gar Normen vorhanden. Trotzdem möchte man diagnostische
Aussagen über möglichst selektive Beeinträchtigungen in einzelnen Aufgabenstellungen treffen, um eine oder mehrere beeinträchtigte Komponenten oder Verarbeitungswege in
solch einem Verarbeitungsmodell, z.B. für das
Erkennen von Objekten oder Gesichtern, möglichst verlässlich identifizieren zu können.

Deshalb wird nachfolgend der Analyse des
Leistungsmusters einzelner Patienten breiter
Raum gegeben unter 4 Gesichtspunkten:

- Inferenzstatistische Analyse von Leistungs-
  profilen, bestehend aus standardisierten und
  normierten psychologischen Testverfahren,
  mit Methoden der psychometrischen Einzelfalldiagnostik,
- Darstellung der Grundbegriffe und Prinzipien kriteriumsorientierter Leistungsmessung, die für die Analyse von Leistungen in
  nicht normierten Untersuchungsverfahren
  mit u. U. speziell zusammengestellten Aufgabenstellungen relevant ist,
- Inferenzstatistische Analyse von Leistungsdissoziationen bei Verwendung nicht normierter Aufgabenstellungen,
- Evaluation von Therapieeffekten im Einzelfall mit inferenzstatistischen Methoden.

Die Lösungsvorschläge zu diesen umfangreichen Fragestellungen können nicht erschöpfend behandelt werden; vielmehr sollen die
Grundgedanken erläutert und teilweise an Beispielen veranschaulicht werden. Die Darstellungen werden ergänzt durch Hinweise auf
vorhandene Computerprogramme und weiterführende Fachliteratur.

Analyse von Leistungsprofilen mit Methoden der psychometrischen Einzelfalldiagnostik

Grundbegriffe

Ziel der psychometrischen Einzelfalldiagnostik (Huber, 1973, 1992) ist die zufallskritische Beurteilung der Testleistungen einer Person, indem analog zum statistischen Hypothesentesten in der experimentellen Forschung fehlerkontrollierte Entscheidungen bezüglich diagnostischer Hypothesen über die Gleichheit bzw. Verschiedenheit wahrer Testleistungen getroffen werden. Ausgangspunkt ist die in den verschiedenen Testtheorien getroffene Annahme, dass bei der Anwendung eines psychometrischen Verfahrens auf eine Person eine spezielle Ausprägung der Testleistung aus einer Gesamtheit von möglichen Testleistungen realisiert wird. Etwas technischer ausgedrückt geht man davon aus, dass das Ergebnis der Testuntersuchung durch eine sog. *Zufallsvariable* X_{ij} beschrieben werden kann.

Im Modell der sog. *Klassischen Testtheorie* denkt man sich diese beobachtbare Testleistung der Person *i* im Testverfahren *j* additiv zusammengesetzt aus einem sog. *wahren Wert* T_{ij} und einer *Fehlervariablen* E_{ij} mit einer je Test und Person u. U. verschiedenen (testspezifischen) Fehlervarianz:

$$X_{ij} = T_{ij} + E_{ij} . \qquad (1)$$

Jede Person ist also charakterisiert durch ein ihr eigenes Leistungsniveau (allgemeiner: Ausprägungsniveau eines psychologischen Merkmals) mit einem eigenen Ausmaß von (möglicher) Variabilität um dieses Leistungsniveau herum.

Wie Huber (1973, S. 21f) darstellt, passen diese Annahmen der klassischen Testtheorie gut überein mit den bereits 1950 aufgestellten Postulaten von Zubin über die statistische Analyse intraindividueller Beobachtungsreihen.

1. Jedes Individuum ist als ein eigenes Universum (möglicher Testwerte) anzusehen.
2. Jedes Individuum wird durch ein bestimmtes Leistungsniveau charakterisiert, von dem ein beobachteter Testwert eine Zufallsstichprobe darstellt.
3. Jedes Individuum wird durch ein bestimmtes Ausmaß an Variabilität um dieses Leistungsniveau charakterisiert.
4. In einem Postulat wird zusätzlich angenommen, dass sich Effekte der Variation interner (z.B. Reifung, Degeneration, Spontanremission) oder äußerer (Therapie, Training) Bedingungen auf das Ausprägungsniveau und/oder die Leistungsvariabilität auswirken.

Bei einer einmaligen diagnostischen Untersuchung erhält man jedoch keine Information über die mögliche Leistungsvariabilität. Unter der fundamentalen *Homogenitätsannahme* einer Identität der testspezifischen Fehlervarianz $\sigma^2(X_{ij}) = \sigma^2(E_{ij})$ für alle Individuen einer Probanden- oder Patientenpopulation (sog. Referenzpopulation) kann man die testspezifische Fehlerstreuung durch den sog. *Standardmessfehler* $\sigma(X_{.j})\sqrt{(1-\rho_{jj})}$ für das jeweilige psychologische Testverfahren ersetzen. Dieser wiederum ist bestimmbar, wenn man die Reliabilität ρ_{jj} (z.B: interne Konsistenz, Splithalf Reliabilität, Paralleltestreliabilität) und die Streuung $\sigma(X_{.j})$ des Testwertes in der Referenzpopulation bzw. in der Normstichprobe kennt. Diese Informationen über die Testgütekriterien und die Normierung liegen aber für die meisten publizierten psychometrischen Testverfahren vor.

Bei Huber (1973) findet man gewisse Mindestanforderungen an die Höhe und Genauigkeit der Reliabilitätsschätzungen (sog. Forderung nach praktischer Invarianz) und an den Umfang einer Normstichprobe ($N > 500$), damit die Methoden der psychometrischen Einzelfalldiagnostik verlässlich angewendet werden können. Ein Computerprogramm (PSYMEDIA), mit dem man diese Prüfung z.B. vornehmen kann, ist von Hageböck (1991, 1994) vorgestellt worden (siehe auch Willmes, 1985).

Für den Vergleich von Testleistungen eines Testprofils sind allgemein nur normierte Testwerte sinnvoll zu verwenden, da verschiedene (Unter)tests unterschiedliche Schwierigkeiten besitzen. Normierte Werte Y_{ij} für eine sog. Standardnorm werden allgemein durch folgende Formel bestimmt:

$$Y_{ij} = ((X_{ij} - A_j)/B_j) \times K + L \qquad (2)$$

Dabei sind A_j und B_j die von der jeweiligen Probandenpopulation abhängigen Standardisierungsgrößen des Tests j; L bzw. K dagegen ist der von der jeweiligen Population und dem jeweiligen Test unabhängige gewünschte Mittelwert bzw. die gewünschte Standardabweichung der ausgewählten Norm. Gängige Beispiele für Standardnormen sind Standardwerte (SW): L=100, K=10; IQ-Werte: L=100, K=15; T-Werte: L=50, K=10; C-Werte: L=5, K=2; Wertpunkte (WP): L=10, K=3. Prozentrangnormen sind keine Standardnormen.

Da diagnostische (Null-)Hypothesen sich auf die Gleichheit von wahren Testleistungen einer Person i beziehen wie z.B. im einfachsten Fall für zwei Tests j und k:

$$H_0: \quad T_{ij} = T_{ik} \tag{3}$$

ist zu prüfen, ob aus der Gleichheit der wahren (Roh-)Werte auch die Gleichheit der wahren normierten Werte folgt. Huber (1973) hat gezeigt, dass diese Implikation nur für den Fall identischer Reliabilitäten beider Tests gilt. Für den allgemeineren Fall unterschiedlicher Reliabilitäten ist die sog. τ-Normierung (im Unterschied zur sog. x-Normierung für die beobachteten Rohwerte) erforderlich, die die ‚beste' Schätzung der wahren normierten Testleistung darstellt:

$$Y^{\tau}_{ij} = Y^{x}_{ij} / \sqrt{\rho_{jj}} + L(1\text{-}1/\sqrt{\rho_{jj}}) \tag{4}$$

Je höher die Reliabilität eines Tests ist, um so weniger unterscheiden sich die beiden Normwerte. Im Falle identischer Reliabilitäten kann eine τ-Normierung entfallen. Nachfolgend wird jedoch nur der allgemeinere Fall unterschiedlicher Reliabilitäten behandelt.

Die Umwandlung in τ-normierte Werte ist für einige Testverfahren tabellarisch vorhanden (z.B. für eine Kurzform des Leistungsprüfsystems (LPS-K): Sturm & Willmes, 1983; für den Aachener Aphasie Test (AAT): Huber et al., 1983; für den LPS-50+: Sturm et al., 1993; für den Verbalen und den Nonverbalen Lerntest (VLT/NVLT): Sturm & Willmes, 1999). In Computerprogrammen zur psychometrischen Einzelfalldiagnostik (PSYMEDIA von Hageböck, 1991, 1994; CASE123 von Guillot & Willmes (1993) ist diese Umwandlung der Normwerte enthalten.

Wenn diagnostische Hypothesen über die Gleichheit wahrer (normierter) Testleistungen wie statistische Hypothesen über die Gleichheit von Verteilungsparametern behandelt werden, dann kann es wie bei üblichen inferenzstatistischen Entscheidungen zu den in Tabelle 1 dargestellten (richtigen oder) falschen Entscheidungen bezüglich der Akzeptanz der diagnostischen Nullhypothese H_0 (β-Fehler) bzw. Alternativhypothese A (α-Fehler) kommen.

Bei diagnostischen Fragestellungen ist es oft wichtiger, einen möglichst kleinen β-Fehler zu begehen, d.h. möglichst keinen echten Unterschied in den wahren Testleistungen zu „übersehen". Deshalb schlägt Huber (1973) die Wahl eines „liberalen" α-Fehlers von α = 10% vor.

Beim Vergleich normierter Testleistungen eines Leistungsprofils geht es um die zufallskritische Beurteilung von Unterschieden unter dem Gesichtspunkt der Reliabilität der Merkmalsmessung. Die diagnostische Fragestellung ist, ob es über die Messungenauigkeit eines Tests (einer Testbatterie, einer Menge von Untertests) hinausgehende Unterschiede zwi-

Tabelle 1. Richtige und falsche Entscheidungen bei der inferenzstatistischen Überprüfung diagnostischer Hypothesen

		(Unbekannte) Realität	
		H_0 richtig	A richtig
Diagnostische Entscheidung	H_0 akzeptieren		β-**Fehler** (Fehler 2. Art) (5)
	A akzeptieren	α-**Fehler** (Fehler 1. Art)	

schen den (Gruppen von) wahren Testwerten gibt (*Reliabilitätsaspekt*). Bei einer Entscheidung auf Vorliegen dieser reliablen Unterschiede kann es zusätzlich von diagnostischem Interesse sein zu bestimmen, wie wahrscheinlich ein noch größerer Unterschied zwischen den (Gruppen von) Testleistungen in der Referenzpopulation des Probanden *i* ist (*Aspekt der diagnostischen Valenz*). Huber (1973) schlägt vor, bei Wahrscheinlichkeiten unter 20% von einem diagnostisch valenten (d.h. für eine weitere diagnostische Abklärung sprechenden) Unterschied auszugehen. Mit dem Konzept der diagnostischen Valenz ist auch eine Möglichkeit zur operationalen Definition einer Leistungsdissoziation (siehe den Abschnitt über spezielle Anwendungen der psychometrischen Einzelfalldiagnostik, S. 236) gegeben.

Intraindividuelle Profilanalyse

Bei der Analyse eines Leistungsprofils kann man zwischen Profilhöhe, Profilstreuung und Profilgestalt unterscheiden. Die *Profilhöhe* h^τ_i ist ein gewichteter Mittelwert der τ- normierten m (Unter-)Testwerte; die Gewichte g_j sind eine Funktion der Reliabilitäten (hohe Reliabilität bedeutet hohes Gewicht). Mit $g_j = \rho_{jj} / (1-\rho_{jj})$ und $G = \Sigma\ g_j$ hat man:

$$h^\tau_i = 1/G\ \Sigma\ g_j\ Y^\tau_{ij} \qquad (6)$$

Die Bestimmung der Profilhöhe für ein Gesamtprofil ist in der Regel nur für Leistungstests, nicht jedoch für Persönlichkeitsprofile sinnvoll.

Bei der Analyse der *Profilstreuung* geht es um die Frage, ob es überhaupt Unterschiede zwischen den m Untertests gibt, die nicht nur als bedingt durch Messfehler anzusehen sind. Dazu werden die quadrierten Abweichungen der einzelnen (Unter-)testleistungen von der Profilhöhe bestimmt:

$$\chi^2_{m-1} = 1/K^2 \Sigma\ g_j\ (Y^\tau_{ij} - h^\tau_i)^2 \qquad (7)$$

Überschreitet der Wert der Teststatistik das $(1-\alpha)$-Quantil der χ^2_{m-1} -Verteilung, (d.h. das 90%-Quantil) dann wird von einer überzufälli-

gen Profilstreuung ausgegangen und man spricht von einem *echten* Profil.

Nur bei einem signifikanten Ausgang des Tests auf Profilechtheit ist es sinnvoll, eine Analyse der *Profilgestalt* auszuführen. Das kann prinzipiell auf zwei verschiedene Arten geschehen.

Ohne eine spezifische diagnostische Hypothese können alle $M = m(m-1)/2$ paarweisen Vergleiche zwischen Untertestpaaren (j, h) unter dem Reliabilitätsaspekt vorgenommen werden. Dazu wählt man folgende standard-normalverteilte Teststatistik:

$$z_{jh} = (Y^\tau_{ij} - Y^\tau_{ih})/K\sqrt{(1/g_j + 1/g_h)} \qquad (8)$$

Ist die (zweiseitige) Überschreitungswahrscheinlichkeit (sog. *p-Wert*) für obige Teststatistik nicht größer als α, wird die diagnostische Nullhypothese über die Gleichheit der normierten wahren Werte für die Tests *j* und *h* bei Proband *i* verworfen.

Würden alle M Paarvergleiche jeweils zum Niveau α ausgeführt, würde sich – bezogen auf die Gesamtzahl aller Vergleiche – eine zu hohe Wahrscheinlichkeit für mindestens einen Fehler 1. Art ergeben. Deshalb muss das Fehlerniveau α^* für den einzelnen Vergleich reduziert werden, um insgesamt das globale Fehlerniveau 1. Art bei α zu kontrollieren. Eine konservative Methode der Fehlerreduktion ist die Bonferroni-Adjustierung $\alpha^* = \alpha/M$ für jeden der M Paarvergleiche. Eine einfach auszuführende Verbesserung hat Holm (1979) vorgeschlagen. Dazu werden die zu den M Teststatistikwerten gehörenden p-Werte nach aufsteigender Größe geordnet:

$$p_{(1)} \leq p_{(2)} \leq ...\leq p_{(M)}.$$

Ist $M \times p_{(1)} \leq \alpha$, wird der Leistungsunterschied des zugehörigen Paarvergleichs als reliabel bezeichnet und das multiple Testverfahren wird fortgesetzt. Ist $M \times p_{(1)} > \alpha$, wird dieser Paarvergleich und alle weiteren Paarvergleiche als nicht reliabel bezeichnet und das multiple Testverfahren ist beendet. Als nächstes wird überprüft, ob $(M-1) \times p_{(2)} \leq \alpha$ ist. Falls ja, wird der zugehörige Paarvergleich als reliabel bezeichnet und man geht zum nächsten p-Wert über; falls nicht, bricht das Verfahren ab. Für den drittkleinsten p-Wert wird überprüft, ob $(M\text{-}2) \times p_{(3)} \leq \alpha$ ist, usw. Bei jedem signifikanten Paarvergleich wird also für den nächsten p-Wert der Faktor um Eins reduziert. Das sequentielle multiple Testverfahren bricht ab, sobald zum ersten Mal ein Paarvergleich als nicht reliabel beurteilt wird.

Besonders bei aus vielen Tests bestehenden Testprofilen ist i.a. der Vergleich aller Testpaare nicht sehr informativ. Diagnostisch interessanter ist der sog. *gezielte Linearvergleich* zwischen zwei (Unter-)testgruppen bestehend aus m_1 bzw. m_2 anderen Tests ($2 \leq m_1 + m_2 \leq$ m). Für jede der beiden Gruppen von Tests wird getrennt die Teilprofilhöhe bestimmt und die Differenz ψ^τ_i aus beiden Teilprofilhöhen gebildet (Die Formeln sind z.B. bei Huber (1973) in Kap. 9 zu finden). Die zugehörige standardnormalverteilte Teststatistik ist:

$$z(\psi^\tau_i) = (\psi^\tau_i / K \sqrt{(1/\Sigma g_j + 1/\Sigma g_{j'}}) \ . \qquad (9)$$

Dabei sind in den beiden Summen im Nenner der Teststatistik jeweils diejenigen reliabilitäts-abhängigen Gewichte enthalten, die zu den zum Teilprofil zusammengefassten Tests gehören. Die diagnostische Hypothese ist bei einem gezielten Linearvergleich üblicherweise gerichtet. Der gezielte Linearvergleich wird als reliabel bezeichnet, wenn der zur Teststatistik gehörende einseitige p-Wert $\leq \alpha$ ist.

Für einen unter dem Reliabilitätsaspekt signifikanten gezielten Linearvergleich ist es oft diagnostisch sinnvoll zu ermitteln, wie (un-)wahrscheinlich eine noch größere Diskrepanz der Leistungen in der betreffenden Referenzpopulation ist. Die recht komplexe Formel zur Berechnung der diagnostischen Valenzwahrscheinlichkeit soll hier nicht angeführt werden (vgl. Huber (1973) Formel (9.4.7)). Lediglich für den Spezialfall des Vergleichs zweier Testleistungen (d.h. $m_1 = m_2 = 1$) soll sie dargestellt werden:

$$z^i(Y^\tau_{ij} - Y^\tau_{ih}) = \frac{(Y^\tau_{ij} - Y^\tau_{ih})/}{K\sqrt{\{1/\rho_{jj} + 1/\rho_{hh} - 2\rho_{jh}/\sqrt{(\rho_{jj}\rho_{hh})}\}}} \qquad (10)$$

Dabei bezeichnet ρ_{jh} die Korrelation zwischen den beiden Tests j und h des Leistungsprofils, und es sei vereinbart, dass Y^τ_{ij} größer als Y^τ_{ih} ist.

Die diagnostische Valenzwahrscheinlichkeit ρ_{jh} für eine noch extremere Diskrepanz zwischen den beiden Testleistungen bestimmt sich aus:

$$\rho_{jh} = 1 - \Phi(z_i(Y^\tau_{ij} - Y^\tau_{ih})) \qquad (11)$$

mit $\Phi(z)$ Verteilungsfunktion der Standardnormalverteilung. Vertafelte Werte von $\Phi(z)$ sind z.B. in Bortz (1993) zu finden. Ist ρ_{jh} kleiner als 20%, wird der Kontrast aus (10) üblicherweise als diagnostisch valent bezeichnet.

Intraindividueller Profilvergleich

Bisher ist die für eine ausschließlich diagnostische Fragestellung relevante Analyse eines individuellen Leistungsprofils dargestellt worden. In der neuropsychologischen Praxis interessiert zumindest in gleichem Maße die Frage, ob die Leistungen eines Patienten sich im Anschluss an eine Phase (gezielter) neuropsychologischer Therapie verändert haben oder ob Leistungen in einer follow-up Untersuchung stabil geblieben sind.

Es lassen sich bei einem Profilvergleich folgende Schritte der Analyse unterscheiden:

1. Globaler Profilvergleich

Es wird analysiert, ob beide Profile als Ganze identisch sind, d.h. ob weder Unterschiede in der Profilhöhe noch in der Profilstreuung vorliegen. Falls sog. Profilidentität vorliegt, sind keine weitergehenden Analysen erforderlich. Für den Test auf Profilidentität werden die quadrierten Abweichungen der (Unter)testleistungen des Testprofils aus erster und zweiter Untersuchung herangezogen:

$$\chi^2_m = 1/2K^2 \Sigma \ g_j \ (Y^\tau_{ij1} - Y^\tau_{ij2})^2. \qquad (12)$$

Falls der Wert obiger Teststatistik größer als das $(1\text{-}\alpha)$ - Quantil der χ^2-Verteilung mit m Freiheitsgraden ausfällt, werden die beiden Testprofile der Person i als verschieden angesehen. In diesem Fall ist es sinnvoll, getrennt die Profilhöhen und separat davon die Profilgestalten zu vergleichen.

2. Vergleich der Profilhöhen

Es werden die Profilhöhen separat für jedes der beiden Profile bestimmt und in einer Teststatistik mit Standardnormalverteilung über ihre Differenz verglichen:

$$z = (h^\tau_{i1} - h^\tau_{i2})/K\sqrt{(2/\sum g_j)}. \qquad (13)$$

Falls der absolute Wert obiger Teststatistik das 95%-Quantil der Standardnormalverteilung (1.645) überschreitet, geht man von einem signifikanten Unterschied in der Profilhöhe aus. Im Falle einer begründeten Erwartung über die Richtung des Höhenunterschiedes ist der einseitige Test auf eine Erhöhung bzw. Erniedrigung der Profilhöhe (kritischer Wert z = 1.28 bzw. z = -1.28) wegen der resultierenden größeren Teststärke (Power) besser geeignet.

Unter der plausiblen Annahme, dass die beiden Anwendungen des selben psychologischen Testverfahrens wie Untersuchungen mit parallelen Testverfahren angesehen werden können, führt die Beurteilung einer Profilhöhendifferenz unter Reliabilitäts- und Valenzaspekt (unter bestimmten Verteilungsannahmen, vgl. Huber 1973, Kap. 10.5) zu formal gleichen Ergebnissen. Falls für einen psychologischen Test tatsächlich parallele Testformen vorliegen, sollten diese für den intraindividuellen Leistungsvergleich eingesetzt werden.

3. Vergleich der Profilgestalt

Um einen Vergleich der Profilgestalt unabhängig von möglichen Unterschieden in der Profilhöhe ausführen zu können, müssen die beiden zu vergleichenden Profile zuerst in ihrer globalen Profilhöhe angeglichen werden. Nach dieser Korrektur handelt es sich formal wieder um einen Test auf Identität der beiden Profile. Vergleich man die Teststatistik (14) mit der für den Test auf generelle Profilidentität in (12), unterscheiden sich beide in der Tat nur um diesen Ausgleich jeder Untertestdifferenz um die globale Profilhöhendifferenz $h^\tau_{i1} - h^\tau_{i2}$ und den Verlust eines Freiheitsgrades:

$$\chi^2_{m-1} = 1/2K^2 \sum g_j ((Y^\tau_{ij1} - Y^\tau_{ij2}) - (h^\tau_{i1} - h^\tau_{i2}))^2. \quad (14)$$

Falls der Wert der Teststatistik das $(1-\alpha)$-Quantil der χ^2_{m-1}-Verteilung überschreitet, geht man von einem signifikanten Unterschied in der Profilgestalt aus und eine differenzierte Analyse der Unterschiede in der Profilstreuung ist angezeigt. Im Falle eines nicht signifikanten Ergebnisses sollten weitere Vergleiche der Profilgestalt unterbleiben.

Differenzierte Analysen von Unterschieden in der Profilgestalt können auf zwei konzeptuell verschiedene Arten erfolgen. Zum einen können die korrespondierenden (Unter)testwerte der beiden Profile separat je Test des Profils miteinander auf signifikante Unterschiede hin verglichen werden. Dem Konzept eines differenzierteren Vergleiches der beiden Profilgestalten entspricht aber die zweite Vorgehensweise eines sog. gezielten Profilvergleichs besser. Bei diesem werden die Relationen von (Unter)testleistungen zueinander zwischen den beiden Profilen verglichen.

4. Veränderung einzelner Profilwerte

Getrennt für jeden (Unter)test des Testprofils werden die Leistungen aus erster und zweiter Testuntersuchung miteinander verglichen. Je nach diagnostischer Fragestellung können diese Vergleiche zweiseitig auf Veränderung oder einseitig auf Verbesserung bzw. Verschlechterung ausgeführt werden. Für jeden der m Tests des Profils wird die Testwertdifferenz mit einer standardnormalverteilten Teststatistik beurteilt:

$$z_j = (Y^\tau_{ij1} - Y^\tau_{ij2})/K\sqrt{(2/g_j)}. \qquad (15)$$

Da es sich um insgesamt *m* einzelne Tests handelt, muss wie zuvor in einer multiplen Testprozedur das Niveau des Fehlers 1. Art für den Einzelvergleich adjustiert (d.h. reduziert) werden, um insgesamt die Wahrscheinlichkeit für mindestens einen Fehler 1. Art bei $\alpha=10\%$ kontrollieren zu können. Wie schon erläutert, kann man mit der sequentiell verwerfenden Prozedur von Holm die zu den Werten der Teststatistiken z_j aus (15) gehörenden p-Werte p_j beurteilen oder sie (weniger teststark) alle nach der Bonferroni-Methode mit dem Niveau α/m vergleichen.

5. Gezielter Profilvergleich

Falls eine diagnostische Hypothese ein bestimmtes Muster von Leistungs/Merkmals-Veränderungen postuliert, kann man überprüfen, ob sich die Relation zwischen den gemäß der diagnostischen Hypothese relevanten (Unter)testgruppen innerhalb eines Profils von einer ersten zu einer zweiten Testuntersuchung hin überzufällig verändert hat. Technisch handelt es sich damit um den Vergleich desselben gezielten Linearvergleichs wie in (9) für beide Anwendungen des psychologischen Testverfahrens. Diese Differenz $\delta^\tau_i = \psi^\tau_{i1} - \psi^\tau_{i2}$ wird in einer standardnormalverteilten Teststatistik auf überzufällige Abweichung von Null beurteilt:

$$z(\delta^\tau_i) = \delta^\tau_i \; / K\sqrt{2}\sqrt{(1/\Sigma_{gj} + 1/\Sigma_{gj'})}. \quad (16)$$

Überschreitet die absolute Größe von $z(\delta^\tau_i)$ den kritischen Wert von 1.645, wird auf einen signifikanten Unterschied in der Profilgestalt entschieden. Wie zuvor für den Test auf Veränderungen in der Profilhöhe erläutert, fallen unter gewissen Zusatzannahmen die Tests unter Reliabilitäts- und diagnostischem Valenzaspekt formal zusammen.

Für den Fall einer Hypothese über die Veränderung in der Leistungsrelation zweier (Unter-) tests zueinander, vereinfacht sich die Teststatistik aus (16) zu:

$$z = \{(Y^\tau_{ij\,1} - Y^\tau_{ih1}) - (Y^\tau_{ij\,2} - Y^\tau_{ih2})\}/ \atop K\sqrt{2}\sqrt{(1/g_j + 1/g_h)} \; . \quad (17)$$

In Ermangelung einer speziellen diagnostischen Hypothese kann man bei Vorliegen signifikanter Gestaltunterschiede zwischen beiden Testprofilen auch systematisch alle $M = m(m-1)/2$ Vergleiche der Leistungsrelationen zwischen (Unter)testpaaren vornehmen. Dann ist entsprechend eine Beurteilung der Signifikanz eines einzelnen Vergleiches nach Bonferroni oder (besser) nach Holm vorzunehmen.

Spezielle Anwendungen der psychometrischen Einzelfalldiagnostik

1. Selektiv erhaltene Funktion /selektive Beeinträchtigung in einem Test eines Testprofils

Zur diagnostischen Stützung des Verdachts auf eine Leistungsdissoziation (s.u.) kann man fordern, dass die Leistungen in dem betreffenden Test s nicht nur reliabel sondern auch diagnostisch valide schlechter (bzw. besser) sind als alle anderen Testleistungen. Als spezielle Linearvergleiche werden alle m-1 paarweisen Vergleiche mit dem speziellen Test s wie in (9) ausgeführt. Bei Adjustierung des Fehlerniveaus für die m-1 Einzelvergleiche nach Holm müssen diese alle unter dem Reliabilitätsaspekt signifikant ausfallen. In einem zweiten Schritt sind dann alle diese Paardifferenzen auf diagnostische Valenz hin zu untersuchen. Dazu wird für alle m-1 paarweisen Vergleiche die Teststatistik wie in (10) gebildet:

$$z_i(Y^\tau_{ij} - Y^\tau_{is}) = (Y^\tau_{ij} - Y^\tau_{is})/ \quad (18)$$
$$K\sqrt{\{1/\rho_{jj} + 1/\rho_{ss} - 2\rho_{js}/\sqrt{(\rho_{jj}\rho_{ss})}\}} , j=1,..,m \; u. \; j \neq s$$

Die m-1 diagnostischen Valenzwahrscheinlichkeiten p_{js} werden wie in (11) gebildet. Um insgesamt nicht mindestens eine fälschliche Entscheidung bezüglich der diagnostischen Valenz zu fällen, d.h. eine fälschliche Entscheidung einer selektiven Leistungsbeeinträchtigung, sollte jede der nach (11) berechneten diagnostischen Valenzwahrscheinlichkeiten p_{js} kleiner als 20%/(m-1) sein. Eine Anwendung dieses Ansatzes zur operationalen Definition einer Leitungsaphasie anhand einer Untersuchung mit dem Aachener Aphasie Test (AAT) ist bei Willmes (1992) zu finden.

2. Differentieller Therapieeffekt

Wenn man die begründete Erwartung hat, dass die Effekte eines spezifischen Trainings oder einer spezifischen Therapie sich besonders auf einen oder eine Teilmenge der (Unter)tests eines Testprofils auswirken sollten, kann man einen gezielten Profilvergleich wie in (16) ausführen. Dieser sollte signifikant ausfallen. Bezieht sich die diagnostische Hypothese lediglich auf einen einzigen Test im Vergleich zu allen anderen Tests eines Profils, sind auch m-1 paarweise Vergleiche wie in (17) denkbar. Für jeden der gezielten paarweisen Vergleiche ist zu fordern, dass auch nach Anwendung der multiplen Testprozedur von Holm auf die individuellen p-Werte ein signifikantes Ergebnis resultiert.

Anwendbarkeit der psychometrischen Einzelfalldiagnostik in der Neuropsychologie

Bei Einsatz eines der verfügbaren PC-Programme PSYMEDIA oder CASE123 ist der Arbeitsaufwand zur Ausführung der Berechnungen sehr gering. Das letztere Programm enthält eine sog. „Testbibliothekskomponente", die durch jeden Benutzer individuell erweitert werden kann. Wenn für ein psychologisches Testverfahren praktisch invariante Reliabilitätsschätzungen und Standardnormen für genügend große Eichstichproben vorliegen (sowie die Korrelationen der Tests des Profils), können diese für das jeweilige psychologische Testverfahren in die Bibliothek aufgenommen werden. Sie stehen dann für die Analysen eines Probanden stets zur Verfügung. Für den einzelnen zu analysierenden Patienten müssen nach Auswahl des entsprechenden Tests aus der Testbibliothek lediglich die normierten Werte eingegeben werden.

Gelegentlich ist eingewendet worden, dass einerseits zur Analyse der Leistungen eines Patienten mit neuropsychologischen Auffälligkeiten an nicht hirngeschädigten Personen bestimmte Testkennwerte und Normen nicht sinnvoll eingesetzt werden können. Zum anderen gibt es für viele speziell an neuropsychologischen Populationen entwickelte und normierte Testverfahren lediglich Reliabilitätsschätzungen an kleinen Stichproben, die die Forderung der praktischen Invarianz nicht immer erfüllen, und kleine Eichstichproben. Für diagnostische Fragen zur Statusdiagnostik, d.h. zur Analyse der Testleistungen eines Patienten bezogen auf (u.U. alters-, geschlechts- und bildungsentsprechende) Personen ohne Hirnschädigung sind die Testkennwerte der

Normalpopulation sinnvoll zu verwenden. Problematisch sind u.U. Aussagen über die diagnostische Valenz eines paarweisen Vergleichs oder eines gezielten Linearvergleichs. Wegen der sehr wahrscheinlich deutlich von den Normwerten der Normalpopulation abweichenden Normwerten der neuropsychologischen Referenzpopulation mag ein diagnostisch valenter Unterschied in der Normalpopulation sehr selten, in der neuropsychologischen Referenzpopulation aber sogar die Regel und damit für die neuropsychologischen Normwerte gar nicht einmal reliabel sein. Weiterhin ist es u.U. plausibel, dass die testspezifischen Fehlervarianzen von Patienten mit neuropsychologischen Auffälligkeiten wegen möglicherweise geringerer Reliabilitäten eines Testverfahrens für Patientenpopulationen größer als die von gesunden Personen ausfallen. In diesem Fall würde es gehäuft zu fälschlich signifikanten (reliablen) Leistungsunterschieden kommen.

Hilfreich sind die Methoden der psychometrischen Einzelfalldiagnostik für eine operationale Definition von Leistungsdissoziationen. Ein Beispiel zur operationalen Definition von materialspezifischen Lern- und Gedächtnisstörungen ist bei Sturm und Willmes (1999) zu finden.

Für die Verlaufsanalyse von Patienten mit Verdacht auf eine primär progressive Aphasie (Poeck & Luzzatti, 1988) wurde die Methode des gezielten Profilvergleichs für eine Kurzform LPS-K (Sturm & Willmes, 1983) des LPS eingesetzt, um nachzuweisen, dass eine initial stärkere reliable und diagnostisch valente Beeinträchtigung von Leistungen im Teilprofil der sprachgebundenen Untertests im Verlauf von mehreren Jahren Progredienz der Erkrankung (bei gleichzeitiger signifikanter Absenkung der Profilhöhe) signifikant geringer wird oder gar nicht mehr vorhanden ist.

Umgekehrt können die Auswirkungen gezielter Sprachtherapie sich auf die Leistungen im LPS 50+ (Sturm et al., 1993) so auswirken, dass bei einem Patienten mit linkshirnigem Insult und initialer (leichter) Broca-Aphasie ein diagnostisch valenter gezielter Linearvergleich mit schlechteren sprachgebundenen Leistungen sich signifikant zu einem nicht mehr signifikanten Unterschied zwischen sprachfreien und sprachgebundenen Leistungen bei globaler Steigerung des Leistungsniveaus (Profilhöhe) hin entwickelt. Über weitere Anwendungen zur Überprüfung der Effekte pharmakologischer Behandlungen auf psychologische Testleistungen berichtet Hartje (1987).

Kriteriumsorientierte Leistungsmessung

Grundbegriffe

Nicht für alle diagnostischen Fragestellungen in der Neuropsychologie sind standardisierte und normierte Untersuchungsverfahren vorhanden. Aus verschiedenen Gründen müssen u.U. „maßgeschneiderte" Aufgabenstellungen erstellt werden. Diese können aus Aufgaben (Items) mit dichotomer (richtig/falsch) Bewertung, abgestufter Bewertung nach Ausmaß der Abweichungen von einer Zielform oder mit Zeitmessung einer Reaktionszeit (RZ) oder Bearbeitungs-/Entscheidungszeit bestehen. Auch physiologische Maße wie die (Änderung der) Hautleitfähigkeit sind denkbar.

Selbstverständlich fehlen in allen diesen Fällen empirische Angaben über Reliabilitäts- oder Konstruktvaliditätseigenschaften, selbst wenn eine Aufgabenstellung wiederholt bei mehreren Einzelfällen eingesetzt worden ist. Insbesondere gibt es keine Angaben über psychometrische Eigenschaften einer Aufgabensammlung, wenn diese sich aus Items zusammensetzt, die ein Proband in einer ersten Testuntersuchung nicht korrekt lösen konnte und die für weitere Kontrolluntersuchungen verwendet werden.

Im eher theoretisch als psychometrisch orientierten Ansatz der (kognitiven) Neuropsychologie ist *Inhaltsvalidität* zumindest implizit das Hauptkriterium zur Generierung und Auswahl von (Test-)Items. Ein Test ist *inhaltsvalide* (Klauer 1987), wenn er ein Universum (eine Domäne) von Items (vollständig) enthält oder repräsentiert, z.B. Das Universum aller Additionsaufgaben von zwei zweistelliger Zahlen oder das Universum aller einfachen Reaktionsaufgaben auf einen visuellen Stimulus an einer zufällig ausgewählten Position auf dem PC-Monitor.

Ein *Itemuniversum* wird definiert über eine vollständige Aufzählung aller seiner Elemente oder eine Regel zur Erzeugung beliebiger Items aus dem Universum. Bei der konkreten Spezifizierung eines *Itemformats* sind sowohl die Stimulus- wie die geforderte Antwortkomponente festzulegen (z.B. schriftliche Vorgabe von ‚x + y = ?' mit $10 \leq x, y \leq 99$ und handschriftliche Ersetzung der Leerstelle ‚?' oder mündliche Angabe von ‚?').

In den meisten Fällen kann ein Aufgabenuniversum noch in mehrere Teildomänen (*Strata*) unterteilt (stratifiziert) werden. Diese Unterteilung ist meist theoretisch motiviert und führt in den Teildomänen zu nach erwarteter (Verarbeitungs-)Schwierigkeit oder Qualität der Anforderungen homogeneren Aufgaben. (z.B. Addition ohne/mit Übertrag; Präsentation des visuellen Stimulus in bestimmtem Quadranten des Bildschirms). Es können auch mehrere Strata definiert sein und z.B. in einem vollständig gekreuzten Strukturierungsplan vorliegen (z.B. ohne/mit Übertrag × ‚?' unter/über 50).

In beiden Fällen der Definition eines Itemuniversums wird für eine konkrete Aufgabenstellung in aller Regel eine *repräsentative* Stichprobe aus dem Universum gebildet. Diese besteht in idealer Weise aus einer Zufallsstichprobe mit spezifizierten Umfang. Der Umfang sollte, wenn möglich, proportional zu der Anzahl von Elementen in den einzelnen Strata sein. Damit ist durch Bilden verschiedener repräsentativer Stichproben (d.h. neuer Zufallsstichproben) die Möglichkeit gegeben, sog. *inhaltvalide Paralleltests* zu erzeugen. Für mehrfache Untersuchungen an einem Probanden ist das eine wünschenswerte Eigenschaft.

Der *Kompetenzgrad* (die Fähigkeit) einer Person i für eine Domäne ist (bei Items mit dichotomer Antwortmöglichkeit) definiert als die Wahrscheinlichkeit p_i, Items aus einem bestimmten Universum richtig zu lösen. Bei beliebigen Leistungsmaßen ist es der sog. Erwartungswert (*universe score*, μ_i). Empirisch wird eine Schätzung des Erwartungswertes durch Bestimmung des (arithmetischen) Mittelwertes der Leistungen der Person i in einer (repräsentativen) Itemstichprobe gewonnen. Für dichotome Items ist es die relative Lösungshäufigkeit. Die Eigenschaften der Schätzung sind abhängig von dem jeweils gewählten Testmodell, wie z.B. dem nachfolgend erläuterten Binomialmodell.

Außer der Charakterisierung einer Person über ihren (geschätzten) Kompetenzgrad ist oft eine (dichotome) Klassifikation in *Könner/Nichtkönner* bezüglich eines Aufgabenuniversums hilfreich. Solch eine Definition (von *mastery*) hilft insbesondere bei einer operationalen Definition von (verschiedenen Graden von) Leistungsdissoziationen (vgl. Tabelle 6). Das Erreichen des „Könnerstatus" nach einer Therapiephase kann auch als ein hartes Kriterium für die Effektivität einer Therapie angesehen werden. Dieser Status kann bei einem hierarchisch aufgebauten Therapieprogramm weiterhin als Kriterium dafür dienen, zu einer höheren, anspruchsvolleren Stufe eines Programms überzugehen. Technisch kann eine Person als Könner identifiziert werden, wenn der individuelle Kompetenzgrad p_i einen bestimmten Kriteriumswert (eine Kriteriumswahrscheinlichkeit) p_c erreicht (z. B. p_c = 0.90 oder 0.95).

Im Modell der kriteriumsorientierten Leistungsmessung wird somit die individuelle Leistung nicht zu einer Verteilung von Leistungen in einer Referenzpopulation in Beziehung gesetzt (wie in den an einer sog. Realnorm orientierten normierten psychologischen Testverfahren) sondern zu einem bestimmten Kompetenzgrad bezüglich eines Aufgabenuniversums. Die spezielle Wahl von p_c ist zu einem gewissen Grade beliebig; es sollten aber generell keine zu hohen oder zu niedrigen (unter 0.80) Werte gewählt werden. Ein relativ niedriges Niveau macht z.B. Sinn für die Entscheidung zum Übergang auf eine höhere Stufe in einem abgestuften Therapieprogramm, da dort in der schwereren Stufe i.a. die Anforderungen der leichteren Stufe weiter mitgeübt werden.

Falls bei einer Aufgabenstellung, für die es auch unter nicht hirngeschädigten Personen eine größere Leistungsvariabilität gibt, eine Normstichprobe untersucht worden ist, könnte man p_c auch mit einem Quantil dieser Verteilung gleichsetzen, z.B. dem 25%-Quantil oder dem Median.

Das Binomialmodell

Implizit wird das *Binomialmodell* (Klauer, 1987) bei der Analyse der Leistungen einer Person in einer Aufgabenstellung mit dichotomer Itembewertung eingesetzt, falls das Kompetenzniveau über die relative Häufigkeit richtiger Lösungen geschätzt wird. Üblicherweise wird die Binomialverteilung eingeführt als Verteilung der Zufallsvariable ‚*Anzahl* der relevanten Ereignisse (richtigen Lösungen)' in einer Folge von n unabhängigen Wiederholungen desselben Zufallsexperimentes mit genau zwei verschiedenen Versuchsausgängen, wobei die Wahrscheinlichkeit p für das betreffende relevante Ereignis in allen Versuchswiederholungen als konstant angenommen werden muss (Bortz, 1993). Für k unabhängige Replikationen des selben Zufallsexperiments ergibt sich die Wahrscheinlichkeit für x-maliges Auftreten des betreffenden Ereignisses (z.B. richtige Lösung) zu:

$$P(x \mid k;p) = k!/x!(k-x)! \ p^x \ (1-p)^{k-x} \atop \text{für alle } x = 0, 1, \dots k \quad . \qquad (19)$$

Neben dieser für die Anwendungen in der Neuropsychologie meist unrealistischen ‚Urnen-Modell'-Variante des Binomialmodells gibt es noch die Fähigkeitsmodell-Variante, die für jedes Individuum identische Itemschwierigkeiten in allen Items der Aufgabenstellung annimmt. Diese Annahme ist selbst für sehr homogene Itemuniversa nicht immer realistisch und erfordert große Anzahlen an Probanden zu ihrer Überprüfung.

Realistisch erscheint nur das sog. ‚*Stichprobenmodell*' (vgl. Klauer, 1987). Wenn aus einem Itemuniversum für jede untersuchte Person eine neue repräsentative Zufallsstichprobe mit denselben Stratifizierungsregeln gezogen wird, folgt die Anzahl richtiger Lösungen über die Probanden ebenfalls einer Binomialverteilung, selbst wenn die Itemschwierigkeiten unterschiedlich sind. Bei PC-unterstützten Untersuchungen ist diese Forderung nach stets neu zusammengestellten Itemstichproben prinzipiell erfüllbar.

Die Forderung nach (lokaler stochastischer) Unabhängigkeit der Antworten für den Einzelfall ist praktisch nicht streng überprüfbar. Man kann lediglich durch die Anlage und Abfolge der Items versuchen zu verhindern, dass es Beeinflussungen der Lösungen in späteren Items durch die Bearbeitung vorangegangener Items gibt. Neben Übungs- oder Lern- sowie Ermüdungs- oder Konzentrationseffekten ist insbesondere zu verhindern, dass die Lösung eines vorhergehenden Items die Voraussetzung zur richtigen Lösung eines nachgeordneten Items ist.

Die Entscheidung über Beherrschen der Anforderungen eines Itemuniversums trifft man nach Bestimmung des (exakten) $(1-\alpha)$-Konfidenzintervalls für den Parameter p der Binomialverteilung. In Klauer (1987) sind diese Intervalle bis $k=50$ vertafelt. Für größere Itemzahlen kann man das Intervall approximativ bestimmen oder entsprechende PC-Programme verwenden (z.B. StatXact4, Mehta & Patel, 1999). Ist die obere Grenze des Konfidenzintervalls größer als p_c, so wird von Beherrschen (mastery) der Anforderung ausgegangen.

Inferenzstatistische Analyse von Leistungsdissoziationen

In diesem Abschnitt soll allein auf die psychometrischen und statistischen Aspekte der Analyse von Leistungsunterschieden und (doppelten) Leistungsdissoziationen im Einzelfall in verschiedenen Aufgabenstellungen eingegangen werden. Die Bedeutung des Konzeptes einer (doppelten) Leistungsdissoziation (vgl. Shallice, 1988) wird in Kapitel 1.5 dieses Buches behandelt. Die Betrachtung ist eingeschränkt auf den Fall von Untersuchungen mit Aufgabenstellungen, für die keine oder nur grob orientierende Normen vorliegen, so dass die Methoden der psychometrischen Einzelfallanalyse keine Anwendung finden können.

Grundlegende Erhebungsschemata

Formal gibt es bei Untersuchungen auf Leistungsunterschiede zwei Typen von Datenschemata, die nur für den Fall zweier Aufgabenstellungen detailliert behandelt werden sollen. Auch bei Vorliegen mehrerer Aufgabenstellungen erfordern die interessierenden

Tabelle 2. Zwei grundlegende Datenschemata für Einzelfallanalysen mit zwei (links) bzw. einer (rechts) Menge von Items

Unabhängiges Zwei-Stichproben Problem				Verbundenes (abhängiges) Zwei-Stichproben Problem		
Item	Aufgaben-stellung 1	Item	Aufgaben-stellung 2	Item	Bedingung 1 (Vortest)	Bedingung 2 (Nachtest)
1	y_{11}	1	y_{12}	1	y_{11}	y_{12}
2	y_{21}	2	y_{22}	2	y_{21}	y_{22}
3	y_{31}	3	y_{32}	3	y_{31}	y_{32}
-	-	-	-	-	-	-
-	-	-	-	-	-	-
-	-	n_2	$y_{n_{2}2}$	-	-	-
-	-			n	y_{n1}	y_{n2}
n_1	$y_{n_{1}1}$					

y_{ij} Testwert für Item i in Aufgabenstellung j, j=1,2. y_{ij} Testwert für das Item i in Bedingung j, j=1,2 diagnostischen Hypothesen zumeist auch den paarweisen Vergleich der Aufgabenstellungen. Die beiden Datenschemata sind in Tabelle 2 dargestellt:

Man muss somit grundsätzlich unterscheiden zwischen solchen Fragestellungen, in denen ein Vergleich zwischen zwei verschiedenen Mengen von Items – u.U. mit verschiedener Itemzahl n_1 und n_2 – auszuführen ist und solchen, bei denen die selben Items unter zwei verschiedenen experimentellen Bedingungen verwendet werden. Im letzten Fall sind auch zwei zeitversetzte Untersuchungen, etwa vor und nach einer Therapiephase – denkbar. Es ist allerdings auch möglich oder sogar erforderlich, einen Vor- und einen Nachtest mit zwei inhaltsparallelen Aufgabenstellungen aus dem selben Itemuniversum und meist derselben Anzahl an Items auszuführen. In diesem Fall resultiert ein Datenschema wie in Tabelle 3 links mit $n_1 = n_2$.

Dichotome Itembewertungen

Die Leistungen eines Patienten in zwei Aufgabenstellungen mit dichotomer oder dichotomisierter Itembewertung können in folgender Vierfeldertafel zusammengefasst werden:

Tabelle 3. Datenschema für den (exakten) Vierfeldertafel-Test von Fisher

	Itembewertung		
	+	-	Anzahl
Aufgaben-stellung 1	a	b	n_1
Aufgaben-stellung 2	c	d	n_2

Es wird angenommen, dass a und c jeweils einer Binomialverteilung mit Kompetenzgrad p_1 bzw. p_2 folgen. Die relativen Häufigkeiten a/n_1 bzw. c/n_2 schätzen diese beiden Kompetenzgrade. Von Interesse ist die statistische Nullhypothese H_0: $p_1 = p_2$, die der diagnostischen Nullhypothese gleicher Kompetenz für die beiden Itemuniversa für den betrachteten Einzelfall entspricht. Ein geeigneter statistischer

Test für diese Nullhypothese ist der exakte Test von Fisher (und Irwin). Häufig wird, besonders für größere Anzahlen, der Chi^2-Test (mit oder ohne Stetigkeitskorrektur nach Yates, vgl. Bortz, 1993) angewendet. Die mathematisch-statistische Annahme der (stochastischen) Unabhängigkeit der Beobachtungen für den Chi^2-Test ist in der Einzelfallforschung nicht leicht zu vertreten. Weiterhin ist bekannt (Tavaré & Altham, 1983), dass schon relativ niedrige (positive) Korrelationen aufeinanderfolgender Werte zu statistisch antikonservativen Entscheidungen führen können, d.h. das wahre Niveau für den Fehler 1. Art ist größer als das nominell vorgegebene Niveau. Für eine valide Anwendung des exakten Vierfeldertafel-Tests sind schwächere Annahmen über die *Vertauschbarkeit* der Beobachtungen bei Gültigkeit der Nullhypothese ausreichend. Diese sind für die Einzelfallanalyse realistischer (vgl. Edgington, 1995 und Seite 245, 246).

Beispielsweise ergibt die Analyse der in Tabelle 4 in einer kognitiv neurolinguistischen Studie berichteten Vierfelder-Tafel folgenden Wert der Teststatistik: $\chi^2_1 = 3.949$ mit einem p-Wert von p = 0.049. Da auch die üblicherweise für die gültige Anwendbarkeit der Chi^2-Quadrat Verteilung erforderliche Voraussetzung von erwarteten Zellhäufigkeiten > 5 in der Vierfeldertafel erfüllt war, entschieden die Autoren auf einen signifikanten Kompetenzunterschied.

Eine Anwendung des exakten Vierfeldertafel-Tests von Fisher mit dem StatXact4-Programm ergibt dagegen einen exakten p-Wert von p = 0.0850, was zu einer Beibehaltung der Nullhypothese gleicher Kompetenzgrade führen würde.

Als Schätzung der Effektstärke, d.h. des Unterschiedes im Kompetenzgrad (Abwei-

Tabelle 4. Daten aus einer Einzelfallstudie

	+	-	Anzahl
Aufgaben-stellung 1	133	10	143
Aufgaben-stellung 2	140	3	143

chung von der Identität der beiden Binomial-parameter) schlägt Cohen (1988) nicht ein-fach die Differenz der relativen Lösungshäu-figkeiten vor, da dieselbe Differenz nicht für alle Kompetenzgrade zu demselben p-Wert führt. Geeigneter ist die Differenz der auf fol-gende Weise transformierten relativen Häufig-keiten:

$$h = 2\arcsin\sqrt{a/n1} - 2\arcsin\sqrt{c/n2}. \qquad (20)$$

Im Beispiel ist die geschätzte Effektstärke h = 0.25, ein nach den Kriterien von Cohen (1988) kleiner Effekt (klein: h ab 0.30, mittel: h ab 0.50, groß: h ab 0.80).

Man kann mit Hilfe von Tabellen in Cohen (1988) oder PC-Programmen (STAT-POWER, Bavry, 1991) zu einem bestimmten (einseiti-gen) Fehlerniveau 1. Art und geschätztem Ef-fekt h auch die Teststärke des Vierfeldertafel-Tests schätzen, d.h. die Wahrscheinlichkeit, bei spezifiziertem α-Niveau, den gegebenen Itemzahlen und der vorliegenden Effektstärke h den Effekt dieser Größe als signifikant zu entdecken. Die geschätzte Teststärke im Bei-spiel beträgt 0.66.

Im Falle identischer Items unter zwei ver-schiedenen Bedingungen lassen sich die Un-tersuchungsergebnisse für ein Beispiel mit n = 78 Items in folgendem Vierfelder-Schema dar-stellen:

Tabelle 5. Daten aus einer Einzelfallstudie mit iden-tischen Items unter zwei Bedingungen

| | | Aufgabenstellung 2 | | |
		+	-	Summe
Aufgaben-	+	38 (a)	1 (b)	39
stellung 1	-	27 (c)	12 (d)	39
Summe		65	13	78 (n)

In diesem Fall wird häufig die asymptotische Version des McNemar Tests verwendet (Bortz, 1993). Wie zuvor argumentiert, ist auch hier die exakte Version dieses Tests, der identisch ist mit dem exakten Vorzeichentest, konzeptu-ell besser geeignet. In diesem Test wird die Nullhypothese getestet, dass jedes Items mit

Unterschieden in den Testleistungen unter den beiden Bedingungen mit gleicher Wahrschein-lichkeit von $^1/_2$ in die Zelle (+,-) oder (-,+) fal-len könnte. Damit kann die Binomialvertei-lung für $p=1/2$ und n' = b + c herangezogen werden, um zu bestimmen, mit welcher Wahr-scheinlichkeit nicht weniger extrem diskre-pante Aufteilungen der n' Items auf die beiden Zellen b und c möglich sind. Mit dem Pro-grammpaket StatXact4 bestimmt man für die Daten in Tabelle 5 als p-Wert ein p < .0001. Die geschätzte Effektstärke

$$g = |0.5 - b/n'| \qquad (21)$$

beträgt im Beispiel g = 0.46. Nach dem Vor-schlag von Cohen (1988) handelt es sich um eine große Effektstärke (klein: g ab 0.05; mit-tel: g ab 0.15; groß: g ab 0.25). Die geschätzte Teststärke (Power) beträgt für α=0.05 bei zweiseitigem Test und der beobachteten Test-stärke praktisch 1.00.

Operationale Definition von (doppelten) Leistungsdissoziationen für dichotome Items

Shallice (1988, Kap. 10.3) hat drei in ihrer Stärke abgestufte Grade einer Leistungsdisso-ziation unterschieden.

Die ausgeprägteste Form ist eine *klassische* Dissoziation, in der die Leistungen eines Pati-enten in einer Aufgabenstellung 1 massiv be-einträchtigt sind (bis hin zu einem völligen Versagen) und in einer Aufgabenstellung 2 sich demgegenüber im Bereich normaler Leis-tungsvariabilität bewegen. Dabei ist nicht ausgeschlossen, dass gegenüber dem prämor-biden Leistungsniveau des Patienten bereits ei-ne (kleinere) Leistungsminderung vorliegt.

Eine *starke* Dissoziation wird angenom-men, wenn die Leistungsdiskrepanz zwischen beiden Aufgabenstellungen ähnlich groß ist wie bei der klassischen Dissoziation, die bes-ser erhaltene Leistung in Aufgabenstellung 2 sich aber auch unterhalb des Bereiches norma-ler Leistungsvariabilität bewegt. Als Spezial-fall der starken Dissoziation erwähnt Shallice die *robuste* Dissoziation, bei der für die be-trachteten Leistungsmaße zumindest eine gro-

Tabelle 6. Operationale Definitionen für verschieden ausgeprägte Dissoziationen bei dichotomen Items (Anforderungen für inferenzstatistische Prüfung mit exaktem Fisher-. bzw. McNemar-Test (Binomialtest)

	Klassisch	Dissoziation Stark (robust)	Trend
Anfoderung	Für die besser erhaltene Kompetenz p_2 in Aufgabenstellung 2 ($p_2 = p_c$)		
1. Normal: Deckenleistung	$p_c = 0.99$	$p_c = 0.80$ (aber sicher unter normaler Leistung)	p_c ganz unterhalb des normalen Bereichs
2. Normal: Variabilität	$p_c = 25\%$ oder 50%- Quantil normaler Leistung, falls bekannt	p_c unter 5%-Quantil normaler Leistung oder ganz unterhalb des normalen Bereichs	p_c ganz unterhalb des normalen Bereichs
Anforderung	Für die schlechtere Kompetenz $p_1 < p_2$ in Aufgabenstellung 1: Itemplanung so, dass Effektstärke h (bzw. g) mit Teststärke $1-\beta$ für $\alpha = 0.05$ bei einseitiger Testung erreichbar		
Geplante Effektgröße	groß: $h = 0.8$ ($g = 0.25$)	groß: $h = 0.8$ ($g = 0.25$)	mittel: $h = 0.5$ ($g = 0.15$)
Geplante Teststärke (Power)	$1-\beta = 0.95$	$1-\beta = 0.95$	$1-\beta = 0.80 - 0.95$
Empirisch erhobene Effektgröße	groß	groß	mittel

be Normierung an nicht hirngeschädigten Probanden vorliegt. In diesem Fall kann weitgehend ausgeschlossen werden, dass die Aufgabenstellungen inhärente Schwierigkeitsunterschiede auf Grund unterschiedlicher Involviertheit von Verarbeitungskomponenten oder -routinen aufweisen.

Bei einer *Trend*-Dissoziation liegt auch die Leistung in der besser beherrschten Aufgabenstellung 2 weit unterhalb des Bereiches normaler Leistungsvariation; sie ist aber immer noch sehr deutlich besser als in Aufgabenstellung 1. Bei dieser schwächsten Form einer Dissoziation sind die Grenzen zu einfachen Leistungsunterschieden fließend.

Willmes (1990, 1995) hat mit Hilfe obiger Charakterisierungen operationale Definitionen zur Bestimmung des Typs einer Leistungsdissoziation gegeben, die sich auf das Mastery-Konzept der kriteriumsorientierten Leistungsmessung und die obigen exakten Tests für Vierfeldertafeln mit Berücksichtigung von Effekt- und Teststärke stützen. Diese Definitionsvorschläge sind in Tabelle 6 zusammengefasst. Dabei ist zu berücksichtigen, ob es

bezüglich einer Aufgabenstellung bei gesunden Probanden überhaupt relevante Leistungsvariabilität gibt oder nicht. Im letzten Fall zeigen Probanden sog. „Deckenleistungen", weil nur bei Vorliegen einer (spezifischen) Hirnschädigung relevante Leistungseinschränkungen auftreten.

Beispielsweise sind Aufgabenstellungen in denen eine sog. lexikalische Entscheidung (Wort vs. Pseudowort / Neologismus) über die Zugehörigkeit eines visuell angebotenen wortartigen Stimulus zu einer Sprache getroffen werden muss, für Sprecher einer Sprache (ohne Lesestörungen) fehlerfrei zu treffen, insbesondere wenn es sich um echte Neologismen (d.h. Buchstabenketten, die den phono- und graphotaktischen Wortbildungsregeln einer Sprache (des Deutschen) massiv widersprechen: z.B: ,rüüttö', ,szywro') handelt.

Ein anderes Beispiel sind einfache Aufgaben des ,Kleinen 1×1' oder die Entdeckung von lateralisierten einfachen visuellen Reizen. Ist nicht die Korrektheit der Antwort sondern die Reaktionszeit von Interesse, treten auch bei gesunden Probanden größere Unterschiede auf.

Tabelle 7. Erforderliche Itemstichprobenumfänge (approximativ) für spezifizierte Teststärke und verschiedene Effektstärken

Test	Effektparameter[1]	Mindest-Stichprobenumfang für $\alpha = 0.05$ bei einseitigem Test und $1-\beta = .95$ (.80)			
		klein	mittel	groß	sehr groß
Vergleich zweier unabhängiger Wahrscheinlichkeiten p_1, p_2	$h = \phi_1 - \phi_2$	(0.2) **535 (309)**	(0.5) **86 (49)**	(0.8) **34 (19)**	(1.0) **22 (12)**
Abweichung der Binomialwahrscheinlichkeit p von 0.5	$g = p - 0.5$	(0.05) **1080 (616)**	(0.15) **117 (67)**	(0.25) **42 (23)**	

[1] $\phi = 2 \arcsin \sqrt{p}$

Nach den obigen Vorgaben ist es nicht ausreichend, lediglich mit einem exakten Test von Fisher oder einem exakten Binomialtest (McNemar Test) einen signifikanten Leistungsunterschied aufzudecken, um von einer Leistungsdissoziation sprechen zu können. Vielmehr sollte bei der Planung der Itemzahlen (wenn möglich) bereits berücksichtigt werden, dass eine bestimmte Teststärke zum signifikanten Nachweis einer bestimmten Mindest-Effektgröße erreicht werden kann. Es sollte nach Ausführung des statistischen Tests stets überprüft werden, ob die tatsächlich vorliegende Effektstärke in etwa dem Wert bei der Planung nahe kommt. Ansonsten ist von einer Dissoziation schwächerer Ausprägung auszugehen.

Die exakten statistischen Tests können z.B. mit neueren Versionen der SPSS-Software oder mit StatXact4 ausgeführt werden. Die Stichprobenkalkulationen, Power- und Effektgrößen-Berechnungen können mit den Anleitungen im Buch von Cohen (1988) oder mit Spezial-Software (STAT-POWER, Bavry, 1991) vorgenommen werden. In Tabelle 7 sind beispielhaft Angaben für beide Tests zu finden.

Für den Nachweis einer *doppelten Leistungsdissoziation* hat Shallice (1988, S. 234) belegt, dass es nicht ausreichend ist, komplementäre Leistungsdissoziationen für zwei Patienten A und B nachzuweisen. Vielmehr ist es erforderlich, zusätzlich komplementäre, signifikante Unterschiede zwischen den Patienten je Aufgabenstellung vorliegen zu haben.

Da die empirische Hypothese einer doppelten Leistungsdissoziation die gleichzeitige Geltung von vier einseitigen statistischen Alternativhypothesen impliziert, ist es nicht erforderlich, beim statistischen Testen das α-Niveau zu adjustieren, wenn die Hypothese einer doppelten Leistungsdissoziation nur als gestützt angesehen wird, wenn alle 4 Tests signifikant ausfallen (Westermann & Hager, 1986). Die Teststärke je Test sollte allerdings zu $1-\beta/4$ adjustiert werden.

Zur Demonstration der Vorgehensweise seien zwei Patienten A und B in zwei verschiedenen Aufgabenstellungen, die neuropsychologisch sinnvoll miteinander zu vergleichen sind, untersucht worden mit den in Tabelle 8 dargestellten Untersuchungsergebnissen.

Zuerst soll demonstriert werden, dass die Itemzahlen groß genug sind, um hinreichend sicher Leistungsunterschiede aufdecken zu können. Für eine große Effektstärke von $h = 0.8$ und einseitigem $\alpha = 0.05$ ist für einen Stichprobenumfang von $n' = 62$ (harmonisches Mittel aus 48 und 88) die Teststärke 1.00 (Cohen, 1988) bzw. 0.997 (STAT-POWER). Der Vergleich der Patienten ist für die erste Aufgabenstellung: bei $n = 48$ und großer (mittlerer) Effektstärke 0.988 (0.78) und für die zweite: bei $n = 88$ 0.9998 (0.95).

Tabelle 8. Beispiel für eine doppelte Leistungsdissoziation

Aufgaben- stellung	Patient A			Patient B		
	+	-		+	-	
1	46	2	28	18	30	48
2	47	41	88	80	8	88

Bei Anwendung des exakten Vierfeldertafel-Tests von Fisher ergibt sich für den Patienten ein (einseitiger) p-Wert von p<.0001 (geschätzte Teststärke 0.99). Es handelt sich um eine klassische Leistungsdissoziation, denn die geschätzte Effektgröße ist $h = 1.09$ und das 95%-Konfidenzintervall (berechnet mit StatXact4) für die relative Lösungshäufigkeit von $46/48 = 0.958$ umfasst mit seinen Grenzen von $(0.858 - 0.995)$ eine Kriteriumswahrscheinlichkeit von $p_c = 0.99$. Für Patient B liegt dagegen eine starke Leistungsdissoziation vor. Bei einer großen Effektstärke von $h = 1.21$ umfasst das 95%-Konfidenzintervall um $80/88 = 0.909$ lediglich $p_c = 0.95$. Der Vergleich der beiden Patienten je Aufgabenstellung mit dem Test von Fisher ergibt jeweils ein p<.0001 (einseitiger Test), eine geschätzte Teststärke von 1.00 und für beide Aufgabenstellungen eine geschätzte große Effektstärke von $h = 1.41$ bzw. 0.89. Man kann je nach Vorliegen der schwächeren der beiden einfachen Dissoziationen von einer *starken* doppelten Dissoziation sprechen.

Abschließend sei noch einmal darauf hingewiesen, dass für den validen Nachweis einer (doppelten) Leistungsdissoziation stets genügend Items pro Aufgabenstellung vorhanden sein sollten. Weiterhin ist bei einem Fehlen von (orientierenden) Normen zu überlegen, ob nicht zumindest eine der beiden einfachen Dissoziationen auf Grund unterschiedlicher inhärenter Schwierigkeit (Komplexität) der Anforderungen zustande gekommen ist.

Randomisierungstests für Einzelfallstudien

Wie schon zuvor für den Chi^2-Test für Vierfeldertafeln erwähnt, ist die Mehrzahl der in Einzelfallstudien eingesetzten statistischen Testverfahren konzeptuell falsch, da diese Zufallsstichproben aus (unendlich großen) Populationen (meist) mit stochastisch unabhängigen Beobachtungen annehmen. Edgington (1995) hat wiederholt argumentiert, dass diese Annahmen nicht haltbar sind und auch nicht benötigt werden. Das Konzept der zufälligen Zuordnung von Beobachtungseinheiten zu Untersuchungsbedingungen oder die zufällige Zuordnung von Untersuchungszeitpunkten zu Untersuchungsbedingungen sind ausreichend, um valide statistische Schlüsse über unterschiedliche Effekte der Untersuchungsbedingungen auf ein (Leistungs-)Merkmal ziehen zu können. In der Einzelfallanalyse werden Items aus zwei (oder mehr) verschiedenen Aufgabenstellungen in eine Zufallsabfolge gebracht. Unter Umständen ist noch eine Blockbildung angezeigt mit Zufallsabfolge der Items aus verschiedenen Bedingungen je Block. Die typische Nullhypothese eines Randomisierungstests ist nun folgende: für jeden Zeitpunkt in der Untersuchungssequenz ist die Reaktion des untersuchten Probanden unabhängig von dem Einfluss der speziell zu diesem Untersuchungszeitpunkt vorhandenen Aufgabenstellung. Anders ausgedrückt: Der Zusammenhang zwischen Darbietungszeitpunkt und Reaktion ist derselbe für jede der Aufgabenstellungen. Es sind also keine statistischen Annahmen über die Unabhängigkeit zu machen sondern lediglich schwächere Annahmen über die zulässige *Vertauschbarkeit* von Reaktionen (Beobachtungswerten). Allerdings sind in der Einzelfallanalyse sog. differentielle carryover-Effekte nicht von Unterschieden zwischen den Aufgabenstellungen per se zu unterscheiden. Solch ein Effekt liegt vor, wenn die Antwort auf ein Item aus einer bestimmten Aufgabenstellung abhängig ist von den speziellen Eigenschaften der zuvor dargebotenen Items.

Generelle carryover-Effekte, die lediglich abhängig sind von der *Anzahl* zuvor bearbeiteter Items, wie Übungs- oder Ermüdungseffekte, wirken sich höchstens nachteilig auf die Teststärke aus.

Die Theorie der Randomisierungstests (Permutationstests), in der bestimmte Nullhypothesen unter der Annahme der Vertauschbarkeit von Beobachtungen getestet werden, ist so alt wie die Inferenzstatistik selbst. Die typische Vorgehensweise soll anhand der beiden Datenschemata in Tabelle 2 erläutert werden.

1. Vergleich der Leistungen bezüglich zweier verschiedener Itemmengen:

Die insgesamt $n = n_1 + n_2$ Items wurden vor Anwendung der beiden Aufgabenstellungen bei einem Probanden möglichst in eine zufällige Abfolge gebracht. Unter der Nullhypothese:

H₀: ‚Der Beobachtungswert für ein beliebiges Item ist unabhängig von der Itemmenge, aus der es stammt',

hätten alle möglichen Vertauschungen der Beobachtungswerte ebensogut beobachtet werden können. Insgesamt handelt es sich um die große Zahl von $n!$ möglichen Vertauschungen.

Als Teststatistik T, die sensitiv auf mittlere Unterschiede zwischen den Aufgabenstellungen ist, könnte man – bei zweiseitiger Alternative – die absolute Differenz der Mittelwerte oder – bei einseitiger Alternativhypothese – einfach die Summe der Werte für die erste Aufgabenstellung wählen:

$$T = \Sigma Y_{i1} \ . \qquad (23)$$

Bei Gültigkeit der Nullhypothese H₀ haben alle $M = n!/(n_1! n_2!)$ Vertauschungen von Itembewertungen zwischen den beiden Itemmengen dieselbe Wahrscheinlichkeit $1/M$. Diese Menge von Vertauschungen π (Permutationen) sei mit Q_n bezeichnet. Zur Entscheidung über die Nullhypothese bestimmt man den sog. exakten p-Wert wie in (23). Dazu wird für jede Vertauschung π der Beobachtungen der Wert der Teststatistik bestimmt; dieser sei mit $T(\pi y)$ bezeichnet. Anschließend bestimmt man den relativen Anteil von Werten der Teststatistik T unter zulässigen Vertauschungen $\pi \in Q_n$ der

Beobachtungen, d.h. $T(\pi y)$, der zu größeren oder mindestens genauso großen Werten wie der ursprüngliche Wert der Teststatistik führt:

$$p^{\geq} = \#[\{\pi \in Q_n (T(\pi y) \geq T(y))\}] / M. \qquad (23)$$

Die Nullhypothese wird zugunsten der Alternative größerer mittlerer Ausprägungen der Items aus Aufgabenstellung 1 verworfen, falls $p^{\geq} \leq \alpha$ ist. Im Fall $p^{\geq} > \alpha$ wird die Nullhypothese beibehalten.

2. Vergleich der Leistungen für dieselben Items unter zwei Aufgabenstellungen. Unter der Nullhypothese:

H₀: Der Beobachtungswert für Item i ist unabhängig von der Aufgabenstellung, unter der er beobachtet wird,

hätten alle 2^n möglichen Datenmuster mit zeilenweisen Vertauschungen der Beobachtungen im Datenschema rechts in Tabelle 2 mit der gleichen Wahrscheinlichkeit $1/2^n$ beobachtet werden können. Als Teststatistik bietet sich für zweiseitige Alternativen der Betrag der Differenz der Spaltensummen an. Für eine einseitige Alternative ist wieder die Teststatistik wie in (22) ausreichend. Zur Testentscheidung bildet man wiederum den Wert der Teststatistik unter allen bei Gültigkeit der Nullhypothese zulässigen 2^n Intra-Itempermutationen und bildet den exakten (einseitigen) p-Wert analog zu (23) mit analoger Entscheidungsregel bezüglich der Nullhypothese.

Anhand dieser beiden Beispiele ist ein sehr allgemeines Konstruktionsprinzip für Randomisierungstests in der Einzelfallforschung beschrieben worden, welches sich auch für den Vergleich von mehr als zwei Aufgabenstellungen eignet. Edgington (1995) liefert Beispiele und stellt verschiedene weitere Einzelfall-Designs (A-B Design, A-B-A Design, Alternierende-Behandlungen Design, Multiple Baseline-Designs; siehe auch Onghena & Edgington, 1994) vor. Je nachdem, ob es sich in obigen Datenschemata um dichotome, ordinale oder metrische Daten handelt, sind die vorgeschlagenen Randomisierungstests äquivalent bzw. analog zum exakten Vierfeldertafel-Test von Fisher und von McNemar, zur exakten

Version von Mann-Whitney U-Test und Wilcoxon Vorzeichen-Rangtest sowie zum t-Test für unabhängige und für abhängige Stichproben. Weitere Testverfahren für die Einzelfallforschung sind z.B. in dem Sammelband von Franklin et al. (1996), Kratochwill und Levin (1992) sowie in Kazdin (1992) zu finden.

Die praktische Ausführung eines Randomisierungstests erfordert für realistische Itemzahlen stets die Anwendung eines Computerprogramms zur schnellen Bestimmung aller Werte der Teststatistik für die permutierten Beobachtungen (Liste bei Edgington, 1995, S. 398-399 u.a. Programm RANDIBM; neue Versionen von SPSS, SAS; Programm PITMAN, Dallal, 1988). Selbst mit schnellen Rechnern wird die Menge zulässiger Permutationen so groß, dass eine sog. *Monte-Carlo* Lösung erforderlich ist. Dazu wird aus der Menge aller zulässigen Permutationen eine große Zufallsstichprobe (z.B. 100.000) mit Zurücklegen gezogen und wie zuvor beschrieben vorgegangen. Dabei handelt es sich ebenfalls um einen exakten Test, dessen Teststärke mit wachsender Permutationenzahl monoton ansteigt. Das 95%-Konfidenzintervall um den p-Wert der Monte-Carlo Lösung ist bereits ab ca. 20000 Zufallspermutationen kleiner als 0.01.

fekte genannt), je nachdem, ob Leistungsverbesserungen sich nur auf die Testitems beziehen, bezüglich derer auch in der Therapie geübt worden ist, oder ob die Effekte sich auch für andere Items aus dem selben Itemuniversum oder für Items mit mehr oder weniger ähnlichen Anforderungen (bzw. in Alltagssituationen) nachweisen lassen.

Für die verschiedenen Therapiedesigns und Typen von Therapieeffekten sind statistisch folgende drei Arten von Effekten zu überprüfen:

- Zunahme der Kompetenz für eine therapierte kognitive Funktion
- Differentielle Veränderungen für geübte und nicht-geübte Anforderungen bezüglich derselben oder einer ähnlichen kognitiven Anforderung
- Verbesserung für eine behandelte und keine Verbesserung für eine andersartige, nicht-behandelte kognitive Funktion.

Für alle drei Fragen nach Änderungen (Verbesserungen) in der Kompetenz ist von Interesse, ob es sich lediglich um eine Verbesserung der Kompetenz mit weiterbestehenden Beeinträchtigungen oder um ein Erreichen des normalen Leistungsbereiches bzw. um erneutes Beherrschen der Anforderungen eines Aufgabenuniversums (Mastery) handelt.

Die Analyse von (differentiellen) Therapieeffekten

Nachfolgend werden nur die beiden einfachsten Typen von Therapiedesigns mit einer oder zwei Therapiephasen und entsprechenden (Kontroll-)testuntersuchungen behandelt. Howard (1986) hat die Anforderungen an Therapiestudien formuliert, die erfüllt sein müssen, damit man spezifische von unspezifischen Therapieeffekten und von Spontanremission unterscheiden kann. Coltheart (1983) hat den Kreuzblock-Versuchsplan (crossover treatment design, s.u.) zum Nachweis spezifischer Therapieeffekte vorgeschlagen. Es ist sinnvoll, bei der Anlage eines Therapieexperimentes zu unterscheiden zwischen der Überprüfung auf Behaltens- oder Drill-Effekte, sog. triviale Trainingseffekte und nicht-triviale Trainingseffekte (auch Lern- oder Transfereffekte).

Tests auf den Effekt einer Behandlung

Für einen Test auf Kompetenzveränderung (i.a. einseitig auf *Kompetenzzunahme*) ist zu unterscheiden, ob in beiden Kontrolltests dieselben Items oder andere Items aus dem selben Itemuniversum (inhaltsvalider Paralleltest) verwendet worden sind. Im häufigeren ersten Fall hat man ein Datenschema wie im rechten Teil von Tabelle 2; ansonsten wie im linken Teil i.a. mit $n_1=n_2$. Für dichotome Itembewertungen kann der exakte McNemar Test (i.a. mit einseitiger Alternative) verwendet werden. Besonders im Falle kleiner zu erwartender Therapieeffekte ist eine genügend große Itemzahl erforderlich, um mit hinreichender Teststärke diesen Effekt aufdecken zu können (vgl. Tabelle 7). Lediglich im Fall großer erwarteter Therapieeffekte sind Itemzahlen von ca. 20 sicher ausreichend.

Tabelle 9. Datenschema für die Analyse von differentiellen Veränderungen

		Nachtest +	Nachtest -		Nachtest +	Nachtest -	Aufgabenstellung	Antwort (-,+)	(+,-)	
Vor-	+	a_1	b_1	+	a_2	b_2	1	c_1	b_1	n_1
test	-	c_1	d_1	-	c_2	d_2	2	c_2	b_2	n_2
		Aufgabenstellung 1			Aufgabenstellung 2					

Stets sollte die gesamte Vierfeldertafel wie in Tabelle 5 und nicht nur die relative Häufigkeit richtig gelöster Items in Vor- und Nachtest angegeben werden, damit auch das Ausmaß an Leistungsfluktuationen (in den Zellen b und c) erkennbar wird. Diese geben deskriptive Information über die (In-)Stabilität von Leistungsverbesserungen. Die Ausgangsleistung sollte zudem nicht zu gut sein, damit überhaupt überzufällige Leistungsverbesserungen mit dem verwendeten Itemmaterial aufgedeckt werden können.

Im Falle verschiedener Items in Vor- und Nachtest ist bei dichotomer Itembewertung der exakte Vierfeldertafel-Test von Fisher einzusetzten. Die vorhergehenden Bemerkungen zu benötigten Itemzahlen sind auch hier zutreffend.

Erreichen eines bestimmten Kompetenzgrades im Nachtest überprüft man anhand des 95%-Konfidenzintervalls um die relative Häufigkeit richtiger Lösungen im Nachtest. Ist die obere Grenze dieses Intervalls nicht kleiner als eine vorher festgelegte Kriteriumskompetenz pc, so kann man (nach dem sog. Einfehler-Modell, Klauer, 1987) von (Wieder-)Beherrschen einer Anforderung ausgehen.

Für ordinale oder metrische Daten sind die konzeptuellen Überlegungen analog. Man verwendet die exakten Versionen des Wilcoxon Vorzeichen-Rangtests (bzw. Mann-Whitney U-Tests) oder das Randomisierungstest-Analogon (vgl. (23)) zum verbundenen (bzw. unabhängigen) t-Test. Überlegungen zu Effektstärke und ausreichender Itemzahl sind ebenfalls anzustellen (vgl. Cohen, 1988; Bortz & Döring, 1995). Dabei sind approximativ die Fallzahlen für t-Tests zu wählen, u.U. mit einem leichten Aufschlag von 10%. Mastery kann bei Vorliegen von (Grob-)Normen über das Erreichen eines bestimmten Quantils dieser Normen defi-

niert werden oder, falls nur Mittelwert (MW) und Standardabweichung (s) in einer Stichprobe von Normalpersonen bekannt sind, über die Forderung, dass die Nachtestleistung nicht schlechter ausfällt als MW - 2s.

Differentielle Veränderungen

Auch wenn es keine Möglichkeit gibt, die Änderungssensitivität zweier Aufgabenstellungen im strengen Sinne empirisch zu prüfen (vgl. Howard, 1986), macht es doch Sinn zu testen, ob das Ausmaß an Veränderungen (Verbesserungen) in der Kompetenz in zwei (diagnostisch sinnvoll zu vergleichenden) Aufgabenstellungen sich signifikant voneinander unterscheidet. Dabei ist es für diesen Vergleich unerheblich, ob in einer oder beiden der Aufgabenstellungen selbst eine signifikante Kompetenzveränderung vorliegt. Falls in Vor- und Nachtest die selben Items verwendet werden, kann man, wie in Tabelle 9 dargestellt, die Items mit Leistungsfluktuationen (d.h. die Zellen b und c) zwischen Vor- und Nachtest direkt miteinander anhand des exakten Vierfeldertafel-Tests von Fisher vergleichen (vgl. Willmes, 1990). Die Aufgabenstellung mit dem stärkeren Ausmaß an Verbesserungen hat dann eine signifikant höhere Wahrscheinlichkeit für Einträge in der (-,+)-Spalte im rechten Teil des Datenschemas.

Um Unterschiede im Ausmaß an Veränderungen mit hinreichender Teststärke aufdekken zu können, werden viele Items benötigt, da nur die Items mit Veränderungen von Vor- zu Nachtest in diese Analyse eingehen. Im Falle von ordinalen Daten kann man die Häufigkeit von positiven bzw. negativen Vorzeichen der Differenzen aus Nach- und Vortestwerten mit dem Test von Fisher vergleichen. Im Falle me-

Tabelle 10. Crossover-Behandlungsplan

	Vortest mit	Therapie-phase 1	Nachtest 1 mit	Therapie-phase 2	Nachtest 2 mit
Aufgabenstellung 1 (Funktion A)	1	Funktion A	1	----	1
Aufgabenstellung 2 (Funktion B)	2	----	2	Funktion B	2

trischer Daten sind die Differenzwerte (nach-vor) für jede der beiden Aufgabenstellungen zu bilden und mit dem Randomisierungstest für unabhängige Stichproben zu vergleichen. Im Falle von unterschiedlichen (aber inhalts-parallelen) Items in Vor- und Nachtest je Aufgabenstellung müssen (kompliziertere, exakte) Tests auf Wechselwirkungen in zweifaktoriellen Versuchsplänen verwendet werden.

Analyse von Therapieeffekten im Crossover Behandlungsplan

Wie Coltheart (1983) erläutert hat, ist der in Tabelle 10 dargestellte Crossover Behandlungsplan besonders geeignet, um spezifische Therapieeffekte nachzuweisen.

Dieser Versuchsplan kann für drei Arten von Fragestellungen eingesetzt werden.
1. Eine Therapiemethode wird zur Behandlung von zwei mehr oder weniger ähnlichen kognitiven Funktionen verwendet.
2. Zwei Behandlungsmethoden für die selbe kognitive Funktion (A=B) werden miteinander verglichen und die beiden Aufgabenstellungen sind parallel.
3. Vergleich von Therapiematerialien für eine Therapiemethode.

Falls Leistungsveränderungen von Vor- zu Nachtest 1 beide in ähnlicher Größe vorhanden sind, ist die Therapie unspezifisch für Funktion A. Nur falls es über den ersten Therapiezeitraum große Veränderungen bezüglich Aufgabenstellung 1 und (praktisch) keine Veränderungen bezüglich Aufgabenstellung 2 gibt, kann man von einem spezifischen Effekt der Therapiemethode für Funktion A sprechen,

allerdings auch nur dann, wenn eine stärkere Spontanremission für Funktion A im Vergleich zu Funktion B ausgeschlossen werden kann. Dieses Argument ist wenig plausibel, wenn nach der zweiten Therapiephase kein Unterschied zwischen Nachtest 2 und 1 für Aufgabenstellung 1 aber ein Unterschied für Aufgabenstellung 2 vorliegt. Um Stabilität von Therapieeffekten zu überprüfen, müsste es für Funktion B einen weiteren Untersuchungszeitpunkt geben; für Funktion A kann der Zeitpunkt des zweiten Nachtests dienen. Schwer interpretierbar ist ein Studienergebnis, bei dem über den ersten Therapiezeitraum sich für beide Aufgabenstellungen signifikante Verbesserungen ergeben, die für Funktion A evtl. größer ausfallen. Dann könnte bei Vorliegen von Spontanremission lediglich ein Unterschied in der Änderungssensitivität der verwendeten Testverfahren vorliegen.

Bei Verwendung derselben (dichotomen) Items in den Kontrolltests, sind vier exakte McNemar Tests auszuführen, bei denen für den Nachweis spezifischer Therapieeffekte mit hinreichend vielen Items bei hinreichender Teststärke signifikante Verbesserungen für Aufgabenstellung 1 (bzw. 2) in Therapiephase 1 (bzw. 2) und keine Verbesserungen für Aufgabenstellung 2 (bzw. 1) in Therapiephase 1 (bzw. 2) resultieren. Die positive Stützung der Stabilität einer Leistung setzt aber i.a. sehr viele Items voraus, so dass auch schon kleinere Therapieeffekte verläßlich entdeckt werden könnten. Von Willmes (1990) sind diese Probleme näher erläutert worden. Bei praktikablen Lösungen hinsichtlich des Untersuchungsaufwandes wird man für die Stützung des Nachweises von Leistungsstabilität Abstriche machen müssen.

2.5 Qualitätsmanagement und Evaluation in der Klinischen Neuropsychologie

Jürgen Bengel & Manfred Herrmann

Zusammenfassung

In allen Bereichen der Gesundheitsversorgung besteht ein breiter Konsens über die Notwendigkeit evaluativer und qualitätssichernder Maßnahmen. Die WHO forderte bereits 1985 in ihrem Programm „Gesundheit für alle bis zum Jahre 2000" qualitätssichernde Maßnahmen in der Gesundheitsversorgung aller Mitgliedsländer. Sie empfahl, Maßnahmen zur Qualitätssicherung in die nationale Gesundheitspolitik zu integrieren, regelmäßig kritische Berichte zu veröffentlichen, prioritäre Forschung zu unterstützen, multidisziplinäre Qualitätssicherungsprojekte zu koordinieren, die medizinische Informationsbasis zu verbessern, professionelle Gruppen und Kostenträger zu stimulieren und alle relevanten Faktoren, die Qualität beeinflussen, zu berücksichtigen. Nicht zuletzt auch der Druck hoher Ausgaben im Gesundheitswesen führte zu der Frage, ob diese Mittel mit ausreichender Qualität und Effizienz eingesetzt werden, und damit zur Forderung nach einer kontinuierlichen Qualitätskontrolle. In Deutschland beschäftigten sich u.a. der Sachverständigenrat für die Konzertierte Aktion im Gesundheitswesen, mehrere Ärztetage, die Bundesärztekammer und die Kassenärztliche Bundesvereinigung mit diesem Thema. Im Gesundheitsreformgesetz von 1989 und im Sozialgesetzbuch V, §§ 135-139 von 1993 sind Maßnahmen zur Qualitätssicherung im Bereich der gesetzlichen Krankenversicherung verankert. Nach einer Einführung in grundlegende Begriffe und den Stand der Evaluation und Qualitätssicherung in Deutschland werden methodische Ansätze referiert. Maßnahmen und Problembereiche in der Neuropsychologie werden gegliedert nach Struktur-, Prozess- und Ergebnisqualität beschrieben.

Grundlegende Begriffe und aktueller Status

Qualitätssicherung wird allgemein als die Gesamtheit aller Maßnahmen zur Gewährleistung, Erhaltung und Verbesserung von Produkten und Dienstleistungen verstanden. In der Medizin bezeichnet Qualitätssicherung die laufende Beurteilung und Prozesskontrolle medizinischen Handelns im Alltag auf der Basis gesicherten oder konsensorientierten Wissens. Qualitätssicherung setzt die Verfügbarkeit evaluierter Maßnahmen und qualitätsbestimmender Parameter voraus (Schwartz, 1992; Laireiter & Vogel, 1998). Das Konzept der Qualitätssicherung wurde im industriellen Bereich entwickelt und bezieht sich dort auf die Kontrolle und Optimierung des Produktionsprozesses und des dabei entstandene Produkts (Spörkel et al., 1995). Der Prozess der Bestimmung von Qualitätszielen, der Planung und Bewertung ihrer Realisierung und der Analyse und Prävention von Qualitätsproblemen wird als Qualitätsmanagement, in seiner umfassendsten Form auch als „Total Quality Management" (TQM) bezeichnet (siehe auch Stroebel, 1996; Laireiter, 1998). In Form eines umfassenden Kriteriensystems wird TQM v.a. im wirtschaftlichen, aber auch im öffentlichen und sozialen Bereich in den USA bei der Vergabe von Qualitätspreisen berücksichtigt (Birner, 1995). Qualität ist danach ein zentrales Unternehmensziel, dem sich die Mitarbeiter aus allen Unternehmensbereichen verpflichtet fühlen sollen (Schubert & Zink, 1995). Qualitätssicherung und Qualitätsmanagement grenzen sich damit deutlich gegen eine reine Datenerfassung wie auch gegen eine Kontrolle der Leistungen der Mitarbeiterinnen und Mitarbeiter ab. Die auf Donabedian (1966) zurückgehende Unterscheidung von Struktur-, Prozess- und Ergebnisqualität ist eine hilfreiche Heuristik und wird allgemein im Sinne von Beschreibungsebenen anerkannt. Unterschiedliche Aspekte der Struktur-, Prozess- und Ergebnisqualität sind in Tabelle 1 dargestellt (vgl. auch Laireiter, 1997).

Tabelle 1. Aspekte von Struktur-, Prozess- und Ergebnisqualität (nach Schmidt & Nübling, 1994)

Elemente der Strukturqualität („Voraussetzungen zur Erbringung von Leistungen")

Qualifikation und Motivation
Konzepte
Stellenpläne
Finanzielle Ausstattung
Bauliche und technisch-apparative Gegebenheiten
Ausbildungssysteme
Planungs- und Zuweisungssysteme
Kennzeichen der zu behandelnden Patientenklientel

Elemente der Prozessqualität („Leistungserbringendes Handeln")

Sachgerechte Durchführung von Diagnostik und
  Therapie
Inanspruchnahme von Maßnahmen
Frequenz/Dauer/Dosis der Behandlungsmaß-
  nahmen
Qualitative Maße der Behandlung („richtig-falsch",
  „besser-schlechter")

Elemente der Ergebnisqualität („Outcome")

Medizinische Parameter
Soziale und psychologische Funktionen
Bewusstseins-, Wissens- und Verhaltensänderungen
Patientenzufriedenheit

Zwischen Qualitätssicherung und Evaluation bzw. Evaluationsforschung bestehen fließende Übergänge (Bengel & Bührlen-Armstrong, 1997; Riemann, 1993). Wie in der Evaluationsforschung werden interne und externe Maßnahmen zur Qualitätssicherung unterschieden. In die Strategien der Qualitätssicherung bzw. Qualitätsmanagement können die Evaluationsstudien z.B. zur Bestimmung der Ergebnisqualität eines Therapieelements eingebettet werden (Lamprecht et al., 1992; Schwartz, 1990). Andererseits beschränkt sich auch die Evaluationsforschung nicht auf die summative Bewertung von Programmen, sondern betrachtet deren Ausgangsbedingungen und Implementierung (letzteres häufig als formative Evaluation bezeichnet). Eine Abgrenzung zur Qualitätssicherung erscheint bei der Programmevaluation einfacher als bei der Evaluationsforschung allgemein, da diese sich in der Regel auf die (einmalige) Bewertung von Programmen (z.B. Nachsorgeprogramme, neue Behandlungskonzepte) bezieht. Qualitätssicherung dagegen zielt auf die permanente Kontrolle und Optimierung der Versorgungspraxis.

Im Gegensatz zum Produktionssektor kann der Kunde des Gesundheitswesens, also der Patient, aufgrund seines i.a. relativ geringen Fachwissens nur in beschränktem Umfang kontrollieren, ob eine medizinische Behandlung wie beispielsweise ein chirurgischer Eingriff qualitativ hochwertig ausgeführt wurde. Dies führt zu der problematischen Situation, dass die Anbieter medizinischer Leistungen die Qualität ihrer Arbeit zu einem großen Teil selbst überprüfen müssen. Im Bereich öffentlicher Dienstleistungen und damit auch im Gesundheitssektor müssen neben dem „Markt" auch vielfältige Interaktionen mit dem politischen und gesellschaftlichen Umfeld beachtet werden, was die Entwicklung von Konzepten für die Qualität öffentlicher Dienstleistungen zusätzlich erschwert (Oppen, 1995). Nicht nur aufgrund zahlreicher gesetzlicher Vorgaben zu Umfang und Erstellung von Dienstleistungen können die Qualitätserwartungen der Klienten nur beschränkt zum Maßstab gemacht werden. Mit einbezogen werden muß u.a. der Zusatznutzen einer Leistung, der für die Bevölkerung insgesamt entsteht. Die verschiedenen Interessengruppen (Klienten, Politiker, Programmpersonal, Wissenschaftler etc.), die im öffentlichen Bereich an einer Maßnahme beteiligt sind, können völlig unterschiedliche Bewertungsmaßstäbe an ein Programm anlegen. Die Beteiligung mehrerer Einrichtungen an einer sozialen Dienstleistung erfordert daher ein hohes Maß an Kooperation und Koordination.

Viele neuere Übersichtsarbeiten und Sammelbände zur Qualitätssicherung im Gesundheitswesen beziehen sich primär auf den therapeutisch-stationären Sektor. In der ärztlichen Versorgung existieren Kommissionen zur Qualitätssicherung, im stationären Bereich werden Weiterentwicklungen der Qualitätssicherung hinsichtlich kontinuierlicher Qualitätsverbesserung (CQI) oder umfassendem Qualitätsmanagement (TQM) diskutiert und erprobt (Birner, 1995; Schubert & Zink, 1995). Beispielsweise existieren Programme für die stationäre medizinische Rehabilitation (Verband Deutscher Rentenversicherungsträger, 1994; VDR-Koordinierungsausschuß „Qualitätssicherung", 1995), auch für die Prävention und Gesundheitsförderung sind qualitätssichernde Maßnahmen gesetzlich vorgeschrieben. Weitere Bereiche mit Nähe zur Klinischen Neuropsychologie, in denen qualitätssichernde Maßnahmen in Deutschland diskutiert und erprobt werden, sind die psychiatrische Versorgung, die psychosomatische Grundversorgung und psychotherapeutische Medizin bzw. Psychotherapie wie auch die ambulante ärztliche Versorgung oder die neurologische Rehabilitation (vgl. Seite 255). Der aktuelle Stand der Erfahrungen sowie daraus abgeleitete Handlungskonzepte sind in Tabelle 2 zusammengefasst.

Methodische Ansätze der Qualitätssicherung

Aus dem Katalog von Maßnahmen, die zur Sicherung und Verbesserung der Behandlungsqualität eingesetzt werden können, werden im folgenden die wichtigsten vorgestellt. Es handelt sich dabei um

- Definition von Qualitätsstandards und Sollwerten

Tabelle 2. Aktueller Stand der Erfahrungen zum Qualitätsmanagement sowie daraus abgeleitete Handlungskonzepte

1. Qualitätssicherung soll Probleme im Versorgungsalltag aufzeigen und damit die Einhaltung der Qualitätsforderungen gewährleisten. Die Beobachtung von Qualitätsindikatoren soll dazu beitragen, Problemen bereits während ihrer Entstehung zu begegnen.

2. Qualitätssicherung kann als Problemlöseprozess verstanden werden: Über systematische Routineuntersuchungen oder durch einzelne Beobachtungen werden Problembereiche erkannt. Versuche zur Lösung werden implementiert und auf ihre Wirksamkeit hin untersucht. Dies führt zu einem Zustand auf einem höheren Qualitätsniveau, der wiederum mit Routinedokumentation und Einzelbeobachtungen auf Ist-Soll-Abweichungen hin geprüft wird (Selbmann, 1990).

3. Qualitätssicherung soll gegenstandsangemessen, konsensfähig, reliabel, valide und ökonomisch sein und die Vergleichbarkeit verschiedener Behandlungsansätze gewährleisten.

4. "keep it simple" („KIS-Formel"): Maßnahmen zur Qualitätssicherung müssen einfach und praktikabel sein. Es ist nutzlos, Maßnahmen zur Problembewältigung einzusetzen, die selbst neue, noch größere Probleme aufwerfen.

5. Qualitätssicherung ist eine dauerhafte Aufgabe: Singuläre Maßnahmen können zwar hinsichtlich einzelner Qualitätsprobleme Abhilfe schaffen, für eine umfassende Qualitätssicherung und kontinuierliche Qualitätsverbesserung ist jedoch die Verbreitung des „Qualitätsgedankens" in der gesamten Einrichtung und die laufende Überprüfung der Qualitätskriterien notwendig.

6. Qualitätssicherung sollte weniger als Qualitätskontrolle denn als Qualitätsförderung konzipiert werden: Eine ausschließliche Kontrolle der Leistungen von Mitarbeitern führt zu Reaktanz, während die laufende Verbesserung der Leistungsfähigkeit eines ganzen Systems die Motivation der Mitarbeiter erhöhen kann. Qualitätssicherung hat deshalb nicht nur zur Aufgabe, Problembereiche aufzudecken, sondern v.a. auch Lösungsvorschläge zu erarbeiten und zu erproben.

- Monitoring
- Pflege- und Behandlungsplanung
- Qualitätskonferenzen und Qualitätszirkel
- Qualitätsscreenings und „audits"
- Verbesserung der Kommunikation
- Aus-, Weiter- und Fortbildung

Programmevaluation und Forschung sind wie bereits erwähnt zentrale Ansätze bzw. Bestandteile einer Qualitätssicherung.

Definition von Qualitätsstandards und Sollwerten

Die Definition von relevanten Leistungsdimensionen und Standards der Leistungserbringung ist eine zentrale Voraussetzung erfolgreicher Qualitätssicherung. Bereits die Diskussion über Themengebiete wie „Bedarfsgerechte Versorgung", „Effektivität" und „Effizienz" verstärken das Denken in qualitätsrelevanten Kategorien. Ausgangspunkte bei der Bestimmung von Qualitätskriterien sind die Zielsetzungen eines Behandlungsprogramms, die mit allen beteiligten Parteien abgestimmt sein sollten (Bengel, 1990). Feser (1996) schlägt sieben Punkte vor, die bei der Aufstellung von Qualitätsstandards beachtet werden sollten:

1. Qualitätsstandards sollen für einen bestimmten Referenzbereich festgelegt werden (Organisation, Einrichtung, Fachgebiet oder Leistungsbereich, sowie für interne oder externe Qualitätssicherung).
2. Qualitätsstandards sollen eine operationalisierbare Zielvorgabe umfassen (ein spezifischer, relevanter Sollwert mit einer akzeptierten Normabweichung, die zwischen guter und schlechter Qualität unterscheidet).
3. Qualitätsstandards sollen bei Trägern, Leistungserbringern und Zielpersonen akzeptiert sein.
4. Qualitätsstandards sollen in ihrem Anwendungsbereich umsetzbar sein.
5. Qualitätsstandards sollen mit Durchführungsbestimmungen, Arbeitsanweisungen, zielführenden Methoden, der Qualifikation der Durchführenden, der erforderlichen Grundausstattung und einem Ablaufplan verbunden sein. Eine effektive Zielerreichung soll gewährleistet sein.
6. Qualitätsstandards sollen sich auf wissenschaftliche Kriterien beziehen (z.B. Intersubjektivität; siehe Prinzipien evidenz-basierter Versorgungspraxis (Perleth & Antes, 1998)).
7. Qualitätsstandards sollen zur Bewertung und Optimierung eines Programms genutzt werden.

Operationalisierbare Qualitätskriterien sind selten verfügbar und oft nicht von einer Institution auf eine andere übertragbar. Verbreitet sind Aussagen zu übergeordneten Qualitätsstandards. Diese stellen Prinzipien dar, die als Voraussetzungen anzusehen sind, um Qualitätsziele für ein Behandlungsprogramm zu erreichen, selbst aber noch zu wenig differenziert sind, um direkt messbar zu sein (vgl. Bührlen-Armstrong & Bengel, 1997).

Monitoring

Eine Grundvoraussetzung für Qualitätssicherung stellt die regelmäßige Erhebung und Analyse eines Satzes relevanter Daten dar, die Veränderungen im Patientengut, in den Behandlungsverläufen und -ergebnissen etc. anzeigen und damit frühzeitig auf mögliche Qualitätsprobleme hinweisen können. Dieser Vorgang wird als Monitoring bezeichnet. Die notwendige Datenerhebung geschieht in vielen Bereichen über eine Basisdokumentation. Computergestützte Dokumentationssysteme erleichtern die Dateneingabe und -auswertung in unterschiedlichen Abteilungen einer Einrichtung und die gemeinsame Nutzung des Datenmaterials beispielsweise zur Kontrolle des Behandlungsverlaufs, zur Erstellung eines Entlassberichts und zur Abrechnung der Behandlungskosten (vgl. z.B. Laireiter et al., 1996; Cording 1995;1997). Um Datensätze aus verschiedenen Einrichtungen aggregieren und bei Bedarf miteinander vergleichen zu können, müssen möglichst viele Zentren über die gleiche Basisdokumentation verfügen. Häufig wird dabei mit mehrstufigen Systemen gearbeitet, die aus gemeinsamen Kernmodulen für mehrere Zentren und verschiedene Diagnosegruppen bestehen, aber auch Module beinhalten, die in der Lage sind, spezifische Merkmale differenzierter zu erfassen.

Pflege- und Behandlungsplanung

Eine systematische Planung der Pflege und der Behandlung orientiert die durchgeführten Maßnahmen an vorher definierten Zielen. Dies fördert eine offene Diskussion der Zielsetzungen und damit auch einen einheitlichen Umgang der Behandelnden mit den Patienten. Ziele können auf einer allgemeinen Ebene, spezifisch für bestimmte Diagnosegruppen und auch patientenspezifisch formuliert werden. Voraussetzung ist neben konzeptionellen Überlegungen die Aufstellung eines Therapieplans für jeden Patienten. Im voraus festgelegte Ziele erleichtern die Bestimmung der Behandlungsqualität, da der Grad, in dem das Behandlungsergebnis mit den angestrebten Zielwerten übereinstimmt, direkt als Qualitätsindikator betrachtet werden kann.

Qualitätskonferenzen und Qualitätszirkel

Regelmäßig zusammentreffende Arbeitsgruppen, die sich mit Qualitätsfragen befassen, werden als Qualitätskonferenzen oder Qualitätszirkel bezeichnet. Im Kreis von Kollegen und Kolleginnen werden zunächst die Qualitätsstandards erarbeitet, anhand derer die eigene Arbeit bewertet wird. Einzelfälle wie auch Daten, die über einen bestimmten Zeitraum oder ein definiertes Patientenkollektiv gesammelt wurden, werden analysiert. Für wechselnde Themengebiete können so Qualitätsprobleme ermittelt, diskutiert und Lösungsvorschläge erarbeitet werden. Qualitätszirkel erhalten damit den Charakter einer praxisnahen Fortbildung. In Abgrenzung zur Supervision ist in Qualitätszirkeln das qualitätssichernde Potential der Gruppe selbst die Arbeitsgrundlage, da Qualitätszirkel zwar in der Regel durch einen geschulten Leiter moderiert, jedoch möglichst ohne hierarchische Struktur und ohne externe Expertenschaft organisiert sind. Qualitätszirkel haben sich in der ambulanten ärztlichen Versorgung als nützlich erwiesen (z.B. Härter, 1998). In Kliniken können sie interdisziplinär besetzt sein, was die Breite und Kreativität der Problemlösungen verstärkt und die Übertragung der diskutierten Themen in alle Klinikbereiche verbessert.

Qualitätsscreenings und „audits"

Qualitätsscreenings sind Untersuchungen, in denen in Form einer gegenseitigen kollegialen Begutachtung oder durch unabhängige Experten Angemessenheit und Erfolg von Behandlungsmaßnahmen beurteilt werden. Hierfür können ökonomische Screening-Verfahren eingesetzt werden. Differenzierter, aber auch aufwendiger sind Peer-Review-Verfahren, bei denen Experten für einen bestimmten Bereich, die sogenannten „Peers", die erbrachten Leistungen mit Mindeststandards vergleichen (Koch & Schulz, 1997). Für diese Art von Maßnahmen wurde der Begriff des „audit" geprägt, unter dem ursprünglich Wirtschaftlichkeitsprüfungen im Bereich der Ökonomie verstanden wurden. Medizinische „audits" sind v.a. in den USA und Großbritannien bereits als Maßnahmen zur Qualitätssicherung etabliert. Eine Gruppe von „Peers" überprüft beispielsweise eine festgelegte Anzahl von Patientenakten. Diagnosen und verordnete Therapieverfahren, Aufenthaltsdauer, Medikamentenverbrauch und ähnliche Parameter werden mit Standards abgeglichen. Die Ergebnisse, v.a. Normabweichungen, werden den relevanten Adressaten vorgestellt und analysiert und Lösungsmöglichkeiten gesucht (Viethen, 1995; North of England Study of Standards and Performance in General Practice, 1992).

Maßnahmen zur Verbesserung der Kommunikation

„Reibungsverluste" innerhalb einer Einrichtung entstehen häufig bei der Kommunikation verschiedener Berufsgruppen untereinander, aber auch innerhalb eines Arbeitsbereichs. Besprechungen werden oft als wenig effektiv erlebt und die Ergebnisse nur teilweise in die Behandlungspraxis umgesetzt. Die mangelhafte Weitergabe und Nutzung von im Prinzip vorhandenen Informationen kann zu erheblichen Qualitätseinschränkungen führen. Abhilfe schafft einerseits eine schriftliche oder EDV-gestützte Basisdokumentation, in der die notwendigen Informationen abrufbereit gesammelt werden. Andererseits ist für die Besprechungen ein allgemein akzeptierter Modus notwendig, mit dem Besprechungsthemen festgelegt, Ergebnisse fixiert an die relevanten Personen weitergegeben werden und ihre Umsetzung überprüft wird. Kommunikation zu qualitätsrelevanten Themen geht auch über eine Einrichtung hinaus: Um von den Erfahrungen anderer Institutionen profitieren zu können und eigene Erfahrungen weiterzugeben, muss der Austausch mit externen Partnern gefördert werden. Solche Kontakte helfen, die häufig auf den eigenen Arbeitsbereich beschränkte Sicht zu erweitern und so mögliche Problembereiche leichter zu entdecken. Umgekehrt können bei Außenkontakten die Vorteile der eigenen Arbeit dargestellt und damit die „Marktchancen" der eigenen Einrichtung verbessert werden.

Aus-, Weiter- und Fortbildung

Eine angemessene Aus- und Fortbildung der Mitarbeiter ist notwendige (wenn auch nicht hinreichende) Bedingung hoher Qualität. Angesichts des schnellen Fortschritts bei der Entwicklung neuer Therapieverfahren gewährleistet eine laufende Fortbildung, dass die Behandlungsmaßnahmen dem aktuellen Stand der Forschung entsprechen. Eine besondere Form der Fortbildung ist die Supervision, bei der mit Hilfestellung durch einen externen Therapeuten problembehaftete Fallgeschichten, aber auch Hemmnisse in der Interaktion des Behandlungsteams bearbeitet werden. Der aktuelle Stand einer postgraduierten Aus- und Fortbildung in der klinischen Neuropsychologie ist auf Seite 257 dargelegt.

Qualitätsmanagement in der Klinischen Neuropsychologie

Mit zunehmender Spezialisierung und klinischer Professionalisierung der Neuropsychologie wurden bereits frühzeitig Maßnahmen getroffen, um die Qualität neuropsychologischer Interventionen abzusichern und Standards für die Aus- und Weiterbildung klinischer Neuropsychologen zu etablieren. Diese Initiativen werden infolge der berufspoliti-

schen und sozialrechtlichen Entwicklungen notwendigerweise an die rechtlichen Rahmenbedingungen adaptiert und modifiziert (vgl. bspw. die Auswirkungen des Psychotherapiegesetzes für die Klinische Neuropsychologie, die bei Drucklegung dieses Lehrbuches noch nicht abzusehen sind). Im folgenden werden daher Maßnahmen und Initiativen referiert, die bislang im Zusammenhang mit der Entwicklung von Richtlinien zur Sicherung der Struktur-, Ergebnis- und Prozessqualität in der Klinischen Neuropsychologie ergriffen wurden. Weiterhin werden auch Problembereiche dargestellt, die sich aus fach- und berufsspezifischen Besonderheiten der Klinischen Neuropsychologie ergeben.

Maßnahmen zum Qualitätsmanagement in der Klinischen Neuropsychologie sind durch zwei Charakteristika geprägt, die ein einheitliches, phasen- und berufsgruppenübergreifendes Qualitätsmanagement in der neuropsychologischen Diagnostik und Therapie erschweren:

1. Die klinisch-neuropsychologische Tätigkeit ist nicht einheitlich definiert, sondern abhängig vom Stadium eines Krankheitsprozesses und den jeweiligen stationären, teilstationären oder ambulanten Rahmenbedingungen der Krankenversorgung und Rehabilitation. Während bei stabilisiertem neurologischem Defizit in der postakuten Erkrankungsphase die klinisch-neuropsychologische Tätigkeit vorwiegend im Bereich der Diagnostik, Rehabilitationsplanung und Angehörigenberatung angesiedelt ist, bestimmen im weiteren Verlauf spezielle neuropsychologische Therapieformen und psychosoziale Interventionen sowie Maßnahmen der schulischen oder beruflichen Reintegration das Tätigkeitsprofil (Herrmann & Wallesch, 1998).

2. Die neurologisch-neuropsychologische Rehabilitation erfordert eine intensive Kooperation unterschiedlicher Berufsgruppen. So sind in allen Phasen der Rehabilitation Neuropsychologen, Neurologen, Logopäden und Sprachtherapeuten, Physiotherapeuten, Ergotherapeuten, Sozialarbeiter/-pädagogen und (spezialisierte) Krankenpflege beteiligt.

Ansätze zur Förderung der Strukturqualität

Zentrale Dimensionen der Strukturqualität sind die Standards für die *Qualifikation des psychologischen Personals*, der *Personalschlüssel* für unterschiedliche Einrichtungen und die Richtlinien für die *räumliche und apparative Grundausstattung* sowie die *Infrastruktur* von Institutionen im Bereich der neuropsychologischen Rehabilitation.

Qualifikation von Klinischen Neuropsychologen

Kriterien für die Qualifikation von klinisch tätigen Neuropsychologen umfassen unterschiedliche Ebenen und definieren neben den inhaltlichen und fachspezifischen Erfordernissen auch die formalen Richtlinien zur Erlangung und Beibehaltung einer berufsspezifischen Qualifikation. Zu diesen gehören:

- Definition der qualifizierenden akademischen Berufsausbildung und der prägradualen Spezialisierung
- Definition der postgradualen Aus- und Weiterbildung und der inhaltlichen Standards für eine postgraduale Zertifizierung
- Definition der formalen Rahmenbedingungen für die postgraduale Aus- und Weiterbildung
- Maßnahmen zur Evaluation und Qualitätssicherung der prae- und postgradualen Aus- und Weiterbildung

International federführend bezüglich der universitären und außeruniversitären Qualifikation von Klinischen Neuropsychologen ist die Division 40 der American Psychological Association (APA, vgl. Adams & Rourke, 1992) und die International Neuropsychological Society (INS), die sowohl Richtlinien für die prägradualen Ausbildungsinhalte sowie ein Ph.D.-Programm als auch ein Modell („Credit-System") für die postgraduale Ausbildung in Klinischer Neuropsychologie entwickelten und durchführen. Im deutschsprachigen Bereich war insbesondere die Gesellschaft für Neuropsychologie (GNP) als Fachgesellschaft der deutschsprachigen Neuropsychologen mit der Erarbeitung und inhaltlichen und formalen

Durchführung von Qualitätssicherungsmaßnahmen in der Ausbildung zum „Klinischen Neuropsychologen" befasst. Im Jahr 1994 wurde erstmalig eine postgraduale Weiterbildungsordnung für Diplompsychologen (Gesellschaft für Neuropsychologie, 1995b; http://www.gnp.de/) vorgestellt und verabschiedet. Diese Weiterbildung sieht eine dreijährige postgraduale Weiterbildung nach Erwerb des Diploms im Studiengang Psychologie vor, die an einer akkreditierten Weiterbildungsstelle in einer klinischen Institution durchgeführt werden soll. Die Qualität der postgradualen Weiterbildung wird von einem Ausschuss „Organisation Weiterbildung, Curriculum, Akkreditierung" überprüft. Bei Akkreditierung verpflichten sich die Weiterbildungsanbieter eine Evaluation der Fortbildungsveranstaltung durch die Teilnehmer durchzuführen Gesellschaft für Neuropsychologie, 1995a; Herrmann, Hermstein & Ausschuss „Organisation Weiterbildung, Curriculum, Akkreditierung", 1997). 1996 wurde zur Organisation des postgradualen Weiterbildungsangebotes in Klinischer Neuropsychologie die „Akademie für Klinische Neuropsychologie und Rehabilitation" gegründet, deren Ziel neben der Sicherstellung von qualifizierter Weiterbildung auch die Förderung des interdisziplinären Austausches von Wissen und der Kooperation von Berufsgruppen in der neurologisch-neuropsychologischen Rehabilitation ist. Das Bemühen um die Etablierung von Qualitätsstandards in der klinischen Neuropsychologie wurde von einer „Gemeinsamen Kommission Klinische Neuropsychologie" (GKKN), die sich aus Vertretern der Gesellschaft für Neuropsychologie (GNP), der Deutschen Gesellschaft für Neurologie (DGN) und der Föderation Deutscher Psychologenvereinigungen zusammensetzt, aufgenommen und in eine gemeinsam getragene Weiterbildung umgesetzt (Gemeinsame Kommission Klinische Neuropsychologie, 1998).

Personalschlüssel

Mehrere empirische Untersuchungen der letzten Jahren belegen, dass sowohl in der Akutversorgung (Wallesch et al., 1995; Mieck et al.,

1997) als auch in der ambulanten/teilstationären neurologisch-neuropsychologischen Rehabilitation (Herrmann et al., 1997a,b) ein erheblicher Bedarf an qualifizierten Neuropsychologen existiert. Während in der neurologischen Akutversorgung und die Anschlussheilbehandlung (AHB) ein weitgehender Konsens über die Personalausstattung besteht (für die AHB-Behandlung definiert die Reha-Kommission des Verbandes Deutscher Rentenversicherungsträger (VDR) eine Richtgröße von einem (1) Neuropsychologen auf 20-30 Patienten (Reha-Kommission, 1991)) differieren die Vorstellungen über die Personalausstattung im teilstationären/ambulanten neurologisch-neuropsychologischen Rehabilitationssektor erheblich. Die Mehrheit der niedergelassenen Nervenärzte und Neuropsychologen favorisiert wohnortnahe Versorgungsmodelle im Kontext von Einzel- oder Gruppenpraxen oder ambulanten therapeutischen Gemeinschaften (Herrmann, et al., 1997a). Entsprechende Standards mit einer deutlichen Präferenz einer wohnortnahen rehabilitativen Versorgung werden auch auf internationaler Ebene, beispielsweise von der European Federation of Neurological Societies (European Federation of Neurological Societies – Task Force, 1997), diskutiert. Zur Sicherstellung der Strukturqualität einer Institution ist es weiterhin notwendig, dass nicht nur der Bedarf an neuropsychologischem Fachpersonal definiert wird, son- dern zugleich auch die Qualifikationsanforderungen an Neuropsychologen beschrieben werden. Während die Qualifikationsmerkmale für Psychologen im ambulanten Setting beispielsweise im ATG-Modell (Ambulante Therapeutische Gemeinschaftseinrichtungen, dokumentiert in Koch und Bürger (1996) definiert sind, fehlt im stationären Sektor eine Definition der Qualitätsanforderungen für Neuropsychologen noch weitgehend. Standards für die postgraduale Ausbildung in Klinischer Neuropsychologie sind – wie bereits weiter oben dargelegt – durch die Fachgesellschaft der Neuropsychologen (GNP) und der „Gemeinsamen Kommission Klinische Neuropsychologie" (GKKN) definiert worden.

Räumliche und apparative Grundausstattung

Strukturmerkmale der räumlichen Ausstattung von Institutionen zur neuropsychologischen Diagnostik und Therapie sind teilweise eng definiert und gesetzlich reglementiert (Parkplätze und Zugangswege, Türenbreite, Raum- und Flurgrößen für rollstuhlpflichtige Patienten, behindertengerechte Sanitäranlagen, etc.). Die apparative Grundausstattung ist bislang jedoch nur unzureichend beschrieben (Gesellschaft für Neuropsychologie, 1995a). In den „Anforderungen der gesetzlichen Rentenversicherung für Erprobungsmodelle ambulanter/teilstationärer Rehabilitation" (dokumentiert in Koch & Bürger, 1996) wird lediglich die Vorhaltung von „geeigneten Räumen" sowie eine „notwendige (apparative) Ausstattung" als Kriterium definiert. Mindestanforderungen für die räumliche und apparative Ausstattung für die Klinische Neuropsychologie in Weiterbildungseinrichtungen gehen aus den Akkreditierungsrichtlinien der GNP (Gesellschaft für Neuropsychologie, 1995b) hervor.

Ansätze zur Förderung der Prozessqualität

Die Prozessqualität der neuropsychologischen Diagnostik und Therapie ist primär definiert über die Effizienz und Effektivität der diagnostischen und therapeutischen Maßnahmen (vgl. Tabelle 1). Eine zentrale Bedeutung kommt hier der Tatsache zu, dass die Qualität neuropsychologischer Interventionen immer nur im Kontext eines inter- und multidisziplinären Teamansatzes beurteilt werden kann (vgl. Wallesch & Herrmann, 1998; Drechsler, 1999 und Kapitel 9.1). Die Eigenschaften eines multidisziplinären Teams, welche für die neuropsychologische Diagnostik und Therapie von besonderer Bedeutung ist, wurden von Furnell et al. (1987) definiert und sind in Tabelle 3 zusammengefasst. Nach Drechsler (1998) kommt auf den Neuropsychologen hierbei auch eine konzeptuelle Aufgabe im Sinne der Koordinierung therapeutischer Methoden zu. Ein bedeutendes Kriterium für die Beurteilung der Prozessqualität neuropsycho-

Tabelle 3. Eigenschaften eines multidisziplinären Teams (nach Wallesch & Herrmann, 1998)

---

1. Regelmäßige Teamkonferenzen mit Austausch von Wissen, Erfahrungen und Meinungen
2. Jeder Beteiligte verwendet einen signifikanten Anteil seiner Arbeitszeit auf die Verfolgung gemeinsamer Ziele
3. Übereinstimmung zu Zielen innerhalb des Teams, die Struktur und Funktionen bestimmen
4. administrative und klinische Koordinierung
5. eine klare Unterscheidung bzw. Respektieren der Fertigkeiten und Rollen, die spezifisch für das einzelne Teammitglied sind, sowie derjenigen, die geteilt bzw. wechselnd belegt sein können

---

logischer Interventionen ist deshalb zunächst die Teamverträglichkeit neuropsychologischer Konzepte in der Diagnostik und Therapie („Prozessqualität durch Vernetzung").

Koch & Bürger (1996) unterscheiden innerhalb der Dimension Prozessqualität die Ebenen „Diagnostik", „Therapeutisches Angebot" und „Vernetzung". Als Konstituenten der Diagnostik im ambulanten Sektor werden unter anderem aufgeführt:

- objektive, reliable und valide Prozeduren zur Eingangs-, Verlaufs- und Abschlußdiagnostik
- Indikations- und differentielle Indikationskriterien und Kontraindikationen
- Integration diagnostischer Teilinformationen
- Patienten- und Maßnahmendokumentation, Entlassberichte, Katamnestik

In bezug auf psychometrisch evaluierte und sensitive diagnostische Methoden wurden im Kontext der klinischen Neuropsychologie Maßnahmen getroffen, um qualitativ hochwertige Verfahren zu etablieren und einer Überprüfung und Verbesserung zu unterziehen. Den Initiativen ärztlicher Fachgesellschaften entsprechend (Arbeitsgemeinschaft der Wissenschaftlichen Medizinischen Fachgesellschaften (AWMF; http://www.uni-duesseldorf.de/WWW/AWMF/) werden auf der Ebene von Leitlinien hinreichende und notwendige, nützliche, überflüssige oder obsolete

diagnostische und therapeutische Prozeduren dargestellt. Leitlinien stellen einen wesentlichen Standard für die Prozessqualität im Kontext der psychologisch-medizinischen Versorgung dar und sind definiert als „*systematisch entwickelte Darstellungen und Empfehlungen mit dem Zweck, Ärzte und Patienten bei der Entscheidung über zweckdienliche Maßnahmen der Krankenversorgung (Prävention, Diagnostik, Therapie und Nachsorge) unter spezifischen klinischen Umständen zu unterstützen*" (Müller, 1996). Qualitätsstandards für die Patienten- und Maßnahmendokumentation sowie für Befunde und Entlassberichte sind eine wesentliche Voraussetzung für die Qualitätssicherung der neuropsychologischen Diagnostik. Hierzu gehören unter anderem die Definition von Standards in der neuropsychologischen Befunderhebung (vgl. Kapitel 3.3), in der Abfassung neuropsychologischer Gutachten (vgl. Kapitel 3.2) oder Peer-Review-Verfahren zur Qualitätsüberprüfung neuropsychologischer Befund- und Entlassberichte, wie sie von den Rentenversicherungsträgern in der stationären Rehabilitation initiiert wurden (vgl. Kapitel 3.4).

Im Bereich der ambulanten neuropsychologischen Therapie sind Standards der Prozessqualität nach Koch und Bürger (1996), wie verbindliche Gesamtkonzeption mit indikationsbezogenen Schwerpunktsetzungen, Orientierung an individuellen Problemlagen und Potentialen, Anpassung an den Stand des Behandlungsfortschritts, Kriseninterventionsmöglichkeiten sowie Nachsorge und Einbeziehung von Familie und Umfeld bislang jedoch noch nicht zufriedenstellend realisiert.

Ansätze zur Förderung der Ergebnisqualität

Zur Überprüfung des Ergebnisses von Maßnahmen und Interventionen im Rahmen der Klinischen Neuropsychologie wurden unterschiedliche Qualitätsmaße und Kriterien vorgeschlagen. Neben einfach zu operationalisierenden Parametern der Kosten-Nutzen-Relation (Behandlungsdauer, Art, Intensität und Frequenz der Behandlungen, Behandlungskosten, Abbruchquoten, Häufigkeit der Inanspruchnahme weiterer Dienstleistungen, Beschäftigungsstatus) wurden ebenso komplexere Kriterien wie der Grad der Selbstständigkeit des Patienten („Activities of Daily Living" (ADL), funktioneller Status) oder eine umfassendere Bewertung der Lebensqualität oder Patienten-/Angehörigenzufriedenheit (Gauggel et al., 1998) als Maße zur Überprüfung des Behandlungserfolges diskutiert. Während für Teilbereiche der neuropsychologischen Diagnostik und Therapie die Verwendung von Outcome-Scores durchaus realisierbar und nützlich ist (etwa in der Quantifizierung neuropsychologischer Defizite), zeigt sich für das Gesamtgebiet der neurologisch-neuropsychologischen Rehabilitation, dass eine indikationenspezifische oder -übergreifende Standardisierung neuropsychologischer Defizite wenig sinnvoll ist (Helbig et al., 1997).

Als Gründe hierfür werden angeführt:

1. Sowohl in der postakuten als auch chronischen Erkrankungsphase existieren komplexe neuropsychologische Störungsmuster, die sich nicht auf einfache Variablen reduzieren lassen.

2. Die psychometrischen Standards zur Quantifizierung verschiedener neuropsychologischer Defizite sind extrem heterogen und nicht generalisierbar (fehlende oder unterschiedliche Normdaten und Adjustierungen für Patientenalter und Erkrankungsbilder, Decken- oder Bodeneffekte für unterschiedliche Ausprägungen einer Erkrankung, fehlende Veränderungssensitivität sowie Mangel an Parallelformen und zufallskritischen Differenzwerten).

3. Spontanremissionseffekte, die unter Umständen auch noch im chronischen Erkrankungsstadium nachweisbar sind.

Probleme ergeben sich auch für die Anwendung von allgemeineren Verfahren zur Überprüfung der Ergebnisqualität neuropsychologischer Interventionen. Skalen zur Untersuchung der „Activities of Daily Living" sind häufig einseitig gewichtet (bspw. im Bereich motorischer Einschränkungen) und kognitive oder psychosoziale Beeinträchtigungen sind zumeist unterrepräsentiert. Viele ADL-Verfahren messen zudem lediglich die Performanz des Patienten, nicht aber dessen Kompetenz

(Smith & Clark, 1995). Auch bei Verwendung von Verfahren zur Untersuchung komplexer Konstrukte wie Lebenszufriedenheit oder Lebensqualität als Outcome-Maß neuropsychologischer Interventionen ergeben sich häufig Operationalisierungprobleme (Testa & Simonson, 1996). Die Ergebnisqualität neuropsychologischer Diagnostik und Therapie ist zudem immer auch vom Blickwinkel der am Rehabilitationsprozess beteiligten Personen und Institutionen abhängig: „Während die Kostenträger die Betonung auf die Vermeidung vorzeitiger Berufs- und Erwerbsunfähigkeit legen, mögen für die Therapeuten medizinische Faktoren oder Aspekte der Handlungskompetenz im Vordergrund stehen, Patienten verbinden vor dem Hintergrund ihrer Biographie und Krankheitsgeschichte mit einer Rehabilitationsbehandlung möglicherweise andere Ziele (...)" (Gauggel et al., 1998, S. 183).

Ausblick

Allgemeine Konzepte und Methoden der Qualitätssicherung im Gesundheitswesen, die es erlauben, wirkungsvolle Programme in den Einrichtungen des Gesundheitsversorgungssystems einzuführen, liegen vor. Auch wurden bereits vielfältige Erfahrungen mit verschiedenen methodischen Ansätzen zur Qualitätssicherung gemacht, die jedoch schwer zugänglich, von unterschiedlicher Qualität und begrenzter Übertragbarkeit sind. Eine schlüssige Theorie, welche die notwendigen und hinreichenden Bedingungen hoher Qualität benennt, fehlt bisher. Der im normativen Modell von Donabedian (1966) postulierte Zusammenhang zwischen Struktur-, Prozess- und Ergebnisqualität ist empirisch weitgehend ungeklärt bzw. nicht belegt, viele Maßnahmen beschränken sich v.a. auf den Aspekt der Strukturqualität.

Allgemeine Fragen und Probleme

Ein wichtiges Problem der Qualitätssicherung stellt die Übereinkunft hinsichtlich relevanter Qualitätsmerkmale dar: Maßstäbe dafür, was als qualitativ hochwertige Arbeit angesehen werden kann, können aus der Sicht der verschiedenen Gruppen von Betroffenen (z.B. Patienten, Angehörige, Ärzte, Pflegepersonal, Krankenversicherungen, Gesundheitspolitiker etc.) unterschiedlich ausfallen und sind z.T. widersprüchlich. Die Implementierung von Mechanismen zur Qualitätssicherung in einer Einrichtung ist ein längerfristiger Prozess. Phasen konzeptioneller Diskussion müssen teilweise vorgeschaltet werden, um die Zielsetzungen der einzelnen Arbeitsbereiche abzuklären, die zur Definition von Qualitätskriterien notwendig sind. Auch genügt es nicht, singuläre Maßnahmen unverbunden nebeneinanderzustellen. Die Modellmaßnahmen aus den initialen Bereichen müssen auf das gesamte System ausgeweitet werden. Strukturerhebungen, Basisdokumentation, Qualitätszirkel, Fortbildungen usw. können und müssen einander ergänzen.

Mit diesen Aufgaben ist eine Einrichtung allein meist überfordert. Erfahrungen aus anderen Einrichtungen sollten genutzt werden, indem externe Experten bei der Entwicklung von Maßnahmen zum Qualitätsmanagement eingebunden werden. Viele Träger oder Verbände haben Abteilungen oder Kommissionen für Qualitätssicherung eingerichtet, die Unterstützungsleistungen anbieten. Daraus folgt, daß Qualitätssicherungs-Programme nach Möglichkeit einrichtungsübergreifend angelegt sein sollten, um Daten zu generieren, die von verschiedenen Institutionen genutzt werden können. Insbesondere die routinemäßig erhobenen Qualitätskriterien und deren Operationalisierung sollte innerhalb eines Arbeitsbereichs möglichst einheitlich sein.

Basis eines umfassenden Qualitätsmanagements ist eine hohe Bereitschaft, die eigene Arbeit kritisch zu reflektieren und ständig auf Verbesserungsmöglichkeiten hin zu prüfen. Häufig ist dabei zunächst ein großes Maß an Überzeugungsarbeit zu leisten. Bedenken, die mit dem Vorurteil „Qualitätssicherung ist gleich Qualitätskontrolle" zusammenhängen, müssen angesprochen und ausgeräumt werden. Parallel dazu sollten modellhafte qualitätssichernde Maßnahmen an einzelnen Punkten einer Einrichtung initiiert werden.

Ansatzpunkte bieten dabei aktuelle Problemlagen, die auch ohne ein umfassendes Qualitätssicherungsprogramm bearbeitet werden können. Andererseits bieten sich zu Beginn Bereiche an, in denen z.B. aus vorangegangenen Programmevaluationen bereits ein überdurchschnittliches Maß an Erfahrung mit empirischem Arbeiten vorliegt. Häufig wird mit der Entwicklung bzw. Adaption einer Basisdokumentation begonnen, welche als Schnittstelle der verschiedenen therapeutischen, pflegerischen und Verwaltungsbereiche eine einrichtungsweite Qualitätsdiskussion anstoßen kann. Externe, einrichtungsübergreifende und interne, vom Personal initiierte und getragene Maßnahmen zur Qualitätssicherung und zum Qualitätsmanagement stellen unseres Erachtens gleichberechtigte Ansätze dar, die nicht als alternativ, sondern als komplementär verstanden werden sollten.

Perspektiven in der klinischen Neuropsychologie

Die Darstellung verschiedener Initiativen zur Etablierung von Qualitätsstandards zeigt neben Bemühungen um eine Verbesserung der Struktur-, Prozess- und Ergebnisqualität in der neuropsychologischen Diagnostik und Therapie auch deutliche Defizite. Nachhaltige Maßnahmen zur Verbesserung des Qualitätsmanagements konnten auch in der neuropsychologischen Rehabilitation bisher fast ausschließlich auf der Ebene der Strukturqualität realisiert werden. So wurden zwar einerseits – zu einem großen Teil schon vor entsprechenden gesundheitspolitischen Maßnahmen und Initiativen der Leistungsträger in der medizinischen Rehabilitation – Institutionen und Strukturen etabliert, die Qualitätsstandards für Klinische Neuropsychologen und neuropsychologische Interventionen definieren und überprüfen. Andererseits besteht jedoch die Gefahr, dass sich diese Initiativen in einem Geflecht unterschiedlicher und wenig koordinierter Maßnahmen verlieren. Es zeigt sich ein deutliches Defizit an einer organisatorischen und inhaltlichen Strukturierung von Qualitätssicherungsmaßnahmen, die zum einen an den wissenschaftlichen Kriterien der neurologisch-neuropsychologischen Rehabilitationsforschung orientiert sind und zum anderen fachübergreifende oder auch internationale Standards des Qualitätsmanagements reflektieren. Es ist zu erwarten, dass durch die indikationen- und störungsspezifische Darlegung von Leitlinien als wissenschaftlich begründeten Handlungsanleitungen eine deutliche Verbesserung der Prozess- und Ergebnisqualität in der neuropsychologischen Diagnostik und Therapie erreicht und eine „evidence based clinical neuropsychology" etabliert werden kann. Im Gegensatz zu den formalen und strukturellen Bedingungen neuropsychologischer Interventionen, die durch national unterschiedliche Modelle und Leistungsträgerschaften bestimmt sind, muss von der inhaltlichen Definition neuropsychologischer Prozess- und Ergebnisqualität erwartet werden, dass sie gemessen an internationalen Standards konsensfähig ist.

3 Diagnostik und Therapie

3.1 Aufgaben und Strategien neuropsychologischer Diagnostik

Walter Sturm

Zusammenfassung

Die neuropsychologische Diagnostik zählt zu den Hauptaufgabengebieten des klinischen Neuropsychologen. Ziel der Diagnostik ist die Objektivierung und Beschreibung kognitiver und affektiver Funktionsstörungen als Hirnschädigungsfolgen. Hierzu gehören Untersuchungen basaler und höherer Wahrnehmungsleistungen, des intellektuellen Leistungsprofils, Gedächtnis-, Aufmerksamkeits- und sensomotorischer Funktionen, exekutiver Funktionen, spezieller bildungs- und berufsabhängiger Leistungen und der Affektivität. Die diagnostischen Aufgabengebiete umfassen die Beschreibung des aktuellen Zustands, Verlaufsuntersuchungen, gutachtliche Stellungnahmen, Rehabilitationsplanung aber auch die Aufdeckung von Funktionsstörungen bei morphologisch noch nicht nachweisbaren Hirnschädigungen. Entsprechend der jeweiligen Fragestellung muss unter Einbeziehung der Vorbefunde und der Ergebnisse der Exploration und Anamnese sowie der Berücksichtigung eventuell testbehindernder und ergebnisbeeinflussender Faktoren die neuropsychologische Untersuchung sorgfältig geplant werden. Zur Durchführung der Untersuchung gehören auch die Verhaltensbeobachtung und die Erfassung von Aggravations- und Simulationstendenzen sowie eventuelle Änderungen des Untersuchungsplans. Die Analyse und Interpretation der Untersuchungsergebnisse nimmt bezug auf die Fragestellung und die zu Beginn der Untersuchung aufgestellten Hypothesen. Die so gewonnenen Schlußfolgerungen werden in Befundberichten oder Gutachten dokumentiert.

Vorbemerkung

Die neuropsychologische Diagnostik gehört neben der Therapie zu den Hauptaufgabengebieten des klinischen Neuropsychologen. Ziel der Diagnostik ist die Erfassung und Objektivierung von kognitiven und affektiven Funktionsstörungen nach einer Hirnfunktionsstörung oder Hirnschädigung und der emotionalen Reaktionen des Patienten auf diese Störungen. Das diagnostische Vorgehen orientiert sich einerseits an allgemeinen Kriterien der psychologischen Diagnostik (s. z.B. Jäger & Petermann, 1992), andererseits an den medizinischen, insbesondere neurologischen und ggfls. psychiatrischen, internistischen und umweltmedizinischen (z.B. bei internistischen Grunderkrankungen oder bei Intoxikationen), neuroradiologischen und elektrophysiologischen Informationen der vermuteten oder verifizierten zerebralen Funktionsstörung oder Schädigung des Patienten sowie an der jeweiligen spezifischen Fragestellung (z. B. Darstellung des aktuellen Funktionszustands, Verlaufsuntersuchung, Planung und Evaluation von Reha-Maßnahmen, berufliche Rehabilitation, gutachterliche Stellungnahme).

Der diagnostisch tätige klinische Neuropsychologe muss daher grundlegende Kenntnisse sowohl in psychologischer Testtheorie und psychologisch-diagnostischer Vorgehensweise als auch in Grundzügen der Neurologie und Psychiatrie, funktioneller Neuroanatomie, je nach Fragestellung auch in Psychopharmakologie und Neurotoxikologie besitzen, um eine neuropsychologische Untersuchung eines Patienten entsprechend der jeweiligen Fragestellung planen und die Ergebnisse psychometrisch und inhaltlich richtig interpretieren zu können. Diese Kombination von Voraussetzungen erfüllen in der Regel nur Diplom-Psychologen mit einer postgradualen Ausbildung in Klinischer Neuropsychologie.

Aufgaben der neuropsychologischen Diagnostik

Während in den fünfziger und sechziger Jahren der Versuch, mit Hilfe neuropsychologischer Testverfahren und z.T. umfangreicher Testbatterien (z. B. Halstead Reitan Test Battery, s. Lezak, 1995; Spreen & Strauss, 1998) zwischen hirngeschädigten und nichthirngeschädigten neurologischen und psychiatrischen Patienten zu differenzieren, im Vordergrund der neuropsychologischen Diagnostik stand, hat sich seit der Einführung der zerebralen Computertomographie und auch der Kernspintomographie der Schwerpunkt der neuropsychologischen Diagnostik von der Trennung zwischen Hirnkranken und Hirngesunden auf die möglichst genaue und detaillierte Erfassung kognitiver und affektiver Funktionen, die Objektivierung von Funktionsbeeinträchtigungen, die Beurteilung von Rehabilitationsmöglichkeiten sowie auf die Untersuchung von Krankheitsverläufen verschoben (s. Tabelle 1).

In den Fällen, bei denen die zerebrale Erkrankung zwar zu Funktionsstörungen führt, jedoch nicht oder noch nicht mit makroskopischen, mit neuroradiologischen Verfahren erfassbaren Substanzveränderungen verbunden ist (z.B. im Anfangsstadium dementieller Erkrankungen, bei entzündlichen Prozessen oder nach diffusen Schädel-Hirn-Traumen) kann die neuropsychologische Diagnostik diese Funktionsstörungen aufdecken und eventuell den Anstoß zu weiterführenden Untersuchungen, zum Beispiel zur Positronenemissionstomographie (PET) zwecks Erfassung eventueller zerebraler Stoffwechselstörungen geben (s. Kap. 2.2).

Tabelle 1. Aufgaben der neuropsychologischen Diagnostik

- *Feststellung und Beschreibung des aktuellen kognitiven und affektiven Zustands*
- *Objektivierung von Funktionsbeeinträchtigungen* („disabilities") sowie sich daraus möglicherweise ergebender sozialer und beruflicher Konsequenzen („handicaps")
- Beurteilung von Rehabilitationsmöglichkeiten, sowie der Möglichkeiten der beruflichen Wiedereingliederung, Planung von Rehabilitationsmaßnahmen.
- *Verlaufsuntersuchungen:* Feststellung von Veränderungen kognitiver und affektiver Funktionen bei progredienten oder reversiblen Krankheitsverläufen oder zur Evaluation von Therapieeffekten
- Darstellung der Befunde in *Befundberichten* oder in *Gutachten*

Feststellung des aktuellen kognitiven und affektiven Zustandes

Die Kenntnis der Lokalisation einer Hirnschädigung kann hinsichtlich der zu erwartenden Defekte in bestimmte Richtungen weisen (z. B. Sprachstörungen bei Läsionen der sprachdominanten Hemisphäre, visuo-kognitive Leistungsschwächen bei okzipitalen oder inferotemporalen Schädigungen, Störungen des Planens und Problemlösens bei frontalen Läsionen, Gedächtnisausfälle bei Läsion im Temporallappen, Hippocampus und Thalamus). Selbst die genaue Feststellung der Art und Lokalisation einer Hirnschädigung mit den obengenannten neurologischen bzw. neuroradiologischen Untersuchungstechniken gibt jedoch keinen direkten Aufschluss über das Ausmaß und die qualitative Beschaffenheit der damit eventuell verbundenen kognitiven oder affektiven Funktionsstörungen. Die zuverlässige qualitative und quantitative Erfassung der psychischen Veränderungen muss durch den klinischen Neuropsychologen mithilfe von geeigneten psychologischen und speziellen neuropsychologischen Untersuchungsverfahren erfolgen (von Cramon et al., 1995; Lezak, 1995; Spreen & Strauss, 1998).

Um Aussagen über hirnorganisch bedingte Veränderungen kognitiver und affektiver Funktionen oder über die Rehabilitationsmöglichkeiten eines Patienten treffen zu können, muss zunächst ein genaues Bild der aktuellen Leistungsfähigkeit und des affektiven Zustands erstellt werden. Jeder neuropsychologischen Untersuchung muss eine sorgfältige Erfassung der Krankheitsvorgeschichte unter Einbeziehung neurologischer und neuroradiologischer Befunde sowie eine ausführliche Exploration und Anamnese des Patienten vorausgehen (s.u.). Die so gewonnenen Daten dienen dem Untersucher unter anderem zur Hypothesenbildung über die zu untersuchenden Funktionsbereiche.

Wichtig ist auch die Erfassung und Dokumentation eventuell die Durchführung und Ergebnisse der Untersuchung beeinflussender Faktoren (s.u.). Auch der Zeitpunkt der Untersuchung während des Krankheitsverlaufs ist von großer Relevanz: im akuten Stadium, insbesondere so lange der Patient noch bettlägerig und nur kurzfristig belastbar ist, ist die Durchführung einer differenzierten neuropsychologischen Diagnostik kaum möglich und auch wenig sinnvoll. Zwar ermöglichen Bedside-Tests die Erfassung grober Funktionsstörungen, im Interesse des Patienten sollte aber in jedem Fall eine umfassende neuropsychologische Untersuchung erfolgen, sobald der Zustand des Patienten dies erlaubt. Eine solche Untersuchung sollte – je nach Fragestellung und vermutetem Störungsbild – folgende Funktionsbereiche umfassen (eine ausführliche Darstellung funktionsspezifischer Diagnoseverfahren findet sich in den jeweiligen Unterkapiteln von Kapitel 4 dieses Buchs):

a) Basale und höhere Wahrnehmungsleistungen

Da die meisten neuropsychologischen Untersuchungsverfahren in der visuellen Modalität durchgeführt werden, ist auf ausreichenden, ggf. korrigierten Visus, räumliche und Kontrastwahrnehmung und normale Farbwahrnehmung zu achten. Insbesondere unentdeckte und vom Patienten (noch) nicht kompensierte Gesichtsfelddefekte können zu erheblichen Ergebnisverzerrungen und nachfolgenden

Fehlinterpretationen führen. Im Zweifelsfall sollten einfache „fingerperimetrische" Gesichtsfeldprüfungen oder Untersuchungen mit dem Untertest „Gesichtsfeldprüfung" aus der Testbatterie zur Aufmerksamkeitsprüfung (TAP) vorgenommen werden. Bei auditiver Reizdarbietung muss ausreichende Hörfähigkeit geprüft werden. Höhere visuelle Wahrnehmungsleistungen betreffen z.B. die Objekterkennung und das Erkennen von Gesichtern (s.a. Kap. 4.6 und 4.7), höhere auditive Wahrnehmungsleistungen umfassen das Erkennen von Geräuschen, die Diskrimination nichtsprachlicher und sprachlicher Stimuli und das Richtungshören. Ein Untersuchungsgang bei Verdacht auf Störungen derartiger Leistungen wurde von Blaettner und Goldenberg vorgeschlagen (1993).

b) Intellektuelles Niveau und Leistungsprofil

Eine Erfassung des intellektuellen Niveaus eines Patienten dient in der Regel zur Beurteilung des intellektuellen Hintergrunds, vor dem spezifischere Funktionen wie Gedächtnis und Aufmerksamkeit berücksichtigt werden sollten. Wichtiger als die Bestimmung des allgemeinen Intelligenzniveaus ist es für die neuropsychologische Diagnostik jedoch, auch speziellere kognitive Leistungen des Patienten zu analysieren. Aufschlüsse darüber ergeben sich bereits aus einer Profilanalyse der verschiedenen Untertestleistungen in den gängigen Intelligenz-Testverfahren (z.B. HAWIE-R, LPS, LPS 50+, IST-70) und in einigen anderen, wie dem Berufseignungstest (BET) oder dem Wilde-Intelligenz-Test (WIT). Die meisten dieser Testverfahren enthalten Untertests, die spezielle Funktionen, wie „visuelle Auffassungsgeschwindigkeit", „räumliche Orientierungs- und Vorstellungsfähigkeit", „sprachgebundenes und sprachunabhängiges logisches Denken", „Wortflüssigkeit", „Form- und Gestalterfassung" prüfen, welche durch fokale Hirnschädigungen selektiv beeinträchtigt sein können.

c) Aufmerksamkeitsleistungen

Hier ist die Untersuchung folgender Aufmerksamkeitskomponenten, die je nach Art und Lokalisation der Hirnschädigung unterschiedlich betroffen sein können, unerlässlich:

a) Aufmerksamkeitsaktivierung,
b) längerfristige Aufmerksamkeitszuwendung
c) selektive oder fokussierte Aufmerksamkeit und
d) Aufmerksamkeit (s. Kap. 4.1, aber auch Kap. 4.2: Vernachlässigung-Neglect).

d) Gedächtnisfunktionen

Mindestanforderungen an eine neuropsychologische Diagnostik von Gedächtnisleistungen insbesondere für gutachterliche Stellungnahmen umfassen Untersuchungen

a) des Arbeitsgedächtnisses,
b) der Aufnahme neuer Informationen ins Langzeitgedächtnis,
c) des längerfristigen Behaltens neuer Informationen, und
d) des semantischen und episodischen Altgedächtnisses (s. Kap. 4.3) inklusive autobiographischer Gedächtnisinhalte.

e) Planungs- und Kontrollfunktionen („exekutive Funktionen")

Insbesondere nach Schädigungen des präfrontalen Kortex ist mit *Störungen exekutiver Funktionen* zu rechnen. Hierunter versteht man Störungen des Planens und Problemlösens, des Initiierens und der Inhibition von Handlungen sowie der Handlungskontrolle. Die Diagnostik exekutiver Funktionen umfasst die Untersuchung der Planung und Ausführung von Handlungen und Handlungsabfolgen, des Problemlösens und der Fähigkeit zur Kategorisierung sowie komplexer Aufmerksamkeitsprozesse und des Arbeitsgedächtnisses (s. Kap. 4.4).

f) Sprache

Läsionen sprachrelevanter Gebiete der linken Hirnhemisphäre können zu sprachsystematischen Störungen, den *Aphasien*, führen. Zur Begutachtung aber auch zur Planung von therapeutischen Interventionen ist es hier wichtig, sowohl die Art als auch den Schweregrad der Sprachstörung zuverlässig festzulegen. Dies kann z.B. mithilfe des Aachener Aphasietests (AAT) erfolgen, welcher eine Zuordnung der Aphasie zu den Standardsyndromen (globale,

Wernicke-, Broca- und amnestische Aphasie) sowie die Erfassung von Nichtstandardsyndromen erlaubt (s. Kap. 4.9 u. 4.10). Bei gut zurückgebildeten Aphasien oder bei sprachlichen Beeinträchtigungen, die noch nicht zu offensichtlichen aphasischen Symptomen führen, kommt es bei Aphasietests jedoch häufig zu Deckeneffekten. Subtilere Sprachstörungen können z.B. mithilfe von Word-Fluency-Tests (u.a. LPS-Untertest 6), die an Gesunden geeicht wurden, meist dennoch verifiziert werden.

g) Sensomotorische Leistungen und motorische Planung

Zur Erfassung der sensomotorischen Koordination bzw. Feinmotorik eignet sich die Motorische Leistungsserie (MLS), welche die bekanntesten, in Faktorenanalysen herausgearbeiteten psychomotorischen Leistungsfaktoren (Pawlik, 1967) über verschiedene apparative Testaufgaben erfaßt. Hierzu gehören die statische Bewegungsruhe, die präzise Steuerung langsamer Führungsbewegungen des Armes und der Hand, ballistische Zielbewegungen und schnell oszillierende Finger- und Handbewegungen.

Eine detaillierte Beschreibung der Untersuchung höherer motorischer Leistungen, insbesondere der Planung und Ausführung von Bewegungsfolgen findet sich in Kap. 4.8.

h) räumlich-perzeptive, räumlich-kognitive und räumlich konstruktive Leistungen

Insbesondere nach parietalen Läsionen ist mit Beeinträchtigungen räumlicher Leistungen zu rechnen, wobei diese etwas häufiger nach Schädigungen der rechten Hirnhälfte zu beobachten sind. Viele Intelligenztests beinhalten Prüfungen räumlicher Funktionen (s. Abschnitt b), eine differenzierte Erfassung unterschiedlicher Aspekte räumlicher Störungen, wie sie z.B. für die planung einer Therapie notwendig sind, ist hiermit jedoch meist nicht möglich. Speziellere Untersuchungsverfahren wurden u.a. von Benton et al. (1983) und von Kerkhoff und Marquardt (1998) entwickelt (s. Kap. 4.5, aber auch Kap. 4.2: Vernachlässigung-Neglect).

i) Untersuchung der Zahlenverarbeitung und Rechenleistungen

Störungen der Zahlenverarbeitung treten oft im Zusammenhang mit Sprachstörungen auf, sind jedoch auch unabhängig von Aphasien zu beobachten. So können aufgrund räumlicher Störungen Probleme beim Ausrichten von Zahlenreihen bei Rechenoperationen auftreten oder die Einschätzung von Größenordnungen beeinträchtigt sein. Zur Untersuchung von Störungen der Rechenleistung (Akalkulien) stehen z.B. der Untertest „Rechnerisches Denken" aus dem HAWIE sowie die Untertests „Rechenaufgaben" aus dem Berufseignungstest (BET), dem Wilde-Intelligenz-Test (WIT) und aus dem *Intelligenz-Struktur-Test* (IST) zur Verfügung. Systematischere Untersuchungen einzelner Komponenten der Zahlenverarbeitung sind jedoch nur mit speziell hierzu entwickelten Untersuchungsverfahren möglich. In neuerer Zeit wurde von Deloche und Seron (1989) eine Testbatterie zur Identifizierung von Patienten mit Akalkulie entwickelt (EC-301). Sie umfasst Untertests zu den Grundrechenarten aber auch spezifische Tests zur Zahlenverarbeitung, zum Zählen/Abzählen und zum Gebrauch der Rechenzeichen. Eine deutschsprachige Version wurde von Claros Salinas (1991) vorgestellt (s. Kap. 4.11).

j) berufsabhängige Fertigkeiten und domänenspezifisches Wissen

Zur Beurteilung der Berufs- und Rehabilitationsmöglichkeiten eines Patienten ist auch die Untersuchung einiger spezieller, in hohem Maße berufsabhängiger Leistungen bzw. Fertigkeiten erforderlich. Standardisierte Testverfahren zu dieser Fragestellung sind z. B. der Mechanisch- oder Praktisch-Technische-Verständnis-Test (M-T-V-T, PTV), verschiedene Büroarbeitstests sowie der bereits genannte Berufseignungstest und die Motorische Leistungsserie. Neben der psychometrischen Untersuchung berufsbezogener Funktionen ist oft eine explorative Erfassung in Form von Arbeitsversuchen notwendig (s. Kap. 3.5).

k) Affektivität und Persönlichkeit

Zur Erfassung klinisch nicht unmittelbar auffälliger oder zur Verlaufskontrolle bekannter Störungen der Affektivität werden vor allem Fragebogenverfahren oder Schätzskalen verwendet. Die Fragebogen basieren zum Teil auf persönlichkeitstheoretischen, zum Teil auf psychoanalytischen Grundkonzepten und erfassen Persönlichkeitsmerkmale wie Neurotizismus, Extra/Introversion, Ängstlichkeit/Depressivität, Aggressivität, emotionale Stabilität/Labilität und ähnliches. Insbesondere die Erfassung depressiver Symptome ist für die neuropsychologische Diagnostik von großer Bedeutung, da sie kognitive Funktionen in hohem Maße negativ beeinflussen und hirnorganische Funktionsstörungen insbesondere im Aufmerksamkeits- und Gedächtnisbereich „vortäuschen" können. Die Bewertung des augenblicklichen affektiven Zustandes eines Patienten als pathologisch oder nicht pathologisch setzt die Kenntnis der prämorbiden emotionalen Struktur des Patienten voraus. Hierüber sind jedoch in der Regel kaum objektive Anhaltspunkte gegeben, und der Spielraum, innerhalb dessen emotionale Merkmale noch als normal gelten können, ist wesentlich größer als im Leistungsbereich. Es besteht ausserdem die Möglichkeit, dass tatsächlich bestehende, organisch bedingte Beschwerden des Patienten wie Kopfschmerzen, Schwindelgefühle, Herzjagen bei der Beantwortung von Persönlichkeitsfragebögen zu auffälligen Skalenwerten führen und damit die irrtümliche Interpretation z. B. als neurotische Tendenzen, psychosomatische Störungen und ähnliches nahelegen. Die sinnvolle Anwendung dieser Untersuchungsverfahren in der neuropsychologischen Diagnostik setzt daher die Kenntnis aller möglichen Symptome eines eventuell bestehenden organischen Grundleidens voraus. Aus diesem Grunde können derartige Verfahren natürlich auch nicht zur Differentialdiagnose, z. B. zwischen psychiatrisch und hirnorganisch Kranken benutzt werden. Ohnehin können affektive oder emotionale Störungen sowohl als direkte Folge der Hirnschädigung entstehen oder als Reaktion auf erlebte kognitive oder motorische Beeinträchtigungen. Auch eine Kombination beider Einflussfaktoren ist möglich und sogar eher die Regel (s. a. Kap. 1.7 und 7).

Objektivierung von Funktionsbeeinträchtigungen

Nach der Erfassung des aktuellen kognitiven und affektiven Zustands eines Patienten stellt sich meist die Frage, ob sich aus den erhobenen Befunden hirnschädigungsbedingte Funktionsbeeinträchtigungen objektivieren lassen. Insbesondere bei neuropsychologischen Begutachtungen ist es oft notwendig, den Nachweis eines Zusammenhangs zwischen Schädigung („impairment") und Funktionsstörung („disability", s. a. Kap. 3.4) zu erbringen. Hierzu sind möglichst differenzierte Kenntnisse über die prämorbide Leistungsfähigkeit des Patienten erforderlich, da nur der Vergleich der aktuell erhobenen mit den prämorbiden Leistungsdaten die Beantwortung dieser Frage ermöglicht. Hinweise auf die prämorbide Leistungsstruktur können aus der detaillierten Bildungsanamnese und persönlichen prämorbiden Leistungsschwer- und -tiefpunkten sowie aus den berufsbezogenen Daten des Patienten gezogen werden. Wichtige Vergleichswerte kann man auch aus Ergebnissen früherer, vor der Schädigung durchgeführter psychologischer Untersuchungen (z. B. TÜV, Arbeitsamt, schulpsychologischer Dienst usw.) erhalten. Tatsächlich ist es in vielen Fällen aber nur möglich, aus der Kenntnis der in der Anamnese gewonnenen Daten zur Schul- und Berufsausbildung des Patienten eine grobe Einschätzung des prämorbiden Niveaus vorzunehmen.

Eine Leistungsminderung kann unter diesen Umständen dann angenommen werden, wenn die aktuell gemessene Leistung im Vergleich mit schul- und berufsbezogenen Normwerten deutlich unter dem Mindestniveau liegt, das für den Schulabschluss oder Berufserfolg des Patienten vorausgesetzt werden müsste. Weiterhin können aufgrund der neuropsychologischen Kenntnisse über Zusammenhänge zwischen Schädigung und Funktionsstörung Hypothesen über mögliche Funktionsbeeinträchtigungen relativ zu den prämorbiden Erwartungswerten aufgestellt und anhand der tatsächlich erhobenen Untersuchungsdaten überprüft werden (s. S. 275).

Schwierigkeiten bereitet oft die Feststellung subtiler krankheitsbedingter Veränderungen der Affektivität, da in diesem Bereich der Spielraum des „normalen" noch wesentlich weiter ist als im Leistungsbereich und außerdem objektive Daten über die prämorbide emotionale und affektive Struktur des Patienten nur schwer zu erheben sind.

Über die Darstellung der Funktionsbeeinträchtigungen hinaus soll der klinische Neuropsychologe aus den Daten der Exploration und Anamnese sowie der neuropsychologischen Untersuchung Aussagen über mögliche soziale und berufliche Konsequenzen („handicaps") machen, welche zur Planung der (weiteren) Rehabilitation des Patienten (s. Kap. 3.5) herangezogen werden können.

Verlaufsuntersuchungen

Verlaufsuntersuchungen dienen der Erfassung eventueller spontaner Funktionsveränderungen im Verlauf progredienter oder rückläufiger Krankheitsprozesse sowie der Untersuchung von Effekten therapeutischer Maßnahmen, wie z. B. medikamentöser Behandlung oder neuropsychologischer Therapie (s. a. Petermann, 1978, 1986).

Bei Verlaufsuntersuchungen geht es prinzipiell um den Vergleich zwischen zwei oder mehreren, zu verschiedenen Zeitpunkten erhobenen Ergebnissen in gleichen oder äquivalenten Testverfahren. Insbesondere bei Gedächtnistests sollten bei Verlaufsuntersuchungen stets nur die Parallelformen des gleichen Testverfahrens zur Anwendung kommen, da sich eine Wiederholung der gleichen Testversion aufgrund von Lerneffekten logischerweise verbietet. Dennoch können auch bei Paralleltests aufgrund von Transfereffekten bei der Testwiederholung krankheits- und therapieunabhängige Leistungssteigerungen entstehen, welche bei der Interpretation mitberücksichtigt werden müssen.

Darüber hinaus ist es auch bei Verlaufsuntersuchungen notwendig, eventuelle Testwertveränderungen zwischen aufeinanderfolgenden Untersuchungen daraufhin zu prüfen, ob sie nicht lediglich Ausdruck zufallsbedingter, d. h. durch den Messfehler des Tests hervorgerufener Leistungsschwankungen sind (s. S. 275).

Erstellung von Befundberichten und Gutachten

Die durch die neuropsychologische Untersuchung gewonnenen Befunde und Schlussfolgerungen werden je nach Fragestellung und Kommunikationspartner in Befundberichten (s. Kap. 3.3) oder in Gutachten (Kap. 3.2) festgehalten. Der detaillierten Darstellung der Untersuchungsergebnisse sollte stets eine zusammenfassende Beurteilung folgen, in der die wichtigsten Befunde und Konsequenzen sowie ggf. weitere Therapieempfehlungen übersichtlich zu finden sind. Auf unscharfe Begriffe wie z. B. „organisches Psychosyndrom" oder „Durchgangssyndrom" sollte zugunsten einer differenzierten Beschreibung des Störungsbildes verzichtet werden.

Vorgehensweise

Der folgende Leitfaden für das diagnostische Vorgehen kann nur als grobe Strategie für die Planung und Durchführung einer neuropsychologischen Untersuchung gelten und muss der jeweiligen spezifischen Fragestellung angepasst werden. Die einzelnen Komponenten und Schritte des diagnostischen Prozesses sind zur Veranschaulichung in einem Flussdiagramm (Abb. 1) dargestellt.

a) Vorbefunde
Zur Planung der Untersuchung ist es unerlässlich, möglichst lückenlos die Befunde früherer medizinischer oder psychologischer Untersuchungen zur Verfügung zu haben. Hierzu gehören neben Arztbriefen und psychologischen Befunden auch neuroradiologische Befunde, möglichst unter Vorliegen der Originalbilder, Befunde neurophysiologischer Untersuchungen (z.B. EEG), ggf. Berichte von Logopäden oder Ergotherapeuten und Eingangs- sowie Abschlussberichte anderer, ggf. neuropsychologischer Therapiemaßnahmen.

b) Fragestellung
Die Fragestellung der neuropsychologischen Untersuchung bestimmt entscheidend das weitere diagnostische Vorgehen, Art und Umfang des aus den Daten der Untersuchung zu erstellenden Befundberichts (s. Punkte g und h) werden in hohem Maße durch den Addressaten, an den der Befundbericht gerichtet wird, beeinflusst. Oft enthalten z.B. Gutachtenaufträge einen Katalog von Fragestellungen, auf die in der Begutachtung einzeln eingegangen werden muss. Gegebenenfalls sind Nachfragen beim Auftraggeber der Untersuchung bzw. des Gutachtens notwendig, um eine Untersuchung richtig planen zu können.

c) Erfassung ggf. die Testdurchführung oder die Ergebnisse beeinflussender Faktoren
Hinweise auf testbehindernde Faktoren erhält man aus den Vorbefunden sowie aus der Anamnese und Exploration und einer ersten Verhaltensbeobachtung:
– *Medikation*: Insbesondere sedierende aber auch stimulierende oder auf bestimmte Transmittersysteme wirkende Medikamente können ergebnisverfälschend wirken (s. Kap. 1.9).
– *Visusbeeinträchtigungen:* Da viele Testverfahren in der visuellen Modalität durchgeführt werden, müssen Visusbeeinträchtigungen, insbesondere Heminaopsien aber auch Störungen des Kontrastsehens oder der Farbwahrnemung ausgeschlossen, bzw. bei der Auswahl der Untersuchungsverfahren und bei der Interpretation der Untersuchungsbefunde berücksichtigt werden (s. Kap. 4.6). Wenn Patienten eine Lesebrille benötigen, muss diese bei der Untersuchung getragen werden.
– *Hörstörungen:* Bei Schwerhörigkeit ist die Benutzung von Hörgeräten zu verlangen; alternativ können auditive Aufgabenstellungen z.B. durch die Lautstärke der Darbietung oder die Berücksichtigung bestimmter Tonfrequenzen an die Hörbeeinträchtigung des Patienten angepasst werden. Ggf. muss hierzu ein Audiogramm erstellt werden.
– *Sprachstörungen:* Bei bekannter oder vermuteter Sprachstörung sollten verbale Aufgabenstellungen (außer natürlich zur Erfassung und Beschreibung der Sprachstörung per se) möglichst vermieden werden. Zusätzlich muss man sich vergewissern, dass der Patient die Testanweisungen oder Fragestellungen z.B. der Anamnese richtig versteht. Sprachstörungen können sich auch auf

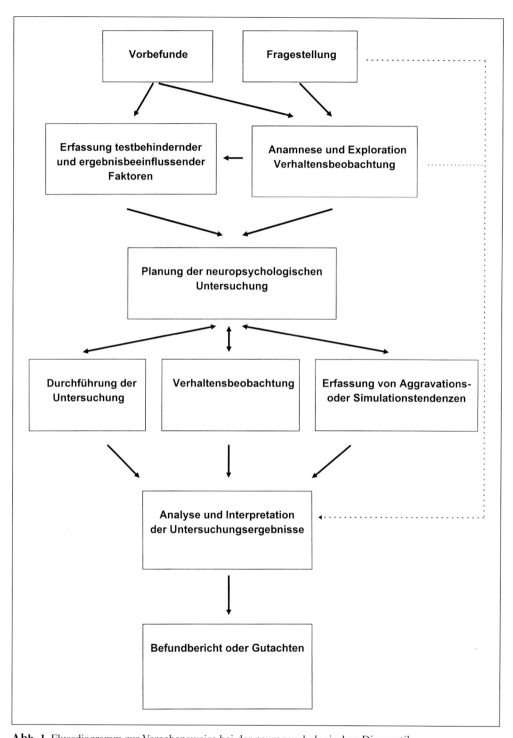

Abb. 1. Flussdiagramm zur Vorgehensweise bei der neuropsychologischen Diagnostik

die Beantwortung von Multiple-Choice-Aufgaben auswirken, wenn hierzu z. B. sprachliche Symbole anzukreuzen sind. Selbst einfache Ja-Nein-Entscheidungen können für Patienten mit Sprachstörungen schwierig sein. Hier sollten ggf. nichtsprachliche Symbole, auf die der Patient zur Aufgabenlösung zeigen kann (z.B. Smiley/Frowney), Verwendung finden.

- *Motorische Störungen:* Hemiparesen oder Hemiplegien der dominanten Hand aber auch subtilere motorische Beeinträchtigungen wie Koordinationsstörungen und Beeinträchtigungen der Feinmotorik können motorische Reaktionen, insbesondere wenn diese zeitkritisch sind, bei der Testdurchführung erheblich einschränken oder sogar unmöglich machen. Sofern der Test dies erlaubt, kann entweder der Untersucher motorische Anteile der Aufgabe übernehmen (z.B. das Ankreuzen auf einem Antwortblatt gemäß verbaler Instruktion durch den Patienten) oder die Aufgabe muss mit der nichtdominanten Hand durchgeführt werden.
- *Halbseiten-Neglect:* (s. Kap. 4.2).

d) Anamnese und Exploration, erste Verhaltensbeobachtung

In der Anamnese und Exploration und während einer ersten Verhaltensboeobachtung (s.a. Abschnitt f) sollen entweder vom Patienten selbst oder von seinen Angehörigen (Fremdanamnese) Informationen zur medizinischen und sozialen Vorgeschichte sowie zu subjektiven Beschwerden und Beeinträchtigungen, zur Stimmungslage und zur aktuellen gesundheitlichen, familiären und sozialen sowie beruflichen Situation erhoben werden (Heubrock, 1990). Anamnese und Exploration sollten folgende Themen umfassen

- Fragen zur personalen, zeitlichen und örtlichen Orientierung
- Händigkeit (ggf. mit Fragebogen erfassen, z.B. Oldfield, 1971)
- Sehkorrektur/Hörgerät?
- Schul- und Berufsausbildung mit Leistungsschwer- und schwachpunkten
- Berufliche Laufbahn
- Vorerkrankungen, ggf. auch Hinweise auf Unregelmäßigkeiten bei der Geburt

- Schilderung des traumatischen Ereignisses und der erlebten Beeinträchtigungen
- Bei Schädelhirntrauma: Einschätzung der Dauer der retrograden und der posttraumatischen Amnesie (unter Beachtung künstlich z.B. durch Sedierung oder Beatmung verursachter Verlängerung des Komazustands – Gedächtnislücken für den Zeitraum des Komas können natürlich nicht zur Zeitspanne der postraumatischen Amnesie hinzugerechnet werden)
- Aktuelle berufliche und soziale Situation
- Stimmung und Affekt (z.B. Reizbarkeit, Indifferenz, Depression)
- Selbsteinschätzung von Funktionsbeeinträchtigungen (*Antrieb, Alt/Neugedächtnis, Aufmerksamkeit:* Konzentration/Ablenkbarkeit/Verlangsamung/Aufmerksamkeitsteilung, *Räumliche Orientierung:* Verlaufen in bekannter Umgebung/Probleme beim Ankleiden/nichtlinguistische Lese- und Schreibstörungen/Vernachlässigung einer Raumhälfte, *Exekutive Funktionen:* Planen und Ausführen von Handlungen/Organisation von Alltag und Arbeit, Sprache: Wortfindungsstörungen/ Satzabbrüche/ Paraphasien/Lese- und Schreibstörungen/Textverständnis, *Rechnen*

e) Planung und Durchführung der neuropsychologischen Untersuchung

Aus den Vorbefunden, der jeweiligen Fragestellung sowie aus den Daten der Anamnese und Exploration muss der Neuropsychologe Hypothesen über die relevanten, in der Untersuchung zu erfassenden kognitiven und affektiven Funktionsbereiche erstellen. Es ist weder sinnvoll noch ökonomisch, jeden Patienten – unabhängig von der individuellen Fragestellung – mit einer sog. „Standardtestbatterie" zu untersuchen. Ebensowenig kann man sich jedoch bei sehr spezifischen Fragestellungen, z.B. der Untersuchung eines Patienten auf Halbseitenneglect, lediglich auf eine Untersuchung der Neglectsymptome beschränken. Eine neuropsychologische Untersuchung mit dieser Fragestellung müsste neben der engeren Neglectuntersuchung (s. Kap. 4.2) zumindest auch um Verfahren zur Erfassung visuoperzeptiver Beeinträchtigungen und allgemei-

nerer, nicht seitenabhängiger Aufmerksamkeitsstörungen und Beeinträchtigungen der
räumlichen Verarbeitung erweitert werden.
Zur Objektivierung von Funktionsbeeinträchtigungen als Hirnschädigungsfolge ist es meist
notwendig, neben den vermutlich beeinträchtigten Funktionen auch Funktionsbereiche zu
erfassen, die wahrscheinlich nicht gestört sind.
Gerade bei nicht offensichtlichen Beeinträchtigungen kann oft erst ein Vergleich verschiedener Funktionen relative Funktionsstörungen
aufdecken. Bei *Verlaufsuntersuchungen* ist
darauf zu achten, dass Parallelformen bereits
verwendeter Tests eingesetzt werden, um
Lern- oder Transfereffekte zu vermeiden.
Wenn für einen zu untersuchenden Funktionsbereich verschiedene, inhaltlich äquivalente
Untersuchungsverfahren zur Auswahl stehen,
sollte man sich für das Verfahren mit den besseren psychometrischen Eigenschaften entscheiden, um die spätere Analyse und Interpretation der Ergebnisse zu erleichtern (s. S.
275). Insbesondere zur Beurteilung von „handicaps", d.h. den sozialen und beruflichen Folgen einer Hirnschädigung ist es jedoch meist
unerlässlich, neben formalen Tests auch orientierende oder klinische Untersuchungsmethoden anzuwenden und praktische Arbeitsproben
durchzuführen.

Die Untersuchung sollte in einem ange-
nehm beleuchteten und störungsarmen Raum
in freundlicher Atmosphäre stattfinden. Der
Patient ist über den Zweck der neuropsychologischen Diagnostik ausreichend zu informieren und sein Einverständnis einzuholen. In der
Regel sollten Angehörige oder Bekannte des
Patienten nicht bei der Untersuchung anwesend sein, da es häufig zu gewollten oder un-
gewollten Störungen oder gar Hilfestellungen
kommt, welche den Ablauf der Untersuchung
negativ beeinflussen und evtl. die Interpretier-
barkeit der Ergebnisse in Frage stellen.
Während der Untersuchung sollen neben den
Testergebnissen auch Verhaltensbeobachtungen dokumentiert werden, die eine Bewertung
der Ergebnisse erleichtern oder ergänzen
könnten. Es kann auch notwendig sein, in Abweichung von der ursprünglichen Untersuchungsplanung ergänzende oder alternative
Untersuchungsmethoden anzuwenden, wenn

sich im Untersuchungsverlauf neue Anhaltspunkte und Hypothesen über die Art oder das
Ausmaß der Schädigung ergeben oder der Patient aus vorher nicht bedachten Gründen nicht
für bestimmte Untersuchungsverfahren geeignet erscheint.

f) Verhaltensbeobachtung

Die Verhaltensbeobachtung soll die psychometrisch erhobenen Daten der neuropsychologischen Untersuchung ergänzen. Sie sollte zumindest die folgenden Beobachtungsgegen-
stände berücksichtigen

- störungsbezogene Verhaltensweisen des
  Patienten (Hör- und Sehrprobleme, motorische Beeinträchtigungen, Ermüdungserscheinungen, Neglectsymptome, Sprach-
  und Sprechstörungen, Instruktionsverständnis, Orientierungs- und Gedächtnisprobleme, unangepasstes Verhalten wie
  Distanzlosigkeit, Perseverationen u.ä.)
- Strategien und Umgangsweisen mit dem Material der neuropsychologischen Untersuchung (z.B. Ablenkbarkeit, vorschnelles Beginnen mit der Bearbeitung der Aufgaben,
  unsystematisches, wenig kontrolliertes Vorgehen, Ergebnisverfälschungstendenzen)
- affektive Reaktionen des Patienten während der Untersuchung (z.B. Weinen, fehlende oder verarmte Mimik und Gestik,
  Ärger über die Untersuchung oder die eigene Leistung, Bagatellisieren als mögliches
  Symptom für eine Anosodiaphorie, Leug-
  nen von Symptomen bei Anosognosie), der
  Untersuchung unangepasstes Verhalten
  (Distanzlosigkeit, Perseverationen), Aggressivität

Bei längerem Aufenthalt des Patienten in der
behandelnden Institution sollten auch Beobachtungen des Therapeuten- und Pflege-
teams in die Diagnostik einbezogen werden
(s. a. S. 308, Verhaltensdiagnostik).

g) Aggravation und Simulation bei der neuropsychologischen Diagnostik

Insbesondere bei neuropsychologischen Begutachtungen stellt sich das Problem, dass Patienten entweder bewusst oder unbewusst Beeinträchtigungen vortäuschen oder verstärkt

darstellen, z.B. um eine frühzeitige Berentung oder Schadensersatz von einer Versicherung zu erlangen. Das Erkennen von Aggravations- oder Simulationstendenzen bei einem Patienten ist ein komplexer diagnostischer Prozess und wird zusätzlich durch die Tatsache erschwert, dass solche Tendenzen auch bei tatsächlich vorliegenden Beeinträchtigungen nach einer Hirnschädigung auftreten können und daher vom Untersucher nicht im Sinne von „Schwarz-Weiß-Entscheidungen" behandelt werden dürfen. An Aggravation oder Simulation ist immer dann zu denken, wenn

1. beim Patienten ein äußerer Anreiz zum verstärkten oder konstruierten Darstellen seiner Symptomatik besteht,
2. wenn die subjektiven Beschwerden oder die Testergebnisse nicht mit dem neurologischen oder funktionellen Status übereinstimmen,
3. wenn Symptome und Beschwerden medizinisch bzw. neuropsychologisch keinen Sinn ergeben,
4. wenn es aus der Krankheitsgeschichte Hinweise auf emotionale oder Persönlichkeitsstörungen gibt (z.B. soziopathisches Verhalten) oder
5. wenn die Kooperationsbereitschaft des Patienten fraglich ist.

Hinweise aus der qualitativen Bewertung der Ergebnisse ergeben sich z.B. beim Versagen bereits bei sehr einfachen Aufgabenstellungen, die in der Regel auch von schwer beeinträchtigten Patienten gelöst werden können (z.B. die ersten Items der LPS-Untertests; Ausnahme sind hier fortgeschrittene dementielle Erkrankungen). Auch das Nachsprechen von regelmäßigen Zahlenreihen (z.B. 2-4-6-8) gelingt selbst Patienten mit schweren amnestischen Beeinträchtigungen. Extreme Reaktionsverlangsamungen (bei einfachen Reaktionszeitmessungen RZ >1000ms) sind nur bei Hirnschädigungen im Hirnstammbereich oder nach schweren rechtshemisphärischen Läsionen zu erwarten. Gerade bei Reaktionsaufgaben ist eine Manipulation der Ergebnisse durch den Probanden leicht möglich. Hinweise können Differenzwerte zwischen Reaktionszeiten ohne bzw. mit Warnreiz geben. Sind die Reaktionszeiten mit Warnreiz kürzer (wie zu erwarten), spricht dies eher gegen eine Simulation. Im umgekehrten Fall sind längere Reaktionszeiten unter Warnreizbedingungen jedoch kein Beweis für eine Manipulation der Ergebnisse, da der Warnreiz für Patienten mit Störungen der Aufmerksamkeitsselektivität als Störreiz wirken kann. Weitere Hinweise zur „Überführung" von Simulanten finden sich bei Heubrock (1995); Lezak (1995, Kap. 20) sowie bei Spreen & Strauss (1998, Kap. 17).

h) Analyse und Interpretation der Untersuchungsergebnisse

Die Ergebnisse der neuropsychologischen Diagnostik müssen zunächst auf Widersprüche, Unplausibilitäten aber auch auf Kongruenzen zu den Daten der Vorgeschichte und der Anamnese und zu den daraus abgeleiteten Hypothesen geprüft werden. Dies ist insbesondere bei Begutachtungsfragen aber auch bei der Planung von Rehabilitationsmaßnahmen wichtig. Hierbei müssen die während der Untersuchung gemachten Verhaltensbeobachtungen integriert (z.B. Probleme beim Instruktionsverständnis, Leistungsmotivation, Kooperationsbereitschaft, Ermüdung, affektive Auffälligkeiten wie Weinen, aggressive Äußerungen u.ä.) und bei der Interpretation berücksichtigt werden.

Zur Aufdeckung subtilerer Funktionsstörungen kann es hilfreich sein, bei der Analyse der individuellen Ergebnisse gezielt Methoden der psychometrischen Einzelfalldiagnostik (Huber, 1973; Willmes, 1990; s. a. Kap. 2.4) einzusetzen. Hier geht es im Prinzip um die Frage, ob Leistungsunterschiede, die innerhalb eines individuellen Leistungsprofils beobachtet wurden, tatsächliche Leistungsdiskrepanzen bei dem betreffenden Patienten widerspiegeln oder lediglich zufallsbedingt sind und ob die Unterschiede in die richtige, d.h. der Hypothese entsprechende Richtung weisen (z.B. relative Beeinträchtigung von Planungs- und Problemlöseleistungen im Vergleich zu anderen intellektuellen Funktionen bei Patienten mit Frontalhirnschädigungen). Dies kann z.B. mithilfe sog. „gezielter Linearvergleiche" zwischen Testgruppen, die unterschiedliche Leistungsbereiche (z.B. sprachlich-nonverbal) repräsentieren, geprüft werden. Zur Interpretation der Ergebnisse ist es auch hilfreich zu wissen, mit welcher Wahrscheinlichkeit eine Diskrepanz der gefundenen Größenordnung auch bei Gesunden vorkommen würde. Bei Verlaufsuntersuchungen, z.B. zur Kontrolle der Effizienz einer Therapie, können zwei oder mehrere mit dem selben Untersuchungsverfahren ermittelte Ergebnisse mithilfe „kritischer Differenzen" auf überzufällige Veränderungen in einzelnen Funktionen aber auch die Veränderung der Relation ganzer Funktionsbereiche (gezielter Profilvergleich, Huber 1973) geprüft werden, wobei die Größe der kritischen Differenz direkt von der Reliabilität der verwendeten Tests abhängt. Derartige Informationen können demnach nur gut standardisierte, reliable und valide Untersuchungsverfahren liefern.

i) Dokumentation der Ergebnisse in Befundberichten oder Gutachten

In den Befundberichten bzw. Gutachten werden die Ergebnisse und die Interpretation der Ergebnisse der neuropsychologischen Diagnostik aber auch die Vorgehensweise bei der neuropsychologischen Therapie dokumentiert.

Details zur Struktur und zu den Inhalten von Befundberichten oder Gutachten finden sich in den Kapiteln 3.2 und 3.3. Die Ausführlichkeit und die verwendete Nomenklatur ist z.T. von der fachspezifischen Ausrichtung der Befund- oder Gutachtenempfänger abhängig. Bei medizinischen, insbesondere aber bei fachfremden Adressaten für den Befundbericht oder das Gutachten muss transparent gemacht werden, auf welchen Verfahren und Daten die berichteten Ergebnisse basieren. In jedem Fall ist es sinnvoll, kurz darzustellen, mit welcher Hypothese und mit welcher Zielsetzung bei der vorliegenden Fragestellung die Untersuchungsbereiche und -verfahren ausgewählt wurden und welche Funktion die einzelnen Verfahren erfassen. Aus der zusammenfassenden Beurteilung muss auch für den fachfremden Empfänger ersichtlich werden, welche Beeinträchtigungen bei dem Patienten vorliegen, wie sich diese nach einer Therapie verändert haben (oder auch nicht), welche Auswirkungen sich in sozialer und ggf. beruflicher Hinsicht ergeben und ob bzw. welche (weiteren) therapeutischen Maßnahmen sich aus den Befunden ableiten lassen.

3.2 Neuropsychologische Begutachtung

MANFRED HERRMANN & HANS WILHELM

Zusammenfassung

Neuropsychologische Gutachten sind häufig ein wichtiger Bestandteil von Begutachtungen bei Renten- oder Entschädigungsverfahren nach Unfällen oder beruflicher Exposition mit Schadstoffen sowie auch Hirnfunktionsstörungen anderer Genese. Der Neuropsychologe tritt hierbei als Sachverständiger auf, dessen Urteil nicht selten die Grundlage für die Kausalitäts-beurteilung oder Festsetzung der Entschädigung eines Schadens- oder Krankheitsverlaufes ist. Die Tätigkeit als neuropsychologischer Gutachter erfordert den Nachweis der besonderen Sachkunde. Zu dieser gehört einerseits die profunde Kenntnis der neuropsychologischen Krankheitslehre und Diagnostik, die Gegenstand des gesamten Lehrbuches ist, andererseits die Kenntnis der sozial- und versicherungsrechtlichen Rahmenbedingungen sowie der formalen Grundlagen neuropsychologischer Begutachtungen, die im folgenden Kapitel dargestellt werden.

Einleitung, Begriffsbestimmung und allgemeine Rahmenbedingungen

Das neuropsychologische Expertenwissen ist insbesondere dann von Relevanz, wenn bei Gutachtenaufträge von den Probanden primär Beeinträchtigungen kognitiver Leistungen oder emotional-affektive Veränderungen als Folgen eines Schädigungsereignisses berichtet werden. Besonders bei nicht mehr nachweisbarer neurologischer Symptomatik oder nur noch diskret vorhandenen Residualsymptomen wird die Objektivierung und Quantifizierung neuropsychologischer Defizite zentraler Gegenstand einer Begutachtung und häufig Ausgangspunkt der sozialmedizinischen Bewertung eines Schadensverlaufes. Eine differenzierte Beurteilung des kognitiven Leistungsvermögen kann von einem Gutachter ohne neuropsychologische Weiterbildung in der Regel jedoch nicht geleistet werden, so dass die Beurteilung eines Gesamtschadens von dem Urteil einer neuropsychologischen Zusatzbegutachtung abhängig ist. In der Neurologie, Neurochirurgie, Unfallchirurgie, Orthopädie oder Psychiatrie wird in der Regel ein neuropsychologisches Gutachten vom Hauptgutachter als Zusatzgutachten angefordert. Manchmal fungiert der Neuropsychologe aber auch als eigenständiger Gutachter, etwa bei Sozialgerichts- oder Strafrechtverfahren. Die neuropsychologische Begutachtung stellt immer einen eigenständigen und eigenverantwortlichen, inhaltlich abgrenzbaren Beitrag für die Gesamtbegutachtung dar und ist nicht mit der Erstellung eines neuropsychologischen Befundberichtes zu verwechseln. Als Gutachter treten größtenteils Neuropsychologen auf, die in Einrichtungen der neurologischen Krankenversorgung arbeiten und dort die Gutachtentätigkeit im Nebenamt versehen, seltener auch niedergelassene Neuropsychologen. Es ist Aufgabe des Hauptgutachters, sich der Qualifikation des neuropsychologischen Zusatzgutachters zu vergewissern (vgl. Seite 287).

Voraussetzung für die Begutachtung ist die schriftliche Beauftragung durch einen Versicherungsträger, ein Gericht oder eine Behörde. Kostenträger für neuropsychologische Gutachten sind vorwiegend die gesetzlichen und privaten Unfallversicherungen, sowie die Träger der Rentenversicherung. Im Falle einer neuropsychologischen Zusatzbegutachtung sollte vom anfordernden Hauptgutachter – sofern die freie Einholung von Zusatzgutachten nicht bereits ausdrücklich im Gutachtenauftrag vermerkt war – vor Beauftragung des neuropsychologischen Gutachters eine schriftliche Zusage der Kostenübernahme des zuständigen Leistungsträgers eingeholt werden. Ebenso sollte der Proband von der Notwendigkeit einer Zusatzbegutachtung überzeugt und dessen Zustimmung eingeholt werden. Im Falle einer Zusatzbegutachtung bleibt für das jeweilige Fachgebiet die Gesamteinschätzung eines Schadens auf der Basis der jeweiligen gesetzlichen Grundlage Aufgabe des Hauptgutachters. Dem Auftraggeber wird das neuropsychologische Gutachten jedoch in vollem Wortlaut gemeinsam mit dem Hauptgutachten vorgelegt.

Versicherungs-, sozial- und berufsrechtliche Rahmenbedingungen

Wie oben dargestellt, sind die häufigsten Auftraggeber neuropsychologischer Gutachten Institutionen oder Behörden, die das soziale Sicherungssystem der Bundesrepublik Deutschland verwalten oder bei strittigen Rechtsansprüchen über die Rechtslage entscheiden. Das soziale Sicherungssystem baut sich aus Versicherungen, Versorgung und Sozialhilfe auf. Neuropsychologische Gutachten können bei Inanspruchnahme von Versicherungen oder in Versorgungsfällen erforderlich werden.

Bei den Versicherungen lassen sich die privaten Versicherungen von den gesetzlichen unterscheiden. Bei der Versorgung ergeben sich Unterschiede zwischen der Allgemeinversorgung (für jedermann) und der Sonderversorgung (betreffen einen definierten Personenkreis, z. B. Beamte).

Die unterschiedlichen Institutionen implizieren dabei in Abhängigkeit von der jeweiligen Rechtslage unterschiedliche Leistungsrahmen in ihrer Fragestellung, die der neuropsychologische Gutachter bei der Beurteilung der zu begutachtenden Person zu beachten hat.

Private Unfallversicherungen

Die privaten Unfallversicherungen legen im Entschädigungsfall als Maßstab für Unfallfolgen den Invaliditätsgrad einer versicherten Person zugrunde. Die Rechtsgrundlage bilden die Allgemeinen Versicherungsbedingungen (AUB). Die Allgemeinen Versicherungsbedingungen stellen auch für den Gutachter im Falle einer Begutachtung für eine private Versicherungsgesellschaft einen verbindlichen Beurteilungsrahmen da. Dies setzt voraus, dass der Gutachter die AUB in der jeweils neusten Version (z.Z. AUB 88) kennt. Der neuropsychologische Gutachter hat „Funktionsausfälle geistiger Art" an der normalen Leistungsfähigkeit eines Unversehrten gleichen Alters und gleichen Geschlechts zu messen. Besondere Fähigkeiten und Begabungen sind, falls sie nicht Gegenstand des Versicherungsvertrages sind, nicht zu berücksichtigen. Der Invaliditätsgrad ist vom Gutachter in Prozenten anzugeben. Begriffe wie Berufsoder Erwerbstätigkeit sind in der privaten Unfallversicherung ebensowenig maßgebend wie der Grad der Behinderung oder die Minderung der Erwerbsfähigkeit.

Haftpflicht

Unter Haftpflicht wird die gesetzliche Verpflichtung verstanden, einen verschuldeten Schaden wiedergutzumachen. Das Vertragsverhältnis besteht zwischen dem Verursacher eines Schadens und der Versicherung. Die Rechtsgrundlage ergibt sich aus dem Reichshaftpflichtgesetz und dem Bürgerlichen Gesetzbuch (BGB).

Im Rahmen der Haftpflicht ist die Erwerbsminderung zu beurteilen. Es handelt sich dabei um einen anderen Rechtsbegriff als bei der

Minderung der Erwerbsfähigkeit. Der Gutachter hat die gesundheitlichen Beeinträchtigungen der geschädigten Person und Auswirkungen verletzungsbedingter Veränderungen darzustellen. Er sollte detailliert ausführen, welche Tätigkeiten der Geschädigte nicht mehr ausführen kann und welche Fähigkeiten ihm verblieben sind. Angaben in Prozentsätzen sind nicht erforderlich. Es wird jedoch von Versicherungen häufig danach gefragt.

Die gesetzlichen Unfallversicherungen

Träger der gesetzlichen Unfallversicherungen sind die Berufsgenossenschaften, die Gemeindeunfallversicherungsverbände, die Ausführungsbehörden für die Unfallversicherung des Bundes und Seekassen.

Die Rentengewährung nach einem Berufsunfall oder bei einer Berufserkrankung richtet sich nach der Minderung der Erwerbsfähigkeit (MdE). Als Maßstab gilt die individuelle Erwerbsfähigkeit auf dem allgemeinen Arbeitsmarkt zum Zeitpunkt des Ereignisses. Die Einschätzung der MdE hat das neuropsychologische Defizit gegenüber den Fähigkeiten vor der Erkrankung oder dem Unfall zu erfassen. Die MdE ist in Prozenträngen anzugeben, die durch 10 teilbar sind. Gegen die Entscheidung des Versicherungsträgers kann der Versicherte Widerspruch einlegen und den Rechtsweg über die Sozialgerichtsbarkeit gehen.

Die gesetzliche Rentenversicherung

Träger der gesetzlichen Rentenversicherungen sind die Landesversicherungsanstalten (LVA), die Bundesversicherungsanstalt für Angestellte (BVA), die Bundesknappschaft und die Seekassen. Von Rentenversicherungen werden Gutachten in der Regel zu Fragen nach der Erwerbsunfähigkeit angefordert. Das bis zum 31.12.1998 gültige System der Berufs- und Erwerbsunfähigkeitsrenten wurde durch eine gestufte Rente wegen verminderter Erwerbsfähigkeit abgelöst. Den Begriff der Berufsunfähigkeitsrente gibt es mit dem In Kraft Treten des 1997 verabschiedeten Rentenreformge-

setzes nicht mehr. Nach dem gestuften System der Erwerbsminderung erhält die volle Rente wegen verminderter Erwerbsfähigkeit, wer unter drei Stunden erwerbstätig sein kann. Wer unter sechs Stunden aber mindestens drei Stunden erwerbstätig sein kann, erhält wegen verminderter Erwerbsfähigkeit eine halbe Rente. Keine Rente erhält, wer mindestens sechs Stunden täglich erwerbsfähig ist. Ob jemand bei verminderter Erwerbsfähigkeit einen Arbeitsplatz auf dem allgemeinen Arbeitsmarkt finden kann oder ihm der Arbeitsmarkt aufgrund seiner Behinderung oder Erkrankung verschlossen bleibt, spielt für die Bemessung keine Rolle. Die Beurteilung hat sich auf das Leistungsspektrum zu beziehen, welches einem Versicherten nach einem Unfall oder einer Erkrankung verblieben ist. Eindeutige und zuverlässige Beurteilungskriterien liegen jedoch im gesetzlichen Rentenverfahren u. W. nicht vor.

Die Entscheidung über die Gewährung einer Rente wird von den Versicherungsträgern gestellt. Der Rechtsweg ist die Sozialgerichtsbarkeit.

Allgemeinversorgung

Allgemeinversorgung besagt, dass jeder Staatsbürger durch den Nachweis bestimmter Bedürfnisse Anspruch auf Leistungen des Staates hat.

In diesem Rahmen wurde das Schwerbehindertengesetz (SchwbG) geschaffen, das der Sicherung der Eingliederung Schwerbehinderter in Beruf und Gesellschaft dient. Zur Einschätzung eines Grades der Behinderung (GdB) nach dem Schwerbehindertengesetz ziehen Versorgungsämter oder im Rechtsstreit Sozialgerichte auch neuropsychologische Gutachten heran. Der Grad der Behinderung führt zur Anerkennung einer Schwerbehinderung, wenn er mindestens 50 von Hundert umfasst.

Der Grad der Behinderung bezieht sich auf die Auswirkungen einer Behinderung in allen Lebensbereichen. Er erfasst immer eine Regelwidrigkeit gegenüber dem für das Lebensalter typischen Zustand. Damit sind Alterserscheinungen, die keine Regelwidrigkeit beinhalten,

bei der Bemessung des GdB nicht zu berücksichtigen. Die Ursache bestehender Behinderung spielt für die Festsetzung keine Rolle. Der
GdB ist so festzusetzen, dass er durch 10 teilbar ist.

Sonderversorgungen

Die Sonderversorgung stellt eine Entschädigung dar, die ebenfalls vom Staat geleistet
wird. Rechtsansprüche sind in speziellen Gesetzen abgefasst, in denen auch die Zuständigkeit, die Voraussetzungen und der Rechtsweg geregelt werden. Im Einzelnen sind die
gesetzlichen Grundlagen im Bundesversorgungsgesetz, Soldatenversorgungsgesetz, Zi-
vildienstgesetz, Häftlingshilfegesetz, Bundes-
Seuchengesetz und Beamtenversorgungs-
gesetz beschrieben. Für Beamten ist beispielsweise die beamtenrechtliche Unfallfür-
sorge zuständig. Der Rechtsweg ist die Ver-
waltungsgerichtsbarkeit.

Eine ausführlichere Darstellung der rechtlichen Voraussetzungen würde den hier vorgegebenen Rahmen sprengen (vgl. Rauschelbach & Jochheim, 1996).

Spezielle Fragestellungen

Fahrtauglichkeit

Neuropsychologische Gutachten werden zur
Feststellung der Fahrtauglichkeit zum Führen
eines Kraftfahrzeuges von Verwaltungen der
Städte und Gemeinden angefordert, wenn den
Behörden Erkrankungen des Zentralnervensystems bekannt werden, durch die die Fahrtauglichkeit in Frage gestellt sein kann.

Der neuropsychologische Gutachter muss
dabei Fragen nach der Verkehrszuverlässig-
keit, nach der geistigen Eignung und der fachlichen Befähigung zum Führen eines Kraftfahrzeuges beantworten (vgl. S. 287).

Verhandlungsfähigkeit

Fragen nach der Verhandlungsfähigkeit werden neuropsychologischen Gutachtern von
Gerichten gestellt, wenn ein Angeklagter an einer Verletzung oder Erkrankung des ZNS leidet oder sich während der Untersuchungshaft
zuzieht.

Verhandlungsfähigkeit setzt voraus, dass
ein Angeklagter in der Lage ist, in und außerhalb einer Verhandlung seine Interessen ver-
nünftig wahrzunehmen, Prozesserklärungen
abzugeben und entgegenzunehmen. Er muss
die Bedeutung eines Verfahrens erkennen, der
Verhandlung folgen und sich sachgemäß verteidigen können.

Geschäftsunfähigkeit und Testierfähigkeit

Die Rechtsbegriffe Geschäftsunfähigkeit und
Testierfähigkeit sind im Bürgerlichen Gesetzbuch (BGB) §104 und § 2229 niedergelegt.

Der neuropsychologische Gutachter hat
festzustellen, ob der Betroffene nicht mehr in
der Lage ist, im Sinne des Abwägens von
Gründen und Gegengründen zu einer freien
Willensbestimmung zu kommen und nach eigenem Urteil Entscheidungen herzuleiten.

Die Frage nach der Testierfähigkeit soll zur
Rechtsgültigkeit eines Testamentes oder einer
letztwilligen Verfügung Stellung nehmen. Die
Testierfähigkeit des zu Begutachtenden muss
für den Zeitpunkt der Testamentserrichtung
beurteilt werden, auch wenn sich diese Frage
erst nach dem Tode des Erblassers stellt.

Berufsrechtliche Rahmenbedingungen

Mittels eines Gutachtens oder einer Anhörung
soll ein Sachverständiger (Gutachter) dem Gericht oder einer Behörde die fehlende Sachkunde vermitteln.

Zum Sachverständigen werden immer natürliche Personen bestimmt, nicht etwa Kran-
kenhäuser oder Institutionen. Ein Gutachtenauftrag vom Gericht ergeht immer per
Beweisanordnung, in der der Gutachter na-
mentlich genannt ist.

Übt ein Neuropsychologe seinen Beruf öffentlich aus, muss er der Ernennung zum Sachverständigen durch ein Gericht Folge leisten.
Kann er das Gutachten nicht innerhalb des vorgegebenen zeitlichen Rahmens erstellen, muss
er dieses dem Gericht unmittelbar nach der Er-

nennung zum Sachverständigen mitteilen. Das Gericht entscheidet dann über den weiteren Fortgang des Verfahrens. Bei Versäumnis von Fristen kann ein Ordnungsgeld angedroht und eine Nachfrist gesetzt werden. Verstreicht diese, ohne dass der Gutachtenauftrag erfüllt wurde, kann vom Gericht ein Ordnungsgeld verhängt werden.

Ein Sachverständiger kann, wenn Besorgnis der Befangenheit besteht, von den Parteien abgelehnt werden. Gutachter sollten sich strikt jeder rechtlichen oder moralischen Wertung des Rechtsstreites gegenüber den Parteien enthalten.

Nach § 109 Sozialgerichtsbarkeit muss auf Antrag eines Versicherten, eines Versorgungsberechtigten oder eines Hinterbliebenen ein bestimmter Sachverständiger gehört werden. Der Gutachtenauftrag geht auch in diesem Falle vom Gericht aus. Auch die Bezahlung des Gutachtens erfolgt vom Gericht.

Die Schweigepflicht ist im Prinzip durch den Gutachtenauftrag nicht aufgehoben, sie wird jedoch modifiziert. Lässt sich ein Gutachtenpatient für eine Begutachtung untersuchen, kann im zivilrechtlichen, sozialrechtlichen und Verwaltungsverfahren davon ausgegangen werden, dass er der Weitergabe von Befunden an den Auftraggeber zustimmt. Im Strafverfahren ist eine Entbindung von der Schweigepflicht gesetzlich geregelt.

Bei Gutachten, die von Versicherungen und Behörden in Auftrag gegeben werden, sollte der Gutachter darauf achten, dass eine Entbindung von der Schweigepflicht vorliegt. Will der Gutachtenpatient bestimmte Angaben ausdrücklich im Gutachten nicht aufgeführt oder verwertet haben, muss der Gutachter dieses Anliegen respektieren. Sollen anderseits Untersuchungsbefunde oder Angaben in das Gutachten aufgenommen werden, die außerhalb des Gutachtenverfahrens erhoben wurden, muss der Proband dem zustimmen.

Der Begutachtete hat ein Anrecht, sein Gutachten und die Befunde einzusehen. Enthält das Gutachten Befunde, Diagnosen oder Mitteilungen, die zu einer Gefährdung des Probanden führen, wenn dieser Kenntnis davon erhält, sind diese Passagen zu kennzeichnen oder gesondert zu übermitteln.

Bevor ein Gutachter sein Gutachten Dritten zugänglich macht, muss er die Zustimmung des Auftraggebers einholen.

Der Sachverständige haftet, wenn er bei unrichtigem Gutachten, das auf grober Fahrlässigkeit beruht, eine Rechtsverletzung, eine Rechtsgutverletzung oder eine sonstige Schädigung angenommen oder billigend in Kauf genommen hat. Die Haftungsproblematik ist vom neuropsychologischen Gutachter sorgfältig zu beachten (vgl. Zuschlag, 1992, S. 33-42).

Indikation und Fragestellungen

Neuropsychologische Gutachten sind dann indiziert, wenn die Bewertung der von einem Probanden geschilderten kognitiven oder emotional-affektiven Störung in der Folge eines Schadensereignisses Teil oder zentraler Gegenstand der Begutachtung ist. Ein Indikationskatalog nach Krankheitsbildern ist nur insofern möglich, als dass neuropsychologische Zusatzbegutachtungen Patienten mit Verdacht auf Schädigungen des zentralen Nervensystems vorbehalten bleiben sollten. Diese Grenze kann jedoch häufig nicht scharf gezogen werden, da bei verschiedenen Krankheitsbildern ein Verdacht auf eine Beteiligung des zentralen Nervensystems auch bei Fehlen klinisch-neurologischer Befunde oder unauffälliger Bildgebung nicht sicher ausgeschlossen werden kann oder Gegenstand aktueller Diskussionen ist (bspw. bei HWS-Schleudertrauma; vgl. Kap. 5.5), Intoxikation oder berufliche Schadstoffexposition, Begutachtung bei Kindern, Impfschäden, etc.). Die Erfahrung zeigt, dass die weitaus überwiegende Diagnosegruppe, in welcher ein neuropsychologisches Gutachten eingeholt wird, Patienten mit Schädel-Hirn-Trauma sind. Weiterhin spielt auch die Art der Spezialisierung einer Einrichtung eine entscheidende Rolle für den Anteil der jeweiligen Diagnosegruppen am Gesamtaufkommen neuropsychologischer Begutachtungen.

Die Fragestellungen, die an ein neuropsychologisches Gutachten gerichtet sind, können unterschiedlich differenziert und auf verschiedenen Ebenen formuliert sein. Der Grad der Differenzierung ist häufig abhängig vom Auftraggeber bzw. von den Konsequenzen, die aus einem neuropsychologischen Gutachten oder Zusatzgutachten erwachsen. Beispiele für Fragestellungen, die häufig an einen neuropsychologischen Gutachter gerichtet sind, können Tabelle 1 entnommen werden.

Es ist evident, dass die Präzision der Aussagen eines neuropsychologischen Gutachtens auch von der Präzision der Fragestellungen des Gutachtenauftraggebers abhängig ist. Vereinzelt sind auch sehr spezifizierte oder eingeschränkte Fragestellungen Gegenstand neuropsychologischer Begutachtungen (etwa die

---

Tabelle 1. Beispiele für häufige Fragestellungen an ein neuropsychologisches Gutachten

---

- Lässt sich eine von einem Probanden geschilderte neuropsychologische oder emotional-affektive Störungen objektivieren?
- Kann dieses Defizit quantifiziert und vom prämorbiden Status des Probanden abgegrenzt werden?
- Können die vorliegenden kognitiven und emotional-affektiven Störungen in einem mittel- oder unmittelbaren Zusammenhang mit dem schädigenden Ereignis interpretiert werden?
- Ab wann und wie hoch ist die Minderung der Erwerbsfähigkeit (MdE) oder der Grad der Behinderung (GdB) auf neuropsychologischem Fachgebiet einzuschätzen?
- Hat im Krankheits- oder Schadensverlauf eine Verschlimmerung eingesetzt und wie ist diese einzuschätzen (Verschlimmerungsantrag)?
- Welche Auswirkungen haben kognitive und emotional affektive Defizite auf den aktuellen (beruflichen) Leistungsstand des Probanden?
- Welche Prognose haben die diagnostizierten neuropsychologischen und emotional-affektiven Defizite unter Berücksichtigung des aktuellen neurologischen Status und der Grunderkrankung? Wie ist das Rehabilitationspotential des Probanden auf neuropsychologischem Fachgebiet einzuschätzen?
- Welche Maßnahmen werden für erforderlich gehalten, um die diagnostizierten Leistungsbeeinträchtigungen einer adäquaten Behandlung zuzuführen und wann sollte eine Neubegutachtung stattfinden?

Frage nach der Relevanz neuropsychologischer Defizite für die Fahreignung eines Probanden, vgl. S. 287).

Voraussetzungen für die neuropsychologische Begutachtung

Es sollte wo immer möglich angestrebt werden, dass der Proband vor Durchführung des neuropsychologischen Gutachtens bereits neurologisch untersucht wurde und der aktuelle Befund mit den Ergebnissen von eventuell notwendigen Zusatzuntersuchungen dem neuropsychologischen Gutachter vorliegt. Sowohl für die Auswahl der neuropsychologischen Testverfahren als auch für die Interpretation der Ergebnisse ist es häufig notwendig, Basisinformationen zu Beeinträchtigungen von Hirnnerven, Motorik/Feinmotorik, Sensibilität und Koordination zu verwerten. Weiterhin sollte der neuropsychologische Gutachter Einblick in die gesamte Aktenlage, inklusive Vorgutachten, Berichte aus stationärer oder ambulanter Krankenbehandlung oder Befunde aus Zusatzuntersuchungen, erhalten, um ein eigenständiges Bild des dokumentierten Schadens- oder Krankheitsverlaufes zu gewinnen.

Vor Einbestellung des Probanden sollte sichergestellt sein, dass ausreichende Belastbarkeit für eine im allgemeinen mehrstündige Untersuchung gegeben ist.

Durchführung und Inhalt neuropsychologischer Begutachtungen

Der zeitliche Untersuchungsaufwand für Anamnese, Fremdanamnese und neuropsychologische Untersuchung ist, abhängig von der Fragestellung, in der Regel mit 3 bis 5 Stunden zu veranschlagen. Infolge der damit verbundenen Belastung für den Probanden sollten neurologische Begutachtung (mit eventuellen Zusatzuntersuchungen) und neuropsychologische Untersuchung an unterschiedlichen Terminen durchgeführt werden, was in der Praxis jedoch häufig – insbesondere durch lange Anfahrtswege der Probanden bedingt – nicht realisierbar ist.

Neuropsychologische Gutachten werden zumeist als freie Gutachten abgefasst, nur in sehr seltenen Fällen werden Formulargutachten eingeholt. Dem Gutachter sind somit die Art des Aufbaus eines Gutachtens, die Testauswahl, die Art der Darlegung der Befunde und die Form der Beurteilung bzw. Stellungnahme freigestellt. Dennoch sollten im Sinne einer qualitativ hochwertigen Begutachtung inhaltliche und formale Standards eingehalten werden, die nachfolgend kurz dargestellt sind. Zur detaillierteren Beschreibung neuropsychologischer Befunde vgl. Kapitel 3.3 und Kapitel 3.4.

Neuropsychologische Gutachten beinhalten im allgemeinen 5 Elemente, die in Tabelle 2 aufgelistet sind und nachfolgend ausführlich kommentiert werden.

Tabelle 2. Aufbau und Elemente eines neuropsychologischen Gutachtens

---

1. **Gutachtenkopf mit Auflistung der Aktenlage**

2. **Vorgeschichte / Darstellung der Aktenlage**

3. **Untersuchungsbericht mit**
   – Anamnese und Exploration
   – Verhaltensbeobachtung
   – Psychometrische Untersuchung

4. **Zusammenfassende Beurteilung / Gutachtenbefund**

5. **Stellungnahme**

Ad 1: Gutachtenkopf mit Auflistung der Aktenlage

Der Gutachtenkopf enthält Namen und Institution des Gutachters, Name und Aktenzeichen des Auftraggebers (Hauptgutachter und Leistungsträger) mit Verweis auf Aktenzeichen und Datum der schriftlichen Kostenzusage, Name, Geburtsdatum und Anschrift des Probanden, sowie Ort und Zeitraum der Begutachtung. Im Anschluss werden in der Regel die an das Gutachten gerichteten Fragestellungen aufgelistet und danach die Aktenlage (alle Vorbefunde, Vorinformationen und Krankenberichte, die Grundlage der gutachterlichen Stellungnahme sind) aufgeführt, soweit sie für die neuropsychologische Begutachtung relevant ist.

Ad 2: Vorgeschichte / Darstellung der Aktenlage

Die Vorgeschichte rekapituliert das Schadens- oder Unfallereignis bzw. den Krankheitsverlauf auf der Basis der der Begutachtung zugrundeliegenden Akten (Notarzt- oder Unfallbericht, Berichte aus stationärer oder ambulanter Krankenbehandlung, Befunde aus Zusatzuntersuchungen, Vorgutachten, Rentenanträge, ärztliche Stellungnahmen,...) und ordnet sie chronologisch. Diese sollten – sofern sie für die Beantwortung der aktuellen Fragestellungen relevant sind – einzeln und inhaltlich summarisch zusammengefasst im Konjunktiv dargestellt werden, wörtliche Wiedergaben – insbesondere auch inkongruenter Befunde – sollten als Zitat dargelegt und gekennzeichnet werden. Es sollte sichergestellt und dokumentiert werden, dass der neuropsychologische Gutachter Vorinformationen zu wesentlichen Aspekten des neurologischen Status besitzt. Als wesentlich sind hier Beeinträchtigungen von Visus und Gesichtsfeld sowie der Hörwahrnehmung, Störungen von Motorik und Koordination sowie eine möglicherweise eingeschränkte Beweglichkeit von Extremitäten (bspw. infolge von Frakturen) und Störungen der Sensibilität zu nennen.

Ad 3: Untersuchungsbericht

Der Untersuchungsbericht fasst den Zeitraum zusammen, den der neuropsychologische Gutachter mit dem Probanden bzw. Angehörigen oder Bezugsperson(en) verbracht hat.

Anamnese und Exploration haben einen – nicht nur zeitlich – bedeutenden Anteil an der gesamten Untersuchung und stellen zunächst Schadensereignis oder Erkrankung sowie deren Verlauf aus der Sicht des Probanden und – sofern möglich – deren Angehörigen dar. Die subjektive Wahrnehmung von körperlichen und psychischen Funktionseinbußen und deren Verlauf bis zum Untersuchungszeitpunkt, die subjektive Bewertung der Schadens- oder Erkrankungsfolgen sowie die aktuellen Perspektiven und Erwartungshaltungen des Probanden sollten eruiert werden, um auf diesem Hintergrund auch Informationen zu Kausal-

und Kontrollattributionen sowie zu Strategien der Krankheitsverarbeitung zu gewinnen. Die Fremdanamnese hat bei der neuropsychologischen Begutachtung häufig – nicht nur bei Kindern – einen besonderen Stellenwert. Fehlende Krankheitseinsicht oder inadäquate Bewertung von Schädigungs- oder Erkrankungsfolgen, Beeinträchtigungen der Bewältigung alltäglicher Verrichtungen, prämorbides kognitives Leistungsniveau oder Persönlichkeitsveränderungen und Verhaltensauffälligkeiten sind manchmal nur durch die Anamnese naher Angehöriger, Partner oder Bezugspersonen des Probanden eruierbar. Weiterhin sind die Sozial- und Familienanamnese sowie die Beschreibung von Schulabschluss, Bildungsniveau und beruflicher Werdegang Gegenstand der Exploration.

Dieser Untersuchungsteil sollte immer auch dazu dienen, erste Informationen zum emotional-affektiven Status des Probanden zu gewinnen. Da der emotional-affektive Status häufig mit den kognitiven Leistungen interagiert, depressive Störungen beispielsweise das kognitive Leistungsniveau maskieren können, sind Eigen- und/oder Fremdanamnese von emotional-affektiven oder Persönlichkeitsveränderungen ein wichtiger Bestandteil der neuropsychologischen Begutachtung. Zudem ist die Differentialdiagnose einer mittelbaren („reaktiven", Somatisierungsstörung) oder unmittelbaren („organisch induzierten") emotional-affektiven Veränderung häufig von besonderer Relevanz für die gutachterliche Stellungnahme und die Einschätzung der Entschädigung. Für die Beurteilung des aktuellen emotional-affektiven Status und dessen Entwicklung und Veränderung im Erkrankungs- oder Schadensverlaufes sollte mit standardisierten Verfahren (strukturierte klinische Interviews) und Diagnoseschemata (DSM, ICD) gearbeitet werden und nach Möglichkeit auch eine Quantifizierung des Schweregrades einer psychischen Störung (bspw. durch normierte Ratingskalen) angestrebt werden.

Zu diesem Untersuchungsabschnitt gehört notwendigerweise immer auch die Medikamentenanamnese. Dauer- und Bedarfsmedikation, deren Dosierung und Zeitpunkt der letzten Medikamenteneinnahme sollten eruiert

und dokumentiert werden, um mögliche Interferenzen mit psychometrischen Untersuchungsbefunden in der zusammenfassenden Bewertung des Gutachtens diskutieren zu können. Da Patienten und deren Angehörige sich häufig nicht genau an die Namen der aktuell verordneten Medikamente erinnern können, erweist es sich als sinnvoll, schon bei der Einbestellung darauf hinzuweisen, dass nicht nur die Lesebrille oder das Hörgerät, sondern auch die Medikamentenschachteln zur Begutachtung mitgebracht werden sollten.

Die *Verhaltensbeobachtung* verwertet Informationen aus Anamnesegespräch, Exploration und psychometrischer Untersuchung und stellt den Rahmen für die Interpretation der gesamten Untersuchungsbefunde dar. Gegenstand dieses Teils der neuropsychologischen Begutachtung sind Angaben zur Orientiertheit des Probanden, zu seiner Belastbarkeit während Anamnese und Testsituation (u.a. Angabe von notwendigen Pausen), seiner Motivation bzw. Kooperationsbereitschaft und möglichen Einschränkungen seiner Kommunikationsfähigkeit. Weiterhin sollte deutlich werden, ob das Verhalten des Probanden der Untersuchungssituation adäquat war, ob ein ausreichendes Instruktionsverständnis gegeben war und ob der Proband die notwendige Sorgfalt und Konzentration bei der Aufgabenbearbeitung zeigte. Aus diesen Informationen sollte eine Stellungnahme zu Aggravations- oder Simulationstendenzen bzw. dissimulativen Verhaltensweisen abgeleitet werden.

In der *psychometrischen Untersuchung* werden die kognitive Defizite des Probanden qualitativ beschrieben und quantifiziert, bzw. auch ausgeschlossen. Bei der Auswahl der Testverfahren sollten unterschiedliche Kriterien berücksichtigt werden:

- methodische Kriterien:
  Die verwendeten Testverfahren sollten testtheoretischen Standards entsprechen und zufriedenstellende Testgütekriterien wie Objektivität, Validität und Reliabilität aufweisen. Weiterhin sollten adjustierte Normdaten vorhanden sein, um ein bestehendes Defizit im Kontext eines allgemeinen Leistungsniveaus beschreiben zu können. Von der Verwendung eigenentwickelter und

nicht publizierter Untersuchungs- oder Testverfahren sollte im Kontext einer Begutachtung abgesehen werden, da diese Befunde von anderen Gutachtern häufig nicht nachvollzogen oder repliziert werden können.

- Probanden/defizitorientierte Kriterien:
  Die Auswahl der Testverfahren sollte einerseits allgemeine Aussagen über das kognitive Leistungsniveau des Probanden erlauben, andererseits eine differenzierte Analyse von Defiziten in verschiedenen kognitiven Domänen zulassen. Um Decken- oder Bodeneffekte zu vermeiden, müssen die verwendeten Verfahren und Instrumente an die neurologischen Defizite des Probanden angepasst sein. Weiterhin sollten die verwendeten Untersuchungsverfahren nicht nur differenzierte Aussagen zu den jeweiligen Defiziten erlauben, sondern ebenso Informationen zu Ressourcen oder kompensatorischen Potential des Probanden geben.
- Verlaufsorientierte Kriterien:
  Insbesondere bei wiederholten Begutachtungen sollte darauf geachtet werden, die gleichen Verfahren einzusetzen, um eine Bewertung des Verlaufs von kognitiven Defiziten zu ermöglichen und auf der Basis von testkritischen Differenzwerten zu beurteilen. Andererseits sollte insbesondere bei kurz aufeinanderfolgenden Untersuchungen wiederum auf identische Verfahren verzichtet werden, um Transfereffekte zu vermeiden (bzw. auf Verfahren zurückgegriffen werden, die in standardisierten Parallelformen vorliegen).

Sämtliche verwendeten Untersuchungsverfahren werden am Anfang des psychometrischen Untersuchungsberichtes mit Angaben zu Testautoren und -version aufgelistet. Bei der Darstellung der einzelnen Untersuchungsbefunde sollte zunächst das Test- oder Untersuchungsverfahren in einer Form beschrieben werden, die es auch einem neuropsychologisch nicht sachkundigen Leser erlaubt, Informationen zu Inhalt, Form, Durchführung und Zweck des Testverfahrens abzuleiten. Nach der Darstellung des Untersuchungsverfahrens folgt die Auflistung der Ergebnisse des Probanden. Dabei sollten für den gesamten Test wie auch für Untertests die Rohwerte und die Transformation in Normwerte (Prozentränge, t- oder z-Scores) angegeben werden. Im darauf folgenden Abschnitt werden die der Leistungen des Probanden interpretiert.

Dieses Procedere ist eine notwendige Voraussetzung, um die Objektivität des Gutachtens zu gewährleisten und den Verlauf eines Schadens oder einer Erkrankung auch von unterschiedlichen Gutachtern beurteilen zu können.

Ad 4: Zusammenfassende Beurteilung / Gutachtenbefund

Im Gutachtenbefund werden sämtliche bislang dargelegten Informationen aus Aktenlage/Vorgeschichte, Anamnese und Exploration, Verhaltensbeobachtung und psychometrischer Untersuchung zusammenfassend dargestellt und vergleichend bewertet. Hier ist insbesondere darauf zu achten, dass bei der Interpretation von Testleistungen auch der neurologische Status, das Testverhalten des Probanden, emotional-affektive Veränderungen und ein möglicher Einfluss der aktuellen Medikation Berücksichtigung finden. Es sollte deutlich abgegrenzt werden, wie sich das Profil eines neuropsychologischen Defizits zusammensetzt und mit welcher Wahrscheinlichkeit auffällige Befunde als Hauptwirkung oder unerwünschter Wirkung von Arzneimitteln mit zentral-nervösen Wirkungsprofil interpretiert werden können. Bei der Bewertung eines möglichen Kausalzusammenhanges zwischen einem schädigenden Ereignis und dem aktuellen emotional-affektiven und kognitiven Status sollten insbesondere Dissoziationen der Leistungen innerhalb einer kognitiven Modalität kritisch gewürdigt werden und im Kontext der Informationen zur Lokalisation einer zerebralen Läsion und funktionell-neuroanatomischer Modelle interpretiert werden. In diesem Zusammenhang ist es durchaus sinnvoll und auch üblich, auf wissenschaftliche Referenzliteratur zu verweisen und diese in einem Literaturanhang zu zitieren. In Abhängigkeit von den Fragestellungen an die neuropsychologische Begutachtung sollte nicht nur eine Störung beschrieben werden, sondern auch deren Bedeutung im Kontext des prämorbiden Leis-

tungsniveaus, deren Einordnung in lebensge-
schichtliche Zusammenhänge und des aktuellen
psychosozialen Status herausgearbeitet werden.
Im Falle einer Einschätzung der Berufs- oder
Erwerbsfähigkeit muss differenziert dargestellt
werden, welche Leistungen vom Probanden
aufgrund welcher Defizite nicht mehr erbracht
werden können und welche Anpassungen der
beruflichen Umwelt für eine adäquate Tätigkeit
des Probanden notwendig erscheinen. Schließlich sollte in der zusammenfassenden Beurteilung – soweit möglich – auch auf den Spontan-
verlauf und die Prognose eines Defizits
eingegangen und mögliche therapeutische oder
rehabilitative Konsequenzen aufgezeigt werden. In diesem Kontext sollten auch Ressourcen
und kompensatorische Fähigkeiten des Probanden dargestellt werden.

Ad. 5: Stellungnahme

Die Stellungnahme listet die im Gutachtenkopf beschriebenen Fragestellungen (vgl. Tabelle 1) des Auftraggebers wörtlichen auf und
beantwortet jede Fragestellung getrennt in kurzer und präziser Formulierung. Hier ist insbesondere die Beurteilung eines Kausalzusammenhanges zwischen einem Unfall- oder
Schadensereignisses bzw. eines Schadens infolge fortgesetzter Schadstoffexposition häufig besonders problematisch. In bezug auf neuropsychologische Störungsprofile kann dies
manchmal nur mittels Rekurs auf die Pathophysiologie der Grunderkrankung oder den
spezifischen Zusammenhang zwischen der Lokalisation einer hirnorganischen Erkrankung
und den jeweilig assoziierten neuropsychologischen Beeinträchtigungen geleistet werden. Hier ist es durchaus üblich, auf die entsprechende wissenschaftliche Literatur zu
verweisen. Ein spezielles Problem stellt häufig
die Interpretation emotional-affektiver Auffälligkeiten oder Persönlichkeitsveränderungen der Probanden als mittel- oder unmittelbare Schadensfolge dar. Einerseits gibt es hier
zwar einen wissenschaftlichen Fundus, der die
Beurteilung einer sogenannten „hirnorganischen Wesensveränderung" erleichtert (vgl.
Kapitel 1.7), andererseits werden beispielsweise depressive Veränderungen von unter-

schiedlichen Kostenträgern unterschiedlich
gewichtet (vgl. Rauschelbach & Jochheim,
1996; Suchenwirth & Ritter, 1994).

Bewertung der neuropsychologischen Begutachtungsbefunde

Im Falle eines neuropsychologischen Zusatz-
gutachtens sind die Bewertung und Integration
der Befunde aus der neuropsychologischen
Begutachtung in das Gesamtgutachten in erster Linie von den Fragestellungen an den
Hauptgutachter abhängig. Es ist bereits eingangs betont worden, dass bei entsprechender
subjektiver Beschwerdeschilderung seitens
des Probanden die Bedeutung des neuropsychologischen Gutachtens um so höher ist,
je weniger Symptomatik beispielsweise auf
neurologischem Fachgebiet objektiviert werden kann. In Abhängigkeit von den Fragestellungen der beauftragenden Institution wird
vom Hauptgutachter zunächst die Konsistenz
aller vorliegenden Befunde beurteilt. Im Falle
einer neuropsychologischen Zusatzbegutachtung bleibt es immer dem Hauptgutachter vorbehalten, den Kausalzusammenhang einer
neuropsychologischen und/oder emotional-
affektiven Störung mit dem Schädigungser-
eignis zu bewerten und die Schädigungsfolgen
als mittelbar oder unmittelbar zu interpretieren. Im Falle einer MdE/GdB-Bewertung
gibt es in den gängigen Bewertungstabellen
bislang keine der Taxierung neurologischer
Störungen vergleichbar differenzierte Einschätzung. Allgemeine Grundsätze gehen lediglich von einer dreistufigen Schweregradeinteilung aus (vgl. Rauschelbach &
Jochheim, 1996):
- Hirnschädigung mit geringer
  Leistungsbeeinträchtigung   30-40 v.H.
- Hirnschädigung mit mittelschwerer
  Leistungsbeeinträchtigung   50-60 v.H.
- Hirnschädigung mit schwerer
  Leistungsbeeinträchtigung   70-100 v.H.

Neuropsychologische Störungsbilder gehen
nur selten in Bewertungstabellen ein. Die bestehenden Vorschläge zur Einschätzung kognitiver Störungen sind wenig differenziert

(„Aphasie / Apraxie / Agnosie") und bewerten die Alltags- und berufliche Relevanz von Störungen in verschiedene Domänen kognitiver Leistungen (Aufmerksamkeit / Konzentration, Gedächtnis, exekutive Funktionen) nicht adäquat. Neuropsychologische Gutachten bieten ein weitaus größeres Potential für die differentialdiagnostische Einordnung von Beschwerden, die Interpretation des Kausalzusammenhanges und die Einschätzung von Prognose oder Rehabilitationspotential, als es bislang beispielsweise im Rahmen neurologischer oder unfallchirurgischer Begutachtungen nutzbar gemacht wird. Von daher ist es in der zusammenfassenden Stellungnahme des neuropsychologischen Gutachters um so wichtiger, Defizite nicht nur detailliert zu benennen, sondern auch ihre Relevanz für das Berufs- und Alltagsleben des Probanden zu beschreiben.

Stellenwert neuropsychologischer Beurteilungen im Rahmen der Fahrtauglichkeitsprüfung

Im Rahmen der neuropsychologischen Tätigkeit werden häufiger Stellungnahmen oder gutachterliche Äußerungen in bezug auf die Fahrtauglichkeit von Patienten und Probanden eingefordert. Die Rahmenbedingungen der Fahreignungsdiagnostik sind in den Begutachtungs-Leitlinien des gemeinsamen Beirats für Verkehrsmedizin (Bundesministerium für Verkehr, 1996; vgl. auch Mönning et al., 1997) sowie in der „Verordnung über die Zulassung von Personen zum Straßenverkehr und zur Änderung straßenverkehrsrechtlicher Vorschriften" (Bundesgesetzblatt Jahrgang 1998, Teil I Nr. 55) definiert. Im Gegensatz zur Begutachtung von auffällig gewordenen hirnorganisch allgemein gesunden Verkehrsteilnehmern, die durch Anordnung von Behörden oder Rechtsinstanzen in der Regel durch die Medizinisch-Psychologischen Untersuchungsstellen (MPU) durchgeführt werden, handelt es sich hierbei um die Untersuchung von Personen mit nachgewiesenen oder vermuteten neuropsychologischen Beeinträchtigungen infolge hirnorganischer Erkrankungen. Es ist evident, dass die Teilnahme am Straßenver-

kehr elementare kognitive Fähigkeiten, wie planendes und schlussfolgerndes Handeln, selektive und geteilte Aufmerksamkeitsleistungen (vgl. Kapitel 4.1), visuo-räumliche und -perceptive Wahrnehmungsleistungen ebenso wie mnestische Fähigkeiten voraussetzen. Dennoch sind diese Fähigkeiten lediglich eine notwendige und noch keine hinreichende Voraussetzung zur motorisierten und nicht-motorisierten Teilnahme am Straßenverkehr. So konnten beispielsweise Hartje und Mitarbeiter in einer Reihe von Untersuchungen (bspw. Hannen et al., 1998) darstellen, dass das Bestehen einer Fahrprobe von Patienten mit hirnorganischen Schädigungen nur zu maximal 73 % durch kombinierte neuropsychologische (Reaktionsschnelligkeit) und personenbezogene (Gesichtsfelddefekt) Variablen vorhersagbar ist. Weder krankheitsspezifische Variablen (Chronizität, Allgemeinzustand, subjektive Beschwerden), noch neuropsychologische Daten lassen eine sinnvolle Vorhersage der Fahreigenschaft von Patienten mit hirnorganischen Schädigungen zu. Eine neuropsychologische Beurteilung allein lässt daher keine positive Stellungnahme zur Fahrtüchtigkeit des Probanden zu, es sollte in jedem Fall eine praktische Fahrprobe empfohlen werden.

Qualifikation neuropsychologischer Gutachter

Aus den bisherigen Ausführungen wird deutlich, dass für die neuropsychologischer Begutachtung eine Kenntnis zentral-neurologischer Erkrankungen, ein profundes neuropsychologisches Grundlagenwissen, Kenntnis und Erfahrung in der neuropsychologischer Diagnostik und der psychometrischen Interpretation der Befunde und Kenntnis der versicherungs-, versorgungs- und sozialrechtlichen Rahmenbedingungen unabdingbare Voraussetzungen für die Übernahme eines neuropsychologischen Gutachtenauftrags sind. Für neuropsychologische Gutachter ist der akademische Abschluss des Diplomstudienganges Psychologie eine notwendige, aber in keinem Fall hinreichende Voraussetzung zur Übernahme von neuropsychologischen Gutachtenaufträgen. Für den Nachweis der besonderen

Sachkunde – wie sie von jedem Gutachter verlangt wird – ist vielmehr zu fordern, dass ein neuropsychologischer Gutachter eine postgraduale Weiterbildung in Klinischer Neuropsychologie absolviert hat und eine entsprechende Zertifizierung vorweisen kann oder sich zumindest nachweisbar in einer postgradualen Weiterbildung in Klinischer Neuropsychologie befindet und die Begutachtung unter fachkundiger Supervision durchführt. Eine psychotherapeutische Weiterbildung stellt in diesem Kontext keinen Sachkundenachweis dar. Im Sinne einer Etablierung und Sicherung von Qualitätsstandards neuropsychologischer Begutachtungen sollte dieser Qualifikationsvorbehalt von den jeweilig auftraggebenden Institutionen oder Personen auch eingefordert werden.

Liquidation neuropsychologischer Gutachten

Die Liquidation neuropsychologischer Gutachten ist nicht einheitlich geregelt. Sie reicht von pauschalen Erstattungsbeträgen bis zur differnzierten Abreichnung von gutachterlichen Einzelleistungen. Als Liquidationsposten für Einzelleistungen können in der Regel differenziert werden:

- Studium der Aktenlage, Einholung von Vorinformationen
- Ausführliche Anamnese und Exploration sowie Fremdanamnese
- Durchführung, Auswertung und Interpretation von Testverfahren
- Erstellung eines ausführlichen schriftlichen Gutachtens
- Schreibgebühren (in der Regel pro Seite)
- Auslagenerstattung für Porto-, Telephon- und Kopier- und Materialkosten

Häufig existieren Einzelabsprachen zwischen bestimmten Gutachtern oder Institutionen und verschiedenen Leistungsträgern, eine allgemein verbindliche Vereinbarung zur Honorierung neuropsychologischer Gutachtenleistungen ist bislang jedoch noch nicht gegeben. Die Modalität und Höhe der Honorierung von gutachterlichen Leistungen in der Neuropsy-

chologie differiert erheblich in Abhängigkeit von der jeweilig auftraggebenden Institution. Private Unfallversicherungen, Berufsgenossenschaften, Rentenversicherungträger und Sozialgerichte haben ihre eigenen Erstattungssätze. Als Grundlage für die Art der Anrechenbarkeit und die Erstattungshöhe neuropsychologischer Leistungen wird häufig auf die Gebührenordnung für Ärzte (GOÄ)/Einheitlicher Bewertungsmaßstab (EBM) oder die Tarifordnung der Deutschen Krankenhausgesellschaft (DKG-NT) rekurriert. Die ärztliche Gebührenordnung (GOÄ/EBM) bietet bislang nur wenig Spielraum, um neuropsychologische Leistungen sinnvoll und adäquat anzusetzen. So können beispielsweise die testpsychologischen Ziffern der GOÄ im Gutachtenfall nur einmalig und einfach berechnet werden, was der mehrstündigen und differenzierten neuropsychologischen Untersuchung nicht gerecht wird. Es ist somit unbedingt anzuraten, vor Annahme eines Gutachtenauftrags eine schriftliche Kostenübernahmeerklärung für das neuropsychologische Gutachten seitens des Kostenträgers zu verlangen und auch die voraussichtliche Liquidationssumme mit den jeweiligen Sachbearbeitern im Vorfeld zu klären.

Bei angestellten und verbeamteten Neuropsychologen, die Gutachtenaufträge in ihren Diensträumen oder auch während ihrer Diensttätigkeit durchführen, ist zudem zu beachten, dass sie in der Regel eine Erlaubnis zur Ausübung einer Nebentätigkeit durch den jeweiligen Dienstherrn oder die vorgesetzte Institution benötigen. Die Dienststelle stellt sehr häufig einen sogenannten „Vorteilsausgleich" in Rechnung, welcher durch die Benutzung von Sachmittel und Räumlichkeiten begründet ist und vom Gutachtenhonorar an die Dienststelle abgeführt werden muss. Die Höhe des abzuführenden „Vorteilsausgleichs" ist nicht einheitlich geregelt und variiert in Abhängigkeit von den dienstrechtlichen Regelungen der jeweiligen Länder oder Institutionen, vom jeweiligen Kostenträger und den unterschiedlichen Liquidationsposten. Mitunter kann der Vorteilsausgleich jedoch bis zu 80% des Gesamthonorars betragen.

3.3 Der neuropsychologische Bericht

MANFRED E. LAUFER & ANNE SIMONE GLODOWSKI

Zusammenfassung

Die Erstellung neuropsychologischer Berichte ist fester Bestandteil der Tätigkeit klinischer Neuropsychologen. Der neuropsychologische Bericht hat intern und extern eine Reihe von inhaltlichen, organisatorischen und steuernden Funktionen:
– fachliche Dokumentation;
– Steuerung der Patientenbehandlung;
– Dokumentation einer Dienstleistung im ökonomischen Sinn;
– Außendarstellung qualifizierter neuropsychologischer Tätigkeit;
– Bezugssystem zur Arbeitsorganisation.

Die Inhalte des neuropsychologischen Berichtes können nicht allgemeingültig vorgegeben werden, sondern sind ziel- und kontextorientiert in Abhängigkeit von verschiedenen Faktoren auszuwählen. Solche Faktoren sind z.B.:
– zugrundeliegende Fragestellung;
– klinisches Setting;
– Art der Maßnahmen;
– Rezipient des Berichtes;
– Funktion für die weitere Behandlungssteuerung;
– formale und institutionelle Vorgaben.

Die Berichtsinhalte sollten wie folgt gegliedert sein:
1. Vorbefunde,
2. Untersuchungsplanung und Untersuchungsbefunde,
3. Rehabilitationsziele und Behandlungsplanung,
4. Therapie und Verlauf,
5. Rehabilitationsergebnis, Evaluation der Maßnahmen,
6. Nachsorgeplanung,
7. Beiträge zur sozialmedizinischen Beurteilung aus neuropsychologischer Sicht,
8. Zusammenfassung.

Der neuropsychologische Bericht sollte dem Rezipienten eine verständliche und nachvollziehbare Darstellung der neuropsychologischen Maßnahmen, der resultierenden Beurteilung sowie den weiteren Empfehlungen bieten.
   Im Rahmen der Qualitätssicherungsmaßnahmen der Kostenträger gewinnt die Beurteilung der Entlassungsberichte als ein Kriterium zur Einschätzung der Behandlungs- und Ergebnisqualität zunehmend an Bedeutung.
Der neuropsychologische Bericht sollte das zentrale Bezugssystem zur internen Dokumentation und Organisation der neuropsychologischen Tätigkeit sein.

Vorbemerkung

Die Erstellung neuropsychologischer Berichte ist fester Bestandteil der Tätigkeit klinischer Neuropsychologen. Der neuropsychologische Bericht hat eine Reihe von inhaltlichen, organisatorischen und steuernden Funktionen, die sowohl „intern" als auch „extern" wirksam sind. „Intern" meint dabei Funktionen innerhalb der klinischen Einrichtung und in der Organisation der neuropsychologischen Tätigkeit, „extern" umfaßt die Funktionen in der Außendarstellung der neuropsychologischen Tätigkeit im klinischen Umfeld, gegenüber Kostenträgern, Patienten, Angehörigen, etc. In vielen Tätigkeitsfeldern wird der neuropsychologische Bericht nach extern als Teil eines Gesamtberichtes (Entlassungsbericht, „Arztbrief", etc.) weitergegeben; damit beziehen sich einige der nachfolgend dargestellten Aspekte sowohl auf den neuropsychologischen als auch auf den Gesamtbericht.

Die Ausführungen in diesem Abschnitt konzentrieren sich auf die Erstellung des neuropsychologischen Berichtes und sollten durch die inhaltlichen Darstellungen in den korrespondierenden Kapiteln (z.B. zur Diagnostik, zur Behandlungsplanung, zur Evaluation, etc.) vertieft werden.

Funktionen des neuropsychologischen Berichtes

Der klinische neuropsychologische Bericht hat folgende funktionelle Hauptdimensionen:

Fachliche Dokumentation:

Der neuropsychologische Bericht umfasst alle fachlichen Informationen, die zur umfassenden Dokumentation und zur retrospektiven Rekonstruktion der neuropsychologischen Maßnahmen am Patienten und im Zusammenhang mit dem Patienten notwendig sind.

Steuerungsinstrument im Prozeß der Patientenbehandlung:

Der neuropsychologische Bericht ist das zentrale Instrument zur Beeinflussung und Steuerung des Behandlungsprozesses des Patienten. Hier sind insbesondere die Abschnitte zur Dar-

stellung des aktuellen Zustands und dessen Bewertung, zur Prognose und zur Empfehlung weiterer Behandlungsschritte bedeutend.

Dokumentation der Dienstleistung im Gesundheitssystem:

Neben der fachlich neuropsychologischen Information dokumentiert der Bericht eine Dienstleistung im ökonomischen Sinne, insbesondere gegenüber den Kostenträgern der Maßnahme. In diesem Zusammenhang spielen solche Informationen eine wesentliche Rolle, die Kosten-Nutzen-Aspekte der Rehabilitation im allgemeinen und der neuropsychologischen Tätigkeit im besonderen verdeutlichen. Die Darstellung dieser Aspekte sollte die spezifischen Interessen und Zuständigkeiten des jeweiligen Kostenträgers besonders berücksichtigen. Im Rahmen der Qualitätssicherungsmaßnahmen der Kostenträger gewinnt die Beurteilung der Entlassungsberichte als ein Kriterium zur Einschätzung der Behandlungs- und Ergebnisqualität zunehmend an Bedeutung.

Außendarstellung qualifizierter neuropsychologischer Tätigkeit:

Eine differenzierte und wissenschaftlich fundierte Darstellung der neuropsychologischen Tätigkeit im Bericht dokumentiert die fachliche Qualifikation des klinischen Neuropsychologen und die Spezifität neuropsychologischer Diagnostik und Behandlung, gerade auch im Vergleich zu fachlich benachbarten Berufsgruppen.

Bezugssystem der Arbeitsorganisation:

Als zentrale und umfassende Dokumentation der klinischen Tätigkeit stellt der Bericht ein bedeutsames Bezugssystem zur gesamten Arbeitsorganisation dar. Die strukturierte Sammlung und Dokumentation von Einzelinformationen während eines Behandlungsprozesses sollte eng auf die Struktur und die vorgesehenen Inhalte des Berichtes bezogen sein.

Inhalte des neuropsychologischen Berichtes

Eine allgemeingültige Vorgabe, wie ein neuro-psychologischer Bericht inhaltlich zu gestalten ist, kann nicht gemacht werden. Vielmehr ist die Konzeption des Berichtes abhängig

- von der zugrundeliegenden Fragestellung,
- von dem Setting in dem die Diagnostik- und/oder Behandlungsleistung erbracht wird,
- vom Adressaten, an den sich der Bericht richtet,
- von der Art der Untersuchung und/oder Behandlung des Patienten
- vom kommunikativen Ziel, das mit dem Bericht erreicht werden soll,
- gegebenenfalls vom Kostenträger und dessen Vorgaben,
- von Rahmenbedingungen und Vorgaben bezüglich des Berichtes von Seiten der Institution.

In diesem Sinne ist zur Erstellung eines Berichtes eine explizite und konkrete Ziel- und Kontextorientierung notwendig.

Die im folgenden aufgeführten Berichtsinhalte stellen eine „Maximalsammlung" an Informationen und Einzelpunkten dar, die mit Sicherheit nicht in jedem Bericht Erwähnung finden sollen und auch nicht können. Vielmehr ist es notwendig, auf der Basis der vorgeschlagenen ersten Gliederungsstufe diejenigen Unterpunkte und Einzelinformationen auszuwählen, die der Bericht enthalten soll, um der ziel- und kontextorientierten Intention möglichst nahezukommen. Die Darstellungen im neuropsychologischen Bericht sollten folgender übergeordneter Gliederung folgen:

1. Vorbefunde
2. Untersuchungsplanung und Untersuchungsbefunde
3. Rehabilitationsziele und Therapieplanung
4. Therapie und Verlauf
5. Rehabilitationsergebnis, Evaluation der Maßnahmen
6. Beiträge zur sozialmedizinischen Beurteilung aus neuropsychologischer Sicht
7. Nachsorgeplanung, weitere Empfehlungen
8. Zusammenfassung

Vorbefunde

Die Darstellung der Vorbefunde kann Informationen aus der Krankheitsgeschichte, der Biographie des Betroffenen, aus Voruntersuchungen (insbesondere neurologische und neuroradiologische Befunde) und weiteren relevanten Datenquellen enthalten. In der praktischen Befunderstellung kann der Abschnitt zu den Vorbefunden häufig gekürzt werden, wenn die Krankheitsgeschichte und viele spezifische Daten im medizinischen Teil des Gesamtberichtes zu einem Patienten zusammengestellt sind. Diejenigen Informationen, die dort nicht ausreichend aufgeführt sind, sollten hier jedoch Erwähnung finden, so dass in der Gesamtdarstellung des Falles alle für die Neuropsychologie relevanten Vorinformationen ausreichend berücksichtigt sind.

Untersuchungsplanung und Untersuchungsbefunde

In diesem Abschnitt sollte die Gesamtheit der im Bereich der Neuropsychologie erhobenen Befunde dokumentiert werden. Die Informationen zur Untersuchungsplanung sollen dem Rezipienten verdeutlichen, aus welchen Gründen die neuropsychologische Untersuchung in der erfolgten Form durchgeführt wurde. Es sollten dabei Aspekte der Zielorientierung, der Indikation oder der Fragestellung der Untersuchung sowie ggf. des Auftrags zur Untersuchung dargestellt und es sollten Informationen zu Faktoren, die die Untersuchung beeinflussen, (z.B. Visusbeeinträchtigungen, Lähmungen, Kommunikationsprobleme, Medikationen, etc.) gegeben werden. Darüber hinaus ist ein Bezug zum prämorbiden Niveau des Untersuchten einzuschließen.

Die Darstellung der eigenen Befunde umfasst grundsätzlich alle im Bereich der neuropsychologischen Untersuchung relevanten Datenquellen, dies sind:

- Anamnese und Exploration,
- Verhaltensbeobachtung,
- Selbsteinschätzung, Selbstratings des Klienten,
- Fremdanamnese, Fremdratings,

– Testbefunde,
– reale Erprobung
  (z.B. Belastungserprobung), Simulationen.

In einem neuropsychologischen Befundbericht sollte der Bezug der erhobenen Daten und Informationen zu relevanten ätiologischen, pharmakologischen, neuroanatomischen, und anderen medizinischen Faktoren explizit dargestellt werden. Hierfür zwei Beispiele: „Die objektivierte deutliche Verlangsamung des Patienten sowie die vermehrte Ermüdbarkeit könnte auf die kürzlich begonnene Einstellung auf Carbamazepin zurückzuführen sein.";
„Zusätzlich zu dem jetzt erhobenen CT-Befund wurde bei der Analyse der initialen Bildgebung eine Blutung im linksseitigen vorderen Thalamus gefunden, die in Zusammenhang mit den bestehenden verbalen Gedächtnisdefiziten gebracht werden kann."

Abbildung 1 zeigt einen Vorschlag zur Einordnung und (ökologischen) Bewertung neuropsychologischer Befunde, der als Heuristik zur Strukturierung der Darstellungen für den Berichtsautor dienen kann.

Hiernach werden die Befunde in einem zweidimensionalen Schema eingeordnet. In der 1. Dimension werden die Inhaltsbereiche „kognitive Leistungen", „emotional-affektive und motivationale Aspekte", „Sozialverhalten" und „Persönlichkeit" unterschieden. In jedem der Bereiche sollte das positive Leistungsbild erhaltener Funktionen und das negative Leistungsbild beeinträchtigter Funktionen und Teilfunktionen dargestellt werden. Die 2. Dimension unterscheidet in jedem der o.g. Bereiche personenbezogene Daten des Klienten und umfeldbezogene Anforderungen an den Klienten. Aus der Gegenüberstellung von personenbezogenen und umwelt- bzw. anforderungsbezogenen

Daten in den verschiedenen Inhaltsbereichen lassen sich nachvollziehbar Bewertungen und Beurteilungen, Rehabilitationsziele, therapeutische Maßnahmen und Empfehlungen für die Weiterbehandlung sowie prognostische Aussagen ableiten, die im Befundbericht entsprechend dargestellt werden sollten.

Rehabilitationsziele und Therapieplanung

Ein wesentlicher Qualitätsaspekt neuropsychologischer Berichte ist die nachvollziehbare Darstellung der Herleitung von therapeutischen Maßnahmen aus der Gesamtheit der verfügbaren Vorbefunde und der gewonnenen eigenen Befunde. Es kann sinnvollerweise zwischen lang- und mittelfristigen sowie kurzfristigen Zielen und Zwischenzielen unterschieden werden. Letztere sollten operationale Ableitungen konkreter rehabilitativer Maßnahmen (wie z.B. neuropsychologische Behandlung kognitiver Funktionen, Verhaltenstraining, neuropsychologisch-psychotherapeutische Maßnahmen, Belastungserprobungen) ermöglichen, so dass kurzfristige Rehabilitationsziele zumindest in Teilbereichen überprüfbar werden. Ggf. sollte aus den Darstellungen hervorgehen, inwieweit die Ziele vom Patienten oder den Angehörigen, von Experten (z.B. dem Neuropsychologen, dem Behandlungsteam) oder dem Kostenträger definiert bzw. gefordert wurden.

Therapie und Verlauf

In diesem Abschnitt sollten die durchgeführten Behandlungsmaßnahmen in allen Teilbereichen der neuropsychologischen Behandlung

	kognitive Funktionen	emotional-affektive, motivationale Aspekte	Sozialverhalten	Persönlichkeitsaspekte
personenbezogene Daten				
umfeld- / anforderungsbezogene Daten				

Abb. 1. Ordnungsschema zur Befunddarstellung

dargestellt werden. Der Bezug der Maßnahmen zu den definierten Rehabilitationszielen sollte klar erkennbar sein. Eine differenziertere Beschreibung ist ggf. dann notwendig, wenn es sich um nichtstandardisierte oder hochindividualisierte Verfahren handelt, die für das Verständnis des weiteren Rehabilitationsverlaufs erforderlich sind. Notwendig ist in diesem Abschnitt auch eine Darstellung des Behandlungsverlaufs. Falls eine Anpassung oder Änderung von Rehabilitationszielen und/oder der Behandlungsplanung erfolgte, sollte dies ebenfalls dokumentiert werden.

Rehabilitationsergebnis, Evaluation der Maßnahmen

Das Ergebnis der Rehabilitationsmaßnahmen im Bereich der Neuropsychologie sollte hier dargestellt werden. Es sollte ausgeführt und ggf. begründet werden, in welchem Maße und in welchen Bereichen die anfangs definierten Rehabilitationsziele erreicht wurden.

Da zur Evaluation der rehabilitativen Maßnahmen grundsätzlich alle Informationsquellen nutzbar sind, die im Abschnitt Befunderhebung erwähnt wurden, gilt das oben dargestellte in entsprechender Anpassung auch für den Bereich der Evaluation. Die Angabe von Retestergebnissen und deren inferenzstatistische Auswertung sollte an dieser Stelle erfolgen. In der Darstellung der Evaluation im neuropsychologischen Bericht sollte eine Bewertung der Effektivität und ggf. der Effizienz der betroffenen Maßnahme in Bezug auf die definierten Rehabilitationsziele Platz finden.

Beiträge zur sozialmedizinischen Beurteilung aus neuropsychologischer Sicht

Bei der Rehabilitation hirngeschädigter Patienten werden im Bereich der Neuropsychologie häufig Daten gewonnen, die hohe Relevanz für die sozialmedizinische Beurteilung, die Prognosestellung und die Empfehlung weiterer Behandlungsmaßnahme haben. Daher sollte der neuropsychologische Bericht klare und konkrete Beiträge zu den oben genannten Berichtsaspekten enthalten. Die Darstellung sollte sich auf das prämorbide Niveau des Rehabilitanden beziehen, es sollte eine Einschätzung von Einschränkungen auf den Ebenen von Disabilities und Handicaps bezüglich aller relevanter Lebensbereiche vorgenommen werden. Neben negativen Leistungsaspekten ist gegebenenfalls auch eine klare Positiv-Beurteilung hilfreich oder gar notwendig. Eine Beurteilung der Berufs- und Erwerbsfähigkeit, eine Beurteilung der Fahreignung und Straßenverkehrstauglichkeit sowie eine Beurteilung der Selbständigkeit und Unabhängigkeit des Rehabilitanden im Alltag sind meist unverzichtbar. So sind z.B. in den einheitlichen Anleitungen der Rentenversicherer zur Leistungsbeurteilungen des Patienten explizit Angaben zur geistigen/psychischen Belastbarkeit einschließlich genauer Erläuterungen gefragt. Gegebenenfalls ist eine Darstellung kausaler Zusammenhänge zwischen dem pathologischen Geschehen und den erhobenen Befunden sowie dem Krankheitsverlauf notwendig.

Von großer Wichtigkeit sind klare Aussagen zur Prognose und zur Empfehlung weiterer Behandlungsschritte aus neuropsychologischer Sicht. Unsicherheiten bezüglich der Prognosestellung – die durchaus häufig bestehen – können im Bericht artikuliert werden; ggf. können unterschiedliche Empfehlungen in Abhängigkeit von der Entwicklung bestimmter konkreter Kriterien gegeben werden.

In den Beiträgen zur sozialmedizinischen Beurteilung aus neuropsychologischer Sicht sollte sich die Verantwortlichkeit, die die klinische Neuropsychologie aufgrund ihrer qualifizierten Stellung zu diesen Fragen inne hat, widerspiegeln.

Nachsorgeplanung, weitere Empfehlungen

In diesem Abschnitt sollte die Konzeption für die Nachsorge und möglichst auch konkrete Vorschläge für die Nachbehandlung bzw. weitere Versorgung des Patienten nach Abschluss der Rehabilitationsmaßnahme dargestellt werden. Dies können diagnostische Maßnahmen sein, die nach Entlassung bzw. zu einem bestimmten späteren Zeitpunkt sinnvoll oder notwendig sind. Ebenso sollten ggf. Empfehlungen zu nachfolgenden Behandlungsmaßnahmen spezifisch beschrieben (z.B. „ambulante neuropsychologische Behandlung") oder Änderungen bisheriger Therapien begründet werden.

Zusammenfassung

Der detaillierten Darstellung der neuropsychologischen Behandlung sollte möglichst eine komprimierte Zusammenfassung der wesentlichen Berichtsinhalte folgen. Bei der Erstellung der Zusammenfassung sollte beachtet werden, dass in der weiteren Informationsübermittlung im Behandlungsprozess oft nur diese Zusammenfassung weitergegeben oder zur Kenntnis genommen wird. Daher ist es von besonderer Bedeutung, alle wichtigen Aspekte des Berichtes – die wesentlichen Befunde, die Behandlungsergebnisse, die Beiträge zur sozialmedizinischen Beurteilung, weitere Behandlungsempfehlungen – an dieser Stelle verständlich und nachvollziehbar darzustellen.

Die oben aufgeführten Berichtsinhalte sind als „Checkliste zur Berichterstellung" in Tabelle 1 kommentiert zusammengefasst.

Konzeption und Organisation des neuropsychologischen Berichtes

Inhaltliche Konzeption

Der neuropsychologische Bericht muss so konzipiert sein, dass er entlang eines „Roten Fadens" eine für den Leser verständliche und nachvollziehbare Darstellung der neuropsychologischen Maßnahmen, der resultierenden Beurteilung sowie der weiteren Empfehlungen bietet. Dies macht eine sinnvolle Auswahl und Integration der jeweils relevanten Inhalte aus den verschiedenen Informationsquellen notwendig.

Dabei können und sollen nicht alle oben detailliert dargestellten und in Tabelle 1 summarisch zusammengefassten „Berichts-Bausteine" Bestandteil eines jeden neuropsychologischen Berichtes sein. Vielmehr ist es notwendig, bei der Konzeption eines neuropsychologischen

Berichtes im Einzelfall zielorientiert eine adäquate Auswahl aus den potentiell möglichen Berichtsbestandteilen zu treffen. Darunter wird verstanden, dass sich diese Auswahl an wesentlichen Zielfragen orientiert, die abhängig sind von den Rahmenbedingungen der Einrichtung, in der die neuropsychologische Leistung erbracht wird. Solche Fragen könnten u.a. sein:

- Welche Fragestellung liegt meiner Tätigkeit zugrunde?
- Wer ist der Rezipient des Berichtes?
- Welches Ziel verfolge ich als Berichterstel-ler mit meinem Bericht?
- Wie wird mein Bericht in der weiteren Behandlungssteuerung für den Patienten genutzt?
- Wie wird mein Bericht in einen Gesamt-bericht integriert?
- Welchen Umfang darf mein Bericht haben?

Die Konzeption des Berichtes hängt also sowohl von übergeordneten inhaltlichen als auch von eher formalen Randbedingungen ab. Letztendlich ist es von entscheidender Bedeutung, dass der erstellte neuropsychologische Bericht in diesem Sinne zielorientiert, zweckmäßig jedoch bezüglich der verfügbaren Ressourcen und Bedingungen des Behandlungssettings auch ökonomisch machbar ist.

Leitlinien der Kostenträger

Fast alle Kostenträger haben in den letzten Jahren zunehmend präzisere Vorgaben zur Gliederung und inhaltlichen Gestaltung von Berichten (z.B. für die stationäre Rehabilitation der Phase I) gemacht (Bundesversicherungsanstalt für Angestellte, 1997). Bei der Erstellung neuropsychologischer Berichte sollte es selbstverständlich sein, dass sich die gewählte Gliederung des Berichtes an entsprechenden Vorgaben orientiert und diese widerspiegelt. Eine entsprechende Gestaltung erleichtert eine effektive und passende Eingliederung neuropsychologischer Befunde in die Entlassungsberichte klinischer Einrichtungen. So ist es z.B. in der Erstellung des Entlassungsberichtes einfacher, die entsprechenden Teile zum Aufnahmebefund, zu Therapie und

Tabelle 1. Checkliste zur Berichtserstellung

1. Vorbefunde

Aktenlage	Krankenakte, Vorbehandlungen, vorausgehende Behandlungsempfehlungen
Diagnosen, Nebendiagnosen	Beispiel für Nebendiagnosen: Diabetes mellitus, Mikroangiopathie, etc.
Neuroanatomische Daten	Angaben zur Lokalisation von Läsionen, zu Befunden bildgebender Verfahren, etc.
Pharmakologische Informationen	Angaben zu zentral wirksamer Medikation
Psychische/psychiatrische Vorerkrankung	Psychose, Depression, Suizidgefährdung, Angststörung, etc.

2. Untersuchungsplanung und Untersuchungsbefund

Untersuchungsplanung	Zielorientierung, Indikation, Auftrag, Fragestellung, testbehindernde Faktoren, Bezug zum prämorbiden Niveau

Gegenstand der Befunderhebung
 	
– Kognitive Funktionen
  Orientiertheit (zu Person, Ort, Zeit, Situation)
  Basale u. höhere Wahrnehmungsleistungen
  Intellektuelles Niveau und Leistungsprofil
  Aufmerksamkeitsleistungen
  Lern- und Gedächtnisfunktionen
  Planungs- und Kontrollfunktionen
  Sprache
  Sensomotorische Leistungen und motorische
    Planung
  Räumlich-perzeptive, räumlich-kognitive
    und räumlich-konstruktive Leistungen
  Zahlenverarbeitung und Rechenleistung
  Berufsabhängige Fertigkeiten und domänen-
    spezifisches Wissen
 	
– Emotional-affektive Funktionen, psychische
    Situation
 	
– Persönlichkeit	

Informations- und Datenquellen zur Befunderhebung	
– Anamnese, Exploration	Subjektives Erleben der Schädigungsfolgen; Erwartungen, Ziele, Einstellung zur Behandlung bzw. zur Rehabilitationsmaßnahme; Compliance; Motivation
– Selbsteinschätzung, Selbstratings	Selbstwahrnehmung und Beurteilung in spezifischen Funktions-, Berufs- und Lebensbereichen; offene und/oder (halb-)standardisierte Verfahren; ggf. Hinweise auf Anosodiaphorie, Anosognosie
– Fremdanamnese, Fremdratings	Wahrnehmungen und Bewertungen von Familienmitgliedern/Partnern, Freunden, Arbeitskollegen; offene und/oder (halb-)standardisierte Verfahren

Tabelle 1. Checkliste zur Berichtserstellung (Fortsetzung)

2. Untersuchungsplanung und Untersuchungsbefund

– Verhaltensbeobachtung	Mimik, Gestik, Prosodie, Blickkontakt, Körperhaltung, spezifische Verhaltensaspekte; ggf Hinweise auf Simulations-, Aggravationstendenzen
– Exploration u. Verhaltensbeobachtung von Affektivität und Antrieb	Depression, Ängste, Antrieb (sowohl als direkte Folge als auch als Reaktion auf die Hirnschädigung); Kausal- u. Kontrollüberzeugungen; Krankheitsverarbeitungsstil
– Testdiagnostik	Psychometrische Tests und qualitative/experimentelle Verfahren
– Arbeitsplatzanalyse /Analyse der häuslichen Anforderungen	Erstellen eines mit dem „Fähigkeits"-Profil korrespondierenden „Anforderungs-Profils"
– Reale Erprobung, Simulation	z.B. Berufs- und/oder alltagsbezogene Belastungserprobung, real oder simuliert
Interpretation der Befunde	z.B. bzgl. pharmakologischen, neuroanatomischen Faktoren

3. Rehabilitationsziele und Therapieplanung

Lang- und mittelfristige Ziele	Theorieorientiert aus Befunden hergeleitet; patientendefiniert, „angehörigen"-definiert, kostenträgerdefiniert, expertendefiniert
Kurzfristige Ziele Zwischenziele	Aus langfristigen Zielen operational abgeleitet, konkret auf den Ebenen Disabiliy und Handicap, überprüfbar
Planung der Maßnahmen	Aus Zielen abgeleitete Interventionen

4. Therapie und Verlauf

Durchgeführte Maßnahmen	Beschreibung der durchgeführten standardisierten und nichtstandardisierten Maßnahmen
Behandlungsverlauf	Darstellung des Behandlungsverlaufs, ggf. der Adaptation von Behandlung und/oder Zielen

5. Rehabilitationsergebnis, Evaluation der Maßnahmen

Rehabilitationsergebnis im Bezug zu den Rehabilitationszielen	
Nutzung aller Informationsquellen aus der Befunderhebung zur Evaluation	Bewertung der Effektivität und Effizienz der Maßnahmen. Retests mit inferenzstatistischer Auswertung

6. Beiträge zur sozialmedizinischen Beurteilung aus neuropsychologischer Sicht

Einschätzung von Disabilities und Handicaps bezogen auf alle relevanten Lebensbereiche	Orientierung am prämorbiden Niveau und Bezug zu den mittel- und langfristigen Reha-Zielen
Positives Leistungsbild und negatives Leistungsbild	Darstellung und Bewertung erhaltener und beeinträchtigter Funktionen, Fähigkeiten
Beurteilung der Berufs- und Erwerbstätigkeit	

Tabelle 1. Checkliste zur Berichtserstellung (Fortsetzung)

6. Beiträge zur sozialmedizinischen Beurteilung aus neuropsychologischer Sicht	
Beurteilung der Fahreignung und Straßenverkehrstauglichkeit	
Beurteilung der Selbständigkeit	
Kausale Zusammenhänge zwischen pathologischem Geschehen und Befunden /	
Verlauf	
Prognose	
Behandlungsempfehlungen	

7. Nachsorgeplanung, weitere Empfehlungen	
Konzeption für die Nachsorge	z.B. auch Selbsthilfegruppen, Eigentraining, etc.
Notwendige diagnostische Maßnahmen	Möglichst Angabe des notwendigen/sinnvollen Untersuchungstermins
Notwendige Nachbehandlungen	Möglichst genaue Angabe zu Art (z.B. „neuropsychologische Behandlung"), Häufigkeit und Dauer der Therapie
Therapie-Fortsetzung	

Verlauf und zur Evaluation der Maßnahme aus dem neuropsychologischen Befund zu extrahieren und sinnrichtig zuzuordnen, wenn dieser entsprechend gestaltet ist. Als Mitglied in einem neurologisch/neuropsychologischen Behandlungsteam ist es unerläßlich, sich mit dem Thema der Erstellung von Patientenberichten, die die Einrichtung verlassen, zu beschäftigen. Jeder klinische Neuropsychologe sollte genau wissen, wer auf welche Weise welche Patientenberichte erstellt und wie Informationen aus dem Bereich der Neuropsychologie in einen Gesamtbericht integriert werden.

Qualitätssicherungsprogramm der gesetzlichen Rentenversicherungen:
Peer-Review-Verfahren zum Qualitäts-Screening

Die gesetzlichen Rentenversicherungsträger haben seit 1994 schrittweise Maßnahmen zur Qualitätssicherung in der medizinischen Rehabilitation eingeführt. Dabei wird ein klinikvergleichender, trägerübergreifender Ansatz

verfolgt (Egner et al., 1998) zu dem bisher vier Programmpunkte eingeführt sind:
- Erhebungen zur Struktur und zum Behandlungskonzept von Rehabilitationseinrichtungen,
- Patientenbefragung zur Zufriedenheit und zum Rehabilitationsergebnis,
- Einführung von Qualitätszirkeln und Total Quality Management in Rehabilitationseinrichtungen und
- das Peer-Review-Verfahren der Entlassungsberichte zum Qualitäts-Screening.

Das Peer-Review-Verfahren wird als ein Baustein zur Beurteilung der Prozess- und Ergebnisqualität der Rehabilitationsleistung angesehen. Ziel ist es, durch die Prüfung der Entlassungsberichte Informationen zur Konzeption, Zielsetzung, Durchführung und zum Ergebnis der Rehabilitationsmaßnahme eines Patienten zu gewinnen. Im Peer-Review werden stichprobenhaft anonymisierte Entlassungsberichte anhand einer differenzierten Checkliste qualitätsrelevanter Kriterien mit zugehörigem Manual (Jäckel et al., 1997) durch geschulte Fachkollegen (z.B. Chefärzte), die sog. „Peers", differenziert bewertet. Das Verfahren liefert eine quantifizierbare Qualitätseinschätzung der Entlassungsbericht, die auch einen Vergleich zwischen Kliniken erlaubt.

Die wesentlichen Punkte der Peer-Review-Checkliste, die die neuropsychologischen Berichte betreffen, sind in den vorangehenden Abschnitten eingearbeitet. Es empfiehlt sich jedoch, in genauer Kenntnis der Checkliste den eigenen neuropsychologischen Berichte in den betreffenden Punkten anzupassen.

Qualitätssicherungsprogramm der gesetzlichen Rentenversicherungen: Klassifikation therapeutischer Leistungen in der stationären medizinischen Rehabilitation

Als eine weitere Maßnahme zur Qualitätssicherung in der Rehabilitation wurde im Abschlußbericht der Rehakommission (Verband deutscher Rentenversicherungsträger, 1992) vorgeschlagen, einen Katalog zur Klassifikation therapeutischer Leistungen (KTL) zu erarbeiten. Ziel der Klassifikation sollte es sein, eine einheitliche Definition therapeutischer Maßnahmen in der medizinischen Rehabilitation zu erstellen. Darüber hinaus soll durch die Setzung von Standards für die Leistungsdokumentation in der medizinischen Rehabilitation eine höhere Transparenz hinsichtlich der jeweils erbrachten Leistungen in einem Rehaverfahren erzielt und somit Rückschlüsse auf die Behandlungsqualität ermöglicht werden.

Die Erbringer von Rehabilitationsleistungen für die Rentenversicherungsträger sind seit 1996 verpflichtet, alle an einem Patienten erbrachten therapeutischen Maßnahmen im Entlassungsbericht anhand der Kodierung der Klassifikation therapeutischer Leistungen (KTL) (Bundesversicherungsanstalt für Angestellte, 1997) vollständig und differenziert zu dokumentieren – dies betrifft selbstverständlich auch die neuropsychologischen Leistungen. In der Systematik der Klassifikation stehen für die Neuropsychologie insbesondere

die Kodierungen „u01" bis „u38" zur Verfügung; entsprechende Maßnahmen sind jedoch auch an anderer Stelle (z.B. bei der Ziffer „r" für Psychotherapie) zu kodieren. Die Liste der kodierten Leistungen sollte fester Bestandteil des neuropsychologischen Berichtes (z.B. als Tabelle im Anhang) sein und muß Bestandteil des Entlassungsberichtes sein.

Techniken der Berichterstellung

Der neuropsychologische Bericht ist die zentrale Dokumentation klinisch neuropsychologischer Tätigkeit nach außen hin und sollte auch das entscheidende Bezugssystem zur internen Dokumentation und Organisation der neuropsychologischen Tätigkeit sein.

Zunächst sollte auf konzeptioneller Ebene eine Auswahl getroffen werden, welche der oben dargestellten „Bausteine" im gegebenen Setting mit den vorgegebenen Behandlungsaufgaben für die zu erstellenden Berichte relevant sind. Die interne Dokumentation der neuropsychologischen Tätigkeit (z.B. in Form von neuropsychologischen Patientenakten, Datenblättern, ggf. EDV-gestützten Dokumentationssystemen) sollte dann kongruent zu der Gliederung und den relevanten Inhalten gestaltet werden.

Eine solche konsistente Arbeitsorganisation, die auf verschiedenen Ebenen und mit verschiedenen Inhaltsbereichen die gleichen Ordnungsprinzipien nutzt, führt hinsichtlich des neuropsychologischen Berichtes nicht nur zu einer deutlichen Erleichterung der Berichtserstellung, vielmehr wird auch die Qualität der Berichte erhöht, da zum Zeitpunkt der Berichterstellung die notwendige Information in adäquater Weise vorliegt.

Eine weitere Arbeitstechnik, die wesentlich zur Erleichterung und inhaltlichen Optimierung beim Berichteschreiben beitragen kann, ist die „in time"-Berichterstellung. Dies bedeutet, daß Berichtsteile zum frühest möglichen Zeitpunkt verfaßt werden. Gerade bei längeren Rehabilitationsbehandlungen ist es z.B. sinnvoll, Berichtsteile zum Aufnahmestatus, zur Diagnostik und zur Rehabilitationsplanung unmittelbar nach Abschluss der entsprechenden Behandlungsphasen zu erstellen. Dabei ist nicht nur die notwendige Information für den Berichtersteller optimal verfügbar, es werden auch Interferenzen mit Informationen aus späteren Behandlungsphasen vermieden. Grundsätzlich führt ein verzögertes oder verspätetes Erstellen von Berichten zu einer geringeren Qualität und zu einer geringeren Effizienz.

Die Benutzung von Checklisten, Textbausteinen, Standardberichten oder Berichtsvorlagen zur ökonomischen Berichtserstellung gehören mittlerweile für die meisten Praktiker zum normalen Arbeitswerkzeug und sollten hier nur der Vollständigkeit halber Erwähnung finden.

3.4 Problemanalyse, Zielsetzung und Behandlungsplanung in der neuropsychologischen Therapie

Sabine Unverhau & Ralf babinsky

Zusammenfassung

Theoretischer Kern neuropsychologischer Behandlungsplanung ist eine ganzheitliche und personorientierte Sichtweise neuropsychologischer Störungsbilder, die sich aus den Ergebnissen der neuropsychologischen Therapieforschung sowie aus der (allgemein-) psychologischen und neurowissenschaftlichen Grundlagenforschung entwickelt hat. Darauf aufbauend beginnt die Therapieplanung mit einer Problemanalyse, in der neben den kognitiven Funktionen auch relevante Aspekte des Verhaltens, des Befindens und der psychosozialen Gegebenheiten erfasst werden. Aus dieser werden dann auf die Lebenssituation bezogene Grob- und Feinziele abgeleitet und operationalisiert. Entsprechend werden auf der Basis der übergeordneten Ziele Entscheidungen für einen therapeutischen Ansatz getroffen. Dann erfolgt eine auf die individuellen Bedürfnisse und die einzelnen Schritte zur Zielerreichung abgestimmte Auswahl konkreter Inhalte sowie didaktischer Elemente. Auf jeder Entscheidungsstufe werden Kriterien für die Erfolgskontrolle festgelegt, so dass die Therapie kontinuierlich überprüft und modifiziert werden kann. Dieser neuropsychologische Therapieprozess wird an einem Ablaufschema verdeutlicht, das als Leitfaden für die Praxis verwendet werden kann.

Einführung

Ziel neuropsychologischer Rehabilitation ist es, hirngeschädigten Menschen das Wiedererlangen physischer, psychischer und sozialer Integrität auf dem jeweils maximal erreichbaren Niveau zu ermöglichen. Mit dieser Definition wird ein Rahmen für therapeutisches Handeln vorgegeben, den der Neuropsychologe durch seine Arbeit ausfüllen muss. So sind die Ausgangssituation – Zustand nach Hirnschädigung – ebenso wie die Zielbeschreibung zu konkretisieren und geeignete Maßnahmen zur Zielerreichung auszuwählen. Inhalt und Gestaltung der Behandlung sollen sich auf die mehrdimensionale Problemkonstellation des einzelnen Patienten beziehen und werden bei der Durchführung im Hinblick auf bestimmte Erfolgskriterien schritt-

weise optimiert. Neuropsychologische Therapieplanung steht folglich nicht nur am Anfang einer Behandlung, sondern begleitet, kontrolliert und modifiziert diese kontinuierlich.

Dieser Prozess hängt vor allem davon ab, in welchem Umfang dem Neuropsychologen Wissen über die neuropsychologischen Störungen und über mögliche Interventionen zur Verfügung steht. Dieses Wissen liefert heuristische Leitlinien für sein praktisches Vorgehen, z.B. welche Informationsquellen er zur Erfassung der Störungen nutzt und in welcher Weise er sie interpretiert. Weiterhin ist der Therapieprozess so zu planen, dass die Schritte der klinischen Urteilsbildung systematisch vollzogen und kontrolliert werden.

Von diesen Vorüberlegungen ausgehend werden hier zunächst die Ergebnisse neuropsychologischer Therapieforschung sowie korrespondierender psychologischer und neurowissenschaftlicher Grundlagenforschung skizziert, aus denen sich Richtlinien für die Gestaltung neuropsychologischer Therapie ableiten lassen. In Kombination mit klinischen Erfahrungen wird dann ein Leitfaden entwickkelt, anhand dessen ein auf die Bedürfnisse des einzelnen Patienten zugeschnittenes Behandlungskonzept erstellt werden kann.

Theoretische Grundlagen neuropsychologischer Therapieplanung

Ergebnisse der neuropsychologischen Therapieforschung

Alle neuropsychologischen Therapiekonzeptionen setzen voraus, dass die beobachtbaren Störungen Folge einer hirnorganischen Schädigung sind, die durch die Anpassungsfähigkeit des Gehirns (Plastizität) bzw. durch ein Mindestmaß an erhaltener Lernfähigkeit beeinflusst werden kann. Unterschiedlich beurteilt wird hingegen, welche Aspekte der Störungen von zentraler Bedeutung sind und welche Art von Lernleistungen noch erwartet werden können (Übersicht z.B. bei Wilson, 1997).

Kognitive Therapien stellen Funktionsbzw. Leistungsstörungen in den Mittelpunkt. Sie analysieren auf der Basis kognitionspsychologischer Modelle, welche Komponenten und Prozesse der jeweiligen Funktion beeinträchtigt und welche erhalten sind. Entsprechend diesem Leistungsprofil wird dann ein spezifisches Übungsprogramm zusammengestellt. Je nachdem, ob eine Reaktivierung gestörter oder eine Aktivierung bislang ungenutzter Neuronenverbindungen für möglich gehalten wird, zielt das Übungsprogramm auf eine Förderung der gestörten Komponenten (Restitutionsansatz) oder auf den kompensatorischen Einsatz erhaltener Fähigkeiten (Substitutionsansatz) ab.

Mit beiden Methoden konnten testdiagnostisch nachweisbare Funktionsverbesserungen erreicht werden. Dies galt besonders für bestimmte Störungen (z.B. der Aufmerksam-

keitsfunktionen) und war teilweise auch abhängig von Personenvariablen wie Alter und Erkrankungsdauer. Nicht bestätigt werden konnte die Annahme, dass sich diese Leistungsverbesserungen für die Patienten auch in signifikanter Weise auf die Bewältigung ihrer alltäglichen Anforderungen auswirkten. Es wurde deutlich, dass es notwendig ist, mit den Patienten auch die praktische Umsetzung der kognitiven Strategien zu erarbeiten.

Aus dieser Schlussfolgerung entwickelte sich der verhaltensorientierte Therapieansatz. Bei diesem beziehen sich die kognitiven Therapiemaßnahmen auf ein operationalisiertes Verhaltensziel (z.B. die Vermittlung einer Mnemotechnik für die Bewältigung eines bestimmten Weges), das mit verhaltenstherapeutischen Methoden angestrebt wird. Mit diesem Verfahren gelang es, den Patienten ausgewählte Kenntnisse und Fertigkeiten zu vermitteln, durch die sie nachweislich bestimmte Alltagsaktivitäten wieder selbständig bewältigen konnten. Allerdings zeigte sich auch hier, dass nicht davon ausgegangen werden darf, dass hirngeschädigte Patienten von sich aus die erworbenen Fähigkeiten auf nicht trainierte Anwendungsmöglichkeiten übertragen können.

Als Ursachen dieser limitierten Effekte wurden ein mangelhaftes Bewusstsein für die eigenen Defizite beim Patienten oder eingeschränkte exekutive Fähigkeiten (z.B. Planen und Steuern von Handlungen, Verwerten von Feedback) in Betracht gezogen. Dies führte einerseits zur Entwicklung sog. holistischer Rehabilitationsprogramme (z.B. Ben-Yishay & Prigatano, 1990), und andererseits zu Behandlungskonzepten, die auf den Erwerb von Problemlösestrategien für alltagsrelevante Anforderungen abzielen (Berg et al., 1991).

Beim holistischen Ansatz werden Patienten ausgewählt, für die eine Reintegration ins Berufsleben möglich erscheint. Sie absolvieren ein als Curriculum konzipiertes, mehrmonatiges Programm, das neben dem funktionsspezifischen Behandlungsschwerpunkt gesonderten Einfluss auf die Krankheitswahrnehmung und -verarbeitung zu nehmen versucht und zudem arbeitserprobende Maßnahmen beinhaltet. Die Evaluation dieses Ansatzes konzentriert sich auf die übergeordnete Zielsetzung, das Erfolgskriterium ist somit die Erwerbsfähigkeit. Im Gegensatz zu den bereits erwähnten Ansätzen wird hier nicht die Wirksamkeit der einzelnen Methoden bzw. Komponenten des Behandlungsprogramms ermittelt. Erkenntnisse für die neuropsychologische Therapieplanung ergeben sich aus der Erforschung der Patientencharakteristika, die von diesen Programmen profitieren (selektive Indikation). Hier wurde bislang vor allem die Notwendigkeit bestimmter Gedächtnisleistungen („day-to-day-memory") betont, durch die der Patient die Inhalte der einzelnen Behandlungskomponenten und -sitzungen miteinander verbinden kann.

Im Mittelpunkt der problemlöseorientierten Ansätze steht die Förderung bzw. Verbesserung der handlungssteuernden Fähigkeiten, wodurch die Selbständigkeit des Patienten vor allem durch seinen veränderten Umgang mit den Defiziten erreicht werden soll. Dies setzt eine adäquate Wahrnehmung der Störung voraus. Daher werden auch bei diesem Ansatz Maßnahmen zum Aufbau von Störungsbewusstsein ergriffen. Insbesondere wird der Patient dazu angeleitet, sich bei den Aktivitäten, die er wieder erledigen möchte oder muss, systematisch selbst zu beobachten. In der Therapie werden dann für die jeweilige Aktivität und den Patienten geeignete Bewältigungsstrategien erarbeitet. Mittels weiterer Selbstbeobachtung werden diese im Alltag erprobt und schrittweise optimiert. In den Evaluationsstudien zu diesem Ansatz wurden die Effekte bislang im wesentlichen auf der kognitiven Ebene erfasst. Hier konnten signifikante und über das Therapieende hinaus stabile Verbesserungen bestimmter Leistungen ermittelt werden. Ein Nachweis über die spezifische Effektivität verbesserter Problemlösefähigkeiten scheiterte bislang an dem Fehlen im neuropsychologischen Bereich geeigneter Testverfahren. Klinische Beobachtungen sowie Selbsteinschätzungen der Patienten sprechen für relevante Verbesserungen der Handlungskompetenzen, zumal sich dieser Ansatz auch positiv auf die mit den kognitiven Defiziten verbundenen emotionalen Konsequenzen (Versagensängste, Unsicherheit in sozialen Situationen etc.) auszuwirken scheint.

Aus den bisherigen Untersuchungen zu neuropsychologischen Therapieansätzen wurde deutlich, dass eine Behandlung der Funktionsstörungen neben dem Einsatz geeigneter kognitiver Verfahren auch die Förderung eines differenzierten Störungsbewusstseins und konkrete, alltagsbezogene Verhaltensübungen einschließen muss. Weiterhin muss das Gesamtbehandlungskonzept die psychischen Folgen einer Hirnschädigung einbeziehen, die den Rehabilitationserfolg oft nachhaltiger beeinflussen als die kognitiven und körperlichen Beeinträchtigungen. So liegen Erkenntnisse vor, dass diese sich in besonderer Weise auf die sozialen Beziehungen des Patienten auswirken. Auch das Scheitern beruflicher Wiedereingliederungsmaßnahmen ist oft eher eine Folge problematischen Verhaltens als reduzierter beruflicher Fähigkeiten. Wichtig für die Therapiekonzeption ist auch, dass sich vor allem die mittelbaren psychischen Veränderungen oft erst im späteren Verlauf der Erkrankung entwickeln und in ihrem Ausmaß nicht mit den anderen Defiziten korreliert sind.

Beiträge der psychologischen und neurowissenschaftlichen Grundlagenforschung zur neuropsychologischen Störungs- und Therapiekonzeption

Die Schlussfolgerungen der neuropsychologischen Therapieforschung werden durch die psychologische und neurowissenschaftliche Grundlagenforschung gestützt. Diese beschreiben menschliches Verhalten und Erleben als eine Gesamtheit aus biologischen, kognitiven, motivationalen und emotionalen Komponenten in Wechselwirkung mit der physikalischen und sozio-kulturellen Umwelt. Aus psychologischer Sicht ist die gestörte Funktion eingebunden in ein komplexes Gebilde, das phänomenologisch in dem Begriff Person zum Ausdruck kommt. Gezielte Veränderungen in diesem System, wie sie eine Therapie anstrebt, können nur unter Berücksichtigung aller Faktoren erreicht werden; diese Auffassung hat sich auch in anderen Bereichen psychologischer Therapieforschung entwickelt (vgl. Grawe, 1998). Neben dieser grundsätzlichen Überlegung lassen sich aus der psychologischen Forschung auch detailbezogene Anhaltspunkte für die Therapiegestaltung ableiten. So zeigen z.B. neuere Befunde zur Entwicklung des Selbstkonzepts (Hannover, 1997), dass das häufig im frühen Erkrankungsstadium als Therapieproblem beschriebene unzureichende Störungsbewusstsein hirngeschädigter Patienten Folge eines unter normalen Umständen funktionalen Prozesses sein kann: Ob bestimmte Erfahrungen mit dem Selbst in Verbindung gebracht oder extern attribuiert werden, hängt unter anderem davon ab, wie repräsentativ sie sind. Daher bleibt das Selbstkonzept – psychobiologisch sinnvoll – über sich wandelnde Situationen und Lebensabschnitte hinweg eine relativ stabile Grundlage für die Handlungssteuerung. Veränderungen des Selbstkonzepts sind folglich abhängig von einer ausreichenden Anzahl einschlägiger Erfahrungen, die ihrerseits bestimmte kognitive Leistungen – z.B. des Gedächtnisses – voraussetzen. Besonders die durch ein akutes Ereignis hirngeschädigten Patienten erleben die Probleme, die sie durch ihre Funktionsstörungen haben, zunächst als nicht repräsentativ, sondern im Widerspruch zu ihren bisherigen Erfahrungen mit den eigenen Kompetenzen. Die ebenfalls nicht repräsentative Situation „Klinik" (bzw. alle durch die Erkrankung veränderten äußeren Umstände) bietet sich als externe Attribution an und verleitet zu der oft formulierten Hoffnung, dass man schon zurechtkomme, „wenn man erst einmal wieder zu Hause sei". Häufig stehen auch die kognitiven Beeinträchtigungen der notwendigen Anpassung des Selbstkonzepts an die krankheitsbedingten Veränderungen im Wege. Diese Aspekte des Störungsbewusstseins und der Therapiemotivation erfordern andere therapeutische Maßnahmen als die Hypothese psychisch motivierter Abwehr, die der Begriff „Krankheitsverleugnung" impliziert.

Eine weitere wichtige Informationsquelle für die neuropsychologische Therapiekonzeption ist das besonders in der Entwicklungspsychologie aufgegriffene Thema der Entwicklung und Anwendung von Strategien. Hier wird deutlich, dass fehlende Transfer- und Generalisierungsprozesse nicht allein Folge der Hirnschädigung sind: Auch bei Normalgesunden müssen spezifische didaktische Maßnahmen ergriffen werden, damit erworbenes Wissen tatsächlich eingesetzt und Strategien in neue Anwendungskontexte bzw. von der Lern- in die Realsituation übertragen werden können (vgl. z.B. Schneider & Weinert, 1990).

Die Tendenzen, die sich in den Auffassungen der neuropsychologischen Therapieforschung abgezeichnet haben, treffen auf eine vergleichbare, schon weiter vorangeschrittene Modellentwicklung in den Neurowissenschaften. In die Beschreibung des Zusammenwirkens von Gehirn und Verhalten wurden zunehmend mehr Komponenten und Interaktionsmuster integriert, so dass – vereinfacht ausgedrückt – lokalisierbare Fähigkeiten (z.B. Gedächtnisareal) von Funktionssystemen und diese wiederum von immer differenzierteren Netzwerkvorstellungen abgelöst wurden. Zunehmend werden Theorien komplexer Systeme zur Beschreibung herangezogen. Ein komplexes System besteht aus mehreren untereinander verbundenen Einheiten ohne zentrale Kontrollinstanz. Besondere Merkmale solcher Strukturen sind ihre Dynamik und Konnektivität. Eingriffe führen nicht sofort zu Konsequenzen. Somit können auch die für gezielte Interventionen erforderlichen Rückmeldungen nicht direkt abgeleitet werden.

Im Gehirn kommen diese Eigenschaften komplexer Systeme etwa darin zum Ausdruck, dass seine neuronalen Verbindungen nur zu einem geringen Anteil ein- und ausgehende Signale verarbeiten. Überwiegend findet ein interner Signalaustausch statt. Damit korrespondiert die Erkenntnis, dass die Verarbeitung von Input nicht nur ein rezeptiver Vorgang ist. Die Komplettierung von Bild- oder Wortfragmenten ist ein bekanntes Beispiel dafür, dass die konstruktiven Fähigkeiten des Gehirns bereits bei Erkennungsprozessen wirksam werden. Weitere Beispiele sind in den neueren Modellvorstellungen zu Gedächtnis und Spracherwerb zu finden.

Auch Untersuchungen zur neuronalen Plastizität zeigen, in welchem Maße es vom jeweiligen Zustand des Gehirns abhängt, welchen Ausschnitt der gegebenen Reizkonstellationen ein Individuum registriert. So bestimmen Ausgangsbedingungen wie die aktuelle Aufmerksamkeitsverteilung oder die emotionale Grundstimmung, ob Reize Bedeutung gewinnen und welche emotionale Bewertung sie erfahren. In dem Umfang, in dem diese Prozesse zu neurophysiologischen Veränderungen in Hirnstrukturen führen, erfolgt auch eine gewisse Weichenstellung für die Auswahl und Verarbeitung künftiger Informationen (Übersicht bei Babinsky & Markowitsch, 1996). In diesem Sinne bedeutet Lernen die Veränderung bereits vorhandener Verhaltensmuster in Bezug auf eine neue Aufgabe (Kelso,1995).

Für die neuropsychologische Therapie ergibt sich aus dem Dargestellten vor allem die Notwendigkeit, die (Eigen-)dynamik und Interdependenzen der Erkrankungsfolgen stärker zu berücksichtigen. Ursächliche Fragen, z.B. ob eine bestimmte Problematik hirnorganisch oder psychisch bedingt ist, sind für die Behandlungsplanung nicht entscheidend. Vielmehr ist davon auszugehen, dass sich die nachgewiesenen Zusammenhänge durch eine Kombination verschiedener Behandlungsansätze therapeutisch nutzen lassen (z.B. Goldstein, 1952; Herrmann,1992).

Neuropsychologische Therapiekonzeption und das „ICIDH-Modell" der WHO

Klassifikationssysteme dienen der Verständigung darüber, wie klinische Defizite zu erfassen und zu werten sind. Daran sind bei der WHO die verschiedenen wissenschaftlichen Fachgebiete, Kliniker, Juristen und Fachleute der Sozialsysteme sowie Experten auf der Seite der Patienten beteiligt. Insofern spiegelt sich in dem WHO-Modell der „International Classification of Impairments, Disabilities, and Handicaps" (ICIDH-Modell, WHO, 1980) eine weitere, allgemeinere Auffassung über neuropsychologische Störungen wider: Bestimmte pathologische Prozesse (z.B. ein zerebraler Infarkt) führen zu Läsionen in bestimmten Hirnregionen bzw. zu Funktionsausfällen (*impairments*) und die wiederum dazu, dass bestimmte, zum Handlungsrepertoire des Patienten gehörende Fähigkeiten (z.B. Produktion von Sprache) nicht mehr ausgeführt werden können (*disabilities*). Der Verlust dieser Fähigkeiten bedingt psychosoziale Konsequenzen wie Erwerbsun-

fähigkeit oder Pflegebedürftigkeit (*handicaps*). Auch in diesem Modell wird deutlich, dass sich die Folgen einer Hirnschädigung auf verschiedenen Ebenen zeigen – und dass jede Gegenstand therapeutischer Zielsetzung sein kann: Der Rehabilitationsauftrag – Reintegration – kann und soll auch ausgeführt werden, wenn keine Besserung der Funktionsbeeinträchtigungen mehr zu erwarten ist.

Auch in der WHO hat sich die Perspektive dahingehend verändert, dass die Erkrankungsfolgen besser in Form individueller Problemsituationen denn als Behinderung bzw. Handicap erfasst werden sollten (Clay,1998). In der sog. ICIDH-2 wird statt von disabilities von *activities* und statt von handicaps von *participation* gesprochen. Diese Einteilung, die sich z.Zt. noch in der Erprobung befindet, soll alltagsbezogen und etikettenfrei beschreiben, wie weit eine Person von ihren Möglichkeiten zur Lebensgestaltung entfernt ist.

Schlussfolgerungen für ein neuropsychologisches Störungs- und Therapiemodell

Nach den obigen Ausführungen kann sich der Neuropsychologe bei der Therapieplanung von folgenden Stichworten leiten lassen:
– ganzheitliche und personorientierte Störungskonzeption
– Registrierung und Integration von Veränderungen über Therapiezielkriterien hinaus
– Registrierung der Dynamik und Interdependenzen von Veränderungen
– Definition lebenspraktischer Therapieziele
– Ausrichtung der Therapieinhalte und -methoden auf individuelle Vorerfahrungen und Präferenzen
– Veränderung der Selbstwahrnehmung durch erfahrungsorientiertes Lernen
– gezielte Einleitung von Transfer- und Generalisierungsprozessen

Problemanalyse

Für die Konzeption einer personorientierten neuropsychologischen Therapie müssen bereits bei der Diagnostik bestimmte Schwerpunkte gesetzt werden. Hier sind es weniger die Störungen (nosologische Betrachtung), sondern die in der aktuellen Lebenssituation bestehenden Probleme, die identifiziert werden müssen. Personorientierte Diagnostik widmet sich daher besonders der Erfassung biographischer Informationen, der Analyse externer Gegebenheiten und dem Vergleich des aktuellen mit dem angestrebten Zustand im Sinne einer Soll-Ist-Analyse.

Weiterhin kennzeichnen diesen diagnostischen Ansatz sein Verlaufscharakter und seine

Tabelle 1. Problemanalyse: Verfahren, Beschreibungsdimensionen und Schwerpunkte ihrer therapiebezogenen Interpretation

Beschreibungs-dimension / Verfahren	Pathologie	Schädigung	Behinderung	Handicap	Therapiebezogene Interpretation
Anamnese	Ätiologie Läsion, Lokalisation	Symptome	(Fremd-)Anamnestische Hinweise auf alltagsrelevante Verhaltenskonsequenzen	(Fremd-)Anamnestische Hinweise auf psychosoziale Konsequenzen	Hypothesenbildung f. Diagnostik medizinische Prognose
Exploration		subjektive Wahrnehmung der Störung(en)	subjektive Wahrnehmung der eigenen Fähigkeiten und Verhaltensweisen	Erleben psychosozialer Gegebenheiten und Konsequenzen	Hypothesenbildung f. die Diagnostik Beitrag zur Psychodiagnostik erste Hinweise auf soziale Prognose
Funktions-diagnostik	Hinweise auf bestimmte pathologische Prozesse	Nachweis von Funktionsdefiziten			Methodenauswahl (Fokus: Funktion)
Verhaltens-beobachtung			Beschreibung u. Erfassung alltagsbezogener Fähigkeiten	Beschreibung sozialer Beziehungen	Methodenauswahl (Fokus: Verhalten) Beitrag zur Psychodiagnostik Feinzielbestimmung
Psycho-diagnostik		Nachweis organisch oder psychisch bedingter Anpassungs- und Befindlichkeitsstörungen	Hinweise auf alltagsrelevante Verhaltenskonsequenzen	Hinweise auf psychisch bedingte Veränderungen sozialer Beziehungen	Methodenauswahl (Fokus: Emotion, Motivation, Attribution) Feinzielbestimmung
Umfeld-analyse			Leistungsanforderungen organisat./ strukturelle Verhaltensbedingungen	psychosoziale Anforderungen u. Verhaltensbedingungen	Methodenauswahl (Fokus: Anpassung) Grobzielbestimmung Feinzielbestimmung

enge Beziehung zur Therapie. Da sich die Effekte der Hirnschädigung bereits in der spontanen Interaktion mit der betroffenen Person und ihrer Umwelt sowie durch den Therapieprozess fortlaufend verändern, ist Diagnostik hier als eine kontinuierliche Hypothesenprüfung aufzufassen. Ihre enge Beziehung zur Therapie besteht nicht nur in dieser engen Rückkoppelung zwischen diagnostischen und therapeutischen Maßnahmen. Sie kommt auch in der notwendigerweise aktiven Rolle des Patienten bei der Problembeschreibung und -bewertung sowie in der gezielten Ausnutzung therapeutischer Effekte von Diagnostik (z.B. Reaktivitätseffekte durch Selbstbeobachtung) zum Ausdruck.

Trotz bestimmter, spezifisch neuropsychologischer Begründungen unterscheidet sich das Grundprinzip eines solchermaßen auf die Behandlungsplanung ausgerichteten diagnostischen Ansatzes nicht wesentlich von Konzepten, die in anderen Bereichen psychologisch-psychotherapeutischer Arbeit propagiert werden (vgl. Bartling et al., 1992; Kanfer et al., 1996). In Anlehnung an die dort verwendete Terminologie wird er daher als Problemanalyse bezeichnet.

Die verschiedenen Elemente der Problemanalyse sind überwiegend auch Bestandteile der neuropsychologischen Diagnostik, die sich auf die Befunderhebung oder gutachterliche Fragestellungen konzentriert. Für ihre genauere Darstellung wird daher auf Kapitel 3.1 verwiesen. Hier wird ihr Beitrag zur neuropsychologischen Therapieplanung beleuchtet. Tabelle 1 gibt einen Überblick über die diagnostischen Verfahren, ihren Bezug zu den eingangs erläuterten Beschreibungsdimensionen des WHO-Krankheitsmodells und über den Schwerpunkt ihrer therapiebezogenen Interpretation. Auf letztere wird in den nachfolgenden Abschnitten näher eingegangen.

Gespräche wie die Anamnese und die Exploration lassen sich interaktiv und flexibel gestalten und eignen sich daher besonders für den Einstieg in eine therapeutische Beziehung. Die weitere Reihenfolge der einzelnen Maßnahmen kann gemäß individueller Problemschwerpunkte oder organisatorischer Notwendigkeiten variiert werden.

Anamnese

Informationen zur medizinischen und sozialen Biographie des Patienten sind eine wichtige Voraussetzung für eine individuelle Therapieplanung. Es ist Aufgabe der Anamnese, dem Therapeuten eine Skizze von dem bisherigen Leben des Patienten zu vermitteln. Er sollte sie daher so umfassend durchführen, dass er die subjektiven Konsequenzen der Erkrankung für den Patienten, dessen Erwartungen an die Therapie und den Therapeuten sowie bestimmte Reaktionen im Therapieverlauf zumindest nachvollziehen, teilweise aber auch voraussehen und frühzeitig berücksichtigen kann.

Das Wissen über für die psychische Entwicklung wichtige Lebensereignisse, z.B. Todesfälle und Krankheit von Bezugspersonen, familiäre oder schulische Konflikte, können viel zum Verständnis aktueller Beobachtungen beitragen. Zudem unterstützt es die Schaffung therapie- und kooperationsmotivierender Rahmenbedingungen. Informationen über Ausbildung und beruflichen Werdegang erlauben nicht nur Rückschlüsse auf das prämorbide Fähigkeitsniveau des Patienten und evtl. vorliegende relative Leistungseinbußen. Sie können darüber hinaus auch auf Vorerfahrungen oder Kontakte verweisen, die sich bezogen auf die psychosozialen Therapieziele als Ansatzpunkte für eine berufliche oder freizeitbezogene Umorientierung des Patienten nutzen lassen.

Bei den fremdanamnestischen Angaben ist neben den für die Beurteilung der Störungen wichtigen Ergänzungen zum Verlauf und zum prämorbiden Zustand besonders auf die subjektive Belastung der Bezugspersonen durch die vorliegenden Störungen zu achten. Hier spielen oft Fehleinschätzungen bestimmter Symptome eine wichtige Rolle, z.B. bei der Frage, ob der Patient etwas nicht *kann* oder nicht *will*. Auch Hinweise auf prämorbide Konflikte sollten insoweit aufgegriffen werden, als sie mit therapeutischen Zielsetzungen kollidieren können. Im Rahmen einer beruflichen Rehabilitation kann es sinnvoll sein, weitere Informationen z.B. von Ausbildern und Arbeitgebern zu erhalten. Bevor man den Kreis fremdanamnestischer Informanden erweitert, ist aber neben datenschutzrechtlichen Gesichtspunkten sorgfältig abzuwägen, ob eine solche Befragung das Verhältnis zwischen dem Auskunftgeber und dem Patienten verändern und damit eine spätere Reintegration erschweren könnte. Auch hier ist zu berücksichtigen, dass fremdanamnestische Informationen nicht objektiv, sondern durch Faktoren wie das aktuelle persönliche Befinden der Befragten oder prämorbide Konflikte verzerrt sein können.

Bei der Durchführung der Anamnese ist es einerseits wichtig, sicherzustellen, dass alle relevanten Informationen erhoben wurden. Andererseits sollte der Patient aber nicht in das Korsett einer zu stark strukturierten Befragung gezwängt werden, da das den Aufbau einer vertrauensvollen und kooperativen therapeutischen Beziehung nachhaltig behindern kann. Dies gilt um so mehr, wenn der Patient auf Grund seiner kognitiven Defizite Schwierigkeiten mit anamnestischen Angaben hat. Um die Vollständigkeit anamnestischer Angaben sicherzustellen, kann sich der Neuropsychologe an einem vorgegebenen (vgl. Heubrock, 1990) oder selbst erstellten Stichwort- oder Fragenkatalog orientieren, in den die entsprechenden Informationen kurz eingetragen werden. Wann welche Informationen gewonnen werden, kann man dann den individuellen Bedürfnissen des Patienten oder auch realen Möglichkeiten (z.B. bestimmte Bezugspersonen zu kontaktieren) anpassen. So könnte man mit der eher patientengesteuerten Exploration beginnen und an passenden Stellen anamnestische Fragen einfließen lassen. Auch im weiteren Verlauf der Diagnostik bestehen immer wieder Möglichkeiten zur Ergänzung der Anamnese. Schließlich gilt auch für diesen Teil der Diagnostik die oben erwähnte kontinuierliche Rückkopplung mit der Therapie.

Exploration

Bei der Exploration geht es vor allem darum, die mit der Erkrankung verbundenen Geschehnisse, Beschwerden und Probleme aus der Sicht des Patienten und ggf. auch aus der Sicht seiner Bezugspersonen zu erfahren. Zugleich besteht so eine erste Gelegenheit, dem Patienten die Bedeutung seiner aktiven Mitarbeit im Therapieprozess zu demonstrieren. Dies gelingt am ehesten, wenn der Patient respektive seine Bezugspersonen möglichst viel spontan berichten. Der Neuropsychologe sollte daher versuchen, das Gespräch in einer entspannten Atmosphäre durch Fragen in Gang zu setzen, ohne es zu führen. Anregungen für ein entsprechendes Vorgehen können z.B. der klientenzentrierten Gesprächsführung entnommen werden (z.B. Tausch & Tausch, 1981).

Für den Aufbau und die Gestaltung der therapeutischen Beziehung ist es sehr wertvoll zu erfahren, was der Patient von den Ereignissen (besonders) behalten und wie er sie erlebt hat. Nicht selten werden Patienten bereits während oder kurz nach der Akutbehandlung Hypothesen über die Natur und den Verlauf der Erkrankung nahegelegt, die ihr späteres Verhalten in der Therapie bzw. ihre Einstellung zu neuropsychologischer Behandlung nachhaltig beeinflussen. Ein besonders häufiges Beispiel für die Entstehung therapiehinderlicher Hypothesen sind zeitliche Prognosen. Eine dem Arzt entlockte Aussage wie „Mit einem Jahr müssen Sie rechnen..." interpretieren Patienten oft im Sinne von „Nach einem Jahr sind die Störungen abgeheilt...", was es noch schwerer macht, sie zur Übernahme einer aktiven Rolle im Rehabilitationsprozess zu bewegen. Ein anderes häufiges Beispiel sind nicht zuletzt auch von Anbietern bestimmter Pharmaka bzw. Übungsprogramme lancierte Hypothesen darüber, wie eine bestimmte Störung zu behandeln ist.

Für die Therapieplanung liefert die Verhaltensbeobachtung während der Exploration erste Hinweise auf die alltagsrelevanten Auswirkungen der neuropsychologischen Symptome, z.B. auf die Kommunikationsprobleme gedächtnisgestörter Patienten oder das Sozialverhalten eines Patienten nach Frontalhirnschädigung.

Bzgl. der Durchführung gilt hier noch mehr als bei der Anamnese, dass die spontane Dynamik des Gesprächsverlaufs und des Patientenverhaltens wichtiger sind als das vollständige Abhandeln der relevanten Themen. Um größtmögliche Klarheit über die Probleme zu gewinnen und Missverständnisse zu vermeiden, ist es aber sinnvoll, den Patienten zu bitten, genannte Probleme durch konkrete Beispiele zu illustrieren.

Bis zum Ende der Eingangsdiagnostik sollten so viele Informationen aus der Exploration vorliegen, dass erste individuell alltagsrelevante Therapieziele mit dem Patienten vereinbart werden können. Für die Planung neuer Teilziele wie für die Verlaufskontrolle sollten relevante Inhalte der Exploration vertieft bzw. erneut aufgegriffen werden.

Funktionsdiagnostik

Im Rahmen der therapieorientierten Diagnostik kommt der Registrierung erhaltener Fähigkeiten eine ebenso große Bedeutung zu wie der Erfassung der Funktionsdefizite. Hieraus ergeben sich Anhaltspunkte für mögliche Kompensationsstrategien. Mit der Funktionsdiagnostik sollte ein so differenziertes Leistungsprofil erstellt werden, dass der Einfluss der einzelnen kognitiven Defizite auf komplexere Leistungen und weitere Verhaltensweisen beurteilt werden kann. Diese Beurteilung geht in die problem- bzw. zielbezogene Bedingungsanalyse (vgl. Kanfer et al., 1996) ein, mit der Entscheidungen über konkrete Therapieschritte getroffen werden.

Den größten Raum nimmt die testdiagnostische Untersuchung zu Therapiebeginn ein. Für die Verlaufskontrolle sind alltagsbezogene Verhaltensziele bedeutsamer, die Funktionsdiagnostik kann auf ein Screening kritischer Leistungen beschränkt werden. Eine detaillierte, ggf. auch durch Rückgriff auf experimentelle Methoden erweiterte Funktionsdiagnostik wird dann nur noch durchgeführt, wenn für konkret angestrebte alltagsrelevante Fähigkeiten eine vertiefende Analyse der kognitiven Voraussetzungen notwendig wird.

Verhaltensdiagnostik

Während die psychometrische Untersuchung Funktionen isoliert zu erfassen versucht, werden in der Verhaltensdiagnostik das Zusammenwirken verschiedener Störungen auf der Ebene von natürlichen Verhaltensweisen und das Zusammenwirken hirnorganisch bedingter und psychoreaktiver Verhaltenskomponenten untersucht. Sie ist daher für die Beurteilung der lebenspraktischen Erkrankungsfolgen, für die Festlegung der Therapieziele und für die Verlaufskontrolle von entscheidender Bedeutung.

Im Rahmen der Eingangsdiagnostik ist es in der Regel ausreichend, die Beurteilung des Verhaltens auf die Exploration des Patienten und seiner Angehörigen sowie auf die klinische Verhaltensbeobachtung während der gesamten Durchführung der Diagnostik zu stützen. Bei der Festlegung und Gestaltung konkreter Therapieschritte ist die Durchführung einer Bedingungsanalyse für spezifisches Problemverhalten hilfreich. Für die Verlaufskontrolle können Zeit- oder Ereignisstichproben von ausgesuchten Verhaltensweisen durch den Neuropsychologen, das therapeutische Team, Angehörige und evtl. auch durch den Patienten selbst erhoben werden.

Psychodiagnostik

Die hinlängliche Beurteilung psychischer und psychopathologischer Aspekte einer Person, insbesondere einer hirngeschädigten Person, ist ein komplexer Prozess. Sie erfordert die Verwendung so vieler Methoden wie möglich zur direkten und indirekten Beobachtung der Manifestationen einer Persönlichkeit: Angaben des Patienten, Fremdanamnese, medizinische Unterlagen, Verhaltensbeobachtungen (verbal/nonverbal), Beobachtung während strukturierter und unstrukturierter Problemlöse-Aufgaben (z.B. Tests), Testwerte und -profile sowie die Reflexion der therapeutischen Beziehung (Cripe, 1997).

Von besonderer Bedeutung für die neuropsychologische Therapie ist die Bewertung von und der Umgang mit beeinträchtigenden Lebensereignissen. Zunächst trifft eine Erkrankung oder Verletzung immer eine Persönlichkeit mit prämorbid etablierten Strukturen und Merkmalen. Dies impliziert, dass prämorbid vorliegende habituelle Dispositionen des Wahrnehmens, Denkens, Fühlens und Handelns auch nach Schädigungseintritt (mit)bestimmend bleiben. Hierzu gehören insbesondere auch Kontrollüberzeugungen; Annahmen über die Kontrolle von Krankheit und daraus resultierenden Einschränkungen haben Auswirkungen auf diese Beeinträchtigungen selbst, da sie das Verhalten und Erleben bezüglich dieser Einschränkungen beeinflussen (Lohaus, 1992). Wird beispielsweise die Kontrolle ausschließlich äußeren (externalen) Einflüssen zugewiesen, wird die eigene Aktivität im Umgang mit Beeinträchtigungen gering bleiben. Im umgekehrten Fall einer rein internalen Kontrollüberzeugung werden Einflüsse auf Krankheit und Einschränkungen ausschließlich von der eigenen Person erwartet; Empfehlungen oder Meinungen anderer Personen (Angehörige, Ärzte, Therapeuten usw.) haben dahingegen nur geringe Bedeutung. Mit dem Wissen um diese individuellen Überzeugungen kann besser vorhergesagt werden, welche Bedeutung ein Patient seinen eigenen Anstrengungen bei der Erreichung eines Ziels beimessen wird; ohne die Annahme, über eigene Möglichkeiten zu verfügen, werden keine Versuche zur Zielerreichung unternommen. Diese Informationen sind essentiell für die neuropsychologische Therapie, da Einstellungen und Motivationen direkten Einfluss auf Interventionen und das Erreichen von individuellen Zielen haben.

Das Wissen um die psychischen Faktoren und Prozesse ist für die Diagnosestellung, Therapieplanung und -durchführung unverzichtbar. Dabei geht es nicht nur um die Berücksichtigung dieses Wissens bei der „kognitiven Rehabilitation". Vielmehr kommt den emotionalen und psychischen Aspekten bei Therapiemotivation, Zielauswahl und -verfolgung eine Schlüsselfunktion zu.

Analyse externer Gegebenheiten

Mittels der Analyse externer Gegebenheiten werden Anforderungsprofile relevanter Lebensbereiche erstellt. Diese ermöglichen einerseits, festzustellen, welche seiner bisherigen Aufgaben und Aktivitäten der Patient durch die eingetretenen Defizite nicht oder nur bedingt wahrnehmen kann. Zugleich ergeben sich daraus für die Therapieplanung Anhaltspunkte bzgl. direkt alltagsrelevanter Ziele und Maßnahmen.

Zunächst erfolgt eine Aufstellung der Anforderungsinhalte, z.B. bezogen auf den häuslichen Lebensbereich anhand der Frage: Welche Aktivitäten muss der Patient beherrschen, damit er zu Hause selbständig zurechtkommt? Dann sind die kognitiven Voraussetzungen sowie die organisatorischen, psychischen und sozialen Bedingungen zu klären, unter denen diese Aktivitäten ausgeübt werden. Dies ist die Grundlage für eine differenzierte Beurteilung der im Alltag zu erwartenden Schwierigkeiten und für die ebenso differenzierte Auswahl therapeutischer Schwerpunkte und Strategien.

Eine erste Analyse externer Gegebenheiten ist im Rahmen einer entsprechend ausführlichen (Fremd-)Anamnese und Exploration möglich. Vor der Planung und Umsetzung konkreter Therapiemaßnahmen sollten ergänzende Auskünfte, ggf. auch durch eine direkte Besichtigung der Verhältnisse vor Ort, eingeholt werden.

Zielsetzung

Bewertung der individuellen und institutionellen Ausgangssituation

Eine erste Zielkonzeption ergibt sich aus der vergleichenden Bewertung der in der Problemanalyse gewonnenen Informationen einerseits und der Prüfung therapeutischer Ressourcen und Rahmenbedingungen andererseits. Dieser Bewertungsprozess kann durch folgende Fragen charakterisiert werden:

Welche Hirnfunktionsstörung beeinflusst die Gesamtproblematik am meisten?

Dies ist weniger vom Schweregrad einer Störung, sondern vor allem von ihrer Auswirkung auf die Lebensgestaltung des Patienten abhängig.

Welche weiteren Erkrankungsfolgen üben entscheidenden Einfluss auf die Gesamtproblematik aus?

Besonders häufig werden die rehabilitativen Möglichkeiten der Patienten z.B. durch

*depressive Verstimmungen oder Ängste einge-
schränkt, die sich aus dem Erleben der Defizite und ihrer psychosozialen Konsequenzen
entwickelt haben.*

Gibt es weitere bedeutsame Störungen bzw.
Probleme, die nicht mit der aktuellen Erkrankung zusammenhängen ?

*Hier ist vor allem an bereits prämorbid vor-
handene psychosoziale Probleme etwa in der
Familie oder am Arbeitsplatz zu denken. Seltener sind prämorbide psychiatrische Auffälligkeiten, Süchte u.ä. oder bislang vom Patienten
selbst kontrollierte chronische Erkrankungen
wie ein Diabetes zu berücksichtigen.*

Welche dieser Störungen sind prinzipiell nicht
therapeutisch zu beeinflussen?

*Grundlegende inhaltliche und methodische Wei-
chenstellungen erfährt das Therapiekonzept zum
Beispiel, wenn die Erkrankung zur Erblindung oder
zum Verlust der Hörfähigkeit geführt hat.*

Welche Wünsche, Ziele und Erwartungen hat
der Patient? Unter welchen Störungen leidet er
am meisten?

*Unabhängig davon, wie diese Einstellun-
gen in Bezug auf die fachliche Beurteilung der
Erkrankungsfolgen zu bewerten sind, muss der
Patient von Beginn an seinen persönlichen
Anteil an der Zielsetzung und dem Ablauf
der Therapie deutlich erkennen können. Wenn
Fehleinschätzungen vorliegen, ist je nach Ur-
sache (vgl. S. 302) zu überlegen, durch welche
Maßnahmen der Patient schrittweise zu einer
Anpassung seiner Einstellungen an die realen
Gegebenheiten geführt werden kann.*

Sind die (alle) relevanten Störungen neuropsychologisch behandelbar oder sollte (zusätzlich) eine Überweisung an andere Fachdisziplinen erfolgen?

*Grundsätzlich ist die Möglichkeit zu prüfen,
inwieweit durch konsiliarische Abklärung bestimmter Störungen z.B. im Wahrnehmungsbe-
reich diagnostische Interpretationen präzisiert
und evtl. therapeutische Bemühungen unterstützt werden können. Auch eine pharmakologische Unterstützung neuropsychologischer Therapie kann in bestimmten Fällen sinnvoll sein.*

*Entsprechend der eingangs ausführlich be-
gründeten ganzheitlichen Störungskonzeption
ist eine intensive Kooperation verschiedener
Therapeuten unverzichtbar. Davon unabhängig ist die teilweise noch anzutreffende „Arbeitsteilung" zwischen dem Neuropsychologen, der „nur" die Funktionsstörungen behandelt, und dem Klinischen Psychologen, der
sich um die emotionale Verarbeitung des
Krankheitsereignisses bemüht, für den integrativen Ansatz in der neuropsychologischen
Therapie nicht geeignet.*

Wie ist die Belastbarkeit des Patienten aus medizinischer und psychologischer Sicht zu beurteilen?

*Die Beantwortung dieser Frage beeinflusst
die vorläufige Zielsetzung der Therapie, ist
aber auch von Relevanz, wenn es um die zeitliche und organisatorische Gestaltung des gesamten Therapieangebots einer Rehabilitationsmaßnahme geht. Nicht selten gilt auf
Grund einer eingeschränkten Belastbarkeit
der Patienten die Devise „Weniger ist
mehr...". Deren Beherzigung fällt jedoch oft
dem Konflikt zum Opfer, in der zumeist begrenzten Behandlungszeit auf möglichst alle
Aspekte des Störungsbildes einzugehen. Zudem veranlasst der Leidensdruck viele Patienten und Angehörige, Pausen nicht als für die
Verarbeitung bestimmter Lernschritte und die
Regeneration der Aufnahmefähigkeit notwendige Maßnahme, sondern als Versäumnis und
Verhinderung therapeutischer Fortschritte anzusehen. Auch hier gilt es, die verschiedenen
mit dieser Frage verbundenen Aspekte kritisch
zu reflektieren und das Therapiekonzept durch
geeignete Kompromisse für alle Beteiligten
auf eine tragfähige Basis zu stellen.*

*Die neuropsychologische Diagnostik liefert
in der Regel die meisten Informationen über
die Belastbarkeit des Patienten. Es kann daher
als Aufgabe des Neuropsychologen angesehen
werden, im interdisziplinären Team therapeutische Prioritäten herauszufiltern und eine
adäquate Belastung des Patienten durch die
Therapie zu gewährleisten.*

Gibt es psychosoziale Bedingungen, die den therapeutischen Möglichkeiten Grenzen setzen?

*In welchem Umfang therapeutische Zielset-
zungen im Alltag des Patienten umgesetzt werden können, ist immer auch abhängig davon,
ob es im Therapieprozess gelingt, relevante
Personen wie Angehörige oder Arbeitgeber
für eine Kooperation zu gewinnen. Bei der Bewertung der Ausgangssituation sind zunächst
besonders die Faktoren zu berücksichtigen,
die die Zielsetzung a priori limitieren. Dazu
zählen z.B. unveränderliche organisatorische
Bedingungen des häuslichen Umfelds, finanzielle Restriktionen oder die bereits vollzogene
Entlassung aus dem Arbeitsleben.*

Sind die organisatorischen Rahmenbedingungen der Therapie für die in Frage kommenden
Ziele geeignet?
   *Besteht z.B. für den Fall, dass eine sukzes-
sive berufliche Wiedereingliederung angestrebt werden kann, die Möglichkeit der Einbeziehung berufsbezogener Inhalte in die
Therapie und die der Kontaktaufnahme zu relevanten Stellen?*

Sind die therapeutischen Ressourcen für die in
Frage kommenden Ziele ausreichend?
   *Es ist sicherzustellen, dass die (vorläufige)
Zielsetzung auf die mögliche Therapiefrequenz und -intensität, die therapeutische An-
gebotspalette und – falls festgelegt – die potentielle Dauer der Rehabilitationsmaßnahme
abgestimmt ist.*

Falls dies nicht zutrifft und keine anderen Re-
habilitationsmaßnahmen zur Verfügung ste-
hen, muss diese Frage so gestellt werden:
   Kann mit den vorhandenen therapeutischen
Ressourcen ein sinnvolles Angebot für diesen
Patienten gemacht werden?

Zu den Fragen nach den organisatorischen
Rahmenbedingungen der neuropsychologischen Therapie ist anzumerken, dass hier der
Gestaltungs- und auch der Entscheidungsfrei-
heit des Neuropsychologen oftmals enge
Grenzen gesetzt sind. Dennoch ist es sinnvoll,
anhand der Ergebnisse aktueller Therapieforschung zu prüfen, welche Therapieziele unter
den gegebenen Bedingungen mit ausreichend
hohen Erfolgschancen angestrebt werden kön-

nen. Sowohl für die weitere Entwicklung der
neuropsychologischen Therapie als auch für
die fallbezogene Bilanz ist eine Beschränkung
auf Therapieziele, deren Erreichen kleine, aber
direkt problemreduzierende Veränderungen
für den Patienten bewirken, dem „Gießkan-
nenprinzip" z.B. global „Hirnleistung" trainie-
render Therapieprogramme vorzuziehen.

Ableitung potentieller Therapieziele

Übergeordnete und obligatorische Therapieziele ergeben sich aus grundsätzlichen Überlegungen zu Voraussetzungen neuropsychologischer Behandlung und dienen dem Aufbau
einer adäquaten therapeutischen Beziehung.
   Besonders wichtig ist es, den Patienten zu
einer aktiven Mitgestaltung der Therapie und
damit langfristig zu einer selbständigen Problembewältigung zu befähigen („Hilfe zur
Selbsthilfe"). Wenn Patienten in die neuropsychologische Rehabilitation kommen, liegt
eine Phase der Erkrankung hinter ihnen, in der
sie an ihrer Behandlung gar nicht oder nur in
sehr begrenztem Umfang beteiligt werden
konnten. Teilweise erfordern bestimmte Probleme aus dieser Phase auch weiterhin eine
solche Form der Behandlung. Die eine Aufgabe des Neuropsychologen, hirnorganisch bedingte Störungen zu objektivieren, ist auch
zunächst mit einer Diagnostik verbunden, in
der sich der Patient in seiner Krankenrolle bestätigt sieht. Für die neuropsychologische
Therapie ist eine Beziehung, in der der Patient
der – seiner Erkrankung auch weitgehend na-
iv gegenüberstehende – Behandelte und der
Neuropsychologe der aus seinem Experten-
status heraus direktiv Behandelnde ist, nicht
geeignet. Wie einleitend erläutert, liegt es in
der Natur des Gehirns, dass es nicht ohne die
aktive Beteiligung (und nicht nur „Compliance") des Patienten behandelt werden kann. In
der Regel übertragen die Patienten und ihre
Angehörigen aber die Erfahrungen, die sie im
bisherigen Verlauf der Erkrankung gemacht
haben, auch auf den Neuropsychologen. Es ist
daher ein wichtiger Schritt in der neuropsychologischen Therapie, bei Patienten und relevanten Bezugspersonen Verständnis für die

Besonderheit der zu behandelnden Probleme und die Motivation zur Übernahme einer aktiven Rolle zu fördern.

Eine erste Auswahl muss in der nächsten Kategorie von Therapiezielen getroffen werden, die als „Grobziele" bezeichnet werden können. Es handelt sich dabei um allgemein formulierbare Lebensumstände, die als Reintegrationsziele von Rehabilitationsmaßnahmen in Frage kommen. Diese Lebensumstände unterscheiden sich hinsichtlich ihrer Anforderungsprofile und sind in Tabelle 2 hierarchisch geordnet. Wie eingangs dargestellt, muss neuropsychologische Therapie alltagsorientiert sein. Für die Interventionsplanung ist es daher unerlässlich, anhand der zusammenfassenden Beurteilung der Problemanalyse festzulegen, auf welche Art von Alltag der Patient in der konkreten Rehabilitationmaßnahme bzw. -phase vorbereitet werden soll.

Tabelle 2. Hierarchie der Grobziele

1. Leben in beschützender Umgebung
2. Selbständigkeit im häuslichen Alltag
3. (Wieder-)Aufnahme bestimmter Freizeit-aktivitäten
4. Aufnahme einer anforderungsreduzierten beruflichen Tätigkeit
5. Berufliche Reintegration

Nach der Festlegung des Grobziels sind darauf bezogene Feinziele zu formulieren. Alle oben aufgeführten Lebensumstände stellen Anforderungen in den Bereichen Kommunikation, Lernen und Behalten, Handlungsplanung, praktische Fähigkeiten und soziale Kompetenzen (Tabelle 3). Aus dem Störungsprofil ergibt sich, auf welche Weise diese Fähigkeiten beeinträchtigt sind bzw. welcher Aspekt dieser

Tabelle 3. Feinzielkategorien

Kommunikative Fähigkeiten

Lernen und Behalten

Planung und Kontrolle von Handlungen

Praktische Fähigkeiten

Soziale Kompetenzen

Fähigkeiten verbessert werden muss, damit die jeweiligen Alltagsanforderungen bewältigt werden können.

Dies sei an zwei Beispielen erläutert: Für einen global-amnestischen Patienten, der in einem beschützenden Umfeld – sei dies eine Klinik, ein Pflegeheim oder die u.U. auch nicht mehr erinnerte eigene Wohnung – zurechtkommen soll, beginnen die Probleme im Alltag häufig bereits damit, dass er sich fremd, von anderen zu Unrecht gegängelt und bevormundet fühlt. Bezugspersonen beobachten zudem meist mit Sorge Anzeichen von Interessenlosigkeit und sozialer Deprivation. In einem solchen Fall könnten als Feinziele das Wiedererkennen persönlicher Bezugspersonen, Gegenstände und Räumlichkeiten, das selbständige Verrichten der Körperpflege, die konfliktfreie Kommunikation mit Betreuern und die Beteiligung an Gemeinschaftsaktionen des sozialen Umfelds in Frage kommen. Gilt die Rehabilitationsmaßnahme hingegen der beruflichen Wiedereingliederung z.B. in eine Bürotätigkeit, sind häufige Feinziele das Kommunizieren und Behalten beruflicher Informationen trotz Distraktoren (plötzliche Unterbrechung, Notwendigkeit paralleler Aktionen), das stringente Planen des Arbeitstages und die Überwindung von Versagens- und Berührungsängsten. Auch die Feinziele sind gemäß ihrer Schwierigkeit zu ordnen, wobei sich die Ordnung hier individuell aus dem jeweiligen Störungsprofil und den bereits prämorbid bestehenden Stärken und Schwächen ergibt.

Das Feinziel, das als nächstes therapeutisch angestrebt werden soll, ist schließlich einer weiteren, der Soll-Ist-Analyse zu unterziehen. Bei dieser wird geprüft, welche kognitiven, verhaltensbezogenen, psychischen und organisatorischen wie sozialen Voraussetzungen erfüllt werden müssen, damit das Feinziel erreicht werden kann. Das Schema einer solchen Analyse ist in Tabelle 4 dargestellt.

Wie aus den zusammengefassten Ergebnissen der Problemanalyse die verschiedenen Ziele abgeleitet und schließlich operationalisiert werden können, zeigt die Tabelle 5 am Beispiel des oben erwähnten global-amnestischen Patienten. Es wird deutlich, dass die Mehrdimensionalität therapeutischer Problemstellungen

Tabelle 4. Schematische Darstellung einer Soll-Ist-Analyse

		Analyse Feinziel X	
Ebene	SOLL (Leistungsvoraussetzungen)	IST (Status des Patienten)	Fazit: Notwendige Schritte zur Zielerreichung
Kognition			
Verhalten			
Psyche			
Umfeld			

Tabelle 5. Beispiel für die Entwicklung von Therapiezielen

1. Problemanalyse (Zusammenfassung)

- Störungsschwerpunkt globale Amnesie weiterhin verbunden mit
- deutlicher Beeinträchtigung der Handlungsplanung
- erheblichem Verlust retrograden Wissens, teilw. incl. Handlungsschemata
- stark reduzierter Problemwahrnehmung

2. Festlegung eines Grobziels

   Leben in beschützender Umgebung

3. Festlegung eines (ersten) Feinziels

   Selbständigkeit in der Körperpflege

4. Fazit der Soll-Ist-Analyse: Schritte zur Selbständigkeit in der Körperpflege

Kognition	Verstehen und Behalten, dass die Körperpflege gedächtnisbedingt nicht richtig ausgeführt werden kann
	(Wieder-)Erarbeiten eines Handlungsschemas: Wann und wie findet Körperpflege statt?
Verhalten	Fördern selbstinitiierten Verhaltens, ggf. Einsatz geeigneter Trigger
	Erarbeiten der Handlungsschritte und ihrer Reihenfolge
Psyche	Aufbau von Motivation für diese Selbständigkeit
	Akzeptanz für das Problem und die therapeutische Hilfe
Umfeld	Übersichtliche Organisation der häuslichen Gegebenheiten
	Abbau der Überprotektion seitens der Angehörigen

nicht davon abhängt, wie hoch die Ziele gesteckt werden können. Sie ist als Struktur auch bei solchen Basisfertigkeiten erkennbar. Aufgabe der Soll-Ist-Analyse ist es, Informationen für eine diesbezüglich adäquate Auswahl ineinandergreifender Interventionen zu liefern.

Therapieplanung

Strukturierung und Kategorisierung von Therapiezielen

Bei der Therapieplanung müssen die aus der Problemanalyse abgeleiteten Feinziele zunächst gemäß ihrer Relevanz für das angestrebte Grobziel und dann entsprechend ihrer Schwierigkeit bzw. Erreichbarkeit strukturiert werden. Um die Reihenfolge ihrer Thematisierung im Therapieverlauf festzulegen, sind diese Kriterien gegeneinander abzuwägen. Eine entsprechende Zusammenarbeit mit dem Patienten, für die ggf. als externe Hilfestellung und Gedächtnisstütze Arbeitsbögen verwendet werden können (Anregungen bei Bartling et al., 1992), dient nicht nur der unter motivationalen Gesichtspunkten unverzichtbaren Vereinbarung von Therapiezielen. Sie ist zugleich therapeutisches Mittel, um die Förderung der Selbst- und Problemwahrnehmung beim Patienten sowie seiner Eigenaktivität fortzusetzen.

Die Kategorisierung der Therapieziele bezieht sich auf den von ihnen angestrebten Veränderungsschwerpunkt, z.B. Verbesserung bestimmter kognitiver Leistungen oder Verhaltensänderung, aus dem sich der zu wählende therapeutische Ansatz ergibt. Im nächsten Abschnitt werden die therapeutischen Ansätze, ihre Veränderungsprinzipien und -strategien sowie ihre Einsatzmöglichkeiten im Überblick dargestellt.

Katalog neuropsychologischer Interventionen

Für die übergeordneten Therapieziele – Aufbau einer adäquaten therapeutischen Arbeitsbeziehung und entsprechender Änderungsmotivation – richten sich die therapeutischen Maßnahmen vor allem auf das Therapeutenverhalten. Dazu gehören ausführliche Erläuterungen, die das diagnostisch-therapeutische Geschehen für den Patienten transparent machen, die Erarbeitung einer klaren Sitzungstruktur und eine größtmögliche Beteiligung des Patienten bei der Planung und Durchführung konkreter Therapieschritte. Eine weitere Maßnahme, die diese Ziele unterstützt, ist die Vermittlung von Störungswissen. Diese ist darüberhinaus wesentlich für die Krankheitsverarbeitung (Fragen nach den Ursachen und der eigenen Verantwortung für die Erkrankung, Erklärung für die aktuellen Erlebnisse etc.). Schließlich kann bei der Vermittlung von Störungswissen der Schwerpunkt auf Merkmale der zugrundeliegenden Funktion und sich daraus ergebenden Kompensationsstrategien gelegt werden. In Kombination mit weiteren, z.B. Problemlöseprozeduren ist diese Intervention dann auch Teil eines funktionsspezifischen Behandlungsansatzes (s.u.).

Um bestimmte alltägliche Anforderungen (Feinziele) bewältigen zu können, werden in der neuropsychologischen Therapie verschiedene Voraussetzungen erarbeitet (vgl. Tab. 4). Je nachdem, welchem Aspekt der Anforderung bzw. Leistung diese Voraussetzungen zuzuordnen sind, stehen spezifische Therapieansätze zur Verfügung.

Wird eine Veränderung bestimmter kognitiver Leistungen angestrebt, ist der Ansatz die übende (Funktions-)Therapie. Hier lassen sich prinzipiell drei Vorgehensweisen unterscheiden:

1. Die Übungen beziehen sich direkt auf die relevanten Leistungen

Der Inhalt der Übungen ergibt sich aus den spezifischen, in der Testdiagnostik ermittelten Defiziten. In frühen Erkrankungsstadien ist ein solches Vorgehen generell sinnvoll, um das mögliche Restitutionspotential durch eine intensive und gezielte Stimulation effektiv zu nutzen. In späteren Erkrankungsphasen ist gezielte Stimulation zur Verbesserung spezifischer Aufmerksamkeitsprozesse geeignet.

2. Die Übungen beziehen sich auf kompensatorische Leistungen

Ausgehend von der Überlegung, dass bestimmte kognitive Funktionen (bzw. Funktionskomponenten) komplementär arbeiten, wird versucht, die durch die Störung eingetretene Leistungsbeeinträchtigung durch eine gezielte Förderung alternativer oder ergänzender Funktionen auszugleichen. Am häufigsten werden kompensatorische Verfahren bei modalitätsspezifischen Defiziten der Gedächtnisfunktionen eingesetzt (z.B. Ausgleich reduzierter sprachlicher Gedächtnisleistungen durch Visualisierung). Bei der Auswahl der Kompensationsstrategien ist darauf zu achten, dass sie nicht mit einem zu hohen Lern- und (bzgl. ihres Einsatzes) Zeitaufwand verbunden sind. Hier wie generell in der neuropsychologischen Therapie ist es am günstigsten, an Vorerfahrungen des Patienten anzuknüpfen.

3. Die Übungen beziehen sich auf unterstützende Leistungen

Schließlich kann man versuchen, den Output über eine Verbesserung der Leistungsvoraussetzungen zu steigern. Soll etwa ein Sachverhalt trotz einer bestehenden Sprach- oder Gedächtnisstörung aufgenommen werden, bedarf es dafür vermehrter bewusster Zuwendung bzw. Aufmerksamkeit. Insofern kann die Förderung dieses assoziierten Funktionsbereiches die komplexeren Leistungseinbußen indirekt verringern. Eine spezifische Variante dieser indirekten Förderung ist die qualitative Verbesserung der Informationsverarbeitung: Werden Informationen z.B. gut strukturiert, erleichtert dies ihre Weiterverarbeitung im Gedächtnis oder bei der Umsetzung in einen Handlungsentwurf.

Eine zweite Gruppe von Interventionen beruht auf den Prinzipien der Verhaltensmodifikation.

Einerseits sollen sie dem Patienten Aktivitäten ermöglichen, die durch die kognitiven Störungen beeinträchtigt oder blockiert werden. Dabei kann es sich um einzelne Anforderungen (z.B. Lernen einer bestimmten Wegstrecke), um spezifische Kenntnisse (z.B. ausgesuchte Arbeiten am Computer) oder um die Anwendung bestimmter Hilfsmittel (strukturierte Tagebücher, Checklisten etc.) handeln. Für jedes Ziel erfolgt eine detaillierte Beschreibung (Operationalisierung) und eine Festlegung der Lernschritte bzw. -methoden sowie der Erfolgskriterien. Mit diesem Vorgehen sollten Fähigkeiten erarbeitet werden, die der Patient sehr häufig (täglich) benötigt.

Andererseits können die Verfahren der Verhaltensmodifikation in der neuropsychologischen Therapie die Aufgaben übernehmen, für die sie auch in anderen Bereichen psychologischer Therapie eingesetzt werden (vgl. Markgraf, 1996). So können Ziele wie vermehrter Eigenantrieb und Selbständigkeit in alltäglichen Verrichtungen durch verschiedene Methoden des Verhaltensaufbaus (Shaping, Chaining etc.) angestrebt werden. Bei deutlich negativem Verhalten, z.B. Eigen- oder Fremdgefährdung, können zusätzlich Verfahren zum Abbau von Verhalten (Löschen, Response Cost etc.) indiziert sein. Der Einsatz verhaltensmodifizierender Verfahren sollte in der Regel dann erwogen werden, wenn die Schwere der Störungen den Einsatz von auf die bewusste Entscheidung und Mitarbeit des Patienten ausgerichteten Verfahren verhindert.

Ein dritter Ansatz, die Auswirkungen kognitiver Defizite zu reduzieren, setzt auf der Ebene der Handlungsregulation an. Übergeordnetes Ziel ist es, die Patienten zu einem anderen Umgang mit der veränderten Situation, insbes. mit den eingetretenen Defiziten, anzuleiten. In diesem Sinne ist dieser Ansatz ein kompensatorischer, auch wenn er im Falle von Störungen der Handlungsplanung teilweise auch direkt in den Ablauf gestörter Prozesse eingreift. Die Grundlagen für diesen Ansatzes stammen vor allem aus der kognitiven Verhaltenstherapie, der Selbst-Management-Therapie und der bislang vor allem im sonderpädagogischen Bereich erprobten metakognitiven Therapie (Berg et al.,1991; Unverhau,

1994). Seinen Verfahren ist gemeinsam, dass sie den Patienten dahin führen, die aktuellen Probleme adäquat wahrzunehmen, entsprechende Problemlösestrategien einzusetzen und ihren Erfolg zu kontrollieren. Variabel sind hingegen das beobachtete Problem, die Art, auf die Selbst- bzw. Problemwahrnehmung angeregt wird, sowie das Ausmaß, in dem Problemlösestrategien vorgegeben oder von den Patienten selbst erarbeitet werden.

Schließlich besteht die Möglichkeit, das Lebensumfeld des Patienten so umzugestalten, dass es ihm trotz seiner Leistungsdefizite ein gewisses Maß an Selbständigkeit erlaubt. Dieser Weg ist bei schwerstgestörten Patienten, die über kaum oder keine Lernkapazität mehr verfügen, Mittel der Wahl. In vielen weniger betroffenen Fällen können solche Maßnahmen aber auch zur (vorübergehenden) Unterstützung bzw. Entlastung des Patienten oder seiner Angehörigen eingesetzt werden. Inhaltlich beziehen sich die Maßnahmen einerseits auf organisatorische, andererseits auf psychosoziale Aspekte des Lebensumfelds. So können durch eine dem jeweiligen Störungsschwerpunkt angepasste Strukturierung des Tagesablaufs und Gestaltung der Räumlichkeiten Anforderungen reduziert und dem Patienten ein Möglichkeiten zur Selbständigkeit eröffnet werden. Zugleich müssen Beratungs- und Betreuungsangebote häufige Reaktionen der Bezugspersonen wie Ängste, Überprotektion, Aufopferung oder aber unrealistische Erwartungen und Überforderung thematisieren, damit der Patient den kleinen Spielraum an selbstverantwortlicher Lebensgestaltung tatsächlich nutzen kann.

Tabelle 6 fasst die Schwerpunkte der spezifisch neuropsychologisch erprobten Behandlungsansätze zusammen.

Nach der Entscheidung für einen Behandlungsansatz sind weitere Einzelheiten zu dessen Ausgestaltung festzulegen. Diese betreffen vor allem die Frage, auf welche Weise die ansatzspezifischen Inhalte vermittelt werden sollen und werden daher in das hier entwickelte Behandlungsschema unter dem Stichwort „Didaktik" eingefügt.

Eine besonders wichtige, bestimmte Zielsetzungen unterstützende Entscheidung be-

Tabelle 6. Katalog neuropsychologischer Interventionen

Ansatz/ Veränderungsebene	Strategien	
	direkt	indirekt
kognitive Funktion	Training spezifischer Funktions-komponenten	Training assoziierter und kompensatorischer Funktionen
Verhalten	Vermittlung alltagsrelevanter Fertigkeiten	Aufbau leistungsfördernden Verhaltens
	Vermittlung domänenspezifischer Kenntnisse	Abbau von Problemverhalten
Handlungsregulation	Vermittlung von Strategien zur Verhaltenskontrolle und	Veränderung der Problemwahrnehmung und -bewertung
	Vermittlung von spezifischen Lern- und Bewältigungsstrategien	Registrierung und Verwertung eigener Problemlösekompetenzen
Optimierung des Lebens-umfelds	Umgestaltung der räumlichen Gegebenheiten	Beratung und Betreuung des sozialen Umfelds
	Strukturierung von Abläufen	Systemtherapeutische Konfliktlösung

trifft das therapeutische Setting, in dem gearbeitet werden soll. So können z.B. in einem gruppentherapeutischen Setting unabhängig davon, ob dessen inhaltlicher Schwerpunkt auf kognitive oder psychische Probleme ausgerichtet ist, Ziele wie die Verbesserung der Störungswahrnehmung, der Aufbau von Selbstsicherheit und sozialer Kompetenz oder auch der Transfer kognitiver Leistungsverbesserungen in alltagsrelevante Situationen durch Ausnutzung sozialer Interaktionen und gruppendynamischer Prozesse besonders effektiv verfolgt werden. Andere Ziele wie die Vorbereitung auf spezifische häusliche oder berufliche Anforderungen oder aber die Bearbeitung bestimmter Beziehungsprobleme erfordern hingegen einzel- oder paar- bzw. familientherapeutische Settings. Weitere didaktische Elemente sind die Gestaltung von Therapiematerial und der Einsatz verschiedener, von der Präsentation durch den Therapeuten über interaktive Aufgabenstellungen bis hin zur selbständigen Bearbeitung reichende Darbietungsmethoden. Auch hier bestehen für den Neuropsychologen vielfältige Möglichkeiten, Ziele zu bündeln bzw. übergeordnete Ziele auf mehreren Ebenen parallel zu verfolgen.

Hinsichtlich der Darbietungsmethoden hat sich bei den übenden Therapien der Einsatz von Computerprogrammen durchgesetzt. Grundsätzlich darf hierbei nicht vergessen werden, dass für das „Computertraining" dieselben Einschränkungen bzgl. des alltagspraktischen Nutzens gelten wie für die Funktionstherapie insgesamt (vgl. S. 301). Zudem sind viele der erhältlichen Programme weder theoriegeleitet konzipiert noch evaluiert worden und weisen inhaltliche wie didaktische Mängel auf. Vorteile bietet der Einsatz von Computern dort, wo es tatsächlich um die Ausnutzung ihrer technischen Möglichkeiten geht. In der Aufmerksamkeitstherapie mit den speziellen Anforderungen an die Reizpräsentation und -registrierung sind sie daher das Mittel der Wahl. Desweiteren können gut aufgebaute Computerprogramme unterstützend eingesetzt werden, wenn es um die Konsolidierung wiedererworbener Basiskompetenzen (z.B. Rechnen) oder neu erlernter Informationsverarbeitungsstrategien geht. Grundsätzlich ist aber zu berücksichtigen, dass der Patient auch bei einer computerunterstützten Therapie der kontinuierlichen therapeutischen Begleitung bedarf.

Für das zentrale Anliegen, alltagsrelevante Verbesserungen zu erreichen, sind Alltagssimulationen und In-vivo-Übungen die geeigneten Methoden. Wichtig ist, sie hinsichtlich verschiedener Dimensionen wie Aufgabenschwierigkeit, Zeit und Komplexität systematisch aufzubauen. Anregungen dafür finden sich in der pädagogischen (Instruktions-)Psychologie unter dem Begriff der Aufgabenanalyse (task analysis) (z.B. Carter & Kemp, 1996). Maßgeblich für die konkrete Umsetzung der Anregungen in eine Lernzielhierarchie ist das neuropsychologische Störungsprofil des einzelnen Patienten.

Eine weitere Methode, Alltagstransfers einzuleiten, ist der Einsatz von Hausaufgaben. In anderen psychotherapeutischen Arbeitsfeldern sind sie nicht selten das Kernstück der Behandlung. So dienen z.B. Selbstbeobachtungsprotokolle bereits der Vorbereitung therapeutischer Massnahmen. In dieser Form stellen Hausaufgaben für die meisten hirngeschädigten Patienten eine Überforderung dar. In der neuropsychologischen Therapie kommen sie in der Regel nur für die Konsolidierungsphase in Betracht, wenn nach einer ausführlichen gemeinsamen Vorbereitung und einem begleiteten Einüben der Prozedur die therapeutische Hilfestellung schrittweise ausgeblendet werden soll.

Manche Patienten oder Angehörige fragen nach der Möglichkeit, zu Hause zu üben, wobei sie nicht selten den „Tip" bekommen haben, „Gehirntraining" zu machen. Die hierzu vertriebenen Übungsmaterialien sind in der Regel sehr einfach konstruiert und halten einer wissenschaftlichen Überprüfung nicht stand. Grundsätzlich dürfte eine solchermaßen unangeleitete Vorgehensweise kaum positive Effekte haben, zumal bereits gut konzipierte Übungstherapien nur von begrenztem Nutzen sind. Darüber hinaus belastet das Bemühen von Angehörigen, therapeutische Hilfe anzubieten, häufig die partnerschaftliche Beziehung. Aus diesem Grund ist auch die Einbeziehung von Angehörigen als Co-Therapeuten nur nach sorgfältiger Abwägung der Vor- und Nachteile zu befürworten. Andererseits ist das Bedürfnis nach Eigeninitiative unbedingt zu unterstützen. Möchten Patienten und Angehörige selbst noch aktiv sein, sollte ihnen vermittelt werden, dass eine optimale Förderung nicht durch konstruierte Übungen, sondern durch eine konsequente Beteiligung des Patienten an den alltäglichen Aktivitäten zu erreichen ist. Im Rahmen von die Therapie begleitenden Beratungsgesprächen können hier gemeinsam Konzepte entwickelt werden, wie diese Beteiligung unter den jeweiligen Voraussetzungen zu erreichen ist.

Für alle Gestaltungsmöglichkeiten neuropsychologischer Therapie gilt, dass der Patient ihren Nutzen für seine persönlichen Zielsetzungen nachvollziehen und ihnen die Erfolge auch tatsächlich zuschreiben können muss. Für diese motivationalen Voraussetzungen ist dadurch zu sorgen, dass der Patient in der für ihn geeigneten Weise informiert, an der Auswahl oder Gestaltung der Materialien beteiligt und durch einen kontinuierlichen Austausch zu ihrer Optimierung ermuntert wird.

Eine weitere Kategorie von Interventionen, die in das neuropsychologische Behandlungskonzept einfließen, bezieht sich auf die psychischen Folgen der Erkrankungen. Ausreichend systematische Untersuchungen zur Frage der Eignung bestimmter Verfahren bei neuropsychologischem Klientel liegen bislang nicht vor. Positive Effekte wurden vor allem nach verhaltenstherapeutischen, aber auch nach tiefenpsychologisch fundierten und systemischen Therapiemaßnahmen berichtet (z.B. Lewis & Rossenberg, 1990; Muir et al., 1990; Zarski & Delompei, 1991). Solange seitens des Patienten und der Rehabilitationsbedingungen die jeweiligen Grundvoraussetzungen erfüllt sind, scheint es gegenwärtig vertretbar, die Entscheidung für ein bestimmtes Vorgehen der persönlichen Richtungswahl und Kompetenz des jeweiligen Neuropsychologen anheim zu stellen.

Planung der Therapieverlaufskontrolle

Letzter Schritt der neuropsychologischen Behandlungsplanung ist die Festlegung von Maßnahmen, anhand derer eine kontinuierliche Überprüfung des Therapieprozesses und abschließend der Ergebnisqualität erfolgen kann. Grundsätzlich ist dabei folgenden Erfordernissen Rechnung zu tragen:

Die individuelle Ausrichtung der neuropsychologischen Therapie muss auch in der Verlaufskontrolle beibehalten werden, konzeptuell handelt es sich also stets um eine Einzelfallbetrachtung. Im Vordergrund steht die Frage, ob die Therapie bei diesem einen Patienten zum Erfolg führt. Dies schließt nicht aus, dass die individuell vorgenommenen Messungen zu statistischen Gruppenvergleichen zusammengefasst werden. Vorausgesetzt, die Erfolgskriterien werden a priori definiert und auf standardisierte Weise erhoben, führt eine kumulative Erfahrungsverwertung bei vergleichbaren Einzelfälle dann zu Erkenntnissen, welche Behandlungsmethoden für welche Art von Problemstellung geeignet sind (Petermann, 1996).

Therapieprozesse verlaufen nichtlinear, d.h. in unterschiedlichem Tempo zu verschiedenen Zeitpunkten, mit Entwicklungssprüngen und -plateaus. Erfolgskriterien sind somit nicht auf eine unumstößliche Art festzulegen, sondern durch ein rekursives Vorgehen im Therapieprozess fortlaufend zu kontrollieren und ggf. zu verändern. Inhaltlich beziehen sich diese Kriterien auf die verschiedenen Entscheidungsebenen. Die Überprüfung tatsächlicher Veränderungen bezüglich der Ziele kann z.B. mittels der sog. Ziel-Erreichungs-Skalierung (Goal Attainment Scaling) erfolgen. Für zentrale Problembereiche werden Zielzustände beschrieben. Der Zustand, der unter den gegebenen Umständen und gemäß klinischer Erfahrung ein realistisches Therapieergebnis darstellt, erhält den Wert Null. Von ihm ausgehend werden Zielzustände beschrieben, die ein etwas besseres und ein etwas schlechteres Ergebnis ausdrücken (Werte 1 bzw. -1), sowie Zielzustände, die deutlich besser oder deutlich schlechter sind (Werte 2 bzw. -2). Nach der Durchführung der Intervention werden dann die durch einen anderen Untersucher beurteilten tatsächlichen Veränderungen mit den erwarteten Ergebnissen qualitativ und statistisch verglichen (zum Vorgehen s. Kirusek et al., 1994). Für die voranstehend entwickelten Leitgedanken zur Konzeption neuropsychologischer Therapie besteht die Attraktivität dieser zielabhängigen Evaluation darin, dass Therapeut und Patient gemeinsam aus der Problemsituation konkrete, alltagsrelevante Ziele herausarbeiten und operationalisieren. Damit wird die aktive Rolle des Patienten in der Therapie gefördert, Therapieerwartungen werden kritisch erörtert und Prozesse der Selbstbeobachtung und -kontrolle werden in Gang gesetzt.

Diese Form der Ergebniskontrolle kann durch weitere Verfahren ergänzt werden. Einerseits können in den kritischen Bereichen die zu Behandlungsbeginn eingesetzten Verfahren verwendet werden. Andererseits ist eine direkte Veränderungsmessung mit Hilfe von Outcome-Skalen möglich (vgl. Lezak, 1995, S. 759 ff.)

Neben der zielorientierten Evaluation ist auch eine Überprüfung der eingesetzten Behandlungsverfahren vorzusehen. Ob die gewählten didaktischen Mitteln, z.B. bestimmte Übungsmaterialien oder PC- Training, für einen bestimmten Patienten geeignet sind, kann durch die Verhaltensbeobachtung während der Therapie und die Rückmeldung des Patienten kontrolliert werden. Die Effektivität bestimmter Strategien, also der Einsatz einer speziellen Mnemotechnik oder eines Selbstinstruktionsprogrammes, ist anhand entsprechend ausgewählter Aufgabenstellungen zu erfassen. Über die Eignung eines bestimmten Therapieansatzes entscheiden zwei Fragen: Sind ansatzspezifische Veränderungen nachweisbar? (Bezogen auf den kognitiven Ansatz hieße das, die angestrebten Funktionsverbesserungen werden in der psychometrischen Untersuchung bestätigt). Und: Korrelieren diese positiv mit den zielorientierten Ergebnissen?

Wie ausgeführt, ist die Verlaufskontrolle der neuropsychologischen Behandlung ein mehrdimensionaler Prozess. Analog zu der Erfassung eines Störungs- bzw. Problemprofils ist auch die Entwicklung des Patienten unter Einwirkung der Intervention als Verlaufsprofil darzustellen. Gleichwohl muss dies auf eine Weise geschehen, die im Rahmen klinischer Praxis realisierbar ist, die direkte Rückschlüsse auf die Therapiegestaltung zulässt und den Patienten nicht zu sehr belastet. Eine regelgeleitete und gut dokumentierte Beschreibung des Therapiegeschehens in Form von Selbst-

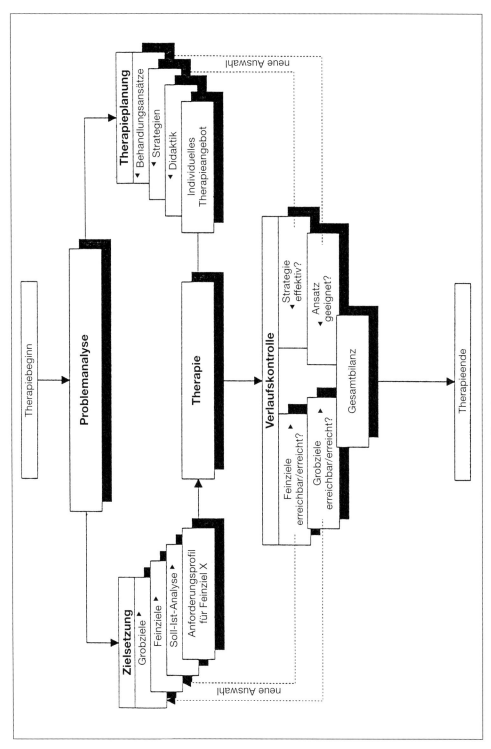

Abb. 1. Schema eines rekursiven neuropsychologischen Behandlungskonzepts

und Fremdratings sowie systematische Verhaltensstichproben können bereits durch die graphische Auswertung Anhaltspunkte für therapeutische Entscheidungen liefern (Petermann, 1996, S.94 ff.). Seit kurzem wird für die Prozess- und Ergebnisanalyse in der psychotherapeutischen Praxis auch ein computerunterstützes Verfahren vorgeschlagen, mit dem eine Vielzahl von Auswertungs- und Darstellungsproblemen lösbar werden soll (Grawe & Baltensperger, 1998). Es ist davon auszugehen, dass diese Entwicklungen im Bereich psychotherapeutischer Qualitätssicherung auch für die neuropsychologische Therapie nutzbar gemacht werden können.

Erstellung eines rekursiven Behandlungskonzepts

Bis hierhin wurden die einzelnen Elemente der neuropsychologischen Therapieplanung theoretisch hergeleitet und ihre Aufgabenstellung innerhalb der konzeptuellen Arbeit erläutert. Auf ihre Durchführung wurde in dem Maße eingegangen, wie es für das Konzeptverständnis an dieser Stelle notwendig erschien, da

detaillierte Ausführungen weiterer Kapiteln dieses Buches entnommen werden können.

Wichtig ist es, den Gesamtverlauf des therapeutischen Prozesses nachzuvollziehen. Abbildung 1 stellt das Ablaufschema in Anlehnung an die heute gebräuchliche Strukturierung von Informationen als Programm dar, das sich in Menü- und Untermenü-Punkte aufschlüsselt. Anhand dieses Schemas kann der komplexe neuropsychologische Therapieprozess systematisch durchgeführt, kontrolliert und transparent gemacht werden. Keinesfalls aber soll eine schematische Darstellung mit einem schematischen Vorgehen gleichgesetzt werden. Jeder Menü-Punkt beinhaltet eine individuelle Ergebnisanalyse und ebenso individuelle therapeutische Konsequenzen. Für ein optimal auf die Person zugeschnittenes Therapieangebot sind alle Punkte im Auge zu behalten. Zudem soll es die in der Rehabilitation generell knappen Ressourcen effizient nutzen, ausreichende Planungssicherheit bieten und vom interdisziplinären Team nachvollzogen werden können. Dafür bietet ein solches Schema die nötige Strukturierungshilfe.

3.5 Berufliche Wiedereingliederung

THEO D. VORLÄNDER & STEFAN FISCHER

Zusammenfassung

Die berufliche Wiedereingliederung von Menschen mit erworbenen Hirnverletzungen ist eines der zentralen Aufgabenfelder klinisch tätiger Neuropsychologen. Vor dem Hintergrund des neusten Modellentwurfs der ICIDH-2 wird unter Einbeziehung arbeits- und neuropsychologischer Aspekte ein Handlungsrahmen für klinische Neuropsychologen bei der beruflichen Wiedereingliederung entworfen. Es werden personenbezogene neuropsychologische Leistungsvoraussetzungen und Bewältigungsressourcen gegenüber arbeitsplatzbezogenen Anforderungen und Unterstützungsressourcen abgegrenzt. Diese Variablen bestimmen in ihrer dynamischen Interaktion die Möglichkeiten beruflicher Aktivitäten des Betroffenen und damit seine Partizipation am Berufsleben. Diagnostische Maßnahmen zur Klärung von beruflicher Eignung und Interventionsbedarf beziehen sich konsequent auf die unterschiedlichen Ebenen dieses Modells. Dabei werden merkmalsbezogene diagnostische Strategien dargestellt und gegenüber einer erprobungsorientierten Vorgehensweise kritisch gewürdigt. Nach Diskussion von Fragen der Indikation neuropsychologischer Interventionen werden ausserbetriebliche („train and place") und betriebliche Interventionsansätze („place and train") beschrieben. Besonders hervorgehoben werden dabei aufgrund ihrer Wirksamkeit und Kosteneffizienz holistische Gruppenprogramme und Konzepte der Unterstützten Beschäftigung. Abschließend werden aktuelle Entwicklungen der beruflichen Wiedereingliederung von Hirnverletzten in Deutschland reflektiert. Skizziert werden die interdisziplinäre Position der Klinischen Neuropsychologie in diesem Bereich und die sich an sie stellenden Herausforderungen.

Vorbemerkung

Die berufliche Wiedereingliederung hirnverletzter Menschen gehört zu den zentralen Aufgabenfeldern der klinischen Neuropsychologie. Angesichts verbesserter Erstversorgung und Intensivmedizin überleben zunehmend mehr Menschen oft schwerste Hirnverletzungen. Der Anteil der Menschen, die unter Berücksichtigung der dauerhaften Folgen einer solchen Erkrankung einer langfristigen sozialen wie beruflichen Integration bedürfen nimmt stetig zu. In entsprechendem Umfang wächst der Bedarf an neuropsychologisch fun-dierten, rehabilitativen Maßnahmen, von der Beurteilung berufsbezogener Leistungsvoraussetzungen bis hin zur Intervention am Arbeitsplatz. Der Erhalt des Arbeitsplatzes bzw. die Wiedereingliederung in ein Berufs-, Arbeits- oder Tätigkeitsfeld ist dabei für den Betroffenen eng mit einem positiven Selbstwertgefühl, sozialer Wertschätzung und seiner gesundheitsbezogenen bzw. beruflichen Integrität verknüpft und bildet somit das Kernziel rehabilitativer Bemühungen.

Will man der aktuellen Forderung nach kosteneffektiven, beruflichen Integrationsansätzen Rechnung tragen, gewinnen theoriegelei-

tete und empirisch fundierte Handlungsmo-
delle an Bedeutung, die die Vielzahl der im rehabilitativen Geschehen wirksamen Rahmenbedingungen abbilden bzw. integrieren und so
die zugrunde liegenden, erfolgsrelevanten
Strukturen und Prozesse einer systematischen
Steuerung und Optimierung zugänglich machen.

Die berichteten, zum Teil großen Differenzen der in verschiedenen Studien, Forschungsgruppen und Rehabilitationsprogrammen erzielten Reintegrationserfolge sind u.a. bedingt
durch Unterschiede in Patientencharakteristika (unterschiedliche Stichproben), Art, Umfang und Evaluation der Maßnahmen (Qualifikation der Mitarbeiter, Erfolgskriterien),
institutionelle bzw. organisatorische Rahmenbedingungen (finanzielle, zeitliche Ressourcen, örtliche Gegebenheiten), externe bzw.
umfeldbezogene Faktoren (Charakteristika
des Arbeitsplatzes, des Arbeitsmarktes, des
Gesundheitssystems) (Cope et al., 1991; Cifu
et al., 1997; Wehman et al., 1995) und Zielsetzungen.

Konsens besteht darin, dass auf Seiten des
Patienten insbesondere leistungs- und und verhaltensbezogene Störungen den Weg zurück in
die Arbeit entscheidend erschweren und zu
durchweg niedrigen Wiedereingliederungsra-
ten führen. Die Ursachen für auftretende Störungen sind emotionaler, kognitiver, sozialer
und kommunikativer Natur und stehen somit
im Mittelpunkt der Betrachtungsweise durch
den klinischen Neuropsychologen.

Im ersten Teil dieses Kapitels wird ein neuropsychologisch fundiertes Modell, basierend
auf aktuellen Ergebnisse und Entwicklungen
in der beruflichen Wiedereingliederung Schädel-Hirn-Verletzter vorgestellt. In den nachfolgenden Abschnitten werden die hieraus ableitbaren Implikationen bzgl. der diagnostischen
Maßnahmen, der Indikationsstellung und der
Durchführung patienten- sowie umfeldzen-
trierter Interventionen, ihre Evaluation und
Dokumentation im Rahmen der beruflichen
Rehabilitation erörtert.

Der neuropsychologische Handlungsrahmen in der beruflichen Wiedereingliederung – Konzeptionelle Grundlagen

Definieren wir als Beginn eines neuropsychologischen Prozesses der beruflichen Wiedereingliederung den Zeitpunkt, an dem die Ausrichtung neuropsychologischer Maßnahmen
auf dieses Ziel erkennbar wird, so finden wir
diesen Zeitpunkt in Abhängigkeit vom Schweregrad der Beeinträchtigung des Betroffenen
möglicherweise schon in einer sehr frühen
Phase der medizinischen Rehabilitation (wenige Wochen nach einer Hirnverletzung), er
kann jedoch auch Monate bzw. Jahre nach
Beendigung stationärer Rehabilitationsmaßnahmen z.B. im Rahmen eines neuropsychologisch fundierten Case-Managements
(Wendt, 1997) liegen.

Im weiteren Verlauf des Wiedereingliede-
rungsprozesses verändern sich neuropsychologische Zielsetzungen und Maßnahmen in der
Regel grundlegend (z.B. vom Training basaler
visueller Wahrnehmungsleistungen hin zur
adaptiven Arbeitsplatzgestaltung im Betrieb).
Im Rahmen der Frührehabilitation bzw. medizinischen Rehabilitation ist das Handeln des klinischen Neuropsychologen gekennzeichnet
durch eine stark patientenzentrierte, kausale
Diagnostik und Therapie (s. Kap. 3.1 und 3.4).
Kognitive, emotionale und verhaltensbezogene
Störungen/Schädigungen im klinischen Kontext kennzeichnen den Handlungsfokus. Symp-
tomquantifizierung, Verhaltensanalyse, der Abbau von Funktionseinschränkungen sowie die
Krankheitsbewältigung stehen im Vordergrund.
Im weiteren Verlauf wird es zunehmend wichtiger, die Auswirkungen der Hirnverletzung und
damit einhergehende Störungen motorischer,
emotionaler, kognitiver, kommunikativer und
sozialer Basisfunktionen im beruflichen Alltag
zu behandeln. Die Möglichkeiten einer interak-
tionszentrierten Ausrichtung neuropsychologischer Maßnahmen auf die zu erwartenden
bzw. zu schaffenden zukünftigen Arbeitsbedingungen im Rahmen einer beruflichen Wiedereingliederung sind in stationären Rehabilitationseinrichtungen sehr begrenzt, auf den
Einzelfall beschränkt und meist eher implizit.
Unmittelbar vor der Rückkehr an den alten oder

einen neuen Arbeitsplatz kommen häufig final orientierte Maßnahmen der beruflichen Rehabilitation (Belastungserprobung, Arbeitserprobung, Berufsfindung, Arbeitstherapie usw.) und damit einhergehend arbeitsmedizinische Konzepte zum Tragen. Neuropsychologische Fachkompetenz findet hier bisher nur in Ausnahmefällen ihre Umsetzung. Je weiter wir uns aus dem klinischen Kontext entfernen und je stärker wir uns der Arbeitswelt nähern, desto stärker orientieren sich therapeutische Entscheidungen am persönlichen Erfahrungshintergrund und eklektischen Wissen des Einzelnen.

Das nachfolgend dargestellte neuropsychologische Arbeitsmodell der beruflichen Wiedereingliederung basiert auf einer Verknüpfung konzeptioneller Grundlagen sowohl aus dem Bereich der Klinischen Neuropsychologie (Hirnschädigung), aus dem Bereich der Rehabilitationsforschung (Behinderung) sowie aus dem Bereich der Arbeitspsychologie (Arbeitsplatz).

Ausgangspunkt ist das rehabilitative Modell der *ICIDH-2* (Abb. 1). Es erlaubt, das Ausmaß der Behinderung unabhängig von Art und Ausmaß der zugrundeliegenden Hirnschädigung zu beschreiben und entspricht damit den Ergebnissen einer Vielzahl von Outcome-Studien, die zwischen Art bzw. Ausmaß der Hirnschädigung und Aktivitäten/Partizipation keinen engen Zusammenhang erkennen lassen (z.B. Brooks et al., 1987; Kreutzer et al., 1991; Johnston et al., 1994). Das Modell macht zudem deutlich, dass eine Beeinträchtigung von (beruflichen) Aktivitäten in entscheidendem Maß vom (arbeitsplatzbezogenen) Kontext, den dort vorherrschenden Bedingungen, unterstützenden und erschwerenden Faktoren abhängig ist.

Zur Spezifizierung dieser Gesichtspunkte ist eine Orientierung an arbeitspsychologischen Modellen hilfreich (s. Abb.2). Hier steht die Arbeitstätigkeit mit ihren psychischen Bestimmungsstücken im Mittelpunkt der Betrachtung.

An die Stelle umfeldbezogener Kontextfaktoren tritt der konkrete Arbeitsauftrag mit seinen Ausführungsbedingungen. Dies macht eine detaillierte Beschreibung des Arbeitsplatzes

und der Anforderungen notwendig. Die klinische Urteilsbildung vor dem Hintergrund einer vertraut klingenden Berufsbezeichnung ist hier nicht mehr ausreichend. Das Konzept der funktions- und strukturbezogenen Schäden des Körpers erhält durch den Begriff der Leistungsvoraussetzungen eine positive Konnotation und einen stärkeren Tätigkeitsbezug. Die Aktivitäten werden als berufliche Aktivitäten spezifiziert. Der dynamische Charakter des rehabilitativen Prozesses wird deutlich, da sich auch die Rückwirkungen der Tätigkeit auf die Person wie das Umfeld abbilden lassen. Dies gilt insbesondere für die Veränderung individueller Leistungsvoraussetzungen durch die Arbeitstätigkeit mit ihren erwünschten wie auch unerwünschten Folgen (Selbstveränderung). Der im Rahmen der beruflichen Wiedereingliederung angestrebte und insbesondere bei Hirnverletzten häufig entscheidende Erfahrungsprozess des Betroffenen am Arbeitsplatz als Voraussetzung für die Entwicklung einer realistischen Selbsteinschätzung lässt sich hier unmittelbar abbilden.

Im integrativen Modell erfolgt die neuropsychologisch-rehabilitative Spezifizierung durch die Betrachtung der personen- und arbeitsplatzbezogenen Modellvariablen im Rahmen eines gegebenen sozialen Umfeldes bzw. der Bedingungen und Möglichkeiten des konkreten Arbeitsmarktes. Im engeren Sinne erfolgt eine Spezifizierung durch die Begriffe der neuropsychologischen Leistungsvoraussetzungen und der verfügbaren tätigkeitsbezogenen Ressourcen.

Zu *neuropsychologischen Leistungsvoraussetzungen* als den personenbezogenen Bedingungen beruflicher Aktivität bzw. Partizipation zählen emotionale, kognitive, soziale und kommunikative Voraussetzungen, die nach Hirnschädigung vorübergehend oder auch permanent beeinträchtigt sein können.

Der Zusammenhang von Beeinträchtigungen *kognitiver Leistungsvoraussetzungen* in den Bereichen Aufmerksamkeit, Gedächtnis, exekutive Leistungen, allgemeine intellektuelle Leistungen und der beruflichen Wiedereingliederung (Partizipation) nach einer Hirnverletzung wird in einer Vielzahl von Studien dokumentiert (z.B. Ezrachi et al., 1991; Ben-

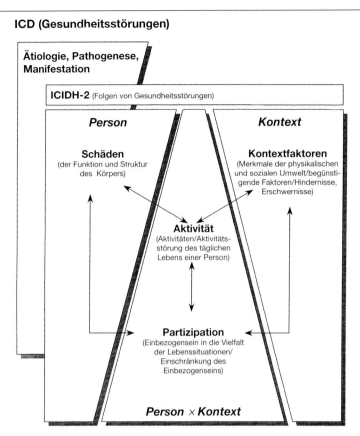

ICD (Gesundheitsstörungen)

Ätiologie, Pathogenese, Manifestation

ICIDH-2 (Folgen von Gesundheitsstörungen)

Person   *Kontext*

Schäden
(der Funktion und Struktur des Körpers)

Kontextfaktoren
(Merkmale der physikalischen und sozialen Umwelt/begünstigende Faktoren/Hindernisse, Erschwernisse)

Aktivität
(Aktivitäten/Aktivitätsstörung des täglichen Lebens einer Person)

Partizipation
(Einbezogensein in die Vielfalt der Lebenssituationen/Einschränkung des Einbezogenseins)

Person × *Kontext*

Rehabilitatives Modell der ICIDH-2
Die Internationale Klassifikation der Impairments, Disabilities und Handicaps (ICIDH) (Matthesius et. al., 1995) erfuhr mit der ICIDH-2 eine entscheidende Weiterentwicklung (Schuntermann 1998). Gesundheitsbezogene Erfahrungen der einzelnen Personen werden auf den Ebenen Körperfunktion und -strukturen, Aktivitäten und Partizipation vor dem Hintergrund spezifizierter Kontextfaktoren beschrieben: Der Begriff des Impairments bezieht sich in der Neufassung der ICIDH nunmehr allgemein auf Schäden von Körperfunktionen und Körperstrukturen. Die Befundung ist Teil der Funktionsdiagnostik in der Rehabilitation. Das Disability-Konzept wird durch das Aktivitätskonzept präzisiert. Hier wird nur die Frage beantwortet, ob eine Person zum Untersuchungszeitpunkt tatsächlich in der Lage ist, eine bestimmte alltagsbezogene Aktivität durchzuführen, hierbei Schwierigkeiten hat oder hierzu nicht imstande ist. Partizipation (Einbezogensein, Teilhabe, Eingliederung) wird aufgefasst als komplexe Relation zwischen der gesundheitlichen Situation einer Person und den für sie geltenden Kontextfaktoren sozialer und umweltbezogener Art.
Während in der ICD die Gesundheitsprobleme selbst (Krankheiten, Verletzungen, Traumen usw.) als Diagnosen klassifiziert werden (medizinisches Modell), stehen hier die Folgen von Gesundheitsproblemen im Vordergrund.Die Begriffe des ICIDH-2 erfahren somit eine neue Definition, unterscheiden sich von der Bedeutung im täglichen Sprachgebrauch und bilden so die Grundlage für eine einheitliche, standardisierte Sprache sowie einen allgemeingültigen Bezugsrahmen. Die ICIDH-2 kann sich zu einem wichtigen Kommunikationswerkzeug, auch in der beruflichen Rehabilitation entwickeln. Sie stellt funktionelle Beschreibungen, quantifizierbare Daten und eine numerische Kodierung zur Verfügung und ermöglicht so die Bewertung der rehabilitativen Situation des Einzelnen ebenso wie die Leistungen von Gesundheitsdiensten und Gesellschaftssystemen. Während die Gesundheitsstörungen selbst (Krankheiten, Verletzungen, Traumen usw.) als Diagnosen in der ICD klassifiziert werden, stehen im Mittelpunkt des ICIDH-2 die Folgen von Gesundheitsproblemen im gesellschaftlichen Kontext. Wesentliche Grundannahme ist dabei, dass die Konstrukte „Krankheit" und „Behinderung" unabhängig voneinander betrachtet werden können und nicht in einen linearen Bezug zu setzen sind. Der Schweregrad der Hirnschädigung z.B. bezieht sich auf geschädigte bzw. gestörte neuronale Strukturen und Funktionen, während die Behinderung sich auf die Beeinträchtigung persönlicher Aktivitäten des Betroffenen und seine Partizipation in der Gesellschaft bezieht.

Abb. 1. Rehabilitatives Modell der ICIDH-2

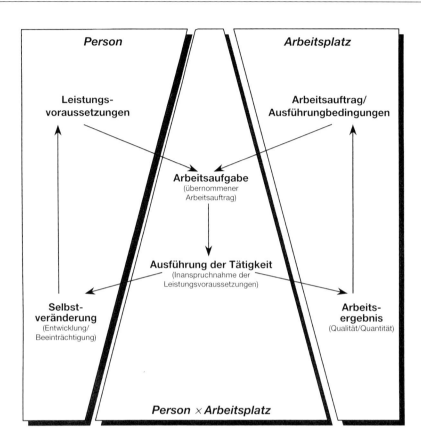

Arbeitspsychologisches Modell

Gegenstand der Arbeitspsychologie ist die psychische Regulation der Arbeitstätigkeit einzelner Personen, Gruppen und organisatorischen Einheiten im Zusammenhang ihrer Bedingungen und Auswirkungen (Hacker 1998). Arbeitstätigkeiten werden (arbeitsplatzbezogen) durch den Arbeitsauftrag sowie die Ausführungsbedingungen und (personenbezogen) durch die individuellen Leistungsvoraussetzungen einer Person bestimmt (vgl. Hacker 1998). Der Arbeitsauftrag legt den Arbeitsinhalt einer Tätigkeit fest (z.B. Reparatur von Maschinen), die Ausführungsbedingungen den Kontext bzw. die Umstände der Auftragserfüllung (z.B. laute Werkhalle). Zusammenfassend spricht man auch von objektiven Anforderungen, da sie unabhängig von der Person beschreibbar sind.

Der Begriff der Leistungsvoraussetzungen steht für die personenbezogenen Bedingungen der Arbeitstätigkeit. Dazu gehören als weitestgehend stabil angenommene körperliche und psychische Leistungsvoraussetzungen (z.B. körperliche Konstitution, Fähigkeiten, Fertigkeiten, Einstellungen) sowie aktuelle Leistungsvoraussetzungen, die erst bei Auftragserfüllung unter den jeweiligen Ausführungsbedingungen prozessbedingt entstehen (z.B. Geübtheit, Motivation, Ermüdung).

Gleiche Arbeitsaufträge können von verschiedenen Personen in Abhängigkeit von den Leistungsvoraussetzungen unterschiedlich wahrgenommen, interpretiert und damit auch unterschiedlich realisiert werden. Der objektive Arbeitsauftrag erfährt hierbei gebrochen an den personenbezogenen Bedingungen seine subjektive Widerspiegelung in der Arbeitsaufgabe. Diese bestimmt als Handlungsgrundlage die Ausführung der Tätigkeit. Das Resultat der Tätigkeit ist das sachliche Arbeitsergebnis mit seinen qualitativen und quantitativen Merkmalen. Daneben ergeben sich in Abhängigkeit von Art und Umfang der Inanspruchnahme individueller Leistungsvoraussetzungen bei der Arbeitstätigkeit prozessbedingte Selbstveränderungen der Person. Diese können rückwirkend im positiven Sinne zu einer Entwicklung (z.B. Entwicklung beruflicher Kompetenzen) oder im negativen Sinne zu einer Beeinträchtigung (z.B. Erleben psychischer Beanspruchungsfolgen wie Ermüdung und Stress) individueller Leistungsvoraussetzungen führen.

Abb. 2. Arbeitspsychologisches Modell

Yishay et al., 1987; Brooks et al., 1987; Crepeau & Scherzer, 1993; Crepeau et al., 1997; Goran et al., 1997). Die gefundenen korrelativen Zusammenhänge erklären jedoch auch bei multivariaten Analysemethoden nur maximal 20-30% der Variabilität in der beruflichen Wiedereingliederung (Fraser, 1991), was für den im Modell angenommenen nur mittelbaren Zusammenhang von Funktionsstörungen mit Beeinträchtigung beruflicher Aktivitäten bzw. der beruflichen Partizipation spricht.

Als besonders problematisch erweisen sich Beeinträchtigungen in *kommunikativen, sozialen und emotionalen Leistungsvoraussetzungen*, wie z.B. Defizite in der Kontrolle emotionaler Reaktionen, Schwierigkeiten im Aufrechterhalten von Beziehungen sowie allgemein im Sozial- und Kommunikationsverhalten (Ben-Yishay et al., 1987; Prigatano et al., 1994; Wehmann et al., 1993).

Als tätigkeitsbezogene Ressourcen werden personen- oder arbeitsplatzbezogene Varia-

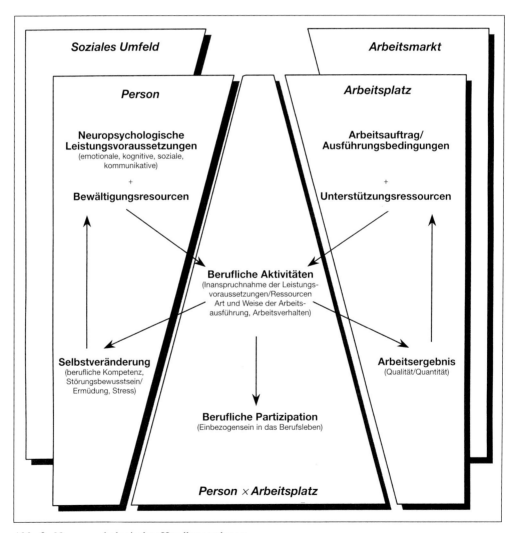

Abb. 3. Neuropsychologischer Handlungsrahmen

blen definiert, die bei bestehenden beruflichen Aktivitätsstörungen die berufliche Wiedereingliederung (Partizipation) fördern bzw. ermöglichen. *Personenbezogene Bewältigungsressourcen* beziehen sich auf das Potential des Betroffenen, sich an die veränderten Leistungsvoraussetzungen und beruflichen Möglichkeiten anzupassen. Hierzu zählen insbesondere eine realistische *Selbsteinschätzung* der beruflichen Möglichkeiten (Awareness), die *Akzeptanz* der veränderten Leistungsfähigkeit und des häufig auch damit verbundenen niedrigeren beruflichen Status (McMordie et al., 1990) sowie die Fähigkeit zur *Kompensation* der hirnschädigungsbedingten Defizite (Ben-Yishay et al., 1987; Ezrachi et al., 1991; Melamed et al., 1992). Weit weniger Beachtung in der bisherigen Forschung findet der Einfluss von *umfeld- bzw. arbeitsplatzbezogener Unterstützung,* die einen entscheidenden Einfluss auf die berufliche Integration haben (West, 1994). Dies betrifft z.B. die Möglichkeiten einer hirnschädigungsbezogenen adaptiven Arbeitsplatz- und Arbeitszeitgestaltung, Toleranz von Fehlern und soziales Arbeitsklima.

Das dargestellte, integrative Modell stellt eine gemeinsame Sprache und einen gemeinsamen gedanklichen Handlungsrahmen bereit, strukturiert die Kommunikation und Interaktion der Beteiligten und bildet eine notwendige Bedingung für eine ausreichende Transparenz des Reha-Prozesses, seiner Koordination und Evaluation. Es erlaubt, sowohl personen- wie auch arbeitsplatzbezogene Anteile angenommener bzw. beobachtbarer berufsbezogener Aktivitätsstörungen zu spezifizieren und unmittelbar in zielgerichtetes, neuropsychologisch-rehabilitatives Handeln zu überführen. Es bildet die Grundlage und Gliederungssystematik für nachfolgende Ausführungen zur neuropsychologischen Diagnostik, Indikation und Intervention im Rahmen der beruflichen Wiedereingliederung nach Hirnverletzung.

Diagnostische Maßnahmen

Neuropsychologische Diagnostik im Rahmen der beruflichen Wiedereingliederung ist Teil eines multidimensionalen, interdisziplinären Prozesses, in dem unter Berücksichtigung der Interessen von Betroffenen, Angehörigen, Arbeitgebern und Kostenträgern die Möglichkeiten und Bedingungen einer beruflichen Beschäftigung vor dem Hintergrund angenommener, beobachteter oder erlebter Einschränkungen beruflicher Aktivitäten einzuschätzen sind. Es ist zu entscheiden ob, und wenn ja, für welche berufliche Tätigkeit und unter welchen Bedingungen ein Betroffener geeignet ist bzw. welche Interventionen indiziert sind, um eine berufliche Integration zu ermöglichen oder zu sichern. Diagnostische Maßnahmen beziehen sich dabei auf personen- und arbeitsplatzbezogene Variablen unter Berücksichtigung ihrer Wechselwirkung und Einbettung in ein gegebenes soziales Umfeld bzw. den gegebenen Arbeitsmarkt.

Diagnostische Klärung der Eignung/ des Interventionsbedarfs

Am Beginn diagnostischer Maßnahmen steht die Festlegung einer ersten Zielrichtung der beruflichen Integrationsbemühungen. Je genauer das Ziel der beruflichen Wiedereingliederung definiert werden kann, um so spezifischer lassen sich nachfolgende diagnostische Maßnahmen zur Festellung von Eignung und Interventionsbedarf ableiten.

Neben der medizinischen, sozialen und beruflichen Anamnese und neuropsychologischen Vorbefunden sind hier insbesondere die Wahrnehmung und Bewertung der Folgen der Hirnverletzung durch den Betroffenen, seine Angehörigen und ggf. auch durch den potentiellen Arbeitgeber von Bedeutung. Die bei den Beteiligten bestehenden Interessen, Wünsche, Ziele und Erwartungen bezüglich der beruflichen Integration sind zu klären und es ist ein Konsens über das gemeinsame weitere Vorgehen zu finden. Wesentliche Inhalte dieser diagnostischen Basisinformationen sind nachfolgend im Überblick dargestellt.

Bezüglich der Strategien zur Klärung von Eignung und Interventionsbedarf hinsichtlich eines angezielten Arbeitsplatzes erfolgt in Anlehnung an Schuler und Funke (1995) eine Un-

---

Leitfaden diagnostische Basisinformationen

- medizinische Anamnese (Diagnose(n); Rehabilitationsmaßnahmen seit Unfall/Krankheitsbeginn; ...)
- soziale Anamnese (Familienstand; Haushaltsituation; finanzielle Situation; ...)
- schulische und berufliche Anamnese (Schulabschluss; beruflicher Werdegang bis zur Erkrankung/ zum Unfall; besondere Qualifikationen; ...)
- Neuropsychologische Vorbefunde (kognitive, soziale, kommunikative Leistungsvoraussetzungen)
- Welche konkreten Auswirkungen hat die Erkrankung/ der Unfall in der gegenwärtigen Lebenssituation?
- Wie gestaltet der Betroffene seinen Alltag?
- Wie schätzt der Betroffene seine gegenwärtige tägliche Belastbarkeit ein? Wie schätzen dies die Angehörigen ein?
- Besteht noch ein Arbeitsplatz ? Wie ist das Verhältnis zum Arbeitgeber?
- Gibt es Erfahrungen am alten Arbeitsplatz nach der Erkrankung/ dem Unfall (Arbeitsversuch)?
- Welche berufliche Perspektive sieht der Betroffene/ sehen die Angehörigen? Welche Interessen, Wünsche, Ziele, Erwartungen, Alternativen bestehen diesbezüglich?

---

terscheidung zwischen einer eigenschafts- bzw. merkmalsorientierten und einer simulations- bzw. erprobungsorientierten Vorgehensweise. Die Entscheidung für die eine oder andere Strategie ist abhängig von den im jeweiligen Setting vorgehaltenen Möglichkeiten und Rahmenbedingungen.

Die *eigenschafts- bzw. merkmalsorientierte Vorgehensweise* begründet Aussagen zur Eignung bzw. zum Interventionsbedarf auf der Grundlage von Leistungs- und Verhaltensmerkmalen, die für die erfolgreiche Bewältigung bestimmter beruflicher Aktivitäten als erforderlich angenommen werden (z.B. räumliches Vorstellungsvermögen bei Konstruktionstätigkeit, Durchsetzungsfähigkeit bei Leitungsfunktion).

Die allgemeinste Form dieser Vorgehensweise ist die Einschätzung der Eignung für eine berufliche Tätigkeit auf der Basis rein *personenbezogener klinischer Befunde*. Im Leitfaden zum Ärztlichen Reha-Entlassungs-

bericht des Verbandes deutscher Rentenversicherungträger von 1997 wird diesbezüglich ein positives und negatives Leistungsbild gefordert, in dem zu dokumentieren ist, welche beruflichen Anforderungen ein Betroffener bewältigen kann und welche auszuschließen sind (z.B. Anforderung an Konzentrations-/Reaktionsvermögen; Publikumsverkehr; Überwachung und Steuerung komplexer Arbeitsvorgänge). Die Zuordnung der klinischen Befunde zu bestimmten Tätigkeitsmerkmalen obliegt der Erfahrung des Arztes bzw. Psychologen. Die Anforderungen an einem konkreten Arbeitsplatz werden nicht berücksichtigt oder bestenfalls implizit mitgedacht.

Ein spezifischeres Vorgehen findet man bei speziell für den Rehabilitationsbereich entwickelten Verfahren, die eine direkte Gegenüberstellung von sog. *Fähigkeits- und Anforderungsprofilen* erlauben, wie z.B. ABBA (Arbeitsplatzbegehungs- und Belastungsanalyse; vgl. Fischer et al., 1998); IMBA (Integration von Menschen mit Behinderung in die Arbeitswelt; Wieland et al., 1996) und das speziell für psychische Merkmale entwickelte MELBA (Merkmalprofile zur Eingliederung Leistungsgewandelter und Behinderter in Arbeit; Föhres et al., 1997).

Die arbeitsplatzbezogene Analyse der Anforderungen erfolgt hierbei im Rahmen eines *Beobachtungsinterviews* (vgl. Hacker, 1995). Dieses kann sich auf
- im Betrieb vorhandene schriftliche Beschreibungen des Arbeitsplatzes,
- Beobachtungen der am Arbeitsplatz vorliegenden Anforderungen und
- Befragungen von Arbeitnehmern über einen Arbeitsplatz
beziehen.

Je nach Arbeitsplatz bzw. Anforderungsbereich kann die Analyse schriftlichen Materials (z.B. Arbeitsplatzbeschreibungen), das Interview (z.B. bei vorwiegend informatorischer bzw. nicht körperlicher Arbeit) oder die direkte Beobachtung bei der Arbeitsausführung (z.B. bei körperlichen Arbeiten mit hohem Wiederholungsgrad) im Vordergrund stehen.

Die Erfassung der personenbezogenen Fähigkeiten bzw. der individuellen Leistungs- und Verhaltensmerkmale basiert auf medizinischen Untersuchungen, psychometrischen Verfahren, Exploration und Verhaltensbeobachtungen.

Die Eignung für einen bestimmten Arbeitsplatz ist dann gegeben, wenn das Profil der erfassten Fähigkeiten bzw. individuellen Ausprägungen von Leistungs- und Verhaltensmerkmalen mit dem Profil der am Arbeitsplatz geforderten Leistungs- und Verhaltensanforderungen übereinstimmt. Differenzen zwischen diesen können dagegen auf Nichteignung bzw. Interventionsbedarf hinweisen.

Problematik der eigenschafts- bzw. merkmalsorientierten Vorgehensweise

Die Entscheidung bzgl. Eignung und Interventionsbedarf basiert bei der eigenschafts- bzw. merkmalsbezogenen Vorgehensweise auf einem Vergleich von als berufsrelevant erachteten leistungs- und verhaltensbezogenen Merkmalsausprägungen, die sich jedoch nicht eindeutig aus den personen- und arbeitsplatzbezogenen Informationen ableiten lassen. Sie liegt damit auf einer hypothetischen Ebene.

Personenbezogen bestehen Schwierigkeiten sowohl beim Rückschluss von neuropsychologischen Testbefunden als auch von klinischen Verhaltensbeobachtungen auf beruflich relevante Leistungs- und Verhaltensmerkmale. Bei neuropsychologischen Tests handelt es sich in der Regel um homogene Anforderungen an spezifische Leistungsvoraussetzungen (z.B. Aufmerksamkeit) bzw. um Anforderungen unter gut kontrollierten bzw. strukturierten Randbedingungen (z.B. Ausschluss von störenden Umwelteinflüssen). Auch klinische Verhaltensbeobachtungen finden in einem Kontext statt, der kaum mit den Bedingungen an einem realen Arbeitsplatz vergleichbar sein dürfte. Der berufliche Kontext mit seinen spezifischen Arbeitsaufträgen und Ausführungsbedingungen lässt sich inhaltlich als heterogenes Anforderungsbündel beschreiben. Er beansprucht verschiedene Leistungsvoraussetzungen und bietet in der Regel wenig kontrollierte bzw. strukturierte Randbedingungen (z.B. wechselnde Umwelteinflüsse; Freiheitsgrade in der Bearbeitung von Arbeitsaufträgen; Möglichkeit der Nutzung von Hilfsmitteln).

Es kann deshalb nicht eindeutig von Beeinträchtigungen in bestimmten Leistungsvoraussetzungen bzw. von im klinischen Kontext auffallenden Aktivitätsstörungen auf berufliche Aktivitätsstörungen geschlossen werden. Inwiefern sich ein diagnostiziertes funktionelles Defizit (z.B. eine Merkfähigkeitsstörung) im Einzelfall in einer Einschränkung beruflicher Aktivitäten aktualisiert, ist davon abhängig:

– ob und in welchem Ausmaß die berufliche Tätigkeit Anforderungen an die beeinträchtigte Leistungsvoraussetzung stellt (z.B. geringen Anforderungen an die Merkfähigkeit bei Serientätigkeiten),

– welche personenbezogenen Bewältigungsressourcen im Sinne von Kompensationsstrategien oder Handlungsalternativen verfügbar und realisierbar sind (z.B. Nutzung externer Gedächtnishilfen)

– bzw. welche arbeitsplatzbezogenen Unterstützungsressourcen verfügbar und nutzbar sind (z.B. Adaptation der Arbeitsaufgaben; Toleranz von Fehlern).

Zudem sind individuelle Leistungsvoraussetzungen nicht statisch sondern verändern sich bei Beanspruchung (Übungs-/Ermüdungseffekte). Auch können Beeinträchtigungen in Leistungsvoraussetzungen kurzfristig durch erhöhte Anstrengung kompensiert werden (z.B. in der Testsituation) und sich erst bei längerfristiger beruflicher Beanspruchung in einer Aktivitätsstörung manifestieren.

Arbeitsplatzbezogen liegt die Problematik der merkmals- bzw. eigenschaftsorientierten Vorgehensweise darin begründet, dass psychische Abläufe bei der Ausführung von Tätigkeiten nicht hinlänglich beobachtbar und auch nur teilweise erfragbar sind. Nach Hacker (1998, S.75) kann „... nicht umkehrbar eindeutig von einem bestimmten Arbeitsergebnis auf einen bestimmten psychischen Voraussetzungsbereich geschlossen werden, es existieren in der Regel mehrere Möglichkeiten mit jeweils verschiedenen psychischen Voraussetzungsbereichen. Auch bei wohlumschriebenen Aufgaben besteht in den beteiligten psychischen Prozessen ein vielschichtiges Geflecht von Kompensationsmöglichkeiten"

Hacker bemerkt dazu weiter: „Das Problem liegt nicht darin, dass es nicht sinnvoll wäre, von objektiv vorhandenen Fähigkeiten oder psychischen Eigenschaften zu sprechen. Zielpunkt unserer Kritik ist vielmehr das methodisch unhaltbare Rückschliessen von einer Aufgabe oder Tätigkeit auf eine ohne Realanalyse jeweils dazugedachte psychische Leistungsvoraussetzung. Auf diese Weise ist für jede beliebige Tätigkeit eine beliebige psychische „Kraft", „Fähigkeit", „Bereitschaft" oder ein „Vermögen" konstruierbar. Warum soll beispielsweise die psychische Bedingung für das Kochen eines leckeren Puddings nicht das „Puddingkochvermögen" sein" (ebd.).

Objektiv gleiche Anforderungen können damit in Abhängigkeit von den personenspezifischen Leistungsvoraussetzungen bzw. Bewältigungsressourcen unterschiedliche psychische Prozesse beanspruchen. Dies gilt insbesondere bei beeinträchtigten Leistungsvoraussetzungen wie nach einer Hirnverletzung. Das Schreiben oder Lesen eines Textes kann z.B. bei einem Gesichtsfeldausfall extreme Anforderungen an Aufmerksamkeitsleistungen stellen, die wir als gesunde Person dieser Aufgabe nicht ohne weiteres zuschreiben würden.

Die *simulations- bzw. erprobungsorientierte Vorgehensweise* basiert auf praktischen Arbeitsproben bzw. -simulationen. Diese lassen sich im engeren Sinne als standardisierte Aufgaben bezeichnen, die inhaltlich valide und erkennbar äquivalente Stichproben des erfolgsrelevanten beruflichen Verhaltens provozieren (vgl. Schuler, 1998, S. 115). Im weiteren Sinne lassen sich unter dieser Vorgehensweise auch längerfristige berufliche Erprobungen wie z.B. Probebeschäftigungen oder Praktikas summieren. Der wesentliche Unterschied zur eigenschafts- bzw. merkmalsorientierten Vorgehensweise ist, „dass man, soweit möglich, darauf verzichtet, die Arbeitstätigkeiten in für deren erfolgreiche Ausführung erforderliche Personenmerkmale zu übersetzen. Anstelle eines ‚Anzeichens' (Testverhalten) oder einer ‚Prädisposition' (Eigenschaft) wird von einer Verhaltensstichprobe auf ähnliches künftiges Verhalten geschlossen. Dies sollte um so besser gelingen, je ähnlicher Prädiktor und Krite-

rium einander sind" (ebd.). Die Fähigkeiten zum sicheren Führen eines Kraftfahrzeuges lassen sich z.B. am besten durch eine praktische Fahrprobe abschätzen.

Es existieren verschiedene *standardisierter Arbeitsprobensysteme* wie z.B. das bereits 1936 in den USA entwickelte und 1967 letztmalig überarbeitete TOWER-System (Testing, Orientation and Work Evaluation in Rehabilitation) (vgl. Fischer, 1987). Hauptsächlich motorische bzw. physische Leistungsvoraussetzungen fokussierende Verfahren sind der Handwerklich-Motorische-Eignungstest (HAMET; Dietrich & Goll, 1990), der ERGOS™ work simulator oder die EFL (Evaluation der funktionellen Leistungsfähigkeit; Oliveri et al., 1996).

Hervorzuheben ist die über die ERTOMIS-Stiftung zu beziehende Arbeitsprobenreihe, die für verschiedene Berufsgruppen (Messen; Technisches Zeichnen; Metall; Textil; Holz; Hauswirtschaft; Elektrotechnik; Wirtschaft und Verwaltung) standardisierte Arbeitsprobenmaterialien mit entsprechenden fachorientierten Bewertungsrichtlinien sowie auch einem fachübergreifenden „Arbeitspädagogischen Bewertungs- und Beobachtungsbogen" bereitstellt.

Bei den genannten Arbeitsprobensystemen ist positiv zu bewerten, dass sie versuchen das komplexe Phänomen beruflicher Aktivitäten mit standardisierten und normierten Methoden zu erfassen. Kritisch bleibt jedoch, dass die Inhalte standardisierter Arbeitsproben in der Regel nur bedingt die individuellen Anforderungen eines konkreten Arbeitsplatzes abbilden können. Ein weiterer Kritikpunkt ist ihre statusdiagnostische Ausrichtung, die in der Rehabilitation relevanten Selbstveränderungs- bzw. Lernprozesse vernachlässigt (vgl. Fischer 1987).

Eine Alternative zu standardisierten Arbeitsproben besteht in *einzelfallorientierten Arbeitsproben* an einem simulierten Arbeitsplatz oder einer kontrollierten Erprobung an einem realen Arbeitsplatz.

Voraussetzung für eine *Arbeitsplatzsimulation* ist eine genaue Analyse der Arbeitsaufträge und Ausführungsbedingungen am angestrebten Arbeitsplatz. In standardisierter Form lässt sich dies z.B. mit der Verfahrensgruppe

RIHA/VERA (vgl. Leitner et al., 1993) realisieren, die zur Ableitung arbeitsgestalterischer Maßnahmen entwickelt wurde. Basierend auf der Methodik des Beobachtungsinterviews (s.o.) sind detaillierte Beschreibung von Arbeitsplätzen, ausgehend von den allgemeinen Arbeitsbedingungen über die Festlegungen quantitativer und qualitativer Merkmale des Arbeitsergebnisses bis zur Differenzierung einzelner Arbeitsaufgaben mit ihren Teiltätigkeiten und Arbeitsoperationen möglich. Weitere standardisierte Verfahren zur Arbeitsplatzanalyse sind z.B. der FAA (Frieling et al., 1978) oder das TAI (Frieling et al., 1993). Die mit derartigen Instrumenten erreichbare Differenziertheit der Beschreibung wird jedoch begrenzt von den Möglichkeiten der Simulation der Arbeitsanforderungen z.B. in einer Übungsoder Scheinfirma.

Alternativ sind supervidierte Erprobungen an konkreten Arbeitsplätzen im Rahmen von Probebeschäftigungen oder Praktika zu erwägen. Eine Erprobung am angezielten Arbeitsplatz erlaubt darüber hinaus die Erfassung der Wirksamkeit der verfügbaren Unterstützungsressourcen.

Bewertungskriterien für die Eignung bzw. Nichteignung auf der Basis einzelfallorientierter Arbeitserprobungen ergeben sich aus den arbeitsplatzbezogenen *qualitativen und quantitativen Festlegungen des Arbeitsergebnisses,* dem *geforderten Arbeitsverhalten* sowie den resultierenden *Beanspruchungsfolgen.* Bezüglich des Arbeitsergebnisses bezeichnet die Quantität die Menge von Produkten oder die zeitlichen Festlegungen von Arbeitsabläufen. Die Qualität bezieht sich dabei auf Qualitätsnormen, denen das Arbeitsergebnis entsprechen muss, um verwertbar zu sein. Diese Kriterien sind vor der Arbeitserprobung mit den Beteiligten genau abzusprechen und Probleme ihrer Einhaltung bzw. Abweichungen im Verlauf zu dokumentieren.

Für eine standardisierte *Erfassung und Bewertung des Arbeitsverhaltens* existieren Checklisten-Verfahren wie z.B. das Vocational Assessment Protocol (Thomas & Botterbusch, 1997), die Prevocational Checklist (Silver et al., 1988) oder der schon genannte „Arbeitspädagogische Bewertungs- und Beobach

tungsbogen" (ERTOMIS Arbeitsproben). Allgemein ist ein Mangel an hirnschädigungsbezogenen standardisierten Verfahren zur Verhaltenserfassung bzw. -beschreibung im beruflichen Setting zu konstatieren (Patridge, 1996).

Kritisches Arbeitsverhalten nach Hirnverletzung

Die nachfolgenden Auffälligkeiten im Arbeitsverhalten erwiesen sich in der Studie von Wehmann et al. (1993) als besonders hinderlich für eine erfolgreiche berufliche Plazierung:
– nach Abschluss einer Aufgabe kein selbstständiges Beginnen einer neuen Aufgabe
– ungewöhnliches oder unangemessenes Sozialverhalten
– wiederholtes Fragen nach Unterstützung und Arbeitsanweisungen
– Unfähigkeit, angemessen auf nicht-verbale Signale zu reagieren
– Nichtbeachten von Sicherheitsregeln
– Schwierigkeiten im Anwenden von Kompensationsstrategien

Wenig Beachtung wurde bisher der systematischen Erfassung der von Betroffenen im Rahmen der Arbeitstätigkeit erlebten *psychischen Beanspruchungsfolgen* gewidmet (s. Kasten: Psychische Beanspruchungsfolgen). Die hier für Gesunde entwickelten arbeitspsychologischen Konzepte bezüglich Ermüdung, Monotonie, Sättigung, Stress, ihrer negativen Auswirkung auf die Arbeitsleistung und das Arbeitsverhalten (z.B. psychosomatische Beschwerden, Fehlleistungen, Reizbarkeit, Motivationsprobleme, etc.) sowie der daraus ableitbaren Forderungen einer beanspruchungsoptimalen Gestaltung von Arbeitstätigkeiten (vgl. Hacker, 1995), dürften auch auf Probleme der Belastbarkeitsminderung im Zusammenhang mit Hirnverletzungen anwendbar sein. Ein entsprechendes Verfahren ist z.B. der BMS-Erfassungsbogen sowie die Schätzskala zum subjektiven Beanspruchungserleben (Plath & Richter, 1984)

Beim Vorliegen von beruflichen Aktivitätsstörungen am Arbeitsplatz sind für die Ableitung spezifischer Interventionen die *verfügbaren Bewältigungs- und Unterstützungsressourcen* relevant. Neben der Akzeptanz der häufig chronischen Beeinträchtigungen nach

Psychische Beanspruchungsfolgen

Ermüdung bezeichnet eine reversible Minderung personeller Leistungsvoraussetzungen, die zur Verschlechterung psychophysischer Regulationsvorgänge führt, in deren Folge Effizienzminderungen der Tätigkeit auftreten. Das Ermüdungserleben ist gekennzeichnet durch eine anfängliche kompensatorische Anspannungssteigerung, später durch das Erleben von Anstrengung, Mühe, Konzentrationsverlust und Müdigkeit.

Monotonie ist ein Zustand herabgesetzter Aktivität, der durch das Erleben von Müdigkeit und Schläfrigkeit begleitet ist, die Umstellungs- und Reaktionsfähigkeit senkt und mit Leistungsschwankungen sowie Leistungsminderung verbunden ist. Monotoniezustände treten gehäuft bei gleichförmigen, häufig wiederkehrenden Handlungen auf. Im Gegensatz zur Ermüdung können sie durch Tätigkeitswechsel schnell behoben werden

Sättigung ist ein Zustand gesteigerter Gereiztheit, unlustbetonter Spannung und des Widerwillens gegenüber der Fortsetzung einer spezifischen Tätigkeit und geht mit einer affektiv ausgelösten Steigerung der Wachheit einher. Das Auftreten psychischer Sättigung ist abhängig von der individuell unterschiedlichen emotionalen Bewertung der Tätigkeit und wird daher in noch stärkerem Maße als Monotonie und Ermüdung von motivationalen Faktoren beeinflusst.

Stress wird verstanden als Reaktion auf als unannehmbar oder bedrohlich erlebte, konflikthafte Fehlbeanspruchung, erwachsend aus starker Unter- oder Überforderung der Leistungsvoraussetzungen bzw. dem Infragestellen wesentlicher ich-naher Ziele und sozialer Rollen. Die so entstandenen emotionalen Belastungen sind gekennzeichnet durch unlustbetonte Erregungszustände und Ängste, die mit neuroendokrinen und neurovegetativen Aktivitätserhöhungen verbunden sind.

(in Anlehnung an Plath & Richter, 1984)

Hirnverletzung ist für die erfolgreiche Bewältigung beruflicher Aktivitätsstörungen ihre adäquate Einschätzung durch den Betroffenen von entscheidender Bedeutung (Ben-Yishay et al., 1987; Ezrachi et al., 1991; Melamed et al., 1992). Die Qualität des Störungsbewusstseins bestimmt dabei wesentlich die Möglichkeiten kompensationsorientierter Interventionen. Crosson et al. (1989) legen hierfür ein Modell

vor, welches Indikationshinweise für Kompensationsformen in Abhängigkeit vom Grad des Störungsbewusstseins gibt (s. Kasten: Störungsbewusstsein und Kompensation).

Insbesondere wenn bestehende berufliche Aktivitätsstörungen durch den Betroffenen nicht kompensierbar sind, wird die verfügbare Unterstützung durch Arbeitgeber, Arbeitskollegen bzw. die Möglichkeit der Adaptation der Arbeitsaufträge und Ausführungsbedingungen an die hirnschädigungsbedingten Einschrän-

Störungsbewusstsein und Kompensation

Grad des Störungs-bewusstseins	Kompensations-form
kein Störungs-bewusstsein („Ich habe keine Einschränkungen.")	(1) externe Kompensation im Sinne einer Adaptation der Anforderung (z.B. Ausschließen gedächtniskritischer Anforderungen)
deklaratives Störungsbewusstsein („Die Therapeuten sagen, ...")	(1) und (2) eine Kompensationsstrategie in festgelegten Situation immer anwenden (z.B. sich jede Arbeitsanweisung notieren)
situatives Störungsbewusstsein („In der Situation merke ich, ...")	(1),(2) und (3) Einsatz einer Kompensationsstrategie, während das Problem auftritt (z. B. um Wiederholung bitten, wenn man eine Instruktion nicht behalten hat)
antizipatives Störungsbewusstsein („Ich weiss schon im vorhinein, ...")	(1), (2), (3) und (4) Einsatz der Kompensationsstrategie, bevor das Problem auftritt (z.B. jemand anderen bitten, dass er einen an etwas bestimmtes erinnern soll, was man sonst möglicherweise vergisst)

(in Anlehnung an Crosson et. al., 1989)

kungen relevant. Für diesen Bereich gibt es bisher kaum standardisierte diagnostische Strategien. Erste Bemühungen um eine systematische Einschätzung unterstützender bzw. integrationsfördernder Faktoren am Arbeitsplatz zeigen sich in der Entwicklung von Instrumenten wie dem „Vocational Integration Index" (West, 1995) oder der „Employment Site Quality Consideration Checklist" (McLoughlin et al., 1987).

Integrationsfördernde Faktoren am Arbeitsplatz

In der Studie von West (1995) erwiesen sich folgende Arbeitsplatzmerkmale (Items des „Vocational Integration Index") als besonders relevant für eine erfolgreiche berufliche Wiedereingliederung nach Hirnverletzung:
- Zusammenarbeit mit Nicht-Hirnverletzten
- Teilnahme an Abteilungsbesprechungen
- Gemeinsame Pausen mit Kollegen
- Interaktion mit Kollegen in den Pausen
- im Vergleich zu Kollegen ähnliche Arbeitsanforderungen
- Möglichkeit beruflicher Weiterentwicklung

Zusammenfassend ist hervorzuheben, dass im Rahmen einer simulations- bzw. erprobungsorientierten Vorgehensweise Entscheidungen bezüglich Eignung und notwendiger Interventionen nicht auf dem „spekulativen Umweg über erfolgsrelevante Eigenschaften" (Schuler, 1998, S.62) getroffen werden, sondern sich direkt an den am Arbeitsplatz geforderten Leistungs- und Verhaltenskriterien orientieren. Die durch die Tätigkeit ausgelösten dynamischen Selbstveränderungsprozesse (Entwicklung, Beeinträchtigung) sowie die problembezogenen Bewältigungs- und Unterstützungsressourcen sind direkt erfassbar. Der Betroffene hat die Möglichkeit, die eigene Leistungsfähigkeit zu erleben, berufliche Interessen im Rahmen einer oder verschiedener Tätigkeit(en) zu entwickeln sowie auf ihre Realisierbarkeit zu prüfen. Berufliche Entscheidungen sind dabei für alle Beteiligten transparenter und nachvollziehbarer.

Indikation für neuropsychologische Interventionen im Rahmen der beruflichen Wiedereingliederung

Ob Interventionen, die eine berufliche Wiedereingliederung sichern bzw. ermöglichen würden überhaupt als erforderlich erachtet werden, hängt zunächst entscheidend von der rehabilitativen Grundhaltung und damit verbundenen Zielsetzungen ab. Während z.B. Zielsetzungen der Rentenversicherungsträger (vollschichtige Verfügbarkeit auf dem allgemeinen Arbeitsmarkt) offensichtlich nur für eine Teilpopulation aller hirnverletzten Menschen erreichbar sind, wird im Rahmen der Konzeption Unterstützter Beschäftigung (s. S. 337) programmatisch festgestellt, dass für jeden behinderten Menschen eine beschäftigungsbezogene, gesellschaftliche Wiedereingliederung i.S. einer beruflichen Partizipation möglich ist (McLoughlin et al., 1987). Das Spektrum möglicher Zielsetzungen erstreckt sich von der vollschichtigen beruflichen Wiedereingliederung am alten Arbeitsplatz, über einen Umsetzarbeitsplatz und geringfügige Beschäftigung bis hin zu ehrenamtlichen Tätigkeiten und Arbeiten in geschützten Werkstätten und Selbsthilfefirmen.

Vor dem Hintergrund der Komplexität des zielbezogenen, dynamischen Bedingungsgefüges in der neurologisch-neuropsychologischen Rehabilitation kann allein aufgrund einer patientenzentrierten, klinischen Urteilsbildung keine ausreichend valide Indikationsstellung für eine berufliche Rehabilitation Hirnverletzter vorgenommen werden (Fries & Seiler, im Druck). Für eine trennscharfe Indikationsstellung und prognostische Selektion von Interventionsstrategien ist aus neuropsychologischer Sicht zu entscheiden, bei welchem Patienten mit welchen Beeinträchtigungen beruflicher Aktivitäten unter den gegebenen personen- und arbeitsplatzbezogenen Bedingungen welche neuropsychologische Intervention zu welcher beruflichen Zielsetzung wirksam ist.

Hier eine Antwort zu finden, ist in der Praxis alltägliche Routineaufgabe und erfolgt in der Regel vor dem Hintergrund begrenzter Ressourcen (Zeit, Personal, Kosten usw.). Fehlende empirische Befunde werden durch klinische Erfahrungen ersetzt, die wiederum begrenzt sind durch das geringe Feedback bzgl. des Erfolgs realisierter Maßnahmen im beruflichen Kontext. Implizit fließen eine Vielzahl von Überlegungen in die Entscheidung ein, welche Maßnahmen der beruflichen Integration aus neuropsychologischer Sicht zu ergreifen sind (s. Kasten: Indikationsfragen).

Indikationsfragen

Hierzu gehören die Fragen
- ob professionelle neuropsychologische Intervention überhaupt erforderlich ist,
- ob sie bei diesem Patienten erfolgversprechend ist,
- welche berufsbezogenen Ziele angestrebt werden sollten,
- welche Auswirkungen mit dem Erreichen dieser Ziele verbunden sein würden,
- welche Interventionsformen realisiert werden sollen,
- wer in das weitere Vorgehen einbezogen werden sollte und
- wie die konkrete Intervention letztlich umgesetzt werden könnte.

Nicht zuletzt sind Kriterien für Kontraindikationen zu formulieren, die Folgen falscher Maßnahmeselektionen zu bewerten und verdeckte Selektionsprozesse zu reflektieren.

Die Konkretisierung der Zielsetzungen kann dabei für sich genommen schon ein Bestandteil der Gesamtmaßnahme sein. Sie ist in der Regel stark geprägt vom Auftraggeber (in der Regel identisch mit dem Kostenträger), muss aber letztlich für alle anderen Beteiligten (Patient, seine Angehörigen, Arbeitgeber, professionelle und semiprofessionelle Beteiligte) konsensfähig und in das gegebene soziale Umfeld eingebettet sein. Hier ist zu beachten, dass aus gesellschaftlicher Sicht in der Regel ein großes Interesse an einer vollschichtigen beruflichen Wiedereingliederung besteht. Aus der subjektiven Sicht des Betroffenen sowie seiner Mitmenschen (Angehörigen, Kollegen usw.) können jedoch mit einer solchen Zielsetzung unliebsame, nicht gewünschte Mitänderungen verbunden sein. Diese müssen vom klinischen Neuropsychologen als Behandler

erfasst und ebenso wie die reflektierte eigene Wertung der Zielsetzungen in den Therapieplanungsprozess integriert werden. Zudem ist die regionale Arbeitsmarktsituation sowie die Verfügbarkeit des alten oder eines neuen Arbeitsplatzes häufig entscheidend für das weitere Vorgehen.

Ist die (vorläufige) Zielsetzung formuliert, sind Art und Umfang der erforderlichen Interventionen festzulegen (*selektive Indikationsstellung*). Hierbei ist zu berücksichtigen, dass maßnahmenrelevante, prognostische Kriterien nur eingeschränkt bekannt sind und die Indikationsstellung häufig erst nach Beginn der Intervention (Probehandlung) abgesichert werden kann. Zudem kann das Fluktuieren von Ausgangs- und Zielzuständen im Verlauf der Intervention eine Neudefinition der generellen Zielsetzung der beruflichen Wiedereingliederung und der therapeutischen Entscheidungen notwendig machen (*adaptive Indikationsstellung*).

Die Abhängigkeit hirnschädigungsbedingter beruflicher Aktivitätsstörungen von sowohl personen- als auch arbeitsplatzbezogenen Bedingungen erfordert ihre problemzentrierte Analyse in der Diagnostik. Im Rahmen der Indikationsstellung sind die personen- und arbeitsplatzbezogenen Ursachen für die hirnverletzungsbedingten angenommenen, erlebten oder beobachteten beruflichen Aktivitätsstörungen am Arbeitsplatz zu klären. Dies entspricht der Forderung Lurias (1971, S. 365), dass die neuropsychologische Untersuchung eine „qualitative (strukturelle) Analyse des beobachteten Symptoms liefern muss, d. h. sie soll, so weit das möglich ist, ermitteln, welchen Charakter der beobachtete Defekt hat und auf welche Ursachen und Faktoren er zurückgeht." Das auf dieser Analyse basierende vorläufige *hypothetische Störungsmodell* entspricht einem Ordnungsschemata, welches eine Orientierung bezüglich der für die berufliche Aktivitätsstörung relevanten personen- und arbeitsplatzbezogenen Variablen ermöglichen soll. Aus ihm ergeben sich Hypothesen bezüglich notwendiger Interventionen, die je nach Wirksamkeit rückwirkend eine Revision des Störungsmodells notwendig machen können oder dieses bestätigen. Im Rahmen dieses iterativen Prozesses als einer Mischform selektiver und adaptiver Indikationsstellung erfolgt eine ergebnisorientierte Optimierung des hypothetischen Störungsmodells.

Fallbeispiel

Bei einem jungen Patienten nach einer schweren Schädelhirnverletzung traten im Rahmen der beruflichen Erprobung als Maschinenschlosser kontinuierlich Probleme mit der Maßgenauigkeit der an einer Drehbank nach Zeichnung zu fertigenden Werkstücke auf. Weder der Patient noch der zuständige Meister konnten sich dies erklären. Der Patient wurde deshalb zu mehr Sorgfalt bei der Arbeit angehalten. Als dies zu keiner Verbesserung führte, wurde vermutet, dass beim Patienten möglicherweise Defizite in den visuell-räumlichen Wahrnehmungsleistungen bestehen. Eine entsprechende diagnostische Untersuchung erbrachte jedoch ein negatives Ergebnis. Die Überprüfung kognitiver Leistungsvoraussetzungen ergab dagegen Defizite im Bereich kurzfristiger Behaltensleistungen. Vor diesem Hintergrund wurde der Arbeitsplatz hinsichtlich gedächtniskritischer Situationen analysiert. Dabei zeigte sich, dass die Zeichnungen für die zu fertigenden Werkstücke auf einem ca. 3 m von der Drehmaschine entfernten Tisch lagen. Nachdem die Zeichnungen unmittelbar an der Maschine positioniert wurden, so dass für den Patienten ohne größere Gedächtnisbelastung eine Kontrolle der Maße während des Drehens möglich war, traten keine Fehler in der Maßgenauigkeit der Werkstücke mehr auf.

Neuropsychologische Interventionen in der beruflichen Wiedereingliederung

Neuropsychologische Interventionen im Rahmen der beruflichen Wiedereingliederung sind zu verstehen als interaktioneller Prozess zur Beeinflussung von beobachteten, erlebten oder vorhergesagten Einschränkungen beruflicher Aktivitäten (Eignungsproblem), die im Konsens zwischen Patienten, Therapeuten, Bezugsperson, Arbeitgeber als defizitär und behandlungsbedürftig erachtet werden und mit neuropsychologischen Mitteln in Richtung auf ein gemeinsam definiertes berufliches Ziel verändert werden können. Der Therapieplan bleibt zunächst in einer Vielzahl von Modellkomponenten unbestimmt und wird erst im neuropsychologischen Handlungskontext vor dem Hintergrund des aktualisierten Bedingungs- und Veränderungswissens des klinischen Neuropsychologen konkretisiert (mehrstufiger, iterativer Entscheidungsprozess im Rahmen adaptiver Indikationsstellung). Die Vorläufigkeit der Maßnahmeplanung impliziert dabei ein probabilistisches Denken, d.h. dass sich Veränderungen nicht über unidirektionale lineare Ursache-Wirkung-Folgen prognostizieren lassen, sondern dass das therapeutische Vorgehen an den eintretenden Wirkungen immer wieder neu optimiert werden muss, das entsprechende Ziel- und Vorgehensweisen immer nur eine Gültigkeit bis auf weiteres haben.

Interventionsschwerpunkte sind unter Berücksichtigung des gegeben Kontext (soziales Umfeld/Arbeitsmarkt) einerseits unmittelbar bezogen auf die personen- und arbeitsplatzbezogenen Ebenen des vorgestellten neuropsychologischen Handlungsmodells. Andererseits sind sie maßgeblich geprägt durch die verfügbaren diagnostischen Vorinformationen (merkmals-/erprobungsbezogen) und die institutionellen Rahmenbedingungen (außerbetrieblich/betrieblich) unter denen die Maßnahmen erbracht werden.

Das Resultat einer *eigenschafts- bzw. merkmalsorientierten* diagnostischen Vorgehensweise ermöglicht vor allem Aussagen auf der Ebene des Trainings von Leistungsvoraussetzungen mit der Zielsetzung einer Passung von verfügbaren bzw. als notwendig angenommenen Leistungsvoraussetzungen und gegebenen Leistungsanforderungen am Arbeitsplatz. Die lineare Zuordnung von Leistungsvoraussetzungen und -anforderungen berücksichtigt dabei nicht die Tatsache, dass objektiv gleiche Anforderungen auf unterschiedlichen Wegen, d.h. unter Nutzung unterschiedlicher psychischer Prozesse bewältigt werden können, ein Ansatz der insbesondere im Rahmen der Vermittlung von Kompensationsstrategien von zentraler Bedeutung ist (Gauggel et al., 1998).

Die Ergebnisse einer *simulations- bzw. erprobungsorientierten* diagnostischen Vorgehensweise stehen in einem direkteren Bezug zur Intervention. Das auf die beruflichen Aktivitätsstörungen bezogene hypothetische Störungsmodell erlaubt unter Berücksichtigung personenbezogener Bewältigungs- und arbeitsplatzbezogener Unterstützungsressourcen gezieltere Interventionen, die sich nicht auf antizipierte sondern konkret beobachtete Probleme am Arbeitsplatz beziehungsweise im simulierten Tätigkeitsfeld beziehen.

Ausserbetriebliche und betriebliche Interventionen

Wesentlich sind neuropsychologische Interventionen von den institutionellen Rahmenbedingungen und damit zusammenhängenden Grundkonzeptionen beruflicher Wiedereingliederung abhängig. Es lassen sich ausserbetriebliche und betriebliche Interventionsformen unterscheiden.

Außerbetriebliche Interventionsformen entsprechen dem traditionellen Vorgehen bei der beruflichen Wiedereingliederung und basieren auf dem Grundkonzept eines vorbereitenden Trainings von Leistungsvoraussetzungen und der Aktivierung von Bewältigungsressourcen im Hinblick auf eine anschließende berufliche Plazierung („train and place"). Es wird von einem Transfer bzw. der Generalisierung von Interventionseffekten auf konkrete berufliche Aktivitäten ausgegangen. Im Handlungsmodell beziehen sie sich damit schwerpunktmäßig auf die personenbezogene Ebene.

Betriebliche Interventionsformen basieren dagegen auf dem Grundkonzept einer unmittelbaren Plazierung und eines Trainings bzw. der Aktivierung von Unterstützungsressourcen am konkreten Arbeitsplatz („place and train"). Dabei sind Probleme des Transfer bzw. der Generalisierung aufgrund des unmittelbaren Ansetzens der aus dem neuropsychologischen Störungsmodell ableitbaren Interventionen an den beruflichen Aktivitätseinschränkungen von untergeordneter Bedeutung. Restriktionen ergeben sich durch die zu beachtenden betriebswirtschaftlichen Zielvorgaben bzw. das Sichern des Arbeitsergebnisses am Arbeitsplatz. Betriebliche Interventionen beziehen sich damit schwerpunktmäßig auf die

arbeitsplatzbezogene Ebene im Handlungsmodell.

Aufgrund der in der Regel chronischen Beeinträchtigung von Leistungsvoraussetzungen nach einer Hirnschädigung werden in der Praxis insbesondere *kompensationsorientierte Interventionsansätze* sowohl bei ausserbetrieblichen als auch bei betrieblichen Maßnahmen favorisiert (Patridge, 1996). Die Kompensation zielt allgemein auf den Ausgleich beeinträchtigter Leistungsvoraussetzungen, entweder durch

1. einen erhöhten zeitlichen Aufwand bzw. verstärkte Anstrengung,
2. die Nutzung alternativer Handlungsmöglichkeiten bzw. den Einsatz von Hilfsmitteln und/oder durch
3. die Veränderung von Erwartungen, Einstellungen bzw. Ansprüchen (Gauggel et al., 1998).

Voraussetzung hierfür ist das Bewusstsein für die Beeinträchtigung von Leistungsvoraussetzungen und Einschränkungen beruflicher Aktivitäten, welches nach Hirnverletzung häufig gestört ist, und je nach Art und Ausmaß Konsequenzen für die Entwicklung von Kompensationsstrategien hat (Crosson et al., 1989, Sherer et al., 1998).

Die daraus resultierenden emotionalen und motivationalen Probleme im Zusammenhang mit der Entwicklung einer realistischen beruflichen Perspektive und eines zielführenden Umgangs mit den hirnschädigungsbedingten beruflichen Aktivitätseinschränkungen können im Vorfeld einer beruflichen Plazierung spezifische *ausserbetriebliche neuropsychologische Interventionen* notwendig machen.

Sogenannte *holistische Gruppenprogramme* zielen hier im Rahmen eines therapeutischen Milieus, welches die Angehörigen der Betroffenen einbezieht, auf die Aktivierung von Bewältigungsressourcen (Prigatano, 1986; Ben-Yishay & Lakin, 1989; Ben-Yishay & Gold, 1990; Ben-Yishay & Prigatano, 1990). Therapeutische Schwerpunkte liegen in der Entwicklung einer realistischen Selbsteinschätzung (awareness), im Annehmen von therapeutischer Führung und Unterstützung (malleability), in der Förderung der Akzeptanz der veränderten Leistungsfähigkeit (acceptance) sowie in der bestmöglichen Kompensation hirnschädigungsbedingter Störungen kognitiver, kommunikativer und sozialer Leistungsvoraussetzungen im Alltag. Die Teilnahme von Rehabilitanden an einem solchen Programm setzt die Möglichkeit und Bereitschaft einer erfolgreichen Einbindung des Betroffenen und seiner Angehörigen in das therapeutische Milieu voraus. Die Maßnahmen sind dabei nicht spezifisch berufsbezogen, beinhalten jedoch kontrollierte Arbeitsversuche zur allgemeinen Verbesserung der Realitätsanpassung. Studien zur beruflichen Wiedereingliederung derart selektierter Teilnehmergruppen zeigen, dass nach dem Programm ca. 60% zuvor nicht wettbewerbsfähig einsetzbaren Programmteilnehmer abschließend beruflich integriert werden konnten (Ben-Yishay et al., 1987). Der Erfolg der beruflichen Wiedereingliederung korrelierte in hohem Maße mit dem Erreichen der therapeutischen Ziele des Programms (Ezrachi et al., 1991).

Ähnliche therapeutische Ansätze verfolgen das Intensiv-Rehabilitations-Programm (IRP; Kühne, 1996) und das „Kompetenz- und Kompensationsprogramm" von Gauggel et al. (1998).

Allgemein sind ausserbetriebliche Interventionen bei der beruflichen Wiedereingliederung immer dann indiziert, wenn neuropsychologische Leistungs- und Verhaltensprobleme am Arbeitsplatz sich im betrieblichen Setting aufgrund der betriebswirtschaftlichen Zwänge und Rahmenbedingungen nicht hinreichend bearbeiten lassen bzw. wenn eine zu frühe Plazierung aufgrund der bestehenden Einschränkungen den angezielten Arbeitsplatz gefährden könnte. Bei der Gestaltung der Interventionsmaßnahmen ist darauf zu achten, dass eine Generalisierung bzw. ein Transfer auf die Bedingungen am Arbeitsplatz sichergestellt ist. Sie sollten sich z.B. im Rahmen von Arbeitssimulationen oder Rollenspielen möglichst nah an den problematischen Situationskontext am Arbeitsplatz anlehnen (Parenté et al., 1994).

Eine konzeptionelle Grundlage für *betriebliche Interventionen* liefert das in den Vereinigten Staaten entwickelte Modell des *„Supported Employment"*. Es fand ursprünglich Anwendung als alternatives Modell der beruflichen Wiedereingliederung von Menschen mit entwicklungsbedingten beruflichen Aktivitätseinschränkungen und wurde insbesondere von Wehmann und Kreutzer (Kreutzer et al., 1988; Wehman, 1990; Wehman et al., 1995) für Hirnverletzte adaptiert. Der Grundgedanke besteht in einer unmitttelbaren Plazierung an einem konkreten Arbeitsplatz, einer direkten Unterstützung bei der Einarbeitung durch einen „Job Coach", einer kontinuierlichen Reduzierung der Unterstützung bis der Betroffene die Tätigkeit selbständig ausüben kann sowie einer langfristigen Nachbetreuung. Die Eingliederungsquoten von Hirnverletzten, die über herkömmliche Rehabilitationsmaßnahmen *nicht* eingliederbar waren, liegen zwischen 50 und 70%! Vor dem Hintergrund hiesiger Wiedereingliederungsquoten und der geforderten Kosteneffektivität neuropsychologischer Maßnahmen soll das Konzept, das in dieser konsequenten Form im deutschsprachigen Raum bisher keine Umsetzung gefunden hat, ausführlicher dargestellt werden (s. Kasten, S. 338).

Neuropsychologische Interventionen im betrieblichen Setting können sich schwerpunktmäßig beziehen auf die:
– Förderung der Realitätsanpassung im betrieblichen Rahmen
– Unterstützung bei der Einarbeitung am Arbeitsplatz
– Sicherung der beruflichen Wiedereingliederung im Rahmen der Nachbetreuung

Förderung der Realitätsanpassung im betrieblichen Rahmen

Betroffene aber auch Angehörige haben häufig Schwierigkeiten, Aussagen von therapeutischer Seite über bestehende berufliche Einschränkungen und daraus resultierende Konsequenzen für die berufliche Perspektive nachzuvollziehen und zu akzeptieren. Die *gezielte Vermittlung konkreter Erfahrungen an einem Arbeitsplatz* der freien Wirtschaft sowie die Rückmeldungen von einem als in beruflichen

Merkmale des Supported Employment in den Vereinigten Staaten

Wohnortnahe berufliche Integration: Angestrebt wird ein wohnortnaher Arbeitsplatz in einem Betrieb der freien Wirtschaft, der die Zusammenarbeit mit nicht-hirnverletzten Menschen ermöglicht, um Ausgrenzungsprozesse zu vermeiden.

Wettbewerbsbezogene Einstellung und Bezahlung: Die Betroffenen unterliegen bei der Einstellung den gleichen wettbewerbsbezogenen Anforderungen wie nicht-hirnverletzte Arbeitnehmer und werden auch vergleichbar bezahlt (der Stundenlohn für integrierte Betroffene liegt in den Vereinigten Staaten über dem Minimalverdienst zwischen $5,00 und $5,25).

Kein Ausschluss vom Programm aufgrund von Beeinträchtigung: Anstatt Betroffene aufgrund von Beeinträchtigung vom Programm auszuschließen, liegt der Schwerpunkt auf Interventionen die eine stabile berufliche Wiedereingliederung trotz bestehender hirnschädigungsbedingter Leistungs- und Verhaltensprobleme ermöglichen.

Umfangreiche personen-, umfeld-, arbeitsmarkt- und arbeitsplatzbezogene diagnostische Maßnahmen: Unter Einbeziehung des sozialen bzw. familiären Umfeldes erfolgt eine genaue Abklärung der Interessen und Fähigkeiten des Betroffenen, der beruflichen Möglichkeiten am wohnortnahen Arbeitsmarkt sowie eine Analyse der Anforderungen an potentiellen Arbeitsplätzen.

Passung zwischen Interessen und Fähigkeiten des Betroffenen und dem potentiellen Arbeitsplatz: Das Programm akquiriert verschiedene Arbeitsplätze die den Interessen und Leistungsvoraussetzungen des Betroffenen gerecht werden (job development). Die Entscheidung für einen Arbeitsplatz trifft dann der Betroffene.

Interventionsschwerpunkt nach der Plazierung: Im Durchschnitt werden 32-36 Stunden für die Vorbereitung der beruflichen Plazierung verwendet, während die Betreuung und Einarbeitung am Arbeitsplatz im ersten halben Jahr nach der Plazierung bei ca. 240-260 Stunden liegen kann.

Beratung von Arbeitnehmern und Arbeitskollegen: Beratung bezüglich der Auswirkungen von Hirnschädigung auf berufliche Aktivitäten und der Fähigkeiten des Betroffenen. Der Job Coach fungiert hierbei als ein Vermittler zwischen Arbeitgeber, Kollegen und dem Betroffenen.

Langfristige Nachbetreuung: Um die berufliche Wiedereingliederung zu sichern, wird eine langfristige Nachbetreuung angeboten, die im Fall von Problemen am Arbeitsplatz (z.B. durch Veränderung beruflicher Anforderungen) Unterstützung für den Betroffenen und den Arbeitgeber sicherstellt. Nach der beruflichen Stabilisierung des Betroffenen am Arbeitsplatz (in der Regel nach ca. 6 Monaten) liegt der Nachbetreuungsaufwand bei ca. 2-3 Stunden im Monat.

Garantie der Sicherstellung des Arbeitsergebnisses: Dem Arbeitgeber wird versichert, dass die Anforderungen gemäß den qualitativen und quantitativen Standards am Arbeitsplatz erfüllt werden. Dies wird über die zu Beginn intensive Mitarbeit des Job Coachs sichergestellt.

Evaluation des Programms: Dokumentation von personen- und interventionsbezogenen Daten wie (1) Art und Dauer der Intervention, (2) Zufriedenheit von Betroffnen und Arbeitgebern, (3) Gründe für Arbeitsplatzverlust nach der Plazierung, (4) Faktoren, die erfolgreiche Wiedereingliederung fördern, (5) Stabilität der beruflichen Wiedereingliederung.

(in Anlehnung an Kreutzer & Witol, (1996))

Fragen kompetent wahrgenommenen Arbeitgeber oder Arbeitskollegen kann häufig in entscheidender Weise die Selbsteinschätzung sowie Akzeptanz des Betroffenen fördern und damit günstige Voraussetzungen für eine erfolgreiche berufliche Plazierung schaffen. Im Vordergrund steht hier nicht der konkrete Zielarbeitsplatz, sondern das Erfahren und (konfrontative) Erleben von berufsrelevanten Leistungsveränderungen. Unter diesem Vorzeichen ist eine solche Maßnahme gemeinsam mit allen Beteiligten sorgfältig zu planen und von therapeutischer Seite engmaschig zu betreuen. Abgestimmt auf die individuellen Schwerpunkte sind klare Leistungs- und Verhaltenskriterien festzulegen, die ggf. täglich mindestens jedoch wöchentlich gemeinsam mit dem Arbeitgeber bzw. Arbeitskollegen und dem Betroffenen zu bewerten sind. In die abschließende Reflexion des Arbeitsversuchs sind alle Beteiligten und insbesondere auch die Angehörigen einzubeziehen um eine breite Akzeptanz der Einschätzung von Arbeitsleistung und Arbeitsverhalten und daraus resultierender Implikationen für den weiteren beruflichen Werdegang zu sichern.

Unterstützung bei der Einarbeitung am Arbeitsplatz

Hirnverletzte bedürfen neben einem direkten intensiven Trainings- von beruflichen Tätigkeitsroutinen insbesondere der *Unterstützung bei der Bewältigung* hirnschädigungsbedingter beruflicher Aktivitätsstörungen (Kreutzer et al., 1988). Interventionen zielen dabei je nach Problembereich auf den Einsatz von Kompensationsstrategien bzw. Hilfsmitteln (z.B. Checklisten und Notizen bei berufsrelevanten Aufmerksamkeits- und Gedächtnisstörungen, vgl. auch Gauggel et al., 1998) oder die Adaptation von Arbeitsaufträgen und Ausführungsbedingungen an die individuellen Leistungsvoraussetzungen des Betroffenen (z.B. adaptive Arbeitszeit und Pausenstruktur bei Belastbarkeitsminderung; Vermittlung eines Umsetzarbeitsplatzes im Betrieb). Interventionen setzen hier an konkreten Problemen am Arbeitsplatz an und sind hinsichtlich ihrer Wirksamkeit in der Regel unmittelbar überprüfbar. Die Entscheidung für eine spezielle Interventionsstrategie ist im Einzelfall von einer Vielzahl personen- und arbeitsplatzbezogener Faktoren abhängig (z.B. Störungsbewusstsein des Betroffenen; Möglichkeiten der Adaptation von Arbeitsanforderungen) und obliegt im Rahmen der oben beschriebenen adaptiven Indikationsstellung auch der situativen Kreativität des intervenierenden Neuropsychologen.

Eine weitere Zielstellung bei der Einarbeitung am Arbeitsplatz besteht in der *Aktivierung und Förderung dauerhafter Unterstützung* durch den Arbeitgeber und die Arbeitskollegen. Dazu gehört die Beratung hinsichtlich der Stärken und Schwächen des Betroffenen, des Umgangs mit problematischen Situationen sowie auch finanzieller Unterstützungsmöglichkeiten bei der beruflichen Wiedereingliederung. Insbesondere die Bedeutung unmittelbarer Rückmeldungen bezüglich Arbeitsleistung und Arbeitsverhalten (z.B. Rückmeldung von Fehlern oder unangemessenem Sozialverhalten) an den Betroffenen muss ver mittelt werden, da häufig die Tendenz besteht, über anfängliche Schwierigkeiten am Arbeitsplatz hinwegzusehen und Probleme erst zu thematisieren, wenn bereits massive Konflikte bestehen.

Eine Form der dauerhaften Unterstützung des Betroffenen am Arbeitsplatz wird im Rahmen des sog. *Patenkollegenmodells* umgesetzt (Gmelin, 1996). Dabei übernimmt ein Mitarbeiter, der möglichst in der gleichen Abteilung wie der Betroffene arbeitet, die Funktion des Ansprechpartners für den Betroffenen und Vorgesetzte. Der Mitarbeiter wird entsprechend auf seine Aufgabe vorbereitet und kontinuierlich beraten. Hintergrund für diese Vorgehensweise ist die Tatsache, dass es außerordentlich schwierig ist, bei aktuellen Problemen (z.B. drohender Arbeitsplatzverlust) als Aussenstehender unmittelbar hilfreich zu intervenieren, von „Innen" heraus ist dies über Mitarbeiter und Entscheidungsträger leichter möglich.

Sicherung der beruflichen Wiedereingliederung im Rahmen der Nachbetreuung

Häufig ist es für Hirnverletzte weniger schwierig einen Arbeitsplatz zu finden, als ihn auch auf Dauer zu behalten (Kreutzer et. al., 1988). Dies liegt zum einen daran, dass hirnschädigungsbedingte berufliche Aktivitätsstörungen sich häufig nicht unmittelbar nach der Plazierung an einem Arbeitsplatz aktualisieren, weil sie entweder in der ersten Zeit mit der Hoffnung auf Besserung von Arbeitgeber und Kollegen toleriert oder vom Betroffenen z.B. durch vermehrte Anstrengung noch kompensiert werden. Zum anderen können sich Veränderungen von Arbeitsaufträgen bzw. Ausführungsbedingungen am Arbeitsplatz (z.B. Veränderung von Arbeitsabläufen, neue Arbeitskollegen, neue Verpflichtungen) oder

Aufstiegsmöglichkeiten für den Betroffenen im Betrieb ergeben, die eine in der Regel von Hirnverletzten nur schwer zu realisierende flexible Anpassung an die neuen Bedingungen erfordert (Parenté et al., 1991). Die dann am Arbeitsplatz auftretenden Probleme werden wegen der häufig eingeschränkten Selbstwahrnehmung vom Betroffenen zunächst nicht erkannt oder falsch attribuiert. Ein adaptiver Lernprozess bezüglich der veränderten Anforderungen bleibt aus oder ist nicht hilfreich.

Nachbetreuung besitzt in Abhängigkeit vom Interventionszeitpunkt *präventiven bzw. krisenbezogenen Charakter.* Entsprechende Dienste müssen als Ansprechpartner kontinuierlich verfügbar sein, kurzfristig reagieren können und detaillierte fallbezogene Kenntnisse besitzen. Sie haben sich in verschiedenen Arbeiten als wesentlicher Faktor im Hinblick auf eine langfristige Beschäftigung des Betroffenen erwiesen und tragen entscheidend dazu bei, zyklische Entwicklungen (Arbeitsplatzverlust, erneute kurzfristige Beschäftigungen und stationäre Rehabilitationsmaßnahmen) zu vermeiden, die letztlich die Wahrscheinlichkeit einer erfolgreichen Reintegration erheblich mindern.

Im Vergleich zu überbetrieblichen Rehabilitationsmaßnahmen der *Berufsbildungs- und Berufsförderungswerke* steht bei betrieblichen Interventionen nicht die für Hirnverletzte meist nur selten realisierbare Ausbildung bzw.

Vorteile betrieblicher Interventionen

– Verringerung der Transfer- und Generalisationsproblematik
– Förderung der Realitätsanpassung im betrieblichen Rahmen
– Verzahnung von anforderungsbezogenen Funktions- und Kompensationstraining sowie der Adaptation eines Arbeitsplatzes
– Nutzung bzw. Aktivierung der Ressourcen im familiären und betrieblichen Umfeld
– Adaptive Gestaltung des Arbeitsumfeldes
– Vermeidung erneuter stationärer Reha-Maßnahmen durch Problemlösungen vor Ort
– Unterstützung in häufig mehrfach auftretenden Phasen des Arbeitsplatzverlustes und erneuter betrieblicher Plazierung
– Aufbau sozialer Unterstützungsstrukturen am Arbeitsplatz

Teilqualifizierung im Vordergrund. Es werden vielmehr die Beschäftigungschancen und die Beschäftigungsdauer durch die *gezielte Anpassung an einen gegebenen Arbeitsplatz erhöht.*

Aktuelle Entwicklungen in der beruflichen Wiedereingliederung – Ausblick

Auch in Deutschland finden sich zunehmend häufiger betriebsorientierte Interventions- und übergreifende Koordinationsansätze. In diesem Zusammenhang ist zu verweisen auf deutschsprachige Adaptationen des schon dargestellten anglo-amerikanischen „Supported Employment"-Ansatzes durch die Arbeitsgruppe HORIZON („Unterstützte Beschäftigung für Menschen mit entwicklungsbedingten Beeinträchtigungen", 1995), sowie den Aufbau von Arbeitsassistenzen (Wingruber, 1997), Integrationsfachdiensten (Matzeder, 1998) und Case-Management-Systemen (Gmelin, 1996). Eine systematische Nutzung dieser Ansätze für Menschen mit erworbener Hirnschädigung findet sich jedoch bisher nur vereinzelt (z.B. Wingruber, 1997).

Jeder dieser Ansätze kann im Einzelfall geeignet sein, den Übergang in den beruflichen Alltag, sowohl auf der fachlich therapeutischen als auch auf der betrieblichen Ebene zu unterstützen. Auf der betrieblich-organisatorischen Ebene bildet die Bereitstellung eines Zugangs zu möglichen Tätigkeitsfeldern den ersten Schritt (Arbeitplatzaquisition), gefolgt von ihrer Beurteilung bzgl. der Zielsetzungen und der weiteren Unterstützung vor Ort. Neuere Studien im anglo-amerikanischen Sprachraum belegen die kurz- und mittelfristige Effizienz solcher Behandlungsansätze insbesondere für Menschen mit erworbener Hirnschädigung. Erste Ergebnisse aus Langzeitstudien (z.B. Johnson, 1998; 10 Jahre follow-up) zeigen, dass eine Unterstützung sowie ein Training vor Ort am Arbeitsplatz eine maßgebliche und nachhaltige Hilfe insbesondere auch für Menschen mit geminderten Leistungsvoraussetzungen und ausgeprägten Aktivitätseinschränkungen sind. In der Studie von Johnson (1998) konnten mehr als 40 % der untersuchten Klienten mit sehr schweren Schädel-Hirn-verletzungen dauerhaft !!! beruflich reintegriert werden.

Die Reha-Philosophie „frühzeitiger Rehabilitationsbeginn sichert den Reintegrationserfolg" ist mittlerweile weit verbreitet und Konsens. Vor dem Hintergrund der bisherigen Ausführungen ist sie zu ergänzen durch eine Forderung nach *frühestmöglicher beruflicher Ausrichtung zur Sicherung des Arbeitsplatzes* (Babineau, 1998). Maßnahmen der Unterstützten Beschäftigung, der Arbeitsassistenz und des Case-Managements sollten nicht als letzte Möglichkeit für diejenigen vorgehalten werden, die mit herkömmlichen Maßnahmen der Rehabilitation nicht beruflich integriert werden konnten, sondern schon in frühen Phasen zeitgleich zu stationären Maßnahmen oder anstatt dieser realisiert werden.

Auch unter wirtschaftlichen Gesichtspunkten ergeben sich im Rahmen von Unterstützter Beschäftigung, Arbeitsassistenz und Case-Management eine Vielzahl interessanter Implikationen. Die wirtschaftlichen Konsequenzen einer schweren Schädel-Hirn-Verletzung sind enorm (Einkommensverlust, Kosten für rehabilitative und weitergehende Maßnahmen, Verlust an Zeit und Einkommen für Angehörige) und liegen bezogen auf den Einzelfall bei lebenslang notwendiger Unterstützung häufig bei weit über einer Million DM. Gleichzeitig ist die berufliche Reintegration für den Kostenträger mit einem hohen finanziellen Aufwand und schwer abzuschätzendem Risiko bzgl. der Zielerreichung verbunden (Papastrat, 1992).

Kostenbegrenzungsstrategien stehen im Vordergrund und werden auch das nachgefragte neuropsychologische Leistungsprofil in der beruflichen Rehabilitation erheblich verändern. Während Kostenreduktion bisher in der Regel gleichzusetzen war mit kürzerer Verweildauer und niedrigeren Tagessätzen in Einrichtungen, wenden sich Kostenträger zunehmend und aktiv alternativen Interventionsstrategien mit ambulantem Charakter und stärkerer betrieblicher Orientierung zu. In verschiedenen Arbeiten (Wehman et al., 1994, Hamburger Arbeitsassistenz, 1997) wurden bereits finanzieller Mitteleinsatz und Ein-

sparungspotentiale Unterstützter Beschäftigung dargestellt.

Zudem werden neben qualifizierten neuropsychologischen Einzelleistungen zunehmend stärker koordinierte, komplexe Leistungsangebote mit definierter Zielsetzung (neuropsychologisches Case-Management) nachgefragt werden. Im Vordergrund steht hier die Koordination, Qualifizierung und Ergänzung der bestehenden Beratungs- und Assistenzprojekte im Hinblick auf die spezifischen Problemstellungen Schädel-Hirn-Verletzter.

Unter dem Gesichtspunkt der *Qualitätssicherung* und des *Qualitätsmanagements* gewinnen Aussagen zum erreichten bzw. erwarteten Erfolg einer Maßnahme bezogen auf die berufliche Reintegration an Bedeutung. Im Vordergrund steht hier die Dokumentation von Wirksamkeit und *Kosteneffizienz*. Um dieser Entwicklung Rechnung zu tragen, werden neuropsychologische Evaluationsinstrumente ungeachtet der Vielzahl verfügbarer Messinstrumente auf der Ebene kognitiver Leistungsvoraussetzungen bzw. Funktionseinschränkungen zukünftig deutlich stärker beruflich relevante Aktivitäten und Aktivitätseinschränkungen fokussieren müssen, differenzierte Aussagen zu den Anforderungen von Zieltätigkeiten bzw. Zielarbeitsplätzen ermöglichen und hierbei zur Wirksamkeit bzw. Notwendigkeit von Unterstützungs- und Bewältigungsressourcen Stellung nehmen. Viele der derzeitigen Maße sind zwar reliabel und objektiv, jedoch aufgrund der geringen ökologischen Validität nicht geeignet, den Erfolg einer neuropsychologischen Maßnahme im Hinblick auf das Ziel einer beruflichen Integration gegenüber dem Kostenträger letztlich schlüssig darzustellen.

Das vorgestellte Rahmenkonzept integriert bewährte und evaluierte neuropsychologische Werkzeuge und Strategien, es birgt zugleich eine Vielzahl von Herausforderungen im Hinblick auf zukünftige Entwicklungen. Insbesondere für den niedergelassenen, ambulant tätigen klinischen Neuropsychologen ergeben sich vielfältige Schlüsselaufgaben im skizzierten Versorgungskonzept. Er ist gefordert als unabhängiger, trägerübergreifender Partner im regionalen Kooperationsverbund mit Kostenträgern, Arbeitgebern, Rehabilitationseinrichtungen und Integrationsfachdiensten. Die notwendige Flexibilität im Rahmen der beruflichen Integration Schädel-Hirn-Verletzter kann nur in interdisziplinär zusammengesetzten Interventionsteams erreicht werden. Innerhalb eines temporären, fallbezogenen Teams vor Ort kann dabei in Abhängigkeit von der jeweiligen Fragestellung und Zielsetzung dem klinischen Neuropsychologen die übergreifende fachliche Koordination zukommen. Der hier gegebene Bedarf an teilstationär bzw. ambulant tätigen klinischen Neuropsychologen ist derzeit bei weitem nicht abgedeckt (Herrmann et al., 1997).

4 Störungen spezifischer Funktionen

4.1 Aufmerksamkeitsstörungen

WALTER STURM & PETER ZIMMERMANN

Zusammenfassung

Aufmerksamkeitsstörungen nach Hirnschädigungen sind sehr häufig und beeinträchtigen – wenn sie unerkannt und unbehandelt bleiben – in hohem Maße die Lebensqualität des Patienten und beeinflussen den Therapieerfolg erheblich. Aufmerksamkeitsdefizite sind kein einheitliches Syndrom, sondern treten – insbesondere bei fokalen Läsionen – je nach Schädigungslokalisation als spezifische Störungen unterschiedlicher Aufmerksamkeitsaspekte auf. Zur Erfassung dieser Störungen ist eine differenzierte Aufmerksamkeitsdiagnostik notwendig, wobei sich computergestützte Verfahren besonders bewährt haben, da nur sie mithilfe von Reaktionszeitmessungen Aktivierungsparameter zuverlässig erfassen können. Entsprechend der Qualität der Störung müssen Aufmerksamkeitsfunktionen hochspezifisch therapiert werden. Insbesondere bei Störungen elementarer Aufmerksamkeitsaspekte (Alertness, Vigilanz) kann es bei Anwendung ungeeigneter, zu komplexer Therapieprogramme sogar zu einer weiteren Verschlechterung der Funktion kommen. Im Gegensatz zu anderen kognitiven Funktionen sind zumindest einige Aufmerksamkeitsleistungen durch eine Stimulationstherapie beeinflussbar, ohne dass dem Patienten spezielle Strategien vermittelt werden müssen. Neben Verbesserungen formaler Aufmerksamkeitsleistungen konnte auch ein positiver Einfluss der Therapie auf Alltagsfunktionen beobachtet werden.

Vorbemerkung

Intakte Aufmerksamkeitsleistungen sind eine wichtige Voraussetzung für die Bewältigung täglicher Anforderungen. Überall dort, wo wir es nicht mit hoch überlernten Routinehandlungen zu tun haben, ist Konzentration und kontinuierliche Kontrolle unseres Handelns erforderlich. Aufmerksamkeitsprozesse sind sowohl auf externe Abläufe, wie z.B. bei der Beobachtung oder der Handlungskontrolle, als auch auf interne Abläufe, z.B. bei der Handlungsplanung oder dem Lösen eines Problems, ausgerichtet. Aufmerksamkeitsfunktionen stellen keine alleinstehende Leistung dar, sondern sind an vielfältigen Prozessen der Wahrnehmung, des Gedächtnisses, des Planens und Handelns, an der Sprachproduktion und -rezeption, an der Orientierung im Raum und an der Problemlösung beteiligt. Insofern stellen Aufmerksamkeitsfunktionen Basisleistungen dar, die für nahezu jede praktische oder intellektuelle Tätigkeit erforderlich sind. Sie sind dadurch allerdings sowohl konzeptuell wie funktionell nur schwer gegenüber anderen kognitiven Funktionen abgrenzbar.

Wenn wir unaufmerksam, „unkonzentriert" sind, entgeht uns eine Vielzahl von Dingen, die sich um uns ereignen, wir schweifen ab, wir erinnern uns anschließend nicht an Einzelheiten; bei praktischen Tätigkeiten „gehen uns die Dinge nicht von der Hand" und es unterlaufen uns Fehler. Einschränkungen der Aufmerksamkeitsfunktionen haben daher weitreichende Folgen in Bezug auf nahezu jeden Lebensbereich. Dadurch kommt ihnen im Rahmen der neuropsychologischen Rehabilitation eine besondere Bedeutung zu. Dies um so mehr, als Störungen der Aufmerksamkeit neben den Störungen des Gedächtnisses zu den häufigsten Folgen von Hirnschädigungen unterschiedlichster Ätiologie gehören. Für Fragen der Möglichkeiten zur Wiedereingliederung in Alltag und Beruf kommt der Beurteilung der Aufmerksamkeitsleistungen eine zentrale Bedeutung zu. Doch auch die Fragen der neuropsychologische Rehabilitation sind davon unmittelbar betroffen, wo jede rehabilitative Maßnahme in der Regel auch entsprechende Aufmerksamkeitsleistungen voraussetzt. In diesem Sinn ist die Feststellung von Lezak (1987) zu verstehen, wenn sie schreibt: „Es ist ganz offensichtlich, dass sie (die Aufmerksamkeitsstörungen) die Rehabilitationsbemühungen erheblich beeinträchtigen können. Tatsächlich kann der Patient, wenn die Aufmerksamkeitsprobleme schwer sind, nicht von der Rehabilitation profitieren, selbst wenn die Motivation, das Denken und die Urteilsfähigkeit sowie die Gedächtnisfunktionen relativ unbeeinträchtigt sind." (Lezak, 1987, p.44). Robertson et al. (1995, 1997) konnten belegen, dass die Erholung von einem Halbseitenneglect und sogar die Rückbildung motorischer Störungen durch Aufmerksamkeitsstörungen des Patienten beeinflusst werden.

Oft wird das Ausmaß der Aufmerksamkeitsdefizite eines Patienten unterschätzt bzw. die sich daraus ergebenden Probleme vom Patienten wie auch vom Therapeuten falsch attribuiert. Lange Zeit wurden die durch Störungen der Aufmerksamkeitsleistung bedingten Schwierigkeiten entweder als „Hirnleistungsschwäche", d.h. undifferenziert als allgemeine intellektuelle Leistungsminderung interpretiert oder als fehlende Motivation, wenn ein Patient aufgrund seiner Aufmerksamkeitsprobleme nicht in der Lage war, in ausreichendem Maße von dem ihm gemachten therapeutischen Angebot zu profitieren. Schlimmstenfalls werden die Probleme, welche die Aufmerksamkeitsstörungen für Alltag und Beruf nach sich ziehen, nicht als solche erkannt und akzeptiert.

Zusammenfassend:
1. Defizite der Aufmerksamkeitsleistungen gehören neben den Störungen des Gedächtnisses zu den häufigsten Beeinträchtigungen nach Hirnschädigungen und Hirnerkrankungen unterschiedlichster Genese.
2. Durch ihren Basischarakter können gestörte Aufmerksamkeitsleistungen Einschränkungen in allen Lebensbereichen zur Folge haben.
3. Für einen Patienten kann das bedeuten, dass sich bei kognitiven aber auch bei motorischen Funktionen eine deutliche Fluktuation seiner Leistungen in Abhängigkeit von der Ermüdung, d.h. nachlassender Aufmerksamkeitsintensität, zeigt.
4. Intakte Aufmerksamkeitsleistungen stellen ein bedeutsames Potential zur Kompensation defizitärer Leistungen in anderen Bereichen dar: durch Konzentration z.B. auf seine eingeschränkte Motorik oder Sprachfähigkeit versucht der Patient ein adäquates Leistungsniveau zu erreichen.

Klinische Aspekte von Aufmerksamkeitsleistungen

Wie dargestellt kommt einer sicheren Diagnose von Aufmerksamkeitsstörungen bei der Rehabilitation eine große Bedeutung zu. Diese setzt jedoch voraus, dass entsprechende spezifische und sensible Testverfahren zur Verfügung stehen. Durch die vielfältigen Facetten der Aufmerksamkeitsstörungen und anhand der Tatsache, dass die Aufmerksamkeitsleistungen meist mit anderen Defiziten, z.B. Wahrnehmungstörungen, Störungen des Gedächtnisses oder Sprachstörungen, konfundiert sind, ist eine sichere Diagnose keine triviale Aufgabe.

Störungen der Aufmerksamkeitsfunktionen gehören nicht nur zu den häufigsten, sondern auch zu den persistierendsten Defiziten und können sich in vielfältiger Weise manifestieren. Die Bedeutung der erlebten Beeinträchtigungen nach traumatischen Hirnverletzungen zeigen die Befragungen von Patienten (van Zomeren, 1981; van Zomeren & van den Burg, 1985; McLean et al., 1983). Die Ergebnisse dieser Befragungen sind zusammenfassend in Tabelle 1 dargestellt.

Tabelle 1. Angaben über subjektiv erlebte Beeinträchtigungen bei Patienten nach schweren SHT, kurz nach dem schädigenden Ereignis (1) (van Zomeren, 1981, p. 9: 62 Patienten) und nach zwei Jahren (2) (van Zomeren & van den Burg, 1984: 57 Patienten), sowie nach leichtem SHT (3) (McLean et al., 1983: 20 Patienten).

	(1)	(2)	(3)
Gedächtnisprobleme	49%	54%	40%
Ermüdbarkeit	41%	30%	65%
Gesteigertes Schlafbedürfnis	39%	25%	
Irritierbarkeit	36%	39%	35%
Langsamkeit	34%	33%	
Aufmerksamkeitsprobleme	31%	33%	45%
Ängste	31%	18%	35%
Intoleranz gegenüber Aufregung	30%	19%	
Benommenheit	27%	26%	35%
Intoleranz gegenüber Geräuschen	26%	23%	30%
Kopfschmerzen	25%	23%	35%
Antriebslosigkeit	25%	23%	

Die Untersuchung von van Zomeren und Kollegen (van Zomeren, 1981; van Zomeren & van den Burg, 1985) von Patienten mit schweren Schädelhirntraumen zeigt, dass mehr als die Hälfte dieser Patienten über eine verminderte Gedächtnisleistung klagt und ein erheblicher Anteil über Beeinträchtigungen, die einer Störung von Aufmerksamkeitsfunktionen zuzurechnen sind (Konzentrationsstörungen, Benommenheit, rasche Ermüdbarkeit, Intoleranz gegenüber Geräuschen und die Unfähigkeit mehrere Dinge gleichzeitig zu tun). Diese Beschwerden waren auch nach 2 Jahren fast im gleichen Umfang zu beobachten (van Zomeren & van den Burg, 1985). Nur 9 von 57 Patienten (16%) waren nach diesen 2 Jahren beschwerdefrei.

Die Untersuchung von McLean et al. (1983) zeigt, dass die Beschwerden keinen direkten Zusammenhang mit dem Schweregrad der Schädigung haben. Bei dieser Befragung klagen Patienten mit leichten bis mittelschweren Traumen einen Monat nach dem schädigenden Ereignis mit einer vergleichbaren Häufigkeit über die gleichen Beschwerden wie Patienten mit schweren Schädelhirntraumen. Wie gezeigt wurde, können solche Beschwerden u.U. über Monate andauern.

Natürlich handelt es sich bei den zitierten Befragungen um subjektive Angaben, doch konnte in mehreren Untersuchungen anhand von konkreten Testleistungen das Vorliegen solcher Beschwerden bestätigt werden. Besonders hervorzuheben ist hier eine ältere Untersuchung von Dencker und Löfving (1958) an Zwillingspaaren, von denen je ein Zwilling Jahre zuvor (im Mittel 10 Jahre, mindestens 3 Jahre) eine Hirnverletzung erlitten hatte. Auch hier zeigte sich eindeutig, dass auch noch nach Jahren Defizite festzustellen sind. Das Ausmaß der Beeinträchtigung stand auch nach den Ergebnissen dieser Untersuchung in keinem direkten Verhältnis zu der Schwere des Traumas.

Die Feststellung, dass Störungen der Aufmerksamkeitsleistungen in keinem direkten Verhältnis zu den Indikatoren des Schweregrads eines Hirntraumas stehen, ist von großer klinischer Relevanz, verweist es doch auf die dringende Notwendigkeit einer sorgfältigen diagnostischen Untersuchung auch bei banal erscheinenden Hirntraumen (s. Kap. 5.7). Insbesondere bei einer Erstversorgung in kleineren Krankenhäusern bleiben solche Defizite zum Schaden der Patienten oft unentdeckt. Ein besonderes Problem ergibt sich aus der Tatsache, dass solche Einschränkungen für Aussenstehende nicht unmittelbar erkennbar sind. Für den Patienten hat das zur Folge, dass er sich, insbesondere dann wenn keine anderen Unfallfolge erkennbar sind – und das gilt in der Regel bei den leichter erscheinenden Unfällen – dem Vorwurf ausgesetzt sieht, sich gehenzulassen oder es an der Bereitschaft fehlen zu lassen, sich etwas anzustrengen. Durch diese fehlende Anerkennung tatsächlich bestehender Schwierigkeiten durch das soziale Umfeld stehen diese Patienten unter einer zusätzlichen psychischen Belastung. Aber auch aus dem Bestreben, die Unfallfolgen zu überwinden, versucht der Patienten häufig die entsprechenden Leistungsminderungen durch eine erhöhte Anstrengung zu kompensieren (*Coping Hypothese*, s. Kap. 7). Aus dem kontinuierlichen kompensatorischen Bemühen kann sich eine allgemeine Überlastungssituation für den Patienten entwickeln, die sich u.U. auch in vegetativen Störungen manifestiert.

Die beschriebenen kompensatorischen Prozesse sind insofern auch testdiagnostisch relevant, als sich ein Patient in seinen Testleistungen u.U. besser darstellt, als es seinem tatsächlichen Leistungsniveau entspricht.

Nicht in allen Fällen sind sich die Patienten der Ursachen ihrer Beschwerden auch bewusst, denn vielfach ist ein Widerspruch zwischen den subjektiv erlebten Defiziten und den objektiven Messungen festzustellen, und dies sowohl in Richtung auf eine Aggravation der Beschwerden als auch auf eine Leugnung oder falsche Attribuierung tatsächlich existierender Probleme. Diese Diskrepanzen von subjektiv erlebter Beeinträchtigung und testdiagnostisch erfasster Leistungsminderung können – neben den erwähnten kompensatorischen Bemühungen – vielfältige Ursachen haben: So können psychodynamische Prozesse der Krankheitsbewältigung ebenso eine Rolle spielen wie schädigungsbedingte Leugnungstendenzen (Anosognosie) oder primär durch die Läsion verursachte bzw. reaktive emotional-affektive Veränderungen.

Neuropsychologische Aufmerksamkeitskonzepte

Die verschiedenen konzeptuellen Vorstellungen, die von der experimentellen Psychologie entwickelt wurden, legen nahe, dass Aufmerksamkeitsprozesse nicht als einheitliche Funktion angesehen werden können. Systematisch dargestellt und diskutiert wurde dies im Rahmen eines Mehrkomponentenmodells der Aufmerksamkeit von Posner und Boies (1971), später präzisiert in der Arbeit von Posner und Rafal (1987). In der späteren Darstellung werden neben der *Selektivität* als weitere Aspekte des Begriffs „Aufmerksamkeit" die *Alertness*, mit einer Unterteilung in ein *tonisches* und ein *phasisches Arousal*, sowie die *sustained concentration* oder *vigilance* genannt. Im Rahmen dieses Modells umfasst das Konzept der „Alertness" einerseits den Zustand der allgemeinen Wachheit (toni-

sches Arousal), der z.B. im Tagesablauf eine charakteristische Variabilität zeigt, und andererseits die Fähigkeit, das allgemeine Aufmerksamkeitsniveau im Hinblick auf ein erwartetes Ereignis kurzfristig zu steigern (phasisches Arousal). Die Komponenten der Alertness modulieren das Aktivierungsniveau des Aufmerksamkeits-Systems und stellen insofern die notwendigen Ressourcen für die selektive Aufmerksamkeit zur Verfügung. Insbesondere das tonische Arousal steht in engem Zusammenhang zum Aspekt der „Daueraufmerksamkeit" oder „Vigilanz".

Die *selektive Aufmerksamkeit* moduliert die Ansprechbarkeit auf eine spezifische Reizkonstellation, indem sie bestimmten Reizen eine hohe Priorität für die weitere Verarbeitung einräumt. Die Ausrichtung der selektiven Aufmerksamkeit kann entweder durch externe Faktoren, z.B. durch besonders hervorstechende oder relevante Reize, oder durch interne Faktoren, wie die Erwartung eines bestimmten Reizes oder durch eine bestimmte Aufgabenstellung, gesteuert sein. Ein besonderes Gewicht in den Darstellungen von Posner kommt der Unterscheidung von *offener* und *verdeckter Ausrichtung* der selektiven Aufmerksamkeit, d.h. der räumlichen Ausrichtung und Verschiebung des Aufmerksamkeitsfokus (s.u.) zu.

Mit *Daueraufmerksamkeit* oder *Vigilanz* wird schließlich die Fähigkeit verstanden, die selektive Aufmerksamkeit unter Einsatz mentaler Anstrengung („mental effort") aufrechtzuerhalten. Nach Posner und Rafal unterliegt die Daueraufmerksamkeit oder Vigilanz einer bewussten, willentlichen Kontrolle („conscious volition"). Der Unterschied zwischen „Daueraufmerksamkeit" und „Vigilanz" wird in der Reizbedingung gesehen, indem unter Vigilanz die Aufrechterhaltung des Aufmerksamkeitsniveaus unter extrem monotonen Bedingungen mit einer sehr geringen Frequenz der kritischen Signale verstanden wird. Der Begriff der Daueraufmerksamkeit ist hingegen allgemeiner und umfasst alle Situationen, die eine längere Aufmerksamkeitszuwendung verlangen, einschließlich Leistungen mit einer größeren kognitiven Beanspruchung.

Auch in der klinischen Neuropsychologie wird heute, dem Ansatz von Posner und Rafal (1987) folgend, ein Konzept mehrerer differenzierbarer Komponenten der Aufmerksamkeitsleistung vertreten. Im Rahmen der hier geführten Diskussion werden die Begriffe „selektive Aufmerksamkeit", „fokussierte Aufmerksamkeit", „Aufmerksamkeitskapazität", „Alertness", „Vigilanz", „Daueraufmerksamkeit", „Flexibilität", „Anstrengung" („effort") und „Verarbeitungsgeschwindigkeit" genannt. Klinisch ergibt sich damit das Bild des Patienten, der nicht völlig wach („vigilant" im medizinischen, „alert" im neuropsychologischen Sprachgebrauch) ist, der eine allgemeine starke Verlangsamung zeigt, der sich nicht auf eine Aufgabe konzentrieren kann bzw. leicht ablenkbar ist, der überfordert ist, wenn mehrere Dinge gleichzeitig von ihm gefordert werden oder zu beachten sind, der schnell ermüdet und somit nicht länger bei einer Aufgabe bleiben kann, oder der sich nur schwer von einer Aufgabe auf eine andere umstellen kann.

Ein Modell, das versucht – in Erweiterung des Ansatzes von Posner und Rafal (1987) – die verschiedenen Komponenten der Aufmerksamkeit zusammenzufassen, wurde von van Zomeren und Brouwer (1994) vorgeschlagen (siehe Tabelle 2).

Tabelle 2. Aspekte der Aufmerksamkeit nach van Zomeren und Brouwer (1994, p. 38)

Intensity	alertness	*CNV, capacity*
	sustained attention	*time on task, lapses of attention, intraindividual variability*
Selectivity	focused attention	*distraction, response interference*
	divided attention	*capacity, resources*

Supervisory Attentional Control
strategy; flexibility

Dieses von van Zomeren und Brouwer vorgeschlagene Schema ist sicher nicht als differenziertes Modell spezifischer Aufmerksamkeitsleistungen zu verstehen, sondern eher als heuristischer Rahmen, der versucht, verschiedene zentrale Aspekte der Aufmerksamkeit zu systematisieren. Zu diesen zentralen Aspekten gehören nach diesem Modell zunächst die Unterscheidung von Intensitäts- und Selektivitätsaspekten der Aufmerksamkeit, die jeweils in spezifischere Komponenten zu differenzieren sind.

Umstritten ist in diesem Schema insbesondere der Aspekt der *supervisory attentional control*, der aus dem kognitiven Modell von Shallice (1982) übernommen wurde und die Fähigkeit beschreibt, flexibel mit konkurrierenden Informationen umzugehen und rasch das richtige Handlungsschema auszuwählen. Kritisch ist hier einzuwenden, dass über die Arbeitsweise einer solchen „supervisory attentional control" bestenfalls vage Vorstellungen bestehen und die Abgrenzung gegenüber allgemeinen planerischen Fähigkeiten (exekutive Funktionen, s. Kap. 4.4) schwierig ist.

Die sehr breiten Konzepte von Intensität und Selektivität der Aufmerksamkeit sind jedoch weiter zu spezifizieren. So umfasst der Intensitätsaspekt der Aufmerksamkeit die Komponenten Alertness und Vigilanz, basale Prozesse der kurzfristigen und der längerfristigen Aktivierung bzw. Aufrechterhaltung einer solchen Aktivierung. Die Teilaspekte der *Alertness*, nämlich „tonisches und phasisches Arousal" entsprechen dem Modell von Posner und Rafal.

Der zweite Intensitätsaspekt der Aufmerksamkeit bezieht sich auf die *sustained attention*, die längerfristige Aufmerksamkeitszuwendung. Auch hier wird der Vorstellung von Posner und Rafal folgend zwischen den Aspekten von „sustained concentration" und „vigilance" differenziert.

Unter dem Aspekt der *Selektivität* der Aufmerksamkeitsprozesse unterscheidet das Modell von van Zomeren und Brouwer zwischen den Aspekten von „fokussierter Aufmerksamkeit" und „geteilter Aufmerksamkeit". Dabei betont die „fokussierte Aufmerksamkeit" die Aufmerksamkeitszuwendung bei einer einzelnen Anforderung, während eine „geteilte Aufmerksamkeit" bei der simultanen Bearbeitung von mehreren Aufgaben erforderlich ist. Das Konzept der geteilten Aufmerksamkeit ist eng mit der Vorstellung einer beschränkten Aufmerksamkeitskapazität gekoppelt. Eine Einschränkung der Aufmerksamkeitskapazität manifestiert sich dann in einem *divided attention deficit*.

Klinisch sind die in dem dargestellten Modell beschriebenen Aspekte der Aufmerksamkeit von unmittelbarer praktischer Bedeutung. Störungen des tonischen Arousal sind z.B. dann anzunehmen, wenn ein Patient im Akutzustand nur erschwert ansprechbar ist und Anzeichen zeitlicher, örtlicher und auf die eigene Person bezogener Desorientierung zeigt. Zu den markanten Veränderungen nach Hirnschädigungen unterschiedlichster Ätiologie gehört auch eine häufig beobachtete allgemeine Verlangsamung. Ob eine solche allgemeine Verlangsamung als eine Störung des tonischen Arousals zu interpretieren ist, ist im Moment offen. Sie ist allerdings unbedingt von der spezifischen Verlangsamung zu unterscheiden, die bei Patienten in defizitären kognitiven oder motorischen Leistungsbereichen zu beobachten ist.

Der Aspekt der längerfristigen Aufmerksamkeitszuwendung stellt für den Patienten in vielen Fällen ein zentrales Problem dar, da sie einerseits eine Funktion mit hoher Vulnerabilität darstellt und ihr andererseits eine große Bedeutung in vielen alltagspraktischen Tätigkeiten zukommt. Sie manifestiert sich unter anderem darin, dass die Patienten bei jeder Tätigkeit, intellektuellen oder praktischen, sehr rasch ermüden bzw. viele Pausen einlegen müssen. Eine längere Arbeitstätigkeit ist vielen Patienten daher nicht möglich. Vigilanzsituationen im engeren Sinn sind hingegen unter Alltagsbedingungen eher die Ausnahme. Zu typischen Vigilanzleistungen zählen z.B. die Beobachtung eines Radarbildschirms, Qualitätskontrollen am Fließband oder Nachtfahrten auf einer Autobahn mit geringer Verkehrsdichte.

Ein zentraler Aspekt in der Diskussion des Aufmerksamkeitskonzepts ist die Vorstellung einer *beschränkten Kapazität*. Damit wurde ei-

ne heftige Kontroverse ausgelöst, einerseits um die Frage, welcher Art diese Kapazitätsbegrenzung sei, und andererseits, ob zur Erklärung der Enge des Aufmerksamkeitssystems die Annahme einer beschränkten Kapazität überhaupt notwendig bzw. adäquat ist. Dieses Konzept einer beschränkten Aufmerksamkeitskapazität hat jedoch einen klaren Bezug zu dem klinisch relevanten Aspekt der geteilten Aufmerksamkeit. Viele Patienten klagen gerade über die Schwierigkeiten, die ihnen Situationen bereiten, in denen mehrere Aspekte gleichzeitig zu beachten sind oder mehrere Dinge gleichzeitig von ihnen verlangt werden. Eine reduzierte Aufmerksamkeitskapazität erhält dadurch noch eine zusätzliche Bedeutung, dass ein Patient u.U. Leistungen, die er früher automatisch ausführen konnte, wie Gehen oder Sprechen, nur noch kontrolliert ausführen kann. Eine reduzierte Aufmerksamkeitskapazität beschränkt somit auch seine Möglichkeiten zur Kompensation eines Defizits.

Die fokussierte Aufmerksamkeit stellt nach der Vorstellung von van Zomeren und Brouwer die Fähigkeit dar, einen spezifischen Realitätsausschnitt zu isolieren, um ihn einer differenzierteren Analyse zu unterziehen. Dabei ist es erforderlich, den Fokus auch unter ablenkenden Bedingungen aufrechtzuerhalten und die Interferenz durch parallel ablaufende, automatische Verarbeitungsprozesse zu unterdrücken (*focused attention deficit*).

Die im Schema von van Zomeren dargestellten Komponenten der selektiven Aufmerksamkeit sind allerdings recht undifferenziert. Dies gilt insbesondere für das Konzept der fokussierten Aufmerksamkeit bei dem nur auf die Ablenkbarkeit und die Interferenz als spezifischere Funktionen verwiesen wird. Dass die Prozesse selektiver Aufmerksamkeit weiter zu spezifizieren sind, zeigte eine Untersuchung zur längerfristigen Aufmerksamkeitszuwendung von Wagensonner und Zimmermann (1991). Bei dieser Untersuchung wurde die längerfristige Aufmerksamkeitsleistung mittels Reizen in unterschiedlichen Modalitäten geprüft. Es zeigte sich, dass bei Patienten sehr modalitätsspezifische Ausfälle festzustellen waren. So wurden Patienten beobachtet, denen es schwer fiel, sich auf Reize in der akustischen Modalität zu konzentrieren, während andere Patienten eine vergleichbare Beeinträchtigung in der Fokussierung auf die visuelle Modalität zeigten. Diese Dissoziation von Defiziten in der akustischen bzw. visuellen Aufmerksamkeitsleistung weisen darauf hin, dass es spezifische Mechanismen zur Kontrolle des Inputs in den einzelnen Modalitäten gibt. So hat ein Teil der Patienten Schwierigkeiten beim „Hinhören", ein anderer beim „Hinschauen".

Die Vorstellung der Fähigkeit zur Fokussierung der Aufmerksamkeit bzw. die Inputkontrolle sollte auch die Fähigkeit zum Wechsel des Aufmerksamkeitsfokus implizieren. d.h. die Vorstellung einer flexiblen Aufmerksamkeitssteuerung, aufgrund deren es möglich ist, bei Bedarf den Fokus zu wechseln. Bei einer reduzierten *Flexibilität* kann es durch das Auftreten von rigidem, perseverativem Verhalten zu einer erheblichen Einschränkung der allgemeinen Leistungsfähigkeit kommen. So meint Lezak: „The capacity for flexibility in behavior extends through perceptual, cognitive, and response dimensions. Defects in mental flexibility show up perceptually in defective scanning and inability to change perceptual set easily. Conceptual flexibility appears in concrete or rigid approaches to understanding and problem solving, and also as stimulus-bound behavior in which these patients cannot dissociate their responses or pull their attention away from whatever is in their perceptual field or current thoughts.... Inflexibility of responses results in perseverative, stereotyped, nonadaptive behavior and difficulties in regulating and modulating motor acts" (Lezak, 1995, p.666).

Die Flexibilität stellt im Rahmen der experimentellen Psychologie einen etwas vernachlässigten Aspekt der Aufmerksamkeit dar. Nur im Rahmen der „covert shift of attention" und anderen, meist räumlichen „shift"-Aufgaben wurde diese untersucht, aber selten unter dem Aspekt einer grundlegenden Leistung diskutiert. Im Handeln und Denken stellt jedoch die Flexibilität eine elementare Voraussetzung für die allgemeine Leistungsfähigkeit eines Individuums dar. Dabei handelt es sich jedoch bei der Flexibilität nicht um eine singuläre Funk-

tion, sondern nach den bisher vorliegenden neuropsychologischen Befunden um ein Bündel von Teilfunktionen, die auf den verschiedenen Stufen der Informationsaufnahme und -verarbeitung anzunehmen sind. Basalere Leistungen beziehen sich auf die Kontrolle des sensorischen Inputs unterschiedlicher Modalitäten (z.B. beim „cross modality effect") oder auf die Verlagerung des räumlichen Aufmerksamkeitsfokus (in Form eines „covert shift of attention" oder bei einer sakkadischen Augenbewegung), wobei auch hier von crossmodalen Prozessen auszugehen ist (s. Driver und Spence 1998). Höhere Leistungen hingegen lenken die Aufnahme relevanter Informationen in komplexen Situationen und kontrollieren den Gedankenfluss.

Eine andere Form gestörter Aufmerksamkeitsteuerung stellt die erhöhte *Ablenkbarkeit* dar. Eine solche erhöhte Ablenkbarkeit ist bei vielen Patienten, besonders häufig jedoch nach frontalen Läsionen zu beobachten. Insbesondere sind Situationen, in denen viele Ereignisse gleichzeitig ablaufen, eine schwere Belastung für den Patienten. Bei manchen von ihnen scheint jeder neu auftauchende Reiz eine Orientierungsreaktion auszulösen und somit die momentan ausgeführte Aktivität zu unterbrechen. In seiner ausgeprägtesten Form kommt es zu einer extremen Abhängigkeit von allen Reizen der Umwelt („environmental dependency syndrome").

In der bisherigen Darstellung wurden Aufmerksamkeitsfunktionen weitgehend als kognitive Leistungen herausgestellt. Es darf jedoch nicht übersehen werden, dass die Fokussierung der Aufmerksamkeit, so lange sie unter der Kontrolle des Individuums steht, durch dessen Bedürfnisse bzw. durch die von ihm als relevant erlebten Realitätsausschnitte gesteuert wird. Die Fokussierung der Aufmerksamkeit stellt in der Regel ein motiviertes Verhalten dar. Pribram (1973) spricht von „flexible noticing order", mit der das Individuum die relevanten Ausschnitte seiner Umwelt auswählt.

Zusammenfassend kann man feststellen, dass unter dem Begriff „Aufmerksamkeit" ein breites Spektrum von Teilleistungen subsummiert wird. Es handelt sich um ein komplexes

System von zum Teil hochspezifischen, zum Teil umfassenderen Teilleistungen. Auf Grund seiner Komplexität ist es ein hoch vulnerables System. Die Ausfälle können dabei in sehr unterschiedlichen, zum Teil sehr spezifischen Formen auftreten. Es handelt sich um eine Basisfunktion in dem Sinne, dass jede nicht automatisierte praktische oder intellektuelle Tätigkeit eine intakte Aufmerksamkeitssteuerung voraussetzt. Insofern können Störungen der Aufmerksamkeitsleistung Einschränkungen in allen Lebensbereichen zur Folge haben.

Funktionelle Neuroanatomie

Alertness und Daueraufmerksamkeit

Zahlreiche klinische und experimentelle Studien weisen neben dem Hirnstamm (Hirnstammanteil der Formatio reticularis; Mesulam, 1985) insbesondere der rechten Hirnhälfte eine dominante Rolle bei der Kontrolle der Intensitätsfaktoren der Aufmerksamkeit zu. Läsionsstudien bei Patienten mit Schlaganfall haben gezeigt, dass es nach rechtshemisphärischen Läsionen oft zu einem dramatischen Anstieg einfacher visueller und auditiver Reaktionszeiten kommt (Howes & Boller, 1975; Posner et al., 1987; Ladavas, 1987). Posner und Petersen (1990) schreiben dem noradrenergen System, welches im Hirnstamm im Locus coeruleus entspringt, eine besondere Bedeutung bei der Aufmerksamkeitsaktivierung zu. Aus tierexperimentellen Studien gibt es Hinweise darauf, dass es funktionell stärkere Projektionen vom Locus coeruleus in die rechte Hemisphäre gibt. Aus diesen Studien wurde auch die Hypothese abgeleitet, dass es eine „top-down", d. h. kognitiv kontrollierte Regulierung dieser noradrenergen Aktivierung durch den rechten frontalen Kortex geben muss. Ein kortikales und subkortikales, nahezu ausschließlich rechtshemisphärisches Netzwerk zur Kontrolle und Aufrechterhaltung der Alertness konnte von Sturm et al. (1999a) in einer PET-Studie gezeigt werden. Bei der Durchführung einer einfachen visuellen Reaktionsaufgabe zeigte sich gegenüber einer sensomotorischen Kontrollbedingung ohne expli-

zite Aufmerksamkeitsanteile in der rechten Hemisphäre eine Aktivierung im anterioren Gyrus cinguli, im dorsolateralen frontalen Kortex, im inferioren parietalen Kortex, im dorsalen fronto-mesenzephalen Tegmentum (möglicherweise im Gebiet des Locus coeruleus) und im rechten Thalamus (Abb. 1).

Mit Bezug auf die Theorie eines fronto-thalamischen „gating-Systems" der Aufmerksamkeitsaktivierung (Guillery et al., 1998; Stuss & Benson, 1986) schlagen die Autoren ein Netzwerk vor, in dem das anteriore Cingulum und der dorsolaterale frontale Kortex über den Nucleus reticularis des Thalamus die für bestimmte Aufgaben benötigte und vom noradrenergen System im Hirnstamm bereitgestellte Aufmerksamkeitsaktivierung „intrinsisch" kontrolliert und kanalisiert.

Dass im Prinzip das gleiche Netzwerk auch an der Aufrechterhaltung der Aufmerksamkeit in klassischen Vigilanzaufgaben maßgeblich beteiligt ist, zeigten Paus et al. (1997) in einer PET-Studie mit Hilfe einer 60 Minuten dauernden auditiven Vigilanzaufgabe. Sie fanden eine über die Zeit hinweg abnehmende Aktivität im rechten ventrolateralen und dorsolateralen frontalen Kortex sowie in Regionen des Parietal- und Temporalkortex, wobei die Aktivierung im Thalamus mit der Aktivität im ponto-mesenzephalen Tegmentum und im anterioren cingulären Kortex signifikant korrelierte. Gleichzeitig kam es über die Zeit hinweg zu einem signifikanten Anstieg der Reaktionszeiten und der Thetaaktivität im EEG. Die Beobachtung, dass sowohl bei der Alertness- als auch bei der Vigilanzstudie zusätzlich zu den frontalen und subkortikalen Aktivierungen auch eine Beteiligung des inferioren Parietalkortex zu beobachten war, stützen die von Fernandez-Duque und Posner (1997) aufgestellte Hypothese, dass über das Aufmerksamkeitsaktivierungsnetzwerk auch die für die Ausrichtung der Aufmerksamkeit relevanten posterioren Aufmerksamkeitssysteme (s. u.) mitaktiviert werden. Dies würde unter anderem erklären, warum es nach rechtshemisphärischen Schädigungen neben allgemeinen Störungen der Aufmerksamkeitsintensität auch zu persistierenden Neglectsymptomen nach links kommt (s. auch Kap. 4.2).

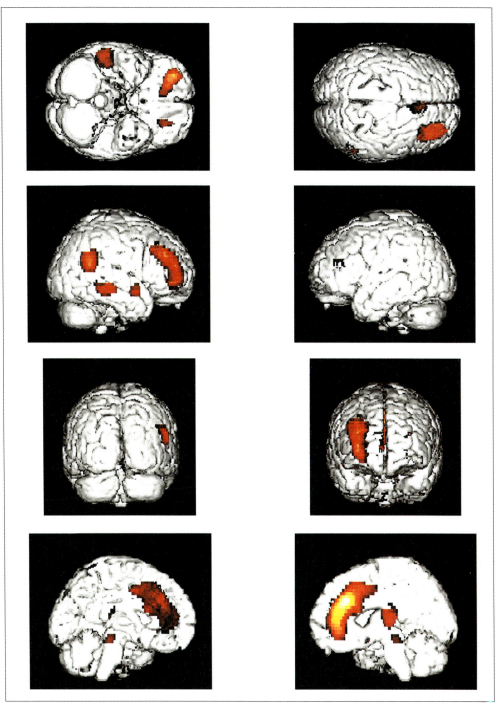

Abb. 1. 3-D-Ansicht der PET-Aktivierung während einer intrinsischen Alertness-Aufgabe (nach Sturm et al., 1999a).

So konnten Robertson et al. (1995) einen interessanten Effekt eines Trainings zur Verbesserung der „Daueraufmerksamkeit" bei rechtshemisphärisch geschädigten Patienten beobachten. Nach der Therapie verbesserten sich nicht nur die Daueraufmerksamkeitsleistungen der Patienten sondern auch deren Neglectsymptome, obwohl die Neglect-Symptomatik selbst nicht spezifisch, d.h. mit Aufgaben zur Verbesserung der räumlichen Ausrichtung der Aufmerksamkeit therapiert worden war. Die Autoren interpretieren den Effekt als Ausbreitung der Aufmerksamkeitsaktivierung von frontalen auf parietale Areale der rechten Hirnhälfte.

Selektivität

Dee und van Allen (1973) sowie Sturm und Büssing (1986) fanden, dass Patienten mit kortikalen Läsionen der linken Hirnhemisphäre eine Reaktionsverlangsamung und erhöhte Fehlerraten bei Wahlreaktionsaufgaben zeigten. Bisiach et al. (1982) sowie Jansen et al. (1992) wiesen zudem eine linkshemisphärische Dominanz für Wahlreaktionen bei Studien mit lateralisierter Stimuluspräsentation bei gesunden Versuchspersonen nach. In einer PET-Aktivierungsstudie demonstrierten Corbetta et al. (1991) die spezifische Rolle des linken lateralen orbito-frontalen Kortex, der Basalganglien (Globus pallidus, Nucleus caudatus) und des posterioren Thalamus während der Durchführung einer selektiven Aufmerksamkeitsaufgabe, bei der entweder Form, Farbe oder Geschwindigkeit der Stimuli beachtet werden mussten. Die linksseitige orbito-frontale Aktivierung könnte hierbei den Inhibitionsprozess repräsentieren, der bei der Unterdrückung von Reaktionen auf nichtgeforderte Stimuli erforderlich ist (s.a. Kap. 1.7). Zusätzlich kam es zu einer verstärkten Aktivierung in demjenigen Areal des sekundären visuellen Kortex, welches auf die Verarbeitung des jeweils selektiv beachteten Merkmals (Form, Farbe, Geschwindigkeit) spezialisiert ist.

An der räumlichen Ausrichtung der Aufmerksamkeit und räumlichen Verschiebung des visuellen Aufmerksamkeitsfokus sind nach Posner et al. (1984) drei unterschiedliche Hirnstrukturen beteiligt, deren Schädigung zu spezifischen Ausfällen bei der verdeckten Aufmerksamkeitsverschiebung führt. So scheinen Läsionen im posterioren Parietallappen insbesondere zu Störungen des Lösens (disengage) der Aufmerksamkeit von einem Reiz zu führen, wenn die Aufmerksamkeit zu einem Zielreiz in der Raumhälfte gegenüber der Läsionsseite verschoben werden soll. Läsionen im Colliculus superior oder in benachbarten Gebieten beeinträchtigen die Verschiebung der Aufmerksamkeit (shift of attention) zu einem neuen Zielreiz. Patienten mit thalamischen Läsionen, insbesondere im Pulvinar und posterior-lateralen Thalamus haben dagegen Probleme, den Aufmerksamkeitsfokus auf der kontralateral zur Läsion gelegenen Seite zu fixieren (engage) und Ablenkungen durch irrelevante Ereignisse an anderen räumlichen Positionen zu widerstehen. Corbetta et al. (1993) ließen in einer PET-Aktivierungsuntersuchung Versuchspersonen ihre visuelle Aufmerksamkeit bei Fixation eines zentralen Reizes entlang einer Reihe vorhersagbarer Reizpositionen im rechten oder linken Gesichtsfeld wandern, um möglichst schnell auf das Auftauchen kleiner visueller Stimuli zu reagieren. Es zeigten sich signifikante bilaterale Aktivierungsveränderungen im superioren parietalen Kortex und im frontalen Kortex, wobei die rechts parietale Aktivierung – unabhängig von der Seite der Stimulusdarbietung – stets deutlicher ausfiel als die entsprechende Aktivierung der linken Hemisphäre. Ähnliche Ergebnisse erzielten auch Nobre et al. (1997) sowie Corbetta et al. (1995) bei vergleichbaren räumlich-visuellen Entdeckungsaufgaben. Prozesse der verdeckten Aufmerksamkeitsorientierung untersuchten auch Heinze et al. (1994) und Woldorff et al. (1997) mit anderen Untersuchungsparadigmen. Bei bilateraler Präsentation sollten kleine Veränderungen in der Form eines von zwei Objekten im rechten oder linken Gesichtsfeld entdeckt werden. Beide Studien ergaben für diese Aufgabe im Vergleich zu passiver Betrachtung derselben Objekte verstärkte Aktivierungen im okzipitalen Kortex der jeweils kontralateralen Hemisphäre. Nur Woldorff et al. (1997) konnten darüber hinaus Aktivierungsveränderungen im Parietalkortex in der Region des intraparietalen Sulcus nachweisen.

Neuere Studien haben gezeigt, dass sich die an der verdeckten Aufmerksamkeitsverschiebung bzw. an der von Augenbewegungen begleiteten Aufmerksamkeitsausrichtung beteiligten Netzwerke zum größten Teil überschneiden (Corbetta, 1998). Die Prozesse der Aufmerksamkeitsorientierung scheinen nach diesen Befunden eng an okulomotorische Prozesse gebunden zu sein. Auf der anderen Seite gibt es vermehrt Hinweise darauf, dass Prozesse der Aufmerksamkeitsausrichtung im Raum auch crossmodal erfolgen. Untersucht wurde dies für die visuelle, auditive und taktile Modalität (s. Driver und Spence, 1998).

Das in die Kontrolle der Aufmerksamkeitsintensität involvierte fronto-thalamische System scheint nach Stuss und Benson auch für bestimmte Aspekte der Aufmerksamkeitsselektivität relevant zu sein. Nach diesem Modell öffnet durch frontale Einflüsse der Nucleus reticularis thalami immer nur selektiv jene thalamischen „gates" für die retikuläre Aktivierung, welche für die Verarbeitung einer bestimmten Information relevant sind. Läsionen dieses Systems führen zu einer eingeschränkten Selektivität für externe Stimuli und zu erhöhter Ablenkbarkeit. Die Fähigkeit zur Teilung oder Verteilung der Aufmerksamkeit (divided attention) wird häufig der zentralen Exekutive des Arbeitsgedächtnisses zugeschrieben, deren Analogon das von Shallice (1982) postulierte supervisory attentional system ist. Hier werden Informationen vor allen Dingen in neuen und komplexen, nicht routinemäßig zu lösenden Situationen koordiniert und kontrolliert. Tierexperimentelle Studien (Goldmann-Rakic, 1987) und Untersuchungen an Patienten nach schwerem Schädelhirntrauma (McDowel et al., 1997; van Zomeren und van den Burg, 1985) oder bei Patienten mit Ruptur von Aneurysmen der anterioren A. communicans (Rousseaux et al., 1996) zeigen, dass Leistungen der Aufmerksamkeitsteilung in hohem Maße von Frontalhirn-Funktionen abhängig sind. PET-Aktivierungsstudien bei Gesunden führten bei Aufgaben zur Aufmerksamkeitsteilung entweder zu bilateralen (Mad-den et al., 1997) oder rechts unilateralen (Corbetta et al., 1991) präfrontalen Aktivierungen. Die experimentellen Bedingungen der Studie von Corbetta et al. glichen allerdings eher dem Paradigma einer Daueraufmerksamkeitsaufgabe und sind daher nur bedingt interpretierbar.

Tabelle 3 stellt den Versuch dar, die von van Zomeren und Brouwer erstellte Taxonomie von Aufmerksamkeitsfunktionen entlang der Dimension Intensität und Selektivität zu erweitern und den verschiedenen Aufmerksamkeitsbereichen kritische Läsionsgebiete zuzuordnen. Bei der Vielzahl der unterschiedlichsten neuropsychologischen, neurophysiologischen und neuroanatomischen Aufmerksamkeitsmodelle muss eine solche Taxonomie jedoch zwangsläufig unvollständig sein. Insbesondere kann sie die Einbindung von Aufmerksamkeitsprozessen in weit verzweigte Netzwerke kaum berücksichtigen. Aufgrund der Tatsache, dass unterschiedliche Aspekte der Aufmerksamkeit durch distinkte Schädigungen spezifisch vulnerabel sind, soll sie dem klinischen Neuropsychologen jedoch als Ansatz zur Hypothesenbildung für die neuropsychologische Aufmerksamkeitsdiagnostik und die Therapieplanung dienen.

Diagnostik

Der eingehenden diagnostischen Untersuchung der unterschiedlichen Aufmerksamkeitsfunktionen kommt in der klinischen Neuropsychologie eine besondere Bedeutung zu und insbesondere bei neuropsychologischen Gutachten sollte jeder dieser Aufmerksamkeitsbereiche berücksichtigt werden. Auch bei der Untersuchung der Fahreignung nach Hirnschädigung spielen Aufmerksamkeitsleistungen eine besondere Rolle (s.u.). Im folgenden sollen zu den verschiedenen Aufmerksamkeitsbereichen relevante Untersuchungsverfahren dargestellt werden, ohne dass die Aufstellung Anspruch auf auch nur annähernde Vollständigkeit erheben kann. Nach Möglichkeit wurden besonders prototypische und nur solche Verfahren ausgewählt, welche ein Mindestmaß an psychologischen Testgütekriterien

Tabelle 3. Aufmerksamkeitsdimensionen und funktionale Netzwerke

Dimension	Bereich	Netzwerk
Intensität	**Aufmerksamkeitsaktivierung (Alertness)** (intrinsisch, tonisch und phasisch) **Daueraufmerksamkeit, Vigilanz**	Hirnstammanteil der formatio reticularis, insbesondere noradrenerge Kerngebiete, dorsolateraler präfrontaler und inferiorer parietaler Kortex der rechten Hemisphäre, intralaminare und retikuläre Thalamuskerne, anteriorer Anteil des Gyrus Cinguli
Selektivität	**Selektive oder fokussierte Aufmerksamkeit**	Inferiorer frontaler Kortex insbesondere der linken Hemisphäre (Inhibition?), fronto-thalamische Verbindungen zum nucleus reticularis des Thalamus, anteriores Cingulum (?)
	Visuell-räumliche selektive Aufmerksamkeit, Wechsel des Aufmerksamkeitsfokus	Inferiorer Parietalkortex (disengage), colliculi superiores (shift), posterior-lateraler Thalamus, insbesondere Pulvinar (engage)
	Geteilte Aufmerksamkeit	Präfrontaler Kortex (bilateral), vordere Abschnitte des Cingulum

erfüllen. Die im deutschsprachigen Raum über die Testzentrale des Berufsverbands deutscher Psychologen erhältlichen Untersuchungsverfahren sind ohne Literaturangabe aufgeführt.

Untersuchung der Aufmerksamkeitsintensität

a) Aufmerksamkeitsaktivierung (Alertness)

Typische Aufgaben zur Untersuchung der allgemeinen Reaktionsbereitschaft oder kurzfristigen Aufmerksamkeitsaktivierung (Alertness) sind einfache visuelle oder auditive Reaktionsaufgaben. Diese können mit oder ohne Vorgabe eines Warnreizes vor dem Reaktionsstimulus dargeboten werden. Die Reaktionszeit-Differenz zwischen diesen beiden Bedingungen gilt als Maß für die kurzfristige *phasische Aufmerksamkeitsaktivierung*, d.h. die Fähigkeit, auf einen Warnreiz hin das Aufmerksamkeitsniveau kurzfristig zu verbessern (im Alltag z.B. rascheres Starten bei grünem Ampellicht nach vorhergehender Gelbphase als Warnreiz).

Als wichtigstes Maß zur Untersuchung der Fähigkeit, für eine Aufgabe ein optimales Maß an Aufmerksamkeitsaktivierung zur Verfügung zu stellen („intrinsische Alertness"), muss jedoch die Erfassung der Reaktionsgeschwindigkeit ohne Vorgabe eines Warnreizes angesehen werden, da nur unter dieser Bedingung das Ausmaß der Aktivierung ausschließlich probandenbestimmt ist. Mithilfe von Reaktionszeiten ohne Warnreiz kann auch der Verlauf der *tonischen Aufmerksamkeitsaktivierung*, deren Intensität durch den physiologischen Zustand des Organismus bestimmt wird, über den Tag hinweg erfasst werden. Aufgrund dieser Schwankungen sind z.B. in der Zeit von 13-15 Uhr keine optimalen Ergebnisse für die intrinsische Alertness zu erwarten (sog. „post-lunch-dip").

Einfache Reaktionsaufgaben finden sich im Wiener Testsystem (Wiener Reaktionsgerät) und in der Testbatterie zur Aufmerksamkeitsprüfung (TAP, Zimmermann & Fimm, 1994), wobei nur letztere eine Erfassung der phasischen Alertness ermöglicht.

b) Längerfristige Aufmerksamkeitszuwendung

Bei der längerfristigen Aufmerksamkeitszuwendung unterscheidet man zwischen Aufga-

Tabelle 4. Tests zur Erfassung der Aufmerksamkeitsintensität

	Aufmerksamkeitsaktivierung (Alertness)	
Test	Aufgabe	Funktion
Wiener Reaktionsgerät	Rasche Reaktion auf gelbes Lichtsignal oder Ton	Intrinsische und tonische Alertness (visuell bzw. auditiv)
Untertest „Alertness" aus der TAP[1]	Rasche Reaktion auf visuellen Reiz ohne und mit Vorgabe eines auditiven Warnreizes	Visuelle intrinsische, tonische und phasische Alertness mit cross-modalem Warnreiz
	Längerfristige Aufmerksamkeitszuwendung	
Daueraufmerksamkeit (Wiener Testsystem)	längerfristige (20 min) Beobachtung der räumlichen Ausrichtung von Dreiecken, Reaktion auf mit hoher Frequenz auftretende relevante Reizkonfigurationen	Daueraufmerksamkeit (visuell)
Vigilanztest (Wiener Testsystem)	Reaktion auf selten auftretende Sprünge eines bewegten Licht-reizes	visuelle Vigilanz
Untertest „Vigilanz" aus der TAP (akustisch, optisch)	Reaktion auf selten auftretende Unregelmäßigkeiten in einer Tonfolge oder in den Bewegungen eines Lichtbalkens	visuelle und auditive Vigilanz
Konzentrations-Verlaufs-Test (KVT)	Längerfristige visuelle Such- und Sortieraufgabe	Daueraufmerksamkeit (visuell)

[1] Testbatterie zur Aufmerksamkeitsprüfung Version 1.02c (Zimmermann & Fimm, 1994)

ben zur *Daueraufmerksamkeit* und zur *Vigilanz*. Unter Daueraufmerksamkeit versteht man die längerfristige Aufrechterhaltung der Aufmerksamkeit bei hoher Reizfrequenz, unter Vigilanz die Fähigkeit, auch bei sehr eingeschränkten Reizbedingungen über eine sehr lange Zeit hinweg (bis zu Stunden) aufmerksam zu bleiben. Insbesondere Berufskraftfahrer benötigen die Fähigkeit zur Aufrechterhaltung der Vigilanz bei monotonen Autobahnfahrten. Auch Kontroll- und Überwachungstätigkeiten (z.B. Fließband-Qualitätskontrolle; Aufsicht in Kontrollräumen von Fabriken) verlangen ein hohes Maß an Vigilanz.

Der Untertest „Daueraufmerksamkeit" des Wiener Testsystems verlangt vom Probanden, über eine längere Zeit hinweg auf dem Bildschirm eine Reihe von 7 gleichgroßen Dreiecken zu beobachten, deren Spitzen entweder nach oben oder nach unten zeigen. Alle 2 Sekunden wechselt die Stimulussequenz. Der Proband soll reagieren, wenn genau 3 der 7 Dreiecke mit ihrer Spitze nach unten zeigen.

Vigilanzaufgaben müssen definitionsgemäß sehr eintönig sein. Mit den Untertests „Vigilanz optisch/akustisch" der TAP können Probanden sowohl in der visuellen als auch in der auditiven Modalität auf ihre Vigilanzleistungen hin über dreissig Minuten hinweg untersucht werden. Ein vergleichbares Verfahren für die visuelle Modalität existiert auch innerhalb des Wiener Testsystems (s. Tabelle 4).

Aufmerksamkeitsselektivität

a) Selektive oder fokussierte Aufmerksamkeit

Eine Untersuchung der selektiven oder fokussierten Aufmerksamkeit, d.h. der Fähigkeit, rasch und richtig auf relevante Reize zu reagieren und sich nicht von irrelevanten Aspekten einer Aufgabe oder von Störreizen ablenken zu lassen, erfolgt typischerweise mithilfe von Aufgaben, die rasche Selektionsprozesse auf der Reiz- und/oder auf der Reaktionsseite erfordern. Relevant sind hier auch Arbeitsgedächtnisprozesse zur Abspeicherung der Stimulusbedingungen und die Fähigkeit des Probanden, Reaktionen auf Störreize aktiv zu unterdrücken. Häufig werden Wahl-Reaktions-Aufgaben zur Untersuchung dieses Aspekts der selektiven Aufmerksamkeit verwendet. Als Papier- und Bleistifttests zur Erfassung der fokussierten Aufmerksamkeit (im deutschsprachigen Raum oft als „Konzentrationsfähigkeit" bezeichnet) dienen meist Durchstreichtests. Bei diesen Tests sind über einen kurzen Zeitraum hinweg in Störreize eingebettete Buchstaben oder Zeichen herauszufinden und zu markieren (s. Tabelle 5). Ein Verfahren, welches zur Prüfung spezieller Aspekte der selektiven Aufmerksamkeit, nämlich der Anfälligkeit gegen Interferenz geeignet erscheint und Konflikte zwischen automatisierter und kontrollierter Verarbeitung im Sinne von Neisser (1967) oder Shiffrin und Schneider (1977) prüft, ist der „Stroop"-Test, der in einer deutschen Version von Bäumler als Farbe-Wort-Interferenz-Test vorliegt und auch Bestandteil des Nürnberger-Alters-Inventars ist. Der Test besteht aus drei Teilen:

a) einer Liste mit Farbnamen, die möglichst schnell gelesen werden sollen,

b) einer Liste mit Farbstrichen, deren Farbe möglichst rasch zu benennen ist und

c) einem „Interferenz"-Teil. Dieser enthält eine Liste mit Farbnamen, die aber jeweils in einer anderen, dem Farbnamen nicht entsprechenden Farbe gedruckt sind. Der Proband soll hier so schnell wie möglich die Druckfarbe nennen, ohne das Wort laut zu lesen. Das Verfahren prüft, in welchem Ausmaß automatisierte Verarbeitungsstrategien (hier: das Dekodieren der Wortbedeutung) mit der kontrollierten Verarbeitung (hier: die geforderte Benennung der Druckfarbe des jeweiligen Wortes) beim Probanden miteinander in Konflikt geraten

Ein anderer Aspekt der visuellen selektiven Aufmerksamkeit ist die Fähigkeit, die Aufmerksamkeit räumlich zu bestimmten Zielreizen hin zu „verschieben" (Covert Shift of Attention). Diese Funktion wird mit Hilfe des Untertests „Verdeckte Aufmerksamkeitsverschiebung" aus der Testbatterie zur Aufmerksamkeitsprüfung (TAP) erfasst. Bei dieser Aufgabe soll der Aufmerksamkeitsfokus entsprechend einem im zentralen Fixationspunkt dargebotenen Hinweisreiz (nach links oder rechts zeigender Pfeil) in die rechte oder linke Raumhälfte verschoben werden.

b) Geteilte Aufmerksamkeit, kognitive Flexibilität

Im Alltag ist die Fähigkeit zur Aufmerksamkeitsteilung vor allem beim Autofahren relevant, da hier meist gleichzeitig mehrere „Informationsströme" beachtet werden müssen. Die Fähigkeit zur Aufmerksamkeitsteilung ist von Verarbeitungsressourcen und von der Qualität der verschiedenen Aufgaben, welche miteinander kombiniert werden sollen, bestimmt. Je ähnlicher die Aufgaben sind, um so mehr Interferenz entsteht zwischen ihnen (Wickens, 1984). Die meisten Aufgaben zur Prüfung der Aufmerksamkeitsteilung sind sogenannte Dual-Task-Aufgaben und tragen Merkmale von „Supervisory attentional control", d. h. der Fähigkeit, flexibel mit konkurrierenden Informationen umzugehen und das richtige Antwortschema auszuwählen.

Teil B des Trail-Making-Tests (Reitan, 1958) erfordert derartige Fähigkeiten. Die Probanden sollen hier möglichst rasch die in unregelmäßiger Abfolge auf die Testvorlage aufgedruckten Zahlen 1 bis 13 bzw. die Buchstaben a bis l in aufsteigender Folge miteinander verbinden, wobei ständig zwischen Zahlen und Buchstaben gewechselt wird (z. B. 1-a-2-b usw.). Bei Form A des Tests brauchen lediglich

Tabelle 5. Tests zur Erfassung der Aufmerksamkeitsselektivität

	Selektive oder fokussierte Aufmerksamkeit	
Test	**Aufgabe**	**Funktion**
Aufmerksamkeits-Belastungstest d2; FAIR; Alters-Konzentrationstest	Durchstreichtests: als Zielreize definierte Symbole sollen so schnell wie möglich herausgefunden und markiert werden	Kurzfristige visuelle Aufmerksamkeitsfokussierung
Untertest „Go-NoGo" aus der TAP[1]	Rasche Reaktion auf zwei von insgesamt fünf visuellen Mustern	Selektive visuelle Aufmerksamkeit
Wahlreaktionsaufgabe am Wiener Reaktionsgerät (Wiener Testsystem)	Rasche Reaktion auf eine bestimmte auditiv-visuelle Reizkombination	Selektive auditiv-visuelle Aufmerksamkeit
Wiener Determinationsgerät	Rasche Reaktion auf farbige Reize und auf Töne durch zugeordnete Hand- bzw. Fußtasten	Selektive visuell-auditive Aufmerksamkeit mit Reiz- und Reaktionsselektion
Farbe-Wort-Interferenztest (Stroop-Test)	rasches Benennen der zur Wortbedeutung inkompatiblen Druckfarbe eines Farbwortes	Interferenzmessung
	Räumliche Ausrichtung der Aufmerksamkeit	
Untertest „Verdeckte Aufmerksamkeitsverschiebung" aus der TAP	Rasche Reaktionen auf Reize im rechten oder linken Gesichtsfeld bei visueller Fixation	visuell-räumliche Aufmerksamkeitsverschiebung
	Aufmerksamkeits(ver)teilung	
Trail-Making-Tests	Rascher Wechsel zwischen aufsteigenden Reihen von Buchstaben und Zahlen	visuell-visuelle Aufmerksamkeitsteilung
PASAT	Addieren von Zahlen	Auditive Aufmerksamkeitsteilung, Exekutivfunktion des Arbeitsgedächtnisses
Untertest „Geteilte Aufmerksamkeit" der TAP	Gleichzeitiges Beachten einer visuellen und einer auditiven Reizsequenz	Visuell-auditive Aufmerksamkeits(ver)teilung
	Kognitive Flexibilität	
Untertest „Reaktionswechsel" aus der TAP	Wechsel des Aufmerksamkeitsfokus zwischen verschiedenen Informationsquellen	Flexibilität der Aufmerksamkeit

[1] Testbatterie zur Aufmerksamkeitsprüfung Version 1.02c (Zimmermann & Fimm, 1994)

Tabelle 6. Taxonomie von Aufmerksamkeitsdimensionen und -bereichen und zugeordnete Paradigmen

Dimension	Bereich	Paradigma
	Aufmerksamkeitsaktivierung (Alertness) (intrinsisch, tonisch und phasisch)	Einfache visuelle oder auditive Reaktionsaufgaben ohne (Aktivierungsniveau) oder mit Warnreiz (phasische A.aktivierung)
Intensität	**Daueraufmerksamkeit,**	Langandauernde einfache Signalentdeckungs-Aufgaben, hoher Anteil relevanter Stimuli
	Vigilanz	Langdauernde monotone Signalentdeckungs-Aufgaben, niedriger Anteil relevanter Stimuli
	Selektive oder fokussierte Aufmerksamkeit	Wahlreaktionsaufgaben, Aufgaben mit Störreizen zwecks Distraktion
Selektivität	**Visuell-räumliche selektive Aufmerksamkeit, Wechsel des Aufmerksamkeitsfokus**	Aufgaben, welche den Wechsel der Aufmerksamkeit von einem räumlichen Fokus zum nächsten verlangen
	Geteilte Aufmerksamkeit	Aufgaben, welche eine Verteilung der Aufmerksamkeit auf mehrere „Informationskanäle" erfordern (z.B. „Dual task"-Aufgaben); Aufgaben zur Erfassung der „kognitiven Flexibilität"

die Zahlen verbunden zu werden. Die Differenz der Verarbeitungszeit zwischen Form A und B dient als Maß für die Fähigkeit zur Aufmerksamkeitsteilung.

Der PASAT (Paced Auditory Serial Addition Task) nach Gronwall (1977) ist eine auditive Aufgabe zur Aufmerksamkeitsteilung. Die Zahlen von 1 bis 9 werden dem Probanden in unregelmäßiger Reihenfolge mit der Auflage präsentiert, die letztgenannte Zahl immer zur vorhergehenden hinzuzuaddieren. Das Resultat muss laut gesagt und unmittelbar wieder vergessen werden, da die nächste Zahl sofort wieder zur vorhergehenden Zahl addiert werden muss – nicht zum Zwischenergebnis! Problematisch ist bei dieser Aufgabe die starke Abhängigkeit von der Rechenfertigkeit des Probanden.

Der TAP-Untertest „Geteilte Aufmerksamkeit" verlangt vom Probanden, den Bildschirm nach bestimmten Mustern abzusuchen und gleichzeitig Unregelmäßigkeiten in einer Abfolge hoher oder tiefer Töne zu entdecken.

Eng im Zusammenhang mit der Fähigkeit, die Aufmerksamkeit auf verschiedene Aufgaben zu verteilen, steht das Konzept der *kognitiven Flexibilität*. Hierbei geht es um einen schnellen Wechsel des Aufmerksamkeitsfokus zwischen verschiedenen Informationsquellen (z. B. „Cross-Modal Shift of Attention"). In der TAP ist diese Funktion im Untertest „Reaktionswechsel" repräsentiert.

In Tabelle 6 wird zusammenfassend der Versuch unternommen, den von van Zomeren und Brouwer (1994) vorgeschlagenen und von uns im Abschnitt „Funktionelle Neuroanatomie" erweiterten Aufmerksamkeitsdimensionen und -bereichen typische Aufgaben und Paradigmen zuzuordnen, die den meisten der beschriebenen Aufmerksamkeits-Untersuchungsverfahren zugrundeliegen.

Aufmerksamkeitsleistungen im Alltag

Ein wichtiger Bestandteil jeder neuropsychologischen Untersuchung ist die Verhaltensbeobachtung und Exploration des Patienten. Versuche, diese Verhaltensbeobachtung bei Aufmerksamkeitsstörungen zu systematisieren und zu „standardisieren", liegen in Form von Schätzskalen und Fragebögen vor. Ponsford und Kinsella (1991) stellten eine Liste mit 14 aufmerksamkeitsbezogenen Items vor, welche in erster Linie für die Untersuchung hospitalisierter Patienten mit schwerem Schädel-Hirn-Trauma konstruiert wurde. Aussagen zur beobachteten Häufigkeit von Ermüdbarkeit, Ablenkbarkeit, mangelnden Flexibilität und der Unfähigkeit zur Aufmerksamkeitsteilung werden auf einer Fünf-Punkte-Skala zwischen den Kategorien „nie" und „immer" abgegeben. Vom Arbeitskreis „Aufmerksamkeit und Gedächtnis" der Gesellschaft für Neuropsychologie (GNP) wurde der „Fragebogen erlebter Defizite der Aufmerksamkeit (FEDA)" entwickelt, der Fragen zu den Bereichen „Ablenkbarkeit und Verlangsamung bei geistigen Prozessen", „Ermüdung und Verlangsamung bei praktischen Tätigkeiten" sowie zum „Antrieb" umfasst. Der Fragebogen ist sowohl zur Selbsteinschätzung der Defizite durch den Patienten als auch für Fremdeinschätzung, z.B. durch Angehörige oder das Pflegeteam geeignet.

Aufmerksamkeitsdiagnostik bei Fahreignungsuntersuchungen

Der Untersuchung von Aufmerksamkeitsfunktionen kommt neben der Erfassung spezifischer verkehrsbezogener Leistungen, wie sie auch in den medizinisch-psychologischen Fahreignungsuntersuchungen des TÜV üblich sind, eine besondere Bedeutung zu. Bei älteren Autofahrern konnten Brouwer et al. (1988) einen engen Zusammenhang zwischen der Informationsverarbeitungsgeschwindigkeit, kognitiver Flexibilität und dem von einem Fahrlehrer abgegebenen Urteil zur Fahrtauglichkeit feststellen. Van Wolffelaar et al. (1988, 1990) fanden einen starken Zusammenhang zwischen Wahlreaktionsaufgaben

und dem Verhalten von Schädelhirntrauma-Patienten in realen Verkehrssituationen. Bei einer Untersuchung der Fahrtauglichkeit aphasischer Patienten (Hartje et al., 1991) ließ sich jedoch kein eindeutiger Zusammenhang zwischen Testleistungen und Fahrlehrerurteil nachweisen. Allerdings waren es auch hier eher komplexere Aufmerksamkeitsleistungen, in denen sich die Patienten mit bestandener bzw. nicht bestandener Fahrprüfung unterschieden. Zum Standard einer neuropsychologischen Untersuchung zur Fahreignung sollten daher sowohl Untersuchungsverfahren zur Erfassung der elementaren Reaktionsgeschwindigkeit als auch Tests zur selektiven und insbesondere zur geteilten Aufmerksamkeit gehören. Da die Patienten oft ihre eigenen Fahrleistungen nicht realistisch einschätzen können, ist heute eine zusätzlich zur neuropsychologischen Untersuchung durchgeführte praktische Fahrprobe die Regel. Auch Patienten mit relativ schlechten Testergebnissen können oft aufgrund langjähriger Fahrpraxis und Erfahrungen gewisse Aufmerksamkeitsdefizite in der praktischen Fahrsituation kompensieren.

Eine Untersuchung der Fahreignung hirngeschädigter Patienten sollte sich an den Begutachtungs-Leitlinien des Gemeinsamen Beirats für Verkehrsmedizin, herausgegeben vom Bundesministerium für Verkehr (Lewrenz & Friedel, 1996) orientieren. Auf rechtliche Probleme bei der Fahreignungsuntersuchung hirngeschädigter Patienten gehen Mönning et al. (1997) ein.

Therapie

Angesichts der Erkenntnis, dass Aufmerksamkeit in verschiedene Komponenten unterteilt werden kann und dass diese Komponenten infolge distinkter Hirnschädigungen im individuellen Fall in jeweils unterschiedlicher Weise beeinträchtigt sein können gehen die meisten Aufmerksamkeits-Therapieansätze davon aus, dass Aufmerksamkeitsfunktionen durch Stimulation einer bestimmten Aufmerksamkeitskomponente verbessert werden können. In Abhängigkeit von dem jeweils zugrunde liegenden Aufmerksamkeitsmodell unterscheiden sich die Therapieansätze allerdings bezüglich der angesprochenen Komponenten. Mateer und Mapou (1996) fanden in einer Übersicht über Aufmerksamkeits-Therapiestudien, dass die Evaluation der Effizienz der verschiedenen Therapieprogramme auf drei verschiedenen Ebenen stattfindet:

a) die bei der Therapie verwendete Trainingsaufgabe wird auch zur Evaluation verwendet,

b) psychometrische Aufgaben oder Tests dienen zur Evaluation und

c) die Auswirkung der Therapie auf Alltagsleistungen wird beurteilt.

Evaluation der Therapie mithilfe der beim Training verwendeten Aufgaben

Ben-Yishay et al. (1987) entwickelten ein Trainingsprogramm (ORM = *O*rientation *R*emediation *M*odule) zur Behandlung der am häufigsten nach Schädel-Hirn-Traumen zu beobachtenden Aufmerksamkeitsstörungen:

a) Unzureichende Wachheit (Alertness),

b) Aufmerksamkeitsschwankungen mit mangelnder Fähigkeit zur selektiven Aufmerksamkeitszuwendung,

c) Schwierigkeiten bei der Aufrechterhaltung fokussierter Aufmerksamkeit über längere Zeit (Vigilanz) und

d) verzögerte, schlecht angepasste oder perseverierende Reaktionsweisen.

Sowohl der theoretische Ansatz als auch die praktische Durchführung erfolgte in enger Anlehnung an die Aufmerksamkeitstheorie von Posner. Bei dem apparativen Training wurden die genannten Aufmerksamkeitsstörungen in hierarchischer Weise mit hypothetisch ansteigendem Komplexitäts- und Schwierigkeitsgrad successiv von a nach d behandelt. Das Training bestand aus fünf verschiedenen Übungen. In der ersten Übung sollten die Patienten mithilfe einer visuellen Reaktionsaufgabe mit Reaktions-Feedback trainiert werden, auf Umgebungssignale zu achten und zu reagieren. Bei der zweiten Übung sollte insbesondere die Ablenkbarkeit der Patienten verringert werden (Selective Attention). Es wurde eine

uhrähnliche Apparatur verwendet, bei der sich auf Knopfdruck hin ein Zeiger in Bewegung setzte. Der Patient sollte durch Loslassen des Knopfes den Zeiger an einer bestimmten Stelle stoppen. Im Laufe des Trainings mussten vom Patienten bestimmte Halt-Markierungen ausgewählt, irrelevante dagegen ausgeschlossen werden. Die dritte Übung zielte auf eine aktive Beobachtung der Umgebung mit Suche und Identifikation relevanter Signale ab. Das zum Training verwendete Instrument bestand aus einer ca. 80 cm langen waagerechten Anzeigetafel, auf der zwei Würfel verschoben werden konnten. Der Würfel auf der linken Seite enthielt eine Digitalzahlenanzeige und der Würfel auf der rechten Seite fünf verschiedenfarbige Lichter. Die Signale in beiden Würfeln konnten entweder einzeln oder gleichzeitig (Divided Attention) aktiviert werden und zeigten dann eine Zahl, ein Farbsignal oder beides. Beide Reizquellen mussten ständig beobachtet und auf die richtigen Einzelreize oder Reizkombinationen reagiert werden. In der vierten Übung wurde der Patient trainiert, sich auf interne Reize zu verlassen. Hierzu sollte das Verstreichen einer bestimmten Zeitspanne geschätzt werden. Als Hilfe diente eine große Stoppuhr, deren Schrittrhythmus (in Zehntelsekunden) internalisiert werden sollte. Als zusätzliche Hilfen konnte der Patient zeitlich festgelegte Körperbewegungen oder zunächst laut ausgesprochene, später stille Zählsysteme oder visuelle Vorstellungsbilder benutzen. Im Laufe des Trainings sollte der Patient sich dann ohne die Stoppuhr bei der Zeitschätzung nur noch ganz auf seine internalisierten Reize verlassen. Die fünfte und letzte Übung zielte auf die Sequenzierung von Reaktionen ab. Der Patient sollte hierbei versuchen, auf einer Morsetaste verschiedene Rhythmen zu imitieren. Die Aufgabe verlangte, dass der Patient zunächst auf vorgebene Rhythmen, die sich aus der zeitlichen Abfolge von Tönen ergaben, achtete und diese schließlich internalisierte. Endlich musste jeder Ton antizipiert werden, um eine Synchronisation zwischen Tonfolge und Morsetastenrhythmus erreichen zu können. Das Trainingsprogramm wurde sechs Jahre lang bei jungen Patienten nach schweren, kriegsbedingten Schädel-Hirn-Verletzungen angewendet und schließlich in einer computer-gesteuerten Variante ganz am Bildschirm dar-geboten (Piasetzky et al., 1983). Alle 40 Pati-enten waren vor Beginn des Trainings schon intensiven Rehabilitationsmaßnahmen unter-zogen worden und zeigten über drei Monate hinweg eine stabile Leistungs-Baseline, die mit Hilfe einer umfangreichen Testbatterie er-fasst wurde (Rattok et al., 1982). Der Trai-ningserfolg wurde an den zum Training ver-wendeten Geräten direkt gemessen, wo sich in allen fünf Übungen nach dem Training eine signifikante Verbesserung zeigte.

Die fünf Übungen wurden bei jedem Pati-enten in immer gleicher Reihenfolge durchge-führt. Deshalb konnte bei 11 Patienten die Auswirkung der gerade abgeschlossenen Übung auf die Baseline-Werte für die nächste Übung geprüft werden. Es zeigte sich keiner-lei Transfer von einer auf die jeweils nachfol-gende Übung, sondern nur eine Leistungsver-besserung im unmittelbar trainierten Aufmerk-samkeitsbereich, d. h., die Trainingseffekte waren sehr spezifisch. Da Trainingsaufgaben und Kontrolltests beim ORM-Training iden-tisch sind, könnten die Ergebnisse jedoch möglicherweise nur triviale Übungseffekte für die trainierten Aufgaben widerspiegeln.

Evaluation mithilfe psychometrischer, trainingsunähnlicher Aufgaben

Sturm und Willmes (1991) führten ein Training zur Verbesserung der Aufmerksamkeit und vi-suellen Auffassungsschnelligkeit bei Patienten nach Hirnschädigungen unterschiedlicher Lo-kalisation und Ätiologie durch. Das Training wurde über 14 Sitzungen hinweg mit sukzessiv im Komplexitätsgrad zunehmenden Program-men am Wiener Determinationsgerät und am Wiener Konzentrationsgerät (Kognitrone) durchgeführt. Alle Patienten wurden zu vier Zeitpunkten mit einer umfangreichen Testbat-terie untersucht, die sowohl Aufgaben enthielt, die dem Training sehr ähnlich waren, als auch Prüfungen dem Training unähnlicher Aufmerk-samkeitsfunktionen sowie Tests, die allgemei-nere intellektuelle Funktionen, wie logisches Denken, Wortflüssigkeit oder räumliches Vor-stellungsvermögen erfassen. Auf diese Weise

sollte überprüft werden, ob das Training sich nicht nur auf Leistungsbereiche auswirkt, die dem Training ähnlich sind, sondern auch auf nicht unmittelbar verwandte psychische Funk-tionen. Nach dem Training zeigte sich eine Lei-stungsverbesserung sowohl bei speziellen Test-programmen an den zum Training verwendeten Geräten als auch ein generalisierter Trainings-effekt im Bereich der allgemeinen Aktivierung und Reaktionsschnelligkeit sowie -sicherheit. Vigilanzleistungen konnten jedoch nicht ge-steigert werden. Die Trainingseffekte blieben über 8 Wochen hinweg stabil. Aus der Beob-achtung, dass das eher unspezifische Training sich nicht auf alle Aufmerksamkeitsfunktionen positiv auswirkte, leiteten die Autoren die For-derung ab, für spezifische Aufmerksamkeits-störungen auch spezifische Trainingsmethoden zu entwickeln und einzusetzen. Ähnliche Ef-fekte mit dem gleichen eher unspezifischen Trainingsverfahren wurden von Poser et al. (1992) für Hirntraumatiker in der post-akuten Phase berichtet.

Auch Sohlberg und Mateer (1987) berichte-ten über eine hochspezifische Wirksamkeit ei-nes von Ihnen an vier Patienten evaluierten Aufmerksamkeitstrainings. Sie konnten im Einzelfall lediglich für Aufmerksamkeitsfunk-tionen Verbesserungen feststellen, nicht jedoch für visuo-kognitive und Gedächtnisleistungen. Das von ihnen entwickelte „Attention Process Training" (APT) umfasst folgende Übungen

- *Training der Aufmerksamkeitsfokussierung:* Entdeckung auditiv dargebotener Zielrei-ze
- *Training der Daueraufmerksamkeit:* Über-wachung auditiv dargebotener Stimulusse-quenzen mit ansteigendem Schwierigkeits-grad
- *Training selektiver Aufmerksamkeit:* Be-arbeitung von Stimulussequenzen mit stö-renden Hintergrundgeräuschen; rasche vi-suelle Reizdiskrimination; Steckbrettaufga-ben mit Störgeräuschen
- *Training des Aufmerksamkeitswechsels:* Additions/Subtraktions-Flexibilität; Übun-gen zum Bearbeiten simultaner Sequenzen
- *Training der Aufmerksamkeitsteilung:* „Dual task" mit gleichzeitiger Verarbeitung visuel-ler und auditiver Informationen

Die Trainingsaufgaben sind Testaufgaben sehr ähnlich und zeigen – mit Ausnahme der Rechenaufgaben – nur wenig Alltagsbezug.

Die Frage, ob sich kommerzielle Computerspiele als Aufmerksamkeitstraining verwenden lassen, wurde von Gray et al. (1992) untersucht. Sie verglichen die Effektivität eines computergestützten Aufmerksamkeitstrainings, welches Reaktionsschnelligkeitsübungen, ein Training im Zahlen-Symbol-Test, eine Stroop-Aufgabe und eine Aufgabe zur geteilten Aufmerksamkeit enthielt, mit der Wirksamkeit verschiedener traditioneller Computerspiele (Problemlöseaufgaben, Anagramm-Puzzle und ähnliches). Als Kontrollaufgaben zur Überprüfung der Effektivität wurden der PASAT und der Untertest „rechnerisches Denken" aus der Wechsler-Adult-Intelligence-Scale (WAIS) verwendet. Obwohl es am Ende des jeweiligen Trainings kaum Unterschiede zwischen den beiden Gruppen gab, ließen sich mit Hilfe des Aufmerksamkeitstrainings in den beiden genannten Tests bessere Langzeiteffekte über sechs Monate hinweg erzielen.

Keine über Spontanremission und Testwiederholungseffekte hinausgehenden spezifischen Effekte fanden Ponsford und Kinsella (1988) nach einem von ihnen durchgeführten Aufmerksamkeitstraining bei traumatisch hirngeschädigten Patienten.

Sturm et al. (1993) entwickelten computergestützte Trainingsprogramme (AIXTENT) zur Therapie von Störungen der Alertness, der Vigilanz, der selektiven Aufmerksamkeit und der geteilten Aufmerksamkeit. Die Programme sind spielähnlich aufgebaut und stellen die entsprechenden Aufmerksamkeitsparadigmen in alltagsähnlichen Situationen dar:

– *Alertnesstraining:* Ein Rennwagen oder ein Motorrad müssen bei rascher Fahrt rechtzeitig vor einem Hindernis gestoppt werden.
– *Vigilanztraining:* Radarbeobachtung (Entdeckung selten auftauchender Flugobjekte); Fließbandaufgabe (Entdeckung fehlerhafter Artikel)
– *Training selektiver Aufmerksamkeit:* Beim Tontaubenschießen oder bei einer Fotosafari dürfen nur bestimmte Objekte oder Objektkombinationen beachtet werden.

– *Training der Aufmerksamkeitsteilung:* In einem Flugzeugcockpit ist gleichzeitig auf den Horizont, die Fluggeschwindigkeit und auf eventuelle Motoren„aussetzer" zu achten.

Zur Kontrolle der Therapieeffekte wurden die entsprechenden Untertests der Aufmerksamkeitstestbatterie von Zimmermann und Fimm (TAP, siehe Abschnitt „Diagnostik") herangezogen. Diese repräsentieren zwar die gleichen Aufmerksamkeitsfunktionen wie die Trainingsprogramme, benutzen hierzu aber völlig andere Aufgabenstellungen. Patienten mit vaskulären, einseitigen Hirnläsionen und Aufmerksamkeitsdefiziten in mindestens zwei Aufmerksamkeitsbereichen wurden in jeweils 14 Trainingssitzungen in einem der gestörten Funktionsbereiche behandelt. Die Ergebnisse zeigten, dass insbesondere in den Aufmerksamkeitsbereichen Alertness und Vigilanz (Intensitätsaspekte der Aufmerksamkeit) nur das jeweils spezifische Training Wirkung zeigte, dass bei den komplexeren Aufmerksamkeitsfunktionen der selektiven und geteilten Aufmerksamkeit aber auch ein Training der Aufmerksamkeitsintensität zur Verbesserung der Reaktionsschnelligkeit (d. h. dem Intensitätsaspekt der jeweiligen Aufgabe) beitragen konnte. Die Selektivitätsaspekte (Anzahl der Reaktionsfehler) ließen sich jedoch auch hier nur durch die spezifischen Programme positiv beeinflussen (Sturm et al., 1994, 1997). Ausserdem konnten die Autoren nachweisen, dass insbesondere bei Störungen elementarer Aufmerksamkeitsfunktionen ein „falsches" Training, welches zu komplexe Anforderungen an die Aufmerksamkeit stellt, zu einer weiteren Verschlechterung der Aufmerksamkeitsleistungen führen kann. Eine multizentrische Studie zur Effizienz der gleichen Programme bei traumatisch hirngeschädigten Patienten (Sturm et al. 1999b) sowie eine Anwendung der AIXTENT-Programme bei Patienten mit multipler Sklerose (Plohmann et al. 1998) führten zu nahezu identischen Ergebnissen, wobei in letzterer Studie auch positive Auswirkungen auf Alltagsleistungen berichtet wurden. Dies macht deutlich, dass
a) vor der Planung einer Aufmerksamkeitstherapie eine sorgfältige Diagnostik zur genau-

en Definition der Aufmerksamkeitsdefizite erforderlich ist und dass

b) insbesondere Defizite der Aufmerksamkeitsintensität (Alertness- oder Vigilanzstörungen) mit spezifischen Therapieverfahren behandelt werden müssen.

Eine Verbesserung insbesondere elementarer Aufmerksamkeitsfunktionen scheint – im Gegensatz z.B. zu Gedächtnisfunktionen – durch eine Stimulationstherapie erzielt werden zu können, ohne dass der Patient hierzu spezielle Strategien erlernen muss. Eine Funktionsverbesserung in diesem Bereich kann somit als ein Restitutions- und weniger als ein Kompensationsprozess verstanden werden.

Auswirkung der Therapie auf Alltagsleistungen

Studien zur Effektivität von Aufmerksamkeitstraining auf der Alltagsebene sollten zwar einerseits besonders wichtige Aussagen über die Relevanz des Therapieansatzes liefern, sind aber gleichzeitig mit besonders großen messtheoretischen Problemen konfrontiert. So sind globale Einschätzungen des wiedererlangten beruflichen Status oder der Fähigkeit zu unabhängigem Leben meist zu grob, um einen möglichen Zusammenhang mit der Therapie zu erfassen. Die Ergebnisse von Fragebögen und standardisierten Interviews sind angesichts der oft verminderten Einsichtsfähigkeit und Selbstwahrnehmung der Patienten und der Subjektivität dieses Evaluations-Mediums oft nicht weniger problematisch (Hillier 1997; Sbordone et al. 1998). Zudem ist es sehr schwierig, die experimentell gut unterscheidbaren Aufmerksamkeitsbereiche auch in Alltagssituationen zu differenzieren (s. Abschnitt Diagnostik). Dennoch kommen einige Studien zu der Aussage, dass eine Therapie von Aufmerksamkeitsfunktionen sich auf Alltagsfunktionen positiv auswirkt. Sivak et al. (1984) berichteten über verbesserte Fahrfähigkeit nach einem Training der Aufmerksamkeit und perzeptiver Fertigkeiten. Wood und Fussey (1987) fanden, dass die Patienten sich nach einem Aufmerksamkeitstraining besser auf andere Therapieaufgaben konzentrieren konnten. In der bereits oben erwähnten Studie von Plohmann et al. (1998) zeigten sich nach einem computergestützten Aufmerksamkeitstraining in einem Fragebogen (FEDA, s. Abschnitt Diagnostik) signifikante Verbesserungen. Die Patienten berichteten über geringere Ermüdbarkeit und mentale sowie physische Verlangsamung und über eine geringere Ablenkbarkeit. In einer Reihe von Studien fand sich neben einer Verbesserung von Ergebnissen in formalen Aufmerksamkeits- und Gedächtnistests auch eine höhere Rate von Patienten, die nach der Therapie in der Lage waren, unabhängig zu leben und wieder einen Beruf auszuüben.

Dennoch ist dieser Bereich der bisher am wenigsten erforschte und eine systematische Zuordnung von Aufmerksamkeitsparadigmen zu Alltagsfunktionen steht noch aus. Insbesondere wäre hier eine enge Kooperation mit Forschern im Bereich der Arbeitspsychologie erforderlich, um Beschreibungen von Aufmerksamkeitsanforderungen in bestimmten Berufsfeldern erstellen zu können.

4.2 Vernachlässigung – Neglect

HANS-OTTO KARNATH

Zusammenfassung

Neglect bezeichnet eine Verhaltensstörung, die vornehmlich durch rechts inferior parietal lokalisierte Hirnläsionen verursacht wird und durch das Nichtbeachten von Reizen auf der zur Läsion kontralateralen Seite charakterisiert ist. Es handelt sich um eine supramodale Störung, die sich im visuellen, sensorischen, auditiven und motorischen Bereich manifestieren kann. Die Patienten können eine Vernachlässigung ihrer kontralateralen Extremitäten aufweisen. Im akuten Stadium eines Neglects sind Augen, Kopf- und Körperbewegungen vorwiegend zur ipsiläsionalen Seite gerichtet.

Eine eindeutige Entscheidung über den der Neglectsymptomatik zugrundeliegenden Mechanismus ist zur Zeit noch nicht möglich. Diskutiert werden eine Störung der Aufmerksamkeit, eine Störung der mentalen Repräsentation der Umwelt und des eigenen Körpers sowie eine Störung des neuronalen Raumkoordinatensystems.

Für die Diagnose eines Neglects entscheidend ist der Nachweis, dass die Verhaltensstörung nicht bloß Folge einer Störung der primären Verarbeitung visueller, akustischer oder sensibler Reize ist. Hilfreich ist hierbei die Darbietung von Hinweisreizen (cueing). Häufig verwendete Aufgaben zur Darstellung eines Neglects sind das Kopieren oder das freie Zeichnen. Für eine quantifizierende Diagnostik eignen sich Such- und Durchstreichaufgaben, Reaktionszeitmessungen auf lateralisierte Stimuli sowie die kurzzeitige Darbietung von visuellen Reizen.

Es gibt gegenwärtig kein allgemein akzeptiertes Konzept für das therapeutische Vorgehen bei Neglect. Bei der überwiegenden Anzahl der therapeutischen Ansätze, die zur Behandlung der Neglectsymptomatik eingesetzt werden, führen die Patienten Übungen durch, die eine vermehrte und aktive Hinwendung ihrer Aufmerksamkeit zur kontraläsionalen Seite verlangen. Alternative Annahmen über den zur Neglectsymptomatik führenden Mechanismus eröffnen derzeit interessante neue Therapieperspektiven. So wurde bei vestibulärer Reizung, bei propriozeptiver Stimulation der Nackenmuskulatur durch Vibration sowie bei Manipulation des visuellen Inputs mittels optokinetischer Reize oder dem Einsatz von Prismengläsern eine Kompensation des Defizites beobachtet. Eine systematische Therapie mittels dieser Stimulationsarten wurde bislang noch nicht an einer größeren Anzahl an Patienten erprobt, jedoch bereits in Einzelfällen mit Erfolg unternommen.

Mit dem Begriff Neglect wird bei hirngeschädigten Patienten eine Verhaltensstörung bezeichnet, die vor allem durch das Nichtbeachten von Reizen auf der zur Läsion kontralateralen Seite charakterisiert ist. Die Vernachlässigung kann sich im visuellen, taktilen, auditiven und motorischen Bereich manifestieren und betrifft in der Regel mehrere Modalitäten gleichzeitig.

Verhalten

Die Kranken fallen dadurch auf, dass sie auf kontralateral dargebotene oder spontan auftauchende Reize nicht reagieren, sie nicht beachten bzw. nicht von ihrem Vorhandensein berichten können. Gelegentlich kollidieren sie mit Gegenständen, wenn diese sich auf der zur Läsion kontralateralen Seite befinden, stoßen mit der Schulter der kontralateralen Körperseite gegen Türrahmen oder kämmen beim Blick in den Spiegel nur einen Teil der Frisur. Beim Suchen von Gegenständen ist die Aktivität der Kranken, die visuelle oder taktile Exploration, deutlich zur Seite der Läsion verschoben. Beim Betrachten von visuellen Szenen werden die kontralateral gelegenen Teile der Szene nicht exploriert (Abb. 1). Das gleiche Fehlverhalten, d.h. eine Verlagerung des Explorationsfeldes zur ipsiläsionalen Seite, lässt sich auch beim taktilen Erkunden der Umgebung beobachten. Das Ausmaß der resultierenden Vernachlässigung von kontralateral lokalisierten Reizen variiert mit dem Schweregrad der Symptomatik. Sie kann so mild ausgeprägt sein, dass lediglich wenige Gegenstände in der äusseren Peripherie der kontralateralen Seite nicht beachtet werden, aber auch so stark sein, dass sich die Suchbewegungen allein auf die ipsilaterale Seite beschränken. Aufgrund dieser stark unterschiedlichen Ausdehnung der Vernachlässigungssymptomatik ist die Bezeichnung des Krankheitsbildes als sog. *Hemi-Neglect* oder *Halbseiten-Neglect* wenig geeignet. Tatsächlich vernachlässigen Neglectpatienten bei der Exploration des Raumes, eines Tisches, eines Bildes etc. in den seltensten Fällen genau eine Hälfte davon.

Neglectpatienten können eine Vernachlässigung ihrer Extremitäten aufweisen, die eine eingeschränkte Spontanbewegung des kontralateralen Armes und/oder Beines zur Folge hat. Berührungen an der betroffenen Körperseite oder auch akustische Reize aus kontralateraler Richtung können unbeantwortet bleiben oder werden so beantwortet, als wären sie auf der Gegenseite aufgetreten. Vor allem im akuten Stadium der Störung können die Augen-, Kopf- und Körperbewegungen oftmals bereits spontan, d.h. ohne dass eine Ansprache

Abb. 1. Blickbewegungsmuster (*unten*) eines Patienten mit linksseitigem Neglect bei der visuellen Exploration einer Zeichnung (*oben*). Die Abmessung der Zeichnung betrug 32 x 24 Grad Blickwinkel. (aus Karnath, Zeitschrift für Neuropsychologie 4, 113-124, 1993)

oder eine Berührung erfolgt wäre, vorwiegend zur ipsiläsionalen Seite gerichtet sein. Solche Patienten nehmen in der Kommunikationssituation häufig keinen Blickkontakt auf und scheinen desinteressiert abgewandt.

Verlauf der Erkrankung

Im allgemeinen bildet sich die akute Symptomatik des Neglects über einige Wochen bis wenige Monate deutlich zurück, so dass die Verhaltensstörungen durch bloße Beobachtung oder die klinisch-neuropsychologische Untersuchung nicht mehr auffallen. Verlaufsuntersuchungen ergaben, dass sich die manifeste Symptomatik in ca. 75% der Fälle innerhalb von 6 Monaten zurückbildet. Residualzustände eines Neglects können jedoch selbst Monate oder gar Jahre nach einer Hirnschädigung bestehen und dann zu einer erheblichen Behinderung im Alltag führen.

Nach Rückbildung der klinisch manifesten Form finden sich häufig noch Ausprägungen kontralateraler Vernachlässigung, die erst in Situationen auffallen, bei denen zeitgleich mit einem kontralateralen Reiz ein weiterer auf der ipsilateralen Seite auftritt. Der Patient wendet sich dann spontan und stereotyp dem ipsilateral gelegenen Reiz zu und vernachlässigt dabei den kontralateralen (Extinktionsphänomen).

Erklärungsmodelle

Es bestehen verschiedene Vorstellungen darüber welcher Mechanismus nach einer Hirnschädigung zu der kontralateralen Neglectsymptomatik führt. Diskutiert werden Störungen der Aufmerksamkeit, eine Störung der mentalen Repräsentation der Umwelt und des eigenen Körpers sowie eine Störung des neuronalen Raumkoordinatensystems.

Aufmerksamkeitshypothesen

Kinsbourne (1977) nahm ein Übergewicht der automatischen Orientierung der Aufmerksamkeit in ipsilateraler Richtung als Ursache der kontralateralen Vernachlässigung an. Das Modell basiert auf der Annahme zweier antagonistisch organisierter Vektoren, die der jeweiligen Orientierung der Aufmerksamkeit zur linken und zur rechten Seite des Raumes entsprechen. Der rechtshemisphärisch lokalisierte Vektor orientiert die Aufmerksamkeit zur linken Seite und umgekehrt verlagert der von der linken Hemisphäre gesteuerte Vektor die Aufmerksamkeit zur rechten Seite. Die Schädigung einer Hemisphäre führt demnach zur Schwächung des zur kontralateralen Seite hin orientierten Vektors und zu einem Überwiegen der Aufmerksamkeitsorientierung in die ipsilaterale Richtung. Bei einem Patienten mit einer Schädigung der rechten Hemisphäre kommt es demnach zu einem Überwiegen der Aufmerksamkeitshinwendung zur rechten Seite. Nach Kinsbourne resultiert daraus, dass sich Patienten mit Neglect stets zum äussersten Rand der ipsilateralen Seite hin orientieren und so die kontralaterale Seite vernachlässigen.

Posner et al. (1987) stellten demgegenüber eine Störung der Verlagerung von Aufmerksamkeit in kontralateraler Richtung in den Vordergrund ihrer Erklärung der Vernachlässigungssymptomatik. Die Autoren beobachteten, dass Patienten mit parietalen Läsionen immer dann beeinträchtigt waren, wenn sie ihre Aufmerksamkeit von einem Objekt lösen und zu einem anderen verlagern mussten, das sich in kontraläsionaler Richtung zu dem ersten Objekt befand. Als Ursache dieses Defizites der Aufmerksamkeitsverlagerung nahmen die Autoren eine Störung der Lösung der Aufmerksamkeit (disengagement) vom gegenwärtigen Fokus an (s. hierzu auch Kap. 4.1).

Repräsentationshypothese

Bisiach und Luzzatti (1978) stellten sich die Frage, ob sich bei Neglectpatienten eine Vernachlässigung nur in der physischen Umwelt einschließlich des eigenen Körpers zeigt oder auch – von äusseren Reizen unabhängig – in der Vorstellung, d.h. der mentalen Repräsentation des Raumes vorhanden ist. Sie ließen Neglectpatienten mit rechtsseitig parietalen Hirnschädigungen den Mailänder Domplatz aus zwei sich räumlich gegenüberliegenden Perspektiven zunächst mental vorstellen und dann beschreiben. Die Autoren fanden, dass von den Patienten in beiden Fällen nur die Gebäude und Details auf der rechten Seite des vorgestellten Bildes lebhaft und flüssig wiedergegeben wurden, während diejenigen der linken Seite ganz vernachlässigt oder in einem verärgerten und abwesenden Tonfall erwähnt wurden. Die zunächst vernachlässigte Seite des Domplatzes konnte jedoch nach dem Wechsel der mentalen Perspektive wiedergegeben werden, während die zuerst beschriebene Seite dann vernachlässigt wurde. Dieses Experiment zusammen mit weiteren von Bi-

siach und Mitarbeitern durchgeführten Untersuchungen zeigt, dass die Vernachlässigung
nicht allein auf der Seite von Perzeption und
Handlung, sondern auch in der mentalen Vorstellung des Raumes zu finden ist. Die Autoren
vermuteten daher, dass der Neglect von kontralateral lokalisierter Information durch ein
Fehlen ihrer mentalen Repräsentation bedingt
sein könnte.

Transformationshypothese

Neurophysiologische Untersuchungen haben
gezeigt, dass unser Gehirn über eine neuronale Repräsentation des Raumes verfügt, die das
retinale Abbild bzw. die retinalen Koordinaten
des visuellen Aussenraumes in körperzentrierte, nicht-retinale Raumkoordinatensysteme
transformiert. Um zu solchen egozentrischen
Koordinaten zu gelangen, muss die afferente
retinale Information mit den Signalen über die
Augenposition im Kopf sowie über die Kopfposition kombiniert werden. Neben visuellen,
vestibulären und propriozeptiven Signalen ist
darüber hinaus die Integration auditiver und
taktiler Information von Bedeutung.

Es wird angenommen, dass bei Neglectpatienten diese neuronale Transformation der
afferenten sensorischen Information in eine
abstrakte neuronale Repräsentation des Raumes
beeinträchtigt ist (Karnath, 1994; Ventre et al.,
1984). Dabei ist die Koordinatentransformati-
on nicht vollständig ausgefallen, sondern geht
mit einem systematischen Fehler einher, der
zu einer begrenzten Rotation des gesamten Referenzsystems um die vertikale Körperachse
zur ipsiläsionalen Seite führt (Karnath, 1997).
Konsequenz dieser Abweichung zur ipsiläsionalen Seite ist die Verschiebung des visuomotorischen Explorations- und Handlungsfeldes
in diese Richtung mit den sich hieraus ergebenden kontralateralen Vernachlässigungs-
erscheinungen (Abb. 2).

Für die Transformationshypothese spricht
u.a. die Beobachtung, dass die Manipulation
der an der Erstellung des egozentrischen Raumkoordinatensystems beteiligten Informationskanäle zu einer Kompensation der Neglectsymptomatik führt. So konnte die kontralate-

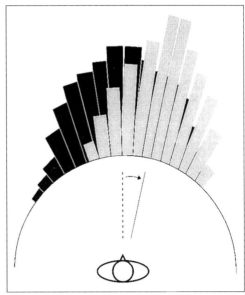

Abb. 2. Skizze der Abweichung des egozentrischen
Referenzsystems zur ipsiläsionalen (rechten) Seite
durch Rotation um die vertikale Körperachse bei
Patienten mit Neglect. Die räumliche Orientierung
des Körpers ist aus der Vogelperspektive dargestellt.
Der Rumpf ist durch eine Ellipse symbolisiert, der
Kopf durch einen Kreis mit angedeuteter Nase. Die
gestrichelte Linie symbolisiert das egozentrische
Raumkoordinatensystem (horizontale Ebene) von
gesunden Individuen und das *schwarze Histogramm* ihre Exploration des Raumes (in Prozent)
entlang der horizontalen Raumachse. Die *durchge-
zogene Linie* symbolisiert das egozentrische Raumkoordinatensystem (horizontale Ebene) eines Patienten mit Neglect. Es ist um die erdvertikale
Körperachse zur rechten, ipsiläsionalen Seite ro-
tiert. Das *graue Histogramm* zeigt die Exploration
des Raumes dieses Patienten entlang der horizontalen Raumachse. (nach Karnat, Philosophical Transactions of the Royal Society B 352, 1411-1419,
1997 und Karnath et al., Brain 121, 2357-2367,
1998)

rale Vernachlässigung während vestibulärer,
optokinetischer und während propriozeptiver
Stimulation der Nackenmuskulatur durch Vibration aufgehoben oder deutlich verbessert
werden. Es wird angenommen, dass die Stimulation zu einer Reorientierung des verschobe-
nen egozentrischen Referenzsystems führt.

Anatomie

Die Neglectsymptomatik tritt weitaus häufiger und ausgeprägter nach Schädigungen der rechten als der linken Hemisphäre auf und betrifft stets die zur Hirnschädigung kontralaterale Seite, d.h. bei den meisten Kranken die linke Seite. Unabhängige Untersuchungen von 110 und 58 Patienten mit umschriebenen rechtshemisphärischen Insulten haben ergeben, dass die für das Auftreten eines Neglects entscheidende Lokalisation der rechte inferiore Parietallappen zusammen mit den angrenzenden Bereichen des Temporallappens ist (Abb. 3). Lediglich in 3% der untersuchten Patienten mit Neglect

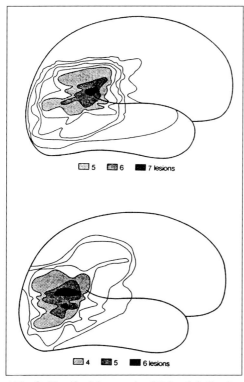

5   6   7 lesions

4   5   6 lesions

Abb. 3. Umrißzeichnung der Läsionslokalisation bei Patienten mit Schädigungen der rechten Hemisphäre infolge von vaskulären Insulten. Das Ausmaß der Überlappung der Läsionen ist durch die Schraffur dargestellt. *a)* 8 Patienten mit schwerem Neglect, *b)* 6 Patienten mit leichtem bis mittelschwerem Neglect. (aus Vallar & Perani, Neuropsychologia 24, 609-622, 1986)

wurden ausschließlich rechts frontal gelegene Hirnschädigungen gefunden. Ebenfalls deutlich seltener als nach Schädigungen der inferioren Parietalregion fanden sich subkortikale Läsionen zusammen mit einem Neglect (28% der untersuchten Neglectpatienten). In fast allen diesen Fällen betrafen die Schädigungen das Putamen, den Nucleus caudatus oder den Thalamus. Möglicherweise ist jedoch nicht die Schädigung der Basalganglien oder des Thalamus selbst die Ursache für das Auftreten des Neglects, sondern die hierdurch bedingte Reduktion des Stoffwechsels in frontalen und v.a. parietalen Arealen des Kortex.

Mesulam (1985) integrierte die verschiedenen Läsionslokalisationen bei Neglect zu einem Netzwerk-Modell. Danach ist das Zusammenwirken von parietalen, frontalen und thalamischen Strukturen sowie Anteilen des limbischen Systems notwendig, um eine normale Aufmerksamkeitsorientierung zu ermöglichen. Das Netzwerk postuliert eine Repräsentation der sensorischen Informationszuflüsse im parietalen Kortex, eine Repräsentation für Explorationsbewegungen im Aussenraum im frontalen Kortex sowie ein Motivationsschema im limbischen System. Neglectsymptomatik kann entsprechend diesem Modell durch die Zerstörung jeder einzelnen der durch das Netzwerk miteinander verbundenen Strukturen entstehen wie auch durch Schädigung der Faserverbindungen zwischen den Strukturen bedingt sein.

Umstritten ist, ob es nach prä- und nach postzentralen Läsionen des Kortex zu differentiellen Beeinträchtigungen motorischer und perzeptiver Leistungen bei Neglectpatienten kommt. Diskutiert wurde, ob nach rechts frontalen Läsionen eher motorische Vernachlässigungssymptome und nach rechts parietalen Läsionen eher perzeptive Defizite auftreten. Eine eindeutige Entscheidung über diese Hypothese lässt sich zum gegenwärtigen Zeitpunkt noch nicht treffen.

Diagnostik

Ein Neglect wirkt sich nicht nur auf Tätigkeiten des Alltags (Essen, Anziehen etc.) oder die Spontanbewegung der kontralateralen Extremitäten aus, sondern beeinflusst auch die Bearbeitung neuropsychologischer Untersuchungsverfahren. Die Durchführung von standardisierten apparativen Verfahren oder von Papier-und-Bleistift Tests zur Erfassung verschiedener Leistungsbereiche, wie z.B. der Gedächtnisleistungen oder der allgemeinen Intelligenz (s. hierzu Kap. 3.1), kann bei Vorliegen eines Neglects aufgrund des Nichtbeachtens von kontralateral gelegenem Reizmaterial problematisch sein.

Für die Diagnose eines Neglects entscheidend ist der Nachweis, dass die Verhaltensauffälligkeiten nicht bloß Folge einer gleichzeitig bestehenden Hemianopsie, einer einseitigen Hypakusis, einer Hemihypästhesie oder einer Hemiparese ist. Hierzu kann eine wesentliche

Eigenschaft der Vernachlässigungssymptomatik genutzt werden, nämlich dass sie sich im Gegensatz zu den anderen aufgeführten Symptomen durch Darbietung von Hinweisreizen (cueing) für kurze Zeit kompensieren lässt. Ein solcher Hinweisreiz kann auch die eindringliche und anhaltende verbale Instruktion darstellen, sich der zuvor vernachlässigten Seite zuzuwenden und sich auf die Bearbeitung der dort gestellten Aufgabe zu konzentrieren. Unmittelbar nach Beendigung der externen Stimulation (cueing) stellt sich der pathologische Zustand wieder ein.

Häufig verwendete Aufgaben zur Erfassung eines Neglects sind das Kopieren oder freie Zeichnen von gegenständlichen Abbildungen

Vorlage

Kopie

Abb. 4. Kopie (*unten*) einer DIN A4-Vorlage (*oben*) durch einen Patienten mit linksseitigem Neglect.

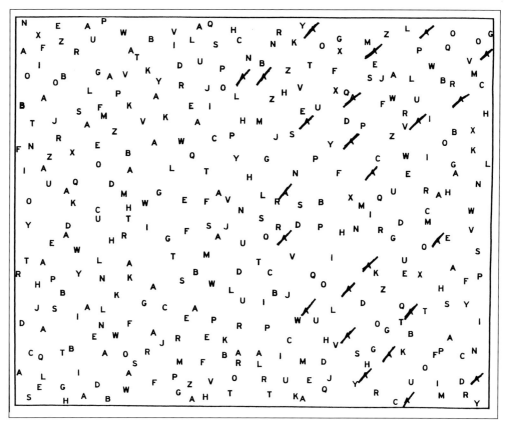

Abb. 5. Suchen und Markieren des Zielbuchstabens 'A' in einem Suchfeld bei einer Patientin mit linksseitigem Neglect. Die Größe des hier verwendeten Suchfeldes entspricht einer DIN A4-Vorlage. (nach Weintraub & Mesulam in: Principles of Behavioral Neurology, M-M Mesulam (Hrsg.), Philadelphia: Davis, 71-123, 1985)

oder geometrischen Figuren, das Einsetzen der Stundenzahlen in ein schematisch vorgegebenes Zifferblatt oder das Lesen. Patienten mit Neglect vernachlässigen ganze Teile auf der betroffenen Seite oder deuten diese nur grob an (Abb. 4). Eine ausgeprägte Vernachlässigung im akuten Stadium der Erkrankung ist mit solchen Aufgaben gut feststellbar, eine leichtere oder rückgebildete Störung bleibt jedoch unentdeckt.

Für eine quantifizierende Diagnostik eignen sich vor allem die einfach und schnell durchzuführenden Such- und Durchstreichaufgaben. Dabei sind zahlreiche unterschiedliche Buchstaben, Ziffern oder kleine geometrische Symbole unregelmäßig auf einer Vorlage verteilt. Die Patienten sollen alle Symbole einer

bestimmten Art suchen und durchstreichen. Patienten mit Neglect lassen je nach dem Schweregrad der Erkrankung einen mehr oder weniger großen Teil der Zeichen auf der kontralateralen Seite unberücksichtigt (Abb. 5).

Eine Steigerung der Schwierigkeit wird durch die gleichzeitige Darbietung eines kontralateralen mit einem ipsilateralen Reiz erzielt, d.h. durch bilateral simultane Stimulation. Eine am Krankenbett gut durchführbare Aufgabe dieses Typs ist die lateralisierte Darbietung visueller, auditiver und sensibler Reize. Wie bei der konfrontatorischen Gesichtsfeldprüfung bewegt der Untersucher in der rechten oder linken Gesichtsfeldhälfte oder gleichzeitig in beiden Gesichtsfeldhälften einen Finger. Analog hierzu werden Geräusche am rechten und/oder linken Ohr des Patienten erzeugt und die Hände ein- und/oder beidseitig berührt. Den Patienten fällt das Erkennen des kontralateralen Reizes bei bilateral simultaner Stimulation deutlich schwerer als bei unilateraler Darbietung.

Als sehr sensitiv im Nachweis einer kontralateralen Reizvernachlässigung hat sich auch die kurzzeitige Darbietung (10-200 msec) von visuellen Reizen herausgestellt. Durch die erschwerten Wahrnehmungsbedingungen ist der Nachweis einer Vernachlässigungssymptomatik auch dann noch möglich, wenn sich die klinisch manifeste Symptomatik bereits vollständig zurückgebildet hat.

Die Erfassung von Reaktionszeiten für visuelle Reize in den vier Gesichtsfeldquadranten erlaubt der Untertest Neglectprüfung der Testbatterie zur Aufmerksamkeitsprüfung nach Zimmermann & Fimm. Die kritischen Reize, auf die möglichst schnell reagiert werden soll, erscheinen zwischen verschiedenen, unregelmäßig angeordneten Zahlen.

Therapie und Evaluation

Die therapeutischen Ansätze, die bislang zur Behandlung der Neglectsymptomatik eingesetzt wurden, sind eng an die theoretische Vorstellung geknüpft, dass der Symptomatik eine Schwäche der Aufmerksamkeit für die der Läsion gegenüberliegende Raumseite zugrunde liegt. So basieren therapeutische Strategien bislang darauf, mit den Patienten Übungen durchzuführen, die eine vermehrte und aktive Hinwendung ihrer Aufmerksamkeit zur kontraläsionalen Seite verlangen. Pizzamiglio et al. (1992) benutzten eine Übungsprozedur, bei der sie das visuelle Explorationsverhalten der Patienten mit Neglect auf einer 96° x 18° großen Projektionsfläche trainierten. Die Aufgabe der Patienten war es, nach vorgegebenen Ziffern zu suchen. Anfänglich wurde der Aufmerksamkeitsfokus der Patienten sukzessive von rechts nach links geführt, indem der Zielreiz bei jeder Darbietung etwas weiter nach links gerückt wurde. Gegen Ende des Trainings wurden die Ziffern dann im gesamten

Feld randomisiert dargeboten. Mit Erfolg führten auch Kerkhoff et al. (1992) ein visuelles Explorationstraining durch. Den Patienten wurden Zielreize zunächst mit fester, dann mit variabler Position auf der zur Läsion kontralateralen Seite eines 40° x 30° großen Bildschirmes dargeboten. Diese sollten bei fester Darbietungsposition mit einer langen Sakkade, bei variabler Position durch systematisches Absuchen der Fläche aufgesucht werden. Das Trainingsfeld wurde später durch Projektion von Diapositiven vergrößert.

Ein neuer Ansatz in der Behandlung von Neglectpatienten könnte sich aus der Überlegung ergeben, dass die Störung der Aufmerksamkeitsfunktionen nicht Ursache der Neglectsymptomatik ist, sondern dass der Neglect durch die Schädigung eines anderen Prozesses bedingt wird, nämlich durch ein verschobenes egozentrisches Raumkoordinatensystem (s.o. Transformationshypothese). Therapeutisch interessant in diesem Zusammenhang ist die Beobachtung, dass während vestibulärer, optokinetischer und während propriozeptiver Stimulation der Nackenmuskulatur durch Vibration, d.h. spezifisch durch die Manipulation der zur zentralen egozentrischen Repräsentation des Raumes beitragenden Informationskanäle, die kontralaterale Vernachlässigungssymptomatik verbessert werden konnte.

Erste Behandlungsstudien, die auf diesem Erklärungskonzept der Neglectsymptomatik basieren, wurden mit Erfolg unternommen. Wiart et al. (1997) kombinierten eine visuelle Explorationsaufgabe mit der aktiven Rotation des Rumpfes und fanden eine Verbesserung der Patienten mit Neglect sowohl bei den verwenden Such- und Durchstreichaufgaben als auch hinsichtlich des Grades an Selbstständigkeit der Patienten im Alltag. Ferber et al. (1998) untersuchten, ob sich mit Vibraton der linksseitigen Nackenmuskulatur ein über die Dauer der Stimulation anhaltender Effekt erzielen lässt. In einer Einzelfallstudie mit einem rechtshemisphärisch geschädigten Patienten mit Neglect fanden die Autoren nach einer einwöchigen Vibrationsphase eine deutliche Verbesserung der kontralateralen Vernachlässigung. Als hilfreich könnte sich auch der Einsatz von Prismengläsern erweisen (Rossetti et al., 1998). Auch mit diesem Verfahren fanden die Autoren anhaltende Verbesserungen nach Beendigung der therapeutischen Maßnahme.

Robertson und North (1993) untersuchten, ob die motorische Aktivierung der vernachlässigten Extremität eine Besserung des Neglects bewirken kann. An einem Patienten mit Neglect zeigten die Autoren, dass sowohl die aktive Bewegung der Finger der linken Hand wie auch des linken Beines zu einer Reduktion von kontralateralen Auslassungen führte. Die Beobachtung, dass die Reduktion der kontralateralen Vernachlässigung jedoch nicht auftrat, wenn derselbe Patient die Fingerbewegungen mit der linken Hand in der rechten statt in der linken Raumhälfte auszuführen hatte, spricht dafür, dass die Verbesserung durch einen motorisch induzierten Cueing-Effekt hervorgerufen wurde. Zu vermuten ist daher, dass mit diesem Vorgehen keine anhaltende Verbesserung zu erzielen ist. Unmittelbar nach Beendigung einer Cueing-Prozedur stellt sich nämlich bei Patienten mit Neglect der pathologische Zustand wieder ein. Eine empirische Prüfung, ob die motorische Aktivierung eine anhaltende Besserung der Vernachlässigung bewirken kann, steht noch aus. In Ergänzung dieses Vorgehens setzten Robertson und Mitarbeiter (1995) ein Training der längerfristigen Aufmerksamkeit (sustained attention) unter Verwendung der Selbstinstruktions-Methode nach Meichenbaum ein. Sie beobachteten, dass die hinsichtlich des Störungsbildes unspezifisch wirkende Maßnahme wie schon zuvor bei Patienten mit Schizophrenie und bei hyperaktiven Kindern auch bei Patienten mit Neglect zu einer diskreten Besserung führte.

Ebenfalls erprobt wurden die therapeutische Wirksamkeit des Abdeckens des rechten Auges der Patienten wie auch die kontralaterale Reizung mittels transkutaner elektrischer Stimulation (TENS). Mit diesen Methoden konnte bislang keine über die Dauer der Maßnahme anhaltende Besserung des Neglects erzielt werden.

4.3 Gedächtnisstörungen

UWE SCHURI

Zusammenfassung

In der Gedächtnisforschung werden verschiedene Gedächtnisformen oder -systeme beschrieben, die differentiell störbar sind. Gängige Taxonomien des Gedächtnisses treffen eine grobe Unterscheidung zwischen einem Arbeitsgedächtnis, das dem kurzfristigen Halten und Manipulieren von Information dient, sowie dem expliziten und impliziten Langzeitgedächtnis. Beim expliziten Gedächtnis handelt es sich um das bewußte Gedächtnis für Ereignisse und Wissen, während das implizite Gedächtnis eine heterogene Gruppe erfahrungsbedingter Verhaltensänderungen umfasst, die ohne bewußten Informationsabruf erfolgen. Bei Amnesien nach Hirnschädigung handelt es sich i.w. um Störungen des expliziten Langzeitgedächtnisses. Ihr zentrales Merkmal ist die Störung des Gedächtnisses für neue Information (anterograde Amnesie), die häufig als Folge beeinträchtigter Konsolidierungsprozesse erklärt wird, und der eine Schädigung von Strukturen des medialen Temporallappens, des Thalamus oder des basalen Vorderhirns zugrunde liegt. Zusammen mit der anterograden Amnesie tritt meist auch eine Störung der Erinnerungsleistungen für Informationen auf, die vor Eintritt der Hirnschädigung aufgenommen wurde (retrograde Amnesie). Ihre Ursachen sind gegenwärtig weit weniger klar als die der anterograden Störung.

Im Zentrum der Diagnostik steht die Untersuchung des Arbeitsgedächtnisses, der Aufnahme neuer Informationen ins Langzeitgedächtnis sowie die Abklärung retrograder Störungen. Die Erfassung von Alltagsanforderungen und -leistungen sowie relevanter assoziierter Defizite sind weitere wichtige Bestandteile der Diagnostik. Es kommen neben objektiven Leistungstests auch experimentelle Untersuchungsverfahren und verhaltensorientierte Techniken (wie Interviews und Verhaltensbeobachtungen) zum Einsatz. Zu den wirksamen therapeutischen Ansätzen zählen neben dem gezielten Aufbau von Wissen v.a. die optimale Anpassung der Umwelt, das Training des Gebrauchs externer Gedächtnishilfen sowie die Förderung des Wissens über eigene Kompetenzen, kritische Alltagsanforderungen und Möglichkeiten ihrer Bewältigung. Darüber hinaus kommt die Vermittlung gedächtnisfördernder Strategien in Betracht.

Vorbemerkung

Störungen von Gedächtnisleistungen zählen zu den besonders häufig beobachtbaren Folgen von Hirnschädigungen unterschiedlicher Ätiologie und Lokalisation. Sie reichen von leichten relativen Leistungseinbußen, die oft schwer objektivierbar sind, bis hin zu schwersten Störungsbildern, die eine selbständige Bewältigung des Alltags unmöglich machen (vgl. Tabelle 1).

Es ist wichtig zu berücksichtigen, dass Gedächtnisstörungen nach Hirnschädigung nur selten isoliert auftreten, sondern meist zusammen mit Störungen anderer Hirnleistungen, wie z.B. von exekutiven Hirnfunktionen oder Aufmerksamkeitsleistungen. Diese assoziierten Defizite beeinflussen nicht nur das Er-

Tabelle 1. Typische Ursachen schwerer organischer Amnesien

- Schädelhirntraumen
- B1-Avitaminose nach chronischem Alkoholmissbrauch (alkoholisches Korsakow-Syndrom)
- Hirntumore/Metastasen im oder in unmittelbarer Nähe des 3. Ventrikels
- Neurochirurgische Eingriffe im Bereich der medialen Temporallappen
- Herpes-simplex-Enzephalitis
- Rupturierte Aneurysmen des Ramus communicans anterior
- Hirninfarkte im Versorgungsgebiet der A. cerebri posterior, der polaren und paramedianen Thalamusarterien sowie der proximalen A. cerebri anterior
- Anoxien/Hypoxien (z.B. nach Herz-Kreislaufstillstand oder CO-Vergiftung)
- Demenz vom Alzheimer-Typ

---

scheinungsbild der Gedächtnisstörungen. Sie entscheiden maßgeblich mit über die (aus dem Zusammenspiel resultierende) Behinderung im Alltag sowie die therapeutischen Möglichkeiten.

Neben Gedächtnisstörungen, die durch eine Hirnschädigung oder eine metabolische Störung bedingt sind *(organische Amnesien)* gibt es solche mit primär psychischer Ursache *(psychogene oder funktionelle Amnesien)*. Gedächtnisstörungen treten darüber hinaus auch im Rahmen psychischer Störungen auf, die in erster Linie durch andere Symptome gekennzeichnet sind, wie z.B. bei Depressionen oder Schizophrenien. Auf sie sowie auf psychogene Amnesien wird in diesem Kapitel nicht näher eingegangen (vgl. hierzu Kihlstrom & Schacter, 1995; McKenna et al., 1995; Watts, 1995; Bremner & Marmar, 1998).

Modelle normaler Gedächtnisleistungen

Phasenmodell

Traditionell werden drei Phasen bzw. Stufen von Gedächtnisvorgängen unterschieden:
- Enkodierung (Einprägen)
- Behalten (Speicherung)
- Abruf (Erinnern).

Theorien gestörter Gedächtnisleistungen sowie die Diagnostik und Therapie nehmen Bezug auf dieses Phasenmodell. Dabei ist es wichtig, die Interaktion dieser basalen Prozesse zu beachten. So beeinflusst z.B. die bei der Enkodierung gewählte Strategie sowohl die Speicherung als auch den Erfolg beim späteren Informationsabruf (vgl. Baddeley, 1995). Zu beachten ist auch, dass die Begriffe uneinheitlich gebraucht werden. So werden unter „Enkodierung" teilweise ausschließlich die beim Aufbau von Repräsentationen beteiligten Verarbeitungsprozesse verstanden, wie z.B. die tiefe semantische Verarbeitung verbaler Information oder ihre nur oberflächliche klangliche Analyse. Teilweise wird jedoch auch die initiale Konsolidierung (im Langzeitgedächtnis) mit eingeschlossen. Entsprechend umfasst der Begriff „Speicherung" bei einigen Autoren sowohl initiale Konsolidierungsprozesse als auch längerfristige Speicherprozesse und bei anderen nur letztere.

Die Informationsaufnahme kann beabsichtigt (intentional) erfolgen oder ohne Einprägungsabsicht (inzidentell). Die Prüfung der Behaltensleistung wird im Rahmen der neuropsychologischen Diagnostik v.a. in Form einer Wiedergabe (freie Reproduktion, Reproduktion mit Abrufhilfen) oder des Wiedererkennens (ja-nein-Rekognition, Rekognition durch Auswahl aus zwei oder mehreren Alternativen) vorgenommen. Zu methodischen Gesichtspunkten bzw. Einflussfaktoren und Prozessen des Einprägens, Behaltens und Erinnerns vgl. Ulrich et al. (1996) und Baddeley (1997).

Konzepte kurzfristiger Informationsspeicherung

Neben Phasen der Gedächtnisvorgänge werden in der Literatur verschiedene Gedächtnisformen bzw. -systeme unterschieden. Auf das *sensorische Gedächtnis* (auch Ultrakurzzeitgedächtnis genannt) wird hier nicht näher eingegangen. Es ist mit seiner auf wenige hundert Millisekunden begrenzten Speicherdauer im Rahmen von Wahrnehmungsprozessen abzuhandeln. Eine in Bezug auf die später dargestellten Gedächtnisstörungen wichtige Unterscheidung ist die zwischen einem Kurzzeitgedächtnis und einem Langzeitgedächtnis. Das *Kurzzeitgedächtnis* bezeichnet einen im Sekundenbereich liegenden Informationsspeicher mit begrenzter Kapazität für aufgenommene bzw. gerade benutzte Information. Begriffe wie Primärgedächtnis oder Arbeitsgedächtnis werden ebenfalls in diesem Zusammenhang benutzt. Beim Kurzzeitgedächtnis handelt es sich keineswegs um eine Einheit, wie sie noch in dem bekannten Modell von Atkinson & Shiffrin (1968) konzipiert war. Das *Arbeitsgedächtnis*-Konzept von Baddeley und Hitch (1974; vgl. Baddeley, 1997) überwindet diese Vorstellung und postuliert statt dessen mehrere kurzzeitige Speichersysteme („Sklavensysteme"), die durch eine übergeordnete Instanz („zentrale Exekutive") kontrolliert bzw. koordiniert werden. Das Arbeitsgedächtnis dient in diesem Modell dem kurzfristigen Halten und Manipulieren von Information, wie es für Leistungen wie z.B. das Verstehen eines Satzes oder Kopfrechnen benötigt wird. Es wird somit als Schnittstelle zwischen Gedächtnis und komplexen kognitiven Prozessen verstanden. Das Modell enthält zwei Subsysteme, eines für die Verarbeitung verbaler Information (die „phonologische Schleife") und ein Subsystem für visuell-räumliche Information („visuell-räumlicher Skizzenblock"). Es kann vermutet werden, dass sich weitere für die menschliche Kognition wichtige „Sklavensysteme" beschreiben lassen. Die „zentrale Exekutive" stellt einen wichtigen aber bislang wenig explizierten Teil des Modells dar. Ein verbessertes Verständnis zentraler Kontrollprozesse ist Gegenstand gegenwärtiger Forschung (vgl. Wickelgren, 1997).

Explizites und implizites Langzeitgedächtnis

Im *Langzeitgedächtnis* kann Information von Minuten bis zu Dekaden überdauern, wobei man die schon lange Zeit repräsentierte Information als *Altgedächtnis* bezeichnet. Das Langzeitgedächtnis hat eine für den menschlichen Alltag praktisch unbegrenzte Kapazität. Es stellt ebenso wie das Kurzzeitgedächtnis

Tabelle 2. Klassifikation von Langzeitgedächtnisleistungen

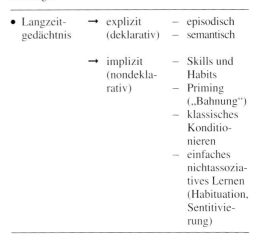

• Langzeit-gedächtnis	→ explizit (deklarativ)	– episodisch – semantisch
	→ implizit (nondeklarativ)	– Skills und Habits – Priming („Bahnung") – klassisches Konditionieren – einfaches nichtassoziatives Lernen (Habituation, Sentitivierung)

keine Einheit dar. Im Laufe der Jahre sind verschiedene Möglichkeiten der Klassifikation vorgeschlagen worden. Gebräuchlich ist gegenwärtig die Grobunterscheidung zwischen einem expliziten (oder deklarativen) und einem impliziten (oder nondeklarativen) Gedächtnis (vgl. Tabelle 2).

Beim *expliziten Gedächtnis* handelt es sich um das bewusste Gedächtnis, wie es in Form des freien Erinnerns, des Erinnerns mit Abrufhilfen oder des Wiedererkennens (Rekognition) im Rahmen der Diagnostik geprüft wird. Charakteristisches Merkmal ist die bewusste Erinnerung („conscious recollection") repräsentierter Informationen. Es umfasst persönliche Erlebnisse, die räumlich und zeitlich determiniert sind (*episodisches Gedächtnis* oder „memory for events") sowie unser Wissen, das unabhängig von solchen räumlichzeitlichen Bezügen besteht (*semantisches Gedächtnis* oder „memory for facts"). Beim *impliziten Gedächtnis* handelt es sich um unbewusste erfahrungsbedingte Verhaltensänderungen. Hierunter verbirgt sich eine sehr heterogene Gruppe von Leistungen, die Gegenstand intensiver Forschungsbemühungen ist (vgl. Tabelle 2). Dazu zählt z.B. die Tendenz, Wortanfänge ohne entsprechende Erinnerungsinstruktion bevorzugt zu solchen Wörtern zu komplettieren, mit denen man sich zu

Tabelle 3. Auswahl therapierelevanter Gedächtnismodelle (vgl. auch Baddeley, 1997)

Modell	Aussage bzw. therapierelevante Ableitung
• „Levels of processing"-Ansatz (Craik & Lockhart, 1972)	Eine „tiefe" semantische und elaborierte Verarbeitung fördert Gedächtnisleistungen
• „Transfer appropriate processing" (TAP) (Morris et al., 1977)	Gedächtnisleistungen hängen vom Grad der Überlappung von Verarbeitungsprozessen bei der Informationsaufnahme und dem -abruf ab
• Duale Kodierungstheorie (Paivio, 1986)	Verbale Gedächtnisleistungen können durch den Gebrauch bildhafter Vorstellungen („doppelte" Abspeicherung, verbal und bildhaft) verbessert werden
• Multiple Kodierungstheorie (Engelkamp & Zimmer, 1994)	Das Gedächtnis für Aktionsphrasen (wie z.B. „den Brief einwerfen") kann durch symbolische Ausführung der Handlungen (Aktivierung von Handlungsprogrammen) verbessert werden

vor beschäftigt hat sowie das schnellere Erkennen von Bildern, die man kurz vorher schon einmal gesehen hat (beides Priming-Phänomene).

Während hinsichtlich der Grobstruktur des Langzeitgedächtnisses heute weitgehend Einigkeit besteht, unterscheiden sich die Modelle einzelner Autoren in wichtigen Details. Dies betrifft z.B. die Beteiligung des episodischen und semantischen Gedächtnissystems beim Erwerb neuen Wissens oder die Differenzierung von Unterformen impliziter Gedächtnissysteme.

In der Neuropsychologie werden explizites und implizites Gedächtnis überwiegend als unterschiedliche *Gedächtnissysteme* konzipiert, denen man versucht bestimmte Hirnstrukturen zuzuordnen (vgl. z.B. Schacter & Tulving, 1994; Squire & Knowlton, 1995). *Prozessorientierte Modellansätze* versuchen demgegenüber, die unterschiedlichen Gedächtnisleistungen als Ausdruck sich unterscheidender Verarbeitungsprozesse (z.B. automatisiert vs kontrolliert) zu erklären (vgl. z.B. Roediger et al., 1989). Sie sind für die Gedächtnisrehabilitation interessant, da sie Hinweise zur Optimierung von Gedächtnisleistungen liefern (vgl. Tabelle 3).

Man sollte sich bewusst sein, dass die mit Hilfe von Tests erfassten Gedächtnisleistungen in der Regel nicht als „pure" Maße spezifischer zugrundeliegender Prozesse oder Systeme interpretierbar sind. In der Literatur werden jedoch methodische Prozeduren diskutiert, die es ermöglichen sollen, die Anteile verschiedener Prozesse/Systeme zu trennen (vgl. hierzu Baddeley, 1997).

Da die Begriffe „explizit" und „implizit" sowohl zur Bezeichnung von Tests bzw. Prüfbedingungen als auch von Gedächtnisleistungen und Gedächtnissystemen herangezogen werden, sollte bei ihrem Gebrauch stets die damit angesprochene Ebene spezifiziert werden.

Prospektives Gedächtnis

Als prospektives Gedächtnis bezeichnet man das auf die Zukunft gerichtete Gedächtnis für Handlungsabsichten, wie das Erinnern von Terminen oder der Einnahme von Medikamenten. Es handelt sich hierbei um sehr komplexe Leistungen. Zum einen kommt es darauf an, den Inhalt („dass", „was", „wann") einer Intention zu behalten (man spricht von der retrospektiven Komponente). Zum anderen müssen die Handlungen zum richtigen Zeitpunkt ausgeführt werden. Dieser Zeitpunkt kann zeitlich eindeutig festgelegt sein oder sich auf einen mehr oder weniger klar definierten Zeitbereich beziehen. Die Handlungen

Tabelle 4. Auswahl klinischer Gedächtnisstörungen

Störung	Beschreibung
• Anterograde Amnesie	Störung des Lernens und Erinnerns neuer Information
• Retrograde Amnesie	Beeinträchtigung der Erinnerungsleistungen für Information (Erlebnisse, Wissen), die vor Eintritt der Hirnschädigung aufgenommen wurde
• Fokale retrograde Amnesie	Retrograde Amnesie ohne bzw. mit relativ geringer anterograder Amnesie
• Amnestisches Syndrom	Schwere permanente anterograde Amnesie (wobei sowohl verbale als auch nonverbale Inhalte betroffen sind) und zusätzlich retrograde Amnesie unterschiedlichen Ausmaßes bei normalen einfachen Gedächtnisspannen und impliziten Gedächtnisleistungen. Bis auf die Gedächtnisstörung weitgehend normale kognitive Leistungen (zumeist definiert als erhaltene „Intelligenz")
• Quellen-Amnesie („source amnesia")	Störung der Erinnerung an den zeitlich-örtlichen Kontext von Informationen, während die Informationen selbst erinnert werden
• Posttraumatische Amnesie (PTA)	Zeitbereich nach einem Schädel-Hirn-Trauma ohne kontinuierliches Gedächtnis (meist operationalisiert als fehlendes Tag-zu-Tag-Gedächtnis)
• Transitorische globale Amnesie (TGA)	Amnestische Episode mit plötzlichem Beginn und kurzer Dauer (in der Regel nicht über 24 Stunden) mit schwerer anterograder Amnesie und einer meist weniger ausgeprägten retrograden Störung. Nach Ende der TGA bleibt i. w. nur eine permanente Amnesie für den Zeitbereich der Episode und evtl. für Information der Zeit kurz davor zurück (vgl. Goldenberg, 1995).

können aber auch an bestimmte zukünftige Ereignisse oder Aktivitäten geknüpft sein. Das erfolgreiche Realisieren von Handlungsabsichten stellt nicht nur Anforderungen an das episodische Gedächtnis, sondern auch an exekutive Hirnfunktionen (vgl. Kap. 4.4). Prospektive Gedächtnisleistungen stellen eine Schnittstelle zwischen Gedächtnis, Aufmerksamkeit und Handeln dar. Das Forschungsinteresse an diesen im Alltag wichtigen Leistungen hat in den vergangenen Jahren deutlich zugenommen (vgl. Brandimonte et al., 1996).

Klinisches Bild

Das Kernsymptom organischer Gedächtnisstörungen ist die *anterograde Amnesie* (vgl. Tabelle 4). Die anterograde Störung kann sich – wie beim amnestischen Syndrom (s. u.) – sowohl auf sprachliche als auch nichtsprachliche Information beziehen. Es gibt jedoch auch materialspezifische Störungen, die (nach linksseitiger Hirnschädigung) nur verbal kodierbare Information betreffen bzw. (nach rechtsseitiger Schädigung) nur nonverbale Information. Die anterograde Amnesie betrifft das explizite Gedächtnis. Demgegenüber sind implizite Gedächtnisleistungen bei den meisten der in Tabelle 1 angesprochenen Patientengruppen weitgehend oder völlig erhalten. Die Patienten können daher neue motorische Fertigkeiten erlernen und zeigen auch andere erfahrungsbedingte Verhaltensänderungen (vgl. Tabelle 2). In vielen Fällen sind neben den Störungen des expliziten Langzeitgedächtnisses für neue Informationen auch *Beeinträchtigungen des Arbeitsgedächtnisses* beobachtbar. Zwar gelingt es den meisten Patienten mit anterograder

Amnesie (zu den Ausnahmen zählen Personen mit Demenz vom Alzheimer-Typ), kurze Informationssequenzen zu reproduzieren (normale einfache Gedächtnisspannen, vgl. Seite 385), nicht selten haben sie jedoch Schwierigkeiten beim gleichzeitigen Halten und Manipulieren von Information.

Personen mit schweren anterograden Gedächtnisstörungen leiden meistens gleichzeitig unter einer *retrograden Amnesie* (vgl. Tabelle 4), die v.a. das episodische, jedoch ebenfalls das semantische Gedächtnis betrifft. Beobachtbar sind Störungen des autobiographischen Gedächtnisses, des allgemeinen Weltwissens und des domänspezifischen Wissens (wie z.B. Studienwissen). Aber auch basales semantisches Gedächtnis, wie z.B. das Wissen über Objektmerkmale kann betroffen sein (vgl. hierzu Goldenberg, 1998). Der retrograde Erinnerungsverlust kann für einen bestimmten Zeitbereich komplett sein, er kann sich aber auch nur auf Detailinformationen bzw. die zeitliche Einordnung von Ereignissen beziehen. Im allgemeinen sind Erlebnisse und Wissensinhalte aus der Periode unmittelbar vor Eintritt der Hirnschädigung stärker in Mitleidenschaft gezogen als früher aufgenommene Information. Allerdings zeigen nicht alle Patientengruppen solch einen „*Zeitgradienten*". Während eine schwere anterograde Amnesie nach Hirnschädigung auch ohne substantielle retrograde Amnesie auftreten kann, ist der umgekehrte Fall einer *fokalen retrograden Amnesie* (vgl. Tabelle 4) äußerst selten. Ein isolierter retrograder Erinnerungsverlust, v.a. der komplette Verlust autobiographischer Information (mit Identitätsverlust), ist ein Merkmal psychogener Amnesien. Die schwerste Form einer „puren" organischen Gedächtnisstörung stellt das sog. *amnestische Syndrom* dar (vgl. Tabelle 4). Gedächtnisstörungen treten jedoch selten isoliert auf. Sie werden meist begleitet von Störungen anderer Hirnleistungen. Von besonderer Bedeutung sind unter therapeutischen Gesichtspunkten Störungen der Selbsteinschätzung und das Auftreten von Konfabulationen (falschen Erinnerungen), wie sie als Folge einer Frontalhirnbeteiligung z.B. beim amnestischen Korsakow-Syndrom oder nach Ruptur von Aneurysmen der Arteria communicans anterior bzw. ihrem operativen Verschluss auftreten. Wichtig für die Beurteilung von Konfabulationen ist zum einen, ob sie spontan auftreten oder nur durch Fragen provoziert werden und zum anderen, wie sehr die Patienten von der Richtigkeit des (falsch) Erinnerten überzeugt sind.

In Abhängigkeit von der Ätiologie bzw. der Lokalisation der Hirnschädigung lassen sich unterschiedliche Störungsmuster beschreiben (vgl. hierzu Parkin & Leng, 1993; Hartje & Sturm, 1997; Markowitsch, 1997). Die Unterschiede betreffen u.a.:

- die Schwere der anterograden Amnesie
- die Relation von Störungen des freien Erinnerns und der Rekognition
- die Interferenzanfälligkeit
- das Vorhandensein von Arbeitsgedächtnisstörungen
- die Dauer der retrograden Amnesie
- das Vorhandensein eines Zeitgradienten der retrograden Störung
- das Auftreten von Konfabulationen
- die Störungseinsicht.

Sowohl anterograde als auch retrograde Gedächtnisstörungen können sich (v.a. während der ersten Monate nach der Hirnschädigung) substantiell bessern. So kann sich bei einem Schädel-Hirn-Trauma nach einer kurzen *posttraumatischen Amnesie (PTA*, vgl. Tabelle 4) das anterograde Gedächtnis normalisieren. Auch die retrograde Amnesie kann sich bis auf einen Zeitbereich von Minuten oder Sekunden vor dem Trauma zurückbilden. Bei Vorliegen von Läsionen gedächtnisrelevanter Strukturen ist es jedoch auch möglich, dass sich selbst nach Jahren kein sicheres Tag-zu-Tag-Gedächtnis einstellt und die retrograde Amnesie einen Zeitbereich vieler Jahre betrifft. Gut dokumentierte Einzelfälle bei unterschiedlicher Ätiologie zeigen, dass schwere Amnesien nach bilateralen Läsionen temporo-medialer Hirnstrukturen und des anterioren Thalamus praktisch unverändert über eine oder mehrere Dekaden bestehen können.

Neben schweren persistierenden Gedächtnisstörungen gibt es auch vorübergehende organische Amnesien. Auf Fälle, bei denen sich die Gedächtnisstörungen in Folge eines Schädel-Hirn-Traumas auf die posttraumatische Amnesie beschränken wurde schon hingewiesen. Andere Beispiele vorübergehender Amnesien sind die *transitorische globale Amnesie (TGA,* vgl. Tabelle 4) oder Amnesien nach epileptischen Anfällen bzw. nach elektrokonvulsiver Therapie.

Modelle gestörter Gedächtnisleistungen

Modelle gestörter Gedächtnisleistungen unterscheiden sich hinsichtlich des beanspruchten Geltungsbereiches. So möchten einige Theorien das amnestische Syndrom anhand eines Basisdefizits „erklären", während andere sich nur auf spezifische Leistungsaspekte beziehen (vgl. z.B. Kapur, 1997). Die Modelle unterscheiden sich ferner hinsichtlich ihrer neuroanatomischen Ausrichtung. Einen Überblick über die aktuelle Modelldiskussion gibt ein Sonderband der Zeitschrift Memory (Mayes & Downes, 1997).

Anterograde Amnesie nach Hirnschädigung

Psychologische Theorien der 60er und 70er Jahre haben versucht, die anterograde Amnesie als Folge spezifischer Defizite der
- Enkodierung (z.B. Cermak et al., 1974)
- Konsolidierung bzw. Speicherung (z.B. Milner, 1965) oder des
- Informationsabrufs (z.B. Warrington & Weiskrantz, 1970)

zu erklären. Sie haben sich jedoch in ihrer ursprünglichen Form als nicht tragfähig erwiesen, ebenso wie die Vorstellung, ein *schnelles Vergessen* bereits ins Langzeitgedächtnis eingespeicherter Information könne ein allgemeines Basisdefizit darstellen (zur Kritik dieser Ansätze vgl. Baddeley, 1997). Auch die sogenannte *„Kontexthypothese",* die v.a. im Zusammenhang mit der Quellen-Amnesie (s. Tabelle 4) diskutiert wird, liefert keine befriedigende allgemeine Erklärung der anterograden Amnesie (vgl. Baddeley, 1997). Sie besagt, dass amnestische Patienten Schwierigkeiten haben, zu lernendes Material mit Kontextmerkmalen zu verbinden, die später als Abrufhilfe benötigt

werden. Gegenwärtig sind neuroanatomisch ausgerichtete *weiterentwickelte Konsolidierungshypothesen* weit verbreitet. Die klassische Konsolidierungshypothese ging davon aus, dass amnestischen Patienten generell die Fähigkeit fehlt, neue überdauernde Gedächtnisspuren zu bilden. Wie sich kurz nach ihrer Publikation zeigte, ist die Störung jedoch auf das explizite Gedächtnis beschränkt. Neuere Konsolidierungshypothesen, wie die von Squire (1992; vgl. auch Tabelle 5 sowie Squire & Knowlton (1995), Murre (1997) oder Paller (1997), berücksichtigen dies und liefern detailliertere Beschreibungen des Konsolidierungsprozesses.

Retrograde Amnesie nach Hirnschädigung

Zu den Phänomenen, die durch Theorien retrograder Gedächtnisstörungen erklärt werden sollten, zählen das Auftreten bzw. Fehlen von Zeitgradienten sowie die Beobachtung, dass verschiedene Informationsklassen (wie autobiographische Ereignisse und allgemeines Weltwissen) unterschiedlich stark gestört sein können. In Tabelle 5 sind Kernaussagen einiger Modelle zusammengefasst, die gegenwärtig zur Erklärung retrograder Gedächtnisstörungen herangezogen werden.

Mit der *neokortikalen Konsolidierungshypothese* lässt sich erklären, warum Informationen aus der Zeit unmittelbar vor der Hirnschädigung in der Regel stärker von der Störung betroffen sind, als weiter zurückliegende: Die jüngeren sind weniger gut konsolidiert und daher leichter störbar als ältere. Liegt kein Zeitgradient der retrograden Störung vor, so wäre nach dieser Theorie eine neocortikale Schädigung als Ursache anzunehmen. Hodges & McCarthy (1993) erklären mit ihrem *interaktiven kognitiven Modell* die schwere Störung des autobiographischen Gedächtnisses eines Patienten, der sich in einer weit zurückliegenden Lebensperiode wähnte. Es wurde eine Störung auf der Modellebene der thematischen „retrieval frameworks" vermutet. Das vergleichsweise weniger beeinträchtigte Wissen des Patienten über berühmte Personen und Ereignisse wurde durch noch intakte Zugänge unterhalb der thematischen Ebene erklärt. Das Modell weist Ähnlich-

Tabelle 5. Theorien zur Erklärung retrograder Gedächtnisstörungen (vgl. Kapur, 1997; Markowitsch, 1997)

Theorie	Aussage
• Neocortikale Konsolidierungshypothese (Squire, 1992)	Im Verlauf eines lang andauernden Konsolidierungsprozesses bilden sich stabile neocortikale Gedächtnisrepräsentationen. Der Hippocampus und eng mit ihm assoziierte Strukturen liefern in der Anfangsphase einen zentralen Beitrag für die Konsolidierung, ihre Bedeutung nimmt im Verlauf jedoch ab.
• „Time-locked multiregional retroactivation" (Damasio, 1989)	Elemente eines Gedächtnisinhalts sind in von einander getrennten cortikalen Regionen gespeichert, in denen ihre initiale Verarbeitung stattfand. Sie sind in sog. „Konvergenzzonen" miteinander verbunden u n d können über sie synchron zu einem Gesamteindruck reaktiviert werden. Es gibt eine Hierarchie von Konvergenzzonen, die auf unterster Ebene basale Reizmerkmale (wie Farbe und Form) betreffen und auf höherer Ebene komplexere Kombinationen.
• Interaktives kognitives Modell (Hodges & McCarthy, 1993)	Der Gedächtnisabruf erfolgt über eine hierarchische Programmstruktur, wobei auf unterer Ebene fragmentarische Elemente und auf höchster Ebene Abrufschemata („retrieval frameworks") angesiedelt sind. Letztere leiten den Abruf und integrieren die Aufzeichnungen tieferer Ebenen. Die höheren Hierarchieebenen sind thematisch organisiert (in Form wesentlicher Lebensereignisse od. -perioden).

keit mit dem von Damasio sowie anderen gegenwärtig diskutierten Vorstellungen auf (vgl. Markowitsch, 1997). Sie alle gehen davon aus, dass Informationen beim Gedächtnisabruf nicht einfach aus einem lokalen Speicher abgerufen werden, sondern im Rahmen eines komplexen integrativen Prozesses rekonstruiert werden.

Funktionelle Neuroanatomie

Arbeitsgedächtnis

In klinischen Studien zeigten sich bei Patienten mit Läsionen des *linken temporoparietalen Assoziationskortex* Störungen des verbalen Arbeitsgedächtnisses (reduzierte Gedächtnisspannen, vgl. Kap. 4.3), während bei Läsionen des *rechten parietalen Assoziationskortex* Störungen des visuell-räumlichen Arbeitsgedächtnisses auftraten. Nach präfrontaler Hirnschädigung sind zwar i.d.R. keine reduzierten einfachen Gedächtnisspannen beobachtbar, wohl aber Schwierigkeiten beim gleichzeitigen Halten und Bearbeiten von Informationen.

Sowohl tierexperimentelle Studien als auch Untersuchungen an Menschen mit bildgebenden Verfahren weisen auf die Bedeutung des *dorsolateralen präfrontalen Kortex* (v.a. Brodmann Area 46) für diesen Leistungsaspekt hin.

In Anlehnung an das auf Seite 377 dargestellte Arbeitsgedächtnismodell Baddeleys kann man einen Bezug der beiden „Sklavensysteme" („phonologische Schleife" und „visuell-räumlicher Skizzenblock") zum linken temporoparietalen bzw. rechten parietalen Assoziationscortex annehmen, während Teile des dorsolateralen präfrontalen Kortex eine wichtige Funktion für kognitive Kontrollprozesse („zentrale Exekutive") zu haben scheinen (vgl. von Cramon, 1996; Wickelgren, 1997).

Explizites Langzeitgedächtnis

Einspeichern neuer Information

Aufgrund des Läsionsstudiums von Patienten mit schweren Amnesien sowie tierexperimenteller Befunde wird den folgenden Hirnstrukturen eine zentrale Bedeutung für das Einspeichern neuer Informationen ins Langzeitgedächtnis bzw. deren Konsolidierung zugesprochen:

- Hippocampus und angrenzender entorhinaler und perirhinaler Kortex
- anteriorer und medialer Thalamus
- Strukturen des basalen Vorderhirns (mediales Septum, diagonales Band von Broca)

Besonders schwere Amnesien treten nach bilateraler Schädigung auf, während leichteren materialspezifischen Störungen unilaterale Läsionen zugrunde liegen. Es ist wesentlich zu beachten, dass die aufgeführten medialen temporalen und dienzephalen Strukturen sowie die des basalen Vorderhirns in verschiedene mit einander vernetzte Funktionskreise eingebunden sind. Der wichtigste unter ihnen ist eine mediale limbische Schleife, deren Kernstück der *Papezsche Ring* ist (vgl. Abb. 1). Unterbrechungen dieses Schaltkreises an ganz unterschiedlichen Stellen (wie z.B. Fornix, Mammillarkörper oder Cingulum) können ebenfalls zu deutlichen Gedächtnisstörungen führen. Für eine Reihe von Autoren stellt neben dem Papezschen Ring eine *basolaterale limbische Schleife* (vgl. Abb. 1) einen weiteren wichtigen Funktionskreis für die Einspeicherung neuer Informationen dar. Ihr wird v.a. Bedeutung für die affektiven/emotionalen Aspekte der Informationsverarbeitung zugesprochen (Markowitsch, 1997). Es wird vermutet, dass es zu besonders schweren Amnesien kommt, wenn beide limbischen Schleifen von einer Läsion betroffen sind.

   Durch Vermittlung der limbischen Funktionskreise kommt es zur Konsolidierung neuer Information. In der Anfangsphase dieses Prozesses, in dessen Verlauf sich direkte Verbindungen zwischen den neokortikal verteilten Einzelaspekten einer Information ausbilden, sind sie für die Rekonstruktion von Gedächtnisinhalten im Rahmen eines bewussten Abrufes erforderlich. Gegenwärtig wird die relative Bedeutung einzelner Komponenten dieser Schaltkreise und mit ihnen assoziierter Strukturen intensiv diskutiert. Am differenziertesten sind die theoretischen Vorstellungen hinsichtlich der

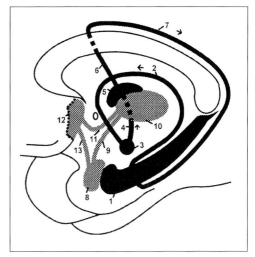

Abb. 1. Schematische Darstellung des klassischen Papezschen Schaltkreises (schwarz dargestellt; 1-7) sowie einer basolateralen limbischen Schleife (grau; 8-13, nach von Cramon, 1992), erstellt auf der Basis von Abb. 206 von Nieuwenhuys et al. (1991). 1 Hippocampus, 2 Fornix, 3 Corpora mamillaria, 4 Tractus mamillothalamicus, 5 Nucleus anterior des Thalamus, 6 Pedunculus thalami superior, 7 Cingulum, 8 Amygdala, 9 ventrale amygdalofugale Bahn, 10 Nucleus medialis dorsalis des Thalamus, 11 Pedunculus thalami inferior, 12 Area subcallosa, 13 Bandeletta diagonalis.

mediotemporalen Strukturen (vgl. z.B. Gluck & Myers, 1997).

   Nach Läsionen des *präfrontalen Kortex* treten keine schweren anterograden Amnesien auf. Es kann aber zu einer Reihe von Gedächtnisauffälligkeiten kommen, wie z.B. Störungen beim freien Abruf, erhöhte Interferenzanfälligkeit, Störungen des Gedächtnisses für die zeitliche Abfolge von Ereignissen oder Quellenamnesie (s. Tabelle 4; vergl. Shimamura, 1995). Untersuchungen gesunder Personen mit Hilfe bildgebender Verfahren (PET, fMRI) zeigen darüber hinaus konsistent eine Aktivierung des linken präfrontalen Kortex bei der Enkodierung und des rechten beim Informationsabruf (HERA-Modell, *H*emispheric *E*ncoding *R*etrieval *A*symmetry; s. Tulving et al., 1994).

Speicherung und Abruf alter Gedächtnisinhalte

Das gegenwärtige Wissen über die neuroanatomischen Grundlagen alter episodischer und semantischer Inhalte ist weniger klar als das über die Aufnahme neuer Information (vgl. Markowitsch, 1997). Einigkeit besteht jedoch weitgehend darüber, dass die Gedächtnisinhalte nicht an einem eng umschriebenen Ort gespeichert sind, sondern in Form weit verzweigter neuronaler Netzwerke, wobei der zerebrale *Assoziationskortex* den Grundspeicher bildet. Ausgehend von der Beobachtung, dass anterograde und retrograde Gedächtnisstörungen fast immer kombiniert auftreten wurde die Hypothese entwickelt, dass *die für die Konsolidierung wichtigen Strukturen* über einen längeren Zeitraum auch für die Speicherung bzw. den Abruf von Gedächtnisinhalten von Bedeutung sind, bevor die kortikalen Repräsentationen schließlich so stabil sind, dass sie unabhängig von ihnen werden (Squire, 1992). Nach hierarchischen Modellen des Informationsabrufes (vgl. Seite 376 ff.) können Störungen des Langzeitgedächtnisses bei sehr unterschiedlichen Läsionen solcher Netzwerke auftreten. Besonders deutlich sind sie nach Schädigung höchster Hierarchieebenen zu erwarten. Untersuchungen von Patienten mit schweren retrograden Amnesien weisen auf eine besondere Rolle des *anterolateralen temporalen und inferotemporalen Neokortex* für das Erinnern alter Gedächtnisinhalte hin. Dabei wird der linken Hemisphäre eine stärkere Bedeutung für semantische und der rechten für episodische Information zugesprochen. Eine Reihe von Forschern vertreten ferner die Ansicht, dass das *Zusammenwirken des inferolateralen präfrontalen Kortex mit dem temporopolaren Kortex* (die durch den Fasciculus uncinatus miteinander verbunden sind) einen wichtigen Beitrag für den Abruf alter Gedächtnisinhalte liefert (vgl. Knoll et al., 1997). Untersuchungen von Patienten mit modalitäts- bzw. kategoriespezifischen Störungen des Wissens zeigen, dass Läsionen des linken basalen Schläfenlappens sowohl modalitätsspezifische Ausfälle von Wissen über das Aussehen von Dingen als auch kategoriespezifische Stö-

rungen des Wissens über natürliche Dinge verursachen, während Läsionen des Frontal- und Parietallappens der linken Hemisphäre Störungen des Wissens über vom Menschen erzeugte Gegenstände nach sich ziehen können (vgl. Goldenberg, 1998).

Implizites Langzeitgedächtnis

Gemäss der Heterogenität impliziter Gedächtnisleistungen (vgl. Tabelle 2) unterscheiden sich auch die für sie als relevant erachteten neuronalen Strukturen. Nach Squire & Knowlton (1995) ergeben sich folgende Zuordnungen:

- Erwerb von Skills   → Striatum
  und habits
- Priming   → Neokortex
- klassisches Konditionieren
  – emotionale Reaktionen   → Amygdala
  – motorische Reaktionen   → Zerebellum
- einfaches nichtassoziatives
  Lernen   → Reflexbahnen.

Diagnostik

Informationsquellen

Als Informationsquellen der Diagnostik dienen:
- Informationen zur Ätiologie/bildgebende Verfahren
- objektive Leistungstests
- experimentelle Untersuchungsverfahren
- klinische Interviews (einschließlich Fremdanamnese)
- Fragebögen und
- Verhaltensbeobachtungen.

Informationen zur Ätiologie und Lokalisation der Hirnschädigung gestatten es, gezielte diagnostische Hypothesen zu formulieren und dienen der Ökonomisierung der Diagnostik. Da die normierten deutschen Gedächtnistests nur einen Teil der relevanten Diagnostikbereiche (s.u.) abdecken, werden auch Tests aus dem englischen Sprachraum bzw. deutsche Adaptationen solcher Verfahren benutzt. Da-

bei werden teilweise die Normen der Original-
version oder grobe deutsche Vergleichswerte
als Orientierungshilfe verwendet. Darüber
hinaus kommen auch inhaltlich interessante
experimentelle Techniken zum Einsatz, für die
gegenwärtig keine umfangreichen Normdaten
vorliegen (wie z.B. das Lernen einer räumlichen Anordnung von Objekten nach Muramoto; vgl. Tabelle 9). Eine weitere wichtige Informationsquelle stellen verhaltensorientierte
Techniken dar. Von besonderer Bedeutung
sind dabei Interviews mit dem Patienten und
fremdanamnestische Erhebungen. Darüber
hinaus finden Fragebögen, Checklisten, Verhaltensbeobachtungen und Gedächtnistagebücher Anwendung. Mit Hilfe verhaltensori-
entierter Techniken können Alltagsleistungen
und -probleme sowie deren situative Bedingungen erfasst werden. Im Rahmen alltagsorientierter Therapien (s.u.) werden sie zum Ermitteln von Therapiezielen sowie deren Evaluation benötigt.

Diagnostikbereiche und Untersuchungsverfahren

Eine differenzierte Diagnostik sollte sowohl
Prozesse der Informationsaufnahme, des Behaltens (kurz- und längerfristig) als auch des
Abrufs neuer und alter Gedächtnisinhalte (freier Abruf, Abruf mit Hilfen, Wiedererkennen)
berücksichtigen. Als Material sollten sowohl
verbale als auch nonverbale Informationen benutzt werden. Der traditionellen Diagnostik
folgend, beschränkt sich diese Darstellung auf
explizite Gedächtnisleistungen. Überlegungen
zur Untersuchung impliziter Gedächtnisleistungen finden sich bei Schuri (1993) und
Calabrese (1997).
  Die Diagnostik erstreckt sich auf folgende
Gedächtnisaspekte:
● Arbeitsgedächtnis
● Aufnahme neuer Information ins Langzeitgedächtnis
● längerfristiges Behalten neuer Information
● prospektives Gedächtnis
● episodisches und semantisches Altgedächtnis
● Orientierung (bei schweren Gedächtnisstörungen)
● Alltagsleistungen und -anforderungen.

Zu erfassen sind darüber hinaus:
● relevante assoziierte Defizite (besonders
  wichtig: Störungen der Selbsteinschätzung
  eigener Leistungen)
● die motivationale Lage des Patienten sowie
● Einstellungen und Ressourcen des sozialen
  Umfeldes.

Bei der Interpretation erfasster Gedächtnisleistungen sind negative Medikamenteneffekte zu
berücksichtigen, v.a. von Benzodiazepinen
und anticholinerg wirkenden Substanzen (z.B.
trizyklische Antidepressiva).
  In den Tabellen 6 bis 10 sind Beispiele für
gebräuchliche Untersuchungsverfahren angegeben. Umfassendere Darstellungen von Gedächtnistests und weiterreichende Überlegungen zur Diagnostik finden sich z.B. bei Schuri
(1993), Lezak (1995) und Calabrese (1997).
  Gedächtnis-Testbatterien liefern u.a. Kennwerte für verbale und nonverbale anterograde
Gedächtnisleistungen (WMS-R, BAT, LGT-3),
für den Vergleich von Reproduktion und Rekognition (BAT) und die Interferenzanfälligkeit (BAT). Der RBMT erhebt den Anspruch,
Alltagsgedächtnisleistungen zu erfassen.

Arbeitsgedächtnis

Die klinische Untersuchung des Arbeitsgedächtnisses beinhaltet traditionell die Testung
von *einfachen „Gedächtnisspannen"* („span
of immediate retention") für verbale und visuell-räumliche Information. Sie sollen Aussagen zur Kapazität von „Sklavensystemen"
(vgl. Seite 377) liefern, bzw. zur Informationsmenge, die eine Person kurzfristig speichern
und im Überblick behalten kann. Die Testung
erfolgt i.a. mit der Methode des unmittelbaren
seriellen Reproduzierens unterschiedlich
langer Folgen von Einzelinformationen. Als
Gedächtnisspanne gilt die Itemzahl der läng-
sten Folge, die nach einmaliger Darbietung
noch richtig reproduziert werden kann. Einfache Gedächtnisspannen sind relativ störungs-
resistent. Die Diagnostik sollte daher auch
komplexere Aufgaben beinhalten, die *das
gleichzeitige Halten und Bearbeiten von Information* erfordern.

Tabelle 6. Gedächtnis-Testbatterien

Test	untersucht wird u.a.
• Wechsler Memory Scale Revised (WMS-R), Wechsler , D. (1987) The Psychological Corporation, San Antonio Deutsche Version: Härting C., Markowitsch, H., Neufeld, H., Calabrese, P., Deisinger, K., & Kessler, J. (1999), Bern: Huber	– verbales u. visuell-räumliches Arbeitsgedächtnis – Aufnahme neuer verbaler u. figuraler Information ins Langzeitgedächtnis – Behalten dieser Inhalte über ca. 15-40 Min. – Orientierung
• Rivermead Behavioural Memory Test (RBMT), Wilson, B., Cockburn, J. & Baddeley, A. (1985). Deutsche Übersetzung: Beckers, K., Behrends, U. & Canavan, A. (1992), Bury St. Edmunds: Thames Valley Test Company	– Aufnahme neuer verbaler u. nonverbaler Gedächtnisinhalte – Behalten dieser Information über ca. 15-25 Min. – prospektives Gedächtnis – Orientierung
• Berliner Amnesietest (BAT), Metzler, P., Voshage, J.& Rösler, P. (1992), Göttingen: Hogrefe	– verbales Arbeitsgedächtnis – Aufnahme neuer verbaler und figuraler Information ins Langzeitgedächnis – Beziehung zwischen Wiedergabe- und Rekognitionsleistungen – Interferenzeffekte
• Lern- und Gedächtnistest LGT-3, Bäumler, G. (1974), Göttingen: Hogrefe	– Behalten rasch aufgenommener umfangreicher verbaler und figuraler Information nach ca. 12-18 Min.

Aufnahme neuer Information ins Langzeitgedächtnis

Eine wichtige Frage bei der Abklärung von Gedächtnisstörungen ist, ob Information, die die Möglichkeiten des Arbeitsgedächtnisses übersteigt (hinsichtlich ihres Umfangs bzw. des zeitlichen Intervalls zwischen Aufnahme und Gedächtnisprüfung), ins Langzeitgedächtnis gelangt und sicher abgerufen werden kann. Hierzu werden zum einen *kurzfristige Behaltensleistungen* für einmal dargebotene Informationen geprüft (vgl. Tabelle 8). „Kurzfristiges Behalten" bedeutet dabei, dass die Testung unmittelbar oder kurz nach Reizdarbietung erfolgt. Zum anderen gehören *Lerntests* zum klinischen Standard, bei denen Informationen längere Zeit zum Einprägen vorgelegt oder (wie bei den meisten Verfahren) wiederholt dargeboten werden, so dass der Lernzuwachs beobachtbar wird (vgl. Tabelle 9). Das Material

gängiger Lerntests besteht überwiegend aus Paarassoziationen (PA) oder Listen von Einzelinformationen. Paarassoziationstests sind sensitive Indikatoren anterograder Gedächtnisstörungen, wenn die Paare aus „distanten" Items bestehen (die kaum spontan miteinander assoziiert werden).

Die gängigen Lerntests erlauben es, materialspezifische Lerndefizite zu erfassen. Sie können darüber hinaus Hinweise auf andere wichtige Aspekte der Informationsverarbeitung liefern, z.B.
• ob die Möglichkeit, Informationen nach semantischen Gesichtspunkten zu gruppieren („clustern") spontan genutzt wird (z.B. CVLT)
• ob Unterschiede zwischen der Reproduktion und der Rekognition gelernter Items bestehen (z.B. CVLT bzw. Vergleich von CVLT und VLT)
• welche Arten von Fehlern auftreten (ob z.B. falsche Informationen reproduziert werden

Tabelle 7. Untersuchung von Arbeitsgedächtnisleistungen

Leistungsaspekt		Testbeispiele
• einfache Gedächtnisspannen	→ verbale Information	– Subtest „digits forward" der WMS-R (vgl. Tabelle 6)
	→ visuell-räumliche Information	– Block-Tapping-Test. Schellig, D. (1997), Frankfurt: Swets Test Services GmbH
• gleichzeitiges Halten und Bearbeiten von Information		– Subtest „Arbeitsgedächtnis" der Testbatterie zur Aufmerksamkeits-Prüfung (TAP). Zimmermann, P. & Fimm, B. (1994), Herzogenrath: Psytest

oder ob eine Tendenz zu falsch-positiven Antworten bei ja/nein-Rekognitionsleistungen besteht (z.B. beim CVLT, VLT, NVLT)
• wie Informationen auf der Basis wiederholter Rekognitionsleistungen gelernt werden (VLT, NVLT) oder
• welchen Effekt „selektives Erinnern" (dargeboten werden ab dem zweiten Lerndurchgang nur jeweils noch die Items, die beim vorangegangenen Durchgang nicht reproduziert wurden) hat (z.B. Test nach Muramoto).

Mittel- und längerfristiges Behalten neuer Information

Eine Reihe von Tests (z.B. RBMT, WMS-R, CVLT und GNL) bieten neben Normwerten für Leistungen bei der Informationsaufnahme auch Vergleichswerte für das Behalten nach einem Zeitintervall von zumeist *15 bis 40 Minuten*. Bei wenigen werden die kurz- und längerfristigen Behaltensleistungen jedoch auch zueinander in Beziehung gesetzt (wie z.B. beim GNL), was die Beurteilung von Vergessensprozessen bei Patienten mit Lernstörungen erleichtert (deren Leistungen unter beiden Testbedingungen unterdurchschnittlich sind, obwohl sie das wenige Gelernte evtl. relativ gut behalten). Einige Verfahren lassen keine Differenzierung zwischen Lern- und Behaltensleistungen zu (wie der LGT-3 in seiner Standardversion). Die Beurteilung von Behaltensleistungen über *Tage bis Wochen* erfolgt gegenwärtig fast ausschließlich durch Befragen des Patienten zu vorangegan-

Tabelle 8. Untersuchung des kurzfristigen Behaltens einmal kurz dargebotener Information

Gedächtnis-material	Testbeispiele
• Text	– Subtest „Geschichte" des RBMT (vgl. Tabelle 6)
• geometrische Designs	– Rey-Osterrieth Complex Figure Test (vgl. Spreen, O. & Strauss, E. (1998). A compendium of neuropsychological tests, 2. revised edition, New York: Oxford University Press),
• Gesichter	– Recognition Memory Test. Warrington, E. (1984), Windsor: NFER-Nelson
• Weg	– Subtest „Weg" des RBMT (vgl. Tabelle 6)

genen Ereignissen. Die Interpretation solcher Interviews wird durch Unklarheit darüber, wie gut die erfragten Informationen erlernt wurden, und fehlende Vergleichsdaten erschwert.

Prospektives Gedächtnis

Die klinische Untersuchung prospektiver Gedächtnisleistungen erfolgt v.a. in Form von Interviews und gezielten Verhaltensbeobachtun-

Tabelle 9. Beispiele für Lerntests

Gedächtnis-material	Testbeispiele
• Gesichter-Namen-PA	– Gesichter-Namen-Lerntest *(GNL)*. Schuri, U. & Benz, R., (1999), Frankfurt: Swets Test Services GmbH
• Wörter	– *California Verbal Learning Test (CVLT)*. Delis, C.C., Kramer, J.H., Ober, B.A. (1987), Psychological Corporation, New York; Deutsche Version: Ilmberger, J. (1988), Inst. f. Med. Psychologie, Universität München; Niemann et al. (in Vorb.), Göttingen: Hogrefe
	– *Verbaler Lerntest (VLT)*. Sturm, W. & Willmes, K. (1994; 1999), Göttingen: Hogrefe, Mödling; Schuhfried
• Figuren	– *Diagnosticum für Cerebralschädigung (DCS)*. Weidlich, S. & Lamberti, G. (1993), Bern: Huber
	– *Nonverbaler Lerntest (NVLT)*. Sturm, W. & Willmes, K. (1994; 1999), Göttingen: Hogrefe, Mödling; Schuhfried
• räumliche Anordnung von Objekten	– Test nach Muramoto. Muramoto, O. (1984), Cortex 20, 461-478

Tabelle 10. Beispiele für eine testpsychologische Untersuchung des Altgedächtnisses

Gedächtnisaspekt	Testbeispiele
• Autobiographisches Gedächtnis in seinen semantischen und episodischen Anteilen (Fakten und Erlebnisse) mit Prüfung eines Zeitgradienten	– *Autobiographisches Gedächtnis-Interview.* Kopelman, M., Wilson, B. & Baddeley, A. (1990). Deutsche Übersetzung: Calabrese, P., Babinsky, R. & Markowitsch, H., Bury ST. Edmunds: Thames Valley Test Company
• Weltwissen (öffentliche Ereignisse aus dem Zeitraum 1938-1990)	– Kieler Altgedächtnistest. Leplow, B., Blunck, U., Schulze, K. & Ferstl, R. (1993). Der Kieler Altgedächtnistest: Neuentwicklung eines deutschsprachigen Famous Event-Tests zur Erfassung des Altgedächtnisses. *Diagnostica, 39,* 240-256.

gen. Die standardisierte Testung (der RBMT enthält z.B. Aufgaben hierzu) befindet sich noch in ihren Anfängen.

Episodisches und semantisches Altgedächtnis

Die Untersuchung retrograder Gedächtnisstörungen umfasst die Prüfung
• des autobiographischen Gedächtnisses
• des Gedächtnisses für öffentliche Daten
• des domänspezifischen Wissens sowie
• basaler semantischer Gedächtnisleistungen.

Eine sensitive und zugleich hoch standardisierte Untersuchung des *autobiographischen*

Gedächtnisses wird durch die hohe Individualität der Lebensverläufe erheblich erschwert. Verfahren wie das Autobiographische Gedächtnis-Interview (vgl. Tabelle 10) ermöglichen daher nur grobe Einschätzungen. In der klinischen Praxis kann aus diesem Grund auf individuell angepasste halbstrukturierte Interviews nicht verzichtet werden (vgl. Schuri, 1993). Das *Gedächtnis für öffentliche Daten* wird z.B. durch Fragen zu prominenten Personen oder bedeutenden öffentlichen Ereignissen aus verschiedenen Zeitabschnitten geprüft (vgl. Tabelle 10). Für die Rehabilitation besonders wichtig ist darüber hinaus die Untersuchung von *domänspezifischen Kompetenzen*, wie Studien- und Berufswissen. Zur Untersuchung *basaler semantischer Gedächtnisleistungen* wird das Wissen über verschiedene Kategorien von Reizen (z.B. Tiere, Pflanzen, Möbelstücke, Werkzeuge) geprüft. Dabei werden Darbietungsform (wie Bild, verbale Beschreibung) und die Art der geforderten Reaktion (benennen, definieren, zeichnen, zuordnen, pantomimischer Gebrauch etc.) systematisch variiert (vgl. Patterson & Hodges, 1995).

Alltagsleistungen und -anforderungen

Zur Beurteilung von Gedächtnisleistungen im Alltag bieten objektive Tests keine ausreichende Grundlage. Zu den Gründen hierfür zählen, dass

- es zu wenig Tests gibt, die alltagsrelevante Gedächtnisleistungen (wie z.B. das prospektive Gedächtnis) ausreichend genau prüfen
- bestimmte Alltagsauffälligkeiten nur schwer testmäßig objektivierbar sind (z.B. „Zerstreutheit")
- zum Zusammenhang vorhandener Tests mit Alltagsleistungen (ihrer „ökologischen Validität") zu wenig empirische Daten vorliegen.

Aus diesem Grund müssen Methoden wie Fragebogen, Interviews, Gedächtnistagebücher und Verhaltensbeobachtungen die Diagnostik von Alltagsleistungen ergänzen. Da Gedächtnisprobleme im Alltag nur vor dem Hintergrund individueller Anforderungen beurteilbar sind, sind auch diese systematisch zu erfassen (vgl. Schuri, 1993).

Therapie und Evaluation

Therapieziele und deren Evaluation

Es lassen sich grob zwei Klassen von Zielen psychologischer Therapieansätze unterscheiden, primär funktionsorientierte und alltagsorientierte. *Funktionsorientierte Therapieansätze* streben die Verbesserung gestörter Gedächtnisfunktionen (v.a. der anterograden Amnesie) durch Übung bzw. Training kompensatorischer Strategien der Informationsverarbeitung an. Die Überprüfung des Therapieerfolgs wird hier primär durch testpsychologische prä-post-Vergleiche trainierter und nicht trainierter Leistungsaspekte durchgeführt. Im Zentrum *alltagsorientierter Ansätze* steht die Bewältigung individueller Alltagsanforderungen. Allgemeines Ziel ist es hier, Alltagsleistungen zu verbessern und Probleme im Alltag, welche durch die Gedächtnisstörung bzw. deren Zusammenwirken mit anderen Hirnleistungsstörungen resultieren, so weit wie möglich zu reduzieren und ihre Auswirkungen zu lindern. Je nach Rehabilitationsphase und -potential können die dabei verfolgten spezifischen Ziele z.B. die Stabilisierung von Orientierungsleistungen oder auch die Bewältigung individueller beruflicher Anforderungen betreffen. Zu den typischen Ansatzpunkten zählen dabei Veränderungen des Verhaltens der Patienten und ihrer Umwelt, der Einsatz kompensatorischer externer Hilfen, der Gebrauch problemzentrierter Strategien der Informationsverarbeitung, der Aufbau von Wissen und die Verbesserung der Selbsteinschätzung. Alleiniges Kriterium für den Therapieerfolg ist beim alltagorientierten Ansatz das Erreichen der gesteckten alltagsbezogenen Ziele. Für die Evaluation ist eine genaue Operationalisierung dieser Ziele erforderlich.

Interventionsmethoden

In diesem Abschnitt werden psychologische Interventionsmethoden dargestellt und bewertet. Zu pharmakologischen Therapieansätzen vgl. Kap. 8.

Übung („drill and practice")

Die Patienten und ihre Angehörigen erwarten von einer Therapie in der Regel eine Unterstützung der Wiederherstellung ursprünglicher Fähigkeiten (Restitution) mit Hilfe gezielter Übungen. Die Möglichkeiten einer Verbesserung von Gedächtnisfunktionen (v.a. die Rückbildung der anterograden Amnesie) durch wiederholte Übungen („drill and practice") muss bei chronischen Störungsbildern aufgrund vorliegender empirischer Befunde jedoch sehr skeptisch beurteilt werden (vgl. Schuri et al., 1996). Es erscheint denkbar, dass durch Stimulation in frühen Stadien nach der Hirnschädigung deutlichere Effekte zu erzielen sind. Es fehlen gegenwärtig jedoch Untersuchungen, die belegen, dass repetitive Übungen die spontane Remission von Gedächtnisfunktionen nach Hirnschädigung beschleunigen bzw. dass als Folge dieser Intervention letztlich ein höheres Funktionsniveau erreicht wird.

Training gedächtnisfördernder Strategien

Einen Schwerpunkt der Therapieforschung stellen Versuche dar, gestörte explizite Gedächtnisleistungen durch den Einsatz kompensatorischer „interner" Hilfen zu verbessern. Die Ergebnisse solcher Studien zeigen, dass amnestische Patienten mit mittelgradigen und leichten Störungen zumeist in der Lage sind, effektive Strategien der Informationsverarbeitung in der Therapiesituation gewinnbringend einzusetzen, auch wenn sie dabei nur selten ein der Norm entsprechendes Leistungsniveau erreichen (vgl. hierzu Schuri, 1998). So profitieren sie z.B.

- vom Gebrauch bildhafter Vorstellungen
- von einer tiefen semantischen Verarbeitung oder
- dem Ausführen symbolischer Handlungen (zum theoretischen Hintergrund vgl. Tabelle 3).

Leider gibt es in der Literatur jedoch nur wenige Belege dafür, dass die in der Therapie vermittelten Strategien später auch spontan im Alltag eingesetzt werden. Die Gründe für *Transfer- bzw. Generalisierungsprobleme* sind vielschichtig. Zu ihnen zählen:

- die geringe ökologische Validität vieler Mnemotechniken
- eine zu geringe Betonung des Alltagsbezuges vermittelter Strategien
- die geringe Alltagsrelevanz von Therapiematerialien
- die fehlende systematische Erprobung erlernter Techniken in klinischen und ausserklinischen Alltagssituationen
- die Überforderung der Patienten (u.a. hinsichtlich geforderter mentaler Anstrengung, Verarbeitungskapazität und Kreativität)
- eine gestörte Selbsteinschätzung (Selbstüberschätzung) der Patienten.

Diese Punkte, v.a. der für den Kompensationsansatz entscheidende Aspekt einer realistischen Selbsteinschätzung finden im Rahmen traditioneller Strategietrainings oft zu wenig Beachtung.

Techniken zum Erwerb neuen Wissens

Auch wenn Patienten nicht in der Lage sind, die oben angesprochenen Strategien der Informationsverarbeitung selbständig im Alltag einzusetzen, können diese Techniken in der Therapie zum Aufbau neuen Wissens genutzt werden. Neben diesen Methoden gibt es andere, die speziell für die Wissensvermittlung entwickelt wurden bzw. bevorzugt hierbei eingesetzt werden (vgl. Tabelle 11).

Die Methode der *vanishing cues* ermöglicht einen zwar stabilen aber nur langsamen Lernzuwachs. Zudem eignet sie sich nicht für das Lernen neuer arbiträrer Assoziationen (z.B. zwischen Gesichtern und Namen) und das mit ihr erworbene Wissen ist wenig flexibel. Mehrere Publikationen zeigen, dass amnestische Patienten von fehlervermeidenden Lernstrategien profitieren. Neuere Ergebnisse deuten jedoch an, dass die Bedeutung des *errorless learning* gegenwärtig überschätzt

Tabelle 11. Auswahl von Methoden bei der Wissensvermittlung

Methode	Erklärung
• „vanishing cues" (Glisky et al., 1986)	schrittweise Reduktion von von zunächst umfangreichen Abrufhilfen beim Lernen; bei der Methode wird versucht, erhaltene implizite Gedächtnisleistungen zu nutzen
• „errorless learning" (Baddeley & Wilson,1994)	fehlervermeidende Lernstrategien; dabei geht man von der Überlegung aus, dass das explizite Gedächtnis bei amnestischen Patienten eine seiner Funktionen, die beim Lernen auftretenden Fehler zu eliminieren, nicht wahrnehmen kann
• „spaced retrieval" (Schacter et al., 1985)	systematisches Wiederholen nach ansteigenden Zeitintervallen

Tabelle 12. Methoden zur Reduktion der Anforderungen an das Gedächtnis

Methode	Beispiele
• Meiden von Situationen mit zu hohen Anforderungen	
• Optimale Gestaltung der Umwelt	Aufbewahrung von Gegenständen an festgelegten Orten, Anbringen von Aufschriften und Hinweisschildern
• Strukturieren von Alltagsabläufen	Verteilung von Haushaltsarbeiten auf festgelegte Tageszeiten bzw. Wochentage
• Einsatz externer Gedächtnishilfen – als externe Informationsspeicher	Tagebücher, Dokumentation beruflicher Abläufe
– als Erinnerungshilfe für prospektive Gedächtnisleistungen	„Neuropage" (vgl. Text), Timer, Taschenkalender

wird, auch wenn Fehlervermeidung bei den schwersten Störungen angebracht erscheint. In der Praxis bewährt hat sich das einfache Wiederholen zu lernender Information nach steigenden Intervallen *(spaced retrieval)*.

Methoden der Reduktion von Gedächtnisanforderungen

Eine zentrale Rolle in der Therapie bei Gedächtnisstörungen nach Hirnschädigung nehmen Methoden zur Entlastung des Gedächtnisses ein (vgl. Tabelle 12). Sie sind im gesamten Spektrum der Störungsgrade anwendbar, wobei ihre relative Bedeutung mit ansteigendem Schweregrad der Gedächtnisstörung zunimmt. Sie können auch bei schweren Amnesien ein hohes Maß an Autonomie im Alltag gewährleisten. Wichtige Voraussetzungen für ihren erfolgreichen Einsatz sind die Auswahl geeigneter Hilfen, ihre Akzeptanz durch den Patienten (und seiner Angehörigen) sowie das systematische Training ihres Einsatzes. Die meisten erfordern darüber hinaus ein gewisses Maß an Störungseinsicht. Im Handel erhältliche elektronische Organisations- und Erinnerungshilfen ermöglichen es heute, große Mengen relevanter Information (wie Termine, Erledigungslisten etc.) sicher verfügbar zu haben. Leider sind die meisten dieser elektronischen Hilfen für den Einsatz in der Rehabilitation Hirngeschädigter jedoch nur eingeschränkt geeignet, da sie zu hohe Anforderungen an den Benutzer stellen. Besonders patientengerecht erscheint ein von Hersh & Treadgold entwickeltes System („Neuropage"; vgl. Wilson et al., 1997), das Erinnerungshilfen für Routinetätigkeiten und spezielle Anlässe (z.B. Arzttermin wahrnehmen) zu jedem gewünschten Zeitpunkt computergesteuert über Funk zustellt.

Förderung von metakognitivem Wissen und Bewältigungsverhalten

Eine Schlüsselvariable für den Rehabilitationserfolg ist die realistische Selbsteinschätzung der Patienten. Es erscheint daher sinnvoll, einen Schwerpunkt der Therapie auf die bewusste und aktive Auseinandersetzung mit den eigenen Gedächtnisleistungen zu legen, wie dies in holistischen Therapieansätzen von Diller, Ben-Yishay und Prigatano (vgl. hierzu Wilson, 1997) und in aktuellen alltagsorientierten Therapien der Fall ist. In letzteren lernt der Patient nicht nur „kritische" Anforderungen seines Alltags (zu er)kennen, sondern ebenso seine individuellen Bewältigungsmöglichkeiten. Dazu werden u.a. Alltagssituationen hinsichtlich ihrer Gedächtnisanforderungen analysiert, Kompetenzen des Patienten durch ihn selbst eingeschätzt und geprüft sowie adäquate Bewältigungsstrategien gesucht und erprobt.

4.4 Störungen exekutiver Funktionen

GABRIELE MATTHES-VON CRAMON & D. YVES VON CRAMON

Zusammenfassung

Exekutivfunktionen sind mentale Prozesse höherer Ordnung, die ein komplexes Nervennetzwerk benötigen, das sowohl kortikale als auch subkortikale Komponenten umfasst. Die höchste Wahrscheinlichkeit für das Auftreten exekutiver Dysfunktionen haben demzufolge diffuse/disseminierte zerebrale Gewebsschäden. Die besondere Rolle des Stirnhirns (und insbesondere des präfrontalen Kortex) für die Exekutivfunktionen leitet sich vor allem aus dessen großen Gewebsvolumen (30-40% des Gesamtvolumens) und seinem enormen Faserreichtum ab, wodurch es eine nahezu globale Wirkung auf die Mechanismen unseres ZNS auszuüben vermag. Schädigungen des präfrontalen Kortex bewirken sehr variable, gegenwärtig noch unzureichend operationalisierte Funktionsstörungen.

Für die Behandlung von Patienten mit exekutiven Dysfunktionen haben sich kombinierte, kognitiv-neuropsychologische und verhaltenstherapeutische Therapieansätze bewährt. Die Therapieziele sollten sich auf einige wenige, individuell relevante Problembereiche beschränken. Die Auswahl der jeweiligen Therapiemethode hängt entscheidend von den verbliebenen kognitiven Ressourcen des Patienten ab. Die praktische Therapiearbeit sollte „in vivo" erfolgen, um ein sowohl reaktionskontingentes als auch realistisches Feedback zu gewährleisten. Bei schweren exekutiven Dysfunktionen ist die therapeutische Einbindung von Bezugspersonen unverzichtbar.

Vorbemerkung

Bevor wir uns der Diagnostik und Therapie exekutiver Dysfunktionen (EDF) zuwenden, bedarf es zunächst einer Begriffsbestimmung, was denn unter Exekutivfunktionen (EF) zu verstehen ist. Eine wirklich überzeugende Definition der EF kann und wird es nicht geben, umfasst dieser Begriff doch äusserst verschiedenartige, ungemein komplexe, kognitive Prozesse. Gemeint sind mentale Prozesse höherer Ordnung, denen in der Literatur Begriffe wie Antizipation, Planung, Handlungsinitiierung, kognitive Flexibilität/Umstellungsfähigkeit („switching"), Koordinierung von Informationen/Prozessen, Sequenzierung und Zielüberwachung zugeordnet werden.

EF kommen immer dann ins Spiel, wenn wir Handlungen planen oder Absichten/Ziele über mehrere Schritte (und Hindernisse) hinweg verfolgen. Überdies scheinen sie auch mit der Zuteilung („allocation and reallocation") der für kognitive Funktionen (insbesondere) höherer Ordnung benötigten Aufmerksamkeitsressourcen befasst zu sein. Andererseits dürften EF auch an inhibitorischen Mechanismen mitwirken. Sie helfen, auf handlungsrelevante Informationen zu fokussieren und für eine bestimmte Handlungssituation unangemessene Reaktionen („inappropriate responses") zu hemmen (Robbins et al., 1998).

Die Sammelbezeichnung EF dürfte eines Tages entbehrlich werden, wenn man gelernt hat, die verschiedenartigen Steuerungs- und Leitungsfunktionen unseres Zentralorgans zu separieren und die zugrundeliegenden psychologischen und neuralen Mechanismen zu verstehen.

Ein wesentlicher Aspekt von EF dürfte sein, dass sie in hohem Maße vom Arbeitsgedächtnis abhängig sind, d.h. von der Fähigkeit zur temporären Aktivierung („active maintenance") und Manipulation von Informationen (D'Esposito & Grossmann, 1998).

Konsens scheint auch weitgehend darüber zu bestehen, dass EF für Mensch (und Tier) die Voraussetzung sind, sich rasch und erfolgreich an neuartige, unerwartete Situationen in einer veränderlichen Umwelt anzupassen. Sie bilden die Grundlage dafür, in nicht routinisierten Situationen dennoch das Richtige zu tun, gerade wenn kein Handlungswissen aus dem Verhaltensrepertoire abrufbar ist. Im Kern dienen EF der (unmittelbaren und längerfristigen) Verhaltensoptimierung (Damasio, 1979).

In Erweiterung des monistischen Konzepts der sogenannten zentralen Exekutive (Baddeley & Hitch, 1974) sind u.a. Smith und Jonides (1999) der Auffassung, dass es mehrere, wenngleich vermutlich nur einige wenige EF gibt, die man sich als Metaprozesse vorstellen kann, d.h. als „operations performed on processes themselves". Die Autoren haben jüngst fünf Komponenten der EF vorgeschlagen:

Aufmerksamkeit und Inhibition („Attention and Inhibition")

Fokussierung der Aufmerksamkeit auf handlungsrelevante Informationen/Prozesse sowie Hemmung irrelevanter Informationen/Prozesse.

Ablauforganisation („Task Management")

Erstellen eines Ablaufprotokolls für eine komplexe Handlung , die rasche Wechsel zwischen den beteiligten Komponenten erfordert.

Planen („Planning")

Planung der Abfolge von Handlungsschritten zur Zielerreichung.

Überwachung („Monitoring")

Fortlaufende Prüfung und Aktualisierung der Inhalte im Arbeitsgedächtnis zur Bestimmung des jeweils nächsten Schritts in einer Handlungsfolge.

Kodierung („Coding")

Kodierung von Repräsentationen im Arbeitsgedächtnis nach der Zeit und dem Ort ihres Auftretens.

Exekutive Dysfunktionen

In Anlehnung an die Operationalisierung der EF hat erstmals Baddeley (1986) ein sogenanntes „dysexekutives Syndrom" (als Folge erworbener Hirnschädigungen) herausgestellt und ihm Störungen in den Bereichen Planen, Problemlösen, Handlungsinitiierung, (Wort-/ semantische) Flüssigkeit („fluency"), Schätzen („cognitive estimation") und darüber hinaus die Neigung zu Perseverationen und verschiedene Enthemmungsphänomene zugerechnet.

Die Bezeichnung dysexekutives Syndrom ist allerdings nur „grosso modo" zutreffend, da es sich eben typischerweise nicht um eine invariable Symptomenkonstellation handelt, wie sie für ein Syndrom zu fordern wäre, sondern vielmehr durch hohe (interindividuelle) Variabilität der beobachteten und im Einzelfall dominanten Symptome charakterisiert ist.

Angesichts dieses Sachverhalts nimmt es nicht wunder, wenn die klinisch-neuropsychologische Literatur (Lezak, 1995; Rabbit, 1997) wiederholt eingeräumt hat, dass es äusserst schwierig sei, EDF psychometrisch angemessen zu erfassen. Diese offensichtliche Schwierigkeit spiegelt sich in einer großen, weiter anwachsenden Zahl klinischer und experimenteller Tests zur Bestimmung EDF, die mehr oder minder alle „Schwachstellen" aufweisen, die ihre Validität und Reliabilität einschränken und den Diagnostiker nicht uneingeschränkt befriedigen.

Schon früh hatten Hebb und Penfield (1940) die Vermutung ausgesprochen, dass es vermutlich unmöglich sei, die komplexen Umgebungsbedingungen, unter denen wir im Alltag zu handeln haben, experimentell zu simulieren. Das hat u.a. zur Folge, dass Patienten mit EDF in der Klinik/Praxis, wo eine hohe externale Kontrolle (geregelte Abläufe, gut strukturierte Test- und Arbeitssituationen etc.) gegeben ist, ganz oder zumindest weitgehend unauffällig erscheinen, wohingegen sie unter Alltagsbedingungen mit geringerer externaler Kontrolle höchst auffälliges Verhalten zeigen (Mesulam, 1986). Mit anderen Worten, durchaus alltagsrelevante EDF können im klinischen Setting übersehen werden und erst zu Hause oder spätestens beim Versuch, eine berufliche Tätigkeit aufzunehmen, in Erscheinung treten.

Über 50 Verhaltensweisen hat Benson (1994) aufgelistet, die im Rahmen von EDF vorkommen sollen und gemeinhin mit präfrontalen Läsionen in Zusammenhang gebracht werden. Hierbei stellt sich dem Diagnostiker allerdings stets die Frage, ob denn eine bestimmte Verhaltensauffälligkeit nicht bereits prämorbid bestanden haben mag oder ob sich prämorbid angelegte Verhaltensmuster als Folge der Hirnschädigung lediglich akzentuiert haben oder ob Prozesse der Krankheitsverarbeitung, die veränderte Rolle des Patienten innerhalb des Familiengefüges oder andere aktuelle Lebensumstände (wie der Verlust des Arbeitsplatzes) zu Verhaltensänderungen beitragen. Die Abgrenzung leichter, aber dennoch alltags- bzw. berufsrelevanter EDF nach Hirnschädigung von „normalpsychologischen" Verhaltensweisen ist nicht selten eine besondere diagnostische Herausforderung.

Neurobiologische Grundlagen exekutiver Dysfunktionen

Man darf EF nicht mit präfrontalen Funktionen gleichsetzen, wenngleich unbestreitbar ist, dass der präfrontale Kortex (PFK) einer der Hirnorte ist, deren Schädigung mit hoher Wahrscheinlichkeit EDF zur Folge haben. Berücksichtigt man die enge Abhängigkeit der EF vom Arbeitsgedächtnis, für das in neuerer Zeit ein ausgedehntes Netzwerk mit verschie-

denen kortikalen und subkortikalen Komponenten beschrieben wurde (siehe z.B. D´Esposito & Grossman, 1998), so wird klar, dass auch die physiologische Grundlage der EF in einem weit verzweigten, über das Stirnhirn hinausgreifenden Netzwerk bestehen dürfte, das sich zu einem erheblichen Teil mit dem für das Arbeitsgedächtnis deckt, aber sehr wahrscheinlich auch noch weitere neurale Komponenten enthält.

Die besondere Rolle des PFK für EF mag sich daraus ableiten, dass er auf Grund seines enormen Reichtums an Faserverbindungen innerhalb seiner Grenzen und darüber hinaus mit nahezu jeder anderen Hirnregion Verbindung hat und dadurch eine nahezu globale Wirkung auf die Mechanismen unseres ZNS auszuüben vermag. Je reicher das Netzwerk von Faserverbindungen ist, in das eine bestimmte Hirnstruktur (hier der PFK) eingebettet ist, umso abhängiger ist sein Funktionsniveau von dem „Funktionieren" anderer Hirnregionen. Der PFK beeinflusst nämlich nicht nur sehr viele Hirnstrukturen, er wird seinerseits auch von sehr vielen Hirnstrukturen beeinflusst, so dass er weniger als „primum movens" oder „homunculus" vorgestellt werden sollte, sondern vielmehr als ein zentrales Forum des Gehirns, in dem Informationen aus allen Provinzen des Organismus zusammengeführt werden, um dort durch ein hochspezialisiertes intrinsisches (intrakortikales) Fasersystem (Levitt et al., 1993; Melchitzky et al., 1998) „vor Ort" zusammengebunden und auf diese Weise miteinander in komplexester Weise in Wechselwirkungen treten zu können.

Was nun die klinische Auswirkung frontaler Gewebsschäden angeht, so soll zunächst auf die von prominenten Neurochirurgen mehrfach bestätigte Beobachtung aufmerksam gemacht werden, dass nämlich selbst nach ausgedehnten frontalen Geweberesektionen, wie sie zur Entfernung eines Hirntumors notwendig sein können, überraschend geringe kognitive Defizite und keine ins Auge springenden Verhaltensauffälligkeiten zu beobachten seien (Vincent, 1936; Hebb, 1945). Will man diese Beobachtung nicht oder nicht ausschließlich einer unzureichenden Untersuchung der EF zurechnen, liegt die Vermutung nahe, dass

EDF Folge ausgedehnterer (diffuser), d.h. über das Stirnhirn hinausgreifender Gewebsschäden sind und dass, wie Hebb (1945) es seinerzeit formuliert hat, „the clean surgical removal of the frontal lobes", bis zu einem gewissen Ausmaß, nahezu folgenlos bleiben kann. Dies erscheint nicht völlig unplausibel, gegeben die Tatsache, dass das Stirnhirn etwa 30 bis 40 % des Gesamtvolumens des ZNS (d.h. etwa 400 cm^3) ausmacht und selbst ausgedehnte frontale Gewebsschäden kaum mehr als 20 bis 30% des Gesamtvolumens betreffen. Da etwa 60 % der frontalen Rinde auf den dorsolateralen PFK entfallen, während die ventro-mediane PFK nur 22 % und der orbitale PFK gar nur 12 % ausmachen, sollten vor allem die dem dorsolateralen PFK zuzurechnenden (primär kognitiven?) Funktionen in gewissen Grenzen kompensiert werden können.

Wie dem auch sei, die höchste Wahrscheinlichkeit für das Auftreten von EDF dürften diffuse zerebrale Gewebsschäden unter maßgeblicher Beteiligung der Stirnlappen haben. Dies trifft in exemplarischer Weise auf das (schwere gedeckte/offene) Schädel-Hirn-Trauma zu, und zwar insbesondere dann, wenn zu (bi-) frontalen Kontusionsverletzungen weitere Gewebsschäden vom Typ der diffusen axonalen Schädigung, der Ödemnekrosen (nach posttraumatischem generalisierten Hirnödem) oder des zerebralen Sauerstoffmangels („hypoxische Hypoxie") hinzutreten.

Die oben erwähnten Voraussetzungen für das Auftreten von EDF treffen naturgemäß auf eine Vielzahl neurologischer und psychiatrischer Erkrankungen zu, die hier nicht im einzelnen abgehandelt werden sollen. Hervorgehoben werden soll lediglich, dass nicht nur kortikale, sondern auch subkortikale (z.B. Läsionen des Neostriatums und des Thalamus) und vermutlich sogar zerebelläre Gewebsläsionen (vgl. Kap. 5.1) mit EDF einhergehen können.

Theorien exekutiver Funktionen

Neuropsychologisch orientierte Modelle zur Handlungskontrolle/Handlungssteuerung (Shallice, Grafman) und das Konzept der somatischen Marker (Damasio) haben zum Verständnis der kognitiven Defizite und Verhaltensauffälligkeiten von Patienten mit EDF beigetragen, so dass sie hier kurz referiert werden sollen.

Modelle zur Handlungskontrolle/ Handlungssteuerung

Das Modell, das Norman & Shallice (1980) erstmals vorgestellt haben und das in der Folgezeit mehrfach präzisiert und modifiziert wurde (Shallice, 1988; Shallice & Burgess, 1991) unterscheidet zwei Modi der Handlungskontrolle, die als „Contention Scheduling" (CS), und „Supervisory Attentional System" (SAS) bezeichnet wurden.

Der handelnden Person steht jeweils eine große Anzahl erlernter und erfahrungsabhängiger Denk- und Handlungsschemata zur Verfügung. Schemata sind „eigenständige Wissensmodule", die Stereotypen verschiedener Aspekte unserer Umwelt beinhalten (Ford, 1988). Sie beinhalten einen Rahmen („frame"), d.h. bestimmte Merkmale/ Gegebenheiten, mit denen man üblicherweise in einer bestimmten Situation rechnen kann sowie festgelegte Prozeduren und Regeln, die unser Verhalten wie ein „Drehbuch" („script") steuern. So enthält das Modul „Bahnfahrt", dass sich der Reisende in der Regel mit einem anderen Verkehrsmittel zum Bahnhof begeben, eine Fahrkarte am Schalter oder beim Zugschaffner erwerben muss, dass Züge zu festgesetzten Zeiten und nicht nach persönlicher Absprache abfahren, dass der richtige Bahnsteig ausgesucht werden muss und vieles mehr[1].

Sobald ein solches Schema eine bestimmte Aktivierungsschwelle überschreitet, wirkt der

---

[1] Schwartz und Mitarbeiter (1991) entwickelten ein Kodierschema, das es erlaubt, einfache Handlungssequenzen in ihre Teilschritte zu zerlegen, um Fehler in den Einzelkomponenten differenzieren zu können (z.B. als Ersetzung eines Objekts, Auslassungen, Antizipations- und Ausführungsfehler). Handlungsfehler im Rahmen einer frontalen Apraxie konnten so als Defizit von „Top-down"-Mechanismen beschrieben werden, die Handlungsabfolgen steuern.

CS-Modus einem drohenden Handlungskonflikt durch „laterale Hemmung" entgegen, indem er konkurrierende Handlungsschemata unterdrückt, die auf die gleichen Ressourcen zugreifen. Mit Hilfe dieses CS-Modus können überlernte Verhaltensprogramme rasch und äusserst ökonomisch, d.h. mit geringer mentaler Anstrengung („mental effort") ablaufen. Allerdings gewähren sie kaum Spielraum für Verhaltensvariationen. In neuen, unerwarteten Situationen mit deutlich komplexeren Anforderungen an das „task management" ist der CS-Modus demzufolge unbrauchbar. Dann erfolgt die „Umschaltung" auf den bewusst-kontrollierten, allerdings sehr viel langsameren, dafür aber sehr flexiblen und adaptiven Verarbeitungsmodus des SAS. Dieser erlaubt es, aktuell andere Prioritäten zu setzen und laufende Handlungen zu unterbrechen, selbst dann, wenn starke Handlungsauslöser vorhanden sind (wie z.B. „einer Versuchung widerstehen"). Das SAS ist immer dann gefordert, wenn für eine bestimmte Situation (noch) keine Schemata zur Verfügung stehen oder aus vorhandenen (Unter-)Schemata neue Prozeduren entwickelt werden müssen.

EDF werden in diesem Modell zumindest teilweise auf eine Beeinträchtigung der Wirkungen des SAS zurückgeführt. Dies steht im Einklang mit der klinischen Beobachtung, dass Patienten mit schweren EDF hoch überlernte Routinetätigkeiten zumeist noch recht gut ausführen können, jedoch kaum in der Lage sind, routinisierte Verhaltensantworten zu unterdrücken oder zumindest an situationsspezifische Randbedingungen anzupassen.

Das von Grafman vorgeschlagene Modell (1994, 1999) rückt die Repräsentation erfahrungsabhängiger Wissensstrukturen in den Vordergrund und betont stärker als Shallice die hierarchische Anordnung der Schemas. Die unterste Stufe bilden sogenannte „Structured Event Complexes (SECs)", das sind hoch überlernte Regeln, Prozeduren und Fertigkeiten. Unterschiedlich lange Handlungssequenzen, die auch in ihrem Komplexitäts- und Automatisierungsgrad voneinander abweichen, können es erforderlich machen, dass mehrere SECs gleichzeitig (parallel) aktiv sind. Auf dem obersten Niveau in der Schemahierarchie befinden sich demgegenüber die sogenannten „Managerial Knowledge Units (MKUs)", die abstrakte Heuristiken („erfahrungsabhängige Lösungswege") enthalten und in Abhängigkeit von der jeweils aktuellen Handlungsbedingung mit verschiedenem Inhalt angefüllt werden können. MKUs sollen Planungsvorgänge, den strategischen Umgang mit Wissen und selbst unser Sozialverhalten steuern. MKUs, die täglich ausgeführt werden, sollen leichter aktiviert werden können und weniger Varianz aufweisen als diejenigen, die nur selten zum Einsatz kommen.

Während zunächst nur einfache SECs in Form von Regeln oder konditionierten Assoziationen angelegt werden, bilden sich im Laufe des Lebens durch Erfahrung immer differenziertere MKUs heraus. Dies setzt voraus, dass die dazu benötigten Informationen über lange Zeiträume und verschiedene Ereignisse hinweg gespeichert und abgerufen werden können. Die neuronale Grundlage dafür soll der PFK bilden und es wird sogar angenommen, dass die kognitive Architektur der MKUs im PFK „gespeichert" ist.

Konzept der somatischen Marker

Ausgangspunkt für das Konzept der somatischen Marker (Damasio et al., 1991) waren Beobachtungen am Patienten EVR (Eslinger & Damasio, 1985), dem im Alter von 35 Jahren ein großes fronto-orbitales Meningiom entfernt werden musste, was ausgedehnte bifrontale, ventromedian akzentuierte Substanzschäden hinterließ. EVR, bis dahin glücklich verheiratet, Vater zweier Kinder, beruflich erfolgreich, zeigte nach der bifrontalen Gewebsresektion gravierende Persönlichkeitsänderungen, die letztlich zur Scheidung seiner langjährigen Ehe führten. Auch beruflich konnte er nicht mehr Fuß fassen. Er traf eine Reihe folgenreicher Fehlentscheidungen, die schrittweise seinen sozialen Abstieg herbeiführten. Obwohl sein Leben seit der Operation von eklatanten Misserfolgen gekennzeichnet war, erbrachten die einige Jahre nach der Tumorresektion durchgeführten neuropsychologischen

Tests gute, teilweise sogar überdurchschnittliche Ergebnisse. Auffällig war jedoch die Diskrepanz zwischen EVR's Leistungen in gut strukturierten Tests und seinem Verhalten in offenen, schlecht definierten Alltagssituationen. Hier antizipierte er die Folgen von Handlungen nicht und fasste Entschlüsse trotz (über-)langen Abwägens möglicher Alternativen letztendlich zufällig.

Diese Verhaltensbeobachtungen führten zu der Hypothese, dass dieser erworbenen, hirnorganisch bedingten Soziopathie („sociopathic behavior caused by frontal damage") ein Defekt der Aktivierung somatischer Marker zugrunde liegen könnte. Als somatische Marker werden alle positiven und/oder negativen Reaktionen des autonomen Nervensystems verstanden, die mit dem Erleben einer bestimmten Situation verknüpft werden. Diese zumeist impliziten (nicht-bewussten) affektiven Bewertungen werden zusammen mit expliziten Gedächtnisinhalten (Vorerfahrungen) aufgerufen und können gerade in sozialen Situationen eine Tendenz für oder gegen die Ausführung einer Verhaltensantwort verstärken. So kann beispielsweise das berühmte „ungute Gefühl im Bauch" dazu führen, dass der Handlungsbereite innehält und die beabsichtigte Handlung unterlässt um längerfristig negative Folgen zu vermeiden.

Durch Messung des phasischen elektrodermalen Hautwiderstands suchte man den Beleg für die Annahme, dass die Aktivierung somatischer Begleitreaktionen kognitiver Akte bei Patienten mit Läsionen des ventro-medianen PFK nicht mehr „automatisch" erfolgt (Tranel & Damasio, 1994). Dazu wurden EVR und anderen Patienten („EVR-like patients") sowie einer Gruppe hirngesunder Kontrollpersonen Bilder mit unterschiedlich emotionalem Gehalt dargeboten. Während physikalische Schreckreize mit deutlicher Veränderung des Hautwiderstands beantwortet wurden, löste die Präsentation emotional bedeutungshaltiger Szenen immerhin bei sechs von zehn Patienten mit bifrontalen, ventromedian akzentuierten Gewebsläsionen (bei denen allerdings auch Abschnitte des dorsolateralen PFK sowie der vordere Gyrus cinguli betroffen waren), keine nennenswerte Veränderung des Hautwiderstands aus, wenn die Bilder ohne weitere In-struktion nur betrachtet wurden. Sollten die Patienten jedoch berichten, welche Szenen sie gerade sahen und welche Gefühle dies in ihnen auslöste, dann fanden sich auch bei den frontalen Patienten nahezu normale Hautwiderstandsänderungen.

Dass somatische Körpersignale für Entscheidungsprozesse von Bedeutung sind, zeigten Bechara et al. (1997) bei der Durchführung eines experimentellen „Glücksspiels". Frontale Patienten und hirngesunde Kontrollpersonen erhielten jeweils 4 Stapel (A – D) mit verdeckten Karten und ein „Startkapital" von $ 2000.– in Spielscheinen. Durch das Aufdecken einer Karte konnten sie einen gewissen Betrag gewinnen. In allen Stapeln gab es Karten mit der Aufforderung, Geld an die Bank zu zahlen. Die Karten der Stapel A und B brachten doppelten Gewinn, aber durch die „Strafkarten" auch besonders hohe Verluste. Die Karten der Stapel C und D bescherten zwar geringere Einnahmen, durch geringere Abzüge konnten aber längerfristig Gewinne erzielt werden.

EVR und Patienten mit vergleichbaren Läsionen wählten signifikant mehr Karten aus den „schlechten Stapeln" (A und B) als gesunde Kontrollpersonen und Hirngeschädigte aus, bei denen der PFK unbeschädigt war. Nachdem hirngesunde Personen die Erfahrung hoher „Strafen" gemacht hatten, veränderte sich der phasische Hautwiderstand bereits bevor sie eine risikoreiche Karte auswählten, auch wenn sie die Regel noch nicht bewusst „durchschaut" hatten. Im weiteren Spielverlauf mieden hirngesunde Probanden die riskanten Kartenstapel zunehmend, bis sie schließlich auch explizit die Regel angeben konnten. Patienten mit präfrontalen Läsionen zeigten demgegenüber kaum Veränderungen des phasischen Hautwiderstands und wählten unverändert die riskanten Kartenstapel. Anzumerken ist jedoch, dass auch bei 3 Patienten, die die Regel verstanden hatten, keine Hautwiderstandsänderung zu beobachten war.

Testdiagnostik exekutiver Dysfunktionen

Wie in der Einleitung erwähnt, gibt es keinen psychometrischen „Goldstandard" für die Untersuchung von EDF. Angaben über die herkömmlichen Tests zur Untersuchung von EDF sind an vielen Stellen nachzulesen (z.B. Lezak, 1995; Cramon & Matthes-von Cramon, 1993); ein Überblick findet sich in Tabelle 1. In den letzten Jahren wurden jedoch einige interessante Neuentwicklungen vorgestellt, auf die wir im folgenden kurz eingehen wollen.

Angesichts der Tatsache, dass die wenigen standardisierten und normierten Tests zur Untersuchung von EDF dem Diagnostiker nicht in jedem Einzelfall helfen, EDF aufzudecken, kommt Fragebögen und Rating-Skalen eine besondere Bedeutung zu, insofern sie Aussagen zur Kompetenz eines Patienten in Alltagssituationen enthalten und es erlauben, ein weites Spektrum von Verhaltensauffälligkeiten abzubilden. Sie können Grundlage für halbstandardisierte Interviews sein, um mit dem Patienten und seinen Bezugspersonen die

Tabelle 1. Testverfahren/Aufgaben zur Untersuchung exekutiver Funktionen

Sprachlogisches Denken
- Gemeinsamkeiten finden
- Analogien
- Anagramme
- Reihenergänzung
- Wortflüssigkeit
- Lexikalische Wortflüssigkeit
- Semantische Wortflüssigkeit
- Konzeptbildung
- Wisconsin Cardsorting Test/ Modified Cardsorting Test
- Halstead Category Test
- 20 Questions
- Matrizen Tests (z.B. Raven, Cattell)
- Planen/Problemlösen
- Behavioural Assessment of the Dysexecutive Syndrome (BADS)
- Transformationsaufgaben (Tower of Hanoi, Tower of London)
- Schätzaufgaben
- Alternate Uses Test
- Design Fluency
- Five-Point Test
- Labyrinth Tests
- Inhibition
- Go/Nogo Aufgaben
- Stroop Test
- Random Generation

funktionale Relevanz der nachweisbaren Defizite zu erarbeiten und Therapieziele daraus abzuleiten.

Behavioural Assessment of the Dysexecutive Syndrome (BADS)

Die von Wilson et al. (1996) veröffentlichte Testbatterie BADS enthält sechs Aufgaben, die „exekutive" Alltagsanforderungen simulieren sollen. Von den Testautoren liegen alterskorrigierte Standardwerte für Erwachsene vor.

Die BADS beinhaltet zudem zwei äquivalente Fragebögen zur Selbst- und Fremdbeurteilung emotionaler, motivationaler, behavioraler und kognitiver Veränderungen („Dysexecutive Questionnaire/DEX"). Zwanzig kurze Verhaltensbeschreibungen sollen auf einer 5-stufigen Likert-Skala hinsichtlich ihrer Auftretenshäufigkeit eingeschätzt werden. Aus dem Grad der Übereinstimmung zwischen Selbst- und Fremdbeurteilung kann die Einsichtsfähigkeit des Patienten abgeschätzt werden (Burgess et al., 1998).

Frontal Lobe Score (FLS)

Ettlin und Kischka (1999) stellten eine Testbatterie vor, die auch als „Bedside Test" eingesetzt werden kann. In den FLS gehen die Ergebnisse bekannter Testverfahren ein, wie z.B. der Trail Making Test, der 5-Punkte Test (zur Untersuchung der „design fluency"), die semantische und lexikalische Wortflüssigkeit, die Handsequenzen von Luria, das Wortlistenlernen.

Der FLS enthält ebenfalls eine Schätzskala für Therapeuten („Neurobehavioral Rating Scale"), in die Angaben von Bezugspersonen und des Pflegepersonals eingehen.

Marburger Kompetenz-Skala (MKS)

Auch die MKS (Gauggel, in Vorbereitung) beinhaltet Fragebögen zur Selbst- und Fremdeinschätzung der Kompetenz eines Patienten bei Alltagstätigkeiten. Im Gegensatz zu anderen

ADL-Skalen versucht die MKS vor allem die kognitiven und psychosozialen Beeinträchtigungen zu erfassen. Mit Recht weisen die Autoren darauf hin, dass eine Einschätzung erst dann erfolgen sollte, wenn sich ein Patient mindestens eine Woche oder länger in Behandlung befunden hat. Die MKS liefert operationale Kriterien für die Bewertung von 30 Items (z.B. Gestaltung des Tagesablaufs, Eigeninitiative und Akzeptanz von Kritik). Zudem werden Patienten-Daten mitgeteilt.

Testergebnisse einer eigenen Stichprobe von EDF-Patienten

Um einen Eindruck zu vermitteln, welche Testergebnisse bei erwachsenen Patienten mit EDF im chronischen Stadium der Hirnschädigung zu erwarten sind, soll im folgenden eine Stichprobe von 93 Patienten dargestellt werden. Alle Patienten wurden in der Tagesklinik für kognitive Neurologie der Universität Leipzig diagnostiziert und therapiert. Patienten mit schweren perzeptuellen oder sprachlichen Einbußen wurden von der Auswertung ausgeschlossen.

Anhand eines Therapeuten-Ratings wurden zwei Gruppen gebildet (Tabelle 2): bei 58 Personen wurden EDF vermutet, während die restlichen 35 Patienten als in dieser Hinsicht unauffällig eingeschätzt wurden (EF+). Das Therapeuten-Rating stützte sich nicht nur auf (mehrwöchigen) Verhaltensbeobachtungen während des Aufenthalts in unserer Tagesklinik, sondern auch auf die Angaben relevanter Bezugspersonen oder Arbeitskollegen der Patienten.

Als kognitive „Basisleistungen" wurden die Reaktionszeiten in zwei Untertests („Alertness", „geteilte Aufmerksamkeit") der Testbatterie zur Aufmerksamkeitsprüfung (Zimmermann & Fimm, 1994) und der Gesamtwert der revidierten Version der Wechsler Memory Scale (WMS-R) bestimmt. Das sprach- und bildungsabhängige Intelligenzniveau wurde mit dem Mehrfachwahlwortschatztest (MWT A/B) gemessen.

Die tonische und phasische Reaktionsbereitschaft sowie die Fähigkeit, die Aufmerksamkeit zwischen zwei Aufgaben zu teilen, unterschieden die beiden Gruppen statistisch nicht signifikant voneinander, wenngleich EDF-Patienten im Trend etwas schlechtere Ergebnisse erzielten. In der WMS-R und im MWT ergaben sich dagegen signifikante Unterschiede zuungunsten der EDF-Patienten (Tabelle 2).

EDF und EF+ Patienten unterschieden sich signifikant in den alterskorrigierten Standardwerten (SW) der BADS (Tabelle 3).

Die Übereinstimmung zwischen dem Therapeuten-Rating und dem BADS-SW war für die EF+ Gruppe sehr hoch, nur 1 Patient er-

Tabelle 2. Biographische Daten, Aufmerksamkeit- und Gedächtnisleistungen in einer Stichprobe mit EDF und ungestörten EF (EF+)

	EDF	EF+	p[1] (2-seitig)
Geschlecht	22 Frauen / 36 Männer	11 Frauen / 24 Männer	
Alter	39 (15- 68)	44 (19- 66)	n.s.
MWT A/B (PR)[2]	39 (5- 98)	75 (9- 99)	.027
TAP-tonische Alertness (PR)	14 (0- 92)	24 (1- 84)	n.s.
TAP-phasische Alertness (PR)	16 (0- 90)	26 (1- 95)	n.s.
TAP-geteilte Aufmerksamk. (PR)	8 (1- 73)	13 (1- 76)	n.s.
WMS-R (Gesamtindexwert)	93 (50-124)	107 (59-138)	.001

[1] da bei den Variablen Alter, MWT A/B (PR) und WMS-R (Gesamtindex) Normalverteilung vorlag, erfolgte die Signifikanzprüfung der Mittelwertunterschiede über T-Tests; die Ergebnisse aus der Testbatterie zur Aufmerksamkeitsprüfung (TAP) wurden nonparametrisch – durch Mann-Whitney U-Tests – geprüft.

[2] Median (Range)

Tabelle 3. Testergebnisse von Patienten mit (EDF) und ohne Störungen der EF (EF+)[1]

Test	EDF		EF+		p^2 (2-seitig)
BADS (Rohwertsumme)	15,03	(3,66)	19,19	(1,84)	.000
BADS (Standardwert)	78,71	(22,62)	99,37	(20,32)	.001
MCST (Kategorien)	5,45	(1,95)	6,15	(1,13)	n.s.
MCST (Gesamtfehler)	8,89	(7,36)	6,22	(5,44)	n.s.
MCST (perseverative Fehler)	3,34	(4,27)	1,63	(2,48)	.046
Turm von Toronto (Züge DG. 4+5)	39,6	(8,64)	37,18	(8,71)	n.s.
Turm von Toronto (Gesamtfehler)	8,67	(11,89)	5,41	(5,74)	n.s.
LPS - 3 (PR)	51,11	(26,99)	64,19	(19,69)	.038
LPS - 6 (PR)	50,07	(23,92)	63,76	(23,89)	(.055)
Zahlenordnungstest (Gesamtsumme)	63,2	(19,73)	69,5	(13,85)	n.s.

[1] Mittelwerte und Standardabweichungen
[2] nach Prüfung auf Normalverteilung wurden t-Tests zum Mittelwertsvergleich herangezogen

reichte einen Wert unter 85, alle übrigen (97 %) erreichten SWs zwischen 93 und 124 (Tabelle 4). In der EDF-Gruppe war die Übereinstimmung wesentlich geringer. Mehr als die Hälfte der zum Teil deutlich verhaltensauffälligen Patienten erreichte durchschnittliche BADS-SWe. Selbst bei einem Cut-off Score von SW 93 wurden immer noch mehr als ein Viertel der verhaltensauffälligen Patienten nicht durch die BADS erfasst.

Tabelle 4. BADS – alterskorrigierte Standardwerte bei Patienten mit EDF und unauffälligem Verhalten (EF+) im Therapeutenrating

BADS-SW	EDF (n=30)	EF+ (n=27)
< 85	14 (46,7 %)	1 (3,4 %)
≥ 85	16 (53,3 %)	26 (96,6 %)
≥ 93	8 (26,7 %)	26 (96,6 %)

Was den MCST[2] angeht, so unterschieden sich EDF und EF+ Patienten weder in der Anzahl erreichter Kategorien, noch in der Anzahl der Gesamtfehler. Lediglich die Anzahl perseverativer Fehler war bei der EDF-Gruppe signifikant erhöht (Tabelle 3). Die Übereinstimmung zwischen dem TE des MCST und dem Therapeuten-Rating war jedoch gering.

Ein statistisch signifikanter Unterschied zwischen den Gruppen wurde im Untertest 3 des Leistungsprüfsystems (LPS: Horn, 1983)

beobachtet, der induktives Denken erfasst. Man sollte jedoch erwähnen, dass der Mittelwert der Prozentränge auch für die EDF-Gruppe im Durchschnitt lag. Die Testwerte im Untertest 6 des LPS, der lexikalische Wortflüssigkeit überprüft, verfehlten knapp die Signifikanzgrenze.

Für diejenigen EDF-Patienten, die eine Transformationsaufgabe wie den „Tower of Toronto", eine Version des „ Turms von Hanoi", zur Untersuchung des Planens und Problemlösens (Saint-Cyr & Taylor, 1992)[3] über-

_____

[2] Der „Wisconsin Card Sorting Test (WCST)" und der „Modified Card Sorting Test (MCST)", erfassen Aspekte der Konzeptbildung, des schlussfolgernden Denkens, des Lernens aus Rückmeldungen und Vorerfahrungen (siehe dazu Matthes-von Cramon, 1996). Der Original-WCST ist nicht normiert. Nelson (1976) berechnete für den MCST, der sich im klinischen Bereich mehr und mehr durchzusetzen scheint, einen „Total Error Score TE" = perseverative Fehler ÷ Gesamtzahl der Fehler x 100. Der Cut-off -Wert von ≥ 50 soll eine gute Voraussage für das Vorliegen einer frontalen Hirnschädigung liefern.
Durch eine weitere Modifikation des MCST (Drühe-Wienholt, 1996) soll eine Verbesserung der Aussagekraft des Verfahrens erreicht werden.
[3] Die Patienten lösten eine computerunterstützte 4-Scheiben-Version. In fünf aufeinanderfolgenden Durchgängen sollten sie versuchen, die optimale Lösung mit 15 Zügen zu finden. Gewertet wurden die addierten Züge des 4. und 5. Durchgangs.

haupt lösen konnten (n= 45) ergaben sich, was die Anzahl der Züge und die der Regelverstöße betraf, signifikante Unterschiede gegenüber der Kontrollgruppe (Tabelle 3).

Im „Zahlenordnungstest" [4] (Cooper et al., 1991), einem Verfahren zur Prüfung des Arbeitsgedächtnisses zeigte sich dagegen kein signifikanter Gruppenunterschied.

Verhaltensanalyse (VA)

Die VA, ein wesentliches Element jeder Verhaltenstherapie (z.B. Bartling, 1992), ist nach unserer Einschätzung auch für die Diagnostik und Behandlung von EDF unverzichtbar, weswegen ihr hier ein eigener Abschnitt eingeräumt werden soll.

Informationen über Art und Frequenz von Verhaltensauffälligkeiten in Alltagssituationen, über Auslösebedingungen sowie über die Konsequenzen des in Frage stehenden Verhaltens helfen bei der Einschätzung der funktionalen Relevanz kognitiver und affektiver Defizite. Sie sind Grundlage für die Therapieplanung und unterstützen die therapiebegleitende Evaluation der Verhaltensänderungen. Bei Patienten in den Extremgruppen, die entweder nach psychometrischer Testung unauffällig erscheinen oder aber aufgrund der Schwere ihrer kognitiven Defizite und Verhaltensstörungen nicht testbar sind, ist die VA oftmals der einzig verbleibende diagnostische Zugang.

Die VA folgt in der Verhaltenstherapie üblicherweise dem SORK-Schema, das als lineares Modell die Komponenten „Stimulus", „Organismus", „Reaktion", „Konsequenz" beinhaltet (Dt. Ges. für Verhaltenstherapie, 1986). Bei der Erstellung einer VA mit EDF-

Patienten ist allerdings zu berücksichtigen, dass sowohl die Wahrnehmung und Interpretation von Reizen aus der Umgebung als auch die Reaktionsmöglichkeiten eines Patienten in spezifischer Weise durch neurologisch-neuropsychologische Ausfälle beeinflusst werden und deshalb der Berücksichtigung der sogenannten Organismusvariablen eine besondere Bedeutung zukommt. So können sensorische Defizite zu Einbußen der visuellen und akustischen Informationsverarbeitung führen. Sensomotorische (z.B. körper- und sprechmotorische) Defizite schränken das Ausdrucks- und Verhaltensrepertoire ein. Selbst leichte Störungen des Sprachverständnisses, führen dazu, dass Patienten Äußerungen anderer Personen missverstehen. Einbußen der Aufmerksamkeitsleistungen und eine erhöhte Störanfälligkeit bewirken leicht eine Reizüberflutung, die einen Rückzug des Patienten aus sozialen Interaktionen bedingen oder in gereiztes, mitunter sogar aggressives Verhalten einmünden können. Gedächtnisstörungen verhindern, dass Patienten einen Bezug zu vergangenen Episoden herstellen, so dass Vorerfahrungen in sehr viel geringerem Maße die Bewertung einer Situation und damit das aktuelle Verhalten bestimmen können.

EDF beeinflussen auch die Wahrnehmung und Interpretation situativer Merkmale dahingehend, dass die betroffenen Patienten einige – oft nebensächliche – Informationen aus dem Zusammenhang herauslösen, Wichtiges dagegen ausser acht lassen oder aufgrund einer konkretistischen Denkweise Aussagen wortwörtlich nehmen, ohne deren Sinnhaftigkeit zu erfassen.

Schließlich schränkt die verminderte Adaptivität und Flexibilität ihres Verhaltens den situationsangemessenen Einsatz von Handlungsalternativen erheblich ein.

Aufgrund der mangelhaften Einsichts- und Introspektionsfähigkeit von EDF-Patienten ist man häufig darauf angewiesen, die VA gemeinsam mit den Bezugspersonen durchzuführen. Deren Einbindung hat zudem den großen Vorteil, dass diese ihren Anteil an der Aufrechterhaltung störender Verhaltensweisen des Patienten erkennen lernen und dadurch ihre Bereitschaft an den Therapiemaßnahmen mitzuwirken, erhöht wird.

---

[4] Eine randomisierte Abfolge von jeweils 7 Ziffern wurden akustisch dargeboten (z.B. 5-3-6-2-7-2-1). Die Patienten hatten die Aufgabe, die 7 Ziffern in aufsteigender Reihenfolge wiederzugeben (1-2-2-3-5-6-7). Die in Tab. 3 angegebene Gesamtsumme stellte die Addition der richtigen Antworten über 15 Items dar. Hirngesunde Erwachsene erreichen einen Mittelwert von 65, mit einer Standardabweichung von 13 (Wächter, unveröffentlichte Daten).

Fallbeispiel 1

Bei Herrn A. war es im Alter von 43 Jahren zu einem Kammerflimmern mit vorübergehendem Herz-/Kreislaufstillstand gekommen. Die Reanimationsmaßnahmen setzten mit deutlicher Verzögerung (> 15 Minuten) ein. Der Patient wurde uns ca. 3 Jahre nach der transienten globalen Ischämie wegen seiner ausgeprägten emotionalen Instabilität überwiesen.

Sobald Herr A. angesprochen wurde, verzog er zunächst das Gesicht zu einer weinerlichen Grimasse, dann atmete er laut hörbar und gepresst, und brach in Tränen aus. Er sprach durchgehend im Kopfregister. Nur am Telefon und bei kurzen Ausrufen des Erschreckens äusserte er sich in normaler Stimmlage. Nach der Behandlung mit einem Serotonin-Wiederaufnahmehemmer (Paroxetin) blieb der Tränenfluss aus, an Mimik, Atmung und Stimme änderte sich jedoch nichts.

Neben dieser emotionalen Instabilität waren eine Reihe anderer Organismusvariablen in der VA zu berücksichtigen. Herr A. hatte durch die hypoxisch-ischämische Hirnschädigung schwerste Gedächtnisdefizite erlitten, so dass er Ereignisse und Informationen bereits nach wenigen Minuten auch mit Hilfestellungen nicht mehr abrufen konnte. Die Unfähigkeit, Erfahrungen längerfristig zu enkodieren, hatte zur Folge, dass Herr A. kein Wissen über das Krankheitsereignis und dessen Folgen aufbauen konnte.

Im MWT/A erreichte der Patient ein durchschnittliches Niveau, die EF waren hochgradig gestört, in der BADS erreichte er nur einen SW von 50.

Es bestand eine deutliche Verminderung des Willensantriebs (Hypobulie) und des Sprachantriebs. Herr A. war in allen Belangen des täglichen Lebens (Körperhygiene, Nahrungsaufnahme etc.) auf die Unterstützung seiner Eltern angewiesen, die vor allem unter dem Antriebsmangel ihres Sohnes litten und beklagten, dass er nicht einmal am Frühstückstisch oder wenn Besuch käme, ruhig sitzen bleiben würde, sondern ständig „weine" und frage, ob er sich wieder ins Bett legen dürfe.

Wir baten die Eltern, eine typische Situation zu schildern und analysierten sie nach dem SORK-Schema:

Nach mehrfacher Aufforderung durch die Eltern war Herr A. endlich morgens aufgestanden und saß am Frühstückstisch (auslösende Situation S). Da er wegen des Antriebsmangels (Organismusvariable O) in einen passiven Zustand zurückdrängte, fragte er unablässig mit weinerlicher Stimme, ob er sich wieder hinlegen dürfe (von aussen beobachtbares Verhalten R). Die Eltern wendeten sich anfangs dem Sohn intensiv zu und boten ihm Leckeres zum Essen und zum Trinken an, um ihm das Aufbleiben schmackhaft zu machen (Konsequenz K_1: positive Verstärkung durch intensive Aufmerksamkeitszuwendung). Da seine Bitten, sich hinlegen zu dürfen, nicht aufhörten und, unter Weinen, immer drängender vorgetragen wurden, reagierten sie zunehmend gereizt und gaben schließlich „entnervt" nach (K_2: negative Verstärkung durch Beenden der unangenehmen Situation). Der Vater berichtete, sein Sohn habe auf dem Weg zurück in sein Zimmer „fast fröhlich" gewirkt. Ohne es zu wollen, hatten die Eltern das unerwünschte Verhalten durch die geschilderten Konsequenzen intermittierend verstärkt. Diese Art der Konditionierung ist den impliziten Lernprozessen zuzurechnen und bleibt selbst bei Patienten mit schweren expliziten Gedächtnisstörungen weitgehend erhalten. Im Laufe der Jahre seit dem hirnschädigenden Ereignis war zudem eine Reiz- und Reaktionsgeneralisierung eingetreten, so dass das störende Verhalten (weinerlich hohe, gepresste Stimme, heftiges Atmen, verzerrte Mimik) bei jeder Art von Anforderung auftrat.

Der Zugang zu intern ablaufenden Prozessen (physiologische, emotionale und kognitive Reaktionen) gelingt wegen der geringen Introspektions- und Reflexionsfähigkeit der EDF-Patienten nur selten. Die genaue Schilderung einer typischen Situation durch Bezugspersonen hilft Patienten jedoch manchmal, eine problematische Situation „in sensu" aufzurufen und sich die dabei erlebten Reaktionen bewusst zu machen. Das folgende Fallbeispiel illustriert, wie wir auf diese Art und Weise zu dem Schluss kamen, dass bei dem betreffenden Patienten inadäquates Verhalten durch das Ausbleiben automatischer Körpersignale verursacht wurde (siehe dazu das Konzept der somatischen Marker).

Fallbeispiel 2

Herr B. hatte ein schweres gedecktes Schädel-Hirn-Trauma mit ausgedehnten Kontusionsverletzungen des rechten Stirnhirns und darüber hinaus sekundären Hirnstammläsionen mit der Folge einer hochgradigen Stand- und Rumpfataxie sowie einer Dysarthrie erlitten. Es zeigte sich eine deutliche Verlangsamung der Reaktionszeiten und eine erhebliche Beeinträchtigung der geteilten Aufmerksamkeit. Die expliziten Gedächtnisleistungen lagen im Normbereich. Demgegenüber bestanden ausgeprägte EDF (BADS: SW 65).

Seine Ehefrau litt unter den plötzlichen Ausbrüchen gesteigerter Aggressivität ihres Mannes. Er würde unvermittelt Gegenstände (z.B. das Telefon oder die TV-Fernbedienung) an die Wand werfen. Gelegentlich komme es sogar vor, dass er sie tätlich angreife. Sie empfinde die Aggressivität ihres Mannes als „persönlichkeitsfremd", da er früher „die Ruhe selbst" gewesen sei. Herr B. schämte sich seiner Ausbrüche, die er sich ebenfalls nicht erklären konnte.

Bei der Schilderung typischer Situationen in der VA zeigte sich, dass den Ausbrüchen gesteigerter Aggressivität häufig die Prozedur des Umsetzens vom Rollstuhl auf einen normalen Stuhl vorausging. Wegen der ausgeprägten ataktischen Störung benötigte Herr B. dafür Hilfe, wobei er die einzelnen Handlungsschritte langsam und kontrolliert hätte ausführen müssen. Er war jedoch nicht in der Lage, seine impulsiven und vorschnellen Reaktionen zu unterdrücken, wodurch er sich wiederholt in Gefahr brachte, das Gleichgewicht zu verlieren und zu stürzen.

Auf die Aufforderung, sich eine derartige Situation, die mit dem Verlust der Gleichgewichtskontrolle einhergegangen war, vorzustellen und nachzuempfinden, was in diesem Augenblick in ihm vorgegangen war, schilderte er heftige Paniksymptome (Herzklopfen, Hitzegefühl, Gefühl die Kontrolle zu verlieren, Angst sich wieder zu verletzen etc.). Auch nachdem er, nach Einschätzung der Ehefrau äußerlich wieder ruhig wirkte, verspürte Herr B für längere Zeit noch eine starke innere Erregung, die sich jedoch nicht sofort, sondern erst zu einem späteren Zeitpunkt, eben bei irgendwelchen nichtigen Anlässen, entlud.

Die starken somatischen und affektiven Körpersignale wurden auch nach mehrmaligem Erleben dieser Situation nicht automatisch mit der Auslösesituation verknüpft. Im Gegensatz zu den meisten Patienten, die nach negativen Erfahrungen eher überängstlich reagieren, empfand Herr B. trotz mehrmaliger Stürze vor dem Umsetzen kein Vorgefühl, das ihn antizipatorisch zu erhöhter Vorsicht hätte veranlassen können.

Therapie exekutiver Dysfunktionen

Da Patienten mit EDF diese oft nicht oder zumindest nicht als störend wahrnehmen, begeben sie sich auch nicht aus eigenem Antrieb in Behandlung. Umso mehr leiden Angehörige darunter, so dass sie, nicht selten gegen den Widerstand der Betroffenen („mir fehlt doch nichts") Rat und Hilfe bei entsprechenden Fachtherapeuten suchen.

Es liegt auf der Hand, dass der Beziehungsaufbau bei fehlendem Problembewusstsein schwierig ist und es einiges therapeutische Geschick erfordert, eine hinreichende Vertrauensbasis zu schaffen, auf der solche Patienten bereit sind, mitzuarbeiten. Nach unserer Erfahrung sollten Patienten mit (noch) fehlendem Problembewusstsein nicht zu sehr mit ihren (nicht erlebbaren) Defiziten konfrontiert werden, da dies den Widerstand gegen eine Intervention erhöht. Zweckmäßiger ist es, sie Leistungsdefizite oder störende Verhaltensweisen selbst „entdecken" zu lassen. So hat es sich bewährt, die Behandlungsstunden mit einem Video-Recorder zu dokumentieren. Anschließend können Patienten selbst einschätzen, auf welche Weise sie Testaufgaben bearbeitet, auf Fragen des Therapeuten geantwortet oder sich in der Interaktion mit anderen Personen verhalten haben. Die Herstellung von Werkstücken in der Ergotherapie bietet ebenfalls eine sehr gute Gelegenheit, die Umsetzung von Instruktionen, Planen und zielgerichtetes Handeln zu beobachten und gemeinsam mit dem Patienten die dabei auftretenden Schwierigkeiten zu analysieren. Wichtig ist, dass sich der/die Therapeuten zunächst im Hintergrund halten und nicht zu früh helfend eingreifen, so dass Fehler oder Lösungsbarrieren nicht schon im Vorfeld vermieden werden. Unterbricht ein Patient selbst eine Aufgabe, weil er selbst einen Fehler oder eine Lösungsbarriere bemerkt hat, wird er eher bereit sein, die betreffende Situation nochmals zu analysieren und nach Lösungsalternativen zu suchen.

Es ist bislang noch nicht hinreichend geklärt, welches kognitive Leistungsniveau vorausgesetzt werden muss, um verhaltenstherapeutische Methoden wirksam einsetzen zu können. Für die Effizienz operanter Verfahren (Time-out, Token Economy, Response Cost, vgl. Kap. 7) scheint die zumindest teilweise erhaltene Fähigkeit zur Teilung der Aufmerksamkeit eine Vorbedingung zu sein (Alderman, 1996). Daraus ergibt sich zwingend, dass eine sorgfältige neuropsychologische Diagnostik Voraussetzung für den Einsatz verhaltenstherapeutischer Behandlungsverfahren sein muss.

Kognitives Training

Mehr noch als andere Hirngeschädigten haben EDF-Patienten Schwierigkeiten, Kompensationsstrategien, wie sie während der Therapiephase eingeübt wurden, auf ihren Alltag zu übertragen. Ihre geringe Fähigkeit, Gemeinsamkeiten in nur oberflächlich unterschiedlichen Planungs- und Handlungsabläufen zu erkennen, die unzureichende Antizipation problematischer Situationen sowie das insgesamt inflexible Denken und Handeln erschweren naturgemäß den Transfer.

Im Bewusstsein dieser Einschränkungen haben wir ein kognitives Gruppentraining (PST) für EDF-Patienten mit dem Ziel entworfen, Denk- und Handlungsschema für eine bewusstkontrollierte Informationsaufnahme und -verarbeitung einzuüben. Das Trainingsprogramm PST (für Einzelheiten siehe dazu von Cramon & Matthes-von Cramon, 1992) beinhaltet zum Teil Elemente des „Problemlösetrainings" von D'Zurilla und Goldfried (1971) und des „Selbstinstruktionstrainings" von Meichenbaum (1977).

Das „Skript", nach dem die Patienten vorgehen sollten, umfasst die folgenden Punkte:

- Aufgabenbeschreibung mit eigenen Worten (Problemanalyse)
- Selektion lösungsrelevanter Informationen, Suche nach unvollständigen oder fehlenden Informationen
- Entwicklung von Lösungsalternativen
- Planung eines vorläufigen Lösungswegs
- Durchführung und Adaptation des Lösungswegs (eventuell auch eine erneute Planung, falls Handlungsbarrieren auftreten)
- Evaluation der gefundenen Lösung, Abgleich mit dem Handlungsziel

Bei der Auswahl der Aufgaben wurde darauf geachtet, möglichst Alltagsanforderungen zu simulieren und einige Materialien so auszuwählen, dass sie anschließend in einer praktischen Übung eingesetzt werden konnten (z.B. den zeitlichen Bedarf für eine Wegstrecke unter Benützung verschiedener Verkehrsmittel planen; einen Ausflug organisieren; zu einer Rahmengeschichte wichtige Informationen aus Kleinanzeigen heraussuchen; einige Telefonnummern anrufen um Zusatzinformationen einzuholen etc.).

Die oben genannten Phasen der Aufgabenbearbeitung wurden schriftlich vorgegeben und mit zielführenden Fragen versehen, die von der Patientengruppe gemeinsam erarbeitet wurden. Diese allgemeine Strukturierung lag während der Therapiestunden immer vor und wurde von den Teilnehmern auf die Informationen der jeweiligen Aufgabenstellung übertragen. Langfristiges Therapieziel war, dass Patienten diese Vorgehensweise soweit automatisieren sollten, dass sie diese auch ohne externe Hinweisreize anwenden konnten.

Zur Evaluation des Programms wurden EDF-Patienten (ausgewählt nach ihren Testwerten im MCST, im Turm von Hanoi und einem neuropsychologischen Planungstest) randomisiert entweder dem PST oder einem Gedächtnistraining gleicher Dauer und Intensität zugeteilt. Nach sechs Wochen Training wurde eine Kontrollmessung mit parallelen Untertests aus Intelligenzverfahren durchgeführt, da mit den genannten Verfahren zur Untersuchung EF keine Retestung durchgeführt werden konnte. Beim Gruppenvergleich zeigten sich statistisch signifikante Verbesserungen der PST- gegenüber der Kontrollgruppe. Die genauere Analyse auf Einzelfallniveau ergab jedoch im Prä-/Post-Vergleich, dass die Mehrzahl der Patienten zwar deutlich höhere Testwerte erreichte, dass manche sich aber auch verschlechtert hatten. Wir führten dies darauf zurück, dass diese Patienten durch das langsame, bewusst-kontrollierte Vorgehen weniger Aufgaben bearbeiteten und deswegen trotz richtiger Lösungen niedrigere Test-Scores erzielten.

Die Ausprägung von Verhaltensauffälligkeiten wurden vor und nach Absolvierung des PST in einem kollektiven Rating durch das Therapeutenteam eingeschätzt (zur Begründung siehe von Cramon & Matthes-von Cramon, 1992). Bei Patienten mit leichterer Ausprägung der EDF nahm die Häufigkeit von Verhaltensauffälligkeiten im Klinikalltag signifikant ab, was zumindest auf einen gewissen Transfer hindeutete. Bei schwer gestörten EDF-Patienten fanden sich erwartungsgemäß keine Änderungen. Das Gedächtnistraining hatte keine signifikanten Auswirkungen auf die EDF.

Aufbau domänenspezifischer Handlungsschemata

Der Aufbau dieses Therapieansatzes folgt im Prinzip dem oben beschriebenen. Großer Wert wird hierbei auf die Erarbeitung einer Checkliste gelegt, die detaillierte Aussagen zu einzelnen Teilschritten einer für den Patienten und seine Bezugspersonen relevanten Handlungsfolge (z.B. Einkaufen, Wege finden etc.) enthält. Die Teilschritte werden schriftlich formuliert, damit sie dem Patienten jeder Zeit als Orientierungshilfe zur Verfügung stehen. Andererseits lässt sich anhand der Checkliste in der Evaluationsphase genau feststellen, bei welchem Teilschritt Modifikationen notwendig wurden oder Handlungsbarrieren auftraten.

Die Checkliste und andere vorbereitende Schritte können selbstverständlich in der Klinik/Praxis erarbeitet werden, die praktische Einübung der ausgewählten Handlungsfolge muss dann in der realen Situation erfolgen.

Fallbeispiel 3

Frau S. hatte durch einen Treppensturz ausgedehnte bifrontale Kontusionen erlitten. Obwohl sie in den meisten Gedächtnistests durchschnittliche Leistungen erzielte, beklagte ihr Ehemann, dass sie starke „Orientierungsstörungen" habe. Seine Frau sei bereits mehrmals von der Polizei nach Hause gebracht worden, da sie sich in unbekannter Umgebung „verlaufen" hatte.

Sie erhielt von uns nun den Auftrag, in Begleitung der Therapeutin den Weg zum Büro ihres Mannes zu finden, um ihn dort künftig abholen zu können. Die VA zeigte, dass sie – obwohl ihr der Weg von unserer Klinik aus unbekannt war – keine Anstalten machte, sich die notwendigen Informationen zu beschaffen oder Hilfsmittel in Anspruch zu nehmen. Sie bestieg den nächstbesten Bus, ohne auf dessen Fahrtziel zu achten und folgte anderen Fahrgästen, wenn diese irgendwo ausstiegen. Auch als sie letztlich bemerkte, dass sie ihr Ziel verfehlt hatte, entwickelte sie keine adäquaten Lösungsalternativen, sondern ging wiederum planlos weiter oder setzte sich auf eine Bank und wartete auf eine „Wunderlösung".

Was uns erstaunte, war, dass Frau A. durchaus in der Lage war, den Weg im Stadtplan und die zutreffenden Haltestellen im Übersichtsplan der öffentlichen Verkehrsbetriebe aufzufinden, Umstiegsmöglichkeiten und Straßennamen aufzuschreiben, wenn sie explizit gefragt wurde, wie sie sich denn früher beholfen hatte, um an einen unbekannten Ort zu gelangen. Offensichtlich jedoch konnte sie ihr im Prinzip erhaltenes Erfahrungswissen in der gegebenen Situation nicht aktivieren (siehe dazu das Modell von Grafman).

Die mit Frau A. schrittweise erarbeitete Checkliste enthielt letztlich neben detaillierten Angaben zur Wegstrecke und zu Landmarken an den jeweiligen Entscheidungspunkten vor allem auch Hinweise darauf, aktiv nach relevanter Information zu suchen (z.B. wie heißt die Haltestelle, welche Nummer, welches Fahrtziel hat der Bus, kann ich andere Wartende zur Sicherheit noch einmal fragen etc.).

Eine zweite Checkliste enthielt Instruktionen zu Lösungsalternativen, falls Frau A. sich verlaufen haben sollte (z.B. Weg zurückgehen, Stadtplan benützen, Passanten fragen, Taxi nehmen, Ehemann anrufen).

Frau A. wurde instruiert, sich bei den Aussenübungen die Fragen der Checkliste als

Selbstinstruktionen laut zu stellen und solange beim aktuellen Teilschritt zu bleiben, bis sie sicher war, die richtige Information in der Umgebung entdeckt oder erfragt zu haben. Nachdem Frau S. die Erfahrung gemacht hatte, dass sie nur dann in Schwierigkeiten geriet, wenn sie vorschnell und unüberlegt handelte und sich nicht von den Fragen der Checkliste leiten ließ, fing sie an, die Handlungsanleitungen bewusst einzusetzen und davon zu profitieren (zu den Einzelheiten des Therapieverlaufs siehe Matthes-von Cramon, 1999).

Operante Methoden

Operante Methoden basieren auf dem lerntheoretischen Prinzip, dass die Konsequenzen, die auf ein bestimmtes Verhalten folgen, die zukünftige Auftretenswahrscheinlichkeit dieses Verhaltens beeinflussen. Erwünschtes Verhalten kann entweder durch angenehme Konsequenzen (Belohnung / positive Verstärkung) oder die Beendigung einer unangenehmen Situation (negative Verstärkung) gefördert, störendes Verhalten durch neutrale Konsequenzen gelöscht oder durch indirekte Bestrafung (Wegnahme positiver Verstärker) abgebaut werden.

Es ist verständlich, dass manche Therapeuten dem Einsatz operanter Methoden ablehnend gegenüberstehen, da die Kontingenzen von aussen kontrolliert und gesteuert werden und die betroffenen Patienten wegen ihrer kognitiven Einbußen die vernunftmäßige Erklärung der Intervention nicht verstehen bzw. sich nicht mehr daran erinnern können.

Gerade bei sozial störenden Verhaltensweisen ist jedoch der Einsatz operanter Methoden häufig die einzige Möglichkeit, eine Verhaltensmodifikation zu erreichen, um die Isolierung der Betroffenen zu vermindern und Voraussetzungen für Sozialkontakte zu schaffen.

Um eine möglichst hohe Transparenz des diagnostischen und therapeutischen Vorgehens zu erreichen, müssen Patienten
- über die erhobenen Befunden, ihre Leistungsschwächen und Stärken informiert werden,
- in die Auswahl der Therapieziele eingebunden sein,

- sowohl reaktionskontingent innerhalb der Therapiestunden als auch durch regelmäßige Evaluation Rückmeldung über ihre Fortschritte erhalten.

Bewährt hat sich ein Therapiebuch, das mit dem Patienten angelegt wird und die Grundlage für alle weiteren Therapiestunden bildet. Darin können die gemeinsam formulierten Therapieziele, eine Kurzbeschreibung der Intervention und der Evaluationsmittel als „Therapievertrag" niedergelegt werden. Skalen zur Zielerreichung[5] werden ebenfalls im Therapiebuch dokumentiert.

Abbau sozial störender Verhaltensweisen

Durch kontrollierte Einzelfallstudien konnte die Effizienz operanter Methoden zum Abbau sozial störender Verhaltensweisen (z.B. aggressives Verhalten, ständiges Fluchen, unflätige Bemerkungen, Logorrhoe, Perseverationen etc.) belegt werden (Alderman & Burgess, 1994). Dabei zeigte sich die Überlegenheit des sog „Response Cost"-Verfahrens (RC) gegenüber normalen Token-Verstärker-Programmen. Beim RC erhält der Patient vor Beginn eines bestimmten Therapieintervalls eine festgelegte Anzahl von Token, die er später gegen etwas Erwünschtes eintauschen kann. Bei Patienten mit Gedächtnisstörungen ist es zweckmäßig, die Token auf eine Karte zu legen, auf der das Verhaltenskriterium abzulesen ist. Wenn möglich sollte der Patient mit eigenen Worten das betreffende negative Verhalten formulieren und aufschreiben. Sobald sich

---

[5] Bewährt hat sich das „Goal Attainment Scaling" (Kiresuk & Lund, 1975), bei dem eindeutig definierte, beobachtbare Verhaltensweisen ausgewählt werden. Auf einer Skala von -2 bis +2 wird die Häufigkeit des Verhaltens eingetragen, die man erwarten würde (0), die sehr viel besser (+2) oder sehr viel schlechter (-2) wäre als erwartet. Es ist sinnvoll, Patienten mit verminderter Einsichtsfähigkeit diese Einschätzung selbst vornehmen zu lassen. Der regelmäßige Abgleich der Voraussage und der tatsächlichen Anzahl des in Frage stehenden Verhaltens kann zu einer realistischeren Selbsteinschätzung führen.

während des Therapieintervalls dieses Verhalten zeigt, wird der Patient aufgefordert, ein Token abzugeben und den Grund für den Verstärkerverlust anzugeben. Auf diese Weise erhält er ein reaktionskontingentes Feedback und kann zumindest für die aktuelle Situation eine direkte Assoziation zwischen Verhalten und Konsequenz schaffen. Das folgende Fallbeispiel schildert den Therapieansatz bei Patient A.

Fallbeispiel 4

Herr A. wurde gebeten, eine für ihn grundsätzlich leicht lösbare Aufgabe zu bearbeiten, worauf er weinerlich und gebetsmühlenartig mit „ich kann das nicht" reagierte, ohne überhaupt mit der Bearbeitung der Aufgabe zu beginnen. Da ausser der Wegnahme auch dieser sehr geringen Anforderung keine Verstärker gefunden werden konnten, erhielt er vor Beginn einer jeden Therapiephase, die anfangs nicht mehr als 5 Minuten dauerte, zehn Chips, von denen jeder eine Minute „Erholungspause" wert war. Die Chips lagen auf einer Karteikarte mit der Beschreibung des unerwünschten Verhaltens. Die vom Patienten auszuführenden Tätigkeiten (z.B. Vorlesen eines Sportartikels in normaler Stimmlage) entsprachen seinem Leistungsvermögen, wobei vermieden wurde, ihn mit Defiziten zu konfrontieren. Eine rückwärtslaufende Uhr ermöglichte es Herrn A. abzuschätzen, wie lange er noch „durchhalten" musste. Sobald vor Ablauf der Zeit das oben geschilderte Verhalten auftrat, wurde die Uhr angehalten und Herr A. aufgefordert, der Therapeutin einen Pausenchip mit Angabe des Grundes zurückzugeben. Trotz seiner schweren Gedächtnisstörungen, büsste er pro Behandlungsintervall höchstens einen seiner Pausenchips ein. Im Laufe der Therapie wurde die Dauer der Tätigkeiten schrittweise verlängert. Nach etwa vier Wochen konnte er 2 x 1 Therapiestunde in Folge durchhalten, die mit jeweils 15 Minuten Erholungspause belohnt wurden.

Verhaltensaufbau bei Antriebsmangel

Bei vielen EDF-Patienten wird eine Verminderung des Willensantriebs beobachtet. Im Gegensatz zu Patientin S., bei der vor allem Prozesse der „volitionalen" Handlungsphase (Heckhausen, 1989), z.B. die Suche nach lösungsrelevanten Informationen oder die Entscheidungsfähigkeit, gestört war, sind bei antriebsgeminderten Patienten bereits die motivationalen Prozesse der Entwicklung von Handlungszielen beeinträchtigt. Für diese Patienten gibt es kaum noch Anreize zum Handeln (Marin, 1990; Brown & Marsden, 1998).

Bei schwerster Ausprägung („Abulie") lösen selbst Grundbedürfnisse, wie Hunger und Durst, keine zielgerichtete Aktion mehr aus (nur Suchtverhalten scheint teilweise davon ausgenommen zu sein, wenn nämlich Patienten, die kaum noch etwas essen, alle Anstrengungen unternehmen, um an Zigaretten zu gelangen).

In der abgeschwächten Form („Hypobulie") werden zwar noch routinisierte Tätigkeiten (z.B. Eigenhygiene, einfache Haushaltstätigkeiten) ausgeführt. Diese Patienten lassen sich gelegentlich noch zum „Mitmachen" anregen, wenn andere Personen die gleiche Handlung ausführen (z.B. Geschirr abräumen, wenn Angehörige dies ebenfalls tun).

Die Therapie des Antriebsmangels stellt eines der schwerwiegendsten Probleme in der neuropsychologischen Rehabilitation dar. Es ist nur allzu verständlich, dass oft Unsicherheit darüber besteht, was ein hirnorganisch bedingter Antriebsmangel überhaupt bedeutet. Nicht selten schwankt die Einschätzung zwischen „Faulheit" und „Unfähigkeit". Im ersten Fall reagieren Angehörige gereizt oder schimpfen, wenn ihre wiederholten Aufforderungen keine Wirkung zeigen, geben schließlich auf und erledigen die dem Patienten aufgetragenen Arbeiten lieber selbst, bevor sie sich „weiter aufregen". Im zweiten Fall traut man dem Patienten gar nichts mehr zu und nimmt ihnen deswegen alle Tätigkeiten ab. Beide Einschätzungen entsprechen so nicht der Realität.

Unserer Erfahrung nach ist es entscheidend, Angehörige möglichst früh über eine Verminderung des Eigenantriebs bei einem Patienten zu informieren und ihnen Regeln für den Umgang mit dem Betroffenen an die Hand zu geben, da sich der Antriebsmangel durch eine negative Lerngeschichte eher im Laufe der Zeit verstärkt. Allerdings sollten Angehörige auch schon zu Beginn der Therapiemaßnahme darauf hingewiesen werden, dass ein normales Antriebsverhalten nicht wiederhergestellt werden kann, sondern hypobule Patienten auf Dauer darauf angewiesen sein werden, dass ihnen konkrete Handlungsziele vorgegeben werden.

Kern der Therapie ist es, gemeinsam mit den Bezugspersonen herauszufinden, welche äusseren Strukturen die Ausführung vorgegebener Handlungen durch den Patienten erleichtern bzw. auslösen können.

Anfangs sollten die angestrebten Tätigkeiten nur kurze Zeit in Anspruch nehmen und erst schrittweise ausgebaut werden. Man sollte zunächst möglichst invariante Handlungsabfolgen auswählen, die ein Minimum an selbständiger Planung bzw. Entscheidung erfordern.

Das Ende einer Tätigkeit sollte stets „vor Augen" sein. Bei länger andauernden Arbeiten wird man nach der Methode des „backward chaining" (Dt. Ges. für Verhaltenstherapie, 1986) vorgehen und den Patienten zunächst nur den letzten Handlungsschritt ausführen lassen.

Antriebsgeminderte Patienten erhalten oft die Aufforderung, mit einer Tätigkeit anzufangen und diese solange durchzuführen, bis es ihnen „zuviel wird". Auf diese Weise erleben sie nie das Ende einer Arbeit, wodurch der Abbruch einer Aktivität negativ verstärkt wird. Das „backward chaining" hat demgegenüber den Vorteil, dass die Beendigung einer Tätigkeit in jedem Fall positiv verstärkt wird. Selbst bei Patienten mit weitgehendem Interessensverlust dient die Pause somit als Belohnung für die geleistete Arbeit und wirkt nicht mehr als Verstärker für den Abbruch.

Manche Tätigkeiten können unter Therapiebedingungen in der Klinik/Praxis angebahnt werden, um zu einer ersten Einschätzung zu gelangen, welche Anteile der Tätigkeit der Patient eventuell eigenständig bewältigen kann. Letztlich ist aber auch hier die Anpassung im häuslichen Umfeld des Patienten unerlässlich.

Bei der Erstellung eines Tagesstrukturplans empfiehlt es sich, Tätigkeiten auszuwählen, die täglich um eine bestimmte Zeit auszuführen (z.B. Kaffee kochen vor dem Frühstück) oder unmittelbar an eine andere Handlung geknüpft sind (z.B. Tisch abräumen nach dem Essen). Auf diese Weise werden äußere Auslöser zur Handlungsinitiierung genutzt.

Fallbeispiel 5

Frau C. hatte infolge einer hypoxischen Hypoxie nach einem Narkosezwischenfall mehrere Jahre lang ausser ihrer persönlichen Hygiene nichts mehr zu Hause getan. Mutter und Schwiegermutter lebten abwechselnd in der Wohnung der Familie, um sie rund um die Uhr zu betreuen. Frau C. saß die meiste Zeit im Sessel und schaute sich Bilder in Journalen oder Fernsehsendungen an. Obwohl sie keine senso-motorischen Behinderungen aufwies, vermied sie selbst leichte Anforderungen, z.B. sich selbst etwas aus der Küche zum Trinken zu holen.

Sie zeigte nur noch an ihrer 5-jährigen Tochter ein gewisses Interesse. Als ersten Schritt zur Anbahnung von mehr Eigenaktivität baten wir Frau C., das Frühstück für sich und ihre Tochter zuzubereiten. Die dafür notwendigen Teilschritte machten keine selbständigen Entscheidungen erforderlich, und zudem war die zeitliche Ausdehnung dieser Tätigkeit auf wenige Minuten begrenzt. Das gemeinsame Frühstück mit der Tochter war für die Patientin eine positive Verstärkung. Es musste allerdings sichergestellt werden, dass Frau C. nicht wieder in das alte Muster verfiel und die Angehörigen aufforderte diese Arbeit zu übernehmen. Diese wurden deshalb instruiert, entweder auf das Verlangen nach Hilfe nicht zu reagieren („Löschung") oder zur Frühstückszeit nicht in der Wohnung anwesend zu sein, so dass die Patientin die negativen Konsequenzen ihrer Untätigkeit unmittelbar verspüren würde. Die Patientin war mit dieser Regelung einverstanden und es zeigte sich sehr rasch, dass sie diese Tätigkeit ohne Probleme bewältigte. Darauf aufbauend wurden weitere Aktivitäten in den Tagesstrukturplan aufgenommen (z.B. alleine in einem nahegelegenen Geschäft einkaufen, einige Wäschestücke der Tochter bügeln etc).

Selbstmanagement

Der Begriff „Selbstmanagement" (SM) ist nicht deckungsgleich mit der sogenannten „Selbstmanagement-Therapie" (Kanfer et al., 1990), sondern bezeichnet allgemein die

Fähigkeit einer Person, eigenes Verhalten durch den Einsatz konkreter Strategien zu steuern bzw. zu verändern. Von SM kann in diesem Sinne immer dann gesprochen werden, wenn ein Patient in der Lage ist (auch unter therapeutischer Anleitung) Strategien zur Kontrolle bzw. Veränderung eigenen Verhaltens einzusetzen (Dt. Ges. für Verhaltenstherapie, 1986).

Alderman et al.(1995) schilderten einen interessanten Ansatz zur Verbesserung der Selbstüberwachung und Selbstregulation bei einer Patientin mit schweren kognitiven Defiziten nach Herpes-Simplex-Enzephalitis, der im Fallbeispiel 6 vorgestellt werden soll.

Fallbeispiel 6

Patientin SK war sehr unruhig, aggressiv und machte sexuell anzügliche Äußerungen. Im Vordergrund ihrer Verhaltensauffälligkeiten stand jedoch, dass sie unablässig mit lauter Stimme („wie ein Roboter") vor sich hinredete. Der abgestufte Therapieplan sollte in der ersten Phase ausschließlich die Selbstbeobachtung der Patientin verbessern. SK und ihr Therapeut hatten jeder einen elektronischen Ereigniszähler, auf dem sie unabhängig voneinander eine Taste drücken sollten, sobald SK begann, laut vor sich hinzureden. Anfangs erhielt die Patientin noch Hilfestellung durch den Therapeuten, wenn sie vergaß, die entsprechende Taste zu betätigen. Im weiteren Verlauf wurden diese Hinweise ausgeblendet und sie wurde positiv verstärkt, wenn ihre Zählung weitgehend mit der des Therapeuten übereinstimmte. Erst nachdem ihr dies zufriedenstellend gelang, wurde eine schrittweise Verringerung der Auftretenshäufigkeit angestrebt („Selbstkontrolle") und die Patientin erhielt nur dann eine Belohnung, wenn die Anzahl störender Verhaltensweisen einen vorher festgelegten Wert nicht überschritt. Wegen der schweren Gedächtnisstörungen war es notwendig, dass sie die aktuelle und die angestrebte Anzahl unerwünschten Verhaltens jederzeit auf dem Display des Ereigniszählers ablesen konnte. Der Einsatz dieses Geräts hatte zudem den großen Vorteil, dass die Therapie in natürlicher Umgebung (beim Spaziergang, im Café usw.) stattfinden konnte, was die Generalisierung der Verhaltensänderung förderte.

Bei EDF-Patienten, die in neuropsychologischen Testverfahren gut abschneiden, kann der Behandlungsschwerpunkt mehr auf kognitive Verfahren gelegt werden. In der Akutphase machen diese Patienten zumeist rasche Fortschritte und erreichen scheinbar wieder ihr früheres Leistungsniveau, so dass sie (und ihre Angehörigen) nicht darauf vorbereitet sind, wenn dennoch bei der Wiedereingliederung in Alltag und Beruf Schwierigkeiten auftreten. Oft suchen sie erst nach einer Reihe von Misserfolgen wieder Hilfe in einer neuropsychologisch orientierten Klinik/Praxis. Diese negativen Vorerfahrungen führen zu einem hohen Leidensdruck und dem oft eher unbestimmten Gefühl, dass irgendetwas seit der Hirnschädigung „nicht mehr stimme". Auch wenn diesen Patienten die Ursachen für ihre Schwierigkeiten noch verborgen sind, fällt es ihnen in der Regel nicht schwer, typische Situationen anzugeben, die auf EDF hinweisen. Diese werden therapeutisch bearbeitet, wobei es sich bewährt hat, stets das gleiche Analyseschema zu verwenden:

- Beschreibung der kritischen Situation und der handelnden Personen
- Eigene Reaktionen (offenes Verhalten, emotionale und kognitive Reaktionen)
- Konsequenzen (Reaktionen anderer Personen, kurz- und langfristige Konsequenzen des Verhaltens)

Durch solche Analysen lernen Patienten zu erkennen, welche relevanten Situationsmerkmale (inklusive der sozialen Signale, die von anderen Menschen ausgehen) sie außer acht gelassen haben oder wo sie vorschnell reagiert bzw. Entscheidungen getroffen haben, ohne alle relevanten Informationen und Konsequenzen berücksichtigt zu haben. Unter therapeutischer Führung fällt es diesen EDF-Patienten zumeist leicht, alternative Verhaltensweisen zu nennen.

An die theoretische Erarbeitung schließen sich auch hier praktische Übungen im Lebensumfeld der Patienten an. Ein entscheidender Aspekt ist die Verbesserung der Informationsaufnahme. Die Patienten werden instruiert, möglichst viele Informationen zu einem bestimmten Sachverhalt zu sammeln. Dazu gehört auch, die Angehörigen (und in gewissem Umfang auch Freunde und Arbeitskollegen) über deren oftmals durch den Patienten belastete Lebenssituation zu befragen.

Da EDF-Patienten lösungsrelevante Informationen in Alltagssituationen unter Beteiligung anderer Personen oft nicht ausreichend schnell erkennen können, müssen sie lernen, auf eine sozial akzeptable Art und Weise Zeit zu gewinnen, um den betreffenden Sachverhalt möglichst in Ruhe bedenken zu können.

Aus diesem Grunde sollen sie üben, eigene Reaktionen zunächst zurückzuhalten, und stattdessen entweder andere Personen um ihre Meinung zu bitten oder sich den Sachverhalt nochmals erklären zu lassen oder gar um Aufschub für Entscheidungen zu bitten. Auf diese Weise können Fehlhandlungen vermieden und die vorhandenen kognitiven Ressourcen genutzt werden. Dies bedeutet jedoch, dass Problemlöseprozesse langsamer und in weiten Teilen seriell vonstatten gehen.

4.5 Räumlich-perzeptive, räumlich-kognitive, räumlich-konstruktive und räumlich-topographische Störungen

GEORG KERKHOFF

Zusammenfassung

Die hier referierten Überlegungen und Befunde lassen erkennen, dass Raum, so wir wir ihn im Idealfall subjektiv als multisensorisches Ganzes erleben, kein unitäres Konzept ist, sondern aus einer Vielzahl sensorischer, kognitiver und motorischer Leistungen konstruiert wird. Je nach erforderlicher Leistung ist die Umwandlung von Informationen aus einem Sinnessystem in ein anderes oder in Handlungen unter Beteiligung vieler distinkter Hirnregionen notwendig. Danach erscheinen singuläre Ansätze zur Erklärung der Vielfalt und Komplexität räumlicher Störungen wenig geeignet. Hinsichtlich der Analyse räumlich-perzeptiver Stimulusmerkmale deutet sich eine funktionale Hirnorganisation entlang der dorsalen visuellen Projektionsroute beim Menschen mit einer anterior-posterioren sowie rechts-versus-linkshemisphärischen Akzentuierung an. Demnach werden Informationen über die räumliche Ausdehnung innerhalb und zwischen Objekten in posterioren Stationen (occipito-parietale Übergangsregionen) verarbeitet, während Informationen über die relative Position und Achsenorientierung in weiter anterior (parietal) gelegenen Verarbeitungsstufen kodiert werden. In diesen späten Verarbeitungsstufen wird vor allem die Integration unterschiedlicher sensorischer Informationen (visuell, taktil-kinästhetisch und akustisch) in mehrere, netzhautunabhängige räumliche Repräsentationssysteme vorgenommen. Wahrscheinlich gibt es eine Vielzahl solcher räumlichen Repräsentationen, die individuell auf das jeweilige Effektororgan abgestimmt sind (etwa für Augen-/ Kopfbewegungen, für Hören, Greifen, Laufen, Körperausrichtung). Aufgrund intensiver anatomischer Verbindungen dorsaler visueller Areale mit motorischen Hirnarealen ist es naheliegend, dass es eine enge Verknüpfung räumlicher und motorischer Leistungen gibt.

Hinsichtlich der Links-Rechts-Dimension (Hemisphärenasymmetrie) ist festzuhalten, dass rechtsseitige Läsionen häufigere und schwerere räumlich-perzeptive Störungen bewirken, wenngleich dies nach linksseitigen Läsionen in der Frühphase vorübergehend auch der Fall sein kann. Räumlich-konstruktive Störungen sind weder theoretisch noch empirisch ein homogenes Störungsbild, sondern treten nach Hirnschädigung unterschiedlichster Lokalisation auf. Sie sind etwa gleich häufig nach rechts- wie linksseitigen Läsionen, insbesondere des parietalen Kortex, der Basalganglien, des dorsolateralen Frontallappens sowie subkortikaler Läsionen. Trotz der intensiven Suche nach qualitativen Unterschieden in den räumlich-konstruktiven Defiziten links- versus rechtshemisphärisch geschädigter Patienten ist die Befundlage hierzu widersprüchlich. Rechtshemisphärische Läsionen scheinen eher elementar-räumliche Defizite sowie Probleme mit der Gesamtgestalt zu bewirken, linkshemisphärische Schädigungen eher Störungen in der sequentiellen Planung und Durchführung der einzelnen Teilschritte. Möglicherweise interagieren Kurzzeit- und Arbeitsgedächtnisstörungen mit räumlich-konstruktiven Defiziten, hier besteht Forschungsbedarf. Räumlich-topographische Störungen bezeichnen Probleme in der mentalen oder realen Navigation (Fortbewegung) durch eine dreidimensionale Umgebung. Hierbei scheint das „Updating" der eigenen Position im Raum, sowie deren Aktualisierung auf einer mentalen Landkarte gestört zu sein.

Einleitung

Räumliche Leistungen sind notwendig zur
Steuerung unseres Verhaltens im Raum, etwa
um die Position eines anderen Individuums
wahrzunehmen, die Richtung eines sich nä-
hernden Fahrzeugs abzuschätzen, die Größe
und Position eines Apfels warnehmen zu können um ihn zu ergreifen oder sich in einer dreidimensionalen Umgebung an Landmarken orientieren, bekannte Orte wiederfinden zu können. Die Mannigfaltigkeit möglicher motorischer Aktionen, die dafür notwendigen perzeptiven und kognitiven Leistungen, und die
verschiedenen Körperteile, die für eine Handlung gerade relevant sind (Auge, Kopf, Hand,
Finger, Rumpf etc.) machen deutlich, dass
Raum kein homogenes, einheitliches Konzept
ist (auch wenn wir es subjektiv als solches erleben!), sondern multiple, manchmal dissozi-
ierbare Aspekte umfasst, die nach einer Hirnschädigung gestört sein können. Tabelle 1 fasst

die wichtigsten Grundbegriffe und Definitionen räumlicher Störungen zusammen. Räumliche Störungen können nach ihrem wesentlichen Störungsaspekt in 4 Kategorien unterteilt
werden: räumlich-perzeptive, räumlich-kognitive, räumlich-konstruktive und räumlich-topographische Beeinträchtigungen (siehe Tabelle 1)[1].
Einbußen in den ersten drei Kategorien sind
vergleichsweise häufig nach Hirnschädigung,
in der letzten seltener beschrieben worden. Angaben zur Inzidenz in den vorgenannten drei
Kategorien reichen von etwa 30-50 % bei Patienten mit linkshemisphärischer Hirnschädigung und bis zu 50-70 % (variierend je nach
Testverfahren und der Zeit seit der Erkran-

---

[1] Störungen in der visuellen Objektwahrnehmung
sowie stereoskopisches Sehen werden in Kapitel
4.6 behandelt, Störungen des visuellen Vorstellens
in Kap. 4.2 und 4.7.

Tabelle 1. Definitionen wichtiger Grundbegriffe räumlicher Störungen

Begriff	Definition
Räumlich-perzeptive Störungen – visuell-räumlich – taktil-räumlich – akustisch-räumlich	Beeinträchtigung *elementarer* sensorischer Leistungen der Raumwahrnehmung in der *visuellen, taktilen* oder *akustischen* Modalität
Räumlich-kognitive Störungen	Beeinträchtigung von Leistungen, die eine *mentale Manipulation* oder Veränderung eines Reizes nach räumlichen Aspekten erfordert (motorische Reaktion nicht unbedingt erforderlich)
Räumlich-konstruktive Störungen	Defizite im manuellen *Konstruieren* und Zusammenfügen mehrerer einzelner Elemente zu einer Gesamtfigur unter *visueller* oder *taktiler* Kontrolle
Räumlich-topographische Störungen	Beeinträchtigung der *realen* oder *vorgestellten* Orientierung sowie des Wegelernens im *dreidimensionalen* Raum
Egozentrische räumliche Störungen	Beeinträchtigung in der Wahrnehmung räumlicher Relationen zwischen dem Beobachter und anderen Objekten oder Personen im Raum; *beobachterabhängig*
Allozentrische räumliche Störungen	Defizite in der Wahrnehmung räumlicher Relationen zwischen verschiedenen Objekten oder Personen im Raum; *unabhängig vom Beobachter und dessen Perspektive*

Tabelle 2. Übersicht über elementare, zweidimensionale räumlich-perzeptive Leistungen, räumlich-kognitive, räumlich-konstruktive und räumlich-topographische Leistungen

Räumlich-perzeptive Leistungen	Räumlich-kognitive Leistungen
– Subjektive Hauptraumachsen (Vertikale, Horizontale) – Orientierung (Neigungswinkel) – Länge/Größe (Raum *innerhalb* von Objekten) – Distanz (Raum *zwischen* Objekten) – Position – Konturen (real, illusionär) – Halbierung, Subjektive Geradeausrichtung	– Mentale Rotation und mentaler Perspektivenwechsel – Räumliche Konstanz (Größe, Menge) – Transformation: über räumliche Ebenen, nach Maßstab – Spiegelung an einer Achse

Räumlich-konstruktive Leistungen	Räumlich-topographische Leistungen
– Zeichnen (zweidimensional, dreidimensional-perspektivisch) – Konstruieren einer Gesamtfigur aus einzelnen Elementen – Teil-Ganzes-Analyse – Mentales Segmentieren – Erkennen der Grundstruktur in einer komplexen Figur (Koordinatensystem)	– Bestimmen der eigenen Position im dreidimensionalen Raum (mental und real) – automatisches und willkürliches Auffrischen ("Updating") der eigenen Position über sensorische, propriozeptive und vestibuläre Sinneseindrücke – Mentale Repräsentation von Wegen und Positionen auf einer "Kognitiven Landkarte"

kung) nach rechtshemisphärischen Hirnläsionen. Eine weitere wichtige Unterscheidung räumlicher Defizite ist die von egozentrischen versus allozentrischen Störungen. Egozentrische, räumliche Defizite beschreiben Probleme in der Einschätzung räumlicher Relationen zwischen einem Beobachter und anderen Objekten oder Personen im Raum (Beispiel: Wie weit ist Person A von mir entfernt?). Allozentrische, räumliche Einbußen bezeichnen dagegen Störungen in der Wahrnehmung räumlicher Relationen zwischen verschiedenen Objekten oder Personen im Raum, unabhängig vom Beobachter (Beispiel: Beobachter A fragt sich, wie weit sind Personen B und C voneinander entfernt?). Die überwiegende Anzahl von Untersuchungen befasst sich mit den verschiedenen Aspekten von *Raum* in der visuellen Modalität, wenngleich Einbußen in der taktilen und akustischen Modalität ebenso vorkommen. Ein Grund für diese Dominanz der *visuellen* Modalität ist der Mangel entsprechender Untersuchungsverfahren in der taktilen und akustischen Modalität, ein anderer die relative Dominanz des visuellen Kanals über die anderen Sinneskanäle. Eine umfassende

Übersicht über die gesamte Literatur bis 1981 findet sich in der Monographie von De Renzi (1982) und ist aufgrund des Mangels an theoretischen Weiterentwicklungen in diesem Bereich in den letzten 15 Jahren immer noch aktuell.

Definition und Phänomenologie

Räumlich-perzeptive Störungen

Räumlich-perzeptive Störungen können in allen wichtigen Sinneskanälen auftreten (visuell, taktil, akustisch) und bezeichnen eine Einbuße in der Verarbeitung basaler, perzeptiver Leistungen, wie etwa der Position eines Objektes, seiner Entfernung, seines Neigungsgrades, seiner Größe, des Abstandes zur eigenen Person oder zu benachbarten Gegenständen (vgl. Tabelle 2). Patienten mit räumlich-perzeptiven Störungen zeigen in Testuntersuchungen häufig Probleme im Einschätzen der Senkrechten und Waagrechten, der Position und Entfernung eines Objektes im Raum oder wenn sie die Mitte eines Objektes (Hälfte) oder im Gang oder Türrahmen angeben sollen. Viele dieser räumlich-perzepiven Einbußen werden im Alltag von den Betroffenen nicht subjektiv berichtet und meist dann manifest, wenn eine motorische Leistung damit verbunden ist (beispielsweise die Halbierung eines Brotes).

Räumlich-kognitive Störungen

Im Unterschied zu räumlich-perzeptiven Defiziten ist bei Patienten mit räumlich-kognitiven Störungen (synonym: kognitive Raumoperationen) die mentale Manipulation oder Veränderung eines vorgegebenen Reizes nach räumlichen Gesichtspunkten beeinträchtigt (Drehung, Größen-, Positionsveränderung, Spiegelung etc., siehe Abb. 1). So zeigen Patienten mit parietalen Läsionen oft Probleme, sich den Verlauf einer Linie vorzustellen, wenn diese an einer Achse gespiegelt werden soll. Darüber hinaus haben sie oft auch Schwierigkeiten, sich vorzustellen, wie eine ihnen gegenüber sitzende Person die Position von Gegenständen auf dem Tisch vor ihr wahrnimmt. Die Vorstellung eines Gegenstandes aus einer unüblichen Perspektive (Beispiel: Tasse von oben) gelingt ebenfalls häufig nicht. Alle diese Leistungen erfordern die mentale Manipulation eines vorgegebenen Objektes nach räumlichen Kriterien (im ersten Beispiel die Spiegelung des Linienverlaufs, im zweiten Beispiel die Veränderung der Beobachterperspektive um 180°, im letzten die mentale Rotation eines Objektes um dessen Achse). Somit ist der wesentliche Unterschied räumlich-kognitiver von räumlich-perzeptiven Störungen die mentale, räumliche Transformation eines Reizes.

Räumlich-konstruktive Störungen

Räumlich-konstruktive Störungen (synonym: Konstruktive Apraxie, visuokonstruktive Störungen) bezeichnen die Unfähigkeit, einzelne Elemente einer Figur *manuell* in der visuellen oder taktilen Modalität zu einem Ganzen zusammenzufügen (Villa et al., 1986). Diese phänomenologische Definition ist so weit gefasst, dass sowohl das Zeichnen einer Figur, das Zusammenbauen eines Gerätes wie auch das Zusammensetzen von Würfeln oder Papierschnipseln zu einer Gesamtfigur darunter subsumiert werden (siehe Abb. 2). Abgesehen von den unterschiedlichen Testmaterialien (Würfel, Zeichnung) und Modalitäten (taktil, visuell) können räumlich-konstruktive Störungen auch in Abhängigkeit von der Verwendung zwei- versus dreidimensionaler Anforderungen variieren. Räumlich-konstruktive Störungen sind definitionsgemäß nicht einfach die Folge sensorischer Einbußen (Neglect, elementare räumlich-perzeptive Defizite) oder motorischer Beeinträchtigungen (Parese, Sensibilitätsstörung), wenngleich diese das Defizit verschlimmern können und häufig mit ihnen assoziiert sind. Klinisch fallen Patienten mit solchen Störungen dadurch auf, dass sie Probleme beim Ankleiden oder Zusammenlegen von Kleidungsstücken haben, beim Tischdecken oder Packen eines Pakets. Das Zusammenbauen technischer oder elektrischer Einzelteile nach Plan ist oft beeinträchtigt. Der wesentliche Unterschied zu anderen räumlichen Defiziten ist der *manuell-konstruierende Akt* (siehe hierzu auch Seite 421 ff., Modelle). Dieser erfordert die Umwandlung visueller oder taktiler Informationen von retinalen oder primär-somatosensiblen Koordinaten in entsprechende Aktionen. Somit stellt die Unfähigkeit zur Transformation visueller Informationen (die Vorlage), die über Augenbewegungen aufgenommen werden, in koordinierte Handlungen (das Konstruieren) das Kernelement räumlich-konstruktiver Störungen dar.

Räumlich-topographische Störungen

Räumlich-topographische Störungen (synonym: topographische Agnosie oder Amnesie, räumliche Orientierungsstörung) bezeichnen Probleme in der realen und vorgestellten Orientierung und Fortbewegung im dreidimensionalen Raum. Diese Störungen sind vergleichsweise selten und nicht notwendigerweise mit räumlich-perzeptiven oder räumlich-konstruktiven Defiziten verknüpft. Die Patienten berichten über einen Vertrautheitsverlust in vor-

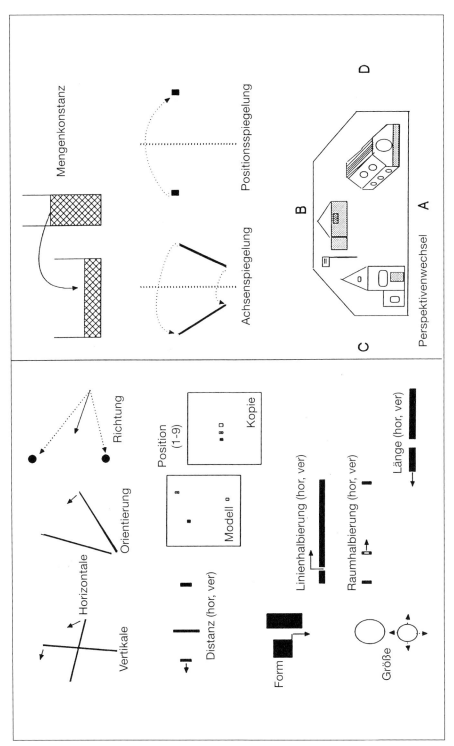

Abb. 1. Übersicht über wichtige räumlich-perzeptive Leistungen in der visuellen Modalität (links, vgl. auch Tab. 2) sowie räumlich-kognitive Leistungen (rechts). In der Mengenkonstanz soll der Proband angeben, ob die Flüssigkeitsmenge in beiden Gefäßen gleich ist. In den Spiegelungsaufgaben sollen die Orientierung einer Linie oder eine Position an einer vertikalen Achse auf die jeweils andere Seite gespiegelt werden. Im mentalen Perspektivenwechsel soll der Proband die mit A–D bezeichneten Perspektiven in seiner Vorstellung einnehmen und dann die abgebildete Szene beschreiben.

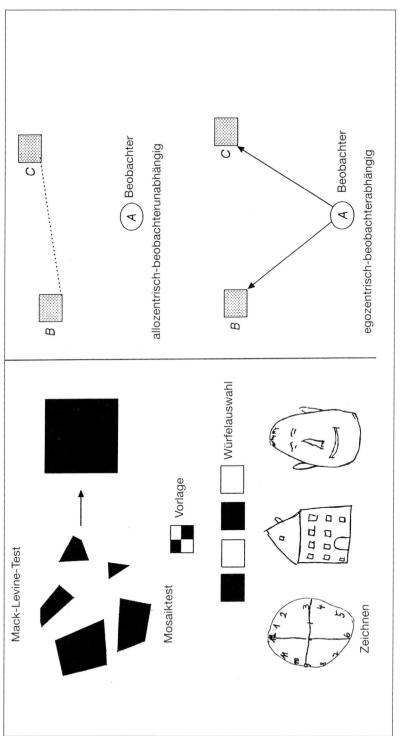

Abb. 2. Übersicht über räumlich-konstruktive Untersuchungsverfahren (links) sowie den Unterschied von allozentrischen und egozentrischen, räumlichen Störungen (rechts). Im Mack-Levine-Test soll der Proband die schwarzen Objektteile zu einem Quadrat zusammenfügen. Je ähnlicher die Längen und Winkel der Einzelteile sind um so schwieriger ist die Aufgabe. Im Mosaiktest sollen unterschiedlich farbige Würfel nach einer visuellen Vorlage zu einer Gesamtfigur zusammengefügt werden. Bei freien Zeichenaufgaben (Haus, Uhr, Gesicht) wird auf Form, Größe, Winkel und Detailreichtum geachtet. A: Beobachter, B und C: zwei andere Personen oder Objekte im Raum. Allozentrisch bezeichnet räumliche Relationen zwischen Objekten oder Personen zueinander im Raum (beobachterunabhängig). Egozentrisch bezeichnet dagegen die räumlichen Beziehungen dieser Objekte oder Personen zum Beobachter (beobachterabhängig).

mals bekannter Umgebung (Landis et al., 1986) und sie erkennen wichtige Landmarken nicht mehr, so dass sie sich im Alltag insbesondere bei ungünstigen äußeren Bedingungen (Dunkelheit, veränderte Perspektive) verlaufen. Diese Schwierigkeiten treten in vertrauter und unbekannter Umgebung auf, sind aber ausgeprägter in unvertrauter Umgebung. Patienten mit dieser Störung lernen neue Wege nur schwer. So berichtete eine Patientin, dass sie oft nicht mehr zu ihrem Sitzplatz in einem Café oder Restaurant zurückfindet, wenn sie von der Toilette zurückkehrt (180° veränderte Perspektive). Die ganze Szene sehe dann völlig fremd aus. Lediglich an ihrer Tasche oder Jacke findet sie zum richtigen Stuhl zurück. Auch das mentale Vorstellen und „Abgehen" von Wegen scheint beeinträchtigt zu sein, da diese Patienten keine Verknüpfungen zwischen verschiedenen Positionen im vorgestellten Raum vornehmen können, etwa um Abkürzungen zwischen zwei Punkten feststellen zu können. Im Unterschied zu den vorher beschriebenen Kategorien ist das definierende Element räumlich-topographischer Störungen die vorgestellte oder tatsächliche Bewegung einer Person (Lokomotion) durch eine *dreidimensionale* Umgebung.

Funktionelle Neuroanatomie

Subjektive Vertikale und Horizontale

Störungen in der Wahrnehmung oder Einstellung der Subjektiven Achsen (Vertikale/Horizontale = Hauptraumachsen) treten häufig nach rechts-parietaler, seltener nach linksseitiger Hirnschädigung auf (Bender & Jung, 1948; Cramon & Kerkhoff, 1993). Sie finden sich auch nach Thalamusläsionen (Nucleus ventrolateralis posterior, VPL), Hirnstammläsionen sowie peripher-vestibulären Schädigungen. Die Befunde lassen sich als Beeinträchtigung einer graviziptiven Bahn interpretieren, die vom Hirnstamm über Mittelhirnareale durch den hinteren Thalamus in den temporoparietalen (vestibulären) Kortex zieht (Brandt et al., 1994). Beide Hauptraumachsen werden nach einseitiger, parietaler Hirnschädi-

gung kontraversiv verdreht, d.h. im Uhrzeigersinn nach linksseitiger und gegen den Uhrzeigersinn nach rechtsseitiger Schädigung. Somit kommt es zu einer Kippung des visuellen Raumes zur Herdgegenseite. Es besteht eine ausgeprägte Hemisphärenasymmetrie, wonach Patienten mit kortikalen, rechtshemisphärischen Läsionen deutlichere Störungen aufweisen als Patienten mit vergleichbarer linkshemisphärischer Läsion, wenngleich in der Frühphase solche Störungen ebenso nach linkshemisphärischer Läsion gefunden werden (vgl. Brandt et al., 1994). Störungen in der Taktilen Subjektiven Vertikalen und Horizontalen (De Renzi et al., 1971) sind bei Patienten mit rechtsposterioren, vermutlich parietalen Läsionen beschrieben worden. Als mögliches physiologisches Korrelat zur Wahrnehmung der visuellen Achsen sind von Sakata und Mitarbeitern (1997) Neurone im lateralen intraparietalen Assoziationskortex des Makaken identifiziert worden, die selektiv auf die visuelle Achsen-Orientierung insbesondere schmaler, langer Balken in der fronto-parallelen Ebene reagierten. Die neuronale Aktivität dieser Zellen war ausgeprägter im Nahbereich (Greifraum) und unter binokularen Bedingungen als bei größerer Entfernung des dargebotenen Balkens oder unter monokularen Bedingungen. Vermutlich dienen diese Neurone zur Kodierung der Längsachse dreidimensionaler Objekte (z. B. Tasse, Vase) für einen späteren Greifakt.

Visuelle Orientierungsschätzung

Störungen in der Unterscheidung obliquer (schiefer) Linienorientierungen finden sich häufig nach rechtsseitiger, meist temporoparietaler Schädigung sowie Läsionen der Stammganglien rechts, jedoch auch nach links-frontalen Läsionen (Kim et al., 1984). Rechtshemisphärische Läsionen verursachen häufigere und schwerere Defizite als linkshemisphärische Läsionen. Orientierungsspezifität ist ein nahezu universelles Merkmal von Neuronen in der Mehrzahl der corticalen und subkortikalen visuellen Areale (van Essen & De Yoe, 1995). Neurone in ‚frühen' Arealen der Sehbahn sind meist retinotop organisiert und weisen kleine rezeptive Felder auf. Erst in späteren visuellen Arealen der dorsalen und ventralen Route reagieren Zellen weitgehend unabhängig von der Position des Objektes im Gesichtsfeld. Untersuchungen mit bildgebenden Verfahren (PET: Positronenemissionstomographie; Vandenberghe et al., 1996) zeigen, dass zahlreiche Hirnareale an der visuellen Orientierungsdiskrimination beteiligt sind, darunter das obere, rechte Scheitelläppchen, der rechte laterale okzipitale Kortex sowie prämotorische Areale beider Hemisphären.

Längen- und Größenschätzung

Die Längenschätzung kann als eindimensionale Variante einer visuellen Formschätzungsaufgabe angesehen werden und spezifiziert die Größe oder Ausdehnung von Objekten, d.h. den *Raum innerhalb eines Objektes* oder einer Fläche. Demgegenüber geht es in der Distanzschätzung (s.u.) um *räumliche Abstände zwischen Objekten*. Neglectpatienten weisen Defizite in der horizontalen Längenschätzung im vernachlässigten Halbraum auf (Milner & Harvey, 1995). Wir fanden in einer eigenen Stichprobe bei Patienten mit occipitolateralen Läsionen Defizite in dieser Leistung (Cramon & Kerkhoff, 1993), die unabhängig vom Neglect auftreten können. Bildgebende Verfahren sowie Einzelfallstudien an Patienten mit parietalen Läsionen legen den Schluss nahe, dass Längen- und Distanzschätzung dissoziierbar sind und vermutlich unterschiedliche, jedoch teilweise überlappende anatomische Substrate haben (Fink et al., 1997). Aus Fallstudien von Patienten mit Störungen der Größenschätzung (Makropsie = Größersehen) nach unilateralen okzipitalen Läsionen ergibt sich des weiteren, dass vermutlich jede Hemisphäre die relative Größe der jeweils kontralateralen Objekt- oder Raumhälfte kodiert.

Distanzschätzung

Holmes und Horrax (1919) berichteten über Defizite in der visuellen Distanz-, Längen- und Formschätzung bei Patienten mit bilateralen ‚posterioren' Hirnläsionen, wobei die größten Probleme jedoch in der Tiefenschätzung (Entfernungsschätzung) auftraten. Weniger ausgeprägte Defizite der zweidimensionalen Distanzschätzung finden sich bei Patienten mit unilateralen okzipito-parietalen Läsionen (Cramon & Kerkhoff, 1993).

Formschätzung

Diese Aufgabe gilt als elementare visuelle Formunterscheidungsaufgabe ohne semantische Anforderungen. Störungen in dieser Aufgabe finden sich meist nach bilateralen Läsionen okzipito-temporal oder diffus-disseminierten Läsionen, etwa nach einer zerebralen Hypoxie oder Kohlenmonoxidvergiftung. Diese Patienten sind relativ selten und weisen meist eine sogenannte visuelle Formagnosie auf (siehe Kap. 4.7). Patienten mit dieser Erkrankung haben häufig Probleme, zwischen einem Quadrat und Rechteck mit einer leicht unterschiedlichen Kantenlänge, aber gleichen Flächeninhalts zu unterscheiden. Vergleichbare, wenn auch weniger ausgeprägte Defizite nach unilateralen Läsionen sind bisher nicht beschrieben worden, aber wahrscheinlich. Wir haben selbst entsprechende Verzerrungen bei Patienten mit unilateralen, ausgedehnten temporoparietalen Läsionen festgestellt.

Linienhalbierung und subjektive Geradeausrichtung

Abweichungen in der Linienhalbierung sind bisher nicht direkt mit fokalen Läsionen in Zusammenhang gebracht worden, sondern als Symptom bei Patienten mit Hemineglect sowie bei homonymen Gesichtsfeldausfällen (Kerkhoff, 1993) beschrieben worden. Die Verschiebung der subjektiven Geradeausrichtung erfolgt bei den Neglectpatienten in der Frühphase nach ipsiläsional (d.h. nach rechts bei linksseitigem Neglect und umgekehrt), bei den Hemianopsiepatienten ohne Neglect nach kontraläsional in Richtung des Skotoms. Entsprechende Verschiebungen der subjektiven Geradeausrichtung finden sich auch in alltagsnahen Situationen, etwa beim Gehen durch eine Tür, Sitzen vor einem Tisch oder Gehen im Gang. Hemianopiker scheinen nach unseren Ergebnissen in visuomotorischen Aufgaben tendenziell besser abzuschneiden als in rein visuellen Halbierungsaufgaben. Indirekt lassen diese Ergebnisse den vorsichtigen Schluss zu, dass ipsiläsionale Verschiebungen der Linienmitte und subjektiven Geradeausrichtung am ehesten nach parieto-temporalen Läsionen zu erwarten sind, kontraläsionale nach okzipitalen oder okzipito-temporalen Läsionen.

Positionsschätzung

In Studien zur Positionsschätzung fanden sich in der Regel zwei unterscheidbare Defizite: ein Genauigkeitsverlust sowie eine systematische Verschiebung der reproduzierten Positionen. Der Genauigkeitsverlust äußert sich in einer Zunahme der Variabilität der Positionseinschätzungen durch den Patienten. Die systematische Verschiebung kovariiert oft mit der Verschiebung der subjektiven Geradeausrichtung bei Neglect oder Hemianopsie. Beide Aspekte treten am häufigsten nach rechtshemisphärischer Hirnschädigung auf (Tartaglione et al., 1983), insbesondere bei Patienten mit parietalen Läsionen unter Einbeziehung des supra-ventrikulären Marklagers. Über die physiologischen Mechanismen der visuellen Positionsschätzung ist bekannt, dass Neurone im Parietallappen von Makaken die Position eines visuellen Reizes im Greifraum kodieren und mehrere Sekunden nach Verlöschen des Reizes noch feuern, insbesondere dann, wenn dieser Reiz das Ziel einer Greif- oder Blickbewegung wird. Demnach ist die visuelle Positionsschätzung relevant für die Lokalisation von Objekten oder Positionen im Raum über Augen- oder Handbewegungen. Tierexperimentelle Befunde zeigen darüberhinaus, dass Neurone in der dorsalen Route des Makaken spezifische Sektoren des visuellen Aussenraumes in kopfzentrierten Koordinaten unabhängig von der Position des Reizes auf der Netzhaut kodieren (Galletti et al., 1993).

Konturwahrnehmung

Die Konturwahrnehmung liefert räumliche Informationen über Kanten von Figuren und dient somit der Identifikation von Objekten und Objektteilen, insbesondere wenn diese verdeckt sind (illusionäre Konturen, Peterhans & Von der Heydt, 1991). Somit könnte die Konturwahrnehmung relevant für die Entdeckung einzelner Figurteile innerhalb einer Gesamtfigur sein – eine Leistung die bei vielen räumlich-konstruktiven Aufgaben gefordert ist. Studien mit funktionellen Bildgebungsverfahren (fMRI: funktionelle Kernspintomographie) und psychophysische Studien deuten auf eine Spezialisierung dorsaler Areale im sekundären, visuellen Kortex (V2) hin und darüberhinaus auch auf eine Überlegenheit der unteren Gesichtsfeldhälfte für die Wahrnehmung illusionärer Konturen (Hirsch et al., 1995; Rubin et al., 1996).

Räumlich-kognitive Störungen

Defizite im mentalen Perspektivenwechsel finden sich nach parietalen Läsionen (Butters & Barton, 1970). Cohen und Mitarbeiter konnten in einer fMRI-Studie zeigen, dass die frontalen Augenfelder, der obere Scheitellappen und Areale des mittleren Temporallappens (MT/V5), die für die visuelle Bewegungsanalyse relevant sind, bei mentalen Rotationsaufgaben signifikant aktiviert werden. Interessanterweise fanden Sakata und Mitarbeiter (1994) Neurone im Parietallappen von Makaken, die auf die Rotation von Objekten in verschiedene Richtungen selektiv reagierten und die die physiologische Grundlage für solche Rotationsoperationen sein könnten. In klinischen Studien mit hirngeschädigten Patienten finden sich Defizite in der mentalen Rotation nach rechtsseitigen und linksseitigen Hirnläsionen gleichermaßen. Welche Hirnregionen für räumliche Konstanzoperationen (Größen-, Mengenkonstanz, Maßstabstransformationen) relevant sind, ist noch ungeklärt.

Räumlich-topographische Störungen

Störungen räumlich-topographischer Leistungen treten nach unilateralen rechts- oder linksseitigen parahippocampalen Läsionen meist infolge eines mediobasalen Posteriorinfarktes (Habib & Sirigu, 1987) oder epilepsiechirurgischer Resektionen im Bereich des posterioren Hippocampusanteils auf. In PET-Untersuchungen zu simulierten Navigationsaufgaben (über Video oder Virtual-Reality-Programme am PC) fanden sich Aktivierungen in hippocampalen und parahippocampalen Arealen der rechten und linken Hemisphäre (Maguire et al., 1996). Dabei scheint die Erinnerung bestimmter *Positionen* von Landmarken in so einer simulierten Umgebung mit Aktivierungen in dorsalen, parietalen Arealen und im Präcuneus einherzugehen, während die Verarbeitung der Qualität oder *Erscheinung* bestimmter Landmarken mit ventralen, parahippocampalen Aktivierungsmustern verknüpft sind (Aguirre & Desposito, 1997). Demnach deutet sich eine Arbeitsteilung dorsaler und ventraler Projektionssysteme für unterschiedliche Aspekte der Orientierung im dreidimensionalen Raum an (Position versus die äussere Erscheinung von Landmarken; siehe auch das Modell von (Ungerleider & Mishkin, 1982, Tabelle 4).

Taktil-räumliche und akustisch-räumliche Störungen

Taktil-räumliche und akustisch-räumliche Störungen werden kaum untersucht, spielen jedoch bei der Interaktion sensomotorischer mit räumlichen Leistungen eine wichtige Rolle, etwa wenn es um die Position des eigenen Körpers oder einzelner Körperteile im Raum oder in Relation zu anderen Objekten geht (z.B. beim Hinsetzen auf einen Stuhl), sowie in der akustischen Lokalisation von Personen oder Fahrzeugen. Tabelle 3 fasst die wichtigsten Störungen zusammen und bezieht sie auf die relevanten Läsionen.

Als wesentliche Leistungen in der taktilen Modalität sind die Unterscheidung der Achsenorientierung (Subjektive Taktile Vertikale,

Horizontale und Oblique Orientierungen) sowie die Positionsschätzung in der Horizontalebene untersucht worden. Hier ist sowohl an Normalpersonen wie an hirngeschädigten Patienten eine relative Dominanz der rechten Hemisphäre festgestellt worden (vgl. De Renzi, 1985). Im Bereich der räumlich-konstruktiven Störungen ist – ähnlich wie für räumlich-konstruktive Aufgaben – auch für taktil-konstruktive Aufgaben in den frühen Studien eine Überlegenheit der intakten rechten Hemisphäre sowie häufigere und schwerere Defizite nach rechtsseitiger Läsion festgestellt worden. In späteren Studien, die explizit auch aphasische Patienten mituntersuchten, fand sich keine Hemisphärenasymmetrie mehr (vgl. De Renzi, 1982, S. 242).

Für höhere taktil-räumliche Erkennungsleistungen (Stereognosie) konnte Roland (1976) feststellen, dass Läsionen der somatosensiblen Hand-Area (Gyrus postcentralis) zu Störungen in der Identifikation der Länge, Form und Größe von Objekten führen, wenn diese mit der kontraläsionalen Hand taktil exploriert werden sollen.

In der akustischen Modalität sind das Richtungshören und die akustische Halbierung zwischen zwei Schallquellen als räumlich-akustische Leistung (Lokalisation der Schallquelle oder der akustischen Mitte) genauer untersucht worden. Ruff und Mitarbeiter (1981) fanden, dass rechtshemisphärisch, posterior geschädigte Patienten bei beiden Aufgaben schlechter als alle anderen Gruppen hirngeschädigter Patienten abschneiden, und zwar unabhängig vom Vorliegen eines kontralateralen Neglects. Sie fanden akustische Lokalisationsdefizite in beiden Raumhälften nach rechts-posteriorer Hirnschädigung, nicht nur in der kontraläsionalen, wie dies aufgrund eines Neglects zu erwarten wäre. Eine bislang wenig untersuchte akustisch-räumliche Leistung ist die motorische Orientierung zu akustischen Reizen hin durch Augen-, Kopf- und Rumpfbewegungen. Diese Zuwendungsreaktion ist für die Orientierung im Alltag wichtig (rechtzeitige Entdeckung von Fahrzeugen, Hindernissen, Personen), insbesondere bei Schallquellen im kontraläsionalen Halbraum.

Tabelle 3. Übersicht über taktil-räumliche und akustisch-räumliche Perzeptionsstörungen.

Leistung	Beschreibung der Beeinträchtigung
Subjektive Taktile Vertikale, Horizontale und Oblique (De Renzi, Faglioni, & Scotti, 1971)	Patienten mit rechtshemisphärischen (vermutlich parieto-temporalen) Läsionen beeinrächtigt
Linienorientierung taktil an der linken/rechten Hand unterscheiden oder mit einer Hand subjektiv einstellen (Fontenot & Benton, 1971)	Linke Hand/rechte Hemisphäre bei Gesunden dominant; Patienten mit rechtshemisphärischen Läsionen zeigen Defizite an beiden Händen. Patienten. mit linkshemisphärischen Läsionen nur an der rechten Hand
Positionswahrnehmung in der Horizontal-ebene (Faglioni, Scotti, & Spinnler, 1971)	Taktil beeinträchtigt nach rechtshemisphärischer-Läsion, insbesondere im kontralateralen Halbraum (Assoziation zu Neglect)
taktile Erkennung von Objekten (Stereognosie, Roland, 1976)	Erkennung von Objekten und deren räumlichen Qualitäten nach Läsionen des Gyrus postcentralis an kontraläsionaler Hand
Positionssinn des linken/rechten Armes (Vallar, Guariglia, Magnotti, & Pizzamiglio, 1995), evtl. auch des Beines	Neglectpatienten am kontralateralen Arm deutlich, aber auch am ipsilateralen Arm in der Horizontal- und Vertikalebene beeinträchtigt
Richtungshören und akustische Halbierung (Ruff, Hersh, & Pribram, 1981)	Beeinträchtigungen der Lokalisation in der Horizontalebene und/oder Vertikalebene nach unilateraler Läsion; insbesondere im kontra-lateralen Halbraum ausgeprägt (abzugrenzen von akustischer Vernachlässigung)

Modelle

Frühe Modelle

Aus Platzgründen kann hier keine detaillierte Darstellung aller relevanter Modelle stattfinden. Eine umfassende Übersicht der Modelle bis 1981 findet sich in der Monographie von De Renzi (1982). Frühe Modelle zu räumlich-konstruktiven Störungen von Kleist, Strauss und Dünsing (siehe Tabelle 4) postulierten eine Diskonnektion der *optischen von kinästhetisch-motorischen* Hirnzentren wobei elementare Störungen in beiden Bereichen (räumlich-perzeptive, somatosensible Einbußen) irrelevant sein sollten. Eine genaue Analyse der älteren und jüngeren Literatur zeigt jedoch, dass viele Fälle entweder nicht gründlich daraufhin untersucht wurden oder in der Tat entsprechende Einbußen aufwiesen (Griffiths &

Cook, 1986). Später wurden diese beiden Elemente der Konstruktiven Apraxie (perzeptive versus kinästhetisch-motorische) auf eine Störung von Funktionen innerhalb der rechten versus linken Hemisphäre übertragen. Dieser Theorie zufolge weisen Patienten mit konstruktiven Störungen nach linkshemisphärischer Läsion ein eher „motorisch-apraktisches" oder „planerisch-sequentielles" Defizit auf, Patienten mit räumlich-konstruktiven Defiziten nach rechtshemisphärischer Läsion dagegen eine genuin räumlich-perzeptive Störung. In einzelnen Untersuchungen fanden sich Belege für räumliche-perzeptive Einbußen bei räumlich-konstruktiven Störungen nach rechtsseitiger Hirnläsion (Mack & Levine, 1981). Diese Unterscheidung ist bis heute umstritten, da die Übereinstimmung aus zahlreichen Untersuchungen bezüglich qualitativer Unterschiede bei rechts- versus linksseiti-

Tabelle 4. Einflussreiche Theorien und Modelle des Raums

Strauss (1924)	Strauss, ein Schüler Kleists, führte den Begriff der „Konstruktiven Apraxie" ein. Die Grundlage dieser Störung sah er wie Kleist in der Schädigung eines den *optisch-kinäs-thetischen Verknüpfungen* dienenden Hirnapparates. Räumlich-perzeptive Störungen können dieser Theorie zufolge zwar assoziiert sein, sind aber nicht Ursache der Störung. Hier findet sich zum ersten Mal die Idee, dass die Transformation visueller Informationen in taktil-motorische Handlungen als der wesentliche Aspekt räumlich-konstruktiver Störungen angesehen wird (im Sinne einer Diskonnektion).
Dünsing (1953)	Differenziert zwei Unterformen räumlich-konstruktiver Störungen: a) *raumagnostische* und, b) *ideatorisch-apraktische Störung*. Erstere soll als wesentliches Element gestörte räumlich-perzeptive Störungen beinhalten und eher nach rechtshemisphärischen Läsionen auftreten, letzteres ein apraktisch-sequenzielles Defizit umfassen und nach linksseitigen Läsionen zu finden sein. Dieser Idee wurde später von Hécaen & Assal (1970) sowie anderen Autoren in Gruppenstudien nachgegangen.
Hécaen & Assal (1970)	Patienten mit linksseitigen Läsionen weisen räumlich-konstruktive Störungen aufgrund eines apraktisch-sequentiellen Defizites auf, Läsionen der rechten Hemisphäre verursachen solche Störungen aufgrund gestörter räumlich-perzeptiver Leistungen.
Kosslyn (1994)	Der rechte Parietallappen kodiert vorwiegend basale räumlich-perzeptive Relationen von Objekten, wie Länge, Orientierung, Größe, Position (*metrische Analyse*). Der linke Parietallappen ist eher für die Einordnung von Objekten in bestimmte räumliche Kategorien zuständig (*kategoriale Analyse*).
Ungerleider & Mishkin (1982)	Die Autoren formulieren die Theorie einer komplementären Arbeitsteilung im visuellen System: dorsale, parieto-okzipitale Areale sind auf räumlich-perzeptive Leistungen (*,Where'*), ventrale, temporo-okzipitale Hirnareale auf die Erkennung von Objekten, Gesichtern, Mustern und Farben (*,What'*) spezialisiert. Demzufolge sollten dorsale versus ventrale Läsionen im visuellen System von Menschen auch dissoziierbare Effekte haben.
Andersen (1995)	Der Parietallappen transformiert nach dieser Theorie visuelle Informationen und Daten über die Augenposition in ein kopfzentriertes Referenzsystem, das die Position von Objekten unabhängig von der jeweiligen Position des Bildes auf der Netzhaut repräsentiert. Dieses Referenzsystem ist notwendig für Augenbewegungen zu visuellen oder akustisch getriggerten Blickzielen im Raum.
Colby & Duhamel (1996)	Die AutorInnen postulieren mehrere verschiedene Referenzsysteme zur Repräsentation des Nah-Raumes (Greifdistanz) in der somatosensiblen und visuellen Modalität. Demnach hat jedes Körperteil (Auge, Kopf, Hand, Rumpf ...) ein speziell auf die jeweiligen Handlungen abgestimmtes Referenzsystem. Bimodale Neurone, die etwa auf visuelle und taktile Reize im gleichen Raumsektor reagieren, könnten das Zusammenfügen der verschiedenen sensorischen und motorischen Repräsentationen leisten.
Fogassi, Gallese, di Pellegrino, et al. (1992), Graziano & Gross (1993)	Raum wird den Autoren zufolge im wesentlichen durch motorische Areale kodiert, die Greifbewegungen in verschiedene Sektoren des Aussenraumes oder zu bestimmten Körperteilen ermöglichen. Räumliche Störungen würden demnach aus der Schädigung solcher motorischer Hirnregionen zustandekommen. Bimodale, senso-motorische Neurone dienen als Interface zwischen Perzeption und Aktion. Demnach ist der von uns subjektiv als Einheit erlebte Raum durch motorische Aktionen repräsentiert. Veränderungen auf der Aktionsseite sollten demzufolge auch zu Änderungen der Raumrepräsentation führen.
Milner & Goodale (1995)	Die Autoren betonen die Rolle dorsaler visueller Systeme für motorische Leistungen (Greifen, Augen- und Kopfbewegungen, Fortbewegung). Die Spezialisierung dorsaler Hirnregionen für räumliche Leistungen ist demnach im wesentlichen durch deren motorische Funktionen bestimmt. Demgegenüber hat der ventrale, visuelle Strom kaum etwas mit Motorik zu tun, sondern mit der Erkennung von Objekten und deren bewusster Wahrnehmung und Speicherung. Die im dorsalen Strom ablaufenden Operationen finden größtenteils unbewusst statt.

ger Läsion und räumlich-konstruktiven Störungen sehr gering ist, sieht man von neglectbedingten Auslassungen im linken Teil der Zeichnung bei Patienten mit rechtsseitigen Läsionen ab (De Renzi, 1982, S. 249 ff.).

Die Idee, dass die linke und rechte Hirnhälfte qualitativ unterschiedliche räumliche Leistungen erbringen, findet sich in anderer Terminologie später bei Kosslyn (1994) wieder. Kosslyn schreibt dem rechten Parietallappen eine wichtige Rolle in der räumlich-perzeptiven Analyse zu, während der linke Parietallappen die Rolle der räumlich-kategorialen Einordnung übernimmt.

Modelle zur Repräsentation und Koordinierung des Raumes[2]

Während sich frühe Theorien überwiegend mit räumlich-konstruktiven Störungen befasst haben, um diese analog der klassischen Syndromlehre der Aphasien, Agnosien und Apraxien zu entwickeln, hat in den letzten 15-20 Jahren vor allem in tierexperimentellen Studien die Suche nach neuralen Substraten zur Repräsentation des Raumes sowie des Zusammenfügens („Merging") von Informationen aus verschiedenen Modalitäten und deren Verknüpfung mit zielgerichteten Handlungen begonnen. Ausgangspunkt der meisten Modelle zur Repräsentation des Raumes ist die Notwendigkeit der Umwandlung primär-sensorischer Informationen in ein Schema oder Referenzsystem, in der die aktuelle Position eines Objektes unabhängig von den fortwährenden Positionsveränderungen seines Abbilds auf der Netzhaut aufgrund von Augen- und Kopfbewegungen ist (vgl. das Modell von Andersen, Tabelle 4). Eine solche, stabilere Repräsentation unseres Aussenraumes ist notwendig für Augen- und Greifbewegungen zu Objekten im Raum. Ein anderes Problem ist die intersensorische Integration visueller, taktiler und akustischer Informationen (siehe die Modelle von Colby et al., 1995; Graziano et al., 1993). Eine mögliche Lösung für dieses Problems bietet

ten bi- und multimodale Neurone, die beispielsweise sowohl auf visuelle Reize als auch auf Berührungen in bestimmten Sektoren des nahen Aussenraumes und des Körpers reagieren. Schließlich befassen sich Rizzolatti und seine Mitarbeiter mit der Frage, durch welche Mechanismen eine solche Repräsentation des Raumes entsteht und aufrechterhalten wird. Ihre tierexperimentellen Befunde über die Funktion von Neuronen im prämotorischen Kortex legen nahe, dass Raum durch *Aktionen* repräsentiert ist. Anders ausgedrückt: Raum ist durch die Aktionen (Greifen, Augenbewegungen, Lokomotion) definiert, die ein Individuum in bestimmte Sektoren des Körpers oder Aussenraums ausführen kann. Sind bestimmte Aktionen nicht mehr möglich oder eingeschränkt, würde dieser Teil des Raumes nicht mehr adäquat repräsentiert. Diese Sichtweise hätte, wenn sie konsequent zu Ende gedacht wird, deutliche Implikationen für die Behandlung räumlicher Störungen: sie müsste sehr viel mehr als bisher den motorischen Aspekt räumlichen Verhaltens berücksichtigen.

Viele Modelle deuten auf eine entscheidende Rolle parietaler, aber auch prämotorischer Areale für die Bildung und Aufrechterhaltung solcher stabilerer Repräsentationen unseres Körpers und Aussenraumes hin. PET-Befunde legen nahe, dass der rechte Gyrus präcentralis, prämotorische Areale und das obere Scheitelläppchen an der Verknüpfung des visuellen Raumes (über Augenbewegungen) mit dem motorischer Raum (gemessen über Handbewegungen) maßgeblich beteiligt sind (Iacoboni et al., 1997).

Dorsale und Ventrale Visuelle Systeme

Grundlagenstudien an Primaten sowie PET-Untersuchungen (Ungerleider & Haxby, 1994) haben die Sichtweise zweier anatomisch und funktional spezialisierter, aber eng miteinander verknüpfter visueller Projektionssysteme ausgehend von Area 17 hin zu extrastriären kortikalen visuellen Arealen im Parietal- und Temporallappen etabliert. Das dorsale, visuelle Projektionssystem ist vorwiegend mit der Analyse räumlich-visueller Informationen befasst (Orientierung, Position, 3-D-Merkmale von Objekten) und verläuft von Area 17 hin zu

---

[2] Auf Modelle der Raumrepräsentation zur Erklärung von Neglectphänomenen wird hier nicht eingegangen, siehe Kapitel 4.2.

Arealen des oberen Temporal- und Parietallappens. Der ventrale Strom dient dagegen der Mustererkennung, also der Analyse von Objekten, Gesichtern und deren Oberflächeneigenschaften sowie deren Speicherung in den vorderen temporalen Arealen. Dieser Strom führt von Area 17 in Areale des ventralen Temporallappens. Der dorsale Strom ist darüber hinaus vorwiegend auf die visuelle Peripherie spezialisiert, der ventrale auf die foveale Detailanalyse. Dieses Modell betrachtet räumliche Leistungen als Domäne des dorsalen Stroms. Danach sollten Schädigungen dorsaler Areale beim Menschen auch eher zu räumlich-perzeptiven Störungen führen als vergleichbare Läsionen innerhalb des ventralen Stroms. Eine Fülle klinischer Befunde sind mit diesem Modell einer komplementären Arbeitsteilung im visuellen System vereinbar.

Visuomotorische Funktionen der dorsalen Systeme

Milner und Goodale (1995) haben die Spezialisierung des dorsalen Stroms im Sinne eines phylogenetisch älteren, visuomotorischen Systems uminterpretiert, das weniger für die räumlich-perzeptive Stimulusanalyse als für die Vorbereitung und Durchführung von Aktionen im Raum (etwa Greifen, Augen- und Kopfbewegungen, Gehen...) spezialisiert ist. Demzufolge sollten sich räumliche Störungen nach Läsionen innerhalb des dorsalen Stroms besonders dann klinisch manifestieren, wenn sie mit einer Handlung verknüpft sind. Für die enge Verknüpfung von Raum und Motorik spricht die Tatsache, dass dorsale Areale anatomisch eng mit motorisch relevanten Hirnregionen verknüpft sind, ventrale dagegen kaum. Dies könnte erklären, warum räumlich-konstruktive Störungen klinisch noch auffällig sind, wenn räumlich-perzeptive Leistungen, sofern sie keine motorische Reaktion des Patienten erfordern, relativ normal erscheinen.

Integration und Bewertung der Modelle

Die referierten Befunde zur funktionellen Neuroanatomie und die beschriebenen Theo-

rien konvergieren dahingehend, dass separate Hirnregionen entlang der dorsalen visuellen Projektionssysteme, akzentuiert in der rechten Hemisphäre, für die frühe sensorische Analyse *räumlich-perzeptiver Leistungen* spezialisiert sind. Diese Analyse bedarf insbesondere bei der Dekodierung der räumlichen (dreidimensionalen Qualitäten wie Form, Tiefe, Hauptachse des Objekts) Aspekte von Objekten einer intensiven Kommunikation der dorsalen mit den ventralen visuellen Projektionssystemen, die für die Identifikation eines Objektes und seiner Oberflächeneigenschaften (Farbe, Schattierung, Textur) zuständig sind. Als ein mögliches Interface für diesen bidirektionalen Informationstransfer könnte der Gyrus temporalis superior dienen, da er ausgedehnte anatomische Verbindungen zu beiden Systemen aufweist (Morel & Bullier, 1990). Innerhalb des dorsalen Projektionssystems gibt es zweifellos weitere Subdivisionen. Posteriore Areale (okzipital) haben vorwiegend mit der Analyse räumlicher Eigenschaften in retinalen Koordinaten zu tun (Länge und Ausdehnung von Objekten und Raum zwischen Objekten), während anteriore, parietale Regionen an der multisensorischen Integration visueller, akustischer, taktiler und vestibulärer Informationen in eine odere mehrere retinunabhängige und körperzentrierte Repräsentation(en) des Raumes maßgeblich beteiligt sind.

Räumlich-konstruktive Störungen stellen weder klinisch noch theoretisch ein homogenes Konstrukt dar und werden durch ganz unterschiedliche Hirnläsionen verursacht (Kertesz & Dobrowolski, 1981). Posteriore, parietale Läsionen (vermutlich rechtshemisphärisch akzentuiert) verursachen räumlich-konstruktive Störungen aufgrund räumlich-perzeptiver Einbußen, während anteriore Läsionen zum einen planerisch-exekutive sowie räumliche Arbeitsgedächtnisleistungen beeinträchtigen, die mit räumlich-konstruktiven Leistungen negativ interagieren könnten. Hier besteht noch erheblicher Forschungsbedarf, ob und inwieweit Kurzzeit- und Arbeitsgedächtnisleistungen räumliche Störungen beeinflussen können.

Die schon sehr früh formulierte Diskonnektionstheorie zur Erklärung räumlich-konstruktiver Störungen bei weitgehend intakten basalen räumlichen oder taktilen Leistungen leidet an der Tatsache, dass viele, wenngleich nicht alle Patienten erhebliche räumlich-perzeptive Defizite aufweisen. Ein anderes Problem von Patienten mit räumlich-konstruktiven Störungen ist nach meiner Ansicht die Unfähigkeit, ein internes Koordinatensystem aufzubauen und auf die zu analysierende Figur zu übertragen, um anhand dieser Bezugsystems die Einzelteile in die Gesamtfigur oder Zeichnung integrieren zu können. Ein solches Koordinatensystem liefert im Normalfall die nötige geometrische Grundstruktur, nach der eine komplexe Figur visuell analysiert und in Einzelteile segmentiert werden kann. Diese Beeinträchtigung eines internen Referenzsystems ist nach meiner Erfahrung eng mit gestörten Achseninformationen (horizontal und vertikal, visuell und taktil) assoziiert. Entsprechende Untersuchungen zur Analyse dieser Annahmen stehen jedoch noch aus.

Räumlich-kognitive Leistungen erfordern je nach Art der Aufgabe die Zusammenarbeit parietaler, frontaler und teilweise okzipitaler Hirnregionen (siehe das Beispiel mentale Rotation). Welche Hirnareale für andere räumlich-kognitive Leistungen relevant sind wie die Größen- und Mengenkonstanz oder andere Transformationsleistungen, ist bislang wenig untersucht. Hier besteht erheblicher Forschungsbedarf.

Das wesentliche Störungselement bei *räumlich-topographischen Störungen* liegt weniger in der räumlichen Stimulusanalyse von Objekten und deren Relationen untereinander im Raum, sondern das gestörte Auffrischen („spatial updating") der eigenen Körperposition im Raum über propriozeptive, sensorische und vestibuläre Afferenzen während der Fortbewegung. Im Unterschied zu den anderen räumlichen Störungen ist hier die Navigation *im dreidimensionalen* Raum beeinträchtigt. Zur erfolgreichen Fortbewegung im Raum bedarf es offensichtlich sowohl dorsaler als auch ventraler visueller Hirnregionen, um die Position (Where) und Identität (What) von markanten Landmarken wahrzunehmen und erinnern zu können.

Diagnostische Verfahren

Tabelle 5 fasst die wichtigsten im deutschsprachigen Raum verfügbaren Testverfahren zusammen und bewertet sie.

Neben den bereits länger verfügbaren Testverfahren wie dem Line Orientation Test von Benton und Mitarbeitern (1983) gibt es in jüngster Zeit zwei neue Testsammlungen (BORB und VOSP) auf dem deutschsprachigen Markt, die Untertests für die Diagnostik räumlich-perzeptiver Störungen enthalten. Die BORB ist theoriegeleitet und prüft vier räumlich-perzeptive Leistungen ab (siehe Rezension in Müller, 1996). Dies lässt eine spezifischere Analyse räumlicher Störungen zu als dies mit den üblichen Untertests aus gängigen Intelligenztestbatterien möglich ist (siehe Kritik dazu: Kerkhoff, 1988). Im VOSP sind zwei Aufgaben enthalten zur räumlichen Lokalisation von Reizen, während der Subtest „Punktezählen" für mich eine visuelle Explorationsaufgabe ist, die nicht direkt Raumwahrnehmung untersucht. Zur quantitativen klinischen oder experimentellen Diagnostik sowie zur Analyse relevanter Einflussfaktoren bei räumlich-perzeptiven Störungen (etwa Einfluss von Cueing, Feedback oder bewegten Hintergrundreizen) eignet sich das VS-Programm, das an anderer Stelle ausführlich beschrieben ist (Kerkhoff & Marquardt. 1998).

Zur Diagnostik räumlich-konstruktiver Störungen bieten sich Verfahren wie das von Mack und Levine (1981, s. Abb. 2) verwendete an, da es nicht intelligenzgebunden ist. Bei dieser Aufgabe soll der Patient jeweils 4 oder 5 Papierschnitzel zu einem Quadrat zusammensetzen. Je ähnlicher sich die Teile hinsichtlich Kantenlänge und Winkel sind, um so schwieriger ist die Aufgabe, insbesondere für Patienten mit rechtshemisphärischen Läsionen, die in ebendiesen räumlich-perzeptiven Leistungen häufig beeinträchtigt sind. Der Mosaiktest findet ebenfalls häufig Verwendung, prüft aber zahlreiche andere Leistungen mit ab, die über die räumlich-konstruktive Komponente hinausgehen (etwa Größenkonstanz) und eignet sich nicht für Verlaufsmessungen innerhalb eines klinischen Kontexts (Retesteffekte).

Tabelle 5. Diagnostische Verfahren zur Erfassung räumlich-perzeptiver (RP), räumlich-kognitiver (RO) und räumlich-konstruktiver Störungen (RK). Die Abkürzungen (RP, RO, RK) geben an, für welchen Bereich räumlicher Störungen sich welche Verfahren diagnostisch eignen.

	Test/Evaluationsverfahren	Inhalt	Bewertung und Praktikabilität
RP	Judgement of Line Orientation Benton, Hamsher, Varney, & Spreen (1983)	Prüfung der Linienorientierung	leicht durchführbar, 2 Parallelversionen, Normen auch für Kinder
RP	Rod-Orientation Test De Renzi (1982)	Untersuchung der Subjektiven Vertikalen und Horizontalen in der visuellen und taktilen Modalität	experimentelles Verfahren ohne Normierung; visuelle und taktile Messung möglich
RP	VS-Visual Spatial Performance Kerkhoff & Marquardt (1998)	PC-Verfahren zur Analyse 10 räumlich-perzeptiver und räumlicher Gedächtnis-Leistungen (Vergleich Perzeption und Kurzzeitgedächtnis); Evaluation von Hintergrundbewegung auf Raumwahrnehmung (Optokinetik), Feedbackmöglichkeiten	bietet 6 klinische Standarduntersuchungen sowie 11 Tests mit Cutoffwerten; Möglichkeit zu experimenteller Diagnostik; keine Testwiederholungseffekte, geeignet für Verlaufsmessungen, psychometrisch evaluiert
RP RO	Visual Object and Space Perception Battery (VOSP, Warrington & James, 1992); Birmingham Object Recognition Battery (BORB, Riddoch & Humphrey, 1995)	4 räumliche Sub-Tests: Positionsvergleich, Zahlenlokalisieren, Punktezählen, Würfelzählen 4 räumliche Subtests: Linienorientierung, Längen-, Größen und Positionsschätzung innerhalb eines Objekts	VOSP: normierter Test, Untertest Punktezählen ist eine visuelle Explorationsaufgabe; keine Parallel tests, BORB: normierter Test mit theoretischer Einbettung, zur Untersuchung 4 elementar-räumlicher Leistungen geeignet, psychometrisch bisher nicht evaluiert
RO RK	Räumliche Subtests aus Intelligenztests (Kerkhoff, 1988) Mosaiktest	Subtests aus IST, LPS, HAWIE(K); Konstruktion dreidimensionaler Muster nach Vorlage	intelligenzkonfundierte, räumliche Aufgaben mit Speed-Komponente; ungeeignet für Verlaufsmessungen; geringe Spezifität bei hoher Sensitivität
RK RK	Zeichenaufgaben (zweidimensional, dreidimensional); Zeichnen von Objekten nach Kategorien (Grossman, 1988)	Zeichnen von Haus, Blume, Uhr; Screening auch am Krankenbett möglich; spezif. Auswertungskriterien für Farbe, Form, relative Größe und spez. Merkmale;	nicht standardisiert, leicht durchführbar und hohe Face-Validität; Verfahren nach Grossman liefert zusätzliche Informationen, jedoch zeitintensiv
RP RK RO	Checkliste Räumlicher Alltagsprobleme (Kerkhoff, unveröffentlicht)	erfasst 5 Bereiche über Fremdrating: Selbsthilfe, Körperkontrolle, Räumliche/Zeitliche Wahrnehmung; Greifen, Entfernungsschätzung; Einsicht	erlaubt Einschätzung von Alltagsproblemen, sofern Fremdrating von Therapeut oder Angehörigen verfügbar ist; bisher nicht normiert und psychometrisch evaluiert

Zur Diagnostik von Zeichenleistungen sind nicht-standardisierte Verfahren durchaus empfehlenswert, wenn es um eine erste Orientierung geht. Hier sollte vor allem auf Formveränderungen, Winkel- und Größenfehler sowie kontraläsionale Auslassungen (Neglect) geachtet werden. Genauere Informationen lassen sich mit dem freien Zeichnen von Objekten aus einer Kategorie (Beispiel: Früchte) und der anschließenden Bewertung der Menge und Qualität der Zeichnungen nach Farbe, Form, relativer Größe und spezieller Merkmale erhalten (vgl. Grossman, 1988). Das Auswertungsverfahren erfordert Zeit, liefert jedoch qualitativ wertvolle Informationen, die für eine spätere Behandlung hilfreich sein können. Insbesondere rechtshemisphärisch geschädigte Patienten weisen in Abhängigkeit von der Läsionslokalisation unterschiedliche Defizite auf: Patienten mit parietalen Läsionen zeigen die deutlichsten Abweichungen in der Reproduktion der Form eines Objektes, Patienten mit temporo-parietalen Läsionen Störungen in der Zuordnung der charakteristischen Farbe zu einem Objekt und frontale Läsionen führen bezüglich der beiden vorgenannten Mermale sowie im Ausdruck der relativen Größe zu deutlichen Problemen (z.B. Kirsche und Apfel erscheinen gleich groß in der Zeichnung, obwohl die Kirsche relativ gesehen kleiner sein sollte).

Für die Diagnostik von räumlich-topographischen Störungen existieren bislang kaum klinisch praktikable Verfahren. Zweidimensionale Labyrinthlernaufgaben werden gelegentlich zur Überprüfung räumlicher Gedächtnisstörungen verwendet (De Renzi, 1985), können meines Erachtens aber den Aspekt der Navigation in einem dreidimensionalen Raum, der wesentlich für räumlich-topographische Orientierung im Sinne von Lokomotion ist, nur sehr indirekt überprüfen, da die Aufgabe ja manuell durchgeführt wird. Klinisch bietet sich am ehesten die genaue Anamnese der Alltagsprobleme des Patienten an sowie eine orientierende Überprüfung des Wegelernens in vertrauter und neuer Umgebung. Standardisierte Verfahren hierzu sind aufgrund der Verschiedenartigkeit und Dreidimensionalität bisher nicht verfügbar.

Awareness für räumliche Störungen

Ähnlich wie beim Neglect werden räumliche Störungen vom Patienten oft nicht bewusst erlebt und daher auch in einer Anamnese selten berichtet. Das spricht für die Theorie Milners (1995), wonach Leistungen, die überwiegend innerhalb des dorsalen visuellen Projektionsgebietes erbracht werden (wie Greifen, Zeigen, räumlich-perzeptive Leistungen) subjektiv nicht bewusst erlebt werden und nur kurzzeitig repräsentiert sind, so dass auch im Falle einer Schädigung dieser Areale keine subjektive Bewertung der eigenen Einschränkungen möglich ist. Dies hat zur Folge, dass räumlich gestörte Patienten in den seltensten Fällen über ihre Probleme klagen und damit einer Eigenanamnese schwer zugänglich sind, so dass der Therapeut auf fremdanamnestische Angaben und objektive Testdaten angewiesen ist. Diese geringe Einsicht ist auch ein wesentliches Problem in der Behandlung dieser Störungen. Zur Fremdanamnese eignen sich Items aus den Bereichen Körperkontrolle, Selbsthilfe, Neglect, Greifen, Entfernungsschätzung sowie Störungseinsicht.

Alltagsrelevanz räumlicher Störungen

Klinisch wenig untersucht aber durchaus relevant sind die Störungen „räumlich auffälliger" Patienten in klassischen Situationen in der Krankengymnastik oder Ergotherapie. Hier fällt auf, dass sich Patienten umständlich auf einer Matte niederlassen, schräg im Bett liegen, Schwierigkeiten haben, sich genau auf eine Liege oder Bank zu legen, so dass ihr Kopf noch auf der Bank liegt, verdreht zum Tisch sitzen oder zu weit entfernt, um am Tisch schreiben zu können. Abgesehen von Defiziten beim Rollstuhlfahren, die teilweise auf den Hemineglect zurückgehen aber darüber hinaus auch auf davon unabhängige, räumliche Leistungen bei der Planung motorischer Aktionen im Raum zurückgehen, ist der Anteil „räumlicher" Leistungen an motorischen Abläufen im Alltag bisher kaum untersucht. Es ist aufgrund der engen Verknüpfung räumlicher mit motorischen Leistungen innerhalb des dorsalen

Tabelle 6. Übersicht über therapeutische Verfahren bei räumlich-perzeptiven Störungen, räumlich-kognitiven, räumlich-konstruktiven und räumlich-topographischen Störungen.

Behandlungsansatz	Therapeutisches Prinzip	Bewertung nach Praktikabilität/ Effizienz/Transfer
Block-Design-Training (Young et al., 1983)	Übungsbehandlung mit Würfeln, Üben perzeptiver und konstruktiver Fertigkeiten	erster systematischer Therapieansatz, Transfer auf ADL-Leistungen wie Essen, Transfers, Anziehen
Perceptual Organization Training (Weinberg et al., 1982)	Übungsbehandlung mit Papiervorlagen zum perzeptiven Vergleich von Positionen, Länge, Winkel, Abstand	leicht zu realisierendes Wahrnehmungstraining, Transfer nicht bekannt
Optokinetische Stimulation	Optokinetik verändert räumliche Wahrnehmungsleistungen (Länge, Orientierung, Subjektive Achsen, Mitte, Größe von Objekten)	positiver, kurzfristiger Effekt; Langzeiteffekt und Transfer bisher nicht untersucht; vermutlich nur für räumlich-perzeptive Störungen geeignet
Tangramtraining (Münssinger & Kerkhoff, 1993)	Perzeptive und konstruktive Übungen mit umfangreichem, nach Schwierigkeitsgrad abgestuftem Material zu Länge, Orientierung, Größe, Strategien, mentalem Segmentieren	leicht durchführbar, Gruppentraining möglich, partieller Transfer auf nicht-trainierte Leistungen
Visuell-räumliches Wahrnehmungstraining (Kerkhoff, 1998)	Feedback-gestütztes Wahrnehmungstraining räumlich-perzeptiver Leistungen am PC	systematisches Training einzelner räumlicher Wahrnehmungsleistungen, partieller Transfer auf andere Leistungen
Alltagsorientierte Ansätze	Rollstuhlnavigation, Packen von Paket, Manipulieren mit Alltagsgegenständen (Schneiden, Flächenteilen, Herdbedienung, Mengen abschätzen)	zeitlich und personell aufwendig, vermutlich guter Transfer, Förderung der Einsicht durch Konfrontation mit Alltagsaufgaben
Taktil-räumliches Wahrnehmungstraing nach Perfetti (1997)	Übungsbehandlung zur Strukturierung des taktilen Raumes (Greifraumes) nach Position, Länge, Orientierung, Oberfläche, Ausdehnung	systematische Studien nicht bekannt; jedoch ‚körpernäherer', sensorischer Kanal zur Behandlung räumlich-motorischer Störungen
Valenser L-Form, Neurotraining (Keller & Kohenof, 1997)	visuelles und taktiles Übungsmaterial am Tisch; strategie-orientiertes, spielerisches Vorgehen unter Einbeziehung exekutiver Leistungen	Verbesserungen von räumlichen und planerischen Leistungen, insbesondere bei L-Form; teilw. Transfer auf andere sensorische und motorische Leistungen (Arm, Bein, Rumpf)
Reaktionsverkettung beim Wegelernen (Kerkhoff, et al., 1997).	verhaltenstherapeutisch orientiertes Training zum Lernen einzelner Teilschritte eines Weges bei topograph. Störungen	Bisher nur Einzelfälle bekannt, gut durchführbar im Lebensbereich des Patienten

visuellen Stroms zu vermuten, dass solche räumlichen Defizite immer dann im Alltag manifest werden, wenn Perzeption und Handlung wechselseitig ineinandergreifen müssen. Da räumlich-konstruktive Leistungen Bestandteil vieler komplexer Handlungsabläufe im Alltag sind, verursachen Störungen solcher Teilleistungen erhebliche Alltagsprobleme (etwa beim Lesen eines Planes, Paket packen, Transfers vom Bett zum Stuhl oder ins Bad), Ankleiden). Daher haben diese Störungen einen hohen prognostischen Stellenwert für das Outcome des Patienten (Kaplan & Hier, 1982).

Therapie und Evaluation

Tabelle 6 fasst die wichtigsten Therapieansätze zusammen und bewertet sie. Die meisten Ansätze lassen sich zwei Gruppen zuordnen: Trainings spezifischer, räumlich-perzeptiver Leistungen in der visuellen (vgl. Kerkhoff & Heldmann, 1997; Weinberg et al., 1982) oder taktilen Modalität (Perfetti, 1997) mit dem Ziel, die Wahrnehmung und Repräsentation einzelner räumlicher Qualitäten zu verbessern wie etwa der Orientierung, Position, Form, und Ausdehnung von Objekten im Raum. In die zweite Kategorie fallen visuomotorisch orientierte Therapieansätze, wie etwa das Block-Design-Training (Young et al., 1983), das Tangramtraining aus unserer Arbeitsgruppe (Bublak & Kerkhoff, 1995) sowie der Valenser Ansatz, bei dem der Patient sowohl in der visuellen als auch in der taktilen Modalität räumliche Aufgaben spielerisch lösen soll (Keller & Kohenof, 1997). Diese visuomotorischen Therapieverfahren kombinieren üblicherweise das Üben perzeptiver Leistungen mit strategisch-exekutiven Funktionen beim Konstruieren mehrteiliger Figuren im Raum, so dass sich als Effekt meist eine Verbesserung räumlich-perzeptiver, -konstruktiver und teilweise auch planerisch-exekutiver Fähigkeiten ergibt.

Ein neuer Ansatz zur Behandlung einiger räumlich-perzeptiver Störungen ergibt sich möglicherweise aus der Beobachtung, dass sich solche Defizite vorübergehend über eine Stimulation mit bewegten Hintergrundreizen in eine Richtung (meist nach links) positiv beeinflussen lassen. Wir konnten in eigenen Untersuchungen Störungen der Längen- (damit der horizontalen Größenschätzung), Distanz- und Halbierungsschätzung durch das Einblenden eines sich linear nach links bewegenden Hintergrundmusters von Punkten kurzfristig verbessern. Ebenso konnten wir die Verdrehung der Subjektiven Achsen gegen den Uhrzeigersinn, wie sie viele Patienten mit rechtsseitigen, parieto-temporalen Läsionen aufweisen, durch die Darbietung eines sich langsam in die Gegenrichtung (im Uhrzeigersinn) drehenden Hintergrundmusters für die Dauer der Bewegung normalisieren. Diese Ergebnisse legen den Schluss nahe, dass sich räumlich-perzeptive Störungen partiell durch eine Verlagerung der Aufmerksamkeit mittels Driftmuster beeinflussen lassen. Für die Therapie wäre es interessant, ob sich durch die repetitive Darbietung solcher Muster in Kombination mit anderen Behandlungsverfahren eine dauerhafte Verbesserung gestörter räumlicher-perzeptiver Leistungen erzielen lässt. Für die Behandlung anderer räumlicher Störungen eignet sich dieses Verfahren vermutlich nicht.

Effektive Verfahren zur Behandlung räumlich-topographischer Störungen sind bisher kaum entwickelt und überprüft worden. Für diese Störungen bietet sich am ehesten eine Kombination aus visuellem Explorationstraining und anschließendem oder parallelem Wegelernen in der häuslichen Umgebung des Patienten an. Das Explorationstraining ist bei vielen Patienten notwendig, da sie infolge der mediobasalen, okzipito-temporalen Läsionen auch Gesichtsfelddefekte und daraus resultierende Störungen der visuellen Exploration im Raum aufweisen. In der Behandlung sollten zunächst explorative Strategien zum Auffinden und Erkennen relevanter Landmarken in der Klinik geübt werden, anschließend werden diese Strategien im Alltag etwa zum Suchen markanter Orientierungspunkte in einer neuen Umgebung überführt. Längere Wegstrecken werden in kurze Zwischenstrecken unterteilt, die separat mit dem Patienten geübt werden und erst später miteinander verkettet werden (Details zum therapeutischen Vorgehen in Kerkhoff et al., 1997).

4.6 Visuoperzeptive und visuokognitive Störungen

JOSEF ZIHL

Zusammenfassung

Visuelle Wahrnehmungsstörungen zählen zu den häufigeren Funktionsstörungen nach erworbener Hirnschädigung. Aufgrund der Bedeutung von Sehleistungen für kognitive und motorische Aktivitäten spielen Diagnostik und Behandlung dieser Störungen eine wichtige Rolle in der neuropsychologischen Rehabilitation. Neuere Ergebnisse zur zentralnervösen Organisation der visuellen Wahrnehmung legen eine topographisch organisierte funktionelle Spezialisierung des visuellen Kortex nahe; vielfältige reziproke Faserverbindungen stellen eine rasche und effiziente Verarbeitung visueller Informationen sicher und ermöglichen die Kohärenz visueller Wahrnehmungprozesse. Zu den häufigsten zerebral bedingten Sehstörungen zählen homonyme Gesichtsfeldstörungen und damit assoziiert Beeinträchtigungen des Überblicks, der okulomotorischen Exploration und des Lesens. Weitere Störungen betreffen das Kontrast- und Farbsehen, die visuelle Orientierung und visuell-kognitive Leistungen. Die störungsspezifische Erfassung dieser Störungen ist eine unabdingbare Voraussetzung für ihre Behandlung. Erprobte und standardisierte Behandlungsverfahren liegen mittlerweile vor allem für Patienten mit Gesichtsfeldeinbußen zum Wiedergewinn des Überblicks, der visuellen Exploration sowie des Lesens vor. Grundlage der berichteten Trainingsverfahren ist die Substitution des verlorenen Gesichtsfeldbereichs vor allem durch Augenbewegungen. Für andere Störungsbereiche liegen Einzelerfahrungen vor, die aber eine prinzipielle Behandelbarkeit erkennen lassen.

Vorbemerkung

Störungen visueller Wahrnehmungsleistungen zählen mit einer Auftretenshäufigkeit von etwa 20% (Prosiegel & Ehrhardt, 1990) zu den häufigeren Funktionseinbußen nach erworbener Hirnschädigung. Da ausreichende Sehfunktionen eine wesentliche Voraussetzung z.B. für die räumliche Orientierung, die Erkennung von Objekten und Gesichtern, für das Lesen und Schreiben, sowie für die Steuerung grob- und feinmotorischer Aktivitäten darstellen, ist ihre Diagnostik und Behandlung wichtig für die Rehabilitation hirngeschädigter Patienten.

Zerebrale Sehstörungen reichen von „elementaren" sensorischen Einbußen (z.B. Ge-sichtsfeldstörungen) bis zu sog. höheren, visuell-kognitiven Störungen des Erkennens. Tabelle 1 gibt einen Überblick über zerebral bedingte visuelle Wahrnehmungsstörungen, die aufgrund ihrer Häufigkeit bzw. klinischen Relevanz nachfolgend ausführlicher dargestellt werden sollen. Gesichtsfeldstörungen stehen bei weitem an erster Stelle, gefolgt von Beeinträchtigungen der visuell-räumlichen (nachfolgend: visuellen) Orientierung und Störungen des Kontrastsehens. Beeinträchtigungen der Farbwahrnehmung und der räumlichen Aufmerksamkeit in beiden Halbfeldern („Balint-Syndrom") kommen hingegen deutlich seltener vor. Die Einteilung visueller Wahrnehmungsstörungen in „sensorische", „perzeptive" und

Tabelle 1. Art und Häufigkeit einiger visueller Wahrnehmungsstörungen nach erworbener Hirnschädigung und Beispiele für Auswirkungen (modifiziert nach Zihl, 1997)

Störung	Häufigkeit	Auswirkungen auf
Gesichtsfeld	75.0%	Überblick, Orientierung, Lesen
Kontrastsehen	26.0%	Lesen, Form-, Gesichterunterscheidung
Farbsehen	06.5%	Objekterkennung, Musterdiskrimination
visuelle Orientierung	30.0%	Lesen, Abtasten von Bildern und Szenen
Balint-Syndrom	03.0%	Überblick, Orientierung, Lesen, Erkennen

„kognitive" Beeinträchtigungen erscheint schwierig, zu vielfältig sind die gegenseitigen Abhängigkeiten. Dies zeigt sich exemplarisch am Einzelfall, der von Siemerling (1890) berichtet wurde: der Verlust bzw. die Beeinträchtigung visuell (-sensorischer) Teilleistungen kann das Bild einer „visuellen Agnosie" ergeben. Eine Unterteilung in sensorische bzw. perzeptive und kognitive Störungen der visuellen Wahrnehmung kann deshalb nur schwerpunktmäßig erfolgen (vgl. Zihl, 1997).

Die zentralnervöse Organisation der visuellen Wahrnehmung

Noch vor etwa 20 Jahren nahm man eine streng hierarchische zentralnervöse Organisation der visuellen Wahrnehmung an. Kombinierte neuroanatomische, neurophysiologische und Verhaltensanalysen bei Primaten führten jedoch zum Konzept der funktionellen Spezialisierung des visuellen Kortex (vgl. Zeki, 1993). Nach diesem Modell erfolgt die Analyse der visuellen Informationsmerkmale in dafür spezialisierten corticalen Arealen; die Gesamtorganisation baut auf parallelen und auf seriellen bzw. hierarchischen Schritten auf. Die verschiedenen „Verarbeitungsmodule" sind reziprok miteinander verbunden; es sind sowohl „bottom-up"- als auch „top-down" Interaktionen zwischen ihnen möglich. Innerhalb des Gesamtsystems gibt es zwei Hauptrouten der Informationsverarbeitung: den ventralen (sog. Was-) Pfad für die Analyse von Objektmerkmalen und die Codierung von Objekten, Gesichtern, Szenen usw., und den dorsalen (sog. Wo-) Pfad für die Analyse visuell-

räumlicher Informationen (Übersichten bei Desimone & Ungerleider, 1989; vgl. Abb. 1). Die engen reziproken Verbindungen zwischen horizontalen und vertikalen Verarbeitungsebenen ermöglichen den gleichzeitigen Austausch von Informationen und gewährleisten divergente und konvergente Verarbeitungs- und Codierungsschritte. Damit kann eine große Informationsmenge in kürzerer Zeit und mit höherer Sicherheit verarbeitet werden. Die Extraktion und Integration relevanter Merkmale zu einem Ganzen unter Berücksichtigung der Umgebung bzw. des Kontexts erlaubt die Herstellung und Aufrechterhaltung einer kohärenten visuellen Wahrnehmung. Interessanterweise haben bereits frühe klinische und hirnpathologische Beobachtungen zum selektiven Verlust einzelner visueller Leistungen (z.B. Wahrnehmung von Farbe oder Bewegung, Störung visuell-räumlicher Leistungen) ein solches Verarbeitungsmodell nahegelegt, auch wenn die funktionell-anatomische Evidenz aus methodischen Gründen zwangsläufig nicht eindeutig war (vgl. Zihl & von Cramon, 1986; Grüsser & Landis, 1991; Zeki, 1993).

Funktionelle Neuroanatomie des visuellen Kortex

Die vom Auge über den Sehnerv (N. opticus) übertragene Information gelangt über das Corpus geniculatum laterale (CGL) zum striären Kortex (area striata; Area 17 nach Brodmann; visuelles Areal 1) und wird von dort an die verschiedenen Areale des visuellen Kortex weitergegeben, die auf die Analyse bestimmter Informationsanteile spezialisiert sind. Funk-

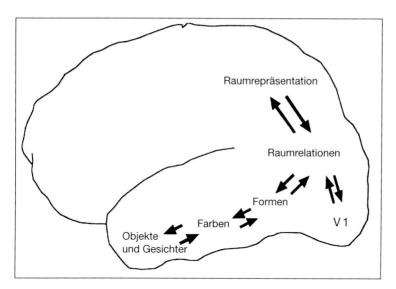

Abb. 1. Schematische Darstellung der Dorsal- und Ventralbahnen (Wo- und Was-Systeme) im visuellen Kortex. V1 = visuelles Areal 1 (striärer Kortex; Area 17 nach Brodmann).

tionelle Spezialisierung bedeutet, dass einzelne Areale „kritisch" sind für die Analyse bestimmter Informationsanteile wie Farbe, Form, Bewegung, räumliche Informationen (Position, Entfernung, Richtung), d.h. der visuelle Kortex ist hinsichtlich seiner Aufgaben topographisch organisiert. Mit Hilfe bildgebender Verfahren, vor allem der PET-Methode (vgl. Kap. 2.2), konnte die funktionelle Spezialisierung beim Menschen auch in vivo bestätigt werden. Entsprechende Befunde liegen bisher für die Analyse von Form, Farbe und Bewegung, für die Identifizierung von Objekten und Gesichtern und für die Kodierung von visuell-räumlicher Information vor (Tootel et al., 1996). Bei diesen Verarbeitungs-, Integrations- und Codierungsprozessen spielt die selektive Aufmerksamkeit als „Attributionsmechanismus" eine wesentliche Rolle. Auch dabei zeigt sich wieder die oben angesprochene dorsale und ventrale „Zweiteilung": bei der Verarbeitung visuell-räumlicher Informationsanteile spielen parietale (und frontale) Mechanismen eine wichtige Rolle, während bei der Analyse von Objektmerkmalen vor allem okzipito-temporale Mechanismen „aktiviert" werden (Corbetta et al., 1991). Ältere und neuere klinische Befunde unterstützen das Modell der topographischen Organisation des

visuellen Kortex weitgehend. Patienten mit einer Schädigung der ventralen (okzipito-temporalen) Verarbeitungsroute weisen Störungen der Analyse von Objektmerkmalen sowie der Identifizierung von Objekten, Gesichtern und Szenen auf, während Patienten mit einer Schädigung der dorsalen (okzipito-parietalen) Route eine Beeinträchtigung von Leistungen der visuellen Raumwahrnehmung sowie der räumlichen Steuerung der visuellen Aufmerksamkeit zeigen (Zihl & von Cramon, 1986; Grüsser & Landis, 1991; Zeki, 1993).

Klinisches Bild

Homonyme Gesichtsfeldstörungen

Wie bereits erwähnt, stellt der vollständige oder teilweise Verlust von Sehleistungen in umschriebenen Gesichtsfeldbereichen die häufigste Form zerebraler Sehstörungen dar. Aufgrund der anatomischen Gegebenheiten (Kreuzung der Fasern der nasalen Netzhauthälfte) sind jeweils die beiden rechten (bei linksseitiger) bzw. linken Gesichtsfeldhälften (bei rechtsseitiger) postchiasmatischer Schädigung betroffen; die resultierenden Gesichtsfeldausfälle werden deshalb als homonym bezeichnet

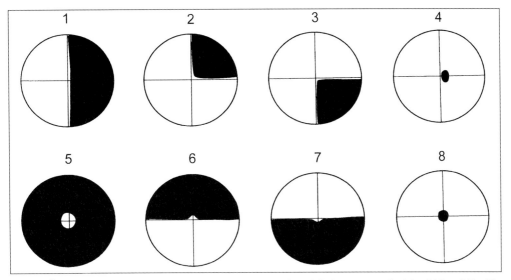

Abb. 2. Übersicht über typische einseitige (1-4) und beidseitige (5-8) homonyme Gesichtsfeldausfälle. Abgebildet sind jeweils die binokulären Gesichtsfelder; der ausgefallene Bereich ist schwarz dargestellt. 1: rechtsseitige Hemianopsie; 2,3: rechtsseitige obere bzw. untere Quadrantenanopsie; 4: rechtsseitiges parazentrales Skotom; 5: bilaterale Hemianopsie („Röhrengesichtsfeld"); 6,7: beidseitige obere bzw. untere Quadrantenanopsie; 8: Zentralskotom.

(Huber, 1998). Typische unilaterale Gesichtsfeldeinbußen sind Hemianopsien, Quadrantenanopsien und parazentrale Skotome. Nach beidseitiger postchiasmatischer Schädigung des visuellen Systems kommt es zur beidseitigen Hemianopsie (auch: Röhrengesichtsfeld), zur bilateralen oberen oder unteren Quadrantenanopsie, oder zum Zentralskotom (Abb. 2). Tabelle 2a gibt einen Überblick über die Häufigkeit homonymer Gesichtsfeldeinbußen. Unilaterale Ausfälle bilden bei weitem die größte Gruppe. Homonyme Hemianopsien stehen dabei mit fast 70% an der Spitze; sie gelten zurecht als das „Kardinalsymptom" postchiasmatischer Schädigung. In etwa 10% der Fälle bleibt die Lichtwahrnehmung im betroffenen Gesichtsfeldareal erhalten, ist aber reduziert; Farb- und Formwahrnehmung sind hingegen nicht mehr nachweisbar. Diese homonyme Gesichtsfeldstörung wird als zerebrale Hemiamblyopie bezeichnet (Zihl & von Cramon, 1986). Der Schweregrad der Gesichtsfeldstörung, der in den meisten Fällen auch eine Voraussage über die Art und den Schweregrad der Sehbehinderung erlaubt, kann anhand der

Größe des auf der betroffenen Seite verbliebenen Restgesichtsfelds bestimmt werden. Tabelle 2b zeigt, dass der Großteil der Patienten ein Restgesichtsfeld von weniger als 5 Sehwinkelgrad aufweist. Patienten mit solchen ausgedehnten Gesichtsfeldstörungen weisen häufig sekundär Störungen des Überblicks und der visuellen Exploration (54%) bzw. des Lesens (68%) auf (Zihl, 1997). Hemiamblyopien, die bis nahe an die Fovea reichen, sind ebenfalls häufig mit Lesestörungen assoziiert.

Nach einer Schädigung beider Okzipitallappen kann es zum vollständigen Verlust der visuellen Wahrnehmungsfähigkeit (sog. Rindenblindheit) kommen. In etwa 25-30% der Fälle handelt es sich um eine bleibende Blindheit; der Rest zeigt eine partielle Rückbildung (vgl. Zihl & Kennard, 1996). In allen anderen Fällen resultieren bilaterale homonyme Gesichtsfeldstörungen, die zu einer meist ausgeprägten Beeinträchtigung des Überblicks, der visuellen Exploration und des Lesens führen. Da bei solchen Patienten meist auch foveale Sehleistungen (s.u.) herabgesetzt sind, besteht in der Regel eine deutlich größere Sehbehin-

Tabelle 2. Formen und Häufigkeit homonymer Gesichtsfeldstörungen (a) sowie Restgesichtsfeld (b). Es wurden 566 Fälle mit einseitigen und 67 Fälle mit beidseitigen Gesichtsfeldstörungen ausgewertet. Für das Restgesichtsfeld wurden nur einseitige Gesichtsfeldstörungen berücksichtigt (modifiziert nach Zihl, 1997).

a) Formen	einseitig	beidseitig
Hemianopsie	68%	54%
obere Quadrantenanopsie	06%	03%
untere Quadrantenanopsie	08%	02%
parazentrales Skotom	07%	15%
Hemiamblyopie	11%	10%
Zentralskotom		16%

b) Restgesichtsfeld	<2°	2-5°	6-10°	>10°
Hemianopsien	34%	48%	13%	05%
Quadrantenanopsien	16%	53%	23%	08%
parazentrale Skotome	34%	49%	15%	02%
Hemiamblyopien	36%	48%	16%	–

derung als bei Patienten mit unilateralen Gesichtsfeldstörungen.

Patienten mit homonymen Gesichtsfeldausfällen nehmen ihre Störung selbst selten zutreffend wahr. Für die beeinträchtigte bzw. fehlende Einsicht sind die Begriffe „Anosognosie" (Ignorieren der Funktionsstörung) und „Anosodiaphorie" (Indifferenz, Sorglosigkeit gegenüber den Folgen der Beeinträchtigung) geprägt worden (vgl. Säring et al., 1988). In Tabelle 3 sind die unterschiedlichen Formen der Reaktion bzw. Deutung bei Konfrontation mit dem Gesichtsfeldausfall zusammengefasst. Hinzuzufügen bleibt, dass die Hemiamblyopie von Patienten meist direkt wahrgenommen wird; die zugehörigen Seheindrücke werden als „schattenhaft", „grau" und „unklar" beschrieben. Nicht selten jedoch suchen Patienten die Ursache dafür in einer plötzlich aufgetretenen „Fehlsichtigkeit" des kontralateralen Auges oder machen das „schlechte Licht" im Untersuchungszimmer dafür verantwortlich.

Sehschärfe und Kontrastsehen

Die *Sehschärfe* ist nach einseitiger postchiasmatischer Schädigung nicht oder nur geringfügig beeinträchtigt. Nach bilateraler Schädi-

gung kann die Sehschärfe in unterschiedlichem Ausmaß reduziert sein; im Extremfall können nur noch Handbewegungen bzw. Hell-Dunkel-Wechsel wahrgenommen werden (Zihl & von Cramon, 1986).

Tabelle 3. Formen und Ausmaß der „Einsicht" in das Vorhandensein von homonymen Gesichtsfeldausfällen (in Anlehnung an Critchley, 1949).

- Völliges Fehlen jeglicher Einsicht, auch nach Demonstration der Gesichtsfeldeinbuße und Aufklärung der Folgen im Alltag

- Teilweises Gewahrwerden der Folgen des Ausfalls im Alltag (z.B. Anstoßen an Hindernisse) bei fehlender Wahrnehmung des Gesichtsfeldverlusts

- „Projektion" des Ausfalls in die Aussenwelt (z.B. fehlendes „Sozialverhalten" anderer; absichtliches Aufstellen von Hindernissen)

- Gewahrwerden der Gesichtsfeldeinbuße, wird jedoch unzutreffend gedeutet und erklärt (z.B. teilweise Sehverlust auf dem kontralateralen Auge; unzureichende optische Korrektur)

- Bewusste Wahrnehmung des Gesichtsfeldausfalls und adäquate Zuordnung bzw. Erklärung der im Alltag daraus resultierenden Sehbehinderung

Patienten mit uni- oder bilateraler posteriorer Hirnschädigung berichten manchmal über „Verschwommensehen"; die Welt erscheint ihnen „wie durch einen Nebel". Das Lesen scheint besonders betroffen zu sein; aber auch das Erkennen feiner Details auf Photographien (z.B. Gesichter) ist oft erschwert. Die Ursache für diese Sehstörung liegt nicht in einer herabgesetzten Sehschärfe, sondern in der Beeinträchtigung des *Kontrastsehens* (räumliche Kontrastauflösung; Hess et al., 1990).

Stereopsis

Unter Stereopsis versteht man die Fähigkeit zum binokulären Tiefensehen; sie gewährleistet, dass wir einen „plastischen" Eindruck („stereoskopisches Sehen") von Gegenständen, aber auch von Gesichtern haben können. Daneben gibt es natürlich auch den monokulär vermittelten Tiefeneindruck, der unter anderem auf der Auswertung perspektivischer Veränderungen, Objektabdeckungen, Schattenbildungen beruht. Binokuläres stereoskopisches Sehen spielt insbesondere im Nahraum eine wichtige Rolle, während das monokulär vermittelte stereoskopische Sehen sowohl im Nah- als besonders auch im Fernraum Tiefenwahrnehmung vermitteln kann.

Der Schweregrad der Beeinträchtigung des stereoskopischen Sehens hängt davon ab, ob ein Patient eine ein- oder beidseitige posteriore Hirnschädigung aufweist (vgl. Zihl & von Cramon, 1986). Ein völliger Ausfall des stereoskopischen Sehens setzt nach bisheriger klinischer Erfahrung immer eine beidseitige posteriore Hirnschädigung voraus; das klassische Störungsbild ist das sog. Balint-Syndrom (vgl. S. 437). Patienten erleben die Welt „flach wie ein Bild"; Treppenstufen erscheinen wie ein zweidimensionales Muster aus vertikalen und horizontalen Balken, Gesichter erscheinen verändert, weil ihnen jeglicher „plastische Ausdruck" fehlt. Dreidimensional gezeichnete Objekte (z.B. ein Würfel) werden nur noch zweidimensional (ein Sechseck) wahrgenommen. Solche Patienten haben typischerweise sowohl die beid- als auch die einäugige Tie-

fenwahrnehmung eingebüßt. Die Folgen sind eine hochgradige Störung oder sogar der Verlust der Fähigkeit, Entfernungen korrekt zu schätzen und Abstände zwischen Objektes in der Tiefe richtig wahrzunehmen. Typische Folgen sind die Über- oder Unterschätzung von Entfernungen. Dies kann sich auch auf die Objektwahrnehmung auswirken: Objekte erscheinen deutlich größer (Makropsie) oder kleiner (Mikropsie). Im Verhalten fallen diese Patienten unter anderem dadurch auch, dass sie zu kurz oder zu weit greifen, Schwierigkeiten beim Treppensteigen zeigen, gegen Türen oder Mauern laufen, und kaum noch perspektivisch zeichnen.

Daneben gibt es nach einseitiger posteriorer Hirnschädigung auch leichtere Störungsformen, die sich z.B. in einer Herabsetzung der Stereosehschärfe manifestieren, d.h. feine binokuläre Tiefeneindrücke können nicht mehr ausgewertet werden. Patienten mit dieser leichteren Störungsform können aber Abstände und Entfernungen von Objekten in der Tiefe in der Regel mit Hilfe der ausreichend intakt gebliebenen monokulären Tiefenwahrnehmung richtig einschätzen.

Farbsehen

Beeinträchtigungen der *Farbwahrnehmung* nach erworbener Hirnschädigung können eine Gesichtsfeldhälfte betreffen (Hemiachromatopsie), wobei die übrigen Sehfunktionen (Lichtsinn; Formsehen) intakt sind, einen Quadranten, oder, nach bilateraler posteriorer Schädigung das gesamte Gesichtsfeld (Achromatopsie). Im ersten Fall berichteten Patienten meist, dass eine Hälfte der Welt normal, die andere hingegen „wie in einem Schwarz-Weiss-Fernseher" aussieht. Bei völligem Verlust der Farbwahrnehmung besteht oft eine Anosognosie; Patienten nehmen an, die Welt hätte sich „verdüstert", was sich durchaus auch auf die eigene Stimmungslage negativ auswirken kann. Nach einseitiger Schädigung ist die foveale Farbdiskrimination typischerweise mitbetroffen; beeinträchtigt ist vor allem die Unterscheidung von feinen Farbtönen (Zihl & von Cramon, 1986; Abb. 3a). Diese Verminde-

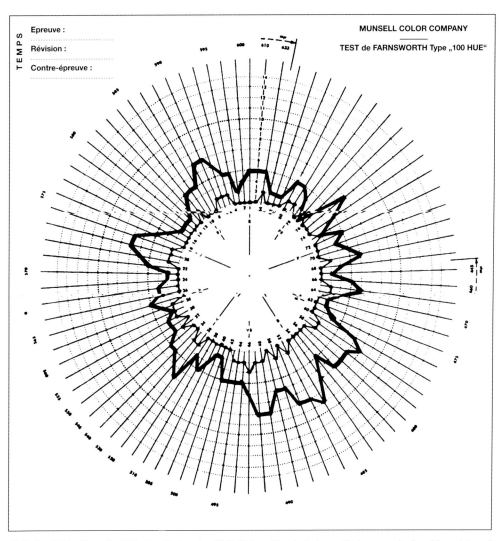

Abb. 3a (Abb. 3b s. S. 437). Ergebnisse im FM100-hue-Test bei einem Patienten mit einseitiger (*a*) und einem Patienten mit beidseitiger (*b*) okzipito-temporaler Schädigung. Die gepunkteten Linien zeigen das Ergebnis einer jeweils gleichaltrigen Normalperson. Während der Patient in a eine Herabsetzung der Farbtondifferenzierung aufweist, leidet der Patient in b unter einem nahezu völligen Verlust der Farbwahrnehmung.

rung der chromatischen Unterschiedsempfindlichkeit wird subjektiv vor allem dann wahrgenommen, wenn diese Wahrnehmungsleistung beruflich (z.B. Maler, Textilverkäufer etc.) oder privat (Abstimmen von Farbtönen bei der Auswahl der Kleidung) erforderlich ist. Nach beidseitiger posteriorer Schädigung fehlt die Farbwahrnehmung oft völlig (Abb. 3b). Pati-

enten berichten selbst sehr satte Farben als „fahl", „ausgebleicht" oder sie erscheinen „wie ausgewaschen". Infolge dieses Verlusts können Farben auch nicht mehr richtig benannt werden; Objekte, für deren visuelle Erkennung die Farbe eine wichtige Rolle spielt (z.B. Obst, Blumen), werden nicht mehr korrekt identifiziert.

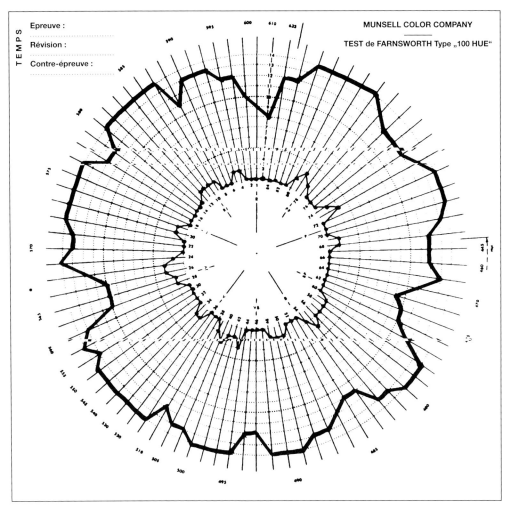

Abb. 3b

Visuelle Orientierung und visuelle Aufmerksamkeit; Balint-Syndrom

Störungen der visuellen Orientierung können sich als Beeinträchtigung der visuell-räumlichen Steuerung von motorischen Aktivitäten im Dienste der visuellen Wahrnehmung (Blickmotorik; Greifmotorik) oder, wenn es sich um den Verlust der (intern und extern gesteuerten) Aufmerksamkeit handelt, als Verlust solcher Aktivitäten manifestieren. Typische Folgen einer visuellen Orientierungsstörung sind die Beeinträchtigung der raum-zeitlichen Organisation von Blick- sowie Greifbewegungen bzw. die Nichtbeachtung bzw. Auslassung von Reizen entweder in einem umschriebenen Raumbereich (wie z.B. beim visuellen Neglect; vgl. Kap. 4.2) oder in beiden Raumhälften, wie im Falle der bilateralen Einengung der Aufmerksamkeit (sog. Balint-Syndrom). Homonyme Gesichtsfeldausfälle sind in ca. 50% der Fälle (vgl. oben) mit einer Störung der visuellen Orientierung und damit auch einer Beeinträchtigung des Überblicks assoziiert; die Ursache dafür liegt in der (zusätzlichen) Schädigung okzipito-parietaler Areale und

Faserverbindungen bzw. reziproker kortiko-
subkortikaler Verbindungen (Zihl, 1995a). Solche Patienten zeigen typischerweise ein sehr
unökonomisches Blickbewegungsmuster mit
deutlich erhöhtem Zeitbedarf, das durch Sakkaden mit kleiner Amplitude und eine deutlich
erhöhte Zahl an Fixationen gekennzeichnet ist
(vgl. Abb. 4d). Patienten mit dieser Störung
„verirren" sich leicht auf komplexen, wenig
strukturierten Reizvorlagen und „verlieren"
oft die Zeile beim Lesen. Da einerseits Patienten mit Hemianopsie auch ein nahezu
unauffälliges okulomotorisches Suchmuster
aufweisen können (Abb. 4c), andererseits eine
Beeinträchtigung der visuellen Orientierung
auch ohne Hemianopsie auftreten kann (Abb.
4e), ist die visuelle Orientierungsstörung als
eigenständige Störung anzusehen. Bei Patienten mit einer bilateralen Einengung des Auf-
merksamkeits- und damit des Wahrnehmungs-
feldes (Balint-Syndrom, vgl. Zihl, 1997) sind
die okulomotorischen Such- und Abtastbewe-
gungen trotz des meist erhaltenen Gesichtsfelds auf einen kleinen Bereich in Blickrich-
tung beschränkt: Innerhalb dieses Bereichs
besteht zusätzlich eine Beeinträchtigung der
Fähigkeit, sich visuell zu orientieren und mehrere Reize gleichzeitig wahrzunehmen (vgl.
Abb. 4f). Im Extremfall verhalten sich solche
Patienten wie Blinde; in leichteren Fällen werden Reize ausserhalb des aktuellen Fixations-
bereichs, auf den die Aufmerksamkeit fokussiert wird, „übersehen".

Visuell-kognitive Leistungen; Lesen

Störungen visuell-kognitiver Leistungen umfassen visuelle Teilleistungen, die vor allem im
Dienste des visuellen Erkennens stehen. Dazu
gehören unter anderem die Differenzierung
von Formen und Figuren, die Figur-Grund-
Unterscheidung und visuelle Konstanzleistungen (Objekt- und Gesichterkonstanz) (vgl.
Zihl, 1997, 1998; Zihl & von Cramon, 1986).
Patienten mit Störungen der Form- und Figur-
wahrnehmung bzw. der Figur-Grund-Unterscheidung können Objekte nicht mehr sicher
voneinander abgrenzen. Ähnliche Formen
werden verwechselt und sich überlappende

Objektteile vermengt; teilweise werden nur
Ausschnitte aus der Reizvorlage zur Identifizierung benützt. Die Identifizierung von Objekten erfolgt manchmal auch in einer fast
sklavischen Schritt-für-Schritt-Prozedur; bei
unbegrenzter Zeitvorgabe kann es aber durchaus zu korrekten Lösungen kommen. Patienten
mit einer Beeinträchtigung der Objektkon-
stanz können Gegenstände oder Gesichter, die
in einem anderen als dem gewohnten Erscheinungsbild oder Kontext (Perspektive, Licht-
verhältnisse, Größe und Kolorierung) erscheinen, nicht mehr (sicher) erkennen; dies wirkt
sich natürlich auch auf die Einspeicherung und
somit die Erinnerungsleistung für neue Objekte und Gesichter ungünstig aus. Ist die Fähigkeit zur Unterscheidung relevanter (d.h. charakteristischer) von weniger wichtigen
Objektmerkmalen beeinträchtigt, so haben Patienten Schwierigkeiten mit der Bewertung
und damit auch Selektion von Merkmalen.
Auffallend ist in allen Fällen das Fehlen kognitiver Schritte zur Überprüfung des Wahrneh-
mungs- bzw. Erkennungsergebnisses („Plausi-
bilitätskontrolle"): entweder akzeptieren
Patienten ihre „Lösung" sofort und ohne Zweifel oder sie können nicht angeben, warum sie
unsicher sind. Möglichkeiten zur Überprüfung
in Form von Denkprozessen, unter Zuhilfenahme von Vorstellungen bzw. Hinzunahme
weiterer Informationen werden nicht genutzt
(Zihl & von Cramon, 1986).

Zu den visuell-kognitiven Störungen gehört
auch die Beeinträchtigung des Lesens, ohne
dass eine aphasische Störung oder eine Alexie
vorliegt. Patienten mit einem Verlust des foveanahen Gesichtsfelds (Restgesichtsfeld < 5
Grad) für die Identifizierung von Formen (Hemianopsie, parazentrales Skotom; Hemiamblyopie) sind nicht mehr in der Lage, Wörter
bzw. Wortteile ganzheitlich zu erfassen und ihre Lesebewegungen geordnet von links nach
rechts zu steuern. Patienten mit linksseitigem
Ausfall haben typischerweise Schwierigkeiten, den Zeilen- bzw. Wortanfang zu finden,
während Patienten mit einem rechtsseitigen
Ausfall große Probleme haben, ihre Augenbewegungen systematisch nach rechts (weiter)
zu bewegen. Die Folge sind ein ausgeprägtes
Zögern beim Lesen, das Auslassen von Endsil-

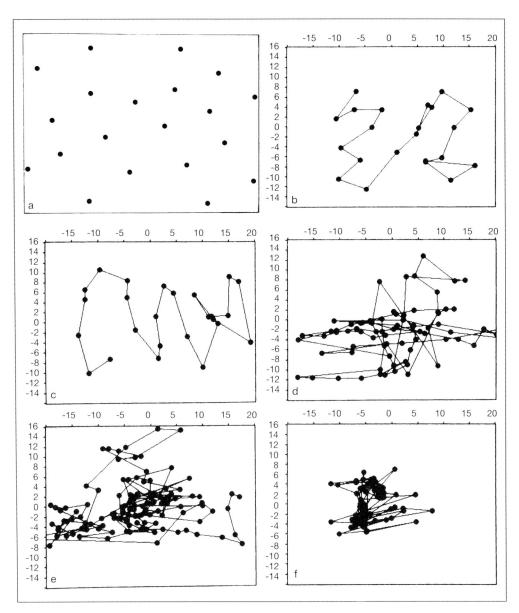

Abb. 4. Augenbewegungsmuster bei Patienten mit einer rechtsseitigen Hemianopsie und effizienter (c) bzw. sehr unökonomischer (d) Kompensation, bei einem Patienten mit einer visuellen Orientierungsstörung ohne begleitenden Gesichtsfeldausfall (e) und bei einem Patienten mit einem Balint Syndrom (f). Das Reizmuster (20 zufällig verteilte Punkte) ist in (a), das Suchmuster einer Normalperson in (b) dargestellt. Die Vpn sollten die Punkte (leise) zählen. Während die Normalperson für diese Aufgabe 8.5 sec und der Patient in (c) 11.6 sec brauchten, betrugen die Suchzeiten für (d) 42.6 sec, für (e) 79.9 sec und für (f) 56.3 sec. Der Patient in (e) berichtete 23 Punkte, der Patient in (f) 7 Punkte. Das Restgesichtsfeld der beiden Patienten mit Hemianopsie betrug 2 (c) bzw. 3 (d) Sehwinkelgrad. Die Augenbewegungen wurden mit Hilfe einer Infrarot-Kornealreflexionsmethode aufgezeichnet. Die Zahlen auf den beiden Achsen geben die horizontale bzw. vertikale Ausdehnung in Sehwinkelgrad an (0 = Zentrum)

ben und Überspringen von kürzeren Wörtern. Patienten mit rechtsseitigem Ausfall weisen eine ausgeprägtere Störung des Lesens auf (Zihl, 1995b; 1997). Eine weitere Ursache für die „visuelle" Beeinträchtigung des Lesens ist eine beeinträchtigte Kontrastsensitivität, so dass eine sichere Abgrenzung von Einzelbuchstaben nicht mehr möglich ist. Solche Patienten berichten, dass ihnen „die Buchstaben vor den Augen verschwimmen" oder „ineinander übergehen"; diese Phänomene treten auch unter monokulären Bedingungen auf. Die Vergrößerung des Abstandes zwischen den Buchstaben (nicht unbedingt der Buchstabengröße) führt meist zu einer sofortigen Besserung (Zihl, 1997).

Diagnostik visuoperzeptiver und visuell-kognitiver Störungen

Eine Überprüfung visueller Wahrnehmungsleistungen sollte nie ohne vorherige neuroophthalmologische Untersuchung durchgeführt werden. Unfallbedingte oder bereits prämorbid (z.B. altersbedingt) bestehende Beeinträchtigungen von Sehfunktionen müssen unbedingt abgeklärt werden, bevor Aussagen über durch die Hirnschädigung verursachte Einbußen gemacht werden. Dies gilt vor allem für das Gesichtsfeld, die Sehschärfe und das Kontrastsehen sowie die Farbwahrnehmung und für die Okulomotorik (vgl. dazu Huber & Kömpf, 1998). Eine ausführliche Darstellung und Diskussion zahlreicher visueller Wahrnehmungstests findet sich in Lezak (1995).

Das *Gesichtsfeld* kann mit Hilfe eines Perimeters quantitativ und qualitativ erfasst werden, wobei dem inneren Gesichtsfeldbereich aufgrund seiner Bedeutung für die Objekterkennung und das Lesen besondere Bedeutung zukommt. Für die konventionelle Bestimmung der Gesichtsfeldgrenzen werden Lichtreize verwendet; die Untersuchung der Form- und Farbgesichtsfelder erfordert besondere apparative Voraussetzungen (vgl. Zihl & von Cramon, 1986). Die *visuelle Exploration* kann mit visuellen Suchtests (z.B. Durchstreichtests; ZVT; trail-making-Test) überprüft werden, wobei neben der Suchzeit auch die Such-

strategie erfasst werden sollte. Dazu ist eine geeignete Untersuchungsanordnung erforderlich, die dem Untersucher die direkte Beobachtung der Augenbewegungen des Patienten erlaubt. Die *räumliche Kontrastauflösung* kann mit Hilfe standardisierter Verfahren überprüft werden; die entsprechenden Raumfrequenzen oder Zeichen werden auf Tafeln geboten (vgl. Wildberger, 1998). Die Durchführung erfordert wenig Aufwand; zu achten ist vor allem auf eine standardisierte Zimmerbeleuchtung. Grundsätzlich sollten immer beide Augen getrennt und anschließend gemeinsam geprüft werden. Die Untersuchung der Sehschärfe erfolgt üblicherweise durch den Augenarzt; dabei sollte beachtet werden, dass der Visus nicht nur für Einzelzeichen, sondern auch für Textmaterial („Lesesehschärfe") festgestellt wird. Zur Überprüfung der Farbtonunterscheidung bzw. Erfassung von zerebral bedingten Störungen der Farbwahrnehmung hat sich der Test von Farnsworth (1943; FM 100) bewährt. Dabei sortiert der Proband ausgehend von einem Ankerreiz feine Farbtöne in aufsteigender Folge von links nach rechts. Auf der Basis des Abstands zwischen (eigentlich) benachbarten Farbtönen wird ein Fehlermaß berechnet; gleichzeitig können Aussagen über den oder die betroffenen Farbbereich(e) gemacht werden (Zihl & von Cramon, 1986). Zur Vermeidung von Artefakten sollte bei Patienten mit linksseitigen foveanahen Gesichtsfeldstörungen die Sortierrichtung von rechts nach links gewählt werden. Für die Untersuchung der *Formwahrnehmung* sowie der *Figur-Grund-Unterscheidung* und der *Konstanzleistungen* gibt es eine Reihe von Tests, die teilweise standardisiert und mit Normen versehen sind (vgl. Zihl & von Cramon, 1986; Grüsser & Landis, 1991; Lezak, 1995). Zu beachten ist bei der Auswahl, dass Sehschärfe und Kontrastsensitivität nicht beeinträchtigt sind.

Behandlungsmöglichkeiten

Die Spontanrückbildung zerebral bedingter Sehstörungen spielt nach bisherigen Beobachtungen im klinischen Alltag eine eher untergeordnete

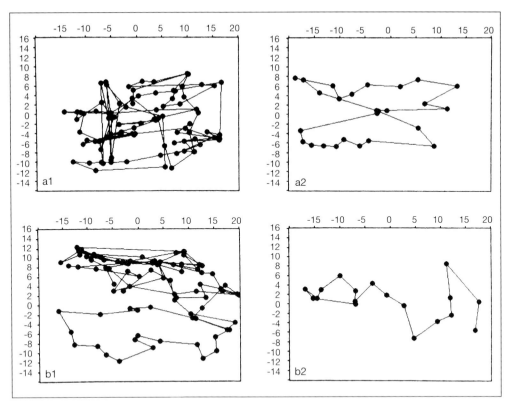

Abb. 5. Augenbewegungsmuster zweier Patienten beim Abtasten einer Reizvorlage (vgl. Abb. 4a) vor (a1, b1) und nach (a2, b2) dem visuellen Explorationstraining (a: Patient mit linksseitiger; b: mit rechtsseitiger Hemianopsie; Restgesichtsfeld: jeweils 2 Grad). Man beachte die Abnahme der Fixationen und die Zunahme der Amplituden der Sakkaden. Vor dem Training benötigte Patient a1 36.0 sec, b1 30.1 sec; nach dem Training waren die entsprechenden Suchzeiten 8.5 sec (a2) bzw. 8.2 sec (b2). Die Anzahl der Trainingssitzungen betrug 9 (a) bzw. 7 (b).

Rolle. Zwar sind spontane Rückbildungen z.B. von Gesichtsfeldeinbußen beschrieben worden; das Ausmaß der Rückbildung reicht jedoch selten zur Aufhebung der Sehbehinderung aus. Für andere Teilleistungsstörungen der visuellen Wahrnehmung (Farb- und Kontrastsehen; Form- und Objektwahrnehmung) liegen keine systematischen Beobachtungen vor. Nur etwa 40% der Patienten mit Gesichtsfeldeinbußen entwickeln spontan okulomotorische Kompensationsstrategien für den Überblick; nur etwa 25% für das Lesen (Zihl & Kennard, 1996). Als kritischer Faktor für das Fehlen spontaner Anpassungsstrategien erwies sich das Ausmaß der Mitbeteiligung okzipito-parietaler und thalamischer Strukturen (Zihl, 1995a, b).

Für den Wiedergewinn einer effizienten okulomotorischen Explorationsstrategie, die auch einen raschen und sicheren Überblick erlaubt, sowie der Lesefähigkeit stehen inzwischen ausreichend überprüfte Behandlungsverfahren zur Verfügung (Zihl, 1988, 1990, 1995a, 1995b, 1997). Da durch den Ausfall von Gesichtsfeldbereichen eine extern geleitete Steuerung der Aufmerksamkeit und der Blickmotorik nicht oder nur unzureichend möglich ist, muss auf ausschließlich „interne", d.h. intentionale, Steuerungs- und Kontrollmöglichkeiten zurückgegriffen werden. Dies geschieht über das Lernen von okulomotorischen Prozeduren, die für die visuelle Exploration und für das Lesen spezifisch sein müssen. Das Grundprinzip der

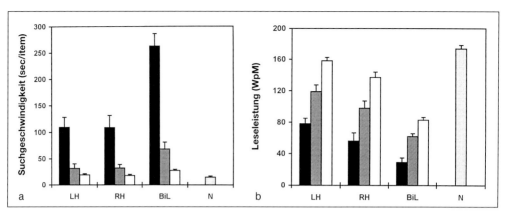

Abb. 6. Ergebnisse des visuellen Explorations- (*a*) und des Lesetrainings (*b*) bei Patienten mit links- (LH) bzw. rechtsseitiger (RH) Hemianopsie (n= jeweils 10; Restgesichtsfeld <5 Grad) sowie bei einer Gruppe von 5 Patienten mit bilateralen Gesichtsfeldeinbußen (BIL). Der Gesichtsfeldausfall war in allen Fällen auf einen Posteriorinfarkt zurückzuführen. Die Zeit zwischen dem Auftreten des Ausfalls und dem Beginn der Behandlung betrug im Durchschnitt 7 Wochen (Bereich: 5-13 Wochen). Die durchschnittliche Anzahl der Behandlungen betrug für die LH-Gruppe 16 (11-21) Sitzungen, für die RH-Gruppe 19 (15-27) und für die BIL-Gruppe 28 (19-42). In a sind die Zeiten/Items (die Reizvorlage bestand aus 20 Items; fehlerfreies Suchen) vor (schwarze Säulen) und nach Behandlung (schraffierte Säulen) sowie 6-8 Wochen nach Behandlung (weisse Säulen) dargestellt; in b sind die Leseleistungen (in Wörtern pro Minute, WpM) zu den gleichen Zeitpunkten abgebildet. Das Explorationstraining wurde vor dem Lesetraining durchgeführt. Man beachte die deutliche Abnahme der Suchzeiten bzw. Zunahme der Leseleistung nach Behandlung sowie die weitere, wenn auch geringere Leistungssteigerung bei der Verlaufskontrolle. Zum Vergleich sind die entsprechenden Werte für eine Gruppe von 20 Normalpersonen (N) aus der gleichen Altersgruppe dargestellt.

Behandlung besteht im wesentlichen im Lernen systematischer, raum-zeitlich geordneter Aufmerksamkeits- und Fixationswechsel. Für die visuelle Exploration gilt es zuerst, möglichst große sakkadische Augenbewegungen zum raschen Gewinn eines vollständigen Überblicks zu verwenden, der dann als Grundlage für die raum-zeitliche Steuerung des Blickbewegungsmusters in Abhängigkeit von der räumlichen Struktur der Reizvorlage dienen kann. Im Falle des Vorliegens einer visuellen Orientierungsstörung sind zusätzliche Übungen erforderlich, damit der Patient beim visuellen Abtasten „den Überblick behält" und mittels Benützung von Landmarken jederzeit weiss, wo er sich auf der Vorlage gerade befindet. Beim Lesen ist die genaue Steuerung der Abfolge von Fixation und sakkadischem Sprung nach rechts kritisch für eine flüssige, kontinuierliche Textaufnahme. Diese Prozedur darf nicht durch eine zu früh einsetzende semantische Textverarbeitung (Lesesinnverständnis) unterbrochen werden.

Abbildung 5 zeigt Beispiele für die Verbesserung der visuellen Exploration nach Behandlung bei Patienten mit links- bzw. rechtsseitiger Hemianopsie. In Abbildung 6 sind Gruppenergebnisse vor und nach der Behandlung (Explorations- und Lesetraining) bzw. 6-8 Wochen später dargestellt. Es zeigt sich, dass die Behandlungsergebnisse auch nach Abschluss des systematischen Trainings erhalten bleiben bzw. sogar ein weiterer Leistungszuwachs stattfindet, der vermutlich auf das selbstständige Weiterüben und das Benützen der erworbenen Kompensationsstrategien zurückzuführen ist. Die Behandlungsverfahren sind mittlerweile bei einer Gruppe von 126 (Explorationstraining) bzw. 96 Patienten (Lesetraining) mit Erfolg erprobt worden. Andere Autoren haben die Ergebnisse weitestgehend bestätigt (Kerkhoff et al., 1992a, 1992b) und zudem gezeigt, dass die Patienten nach erfolgreicher Behandlung eine deutlich geringere Behinderung im Alltag feststellen.

Für die Behandlung von Störungen des Kontrastsehens, der bilateralen Einengung des Aufmerksamkeitsfeldes (Balint-Syndrom) sowie visuell-kognitiver Störungen liegen derzeit nur Einzelfallergebnisse vor (Humphreys & Riddoch, 1994; Zihl, 1997; Zihl & Kennard, 1997). Die berichteten Erfahrungen weisen jedoch darauf hin, dass auch diese Störungen behandelbar sind. Die zugrunde liegenden Prinzipien bauen entweder auf Wahrnehmungslernen (Kontrastsehen), auf prozeduralem Lernen (Balint-Syndrom) oder auf dem Wiedererwerb der Fähigkeit auf, Merkmale zu bewerten und auszuwählen sowie in Kombination zu verwenden (visuell-kognitive Störungen).

4.7 Agnosie

Georg Goldenberg

Zusammenfassung

Konstitutiv für die kognitiv neuropsychologische Auffassung des Agnosiebegriffs ist die Annahme, dass zwischen perzeptiven Mechanismen und Sprache kognitive Systeme zwischengeschaltet sind, die den Ergebnissen der perzeptiven Analyse Bedeutungen zuweisen, die sprachlich benannt und bearbeitet werden können. Am Beispiel des modalitätsspezifisch visuellen Fehlbenennens wird aufgezeigt, wie diese grundsätzliche Annahme zu Modellen ausgebaut werden kann, um beobachtete klinische Phänomene zu erklären und vorauszusagen.

Vorbemerkung

Agnosie bedeutet „Nichterkennen". Schwierigkeiten mit dem Erkennen von Dingen, Inhalten und Bedeutungen finden sich in fast allen Gebieten der Neuropsychologie. Entsprechend häufig und verschieden sind die Symptome und Störungen, für deren Benennung das Wort „Agnosie" oder Ableitungen davon vorgeschlagen wurden. Dieses Kapitel behandelt nur die visuellen Objektagnosien, also Schwierigkeiten mit dem visuellen Erkennen von Dingen. Je nach Schädigungslokalisation können jedoch auch Agnosien in anderen Sinnesmodalitäten auftreten, z.B. auditive oder taktile Agnosien.

Geschichte und Definition

Der Begriff „Agnosie" wurde von Sigmund Freud (1891) eingeführt. In „Zur Auffassung der Aphasien" schlug er vor, Benennstörungen auf Grund mangelhafter visueller Wahrnehmung als „agnostisch" zu bezeichnen. Diese Definition würde auch Benennstörungen bei Blindheit umfassen und tatsächlich war eines von Freuds Beispielen ein Fall von kortikaler Blindheit. Zwei kurz davor erschienen Arbeiten begründeten eine differenziertere Analyse des Verhältnisses von visueller Wahrnehmung und Sprache: Freund (1889) postulierte, dass Benennstörungen durch eine Diskonnektion zwischen visuellen Objektvorstellungen und der sprachlichen Repräsentation von Objektnamen entstehen könnten. Er prägte dafür den Begriff „optische Aphasie". Lissauer (1890) unterschied zwischen einer „apperzeptiven" und einer „assoziativen" Phase des Objekterkennens. In der apperzeptiven Phase werden die Elemente der visuellen Wahrnehmung – Helligkeit, Farbe, Form – zur visuellen Vorstellung des Objektes integriert. In der assoziativen Phase wird die visuelle Vorstellung mit Vorstellungen aus anderen Sinnesmodalitäten verknüpft und damit das Objekt erkannt. Wenn diese Verknüpfung nicht gelingt, resultiert „associative Seelenblindheit". Fehlbenennungen sind die Folge des mangelhaften Erkennens. Die von Freund (1889) beschriebenen Fälle wurden von Freud (1891) als Beispiele der „agnostischen" Benennstörung erwähnt, während Lissauers (1890) Beschreibung nicht zitiert wurde.

Einem Vorschlag Liepmanns (1908) folgend, wurde Lissauers „Seelenblindheit" mit der „Agnosie" gleichgesetzt. Es resultierten die Begriffe „apperzeptive Agnosie", „assoziative Agnosie" und „optische Aphasie". Ihnen ist gemeinsam, dass visuell wahrgenommene Objekte falsch benannt werden, obwohl elementare visuelle Leistungen und Sprachkompetenz zum Erkennen und Benennen ausreichen würden.

Hoff und Pötzl (1937) beschrieben erstmals eine Störung des „Physiognomie-Gedächtnisses". Zehn Jahre später schlug Bodamer (1947) den Ausdruck „Prosopagnosie" für gestörtes Erkennen von Gesichtern vor. Sowohl Hoff und Pötzls als auch Bodamers Patient hatten auch Schwierigkeiten mit dem Erkennen von Gegenständen und Bildern, aus denen die Unfähigkeit, Gesichter zu erkennen, als besonders dramatische Manifestation herausragte.

Klassifikation der visuellen Agnosien

Im allgemeinen hält auch die moderne Neuropsychologie an der klassischen Einteilung der Agnosien fest:

Bei der *apperzeptiven Agnosie* misslingt die Integration visueller Merkmale zum Gesamtbild des Objektes. Die Fehlbenennungen verraten die mangelhafte visuelle Bearbeitung: Es werden einzelne visuelle Details aufgeführt und das Objekt mit visuell ähnlichen Objekten verwechselt. Eine besonders schwere Form der apperzeptiven Agnosie, bei der selbst das Erkennen und Vergleichen einfacher Formen misslingt, wird als *Formagnosie* (Benson et al., 1969; Milner et al., 1991) bezeichnet.

Bei der *assoziativen Agnosie* ist die visuelle Integration intakt, aber der Zugang zum Wissen über das Objekt ist gestört. Vielfach gelingt die Zuordnung zu Oberbegriffen (z. B.: Tier, Werkzeug), aber nicht die Identifizierung des einzelnen Exemplars. Entsprechend werden beim Benennen vorwiegend die Namen von semantisch verwandten Objekten oder Oberbegriffen produziert.

Bei der *optischen Aphasie* soll das sprachliche Benennen, aber nicht das Erkennen des Objekts gestört sein. Die Patienten sind imstande, das Erkennen nichtsprachlich zu bekunden, indem sie zum Beispiel gestisch vor-

führen, wie man das Objekt gebraucht. Die Benennstörung der optischen Aphasie würde zunächst an aphasische Wortfindungsstörungen denken lassen, aber anders als Patienten mit „normaler" Aphasie können die optisch aphasischen Patienten Objekte benennen, wenn sie nicht visuell, sondern taktil oder über verbale Defitionen vorgegeben werden.

Die *Prosopagnosie* kann, wie in den erwähnten „klassischen" Fällen, Teilsymptom einer apperzeptiven Agnosie sein. Die herausragenden Schwierigkeiten beim Erkennen von Gesichtern können damit erklärt werden, dass die Identifizierung individueller Gesichter besonders hohe Ansprüche an die Integration von visuellen Einzelheiten zu einem Gesamtbild stellt (Landis et al., 1988). Es sind aber auch einzelne Patienten beschrieben, bei denen die Erkennstörung selektiv nur menschliche Gesichter betrifft (De Renzi et al., 1991; Farah et al., 1995).

Der Rest dieses Kapitels wird sich auf die Neuropsychologie von assoziativer Agnosie und optischer Aphasie konzentrieren (siehe Farah, 1990; Goldenberg, 1997 für den Überblick über andere visuelle Agnosien). Die Abgrenzung zwischen assoziativer Agnosie und optischer Aphasie ist keineswegs eindeutig (De Renzi et al., 1997). Beide werden daher auch unter dem Begriff „modalitätsspezifisch visuelles Fehlbenennen" („modality specific visual misnaming" (Beauvois, 1982; De Renzi et al., 1997) zusammengefasst. Sie sind seltene Störungen, aber von großer Relevanz für das Verständnis der kognitiven Architektur von visueller Wahrnehmung, semantischem Gedächtnis und Sprache.

Klinische Phänomene und anatomische Grundlage

Die als assoziative Agnosie oder optische Aphasie beschriebenen Fälle haben eine Reihe von Phänomenen gemeinsam:

Leitsymptom sind Fehlbenennungen von visuell dargebotenen Gegenständen, die nicht mit Wortfindungsstörungen in anderen Situationen korrespondieren. Dementsprechend können die Patienten dieselben Gegenstände perfekt oder zumindest weitaus besser benennen, wenn sie taktil oder auditiv dargeboten werden. Dabei kann die auditive Darbietung in verbalen Definitionen oder auch im Vorspielen charakteristischer Geräusche bestehen. Bei manchen Patienten verschlechtert sich allerdings das taktile Benennen, wenn sie gleichzeitig den Gegenstand sehen (Coslett et al., 1989; Goldenberg et al., 1998). Wenn ihnen der Name eines Gegenstandes vorgegeben wird, können die Patienten seine Eigenschaften beschreiben und ihn auch aus dem Gedächtnis zeichnen.

Die Patienten können den richtigen Namen visuell dargebotener Objektes aus einer Auswahl von Namen aussuchen und auf ein genanntes Objekt in einer Auswahl von Bildern zeigen. Zumindest ist die verbal-visuelle Zuordnung deutlich besser als das Benennen. Größere Schwierigkeiten treten auf, wenn der Name eines Dings gesagt wird, das auf den vorgelegten Bildern nicht gezeigt ist. Dann kommt es vor, dass fälschlich auf ein vorhandenes Bild gezeigt wird (Hillis et al., 1995; Goldenberg et al., 1998). Auf Vorgabe des Namens können die Patienten nicht nur Eigenschaften des Gegenstandes aufzählen, sondern diesen auch aus dem Gedächtnis zeichnen.

Die Fehlerrate beim Benennen wird nicht von der optischen Qualität der bildlichen Darstellung beeinflusst. Die Patienten können perzeptive Unterscheidungsaufgaben gut lösen und Bilder korrekt abzeichnen. Sie können auch verschiedene Ansichten oder verschiedene Exemplare eines Gegenstandes einander zuordnen, und entscheiden, ob ein Bild einem realen Gegenstand oder einem Pseudoobjekt (z. B. ein Fuchs mit einem Rindskopf) entspricht.

Typischerweise besteht auch eine Alexie ohne Agraphie und eine Farbbenennstörung. Die meisten Patienten mit Alexie ohne Agraphie haben allerdings keine visuellen Benennstörungen. Umgekehrt kann sich bei Fortbestehen der Benennstörung die Alexie zumindest bis zum korrekten Erkennen einzelner Buchstaben zurückbilden.

Einige weitere Symptome sind variabel:

Ein Fehlertyp, der bei manchen Patienten ganz dominiert, bei anderen aber fehlt, sind Perseverationen. Diese können von Gegenständen stammen, die bis zu 40 Bilder zuvor

gezeigt wurden (Lhermitte et al., 1973). Dabei wird nicht nur der Name selbst perseveriert, sondern auch das semantische Feld, aus dem er stammt. Die Perseveration kann auch von einem Gegenstand stammen, der ursprünglich fehlbenannt wurde.

Die meisten Patienten können richtiges Wissen über die fehlbenannten Gegenstände bekunden. Sie können sie nach Kategorien (z. B. Tiere versus Pflanzen) und manchmal auch nach funktionellen Zusammenhängen sortieren. Die Zuordnung nach Kategorien kann aber fehlerhaft werden, wenn über grobe Kategorieneinteilung hinaus feinere Abstufungen (z. B. Hunde versus Katzen) verlangt werden (Hillis et al., 1995).

Manche Patienten können pantomimisch richtig den Gebrauch eines fehlbenannten Objektes anzeigen (Lhermitte et al., 1973; Coslett et al., 1992), und manche Patienten benennen Bilder von Aktionen deutlich besser als Bilder von Gegenständen (Manning et al., 1992; Teixeira-Ferreira et al., 1997).

Die Läsionen betreffen typischerweise den linken Okzipitallappen und das Splenium des Corpus callosum oder den Forceps major, der das Splenium in den Temporal- und Okzipitallappen der linken Hemisphäre fortsetzt. Zumeist liegen ihnen Infarkte der linken Arteria cerebri posterior zu Grunde. Die Anatomie der Läsion legt nahe, dass die Symptome durch eine visuoverbale Diskonnektion verursacht werden. Auf Grund der linksseitig okzipitalen Läsion besteht eine rechtsseitige Hemianopsie. Wegen der Spleniumsläsion können die visuellen Informationen der rechten Hemisphäre nicht in die sprachdominante linke Hemisphäre gelangen. Diese ist von der visuellen Information abgeschnitten und produziert Fehlbenennungen.

Modelle

Die anatomischen Gegebenheiten legen nahe, dass die Fehlbenennungen dadurch entstehen, dass die visuelle Information von der rechten Hemisphäre gar nicht oder nur entstellt zur sprachdominanten linken Hemisphäre gelangt. Die Herausforderung für die kognitive Analyse der Störung besteht darin, zu modellieren,

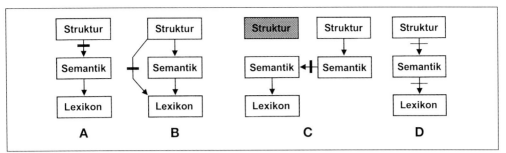

Abb. 1. Modelle für modalitätsspezifisch visuelle Fehlbenennungen. A: Gestörter Zugang zur Semantik. B: Unterbrechung einer direkten Route von der Struktur zum Namen. C: Zwei semantische Systeme. D: Superadditiver Effekt zweier Läsionen.

welche Komponenten der kognitiven Architektur von der visuellen Information abgeschnitten werden und wie daraus die einzelnen klinischen Phänomene resultieren.

Kognitive Modelle des visuellen Benennens nehmen an, dass dabei die visuelle Information in drei aufeinanderfolgenden Ebenen bearbeitet wird (Abb. 1). Zunächst wird eine strukturelle Repräsentation des gesehenen Dinges konstruiert. Diese beschreibt die invarianten und charakteristischen visuellen Merkmale eines Dinges. Sie erlaubt es, verschiedene Varianten und Darstellungen desselben Dinges als gleich zuzuordnen und von anderen Dingen zu unterscheiden. Die nächste Stufe ist eine semantische Repräsentation, die in das semantische Gedächtnis eingebettet ist. Sie macht es möglich, aus dem semantischen Gedächtnis Wissen über Eigenschaften des Dinges abzurufen. Für den Akt des Benennens ist als dritte Stufe ein Lexikon nötig, indem der Name des Dings verzeichnet ist.

Gestörter Zugang zur Semantik *(Abb. 1a)*

Ein Modell nimmt an, dass die Störung den Zugang von der intakten strukturellen Repräsentation zum semantischen System betrifft (Riddoch et al., 1987; Hillis et al., 1995). Richtiges Sortieren von fehlbenannten Objekten wird darauf zurückgeführt, dass unvollständig und entstellt übertragene Information ausreicht, um grobe Zuordnungen zu machen, aber nicht, um das einzelne Objekt zu identifi-

zieren. Erhaltene Pantomime wurde darauf zurückgeführt, dass die Art, wie ein Gegenstand gebraucht werden kann, direkt aus seinem Aussehen abgeleitet werden kann und keinen Zugang zur Semantik braucht (siehe Kap. 4.8).

In dieser einfachen Form hat das Modell keine besondere Erklärung für die Unidirektionalität der Diskonnektion, also für die richtige Zuordnung von Bildern zu vorgegebenen Namen. Um erhaltenes Benennen von Aktionen zu erklären, müsste man annehmen, dass diese in einem anatomisch getrennten semantischen System verzeichnet sind, zu dem der Zugang erhalten ist (Teixeira-Ferreira et al., 1997). Die Plausiblität der Annahme, dass die Pantomime des Gebrauchs direkt aus visuellen Eigenschaften von Dingen abgeleitet werden kann, wurde durch Gegenbeispiele (z. B.: Nadel und Zahnstocher) erschüttert (Farah, 1990).

Unterbrechung einer direkten Route von der Struktur zum Namen *(Abb. 1b)*

Diese Theorie nimmt an, dass neben dem Weg über die Semantik auch eine direkte Route von der strukturellen Repräsentation zum Namen existiert (Ratcliff et al., 1982; Davidoff et al., 1993). Wenn nur diese unterbrochen ist, kann über die Semantik immer noch Wissen über den Gegenstand aktiviert werden, dieses reicht aber nicht aus, den Gegenstand eindeutig zu definieren und zu benennen.

Die Schwäche dieser Theorie liegt darin, dass es kaum anderen Hinweise auf eine direkte, nicht semantische, Route des Benennens gibt. Wenn es sie gäbe, müsste man erwarten, dass Patienten mit Störungen des semantischen Gedächtnis Gegenstände benennen können, ohne irgendetwas über sie zu wissen. Bis jetzt gibt es keinen überzeugenden Beweis für die Existenz dieser Dissoziation (Brennen et al., 1996; Hodges et al., 1996). Auch würde man erwarten, dass der intakte Zugang zum semantischen System die Identität des Gegenstands soweit eingrenzt, dass Benennfehler bestenfalls in Synonymen oder sehr nahen semantischen Paraphasien bestehen.

Zwei semantische Systeme (Abb. 1c)

Diese Theorie nimmt an, dass die rechte Hemisphäre eigenständige semantische Kompetenz besitzt (Coslett et al., 1989; Coslett et al., 1992; Schnider et al., 1994; De Renzi et al., 1997), aber nicht fähig ist, ihr Wissen sprachlich auszudrücken. Nur die linke Hemisphäre kann semantische Information in sprachlichen Ausdruck umsetzen. Die Verbindung zwischen den semantischen Systemen der rechten und linken Hemisphäre ist unterbrochen. Die rechte Hemisphäre kann ihr Wissen nur nichtsprachlich ausdrücken, zum Beispiel beim Sortieren von Bildern. Ausserdem kann sie Worte verstehen und daher Bilder zu vorgesprochenen Worten zuordnen.

Diese Theorie hat eine einleuchtende Erklärung für die Unidirektionalität der visuellverbalen Diskonnektion. Die individuell verschieden ausgeprägte Fähigkeit, Wissen über die gesehenen Bilder durch Zuordnen und Sortieren zu bekunden, kann mit individuell verschieden ausgeprägter semantischer Kompetenz der rechten Hemisphäre erklärt werden. Die Fähigkeit mancher Patienten, passende Pantomimen zu Objekten auszuführen, ist allerdings schwerer auf die Kompetenz der rechten Hemisphäre zu beziehen. Sie stünde im Widerspruch zur Beobachtung, dass linkshirnige Läsionen zu Apraxie führen, zu deren Leitsymptomen die Unfähigkeit gehört, passende Pantomimen zu Objekten zu zeigen (siehe Kap. 4.8).

Superadditiver Effekt zweier Läsionen (Abb. 1d)

Eine originelle Erklärung von Benennfehlern bei relativ gut erhaltenem Zugang zu semantischen Wissen über gesehene Dinge wurde von Martha Farah (1990) vorgeschlagen. Sie meinte, dass die Benennstörung durch „superadditive" Kombination von zwei unvollständigen Läsionen entsteht, die einerseits den Zugang von der visuellen Analyse zur Semantik und andererseits den von der Semantik zur Sprache behindern.

Diese Hypothese hat keine fertigen Erklärungen für die Unidirektionalität der Diskonnektion und für das besser erhaltene Benennen von Aktionen. Ihr größtes Problem dürfte aber sein, dass es Patienten gibt, bei denen der Zugriff zu Objektnamen perfekt ist, wenn ihnen semantische Information verbal vorgegeben wird (Lhermitte et al., 1973; Coslett et al., 1989; Manning et al., 1992; Hillis et al., 1995; De Renzi et al., 1997). Die Annahme, dass trotzdem eine Behinderung des Wegs von der Semantik zum Lexikon besteht, die erst beim Bildbenennen manifest wird, ist wenig überzeugend.

Die bisher vorgestellten Modelle sind typische „Kasten und Pfeil" (box and arrow) Modelle. Sie beschreiben die Stufen, die der Informationsfluss durchläuft, aber befassen sich nicht mit der Bearbeitung der Informationen innerhalb der Kästchen. Die einzelnen Pfeile, die die abgeschlossenen Boxen verbinden, symbolisieren das abgeschlossene Ergebnis der Bearbeitung, das von einer Stufe zur nächsten weitergegeben wird. Ein alternativer Ansatz des Modellierens kognitiver Funktionen „öffnet" die Kästchen und modelliert die Verbindungen von Teilinformationen innerhalb der Bearbeitungsstufen und zwischen ihnen. Er nimmt an, dass zwischen den Bearbeitungsstufen zahlreiche parallele Verbindungen bestehen, die Teilinformationen übertragen und Vorausaktivierungen verwandter Informationen bewirken. Daraus resultiert ein Netzwerk von gleichzeitig aktivierten Informationseinheiten in mehreren Bearbeitungsstufen. Erst wenn dieses Netz ein stabiles Gleichgewicht erreicht hat, ist die Informationsverarbeitung innerhalb der Stufen abgeschlossen (Hinton et

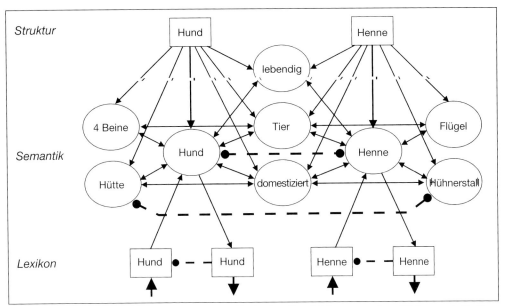

Abb. 2. Ein Netzwerkmodell für modalitätsspezifisch visuelles Fehlbenennen (modifiziert nach Goldenberg & Karlbauer, 1988). Die durchgezogenen Linien mit Pfeile symbolisieren exzitatorische, die unterbrochenen Linien mit Punkten inhibitorische Verbindungen. Von der strukturellen Repräsentation werden gleichzeitig mit der semantischen Repräsentation des Zielobjekts auch die Repräsentationen verwandter und assoziierter Begriffe aktiviert. Einander ausschließende Repräsentationen hemmen einander. Die Bearbeitung ist abgeschlossen und das Objekt eindeutig erkannt, wenn die Aktivität in konkurrierenden Begriffen gehemmt ist. Beim modalitätsspezifisch visuellen Fehlbenennen reicht die Aktivierung des Zielbegriffs von der strukturellen Repräsentation hier nicht aus, um die Konkurrenten zu hemmen. Vorsprechen des richtigen Namens gibt dem Zielbegriff eine zusätzliche Aktivierung, die ausreicht, die Konkurrenten zu hemmen. Daher gelingt verbal-visuelles Zuordnen besser als Benennen. Auf der lexikalischen Ebene werden ein expressives und ein rezeptives Lexikon unterschieden. Die Hemmung des rezeptiven durch das expressive Lexikon soll erklären, dass manche Patienten den richtigen Namen verwerfen, wenn sie ihn selbst gefunden haben und aussprechen, aber erkennen, wenn er ihnen vorgesprochen wird.

al., 1986). Abbildung 2 zeigt ein solches Modelle, das für die Erklärung modalitätsspezifisch visueller Fehlbenennungen vorgeschlagen wurde:

Das Modell (Goldenberg et al., 1998) nimmt an, dass von der strukturellen Repräsentation eines Objektes gleichzeitig mit der semantischen Repräsentation dieses Objektes auch Repräsentationen verwandter Objekte aktiviert werden. Die Einengung auf das richtige Objekt kommt durch Hemmung konkurrierender Objekte zustande. Voraussetzung für die Hemmung ist, dass die Aktivität in der richtigen semantischen Repräsentation einen Schwellenwert oder eine kritische Differenz gegen die Konkurrenten überschreitet. Mit dieser Annahme lässt sich die Hypothese eines gestörten Zugangs von strukturellen Repräsentationen zur Semantik (siehe oben) modifizieren: Der Zugang zur Semantik ist nicht gänzlich aufgehoben, aber abgeschwächt. Er kann ausreichen, um das richtige Objekt mehr zu aktivieren als alle Konkurrenten, aber nicht, um den Schwellenwert für die Hemmung der Konkurrenten zu erreichen. Wird dem Patienten der richtige Name des Objektes gesagt, kommt es vom Lexikon her zu einer zusätzlichen Aktivierung der richtigen Repräsentation: Der Schwellenwert wird überschritten und die Konkurrenten werden gehemmt. Vorsagen eines falschen Namens kann die Aktivität in einer mitaktivierten Repräsentation soweit erhöhen, dass diese schließlich als richtige Benennung des Bildes akzeptiert wird. Dies erklärt sowohl das erhaltene Zuordnen von Bildern zu vorgesprochenen Namen als auch das Auftreten von Fehlern, wenn nur Namen genannt werden, denen kein Bild entspricht. Erhaltenes Kategorisieren von fehlbenannten Bildern kann damit erklärt werden, dass die gefragten Zuordnungskriterien (zum Beispiel semantische Kategorie) auf alle mitaktivierten Repräsentationen zutreffen. Schließlich wurde spekuliert, dass sich die Aktivität im semantischen System um so weiter ausbreitet, je mehr semantische Assoziationen zu einem gesehenen Objekt bestehen. Als Folge der weiteren Ausbreitung werden mehr Konkurrenten aktiviert. Benennen von Aktionen gelingt leichter, weil die semantische Repräsentation von Aktionen „enger" sind und weniger assoziative Verknüpfungen haben als die von Objekten (Jones, 1984). Die bei manchen Patienten erhaltene Fähigkeit, den Gebrauch eines Objektes pantomimisch darzustellen, könnte damit erklärt werden, dass die Aufforderung, den Gebrauch des Objektes darzustellen, die semantische Bearbeitung auf das Erkennen der mit dem Objekt verbundenen Aktion einengt. Dadurch wird die Ausbreitung der Aktivität im semantischen System beschränkt.

Verzögerte Perseverationen könnten durch eine zusätzliche Schädigung innerhalb des semantischen Systems erklärt werden, die selektiv die inhibitorischen Verbindungen betrifft. In ihrer Folge können einmal aktivierte Repräsentationen aktiv bleiben, auch wenn dazwischen andere Gegenstände richtig benannt wurden. Wenn die Ausbreitung der Aktivierung von später gesehenen Objekten auf die voraktivierten Repräsentationen trifft, werden diese als Perseveration manifest.

Andere Ausformungen ähnlicher Vorstellungen finden sich zum Beispiel bei Humphreys et al. (1988) und Plaut et al. (1993). Sie demonstrieren, dass Netzwerk- und Kaskadenmodelle hohe Erklärungskraft und Flexibilität haben. Sie ermöglichen es, auch komplexe und widersprüchliche Phänomene zu modellieren, ohne die Plausibiltät der Erklärung durch un-begrenzte Vermehrung kognitiver Subsysteme und ihrer Verbindungen zu strapazieren.

Andere Formen der assoziativen Agnosie

Der Begriff der assoziativen Agnosie wurde nicht ausschließlich für die durch Diskonnektion zwischen Sehen und Semantik verursachten visuellen Fehlbenennungen benutzt. Eine andere Möglichkeit ist, dass das semantische System selbst beschädigt ist und Wissen über die gesehenen Gegenstände fehlt. Dann ist nicht nur das visuelle Benennen gestört. Die Patienten können die Gegenstände auch nicht benennen, wenn sie taktil oder über Defnitionen vorgegeben werden. Sie können weder Fragen über die Eigenschaften unerkannter Gegenstände beantworten noch sich ihr Aussehen bildlich vorstellen. Diese Form der assoziativen Agnosie ist an beidseitige ausgedehnte temporale Läsionen gebunden, wie sie zum Beispiel nach Herpes simplex Encephalitis oder bei der Alzheimer Demenz auftreten.

In seiner klassischen Arbeit nannte Lissauer zwei Kriterien für die erhaltenen perzeptiven Leistungen bei der assoziativen Agnosie: Korrektes Abzeichnen und die Fähigkeit, ungleiche Bilder zu unterscheiden. Diese Kriterien sind aber wenig verlässlich. Es gibt Patienten, die wohl die einzelnen Details von Bildern und Gegenständen erkennen können, aber nicht fähig sind, diese zu einem Gesamtbild zu integrieren und die charakteristischen Merkmale daraus zu extrahieren. Diesen Patienten kann es gelingen, „Stück für Stück" akzeptable Kopien eines Bildes anzufertigen und durch Vergleich der Details auch zwischen identischen und verschiedenen Bildern zu unterscheiden. Damit erfüllen sie die Kriterien für eine assoziative Agnosie (Farah, 1990). Die Patienten versagen aber, wenn sie verschiedene Darstellungen eines Gegenstandes einander zuordnen sollen, weil sie nicht fähig sind, eine von Blickwinkel und Detailvariationen unabhängige strukturelle Repräsentation aufzubauen. Die Art ihrer Fehlbenennungen verrät, dass bereits die perzeptive Phase des Objekterkennen gestört ist: Die Fehler sind mit dem Zielbegriff visuell verwandt, das heisst, sie teilen mit ihm einzelne visuelle Merkmale, aber nicht unbedingt die semantische Kategorie. Auch hängt die Zahl der Fehler von visuellen Eigenschaften der Stimuli ab: Visuell komplexe Gegenstände und Darstellungen werden schlechter erkannt als klare Darstellungen einfach strukturierter Objekte.

Die Störung der Integration lokaler und globaler Merkmale zur strukturellen Repräsentation des Objektes tritt bei bilateralen okzipitalen und okzipito-temporalen Läsionen auf. Es besteht damit eine anatomische Nahbeziehung zu temporalen Läsionen, die das semantische Gedächtnis beeinträchtigen. Bei ausgedehnten Hirnschädigungen, zum Beispiel nach Schädelhirntrauma oder bei Alzheimer Demenz, können perzeptive Störung und Degradation des semantischen Gedächtnis kombiniert sein. Die Patienten produzieren dann sowohl semantische als auch visuelle Fehler. Netzwerk- und Kaskadenmodelle nehmen an, dass die resultierende Agnosie nicht einfach eine Addition zweier unabhängiger Fehlerquellen ist, sondern sich die Effekte gegenseitig beeinflussen und verstärken (Humphreys et al., 1997).

4.8 Apraxie

GEORG GOLDENBERG

Zusammenfassung

Apraxien sind Symptome linkshirniger Läsionen. Ihr Leitsymptome sind motorische Fehlhandlungen, die nicht auf elementare motorische Defizite zurückgeführt werden können und die nicht auf die der Läsion gegenüberliegende Extremität beschränkt sind. Die Fehler können Imitieren von Gesten, Ausführung bedeutungsvoller Gesten ohne Objekt und realen Objektgebrauch betreffen. Kognitive Modellvorstellungen beschäftigen sich mit der hierarchischen Struktur der Handlungsplanung und mit dem Abruf von Wissen über den richtigen Gebrauch von Objekten. Die Klassifikation in ideatorische und ideomotorische Apraxie ist unklar und wenig hilfreich und sollte durch eine differenzierte Dokumentation der Bereiche, in denen apraktische Fehler auftreten, ersetzt werden. Die Apraxie interferiert mit der Kommunikationsfähigkeit und Selbständigkeit im Alltag. Therapieerfolge wurden dokumentiert, bleiben aber wahrscheinlich auf unmittelbar trainierte Fertigkeiten beschränkt.

Vorbemerkung

Das Leitsymptom der Apraxie sind motorische Fehlhandlungen, die nicht auf eine elementare motorische Behinderung zurückgeführt werden können.

Definition

Die einfachste und klarste Abgrenzung der Apraxie gegen „elementare" motorische Störungen ist, dass von der Apraxie auch die zur zerebralen Läsion ipsilateralen Extremitäten, beziehungsweise die ipsilaterale Seite des Gesichts mitbetroffen ist. Wenn die gegenseitigen Extremitäten gelähmt sind, kann man die Apraxie nur an der nicht gelähmten ipsilateralen Extremität nachweisen.

Je nachdem, ob die Apraxie die Gliedmaßen oder Gesicht und Mund betrifft, spricht man von Gliedmaßen- oder bukkofazialer Apraxie. In den beiden folgenden Abschnitten wird nur die Gliedmaßenapraxie diskutiert.

Modelle der Gliedmaßenapraxie

Hierarchische Modelle der Handlungskontrolle

Der Begriff der Apraxie wurde von Liepmann (1908) geprägt. Er leitete Definition und Klassifikation der Apraxie aus einem hierarchischen Modell der Handlungsplanung ab Liepmann unterschied drei Ebenen der motorischen Steuerung. Auf der höchsten Ebene wird eine Vorstellung oder Idee der Handlung entworfen. Diese Vorstellung ist nicht an eine bestimmte Modalität gebunden, sie kann visuell oder – zum Beispiel bei einem Klavierspieler – auch akustisch sein. Jedenfalls ist sie noch nicht motorisch. In einer zweiten Ebene wird diese Vorstellung in motorische Programme umgesetzt. Auf einer dritten, untergeordnet Ebene, bestehen fixe motorische „Engramme" für einige stark überlernte Bewegungen. Liepmann ordnete den drei Ebenen verschiedene Lokalisationen zu: Der supramodale Handlungsentwurf ist eine Leistung des gesamten Gehirns. Die Umsetzung des Entwurfs in motorische Program-

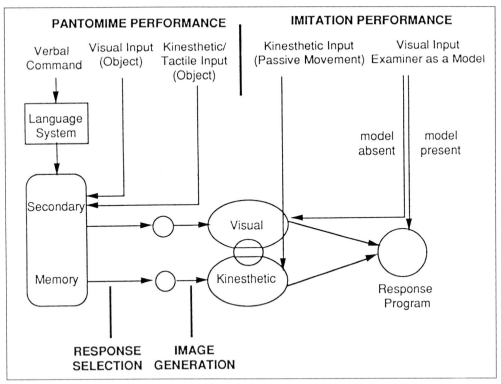

Abb. 1. Ein hierarchisches Modell der Gestenproduktion (Roy & Hall, 1992). Die Komponenten links vom senkrechten Strich werden als „konzeptuelle" Phase zusammengefasst. Ihre Störung entspricht Liepmann's „ideatorischer" Apraxie. Die Komponenten rechts vom senkrechten Strich entsprechen der „Produktionsphase", ihre Störung Liepmanns „ideo-motorischer Apraxie".

me kann nur von der linken Hemisphäre geleistet werden. Die motorischen Engramme für Routinehandlungen sind in beiden Hemisphären für die jeweils gegenüberliegende Extremität vorhanden. Liepmann klassifizierte Störungen des Handlungsentwurfs als „ideatorische Apraxie", solche der Umsetzung des Entwurfs in motorische Programme als „ideomotorische Apraxie" und den Verlust der motorischen Engramme als „gliedkinetische Apraxie". Die gliedkinetische Apraxie betrifft nur die der Läsion gegenüberliegende Extremität, ist also keine Apraxie im Sinne der hier gegebenen Definition.

Liepmanns hierarchisches Schema der motorischen Steuerung findet sich, wenn auch mit teilweise abweichender Nomeklatur, in modernen Modellen wieder (Barbieri et al., 1988; Roy et al., 1992). Sie unterscheiden zwischen

einer Apraxie, die den Entwurf des Handlungsplans betrifft und einer anderen, die die Umsetzung des Handlungsplanes in motorische Aktionen stört (siehe Abb. 1). Diese Formen entsprechen der „ideatorischen" und „ideo-motorischen" Apraxie Liepmanns.

Eine zentrale Rolle für die Plausibilität des hierarchischen Modells der Apraxie haben Störungen des Imitierens. Es wird angenommen, dass beim Imitieren der Handlungsplan vorgegeben und daher nur seine Umsetzung in motorische Programme geprüft wird. Gestörtes Imitieren beweist daher eine Störung der zweiten Ebene der Handlungssteuerung und damit eine „ideo-motorische" Apraxie. Das hierarchische Modell sagt voraus, dass Patienten, die fehlerhaft imitieren, auch Fehler machen, wenn sie Gesten aus dem Gedächtnis abrufen, wie zum Beispiel, wenn sie auf verbale

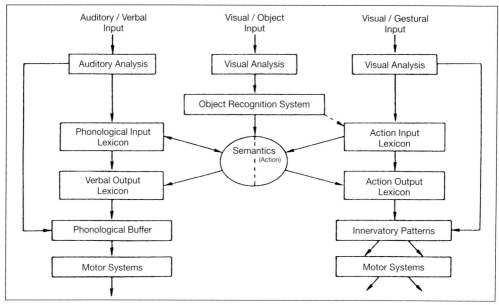

Abb. 2. Modell der Gestenproduktion von Rothi et al. (1991). Die linke Hälfte der Abbildung zeigt eine vereinfachte Wiedergabe des Logogen Modells der Sprachproduktion. Die Analogie zur rechts gezeigten Gestenproduktion ist offensichtlich. Die direkte Route von „visual analysis" zu „innervatory patterns" ermöglicht das Imitieren bedeutungsloser Gesten.

Aufforderung zeigen, wie man mit einem Hammer hämmert oder wie man eine lange Nase zeigt. Es sagt keinen Unterschied zwischen dem Imitieren bedeutungsvoller und bedeutungsloser Gesten voraus. Beide Vorhersagen folgen aus dem hierarchisch sequentiellen Aufbau des Modells, in dem die Umsetzung in motorische Programme dem Handlungsentwurf nachgeschaltet ist. Die beim Imitieren geprüfte Umsetzung eines Entwurfs in motorische Aktionen ist daher eine gemeinsame Endstrecke, durch die alle Gesten hindurchmüssen. Diesen Vorhersagen widerspricht die Beobachtung von Patienten, die bedeutungslose Gesten fehlerhaft imitieren, aber bedeutungsvolle Gesten sowohl auf verbale Aufforderung korrekt ausführen als auch imitieren können (Mehler, 1987; Goldenberg et al., 1997). In Berücksichtigung dieser Dissoziation entwarfen Rothi und Mitarbeiter (Rothi et al., 1991) ein Modell der Gestenproduktion und Imitation, das dem Logogen Modell der Sprachproduktion ähnelt (Abb. 2). Es nimmt an, dass es für bekannte Gesten ein Eingangs-

und ein Ausgangs-„Aktionslexikon" gibt, die mit dem zentralen semantischen System verbunden sind. Bedeutungsvolle Gesten können über diese Verbindung in ihrer Bedeutung erkannt, von der Bedeutung her produziert und auch imitiert werden. Bedeutunglose Gesten sind in den Aktionslexika nicht repräsentiert. Ihre Imitation erfolgt über eine direkte Route, die an den Lexika vorbeizieht und die visuelle Analyse der gezeigten Geste direkt mit motorischen Aktionen verbindet. Eine Unterbrechung dieser Route hat eine selektive Störung des Imitierens bedeutungsloser Gesten zur Folge.

Goldenberg (1995; 1996; 1997) zog die Direktheit der Route von der visuellen Analyse zur motorischen Ausführung bedeutungsloser Gesten in Zweifel. Er sammelte eine Reihe von Befunden, die dafür sprechen, dass in das Imitieren eine „kognitive" Zwischenstufe eingeschaltet ist, in der eine mentale Repräsentation der Geste aufgebaut wird und stellte die Hypothese auf, dass für das Gelingen allgemeines Wissen über den menschlichen Körper nötig ist. Eine Störung dieses Wissens führt zur selektiven Störung des Imitierens bedeutungsloser Gesten.

Objektgebrauch und semantisches Gedächtnis

Die hierarchischen Modelle der Handlungskontrolle beschäftigen sich mit der Umsetzung von Handlungsplänen in motorische Aktionen. Sie sagen aber wenig darüber aus, wie die Handlungspläne selbst generiert werden. In den in Abbildung 1 und 2 gezeigten Modellen wird der Handlungsplan aus dem semantischen Gedächtnis (bzw. „sekundären Gedächtnis") abberufen. Diskussionen dieser Phase der Handlungsplanung konzentrieren sich auf Handlungspläne für den Werkzeug- und Objektgebrauch. Fehlerhafter Objektgebrauch wird damit erklärt, dass das Wissen über den richtigen Gebrauch der Objekte lückenhaft oder nicht verfügbar ist.

Die Idee, dass apraktische Patienten unfähig sind, Wissen über richtigen Objektgebrauch aus dem semantischen Gedächtnis abzurufen, könnte zur Erwartung führen, dass diese Patienten ihr gesamtes Wissen über wahrgenommene Objekte verloren haben. Sie wären dann unfähig, die Objekte überhaupt zu erkennen und zu benennen (siehe Kapitel 4). Dem widersprechen Beobachtungen von einzelnen Patienten, die unfähig sind, Objekte richtig zu gebrauchen, aber sehr wohl fähig sind, andere Eigenschaften derselben Objekte anzugeben und die Objekte zu benennen (Sirigu et al., 1995; Buxbaum et al., 1997). Umgekehrt wurden Patienten mit assoziativer Agnosie (siehe Kapitel 4) beschrieben, die nicht mehr wissen, wie Gegenstände heißen und wozu sie dienen, aber sie dennoch richtig anfassen und bewegen (Sirigu et al., 1991; Buxbaum et al., 1997).

Die Dissoziation zwischen Wissen über den Objektgebrauch und Wissen über andere Eigenschaften von Objekten kann auf zwei Arten erklärt werden. Ein Erklärungsansatz nimmt an, dass innerhalb des semantischen Gedächtnisses das Wissen über den richtigen Gebrauch von Objekten unabhängig von anderen Aspekten des Wissens über die Objekte gespeichert ist und daher selektiv ausfallen oder selektiv erhalten sein kann (Morlaas, 1928; Warrington et al., 1987; Farah et al., 1991).

Ein anderer Erklärungsansatz nimmt an, dass es neben dem Abruf von Gebrauchsanleitungen aus dem semantischen Gedächtnis noch eine nicht-semantische Route von der visuellen Wahrnehmung zum richtigen Gebrauch von Objekten gibt (Humphreys et al., 1988; Vaina et al., 1991; Goldenberg et al., 1998a). Für die Existenz einer solchen Route spricht, dass Normalpersonen auch ungewöhnliche und neue Verwendungen von Objekten entdecken können. Sie finden mühelos heraus, dass man zum Beispiel mit einer Münze eine Schraube eindrehen und mit einer Zange einen Nagel einschlagen kann. Offensichtlich sind sie fähig, direkt von der Struktur eines Objektes auf seine möglichen Funktionen zu schließen. Bei Patienten mit Apraxie dürfte die Fähigkeit, von der Struktur auf die Funktion zu schließen, beeinträchtigt sein. Sie haben Schwierigkeiten, alternative Verwendungen von vertrauten Objekten oder passende Anwendungen von unbekannten Objekten herauszufinden (Ochipa et al., 1992; Heilman et al., 1997; Goldenberg und Hagmann, 1998a). Um zu erklären, dass sie auch mit der prototypischen Anwendung vertrauter Objekte Probleme haben, müsste allerdings zusätzlich auch der Abruf von Gebrauchsanweisungen aus dem semantischen Gedächtnis gestört sein.

Klassifikation der Gliedmaßenapraxie

Die Definition der Apraxie als eine Störung motorischer Handlungen, die nicht auf elementare motorische Defizite zurückgeführt werden kann, lässt sich auf zahlreiche und ganz heterogene neuropsychologische Störungen anwenden, denen auch ganz unterschiedliche zerebrale Läsionen zu Grunde liegen. Tabelle 1 (Goldenberg, 1999) gibt einen Überblick über einige „Apraxien".

Im allgemeinen wird in der modernen Literatur der Begriff „Apraxie" oder „Gliedmaßenapraxie" („limb apraxia") nur für Fehlhandlungen nach linkshirnigen Läsionen verwendet, die auch bei Prüfung der linken Gliedmaßen auftreten. Diese Fehlhandlungen

Tabelle 1. Störungen, die als Apraxie bezeichnet werden

gliedkinetische Apraxie (Liepmann, 1908)	Ungeschickte und schlecht gezielte Bewegungen der zur Läsion kontralateralen Extremität bei normaler grober Kraft. Ursache sind fehlende beziehungsweise fehlverarbeitete kinästhetische Afferenzen als Folge von subkortikalen oder postzentralen Läsionen.
unimodale Apraxie (Freund, 1987)	Fehlerhafte Zielbewegungen in Abhängigkeit von der Modalität, in der das Ziel wahrgenommen wird. Am besten untersucht sind fehlerhafte visuell gelenkte Zielbewegungen. Für sie ist allerdings der Ausdruck optische (oder visuomotorische) *Ataxie* gebräuchlicher (Jeannerod et al., 1995). Unimodale Apraxien sind meist Folge parietaler Läsionen. Bei einseitigen Läsionen betreffen sie nur die kontralaterale Hand oder nur Bewegungen im kontralateralen visuellen Halbfeld. Beidseitige optische Ataxie ist ein Teil des Balint Syndroms (s. Kap. 4.6).
magnetische Apraxie (Denny Brown, 1958)	Greifschablone der Hand bei kontralateralen frontalen Läsionen
Gangapraxie (Gerstmann et al., 1926)	Gangstörung von Patienten mit ausgedehnten bilateralen frontalen Läsionen oder kommunizierenden Hydrocephalus. Die Patienten „kleben" am Boden, gehen kleinschrittig und mit Rücklage.
axiale Apraxie (Lakke, 1985)	Fehlen automatisierter Rumpfdrehungen zur Lageverbesserung im Liegen bei Parkinsonpatienten
konstruktive Apraxie (Kleist, 1934)	Störungen des Abzeichnens und dreidimensionaler Konstruktionen. Gebräuchlicher und weniger missverständlich ist der Ausdruck „visuokonstruktive Störung"
Ankleideapraxie	Schwierigkeiten und Fehler beim Anziehen, die nicht unmittelbare Folge einer elementaren motorischen Behinderung sind. Sie können durch halbseitige Vernachlässigung, visuokonstruktive Störungen oder auch durch eine Apraxie im engeren Sinne bedingt sein.

werden typischerweise beim Imitieren von Gesten, bei der Ausführung symbolischer Gesten, und beim Werkzeug- und Objektgebrauch untersucht und nachgewiesen. Traditionell wird dabei zwischen „ideatorischer" und „ideomotorischer" Apraxie unterschieden. Die Abgrenzung dieser beiden Syndrome wird aber von verschiedenen Autoren unterschiedlich gehandhabt (z. B.: Liepmann, 1908; Morlaas, 1928; Poeck, 1982; De Renzi, 1990).

In hierarchischen Modellen der Handlungsplanung (siehe Seite 452 f.) bezeichnen „ideatorisch" und „ideo-motorisch" die hypothetischen Ursachen der beobachteten Fehlhandlungen. Bei der „ideatorischen" Apraxie soll der Handlungsentwurf selbst, bei der „ideomotorischen" seine Umsetzung in motorische Aktionen gestört sein. Diese theoretische Unterscheidung lässt sich kaum für die klinische

Differentialdiagnose operationalisieren. Es lässt sich daraus lediglich ableiten, dass intaktes Imitieren von Gesten gegen eine ideo-motorische Apraxie spricht. Wenn aber Imitieren gestört ist, könnte trotzdem zusätzlich eine Störung des Abrufs von Handlungsplänen aus dem Langzeitgedächtnis und damit eine ideatorische Apraxie vorliegen.

Eine Variante der Ableitung der Unterscheidung aus hierarchischen Modellen der motorischen Kontrolle ist der Vorschlag, den Begriff „ideo-motorisch" für gestörte Einzelhandlungen und den Begriff „ideatorisch" für gestörte Handlungsfolgen zu verwenden (Poeck, 1982). Auch diese Definition lässt sich schwer eindeutig operationalisieren. Ist das Einschlagen eines Nagels eine Einzelhandlung oder aber eine Handlungsfolge aus Hammer ergreifen, ausholen und zuschlagen? Die Relevanz der Unterscheidung wird weiter durch Untersuchungen erschüttert, die bei Patienten mit Apraxie eine enge Korrelation zwischen Fehlern im Gebrauch einzelner Objekte und in der Ausführung von Handlungsfolgen mit mehreren Objekten zeigen (De Renzi et al., 1988; Goldenberg et al., 1998b).

Eine andere Definition von „ideatorisch" und „ideo-motorisch" geht auf Morlaas (1928) zurück. Morlaas klassifizierte Fehler im wirklichen Objektgebrauch als „ideatorisch" und Fehler bei Gesten ohne Objekt als „ideomotorisch". Diese Definition lässt sich eindeutig operationalisieren und hat sich weitgehend durchgesetzt (z. B. Ochipa et al., 1989; De Renzi, 1990; Heilman et al., 1993). Es ist aber fragwürdig, wieweit die damit gezogene Trennlinie die kognitiven Architektur der Handlungskontrolle wiederspiegelt. Die ideomotorische Apraxie umfasst demnach sowohl gestörtes Imitieren als auch die gestörte Ausführung der Pantomime von Objektgebrauch. Diese Zusammenfassung verwischt den Unterschied zwischen Imitieren und dem Abruf von Gesten aus dem Gedächtnis und zerreißt die Verwandtschaft zwischen Pantomime des Objektgebrauch und wirklichen Objektgebrauch.

Versuche, die verschiedenen Auffassungen von ideatorisch und ideomotorisch unter einen Hut zu bringen, führten zu verwirrenden Vermischungen von Definitionen und Klassifikationen, die die Diagnose von Apraxien komplizierter erscheinen lassen als sie ist. Wahrscheinlich ist es besser, auf die Unterscheidung zwischen ideatorischer und ideomotorischer Apraxie zu verzichten, und stattdessen zu differenzieren, welche Gesten und Handlungen die einzelnen Patienten ausführen können und welche nicht (siehe Seite 458).

Funktionelle Neuroanatomie

Gliedmaßenapraxien sind im allgemeinen Symptome linkshirniger Läsionen. Sie sind daher auch zumeist mit Aphasie verbunden, doch ist der Zusammenhang eher auf die anatomische Nachbarschaft der verantwortlichen Regionen als auf Kausalität zurückzuführen.

Es gibt Patienten mit Aphasie ohne Apraxie und Patienten mit Apraxie ohne Aphasie (Kertesz et al., 1984; Goldenberg et al., 1997). Innerhalb der linken Hemisphäre liegen die für Apraxie verantwortlichen Läsionen parietal, prämotorisch oder subkortikal im suprasylvischen Marklager und in den Basalganglien. Ob thalamische Läsionen Apraxie verursachen können, ist fraglich (Nadeau et al., 1994). Die Schwere der Apraxie korreliert mit der Größe der Läsion. Darüber hinaus ist aber bei parietalen Läsionen die Häufigkeit von Apraxien am größten und ihre spontane Rückbildung am schlechtesten. (Basso et al., 1985; Kertesz, 1985; Basso et al., 1987).

Auch die bukkofaziale Apraxie ist ein Symptom linkshirniger Läsionen. Ihre intrahemisphärische Lokalisation unterscheidet sich aber von der Gliedmaßenapraxie insofern, als parietale Läsionen für sie keine Rolle spielen. Sie ist an insuläre, prämotorische und vordere subkortikale Läsionen gebunden (Tognola et al., 1980).

Systematische Studien zur Lokalisation der Apraxie bei Nicht-Rechtshändern liegen nicht vor. Einzelne Fallberichte von linkshändigen Patienten, bei denen eine ausgedehnte rechtshirnige Läsion Apraxie ohne Aphasie verursachte, legen den Verdacht nahe, dass der Zusammenhang der Händigkeit mit der Apraxie enger ist als mit der Aphasie (Heilman et al., 1973; Poeck et al., 1980; Verstichel et al., 1994). Für rechtshändige Patienten ist es kontrovers, ob auch rechtshirnige Läsionen zu Störungen des Imitierens führen können (De Renzi et al., 1980; Lehmkuhl et al., 1983; Haaland, 1984; Roy et al., 1991). Möglicherweise hängt dies davon ab, für welche Art von Gesten die Imitation geprüft wird. Goldenberg (1996) fand, dass sowohl rechts- als auch linkshirnig geschädigte Patienten Fehler machen, wenn die Imitation von Fingerstellungen verlangt wird, während nur linkshirnig geschädigte Patienten mit Handstellungen Probleme haben. Eine weitere Ursache von Diskrepanzen könnte in den Kriterien für die Beurteilung der Imitation liegen. Möglicherweise fallen rechtshirnig geschädigte Patienten in den pathologischen Bereich, wenn auch leichte Abweichungen in Winkel und Position gewertet werden, während nur linkshirnig geschädigte Patienten „konzeptuelle" Fehler machen, bei denen zum Beispiel Handfläche und Handrücken oder Mund und Nase verwechselt werden. Außer Zweifel ist, dass auch Patienten mit rechtshirnigen Läsionen Probleme mit komplexen Handlungsabläufen mit mehreren Objekten – zum Beispiel ankleiden – haben können. Diese werden im allgemeinen auf andere Ursachen als die Apraxie zurückgeführt, wie halbseitige Vernachlässigung, Störungen der Raumauffassung, Aufmerksamkeits- und Planungsstörungen. Wieweit sich diese verschiedenen Ursachen aber auch in verschiedenen Arten von Fehlern niederschlagen ist eine Frage, die noch weiterer Erforschung bedarf.

Diagnostik

Bei der Prüfung auf Gliedmaßenapraxie sollten das Imitieren von Finger- und Handstellungen, die Ausführung bedeutungsvoller Gesten ohne Objekt und der Objektgebrauch geprüft werden.

Imitieren von Gesten

Imitieren wird üblicherweise so geprüft, dass der Untersucher dem Patienten gegenübersitzt und der Patient mit der Imitation unmittelbar nach dem Ende der Demonstration beginnt. Es ist fraglich, ob Veränderungen dieser Regel – zum Beispiel, dass der Untersucher neben dem Patienten sitzt oder eine Geste solange beibehält, bis der Patient die Imitation abgeschlossen hat – die Ergebnisse wesentlich verändern. Dennoch sollte man sich an sie halten, um die Vergleichbarkeit der Befunde verschiedener Untersucher zu sichern.

Bedeutungslose Gesten eignen sich besser zur Prüfung des Imitierens als bedeutungsvolle. Bedeutungsvolle Gesten können verstanden und dann von ihrer Bedeutung her aus dem Gedächtnis reproduziert werden. Dann prüft man das Verständnis für die Bedeutung von Gesten und die Produktion bedeutungsvoller Gesten auf Aufforderung, aber nicht eigentlich das Imitieren.

Abbildung 3 zeigt Beispiele für Hand und Fingerstellungen, sowie für kombinierte Stellungen von Hand und Finger. Während Imitieren von Fingerstellungen und kombinierten Stellungen auch bei Patienten mit rechtshirnigen Läsionen fehlerhaft ist, sind Fehler beim Nachmachen der Handstellungen spezifisch für Apraxie nach linkshirnigen Läsionen (Goldenberg, 1996).

Bedeutungsvolle Gesten auf Aufforderung

Bei der Prüfung bedeutungsvoller Gesten gibt der Untersucher die Bedeutung der Geste vor und der Patient muss die dazu passende Geste produzieren. Die Bedeutung der Geste kann sprachlich oder nichtsprachlich vorgegeben werden. Um die Geste des Hämmerns zu evozieren, kann man sagen: „Zeigen Sie mir, wie man hämmert" oder einen Hammer herzeigen. Die Aufgabe, die Benutzung eines Objektes zu zeigen, ohne es tatsächlich in die Hand nehmen zu dürfen, stellt auch bei nichtsprachlicher Vorgabe des Objekts hohe Ansprüche an Sprachverständnis und „abstraktes Verhalten". Ohne Verständnis der verbalen Erklärung würde kaum ein Patient auf die Idee kommen, die Bewegung des Hämmerns zu machen, wenn der Untersucher einen Hammer hochhebt. Naheliegender wäre wohl ein Versuch, den Hammer zu nehmen oder zu benennen. Auch die Aufforderung, eine symbolische Geste (z. B. eine „lange Nase") zu demonstrieren, ist „abstrakt", weil die Geste nicht in den Kontext der Untersuchung passt und eventuell sogar – wie im Beispiel der „langen Nase" – soziale Regeln der aktuellen Kommunikation verletzt. Erfahrungsgemäß gibt dieser Teil der klinischen Apraxieprüfung daher am ehesten Anlass zu Zweifeln, ob der Patient die Aufgabe verstanden hat und seine Leistungen als Maß für Apraxie bewertbar sind.

Objektgebrauch

Werkzeug- und Objektgebrauch kann auf drei Stufen untersucht werden: Einfache Handlungen mit einzelnen Objekten, mehrschrittige

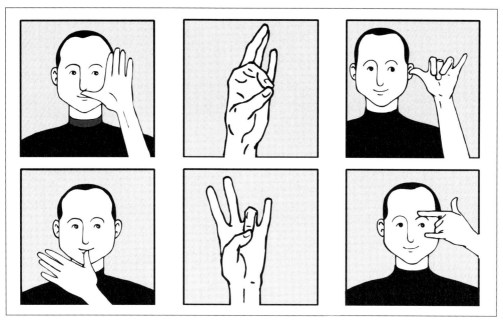

Abb. 3. Beispiele für Handstellungen, Fingerstellungen und kombinierte Stellungen von Hand und Finger für die Prüfung der Imitation von Gesten (Goldenberg, 1996)

Handlungsfolgen mit mehreren Objekten, und Werkzeug- und Objektgebrauch im Alltag.

Einfache Handlungen mit einzelnen Objekten

Typische Aufgaben für die Prüfung des einfachen Objektgebrauchs sind zum Beispiel das Kämmen mit einem Kamm, das Aufsperren eines Vorhängschlosses, oder das Einschlagen eines Nagels. Den Patienten werden nur die Objekte präsentiert, die sie für die Aufgabe benötigen (z. B. Schlüssel und Schloss) und sie werden aufgefordert, sie zu verwenden. Die Objekte sollten so präpariert sein, dass sie ohne Schwierigkeiten auch einhändig verwendet werden können (z. B. rutschfeste Auflage auf Rückseite des Schlosses, Nagel zum Einschlagen bereits in Holzblock steckend), um Patienten mit Hemiplegie nicht vor zusätzliche Schwierigkeiten zu stellen. Zirka 20% der Patienten mit linkshirnigen Läsionen und Aphasie machen apraktische Fehler beim einfachen Objektgebrauch (De Renzi et al., 1968; Goldenberg et al., 1998a). Sie „schrauben" mit dem Ham-

mer statt zu schlagen, halten den Kamm verkehrt und kippen den Schlüssel statt ihn zu drehen.

Mehrschrittige Handlungen mit mehreren Objekten

Typische Aufgaben für die Prüfung mehrschrittiger Handlungen sind das Anzünden einer Kerze, das Falten, Kuvertieren und Frankieren eines Briefes, oder das Lochen und Einheften von Blättern in einen Ordner. Die für den gesamten Handlungsablauf benötigten Objekte werden den Patienten vorgelegt und sie werden aufgefordert, die ganze Handlung durchzuführen. Komplexe Aktionen mit mehreren Objekten und mehreren Handlungsschritten ermöglichen Fehler, für die bei einfachen Handlungen mit nur einem Werkzeug die Gelegenheit fehlt. Es sind dies einerseits Verwechslungen von Werkzeugen, andererseits Auslassungen von Handlungsschritten, wie zum Beispiel beim Versuch, das Blatt Papier auf die Bügel des Ordners zu spießen, ohne es zuvor gelocht zu haben.

Werkzeug und Objektgebrauch im Alltag

Wegen der begleitenden Aphasie können apraktische Patienten oft nur sehr beschränkt über ihre Probleme im Alltag Auskunft geben. Angehörige, die Fehlleistungen beobachten, schreiben diese eventuell eher der Sprachstörung, der Halbseitenlähmung oder der allgemeinen Schwäche der Patienten zu als eine zusätzliche Störung des Werkzeug- und Objektgebrauchs zu vermuten. Man muss meist gezielt fragen, um Berichte über apraktische Schwierigkeiten im Alltag zu erhalten. Dann allerdings erfährt man von Angehörigen und manchmal sogar von den Patienten selbst, dass sie zum Beispiel Besteck oder Küchengeräte verwechseln, nicht mit Badezimmerarmaturen und Waschutensilien zurechtkommen oder bei früher ausgeübte handwerkliche Tätigkeiten und Basteleien versagen. Allerdings können Fehlleistungen in Alltagshandlungen auch andere Ursachen haben als den apraktischen Verlust des Wissens über richtigen Werkzeug- und Objektgebrauch. Sie können zum Beispiel auch durch mangelhafte Exploration des Raumes oder durch vorschnelles und inflexibles Handeln im Rahmen eines dysexekutiven Syndroms bedingt sein. Es ist fraglich wieweit die Beobachtung der Alltagshandlung eindeutige Rückschlüsse darauf zulässt, ob Fehler durch eine Apraxie oder andere Störungen bedingt sind (Schwartz et al., 1998; Buxbaum et al., 1998; Schwartz et al., 1999).

Bukkofaziale Apraxie

Theoretisch könnte man auch für Bewegungen des Gesichtes und Mundes die Imitation bedeutungsloser Gesten, die Ausführung bedeutungsvoller Gesten auf Aufforderung und den Umgang mit Objekten prüfen. Man kann zum Beispiel das Schnalzen mit der Zunge imitieren und das Ausblasen einer Kerze einmal ohne Objekt demonstrieren und einmal wirklich ausführen lassen. Die vorherrschende Meinung ist aber, dass wirklicher Objektgebrauch bei der bukkofazialen Apraxie immer erhalten ist, und zwischen bedeutungsvollen Gesten auf verbale Aufforderung und dem Imitieren von Gesten kein Unterschied besteht (De Renzi et al., 1966; Lehmkuhl et al., 1983). Die Imitation des mimischen Ausdrucks von Emotionen wie Freude oder Wut bildet insofern eine Ausnahme, als sie bei rechts- und linkshirnig geschädigten Patienten gleichermaßen beeinträchtigt ist und bei den linkshirnig geschädigten Patienten nicht mit den Manifestationen der eigentlichen bukkofazialen Apraxie korreliert (Pizzamiglio et al., 1987).

Für die klinische Praxis ist es am einfachsten und sichersten, Mund- und Gesichtsbewegungen in Imitation zu prüfen, da damit mögliche Verständnisschwierigkeiten aphasischer Patienten umgangen werden.

Psychometrisch abgesicherte Verfahren

Mehrere Untersucher haben Normwerte von Kontrollgruppen für die von ihnen verwendeten Apraxieprüfungen gesammelt (z. B. De Renzi et al., 1980; Lehmkuhl et al., 1983; Barbieri et al., 1988; Goldenberg, 1996; Rothi et al., 1997; Goldenberg et al., 1998a), und daraus cut-off Scores für die Diagnose der Apraxie abgeleitet. Problematisch für die Anwendung dieser Werte ist die mangelhafte Definition von Beurteilungskriterien, die der Punktevergabe zugrundeliegen. Wie schon erwähnt, kann zum Beispiel der Score für das Imitieren einfacher Handstellungen davon abhängen, ob leichte Abweichungen in Winkel und Position der Hand als Fehler gewertet werden. Die Beschreibung und Klassifikation von Fehlertypen (z. B. Lehmkuhl et al., 1983; Rothi et al., 1997) ist nur eine scheinbare Lösung des Problems, weil das Erkennen des Fehlers eine Definition der fehlerfreien Ausführung voraussetzt. Die Kriterien, die erfüllt sein müssen, um eine Geste oder Handlung als fehlerlos einzustufen, werden als intuitiv gegeben vorausgesetzt. Möglicherweise ist aber diese Intuition von Untersucher zu Untersucher verschieden. Die Entwicklung einer Testbatterie mit expliziten und eindeutig replizierbaren Beurteilungskriterien steht aus.

Alltagsrelevanz

Bei der Beurteilung der Alltagsrelevanz der Gliedmaßenapraxie muss man sich vergegenwärtigen, dass die betroffenen Patienten fast immer eine Aphasie und nicht selten auch eine rechtsseitige Hemiparese haben. Sie stehen daher vor der Aufgabe, den Mangel an sprachlicher Ausdrucksfähigkeit und den Ausfall der Funktion der rechten Hand zu kompensieren. Alle Manifestationen der Apraxie können mit der Erreichung des Zieles interferieren.

Gestörtes Imitieren wird relevant, wenn in Krankengymnastik oder Ergotherapie an Bewegungen und Stellungen der Gliedmaßen gearbeitet wird. Die Unfähigkeit, bedeutungsvolle Gesten und Pantomimen von Objektgebrauch auszuführen, beschränkt die Ausdrucksmöglichkeiten aphasischer Patienten und kann zur völligen kommunikativen Isolation führen. Die Alltagsrelevanz einer Störung im Gebrauch alltäglicher Objekte wurde bereits angesprochen. Für hemiplegische Patienten können auch subtile Störungen von Objektgebrauch und mechanischen Problemlösen Auswirkungen auf basale Fähigkeiten des täglichen Lebens haben, denn die erzwungene Einhändigkeit verwandelt alltägliche Routinehandlungen wie Anziehen oder Zähneputzen in mechanische Probleme, deren Lösung selbst Normalpersonen oft nicht ohne professionelle Hilfe finden. Die Relevanz der Apraxie für die Selbständigkeit im täglichen Leben wird durch den Befund bestätigt, dass bei Patienten mit rechtsseitigen Hemiplegien der Erfolg in der selbständigen Durchführung von basalen Aktivitäten des täglichen Lebens hochsignifikant mit dem Schweregrad der Gliedmaßenapraxie korreliert (Goldenberg et al., 1998b).

Die Relevanz der bukkofazialen Apraxie liegt wahrscheinlich hauptsächlich in ihrer häufigen Kombination mit Sprechapraxie oder Dysarthrie. Die bukkofaziale Apraxie behindert das Erarbeiten artikulatorischer Muster in der Sprachtherapie, weil die Patienten vorgezeigte Mundbewegungen nur beschränkt nachmachen können.

Therapie

Es ist unwahrscheinlich, dass es gelingen kann, die Apraxie als solche zu therapieren. Realistischer ist es, die einzelnen Manifestationen im Zusammenhang der konkreten Aktivitäten, die durch sie behindert werden, anzugehen. Mit aphasischen Patienten können im Gestentraining kommunikative Gesten erarbeitet werden. Allerdings ist es eher selten, dass die Patienten erlernte Gesten spontan außerhalb der Therapiesituation anwenden. Die Übertragung der Gesten in die alltägliche Kommunikation muss daher als eigenständiges Therapieziel angegegangen werden.

Durch gezielte Therapie kann auch Selbständigkeit in Aktivitäten des täglichen Lebens erworben werden. Auch hier scheinen Therapieerfolge hochspezifisch für die trainierte Aktivität zu bleiben. Möglicherweise kann schon ein Wechsel der verwendeten Objekte und Werkzeuge oder des Umfeldes den Therapieerfolg gefährden. Der beste therapeutische Ansatz dürfte im kontrollierten schrittweisen Einüben des korrekten Handlungsablauf liegen (Bergego et al., 1994; Goldenberg et al., 1998a). Der klinisch relevante Therapieerfolg besteht darin, dass die Patienten die eintrainierte Handlung ohne Hilfe zu Ende führen können. Die Aktivität bleibt aber oft fehlerhaft mit Abweichungen vom optimalen Ablauf, Selbstkorrekturen und Verzögerungen.

Evaluation

Goldenberg und Hagmann (1998a) überprüften die Wirksamkeit der Therapie von Alltagshandlungen apraktischer Patienten mit einem cross-over Design. In wöchentlichen Intervallen wurden drei Alltagsaktivitäten geprüft und dazwischen immer nur eine der drei Aktivitäten geprüft. Verbesserungen der Selbständigkeit traten so gut wie ausschließlich in den jeweils therapierten Aktivitäten auf. Goldenberg und Hagmann schlossen daraus, dass es für diese Aktivitäten keine Spontanbesserung gibt und dass der Therapieerfolg spezifisch für die therapierte Aktivität bleibt.

4.9 Störungen von Sprache und Sprechen

WALTER HUBER & WOLFRAM ZIEGLER

Zusammenfassung

Die Systematik von Störungen der Sprache und des Sprechens wird mit Hilfe eines 3-Ebenen-Modells entwickelt: I Emotion und Kognition, II Sprachsystem, III Output- und Inputsysteme für Sprechen und Verstehen, Lesen und Schreiben.

Im Verlauf der kindlichen Hirnreifung entsteht sprachliche Spezialisierung meist der linken Hemisphäre. In den Regionen um die seitliche Hirnfurche ist das Sprachwissen für die Verarbeitung von Wortschatz, Satzbau und Grammatik sowie Lautstrukturen repräsentiert. Der kindliche Erwerb dieses Wissens kann spezifisch oder generell gestört sein; dabei sind verschiedene Symptome und Syndrome von Sprachentwicklungsstörungen (SES) zu unterscheiden. Im Erwachsenenalter beruhen Störungen des zentralen Sprachwissens zu 80 % auf Durchblutungsstörungen des Gehirns. Klinisch werden vier große Standardsyndrome der Aphasien unterschieden. Sie sind durch Leitsymptome charakterisiert. Die Mechanismen bei der Rückbildung von Aphasien sind erst in Ansätzen bekannt.

Störungen der Sprechmotorik sind häufig mit zentralen Sprachstörungen verbunden, führen aber auch zu eigenständigen klinischen Syndromen (Stottern, Sprechapraxie, Dysarthrien). Die funktionelle Neuroanatomie der Sprechmotorik ergibt ein komplexes Steuerungs- und Ausführungssystem mit mehreren Komponenten. Je nach Ort der Schädigung kommt es zu verschiedenen Symptomen und Syndromen der Dysarthrien.

Störungen der auditiven Sprachverarbeitung betreffen zum einen das modalitätsspezifische Input-System („Worttaubheit"), zum anderen sind bei Aphasie die sprachsystematischen Komponenten ähnlich betroffen wie in der Sprachproduktion. Bei kognitiven und emotionalen Störungen kann das Verstehen und die Planung von Sprechhandlungen und Mitteilungsintentionen spezifisch beeinträchtigt sein; dies trifft insbesondere bei Autismus und Schizophrenie zu.

Die Diagnose der Sprach- und Sprechstörungen verfolgt im Kindes- und Erwachsenenalter unterschiedliche Zielsetzungen; dafür stehen eine Vielzahl von testpsychologischen und apparativen Diagnoseverfahren zur Verfügung. Einige allgemeine Prinzipien von Sprachtherapie werden aufgezeigt, und es wird eine kurze Einführung in die Therapie von Sprachentwicklungsstörungen, Aphasien und Dysarthrien gegeben.

Vorbemerkung

Mit der Erforschung, Diagnose und Therapie von Sprach- und Sprechstörungen beschäftigen sich eine Reihe von Spezialdisziplinen: Neurolinguistik und Neurophonetik, Neuropsychologie, Verhaltensneurologie, Phoniatrie und Audiologie. Für die Behandlung ist eine besondere berufliche Qualifikation erforderlich, nämlich die des Logopäden, Sprachheilpädagogen oder klinischen Linguisten.

Die Begriffe „Sprachstörung" und „Sprachtherapie" werden in der klinischen Literatur in einem engen und in einem weiten Sinn verwendet. Im engen Sinn beziehen sie sich auf Beeinträchtigungen der sprachsystematischen Kenntnisse und ihrer Anwendung beim Sprechen, Verstehen, Lesen und Schreiben. Im weiten Sinn ist mit „Sprache" das generelle sprachlich-kommunikative Verhalten gemeint. Dieses ist in der Regel bei allen Formen der Sprech-, Stimm-, Hör- und Sprachstörungen beeinträchtigt. Deshalb ist es notwendig, bei jeder Form der Störung zwischen verursachenden Faktoren, unmittelbaren Störungsmerkmalen (Symptomen) und ihrer Auswirkung auf die sprachliche Interaktion zu unterscheiden. Dies entspricht dem Klassifikationsschema der Weltgesundheitsorganisation (WHO) mit den Kategorien Impairment (Schädigung), Disability (Störung) und Handicap (Behinderung).

In der klinischen Diagnose ist zunächst zwischen organischen und psychosozialen Ursachen zu unterscheiden. *Organische* Störungen der Sprache entstehen zum einen wegen einer Beeinträchtigung im *zentralen* Nervensystem und können im Verlauf der Hirnreifung oder im Erwachsenenalter auftreten. Zum anderen können *periphere* Werkzeugstörungen vorliegen als Folge von Fehlbildungen oder Erkrankungen im Mund-, Nasen-, Rachen- und Kehlkopfbereich. Hinzu kommen Störungen des Gehörs. Neben den *organischen* Sprach- und Sprechstörungen gibt es verschiedene *psychosozial* bedingte Auffälligkeiten der sprachlichen Kommunikation, sei es als Begleitsymptom von psychischen Erkrankungen oder wegen besonderer Milieubedingungen. Psychosoziale Faktoren spielen meist auch im Verlauf von organischen Sprach- und Sprechstörungen eine Rolle. In Tabelle 1 sind die verschiedenen Schädigungstypen zusammengefasst.

Die in diesem Artikel vorgenomme Systematik ist eine Weiterentwicklung von Huber und Springer (1988). Betont sind die klinischen Aspekte. Die Neurolinguistik der Normalsprache wird nur kurz behandelt; einige weitere Ausführungen dazu finden sich in den Kapiteln 1.4, 1.10, 2.1, 3.1 und 6.1. Neuere Handbücher zum Thema wurden von Blanken et al. (1993) und Stemmer und Whitaker (1998) herausgegeben.

Tabelle 1. Systematik der Sprachstörungen nach Art der Schädigung

Organische Störungen der Sprache
  Periphere Werkzeugstörungen:
  – Artikulation, Stimme, Gehör
  Zentrale Störungen:
  – Sprechmotorik
  – Auditive Sprachwahrnehmung
  – Sprachsystematische Fähigkeiten
  – Schriftsprache

Psychosoziale Störungen der Sprache
  – bei psychischen Erkrankungen
  – bei Milieubedingungen
  – im Verlauf von organischen Störungen

Modellvorstellungen

Die generelle funktionelle Architektur des sprachlichen Verarbeitens ist in Abbildung 1 dargestellt. Es werden drei Ebenen unterschieden:
– Emotion und Kognition,
– Sprachsystem,
– sprachliche Modalitäten.

Jeder Ebene werden unterschiedliche Typen von Sprach-, Sprech- und Kommunikationsstörungen zugeschrieben.

Ebene I

Sprachliches Verarbeiten ist eng mit dem Aktivieren von *Gedanken* und *Gefühlen* verknüpft, jedoch funktional verschieden, wie die Klinik der Sprachstörungen zeigt. Denn Patienten mit zentralen Störungen des Sprachsystems (Aphasie) haben nicht notwendigerweise kognitive oder emotionale Störungen. Umgekehrt haben Patienten mit Beeinträchtigungen von Stimmung und Affekt (Psychose), des Denkens (7.8 bei Demenz), des Gedächtnisses (Amnesie), der Objektwahrnehmung (Agnosie) oder der Handlungsplanung (Dysexekutivsyndrom) nicht notwendigerweise Störungen der sprachlichen Dekodierung und Enkodierung oder der expressiven oder rezeptiven Sprachmodalitäten. Vielmehr ist das sprachliche Verarbeiten dieser Patienten nur insofern auffällig, als es die zugrunde liegenden emo-

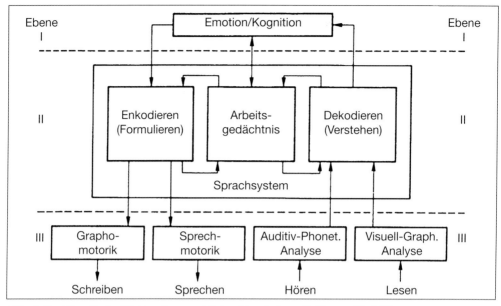

Abb. 1. Funktionelle Architektur des sprachlichen Verarbeitens (3-Ebenen-Modell)

tionalen und kognitiven Störungen widerspiegelt. Die formalen Eigenschaften der Sprache sowie die Automatisiertheit des sprachlichen Verarbeitens sind hingegen erhalten.

Ebene II

Sprachstörungen im engen Sinn betreffen das *sprachsystematische Wissen* und verändern in charakteristischer Weise die Enkodierung und Dekodierung von sprachlichen Strukturen. Bei der *Enkodierung* werden kognitive und emotionale Inhalte in sprechmotorische und graphomotorische Bewegungsabläufe überführt. In umgekehrter Richtung werden bei der *Dekodierung* die akustischen und visuellen Muster der gesprochenen bzw. geschriebenen Sprache analysiert, Wörter und Satzstrukturen identifiziert und deren Bedeutungen kognitiv und/oder emotional interpretiert. Das Sprachsystem leistet diese Zuordnungen in mehrfachen hoch automatisierten Verarbeitungsschritten, wobei unterschiedliche Komponenten und Teilkomponenten des sprachlichen Wissens aktiviert werden:
- Lexikon (Wortschatz): Wortbedeutung und phonologische Wortform,

- Syntax (Satzbau): Satzstruktur und Morphologie (Grammatik),
- Phonologie: Lautstrukturen und Prosodie.

Die funktionale Architektur dieser Wissenskomponenten ist in Abbildung 2 für die Sprachproduktion als einfaches *Informationsflußmodell* skizziert. Besonders einflußreich wurden die Modelle von Levelt (1989). Soll hingegen die *Informationsverarbeitung* selbst, nämlich die Aktivierung, Interaktion und Kombination der in den Wissenskomponenten repräsentierten Einheiten spezifiziert werden, dann scheinen Netzwerkmodelle überlegen zu sein, insbesondere für die Erklärung lexikalischer Fehler bei normalen Versprechern und bei Aphasie (vgl. Dell et al., 1997).

Je nach Anforderung erfolgt die sprachsystematische En- und Dekodierung mehr oder weniger stark automatisiert. Bei *automatisierter* Verarbeitung werden die Einheiten des Sprachwissens unmittelbar in Vorgänge des Formulierens bzw. des Verstehens integriert. Levelt (1989) nennt das „inkrementelles" Verarbeiten. Zusätzlich muss man jedoch auch Verarbeitungskomponenten annehmen, die als *Arbeitsspeicher* für *kontrolliertes* Verarbeiten

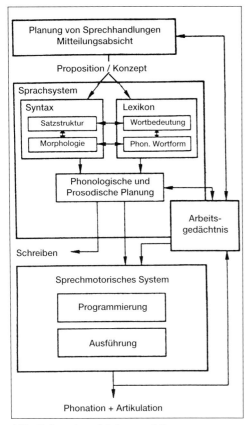

Abb. 2. Sprachproduktionsmodell

dienen (vgl. Shallice, 1988). Mehrere alternativ aktivierte Einheiten werden erst einmal zwischengespeichert und miteinander verglichen; dabei sind gezielte Entscheidungen zu treffen, um diejenigen Einheiten auszuwählen, die die intendierte kommunikative Absicht oder das Ziel einer Aufgabenstellung am besten erfüllen. Solche Arbeitsspeicherkomponenten haben nicht die Eigenschaften eines Langzeitspeichers und sind deshalb weder durch Zugriffs- noch durch Wissensstörungen direkt betroffen. Die Verarbeitungskapazität dieser Kontrollkomponenten kann jedoch entweder durch reduzierte Merkspanne oder durch Störungen von Aufmerksamkeit und Problemlösen beeinträchtigt sein. Da solche Störungen häufig mit zentralen Sprachstörungen gekoppelt sind, muss man mit eingeschränkter Kapazität für kontrolliertes lingui-

stisches Verarbeiten rechnen. Deshalb wurde im 3-Ebenen-Modell (Abb. 1) in das Sprachsystem (Ebene II) eine eigene Arbeitsgedächtniskomponente integriert. Neben Kurzzeitspeichern umfasst sie ein zentrales Exekutivsystem. Dieses ermöglicht das Operieren von Produktions- und Perzeptionsstrategien für den kontrollierten Zugriff zum sprachlichen Wissen.

Ebene III

Sprachsystematische Störungen betreffen die verschiedenen *sprachlichen Modalitäten* – die Output- und Inputsysteme der Sprache – in ähnlicher Weise. Störungen der Wortwahl, des Satzbaus, der Grammatik oder der lautstrukturellen Durchgliederung haben parallele Auswirkungen auf Sprechen und Verstehen, auf Schreiben und Lesen. Die Output- und Inputsysteme der Sprache haben zusätzliche eigene Verarbeitungskomponenten, die ebenfalls isoliert störbar sind und zu modalitätsspezifischen oder unimodalen Störungen im Gegensatz zu den multi- bzw. supramodalen Störungen des Sprachsystems führen. Die klinischen Bezeichnungen der Störungen sind:
– Sprachsystem: Aphasie,
– Sprechmotorik: Sprechapraxie, Dysarthrie bzw. Dysarthrophonie
– Graphomotorik: reine Agraphie,
– auditiv-phonetische Analyse: verbale auditive Agnosie (Worttaubheit),
– visuell-graphematische Analyse: reine Alexie.

In den *Outputsystemen* werden hochspezialisierte und in der Regel automatisierte motorische Programme für Sprechen bzw. Schreiben aufgerufen und koordiniert, bevor der Bewegungsablauf selbst initiiert und gesteuert wird. Generell ist also zwischen Programmierung und Ausführung zu unterscheiden. Diese Teilsysteme sind für die Sprechmotorik klinisch gut belegt; Sprechapraxie ist eine Störung der Programmierung, Dysarthrie hingegen eine Ausführungsstörung. Bei den *Inputsystemen* ist zwischen Systemen für die Aufnahme und Analyse von perzeptuellen Informationen zu unterscheiden. Auch diese zeigen sich in der Klinik in isolierten Störungen. Belege sind die hemianopische Lesestörung im Gegensatz zur reinen Alexie oder die kortikale Taubheit im Gegensatz zur verbalen Agnosie (Worttaubheit). Die Teilsysteme für Analyse und Programmierung sind bereits nach sprachspezifischen Einheiten organisiert (Sprechsilben, phonetische Merkmale, Grapheme). Sie konstituieren die Schnittstellen zum supramodalen sprachsystematischen Verarbeiten. Die Begriffe Agraphie und Alexie (bzw. Dysgraphie und Dyslexie) bezeichnen auch aphasiebedingte Störungen auf der Ebene des Sprachsystems. Mit dem Zusatz „rein" wird traditionell der modalitätsspezifische, unimodale Störungscharakter bezeichnet. Das schriftsprachliche Verarbeiten wird in einem eigenen Kapitel (4.10) behandelt.

Für die *Gebärdensprache* der Gehörlosen sind zusätzliche In- und Outputsysteme anzunehmen, welche den manuellen Bewegungsablauf im Gebärdenraum und die Koordination mit Mimik und Körperhaltung spezifizieren. Bekanntlich haben sich in verschiedenen Kulturgemeinschaften des Menschen parallel zu den Lautsprachen eigene Gebärdensprachen entwickelt, z.B. Deutsche Gebärdensprache (DGS), American Sign Language (ASL), Chinese Sign Language (CSL). Interessanterweise scheint das zentrale Sprachwissen von Gebärdensprachen auf denselben biologischen Voraussetzungen zu beruhen wie das der Lautsprachen, obwohl Gebärdensprachen eigene Systemeigenschaften aufweisen und nicht mit lautsprachbegleitendem Gebärden zu verwechseln sind. Wie bei Lautsprachen kommt es auch bei Gebärdensprachen nach linkshirnigem Schlaganfall zu einer Aphasie (Poizner et al., 1987).

Klinik

Aphasien

Aphasien sind erworbene Sprachstörungen, die als Folge einer Erkrankung des zentralen Nervensystems (ZNS) auftreten. Betroffen ist das *Sprachzentrum*, das bei über 90 % der Menschen in der Mitte der linken Großhirnrinde liegt (vgl. S. 485 ff.). Die häufigsten medizinischen Ursachen (Ätiologie) sind im Er-

wachsenenalter Schlaganfälle, im Kindes- und Jugendalter Hirnverletzungen durch Unfälle (vgl. Huber et al., 1991, 1997).

Ausgehend von dem 3-Ebenen-Modell in Abbildung 1 sind Aphasien als *multimodale* und *supramodale* Sprachstörungen zu definieren. Die aphasischen Störungen zeigen sich zum einen in allen sprachlichen Verarbeitungsmodalitäten, beim Sprechen und Hören, beim Lesen und Schreiben. Zum anderen müssen die aphasischen Symptome als supramodal charakterisiert werden. Denn je nach Aphasietyp und -verlauf sind charakteristische Anteile des Sprachwissens – Lexikon, Syntax, Morphologie und Phonologie – betroffen, und zwar in prinzipiell gleicher Weise beim Vergleich von Laut- und Schriftsprache bzw. von expressiver und rezeptiver Modalität.

Aphasie ist eine Sprachstörung, *keine Denkstörung*. Betroffen ist die Fähigkeit, Gedanken sprachlich zu formulieren bzw. gehörte und geschriebene Mitteilungen rasch und korrekt zu verstehen. Trotz ihrer Sprachstörung können die Patienten mit den verbliebenen sprachlichen Mitteln sowie durch Zeigen, durch Mimik und Gestik, gelegentlich durch Zeichnen, ihre Gefühle und Wünsche äußern. Sie können folgerichtig denken und sie haben ihre Lebenserfahrungen und ihre beruflichen Kenntnisse nicht vergessen. Sie erkennen Situationen des täglichen Lebens und verhalten sich in sozialen Kontakten ähnlich wie Gesunde. Obwohl die Patienten Gegenstände sprachlich nur schlecht benennen und beschreiben können, ist das Wissen über Eigenschaften und Gebrauch von Gegenständen erhalten.

Umschriebene Schädigungen des Sprachzentrums und die dadurch entstehenden Sprachstörungen wurden erstmals in der zweiten Hälfte des letzten Jahrhunderts nachgewiesen. Der damals eingeführte Begriff *Aphasie* (griechisch „ohne Sprechen") ist aus heutiger Sicht nicht korrekt. Denn die Patienten haben nicht nur Störungen des Sprechens, sondern auch des Verstehens, des Schreibens und des Lesens. Nur anfangs, unmittelbar nach der Hirnschädigung, ist Sprechen häufig völlig unmöglich (Mutismus). In den ersten Tagen und Wochen ändern sich die Sprachstörungen meist rasch. Es entstehen verschiedene Erscheinungsformen der

Aphasie (Syndrome). – Da ein völliger Verlust der Sprache im Verlauf selten ist, wird statt Aphasie auch die Bezeichnung Dysphasie verwendet. Ähnliches gilt für die Störungen der Schriftsprache (vgl. Alexie bzw. Dyslexie, Agraphie bzw. Dysgraphie). In der klinischen Literatur haben sich diese begrifflichen Unterscheidungen nicht durchgesetzt.

Bei vaskulärer Ätiologie und nach Abschluß der akuten Krankheitsphase lassen sich die aphasischen Störungen als vier große *Standardsyndrome* beschreiben: globale, Wernicke-, Broca- und amnestische Aphasie (vgl. Huber et al., 1997). Diese Aufzählung gibt zugleich die Abstufung von sehr schwerem Grad der Störungen bei globaler Aphasie bis zu leichtem Grad bei amnestischer Aphasie wieder. Im Verlauf der aphasischen Störungen über Monate und Jahre kann es zu einem Syndromwandel kommen (Leischner, 1979). Globale Aphasien entwickeln sich zu Broca-Aphasien und Wernicke-Aphasien zu amnestischen Aphasien. Ältere Bezeichnungen für Broca- und Wernicke-Aphasie sind motorische und sensorische Aphasie. Diese Bezeichnungen sind irreführend. Denn Broca-Aphasiker haben nicht nur expressiv-motorische Störungen beim Sprechen und Wernicke-Aphasiker nicht nur rezeptiv-sensorische Störungen beim Verstehen. Vielmehr liegen in allen sprachlichen Modalitäten charakteristische Störungen vor, also beim Sprechen, Verstehen, Lesen und Schreiben. Die jetzt gebräuchlichen Bezeichnungen erinnern an die Entdecker der Sprachregionen im Gehirn (vgl. S. 485 f), den französischen Chirurgen Paul Broca (1824-1880) und den deutschen Nervenarzt Carl Wernicke (1848-1905).

Stuft man die expressive und rezeptive Sprachperformanz auch nach dem Schweregrad der Störung ab, dann erhält man als erste Orientierung ein einfaches *Schema* für die Unterschiede zwischen den vier Standardsyndromen (vgl. Tabelle 2).

Symptome

Für den sprachgesunden Partner und, soweit möglich, auch für den aphasischen Patienten selbst ist es wichtig, die besonderen Schwie-

Tabelle 2. Schema der vier Standardsyndrome bei Aphasie

		Sprechflüssigkeit und Satzbau	
		stark gestört	leicht gestört
Sprach-verstehen	stark gestört	global	Wernicke
	leicht gestört	Broca	amnestisch

rigkeiten beim sprachlichen Formulieren genau zu erfassen. Dies kann helfen, die Sprachstörung begreifen zu lernen und die Kommunikation zu verbessern. Die wichtigsten Symptome werden in der *Spontansprache* schnell deutlich, z.B. beim Erzählen über den Beginn der Erkrankung, über die Familie, über Begebenheiten aus Kindheit, Beruf und Freizeit. Der sprachgesunde Partner sollte dabei dem Aphasiker mit Geduld zuhören, Sprechversuche nicht abblocken und Fehler nicht laufend korrigieren, sondern das Mitgeteilte, wenn nötig, durch Fragen und Raten zu verstehen versuchen.

Die für die Standardsyndrome charakteristischen *Leitsymptome* entstehen in verschiedenen sprachsystematischen Komponenten des Planens und Formulierens von Mitteilungen, häufig ist auch die Sprechmotorik mitbetroffen (vgl. Abb. 2). Sind alle Komponenten des Sprachwissens gestört, dann zeigen sich Elemente automatisierter Sprache, die pathologisch enthemmt sind, d.h. gegen die Mitteilungsintention geäußert werden. Die Beobachtung der aphasischen Spontansprache umfaßt somit folgende Ebenen:
- automatisierte Sprache,
- Satzbau und Grammatik,
- Wortwahl und Wortfindung,
- Lautstrukturen,
- Artikulation und Stimmgebung.

Automatisierte Sprache: Bei schwersten Aphasien sind sinnvolle Äußerungen nicht mehr möglich. Die Patienten verfügen über nur wenige, im Verlauf der Aphasie automati-

sierte Silben, Wörter oder Redephrasen, die bei jedem Formulierungsversuch unwillkürlich, also ohne innere Sprachkontrolle, geäußert werden. Dies können sein:
- fortlaufende Sprachautomatismen (engl. recurring utterances), z.B. „dododo", „Autoauto", „schönen Tag guten Tag",
- einzelne, formstarr wiederkehrende Sprachautomatismen, z.B. Interjektionen („jaja", „ach so", „genau", etc.), Wörter aus automatisierten Reihen (Zahlwörter, Wochentagsnamen) oder kommunikativ unpassende Einzelwörter, die oft in der Therapie eingeübt wurden („Limo", „Mama", etc.),
- einzelne oder mehrfach aneinandergereihte Wortneubildungen (Neologismen), deren Lautstrukturen von Äußerung zu Äußerung nur wenig variiert sind, z.B. „fähre ... fähre bit . so ... bit . so ... bit ... fah äh ... fit ... bähre ... däre .... däre ... defi ... defi ... defi ... dere .. fähre",
- einzelne Redefloskeln, oft nur als Fragmente, die mehrfach wiederkehren (Stereotypien), z.B. „und dann so", „ach Gott", „kann ich nicht", „weiß ich nicht".

Automatisierte Sprachelemente sind das *Leitsymptom der globalen Aphasie.* In der Spontansprache von Patienten mit globaler Aphasie können einzelne Formen dieser automatisierten Sprachelemente vorherrschen. Bei manchen Patienten ist spontanes Sprechen bis auf wenige emotive Silben und gelegentliches „ja" oder „nein" völlig unmöglich. Bei anderen bestehen die Äußerungen nur aus fortlaufenden Sprachautomatismen, aus wenig variablen Neologismen oder aus Stereotypien. Die Mehrzahl der Patienten mit globaler Aphasie äußert eine Mischung von verschiedenen automatisierten Sprachelementen. Hin und wieder gelingen auch einzelne, kommunikativ sinnvolle Wörter, die meist mit großer Sprachanstrengung hervorgebracht werden. Die Patienten versuchen sich durch Mimik und Gestik zu verständigen, was oft erfolglos bleibt. Je nach Art der vorherrschenden Auffälligkeit werden vier Untertypen der globalen Aphasie unterschieden: mutistisch, iterativ, neologistisch, stereotyp.
Satzbau und Grammatik: Bei schwerster Störung des Satzbaus können nahezu nur ein-

zelne Inhaltswörter aneinandergereiht werden. Dies sind Nomen und Adjektive, seltener Verben. Der Sinn der Mitteilungen lässt sich aus der Bedeutung der Wörter und ihrer logischen Verknüpfung oft leicht erschließen, wie das folgende Beispiel veranschaulicht:

U: Wie hat das denn damals angefangen mit Ihrer Krankheit?
P: Ja ja ... Hirnschlag ... äh ... und ohnmächtig ... Krankenhaus ... ja ... Krankenhaus ... Andernach ... Rollstuhl
U: Zuerst waren Sie im Rollstuhl?
P: Ja ... äh ... ja ... Arm ... Bein ... Gesicht ... schwer lähmen .... äh ... und denn ... üben üben üben

Solche schweren Satzbaustörungen bessern sich allmählich im weiteren Verlauf der Aphasie und bei gezielter logopädischer Behandlung. Den Patienten gelingt es mehr und mehr, einfache, jedoch meist unvollständige Sätze zu bilden, z.B. „Ja ... im Bett passiert ... und dann ins Krankenhaus ... nichts mehr gesprochen ... und nichts mehr ... erzählt". Oft bereitet die Verknüpfung von Inhaltswörtern durch Funktionswörter anhaltende Schwierigkeiten. Die Sprache wirkt wie ein Telegramm. Dies ist aber kein bewusst gewählter Redestil. Vielmehr haben die Patienten ein gestörtes Wissen für die Bildung von Sätzen. Die Satzstrukturen sind reduziert, die Grammatik fehlt (vgl. Abb. 2). Oft geben sie selbst an, dass sie mit den „kleinen Wörtern" und den Personalendungen von Verben nicht mehr zurechtkommen. Selbst bei sehr guter Besserung haben Broca-Aphasiker anhaltende Schwierigkeiten, lange und komplexe Sätze mit Nebensätzen und Satzeinschüben zu bilden, wie das für Sprachgesunde bei lebhaftem Erzählen selbst in einfacher Umgangssprache charakteristisch ist. Unvollständigen Satzbau nennt man *Agrammatismus; er ist das Leitsymptom der Broca-Aphasie.*
Komplex angelegter Satzbau findet sich hingegen typischerweise bei Wernicke- und amnestischen Aphasie. Insbesondere Patienten mit Wernicke-Aphasie produzieren oft auffällig lange und verschachtelte Sätze. Dabei kommt es zu fehlerhaften Verdoppelungen von Satzteilen (z.B. „Bei der Arbeit einfach hörte

es einfach auf langsam auf") oder zu Satzverschränkungen, wobei zwei Sätze entweder zu
einem zusammengezogen sind (z.B. „Ich bin
alles weggekommen") oder sich überschneiden (z.B. „Es war in der Nacht muss das gewesen sein"). Die Patienten sprechen oft überschießend (sog. Logorrhoe), gewissermaßen
ohne Punkt und Komma, z.B.:

U: „Wie hat Ihre Krankheit angefangen?"

P: „Ja es ist aber vor allen Dingen bei mir kann
ich nicht alles sagen ... dann kommt bei mir
manches bei mir über hier rauber durch mir
... und sagte dann auch jetzt müsst Du sch ...
nachschauen ... wie's geht ... und nur ich bin
leider im einzelnen nicht in der Lage das im
einzelnen zu sagen... ich muss manches
warten ... ich weiß wenn ich Ihnen sage hier
ist oder hier ist das ... das kann ich aber ich
kann es nicht äh anders äh in zeig weiterge-
ben ... da ist mir manches nicht in Ordnung."

Komplex angelegten Satzbau mit häufigen
Satzverschränkungen und Satzteilverdoppe-
lungen nennt man *Paragrammatismus;* er ist
das *Leitsymptom der Wernicke-Aphasie.*

Neben den sehr unterschiedlichen Satzbaustörungen von Patienten mit Broca- und Wernicke-Aphasie finden sich bei beiden Syndromen oft auch deutliche *Störungen der
Grammatik.* Flexionsformen und Funktionswörter werden hinsichtlich ihrer grammatika-
lischen Merkmale falsch ausgewählt, z.B. hinsichtlich Genus, Kasus, Numerus oder Person.
Bei Verben können auch die Zeitformen (Tempus) oder die Formen der schwachen und starken Beugung verwechselt werden. Einige Beispiele für Grammatikfehler sind:

− „Mann und Mann" (statt Männer),
− „zwei Pilote" (!),
− „und die (!) Kopf wurde (!) wieder sehr
  weh",
− „Auto ... Mutter ... holt (!) du ... holst du
  ab",
− „... dass wir uns besser versteht (!)",
− „und müsste mir das passiert worden (!) ...
  ist das wohl passiert".

Wortfindung und Wortwahl: Alle aphasischen
Patienten haben Mühe, Gedanken sprachlich

zu formulieren. Oft meinen sie, ein gesuchtes
Wort liege ihnen auf der Zunge, aber nicht immer können sie es dann auch im Wortschatz
aktivieren. Bei solchen Wortfindungsstörungen kommt es zu ausgeprägtem sprachlichen
Suchverhalten in unterschiedlichsten Formen:

− lange Pausen, wobei die Patienten meist
  Stöhnlaute oder Interjektionen äußern, z.B.
  „äh äh", „oje", „ach",
− Wiederholung des gerade Gesagten, z.B.
  „und dienstags haben sie mich denn ... also
  Dienstag ... dienstags haben sie mich denn
  ...",
− Eigenkommentare z.B. „hm ... das müsste
  man jetzt sagen können", „also manche
  Worte da komm ich einfach nicht drauf",
− inhaltsarme Redefloskeln, z.B. „Sie wissen
  schon was ich meine", „da hab ich das halt
  so gemacht", „das Dingens",
− Ausweichen in mimische, gestische und
  pantomimische Mitteilungen,
− Satzabbrüche und Start eines neuen Satzes,
  z.B. „da war ich dann zwei Tage in ... na ich
  soll jetzt denn Trauma sagen oder ... in jedem Fall ich wusste nicht mehr was ich tat".

Wortfindungsstörungen sind das *Leitsymptom
der amnestischen Aphasie.* Bei den übrigen
Syndromen liegen ebenfalls Wortfindungsstörungen vor, aber vorherrschend sind schwerere Symptome, nämlich Sprachautomatismen,
Stereotypien, Agrammatismus, Paragrammatismus oder Laut- und Wortverwechslungen
(Paraphasien). Letztere entstehen, weil nicht
der Abruf von Wörtern aus dem Wortschatz gestört ist, sondern auch die Differenzierung.

Bei der Wahl von Wörtern kommt es leicht
zu Verwechslungen von Wortbedeutungen
(vgl. Abb. 2). Die Patienten sagen z.B. „meine
Mutter" und meinen „meine Frau". Typischer-
weise werden bedeutungsähnliche Wörter ver-
wechselt, z.B. „Wochen" statt „Monate",
„Stuhl" statt „Tisch", „traurig" statt „kaputt",
„Trauma" statt „Koma". Bedeutungsmäßige
Wortverwechslungen nennt man *semantische
Paraphasien;* sie sind das herausragende
Störungsmerkmal bei einer Untergruppe von
Patienten mit *Wernicke-Aphasie.*

Semantisch falsche Wahl und Kombination
von Wörtern finden sich häufig zusammen mit

sehr vielen inhaltsarmen Redefloskeln und Stereotypien. Die Abweichungen können so stark sein, dass *semantischer Jargon* entsteht. Der Sinn der Mitteilungen ist kaum noch erschließbar, obwohl die Lautstrukturen der Wörter, der Satzbau und die Grammatik gut erhalten sind. Ein Beispiel ist:

> „Ich glaube man sollte bei Null beginnen und bei oben. Es ist so: Gegenüber früher möchte ich erst einmal sagen, über den ganz großen Beginn erstmal, als ich ankam, ist es natürlich ganz entschieden."

Lautstrukturen: Die Aktivierung eines Wortes beim Sprechen erfordert die Verknüpfung von Wortbedeutung und Wortform (vgl. Abb. 2). Beides bestimmt die Ähnlichkeit von Wörtern im Wortschatz. Je größer die Ähnlichkeit, desto leichter werden Wörter bei Aphasie verwechselt. Betrifft dies die Bedeutung, spricht man von semantischer Paraphasie; betrifft es die Lautform, heißt dies phonematische Paraphasie. Dabei können ganze Wörter verwechselt werden, wie das folgende Beispiel zeigt:

> „und eh ... das ist ... hat sie mich aus (=aufs) Schlafzimmerbrett (=bett) gebracht und innerhalb (=innerhalb) einer Stunde hat das was nicht in Ordnung gebracht ... ganz bestimmt innerhalb der echten ... ersten Stunde."

Häufiger als Wortformverwechslungen sind Veränderungen einzelner Laute (Phoneme) innerhalb der Wortform. Die Störung betrifft die phonologische Planung (vgl. Abb. 2). Es kommt zu Ersetzungen, Auslassungen, Hinzufügungen oder Umstellungen, z.B. „Spille" statt „Spinne", „Tock" statt „Stock", „Bansane" statt „Banane", „Urine" statt „Ruine". Solche phonematischen Veränderungen können in einem Wort so gehäuft auftreten, dass der Eindruck von Wortneubildungen (phonematische Neologismen) entsteht, z.B. „Fiosfinten" für „Fingerhut", „Kravensen" für „Krallen". *Phonematische Paraphasien* und *Neologismen* sind das herausragende Störungsmerkmal bei einer weiteren Untergruppe von Patienten mit *Wernicke-Aphasie*.

Oft liegen phonematische und semantische Paraphasien gleichzeitig vor. Auch die phonematischen Paraphasien werden flüssig und ohne Sprechanstrengung geäußert. Sofern die Patienten sie bemerken, führt dies oft zu einer Kette von Korrekturversuchen („Conduite d' approche"), die manchmal noch weiter von der Zielform abdriften. Sind nahezu alle Inhaltswörter phonematisch verändert und liegen sehr viele Neologismen vor, spricht man von *phonematischem Jargon*, z.B.

> „Ich wollte danach ein vo ... vollschens als verwordens ... der des außens hewerwens riesens serns ... der worsens ... bitte wiede rossens ... braufens wersen ... da brauchen wersens ... hatten namens lortnens wussten wir ja westens."

Auch bei Broca-Aphasie kann die Spontansprache durch viele oder sehr viele phonematische Paraphasien gekennzeichnet sein. Diese werden aber nicht flüssig und mühelos geäußert, vielmehr ringen die Patienten um die korrekte Artikulation, was sich in vielen stummen Suchbewegungen, in mehrfachen Wiederholungen des Wortanlauts und in langsamen, gleichsam tastenden Artikulationsbewegungen zeigt. Die rasche und automatisierte Programmierung von Artikulationsbewegungen ist beeinträchtigt (vgl. Abb. 2). Man nennt dies *Sprechapraxie* (vgl. Ziegler, 1991); sie ist ein häufiges Symptom bei *Broca-Aphasie*.

Sprechapraktische Schwierigkeiten erkennt man an phonematischen Paraphasien in Verbindung mit artikulatorischem Suchverhalten und zögernden, häufig auch ungenauen Artikulationsbewegungen. Das Sprechen erfolgt skandierend, d.h. mit Pausen nach jeder Silbe bzw. jedem Wort. Dadurch sind Sprachmelodie und -rhythmus beeinträchtigt (Dysprosodie). Sind die phonematischen Paraphasien ausschließlich durch Sprechapraxie bedingt, dann können die Patienten besser schreiben als sprechen. Bei sehr schwerer Sprechapraxie gelingt Artikulieren fast gar nicht. Die Patienten tragen häufig einen Zettel mit sich, um sich schriftlich mit Hilfe einzelner Wörter oder kurzer Phrasen zu verständigen.

Artikulation und Stimmgebung: Insbesondere bei den „nicht-flüssigen" Aphasien (globale und Broca-Aphasie) liegen häufig auch Störungen der Sprechmotorik vor. Diese können sprechpraktische oder dysarthrische Ursachen haben. Betroffen ist die Programmierung oder die Ausführung (vgl. Abb. 2).

Bei *Sprechapraxie* ist die Beweglichkeit der Artikulationsorgane nicht eingeschränkt. Dennoch kommt es zu Verwechslungen von artikulatorischen Zielen und zu artikulatorischem Suchverhalten. Meist haben die Patienten mit Sprechapraxie auch eine *buccofaciale Apraxie* (Poeck, 1997*),* d.h. sie können auch sprachfreie Mund- und Gesichtsbewegungen (z.B. Nase rümpfen, Lippen stülpen, mit der Zunge schnalzen, räuspern) nicht ausführen, zeigen dabei Suchverhalten und Verwechslungen von Bewegungsmustern (Parapraxien, s.a. Kap. 4.8). Im Verlauf bleibt die Sprechapraxie häufig als isoliertes Symptom bestehen. Dies belegt die Eigenständigkeit der Sprechmotorik als besonderes Output-System der Sprache.

Bei *Dysarthrie* sind die Funktionen der Sprechmuskulatur selbst betroffen, z. B. wegen einer halbseitigen Gesichtslähmung. Die Beweglichkeit der Sprechwerkzeuge (Lippen, Unterkiefer, Zunge, Gaumensegel, Stimmlippen) ist eingeschränkt. Die Patienten sprechen „verwaschen". Einzelne Laute, Silben oder Wörter sind oft nur erkennbar, wenn man die Patienten bittet, sie mehrfach zu wiederholen. Der Stimmklang klingt behaucht, rauh, zu leise und nasal. Die Sprechgeschwindigkeit ist verlangsamt. Die Sprachmelodie (Prosodie) ist monoton, denn die Betonungen von Wörtern und die Tonhöhenverläufe von Redephrasen sind abgeflacht. (Genauer werden die dysarthrischen Symptome und Syndrome auf Seite 472 besprochen.)

Bei akuter Erkrankung liegt häufig eine Aphasie zusammen mit schwerer Dysarthrie und mit Schluckstörungen (Dysphagie) vor. Insbesondere nach Schädel-Hirn-Traumen sind manche Patienten zunächst stimmlos (Aphonie), was durch zentrale Lähmung der Stimmlippen im Kehlkopf bedingt ist. Die Patienten sind stumm oder versuchen, sich durch schwaches Flüstern zu verständigen. Das Ausmaß aphasischer Störungen ist dann nicht si-

cher erkennbar. Bei Großhirnschädigungen in nur einer Hirnhälfte bessern sich die schweren Artikulations- und Stimmstörungen meist in den ersten Wochen, und erst dann lassen sich Art und Ausmaß der Aphasie sicher feststellen. Leichte bis mittelgradige *Dysarthrie* kann vor allem bei *globaler* und *Broca-Aphasie* ein anhaltendes Begleitsymptom bleiben (sog. Hemisphärendysarthrie).

Syndrome

Das Auftreten der aphasischen Symptome ist nicht von Patient zu Patient zufällig. Vielmehr kehren charakteristische Einzelsymptome in Kombination mit anderen Symptomen immer wieder. Diese Leitsymptome bilden die Grundlage für die Unterscheidung verschiedener Typen oder Syndrome der Aphasie. In Tabelle 3 sind die wichtigsten Merkmale der Spontansprache bei jedem der Standardsyndrome angegeben (Huber et al., 1997). Ausführliche klinische Darstellungen finden sich z.B. bei Albert et al. (1981) und bei Lecours et al. (1983).

Tabelle 3. Spontansprache der Standardsyndrome

Globale Aphasie
– Leitsymptom: Sprachautomatismen,
– Sprachfluss: stark eingeschränkt, oft dysarthrisch,
– Kommunikation: sehr schwer bis schwer gestört.

Wernicke-Aphasie
– Leitsymptome: Paragrammatismus, Paraphasien, Jargon,
– Sprachfluss: unauffällig, teilweise überschießend (Logorrhoe),
– Kommunikation: bei Jargon schwer gestört, sonst schwer bis mittelgradig.

Broca-Aphasie
– Leitsymptome: Agrammatismus, Sprechapraxie,
– Sprachfluss: eingeschränkt, oft dysarthrisch,
– Kommunikation: schwer bis mittelgradig gestört.

Amnestische Aphasie
– Leitsymptom: Wortfindungsstörungen,
– Sprachfluss: unauffällig, aber häufig Suchverhalten und Satzabbrüche,
– Kommunikation: mittelgradig bis leicht gestört.

Neben den Standardsyndromen werden noch zwei weitere Aphasietypen unterschieden, die durch modalitätsspezifische Störungsmerkmale bestimmt sind. Bei *Leitungsaphasie* ist Nachsprechen herausragend schlecht. Dies ist zum einen durch starke Störungen bei der Bildung von Lautstrukturen, zum anderen durch stark eingeschränktes kurzfristiges Behalten bedingt. Die Patienten haben eine gestörte Merkspanne, sie können sich oft nicht mehr als zwei Zufallszahlen merken. Bei *transkortikaler Aphasie* gelingt das Nachsprechen herausragend gut. Die Spontansprache kann dabei flüssig oder nichtflüssig sein, das Sprachverstehen stark oder gering gestört. Die Patienten zeigen im Gespräch oft Echolalie: Sie wiederholen unmittelbar vorangehende Äußerungen des sprachgesunden Partners.

Beim einzelnen Patienten betreffen die aphasischen Störungen meist mehrere Bereiche des Sprachwissens und zeigen sich in den Modalitäten des sprachlichen Verarbeitens oft unterschiedlich stark. So ergeben sich eine Vielzahl von einzelnen sprachlichen Störungsmerkmalen, die aphasischen *Symptome*. Dies sind zum einen sprachsystematische Fehler der Wortfindung und der Wortwahl, der Bildung von Lautstrukturen, der Satzbildung und der Grammatik. Zum anderen kann es zu pathologischen Enthemmungen kommen, nämlich zu unpassenden Wiederholungen und Sprachautomatismen. Schließlich können einzelne sprachliche Modalitäten wie Nachsprechen, auditives Sprachverstehen, Lesen und Schreiben herausragend gestört bzw. gut erhalten sein. Eine genaue Beschreibung der Symptome und deren Einordnung in Modelle des normalen sprachlichen Verarbeitens ist Anliegen der „linguistischen Aphasiologie" (Caplan, 1987; Blanken, 1991; Tesak, 1997).

Die Kriterien für die Klassifikation von aphasischen *Syndromen* waren von je her Gegenstand kritischer Auseinandersetzungen, z.B. attackierte bereits Sigmund Freud im Jahr 1891 das Klassifikationsschema seiner Zeit. Bis heute bleiben für die Theoriebildung wichtige Fragen offen. Moderne Kritiker nannten die der klassischen Syndromklassifikation zugrundeliegende Taxonomie „polytypisch", d.h. jedes für die Klassifikation wichtige Symptom

kann zu mehr als einem Syndrom gerechnet werden. Als Konsequenz davon seien nur statistische Generalisierungen möglich, die zur Bestimmung der Sprachstörung im Einzelfall wenig beitragen. Die klinische Beschreibung der aphasischen Syndrome ist jedoch nicht nur polytypisch. Poeck (1983) unterschied zwischen aphasischen Phänomenen und Epiphänomenen. Nur die ersteren zeigen Störungen des multi- oder supramodalen sprachsystematischen Verarbeitens an. Die Epiphänomene betreffen den Sprachfluß und das Kommunikationsverhalten. Zumindest für die aphasischen Standardsyndrome ist eine an der Spontansprache orientierte Klassifikation möglich, die für jedes Syndrom *prototypische* aphasische Leitsymptome aufstellt (vgl. Tabelle 3).

Dysarthrien

Dysarthrien sind erworbene Sprechstörungen, die durch eine Schädigung des *zentralen* oder des *peripheren* Nervensystems verursacht werden. Ausgehend vom 3-Ebenen-Modell in Abbildung 1 sind Dysarthrien als modalitätsspezifische Störungen der sprachlichen Output-Systeme zu definieren. Im Unterschied zur Aphasie ist das Sprachwissen, auch das der Lautstrukturen, nicht beeinträchtigt. Schreiben ist nicht gestört, außer wenn zusätzliche aphasische oder schreibmotorische Störungen vorliegen. Die Dysarthrie ist wie die Sprechapraxie eine Störung der Sprechmotorik. Im Unterschied zur Sprechapraxie ist jedoch nicht die Programmierung, sondern die Ausführung von Sprechbewegungen beeinträchtigt. Dabei betreffen die Störungen in der Regel nicht nur die Artikulation, sondern auch die Phonation und die Sprechatmung.

Symptome

Der normale *Sprechvorgang* umfasst mehrere Komponenten – Atmung, Phonation, Resonanz, Artikulation und Prosodie – und erfordert die genaue zeitliche Abstimmung der beteiligten Muskelgruppen: Zwerchfell, Bauch- und Brustmuskulatur, intrinsische und extrinsische Kehlkopfmuskulatur, die Muskulatur

Abb. 3. Periphere Komponenten des Sprechvorgangs

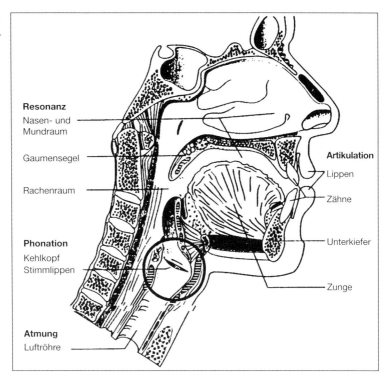

Resonanz
Nasen- und Mundraum

Gaumensegel

Rachenraum

Phonation
Kehlkopf
Stimmlippen

Atmung
Luftröhre

Artikulation
Lippen

Zähne

Unterkiefer

Zunge

des Nasen- und Rachenraumes, sowie die Zungen-, Lippen- und Kiefermuskulatur. Eine Einführung in die Anatomie und die Funktion der Sprech- und Stimmorgane gibt Hardcastle (1976); eine Standardbeschreibung der Phonetik des Deutschen findet sich in Kohler (1977). In Abbildung 3 sind die Komponenten des Sprechvorgangs schematisch skizziert. Im folgenden werden die wichtigsten auditiv wahrnehmbaren Auffälligkeiten innerhalb dieser Komponenten beschrieben. Eine systematische Darstellung dieser Symptomatik findet sich in Ziegler et al. (1998).

Atmung: Sprechen erfordert kontinuierliches Ausatmen, das im Vergleich zur Ruheatmung durchschnittlich um ca. ein Drittel verlängert ist. Dies wird durch Beschleunigung der Einatmungsphase beim Sprechen erreicht. Die Gesamtdauer des Atemzyklus ist beim Sprechen und in Ruhe etwa gleich lang und beträgt im Durchschnitt ca. fünf Sekunden. Die Einatmungspausen beim Sprechen werden jedoch an die linguistische Struktur der Äußerung an-

gepasst, sie treten in der Regel an den Grenzen zwischen syntaktischen Konstituenten (Satzteile, Teilsätze) auf und gliedern die Äußerungen in Redephrasen. Bei mangelnder Regulationsfähigkeit des glottalen Widerstandes, bei verringerter Vitalkapazität oder Einatmungstiefe werden die Ausatmungsphasen verkürzt und die Redephrasen teilweise stoßartig geäußert. Bei Insuffizienz bzw. mangelnder Kontrolle der Atmungsmuskulatur erfolgt die Stimmgebung zu leise bzw. zu laut. Ist die Stimmritze (Glottis) aufgrund einer Tonuserhöhung der laryngealen Muskulatur verengt, so kommt es zu hörbarem Einatmen oder sogar zu unwillkürlicher Stimmgebung während des Atmens. Von *paradoxer Atmung* spricht man, wenn bei der Exspiration thorakale und abdominale Atmungsbewegungen gegeneinander arbeiten und dadurch die respiratorische Effizienz gemindert wird.

Phonation: Der Luftstrom wird im Kehlkopf moduliert. Je nach Stellung der Stimmlippen fließt der Luftstrom ungehindert durch die

Glottis, wird wie beim Hauchlaut in Turbulen-zen versetzt oder wie bei Vokalen und stimm-haften Konsonanten in periodisch pulsierende Druckwellen verwandelt. Dysfunktionen von Verschluss, Öffnung und Spannung der Stimm-lippen bewirken zu hohe bzw. zu tiefe Sprech-stimmlage, eine Instabilität der Stimme (Ton-höhenschwankungen, Entstimmung, Stimmab-brüche, Stimmzittern), durchgängig veränderte Stimmqualität (rauh, gepresst oder behaucht) sowie eine Reduktion des Tonhöhenumfangs. Außerdem wird die wechselnde Stimmhaftig-keit in der Abfolge von stimmhaften und stimm-losen Lauten nur unzureichend eingehalten.

Resonanz: Rachen und Mundraum stellen ein gekoppeltes System von Resonanzräumen dar („Ansatzrohr"), das für die Bildung des Stimmklangs entscheidend ist . Bei angehobe-nem Gaumensegel (Velum) entweicht der Luftstrom durch den Mundraum. Durch Ab-senkung des Gaumensegels wird der Nasen-raum zum Ansatzrohr hinzugeschaltet, was zu dem charakteristischen Klang der nasalen Konsonanten (z.B. /m/, /n/) führt. Bei beein-trächtigter Anhebung des Gaumensegels kommt es zu Hypernasalität, d.h. nasalem Stimmklang (offenes Näseln) sowie zu hörba-rem Entweichen der Luft durch die Nase (na-sale Reibegeräusche). Außerdem werden die Plosions- und Friktionsgeräuschen von Kon-sonanten als Folge des reduzierten Luftdrucks im Mundraum reduziert, da die Luft gleichzei-tig durch die Nase entweicht.

Artikulation: Bei der Bildung der verschiede-nen Vokale wird die Form des Ansatzrohres durch den Öffnungsgrad des Unterkiefers, durch die horizontale und vertikale Verschie-bung des Zungenkörpers und durch die For-mung der Lippen bestimmt. Die dadurch ent-stehenden Resonanzvorgänge sind für die Klangqualität der Vokale entscheidend. Bei Störung der erforderlichen Artikulationsbewe-gungen kommt es zu Entstellungen und Ver-zerrungen des Vokalklangs. Bei der Konsonan-tenartikulation wird der Luftstrom durch die Bewegungen der Artikulatoren in rascher Fol-ge umgelenkt, unterbrochen oder eingeengt, so dass zusätzlich zu Stimme und Resonanz wei-

tere Schallereignisse entstehen. Sind die Arti-kulationsbewegungen in ihrem Umfang einge-schränkt, dann kommt es zu unpräziser Kon-sonantenartikulation. Bei überschießender Bewegung und gestörter Bewegungsumkehr findet sich überschießende „harte" Konsonan-tenartikulation mit zusätzlichen Reibegeräu-schen. Eine schlaffe Zungenmuskulatur führt zu Vorverlagerung („Anstoßen" der Zunge), er-höhter Tonus zu Rückverlagerung der Artikula-tionsbasis.

Prosodie: Störungen der Prosodie, d.h. der Ak-zentuierung, der Intonation und der rhythmi-schen Gliederung der Äußerung, sind eine Fol-ge von Störungen der Sprechatmung, der Stimmgebung und der Artikulation. Die wich-tigsten Störungsmerkmale sind: verlangsamtes oder beschleunigtes Sprechtempo, Unterbre-chungen des Redeflusses durch Lautdehnun-gen, Pausen und Iterationen, Veränderung von Rhythmus und Akzentuierung durch falsche Betonung von Nebensilben und silbisches Sprechen (Skandieren) sowie monotoner In-tonationsverlauf bei eingeschränkter Kontrol-le der Stimmlippenspannung.

Die *Verständlichkeit* des Sprechens ist je nach Art und Ausmaß der Dysarthrie durchgängig oder wechselnd eingeschränkt. Die Äußerun-gen bleiben selbst bei mehrfachem Wiederho-len oft unverständlich, wodurch die Patienten in ihrer Kommunikationsfähigkeit erheblich eingeschränkt sind. Sprechen ist für diese Pa-tienten häufig auch mühsam und anstrengend, und sie benötigen für jede sprachliche Äuße-rung erheblich mehr Zeit als ihre nicht-dysar-thrischen Gesprächspartner. Dazu kommt, dass die Veränderungen von Stimme, Artikula-tion und Prosodie zu einer unnatürlichen Sprechweise führen, die von den Patienten als stigmatisierend empfunden wird. In ihrer Ge-samtheit können diese Probleme zur Vermei-dung von Gesprächssituationen und sozialem Rückzug führen.

Syndrome

In der klinischen Literatur werden die Dys-arthrien häufig nach dem Ort der zugrundeliegenden *Hirnläsion* klassifiziert. Man spricht von bulbären, zerebellären, extrapyramidalen oder suprabulbären Störungsformen. Gegen diese Einteilung gibt es verschiedene Einwände. Zum einen können mit unterschiedlichen Läsionsorten ähnliche Dysarthrieformen assoziiert sein, beispielsweise können nach einer Schädigung in der Brückenregion oder im Thalamus ähnliche Symptome entstehen wie nach zerebellären Läsionen. Zum andern sind die so beschriebenen Klassen nicht homogen. Die Gruppe der „extrapyramidal-motorischen" Störungen beispielsweise umfasst mehrere zum Teil gegensätzliche Störungsformen. Auch der Begriff der bulbären Dysarthrie wird nicht einheitlich verwendet.

Eine andere, ursprünglich von Darley et al. (1975) vorgeschlagene Klassifikation orientiert sich an den aus der Allgemeinmotorik bekannten *Grundtypen von Bewegungsstörungen*; das sind die schlaffe und die spastische Lähmung, Akinesie, Rigidität, Ataxie sowie die verschiedenen Störungsformen von Dyskinesie und Tremor. Damit fügt sich die Klassifikation der Dysarthrien in ein Schema ein, das in der Neurologie ganz allgemein für motorische Erkrankungen Anwendung findet. Aller-

dings stößt auch diese Syndromeinteilung auf Probleme, da die Bewegungsphysiologie der Gliedmaßen nur eingeschränkt auf die Sprechmotorik übertragbar ist. Beispielsweise sind bei einer Spastizität der Artikulationsmuskulatur vermutlich andere Mechanismen der Tonuserhöhung anzunehmen als bei der Spastik der Gliedmaßen. Außerdem ist eine direkte klinische Beobachtung der Sprechmotorik nur sehr eingeschränkt möglich, was die Anwendung der klinisch-neurologischen Kriterien zur Beurteilung motorischer Pathomechanismen erschwert.

Die Beurteilung stützt sich vielmehr auf den *Höreindruck*. Eine eindeutige Zuordnung der Art der motorischen Störung ist dabei nicht immer möglich. Insbesondere ist oft nicht entscheidbar, ob Veränderungen in der Artikulation und Phonation primär durch die gestörte Motorik zustande kommen oder ob sekundäre und kompensatorische Effekte vorliegen. Beispielsweise deutet skandierendes Sprechen nicht notwendigerweise auf eine primär ataktische Bewegungsstörung hin. Es kann auch die Folge verlangsamter spastischer Sprechbewegungen sein oder bei einer Ataxie den Versuch des Patienten anzeigen, die Zielunsicherheit

Tabelle 4. Syndrome und Symptome bei Dysarthrie

	Schlaff	Spastisch	Dysarthriesyndrom Rigid-hypokinetisch	Ataktisch	Dyskinetisch
Sprechatmung	verkürzte Exspiration	verkürzte Exspiration	verkürzte Exspiration	paradoxe Atmungsmuster, hörbare Einatmung	inspiratorisches Sprechen
Stimmqualität	behaucht	gepresst, rauh	behaucht, rauh	variabel	wechselnd
Stimmstabilität	Lautstärkeabnahme	–	Lautstärkeabnahme, Stimmschwund	Tonhöhen- und Lautstärkevariationen	unwillkürliche Phonation
					Tonhöhensprünge unwillkürliche Lautstärkeänderungen Stimmzittern
Resonanz	hypernasal	hypernasal	–	variabel	–
Artikulationsschärfe	reduziert	reduziert	reduziert	variabel	variabel
Artikulationsbasis	vorverlagert	rückverlagert	–	–	–
Sprechtempo	verlangsamt,	verlangsamt	normal oder beschleunigt	verlangsamt	verlangsamt
Intonation	monoton	monoton	monoton	variabel	–

der Artikulation zu kompensieren. Tabelle 4 (auf Seite 475) fasst die auditiven Störungsmerkmale bei den fünf Haupttypen sprechmotorischer Bewegungsstörungen zusammen.

Es ist offensichtlich, dass sich die einzelnen Symptome (z.B. reduzierte Artikulationsschärfe) der verschiedenen Dysarthrien überlappen. Außerdem sind die Symptome je nach Schweregrad der Grunderkrankung unterschiedlich deutlich ausgeprägt. Hinzu kommt, dass bei neurologischen Erkrankungen mit multiplen Abbausymptomen (amyotrophe Lateralsklerose (ALS), multiple Sklerose (MS)) typischerweise *Mischformen* vorliegen. Darley und Mitarbeiter (1975) fanden bei MS spastische und ataktische Störungsmerkmale, bei ALS schlaffe und spastische. Je nach Schädigungsort zu Beginn der Krankheit können anfängliche Symptome der einen oder anderen Art überwiegen. Bei schweren Schädel-Hirn-Traumen liegt anfänglich Aphonie vor, dann zeigen sich Merkmale stark hypotoner Artikulation und Phonation, später ergeben sich unterschiedliche Störungsformen (Ziegler & von Cramon, 1987).

Störungen der auditiven Sprachverarbeitung (Sprachverständnis)

Modellhaft gesehen sollte spachliches Wissen – insbesondere die Kenntnis des Systems von Wortformen und Bedeutungen sowie die Kenntnis von synaktisch-morphologischen und semantisch-logischen Satzstrukturen – im menschlichen Gehirn *supramodal* präsentiert sein, d.h. das Verarbeiten von sprachlicher Information beim Sprechen und Verstehen, Schreiben und Lesen greift auf dieselben zentralen Wissenssysteme zurück. Sind die zugrundeliegenden hirnorganischen Funktionen beeinträchtigt, dann kommt es beim Verstehen zu denselben bzw. zu analogen Störungen wie beim Sprechen (und umgekehrt). Diese Grundannahme ist jedoch aus folgenden Gründen zu einfach (Huber & Springer, 1988):
– Das menschliche Gehirn könnte dieselben sprachlichen Wissensbereiche multimodal in paralleler Form repräsentiert haben.
– Die modalitäts- und aufgabenspezifischen Routinen der Informationsverarbeitung treffen auf Einheiten und Regularitäten des zentralen Sprachwissens in unterschiedlicher Weise zu bzw. rufen sie unterschiedlich ab.
– Die erforderliche Merk- und Kontrollkapazität kann je nach Art der Informationsverarbeitung und je nach Menge und Komplexität des erforderlichen Sprachwissens stark variieren.

Der Einfluss dieser Faktoren kann bei Hirnschädigung unterschiedlich stark wirksam werden. Dies führt dazu, dass das Ausmaß von sprachsystematischen Störungen je nach Modalität und Aufgabenstellungen unterschiedlich ausgeprägt sein kann. Zur Abgrenzung zu eindeutig *modalitätsspezifischen* Störungen ist somit eine sorgfältige *multimodale* Überprüfung jedes sprachlichen Symptoms unerlässlich.

Im Verlauf der letzten drei Jahrzehnte wurde durch eine Fülle von neurolinguistischen Untersuchungen deutlich, dass bei zentralen hirnorganischen Sprachstörungen keineswegs nur Eins-zu-Eins-Beziehungen zwischen expressiven und rezeptiven Symptomen bestehen. Ein besonders klares Beispiel sind expressiv und rezeptiv beobachtbare *phonematische Verwechslungen* (Blumstein, 1994). Sind sie ein ausschließlich expressives Symptom, bedingt durch Sprechapraxie oder Dysarthrie, dann ist das rezeptive Diskriminieren und Erkennen von Phonemstrukturen ungestört. Für den Nachweis zentraler Störungen des phonologischen Wissens ist die Art der rezeptiven Aufgabenstellung bzw. die Ebene der Verarbeitung genau zu kontrollieren. Ist bereits die reine *Diskriminationsleistung* beeinträchtigt, also die Entscheidung, ob zwei Lautformen gleich oder verschieden sind, dann liegen periphere oder zentrale Hörstörungen vor. Ist demgegenüber nur die *Identifikationsleistung* beeinträchtigt, dann können zwar beispielsweise Silben wie /pa/ und /ta/ sicher als verschieden wahrgenommen werden, aber es gelingt nicht, die einzeln gehörte Silbe einer Auswahlmenge richtig zuzuordnen oder sie richtig mündlich oder schriftlich zu benennen. Diesen Fehlleistungen können zwei Entstehungsmechanismen zugrunde liegen:

- Die Verbindung von zentral-auditivem Verarbeiten im primären Hörkortex der linken und/oder rechten Hemisphäre zu phonologischem Wissen im hinteren Sprachzentrum der linken Hirnhemisphäre ist beeinträchtigt, d.h. es liegt *verbale auditive Agnosie* („Worttaubheit") vor.
- Die Kenntnis der Phoneme wurde durch die Hirnschädigung beeinträchtigt, d.h. es liegen *zentrale phonologische Störungen* vor. Nur dann sind Entsprechungen in Art und Ausmaß von rezeptiven und expressiven Störungen zu erwarten.

Bei manchen Patienten mit Wernicke-Aphasie sind beide Entstehungsmechanismen wirksam und führen zu fluktuierenden Symptomen. Die Patienten zeigen im Verhalten zum einen ein falsches Verstehen, was sie nicht bemerken, zum anderen unterbrechen sie immer wieder die Kommunikation, indem sie auf ihren „Hördefekt" hinweisen. Obwohl sie sich damit wie „taub" verhalten, ist das Tonaudiogramm normal.

Die *Worttaubheit* kann in seltenen Fällen auch in reiner Form auftreten. Die Patienten verstehen gesprochene Sprache nicht und können demgemäß auch nicht nachsprechen und nach Diktat schreiben. Anders als bei Wernicke-Aphasikern ist aber ihre Spontansprache, wie auch Benennen, Lesen und Spontanschreiben nur wenig gestört. Meist liegen bitemporale Läsionen der Hörzentren vor, und die Worttaubheit ist ein Rückbildungssymptom aus einer generellen auditiven Agnosie, bei der auch das Identifizieren von Umgebungsgeräuschen und von vertrauten Musikstücken nicht möglich ist.

Die zentralen phonologischen Störungen bei Aphasie führen häufig zu Interaktionen mit gestörtem oder erhaltenem *lexikalischen Wissen*. Im Gegensatz zu sinnlosen Silbenabfolgen können die Lautformen von Wörtern selbst bei großer phonematischer Ähnlichkeit mit anderen Wortformen richtig identifiziert werden, sofern sich aus dem syntaktischen und semantischen Kontext eindeutige zusätzliche Hinweise ergeben. Mit anderen Worten, die phonematischen Schwierigkeiten beim Erkennen von Wörtern können bei weniger gestör-

tem semantischen Erkennen kompensiert werden. Andererseits erhöht zusätzliche wortsemantische Ähnlichkeit die Wahrscheinlichkeit, dass phonematisch ähnliche Wörter verwechselt werden. Beispielsweise wird *Nagel* leichter als *Nabel* mit der Zielform *Nadel* verwechselt. Die Schwierigkeiten erhöhen sich mit der Anzahl und der Enge von gleichzeitig zu verarbeitenden systematischen Ähnlichkeitsbeziehungen. Dies gilt bei zentralen Sprachstörungen für rezeptives und expressives Verarbeiten gleichermaßen. Bei manchen Patienten kommt es zu einer Leistungsdissoziation zwischen relativ ungestörtem ganzheitlichem Worterkennen und gestörter Fähigkeit, Wörter lautlich zu segmentieren.

Bei Patienten mit expressivem Agrammatismus liegen oft auch *rezeptive Syntax- und Grammatikstörungen* vor. Sätze mit inhaltlicher Mehrdeutigkeit, mit veränderter Wortordnung oder mit komplexer Struktur werden nicht oder falsch verstanden. Die Störung betrifft also nicht nur die syntaktisch-morphologische Satzplanung beim Formulieren, sondern auch die Analyse nach Satzteilen und grammatischen Relationen beim Verstehen. Dekodieren und Enkodieren sind in ähnlicher Weise beeinträchtigt. In diesen Fällen ist der Telegrammstil beim Sprechen nicht ausschließlich das Ergebnis von sprechökonomisch oder kommunikativ begründeten Vermeidestrategien (sog. Adaptations-Agrammatismus; Kolk & Heeschen, 1990). Der Nachweis ist allerdings methodisch schwierig. Denn bei Patienten mit zusätzlich eingeschränktem semantisch-lexikalischem Wissen lassen sich die rezeptiv-syntaktischen Fähigkeiten nur schwer zuverlässig überprüfen. Ohne Verstehen von Wörtern ist das Verstehen von Satzstrukturen nur eingeschränkt möglich, selbst wenn die syntaktisch-morphologischen Fähigkeiten in der Sprachproduktion vergleichsweise ungestört sind. Dies gilt insbesondere bei Wernicke-Aphasie. Außerdem verlassen sich auch sprachgesunde Sprecher auf einfache, lexikalische oder lineare Verstehensstrategien, die eine vollständige morphologisch-syntaktische Analyse unnötig machen.

Schließlich ist mit sogenannten *Trade-off-Effekten* zu rechnen (Linebarger et al., 1983).

Bei Aphasiepatienten können die syntaktisch-morphologischen Fähigkeiten in Aufgaben, die nur geringe semantische Anforderungen stellen, nahezu ungestört sein, z.B. beim Erkennen einfacher Satzanagramme oder beim Beurteilen der Grammatikalität von Sätzen. Verlangt die Aufgabenstellung jedoch gleichzeitig die semantische Interpretation von Sätzen, dann kann es rezeptiv zu ähnlichen Vereinfachungen in der syntaktisch-morphologischen Analyse kommen wie beim expressiven Agrammatismus. Zu Vereinfachungen kommt es auch bei der inhaltlichen Analyse. Texte mit hoher Redundanz, deren Makropropositionen auf Grund weniger Schlüsselwörter über allgemeines Alltagswissen erschlossen werden können, verstehen selbst schwer gestörte Aphasiker nahezu ebenso gut wie Sprachgesunde. Ist jedoch sprachlich präzises und vollständiges Analysieren des Textes notwendig, dann zeigen selbst Patienten mit leichter Aphasie starke Leistungseinbrüche, wobei die Verständnisfehler inkonsistent auftreten und wechselweise lexikalische, morphologische, satzstrukturelle und semantische Merkmale betreffen.

Von Störungen des Sprachverstehens sind Störungen der internen Kontrolle des sprachlichen Formulierens abzugrenzen. Gestörtes sprachliches *Monitoring* führt dazu, dass sprachliche Fehler unbemerkt bleiben. Gelegentlich treten Monitoring-Ausfälle auch bei hirnorganisch gesunden Sprechern auf und führen zu *Versprechern* („slips of the tongue"). Bei sprachgestörten Patienten stehen Störungen der internen sprachlichen Kontrolle oft in engem Zusammenhang mit dem Ausmaß an Sprachverständnisstörungen, aber dies ist keine notwendige Voraussetzung (Schlenck et al., 1987).

Schwerste Monitoring-Störungen führen dazu, dass beim Sprechen *Sprachautomatismen* und *Perseverationen* von kurz vorher geäußerten Wörtern oder Phrasen deutlich werden (vgl. Seite 464 f.). Beides entsteht gegen die Mitteilungsabsicht. Dabei lassen sich zwei Entstehungsmechanismen unterscheiden (Haag et al., 1985). Bei *Modus der Enthemmung* erfolgt die Perseveration unmittel-

bar, ohne vorherigen Versuch einer kommunikativ angemessenen Äußerung. Häufig bestehen solche Perseverationen aus Sprachautomatismen. Bei *Modus des Versagens* zeigen die Patienten hingegen Wortfindungsstörungen, oder es kommt zu einer sprachsystematisch abweichenden Äußerung, die sie zu korrigieren versuchen. Im Verlauf des spachlichen Such- und Korrekturverhaltens wird dann ein kurz vorher geäußertes Wort oder ein Satzteil perseveriert. Häufig besteht zwischen der gesuchten Zielform und dem perseverierten Element sprachsystematische Ähnlichkeit. Auch bei *Echolalie*, dem Nachsagen von soeben Gehörtem, liegt oft Modus des Versagens vor. Die Patienten wiederholen beispielsweise die Frage des Untersuchers mit adäquat variierter grammatikalischer Form. Den verschiedenen Formen von repetitivem Sprachverhalten ist gemeinsam, dass interne sprachliche Kontrollvorgänge ausgeschaltet sind, durch die das Hervorbringen von automatisierten und/oder perseverierten Elementen verhindert würde. Nach dem 3-Ebenen-Modell (vgl. Abb. 1) ist dies auf Dysfunktionen des sprachlichen Arbeitsgedächtnisses zurückzuführen.

Sprachentwicklungsstörung und kindliche Aphasien

Bei Kindern sind minimale Hirnschädigungen, z.B. als Folge von Geburtskomplikationen, nicht immer klinisch nachweisbar und die Abgrenzung von psychosozialen Beeinträchtigungen ist dann schwierig. Man spricht deshalb generell von *Sprachentwicklungsstörungen* (SES) (Leischner, 1979; Bishop, 1994; Grohnfeld, 1999). Kinder mit auffälliger Sprachentwicklung sprechen selbst mit 3 Jahren noch wenig oder nichts. Auch im Kindergarten bestehen die Äußerungen nur aus einzelnen Wörtern oder kleinkindhaften Sätzen im Telegrammstil (Dysgrammatismus). Die Lautstrukturen sind oft mehrfach verändert und verkürzt (sogenanntes Stammeln bzw. multiple Dyslalie). Bei begleitender Störung der Sprechmotorik erfolgt die Artikulation mühsam, suchend und verwaschen. Mögliche

Ursachen von Sprachentwicklungsstörungen sind:

- Hörstörungen,
- Missbildungen der Artikulationsorgane (z.B. Gaumenspalte),
- minimale zerebrale Dysfunktion (MCD) als Folge von Schwangerschafts- oder Geburtskomplikationen oder einer Erkrankung des ZNS im frühen Kindesalter,
- genetische Veranlagung,
- psychosoziale Vernachlässigung.

Sprachentwicklungsstörungen treten häufig mit anderen Behinderungen der körperlichen und geistigen Entwicklung oder mit generellen Störungen des sozialen Verhaltens auf, aber auch isoliertes Auftreten ist möglich. Sofern als Ursachen vererbte oder frühkindlich erworbene Fehlfunktionen des ZNS anzunehmen sind, werden Sprachentwicklungsstörungen auch *Entwicklungsaphasie* genannt. In diesen Fällen können bleibende sprachliche Behinderungen entstehen, die auch im Erwachsenenalter noch anhalten. In der englischsprachigen Literatur werden Sprachentwicklungsstörungen, die ausschließlich sprachsystematische – phonologische, lexikalische, morphologische, syntaktische – Symptome aufweisen, ohne begleitende sprechmotorische oder auditive Störungen, als *Specific Language Impairment (SLI)* bezeichnet und auch bei Fehlen von klinischen Hinweisen mit Entwicklungsaphasie (Developmental Dysphasia) gleichgesetzt (Bishop, 1997; Leonard, 1998).

Die modalitätsspezifischen Systeme der Sprechmotorik und des auditiven Verarbeitens (vgl. Ebene III in Abb. 1) stehen bei der normalen *Sprachentwicklung* in enger Wechselwirkung mit der Ausbildung von sprachsystematischen Fähigkeiten. Bereits in der zweiten Hälfte des ersten Lebensjahres werden über Rückkoppelung zwischen auditiver Wahrnehmung und artikulatorischen Bewegungsmustern viele charakteristische Lautformen der Muttersprache eingeschliffen. Die weitere Entwicklung von Wortschatz und Grammatik hängt von organischen und psychosozialen Faktoren ab. Wenn die Reifung der Funktionen des Sprachsystems (Ebene II) als Folge einer

frühkindlichen Hirnschädigung beeinträchtigt ist, dann kann es zu bis ins Erwachsenenalter hinein anhaltenden *Behinderungen* kommen, selbst dann, wenn die Sprechmotorik, das auditive Verarbeiten und die allgemeinen kognitiven Fähigkeiten nicht oder nur wenig beeinträchtigt sind. Selbst günstigste Milieubedingungen und gezielte Sprachtherapie können solche Behinderungen nicht immer völlig beheben. Eine *Verzögerung* liegt vor, wenn die Sprachentwicklung im Kindesalter deutlich, d.h. um wenigstens 1-2 Jahre, zurückbleibt, sich aber im weiteren Verlauf an die normale Entwicklung angleicht, was durch gezielte sprachtherapeutische Förderung beschleunigt werden kann. Neben Veranlagung und minimaler Dysfunktion des ZNS können periphere Beeinträchtigungen, insbesondere Hörstörungen, die Ursache sein, sowie ungünstige Milieubedingungen und spezifische Faktoren einer den Spracherwerb hemmenden Eltern-Kind-Interaktion (Grimm & Weinert, 1993). Im Einzelfall und zu einem gegebenen Entwicklungszeitpunkt ist die Unterscheidung zwischen Behinderung und Verzögerung sowie die Eingrenzung von Verursachungsfaktoren oft nicht möglich.

Von *kindlichen Aphasien* spricht man, wenn durch eine akute hirnorganische Schädigung im Kindesalter die bis dahin erworbene Sprache gestört wird (Satz, 1993). In der Regel sind die Kinder anfangs mutistisch. Die häufigste medizinische Ursache sind Hirnverletzungen durch Unfälle (Schädel-Hirn-Trauma). Vereinzelt können auch Gefäßverschlüsse vorliegen, z.B. als Folge einer Vaskulitis bei Meningitis. Sehr selten ist auch das Auftreten eines kindlichen Anfallsleidens mit Aphasie im Alter zwischen 4 und 7 Jahren (Landau-Kleffner-Syndrom). Die bis zum Zeitpunkt der Erkrankung in ihrer Sprachentwicklung unauffälligen Kinder erleiden plötzlich oder über mehrere Monate fortschreitend einen kompletten Sprachverlust. Der weitere Verlauf ist sehr unterschiedlich; auch werden zusätzliche zentral-auditive Verarbeitungsstörungen berichtet.

Während der kindlichen Hirnreifung bestehen enge *Wechselwirkungen* zwischen der Entwicklung sprachsystematischer, emotionaler, kognitiver, sprechmotorischer und auditiver Fähigkeiten. Bei Störungen jeder Einzelleistung – sei es aus organischen oder psychosozialen Gründen – sind die anderen Einzelleistungen ebenfalls oft mit betroffen, jedoch in unterschiedlichem Ausmaß. Bei fortschreitendem Lebensalter, insbesondere ab der Pubertät, kommt es hingegen häufig zu isolierten Beeinträchtigungen der einzelnen Teilsysteme. Bei noch nicht abgeschlossener Hirnreifung können umschriebene Beeinträchtigungen von kognitiven und sprachlichen Funktionen auf Grund der Plastizität des Gehirns leichter kompensiert werden (sog. kritische Periode der Sprachentwicklung). Bei globaler Hirnschädigung, wie z.B. bei Down-Syndrom oder als Folge von schwerster Deprivation, ist hirnorganische Kompensation nicht möglich.

Die folgende Systematik der expressiven Sprach- und Sprechstörung greift auf die in Abbildung 1 und 2 gezeigten Verarbeitungsmodellen zurück.

Planung von Sprechhandlungen (Ebene I)

Im Durchschnitt beginnen Kinder mit 18 Monaten einzelne Wörter und Zwei-Wort-Verbindungen zu sprechen, wobei die Lautstrukturen oft noch stark entstellt sein können und nur in der Familie verstanden werden. Der frühe Spracherwerb ist durch charakteristische nonverbale Interaktionsmuster begleitet (vgl. z.B. Zollinger, 1997). An den Körperbewegungen, den Zeigehandlungen, den Blick- und Kopfbewegungen sowie an emotiven Ausrufen erkennt man, dass bereits das Kleinkind mehr und mehr die *Grundfunktionen* der sprachlichen Kommunikation – Darstellung, Ausdruck, Appell – zu unterscheiden lernt. Das Kind begreift

– dass sich mimischer, gestischer, sprachlicher Ausdruck auf reale oder gedachte Sachverhalte beziehen (propositionale Funktion),
– dass mit diesen Ausdrucksmitteln Feststellungen, Wünsche und Fragen ausgedrückt werden können (illokutive Funktion),
– und dass dies zu sprachlichen und nichtsprachlichen Antworten beim Kommunikationspartner führt (perlokutive Funktion).

Parallel zu den Grundfunktionen der Planung von Sprechhandlungen (Bühler, 1934; Searle, 1969) erwirbt das Kind die Fähigkeit, sich in die Erwartungen und Möglichkeiten der Handlungspartner hinein zu denken und deren Verhalten vorherzusagen. Noch vor dem dritten Lebensjahr entwickeln sich die Anfänge einer „theory of mind" (Frith, 1989), nämlich die innere Vorstellungsfähigkeit des Kindes für Wahrnehmen und Handeln bei sich selbst und bei anderen.

Der Erwerb dieser sprachpragmatischen und metakognitiven Fähigkeiten ist bei Kindern mit *Autismus* spezifisch behindert. Dagegen entwickelten sich die artikulatorischen und sprachsystematischen Fähigkeiten annähernd normal, wenn auch verzögert und häufig mit vielen Anteilen von automatisierter Sprache (insbesondere Echolalien). Das soziale und kommunikative Vermeideverhalten bleibt oft bis ins jugendliche Alter bestehen.

Kinder mit *geistiger Entwicklungsbehinderung* sind sowohl in ihrem Kommunikationsverhalten als auch in ihren sprachsystematischen Fähigkeiten verzögert, nicht jedoch behindert. Nur bei Down-Syndrom sind bleibende Sprachbehinderungen die Regel. Inwieweit bei den Kommunikationsstörungen im Kindesalter auch sprachsystematische Beeinträchtigungen vorliegen, ist nicht immer eindeutig feststellbar. Oft zeigen sich erhaltene sprachsystematische Fähigkeiten darin, dass die Kinder gelegentlich doch Äußerungen hervorbringen, die inhaltlich und formal dem jeweiligen Entwicklungsstand entsprechen. Analoges gilt für das Sprachverstehen.

Sprachwissen (Ebene II)

Bei sprachsystematischen Störungen im Kindesalter reichen die begrenzten syntaktischen, lexikalischen und phonologischen Fähigkeiten in der Regel nicht aus, um die jeweilige Mitteilungsabsicht differenziert auszudrücken oder um Mitteilungen genau zu verstehen. Übergeordnete Störungen bei der Planung von Sprechhandlungen liegen jedoch nicht notwendigerweise vor. Die Überprüfung im Einzelfall ist oft schwierig, da die Ausführung von Sprechhandlungen nicht nur wegen der gestörten Sprachproduktion, sondern auch wegen Verhaltensauffälligkeiten verändert sein können.

Syntax und Grammatik: Störungen des syntaktischen und morphologischen Verarbeitens heißen im Kindesalter *Dysgrammatismus* (Dannenbauer, 1983; Clahsen, 1991). Noch im Vorschulalter herrschen holophrasische Äußerungen vor. Das sind Aneinanderreihungen von Inhaltswörtern bei nur wenigen Kombinationen mit Funktionswörtern. Komplexere syntaktische Strukturen finden sich nur in formelhaften Wendungen, die oft stereotyp wiederkehren. Bei älteren Kindern und Erwachsenen mit Sprachentwicklungsstörung kommen syntaktische Formen aus verschiedenen Stufen der normalen Sprachentwicklung wahllos nebeneinander vor. Spezielle syntaktische Beschränkungen der Sprache, z.B. die Regel für die Stellung des finiten Verbs in Haupt- und Nebensatz, wurden nicht erworben. Funktionswörter und Flexionsformen werden oft ausgelassen, oder es steht nur ein sehr begrenztes Inventar von Formen zur Verfügung. Oft sind das phonologisch neutralisierte bzw. kontrahierte Formen, die z.B. im Deutschen für Präpositionen und Artikel in gleicher Weise gelten. Eine Differenzierung nach Kasus, Genus und Numerus fehlt. Inwieweit zwischen Dysgrammatismus im Kindesalter und Agrammatismus bei Broca-Aphasien im Erwachsenenalter formale Gemeinsamkeiten bestehen, ist bisher wenig erforscht. Auch syntaktisch-sequentielle Fehler, ähnlich dem Paragrammatismus bei Wernicke-Aphasie, finden sich bei älteren Kindern und Erwachsenen mit Sprachentwicklungsstörungen.

Lexikon: Die Aktivierung von Wortschatz ist bei normaler und gehäuft bei gestörter Sprachentwicklung durch zwei Auffälligkeiten gekennzeichnet (Gleitmann, 1994):
- reduzierter Umfang und fehlende semantische Differenzierung (Wortspeicherstörung),
- Schwierigkeiten der Wortfindung.

Wortspeicherstörungen zeigen sich darin, dass bestimmte Gegenstände und Ereignisse nicht bzw. abweichend benannt werden, und dass

dies konstant und konsistent erfolgt, d. h. immer und in gleicher Weise. Dabei sind Übergeneralisierungen charakteristisch, z.B. das kleinkindliche „Hundi" zu allen Haustieren, etc. Häufig ist auch das konzeptuelle Wissen reduziert. Einzelne Objekte und Ereignisse werden noch nicht zu einer semantischen Kategorie zusammengefasst und nach Klassenähnlichkeit und Prototypikalität verarbeitet. Die Entwicklung der inneren Konzeptbildung ist normalerweise mit 5-6 Jahren weitgehend abgeschlossen.

Bei *Wortfindungsstörung* steht die Bedeutung dem Kind innerlich zur Verfügung, wie man an sprachlichen Umschreibungen oder gestischem Ausdruck erkennen kann. Die Störung betrifft den Zugriff bzw. den Abruf aus dem Wortspeicher. Man stellt sich vor, dass die Koppelung zwischen der phonologischen Form und der Bedeutung von Wörtern beim Kind noch nicht so gefestigt ist, dass die Aktivierung der Wortform immer gelingt. In diesem Fall führen semantische Hilfen und Stimulierung durch den Anlaut gleichermaßen zu einer erfolgreichen Wortfindung. Bei semantischen Hilfen wird die Bedeutung umschrieben oder es werden Teile des zugehörigen semantischen Feldes aufgezählt.

Das *Suchverhalten* bei Wortfindungsstörungen muss von dem bei phonologischen und sprechmotorischen Schwierigkeiten unterschieden werden. Diese zeigen sich typischerweise am Wortanlaut, entweder als suchendes Aneinanderreihen von verschiedenen Einzelphonemen und Silben oder als stumme artikulatorische Suchbewegung. Außerdem führen semantische Hilfen nicht zu erfolgreichen Äußerungen. Alle Formen von sprachlichem Suchverhalten führen zu *Redefloskeln*, wenn es nicht gelingt, die intendierte Mitteilung sprachlich zu formulieren. Häufige Bestandteile solcher Redefloskeln sind pronominale, affektive oder performative Ausdrücke. Im Dialog dienen sie dem Kind als Eigenkommentar des sprachlichen Versagens oder als Bitte um Verständnis und um sprachliche Hilfestellung. Die syntaktische Form dieser Floskeln ist oft erstaunlich vollständig, was anzeigt, dass sie ganzheitlich zur Verfügung stehen und wie Wörter abgespeichert sind. Beim einzelnen Kind bilden die

Floskeln ein begrenztes Repertoire und kehren stereotyp wieder. Bei schwerem Dysgrammatismus und bei schweren Lexikonstörungen bestehen die Äußerungen des Kindes oft nur aus Fragmenten von Stereotypien und aus emotiven Ausdrücken.

Phonologie: Bei einer Untergruppe von Kindern ist der frühe Spracherwerb durch Äußerungen gekennzeichnet, deren Lautstrukturen meist mehrfach reduziert und verändert sind. Bei Sprachentwicklungsstörungen können solche Auffälligkeiten bis ins Schulalter bestehen und für Außenstehende unverständlich bleiben (phonematische Neologismen).

Die Lautersetzungen können auch nur bestimmte Einzellaute betreffen, z.B. die fehlerhafte Verschiebung von /g, k/ zu /d, t/ oder die interdentale Bildung des /s/-Lautes beim „Lispeln" (Sigmatismus). Ersteres weist auf mögliche Hörstörungen hin, letzteres auf Anomalien der peripheren Sprechwerkzeuge oft in Verbindung mit psychosozialen Faktoren. Bei zentral-organisch bedingten Sprachentwicklungsstörungen finden sich dagegen variable und weniger konstante Einzellautveränderungen ohne offensichtliche periphere Entstehungsursache. Der Umfang des Phoneminventars und die phonotaktischen Muster sind im Vergleich zu sprachunauffälligen Kindern derselben Entwicklungsstufe stark eingeschränkt. In der deutschsprachigen Literatur werden die lautstrukturellen Störungen bei Kindern oft als *partielle, multiple und universelle Dyslalie* eingestuft (vgl. Biesalski & Frank, 1982).

In der internationalen Literatur spricht man bei Verdacht auf zentral-organische Ursache von *phonologischen Störungen.* Die Kenntnis des Phonemsystems ist noch nicht vollständig und stabil erworben. Häufig ist dabei auch die zentral-auditive Verarbeitung wenig entwickelt. Dies zeigt sich in Schwierigkeiten beim phonetischen Diskriminieren und beim kurzfristigen auditiven Behalten. Im Vorschulalter zeigen die Kindern keine oder nur wenig entwickelte *phonologische Bewusstheit (phonological awareness)*; sie beteiligen sich nicht an Reimspielen, können einzelne Silben und Laute in Wörtern nicht identifizieren und haben große Schwierigkeiten, silbisch oder

lautierend zu sprechen (vgl. Bishop, 1997). Tallal und Mitarbeiter haben seit den 70er Jahren wiederholt demonstriert, daß den phonologischen Störungen möglicherweise elementare Störungen der raschen zeitlichen Verarbeitung zugrunde liegen (Tallal et al., 1996).

Phonologische Störungen im Vorschulalter bedingen mit großer Wahrscheinlichkeit spätere Schwierigkeiten beim Erlernen von Lesen und Schreiben. Während der beiden ersten Schuljahre bleiben diese oft unbemerkt, weil sich die Kinder ausschließlich auf ihre oft erstaunlich guten visuellen Wortschatzkenntnisse verlassen sowie auf Ratestrategien. Man schätzt, dass bei ca. 60-70 % der Kinder mit *Entwicklungsdyslexie/-dysgraphie* (Lese-Rechtschreib-Schwäche [LRS] bzw. Legasthenie) eine phonologische Entwicklungsstörung zugrunde liegt. Hinweise auf Auffälligkeiten in der embryonalen Hirnreifung wurden von Geschwind und Galaburda (1987) diskutiert. Diese haben Auswirkungen auf die sprachliche Hemisphärenspezialisierung im Kindesalter. Im Einzelfall und/oder bei ungenügender Förderung der spezifischen Lese-Rechtschreib-Schwäche (LRS) können sie bis ins Erwachsenenalter bestehen bleiben.

Sprechmotorik (Ebene III)

Auch im Kindesalter gibt es spezifische Störungen der sprechmotorischen Programmierung und Ausführung. In seltenen Fällen liegt eine schwere isolierte *Sprechapraxie* vor. Die Kinder sind stumm, können aber schlucken sowie reflektorische und emotive Äußerungen hervorbringen. Sofern sich die innere Sprache über das Sprachverstehen annähernd normal entwickelt, kann ab dem Vorschulalter eine Anbahnung des Sprechens über die Schriftsprache möglich werden. *Dysarthrien* finden sich bei Kindern, die prä- oder perinatal eine Zerebralparese oder eine andere, die Sprechmotorik schädigende neurologische Erkrankung erlitten haben.

Bereits im Kindergartenalter können *Sprechflüssigkeitsstörungen* deutlich werden (Dalton & Hardcastle, 1989). *Stottern* ist vor allem durch gehäuftes unwillkürliches Iterieren oder Dehnen von Lauten und Silben sowie durch sekundenlanges gepresstes Anhalten des Sprechens am Wortanlaut (sog. Blockaden) gekennzeichnet. Stottern kann auch beim sich normal entwickelnden Kind auftreten (bei ca. 5 %) und zeigt wahrscheinlich eine temporäre Dysfunktion der Hirnreifung an. Zu anhaltendem pathologischem Stottern bis hinein ins Erwachsenenalter kommt es bei ca. 1 % aller Kinder, möglicherweise auf Grund von Hirnreifungsanomalien und/oder ungünstigen psychosozialen Einflüssen. Streckenweise überhastete Sprechgeschwindigkeit mit artikulatorischen Zusammenziehungen liegen bei *Poltern* vor. Oft haben diese Kinder eine Sprachentwicklungsstörung mit weiteren Symptomen wie Dysgrammatismus, Dyslalie und im Schulalter Legasthenie.

Insgesamt ist die Klinik der Sprachentwicklungstörungen mit dem in Abbildung 1 gezeigten 3-Ebenen-Modell gut vereinbar. Eine entsprechende *Zusammenfassung* der Symptome und Syndrome von Sprachstörungen im Kindesalter gibt Tabelle 5. Zwischen den Sprachstörungen im Kindesalter und denen im Erwachsenenalter bestehen offensichtlich Parallelen. Selbst die vorwiegend im Kindesalter auftretenden Symptome des Stotterns werden in Einzelfällen bei erwachsenen Patienten mit zerebralen Durchblutungsstörungen oder mit Hirnabbauerkrankungen beobachtet (erworbenes neurogenes Stottern) (vgl. Ziegler, 1997).

Störungen der peripheren Sprachorgane

Bei den peripheren *Artikulationsstörungen* (Bzoch, 1989) liegen kindliche Missbildungen von Lippen, Kiefer und Gaumen als Folge einer embryonalen Reifungsstörung vor. Hinzu kommen Fehlbildungen des Gebisses. Die peripheren *Störungen der Stimmgebung* (Aronson, 1985) entstehen als Folge operativer Eingriffe im Kehlkopfbereich oder wegen Überbelastung der Stimmlippenfunktionen, z.B. in Sprechberufen (Lehrer, Politiker), wobei die Abgrenzung zu psychosozialen Entstehungsfaktoren schwierig sein kann. Periphere Stimmstörungen können auch bei Patienten mit schweren Hirnverletzungen auftreten. Bei Bewusstlosigkeit ist häufig künstliche Beatmung notwendig, und durch das Anlegen des Intubationsschlauches kann es zu Verletzungen oder Entzündungen der Stimmlippen im Kehlkopf kommen. Die Patienten sind entweder aphonisch oder die Stimme klingt rauh und behaucht.

Bei den *Hörstörungen* im Kindesalter entwickeln sich unterschiedliche sprachsystema-

Tabelle 5. Sprach- und Sprechstörungen des Kindesalters

Ebene	Symptome/Syndrom
Emotion/Kognition	
• Mitteilungsplanung	• Interaktionsstörung
	• Mutismus
Sprachsystem	
• Syntax, Grammatik	• Dysgrammatismus
• Lexikon	• Wortspeicherstörung
	• Wortfindungsstörung
	• Stereotypien
• Phonologie	• phonologische Störung (universelle Dyslalie)
	- Lautinventarstörung
	- Lautprozess-Störung
	• zentral-auditive Verarbeitungsstörung
	• Entwicklungsdyslexie/-dysgraphie
Sprechmotorik	
• Redefluss	• Stottern, Poltern
• Programmierung, Ausführung	• Sprechapraxie, Dysarthrie
• periphere Organe (Artikulatoren, Gehör)	• isolierte Einzellautstörung (partielle Dyslalie)

tische Fähigkeiten je nachdem, ob ein völliger Hörverlust (über 80 dB) oder ein mittlerer Hörverlust (40-70 dB) vorliegt. Man spricht von Sprache der Gehörlosen und Sprache der Schwerhörigen (Jussen & Kröhnert, 1982). Weiterhin ist zu unterscheiden, dass es bei spezifischen Hörbeeinträchtigungen hoher Frequenzen (ab 3000 Hz) zu speziellen Störungen in der kindlichen Entwicklung der Artikulation von Frikativlauten kommt. Bei Taubheit, die im Erwachsenenalter eintritt, verschlechtern sich im Verlauf der Erkrankung wegen der fehlenden auditiven Rückkoppelung die Artikulation und Phonation, nicht die sprachsystematischen Fähigkeiten. Spätertaubte können aufgrund ihres erhaltenen Sprachwissens Lippenlesen oft gut erlernen.

Je früher eine Hörschädigung im Kindesalter erkannt wird, desto wahrscheinlicher können durch *Hörgeräteversorgung* die negativen Auswirkungen auf die Entwicklung der Lautsprache verringert werden. Selbst bei beidseitigem peripheren Hörverlust kann das operative Einsetzen von Mikroelektroden in das Innenohr in Verbindung mit einem elektronischen Mikroprozessor (Cochlea-Implant [CI]) dazu führen, dass elementares Hören und selbst auditive Sprachverarbeitung unterstützt durch Lippenlesen erlernt werden können (Tucker, 1998). Voraussetzung ist, dass die Hörbahn und das Sprachvermögen des Gehirns weitgehend ungestört sind. Andererseits ist die zentrale Sprachkompetenz des Menschen so plastisch angelegt, dass trotz Gehörlosigkeit ein natürlicher Spracherwerb, nämlich von *Gebärdensprache*, möglich ist. Deshalb ist zu fordern, dass ein gehörloses Kind bilingual, in Gebärden- und Lautsprache gefördert wird.

Psychosoziale Sprachstörungen

Wie das 3-Ebenen-Modell in Abbildung 1 veranschaulicht, sind die Startpunkte des sprachlichen Formulierens ebenso wie die Endpunkte des Verstehens durch Gedanken und Gefühle bestimmt (Ebene I). Sprachliche Äußerungen sind kein Selbstzweck, sondern folgen einer Mitteilungsintention: Sprache

wird benutzt, um Gefühle und Stimmungen auszudrücken, um gedachte Sachverhalte darzustellen und zu bewerten und um Wirkungen beim Gesprächspartner zu erzielen.

Die Ursachen für sprachpragmatische Störungen bei der Planung von Mitteilungsintentionen sind vielfältig. Generelle Merkmale sind: Sprechängste, mangelnde Fähigkeit zur sozialen Interaktion oder Integration. Kommunikationsstörungen dieser Art liegen bei psychischen Erkrankungen vor und sind dann eine Folge von Störungen des emotionalen und kognitiven Verarbeitens. Im Kindesalter können Auffälligkeiten der Interaktion auch bei ungünstigen Milieubedingungen entstehen und beeinflussen dann die kognitive und sprachliche Entwicklung. Schließlich kommen kommunikative Auffälligkeiten bei allen chronischen Verlaufsformen der organischen Sprach- und Sprechstörungen sekundär hinzu.

Bei affektiven und kognitiven Störungen (z.B. bei Psychose, Demenz oder Amnesie) sind die pragmatischen Grundfunktionen der Sprache (vgl. Seite 480) – Ausdruck, Appell, Darstellung – notwendigerweise beeinträchtigt, obgleich im Einzelfall die sprachsystematischen Mittel selbst – Wortschatz, Satzbau, Lautstrukturen – für das Formulieren und Verstehen weitgehend ungestört zur Verfügung stehen. Zu herausragenden Störungen der Sprachpragmatik kommen es bei Autismus im Kindesalter (vgl. Seite 480) sowie bei *Schizophrenie* im Erwachsenenalter. Die Kommunikation ist vor allem deshalb gestört, weil sich die Patienten nicht an Dialogkonventionen halten. Bei schwersten Formen führen die Patienten ausschließlich Monologe, oder sie nehmen kaum sprachliche und nichtsprachliche Kontakte mit dem Gesprächspartner auf. Bei spezifischen Beeinträchtigungen beziehen die Patienten alle Mitteilungen auf dieselben starren Erwartungen und Vorstellungen. Sofern die Gesprächspartner diese nicht kennen, kommt es laufend zu Missverständnissen. Manche psychotischen Patienten interpretieren die sprachlichen Mitteilungen des Kommunikationspartners immer wörtlich, so dass insbesondere metaphorische Redewendungen oder indirekte Aufforderungen zu Missverständnissen oder Abbrüchen in der Kommunikation führen.

Die sprachlichen Mitteilungen selbst sind oft inhaltlich stark auffällig (Lecours, 1993). Im Extremfall verwenden die Patienten einen stark assoziativen Redestil mit vielen ungewöhnlichen und pragmatisch unmöglichen Kombinationen von sprachlichen Inhalten (Glossomanie). Bei einer Sonderform der psychotischen Kommunikationsstörungen sind die Lautstrukturen neologistisch verändert. Wie bei einer Privatsprache werden das Phoneminventar und die Phonotaktik willkürlich, streckenweise auch stereotyp verändert (Glossolalie). In der akuten psychotischen Episode treten die sprachlichen Auffälligkeiten meist gemischt auf und betreffen die Lautstrukturen, die Wahl und Kombination von Wörtern sowie in seltenen Fällen auch den Satzbau. Wegen der oberflächlichen Ähnlichkeit zur Aphasie wird seit Kraepelin (1856-1926) die Bezeichnung *Schizophasie* verwendet. Bei Gabe von Psychopharmaka klingen die sprachlichen Symptome rasch ab. Die Abgrenzung zur Aphasie führte zu anhaltenden Kontroversen (vgl. Hoffmann, 1993).

Auch die nach Schädigungen der rechten *nichtdominanten Hirnhälfte* auftretenden sprachlichen Auffälligkeiten scheinen auf der Ebene der Kognition und Emotion zu entstehen (Weniger, 1997). Die Patienten haben Schwierigkeiten des Textverstehens, weil indirektes Schlussfolgern nur eingeschränkt möglich ist. Sie reagieren nicht auf Humor, Ironie und Metaphorik. Sie wirken generell emotional indifferent und dysprosodisch, denn Sprachmelodie und -rhythmus sind wenig moduliert. Bei rechts frontalen Läsionen kann es zu Konfabulieren kommen, was eine schwere Störung der Planung von Sprechhandlungen anzeigt.

Funktionelle Neuroanatomie

Sprachdominanz

Durch Aphasie wird das in der Kindheit erworbene Sprachwissen gestört, bei schwerer Störung gehen Teile davon für immer verloren.

Wiedererlernen der Sprache, so wie ein Kind Sprache lernt, ist nach einer Aphasie nicht möglich. Der *kindliche Spracherwerb* verläuft nicht bewusst. Anfänglich entwickeln sich Sprache, Denken und Erfahrungswissen parallel, später verselbständigt sich das Sprachwissen mehr und mehr zu einem eigenen System. Diese Entwicklung verläuft in Phasen. Sie ist eng mit der Hirnreifung verknüpft und ist abhängig von reicher und redundanter Stimulierung durch die Umgebung. Das Ergebnis ist die Spezialisierung der linken Großhirnhälfte für die Sprache (Lenneberg, 1967).

Es kommt zur Ausbildung des sog. *Sprachzentrums*, welches sich aus verschiedenen sprachrelevanten Arealen zusammensetzt, die bei über 90 % der Menschen in der Konvexität der linken Großhirnrinde liegen (Abb. 4). Diese Areale sind um die seitliche Hirnfurche (Fissura Syvlii) angeordnet und umfassen die angrenzenden Hirnwindungen des Stirn-, Schläfen-, Scheitel- und Hinterhauptlappens sowie den Inselkortex und das unter den genannten Rindenarealen liegende Marklager. Der vordere Abschnitt wird als motorisches und der hintere als sensorisches Sprachareal bezeichnet bzw. nach ihren Entdeckern als Broca- und Wernicke-Areal (Brodmann-Area 44/45 und 22). Die klassischen Sprachareale liegen in unmittelbarer Nachbarschaft der Sprech- und Hörfelder. Die moderne Lokalisationsforschung zeigt, dass auch der Inselkortex und die Stammganglien wichtige sprachrelevante Funktionen erfüllen (Kertesz & Wallesch, 1993). Alle diese Gebiete liegen im Versorgungsgebiet der linken mittleren Hirnarterie (A. cerebri media).

Die sprachliche Spezialisierung des Gehirns ist *genetisch* festgelegt. Das Sprachzentrum liegt nur bei 1-2 % aller Menschen nicht in der linken, sondern in der rechten Hirnhälfte und bei weiteren 1-2 % in beiden Großhirnhälften (Hartje, 1997). Diese Ausnahmen finden sich vorwiegend bei Linkshändern. Rund 60 % der Linkshänder haben allerdings das Sprachzentrum ebenso wie nahezu alle Rechtshänder in der linken Hirnhälfte (siehe Kapitel 1.4). Rechtsseitige Sprachdominanz ist also weitaus seltener als Linkshändigkeit. Dies zeigt, dass *Händigkeit und Sprachdomi-*

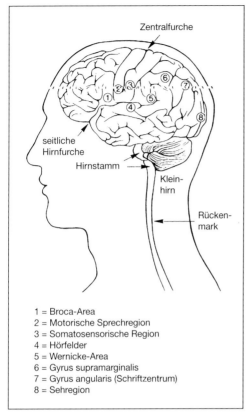

Zentralfurche

seitliche
Hirnfurche
Hirnstamm
Klein-
hirn
Rücken-
mark

1 = Broca-Area
2 = Motorische Sprechregion
3 = Somatosensorische Region
4 = Hörfelder
5 = Wernicke-Area
6 = Gyrus supramarginalis
7 = Gyrus angularis (Schriftzentrum)
8 = Sehregion

Abb. 4. Sprachrelevante Areale der linken Groß-hirnrinde

nanz sich nicht wechselseitig bedingen, son-dern dass sie nur eine Häufigkeitsbeziehung haben. Kommt es bei eindeutig rechtshändigen Patienten nach einer rechtshirnigen Schädi-gung zu einer Aphasie, spricht man von „ge-kreuzter Aphasie". Die dabei auftretenden Sprachstörungen sind ähnlich variabel wie nach linkshirniger Schädigung. Ihr Verlauf ist häufig günstig, was durch stärkere bilaterale Sprachrepräsentation erklärt wird.

Die Hemisphärendominanz für Sprache scheint sich im Verlauf der *Hirnreifung* aus elementaren bilateralen Sprachfunktionen, der sog. *Proto-Sprache* zu entwickeln (Corballis, 1991). Die Proto-Sprache ist ein universales, möglicherweise angeborenes System, das die basale Bildung von sprachlichen Zeichen, de-

ren referentielle Verwendung und lineare Ver-knüpfung ermöglicht. Diese frühen proto-sprachlichen Funktionen scheinen nach Schä-digung des Sprachzentrums erhalten zu bleiben und dem pathologisch reduziertem Wissen von Syntax und Grammatik – Dys-grammatismus bei Sprachentwicklungsstö-rung (SES) und Agrammatismus bei Aphasie – zugrunde zu liegen.

Etwa ab dem zweiten Lebensalter setzt der spezifische Erwerb der jeweiligen Mutterspra-che ein. Die universalen Prinzipien der Proto-Sprache werden durch sprachsystematische Parameter der jeweiligen Zielsprache mehr und mehr modifiziert. Die erste Phase der *ein-zelsprachlichen Spezialisierung* ist mit 5-6 Jahren abgeschlossen. Ab diesem Alter führen Hirnschädigungen der linken und nur selten der rechten Hirnhälfte zu Sprachstörungen, die sich jedoch meist rasch und vollständig zurückbilden. Denn die Funktionen des kindli-chen Gehirns sind noch „plastisch"; Schäden können leichter und rascher ausgeglichen wer-den als im Erwachsenenalter. Noch sind auch die Sprachfunktionen nicht so eng eingeschlif-fen und hoch spezialisiert. Im Verlauf der Schulzeit nimmt mit dem Erlernen der Schrift-sprache die Spezialisierung weiter zu und ist mit Erreichen der Pubertät weitgehend abge-schlossen. Von da an können Schädigungen des Sprachzentrums zu bleibenden, lebenslan-gen Sprachstörungen führen.

Auch nach abgeschlossener Hirnreifung und vollständiger Ausprägung der Sprachdo-minanz bleiben elementare und eher ganzheit-liche sprachliche Verarbeitungsfunktionen in der *nichtdominanten rechten Hirnhälfte* ver-fügbar. Belege hierfür finden sich zum einen in der neuropsychologischen Forschung zu Split-Brain-Patienten (Zaidel, 1998), zum anderen aufgrund von Untersuchungen von hirnorga-nisch gesunden Personen bei gesichtsfeldab-hängiger und dichotischer Reizdarbietung (Davidson & Hugdahl, 1994). Bei vollständi-ger Schädigung des Sprachzentrums können diese ursprünglich bilateralen protosprachli-chen Funktionen auch im Erwachsenenalter ei-nen, wenn auch meist begrenzten Wiederer-werb der verlorenen Muttersprache er-möglichen.

Ätiologie und Lokalisation der Aphasien

Die häufigste medizinische *Ursache* für das Auftreten von Aphasien im Erwachsenenalter ist ein zerebraler Gefäßinsult. Weitere Krankheitsursachen sind:
- Hirnverletzung (Schädel-Hirn-Trauma),
- Hirngeschwulst (Tumor),
- Hirnentzündung (Encephalitis),
- Hirnabbauprozeß (Atrophie).

Rund 80 % der Aphasien entstehen durch eine akute, umschriebene Durchblutungsstörung in der sprachdominanten Hirnhälfte, also durch einen Schlaganfall (Apoplex oder Insult). Bei anderen Ätiologien verwischen sich die aphasischen Syndrome, und es treten nichtsprachliche Symptome modifizierend hinzu (vgl. Huber et al., 1997). Die Prävalenz der Aphasien ist höher als ein Promille der Gesamtbevölkerung.

Den unterschiedlichen aphasischen Syndromen entspricht eine differentielle *Lokalisation* der Läsion in der sprachdominanten Hemisphäre. Diese klassische Auffassung konnte an größeren Gruppen von Patienten vor allem mit Hilfe der Computertomographie bestätigt werden, allerdings nicht im engeren Sinne der alten Zentrenlehre (vgl. Damasio & Damasio, 1989; Willmes & Poeck, 1993). In Tabelle 6 sind die typischen Läsionsorte bei vaskulärer Ätiologie verzeichnet.

Die klinischen Untertypen von Aphasien sind also neuropsychologische *Gefäßsyndrome* aus dem Versorgungsgebiet der A. cerebri media (Poeck, 1983). Sie spiegeln nur bedingt die funktionale Architektur der Sprache wider. Benachbarte anatomische Gebiete, die wegen ihrer gemeinsamen Vaskularisation betroffen sind, haben nicht notwendigerweise gemeinsame Sprachfunktionen. Wichtige Fragestellungen der neurolinguistischen und neuropsychologischen Aphasieforschung lauten deshalb: Sind die beobachteten sprachlichen Auffälligkeiten tatsächlich Symptome des beeinträchtigten Sprachwissens oder sind es Epiphänomene, wie z. B. Nichtflüssigkeit des Sprechens oder Perseverationen? Liegen bei häufig miteinander assoziierten Symptomen dieselben, wechselseitig abhängige oder völlig verschiedene Entstehungsmechanismen zugrunde? Die Beantwortung dieser Fragen ist zusätzlich erschwert, sofern im Verlauf der Aphasien die anfänglichen Defizitsymptome als Folge der einsetzenden funktionellen Reorganisation mehr und mehr durch Kompensationssymptome ergänzt und abgelöst werden.

Die Zuordnung der aphasischen Syndrome und mehr noch der Symptome zu eng umschriebenen Arealen der perisylvischen Region ist empirisch wie theoretisch strittig. Bereits Hughlings Jackson (1835-1911) wies darauf hin, dass aus der Korrelation zwischen Symptom und Ort der Läsion nicht zwingend die *Lokalisation* der normalen Funktion abgeleitet werden kann. Dieses Dilemma jeder Defizittheorie läßt sich erst dann lösen, wenn die funktionale Anatomie der normalen Sprachfunktionen besser bekannt ist. Fortschritte könnten *Aktivierungsuntersuchungen* mit den

Tabelle 6. Typische Lokalisation der Standard- und Nicht-Standardsyndrome

Syndrom	Läsionsort	P*
Globale Aphasie	Gesamtes Versorgungsgebiet der A. cerebri media	83 %
Wernicke-Aphasie	Hintere Mediaastgruppe	90 %
Broca-Aphasie	Vordere Mediaastgruppe	60 %
Amnestische Aphasie	Kleine Läsion ohne spezifische Lokalisation	—
Leitungsaphasie	Mittlere Mediaastgruppe	—
Transkortikale Aphasie	Subkortikale Läsionen in der vorderen oder hinteren Mediaastgruppe	—

* bedingte Wahrscheinlichkeit für den typischen Läsionsort bei klassifiziertem Syndrom (Willmes & Poeck, 1993)

neuen bildgebenden Verfahren (Brain Imaging) bringen (vgl. Kap. 2.2). Bisher liegen vor allem Ergebnisse zur normalen Wortverarbeitung vor. Dabei sind zwei Befunde überraschend:

— Auch bei rein rezeptiver Aufgabenstellung wird das Broca-Areal immer mitaktiviert. Dies unterstreicht Theorien, wonach Konvergenz die höheren kortikalen Funktionen stärker bestimmt als Sequenz (vgl. z.B. Mesulam, 1998).

— Bei rein semantischer Wortverarbeitung, nach Abzug der Aktivierung für die Verarbeitung von Wortform und Inputmerkmalen, werden nicht Areale der perisylvischen Sprachregion, nicht einmal das Wernicke-Areal aktiviert, sondern umliegende Areale des polymodalen Assoziationskortex im inferioren Parietal- und/oder Temporallappen zusammen mit dem dorsolateralen präfrontalen Kortex (vgl. Price, 1998).

Bereits im klassischen Wernicke-Lichtheim-Schema war das „Begriffszentrum" vom sensorischen und motorischen „Sprachzentrum" abgesetzt. Bei doppelter Diskonnektion sollte es zu „gemischter transkortikaler Aphasie" kommen oder, wie Geschwind und Mitarbeiter (1968) bei einer Patientin mit Kohlenmonoxyd-Vergiftung nachwiesen, zu *„isolation of the speech area"*. Nachsprechen blieb herausragend gut erhalten, semantisches Verstehen und Benennen waren herausragend gestört. Was ist die anatomische Basis? Bei erhaltenen Input- und Outputfunktion „konvergieren" die beiden durch den Fasciculus arcuatus verbunden Sprachareale gewissermaßen isoliert vor sich hin. Dies unterstreicht die Spezifität des Sprachsystems und seiner Input- und Outputsysteme.

Verlauf und funktionelle Rückbildung bei Aphasie

Bei einer Unterbrechung oder Minderung der Hirndurchblutung kommt es im Zentrum der Ischämie binnen Minuten zu Zelluntergang. Es entsteht ein Gewebsdefekt (Hirninfarkt). Einmal zugrundegegangenes Zellgewebe des Gehirns ist nicht regenerierbar. Bei Aphasien

liegen die Gewebsdefekte in den Sprachregionen der Großhirnrinde oder in den daneben bzw. darunterliegenden, benachbarten Gebieten. (Lage und Ausmaß eines Gewebsdefekts wird durch CT oder MRT ermittelt. Verengungen und Verschlüsse der Arterien können durch Dopplersonographie oder durch Angiographie festgestellt werden.)

Initial sind die Sprachfunktionen auch dann schwer beeinträchtigt, wenn die Sprachregionen nicht oder nur teilweise zerstört wurden. Denn das Zellgewebe der intakt gebliebenen Regionen ist durch Flüssigkeitsansammlung vorübergehend geschwollen (Ödem), oder Blut ist eingesickert, das wieder resorbiert wird. Bei Rückbildung der Störungsursache (Schwellung, Blutung) kann sich der Funktionsstoffwechsel völlig normalisieren, und die gestörten Sprachfunktionen restituieren sich spontan. *Restitution* kann durch möglichst frühe sprachliche Aktivierung des Patienten unterstützt werden.

Akutphase

Als Akutphase werden bei vaskulär bedingten Aphasien die ersten 4-6 Wochen nach Schlaganfall angesehen (Biniek, 1993). Die meisten Patienten sind initial kaum ansprechbar, äußern nichts, höchstens Stöhn- und Lalllaute oder Empfindungswörter, die mit starker Sprach- und/oder Sprechanstrengung einhergehen. Bei manchen Patienten sind stereotyp wiederkehrende Fragmente von inhaltsarmen Redefloskeln erkennbar, vermischt mit phonematischen Neologismen. Andere Patienten zeigen Echolalie oder scheinen verwirrt zu sein, d.h. ihre Äußerungen bestehen aus einer zusammenhanglosen Aneinanderreihung von Wörtern, Neologismen und inhaltsarmen Phrasen (gemischter Jargon). Patienten mit sehr schwerer Hirnschädigung zeigen psychomotorische Unruhe, und ihre Zuwendung durch Kopfdrehung und Blickkontakt ist stark schwankend. Die Aufmerksamkeit kann nur kurz auf den Untersucher ausgerichtet werden, auch kann es zu unkontrolliertem pathologischen Weinen und Lachen kommen. Gelingen einzelne Äußerungen, dann werden diese meist perseveriert, oder es entstehen Sprach-

automatismen. Dennoch können durch Hände-
druck, durch Mimik und Gestik elementare
Fähigkeiten der nonverbalen Kommunikation
als erhalten erkennbar sein.

Je nach Art und Ausmaß der Hirnschädigung in der sprachdominanten Hemisphäre liegen dem initialen *Mutismus* unterschiedliche
Störungsmechanismen zugrunde (vgl. Ziegler
& Ackermann, 1994):

- global aphasisch, d.h. Verlust der Sprache in
  allen Modalitäten, auch des Verstehens, bei
  ausgedehnter perisylvischer Schädigung,
- apraktisch, d.h. Unfähigkeit der Programmierung von sprechmotorischen, meist
  auch nichtsprachlichen orofacialen Bewegungen, insbesondere auch der oralen Phase des Schluckens, bei Schädigung des Bro-
  ca-Areals und des frontalen Operkulums,
- paretisch, d.h. temporäre Schwäche der
  Sprech-, Stimm-, Kau- und Schluckmusku-
  latur bei Schädigung des sensomotorischen
  Kortex und der absteigenden Bahnen, sofern die in der Regel rasch einsetzenden
  kontralateralen Kompensationsmechanismen ausbleiben,
- akinetisch, d.h. Störung des Sprech-
  und/oder Sprachantriebs bei Schädigung
  des medialen bzw. dorsolateralen Frontalhirns, selten auch des Thalamus.

Eine schwere Sprachantriebsminderung sowie
schwere Beeinträchtigung der Sprechmotorik
können initial auch nach *rechtshirnigen* Insulten vorliegen. Diesen Patienten gelingt jedoch
bereits im Verlauf der ersten Tage einfaches
Objektbenennen, sofern sie dazu schrittweise
sprachlich stimuliert werden. Bei *linkshirnigen* Insulten ist dies weniger leicht möglich.
Vielmehr kommt es zu anhaltenden Fehlbenennungen, sprachlichen Perseverationen und
Suchverhalten. Selbst wenn sich die Spontansprache und andere sprachliche Leistungen
(Nach- und Mitsprechen, Ausführungen von
verbalen Aufforderungen durch Kopf-, Mund-
und Zeigebewegungen) rasch normalisieren,
bleibt das Benennen in der Regel längere Zeit
gestört.

Rückbildung

Eine rasche Rückbildung der Aphasie noch innerhalb der *Akutphase* findet sich in der Regel
immer dann, wenn die Läsion außerhalb der
perisylvischen Region liegt, z.B. bei isolierter
Läsion in den Stammganglien oder im Thalamus. Das Störungsmuster hat oft Ähnlichkeit
mit einer transkortikalen Aphasie. Gelegentlich beobachtet man auch vorübergehende Hemisphärendysarthrie und Dysphonie, was eine
Ausdehnung der Schädigung in das Knie der
Capsula interna wahrscheinlich macht. Wenn
bei Mediateilinfarkten nur ein Teil der Sprachregionen oder benachbarte Gebiete betroffen
sind und es dennoch zu anhaltend schweren
Aphasien kommt, dann muss man eine *chronische Hypofunktion* in der gesamten perisylvischen Region vermuten. Verantwortlich sind
toxisch wirkende biochemische Veränderungen während der Minderdurchblutung in den
ersten Stunden nach Infarkt (sog. Penumbra-
Effekte, vgl. Hossmann, 1994).

Der *Verlauf* der Aphasien gliedert sich in
folgende Abschnitte:
- Akutphase (4 - 6 Wochen),
- Postakutphase,
  - früh (1 - 4 Monate),
  - spät (4 - 12 Monate),
- chronische Phase (>12 Monate).

Man schätzt, dass sich in den ersten vier Wochen bei etwa einem Drittel der Patienten die
Sprach- und Sprechstörungen weitgehend normalisieren. Das Ausmaß der spontanen Rückbildung flacht danach immer mehr ab. Nach
vier Monaten sind es etwa 11 % mehr und nach
sieben Monaten 8 % mehr der Patienten, bei
denen eine vollständige Rückbildung erwartet
werden kann. Diese Zahlen beruhen zum einen
auf einer von Biniek (1993) durchgeführten
Untersuchung zum Verlauf akuter Aphasien,
zum anderen auf einer von Willmes und Poeck
(1984) mitgeteilten Untersuchung zum Spon-
tanverlauf von nicht durch Aphasietherapie behandelten Patienten zwischen dem ersten und
siebten Monat. Spätestens nach 12 Monaten
tritt ein chronischer Zustand ein. Weitere Besserung erfolgt nicht mehr spontan, und auch
bei intensivem Üben und Lernen sind die Fort-

schritte häufig begrenzt. Die Patienten erwerben jedoch vielfache Möglichkeiten, die Kommunikation im Alltag trotz der gestörten Sprache zu meistern.

Für Funktionsstörungen des Gehirns werden neben der Restitution noch zwei weitere Mechanismen der Rückbildung angenommen: Substitution und Kompensation (vgl. Kap. 1.10). Unter *Substitution* versteht man die Ersetzung der bleibend gestörten Funktionen durch andere, intakte Funktionen. Dies ist möglich, weil die Funktionssysteme des menschlichen Gehirns redundant aufgebaut sind. Wie in einem komplexen Netzwerk erfüllen mehrere Verbindungswege und Knotenpunkte gleichwertige Funktionen. Werden Teile dieses Knotensystems bleibend gestört, dann können andere, gleichwertige Teile die gestörten Funktionen mit übernehmen. Dazu ist es notwendig, dass der ursprüngliche Informationsfluss innerhalb des neuronalen Netzwerks den neuen Ersatzfunktionen zugeleitet wird. Dies erfolgt nicht spontan, sondern erfordert Lernen. Bei Aphasie ist Substitution vor allem dann zu erwarten, wenn nur Teile der sprachrelevanten perisylvischen Areale geschädigt wurden.

Bei der *Kompensation* werden mehr entfernt liegende und funktionell weniger eng verwandte Teilnetze aktiviert. Das neuronale System muß lernen, alternative Subsysteme zu benutzen, die auf Stimuli und Anforderungen unterschiedlich, aber dennoch zweckmäßig reagieren. Auf diese Weise werden die verlorenen Funktionen ersetzt, auch wenn die Antwortmuster verändert sind. Auf der Verhaltensseite geht es darum, die verlorenen früheren Ziele durch alternative Mittel zu erreichen. Zum Beispiele können Patienten mit schweren Störungen der expressiven Sprache lernen, an Stelle des verlorenen Sprechens Gesten zu machen oder zu zeigen, manchmal auch zu zeichnen und zu schreiben, evtl. sogar mit Hilfe eines „Sprechcomputers". Bei Störungen des inneren Sprachwissens können Sätze nicht mehr vollständig verstanden und formuliert werden. Die Patienten sind darauf angewiesen, eine einfache „Telegrammsprache" zu erlernen, mit deren Hilfe sie ihre Gedanken und Gefühle durch wenige, einfach verknüpfte Inhalts- und Empfindungswörter oder durch Fragmente von hoch vertrauten Phrasen ausdrücken. Beim Verstehen lernen sie, auf Schlüsselwörter zu achten und dabei aus der Situation heraus zu raten und zu schlußfolgern. Kompensatorisches Sprachlernen erfordert ähnlich wie das Lernen einer Fremdsprache im Erwachsenenalter kognitive Prozesse der Handlungsplanung und des Problemlösens, die auf Funktionen des Frontalhirns beruhen.

Angesichts der Komplexität normaler sprachlicher Funktionen muß man mehrfache Substitution und Kompensation annehmen, um Schädigungen des Sprachzentrums auszugleichen. Diese umfassende *funktionelle Reorganisation* (Luria, 1966) scheint nicht nur intakt gebliebene Strukturen der sprachdominanten Hemisphäre einzubeziehen, sondern auch präfrontale Strukturen der linken und rechten Hemisphäre sowie kontralaterale perisylvische Areale, d.h. rechtshirnige Regionen in der Nachbarschaft der seitlichen Hirnfurche (Fissura Sylvii).

Funktionelle Bildgebung (Brain Imaging)

Zur Darstellung von über die Hirnsubstanzschädigung hinausgehenden funktionellen Beeinträchtigungen sind nuklearmedizinische Verfahren geeignet (SPECT, PET). Erste Anwendungen in klinischen Untersuchungen zeigen, dass es zwischen dem Ausmaß einer im CT oder im MRT erkennbaren Substanzschädigung und dem Ausmaß der *funktionellen Beeinträchtigung* erhebliche Unterschiede geben kann (Heiss et al., 1993). Insbesondere können nach einem Stammganglieninfarkt die darüberliegenden kortikalen Sprachareale anhaltend funktionell geschädigt sein; entsprechend liegen dann chronische Aphasieverläufe vor (Weiller et al., 1990). Diese Variabilität zwischen struktureller und funktioneller Hirnschädigung erklärt auch, weshalb die Daten zur Lokalisation der aphasischen Syndrome in CT-Läsionsuntersuchungen insgesamt uneinheitlich blieben (Willmes & Poeck, 1993).

In einer PET-Untersuchung konnten Cappa und Mitarbeiter (1997) anhand des Glukosestoffwechsels demonstrieren, dass bei akuten

Aphasien funktionelle Beeinträchtigungen durch Fernwirkungseffekt (Diaschisis) nicht nur links- sondern auch rechtshemisphärisch auftreten. Innerhalb der ersten 6 Monate normalisierte sich vor allem die Hypofunktion der nichtsprachdominanten rechten Hemisphäre. Die Aktivierung von sprachlichen Funktionen der *nichtdominanten Hemisphäre* dürfte für die Rückbildung von Aphasien eine bedeutende Rolle spielen. Beispielsweise konnten Weiller et al. (1995) in einer PET-Aktivierungsuntersuchung zeigen, dass die zum Broca- und Wernicke-Areal homologen Areale der nichtdominanten rechten Hemisphäre bei einer Gruppe von rechtshändigen männlichen Patienten mit nahezu völlig zurückgebildeter Wernicke-Aphasie bei wortsemantischen Aufgaben überzufällig stärker als bei hirnorganisch gesunden Kontrollpersonen aktiviert wurden. In der linken Hemisphäre wurden – wie bei den hirnorganisch gesunden Kontrollpersonen – das intakt gebliebene Broca-Areal und der angrenzende dorsolaterale präfrontale Kortex aktiviert, obgleich das Wernicke-Areal bei allen Patienten zerstört war, wohingegen es bei den Kontrollpersonen ebenfalls aktiviert wurde. Offensichtlich hatte bei den Patienten im Verlauf einer monate- bis jahrelangen Rückbildung der Aphasie eine mehrfache funktionelle Reorganisation des Sprachsystems stattgefunden.

Die genauen neurolinguistischen Wirk- und Lernmechanismen für das Wiedererlangen von Sprache im Verlauf einer Aphasie sind noch weitgehend unbekannt. Bei komplettem linksseitigen Mediainfarkt und initialer globaler Aphasie entwickeln sich im Verlauf von Monaten bis Jahren *sprachliche Kompensationssyndrome* der rechten Hemisphäre, insbesondere chronischer Agrammatismus (Springer et al., 1999). In seltenen Fällen entsteht auch eine chronische transkortikale Aphasie (Pulvermüller & Schönle, 1993). – Bei einem Einzelfall konnten Specht et al., (1998) durch PET- und fMRI-Untersuchung 12 bzw. 18 Monate nach Ereignis demonstrieren, dass das wiedererworbene Nachsprechen von Wörtern ausschließlich auf Funktionen der rechten Hemisphäre beruhte, die eng im Hörkortex und dem angrenzenden hinteren Abschnitt der obe-

ren Temporalwindung lokalisiert waren. Dieselbe enge Aktivierung fand sich während der erfolglosen Versuche des Patienten, die Wörter semantisch zu generieren. Offensichtlich war die rechte Hemisphäre dieses Patienten noch nicht in der Lage, die für semantische Aufgaben notwendigen breiter verteilten Netzwerkfunktionen kompensatorisch aufzubauen.

Im Gegensatz zu diesen Befunden bei chronischer Aphasie fanden Zahn et al. (1999) bei einem weiteren Einzelfall mit *raschem akuten Verlauf* einer ebenfalls transkortikalen Aphasie ein wiederhergestelltes linkshemisphärisches Semantiknetz. Die Aktivierungen lagen in unmittelbarer Nachbarschaft zu den präfrontal und parietal gelegenen Läsionen. In diesem Fall kam es also zu erfolgreicher Substitution der geschädigten wortsemantischen Funktionen.

Ätiologie und Lokalisation der Dysarthrien

Eine Vielzahl von *neurologischen Krankheiten* des zentralen oder des peripheren Nervensystems führt zu Sprechstörungen (vgl. Tabelle 7). Dabei ist es notwendig, die Unterschiede im Verlauf und im Ort der Schädigung zu beachten. Daten zur Prävalenz dieser Erkrankun-

Tabelle 7. Neurologische Krankheiten (Verlauf und Lokalisation) bei Dysarthrie (vgl. Kap. 1.6)

langsam fortschreitender Verlauf
- Kortex: Mikroangiopathie, Hirnabbau
- Stammganglien: Parkinson, Chorea Huntington, Dystonien
- Kleinhirn: zerebelläre Ataxien
- Hirnstamm und Pyramidenbahn: Bulbärparalyse, Amyotrophische Lateralsklerose (ALS)
- variable oder multiple Lokalisation: Tumoren oder Entzündungen

schubweise fortschreitender Verlauf
- zentral: Multiple Sklerose (MS)
- peripher: Myasthenia gravis

akutes Auftreten mit nachfolgender Remission bzw. chronischem Verlauf
- variable oder multiple Lokalisation: Gefäßinsult, Schädel-Hirn-Trauma (SHT)

gen und zur Auftretenshäufigkeit von Dysarthrien finden sich in Ziegler et al. (1998).

Die neuroanatomischen Grundlagen sprechmotorischer Funktionen lassen sich nach folgenden *Subsystemen* untergliedern:
- mediofrontales System,
- dorsolateral-präfrontales System,
- kortiko-nukleäre Verbindungsbahn,
- Hirnnervenkerne und Hirnnerven,
- Stammganglienschleife,
- zerebelläres System.

Mediofrontales System

Es besteht aus dem vorderen zingulären Kortex und dem supplementärmotorischen Feld (SMA). Diese beiden Rindenareale, die auf den motorischen Kortex projizieren, werden mit Sprechantriebs- und Initiierungsfunktionen und der Aufrechterhaltung des Redeflusses in Zusammenhang gebracht. Bilaterale mediofrontale Läsionen führen zum Syndrom des *akinetischen Mutismus*, das durch eine völlige Aufhebung der Willkürmotorik, einschließlich des Sprechens, charakterisiert ist. Dabei liegt keine Lähmung der Muskulatur vor. Einseitige Läsionen dieser Region in der linken Hemisphäre führen zu transientem Mutismus, der ebenfalls als Zeichen einer Akinesie der Sprechmuskulatur interpretiert wird. Im Verlauf lassen sich bei zurückkehrendem Sprachantrieb eine leise und monotone Stimme, in manchen Fällen auch ein Stottern beobachten.

Dorsolateral-präfrontales System

Es umfasst die vordere Sprachregion, nach neueren Untersuchungen auch die Inselrinde. Die Broca-Region wird traditionell als „Sitz" sprechmotorischer Programmroutinen gesehen. Läsionen dieser Region gelten als Ursache für Sprechapraxie, deren Symptomatik als Zeichen einer Störung des Zugriffs auf automatisierte artikulatorische Routinen oder einer Zerstörung dieser Routinen selbst interpretiert wurde. Neuere Läsions- und Aktivierungsstudien haben auf die Bedeutung der vorderen Inselrinde für sprechapraktische Symptome und „höhere", lateralisierte sprechmotorische Pro-

zesse hingewiesen (Ackermann & Wildgruber, 1998).

Kortiko-nukleäre Verbindungsbahn

SMA und dorsolateraler präfrontaler Kortex projizieren auf die Areale des *motorischen Gesichtskortex* im unteren Anteil der Präzentralwindung. Der motorische Gesichtskortex ist Ausgangspunkt der *kortiko-nukleären Verbindungsbahn*, die in den *Hirnnervenkernen* im Hirnstamm endet, um von dort über die peripheren *Hirnnerven* Bewegungsmuster auszulösen. Die für die unterschiedlichen Systeme zuständigen Neuronenpopulationen im motorischen Gesichtskortex sind zwar somatotop angeordnet, vermutlich repräsentieren die einzelnen Neurone aber bereits komplexe Bewegungsmuster, insbesondere die häufig wiederkehrenden artikulatorischen Routinen, die mit dem Laut- und Silbeninventar der Sprache verbunden sind und über einen langjährigen sprechmotorischen Lernprozess aufgebaut werden.

Die absteigenden kortiko-nukleären Bahnen sind bilateral organisiert. Sie führen von den beiden motorischen Gesichtskortizes in einem Faserbündel, der Corona radiata, durch die innere Kapsel zu den Hirnnervenkernen. Bilaterale Läsionen dieser Bahn verursachen eine schwere und anhaltende Lähmung der Sprechmuskulatur, oft mit einer deutlichen Dissoziation zwischen willkürlicher und emotional gesteuerter Beweglichkeit (Pseudobulbärparalyse). Bei einseitigen kortikonukleären Läsionen entstehen meist weniger ausgeprägte und nur für wenige Wochen anhaltende dysarthrische Störungen.

Hirnnervenkerne und Hirnnerven

In Abbildung 5 sind die direkten ab- und aufsteigenden Nervenbahnen der Artikulation skizziert. Bekanntlich werden die Sprech- und Stimmmuskulatur, durch verschiedene *Hirnnerven* versorgt. Im wesentlichen sind dies: Äste des N. trigeminus (V3) für die Muskulatur des Unterkiefers, Äste des N. facialis (VII) für Mund und Lippen, Äste des N. glossopharyngeus (IX), des N. vagus (X) und des

Abb. 5. Ab- und aufsteigende Bahnen der Sprechmotorik

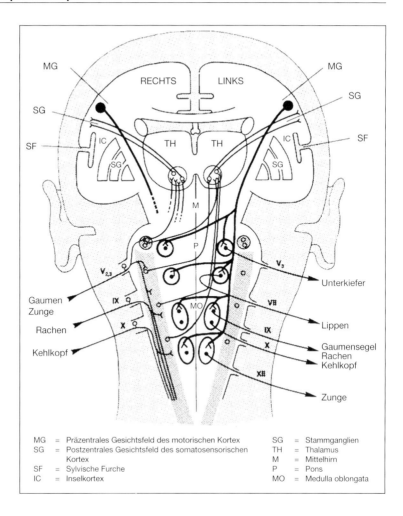

MG	=	Präzentrales Gesichtsfeld des motorischen Kortex	SG	=	Stammganglien
SG	=	Postzentrales Gesichtsfeld des somatosensorischen Kortex	TH	=	Thalamus
			M	=	Mittelhirn
SF	=	Sylvische Furche	P	=	Pons
IC	=	Inselkortex	MO	=	Medulla oblongata

N. accessorius für Gaumensegel (XI), Rachen und Kehlkopf sowie N. hypoglossus (XII) für die Zunge. Die Steuerung der Sprechatmung erfolgt durch die Zervikal- und Thorakalnerven, deren Kerne im Rückenmark liegen.

Die Kerne der Hirnnerven bilden die „sprechmotorischen Zentren" des Hirnstamms (Nucleus trigeminus, facialis, ambiguus und hypoglossus). Sind diese Kerngebiete und/oder die peripheren Hirnnerven durch eine traumatische, entzündliche, degenerative oder vaskuläre Erkrankung betroffen, dann sind die willkürlichen, automatischen und reflektorischen Bewegungen der jeweiligen Muskulatur gleichermaßen gestört. Es kommt zu reduzierter Muskelkraft und Muskelspannung bzw. zu Bewegungsunfähigkeit bei schlaffer Lähmung. Entsprechend liegt *hypotone* Dysarthrie vor.

Im Hirnstamm ist auch die erste neuronale Schaltstelle für die aufsteigenden *sensiblen Nervenbahnen* (Nucleus spinalis n. trigemini) (vgl. Abb. 5). Rezeptoren der Haut und der Schleimhäute registrieren Empfindungen über Berührung und Druck. Diese taktilen Reize werden aus dem Mundraum und der Vorderzunge über Äste des N. trigeminus (V_{2+3}) weitergeführt, von Hinterzunge und Rachen über Äste des Vagus (X). Die für die Steuerung der Sprechbewegungen entscheidenden propriozeptiven Reize über Muskellänge und -spannung sowie über die Position des Unterkiefer-

gelenks werden ebenfalls über Äste des N. trigeminus geleitet (V_3), sie enden jedoch in einem eigenen Kerngebiet (Nucleus sensorius
principalis n. trigemini). Von hier aus bestehen
direkte Verbindungen zum Kleinhirn sowie
über den Thalamus in verschiedene kortikale
Areale. Inwieweit auch Afferenzen aus den
Muskelspindeln der Zunge und den übrigen
Artikulationsorganen ebenfalls über das Trige-
minussystem laufen, ist ungewiss (vgl. Kennedy & Kuehn, 1989).

Stammganglien und Kleinhirn

Neben dem beschriebenen absteigenden kortiko-nukleären System ist für die motorische
Kontrolle ganz allgemein und die Sprechmotorik im besonderen eine Schleifenbahn von
Bedeutung, die von den motorischen Kortexarealen über das Striatum und den Thalamus
zurück auf die SMA und den prämotorischen
Kortex projiziert. Diesem System wird eine
wichtige Funktion in der Ausführung automatisierter motorischer Programme zugeschrieben. Mit Läsionen der *Stammganglien* werden
so unterschiedliche Symptome wie Rigor und
Hypokinesie, Tremor, Dyskinesie und Stottern
in Zusammenhang gebracht (Ziegler, 1997).
    Eine weitere wichtige sprechmotorische
Funktion erfüllt das *Kleinhirn* (Zerebellum),
das sensorische Information aus der Peripherie
und Information aus dem motorischen Kortex
integrieren und abgleichen kann und über den
Hirnstamm und den Thalamus an den motorischen Kortex zurückprojiziert. Das Kleinhirn
spielt damit eine wichtige Rolle unter anderem
bei der Online-Kontrolle von Bewegungsabläufen. Kleinhirnläsionen können insbesondere die zeitliche Organisation und die Zielge-
nauigkeit von Sprechbewegungen beeinträchtigen (Ataxie), sie verursachen jedoch
keine Lähmungen der Sprechmuskulatur (vgl.
Kap. 5.1).

Diagnose

Generell wird man in der Sprachdiagnostik
zunächst fragen, ob erworbene Fähigkeiten
oder erlernte Fertigkeiten untersucht werden.

Die bis zum Schulalter erworbene *Sprachfähigkeit* entsteht nicht durch bewusstes Lernen. Vielmehr ist der Spracherwerb des Kindes
eng mit der Hirnreifung verknüpft und verläuft
in Entwicklungsphasen parallel zur Entwicklung von Denken und Weltwissen. Voraussetzung hierfür ist die biologische Disposition sowie eine reiche und redundante Stimulierung
durch die soziale Umgebung. Ist beides ungestört, entsteht eine primäre Basiskompetenz in
einer oder mehreren „Muttersprachen" bzw.
Dialekten, über die alle Mitglieder einer
Sprachgemeinschaft verfügen. Ausgehend von
diesem primären Sprachwissen werden in der
Schule *sprachliche Fertigkeiten* durch bewusstes Lernen vermittelt, nämlich Schreiben und
Lesen, metasprachliches Analysieren von Stil
und Grammatik, Beherrschen von Fremdspra-
chen. Viele dieser Fertigkeiten automatisieren
sich so hochgradig, dass sie Bestandteil der
primären Sprachfähigkeit werden.
    In der klinischen Diagnostik interessiert in
erster Linie die primäre Sprachfähigkeit, also
die Basiskompetenz im hochautomatisierten
Verarbeiten von Laut- und Schriftsprache. Erst
in zweiter Linie geht es auch um sprachliche
Fertigkeiten; insbesondere dann, wenn bei Untersuchungen im Verlauf der Einfluss von
Sprachtherapie überprüft werden soll. Die
Überprüfung von sprachlichen Übungs- und
Transfereffekten erfordert eigene Methoden
(vgl. Kap. 2.4) und sollte in die jeweilige Therapiemethode integriert sein.
    Bei der Feststellung von Einschränkungen
in der primären Sprachfähigkeit bestehen offensichtliche Unterschiede zwischen der klinischen Diagnostik im Kindes- und Erwachsenenalter. Störungen der Sprache und des
Sprechens können im *Kindesalter* nur relativ
zur normalen Entwicklung erfaßt werden. Da
diese mit beträchtlicher Variabilität verläuft,
benötigt man altersnormierte Testverfahren,
die auf der Untersuchung repräsentativer
Stichproben von Kindern beruhen. Die mittleren 50% der Verteilung gelten in der Regel als
Bereich von durchschnittlich entwickelten
sprachlichen Fähigkeiten. Als Kriterium für
Störung wird eine für das jeweilige Lebensalter unterdurchschnittliche bis stark unterdurchschnittliche Testleistung angesehen oder

– was weniger zuverlässig ist – ein aus der Testleistung abgeleitetes Entwicklungsalter von mindestens 1 bis 2 Jahren unter dem Lebensalter. Nur in sogenannten Screening-Verfahren gibt es bisher auch Versuche, für jedes Lebensalter eigene Meilensteine der sprachlichen Basiskompetenz festzulegen, d.h. sprachliche Leistungen, die normalentwickelte Kinder mit Sicherheit beherrschen (vgl. Kap. 6.1). Davon ausgehend könnte man dann den Bereich gestörter sprachlicher Entwicklung festlegen und das Profil der Störungen differenziert untersuchen.

Nach Erreichen der Pubertät kann man von einem altersunabhängigen, generell gültigen Bereich von sprachlicher Basiskompetenz ausgehen. Deshalb sind die für die Klinik entwickelten Tests zur Erfassung von Sprach- und Sprechstörungen im *Erwachsenenalter* typischerweise so konstruiert, dass die Testanforderungen von sprachgesunden Probanden mit hoher Wahrscheinlichkeit vollständig beherrscht werden. Abweichend von der sonst üblichen psychologischen Statusdiagnostik wird nicht gefragt, wie „sprachfähig" jemand in Bezug auf die Normalpopulation ist (unter Berücksichtigung von Geschlecht, Lebensalter und Bildungsstand, etc.). Vielmehr muß bei Verdacht auf Sprach- und Sprechstörungen festgestellt werden, ob und wie stark Basiskompetenz *nicht* gegeben ist. Dabei wird Bezug genommen auf eine klinische Population, z.B. auf Patienten mit Aphasie.

In der klinischen Diagnostik werden somit für das Erwachsenenalter meist spezielle *Sprachstörungstests* und nur ergänzend normale Sprachleistungs- oder Sprachbegabungstests verwendet (s. Kap. 3.1, für das Kindesalter hingegen in erster Linie normale *Sprachentwicklungstests*. Wegen der hohen Variabilität von Sprach- und Sprechstörungen sollte man zuerst immer auf standardisierte und psychometrisch abgesicherte Testverfahren zurückgreifen. Zusätzlich kann die Anwendung orientierender Untersuchungsverfahren notwendig werden, um die Vielfalt und Spezifität der Störungen zu erfassen.

In Tabelle 8 sind *diagnostische Ziele* der Sprachdiagnostik im Kindes- und Erwachsenenalter verzeichnet. In den seltensten Fällen

ist eine isolierte Sprach- und Sprechdiagnostik sinnvoll. Die Differentialdiagnose erfordert parallele Untersuchungen von nichtsprachlichen kognitiven, affektiven, motorischen und sensorischen Funktionen, auf die hier nicht näher eingegangen wird. Die Auswahl der diagnostischen Ziele variiert je nach klinischen oder wissenschaftlichen Fragestellungen. Testbatterien, die alle Ziele erfüllen, gibt es nicht. In den folgenden Abschnitten werden diagnostisches Vorgehen und Ziele bei Sprachentwicklungsstörungen sowie bei im Erwachsenenalter erworbenen Aphasien und Dysarthrien exemplarisch beschrieben.

Diagnose von Sprachenwicklungsstörungen

Kriterien

Die Weltgesundheitsorganisation (WHO) fordert in ihren Forschungskriterien für die Internationale Klassifikation psychischer Störungen (ICD-10) die Anwendung standardisierter Tests zur Feststellung einer *umschriebenen* Entwicklungsstörung des Sprechens und der Sprache. Die psychometrischen Kriterien sind:

– sprachliche Leistungen um mindestens zwei Standardabweichungen unter der mittleren Leistung von Kindern desselben Lebensalters,
– sprachliche Leistungen um mindestens eine Standardabweichungen unter den nonverbalen Leistungen des Kindes,
– nonverbale Leistungen nicht unter einem IQ von 70.

Hinzu kommen klinische Kriterien, nämlich das Fehlen von neurologischen, sensorischen oder körperlichen Beeinträchtigungen. Damit werden manifest zentral oder peripher organische Sprachstörungen als Folge von akuten Hirnschädigungen (Aphasie), von Hörstörungen oder von Schädigungen der Artikulationsorgane als Ursachen für die Diagnose einer umschriebenen Sprachentwicklungsstörung ausgeschlossen. Ausserdem soll keine „tiefgreifende" Entwicklungsstörung vorliegen, nämlich keine manifeste psychiatrische Erkrankung des Kindesalters, insbesondere kein Autismus.

Tabelle 8. Diagnostische Ziele bei Störungen von Sprache und Sprechen

---

Klinische Ziele
– Identifizierung und Differenzierung
  – periphere Werkzeugstörungen: Artikulation, Stimme, Gehör
  – zentral-organische Störungen
    – Input/Output-Systeme: Sprechmotorik, auditive Verarbeitung
    – Sprachsystem: Laut- und Schriftsprache
  – psychosoziale Störungen
– Bestimmung von Störungsprofil und Schweregrad

Neurolinguistische Ziele
– Erfassung der Störungen in verschiedenen sprachlichen Modalitäten
  – expressiv: Spontansprache, Nachsprechen, Benennen, Lesen und Schreiben
  – rezeptiv: auditives Verstehen und Lesesinnverstehen
– Beschreibung der Störungen auf verschiedenen sprachsystematischen Ebenen
  – Phonologie, Lexikon, Syntax, Semantik
– Abgrenzung von Störungen der Konzeptbildung und der Planung von Sprechhandlungen
– funktionale Lokalisation von zugrundeliegenden Störungs- und Kompensationsmechanismen in Modellen normalsprachlichen Verarbeitens

Neuropsychologische Ziele
– Feststellung von sprachrelevanten Begleitstörungen
  – Bewegungsplanung
  – visuelles und auditives Verarbeiten
  – visuokonstruktives und numerisches Verarbeiten
  – kurzfristiges Behalten und Exekutivfunktionen (Arbeitsgedächtnis)
  – Langzeitgedächtnis
  – Lernfähigkeit
  – Aufrechterhalten und Fokussieren von Aufmerksamkeit
  – komplexe Informationsverarbeitung und Problemlösen

Rehabilitationsorientierte Ziele
– Bestimmung von Indikatoren für die Wahl der Therapiemethode:
– Stimulierbarkeit, Leistungsdissoziationen, Lern- und Transferfähigkeit
– Feststellung von Veränderungen im Verlauf (nach Höhe und Gestalt des Leistungsprofils)
– Feststellung des Einflusses der Sprachtherapie unter Berücksichtigung von
  – Progression im normalen kindlichen Spracherwerb
  – Spontanremission bei Hirnschädigung
– Einschätzung von sprachlichem und nichtsprachlichem Adaptationsverhalten im Kommunikationsalltag
  – Eltern-Kind- bzw. Partner-Patienten-Interaktion
  – Lebensqualität

Wie bereits auf Seite 478-483 aufgezeigt, sind diese Eingrenzungen klinisch zu eng. Denn Auffälligkeiten der Sprachentwicklung können sich auch bei kognitiven, emotionalen und milieubedingten Entwicklungsstörungen zeigen. Außerdem sind genetische und neurobiologische Entstehungsfaktoren von Sprachentwicklungsstörungen generell erst in Ansätzen erforscht und in der klinischen Diagnostik selten bekannt. Schließlich ist es für die Planung von Sprachtherapie entscheidend, die Entwicklungsauffälligkeiten in verschiedenen sprachlichen Modalitäten und sprachsystematischen Komponenten differentiell zu erfassen und durch therapiebegleitende Prozessdiagnostik zu beobachten (vgl. Dickmann et al., 1994). Dafür stehen voll standardisierte, d.h. altersnormierte Testverfahren kaum zur Verfügung.

Ansätze

Je nach Zielsetzung wird man einen oder mehrere der folgenden diagnostischen Ansätze verfolgen, wobei der jeweilige Entwicklungsabschnitt des Kindes zu berücksichtigen ist:

— *ab Kleinkindalter:*
  — Eltern-Rating zum Sprachentwicklungsstand
  — Sprachentwicklungsskalen,
  — sprachpragmatische Verfahren zur Analyse der Eltern-Kind-Interaktion,
— *ab Vorschulalter:*
  — standardisierte Intelligenztests mit verbalen und non-verbalen Testteilen,
  — standardisierte Sprachentwicklungstest,
  — standardisierte Tests für lautsprachliche Modalitäten,
  — psycholinguistische Verfahren zur sprachsystematischen Analyse,
— *ab Schulalter:*
  — Kurzlerntests,
  — standardisierte Tests für schriftsprachliche Modalitäten.

Eine Beschreibung dieser Ansätze und der für sie entwickelten deutschsprachigen und internationalen Untersuchungsverfahren ist hier nicht möglich (vgl. Kap. 6.1). Für die genauere sprachsystematische und sprachpragmatische Untersuchung stehen kaum standardisierte, sondern nur *orientierende Verfahren* zur Verfügung. Deren Durchführungsobjektivität sollte zumindest dem Augenschein nach gegeben sein. Außerdem sollten Orientierungswerte aus experimentellen Untersuchungen von Kindern mit und ohne Sprachentwicklungsauffälligkeiten vorliegen, die deutlich machen, inwieweit die linguistischen Konstruktionseigenschaften des Verfahrens tatsächlich bedeutsam sind.

Für die *hypothesengeleitete Diagnostik* (vgl. Kap. 3.1) wird man verschiedene Ansätze bzw. Teile von Testverfahren verknüpfen. Bei der inhaltlichen Auswahl sollte die Unterscheidung zwischen Sprachfähigkeit und Sprachfertigkeit zugrunde gelegt werden. Denn bekanntlich sind Sprachfertigkeiten eher ein Indikator für Milieueinflüsse und weniger für das Entwicklungspotential des Kindes. Zu beachten ist, dass auch in traditionell anerkannten Intelligenztests häufig metasprachliche Anforderungen gestellt werden, die nicht nur erworbene sprachliche Fähigkeiten sondern auch erlernte Fertigkeiten erfordern. Zur Untersuchung des auf den Fähigkeiten beruhenden Lernpotentials sind Kurzlerntests, insbesondere bei entwicklungsauffälligen Kindern ein wichtiger Ansatz (vgl. Guthke, 1996).

Diagnose von Aphasien

Für die klinische Diagnose von erworbenen Sprachstörungen im Erwachsenenalter stehen eine Reihe von standardisierten und orientierenden Verfahren zur Verfügung. Die wichtigsten werden im folgenden beschrieben und die klinischen Zielsetzungen werden aufgezeigt.

Akutphase

In den ersten Wochen und Tagen nach der Hirnschädigung sind die Patienten nicht genug belastbar, und die Störungen fluktuieren stark, so daß zuverlässige Aussagen über Art und Ausmaß der Aphasie noch nicht möglich sind (vgl. Seite 488). Deshalb wurden spezielle Untersuchungsverfahren für akute Aphasien entwickelt. Gerade in den ersten Wochen der

aphasischen Störung ist noch nicht zwischen den Auswirkungen einer dauerhaften strukturellen Hirnschädigung und einer passageren funktionellen Beeinträchtigung zu unterscheiden. Wird in dieser Situation eine reine Leistungsprüfung durchgeführt, so wird eine mögliche funktionelle Beeinträchtigung, die durch Stimulierung des Patienten noch überwindbar sein kann, nicht erfaßt. Deshalb ist für die Akutphase der Aphasie eine konsequente und schrittweise Stimulierung des Patienten unbedingt zu berücksichtigen. Nur so kann geklärt werden, wann und in welchen sprachlichen Bereichen eine sprachtherapeutische Aktivierung des Patienten sinnvoll und notwendig ist.

Diese Ziele werden mit dem *Aachener Aphasie-Bedside-Test* (AABT; Biniek, 1993) verfolgt. Der Test dauert je nach Stimulierbarkeit des Patienten 5-40 Minuten und besteht aus sechs Teilen. Neben dem Versuch, die Patienten zu spontaner Sprache zu bewegen (U1), wird die expressive Sprache über Singen, Reihensprechen und Nach-/Mitsprechen von Floskeln angebahnt (U4), und es wird das Benennen von Objekten überprüft (U6). In weiteren drei Untertests wird einfaches Sprachverstehen und die Umsetzung in einfache, hochautomatisierte Bewegungen gefordert, nämlich in Blick- und Kopfbewegungen (U2), in Mundbewegungen (U3) sowie in Zeige- und Greifbewegungen (U4). Bei keiner oder falscher Antwort werden die Patienten schrittweise stimuliert. Das Bewertungssystem (pro Item 5-0 Punkte) berücksichtigt neben der Genauigkeit der Antwort die Anzahl der notwendigen Hilfen. Der Punktwert 0 wird erst dann vergeben, wenn trotz viermaliger Stimulierung eine Antwort immer noch ausbleibt, eine falsche Antwort perseveriert wird oder weiterhin eine automatisierte bzw. neologistische Äußerung erfolgt. Ist dies bei den ersten drei Aufgaben eines Untertests der Fall, wird dieser abgebrochen. Insgesamt konnten für den AABT zufriedenstellende psychometrische Gütekriterien festgestellt werden. Deshalb wurden für die einzelnen Untersuchungstage vorläufige Prozentränge ermittelt, im Abstand von 2, 4, 6, 8, 11, 15 und 22 Tagen zum Ereignis. Es ist so möglich, die sprachliche Stimulierbarkeit eines neu untersuchten Patienten mit akuter Aphasie mit der Leistung anderer Patienten des jeweiligen Untersuchungstags zu vergleichen. Damit eignet sich der AABT zur Ermittlung der Verlaufsdynamik bei akuten Aphasien.

Andere Kurztests zielen mehr auf die Auslese und die Schweregradbestimmung. Verbreitet ist der *Frenchay Aphasia Screening Test* (FAST; Enderby et al., 1987). Wenig überzeugend ist es allerdings, dass die Ausleseeigenschaften dieses Bedside-Verfahrens bei akuten und postakuten Patienten mit einer Dauer bis zu 6 Monaten nach Ereignis zusammen überprüft wurden und dabei als Außenkriterium lediglich das Urteil von Logopäden bei kleiner, heterogen zusammengesetzter Patientenstichprobe herangezogen wurde. Notwendig wäre ein Vergleich mit dem *Token-Test*, einem seit Jahren bekannten, psychometrisch gut abgesicherten Auslesetest (Orgaß, 1976).

Für die ersten Tage nach dem Ereignis ist eine zuverlässige *Auslese* von aphasischen Patienten aus der Gesamtpopulation hirngeschädigter Patienten bisher nicht gelöst. Denn initial führen Hirnschädigungen auch außerhalb der perisylvischen Sprachregion zu verändertem Sprach- und Kommunikationsverhalten bis hin zu Mutismus. Nach Erreichen eines stabilen Allgemeinzustandes können mit dem Token-Test rund 90% der hirngeschädigten Patienten mit und ohne Aphasie richtig klassifiziert werden.

Postakute und chronische Phase

Eine ausführliche neurolinguistische Diagnostik ist erst nach Abschluß der Akutphase, ca. 2 bis 6 Wochen nach Insult, möglich. In der klinischen Sprachdiagnostik unterscheidet man zwischen folgenden Verfahren (vgl. Huber et al., 1997):
- Aphasie-Testbatterien,
- Psycholinguistische Verfahren,
- Kommunikationsorientierte Verfahren und Skalen.

Aphasie-Testbatterien

Seit den 60er Jahren wurden standardisierte Untersuchungen speziell für die klinische Diagnose von Aphasien entwickelt. Durch strukturierte Aufgaben werden aphasische Oberflächensymptome in verschiedenen sprachlichen Modalitäten erfaßt, um so Art und Ausmaß der Sprachstörungen zu bestimmen und einem klinischen Syndrom zuzuweisen. Die wichtigsten international etablierten, psychometrisch abgesicherten Aphasietests sind (Literaturnachweise in Huber et al., 1997):
- MTDDA. Minnesota Test for Differential Diagnosis of Aphasia,
- PICA: Porch Index of Communicative Ability,
- NCCEA: Neurosensory Center Comprehensive Examination for Aphasia,
- BDAE: Boston Diagnostic Aphasia Examination,
- WAB: Western Aphasia Battery,
- AAT: Aachener Aphasie Test.

Diese Testbatterien beruhen meist auf einheitlicher Auswahl und Anzahl der Aufgaben für jede untersuchte Modalität bzw. für jede sprachsystematische Ebene. Durchführung und Auswertung sind standardisiert. Entsprechend der klassischen Testtheorie wurden die Gütekriterien in umfangreichen Untersuchungen von mehreren hundert Patienten ermittelt. Nicht immer sind alle der folgenden Merkmale hinreichend gut belegt: Konstruktvalidität, Auswertungsobjektivität, Reliabilität (Konsistenz, Generalisierbarkeit, Profil- und Retest-Zuverlässigkeit) sowie differentielle Validität (Auslese und Klassifikation). Die Konstrukteigenschaften der angeführten Aphasietests und ihre psychometrische Güte wurden von Willmes (1993) vergleichend dargestellt und kritisch besprochen.

Aachener Aphasie Test (AAT)

Der AAT (Huber et al., 1983) zeichnet sich durch empirisch gut und mehrfach abgesicherte Konstrukteigenschaften sowie durch gründlich nachgewiesene, insgesamt sehr zufriedenstellende Gütekriterien aus. Der Test umfaßt 6 Teile (vgl. Tabelle 9). Seine Durchführung dauert 60-90 Minuten. Neben der Erhebung der Spontansprache und dem Token-Test als bewährtem Verfahren zur Auslese und zur Bestimmung des Schweregrades werden in 4

Tabelle 9. Aachener Aphasie-Test (AAT): Testteile und Bewertung

AAT-Testteil	Aufbau	Punktebereich pro Skala/ Item	Insgesamt
1. Spontansprache	6 Skalen	0-5	
2. Token-Test	5 Teile je 10 Items	1/0	50-0
3. Nachsprechen	5 Teile je 10 Items	0-3	0-150
4. Schriftsprache	3 Teile je 10 Items	0-3	0-90
5. Benennen	4 Teile je 10 Items	0-3	0-120
6. Sprachverständnis	4 Teile je 10 Items	0-3	0-120

Durchführung: 60-90 Minuten, Auswertung ca. 60 Minuten

weiteren Untertests Basisfähigkeiten der deutschen Sprache beim Nachsprechen, in der Schriftsprache, beim Benennen und beim Sprachverstehen untersucht. Bei der Auswahl der Items wurden verschiedene linguistische Einheiten und Regularitäten des Deutschen berücksichtigt und in ihrer sprachlichen Komplexität abgestuft.

Im AAT erfolgt die *Bewertung der Antworten* jeweils nach einer Punkteskala von 0-3, wobei 0 den schwersten Grad der Störung bezeichnet. Die Skalenpunkte sind durch mögliche aphasische Symptome genau gekennzeichnet. Deren Festlegung erfolgt nach neurolinguistischen Kriterien für jede sprachliche Modalität gesondert und zwar so, dass ihnen alle beobachteten Reaktionen zugeordnet werden können. Diese Art der Bewertung erlaubt es, alle aphasischen Störungen sowohl nach ihrem Ausmaß als auch nach ihrer Art differenziert zu erfassen. Um eine genaue Auswertung zu ermöglichen, werden alle lautsprachlichen Äußerungen der Patienten in den entsprechenden Untertests auf Tonband aufgenommen. Alle Reaktionen werden im Untersuchungsbogen genau festgehalten und im Anschluß an die Untersuchung ausgewertet. Die Auswertung dauert ca. 30-60 Minuten.

Mit dem AAT können folgende *Ziele* der Aphasiediagnostik gültig und zuverlässig erreicht werden:
– Auslese,
– Klassifikation nach Syndromen,
– Bestimmung des Schweregrades,
– Profil der Störungen in verschiedenen sprachlichen Modalitäten,

– sprachsystematische Beschreibung,
– Feststellung von Veränderungen im Verlauf unter Berücksichtigung der Spontanremission.

Die umfangreiche Normierung der Tests sowie die computergestützte Profilanalyse unter Berücksichtigung von Methoden der psychometrischen Einzelfalldiagnostik (Willmes, 1985) machen den AAT zu einem wichtigen Testinstrument für die Überprüfung des Einflusses logopädischer und medikamentöser Therapie.

Psycholinguistische Untersuchungsverfahren

Seit den 80er Jahren wurden mit unterschiedlicher Zielsetzung und Methodik neue Verfahren als Ergänzung bzw. als Alternative zu den klinisch orientierten Testbatterien entwickelt. Für stabile Aphasien wurden Aufgabensammlungen konstruiert, die den Vergleich in *verschiedenen Sprachen* zulassen bzw. die Untersuchung von mehrsprachigen Aphasikern ermöglichen (Bilingual Aphasie Test [BAT]; Paradis, 1987). Außerdem wurden von einigen Testbatterien, insbesondere BDEA, WAB und AAT, Übertragungen in andere Sprachen vorgenommen, die jedoch bisher noch nicht voll standardisiert und normiert sind. Ausnahmen sind der italienische und der niederländische AAT.

Für einige der klinischen Aphasietests wurden *ergänzende Testverfahren* entwickelt, um einzelne Sprachleistungen wie Benennen, Lesen, rezeptives Wortverarbeiten oder Textnacherzählen, die in den Standardtests nicht oder nur unzureichend berücksichtigt sind, genauer zu erfassen. Beispiele sind der *Boston Naming Test* (Kaplan et al., 1983) und die *AAT-Supplemente* (Poeck & Göddenhenrich, 1988).

Ausgehend von den Forschungsinteressen der kognitiven Neuropsychologie wurden die klinischen Zielsetzungen der syndromorientierten Aphasieuntersuchung kritisiert und zurückgewiesen. Statt dessen begann die Entwicklung umfangreicher *Aufgabensammlungen für die Einzelfallforschung*, die auf Modellen normaler Sprachverarbeitung beruhen und in denen – wie in experimentellen Untersuchungen – spezifische phonologische, lexikalische, morphologische oder syntaktische Parameter der jeweiligen Sprache differenziert und in möglichst großer Anzahl berücksichtigt werden. Beispiele für diese Entwicklung sind: PALPA (Psycholinguistic Assessment of Language Processing in Aphasia; Kay et al., 1992), LeMo (Lexikon und Morphologie; Stadie et al., 1994) und die Materialien zur neurolinguistischen Aphasiediagnostik (Blanken, 1996). Diese modellorientierten Verfahren beanspruchen Untersuchungszeiten von mehreren Stunden verteilt über mehrere Tage. Neben der Einzelfallforschung unterstützen und strukturieren sie die Prozeßdiagnostik in der Sprachtherapie.

Für die genaue linguistische Analyse größerer Mengen von Sprachproben wird die *PC-Technologie* eingesetzt. Das Untersuchungsverfahren LeMo ist als „neurolinguistisches Expertensystem" konzipiert. Weitere Beispiele sind Programme zur Unterstützung der detaillierten Analyse von lexikalischen und syntaktischen Parametern der aphasischen Spontansprache (Biniek, 1993) oder von Art und Häufigkeit phonologischer Fehler (PHONO; Cholewa et al., 1994).

Kommunikationsorientierte Diagnostik

Schließlich sind auch Verfahren zur Untersuchung der kommunikativen Fähigkeiten und der sprachlichen Adaption im Alltag in Fortentwicklung. Ausgangspunkt sind die von Martha Taylor Sarno 1969 entwickelte Technik des Interviews aphasischer Patienten durch die Therapeutin (Functional Communication Profile [FCP]) und die von Audrey Holland 1980 entwickelte Beobachtung aphasischer Patienten in kommunikativen Rollenspielen (Communicative Abilities in Daily Living [CADL]).

Ein wichtiges Anliegen wurde die Einbeziehung von Angehörigen in die sprachpragmatische, kommunikationsorientierte Aphasiediagnostik. Durch Beobachtungsprofile, Fragebögen oder in Interviews werden die *Angehörigen* aufgefordert, die Kommunikations- und Adaptionsfähigkeit der sprachgestörten Patienten (bzw. auch ihre eigene) einzuschätzen. Außerdem wird nach standardisierbaren, reliablen *Methoden* gesucht, um Merkmale der Kommunikation zwischen sprachgestörten und sprachgesunden Kommunikationspartnern direkt zu erfassen. Einen Überblick zu den sprachpragmatischen Verfahren der Aphasietestung geben Lesser und Milroy (1993). Für die deutschsprachige Aphasiediagnostik stehen folgende Untersuchungstechniken zur Verfügung (Literaturnachweise in Huber et al., 1997):

– Einschätzung der inhaltlichen und akustischen Verständlichkeit von Aphasikern in kurzen kommunikativen Rollenspielen (ANELT [Amsterdam-Nijmegen-Everyday-Language-Test]).

– Einschätzung des Schweregrades der Kommunikationsstörung durch die Angehörigen (CETI [Communicative Effectiveness Index]).

– Analyse der Konversationsabläufe zwischen Aphasiepatienten und bekannten/unbekannten Gesprächspartnern (APPLS [Assessment Protocol of Pragmatic-Linguistics Skills]).

– Feststellung der Lebensqualität bei Aphasie, d.h. von Alltagsbeschwerden und subjektiv empfundenen physischen und sozialen Belastungen durch bildliche Selbstbefragung der Patienten und parallel dazu durch schriftliche Fremdbefragung der Angehörigen (modifizierte Versionen des ALQI [Aachener Lebensqualitätsinventar]).

Einschränkend gilt, daß diese Verfahren bisher nur unvollständig testpsychologisch unter-

sucht wurden, insbesondere fehlt die Ermittlung der Wiederholungszuverlässigkeit (Re-
test-Reliabilität).

Diagnose von Dysarthrien

Zu den *Zielen* der klinischen Diagnostik
zentraler Sprechstörungen gehören:
- die Sicherung der Diagnose einer Dysarthrie oder Sprechapraxie und der Ausschluss anderer Kommunikationsstörungen
  (z.B. psychogene Sprechstörung),
- die Analyse des Störungsbildes (z.B. Syn-
  dromzuordnung) und des Schweregrads der
  Störung,
- die Ermittlung der Therapiebedürftigkeit
  und -fähigkeit eines Patienten und die Bestimmung individueller Therapieziele,
- die Entwicklung eines individuellen Therapieansatzes,
- die Kontrolle des Therapieverlaufs und Bewertung des Rehabilitationserfolgs („Qualitätssicherung", vgl. Kap. 2.5),
- die Früherkennung von Erkrankungen, die
  mit sprechmotorischen Zeichen beginnen
  können (z.B. Morbus Parkinson, Amyotrophe Lateralsklerose, Multiple Sklerose etc.).

Je nach der Zielsetzung richten sich die diagnostischen Untersuchungen auf unterschiedliche Aspekte der Erkrankung. Der Aspekt der
Schädigung steht im Vordergrund, wenn es um
die Syndromklassifikation (z.B. im Zusammenhang mit Fragen nach der Grunderkrankung) oder um die Entwicklung eines physiologisch orientierten Behandlungsansatzes
geht. Diagnostische Fragestellungen sind:
Welche Funktionskreise (Atmung, Stimme,
Artikulation) sind überwiegend betroffen?
Welche Pathomechanismen (gesteigerter oder
verminderter Tonus, Ataxie, Tremor etc.) liegen der Störung vermutlich zugrunde? Mit
welchen therapeutischen Mitteln lässt sich die
Störung beeinflussen?
Aspekte der *Fähigkeitsstörung* stehen im
Zentrum der Diagnostik, wenn es um die the-
rapeutische Zielsetzung und die Kontrolle des
Behandlungserfolgs geht. Unter anderem sind
Fragen nach der Verständlichkeit des Patienten

in unterschiedlichen Situationen oder nach der
Effizienz seiner kommunikativen Mittel zu beantworten.
Das Ausmaß der auf die Sprechstörung
zurückführbaren *sozialen Beeinträchtigung* ist
zu klären, wenn die Frage nach der Therapiebedürftigkeit und die Erstellung übergeordneter Rehabilitationsziele im Vordergund steht.
In diesem Zusammenhang muss beispielsweise ermittelt werden, ob die Sprechstörung den
Patienten daran hindert, seiner bisherigen beruflichen Tätigkeit nachzugehen und welche
Anpassungen im beruflichen Umfeld gegebenenfalls zu treffen sind.
Auf den genannten diagnostischen Ebenen
kommen unterschiedliche *Untersuchungsmethoden* zum Einsatz. Eine ausführliche Beschreibung dieser Methoden findet sich in
Ziegler et al. (1998).

Untersuchung physiologischer Störungsmerkmale

Dieser Teil der Diagnostik gliedert sich nach
den drei großen motorischen Subsystemen der
Atmungsmuskulatur, der Kehlkopfmuskulatur
und der Artikulationsorgane. Bei der Untersuchung dieser Systeme spielen in zunehmendem Maße auch apparative Methoden eine
Rolle (Ziegler, 1993; Gröne, 1998). Ein umfassendes Störungsprofil liefert die *Frenchay
Dysarthrie-Untersuchung* (Enderby, 1991),
die allerdings größtenteils auf nichtsprachlichen Aufgabenstellungen beruht.

Sprechatmung

Wichtige Parameter sind die Einatmungshäufigkeit während des Sprechens und das Muster
der thorakalen und abdominalen Atmungs-
tätigkeit. Die Einatmungshäufigkeit kann
durch Beobachtung ermittelt werden, am sichersten anhand von Sprechaufgaben, die keine besonderen kognitiven Anforderungen beinhalten (z.B. Zahlenreihen). Die thorakale
und abdominale Aktivität bei Ein- und Ausat-
mung kann qualitativ durch einen Tastbefund
erfasst werden. Eine differenziertere Analyse
der Koordination dieser beiden Subsysteme
lässt sich durch Ableitung der Umfangsände-

rungen von Brust- und Bauchraum mithilfe von Dehnungsmessstreifen erzielen. Ergeben sich Hinweise auf ausgeprägte respiratorische Defizite, so sind weitergehende pulmologische Untersuchungen (Lungenfunktionsprüfung) notwendig.

Laryngeale Funktion

Nach auditiven Kriterien lässt sich ein differenzierter Stimmbefund erstellen, der Aussagen zu den Stimmqualitätsmerkmalen (z.B. rauh, behaucht etc.), zur Stimmstabilität (z.B. Tremor, unkontrollierte Tonhöhenänderungen) oder zum Stimmumfang enthält. Einige dieser Aussagen können durch Analysen des akustischen Sprachsignals erhärtet und quantifiziert werden. Aus den Ergebnissen dieser Untersuchungen lassen sich allerdings keine gesicherten Rückschlüsse auf motorische Funktionsstörungen ziehen. *Tentative Schlussfolgerungen* sind von der folgenden Art:

> Die Stimme klingt behaucht, also ist ein Luftverlust an der Stimmritze (Glottis) zu vermuten. Es kommt demnach offensichtlich nur ein unvollständiger Glottisschluss zustande. Ursache dafür kann eine Hypotonie der Stimmlippen oder eine Rigidität der Adduktoren sein.

Weniger indirekte Hinweise auf die Bewegungsstörungen des Kehlkopfs lassen sich mit der Methode der *Elektroglottographie* (EGG) gewinnen. Dabei wird mittels zweier Elektroden, die auf der Höhe des ertastbaren Schildknorpels auf der Haut angebracht werden, der elektrische Widerstand zwischen den Stimmlippen gemessen. Auf diese Weise lassen sich die Stimmlippenschwingungen aufzeichnen und charakteristische Veränderungen wie unregelmäßige Schwingungsfrequenz oder verlängerte Verschlusszeiten beschreiben (Gröne, 1998). Wenn auditive oder apparative Untersuchungen Hinweise auf eine Stimmstörung ergeben, sollte in jedem Fall eine *endoskopische Untersuchung* durch einen HNO-Arzt oder Phoniater durchgeführt werden. Dabei können lokale Veränderungen am Kehlkopf (z.B. Verletzungen durch Intubation) und Störungen der

laryngealen Motorik beobachtet und durch Videoaufzeichnung dokumentiert werden (Schröter-Morasch, 1998).

Artikulation

Bei der auditiven Analyse von Störungen der Artikulation werden die den verschiedenen Artikulatoren zugeordneten *Lautklassen* gezielt nach phonetischen Gesichtspunkten überprüft. Durch Prüfung der labialen Konsonanten /b/, /p/, /v/, /f/ in geeignet ausgewähltem Wortmaterial lassen sich beispielsweise Aussagen über Funktionsstörungen der Lippen gewinnen. Wie im Falle der Stimmbeurteilung erfordern diese Analysen eine besondere Schulung des Gehörs und Erfahrung mit den unterschiedlichen Störungsbildern. Mit Hilfe von Beurteilungsskalen können die Befunde quantifiziert werden.

Die digitale Aufzeichnung des *Sprachschalles* mit einem Mikrocomputer gestattet es, Parameter wie das Sprechtempo oder die artikulatorische Qualität der Vokale und bestimmter Konsonantenklassen zu messen. Ein besonders sensitives Maß, das durch eine Analyse des Sprachsignals gewonnen werden kann, ist die *artikulatorische Diadochokineseleistung*. Dabei müssen die Patienten bestimmte Silben oder Silbengruppen (/ba/, /ga/, /daba/ etc.) möglichst rasch und regelmäßig wiederholen. Aus dem Mikrophonsignal lassen sich die Wiederholungsrate und andere Leistungsparameter ermitteln (Ziegler & Wessel, 1996).

Verschiedene apparative Verfahren ermöglichen es ferner, isolierte Aspekte der Artikulation direkt zu messen. Die *Elektropalatographie* (EPG) beispielsweise liefert Aussagen über die Kontaktmuster der Zunge am harten Gaumen bei der Artikulation lingualer Konsonanten wie /d/, /s/, /l/. Mit Hilfe der *elektromagnetischen Artikulographie* (EMA) können die Artikulationsbewegungen von Zunge oder Lippen in der Sagittalebene dargestellt werden. Für einen Einsatz in der klinischen Diagnostik sind diese Verfahren allerdings noch zu aufwendig. Zur Differentialdiagnose von Erkrankungen des motorischen Neurons kann die Ableitung der elektrischen Potentiale der Zungenmuskulatur durch Nadelelektroden

(*Elektromyographie* [EMG]) erforderlich sein. In den letzten Jahren hat sich ferner die Methode der *transkraniellen Magnetstimulation* zur Prüfung der motorischen Efferenz durchgesetzt.

Untersuchung funktioneller Störungsaspekte

Der relevanteste Parameter zur Beschreibung der Kommunikationsfähigkeit von Patienten mit Sprechstörungen ist die *Verständlichkeit* (Ziegler et al., 1988). Ein standardisiertes Verfahren zur Verständlichkeitsprüfung ist das *Münchner Verständlichkeitsprofil* (MVP). Andere kommunikationsrelevante Störungsparameter lassen sich aus auditiven und akustischen Beschreibungen der Prosodie gewinnen. Eine hinreichend reliable Einschätzung auf Grund des Höreindrucks ermöglicht die in Tabelle 10 wiedergegebene Verständlichkeitsskala des National Technical Institute for the Deaf (NTID). Sie wurde ursprünglich für Sprechauffälligkeiten von hörgeschädigten Personen entwickelt.

Therapie

Je nach Art und Ausmaß der Sprachstörungen verfolgt die logopädische Therapie folgende generelle Ziele (Huber & Springer, 1988):
– Aufbau von fehlenden sprachlichen Fähigkeiten,
– Modifikation und Korrektur von unvollständigem oder abweichendem Sprachverhalten
– Hemmung von pathologisch automatisiertem Sprachverhalten,
– Stimulierung von vorhanden, aber nicht verfügbaren sprachlichen Fähigkeiten.

Weder bei Kindern noch bei Erwachsenen werden die Behandlungsziele und die Systematik des Vorgehens nach Kriterien der Schulgrammatik festgelegt. Ausgangspunkt ist vielmehr die genaue Bestimmung der sprachlichen *Symptome*, ihrer neurolinguistischen Entstehungsmechanismen sowie der Strategien, mit denen der einzelne Patient trotz seiner Störung zu kommunizieren versucht. In der Regel liegen mehrere Symptome in charakteristischer Kombination vor. Somit ist für die Therapieplanung eine Abwägung notwendig, welche Symptome in welcher Reihenfolge behandelt werden sollen. Als Faustregel gilt: Leitsymptome werden vorrangig behandelt, d.h. Symptome, die quantitativ herausragen und die für ein klinisches Syndrom charakteristisch sind. Bei Kombination von Symptomen mit gleichem Ausmaß gelten Kriterien, die sich auf die innere Hierarchie der sprachsystematischen Komponenten beziehen (vgl. Abbildungen 1 und 2). Allgemeinere bzw. übergeordnete Fähigkeiten werden vor den speziellen behandelt:
– kognitiv vor sprachsystematisch,
– Sprachverständnis vor Sprachproduktion,
– lexikalisch-semantisch vor lexikalisch-phonologisch,
– lexikalisch vor lautanalytisch bzw. syntaktisch-morphologisch,
– supra- bzw. multimodal vor unimodal.

Hinzu kommen Kriterien, die sich auf die Art der Informationsverarbeitung beziehen:
– ganzheitlich vor einzelheitlich,

Tabelle 10. NTID-Verständlichkeitsskala

Score	Höreindruck
1	Die sprachlichen Äußerungen sind unverständlich.
2	Die sprachlichen Äußerungen sind mit Ausnahme einiger Wörter und Phrasen unverständlich.
3	die sprachlichen Äußerungen sind schwer zu verstehen, doch der Inhalt ist im wesentlichen verständlich. (Die Verständlichkeit kann sich bei längerem Zuhören erhöhen.)
4	Die sprachlichen Äußerungen sind mit Ausnahme einiger Wörter oder Phrasen verständlich.
5	Die sprachlichen Äußerungen sind völlig verständlich.

– gestörter Zugriff vor gestörtem Sprachwissen,
– sprachliche Ersatzstrategien vor direkter Beeinflussung der gestörten Strategien.

Aus diesen Kriterien ergibt sich, dass der Therapeut zunächst *stimulierenden* Verfahren gegenüber solchen den Vorzug geben wird, die die Störung *modifizieren*. Allerdings sind durch Stimulierung die Behandlungsmöglichkeiten oft schnell ausgeschöpft. Denn das Auftreten von sprachsystematischen Abweichungen und in schweren Fällen von repetitivem pathologischem Sprachverhalten kann prinzipiell durch Stimulierung nicht verhindert bzw. verändert werden. Deshalb sind sprachtherapeutische Techniken der Modifikation unverzichtbar, die den Patienten zu kontrolliertem Verarbeiten in Bereichen seines gestörten Sprachwissens bzw. seiner spezifisch gestörten Strategien führen. Sowohl die Auswahl der zu behandelnden Symptome wie auch die der therapeutischen Techniken muss natürlich in der klinischen Praxis an der kommunikativen Wichtigkeit für den einzelnen Patienten gemessen werden.

Therapie von Sprachentwicklungsstörungen

In Abhängigkeit vom Ausmaß der Störungen werden drei methodische Ansätze unterschieden: indirekte Verstärkung, gezielte Beeinflussung und Kompensation (Huber & Springer, 1988). Bei Verzögerung wird der natürliche Spracherwerb des Kindes *indirekt verstärkt*. In freien Spielszenen werden Äußerungen des Kindes beeinflusst. Dabei sind drei Formen möglich:
– Fehlerhafte Äußerungen des Kindes werden in richtiger Form wiederholt (indirektes korrektives Feedback).
– Bei modellierender Erweiterung wird die kindliche Äußerung nicht nur in korrekter Form wiederholt, sondern sie wird syntaktisch und semantisch variiert.
– Oft muss die sprachliche Initiative vom Erwachsenen ausgehen. Die Äußerungen des Erwachsenen sollten dann immer situationsbezogen und dem Sprachniveau des

Kindes angemessen sein (sog. „motherese").

Als nicht förderlich gelten direkte sprachliche Korrektur sowie Aufforderung zum Nachsprechen von vollständigen Satz- und Wortformen der Erwachsenensprache.

Sprachliche Fähigkeiten, die noch nicht oder fehlerhaft erworben sind, werden *gezielt beeinflusst*, wobei man sich an den Phrasen des normalen Spracherwerbs orientiert. Dazu werden Spiel- und Übungssituationen für bestimmte sprachliche Inhalte und Formen durch geeignete Materialauswahl vorstrukturiert. Spezifische sprachliche Zielformen, wie z.B. phonematische oder semantische Kontraste zwischen Wörtern, syntaktische Teilstrukturen oder syntaktisch-morphologische Formen werden über Vor-, Mit- und Nachsprechen erarbeitet. Besser bewährt haben sich besondere Fragetechniken, die bestimme sprachliche Äußerungen des Kindes spontan hervorrufen. Diese werden durch sprachliche Erweiterungen modelliert. Das Kind wird bei seinen sprachlichen Lösungsversuchen gezielt ermuntert, wobei jedoch die Selbstwahrnehmung von Fehlern – anders als bei Erwachsenen – möglichst nicht betont wird. Alle Übungen sind mit Spielsituationen und Handlungen eng verknüpft, metasprachliche Beschreibungen sind bei Kindern im Vorschulalter meist nicht geeignet. Hoch vertraute Situationen, für die Kinder einen kommunikativen Plan (*script*) bereits besitzen, rufen besonders leicht sprachliche Äußerungen hervor, die sich dann modifizieren lassen.

Bei sehr schweren Störungen, insbesondere bei Mehrfachbehinderung erfolgt die Behandlung mit Methoden der *Unterstützten Kommunikation* (UK bzw. AAC [Augmentative and Alternative Communication]). Eingesetzt werden Hilfsmittel, Techniken und Strategien, um die Laut- bzw. Schriftsprache zu ergänzen oder zu ersetzen (Beukelman & Mirenda, 1992).

Wiederholt wurden bei Sprachentwicklungsstörungen aller Schweregrade auffällige *Eltern-Kind-Interaktionen* aufgezeigt. Charakteristisch ist das gehäufte Vorkommen von Aufforderungen und Abfragen, selten findet spontane modellierende sprachliche Erweiterung statt. Deshalb wird Beratung und Gruppenarbeit mit Eltern immer in die Sprachtherapie von Kindern mit einbezogen, bis hin zu gemeinsamen Kommunikationsübungen im Spiel.

Therapie von Aphasien

Aus Art und Verlauf der Aphasie folgt, dass die Sprachtherapie *phasen- und störungsspezifisch* erfolgen sollte (Springer, 1986; Huber, 1991; Huber et al., 1993). Dies ist unabhängig davon, ob die Behandlung ambulant oder stationär durchgeführt wird. Störungsspezifische Behandlung setzt eine genaue Diagnose der sprachlichen Ausfälle voraus. Die Therapieplanung berücksichtigt das Vorliegen des Syndroms, also nicht nur einzelne Symptome, sondern deren charakteristische Kombination. Bei der phasenspezifischen Behandlung unterscheidet man zwischen Aktivierung, störungsspezifischem Üben und Konsolidierung (siehe Abb. 6). Andere Systematiken der Aphasietherapie finden sich in Howard und Hatfield (1987), Chapey (1994) und Tesak (1999).

Phase der Aktivierung

Die sprachliche Aktivierung sollte so früh wie möglich einsetzen, am besten noch am Krankenbett im Akutkrankenhaus, nach Möglichkeit täglich 20-30 Minuten. Natürlich muss dies mit dem Allgemeinzustand des Patienten, seiner Belastbarkeit und dem Grad der Sprachstörungen abgestimmt sein. Der Arzt oder Logopäde kann die sprachliche Stimulierbarkeit des Patienten durch besondere Untersuchungsverfahren ermitteln und die Behandlung darauf abstimmen. Ziel ist es, die noch verbliebenen, aber vorübergehend beeinträchtigten Sprachfunktionen des Gehirns zu reaktivieren, d.h. es wird Restitution der gestörten Funktion angestrebt (vgl. Seite 488).

Bei keiner oder bei nur spärlicher Sprachproduktion werden *stimulierende* Behandlungstechniken eingesetzt. Beispielsweise wird der Patient zu emotionalen Äußerungen angeregt. Bei manchen Patienten kann Sprechen über rhythmisches Klopfen und Singen eingeübt werden. Schwierige Anforderungen wie Benennen können oft über vorangehendes Mitsprechen und Nachsprechen deblockiert werden. *Hemmende* Behandlungstechniken sind hingegen bei unkontrolliert überschießender Sprachproduktion, bei stereotypem Aneinanderreihen von Sprachautomatismen sowie bei häufigem Perseverieren nötig.

Nach der Entlassung aus dem Akutkrankenhaus sollte sofort ambulante logopädische Behandlung, mindestens 3 x pro Woche, jeweils 45-60 Minuten lang erfolgen. Wenn dies nicht möglich ist oder wenn neben der Aphasie schwere Begleitsymptome vorliegen, ist eine Anschlussheilbehandlung (AHB) in einer für Sprachtherapie spezialisierten Rehabilitationsklinik notwendig.

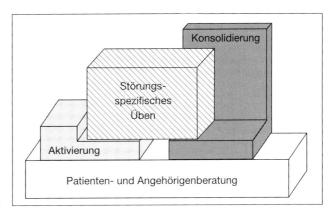

Abb. 6. Phasen der Aphasietherapie

Phase des störungsspezifischen Übens

Am Ende der Akutphase sind die sprachlichen Symptome stabil, sie verändern sich nicht mehr von Tag zu Tag. Das aphasische Syndrom ist erkennbar. Spätestens dann ist eine ausführliche neurolinguistische und neuropsychologische Diagnostik notwendig. Bei einem Teil der Patienten war die Reaktivierung der sprachlichen Funktionen bis zu diesem Zeitpunkt so erfolgreich, dass die ambulante Behandlung reduziert und nach einer Konsolidierungsphase beendet werden kann.

Bei den übrigen Patienten ist im Verlauf des ersten Jahres mit weiterer Spontanrückbildung zu rechnen. In der logopädischen Behandlung kommt es darauf an, diese durch störungsspezifisches Stimulieren und durch Üben zu unterstützen. Mit schwer gestörten Patienten muss spätestens jetzt mit einem systematischen *Aufbau* von zunächst sehr einfachen sprachlichen Fähigkeiten begonnen werden. Bei mittelgradig und spezifisch gestörten Patienten ist gezielte *Modifikation* des sprachlichen Fehlverhaltens notwendig.

Sprachliche Stimulierung und Modifikation sowie systematischer Wiederaufbau von Sprachwissen sind die wichtigsten Behandlungsansätze der störungsspezifischen Übungsphase. Hierfür wurden in den letzten Jahren neurolinguistisch begründete Übungsprogramme entwickelt. In ihnen werden bestimmte sprachliche Einheiten und Regularitäten gezielt geübt (vgl. Tab. 11). Außerdem wird versucht, die von den Patienten spontan entwickelten Ersatzstrategien systematisch zu erweitern, z.B. Umschreibungen bei Wortfindungsstörungen, Achten auf Schlüsselwörter bei Störungen des Satz- und Textverständnisses, ausschließlich einzelheitliches bzw. ganzheitliches Verarbeiten bei Störungen des Lesens und Schreibens. Für sprachsystematisches Üben kann es sehr sinnvoll sein, wenn Patienten und Therapeuten ein Personalcomputer mit geeigneten Übungsprogrammen zur Verfügung steht. Allerdings steckt deren wissenschaftliche Erprobung noch in den Anfängen (vgl. Roth & Katz, 1998).

Tabelle 11. Auswahl von linguistischen Einheiten und Regularitäten für störungsspezifisches Üben in der Aphasietherapie

Lautstrukturen (Phonologie)
- Phoneme und Phonemverbindungen
- Silben und Silbenverbindungen
- Prosodie (Wortbetonung, Satzintonation)

Wortschatz (Lexikon)
- semantische Felder und Relationen
- Wortklassen und Wortbildung, Artikel (Genus)
- phonologisch ähnliche Wörter, Reimwörter

Satzbau (Syntax) und Grammatik
- Verbvalenz/thematische Relationen
- Phrasenstrukturen
- Subjekt-Verb-Kongruenz (Numerus)
- Wortordnung und Kasus
- Tempus

Text- und Gesprächsstrukturen
- Kohärenz und Kohäsion
- Sprechakte
- Sprecherwechsel

Schriftsprache
- Phonem-Graphem-Zuordnung
- orthographische Regeln
- Sichtwortschatz

Kontrolluntersuchung und Therapieverlauf

Nach jedem längeren stationären Aufenthalt in einer Rehabilitationsklinik sowie nach ca. 6 Monaten, spätestens nach 12 Monaten Dauer der Aphasie, sollte der bisherige Verlauf der Sprachstörungen und der Therapie in einer ausführlichen neurolinguistischen und neuropsychologischen Kontrolluntersuchung überprüft werden. Danach ist zu entscheiden,
- ob die Behandlung bei weitgehender Besserung reduziert und allmählich beendet werden kann,
- ob bei noch bestehenden Störungen weitere Besserungen zu erwarten sind, so dass sofort nach einer Pause die Fortsetzung des störungsspezifischen Übens notwendig ist,
- ob die Störungen so schwer sind, dass Übungen zur Kompensation von gestörten Leistungen durch sogenannte Umwegleistungen notwendig werden, z.B. Zeigen, Zeichnen, Schreiben statt Sprechen.

Die Sprachstörungen haben spätestens nach einem Jahr ein chronisches Stadium erreicht, in dem spontane Rückbildung nicht mehr stattfindet. Übungs- und Lernerfolge, die jetzt noch erzielt werden, sind ausschließlich auf Neulernen und Reorganisation der verbliebenen sprachrelevanten Funktionen des Gehirns zurückzuführen. Eine periodenweise Wiederaufnahme von störungsspezifischem Üben ist sinnvoll, sofern Übungs- und Lerneffekte durch standardisierte und normierte Untersuchungsverfahren nachweisbar sind. Kontrolluntersuchungen sollten dann in Jahresabständen stattfinden. Solche Perioden erneuten störungsspezifischen Übens können ambulant oder stationär durchgeführt werden.

Eine wichtige Voraussetzung für den Lernerfolg ist intensive, möglichst häufige und auf die sprachlichen Störungen gerichtete Behandlung. Unter diesen Voraussetzungen ist die *Effektivität* der Aphasietherapie empirisch gesichert. Bei stationärer, 7-wöchiger Behandlung konnten Poeck et al. (1989) Besserungen, die über spontane Rückbildung hinausgingen, bei knapp 80 % der behandelten Patienten nachweisen. Selbst Patienten im chronischem Stadium mit mehr als 12 Monaten Dauer der Aphasie hatten in rund 65 % überzufällige Besserungen. Die Patienten erhielten einzeln und in Gruppen 9 Behandlungsstunden pro Woche je 60 Minuten. Nach unseren Erfahrungen können ähnlich günstige Ergebnisse auch bei intensiver ambulanter Behandlung erreicht werden.

Phase der Konsolidierung

Diese Phase überlappt sich mit dem störungsspezifischen Üben (vgl. Abb. 6). Denn nach jedem Erzielen von Übungseffekten geht es darum, die verbesserte sprachliche Leistung zu stabilisieren und zu generalisieren. Geeignete Übungsformen hierfür sind strukturierte Dialoge und sprachliche Rollenspiele. In Gruppen von Patienten und Therapeuten werden alltägliche, vertraute Handlungs- und Gesprächsabläufe in Szene gesetzt. Die Patienten werden ermuntert, sowohl geübte als auch spontan zur Verfügung stehende sprachliche und nichtsprachliche – gestische oder mimische – Fertigkeiten einzusetzen. In das Kommunikationstraining werden auch Angehörige mit einbezogen; besondere Strategien für die Kommunikation zwischen aphasischem und sprachgesundem Partner werden zusammengestellt und erläutert.

Bei anhaltend schwerer Aphasie bleibt oft nur das kompensatorische Training von nichtsprachlichen Kommunikationsmitteln (Gestik, Mimik, Zeichensprache).

Konsolidierung findet auch nach dem Erreichen des Lernplateaus statt. Die Häufigkeit der ambulanten Behandlung wird dabei auf zunächst eine Stunde pro Woche, später auf eine Stunde pro Monat reduziert.

Patienten- und Angehörigenberatung

In jeder Phase der Behandlung sind die Beratung und, soweit notwendig, die psychosoziale Betreuung von Patienten und Angehörigen wichtig. Bei vielen Patienten führt die Behinderung der sprachlichen Kommunikation früher oder später zu psychischen Krisen. Das Erkennen des Ausmaßes der eigenen Störung ist einerseits für den Therapiefortschritt notwendig, andererseits reagieren die Patienten darauf mit Niedergeschlagenheit, Verzweiflung und/oder Aggression. Gerade dann ist die Vermittlung von kommunikativen Erfolgserlebnissen – trotz der eingeschränkten sprachlichen Mittel – besonders wichtig.

In den letzten Jahren wurden vermehrt *Selbsthilfegruppen* der aphasischen Patienten und ihrer Angehörigen gegründet, meist in Zusammenarbeit mit ambulant oder stationär tätigen Sprachtherapeuten. Neben vielfältigen praktischen Hilfestellungen erfahren die von der Aphasie betroffenen Menschen im geselligen Zusammensein mit anderen, dass sie trotz reduzierter sprachlicher Ausdrucksmöglichkeiten Handlungs- und Gesprächssituationen erfolgreich bewältigen können. Auch nach Abschluss der sprachlichen Rehabilitation bleibt in vielen Fällen sowohl bei berenteten als auch bei im Berufsleben wieder eingegliederten Patienten eine soziale Behinderung bestehen, die oft durch die eingeschränkten kommunikativen Möglichkeiten bedingt ist. Bisher gibt es noch kaum Konzepte für die Spätrehabilitation bei Aphasie.

Pharmakologische Intervention

Die Möglichkeiten einer medikamentösen Behandlung zur Unterstützung von Rückbildungsprozessen des Gehirns und zur Förderung von sprachlichem Lernen in der Sprachtherapie wurden bisher nur wenig untersucht (Methé et al., 1993). Eine Ausnahme ist Piracetam, ein Nootropikum, dessen Wirksamkeit in mehreren klinischen Studien für verschiedene Verlaufsstadien der Aphasie überprüft wurde (Huber, 1999; vgl. Kap. 8).

Therapie von Dysarthrien

Sprechtherapie im engeren Sinne zielt auf eine Reduktion der Sprechbewegungsstörung durch direkte Beeinflussung von Bewegungsparametern (z. B. Tonus, Bewegungstempo), mit der Absicht, die Verständlichkeit des Patienten zu erhöhen, die Sprechanstrengung zu mindern und eine „natürlichere" Sprechweise zu erreichen.

Die *Methoden*, die dabei zur Anwendung kommen, schließen übungstherapeutische Ansätze, Biofeedback-Techniken und prothetische Maßnahmen ein. Der *Restitution* physiologischer Sprechfunktionen sind allerdings, zumindest im chronischen Stadium, in der Regel enge Grenzen gesetzt. Daher müssen sich die therapeutischen Bemühungen auch auf eine *Kompensation* der Störung (z.B. durch Modifikation kommunikativer Strategien) richten. In Fällen schwerer dysarthrischer oder sprechapraktischer Störungen kann es sogar erforderlich sein, mündlich-sprachliche Funktionen ganz oder teilweise durch alternative Kommunikationsmittel zu ersetzen. Wie das populär gewordene Beispiel des mutistischen Physikers Stephen Hawking eindrucksvoll belegt, können die neuromuskulären Funktionen des Sprechbewegungsapparates sogar komplett und auf hohem Niveau durch elektronische „Neuroprothesen" substituiert werden, sofern der Patient in ausreichendem Maße über kognitive und sprachsystematische Fähigkeiten verfügt. Schließlich gibt es einige Behandlungsansätze, die außerhalb des Verantwortungsbereichs sprachtherapeutischer Berufsgruppen liegen, nämlich operative und neuropharmakologische Verfahren. Eine umfassende Übersicht über die Behandlung dysarthrischer Störungen findet sich bei Vogel (1998), eine Zusammenfassung der Ansätze zur Behandlung der Sprechapraxie bei Engl-Kasper (1993).

Übungsbehandlung

Die Übungsverfahren der Dysarthriebehandlung bauen grundsätzlich auf vorbereitenden Maßnahmen zur *Haltungskontrolle* auf. Damit werden die Voraussetzungen für eine physiologische Kontrolle der Atmung und eine Tonusregulierung von Rumpf, Schultergürtel und oromandibulärer Muskulatur geschaffen.

Die Festlegung der einzelnen Therapieschritte basiert auf einer detaillierten *Analyse der physiologischen Zusammenhänge* zwischen den einzelnen Symptomen. Beispielsweise können primäre Störungen der Atmungskontrolle eine Schlüsselfunktion für Stimme und Artikulation haben und damit zum Angriffspunkt für die Behandlung werden. Umgekehrt kann eine unphysiologische Sprechatmung aber auch nur sekundär bedingt sein, als Folge eines Luftverlusts auf laryngealer oder supralaryngealer Ebene oder als Folge einer Haltungsanomalie. Dementsprechend muss dann der Behandlungsfokus auf Stimmübungen, Artikulationsübungen oder auf Maßnahmen zur Haltungskorrektur gelegt werden. Ähnliche, therapeutisch ebenso relevante Interaktionen bestehen beispielsweise zwischen der Gaumensegelfunktion einerseits und Atmung, Stimme und Artikulation andererseits sowie zwischen Kiefermuskulatur und den übrigen Artikulationsorganen.

Die Analyse solcher Kausalbeziehungen zwischen den verschiedenen Störungskomponenten verlangt eine gezielte, *individualisierte und experimentierende Diagnostik*. Beispielsweise kann durch Verwendung eines sogenannten „Beißblocks" die Beweglichkeit des Unterkiefers ausgeschaltet und damit der Einfluss dieser Komponente des Artikulationsapparates gezielt analysiert werden. In ähnlicher Weise kann eine Nasenklammer eingesetzt werden, um die Situation eines reduzierten

Luftverlusts durch die Nase zu simulieren und deren Auswirkungen auf Atmung, Stimme und Artikulation zu prüfen.

Die Übungsmaßnahmen, die für jeden der drei Funktionskreise zur Verfügung stehen, beruhen auf einigen wenigen *Prinzipien*:
- Training der taktilen oder auch der auditiven Wahrnehmung für die Bewegungsvorgänge beim Sprechen bzw. für die hörbaren Störungsmerkmale,
- bewusste Kontrolle von normalerweise automatisiert ablaufenden Vorgängen, beispielsweise durch gezielte Temporeduktion oder durch gezielte Aufmerksamkeitslenkung,
- Hemmung unerwünschter Haltungs- oder Bewegungsadaptationen,
- tonusregulierende Maßnahmen, also Tonussteigerung bei schlaffem Grundtonus (z.B. durch Press-Übungen) und Tonusreduzierung bei spastischem Grundtonus (durch Entspannungstechniken),
- Training physiologischer Bewegungsmuster durch wiederholtes Üben.

Die *Vermittlungstechniken*, die dabei angewandt werden, sind verbale Instruktion, gezielte taktile Stimulation und taktiles Führen, Anwendung von thermischen oder von Vibrationsreizen, Modellvorgabe nonverbaler Bewegungsmuster durch den Therapeuten, Vorsprechen von Trainingsstimuli und Techniken zur rhythmischen Strukturierung von Äußerungen (z.B. Tastbrett, Haptometronom, rhythmische akustische Stimulation). In einigen Fällen kann es sinnvoll sein, dem Patienten durch apparative Verfahren Leistungsparameter unmittelbar visuell oder akustisch zurückzumelden und damit ein *Biofeedback-basiertes Lernprogramm* aufzubauen. Dazu sind verschiedene physiologische Parameter geeignet wie EMG-Ableitungen, Ableitungen von Atmungsbewegungen oder EPG-Kontaktmuster (s. Seite 502). Für Biofeedback-Übungen eignen sich aber auch Parameter, die aus dem Sprachsignal gewonnen werden oder aerodynamische Parameter (Vogel, 1998).

Für die wenigsten übungstherapeutischen Maßnahmen liegen bislang ausreichende *Wirksamkeitsnachweise* vor. Eine Ausnahme

bildet das von Ramig et al. (1996) entwickelte *Lee Silverman Voice Treatment* (LSVT) zur Verbesserung der Sprechlautstärke bei Parkinson-Patienten.

Prothetik

Zu den bekannten prothetischen Maßnahmen in der Dysarthrietherapie zählen die *elektronische Stimmverstärkung*, die Unterstützung der Gaumensegelfunktion durch eine *Palatal-lift-Prothese* und die Reduktion der artikulatorischen Koordinationsanforderungen durch einen *Beißblock*. Indikation und Wirkungsweise dieser Maßnahmen sind in Vogel (1998) beschrieben.

Operative Maßnahmen

Bei Vorliegen einer Stimmbandatrophie nach Schädigung des N. recurrens oder des Nucleus ambiguus kann durch Injektion von Teflon oder anderen Substanzen der Glottisverschluss bei der Phonation verbessert werden. In einigen Fällen wurde versucht, eine Insuffizienz des Gaumensegels durch eine Velopharyngoplastik zu korrigieren. Für neuere neurochirurgische Interventionen (Transplantation von fötalem Gewebe oder Implantation von Tiefenelektroden in der Parkinsontherapie) liegen noch keine spezifischen Wirksamkeitsnachweise in Bezug auf sprechmotorische Funktionen vor.

Pharmakologische Intervention

Die Wirksamkeit der Behandlung fokaler Dystonien der Sprechmuskulatur (z.B. spasmodische Dysphonie, oromandibuläre Dystonie) mit Botulinumtoxin wurde mittlerweile in mehreren Studien nachgewiesen. Die Dopaminsubstitution bei Patienten mit M. Parkinson führt in der Regel nicht zu einer Reduktion der dysarthrischen Symptomatik. Allerdings können Dopaminagonisten zur erfolgreichen Behandlung eines akinetischen Mutismus beitragen. Eine Übersicht über die neuere Literatur findet sich in Ziegler und Hoole (1999). Zur pharmakologischen Intervention in der Klinischen Neuropsychologie vgl. Kap. 8.1.

Glossar neurolinguistischer Fachtermini

Anarthrie	Unfähigkeit des Sprechens, schwerste Form der Dysarthrie bzw. der Sprechapraxie.
Dysarthrie	Verwaschene, mühevolle Artikulation, die meist von Störungen der Phonation und des Sprechrhythmus begleitet ist und die Sprechanstrengung hervorruft.
Dysphonie	Gestörte Stimmgebung, bei vollständiger Unfähigkeit: Aphonie.
Dysprosodie	Abweichungen in Sprechmelodie und/oder Sprechrhythmus bzw. in der Satzintonation, im Wort- und Satzakzent.
Echolalie	Wiederholen von Äußerungen des Kommunikationspartners mit oder ohne leichte Umformung in Wortstellung und Wortwahl.
Flexionsformen	Endungen von Substantiven, Verben und Adjektiven.
Flüssigkeit der Sprachproduktion	*Flüssig:*Durchschnittliche Phrasenlänge von mehr als 5 Wörtern, bei wenigen Unterbrechungen und bei normaler Sprechgeschwindigkeit. *Nichtflüssig*: Durchschnittliche Phrasenlänge von weniger als 5 Wörtern, bei vielen Unterbrechungen und bei verlangsamter Sprechgeschwindigkeit.
Funktionswörter	Wörter wie Artikel, Pronomen, Präpositionen, abtrennbare Verbpartikel, die überwiegend syntaktische Relationen im Satz ausdrücken.
Inhaltswörter	Wörter wie Substantive, Verben, Adjektiv, Adverbien mit eigenständiger Bedeutung im Satz.
Jargon	Bei flüssiger Sprachproduktion sinnlose Aneinanderreihung von Wörtern und Redefloskeln (semantischer Jargon) bzw. von phonematisch veränderten Wörtern und phonematischen Neologismen (phonematischer Jargon).
Mutismus	Unfähigkeit zu sprachlicher Kommunikation.
Neologismen	Wörter, die in der Standardsprache aus lautlichen bzw. semantischen Gründen nicht vorkommen (phonematischer bzw. semantischer Neologismus).
Paraphasie, phonematische	Lautliche Veränderung eines Wortes durch Substituierung, Auslassung, Umstellung oder Hinzufügen einzelner Laute (z.B. Spille statt Spinne, Tock statt Stock, Urine statt Ruine, Bansane statt Banane).
Paraphasie, semantische	Fehlerhaftes Auftreten eines Wortes in der Standardsprache, das zum Zielwort entweder eine bedeutungsmäßige Ähnlichkeit hat oder grob davon abweicht (z.B. Mutter statt Frau, Einbringen statt Einbrechen, Bad statt Hemd, Telefon, wo man zumachen kann statt Kühlschrank).
Phrase	Abfolge von Wörtern, die aufgrund syntaktisch-semantischer und/oder prosodischer Merkmale zusammengehören (kleinste Redeeinheit).
Recurring utterances	Sprachautomatismen, die ausschließlich aus aneinandergereihten Silben oder Abfolgen von Silben bestehen z.B. dododo, tatata, tantan, gogogogo), Neologismen (z.B. männe männe), Wörtern oder Phrasen (z.B. Auto Auto, pitte Lilli, schönen Tag guten Tag) bestehen.

Redefloskeln	Inhaltsarme Redewendungen von unterschiedlicher Länge und unterschiedlichem Grad an Idiomatisierung (z.B. „mal so, mal so", „das Dingsda", „na, Sie wissen schon, da hab' ich das gemacht", „da liegt das schon so drin, dass ich das schon mal hab").
Satzverschränkungen	Überschneiden zwischen aufeinanderfolgenden Satzstrukturen oder Zusammenziehen von 2 Sätzen zu einem (z.B. „dann kann ich auch 5 Minuten später weiß ich immer noch nicht", „ich bin alles weggenommen...hab alles verloren").
Sätze, kurze,	Sätze mit Subjekt und Prädikat ohne Einbettungen, meist schematisch Subjekt-Verb-Objekt-Abfolge mit geringer stilistischer Textverknüpfung, ausschließlich Nebenordnung von Sätzen.
Sätze, lange, komplexe	Sätze mit Einbettungen von einem oder mehreren Nebensätzen, Infinitivsätzen oder attributiven Ergänzungen, dabei variable Konstituentenabfolge und mehrfache stilistische Textverknüpfung.
Sprachanstrengung	Schwierigkeit, Gedanken sprachlich auszudrücken, aufgrund von Wortfindungsstörungen sowie Störungen in der Wort- und Satzbildung.
Sprachautomatismus	Mehrfach wiederkehrende formstarre Äußerung, die aus neologistischen Silbenabfolgen, beliebigen Wörtern oder Phrasen besteht und die weder lexikalisch noch syntaktisch in den sprachlichen Kontext passt und die der Patient gegen die vom Gesprächspartner erwartete Intention hervorbringt.
Sprachäußerung	Vokale Äußerung, die nicht notwendigerweise sinnvoll ist, in der jedoch eine Kette von einzelnen sprachlichen Lauten vorliegt, im Gegensatz zu nichtsprachlichen vokalen Äußerungen wie husten, lachen, räuspern, niesen, stönen usw.
Sprechanstrengung	Sprechmotorische Schwierigkeit aufgrund einer Beeinträchtigung von Artikulation und Phonation und des Sprechrhythmus.
Sprechapraxie	Erschwerte Aktivierung, Initiierung und Koordination von Sprechbewegungen, dabei artikulatorisches Such- und Korrekturverhalten, inkonsistente Verwechslungen von artikulatorischen Zielen sowie häufig langsames, kontrolliertes und silbisches Sprechen mit gestörter Prosodie.
Sprechgeschwindigkeit	Anzahl von Wörtern pro Minute (W/min): sehr langsam bei weniger als 50 W/min, langsam bei 50-90 W/min, normal bei mehr als 90 W/min (Pausen von 2 s und länger sind nicht zu berücksichtigen).
Stereotypie	Formstarre Floskeln, die mehrfach wiederkehren, aber meistens der Sprechsituation angemessen eingesetzt werden (z.B. „undsoweiter", „meine Güte", „ach ja", „ach Gott", „Sie wissen schon, was ich meine").
Verdoppelung von Satzteilen	Mehrfaches Vorkommen eines Satzteiles in verschiedenen Positionen des Satzes (z.B. „auch *nicht* ich selber kann mir da *nicht* helfen").
Wortfindungsstörungen	Stocken im Sprachfluß bzw. Satzabbruch, wobei offensichtlich ein bestimmtes Wort zur Bezeichnung von Objekten, Eigenschaften oder Tätigkeiten nicht zu Gebote steht, statt dessen häufig sprachliche Ersatzstrategien, wie Ausweichen in Redefloskeln, Beschreibung von Gebrauch oder Eigenschaft, Ausweichen in Pantomime, Fortführen des Themas in variierter Form.

4.10 Störungen der Schriftsprachverarbeitung

RIA DE BLESER

Zusammenfassung

Hirnorganisch bedingte Störungen der Schriftsprache können auf der Grundlage modularer Modelle als funktionelle Störungen eines oder mehrerer kognitiver Teilsysteme beschrieben werden. Die meisten modernen Modelle des Lese- und Schreibvorgangs gehen davon aus, dass normales, nicht pathologisches Lesen bzw. Schreiben über unterschiedliche Verarbeitungswege erfolgen kann. Bei den zentralen Störungen unterscheidet man Störungen der segmentalen Route (phonologische und Tiefendyslexien/-Dysgraphien) und Störungen der lexikalischen Routen (Oberflächendyslexien/-Dysgraphien). Periphere Störungen treten bereits auf einer früheren Ebene der Informationsverarbeitung auf. Der kognitive Ansatz wird zur Zeit für die routinemäßige Diagnose und Therapie erworbener Lese- und Schreibstörungen aufgearbeitet.

Vorbemerkung

In der modernen kognitiv-neuropsychologischen Literatur wird allgemein angenommen, dass hirnorganisch bedingte Störungen des Lesens (Dyslexien) und des Schreibens (Dysgraphien) in vielfältigen Formen auftreten (z.B. Parkin, 1996). Bei der Klassifizierung dieser Störungsformen wird generell zwischen zentralen und peripheren Störungen unterschieden. Zentrale Störungen liegen dann vor, wenn die linguistischen Prozesse, die für den Abruf bzw. das Zusammensetzen einer Wortform notwendig sind, außer Funktion geraten, und wenn diese Dysfunktion alle Inputmodalitäten beim Lesen (z.B. Blockschrift, Kursivschrift, gemischte Fonts) bzw. alle Outputmodalitäten beim Schreiben (z.B. Handschrift, Schreibmaschinenschrift, mündliches Buchstabieren) gleichermaßen betrifft. Im Gegensatz dazu können periphere Störungen nur in einer einzigen Input- bzw. Outputmodalität vorliegen, so dass der Patient z.B. die Fähigkeit zu schreiben verloren hat, aber dennoch den Stimulus mündlich buchstabieren kann. Ziel des kognitiv-neuropsychologischen Vorgehens ist es, die spezifische Störung eines Patienten in einem Verarbeitungsmodell zu identifizieren, um im Anschluss daran die gestörte Funktion zu behandeln. Derart kontrollierte, modellorientierte Diagnostik- und Therapiestudien sind jedoch noch sehr wenig verbreitet.

Der modulare Ansatz in der kognitiven Neuropsychologie der Schriftsprache

Die Störungen der Schriftsprache werden heutzutage überwiegend anhand von modular angelegten Informationsverarbeitungsmodellen interpretiert. In diesem Forschungsansatz wird versucht, den Aufbau eines in der Psycholinguistik für die normale schriftsprachliche Verarbeitung postulierten Systems durch die klassische doppelte Dissoziation zweier Funktionen zu belegen (siehe auch Kap. 1.5). Das Vorliegen klassischer doppelter Dissoziationen wird in der kognitiven Neuropsychologie als methodisches Verfahren zur Verifizierung der im Sprachverarbeitungssystem angenommenen Repräsentationen und Prozeduren eingesetzt, da sie starke Hinweise für die Unabhängigkeit bestimmter funktionaler Komponenten liefern.

Eine klassische doppelte Dissoziation liegt vor, wenn zwei Patienten bei zwei unterschiedlichen Aufgaben entgegengesetzte Leistungsmuster zeigen. Wenn beispielsweise bei Patient 1 die Leistungen in Aufgabe A (z.B. Lesen von Wörtern) weitgehend normal sind während in Aufgabe B (z.B. Lesen von Nicht-Wörtern) schwere Störungen vorliegen, so wird diese Leistung als einfache klassische Dissoziation bezeichnet. Im Fall einer einfachen Dissoziation kann nicht zwingend geschlossen werden, dass die stärker gestörte Leistung das Produkt eines eigenständigen, gestörten Teilsystems ist, da sie möglicherweise lediglich schwerer ist als die besser erhaltene Leistung, jedoch die gleichen kognitiven Teilsysteme wie die besser erhaltene Leistung beansprucht. Zeigt aber ein Patient 2 in Aufgabe B weitgehend normale Leistungen, während Aufgabe A erheblich gestört ist, so liegt eine klassische doppelte Dissoziation vor. In diesem Fall wird angenommen, dass die Leistungen A und B das Produkt unterschiedlicher, funktional eigenständiger Teilsysteme sind, weil die jeweils stärkere Beeinträchtigung nicht auf einen höheren Schwierigkeitsgrad der jeweiligen Leistung zurückgeführt werden kann, jedenfalls dann, wenn eine interindividuell vergleichbare funktionale Architektur des kognitiven Systems vorausgesetzt wird.

Abbildung 1a stellt in vereinfachter Form die Prozesse dar, die beim mündlichen Benennen von Bildern einerseits, beim Erkennen, Verstehen und lauten Lesen geschriebener Wörter andererseits von Bedeutung sind. In Abbildung 1b wird die Modellierung des schriftlichen Benennens mit der schriftlichen Wiedergabe vorgesprochener Stimuli verglichen. Der wesentliche Unterschied zwischen dem sprachlichen Verarbeiten von Bildern und von sprachlichen Stimuli zeigt sich in der einfachen Verarbeitungsroute über die Semantik (Bedeutung) beim Bildbenennen gegenüber mehrfachen Verarbeitungswegen bei der Wort-

benennung. Da jeder sprachliche Gegenstand sowohl regelmäßige, hoch systematisierte Domänen als auch weniger systematische enthält, werden in den sogenannten Zweibahnenmodellen („dual-route-models") der Wortverarbeitung zwei grundsätzlich verschiedene Mechanismen unterschieden. Beim Wortlesen bzw. -schreiben können mit Hilfe von Graphem-Phonem- (GPK) bzw. Phonem-Graphem-Korrespondenzen (PGK) regelmäßige Wörter (z.B. ‚Mann') und Nicht-Wörter (z.B. ‚Gann') produziert werden, die korrekte Realisierung unregelmäßiger Wörter (z.B. ‚Jeep') erfordert jedoch die Verwendung ganzheitlicher, lexikalischer Prozeduren.

Einige Vertreter dieses Modellansatzes gehen davon aus, dass jede der postulierten Komponenten und nur diese psycholinguistisch begründet und somit für die Erklärung der normalen Sprachverarbeitung notwendig sind, und dass bei einer Hirnläsion jeder Prozess isoliert gestört sein kann. Andere Forscher nehmen eine weniger starke Position ein und vertreten die Meinung, dass schematische Modelle wie in Abbildung 1 es einem ermöglichen, die verschiedenen Störungen der Schriftsprache zu formulieren, miteinander zu vergleichen, und auf kohärente Art und Weise zu beschreiben, auch wenn die genaue Form und der spezifische Ablauf der bei der schriftsprachlichen Verarbeitung erforderlichen psycholinguistischen Prozesse in den gängigen Modellen unterspezifiziert sind.

Eine alternative Sichtweise wird in konnektionistischen Verarbeitungsnetzwerken vertreten, die anstatt der Prozessunabhängigkeit modularer Modelle von kooperativen und kompetitiven Interaktionen ausgehen und keine scharfe Dichotomie zwischen regelhaften und unregelhaften Items annehmen. Die Verarbeitungsprozesse für beide Itemsorten finden in einem einheitlichen System statt und reflektieren den relativen Grad der Graphem-Phonem-Zuordnungskonsistenz für die verschiedenen Items, die über eine kontextsensitive Gewichtung der Verbindungen zwischen den Einheiten definiert wird (z.B. Coltheart et al, 1993; Plaut et al, 1996).

Da die theoretische Diskussion keineswegs abgeschlossen ist, die geläufigen Untersu-

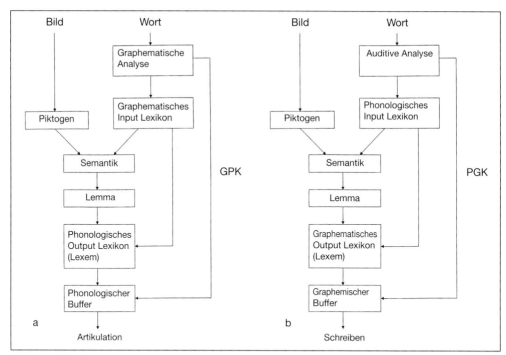

Abb. 1a. (1b ist in Anlehnung daran zu deuten). Das *Piktogensystem* umfasst die Objektrepräsentationen in abstrakter, prototypischer Form, identifiziert bereits bekannte Gegenstände und lehnt unbekannte oder Nonsensegegenstände ab. Störungen des Piktogensystems führen zu visuellen Objektagnosien. Das Benennen eines Bildes erfordert immer, dass die zu einem Piktogen korrespondierende Bedeutung in der Semantik aktiviert wird und von dort aus die korrespondierende Wortform im phonologischen (zum mündlichen Benennen) bzw. graphematischen Output Lexikon (zum schriftlichen Benennen).

Das *semantische System* ist eine (bislang sehr unterspezifizierte) Komponente, in der Wortbedeutungen gespeichert sind. In vielen kognitiven Gedächtnistheorien wird es auch als „semantische Gedächtniskomponente" bezeichnet. Bei Patienten mit Tiefendyslexie oder Tiefendysgraphie verläuft die Wortverarbeitung ausschließlich über das semantische System, da die übrigen Systeme (das direkt-lexikalische sowie das segmentale) blockiert sind. Störungen im semantischen System können den für diese Patienten charakteristischen semantischen Fehlern zugrundeliegen.

Das *Lemmasystem* spezifiziert grammatische Aspekte eines Wortes wie Wortart und Genus.

Das System der *graphematischen Analyse* hat eine dreifache Funktion:
1. die Einzelbuchstaben in (Wort oder Nicht-Wort) Buchstabenketten identifizieren,
2. die Position jedes Buchstabens enkodieren und
3. Buchstaben, die in einem Wort zusammen gehören, gruppieren.

Es kann mehrere Buchstaben simultan und parallel identifizieren, so dass im Normalfall für vertraute Wörter kein Längeeffekt entsteht. Bei einer Variante der reinen Alexie wird das Identifizieren von Buchstaben auf die serielle Verarbeitung einzelner Buchstaben reduziert, die einzeln aus der graphematischen Analyse zum graphematischen Input Lexikon transportiert werden müssen. Die identifizierten Buchstaben können segmental mit Hilfe von Graphem-Phonem-Korrespondenzregeln (GPK) lautlich umgesetzt und nach kurzzeitiger Speicherung im phonologischen Buffer als flüssige Kette realisiert werden. Bei der Oberflächendyslexie ist ausschließlich diese segmentale GPK-Route vorhanden, so dass GPK-unregelmäßige Wörter regularisiert werden. Bei der phonologischen sowie Tiefendyslexie ist die GPK-Route blockiert, und Nicht-Wörter können somit nicht gelesen werden.

Die Funktion des *graphematischen Input Lexikons* im Leseprozess besteht aus der Identifizierung von Buchstabenketten, die den bekannten orthographischen Wortformen entsprechen, so dass unbekannte Wörter oder Nicht-Wörter als solche erkannt werden. Das graphematische Input Lexikon erfasst nur die bekannte Lautform, nicht jedoch, was sie bedeutet. Dazu ist die Aktivierung der korrespondierenden semantischen Repräsentation erforderlich. Störungen des graphematischen Input Lexikons können zum Ausweichen auf segmentale Verarbeitungsmechanismen wie bei der Oberflächendyslexie führen.

Das *phonologische Output-Lexikon* enthält die Lautform bekannter Wörter. Die Aktivierungsschwelle hängt von der jeweiligen Worthäufigkeit ab. Die jeweiligen Input- und Outputlexika sind nicht nur über die Semantik sondern auch direkt miteinander verbunden. Bei der Tiefen- und Oberflächendyslexie ist diese direkte Verbindung blockiert, bei der phonologischen Dyslexie ist sie erhalten.

chungs- und Therapieverfahren sich jedoch dem modularen Ansatz anschließen (z.B. Riddoch & Humphreys, 1994), werden die schriftsprachlichen Störungen im Folgenden in diesem Rahmen besprochen.

Erworbene Störungen des Lesens

Die schwersten Störungen des Lesens stellt die Gruppe der peripheren Dyslexien dar. Dazu gehören die Neglectdyslexie, die Aufmerksamkeitsdyslexie und eine Variante der reinen Alexie. Alle haben gemeinsam, dass die Störung bereits sehr früh im Leseprozess (in der graphematischen Analyse) auftritt, und dass sie zu visuellen Fehlreaktionen führen. Die Neglectdyslexie tritt im Zusammenhang mit einem generellen visuellen Hemineglekt auf (siehe auch Kap. 4.2) und führt zur Auslassung bzw. Ersetzung der linken Wortkante (z.B. „Wesen" anstatt „Lesen"). Die Aufmerksamkeitsdyslexie kann sich bei generellen visuellen Aufmerksamkeitsstörungen durch Migrationsfehler äußern, d.h., dass bei gleichzeitiger Darbietung mehrerer Wörter die Zugehörigkeit der Buchstaben zu einem bestimmten Wort von der visuellen Analyse nicht gewährleistet wird (z.B. „Zapf", „Zahn" anstatt „Topf", „Zahn"). Noch ist unklar, inwiefern diese im Rahmen einer generellen, buchstabenunspezifischen visuellen Störung auftretenden peripheren Dyslexien zum Verständnis des normalen lesespezifischen Prozesses beitragen (siehe jedoch Costello & Warrington, 1987). Die Auffassung einer ‚anormalen' Verarbeitung hielt auch lange für die reine Alexie stand. Genauere Untersuchungen im Rahmen der kognitiven Neuropsychologie haben jedoch unterschiedliche funktionale Zuordnungen innerhalb dieses Syndroms veranlasst, wobei einige Formen peripher, andere jedoch zentraler Art sind.

Im Gegensatz zur Alexie, die historisch eine wichtige Rolle spielte und als einzige Form einer primären Lesestörung Anerkennung fand, wurden die zentralen Dyslexien erst in der modernen kognitiven Neuropsychologie beschrieben und durch die Einführung psycholinguistischer Wortverarbeitungsmodelle wie

in Abbildung 1a überhaupt formulierbar gemacht. Vorher wurden subtotale Störungen des Lesens als Folge der Aphasie, Paralexien somit als „gelesene Paraphasien" gedeutet. Die aus theoretischer sowie therapeutischer Hinsicht am besten studierten zentralen Störungen des Lesens sind neben einer Variante der reinen Alexie die Oberflächendyslexie, die phonologische Dyslexie und die Tiefendyslexie (Patterson, 1994). Für das Schreiben verfügt man über detaillierte Beschreibungen zur Oberflächendysgraphie, phonologischen Dysgraphie und Tiefendysgraphie (Brown & Ellis, 1994; Ellis & Young, 1996). Da die Untersuchungen zum Lesen weiter fortgeschritten sind als die zum Schreiben und die Untersuchungs- und Therapieschritte bei Dysgraphien parallel zu denen bei Dyslexien aufgefasst werden, beschränken wir uns hier auf eine Besprechung der obengenannten Dyslexieformen.

Die reine Alexie

Formen und Erklärungsansätze
der reinen Alexie

Patienten mit reiner Alexie sind im Anfangsstadium überhaupt nicht in der Lage, geschriebene Wörter zu lesen. Im Verlauf der Zeit gewinnen die meisten Patienten jedoch die Fähigkeit wieder, Einzelbuchstaben zu identifizieren, so dass Wörter buchstabierend gelesen werden können. Dies hat in der neuropsychologischen Literatur zur Bezeichnung „Letter-by-letter reading" und in Anlehnung daran „buchstabierendes Lesen" geführt. Durch die serielle, von links nach rechts orientierte Lesestrategie sind sowohl die Lesegeschwindigkeit als auch die Zahl korrekter Reaktionen eine monotone Funktion der Wortlänge. Weiterhin liegt in Aufgaben, in denen ein Zielbuchstabe innerhalb einer Buchstabenkette identifiziert werden soll, ein Positionseffekt vor, und besonders für Nicht-Wort-Stimuli wird das Auftreten des Zielbuchstabens in Anfangspositionen besser erkannt als in Endpositionen. Das Schreiben nach Diktat ist von Anfang an erhalten, die Patienten sind jedoch unfähig, die von ihnen geschriebenen Äußerungen zu lesen oder zu verstehen, obwohl sie ihnen vorbuchstabierte Wörter identifizieren und nach der Bedeutung erfassen können. Dies hat in der neurologischen Literatur zur alternativen Bezeichnung als „Alexie ohne Agraphie" oder „reine Alexie" geführt.

Bereits um die Jahrhundertwende (Déjerine, 1892) trug die reine Alexie wesentlich zum neuroanatomischen Verständnis interkortikaler Diskonnektionen bei, da der Symptomenkomplex neurologisch durch eine Läsion im medialen Okzipitallappen links sowie im Splenium des Corpus Callosum nach Verschluss der linken Art. cerebr. post. begründet wurde. Als zugrundeliegender Mechanismus wurde für die Alexie ohne Agraphie angenommen, dass wegen der vorliegenden rechtsseitigen homonymen Hemianopsie die geschriebenen Wörter nicht im rechten Gesichtsfeld wahrgenommen werden, so dass die visuelle Information ausschließlich vom linken Gesichtsfeld in die rechte Hemisphäre projiziert wird. Durch die Läsion im Corpus Callosum kann diese visuelle Information nicht von der rechten Hemisphäre an das linkshemisphärische Sprachzentrum vermittelt werden. Die Patienten würden deshalb auf eine (nicht-normale) Kompensationsstrategie ausweichen und die Einzelbuchstaben identifizieren. Die so mit der rechten Hemisphäre identifizierten Einzelbuchstaben werden dann mit Hilfe taktilkinesthetischer Information über mehr anterior gelegene interhemisphärische Verbindungsbahnen mit der linkshemisphärischen Phonologie verknüpft und einzeln benannt. Hieraus ergibt sich das buchstabierende Lesen.

Bereits aus neuroanatomischer Sicht hat sich die Gruppe der Patienten mit reiner Alexie als weniger einheitlich herausgestellt als vorher angenommen, da neuere Untersuchungen mit bildgebenden Verfahren gezeigt haben, dass weder die Läsion im Corpus Callosum noch das Vorliegen einer Hemianopsie Vorbedingung für das Auftreten des Syndroms ist. Darüber hinaus hat die kognitive Neuropsychologie aus rein funktionaler Sicht die Heterogenität des Syndroms der reinen Alexie hervorgehoben. Einerseits ist das Lesesinnverständnis nicht pauschal aufgehoben, andererseits ist die Buchstabenidentifizierung nicht

generell erhalten. Bei einigen Patienten ist das Lesesinnverständnis nur in Aufgaben mit normalen Darbietungszeiten schwer gestört. Unter der Bedingung, dass die Stimulusdarbietung zu kurz ist, um eine explizite Wortidentifizierung zu ermöglichen, erzielen diese Patienten jedoch überzufällig korrekte Leistungen. Bei anderen Patienten kann unter keiner Darbietungsbedingung ein überzufälliges Lesesinnverständnis nachgewiesen werden. Die beiden Patientengruppen unterscheiden sich darüber hinaus beim Identifizieren von Buchstaben. So können Patienten ohne implizites Verständnis Buchstaben nur nach der Form (A:A) und nicht nach dem abstrakteren Graphemstatus (A:a) identifizieren. Nach Abbildung 1a werden diese unterschiedlichen Leistungsmuster so erklärt, dass bei Patienten ohne nachweisbares Lesesinnverständnis bereits eine Störung in der Komponente der graphematischen Analyse zur Buchstabenidentifizierung vorliegt, d.h., dass die Störung peripherer Art ist. Diese Komponente ist bei Patienten mit überzufällig erhaltenem Lesesinnverständnis bei kurzer Darbietung ungestört, und die funktionale Läsion wird in der Verbindung mit der ebenfalls erhaltenen Komponente der Worterkennung lokalisiert. In diesen Fällen liegt unter normalen Bedingungen eine Zugriffsstörung auf das zentrale Lesesystem vor. Das völlig fehlende Lesesinnverständnis der Patienten bei normalen Darbietungszeiten wird durch die Annahme einer vom Patienten entwickelten explizit buchstabierenden Strategie beim Lesen erklärt, die den Zugriff zur Worterkennung und somit die Fähigkeit, visuelle Wörter direkt zu verstehen, unterdrückt. Als weiterer Beleg für diese Annahme hat man nachgewiesen, dass gewisse Aufgabenanforderungen einen Strategienwechsel induzieren. So konnte z.B. ein Patient von Coslett und Saffran (1994) bei kurzer Darbietungszeit geschriebene Wörter sehr gut semantisch kategorisieren, wenn ihm das laute Lesen untersagt wurde. Im Gegensatz dazu konnte der Patient dieselben Wörter jedoch bedeutend besser lesen als kategorisieren, wenn er sie erst lesen und dann kategorisieren sollte.

Therapie der reinen Alexie

Für die Therapie der reinen Alexieformen ergibt sich, dass bei einer Störung, die bereits die Identifikation von Buchstaben betrifft, gezielt solche Verfahren gewählt werden müssen, die auf der Ebene der Einzelbuchstaben die visuelle Diskriminierung von Buchstaben neu anbahnen und die Verbindung zwischen dem Einzelbuchstaben und der dazugehörigen Lautform wiederherstellen. Für die Anbahnung der Verarbeitung von Einzelbuchstaben hat sich die Methode der taktil-kinesthetischen Unterstützung als besonders erfolgreich erwiesen. In dieser Methode geht man davon aus, dass die kinesthetischen Buchstabenbilder durch die rechte Hemisphäre vermittelt und über anteriore Bahnen mit der linken Hemisphäre kommunizieren. Die Patienten werden deshalb aufgefordert, während des Benennens den Buchstaben mit der Hand nachzufahren, um das visuelle Benennen taktil zu fazilitieren. Wenn die Identifizierung und das Benennen von Buchstaben dem Patienten mit reiner Alexie noch gelingt, sind andere Therapieverfahren angezeigt. Nach dem jetzigen Wissensstand ist eine Kombination von drei überprüften Therapietechniken zu empfehlen. Im direkt-semantischen Verfahren wird an erster Stelle das Lesesinnverständnis durch die Manipulation der Darbietungszeit gefördert, um ein ganzheitliches Erfassen der Bedeutung zu ermöglichen und zugleich die Anzahl korrekter Lesereaktionen zu steigern. Im direkt-positionellen Verfahren wird die Störung beim lauten Lesen direkt angegangen, und es wird versucht, die serielle Lesestrategie dadurch zu korrigieren, dass bei verkürzter Darbietungszeit ein Zielbuchstaben am Anfang und am Ende eines Wortes, nicht jedoch in der Mitte, zu berichten ist. Schließlich wird eine kontextuell-kompensatorische Methode verwendet, um die Verarbeitung einzelner Wörter durch die Vorgabe syntaktischer und semantischer Hilfestellungen zu fördern. Dazu wird der Patient aufgefordert, täglich wiederholt einen Text zu lesen, und erst nach Erreichen eines Kriteriums wird die Prozedur mit einem neuen Text fortgesetzt. Diese sogenannte „Multiple Oral Rereading Technique" (MOR) bewirkt offensichtlich keine direkten Verbesserungen beim Lesen isolierter Wörter sondern fazilitiert die Wortverarbeitung mit Hilfe kontextueller Vorgaben. Bei manche Patienten bildet sich die reine Alexie nach gezielten Therapiemaßnahmen so weit zurück, dass sie sich zu einer Oberflächendyslexie entwickelt (siehe unten).

Die Oberflächendyslexie

Formen und Erklärungsansätze der Oberflächendyslexie

Patienten mit einer Oberflächendyslexie lesen in der Regel flüssig, obwohl sie nicht in der Lage sind, schriftsprachliche Stimuli ganzheitlich-lexikalisch zu lesen. Die einzige Möglichkeit, die ihnen für deren phonologische Realisierung zur Verfügung steht, ist eine segmentale, nicht-lexikalische Zusammenstellung mit Hilfe der Graphem-Phonem-Korrespondenzregeln. Der zugrundeliegende Störungsmechanismus liegt in den lexikalischen Prozessen, die für die ganzheitliche Artikulation geschriebener Wörter notwendig sind. Die beiden wichtigsten Störungsgründe sind

- ein Defizit in der Komponente der graphematischen Worterkennung (graphematisches Input Lexikon) und
- eine Störung der semantischen Komponente.

Jeder dieser Störungsmechanismen kann ein Ausweichen auf die nicht-lexikalische segmentale GPK-Bahn bedingen. Diese enthält nur regelgeleitete Prozeduren, die für die korrekte Realisierung von Nicht-Wörtern und regelmäßigen Wörtern ausreichen, bei unregelmäßigen Wörtern jedoch typischerweise zu Regularisierungen führen (z.B. Keef statt Chef).

Der jeweilige Störungsmechanismus kann durch unterschiedliche Leistungsmuster in Aufgaben, die kritische Parameter enthalten, identifiziert werden.

So ist bei einer defizitären graphematischen Worterkennungskomponente das Sprachverständnis unimodal beim Lesen so gestört, dass es durch phonologische anstatt durch ortho-graphische Merkmale determiniert wird. Dies führt zu Schwierigkeiten beim Verständnis so-genannter homophoner Allographen (bsp. Stil-Stiel), die einen durch die Orthographie be-dingten Bedeutungsunterschied aufweisen, der somit nur durch die Verwendung der di-rekten Verbindung zwischen der ganzheitli-chen orthographischen Worterkennung und der Semantik erfasst werden kann. Da bei ei-ner Störung der graphematischen Worterken-nung das Lesen rein segmental erfolgt, ist die lautliche Realisierung wegen der Homophonie für beide Stimuli identisch, so dass eine Be-deutungdifferenzierung der so produzierten Stimuli nicht vorgenommen werden kann. Auch bei unregelmäßigen Wörtern (bsp. Kaf-fee-Café) treten ähnliche Verständnisstörun-gen auf. Die Variante der Oberflächendyslexie, die durch eine Störung der Worterkennung be-dingt ist, tritt meist bei vaskulärer Ätiologie auf.

Im Gegensatz dazu gibt es Patienten, die ebenfalls die Symptomatik einer Oberflächen-dyslexie zeigen, die jedoch sowohl bei auditi-ven als auch bei Leseaufgaben schwere Ver-ständnisstörungen haben, so dass auf eine supramodale Semantikstörung geschlossen werden kann. Dieses Bild ergibt sich häufig bei der flüssigen Form von langsam fortschreiten-der Aphasie mit Verdacht auf Alzheimerscher Krankheit, die im Zusammenhang mit einer Störung des semantischen Gedächtnisses („se-mantic dementia") mit schwersten multimoda-len Verständnis- und Benennenstörungen auf-tritt.

Therapie der Oberflächendyslexie

Modellorientierte Therapieformen wurden bislang nur mit der Subgruppe von Patienten durchgeführt, die eine Oberflächendyslexie ohne begleitende semantische Störung vorwie-sen. Dabei wurde versucht, das ganzheitliche Lesen unregelmäßiger Wörter durch die gleichzeitige Darbietung des korrespondieren-den Bildes gezielt zu verbessern oder aber die ganzheitliche Lesestrategie über das Verständ-nis homophoner Allographen wieder anzubah-nen. Mit beiden Therapieverfahren wurde ein

Generalisierungseffekt auf ungeübte Items er-reicht. Interessanterweise konnten ähnliche Effekte in einem gestörten Netzwerk simuliert werden, was von einigen Autoren als unter-stützende Evidenz für eine konnektionistische, nicht-modulare Modellierung der Wortverar-beitung aufgefasst wird.

Die phonologische Dyslexie und die Tiefendyslexie

Formen und Erklärungsansätze der phonologischen und Tiefendyslexie

Patienten mit diesen Formen der zentralen Dyslexie haben gemeinsam, dass sie die seg-mentale GPK-Prozedur nicht benutzen kön-nen, d.h., dass sie die Fähigkeit verloren ha-ben, Nicht-Wörter zu lesen, und beim Lesen von Wörtern nicht durch die GPK-Regel-mäßigkeit beeinflusst werden. Der Unter-schied zwischen den beiden Störungsformen besteht darin, dass die Tiefendyslexie im Ge-gensatz zur phonologischen Dyslexie eine komplexe Störungsform darstellt.

Bei der phonologischen Dyslexie liegt aus-schließlich eine Störung der nicht-lexikali-schen GPK-Route vor, und beide lexikalischen Routen, die semantisch-lexikalische Route so-wie die asemantische, direkte Verbindung zwi-schen dem graphematischen Worterkennen im Input-Lexikon und dem phonologischen Wortspeicher im Output-Lexikon, sind erhal-ten. Sowohl das laute Lesen von Wörtern als auch das Leseverständnis sind deshalb bei der phonologischen Dyslexie ungestört, und die Störung beschränkt sich auf das Lesen von Nicht-Wörtern.

Bei der Tiefendyslexie liegt jedoch eine zu-sätzliche Blockierung der asemantischen, di-rekt-lexikalischen Route vor, so dass nur die semantische Route vom Patienten benutzt wer-den kann. Darüberhinaus weist auch diese Route Störungen auf, die dem Kardinalsymp-tom dieser Dyslexieform, dem häufigen Vor-liegen semantisch ähnlicher Fehlreaktionen (z.B. „König" statt „Prinz"), zugrunde liegen. Ebenfalls dadurch bedingt werden konkrete Wörter (z.B. Tisch) signifikant häufiger kor-rekt gelesen als Abstrakta (z.B. Hass).

Die Störung in der von Patienten mit Tiefendyslexie benutzten semantischen Route kann funktional unterschiedlich lokalisiert sein. Bei einer Störung im Zugriff vom graphematischen Worterkennen auf das semantische System (Input-Störung) treten unimodale Störungen im Leseinnverständnis auf, das auditive Verständnis sowie das schriftliche und mündliche Benennen dieser Patienten ist erhalten. Im Gegensatz dazu liegt bei anderen Patienten eine Störung im semantischen System selbst vor, die sich in einer supramodalen Verständnis- und Benennenstörung äußert (Semantik-Störung). Schließlich gibt es Tiefendyslektiker, die keine Verständnisstörungen zeigen und nur im mündlichen, nicht jedoch im schriftlichen Benennen Schwierigkeiten haben. Bei diesen Patienten liegt eine Störung im Zugriff von der Semantik zum phonologischen Output-Lexikon (Output-Störung) vor.

Therapie der Tiefendyslexie

Modellorientierte Therapiestudien wurden bislang mit tiefendyslektischen Patienten mit dem Ziel durchgeführt, die gestörte segmentale Leseroute zu reaktivieren. Die dazu in einigen Studien erfolgreich verwendeten Trainingsprogramme benutzen eine sogenannte ‚lexical-code-Strategie‘. Zu jedem Graphem wird ein Merkwort assoziiert (z.B. B-Baby) und danach wird der Ziellaut, d.h. der Anfangslaut des Merkwortes, isoliert ausgesprochen. Die so wiedererlernten isolierten Graphem-Phonem-Korrespondenzen müssen dann in mehreren Übungsschritten zum Lesen von Wörtern und Neologismen miteinander verbunden werden.

Erworbene Störungen des Schreibens

Störungen des Schreibens können unabhängig von Störungen des Lesens auftreten, d.h. aus dem Vorliegen eines Dyslexiesyndroms kann in vielen Fällen nicht auf das beim Schreiben nach Diktat zu erwartende Leistungsmuster geschlossen werden. Aus diesem Grund werden für das Schreiben und Lesen voneinander unabhängige Verarbeitungsmechanismen an-

genommen (vgl. Abb. 1a und 1b). Für das Schreiben nach Diktat werden wie für das laute Lesen zwei lexikalische Verarbeitungswege postuliert, wobei zwischen einer direkt-lexikalischen und einer semantisch-lexikalischen Route unterschieden wird. Darüber hinaus gibt es die Möglichkeit, einen auditiven Stimulus segmental durch Phonem-Graphem-Konversionsregeln graphematisch zu realisieren. Die Regelsätze für die Phonem-Graphem-Konvertierung beim Schreiben und für die Graphem-Phonem-Konvertierung beim Lesen sind nicht deckungsgleich, wodurch ebenfalls die Annahme getrennter Verarbeitungswege unterstützt wird. So ist beispielsweise das Wort ‚Schwan‘ zum Lesen regelmäßig, da es durch die deutschen GPK-Regeln eindeutig determiniert wird. Zum Schreiben nach Diktat ist es jedoch unregelmäßig, da die PGK-Regeln eine Realisierung des Langvokals sowohl durch das Graphem A, als auch durch AH oder AA zulassen (vgl. Schwan, Hahn, Saal).

In der Literatur wurden verschiedene Formen von zentralen Schreibstörungen beschrieben, die den oben bereits aufgeführten zentralen Dyslexieformen sehr ähneln. Auch hier unterscheidet man Störungen der lexikalischen Schreibrouten bei Erhalt der segmentalen PGK-Prozedur (Oberflächendysgraphie) von Störungen der segmentalen Route bei erhaltenen lexikalischen Routen (Tiefendysgraphie). Neben den zentralen Dysgraphien, die erst in der kognitiven Neuropsychologie erkannt wurden, gibt es bereits länger bekannte periphere Schreibstörungen, die in der modernen Literatur jedoch detaillierter untersucht und analysiert werden. Dazu gehört die sogenannte apraktische Agraphie, die meist mit einer generellen apraktischen Störung einhergeht und die sich in gestörten Buchstabenrealisierungen (Substitutionen, unvollständige Formen, Vermischungen) äußert. Auch dieses Syndrom hat sich als heterogen herausgestellt: bei einigen Patienten ist die Buchstabenrepräsentation noch vorhanden (vgl. erhaltenes mündliches Buchstabieren), kann jedoch nicht motorisch konvertiert werden, bei anderen ist bereits die Buchstabenrepräsentation gestört. Ein weiteres peripheres Störungsbild tritt häufig im Rahmen visuell-räumlicher Aufmerksamkeitsstörungen auf und wird auf gestörte visuell-kinästhetische Rückkopplungsprozesse zurückgeführt. Diese ‚räumliche' oder ‚afferente' Dysgraphie führt zur Auslassung und Wiederholung von Buchstaben und Buchstabenteilen sowie häufig auch zur Vernachlässigung der linken Blatthälfte.

Untersuchungsverfahren und Therapie-methoden für periphere bzw. zentrale Dyslexien

Nach den Erkenntnissen der kognitiven Neuropsychologie muss das Untersuchungsmaterial für die Identifizierung der zugrundeliegenden Störungsmechanismen bei peripheren Dyslexieformen zumindest folgende Aufgaben enthalten:
- Einzelbuchstaben diskriminieren, identifizieren und transponieren
- Einzelbuchstaben benennen
- Erkennen eines Zielbuchstabens in Abhängigkeit der Position im Stimulus
- Lesen von Wörtern mit steigender Buchstabenzahl mit Aufnahme der Antwortzeit
- Lesen von gleichzeitig dargebotenen Wortpaaren
- Lesen von spontan und nach Diktat geschriebenen Äußerungen
- Lesesinnverständnis sowie semantische Kategorisierungsaufgaben bei uneingeschränkter bzw. bei reduzierter Darbietungszeit

Um das Vorliegen einer zentralen Dyslexieform festzustellen und die Störungsursache zu identifizieren, sind folgende Aufgaben notwendig:
- Lesen von GPK-regelmäßigen versus unregelmäßigen Wörtern
- von konkreten und abstrakten Wörtern
- Lesen von Nicht-Wörtern
- Auditives Verständnis: Zuordnen eines gesprochenes Wortes zu einem von mehreren Bildern
- Lesesinnverständnis: Zuordnen eines geschriebenes Wortes zu einem von mehreren Bildern
- Lesesinnverständnis mit homophonen Allographen sowie GPK-unregelmäßigen Wörtern
- Mündliches und schriftliches Benennen.

Die für eine modellorientierte Untersuchung kritischen deutschen Parameter zu den zentralen Störungsformen sind im Neurolinguistischen Untersuchungsverfahren LeMo (Testteil Lexikon) (De Bleser et al., im Druck) enthalten. Mit dessen Hilfe können Störungen der Wort- und Nicht-Wort-Verarbeitung bei Aphasie, Dyslexie und Dysgraphie erfasst und auf der Grundlage eines psycholinguistischen Wortverarbeitungsmodells interpretiert werden.

Für die kognitiv neuropsychologische Therapieforschung ist ein „Neurolinguistisches Evaluierungssystem" (NES) in Vorbereitung (Cholewa, 1996), ein Computerprogramm, das bei der Entwicklung, Durchführung und Auswertung modellorientierter Therapiestudien eingesetzt werden kann.

4.11 Störungen der Zahlenverarbeitung

DOLORES CLAROS SALINAS & KLAUS WILLMES

Zusammenfassung

Die Verarbeitung von Zahlen erfordert komplexe kognitive Mechanismen, die infolge einer Hirnschädigung in unterschiedlicher Weise beeinträchtigt sein können. Für die Durchführung einer Rechenaufgabe sind etwa die Verarbeitung der numerischen Informationen und des Rechenzeichens, der Abruf von im Gedächtnis gespeicherten Rechenfakten, sowie der Abruf von Rechenprozeduren und deren schrittweise Umsetzung notwendig. Neben einer Darstellung der klinischen Symptomatik der Akalkulie wird ein Überblick über Modellvorstellungen der Zahlenverarbeitung in der neueren kognitiv neuropsychologischen Forschung gegeben, an dem die zunehmende Differenziertheit dieser Modellbildung nachzuvollziehen ist. So wurde in einem der frühesten Modelle (McCloskey et al., 1985) vor allem auf getrennte funktionale, autonome Subsysteme innerhalb der Zahlenverarbeitung und des Rechnens abgehoben. Im Triple Code Modell von Dehaene (1992) werden drei unterschiedliche Formen der internen mentalen Zahlenrepräsentation dargelegt, die, gestützt durch empirische Belege, auch in ein neuroanatomisch-funktionales Modell (Dehaene & Cohen, 1995; Dehaene, 1997) eingearbeitet werden. Die Möglichkeiten, Störungen der Zahlenverarbeitung zu diagnostizieren und zu therapieren, sind eher noch begrenzt, da es an standardisierten Verfahren mangelt. Grundlinien einer Akalkulie-Behandlung gehen aber dahin, die funktionelle Relevanz der Defizite im Umgang mit Zahlen zu erfassen und entsprechend individuelle Therapien zu entwickeln, die zu einer alltags- und berufsrelevanten Leistungsverbesserung oder zu Kompensation und Adaptation der Akalkuliesymptome führen.

Vorbemerkung

Zahlen in arabischer Notation bilden neben dem alphabetischen Notationssystem für Wörter ein eigenes, nicht-alphabetisches ideographisches System, denn jedes elementare Symbol, d.h. jede Ziffer, entspricht grob einem Wort und nicht einer phonemischen oder graphemischen Einheit. Einen umfassenden Überblick über die in der Geschichte der Menschheit verwendeten Zahlennotationen gibt Ifrah (1985). Als Zahlwörter bilden Zahlen eine eigene lexikalische Klasse (vgl. Cohen et al., 1997) mit bestimmten morphologisch-syntaktischen Regeln zur Bildung komplexer Zahlwörter. Zahlen dienen dazu, exakte Angaben zu Anzahlen oder Quantitäten zu machen; sie werden aber auch verwendet, um approximativ Quantitäten festzulegen. Personen besitzen deklaratives Wissen über Zahlen, so können sie angeben, ob eine Zahl gerade oder ungerade oder eine Primzahl ist. Weiterhin sind Zahlen nominelle Etiketten, die allein zur Identifizierung wie bei Telefon- oder Kontonummern verwendet werden. Allerdings können bestimmte Zahlen auch eine Referenz (im deklarativen oder episodischen Gedächtnis), einen bestimmten semantischen Gehalt haben

(Cohen et al., 1994; Delazer & Girelli, 1997) wie etwa ‚4711‘, 1789‘, ‚1945‘ oder das jeweilige Geburtsjahr einer Person.

Einige Aspekte des Rechnens sind nicht an eine formale Schulbildung gebunden, wie Abzählen oder das Abschätzen von Anzahlen oder Größen, und gelten, wie das schnelle Abschätzen (sog. Subitizing) von kleinen Anzahlen von bis zu fünf Objekten, als wahrscheinlich angeboren (Carey, 1998). Wynn (1998) wie auch Dehaene (1997) postulieren einen angeborenen spezialisierten mentalen Mechanismus (im inferioren Parietalhirn) für die Repräsentation von (kleinen) Anzahlen und das Rechnen mit ihnen.

Das Ausführen von Rechenaufgaben ist ein komplexer Prozess, der die Beteiligung verschiedener kognitiver Mechanismen einschließt. Um rechnen zu können, muss man
1. die numerische Information verarbeiten, d.h. Zahlen in der jeweiligen Notation erkennen, verstehen und produzieren;
2. die jeweiligen Rechenzeichen verarbeiten;
3. im Gedächtnis gespeicherte Rechenfakten abrufen;
4. im Gedächtnis gespeicherte Rechenprozeduren abrufen, d.h. eine Folge von Rechenschritten anwenden, zu deren (mentaler) Ausführung kognitive Ressourcen wie Aufmerksamkeits-, Arbeitsgedächtnis- und Problemlöseprozesse erforderlich sind.

Der Begriff *Akalkulie* – definiert als eine Störung der Rechenfähigkeit (Grafman & Rickard, 1997) – stammt von Solomon Henschen. (1919, 1920, 1925). Er hat verschiedene kortikale Zentren postuliert, die mit verschiedenen Komponenten des Rechnens in Zusammenhang stehen: ein motorisches Zentrum in der linken dritten Frontalwindung zuständig u.a. für das (laute) Zählen und die lautsprachliche Produktion von Zahlwörtern sowie das Schreiben von Ziffern und Zahlen; der Gyrus angularis und Teile des Parietallappens für die Steuerung des Lesens und Schreibens von Zahlen. Bei sehr großen Läsionen der linken Hemisphäre sollte die rechte Hemisphäre kompensatorisch gewisse Rechenfunktionen übernehmen können. Frontale, temporale, parietale (Gyrus angularis, intraparietaler Sul-

cus), temporo-parietale sowie parieto-okzipitale Läsionen vorwiegend in der linken Hemisphäre, aber auch Regionen in der rechten Hemisphäre und subkortikale Strukturen wurden nach dem historischen Überblick von Kahn & Whitaker (1991) mit Rechenstörungen in Verbindung gebracht. Berger (1926), der Erfinder des EEG, hat bereits die wichtige Unterscheidung zwischen primärer und sekundärer Akalkulie getroffen. Eine *sekundäre* Akalkulie findet man bei Patienten mit Störungen der Aufmerksamkeit, des Kurz- oder Langzeitgedächtnisses, der Sprache oder des Lesens. Als *primär* oder ‚rein‘ wird die Akalkulie bezeichnet, wenn sie nicht auf eine dieser Störungen zurückgeführt werden kann.

Einflussreich war eine große empirische Untersuchung von Hécaen und Mitarbeitern (1961), in der drei verschiedene Typen von Störungen bei Patienten mit retrorolandischen Läsionen identifiziert wurden, die ersten beiden als sekundäre Formen von Akalkulie infolge anderer Störungen:
1. Alexie und Agraphie für Ziffern und Zahlen mit und ohne entsprechenden Störungen für Buchstaben und Wörter bei vorwiegend links temporo-parietalen Läsionen,
2. räumliche Akalkulie mit Störungen der räumlichen Organisation von geschriebenen Ziffern in Additions- und Multiplikationsaufgaben mit mehrstelligen Zahlen sowie Neglect für Ziffern am linken oder rechten Ende mehrstelliger Zahlen oder Zifferninversionen bei vorwiegend rechtsparietalen Läsionen,
3. Anarithmétie (englisch: anarithmetria) als eigentliche Störung im Ausführen von Rechenoperationen bei rechts- oder linkshemisphärischen Läsionen. Boller & Grafman (1985) haben letztere Form noch einmal differenziert nach Problemen mit dem Erinnern oder Abrufen von mathematischem Faktenwissen und Problemen in mathematischem Denken sowie dem Verstehen der den Rechenoperationen zugrunde liegenden Konzepten.

Die moderne, kognitiv neuropsychologisch orientierte Forschung zu Störungen der Zahlenverarbeitung und des Rechnens, in der die

Selektivität und Fraktionierbarkeit verschiedener Komponenten und Prozesse betont wird, beginnt mit einer detaillierten Einzelfallstudie des 61-jährigen Arztes DRC, der nach einer linkshemisphärischen parieto-occipitalen Blutung in einer orientierenden klinischen Untersuchung bei der Aufforderung, im Kopf ,5+7' zu rechnen, nach langem Zögern ,ungefähr dreizehn' antwortete (Warrington, 1982). Anschließende ausführliche klinische und experimentelle Untersuchungen belegten eindrücklich, dass der Patient eine selektive Beeinträchtigung des arithmetischen Faktenwissens hatte. Er beklagte, dass das Addieren und Subtrahieren selbst kleiner Zahlen nicht mehr ,automatisch' gelinge. Er behalf sich – wie ein Kind – durch Abzählen vorwärts oder rückwärts. Unter Zeitbeschränkung wusste er schnell eine ungefähre Lösung und kommentierte häufiger, dass es sich bei dem Ergebnis um eine gerade bzw. ungerade Zahl handeln müsse. Andererseits war das semantische Wissen über Zahlen weitgehend intakt: Patient DRC konnte Zahlen hinsichtlich ihrer Größe miteinander vergleichen, Punktmengen adäquat abschätzen oder angeben, wie viele Personen etwa in einen Londoner Bus passen. In ihrer Interpretation betont Elisabeth Warrington den gestörten Zugriff zum exakten arithmetischen Faktenwissen im semantischen Gedächtnis bei ansonsten erhaltenem semantischen Wissen über Zahlen.

Solche selektiven Beeinträchtigungen wie auch andere Störungsmuster im Umgang mit Zahlen und beim Rechnen sind besser zu verstehen, seit es explizite Verarbeitungsmodelle gibt. Die einflussreichsten von ihnen werden im Abschnitt Modelle erläutert, wie auch die sehr aktuellen Versuche, unter Verwendung von bildgebenden Verfahren ein neurowissenschaftlich plausibles Modell zu entwerfen (Dehaene & Cohen, 1995).

Nicht behandelt werden Aspekte der ungestörten und gestörten Entwicklung im Umgang mit Zahlen und des Rechnens sowie Fähigkeiten im Umgang mit Anzahlen bei Tieren (Brannon & Terrace, 1998; Dehaene et al., 1998; Gallistel & Gelman, 1992; Gelman & Gallistel, 1978). Verschiedene Formen von Entwicklungsdyskalkulien werden von Temple (1989, 1991) behandelt (siehe auch weitere Literaturangaben in Grafman & Rickard, 1997 sowie Shalev et al., 1997).

Symptomatik

Verschiedene Symptome einer Akalkulie sollen im folgenden nach unterschiedlichen Leistungsbereichen im Umgang mit Zahlen beschrieben werden. Zunächst werden Beeinträchtigungen der Zahlenverarbeitung dargestellt, also derjenigen zahlengebundenen Fähigkeiten, die unabhängig von rechnerischen Leistungen erbracht werden und die das Verständnis für Zahlen, die Zahlenlese- und schreibfähigkeit ebenso wie die Fähigkeit, Zahlen regelhaft anzuordnen, umfassen. Beschrieben werden weiter Störungen der Verarbeitung von Rechenzeichen und rechnerischer Fähigkeiten.

Störungen der Zahlenverarbeitung

Akalkulie ist häufig assoziiert mit aphasischen Symptomen. Allerdings lässt sich daraus nicht folgern, dass die Leistungsdefizite von Aphasikern im Umgang mit Zahlen ausschließlich auf die Sprachstörung zurückgehen. Als häufiges Begleitsymptom aphasischer Störungen werden Störungen der rezeptiven wie produktiven Zahlenverarbeitung berichtet (Sittig, 1919, 1920; Henschen, 1920, 1925; Head, 1926; Hécaen et al., 1961; Benson & Denckla, 1969; Deloche & Seron, 1982a, b; McCloskey et al., 1985). Beeinträchtigungen der Fähigkeit, Zahlen laut zu lesen und nach Diktat zu schreiben, sind oft begleitet von Lese- und Schreibstörungen sonstigen sprachlichen Materials (Henschen, 1920), dabei jedoch häufig weniger stark ausgeprägt (Sittig, 1919; Kleist, 1934). Im Vergleich zur Wortagraphie und -alexie sind Störungen des Zahlenschreibens und -lesens insgesamt seltener (Peritz, 1918; Kleist, 1934; Leischner, 1957). Störungen des Zahlenlesens und -schreibens treten überwiegend gemeinsam auf, wenn auch meist in unterschiedlichem Schweregrad. Beschrieben sind aber auch dissoziierte Störungen des Zahlenlesens oder -schreibens (Sittig, 1919; Henschen, 1920).

Eine Dissoziation zwischen Zahlenverständnis und -produktion wurde für einen Jargon-Aphasiker beschrieben (Benson & Denkla, 1969), der über ein intaktes Zahlenverständnis (nachgewiesen durch seine korrekte Zuordnung mündlich vorgegebener Zahlwörter zu schriftlichen Zahlen oder Punktmengen, s.u.) verfügte, jedoch arabische Zahlzeichen nur paraphasisch benennen konnte.

McCloskey et al. (1986, 1987) berichten den Fall eines aphasischen Patienten, der etwa die Aufgabe, schriftlich präsentierte Zahlenpaare wie *6 vs. 7* oder *405 034 vs. 400 534* auf ihre Größe hin zu vergleichen, fehlerfrei löste, während seine Reaktionen bei der analogen Aufgabe für Zahlwortpaare deutlich fehlerhaft waren und auf eine Dissoziation der rezeptiven Verarbeitung von arabischen Zahlzeichen vs. Zahlwörtern hinwiesen. Die Leistungen desselben Patienten dissoziierten weiter bei Anforderungen, Zahlwörter auf auditive Vorgabe phonologisch zu verarbeiten bzw. Zahlwörter in schriftlicher Darbietung graphematisch zu verarbeiten. Während die letztere Aufgabenstellung nur deutlich fehlerhaft bearbeitet wurde, gelang es dem Patienten ohne Schwierigkeiten, bei gehörten Zahlwortpaaren zu entscheiden, welches Zahlwort den höheren Wert repräsentiert.

Auf eine Dissoziation lexikalischer und syntaktischer Zahlenverarbeitung wiesen für McCloskey et al. (1987) die spezifischen Fehlermuster hin, die sie bei zwei der von ihnen untersuchten Patienten, A.T. und J.E., beobachteten. Bei der Aufgabe, schriftlich dargebotene Zahlen wie z.B. *5900* laut zu lesen, unterliefen A.T. Fehler des lexikalischen Abrufs, während die syntaktische Struktur erhalten blieb: *5900* → ‚*nine thousand nine hundred*‘. Syntaktische Fehlverarbeitung lag vor, falls die lexikalischen Einheiten für sich nicht abweichend abgerufen, aber inkorrekt verknüpft wurden: *5900* → ‚*five thousand ninety*‘.

Ähnlich wie im zuletzt beschriebenen Beispiel konnten McCloskey und Mitarbeiter auch für die anderen Dissoziationen belegen, dass jeweils das umgekehrte Muster von erhaltener zu gestörter Leistung beobachtbar ist und

es sich daher um doppelte Leistungsdissoziationen handelt.

Die besondere Qualität der Zahlenverarbeitungsfehler, wie sie vor allem Aphasikern unterlaufen, kann variieren: berichtet sind Fehler wie Spiegelschrift bei einzelnen Ziffern (Sittig, 1919). Häufiger sind Fehler der Verarbeitung zweistelliger Zahlen, wo die für das Deutsche gültige Inversionsregel verletzt wurde: so wurden die einzelnen Ziffern gemäß der lautsprachlichen Abfolge und somit vertauscht niedergeschrieben, wie z.B. *achtundfünfzig* → *85* (Sittig, 1919; Leischner, 1957). Derartige Inversionsfehler beobachteten Blanken et al. (1997) bei einem Patienten mit nur geringgradiger amnestischer Aphasie auch für das Lesen zweistelliger Zahlen.

Für aphasische Patienten sind weiter bestimmte Fehlertypen des Lesens mehrstelliger Zahlen erwähnt. Diese werden nicht mehr als Einheit gelesen, sondern etwa unter Auslassung von Zahlwortmorphemen wie *tausend* gelesen, z.B. *40 150* → *vierzig hundertfünfzig* (Sittig, 1920; Claros Salinas & von Cramon, 1987).

Einen differenzierten Versuch, die Zahlenverarbeitungsfehler von Aphasikern zu klassifizieren, unternahmen Deloche und Seron (Deloche &. Seron, 1982a, b; Seron & Deloche, 1983, 1984): Sie unterschieden Transkodierungsfehler, die Wernicke- und Broca-Aphasikern bei der schriftlichen Übertragung visuell präsentierter Zahlwörter in die entsprechenden Ziffernsequenzen und umgekehrt unterliefen, u.a. nach lexikalischen bzw. syntaktischen Fehlertypen (siehe auch Delazer & Denes, 1998). Zugrunde lag die Annahme, dass Zahlwörter lexikalisch nach einem Stapelkonzept strukturiert sind: Die Einer-Zahlwörter (*eins, zwei, ... neun*), die Teens-Zahlwörter (*elf, zwölf, ... neunzehn*) und die Zehner-Zahlwörter (*zehn, zwanzig,..... neunzig*) bilden jeweils einen separaten Stapel, dessen Elemente seriell geordnet sind. Die genannten drei Stapel *Einer, Teens* und *Dekaden* enthalten die lexikalischen Grundeinheiten, aus denen sich bei zusätzlicher Integration sogenannter Multiplikatoren (*hundert, tausend, million*) und weniger Funktionswörter (*und, ein*) alle Zahlwörter zusammensetzen lassen. Als lexikalischen

Fehlertyp bezeichneten Deloche und Seron Transkodierungen, bei denen der korrekte Stapel angesteuert, aber innerhalb dieses Stapels ein falsches Element ausgewählt wurde (*Stapelpositionsfehler* wie z.B. /sechs/ wird transkodiert zu /5/). Als „syntaktisch" wurde ein Transkodierungsfehler z.B. dann bezeichnet, wenn ein falscher Stapel gewählt wurde, aber die serielle Position des zu transkodierenden Elements innerhalb eines Stapels erhalten blieb (*Stapelfehler* wie z.B. /sechs/ wird transkodiert zu /60/). Unter syntaktischen Fehlern wurden weiterhin Fehler bei der Transkodierung zusammengesetzter Zahlen gefasst, die etwa bei der Integration von Zahlmorphemen wie „hundert", „tausend", den Multiplikatoren, unterliefen. So wird z. B. das Zahlwort */dreitausend sechshundert neunundfünfzig/* geschrieben als /300060059/, was einer abschnittweisen (term-by-term) Transkodierungsstrategie entspricht.

Die Erwartung von Deloche und Seron, dass die Verteilung lexikalischer vs. syntaktischer Fehler bei numerischen Transkodierungsaufgaben die Gruppe der Wernicke-Aphasiker von derjenigen der Broca-Aphasiker trennt, erfüllte sich nur annähernd. Zwar zeigten die Broca-Aphasiker tatsächlich häufiger syntaktische Transkodierungsfehler und nur wenige lexikalische Fehler. Für die Gruppe der Wernicke-Aphasiker ergab sich jedoch kein ähnlich klarer Befund.

Störungen der Zahlenverarbeitung bei Patienten ohne Aphasie können mit anderen neuropsychologischen Störungen in Zusammenhang stehen und treten meist erst bei komplexerem Zahlenmaterial auf.

Beim Schreiben nach Diktat sind bei mehrstelligen Zahlen, deren einzelne Ziffern ungleich Null sind, Abbruchphänomene zu beobachten. Der Patient notiert die ersten Ziffern und bricht ab (z.B. *12874 → 128*). Diese Abbrüche zeigen in der Regel eine Reduktion der Zahlenmerkspanne an. Dabei kann diese isoliert auftreten, andere (verbale oder nonverbale) Leistungen des kurzfristigen Behaltens können ungestört sein. Bei spezifisch strukturierten Zahlen wie den Zahlen mit „eingebetteten" Nullen werden beim Schreiben nach Diktat Nullstellen ausgelassen oder hinzugefügt (z.B. *4006 → 40006*). Patienten, die nahezu ausschließlich derartige Zahlen fehlerhaft schrieben, zeigten zusätzlich Störungen räumlich-konstruktiver Leistungen (Claros Salinas & von Cramon, 1987).

Störungen des Zahlenlesens nichtaphasischer Patienten äußern sich als Vernachlässigungsfehler am Ende einer mehrstelligen Zahl (*12874 → 1287*) oder (seltener) am Anfang einer solchen Zahl (*12874 → 2874*). Derartige Fehler gehen auf visuelle Wahrnehmungsstörungen (Hemianopsie) zurück oder sind Folge eines visuellen Neglekts (Peritz, 1918; Kleist, 1934; Hécaen et al., 1961). Dabei können sich derartige Lesestörungen auf Zahlenmaterial beschränken, während semantisch gehaltvolleres Sprachmaterial fehlerfrei gelesen wird (Claros Salinas & von Cramon, 1987).

Bei schriftlichen Grundrechenarten ist es u.a. erforderlich, Zahlen regelhaft anzuordnen. Dies setzt räumlich-visuelle bzw. räumlich-konstruktive Fähigkeiten voraus (Hartje, 1987), die folgendermaßen beeinträchtigt sein können: Beim Untereinanderschreiben mehrerer Zahlen, die anschließend addiert werden sollen, gelingt es nicht, die Zahlen stellenwertbezogen anzuordnen, also Einer unter Einer, Zehner unter Zehner etc. Vielmehr werden die Ziffern derart uneindeutig untereinander geschrieben, dass der Patient beim Zusammenzählen in den einzelnen Spalten „verrutscht" und z.B. Zehner mit Einern verrechnet (Cohn, 1961). Während dies für Patienten mit visuellen Wahrnehmungsstörungen (Hemianopsie) charakteristisch ist, sind bei Patienten mit (zusätzlichen) räumlich-konstruktiven Störungen folgende Fehler zu beobachten: Einer werden unter Zehnern oder Hunderter unter Einern angeordnet, so dass die nachfolgende Addition notwendig falsch wird, obgleich die einzelnen Additionsschritte in sich korrekt durchgeführt wurden und daher keine Störung rechnerischer Fähigkeiten vorliegt, sondern vielmehr eine Beeinträchtigung der Zahlenverarbeitungsanforderung „stellenwertbezogenes Anordnen". Bei schriftlicher Multiplikation kann die Anordnung der Zwischenergebnisse fehlerhaft sein, indem das zweite Multiplikationszwischenergebnis nicht eingerückt wurde (Ehrenwald, 1931).

Eine Fehlerqualität, die bislang nur für die Zahlenverarbeitung von Alzheimer Patienten berichtet wurde (Kessler & Kalbe, 1996), ließ sich bei Transkodierungsaufgaben beobachten, wo Elemente des Quellencodes fehlerhaft in den Zielcode integriert wurden, z.B. /3436/ → /3tausendvierhundert36/. Derartige „Shiftfehler" sehen die Autoren als eine Dysfunktion kognitiver Kontrollmechanismen an. Ähnliche Probleme mit gestörten Kontrollfunktionen sehen Mantovan et al. (1999) als Ursache für die beobachteten Rechenfehler bei Patienten mit vermuteter Alzheimerscher Demenz an.

Störungen der Verarbeitung von Rechenzeichen und des Rechnens

Störungen der Verarbeitung von Rechenzeichen können bei Aphasikern auftreten: auditiv vorgegebene Rechenzeichen werden nicht verstanden oder mit anderen Rechenzeichen vertauscht. Bei visueller Vorgabe wurden, wiederum bei Aphasikern, Vertauschungen der Rechenzeichen ‚+' und ‚×' beobachtet (Ehrenwald, 1931). Während derartige Störungen als aphasiebedingt interpretiert wurden, sind ebenso selektive Störungen der Verarbeitung von Rechenzeichen belegt (Ferro & Botelho, 1980). Visuell vorgegebene Rechenoperatoren konnten weder identifiziert noch benannt werden. Andere visuelle Symbole jedoch wurden richtig erkannt. Für Wernicke-Aphasiker wurde in einer experimentellen Untersuchung (Dahmen et al., 1982) festgestellt, dass sie u.a. Aufgaben, in die Rechenzeichen einzusetzen waren (3...3=9), schlechter lösten als Broca-Aphasiker. Derartige Aufgaben waren zuvor mit verschiedenen statistischen Verfahren als diejenigen ermittelt worden, die mehr als andere arithmetische Aufgaben eine Vorstellungsfähigkeit für räumliche Beziehungen voraussetzten. Das Untersuchungsergebnis bestätigte die Hypothese, dass die Rechenstörungen der Wernicke-Aphasiker auf Störungen der räumlichen Vorstellung zurückgehen.

Beeinträchtigungen der Fähigkeit zu zählen, d.i. Zahlen in einer Standardsequenz geordnet hervorzubringen, können insofern als Teilbereich arithmetischer Störungen gelten,

als Zählen entwicklungspsychologisch dem Erwerb von Additions- und Subtraktionsvermögen zugrunde liegt (Wynn, 1998). Zählstörungen sind vielfach bei aphasischen Patienten beobachtet worden (Peritz, 1918; Henschen, 1920; Head, 1926). Während die Fähigkeit, von 1 bis 10 zu zählen, auch bei schweren Aphasien oft erhalten ist, wird bei mehrstelligen Zahlen neologistisch, paraphasisch oder unter Auslassung einzelner oder mehrerer Zahlen gezählt.

Nichtaphasischen Patienten gelingt das Vorwärtszählen in der Regel fehlerfrei, jedoch können in eher seltenen Fällen beim Rückwärtszählen spezifische Fehler auftreten: bei den Übergängen von einem Zehner zum nächsten wird eine falsche Zehnerzahl, nämlich die der folgenden Zehnergrenze, genannt (z.B. 73 72 71 60). Darauf wird korrekt weiter gezählt oder eine Zehnerreihe ausgelassen.

Als „anarithmétie" bezeichneten Hécaen et al. (1961), wie bereits zuvor erwähnt, alle Störungen, die während der Lösung einer Rechenaufgabe zu beobachten waren und nicht auf Ziffernagraphie und -alexie oder räumliche Störungen reduziert werden konnten.

Eine an McCloskey et al. (1985) anknüpfende Differenzierung von Rechenstörungen (siehe den Abschnitt über Modelle) unterscheidet zwischen Störungen des arithmetischen Faktenabrufs und Beeinträchtigungen der Fähigkeit, Rechenoperationen durchzuführen (vgl. ähnliche Ansätze schon bei Peritz, 1918; Henschen, 1920; Warrington, 1982). Diese unterschiedlichen Aspekte rechnerischer Fähigkeit werden als spezifische Subsysteme angenommen, die aufgrund ihrer Modularität unabhängig voneinander störbar sind und empirisch durch entsprechende Leistungsdissoziationen nachgewiesen werden konnten (Caramazza & McCloskey, 1987; McCloskey et al., 1991; Sokol et al., 1991).

Unter Störungen des arithmetischen Faktenabrufs können Störungen des einfachen Addierens und Subtrahierens (im Zahlenraum unter 20), des einfachen Multiplizierens (Kleines Einmaleins) und mit Einschränkungen des Dividierens zusammengefasst werden. Derartige Aufgaben errechnet ein durchschnittlich gebildeter, hirngesunder Erwachsener nicht schrittweise, sondern ruft die im Langzeitgedächtnis gespeicherten Ergebnisse wie andere, hoch überlernte Fakten ab. Bei Beeinträchtigungen des einfachen Multiplizierens fiel auf, dass fehlerhafte Ergebnisse entsprechender Aufgaben teilweise nicht völlig beliebig waren, sondern etwa aus anderen Reihen des Einmaleins (z.B. *7 x 8 = 54*) entnommen wurden oder sogar ein Ergebnis derselben Reihe (z.B. *7 x 8 = 48*) darstellten (McCloskey et al., 1985). Störungen des Faktenabrufs beim einfachen Addieren müssen nicht nur durch fehlerhafte Ergebnisse gekennzeichnet, sondern können auch durch erhöhte Lösungsdauer angezeigt sein (Warrington, 1982).

Störungen der Durchführung mehrschrittiger Rechenoperationen oder der Beherrschung arithmetischer Prozeduren sind durch die inkorrekte oder unvollständige Anwendung von Lösungsalgorithmen gekennzeichnet. So wurden bei Rechenvorgängen, die sich aus mehreren Teiloperationen zusammensetzen, wie dies beim Grundrechnen mit zwei- und mehrstelligen Zahlen der Fall ist, folgende Fehlertypen berichtet: Bei schriftlichen Additionsvorgängen werden die Zehnerüberträge nicht berücksichtigt (McCloskey et al., 1985). Entsprechend wird bei schriftlicher Subtraktion der Vorgang des „Zehnerborgens" ausgelassen oder fehlerhaft durchgeführt. Bei schriftlicher Addition und Multiplikation werden die Zwischenergebnisse fehlerhaft berechnet, indem z.B. die Regel nicht beachtet wird, nur die Einerziffern eines Zwischenergebnisses zu notieren, die Zehnerziffer dagegen zu merken und erst im folgenden Schritt zu verrechnen. Statt dessen wird das gesamte Zwischenergebnis notiert (Head, 1926; McCloskey et al., 1985). Ähnlich werden bei der schriftlichen Division einzelne Zwischenschritte fehlerhaft durchgeführt, z.B. in dem der Divisionsvorgang am Ende, also bei den Einer- oder Zehnerziffern des Dividenden begonnen wird. Oder es werden einzelne Zwischenschritte völlig ausgelassen, z.B. der Subtraktionsvorgang als Einleitung eines neuen Zwischenschritts der Division.

Während die Klassifizierung rechnerischer Fehler nach Störung des Faktenabrufs und beeinträchtigter Durchführung von Operationen

voraussetzt, dass das Rechenvermögen zumindest in Teilaspekten erhalten ist, sind aber auch komplette Ausfälle der Rechenfähigkeit bzw. der selektive Ausfall einzelner Grundrechenarten beschrieben. Für Globalaphasiker ist bekannt, dass sie selbst einfache Grundrechenaufgaben nicht mehr zu lösen vermochten (Barbizet et al., 1967) oder ausschließlich bestimmte Grundrechenarten unter erleichterten Bedingungen durchführen konnten (z.B. einfache Additionsaufgaben, die visuell vorgegeben waren). Bei weniger schweren Aphasien ist davon auszugehen, dass die Fähigkeit zu addieren und zu subtrahieren weitgehend erhalten ist. Girelli und Delazer (1996) berichten über einen Fall mit konsistent falsch angewandtem Zehnerborgen bei Subtraktionsaufgaben. Selektiv ausfallen kann jedoch die Fähigkeit zu multiplizieren (McCloskey et al., 1985) oder zu dividieren (Lewandovsky & Stadelmann, 1908; Berger, 1926). Berichtet ist auch der kombinierte Ausfall von Subtraktions- und Divisionsvermögen (Sittig, 1920; Berger, 1926; Krapf, 1937) oder von Additions-, Multiplikations- und Divisionsvermögen bei erhaltener Subtraktionsfähigkeit (Lampl et al., 1994). Pesenti et al. (1994) berichten ebenfalls von einem Fall mit selektiv erhaltener Subtraktionsleistung. Delazer et al. (1999) untersuchten in einer größeren Gruppenstudie aphasische Patienten in Transkodierungs- und Rechenaufgaben. Die Gesamtzahl an Fehlern korrelierte mit dem Schweregrad der aphasischen Sprachstörungen, es gab aber einen interessanten Unterschied in der Qualität der Fehler. Patienten mit Broca-Aphasie waren besonders beim Abruf der Ergebnisse einfacher Multiplikationen, vermutlich wegen der verbalen Mediierung, beeinträchtigt, während Patienten mit globaler oder Wernicke-Aphasie eher Fehler bei den Rechenprozeduren unterliefen.

Modelle

Mit dem kognitiv neuropsychologischen Modell von McCloskey und Mitarbeitern (1985) ist ein erster erfolgreicher Versuch unternommen worden, die früheren Ansätze zur Charakteri-

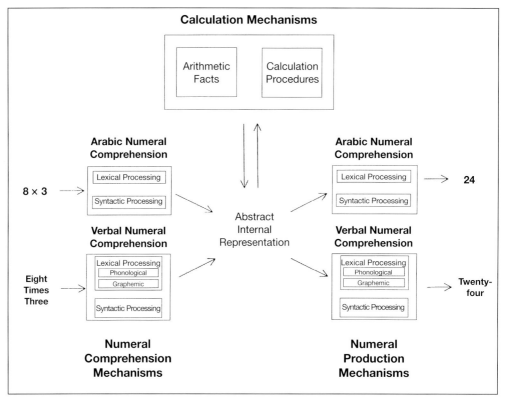

Abb. 1. Modell der Zahlenverarbeitung von McCloskey, Caramazza und Basili

sierung verschiedener Formen von Akalkulie
zu systematisieren. Die normalen Verarbeitungsschritte und -komponenten werden beschrieben und die Muster von Leistungsdefiziten anhand von (lokalen) Schädigungen
einzelner oder mehrerer Komponenten des
Modells charakterisiert. Ziel war es, ein möglichst einfaches Modell zu entwerfen, welches
jedoch möglichst viele Störungsmuster erfassen kann. Das Modell ist in Abbildung 1 dargestellt.

Die Autoren unterscheiden primär zwischen einem System zur Verarbeitung von
Zahlen und einem für das Rechnen. Für das
Verstehen und Produzieren von arabischen
Zahlen und (gehörten oder geschriebenen)
Zahlwörtern werden getrennte funktionell autonome Subsysteme angenommen. Innerhalb
der Verstehens- und Produktionssysteme werden lexikalische und syntaktische Verarbei-

tungskomponenten unterschieden. Eine lexikalische Komponente ist erforderlich, um die
einzelnen Ziffern (genauer: ihre Repräsentationen in den Ein- und Ausgabekomponenten)
bzw. Bestandteile von Zahlwörtern zu verstehen oder für die Produktion wieder zusammenzufügen und vorübergehend zu speichern.
Syntaktische Prozesse regeln die Verarbeitung
von Relationen zwischen den einzelnen lexikalischen Elementen, damit Zahlen als ganze
verstanden bzw. geäußert werden können. Innerhalb des verbalen lexikalischen Verarbei-
tungssystems werden phonologische Prozesse
für gesprochene und graphematische Prozesse
für zu schreibende Zahlwörter unterschieden.
Das Aussprechen z.B. des Zahlwortes ‚sechs‘
erfordert den Abruf einer phonologischen Repräsentation aus dem phonologischen Ausga-
be-Lexikon, die dann über einen Ausgabe-
Speicher (response buffer) zusammengefügt

und dann geäußert wird. Entsprechend muss für ein zu schreibendes Zahlwort eine graphematische Repräsentation aktiviert und dann für die Umsetzung in eine Schreibbewegung assembliert werden. Charakteristisch für das Modell ist die Annahme einer einzigen internen semantischen Repräsentation von Zahlen, in die jeder Input überführt werden muss und auf die nachfolgende kognitive Prozesse wie der Abruf von Rechenfakten aus einem semantischen Speicher oder von erlernten Rechenprozeduren für mentale Arithmetik zugreifen. Es handelt sich also um ein Modell mit einem einzigen Verarbeitungsweg (single-route model). Die interne semantische Repräsentation wird als Kombination aus einer diskreten Repräsentation für Quantitäten und einer für den Stellenwert modelliert: 5032 —> {5}10EXP3, {3}10EXP1, {2}10EXP0. Beispielsweise erfolgt die lautsprachliche Produktion eines Zahlwortes folgendermaßen: Nach Anstoß durch die abstrakte Repräsentation wird ein wortsyntaktischer Rahmen generiert und die Leerstellen dieses Rahmens mit bestimmten abstrakten lexikalischen Elementen unter Beachtung bestimmter Regeln für diese abstrakte lexikalisch-semantische Repräsentation gefüllt. Dann wird eine phonologische Repräsentation aufgerufen.

In dem Modell wird weiterhin angenommen, dass es spezifische kognitive Prozesse für das Rechnen gibt, insbesondere für das Verstehen von Rechenzeichen und die entsprechenden Wörter, den Abruf von arithmetischem Faktenwissen wie dem kleinen Einmaleins sowie kognitive Rechenprozeduren. Beispielsweise würde in der schriftlich vorgegebenen Multiplikationsaufgabe ‚64×59‘ das Lesen des Multiplikationszeichens eine gelernte Multiplikationsroutine aufrufen. Zuerst wird die interne Repräsentation der Zahlen 4 und 9 von dem Faktenspeicher als Input genommen und zusammen mit der Repräsentation des arithmetischen Operators zur Produktion der abstrakten Repräsentation des Ergebnisses {3}EXP1, {6}EXP0 führen. Die Multiplikationsroutine veranlasst dann die schriftliche Ausgabe der Einerzahl 6 als arabische Ziffer. Dann wird das zweite Teilprodukt gebildet, eine Additionsroutine für die Teilprodukte auf-

gerufen und die Ergebnisse an die Komponenten für die Ausgabe weitergegeben.

Über den Abruf von Rechenfakten gibt es eine Vielzahl von Modellvorstellungen (Ashcraft, 1987); die wichtigste Unterscheidung bezieht sich auf Tafelsuch- (table search) bzw. Netzwerkabrufmodelle (network retrieval). Mit einem Tafelsuchmodell sind konsistente Fehler leichter zu erklären als zeilen- oder spaltenweise geschwächte Such- und Aktivierungsprozesse. Irreguläre Fehlermuster können eher auftreten, wenn Operanden und Ergebnis ohne weitgehende Überschneidung mit Repräsentationen anderer Rechenfakten gespeichert sind. Spezifisches Regelwissen wird für Multiplikationen der Form 1×n oder n×1=n bzw. 0×n oder n×0=0 oder Additionen mit Null angenommen. Die Arbeitsgruppe um McCloskey an der Johns Hopkins Universität hat eine Fülle von Einzelfallstudien vorgelegt, in denen Patienten mit isolierten Störungen einzelner Verarbeitungskomponenten beschrieben werden, welche alle mit dem Modell aus Abbildung 1 erklärbar sind.

An verschiedenen Aspekten des Modells ist Kritik geübt worden. Deloche und Seron (1987) haben sehr differenziert Transkodierungsalgorithmen (im Sinne eines Produktionsmodells) für eine asemantische Überführung einer Zahlennotation in eine andere beschrieben (siehe auch Noël & Seron, 1993). Weddell und Davidoff (1991) argumentieren ebenfalls für die zusätzliche Einführung asemantischer Transkodierungswege analog zu der ‚äußeren Route‘ im Logogenmodell anhand eines Einzelfalls, dessen Probleme in Rechenaufgaben eine selektive Störung der semantischen Repräsentation für die Zahlen 7 und 9 nahelegten.

Cipolloti und Butterworth (1995) haben in ihrem ‚multiple-route‘ Modell getrennte semantische und asemantische Transkodierungswege postuliert, die je nach Aufgabenstellung eingesetzt werden und sich gegenseitig hemmen: In Rechenaufgaben ist der Zugriff zu semantischen Repräsentationen erforderlich, nicht aber beim Transkodieren wie beim Schreiben nach Diktat oder lauten Lesen von (arabischen) Zahlen. Transkodierungsprozesse können also trotz gestörter semantischer

Repräsentationen erhalten sein (vgl. Cohen et al., 1994; Deloche & Seron, 1987). Umgekehrt berichten Cipolloti und Butterworth – im Sinne einer doppelten Dissoziation – von einem Patienten mit einer degenerativen Hirnschädigung, der sehr schlecht Zahlen lesen und schreiben aber vergleichsweise gut mündlich und schriftlich rechnen konnte.

Vorwiegend aufgrund experimenteller Untersuchungen an Probanden haben Campbell (1994, 1999) und Mitarbeiter (Campbell & Clark, 1992) argumentiert, dass es keine abstrakte interne Repräsentation für Zahlen gibt, sondern dass diverse untereinander verbundene notationsabhängige Repräsentationen von Zahlen und Rechenproblemen koexistieren (sog. *encoding-complex* Hypothese), so dass im gesamten Verarbeitungsweg von Enkodierung über Abruf aus einem Gedächtnisspeicher und Antwort ein Einfluss der Notation erhalten bleibt. Dieses Problem von Modularität vs. Interaktivität hat allgemeine Bedeutung für die Art der mentalen Repräsentation von semantischem Wissen. Noël und Seron (1993) nehmen in der ‚*preferred entry code*' Hypothese sogar an, dass es interindividuelle Unterschiede darin gibt, in welche interne, aber nicht amodale Repräsentation alle externen Notationen überführt werden, bevor auf arithmetisches Wissen zugegriffen wird. Grafman (1988) schlägt in einer Überblicksarbeit ein umfassenderes Modell vor, welches (Arbeits-) Gedächtnisspeicher, Aufmerksamkeits- und Kontrollprozesse mit berücksichtigt.

In dem viel beachteten ‚*Triple Code*' Modell von Dehaene (1992) werden drei Arten von internen mentalen Repräsentationen für Zahlen angenommen, die wechselseitig – wie in den Transkodierungsalgorithmen von Deloche und Seron (1987) oder McCloskey et al. (1986) beschrieben – ineinander überführbar sind:

1. Ein *auditiv-verbaler* Code, in den gehörte und gelesene Zahlwörter transformiert sowie von dem aus gesprochene und geschriebene Zahlwörter geäußert werden, enthält präphonologische Wortformen ohne numerische Bedeutung. Auf diese Repräsentation wird beim Abruf von arithmetischem Faktenwissen und beim fortlaufenden Zählen zurückgegriffen.

2. Ein *visuell-arabischer* Code (visuelle Zahlform), in den gelesene arabische Zahlen transformiert sowie von dem aus arabische Zahlen geschrieben werden, enthält Anordnungen von Symbolen ebenfalls ohne numerische Bedeutung. Auf diesen Code wird bei Rechenaufgaben mit mehrstelligen Zahlen oder z.B. bei einer geforderten Paritätsentscheidung (gerade/ungerade Zahl) zugegriffen.

3. Von zentraler Bedeutung ist der *analoge Größencode*, der zwar nicht als abstrakte semantische Repräsentation wie in dem Modell von McCloskey konzipiert ist, aber eine semantische Funktion hat.

Die numerische Größe einer Zahl wird als Aktivierungsverteilung über einem mentalen, orientierten Zahlenstrahl (mit logarithmischer Skalierung) repräsentiert. Diese Code wird aktiviert, wenn die Anzahl einer Menge von Objekten schnell zu erfassen, Zahlen hinsichtlich ihrer Größe zu vergleichen, numerische Nähe festzustellen, approximative Berechnungen auszuführen oder die ungefähre Richtigkeit von Rechnungen zu kontrollieren ist.

Belege für die Angemessenheit einer mentalen Größenrepräsentation werden einerseits aus zwei wiederholt replizierten Effekten in Reaktionszeitexperimenten abgeleitet (Überblick bei Dehaene, 1992). Der *numerische Distanzeffekt* besagt, dass zwei (ganze, positive, ein- oder zweistellige) Zahlen (oder Zahlwörter) um so leichter/schneller hinsichtlich ihrer Größe zu vergleichen sind, je größer ihre Differenz ist. Der sog. *SNARC-Effekt* (Spatial-Numerical Association of Response Codes) beinhaltet, dass bei (einstelligen) Zahlen die Entscheidung über die Parität einer Zahl für die relativ kleineren Zahlen schneller mit der linken Hand und für die relativ größeren Zahlen schneller mit der rechten Hand erfolgt, wenn es also eine Kongruenz zwischen mentaler Repräsentation der Reaktionstastenzuordnung und der Lokalisierung der mentalen Repräsentation der Zahl auf einem gerichteten Zahlenstrahl gibt.

Andererseits gibt es Berichte über ausführlich untersuchte Einzelfälle, deren Leistungs- und Fehlermuster über eine (besser) erhaltene

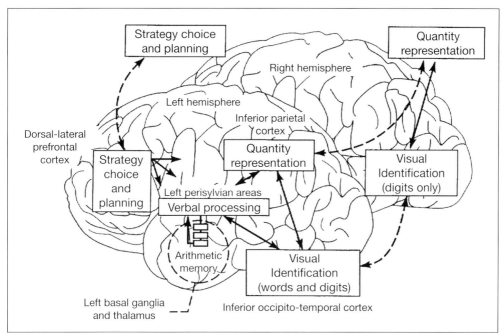

Abb. 2. Neuro-funktionales Modell der Zahlenverarbeitung von Dehaene und Cohen (1995) in der Version von Dehaene (1997)

mentale Größenrepräsentation erklärbar ist. Dehaene und Cohen (1991) berichten beispielsweise über einen Patienten NAU mit schwersten Beeinträchtigungen im Umgang mit Zahlen und beim Rechnen. So gelang etwa die exakte Lösung nur bei sehr einfachen visuell angebotenen Additionsaufgaben, Die falschen Lösungen waren aber durchgängig nicht grob abweichend. In sog. Verifikationsaufgaben, bei denen über die Korrektheit einer Addition entschieden werden sollte, wurden von dem Patienten richtige und leicht abweichende Lösungen deutlich häufiger als richtig akzeptiert als stark abweichende Lösungen. Durchgängig gelangen alle die Aufgabenstellungen deutlich besser, in denen nicht eine exakte Lösung erforderlich ist, sondern eine Abschätzung ausreicht, wie beim Größenvergleich zweier arabischer Zahlen, beim Abschätzen von Punktmengen oder beim Plazieren einer zweistelligen arabischen Zahl auf einem (vertikal angeordneten) Zahlenstrahl von 0-100.

Für die klinische und kognitive Neuropsychologie besonders interessant ist der Versuch von Dehaene und Cohen (1995), eine anatomische Einbettung des rein funktionellen Triple Code Modells zu liefern; diese ist in der Version von Dehaene (1997) in Abbildung 2 dargestellt.

Die visuelle Identifizierung von Zahlwörtern und arabischen Zahlen erfolgt durch die Aktivierung des visuell-arabischen Codes (visuelle Zahlform) oder der visuellen Wortform im inferioren occipito-temporalen Kortex, linkshemisphärisch für beide Notationen und rechtshemisphärisch für arabische Zahlen. Prozeduren zur Identifikation und Produktion von gesprochenen Zahlwörtern sowie die Repräsentation der Zahlwortsyntax werden in den klassischen perisylvischen Sprachregionen der linken Hemisphäre postuliert. Die (semantische) analoge Repräsentation von Quantitäten und die Vergleichsprozedur für Größenvergleiche ist bilateral im inferior parietalen Kortex ‚angesiedelt‘ mit einer funktionalen Dominanz der rechten Hemisphäre für arabische Zahlen und Zahlwörter (siehe auch Dehaene & Cohen, 1997). Dehaene (1997) spricht sogar von einem aus der Phylogenese stammenden ‚number sense‘, den er beim Menschen um den intraparietalen Sulcus herum lokalisiert (Dehaene et al., 1998).

Der Abruf von einfachem arithmetischem Faktenwissen aus dem semantischen Gedächtnis erfolgt über Teile der Sprachregion durch Aktivierung der (phonologischen) kortiko-subkortikalen Schleife unter Einschluss von Basalganglien und Thalamus, die für die Speicherung und Reproduktion automatisierter verbal-motorischer Sequenzen zuständig ist (Dehaene et al, 1996): Die Sequenz ‚zwei mal vier‘ aktiviert das Wort ‚acht‘ in kortikalen Sprachregionen.

Komplexere mentale Berechnungen erfordern den Einschluss linkshemisphärischer parietaler Strukturen mit visuo-spatialen und sprachlichen Repräsentationen sowie den dorsolateralen präfrontalen Kortex zur Auswahl von Bearbeitungsstrategien und zur Planung und Sequenzierung von Zwischenschritten.

Zwischen den drei internen Codes werden weiterhin bidirektionale Verbindungen angenommen. In der linken Hemisphäre eine asemantische Verbindung zwischen visueller Zahlform und Sprachsystem und eine semantische Verbindung unter Einschluss der quantitativen Größenrepräsentation; in der rechten Hemisphäre gibt es lediglich eine Verbindung zwischen visueller Zahlform und Größenrepräsentation. Eine *direkte* interhemisphärische Verbindung wird nur für die visuelle Wort- und Zahlform sowie die Größenrepräsentation angenommen. Es gibt aber keine direkte Verbindung zwischen der visuellen Zahlform in der rechten Hemisphäre und den linkshemisphärischen Sprachregionen.

Empirische Belege für dieses neuro-funktionale Modell stammen einerseits aus Studien unter Einsatz funktionell bildgebender Verfahren (Überblick in Dehaene, 1997; Kiefer & Dehaene, 1997; Dehaene et al., 1999) und andererseits aus detaillierten Einzelfallstudien mit selektiven Störungen der Zahlenverarbeitung (ausführlich in Dehaene & Cohen, 1995). Cohen und Dehaene (1996) berichten über eine Patientin mit einer Läsion der hinteren Hälfte des Corpus callosum als Folge eines Infarktes. Wurden arabische Zahlen (oder Zahl-

wörter) gesichtsfeldabhängig nur in das rechte Halbfeld projiziert, konnte die Patientin sie benennen, ihre numerische Größe beurteilen und mit ihnen rechnen. Bei Präsentation im linken Halbfeld war es der Patientin möglich, gleich/ungleich Entscheidungen über zwei Ziffern zu treffen und die größere der beiden Zahlen auszuwählen. Damit ist belegt, dass die rechte Hemisphäre Ziffern identifizieren und sie mit ihrer numerischen Quantität assoziieren kann. Aufgaben, die einen interhemisphärischen Transfer in einem visuellen Format über den hinteren Teil des Corpus callosum erfordern, waren dagegen nicht besser als auf Ratenniveau zu lösen wie etwa der Vergleich zweier visuell präsentierter Ziffern, von denen je eine in je eines der visuellen Felder projiziert wurde. Beim Identitätsvergleich einer arabischen Ziffer im einen Halbfeld mit einer Menge von Punkten im anderen war die Leistung signifikant besser, da nach Modell der interhemisphärische Transfer von Größeninformation über ein weiter anterior gelegenes Segment des Corpus callosum erfolgt, welches von der Läsion nicht entscheidend betroffen war. Das laute Lesen oder die Addition von ins linke Halbfeld projizierten Zahlen war ebenfalls stark beeinträchtigt, so dass nur die linke Hemisphäre der Patientin über ein vollständiges ‚Rechensystem‘ verfügt, das auch Zahlen in verbaler Form sinnvoll verarbeiten kann.

Ein anderes Anwendungsbeispiel für das Modell stellen Patienten mit medial gelegenen occipito-temporalen Läsionen dar, welche die Bildung einer visuellen Zahlform in der linken Hemisphäre verhindern und damit eine Diskonnektion von Sprachsystem und direktem visuellem Input bewirkt. Patienten mit einer daraus sich ergebenden reinen Alexie können arabische Zahlen nicht laut lesen, aber korrekte Größenvergleiche für dieselben Zahlen ausführen. Weiterhin können sie selbst einfache visuell präsentierte Additionen zweier arabischer Zahlen nicht ausführen, da das Sprachsystem keine direkte Information über die Identität der visuellen Operanden erhält. Dieselben Additionsaufgaben sind aber bei auditiver Präsentation ohne Probleme zu lösen.

Weitere Einzelfälle mit interessanten Störungsmustern sollen nur kurz angeführt werden.

Aufgrund von Störungen der Multiplikation einstelliger Zahlen bei einem Patienten mit epileptischen Anfällen als Folge eines Tumors durch direkte präoperative kortikale Stimulation schlossen Whalen et al. (1997) auf eine wichtige Rolle linksparietaler Strukturen für den Abruf von gespeicherten Rechenfakten (vgl. Kiefer & Dehaene, 1997). Hittmair-Delazer et al. (1994) berichteten über einen Patienten mit einer Blutung im Bereich der linken Basalganglien, der große Probleme im Abruf von einfachen Rechenfakten hatte, aber über ein recht großes konzeptuelles Wissen über Zahlen verfügte, so dass er häufig mit recht komplexen Strategien mühsam die Aufgaben des kleinen Einmaleins lösen konnte (siehe auch Hittmair-Delazer et al., 1995). Cohen und Mitarbeiter (1994) berichteten über einen Fall mit Tiefendyslexie für arabische Zahlen, der diese besser lesen oder zumindest korrekt identifizieren konnte, wenn sie eine Bedeutung im deklarativen oder episodischen Gedächtnis hatten wie ‚504‘ als Typenbezeichnung für einen Peugeot oder ‚1789‘ als Jahr des Sturms auf die Bastille. In ähnlicher Weise konnten Delazer und Girelli (1997) zeigen, dass korrekte semantische Information, gegeben vor dem Lesen einer arabischen Zahl, die Leseleistung für arabische Zahlen bei einem Patienten mit Aphasie und Dyslexie verbessern konnte. So erleichterte das Lesen des Wortes ‚Alfa Romeo‘ das nachfolgende Lesen der Zahl ‚164‘, wiederum eine Typenbezeichnung, nicht aber ein anderes Wort.

Diagnostik

Für die diagnostische Untersuchung von Patienten mit Akalkulie sind selbst international nur sehr wenige Untersuchungs- oder Testverfahren publiziert (vgl. Jackson & Warrington, 1986; Levin et al., 1993; Lezak, 1995; Grafman & Rickard, 1997). Zwar gibt es in den meisten normierten Intelligenztests einzelne Untertests mit Rechenanforderungen und normierte Schultests für die einzelnen Klassenstufen, doch werden in ihnen nicht systematisch die verschiedenen kognitiven Prozesse beim Rechnen mit genügend Items überprüft.

Eine eng am kognitiv neuropsychologischen Verarbeitungsmodell von McCloskey et al. (1985) orientierte und nach Kriterien der kriteriumsorientierten Leistungsmessung zusammengestellte Untersuchungsbatterie (Johns Hopkins University Dyscalculia Test Battery; McCloskey et al., 1991) stammt von Macaruso et al. (1992), welche Beeinträchtigungen im Umgang mit Zahlen und im Rechnen systematisch auf zugrunde liegende kognitive Verarbeitungsmechanismen zurückzuführen versucht. Zusätzlich zur Untersuchungsbatterie selbst werden anamnestisch Informationen über die Schulbildung in Mathematik und private wie berufliche Fertigkeiten im Umgang mit Zahlen vor und nach der Hirnschädigung erhoben, bevor die je nach Schweregrad der Störungen 1-3 Stunden dauernde Untersuchung erfolgt.. Das Verfahren besteht aus 17 Aufgabenstellungen mit 9 bis 20 Items, die selbst wieder meist zu gleichen Teilen in leichte und schwere Anforderungen unterteilt sind.

Im Bereich der Zahlenverarbeitung sind für arabische Zahlen sowie laut- und schriftsprachliche Zahlwörter Größenvergleiche durchzuführen sowie Zahlen von jedem Code in jeden der beiden übrigen Codes zu transkodieren. Dabei wird mit einstelligen Zahlen (resp. Zahlwörtern) die lexikalische Verarbeitung und mit 2-5 stelligen Zahlen (resp. Zahlwörtern) kombiniert die lexikalische und syntaktische Verarbeitung in Verständnisaufgaben mit einfachen Zeigehandlungen als Antwortmodus überprüft. Die Transkodierungsaufgaben mit 1-4 stelligen Zahlen erfordern sowohl Verstehen als auch Produzieren von arabischen Zahlen bzw. Zahlwörtern.

Die Untersuchung arithmetischer Fähigkeiten umfasst das Verständnis für die Grundrechenzeichen (Symbol vs. Wort), den Faktenabruf bei mündlichen Rechenaufgaben und die Durchführung von Rechenprozeduren inklusive Faktenabruf bei schriftlichen Aufgaben für Addition, Subtraktion und Multiplikation.

Da das Verfahren am Einzelfallansatz orientiert ist, gibt es keine expliziten, standardisierten Ausführungs- und Auswertungsanweisungen, sowie keine Normen oder Trennwerte für beeinträchtigte vs. unbeeinträchtigte Leistungen. Neben der Anzahl richtig gelöster

Tabelle 1. Aufbau der EC301 R Akalkulie-Testbatterie (Claros Salinas, 1994)

Teil	Inhalt	Items
I.	Abzählen (von 3 Punktmengen): deuten auf Punkte, laut mitzählen und Ergebnis als Ziffer aufschreiben	3
II.	Rückwärtszählen: in Einerschritten von fünfundzwanzig bis null	1
III.	Transkodieren	
	Schreiben: Zahlwort auditiv—> Ziffer schreiben	6
	Lesen: Ziffer —> Zahlwort laut lesen	6
	1 —> eins: Ziffer —> Zahlwort schriftlich	6
IV.	Kopfrechnen: je Grundrechenart 2 Aufgaben; mündliche Vorgabe und Antwort	8
V.	Anordnen auf Zahlenstrahl (0-100): arabische Zahl ist einer von 4 Markierungen auf vertikalem Zahlenstrahl zuzuordnen	5
VI.	Größenvergleich: zwischen zwei Zahlen	
	auditive Vorgabe	8
	schriftliche Vorgabe	8
VII.	Schriftliches Rechnen: je 2 mehrschrittige Additionen, Subtraktionen und Multiplikationen	6
VIII.	Perzeptives Schätzen: von Gewicht, Höhe oder Anzahl anhand bildlicher Stimuli	4
IX.	Kontextuelles Schätzen: Zahlenangaben in semantischem Kontext als ,wenig', ,mittel', ,viel'	5

Items sind die Itemtypen mit Fehler und die Fehlerarten selbst Grundlage der Auswertung entlang dem Verarbeitungsmodell. Für eine detaillierte Einzelfallanalyse sind in der Regel weitere Untersuchungen erforderlich.

Für die klinisch neuropsychologische Anwendung geeignet ist das in einem EU-Projekt entwickelte Screening-Verfahren EC 301 R (Deloche et al., 1993, 1994; deutsche Version von Claros Salinas, 1994). Es überprüft in 30-60 min in für Hirngesunde leichten Items die wichtigsten Komponenten rechnerischer bzw. allgemein zahlenbezogener rezeptiver und produktiver Fähigkeiten: die Fähigkeit, Zählelemente korrekt zu sequenzieren, Zahlen zu transkodieren, das Erfassen von Mengen durch Abschätzen, Zählen und Abzählen, Kenntnisse des einfachen Rechnens einschließlich des Zugangs zu arithmetischem Faktenwissen, die Kenntnis der Algorithmen der Grundrechenarten, der Verfügbarkeit semantischer Mengenrepräsentationen (numerische Größenvergleiche, Abschätzen der Größenverhältnisse bildlicher Stimuli, kontextuelles Mengenschätzen). Eine Kurzbeschreibung der Aufgabentypen in der Untersuchungsreihenfolge sind in Tabelle 1 zu finden.

Das Leistungsprofil eines Patienten lässt sich auch ohne exklusiven Bezug zu einem Verarbeitungsmodell auf wichtige Komponenten und Prozesse in den im letzten Abschnitt vorgestellten Modellen beziehen. Eine Kategorisierung der Leistungen je Aufgabenstellung nach unbeeinträchtigt bzw. beeinträchtigt unter Berücksichtigung der Schulbildung ist möglich.

Für Patienten mit geringgradiger Akalkulie, deren berufliche Rehabilitation als Weiterführung einer Ausbildung, als Umschulung oder Rückkehr an den bisherigen Arbeitsplatz in Frage steht, ist die Diagnostik numerischer Leistungsdefizite für komplexere, im beruflichen Alltag relevante Anforderungen wie in der Münchner Akalkulie Prüfung (Claros Salinas, 1993 a), die auch ein eigenes Akalkulie-Screening enthält, wichtig. Untersucht werden dabei im Ausbildungs- und beruflichen Alltag besonders häufig geforderte Zahlenverarbeitungs- und rechnerische Leistungen wie *lautes Lesen, Schreiben nach Diktat* und *stellenwertbezogenes Anordnen* an unterschiedlich komplex konstruiertem Zahlenmaterial. Im arithmetischen Untersuchungsteil sind einfache und komplexere Aufgaben zu den vier Grundrechenarten in den Modalitäten *Kopfrechnen auf auditive oder visuelle Aufgabenpräsentation* und *schriftliches Rechnen* zu lösen. Bei der Auswertung werden qualitative Aspekte berücksichtigt, z.B. inwieweit bei komplexen Aufgaben zu den Grundrechenarten, welche auch Personen ohne Hirnschädigung nicht durchgängig fehlerfrei beherrschen, inkorrekte Ergebnisse auf Plausibilität kontrolliert werden.

Therapie

Obgleich die Therapie von Akalkulien neuropsychologisch als besonders geeigneter Trainingsbereich gelten kann, da sich zahlenbezogene Anforderungen wegen ihrer relativen Begrenztheit gut in systematische Übungseinheiten umsetzen lassen, ist über spezifische Behandlungsmethoden wenig bekannt (Claros Salinas, 1988). Studien, die über Therapieverläufe bei Akalkulie berichten oder unterschiedliche Therapiemethoden auf deren Effektivität untersuchten, sind selten.

In einer der ersten Therapiestudien (Deloche et al., 1989) wird an zwei Einzelfallbeispielen ein systematisches Zahlentranskodierungstraining dargestellt. Die Grundidee dieser Therapien war, den beiden aphasischen Patienten die Transkodierungsmechanismen für die Umformung eines Zahlwortes in eine Ziffernsequenz und umgekehrt in anschaulicher Weise zu vermitteln. So wurden z.B. die für die Transkodierung notwendigen lexikalischen Grundeinheiten in Stapeln geordnet und in verschiedenen Farben markiert vorgegeben. Diese konnten als Auswahlhilfe bei den Transkodierungsaufgaben selbst genutzt werden, wobei als weitere Unterstützung farblich analog markierte Schreibfelder dienten, in die die einzelnen lexikalischen Einheiten einzutragen waren. Im Trainingsverlauf wurden die Hilfen schrittweise reduziert. Bei einem Vergleich von Vor- und Nachtest zeigte sich eine erhebliche Leistungsverbesserung im Transkodieren, die sieben bzw. 12 Monate nach Therapieende noch anhielt und für die behandelten Patienten alltagsrelevant war, da sie nunmehr Tätigkeiten wie das Ausstellen eines

Schecks wieder selbständig erledigen konnten.

In einer weiteren Einzelfalltherapiestudie von Deloche et al. (1992) wurden zwei verschiedene, sukzessiv durchgeführte Therapiemethoden verglichen, die das Beurteilungvermögen grammatischer Wohlgeformheit von Zahlwörtern in implizitem vs. explizitem Vorgehen trainierten. In der ersten Therapie wurden keinerlei Regeln der grammatisch korrekten Zahlwortbildung vermittelt und dem Patienten lediglich rückgemeldet, ob seine grammatikalische Zulässigkeitsentscheidung richtig oder falsch war. In der zweiten Therapie hingegen wurden dem Patienten die syntaktischen Regeln und die zugrunde liegenden lexikalischen Kategorisierungen erklärt. Der 66-jährige Patient mit schwerer Aphasie und Agraphie profitierte von beiden Therapiemethoden, allerdings war der Transfereffekt bei der zweiten Therapie höher. Es kam auch zur Generalisierung auf nicht geübte, weitere Aspekte der Zahlenverarbeitung wie den Größenvergleich von Zahlwörtern und das Transkodieren zwischen Zahlwörtern und arabischen Zahlen.

Die erfolgreiche Behandlung einer Störung in der phonologischen Verarbeitung von Zahlwörtern, insbesondere im Diktatschreiben, bei einer Patientin mit Akalkulie und anderen sprachlich-kognitiven Leistungsdefiziten nach einer intrazerebralen Blutung im linken Parietallappen wurde von Claros Salinas (1993 b) beschrieben. Die Behandlung der Probleme im Transkodieren von Zahlwörtern in arabische Zahlen bei einem Fall von Entwicklungsdyskalkulie stellen Sullivan und Mitarbeiter (1996) dar. Den Einsatz eines Expertensystems beim individualisierten, computerisierten Training von Fehlern beim Transkodieren erläutern Guyard et al. (1997).

Wie den Therapieschwerpunkten der beschriebenen Studien schon zu entnehmen ist, kommt der Behandlung von Störungen der Zahlenverarbeitung eine besondere Bedeutung zu. Bei vielen Alltags- bzw. Berufserfordernissen werden rechnerische Prozeduren längst automatisiert bearbeitet, aber Anforderungen an eine zuverlässige Zahlenverarbeitung wie das Lesen und Verstehen, Schreiben und Anordnen von Zahlen. bestehen nach wie vor. Letztere sind kaum durch kompensatorische Mittel wie Taschenrechner oder computergestützte Rechenprogramme zu gewährleisten. Für den Alltag relevant sind auch das Schätzen rechnerischer Ergebnisse und die approximative Beurteilung errechneter Resultate. Hier kommt es darauf an, komplexere Prozeduren zu vereinfachen, um die wesentliche Information über die richtige Größenordnung bzw. Korrektheit eines Rechenresultats rasch zu ermitteln. Um das Training derartiger Fähigkeiten gezielt zu unterstützen, sind Aufgabenstellungen geeignet, die einerseits den sicheren und raschen Abruf arithmetischer Fakten und andererseits Verhaltensstrategien wie eine systematische Ergebniskontrolle auf Plausibilität üben.

Wie die klinische Erfahrung zeigt, ist bei derartigen Therapien ein strukturiertes Vorgehen, das nach Prinzipien kriteriumsorientierter Leistungsmessung (Klauer, 1987) angelegt ist, erfolgversprechend. Einzelne Leistungsstufen werden festgelegt und der Schwierigkeitsgrad erst dann erhöht, wenn das jeweilige Leistungskriterium mit einer nur geringen Fehler-

quote erreicht ist. Therapien sollten intensiv und regelmäßig mehrmals wöchentlich erfolgen können. Die Therapieintensität bei der (Wieder)erarbeitung rechnerischer Prozeduren, die oft bei jungen Patienten mit Ausbildungsanforderungen indiziert ist, kann deutlich geringer sein und sich auf die Vermittlung von Lösungsschemata, z.B. bei ausbildungsrelevanten Anforderungen wie Dreisatz und Prozentrechnen, und das Einüben systematischer Ergebniskontrollen beschränken.

Weiterhin sollten individuell ausgerichtete, alltagsrelevante Verbesserungen angezielt werden. Bei Patienten mit schwerer Beeinträchtigung im Umgang mit Zahlen geht es zunächst um die Sicherung basaler Fähigkeiten wie den zuverlässigen Umgang mit Geldeinheiten, das korrekte Ablesen der Uhr, den ausreichend sicheren Einsatz eines Taschenrechners. Erst wenn eine berufliche Wiedereingliederung mit zahlenbezogenen Fähigkeiten ansteht, sollte die Therapie spezifischer werden und nicht nur symptomorientiert sondern eng an berufliche Anforderungen angelehnt sein.

5 Spezifische Krankheitsbilder

5.1 Neuropsychologische Defizite nach Kleinhirnläsionen

MARKUS M. SCHUGENS, HERMANN ACKERMANN & IRENE DAUM

Zusammenfassung

In den letzten Jahren wurden eine Reihe von theoretischen und empirischen Arbeiten veröffentlicht, die eine Beteiligung des Kleinhirns an kognitiven Prozessen nahelegen. Dieses Kapitel fasst die an Patienten mit Kleinhirnläsionen gewonnenen neuropsychologischen Befunde kritisch zusammen. Einige Studien weisen auf Beeinträchtigungen exekutiver Funktionen, visuell-räumlicher Verarbeitungsprozesse und des Erwerbs nicht-motorischer Fertigkeiten hin, die aber in anderen Untersuchungen nicht repliziert werden konnten. Sprech- und Sprachstörungen nach Kleinhirnläsionen müssen im Zusammenhang mit Dysfunktionen der motorischen Kontrolle gesehen werden. Im Gegensatz dazu sind Defizite beim motorischen Lernen und der Verarbeitung zeitlicher Information gut belegt. Eine darüber hinausgehende Beteiligung des Kleinhirns an kognitiven Prozessen ist noch empirisch abzusichern.

Vorbemerkung

Störungen der Koordination von Willkürbewegungen werden seit Anfang des 19. Jahrhunderts als die klinisch bedeutsamsten Symptome von Kleinhirnläsionen betrachtet. Vereinzelt wurden darüberhinaus eine Demenz oder geistige Behinderung bei zerebellärer Atrophie oder Agenesie nachgewiesen (zusammenfassend Schmahmann, 1997). In den letzten 15 Jahren rückte die mit diesen Fallberichten aufgeworfene Frage nach einem möglichen Beitrag des Kleinhirns an der Vermittlung kognitiver Funktionen in das Zentrum der neurowissenschaftlichen Forschung. Diese Entwicklung ist u.a. auf die Beschreibung von reziproken funktionell-anatomischen Verbindungen zwischen Kleinhirn und Assoziationsarealen des Frontal- und Parietalkortex zurückzuführen, die als mögliches Substrat einer zerebellären Modifikation kognitiver Prozesse, die an die kortikalen Assoziationsareale gebunden sind, angenommen werden (vgl. Schmahmann, 1991 und Abbildung 1).

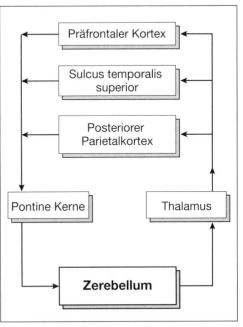

Abb. 1. Verbindungen zwischen Zerebellum und Neokortex (nach Schmahmann, 1991).

Ein weiterer Grund des gegenwärtigen Interesses an kognitiven Kleinhirnfunktionen liegt im Nachweis zerebellärer Aktivierungen bei unterschiedlichen nicht-motorischen Aufgaben durch funktionell-bildgebende Verfahren (vgl. Schmahmann, 1997). Schließlich motivierten theoretische Überlegungen zur Parallelität der Kontrollprozesse motorischer und kognitiver Leistungen sowie zur Bedeutung der Größenzunahme des menschlichen Kleinhirns (Ito, 1993; Leiner et al., 1989) in den letzten Jahren umfassende neuropsychologische Untersuchungen von Patienten mit umschriebenen zerebellären Läsionen. Die bisher vorliegenden empirischen neuropsychologischen Befunde sollen im folgenden dargestellt werden.

Klinische Diagnostik

Klassifikation zerebellärer Erkrankungen

Als Ursache von sporadischen zerebellären Erkrankungen kommen u.a. Alkoholismus, toxische Schädigungen, Tumore oder Durchblutungsstörungen in Betracht (vgl. Dichgans et al., 1989 und Kap. 1.6). Zu den häufigsten degenerativen Erkrankungen mit Beteiligung des Zerebellums zählen die rein zerebelläre oder kortikale zerebelläre Atrophie (CCA) und die olivopontozerebelläre Atrophie (OPCA), die sporadisch auftreten oder auch dominant oder rezessiv vererbt werden können. Kortikale zerebelläre Atrophien sind selten, und die Diagnose stützt sich auf eine ausschließlich zerebelläre klinische Symptomatik, zusammen mit dem neuroradiologischen Nachweis einer auf das Kleinhirn beschränkten Atrophie. Die überwiegende Anzahl der OPCA-Erkrankungen tritt sporadisch auf, nur in etwa 25 % der Fälle ist Heredität nachweisbar (vgl. Dichgans et al., 1989). In der Regel werden initial Koordinationsstörungen beobachtet, später kommen extrazerebelläre Symptome wie Pyramidenzeichen, Rigor, Hirnstammsymptome und in einigen Fällen eine dementielle Entwicklung hinzu. Die Abgrenzung zwischen CCA und OPCA kann im Einzelfall schwierig sein.

Gelegentlich wird auch die Friedreichsche Ataxie als Symptom einer zerebellären Funktionsstörung eingestuft. Diese Erkrankung betrifft aber vorrangig die spino- und bulbozerebellären Bahnen, und erst in späteren Stadien werden das Kleinhirn und dann auch Kerngebiete des Hirnstamms mit einbezogen. Die neuropsychologischen Befunde bei Friedreicher Ataxie werden daher im Rahmen dieses Kapitels nicht berücksichtigt.

Dieses Kapitel stützt sich im wesentlichen auf neuropsychologische Befunde, die bei Erwachsenen mit auf das Kleinhirn begrenzten degenerativen Erkrankungen oder Läsionen erhoben wurden. Dazu gehören in erster Linie Patienten mit rein zerebellärer Atrophie oder umschriebenen ischämischen Insulten. Tierexperimentelle Studien sowie die Ergebnisse bildgebender Verfahren können aus Platzgründen nicht berücksichtigt werden.

Neurologische Symptome

Funktionsstörungen des Kleinhirns führen u.a. zu einer Verminderung des Muskeltonus (Hypotonie), Beeinträchtigungen der Koordination bei Willkürbewegungen (Ataxie), Aktions- oder Intentionstremor, Gleichgewichts- und Gangstörungen, Nystagmus sowie dem positiven Rebound-Phänomen. Die Schwere der klinisch beobachtbaren Ausfälle ist abhängig von Ursache, Ausmaß und Lokalisation der Läsion sowie vom zeitlichen Abstand der Untersuchung zum Eintritt der Schädigung (Dichgans & Diener, 1984). Die auffälligsten Störungen betreffen die Willkürmotorik: die Extremitätenataxie äussert sich in Kraft und Ausmaß unangepassten Willkürwegungen (Dysmetrie), die von der beabsichtigten Zielrichtung abweichen (Hypo- oder Hypermetrie) oder nicht alternierend ausgeführt werden können (Dysdiadochokinese). Die Rumpfataxie bei zerebellären Erkrankungen führt zu Gangstörungen. Weitere Symptome der Ataxie sind eine verlangsamte silbische und unpräzise Sprechweise (zerebelläre Dysarthrie) und unkoordinierte Blickbewegungen (okuläre Dysmetrie).

Neuropsychologische Auffälligkeiten

Sprech- und Sprachstörungen

Einige der bei Patienten mit zerebellären Läsionen beobachteten neuropsychologischen Auffälligkeiten müssen im Zusammenhang mit Dysfunktionen der motorischen Kontrolle interpretiert werden; dies gilt insbesondere für Sprechstörungen sowie Defizite des motorischen Lernen (s.u.).

Dysarthrien gehören zu den klassischen Symptomen zerebellärer Funktionsstörungen. Beeinträchtigungen höherer sprachlicher Leistungen wie Agrammatismus oder semantische Defizite wurden nur vereinzelt berichtet (Ackermann & Ziegler, 1992). Bei Wortflüssigkeitsaufgaben hingegen werden bei Patienten mit zerebellären Läsionen übereinstimmend Leistungseinbußen beobachtet. Aufgaben dieser Art erfordern die (sprachliche) Produktion möglichst vieler Wörter einer bestimmten semantischen Kategorie oder eines bestimmten Anfangsbuchstabens in einem vorgegebenen Zeitintervall. In diesen Fällen könnte die Testleistung durch verlangsamtes Sprechtempo bei Dysarthrien beeinflusst werden (vgl. Daum & Ackermann, 1997). Allerdings gibt es auch Hinweise dafür, dass Wortflüssigkeitsdefizite nicht mit dem Schweregrad der Dysarthrie korrelieren und daher nicht allein auf motorische Symptome zurückzuführen sind (Molinari et al., 1997).

Bei regelgeleiteten Wortassoziationsaufgaben, in denen zu vorgegebenen Substantiven Oberbegriffe oder passende Verben produziert werden sollen, wurden in einer vielzitierten Einzelfallstudie ebenfalls mangelnde Lerneffekte und hohe Fehlerraten bei zunehmender Einübung der Aufgabe beobachtet; diese Effekte wurden als Beleg für einen beeinträchtigten Erwerb kognitiver Fertigkeiten bei Kleinhirnläsionen interpretiert (Fiez et al., 1992). In einer gut kontrollierten Gruppenstudie mit einer größeren Anzahl von Patienten mit zerebellären Erkrankungen konnte der Befund eines Defizits bei der Wortgenerierung allerdings nicht repliziert werden, obwohl identische bzw. ähnliche Testverfahren eingesetzt wurden (Helmuth et al., 1997). Die Leistungen der Patienten lagen durchgängig im Normbereich, so dass die Frage nach einer spezifischen Beteiligung des Zerebellums an Wortassoziationsaufgaben offen bleibt.

Motorisches und nicht-motorisches Lernen

Die funktionelle Bedeutung des Zerebellums für die Kontrolle von Bewegungen und die Beteiligung der lateralen Anteile bei der Bewegungsplanung und -programmierung und der medialen Anteile bei der Bewegungsausführung sind seit langem bekannt (vgl. Harding, 1984). Darüber hinaus existieren auch Modellvorstellungen über die Rolle des Kleinhirns bei der Modifikation und dem Erlernen von Bewegungen und Bewegungsabläufen. So soll nach Ito (1993) das Kleinhirn Reflexe und Willkürmotorik einer sich ständig verändernden Umwelt anpassen.

Auch empirische Daten deuten auf eine entscheidende Beteiligung des Zerebellums beim motorischen Lernen hin. So wiesen Patienten mit zerebellären Läsionen Defizite bei der visuomotorischen Adaptation im Rahmen des vestibulo-okulären Reflexes oder beim Erlernen neuer manueller Fertigkeiten (z.B. Nachzeichnen geometrischer Muster) auf. Weiterhin gelingt es ihnen häufig nicht, neue Bewegungsabfolgen trotz längerer Einübung flüssig durchzuführen (zusammenfassend Hallett & Grafman, 1997). Auch bei einfachen Formen des motorischen Lernens, wie der klassischen Konditionierung der Lidschlussreaktion auf einen Ton, wurden in unterschiedlichen Studien übereinstimmend Lerndefizite beobachtet (Daum & Schugens, 1996).

Gedächtnisleistungen

Die Leistungen von Patienten mit zerebellären Erkrankungen sind bei der Vorgabe gebräuchlicher Gedächtnistests in der Regel unauffällig. Dies gilt sowohl für die Überprüfung des Kurzzeitgedächtnisses mittels Zahlen- und Blockspannen als auch für das längerfristige Behalten und Erinnern von neuem sprachlichem und nicht-sprachlichem Material (vgl. Daum & Ackermann, 1995). Gedächtniseinbußen bei Aufgaben, die als „effortful memory" interpretiert wurden, gingen auf Perseverationsprobleme zurück und können nicht als genuines Gedächtnisdefizit angesehen werden (Appollonio et al., 1993).

Auch das implizite Gedächtnis i.S. von Priming-Effekten ist bei Patienten mit umschriebenen zerebellären Läsionen unbeeinträchtigt. Hinsichtlich des Erwerbs neuer nicht-motorischer Fertigkeiten sind neben den Problemen beim Üben von Wortgenerierungsaufgaben (s.o.) auch Defizite beim Erlernen visuomotorischer Assoziationen im Kontext einer seriellen Reaktionszeitaufgabe berichtet worden (vgl. Hallett & Grafman, 1997); die letzteren Befunde lassen sich i.S. in einer gestörten Automatisierung motorischer Sequenzen interpretieren (Doyon et al., 1997).

Exekutive Funktionen

Die reziproken Faserverbindungen zwischen Kleinhirn und präfrontalen Regionen gelten als ein mögliches Substrat der zerebellären Beteiligung an kognitiven Funktionen. Die bisher vorliegenden empirischen Befunde sind allerdings widersprüchlich und stützen diese Hypothese nur bedingt. So wurden einerseits bei sog. „frontalhirntypischen" Aufgaben neben reduzierter Wortflüssigkeit (s.o.) auch Defizite strategischer und antizipatorischer Planungsprozesse z.B. im Turm-von-Hanoi Test beobachtet (Grafman et al., 1992). Appollonio et al. (1993) berichteten darüberhinaus über verstärkte Perseverationstendenzen von Patienten mit zerebellären Läsionen bei unterschiedlichen laut- und schriftsprachlichen Aufgaben. Dieser Befund ließ sich andererseits in mehreren Untersuchungen zur Bildung und Modifikation von Konzepten mittels des Wisconsin Card Sorting Test (WCST) nicht bestätigen; die Ergebnisse lagen durchgängig im Normbereich. Allerdings sprechen die in einigen Fällen berichteten Defizite der Aufmerksamkeitssteuerung wiederum für eine mögliche Störung exekutiver Funktionen bei Patienten mit zerebellären Funktionsstörungen (zusammenfassend Daum & Ackermann, 1997).

Verarbeitung zeitlicher Informationen („Timing")

Hinsichtlich der funktionellen Rolle des Kleinhirns wurde argumentiert, dass das Zerebellum – analog zu seiner Funktion bei der motorischen Organisation – die Geschwindigkeit, Konsistenz und die Initiierung von kognitiven Prozessen reguliert und Fehlfunktionen eine „Dysmetrie" kognitiver Prozesse hervorrufen (vgl. Schmahmann, 1991). In diesem Zusammenhang steht z.B. die Theorie von Keele und Ivry (1993), die das Zerebellum als eine Art „innere Uhr" konzipieren. Das Kleinhirn soll bei allen motorischen und nicht-motorischen Prozessen beteiligt sein, für deren korrekte Durchführung akkurate Berechnungen von Zeitdauern notwendig sind. Diesem Konzept zufolge misst das Zerebellum das richtige Zeitintervall aus und implementiert die erforderliche Reaktion, wenn das entsprechende Intervall vergangen ist.

Für diese Annahme spricht, dass sich ein Teil der motorischen Symptome bei zerebellärer Dysfunktion i.S. gestörter Zeitgeberfunktionen interpretieren lässt. Dysmetrie und Dysdiadochokinese z.B. lassen sich auf eine gestörte Fähigkeit, die Aktivität antagonistischer Muskelgruppen zu koordinieren, zurückführen (vgl. Dichgans & Diener, 1984). Aber auch in einer Reihe von neuropsychologischen Untersuchungen konnte übereinstimmend nachgewiesen werden, dass Patienten mit zerebellären Läsionen sowohl bei motorischen wie auch bei perzeptiven Leistungen beeinträchtigt sind, wenn die Aufgabe die Verarbeitung zeitlicher Informationen erfordert. In diesem Zusammenhang wurden Leistungseinbußen beim rhythmischen Tapping, bei der Sprachproduktion, bei der Einschätzung der Dauer von Zeitintervallen, bei der Beurteilung der Geschwindigkeit sich bewegender Objekte sowie bei der Sprachwahrnehmung berichtet (vgl. Ivry, 1993; Ackermann et al., 1997). Störungen der Zeitgebungsfunktion gehören somit zu den am besten empirisch dokumentierten neuropsychologischen Defiziten bei Kleinhirnläsionen.

Neuropsychologische Defizite bei Olivo-ponto-zerebellärer Atrophie

Die olivo-ponto-zerebelläre Atrophie gilt als eine der häufigsten Formen zerebellärer Systematrophien (Dichgans et al., 1989). Sie ist durch progrediente Zellverluste in Zerebellum, Pons und den inferioren Oliven gekennzeichnet. Darüber hinaus liegen in fortgeschrittenen Stadien der Erkrankung auch ein Untergang von Neuronen in zahlreichen anderen Hirnregionen (u.a. Basalganglien, basales Vorderhirn, zerebraler Kortex) sowie Dysfunktionen der cholinergen und noradrenergen Transmittersysteme vor (vgl. Kish et al., 1994). Klinisch stehen zunächst ataktische Störungen im Vordergrund, in späteren Stadien kommen in zahlreichen Fällen extrazerebelläre motorische Symptome wie Rigor, Blickparesen und Augenbewegungsstörungen hinzu.

In mehreren Studien wurde das klinische Bild der OPCA mit dem Auftreten einer dementiellen Entwicklung in Verbindung gebracht; die Angaben über die Häufigkeit dementieller Veränderungen variieren allerdings in unterschiedlichen Stichproben zwischen 20 % und 80 %. Neben globalen kognitiven Veränderungen wurden auch affektive Störungen wie emotionale Labilität, Apathie und Depression berichtet (vgl. Caplan, 1984).

In neueren Untersuchungen mit standardisierten neuropsychologischen Testverfahren konnten bei OPCA Patienten u.a. Leistungseinbußen bei der visuell-räumlichen Informationsverarbeitung (bei visuell-räumlichen Intelligenztests oder beim Abzeichnen einer geometrischen Zeichnung) und beim längerfristigen Behalten neuen sprachlichen und nichtsprachlichen Materials nachgewiesen werden (Zusammenfassung bei Botez-Marquard & Botez, 1997). Mehrere Autoren wiesen darauf hin, dass OPCA vor allem mit Beeinträchtigungen von exekutiven Leistungen einhergeht; in Übereinstimmung damit wurden Defizite bei Planung und Problemlösen (Turm-von-Hanoi Test), Konzeptbildung (WCST), Wortflüssigkeit sowie beim Erlernen von motorischen Sequenzen und der semantischen Organisation von Gedächtnisinhalten berichtet (z.B. Matthew et al., 1993; Kish et al., 1994).

Kish et al. (1994) betonten allerdings, dass das Auftreten und die Stärke der kognitiven Defizite bei OPCA in enger Beziehung zum Schweregrad der motorischen Symptome stand. Während die Leistungen von OPCA Patienten mit gering ausgeprägter Ataxie überwiegend im Normbereich lagen, zeigten Patienten mit stärkerer klinischer Symptomatik Probleme bei der Durchführung des WCST als auch Aufmerksamkeits- und Gedächtnisdefizite. OPCA Patienten stellen somit ein heterogenes Kollektiv dar, in dem Subformen mit und ohne kognitive Beeinträchtigung unterschieden werden können. Welche Faktoren eine ursächliche Bedeutung für die Entstehung kognitiver Ausfälle haben, ist noch weitgehend ungeklärt. In diesem Zusammenhang wird kontrovers diskutiert, ob die beschriebenen neuropsychologischen Defizite vorrangig auf degenerative Veränderungen im Zerebellum zurückzuführen oder an (zusätzliche) extra-zerebellären Dysfunktionen gebunden sind (vgl. Daum et al., 1993; Kish et al., 1994; Botez-Marquard & Botez, 1997).

Diskussion

Die bisher vorliegenden Daten zu den neuropsychologischen Leistungsveränderungen bei Patienten mit zerebellären Läsionen ergeben noch kein einheitliches Bild (siehe Tabelle 1). Mit erkennbarer Regelmäßigkeit werden Beeinträchtigungen unterschiedlicher Formen des motorischen Lernens und Defizite bei Aufgaben, die die Verarbeitung zeitlicher Informationen involvieren, beobachtet. Die Tatsache, dass zur Überprüfung von perzeptiven und motorischen Zeitschätzungsleistungen keine standardisierten neuropsychologischen Testverfahren existieren, schränkt den Nutzen dieser Ergebnisse für die klinisch-neuropsychologische Praxis zur Zeit noch ein. Die Entwicklung von psychomotorischen und perzeptiven Aufgaben zum „Timing" wäre aufgrund der Bedeutung von Zeitverarbeitungsstörungen – nicht nur bei zerebellären Erkrankungen – wünschenswert.

Wie einleitend beschrieben, werden neuere neuroanatomische Daten zu reziproken Verbin-

Tabelle 1. Zusammenfassung neuropsychologischer Defizite nach Kleinhirnläsionen.

Sprech- und Sprachstörungen
    Dysarthrie, Wortflüssigkeit
    Wortgenerierung? Agrammatismus?

Motorisches und nicht-motorisches Lernen
    visuomotorische Adaptation, klassische
    Konditionierung
    Erlernen von Fertigkeiten und
    visuomotorischen Assoziationen

Zeitverarbeitung („Timing")
    Tapping, Beurteilung von Zeitdauern
    und Geschwindigkeit
    Sprachwahrnehmung

Exekutive Funktionen
    Wortflüssigkeit, Problemlösen?
    Aufmerksamkeitssteuerung?

Visuell-räumliche Informationsverarbeitung?

---

dungen zwischen Zerebellum und kortikalen Assoziationsarealen via Thalamus als wichtige Voraussetzung wie auch als empirischer Beleg für eine Beteiligung des Kleinhirns an kognitiven Prozessen diskutiert (vgl. Schmahmann, 1991, 1997). In zahlreichen neuropsychologischen Studien lag der Schwerpunkt auf dem Nachweis „frontaler" Leistungsdefizite bei Patienten mit zerebellären Läsionen als Folge einer Störung der zerebello-frontalen Schleifen. Wie oben beschrieben, sind die Ergebnisse der bisher publizierten Untersuchungen inkonsistent. Dies mag zumindest teilweise daran liegen, dass in den meisten neuropsychologischen Studien nur ein oder zwei sog. „frontale" oder exekutive Tests eingesetzt wurden. Als frontale Leistungen werden allerdings so unterschiedliche Funktionen wie Konzeptbildung und -wechsel, Wortflüssigkeit, semantische Organisation, Problemlösen, Arbeitsgedächtnis, Sequenzlernen etc. beschrieben. Es ist davon auszugehen, dass nicht alle diese Funktionen durch einen einheitlichen Mechanismus – wie etwa exekutive Funktionen – vermittelt werden, der durch einen oder zwei Tests überprüft werden kann. Dazu kommt, dass viele gebräuchliche Testverfahren nicht spezifisch für

Frontalhirn-Dysfunktion sind, d.h. auch Patienten mit anderen Läsionen zeigen beeinträchtigte Leistungen, während die Testwerte von Patienten mit umschriebenen frontalen Läsionen u.U. im Normbereich liegen können. Die mangelnde Spezifität vieler „frontaler" Aufgaben legt nahe, dass zur Untersuchung von zerebellären Patienten eine breit angelegte Testbatterie eingesetzt werden sollte, die möglichst viele unterschiedliche Aspekte der Informationsverarbeitung beinhaltet (vgl. Daum & Ackermann, 1997). In der klinisch-neuropsychologischen Forschung wäre ein direkter Vergleich des neuropsychologischen Profils von Patienten mit zerebellären Erkrankungen und Patienten mit Frontalhirnläsionen zur Überprüfung zerebello-frontaler Interaktionen wünschenswert. Dazu liegen u.W. bisher keine veröffentlichten Daten vor.

Neben den Projektionen zum präfrontalen Kortex werden in der neueren Literatur die reziproken Verbindungen zwischen Zerebellum und Parietalkortex als Substrat einer zerebellären Vermittlung kognitiver Prozesse beschrieben (Schmahmann, 1991, 1997). Im Mittelpunkt steht dabei die Einbettung des Kleinhirns in die visuell-räumliche Informationsverarbeitung. Die Datenbasis bezüglich der Leistungen von Patienten mit umschriebenen Kleinhirn-Läsionen ist äusserst schmal und beschränkt sich im wesentlichen auf einen Bericht über Defizite bei mentalen räumlichen Operationen (Wallesch & Horn, 1990). Eine mögliche Strategie bei der weiteren Erforschung von zerebello-parietalen Interaktionen wäre eine Spezifizierung der visuell-räumlichen Fähigkeiten, mit denen das Zerebellum in Zusammenhang gebracht wird. So wird z.B. in aktuellen neuropsychologischen Klassifikationen zwischen visuoperzeptiven, visuomotorischen und visuell-räumlichen Leistungen i.e.S. sowie visuell-räumlichem Vorstellungsvermögen unterschieden (vgl. Daum & Ackermann, 1997). Eine umfassende Analyse der Leistungen von Patienten mit zerebellären Funktionsstörungen in diesen unterschiedlichen Teilbereichen würde einen wichtigen Beitrag zur Entwicklung einer spezifischeren Hypothese über die Rolle des Zerebellums bei der visuell-räumlichen Informationsverarbeitung leisten.

5.2 Neuropsychologische Beeinträchtigungen bei extrapyramidalen Erkrankungen

BRUNO FIMM

Zusammenfasssung

Morbus Parkinson, Chorea Huntington und Progressive supranukleäre Lähmung sind degenerative Erkrankungen, bei denen hauptsächlich das fronto-striatale System und damit assoziierte motorische, neuropsychologische und affektive Funktionen betroffen sind. Dabei handelt es sich vorwiegend um Leistungen, die eine interne, nicht durch äussere Reize getriggerte bzw. unterstützte Verarbeitung umfassen. Hierzu gehören beispielsweise Sakkaden zu erinnerten Blickzielen, das Generieren von Worten, Arbeitsgedächtnisleistungen, das schnelle Ändern eines Entscheidungskriteriums, der freie Abruf von gespeicherter Information, prozedurales Lernen, Zeitschätzung bzw. zeitl. Einordnung von Ereignissen sowie Aufmerksamkeitsleistungen, die die Detektion von kritischen Reizen erfordern. Die Syndrome unterscheiden sich insbesondere im Ausmaß vorhandener Defizite, wobei Parkinson-Patienten am wenigsten und Huntington- und Steele-Richardson-Patienten deutlich stärker betroffen sind. Die Progredienz der Parkinson-Erkrankung ist ebenfalls schwächer ausgeprägt. Apraxie, Störungen des Objekterkennens, Aphasie sowie für Morbus Alzheimer typische Enkodierungs- und längerfristige Behaltensdefizite treten nicht auf. Die progressive supranukleäre Lähmung, die Multisystematrophie und die kortikobasale Degeneration weisen zudem ausgeprägte, über das extrapyramidale System hinausgehende, pathologisch-anatomische Veränderungen auf, die zusätzlich zu charakteristischen Blickbewegungsstörungen und Defiziten beim verdeckten Verschieben der Aufmerksamkeit zu zerebellären Symptomen oder auch ideomotorischer Apraxie führen können. Die wesentlichen Befunde sind in Tabelle 1 zusammengefasst.

Die Anatomie des extrapyramidalen Systems

Das extrapyramidale System umfasst kortiko-subkortikale Funktionskreise, deren zentrale Strukturen die Basalganglien darstellen. Die Basalganglien setzen sich zusammen aus Neostriatum (Nucleus caudatus und Putamen), Globus pallidus (externes und internes Segment), Claustrum und Corpus amygdaloideum (vgl. auch Kap. 1.2). Dem extrapyramidalen System werden neben den Basalganglien (mit Ausnahme von Claustrum und Corpus amygdaloideum) die Substantia nigra, der Nucleus ruber sowie der Nucleus subthalamicus zugerechnet. Die Basalganglien stehen auf anatomischer und funktionaler Ebene in enger Verbindung zum frontalen Kortex. Die wesentlichen Transmitter innerhalb dieses fronto-striatalen Systems sind Glutamat und GABA. Von der Substantia nigra pars compacta wiederum verlaufen dopaminerge Projektionen zum Striatum, über die der Informationsfluss in den Basalganglien moduliert wird. Dieser verläuft in parallelen, fronto-striato-pallido-thalamo-kortikalen Schleifensystemen (Alexander et al., 1986), die jeweils Input von mehreren kortikalen Arealen erhalten und in einem direkten Pfad via Striatum und Globus pallidus

Tabelle 1. Übersicht über eindeutige neuropsychologische Defizite (↓) bzw. erhaltene Leistungen (✔) bei Morbus Parkinson, Progressiver supranucleärer Lähmung und Chorea Huntington (leere Felder kennzeichnen uneindeutige oder nicht vorliegende Resultate)

Funktionsbereich	unbehandelte PD im frühen Stadium	behandelte PD	PSP	asymptomatische Genträger (HD)	frühes Krankheitsstadium (HD)	fortgeschr. Krankheitsstadium (HD)
exekutive Funktionen				✔		
Wortflüssigkeit			↓		↓	↓
Konzeptwechsel			↓		↓	↓
extradimensionaler Shift	↓	↓	↓		↓	↓
Motorische-Vorprogrammierung		↓				
Zeitschätzung		↓				
Aufmerksamkeit						
Aktivierungsniveau						
Ausrichtung der vis. Aufmerks. (verdeckt)	✔	✔	↓		✔	✔
Aufmerksamkeitskapazität		↓			↓	↓
selektive Aufmerksamkeit (allgemein)			↓		↓	↓
Gedächtnis				✔		
kurzfristiges Behalten / Arbeitsged.	↓	↓	↓		↓	↓
episodisch		↓ (Abruf)	↓ (Abruf)		↓ (Abruf)	↓ (Abruf)
semantisch	✔	✔	↓ (Abruf)		↓ (Abruf)	↓ (Abruf)
prozedurales Gedächtnis		↓			↓	↓
längerfristiges Behalten	✔	✔			✔	
Kogn. Verarbeitungsgeschwindigkeit			↓			↓
Depression	↓	↓				
Okulomotorik		↓ (intern generiert)	↓↓		↓ (intern generiert) (Suppression)	↓ (intern generiert) (Suppression)
höhere visuelle Leistungen						↓
Sprachverarbeitung	✔	✔	✔	✔	✔	✔
Handmotorik	↓	↓	↓	↓	↓	↓

internus / Substantia nigra pars reticulata zum Thalamus und von dort zum frontalen Ausgangspunkt zurück projizieren (vgl. Abb. 1). Ein weiterer indirekter Pfad via Striatum, Globus pallidus externus, Nucleus subthalamicus, und Globus pallidus internus / Substantia nigra pars reticulata spielt im Rahmen der motorischen Schleife (s.u.) eine wesentliche Rolle.

Im einzelnen sind dies (in Klammern sind die wesentlichen neuronalen Strukturen genannt):
1. *motorische Schleife* (Supplementär-motorische Area (SMA)→Putamen→Globus pal-

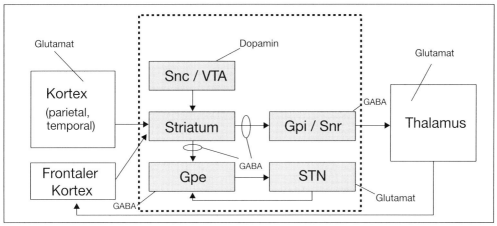

Abb. 1. Architektur der fronto-striato-pallido-thalamo-kortikalen neuronalen Schleifensysteme mit den hauptsächlichen Neurotransmittern (nach Martin, 1996; Abkürzungen: Gpe – Globus pallidus externus; Gpi – Globus pallidus internus; Snc – Substantia nigra pars compacta; Snr – Substantia nigra pars reticulata; STN – Nucleus subthalamicus; VTA – ventrales Tegmentum)

lidus internus und externus→Thalamus (Nucleus ventralis lateralis pars oralis, Nucleus ventralis lateralis pars medialis) →SMA)

2. *okulomotorische Schleife* (frontales Augenfeld→Nucleus caudatus→Globus pallidus internus→Thalamus (Nucleus ventralis anterior pars magnocellularis, Nucleus medialis dorsalis pars paralamellaris)→frontales Augenfeld)

3. *dorsolaterale präfrontale Schleife* (dorsolateraler präfrontaler Kortex→dorsolateraler Caudatumkopf→lateraler dorsomedialer Globus pallidus internus→Thalamus (Nucleus ventralis anterior pars parvocellularis, Nucleus medialis dorsalis pars parvocellularis)→dorsolateraler präfrontaler Kortex)

4. *laterale orbitofrontale Schleife* (lateraler orbitofrontaler Kortex→ventro-medialer Kopf des Nucelus caudatus→Globus pallidus internus→Thalamus (mediale Anteile des Nucleus ventralis anterior pars magnocellularis, Nucleus medialis dorsalis pars magnocellularis)→lateraler orbitofrontaler Kortex)

5. *anteriore cinguläre Schleife* („limbischer" Kortex→ventrales Striatum (Nucleus accumbens)→ventraler und rostrolateraler Globus pallidus internus→Thalamus (posteromediale Anteile des Nucleus dorsalis medialis)→„limbischer" Kortex)

Abbildung 2 veranschaulicht die frontalen, kortikalen Ausgangs- und Zielareale dieser 5 Schleifensysteme.

Diesen Schleifensystemen kommt jeweils unterschiedliche funktionale Bedeutung zu. Läsionen innerhalb des extrapyramidalen Systems führen in der Regel zu charakteristischen motorischen Defiziten (siehe motorische und okulomotorische Schleife), neuropsychologischen Beeinträchtigungen (siehe dorsolaterale präfrontale und laterale orbitofrontale Schleife) und affektiven Störungen (siehe anteriore cinguläre Schleife).

In diesem Kapitel soll ausschließlich auf neuropsychologische Befunde zu ausgewählten, extrapyramidalen Krankheitsbildern eingegangen werden. Ätiologie und Klinik sind in Kapitel 1.6 beschrieben und werden daher allenfalls ansatzweise dargestellt.

Morbus Parkinson (PD)

Bei PD findet sich eine symmetrische Degeneration melaninhaltiger Zellen der Substantia nigra pars compacta (SNpc), deren Ursache nicht eindeutig geklärt ist. Die selektive Schädigung des dopaminergen Systems führt zu einer Beeinträchtigung der dopaminergen

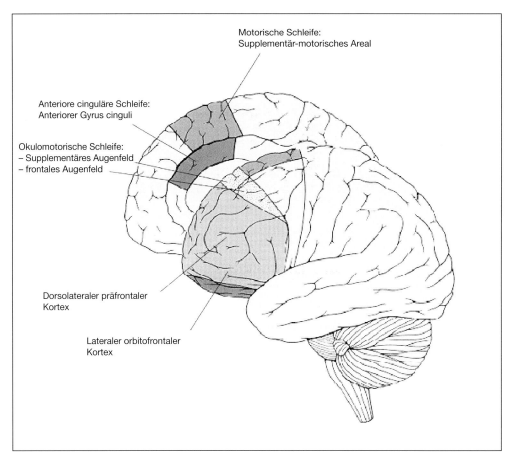

Abb. 2. Frontale, kortikale Ausgangs- und Zielareale der 5 fronto-striato-pallido-thalamo-kortikalen Schleifensysteme (nach Martin, 1996)

Modulation des Informationsflusses innerhalb des extrapyramidalen Systems. Zudem wurden Zelldegenerationen auch in anderen Kerngebieten des Mittelhirns beschrieben. Kardinalsymptome sind Akinese, Rigor und Tremor, z.T. liegen auch posturale und propulsive Symptome vor. Das durchschnittliche Erkrankungsalter liegt im 6. Lebensjahrzehnt. Männer und Frauen sind etwa gleich häufig betroffen. Klinisch ist zu unterscheiden zwischen einer akinetisch-rigiden Form des PD sowie einer tremordominanten Variante mit allenfalls gering ausgeprägten akinetisch-rigiden Symptomen. Tremordominante Formen erweisen sich als prognostisch günstiger. Die Gesamtbeeinträchtigung und das Fortschreiten der Erkran-

kung sind geringer und die psychische Leistungsfähigkeit ist besser.

In den letzten 3 Jahrzehnten wurde eine fast unübersehbare Fülle von Arbeiten zu neuropsychologischen Aspekten des PD veröffentlicht. Die Studien differieren nicht nur hinsichtlich der untersuchten Funktionsbereiche und der verwendeten Methoden, sondern auch bzgl. der untersuchten Patientenstichproben (Patienten mit fortgeschrittenem bzw. frühem, medikamentös unbehandeltem PD; Patienten OFF- bzw. ON L-Dopa, d. h. mit bzw. ohne Unterbrechung dopaminerger medikamentöser Behandlung; demente und nicht-demente Patienten), was deren Vergleichbarkeit erschwert. Trotzdem lassen sich aus den bisherigen Befunden eindeutige Tendenzen ablesen, die nachfolgend skizziert werden.

PD und Demenz

Von Albert et al. (1974) wurde die Unterscheidung kortikaler und subkortikaler Demenzen in die wissenschaftliche Literatur eingeführt. Unter subkortikalen Demenzen wurden progrediente Erkrankungen, die die Basalganglien umfassen, wie Morbus Parkinson, Chorea Huntington und Progressive supranukleäre Lähmung gerechnet. Diese sollten durch verminderte kognitive Verarbeitungsgeschwindigkeit (Bradyphrenie), Gedächtnisstörungen und psychopathologische Auffälligkeiten gekennzeichnet sein, jedoch *nicht* (wie Morbus Alzheimer) durch Aphasie, Agnosie und Apraxie. Diese Unterscheidung kortikaler vs. subkortikaler Demenzen wird weiterhin (u.a. aus pathologisch-anatomischen Gründen) kontrovers diskutiert.

Im Gegensatz zu Chorea Huntington beispielsweise entwickelt sich nur bei einem Teil der PD-Patienten eine Demenz. Schätzungen zur Prävalenz von Demenz bei Morbus Parkinson schwanken zwischen 10% und 41%, abhängig vom verwendeten Demenzkriterium und der untersuchten Population. Die Prävalenzrate steigt mit zunehmendem Erkrankungsalter an und kann bei Ersterkrankung ab dem 75. Lebensjahr bis zu 60% betragen.

Obwohl nur wenige umfangreiche Untersuchungen dementer PD-Patienten vorliegen, zeichnen sich Unterschiede zu Alzheimer-Patienten ab. Während bei Morbus Alzheimer in erster Linie deutliche Beeinträchtigungen von Gedächtnis, Sprache, Praxie und Orientierung zu beobachten sind, ist die PD-Demenz durch

a) ein progressives dysexekutives Syndrom, das Störungen des Planens, der Etablierung, der Beibehaltung und des Wechsels von mentalen Konzepten sowie Defizite zeitlicher Strukturierung von Ereignissen umfasst (Dubois et al., 1991; vgl. auch Kap. 4.4), und

b) geringer ausgeprägte Gedächtnisminderungen, die durch Vorgabe von Abrufhilfen

stark verbessert werden können, gekennzeichnet.

Es gibt Hinweise darauf, dass das Ausmaß kognitiver Beeinträchtigung bei dementen PD-Patienten unabhängig vom Grad der motorischen Beeinträchtigung ist, und somit eher auf nicht-dopaminerge Defizite zurückgeführt werden kann.

Als pathopysiologischer Mechanismus wird angenommen, dass im Krankheitsverlauf auch andere aszendierende Transmittersysteme (cholinerg, noradrenerg, serotonerg) betroffen sind und bei Erreichen eines kritischen Wertes zu Demenz und zu Akzentuierung der schon vorhandenen dysexekutiven Symptome führen (Dubois & Pillon, 1997). Zudem konnten auch post mortem histologische Veränderungen ausserhalb des extrapyramidalen Systems, und z.T. in kortikalen Arealen, nachgewiesen werden. Die Ergebnisse legen ausserdem nahe, dass von einer Rate von mindestens 20% falsch positiven PD-Diagnosen (Steele-Richardson-Olszweski-Syndrom, Multisystematrophie, Demenz mit Lewy-Körperchen) ausgegangen werden muss.

Neuropsychologische Defizite bei nicht-dementen PD-Patienten

Kognitive Verarbeitungsgeschwindigkeit

Der Begriff „Bradyphrenie" bezeichnete ursprünglich die Verlangsamung kognitiver/mentaler Prozesse bei postenzephalitischen PD-Patienten infolge der Enzephalitis lethargica-Epidemie. Dabei wurden ein Mangel an Interesse, Initiative, Aufmerksamkeit, Konzentration, vermehrte Ermüdbarkeit, verlangsamte Reaktionen und eine Reduktion des kommunikativen Verhaltens beschrieben. Heutzutage steht der Begriff Bradyphrenie für Störungen der Geschwindigkeit zerebraler Informationsverarbeitungsprozesse, die mit Aufmerksamkeitsstörungen assoziiert sein können. Es ist umstritten, ob Bradyphrenie eine eigenständige nosologische Einheit darstellt, oder aber durch Alterungsprozesse, koexistierende Depression oder Demenz erklärbar ist und sich auch auf motorische Phänomene (z.B. motorische Vorprogrammierung) bezieht.

Die Unbestimmtheit des Konzepts Bradyphrenie findet ihren Ausdruck in der Vielzahl unterschiedlicher Operationalisierungsversuche in entsprechenden PD-Untersuchungen. Es wurden dabei sowohl Reaktionszeitverfahren (mit in der Regel steigender kognitiver Komplexität und gleichen motorischen Anforderungen; z.b. Sternberg-Paradigma) als auch evozierte Potentiale (P300) zur Messung herangezogen. Die Resultate variierten in Abhängigkeit der Messebene. Bei Verwendung von Reaktionszeitmaßen konnte in der Mehrzahl der Untersuchungen keine oder allenfalls in Teilgruppen (Zimmermann et al., 1992) eine Verlangsamung der Informationsverarbeitungsgeschwindigkeit bei PD-Patienten gefunden werden. Die Latenz der P300 allerdings erwies sich in einer Reihe von Studien als erhöht.

Exekutive, „frontale" Fähigkeiten

Aufgrund der engen anatomischen Verbindungen zwischen Basalganglien und Frontalhirn stehen sog. „frontale" bzw. exekutive Funktionen im Blickpunkt des Interesses der tier- und humanexperimentellen Forschung. Vorliegende Ergebnisse zeigen denn auch, dass die Wahrscheinlichkeit neuropsychologischer Defizite größer ist, wenn der Gebrauch interner Hinweisreize (cues) oder Strategien notwendig wird, wenn also interne Aufmerksamkeitskontrolle erforderlich ist (Brown & Marsden, 1990; Fimm et al., 1994). Interne Aufmerksamkeitskontrolle spielt beispielsweise bei so unterschiedlichen Leistungen wie Konzeptbeibehaltung bzw. -wechsel, Wortabruf, motorische Vorprogrammierung oder Zeitschätzung eine Rolle. Beispiele für Tests, deren Bearbeitung interne Aufmerksamkeitskontrolle voraussetzt, sind der Wisconsin Card Sorting Test, Aufgaben zur Wortflüssigkeit, besonders bei wechselndem Abrufkriterium (z.B. Generierung von Worten abwechselnd nach phonologischem und semantischem Kriterium), der Teil B des Trail Making Tests, der Stroop-Test oder der Turm von Hanoi. Auch motorische Aufgaben, bei denen die visuelle Kontrolle

ausgeschaltet wird, z.B. Sakkaden zu erinnerten Blickzielen bzw. manuelle Zeigebewegungen, können hierunter gefasst werden.

Konzeptwechsel und -beibehaltung: Hierbei wurde häufig der Wisconsin Card Sorting Test (WCST) eingesetzt. Unbehandelte PD-Patienten im frühen Krankheitsstadium sowie behandelte Patienten erzielten dabei weniger sortierte Kategorien als Kontrollpersonen oder machten mehr perseverative oder nicht-perseverative Fehler. Die Beeinträchtigungen waren jedoch weit weniger ausgeprägt als bei Patienten mit Frontalhirnläsionen. Bei extra-dimensionalen Shifts, d.h. in Situationen mit zwei Reaktionsalternativen, in denen eine bis dahin irrelevante Stimulusdimension durch eine neue (relevante) Dimension ersetzt wird (z.B. Form [relevant] und Linien [irrelevant] werden ersetzt durch Muster [relevant] und Form [irrelevant]), konnten ebenfalls selektive Defizite medizierter und unmedizierter PD-Patienten beobachtet werden.

Wortflüssigkeit: Bei Wortabruf nach phonologischem (z.B. Generierung von Wörtern mit bestimmtem Anfangsbuchstaben innerhalb einer begrenzten Zeit) und/oder nach semantischem Kriterium (z.B. Tiere) ergaben sich inkonsistente Befunde. Einige Studien fanden Defizite, sogar im frühen Krankheitsstadium, andere wiederum fanden keine Beeinträchtigungen bei PD-Patienten. Wenn jedoch zusätzlich Wörter nach permanent wechselndem Kriterium unterschiedlicher „Modalität" (Buchstaben und semantische Kategorie) generiert werden sollten, traten mehr Perseverationen und ein verminderter Output bei PD-Patienten auf (Downes et al., 1993). Dies deutet möglicherweise auf Defizite inhibitorischer Aufmerksamkeitsprozesse und eine Störung bei der Aufrechterhaltung interner, verhaltensrelevanter, Repräsentationen hin.

Programmierung bzw. Ausführung von Bewegungen: Marsden (1982) schreibt in seinem Übersichtsartikel den Basalganglien eine wesentliche Funktion bei der automatischen Ausführung erlernter Bewegungspläne zu. Eine Läsion der Basalganglien führt nun dazu, dass motorische Prozesse vermehrter Kontrolle bedürfen. In zahlreichen Studien konnte nachgewiesen werden, dass PD-Patienten wesentlich stärker als Gesunde auf die visuelle Kontrolle ihrer Bewegungen (z.B. manuale Zeigebewegungen, Greifbewegungen) angewiesen sind und offensichtlich nicht-visuelles, propriozeptives Feedback nur ineffizient zur Bewegungskontrolle nutzen.

Weiterhin wurden motorische Planungsprozesse bei PD untersucht (siehe u.a. Benecke et al., 1987). Hiermit wird in erster Linie der supplementärmotorische Kortex in Verbindung gebracht, der wiederum Teil der motorischen kortiko-striato-pallido-thalamo-kortikalen Schleife ist (Alexander et al., 1986), die für die motorischen Symptome bei PD (im Sinne einer verminderten Aktivierung der SMA) verantwortlich gemacht wird. Die vorliegenden Untersuchungsergebnisse sind allerdings nicht eindeutig, vielmehr scheinen die Ergebnisse von der Art der geforderten Bewegung und dem verwendeten Paradigma abhängig zu sein.

Zeitschätzung bzw. zeitliche Einordnung von Ereignissen: Studien zur zeitlichen Organisation von Gedächtnisinhalten belegen dass PD-Patienten hierbei stärker beeinträchtigt sind als Alzheimer-Patienten. Es fällt ihnen sichtlich schwerer, bei sequentieller Reizdarbietung zu entscheiden, welcher von zwei zur Auswahl stehenden Stimuli zuletzt dargeboten wurde. Die Entscheidung, ob ein bestimmter Stimulus vorher dargeboten worden war, bereitet den PD-Patienten hingegen keine Probleme. Auch basale Prozesse der Zeitwahrnehmung, Zeitschätzung und -reproduktion scheinen betroffen zu sein. So unterschätzen PD-Patienten die Dauer dargebotener Zeitintervalle und produzieren zu viele Intervalle, wenn sie eine kurze Zeitspanne damit füllen sollen (Pastor et al., 1992). Dies lässt auf eine Verlangsamung der „internen Uhr" schließen. Die Leistungen korrelierten mit dem Grad der motorischen Beeinträchtigung. L-Dopa wirkte sich positiv auf die Testergebnisse aus. Die zeitliche Diskriminationsschwelle, d.h. das minimale Zeitintervall, bei dem zwei sukzessiv dargebotene Reize als getrennt wahrgenommen werden, erweist

sich bei PD-Patienten sowohl in visueller, auditiver und taktiler Modalität ebenfalls als erhöht.

Gedächtnis und Lernen

Deklaratives Gedächtnis: Es erwiesen sich in erster Linie episodische und Kurzzeitgedächtnis-, nicht jedoch semantische Gedächtnisinhalte als beeinträchtigt. Diese Defizite werden durch anticholinerge Medikation noch verstärkt. In Rekognitionsparadigmen wurden keine Beeinträchtigungen der PD-Patienten berichtet. Die Häufung von Studien, die Beeinträchtigungen kurzzeitigen Gedächtnisses und freier Wiedergabe von Wortlisten berichten, deutet darauf hin, dass hierbei primär Schwierigkeiten bei der Aufnahme und Organisation/Clusterung/semantischen Einordnung zu behaltenden Materials vorliegen könnten. So konnten Taylor et al. (1990) in einer umfangreichen Untersuchung zeigen, dass PD-Patienten im wesentlichen unauffällige Gedächtnisleistungen zeigten, jedoch umschriebene Defizite bei spontaner Organisation zu erinnernden Materials (Buschke Selective Reminding Test, California Verbal Learning Test) und gesteigerte Sensitivität gegenüber Interferenz beim Lernen aufwiesen. Dies könnte ein Hinweis auf ein fundamentales Defizit bei der Aufnahme neuer Information und deren Enkodierung nach internen Schemata, einer Leistung also, die den Frontallappen zugeschrieben wird, sein.

Prozedurales Gedächtnis: Den Basalganglien wird eine besondere Funktion bei prozeduralen Lernprozessen zugeschrieben. Entsprechend wurden auch selektive Beeinträchtigungen von PD-Patienten berichtet. Vorliegende Befunde legen nahe, dass vor allem motorische prozedurale Lernvorgänge (z.B. Pursuit Rotor), jedoch auch „kognitives prozedurales Lernen" (z.B. Turm von Toronto) betroffen sind. Einschränkend muss jedoch angemerkt werden, dass die berichteten Defizite häufig aufgabenspezifisch waren und nicht auf andere „prozedurale" Leistungen generalisierten. Neuere Arbeiten (Saint-Cyr & Taylor, 1992) gehen von einer dynamischen Interaktion deklarativer und prozeduraler Systeme, die die

Basis komplexen Lernens und adaptiven Verhaltens darstellt, aus und nehmen an, dass vor allem bei älteren und fortgeschritteneren PD-Patienten kortikale Systeme zu wenig bei der Lösung einer Aufgabe beteiligt sind und somit das Striatum vor dem Hintergrund massiven Dopaminmangels vermehrt ineffiziente Prozeduren zur Verfügung stellt, die mangels kortikaler Kontrolle häufig nicht rechtzeitig korrigiert werden können.

Aufmerksamkeit

PD-Patienten haben (unabhängig vom dopaminergen Status) keine Schwierigkeit, den visuellen Aufmerksamkeitsfokus im Raum zu verlagern, d.h. also, ihre Aufmerksamkeit zu lösen, zu verschieben und danach wieder zu fokussieren. Allerdings scheint eine vermehrte Ablenkbarkeit bzw. erschwerte Aufrechterhaltung des visuellen Aufmerksamkeitsfokus vorzuliegen, was auch bei Gesunden mittels Dopamin-Antagonisten provozierbar ist. Einen neuen Aspekt betonen hingegen Ebersbach et al. (1996). Sie beobachteten bei PD-Patienten mit überwiegend linksseitiger Symptomatik bei spontaner visueller Exploration eine Rechtsdominanz im Gegensatz zur Linksdominanz bei Gesunden und weisen auf die Ähnlichkeit der Symptomatik zu Neglect-Patienten mit rechtsseitiger kortikaler Läsion hin.

Aussagen zur allgemeinen Reaktionsbereitschaft der Patienten (Alertness) sind nur begrenzt möglich, da die Reaktionsverzögerung der PD-Patienten in hierzu verwendeten Einfachreaktions-Tests eher als Schwierigkeit bei der Initiierung von Bewegungen zu verstehen ist. In diesem Sinne weisen vor allem fortgeschrittene PD-Patienten ausgeprägte Beeinträchtigungen auf.

Studien zur Geteilten Aufmerksamkeit, die ein dual-task-Paradigma verwendeten, legen eine verminderte Aufmerksamkeitskapazität nahe (Brown & Marsden, 1991).

Blickmotorik

Experimente zur Untersuchung von Augenbewegungen bei PD sind in engem Zusammenhang mit den Untersuchungen zur motorischen Programmierung zu sehen. Der Aspekt der Vorhersagbarkeit bzw. der externen Triggerung von Sakkaden spielte hierbei eine wesentliche Rolle. Hierbei wurden Sakkaden zu tatsächlich vorhandenen, bzgl. ihrer Lokalisation bekannten Zielen einerseits bzw. zu randomisiert verteilten bzw. erinnerten Blickzielen andererseits gemessen. Weiterhin wurden visuelle Trackingaufgaben mit regelmäßig bzw. unregelmäßig bewegtem Zielreiz vorgegeben. Insgesamt wurde dabei eine erhöhte Abhängigkeit der PD-Patienten von externer Stimulation beschrieben. Crawford et al. (1989) beispielsweise demonstrierten eine Beeinträchtigung von PD-Patienten bei Sakkaden zu erinnerten Blickzielen. Die primäre Sakkade war hierbei ungenau und in der Regel gefolgt von mehreren kleinen Sakkaden. Die Genauigkeit der finalen Augenposition unterschied jedoch nicht zwischen PD und Kontrollen. Bzgl. visuell getriggerter Sakkaden ergab sich ebenfalls kein Unterschied zwischen den Gruppen.

Depression

Neben motorischen und kognitiven Symptomen imponiert bei PD der hohe Anteil von Patienten mit depressiven Störungen, die den motorischen Symptomen häufig um Jahre vorausgehen können. Er übersteigt den bei vergleichbaren chronischen Erkrankungen zu erwartenden Prozentsatz. Schätzungen zur Prävalenz depressiver Erkrankungen bei PD variieren stark und liegen je nach Stichprobe zwischen 20 % und 90 %. Starkstein et al. (1990) fanden in ihrer prospektiven Studie bei einer konsekutiven Serie von 105 Patienten einen Anteil von 21% depressiver Patienten (Major Depression nach DSM-III), während 20 % eine Dysthymie (Minor Depression nach DSM-III) aufwiesen. Die Frage, ob es sich dabei um ein reaktives oder aber krankheitsimmanentes Geschehen handelt, ist nicht eindeutig geklärt; entsprechende Untersuchungsergebnisse sind heterogen, möglicherweise auch deshalb, weil in der Regel nicht zwischen psychischen, somatischen und vegetativen Symptomen unterschieden wird.

Im Rahmen des Modells von Alexander et al. (1986) stellt eine Störung der anterioren cingulären Schleife das anatomische Korrelat depressiver Veränderungen bei PD dar (vgl. auch Swerdlow und Koob (1987) zur Rolle veränderter dopaminerger Modulation innerhalb dieser Schleifensysteme bei der Entstehung von Schizophrenie, Manie und Depression).

Auswirkungen der dopaminergen Transmissionsstörung auf kognitive Leistungen

In frühen Krankheitsstadien ist hauptsächlich das dopaminerge System betroffen, wobei der Dopaminmangel nicht nur das Striatum (nigrostriatales System), sondern auch frontale kortikale Areale (mesokortiko-limbisches System) betrifft. Neuropsychologische Beeinträchtigungen in dieser Phase können daher unmittelbar mit dem dopaminergen System assoziiert werden.

Um nun neuropsychologische Auswirkungen dieser selektiven dopaminergen Läsionen zu prüfen wurden
1. PD-Patienten im unbehandelten, frühen Krankheitsstadium untersucht und
2. Messwiederholungen mit und ohne dopaminerge Medikation (On-Off) durchgeführt.

PD-Patienten im unbehandelten, frühen Krankheitsstadium: Insgesamt fanden sich dabei relativ subtile Defizite, hauptsächlich in Aufgaben, die eine interne Aufmerksamkeitskontrolle erforderten, komplexe visuell-räumliche Wahrnehmung prüften oder kurzzeitiges Behalten erfassten. Es wird dabei angenommen, dass durch die beeinträchtigten Aufmerksamkeitsprozesse sowohl kurzfristiges Behalten als auch Arbeitsgedächtnis betroffen sind. Das Initiieren einfacher Handbewegungen der symptomatischen Seite bei Hemiparkinson-Patienten ist dabei ebenfalls verzögert. Generelle intellektuelle Beeinträchtigungen treten dabei jedoch nicht auf. Ausgeprägtere Störungen finden sich nur bei Patienten mit höherem Erkrankungsalter.

ON-OFF-Untersuchungen: Wenn die kognitiven Beeinträchtigungen bei PD von dopaminerger Transmission abhängig sind, sollten sie bei Gabe von L-Dopa, wie auch die motorische Symptomatik, positiv beeinflussbar sein. Dieser Fragestellung wurde in einer Reihe von Studien nachgegangen. Hierzu wurden Patienten entweder vor der Behandlung bzw. in einem behandlungsfreien Intervall (OFF-L-Dopa) und unter dopaminerger Medikation (ON-L-Dopa) neuropsychologisch untersucht. Die motorische Symptomatik variierte jeweils entsprechend des Behandlungszustands, neuropsychologische Funktionen allerdings nur partiell. In erster Linie exekutive, frontalen Arealen zugeordnete Funktionen scheinen mit dem dopaminergen Status assoziiert zu sein. So wurden verbesserte Arbeitsgedächtnis- und kognitive Sequenzierungsleistungen in der ON-Phase berichtet sowie signifikante Leistungsminderungen bzgl. Arbeitsgedächtnis, extradimensionalem Aufmerksamkeitsshift und Planungsfähigkeit (Tower of London) nach Entzug der dopaminergen Medikation berichtet. Auch die Wortflüssigkeit erwies sich im OFF-Zustand als vermindert. Einfach- und Wahlreaktionen, kognitive Verarbeitungsgeschwindigkeit, memory scanning und Lernprozesse waren davon unabhängig und scheinen überwiegend nicht-dopaminerg vermittelt zu sein.

Progressive supranukleäre Lähmung (PSP; Steele-Richardson-Olszewski-Syndrom)

Die Erkrankung wurde ursprünglich zu Beginn der 60er Jahre von Steele et al. (1964) anhand von 9 Fällen beschrieben. Als charakteristische Symptome wurden eine supranukleäre Ophthalmoplegie, rigide Dystonie, pseudobulbäre Symptome und Demenz berichtet. Neuropathologisch fanden sich bei diesen 9 Patienten neuronale und granulovacuolare Degeneration, Gliose und neurofibrilläre Veränderungen überwiegend in subkortikalen Strukturen, u.a. in den Colliculi superiores, Substantia nigra, Locus coeruleus, Nucleus subthalamicus und Globus pallidus. Diese pathologisch-anatomischen Veränderungen ähneln den bei Morbus Parkinson gefundenen. Daher erstaunt es nicht, dass auch die Symptomatik Elemente des akinetisch-rigiden Parkinson-Typs enthält (Rigidität, Bradykinese, Gangstörung). Eine *wahrscheinliche PSP* ist durch die Kombination von vertikaler Blickparese und im frühen Stadium der Erkrankung auftretender Gangstörung mit Stürzen gekennzeichnet. Liegt dagegen keine Gangstörung vor, wird eine *mögliche PSP* angenommen. Liegen weder Blickparese noch Gangstörung vor, sollten sich zumindest verlängerte vertikale sakkadische Reaktionszeiten nachweisen lassen, um von einer möglichen PSP zu sprechen. Die Abgrenzung zu PD wird dadurch erschwert, dass extrapyramidale Störungen zuerst, und die okulomotorischen Symptome erst nach einigen Jahren auftreten können.

Das durchschnittliche Erkrankungsalter liegt bei 60 Jahren, die mittlere Lebensdauer nach Diagnose beträgt 6 bis 10 Jahre. Die durchschnittliche Inzidenz der Erkrankung wird auf 5.3 pro 100000 der Bevölkerung geschätzt. Die Inzidenzrate steigt mit zunehmendem Alter und ist bei Männern konsistent höher.

Neuropsychologische Befunde

Neben den ausgeprägten blickmotorischen Auffälligkeiten, die sich u.a. in gestörter Fixationssuppression des vestibulookulären Reflexes, in reduzierter Sakkadengeschwindigkeit und -amplitude, in verminderter Fähigkeit Antisakkaden zu initiieren sowie einer Störung langsamer Blickfolge-Bewegungen, die sich schließlich zu einer vertikalen *und* horizontalen Blicklähmung entwickeln, wurden auch neuropsychologische Korrelate des Krankheitsprozesses untersucht.

Wie auch bei PD und HD wird der „frontale" bzw. „dysexekutive" Charakter der neuropsychologischen Beeinträchtigungen hervorgehoben und aus der Einbindung der Basalganglien in fronto-striato-pallido-thalamo-kortikale neuronale Regelkreise abgeleitet. PET-Studien zur zerebralen Durchblutung zeigten denn auch u.a. einen Hypometabolismus in frontalen Strukturen ohne nachweisbare morphologische frontale Schädigung.

Robbins et al. (1994) konnten zeigen, dass sowohl PSP- als auch PD- und Multisystem-atrophie (MSA)-Patienten ein ähnliches Defizitmuster bei Tests, die als sensitiv für frontale Läsionen erachtet werden (Tower of London, extra-dimensionaler Aufmerksamkeits-Shift und nonverbales Arbeitsgedächtnis) aufweisen. Die PSP Patienten waren dabei stärker als die beiden anderen Gruppen beim Set-Shifting beeinträchtigt. Pillon et al. (1991) fanden in einer umfangreichen Untersuchung bei Patienten mit Morbus Alzheimer (SDAT), Chorea Huntington (HD), Morbus Parkinson (PD) und Steele-Richardson-Olzsewski-Patienten eine generelle intellektuelle Beeinträchtigung bei 93 % der SDAT-, 66 % der HD-, 58 % der PSP und 18 % der PD-Patienten. Zwischen den Gruppen bestanden qualitatitive Leistungsunterschiede. So wiesen SDAT-Patienten v.a. episodische und semantische Gedächtnisdefizite sowie linguistische Auffälligkeiten, HD-Patienten Aufmerksamkeits- und Lernstörungen und PSP-Patienten frontale bzw. exekutive Beeinträchtigungen auf. Demente PD-Patienten wiesen ein ausgeglichenes Leistungsprofil auf.

Sie schlossen daraus, dass der Begriff „subkortikale Demenz" offensichtlich keine homogene Entität bezeichnet. Diese exekutive Beeinträchtigung kann sich beispielsweise auch dahingehend auswirken, dass Enkodierungs- und Abrufprozesse bei entsprechenden Lernaufgaben suboptimal sind (vgl. Taylor et al., 1990). Im Rahmen der Erkrankung wirkt sich die Läsion der Colliculi superiores auf die „move-Komponente" der selektiven visuellen Aufmerksamkeit aus, d.h. bei invaliden Hinweisreizen sind die Patienten in einem Paradigma zur verdeckten Aufmerksamkeitsverschiebung überproportional verlangsamt (Rafal et al., 1988).

Bisherige Ergebnisse belegen weiter, dass sprachliches Benennen nicht beeinträchtigt ist, sondern ausschließlich das nach internen Regeln erfolgende, nicht extern getriggerte, Generieren von Worten nach semantischem bzw. phonematischem Abrufkriterium.

Die neuropsychologische Untersuchung von PSP-Patienten erfordert die Berücksichtigung der okulomotorischen Auffälligkeiten bei Verwendung von bildhaftem Material, um falsche Schlussfolgerungen zu vermeiden.

Multisystematrophie (MSA)

Die Multisystematrophie ist eine progrediente Erkrankung, die klinisch in erster Linie durch die Kombination eines Parkinson-Syndroms mit zentral-autonomen Symptomen, Pyramidenbahnzeichen und/oder zerebellären Ausfällen gekennzeichnet ist. Pathologische Veränderungen im Sinne eines Zellverlusts oder reaktiver Gliose finden sich vor allem im Striatum, Globus pallidus externus, Substantia nigra, den unteren Oliven, Brückenkernen und zerebellärem Kortex. Die Erkrankung beginnt in der Regel im 6. Lebensjahrzehnt; ein Krankheitsbeginn vor dem 30. oder nach dem 70. Lebensjahrzehnt ist ungewöhnlich. Stehen akinetisch-rigide Symptome im Vordergrund wird das Krankheitsbild als MSA vom Typ einer striato-nigralen Degeneration (SND), bei Überwiegen einer zerebellären Symptomatik als MSA vom Typ einer olivopontozerebellären Atrophie (OPCA) und bei ausgeprägter autonomer Symptomatik (z.B. Schwindelzustände, Nykturie, Impotenz) und lediglich sekundärer zerebellärer und/oder extrapyramidaler Zusatzsymptomatik als Shy-Drager-Syndrom bezeichnet (vgl. für einen Überblick Wenning & Quinn, 1994).

Neuropsychologische Befunde

Studien an der Gehirnbank der britischen Parkinson-Gesellschaft legen nahe, dass mindestens jeder dritte MSA-Patient fälschlicherweise als Morbus Parkinson diagnostiziert wurde und für ca. 10% der klinisch diagnostizierten Parkinson-Syndrome verantwortlich ist. Da zudem erst in den letzten Jahren eindeutigere Diagnosekriterien entwickelt wurden, erstaunt die geringe Zahl an Arbeiten zu neuropsychologischen Korrelaten der MSA nicht. Robbins et al. (1992) konnten mit einer umfangreichen Testbatterie bei 16 Patienten mit MSA vom SND-Typ zeigen, dass keine allgemeine intellektuelle Beeinträchtigung im Sinne eines demenztiellen Zustandsbildes vorliegt. Gedächtnisfunktionen waren überwiegend intakt, ebenso sprachliche Verarbeitung und visuelle Wahrnehmung. Allerdings wiesen die Patienten charakteristische Defizite in Tests, deren Sensitivität für frontale Läsionen belegt ist, auf. Im einzelnen ergaben sich Beeinträchtigungen beim Kategorienwechsel, nichtsprachlichem Arbeitsgedächtnis und hinsichtlich der zentralen Verarbeitungsgeschwindigkeit beim Tower of London. Dieser Befund wird durch eine Untersuchung von Pillon et al. (1995b) gestützt, die bei SND-Patienten ein mit PD-Patienten vergleichbares und deutlich schwächer als bei PSP-Patienten ausgeprägtes exekutives Defizit bei allerdings intakter intellektueller Leistungsfähigkeit fanden. Auch OPCA-Patienten erwiesen sich als intellektuell überwiegend nicht beeinträchtigt und nur bei expliziter Untersuchung „frontaler" Funktionen (delayed alternation) leistungsgemindert.

Kortikobasale Degeneration (CBD)

Das Bild der Erkrankung ist klinisch durch ein asymmetrisches, akinetisch-rigides Zustandsbild mit einer Reihe weiterer Symptome wie Dystonie sowie eine asymmetrische ideomotorische Apraxie, Sensibilitätsstörung, „alien limb"-Zeichen (unkontrollierbare, repetitive Bewegungen, wie z.B. Auf- und Absetzen der Brille oder das Führen der Hand zum Gesicht) und supranukleäre Blickparese gekennzeichnet. Der Krankheitsbeginn liegt bei ca. 60 Jahren, die Krankheitsdauer bei 7-10 Jahren. Neuropathologisch finden sich degenerative Veränderungen u.a. in fronto-parietalen kortikalen Arealen, den lateralen zwei Dritteln der Substantia nigra, Nucleus subthalamicus, Striatum, Globus pallidus, postero-lateraler Thalamus und Nucleus ruber.

Momentan liegt lediglich eine umfangreiche neuropsychologische Untersuchung bei Patienten mit kortikobasaler Degeneration vor. Pillon et al. (1995a) verglichen in ihrer Arbeit weiterhin Patienten mit Steele-Richardson-Syndrom bzw. Morbus Alzheimer mit gesunden Kontrollpersonen. Die Ergebnisse sprechen für ein dysexekutives Syndrom bei CBD, dessen Ausprägung dem bei PSP entspricht. Weiterhin wiesen CBD-Patienten exekutive Lerndefizite auf, die jedoch durch Vorgabe semantischer Hinweisreize bei Enkodierung und

Abruf kompensiert werden konnten, ausgeprägte motorische Defizite sowie asymmetrische ideomotorische Apraxien auf. Alzheimer-Patienten unterschieden sich u.a. im Grad ihrer allgemeinen Gedächtnisminderung und der weitgehenden Intaktheit motorischer Funktionen von den CBD-Patienten.

Chorea Huntington (HD)

Chorea Huntington ist eine progrediente, degenerative Erkrankung, die sowohl durch motorische aber auch (deutlicher als bei PD) durch kognitive Defizite und psychiatrische Symptome sowie Persönlichkeitsänderung gekennzeichnet ist. Das Erkrankungsalter liegt in der Regel zwischen 30 und 50 Jahren. Die Erkrankung ist autosomal dominant erblich; das entsprechende Gen IT15 auf Chromosom 4p enthält bei Chorea Huntington Patienten eine pathologisch hohe Zahl sich wiederholender CAG Triplets (Cytosin, Adenin, Guanin). Ein direkter Gentest ist seit einigen Jahren verfügbar und kommt im Rahmen der präklinischen Diagnostik zum Einsatz. Verschiedene Studien zu neuropsychologischen Beeinträchtigungen in der präklinischen oder Frühphase der Erkrankung haben sich daher auf solche nicht-symptomatischen Genträger konzentriert. Bei HD finden sich ausgedehnte pathologisch-anatomische Veränderungen in Nucleus caudatus, insbesondere eine Volumenminderung beider Caput caudati, und Putamina. Zudem lässt sich eine (geringer ausgeprägte) Atrophie von frontalem und temporalem Kortex nachweisen.

Klinisch steht meist die choreatische Bewegungsstörung im Vordergrund. Im weiteren Krankheitsverlauf können jedoch Rigidität und Bradykinese überwiegen. Die Pathophysiologie der Erkrankung ist nicht eindeutig geklärt; Rigidität und Hyperkinesen werden jedoch mit einem Ausfall GABAerger, inhibitorischer Projektionen zum Globus pallidus externus mit nachfolgender erhöhter Aktivität GABAerger Neurone im Globus pallidus externus, der zum Nucleus subthalamicus projiziert, assoziiert.

Die Auswirkung der Erkrankung auf kognitive Leistungsaspekte unterscheidet sich deutlich vom M. Parkinson. Kognitive Defizite sind wesentlich umfassender, ausgeprägter und weisen eine stärkere Progredienz auf. Dabei sind vor allem episodische und semantische Wissensinhalte betroffen, deren Abruf erschwert bzw. deren Erlernen verzögert ist. Einen weiteren Störungsschwerpunkt stellen exekutive Funktionen dar (Brandt, 1991). Im weiteren Krankheitsverlauf stellen sich dann vermehrte Perseverationstendenzen, okulomotorische Defizite, Aufmerksamkeitsstörungen und Persönlichkeitsveränderungen ein, die sich zu einem fortgeschrittenen dementiellen Bild addieren.

Eine Vielzahl von Untersuchungen hat sich mit der Auswirkung der Erkrankung auf neuropsychologische Funktionen in unterschiedlichen Krankheitsstadien sowie bei verwandten Risikopersonen beschäftigt. Seit Verfügbarkeit des DNA-Tests auf Chorea Huntington ließen sich Risikopersonen mit mittlerweile fast 100%iger Sicherheit als mögliche Genträger identifizieren. Während sich bei solchen asymptomatischen Personen, die noch keine nachweisbaren morphologischen Hirnveränderungen (mit Ausnahme einer Reduktion von D1 und D2-Rezeptoren in Nucleus caudatus und Putamen) aufweisen, keine oder allenfalls leichte Beeinträchtigungen fanden, nehmen diese besonders kurz vor oder ab dem Zeitpunkt der Erstmanifestation motorischer Symptome deutlich zu. Auch in dieser Hinsicht unterscheiden sich die Patienten deutlich von PD-Patienten, bei denen wiederholt gezeigt werden konnte, dass keine oder nur eine partielle Korrelation zwischen motorischer und kognitiver Symptomatik besteht. Sobald erste Symptome sichtbar werden, lassen sich auch strukturelle zerebrale Veränderungen nachweisen, die überwiegend die Basalganglien, insbesondere den Kopf des Nucleus caudatus betreffen und bilateral auftreten. Im weiteren Krankheitsverlauf sind vermehrt über das extrapyramidale System hinausgehende Läsionen zu finden.

Befunde bei asymptomatischen Genträgern

In den bisher bei dieser Patientengruppe durchgeführten Studien waren neuropsychologische

Defizite nicht oder nur bei einem kleinen Teil der Patienten nachweisbar. Die Ergebnisse weisen vielmehr darauf hin, dass im Verlauf der Krankheit in der Regel motorische Symptome vorausgehen und kognitive Beeinträchtigungen nachfolgen. De Boo et al. (1997) beispielsweise fand bei asymptomatischen Genträgern lediglich Defizite in zwei Untertests der Motorischen Leistungsserie (Steadiness, Stifte einstecken), kognitive Beeinträchtigungen waren nicht festzustellen. Untersuchungen zeigten zudem, dass sich asymptomatische Patienten pathologisch-anatomisch nur aufgrund eines geringeren Volumens des Putamen, nicht jedoch des Nucleus caudatus (der eher mit kognitiven Funktionen assoziiert wird) von Kontrollpersonen unterschieden.

Befunde bei symptomatischen Patienten im frühen Erkrankungsstadium

Sowohl zeitliche als auch funktionale Parameter werden zur Definition eines frühen Erkrankungsstadiums herangezogen. Im Unterschied zu Patienten mit Morbus Parkinson finden sich bei Chorea Huntington-Patienten schon im frühen Stadium der Erkrankung (wenn beispielsweise nur unwesentliche Beeinträchtigungen im Alltag vorliegen) vielfältige, z.T. recht ausgeprägte kognitive Defizite, die unterschiedliche Funktionsbereiche umfassen und vom Schweregrad durchaus einem fortgeschrittenen Morbus Parkinson entsprechen (Lawrence et al., 1996). In erster Linie handelt es sich dabei um exekutive, Gedächtnis- und Aufmerksamkeitsdefizite.

Exekutive Defizite umfassen u.a. eine massive Beeinträchtigung bei extradimensionalem Shift (s. Kap. 4.4) und insgesamt verlängerte Planungszeiten beim Tower of London.

Die Gedächtnisdefizite wurden dabei überwiegend als eine Beeinträchtigung des Abrufs von gespeicherter Information eingestuft. So waren sowohl die Wortflüssigkeitsleistung nach phonematischem als auch nach semantischem Wortabruf beeinträchtigt; der semantische Wortabruf war also nicht, wie bei Morbus Alzheimer, überproportional betroffen, wodurch auf eine weitgehende Intaktheit des semantischen Netzwerkes geschlossen wurde.

Sowohl der Abruf von episodischen als auch semantischen *Gedächtnis*inhalten erwies sich dabei als erschwert. Nichtsprachliche Arbeitsgedächtnisfunktionen (in einer Aufgabe, die sich an die self-ordered pointing task von Petrides anlehnt) erwiesen sich ebenfalls als deutlich vermindert (Lawrence et al., 1996). Weiterhin war das Erlernen verbaler Information verzögert, besonders bei geforderter freier Wiedergabe. Das Wiedererkennen von zuvor präsentierter Information war verglichen damit weitgehend unauffällig. Wie auch bei PD-Patienten konnten selektive prozedurale Defizite nachgewiesen werden, die sich jedoch hauptsächlich bei motorischem Lernen (z.B. Pursuit Rotor) auswirkten.

Sprengelmeyer et al. (1995) untersuchten HD-Patienten mit geringer bis moderater Beeinträchtigung im Alltag mit unterschiedlichen Subtests der Testbatterie zur *Aufmerksamkeits*prüfung und fanden dabei ausgeprägte Defizite bzgl. Alertness (allgem. Reaktionsbereitschaft), selektiver, visueller, an Augenbewegungen gebundener Aufmerksamkeit, Geteilter Aufmerksamkeit (simultane Verarbeitung visueller und akustischer Reize), intermodalem Vergleich (Verarbeitung sequentiell dargebotener visueller und akustischer Reize) und permanentem Wechsel des Aufmerksamkeitsfokus. HD-Patienten haben allerdings keine Schwierigkeiten, ihre Aufmerksamkeit verdeckt zu verschieben, was auf ein weitgehend intaktes posteriores Aufmerksamkeitssystem schließen lässt.

Es konnte weiterhin mehrfach gezeigt werden, dass HD-Patienten erhöhte Sakkadenlatenzen, v.a. bei nicht-extern getriggerten Blickbewegungen sowie große Probleme beim Unterdrücken von Sakkaden zu nicht-kritischen Reizen in einem Antisakkaden-Paradigma aufweisen.

Befunde bei symptomatischen Patienten mit längerer Erkrankungsdauer

Im Verlaufe der Erkrankung entwickelt sich ein zunehmend dementielles Zustandsbild mit neuropsychologischen Beeinträchtigungen in unterschiedlichen Funktionsbereichen.

Höhere visuelle Leistungen sind allerdings nicht oder erst im späteren Verlauf der Erkrankung betroffen. Auch aphasische Symptome treten nicht auf. Gesichtsfeldausfälle oder auch Neglect werden nicht berichtet. Ebenso ist die verdeckte Orientierung der Aufmerksamkeit im Raum nicht betroffen. Im Gegensatz dazu sind Aufmerksamkeits- und Gedächtnisfunktionen, und dabei in erster Linie kurzfristiges Behalten, Arbeitsgedächtnis, prozedurales (motorisches) Lernen sowie exekutive Funktionen betroffen. So sind der freie Wortabruf (sowohl nach phonematischem als auch semantischem Kriterium) und Prozesse, die Handlungskontrolle, Problemlösen und flexibles intellektuelles Verhalten unterstützen, deutlich in Mitleidenschaft gezogen.

Gilles-de-la-Tourette-Syndrom (TS)

Das Krankheitsbild ist durch multiple motorische Tics, Vokalisationen, Manierismen sowie im weiteren Verlauf häufig Echolalie und Palilalie (Nachsprechen von Wörtern und Sätzen), Echopraxie (Nachahmung von Bewegungen und Gesten), Koprolalie (Äusserung obszöner Wörter) und Kopropraxie (Produktion obszöner Gesten) gekennzeichnet. Die Tics beginnen durchschnittlich im 7. Lebensjahr und schreiten typischerweise in ihrer Ausbreitung von rostral nach kaudal fort. Das Auftreten der motorischen Symptome unterliegt psychogenen Einflüssen. Mittlerweile wird davon ausgegangen, dass der zugrundeliegende Mechanismus in einer Hypersensibilität der Dopamin-2-Rezeptoren besteht (Schauenburg & Dressler, 1992). Dadurch entfallen hemmende Einflüsse auf subkortikal repräsentierte motorische Programme und es kommt zu deren plötzlichen „Entladung". Die Gabe von DA-2-Rezeptor-blockierenden Neuroleptika beispielsweise führt zur Unterdrückung der Tics. Es gibt nur wenige systematische neuropsychologische Untersuchungen von Patienten mit TS, meistens handelt es sich dabei um Kinder und Jugendliche. TS-Kinder leiden häufig, besonders im Grundschulalter, zusätzlich unter Hyperaktivität (Attention-deficit-disorder) wobei bisher nicht geklärt ist, ob es

sich dabei um ein reaktives oder krankheitsimmanentes Phänomen handelt. Ebenso werden vermehrt Depression sowie Zwangshandlungen bei TS beschrieben. Bisherige neuropsychologische Befunde deuten darauf hin, dass die Erkrankung zu keiner generellen intellektuellen Beeinträchtigung führt, sondern am ehesten Teilfunktionen betroffen sind. So wurde beispielsweise eine deutliche Latenzverzögerung bei Antisakkaden und nicht-extern-getriggerten Sakkaden berichtet (Straube et al., 1997). Andere Untersuchungen fanden verlängerte Reaktionszeiten oder auch eine überproportionale Beeinträchtigung von TS-Patienten in inkongruenten Stimulus-Response-Situationen (Simon-Effekt), was darauf hinweist, dass die Inhibition inadäquater Reaktionen betroffen ist. Weiterhin wurde eine vermehrte Abhängigkeit der TS-Patienten von externen Hinweisreizen bei der Bewegungsausführung (ähnlich der bei PD berichteten) festgestellt.

Dystonie – Torticollis spasmodicus

Arbeiten zu psychologischen Aspekten der Erkrankung fokussieren überwiegend auf psychosoziale Aspekte, Krankheitsverarbeitung und Depression. Insgesamt weisen die Ergebnisse darauf hin, dass es sich dabei um reaktive Phänomene als Folge der abnormen Körperhaltung handelt. So konnten Jahanshahi und Marsden (1992) zeigen, dass das Ausmaß der Depression bei Patienten mit idiopathischem Torticollis nach Gabe des nicht-zentral wirksamen Botulinum-Toxin deutlich abnahm. Die Untersuchung von Blickbewegungen erbrachte keine Auffälligkeiten, wohl aber die Prüfung der visuell-räumlichen Verarbeitung (Hinse et al., 1996). Dabei erwiesen sich Torticollis-Patienten bei jenen Tests beeinträchtigt, die eine mentale Manipulation der räumlichen Information erforderten. Ob der Nucleus caudatus möglicherweise direkt an dieser Funktion beteiligt ist (wie frühere Tierversuche nahelegten) oder ob es sich bei diesem Defizit um eine Folge abnormen propriozeptiven afferenten Inputs handelt, muss jedoch weiterhin offenbleiben.

5.3 Neuropsychologische Defizite bei entzündlichen Erkrankungen des ZNS

PASQUALE CALABRESE

Zusammenfassung

Anhand der Meningoenzephalitis, der Herpes-Simplex-Enzephalitis, dem AIDS und der multiplen Sklerose wurden die neuropsychologischen Inplikationen der entzündlichen Erkrankungen des Zentralnervensystems dargestellt. Wenngleich im Rahmen (meningo-)enzephalitischer Erkrankungen in Abhängigkeit von initialer Bewusstseinsstörung und zerebralem Befallsmuster eineVielzahl von neuropsychologischen Symptomkonstellationen vorkommen können, zeigt sich, dass im Langzeitverlauf insbesondere neurasthenische Bilder mit Aufmerksamkeits-, Konzentrations- und Gedächtnisstörungen und erhöhter Irritabilität persistieren. Störungen des Altgedächtnisses und der Emotionsverarbeitung sind bei HSE besonders häufig und basieren auf der Involvierung gedächtnis- und affektmodulierender Strukturen. HIV-infizierte Patienten weisen ebenfalls neuropsychologische Funktionsbeeinträchtigungen auf. Diese sind im Frühstadium der Erkrankung zunächst subtil und erreichen im AIDS-Stadium das Ausmaß einer Demenz (AIDS-Demenz-Komplex). Hierbei sind kognitive Verlangsamung, reduzierte Attentionalität und eingeschränktes Arbeitsgedächtnis als herausragende Merkmale zu nennen.

Kognitive Störungen sind auch bei MS besonders häufig anzutreffen. Ihre Ausprägung ist vom zerebralen Befallsmuster abhängig und dementsprechend bei Patienten mit einem chronisch-progredienten Verlauf (bei zahlreichen, periventrikulär konfluierenden Läsionen) schwerwiegender. Die Schwellenhypothese bietet einen funktionell-neuroanatomischen Erklärungsansatz für die neuropsychologischen Leistungsunterschiede zwischen MS-Patienten mit einem schubförmigen Verlauf und solchen mit chronisch-progredienter MS.

Einleitung

Entzündliche Erkrankungen des Zentralnervensystems können sowohl das Gehirn (Enzephalitis) als auch die Hirnhäute (Meningitis) isoliert betreffen, treten meist aber in Kombination (z.B. als Meningoenzephalitis oder Enzephalomyelitis aber auch bei Abszessbildungen) auf und sind zumeist bakteriell oder viral, seltener durch bakterienähnliche Erreger sowie durch Parasiten und Pilze verursacht. Daneben können auch solche Erkrankungen hierunter subsummiert werden, bei denen nach laborklinisch-immunologischen und/oder pathoanatomischen Aspekten Entzündungszeichen vorliegen. Dementsprechend richtet sich die klinische Einteilung primär nach ätiopathogenetischen Gesichtspunkten (Seitz, 1991). Eine umfassende Darstellung des Gebietes findet sich bei Prange (1995).

Im folgenden sollen nur diejenigen Erkrankungen dieser Entität einer neuropsychologischen Betrachtung unterzogen werden, die – unabhängig von der Pathogenese – auf Grund der hiermit verbundenen Schwerpunkte der Gewebsalterationen zu neuropsychologisch relevanten Beeinträchtigungen führen. Letzteres gilt insbesondere für die Enzephalitiden und Meningoenzephalitiden, für das erworbene Immundefektsyndrom AIDS (acquired immunodeficiency syndrome) und für die multiple Sklerose (MS).

Neuropsychologische Störungen bei Meningoenzephalitiden

Determinanten der kognitiven Beeinträchtigung

Grundsätzlich können alle das ZNS involvierende Entzündungen potentiell zu akuten oder schleichenden kognitiven Beeinträchtigungen leichter, mäßiggradiger oder schwerer Art führen. Generell hängen die Progredienz der kognitiven Veränderungen (z.B. rasch zunehmende Vigilanzminderung oder akute Psychose) sowie das Vorliegen von fokalen Herdzeichen (z.B. Aphasie) von der Beteiligung des Hirnparenchyms ab. Neben den auch für neuropsychologische Störungen anderer Genese wichtigen Determinanten, wie Alter des Patienten und prämorbider kognitiver Status wird die Reversibilität der Enzephalitis-bedingten Beeinträchtigungen auch durch den Grad der Bewusstseinsstörung während der akuten Erkrankung (Kaiser et al., 1997), der Latenz zwischen manifester Symptomatologie und medikamentöser Behandlung (Utley et al., 1997) sowie von der Chronizität der Hirnbeteiligung mitbestimmt (vgl. hierzu auch Markowitsch & Calabrese, 1996). Die Chronizität der Hirnschädigung hängt wiederum davon ab, ob die jeweiligen Enzephalitiserreger bedingt zytotoxisch oder zytozid sind, d.h. nur zu zeitweiligen Störungen des zellulären Funktionsstoffwechsels oder aber zu einer irreversiblen Zellschädigung führen (Delerue et al., 1990). Das Fehlen eines zytotoxischen Ödems im erstgenannten Falle erklärt zugleich, weswegen bei manchen Enzephalitiden trotz elektroenzephalographisch nachweisbarer Hirnfunktionsstörungen keine kernspintomographisch indikativen Protonenverschiebungen im Hirngewebe detektierbar (Harvarik & Müller-Jensen, 1992) oder im Computertomogramm Dichteänderungen darstellbar sind (Hokkanen et al., 1997). Schließlich ist in diesem Zusammenhang als weitere Determinante

die hirnlokale Affinität bestimmer Erreger zu berücksichtigen, die – wie bei der Herpes-Simplex-Enzephalitis (HSE) – mal die temporo-fronto-basalen Rindenareale (Demaerel et al., 1992), oder im Falle anderer Erreger schwerpunktmäßig mehr subkortikale Hirnanteile (Peatfield, 1987) betreffen, und damit die neuropsychologische Syndromatologie entscheidend mitbestimmen kann.

Vor diesem Hintergrund lassen sich für verschiedene (Meningo-)Enzephalitiden zwar nicht pathognomonische, jedoch charakteristische neuropsychologische Symptomkonstellationen beschreiben. Diese sollen im folgenden beispielhaft anhand der Meningoenzephalitiden, der Herpes-Zoster-Enzephalitis sowie der Herpes-Simplex-Enzephalitis diskutiert werden.

Klinisch-neuropsychologische Studien bei Meningoenzephalitiden

In einer der wenigen hierzu durchgeführten Gruppenstudien mit follow-up Charakter bei insgesamt 63 erfassten Patienten mit einer Frühsommermeningoenzephalitis (FSME) fanden Kaiser und Mitarbeiter (Kaiser et al., 1997) in 11% der untersuchbaren Fälle Konzentrations- und Gedächtnisstörungen während des Akutstadiums der Erkrankung. Nach einer im Mittel nach 14 Monaten durchgeführten neuropsychologischen Nachuntersuchung wird die Präsenz von subjektiven kognitiven Defiziten, insbesondere im Aufmerksamkeits- und Gedächtnisbereich mit 53% angegeben. Auch für diese Untersuchung zeigt sich hinsichtlich der neuropsychologischen Residuen eine Abhängigkeit von der Beteiligung des Hirnparenchyms sowie vom Grad der Bewusstseinsstörung in der Akutphase. Tatsächlich wiesen die Patienten mit einem enzephalitischen Verlauf in der Nacherhebung insgesamt schlechtere Testleistungen auf, während bei den Patienten mit einer meningitischen Form weniger überdauernde kognitive Defizite zu verzeichnen waren. Die von Hokkanen und Mitarbeitern (Hokkanen et al., 1997) berichteten 9 Patienten mit Herpes-Zoster-Enzephalitis (HZE) wiesen bei einer in einem Zeitraum zwischen 3 bis 7 Monaten durchgeführten, testpsychologisch umfassenden Nacherhebung ein von den Autoren als „subkortikaler Typ" bezeichnetes Störungsmuster auf mit Denkverlangsamung, Abrufdefiziten, Planungsstörungen und emotionalen Veränderungen sowie Störungen der Verhaltenskontrolle (Disinhibition oder Antriebsstörungen). Das Fehlen global-mnestischer Defizite im Outcome wird als zentrales neuropsychologisches Unterscheidungskriterium zwischen HSE und HZE-Patienten genannt (Hokkanen et al., 1997, pp. 244). Unabhängig von der Ätiologie der Enzephalitis zeigten Hokkanen und Launes (1997) anhand einer Fallsammlung von 60 Patienten, dass die Amnesiedauer im Akutstadium einen entscheidenden prognostischen Faktor hinsichtlich neuropsychologischer Restitution darstellt. Von den selben Autoren stammt eine prospektive follow-up-Studie, die sich mit der kognitiven Remission von Enzephalitis Patienten beschäftigte. Entgegen früheren Untersuchungen zeigte sich bei 70 % der Patienten nach ei-

ner mittlerer Reevaluationszeit von 3,7 Jahren ein, gemessen an der selbständigen Alltagsbewältigung sowie der Wiedereingliederung in das Berufsleben, insgesamt günstiger Verlauf. Die Frequenz eines dementiellen Zustandsbildes als postenzephalitisches Defektstadium war mit 12,8 % nicht häufiger als bei Schlaganfall-Patienten oder bei Patienten nach Schädel-Hirn-Trauma. Interessanterweise waren auch in dieser Untersuchung, wie bei anderen Studien, die Patienten mit HSE bei der Gruppe derjenigen Patienten mit einem ungünstigen Ausgang (Demenz, Epilepsie, Persönlichkeitsveränderungen) überproportional vertreten.

Neuropsychologische Störungen bei Herpes-Simplex-Enzephalitis (HSE)

Bei einer Durchsicht der zur Verfügung stehenden Literatur kann resümiert werden, dass die Prognose hinsichtlich neuropsychologischer Folgeerscheinungen bei Patienten mit einer HSE eher ungünstig ist. Zusammenge-

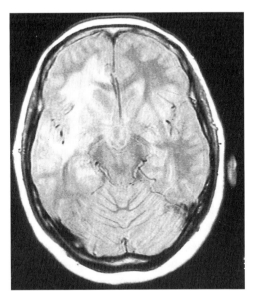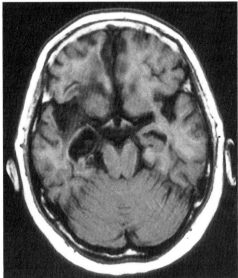

Abb. 1. Axiale Kernspinaufnahmen des Gehirns einer 54-jährigen Patientin 3 Jahre nach stattgehabter HSE. Im protonengewichteten Bild (links) zeigt sich eine rechts frontotemporal gelegene Marklagergliose mit deutlichem Substanzdefekt (rechtes, T1-gewichtetes Bild). Eine detaillierte neuropsychologische Beschreibung sowie die hieraus deduzierten funktionell-neuroanatomischen Implikationen finden sich in Calabrese et al., 1996.

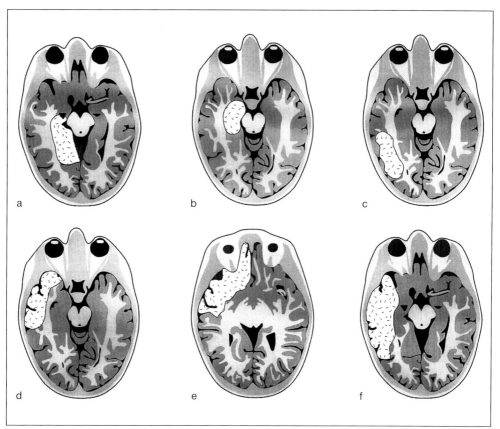

Abb. 2. An Kernspinaufnahmen angelehnte Axialschnitte zur Darstellung der Enzephalitis-bedingten Hirn-affektionen und der damit zusammenhängenden neuropsychologischen Funktionsdefizite. Die Buchstaben korrespondieren mit der auf Seite 563 aufgeführten Reihenfolge. (Es wird auf den schematischen Charakter der Darstellung hingewiesen, bei welcher zur Illustration die Grenzen der Hirnaffektion scharf umgrenzt und einseitig dargestellt sind).

nommen kann aus der Fülle von neuropsychologischen Studien bei HSE-Patienten herausgestellt werden, dass bei dieser Erkrankung im Langzeitverlauf ein emotional-mnestisches Dysfunktionssyndrom mit erhöhter emotionaler Labilität und Irritierbarkeit und fluktuierenden Befindlichkeitsstörungen dominiert.

Dies mag damit zusammenhängen, dass die HSE nicht nur zu zeitweiligen metabolischen Störungen, sondern zu irreversiblen Substanzschädigungen in Fasersystemen und Rindengebieten führt, die insbesondere für die kognitiv-mnestische Informationsverarbeitung sowie für die Modulation affektiv-emotionaler Prozesse kritisch sind (vgl. Abb. 1).

Tatsächlich hat die mit den genannten kognitiven Störungen verbundene Toposelektivität des Hirnbefalls bei HSE „anatomischen Modellcharakter" (vgl. Abb. 2) und es finden sich in der neuropsychologischen Literatur dementsprechend viele Kasuistiken von Patienten mit HSE-bedingter Substanzschädigung, bei denen sich Dissoziationen finden zwischen [a] deklarativen und nicht-deklarativen Gedächtnisinhalten (Hamann & Squire, 1997), [b] emotionaler und neutraler Informationsverarbeitung (Broks et al., 1998), [c] visuell-räumlichen und visuell-semantischen Prozessen (Wilson et al., 1997), [d] semantischen Kategorien (Laiacona et al., 1997), [e] anterograder und retrograder Amnesie (Calabrese et al., 1996) sowie [f] zeitlich und räumlich-kontextueller Gedächtnisverarbeitung (Kopelman et al., 1997). Hierbei werden quasi modellhaft die für diese Teilleistungen relevanten neuroanatomische Substrate hervorgehoben und zugleich die neuropsychologischen Defizite deutlich, die bei HSE-Patienten zu erwarten sind. Diese variieren in Abhängigkeit von der Läsionsausdehnung (z.B. hippokampale Beteiligung f. Bsp. [a], Beteiligung von Amygdala f. Bsp. [b], Beteiligung des ventralen okzipito-temporalen Übergangsbereiches f. Bsp. [c], Beteiligung des temporobasalen und temporopolaren Neokortex f. Bsp. [d], kombinierte temporofrontale Hirnaffektion f. Bsp. [e] (vgl. jedoch Carlesimo et al., 1998), Ausdehnung d. temporalen Läsion auf das angrenzende Marklager f. Bsp. [f]) und der Seitenbetonung des Substanzdefektes. Hierbei werden bei linksseitigen oder linksseitig betonten Hirnschäden primär semantische Anteile als defizitär beschrieben, bei rechtsseitigen Läsionen vornehmlich Defizite der episodischen Informationsverarbeitung bzw. des autobiographischen Gedächtnisses dokumentiert (Calabrese et al., 1996).

Klinisch-diagnostische Konsequenzen

Im postakuten Stadium einer abgelaufenen (Meningo-) Enzephalitis finden sich neuropsychologische Symptomkonstellationen mit Aufmerksamkeits- und Konzentrationsstörungen sowie Irritierbarkeit und Antriebsmangel. Vor diesem Hintergrund und insbesondere auch im Hinblick auf gutachterliche Fragestellungen (z.B. im Rahmen einer Evaluation versicherungs- und berufsrechtlicher Konsequenzen) sollte bereits während des akutstationären Aufenthaltes des Patienten eine subtile neuropsychologische Testung erfolgen.

Darüber hinaus sind insbesondere zur Erfassung von HSE-bedingten Defiziten neben Intelligenz- und Aufmerksamkeitsprüfungen auch Aufgaben zum anterograden und retrograden (autobiographisches und semantisches) Gedächtnis (vgl. Schuri, Kap. 4.3), sowie Komponenten der emotionalen Verarbeitung

(wahrnehmen und erkennen emotionaler Reize und Situationen und deren situationsadäquate Verarbeitung sowie die Interpretation eigener emotionaler Zustände, vgl. Kap. 1.7) zu berücksichtigen. Da im Gegensatz zu den Aufmerksamkeits- und Konzentrationsstörungen die retrograden Gedächtnisbeeinträchtigungen und die emotionalen Defizite von vielen HSE-Patienten spontan nicht beklagt werden und zunächst nicht augenfällig erscheinen, sind solche Störungen gezielt zu explorieren und gegebenenfalls neuropsychologisch mit geeigneten Instrumentarien zu objektivieren.

Neuropsychologische Störungen bei AIDS

Seropositivität und neuropsychologische Beeinträchtigung

Unter dem Akronym AIDS ist die Endstrecke einer sich im Rahmen der HIV-Positivität entwickelnden Immunschwäche zu verstehen. Als Erreger wurde ein HIV bezeichnetes Virus identifiziert (Human Immunodeficiency Virus). Selbstverständlich kann es im Verlauf einer HIV-Erkrankung im Rahmen einer opportunistischen Infektion zu allen obengenannten Hirnbeteiligungen und den damit verbundenen Störungen kommen. Es kann jedoch auch zu einer primären zentralnervösen Dysfunktion vermittels direktem Befall durch das neurotrope HIV kommen. Da die stadienhaft verlaufende HIV-Krankheit in ca. 70 % der Fälle durch neurologische (einschließlich neuropsychologische) Komplikationen gekennzeichnet ist (Adams & Ferraro, 1997), stellt diese Erkrankung in der (akut-)klinischen Praxis insbesondere universitätsklinischer Zentren sowohl im neurologischen Kontext als auch im psychiatrischen Setting großstädtischer Ballungsräume einen nicht unerheblichen Faktor mit entsprechenden diagnostischen und (psycho-)therapeutischen Anforderungen dar (McDaniel et al., 1997).

Die durch die ausgesprochen neurotrope Eigenschaft des HIV aufgeworfene Frage, ob nicht bereits bei infizierten Individuen ohne fortgeschrittene immunologisch-internistische Krankheitszeichen neuropsychologische Störungen als Ausdruck einer direkten zerebralen Involvierung anzutreffen sind, wird kontrovers diskutiert. Während eine der ersten Studien hierzu von Grant und Mitarbeitern (Grant et al., 1987) von einer frühen HIV-bedingten kognitiven Beeinträchtigung ausging, konnten insbesondere die im Rahmen der amerikanischen MACS-Gruppe (Multicenter AIDS Cohort Study [Kaslow, 1987]) erhobenen Befunde die Ausgangsdaten nicht bestätigen (z.B. Selnes et al., 1990). Diese Inkonsistenzen mögen jedoch zum erheblichen Teil durch die hinsichtlich Stichprobengröße und Infektionsmodus uneinheitliche Patientenselektion, durch Auswahl und Dauer der Testverfahren sowie durch methodische Differenzen bei der Datenanalyse zustandegekommen sein. Aktuellere Studien, bei denen diese Variablen kontrolliert wurden, sprechen dagegen eher für eine frühe, wenngleich auch milde kognitive Beeinträchtigung insbesondere in den Bereichen Aufmerksamkeit, Verarbeitungsgeschwindigkcit und Gedächtnis (z. B. Bartok et al., 1997), während nur wenige Studien keine Unterschiede zwischen HIV-infizierten Patienten und Kontrollprobanden finden (z. B. Parker & Levine, 1997).

Tatsächlich zeigte sich in einer von White et al. (1995) durchgeführten Metaanalyse basierend auf 57 publizierten Studien, dass bei 35% der seropositiven, asymptomatischen Individuen bereits subtile kognitive Beeinträchtigungen eruierbar waren. Das Maß der Beeinträchtigung im asymptomatischen HIV-Stadium hängt von Variablen wie Drogen- und Alkoholkonsum (Grassi et al., 1997; Starace et al., 1998), psychiatrischen Nebendiagnosen (Baldeweg et al., 1997) und Umweltstressoren sowie kritischen Lebenssituationen (Evans et al., 1997) ab. Neben den Umweltstressoren, die einen negativen Einfluss auf die Krankheitsprogression haben (Evans et al., 1997) lassen auch die frühen kognitiven Beeinträchtigungen eine Prognose bezüglich der Überlebenszeit nach Infektion zu (Ellis et al., 1997, Wilkie et al., 1997). Auf elektrophysiologischer, endokrinologischer sowie pathoanatomischer Ebene werden diese Störungen von quantitativen und qualitativen EEG-Veränderungen (Baldeweg & Gruzelier, 1997; Fletcher et al., 1997), ver-

änderten Spiegeln indirekt neurotoxischer Hüllproteine (Brooke et al., 1997) und der Akkumulation von Amyloidablagerungen im Nervenzellgewebe reflektiert (Giometto et al., 1997). Hierbei wird angenommen, dass ein synergistischer Effekt dieser verschiedenen Faktoren im Krankheitsverlauf schließlich zu den fassbaren kognitiven Beeinträchtigungen führt (Starace et al., 1998).

AIDS-Demenz-Komplex

Aus der Zusammenarbeit mehrerer Fachgesellschaften unter Mitwirkung der Centers for Disease Control (CDC) ist das CDC- Klassifikationssystem erarbeitet worden, nach welchem die Stadieneinteilung der HIV-Infektion unter Berücksichtigung sowohl klinischer als auch zytologischer Parameter erfolgt. Im fortgeschrittenen HIV-Stadium kommt es mit zunehmendem Immundefekt zur AIDS-Enzephalopathie. Da es keine einheitliche Nomenklatur gibt, wird dieses Stadium auch synonym als AIDS-Demenz-Komplex, subakute AIDS-Enzephalitis oder AIDS-Lethargie bezeichnet. In der vierten Revision des Diagnostic and Statistical Manual of Mental Disorders [DSM IV] (American Psychiatric Association, 1994) wird die HIV-assoziierte Demenz (Dementia due to HIV) unter 294.9 kodiert, die Kriterien sind im Manual auf Seite 148 genannt. Die Latenz, bis das Stadium der AIDS-Demenz erreicht wird, variiert zwischen 9 und 11 Jahren. In diesem Stadium ist das klinische Bild von zunehmenden Konzentrations- und Gedächtnisstörungen geprägt, denen im weiteren Verlauf eine allgemeine kognitive Verlangsamung folgt. Psychiatrischerseits finden sich eine Affektnivellierung, eine Antriebsminderung sowie eine Vergröberung der Persönlichkeitszüge. Neurologischerseits stehen extrapyramidal-motorische, vegetative und ataktische Symptome im Vordergrund. Schließlich wird das Vollbild einer Demenz erreicht (vgl. Abb. 3). Klinisch liegt die Evolution dieses Syndroms zwischen 2 Monaten bei raschen Verläufen und 2 Jahren bei protrahierten Formen, bei einer mittleren Überlebensrate von 5.6 Monaten (Whitehouse, 1993)

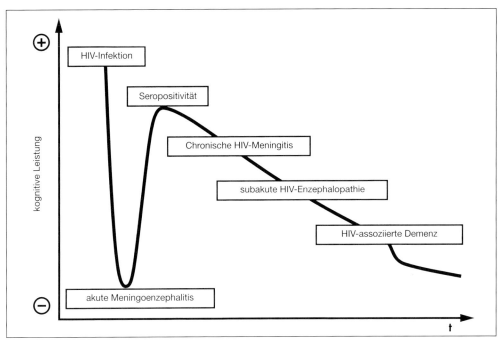

Abb. 3. Graphische Darstellung des kognitiven Abbaus im Verlauf einer HIV- Erkrankung. Schon kurz nach der Infektion kommt es bei einem Teil der Patienten zu einer akuten Meningoenzephalitis mit guter Spontanremission. Im weiteren Verlauf entwickelt sich häufig eine subakute HIV-Enzephalopathie, die schließlich in eine HIV-assoziierte Demenz mündet.

(Eine Stadieneinteilung des AIDS-Demenz-Komplexes findet sich bei Sidtis & Price, 1990). Die in diesem Stadium manifesten neuropsychologischen Defizite reflektieren in ihrer Summe nach Meinung mancher Autoren (z.B. White et al., 1997) das Bild einer subkortikalen Demenz mit kognitiver Verlangsamung, Abrufdefiziten und Flexibilitätsstörungen.

Diagnostische Evaluation der neuropsychologischen Defizite

Obgleich es keine einheitlichen diagnostischen Standards zur Evaluation von HIV-assoziierten kognitiven Leistungsstörungen gibt, wurden von verschiedenen Autoren AIDS-Demenz-sensitive Screening-tests (z.B. Power, 1995) sowie elaboriertere Testbatterien vorgeschlagen. Diese orientieren sich nach den prägnantesten, mit einer HIV-Demenz assozziierten neuropsy-

chologischen Defiziten. Sidtis und Price (1990) nennen dabei drei Kriterien, die eine derartige Testbatterie berücksichtigen sollte:
a) die Tests sollten zeitabhängig sein,
b) Aufmerksamkeit und Konzentration abdecken und
c) zeitgebundene feinmotorische Fertigkeiten überprüfen. Nach einer kritischen Durchsicht der aktuelleren neuropsychologischen Literatur zu diesem Bereich wären noch
d) Tests zum Arbeitsgedächtnis (Flexibilität und mentale Kontrolle) zu fordern (Bartok et al., 1997).

Auf Grund der Kongruenz zwischen subjektiv beklagten Leistungsdefiziten und testpsychologisch objektivierbarem Leistungsniveau (Poutiainen & Elovaara, 1996) sollte bei explorativ erhobenen Leistungsbeeinträchtigungen eine ausführlichere formale Leistungseinschätzung in Erwägung gezogen werden.

Neuropsychologische Störungen bei Multipler Sklerose (MS)

Einleitung

Die Multiple Sklerose (MS) gilt als eine der häufigsten neurologischen Erkrankungen des frühen und mittleren Erwachsenenalters. Nach derzeitigen Kenntnisstand kann die MS ätiopathogenetisch als autoimmunvermittelte Erkrankung des Zentralnervensystems angesehen werden, die zu multiplen, zeitlich und örtlich disseminierten Demyelinisierungen unterschiedlichster Lokalisationen führt. Der bei den meisten Erkrankungsfällen anfänglich schubförmige Krankheitsverlauf (schubförmige MS) kann in der weiteren Krankheitsevolution in einen chronisch-progredienten Verlauf übergehen. Das Erstmanifestationsalter liegt zwischen dem 20. und 50. Lebensjahr mit einem Gipfel in der dritten Lebensdekade, wobei das weibliche Geschlecht überwiegt. Somit fällt der Krankheitsausbruch für die meisten Patienten in die Lebensperiode der beruflichen und sozialen Etablierung und stellt einen Großteil der Betroffenen vor verschiedenste psychosoziale Probleme. Neben multiplen neurologischen Dysfunktionen können im Verlauf der MS unterschiedlichste neuropsychologische Störungen imponieren.

Neuropsychologie der MS

Während zu Beginn des Jahrhunderts die kognitiven Leistungsdefizite unter dem Oberbegriff der Demenz subsummiert wurden (wobei anzumerken ist, dass die organischen Wesensänderungen im Ausmaße einer globalen Demenz nur in vereinzelten, meist fortgeschritteneren Stadien einer progredienten MS anzutreffen sind [Prosiegel, 1997; Rao, 1990]), sind die MS-bedingten kognitiven Defizite erst in den letzten beiden Jahrzehnten einer eingehenden Systematisierung unterzogen worden. Hierbei wurde deutlich, dass in der Mehrheit der MS-Fälle und in Abhängigkeit vom Verlaufstyp eine Symptomkonstellation distinkter neuropsychologischer Teilleistungs-

beeinträchtigungen dominiert. Aktuelle Studien gehen hierbei von einer Auftretenshäufigkeit neuropsychologischer Defizite bei 30-50 % der MS-Patienten aus (Rao, 1990), wobei Aufmerksamkeits- und Gedächtnisstörungen zu den häufigsten Beeinträchtigungen zählen. In Abhängigkeit von der zerebralen Beteiligung sind aber auch global-intellektuelle Nivellierungen sowie psychiatrische Störungen anzutreffen.

Während es zu den weiter oben diskutierten, entzündlichen Erkrankungen des Zentralnervensystems neben Kasuistiken nur vereinzelte Kohortenstudien gibt, ist (wohl auf Grund der hohen Prävalenz und der sich hieraus ergebenden, besonderen sozioökonomischen und psychosozialen Bedeutung dieser Erkrankung) bei der MS inzwischen die neuropsychologische Forschungsaktivität ungleich intensiver. Dementsprechend sollen die verschiedenen kognitiven Charakteristika dieser Patientengruppe im Folgenden anhand neuropsychologischer Partialleistungen dargestellt werden.

Aufmerksamkeit

Wenngleich noch unklar ist, inwieweit Aufmerksamkeitsfunktionen im Rahmen der MS insgesamt oder nur in Teilen beeinträchtigt sind, zeichnet sich auf Grund aktueller Studien ab, dass Aufmerksamkeitsstörungen einerseits vom Behinderungsgrad und von der affektiven Lage unabhängig auftreten können, andererseits bereits im Zuge leichter kognitiver Beeinträchtigungen manifest werden. Dagegen ist bei MS-Patienten ohne kognitive Beeinträchtigungen nur mit leichten Erhöhungen der Reaktionslatenzen, meist gegen Ende von Vigilanztests, zu rechnen (Kujala et al., 1995). In einer jüngst von Plohmann und Mitarbeitern (Plohmann et al., 1998) durchgeführten Untersuchung konnte gezeigt werden, dass verschiedene MS-Subgruppen Störungen in voneinander verschiedenen Aufmerksamkeitsbereichen aufwiesen und dass diese Defizite durch den Einsatz spezifischer Aufmerksamkeitstrainings positiv zu beeinflussen waren. Zur Erfassung bzw. Behandlung der Aufmerksamkeitsstörungen wurde die Testbatterie zur

Aufmerksamkeitsprüfung [TAP] (Zimmermann & Fimm, 1994) respektive die AIX-
TENT-Software (Sturm et al., 1993) eingesetzt.

Chronische Ermüdbarkeit bei MS

Da auch bei ansonsten kognitiv nicht oder nur
diskret beeinträchtigten MS-Patienten progredient erhöhte Reaktionslatenzen im Rahmen
von Vigilanztestungen beobachtet werden können, muss in diesem Zusammenhang auf das
Problem der erhöhten Ermüdbarkeit hingewiesen werden. Wenn diese Phasen der Ermüdbarkeit in ihrer Ausprägung markant sind, über
Monate fortbestehen und ggf. periodisch wiederkehren, ist an das Chronic Fatigue Syndrom
(CFS) zu denken. Unter diesem syndromatolo-
gisch nicht einheitlich verwendeten Begriff
wird eine Symptomkonstellation subsummiert,
bei der sich sowohl Beschwerden aus dem
rheumatologischen (Myalgien, Gliederschmer-
zen etc.) als auch aus dem neuropsychiatrischen Formenkreis (diffuse Kopfschmerzen,
allgemeines Schwächegefühl, erhöhtes Schlafbedürfnis, Rückzugstendenzen bis hin zu manifesten Depressionen) finden (Holmes et al.,
1988). Das CFS findet sich, je nach Strenge der
angelegten Kriterien, bei bis zu 87 % der
MS-Patienten (Krupp et al., 1988). Dieses Beschwerdebild kann im Rahmen der MS unabhängig von neurologischen Beeinträchtigungen bestehen und wird von 40 % der
MS-Patienten als Hauptbeschwerde angegeben
(Freal et al., 1984). Das CFS kann sowohl Ausdruck einer aktuellen Krankheitsaktivität als
auch   neuen MS-Schüben vorgelagert sein
(Freal et al., 1984). Vergleicht man MS-Patienten mit CFS gegenüber anderen, nicht an einer
MS erkrankten CFS-Patienten, so zeigt sich,
dass diese Beschwerden bei MS-Patienten
zwar häufiger mit kognitiven Beeinträchtigungen einhergehen, jedoch nicht auf eine Depression zurückzuführen sind (Krupp et al., 1994).
Inwieweit eine depressive Überlagerung für reduzierte Aufmerksamkeitsfunktionen verantwortlich ist, muss im Einzelfall sowohl explorativ als auch durch die Wahl adäquater
Erhebungsinstrumentarien überprüft werden.
Hierbei ist bei der Wahl der Fragebögen zur

Einschätzung etwaiger depressiver Zustände
darauf zu achten, dass die verwendeten Verfahren keinen allzuhohen „somatischen Load"
aufweisen. Dies gilt insbesondere für Fragebögen, in welchen körperliche Beschwerden als
Ausdruck einer Depression in den Vordergrund
gestellt werden. Dies würde bei MS-Patienten,
auf Grund der krankheitsinhärenten somatischen Defizite, zu einer Überbewertung des depressiven Zustandsbildes führen (eine Studie,
die anhand des Beck'schen Depressionsinventars exemplarisch auf dieses Problem hinweist,
wurde von Mohr et al. (1997) durchgeführt).

Gedächtnis

Die Häufigkeit von Gedächtnisstörungen bei
MS-Patienten wird in der Literatur mit 40-50 %
angegeben (Rao et al., 1991). Bei den allermeisten Studien wird das Kurzzeitgedächtnis
bei MS-Patienten als nicht beeinträchtigt herausgestellt (Calabrese et al., 1993; Rao, 1990;
Rao et al., 1991). Dagegen stellen sich in den
meisten Untersuchungen sowohl Arbeitsgedächtnis als auch freier Abruf aus dem
Langzeitgedächtnis als besonders defizitär dar
(Foong et al., 1997; Grigsby et al., 1994). Die
visuell-räumlichen Gedächtnisleistungen werden nahezu konsistent als reduziert beschrieben und in einigen Untersuchungen gegenüber
den Verballeistungen als dysproportional defizitär angegeben. Insgesamt finden sich diese
Störungen bei Patienten mit einem chronischen Verlauf häufiger und sind in ihrer Qualität deutlich ausgeprägter (Rao, 1990; Calabrese et al., 1993). Die nicht-deklarativen
Gedächtnisleistungen von MS-Patienten sind
bislang noch wenig erforscht, so dass anhand
der bisher hierzu durchgeführten Untersuchungen nicht eindeutig entschieden werden
kann, inwieweit in diesem Gedächtnisbereich
bei   MS-Patienten   Leistungsdissoziationen
nachzuweisen sind, die eine syndromatologi-
sche Zuordnung der gefundenen Defizite i.S.
eines „subkortikalen" vs „kortikalen" Defizitprofils gestatten (Beatty et al., 1990; Clark et
al., 1997). Wenngleich die Datenbasis hinsichtlich der Altgedächtnisleistungen bis dato
ebenfalls gering ist, sprechen die wenigen Studien für diskrete retrograde Gedächtnisstörun-

gen sowohl für semantische als auch für auto-biographische Inhalte (Paul et al., 1997), wo-bei – ähnlich der anterograden Gedächtnis-domäne – der Anteil an Patienten mit einem chronisch-progredienten Verlauf die markan-teren Defizite zeigt (Beatty et al., 1988). (Eine Synopsis und Bewertung der für diesen Be-reich einsetzbaren Verfahren findet sich bei Calabrese, 1997).

Intellektuelle Leistungen

Die Tatsache, dass die Selbsteinschätzung von MS-Patienten hinsichtlich ihrer kognitiven Leistungsfähigkeit mit tatsächlich erbrachten Leistungen in neuropsychologischen Testver-fahren besser korreliert als der Gesamtwert von Kurzscreenings (Kujala et al., 1996) legt nahe, dass das kognitive Leistungsspektrum von MS-Patienten mittels solcher Instrumente (z.B. Mini-Mental-State-Test) nur unzurei-chend erfasst wird. Da darüber hinaus erhalte-ne Verballeistungen des Kurzzeitgedächt-nisses zu einer Überschätzung der tat-sächlichen Leistungskapazität führen können, ist von einer neuropsychologischen Objekti-vierung möglicher Defizite auf alleiniger Screening-Basis abzusehen (Gefahr falsch ne-gativer Ergebnisse). Vielmehr sollte die diffe-rentielle Erfassung verschiedener intellektuel-ler Leistungsbereiche i.S. einer „Profildar-stellung" angestrebt werden. Tatsächlich treten bei Anwendung von Testverfahren mit sowohl verbalen als auch nonverbalen Komponenten, deutliche, vom MS-Verlaufstyp abhängige Unterschiede zutage: während MS-Patienten mit einem chronischen Verlaufstyp eher eine allgemeine homogene Reduktion über sämtli-che Leistungsbereiche aufweisen, zeigen sich bei den Patienten mit schubförmigem Verlaufs-typ deutlichere Leistungsdissoziationen, die sich auch im Rahmen einer zufallskritischen Überprüfung der Subtestunterschiede bemerk-bar machen (Calabrese et al., 1993). Die pro-gnostische Wertigkeit der allgemeinen kogni-tiven Leistungsfähigkeit zu Beginn der Erkrankung hinsichtlich Lebensqualität und Verbleib im Berufsleben und Krankheitspro-gredienz konnte in einer 3-Jahres-Follow-up Untersuchung von Amato und Mitarbeitern

(1996) gezeigt werden und legt eingehende neu-ropsychologische Untersuchungen zu einem frühestmöglichen Zeitpunkt nahe.

Sprach- und Sprechstörungen

Obgleich der Entmarkungsprozess im Rahmen einer Multiplen Sklerose sowohl zeitlich als auch topographisch unsystematisch-dissemi-niert ansetzt und daher Werkzeugstörungen zu erwarten wären, sind Sprachstörungen bei MS-Patienten eher eine Ausnahmeerschei-nung (Prosiegel, 1997; Rao, 1990). Eine Über-sicht hierzu, in welcher 14 MS-Patienten mit Benennstörungen, Paraphasien und Reduktion der Spontansprache dargestellt werden, findet sich bei Olmos-Lau und Mitarbeitern (1977). Kritisch anzumerken ist bei dieser Zusammen-stellung, dass die angegebenen Störungen immer mit fokalen Attacken assoziiert waren und daher nicht als echte aphasische Störun-gen zu interpretieren sind. Aktuellere Befunde stellen die Veränderungen im Sprachverhalten von MS-Patienten im Kontext einer zentralen Verlangsamung der Informationsverarbeitung dar und zeigen darüberhinaus, dass diese Störungen mit einer globalen kognitiven Reduktion assoziiert sind (Grossmann et al., 1995). Eine andere Erklärungsmöglichkeit für die Sprachveränderungen im Verlauf einer MS-Erkrankung ergibt sich aus der progre-dienten fronto-dienzephalen Diskonnektion, die, neben oder im Zuge von affektiv-emotio-nalen Veränderungen, eine Veränderung der Sprachorganisation und letztendlich der Sprachpragmatik bewirken kann (Finger, 1998). Allerdings stehen Verfahren zur klini-schen Einschätzung dieser Aspekte noch weit-gehend aus. Zur individuellen Verlaufsbeob-achtung von Patienten empfiehlt es sich insbesondere im neurorehabilitativen Bereich, Tonbandaufzeichnungen der freien Rede zu bestimmten Themengebieten anzulegen, die dann nach standardisierten Kommunikations-kriterien (z. B. Grice, 1975) ausgewertet wer-den können. Dysarthrien und Dysphonien tre-ten bei etwa einem Drittel der MS-Patienten im Krankheitsverlauf in Erscheinung und sind als Folge einer demyelinisierungsbedingten Beeinträchtigung sprechmotorischer Prozesse

respektive der Stimmbildung anzusehen. Entsprechend der vom Entmarkungsprozess betroffenen Hirngebiete (unteres Motoneuron,
oberes Motoneuron, Zerebellum, Hirnstamm
und Zerebellum) lassen sich respektive verschiedene Dysarthrietypen unterscheiden (bul-
bäre bzw. pseudobulbäre Form, spastische
Form, zerebellär-ataktische Form und gemischte Dysarthrie). Eine digitalisierte Form
von Tonbandaufnahmen bietet die Möglichkeit einer computerisierten phonetischen Analyse und erlaubt eine längsschnittliche Beurteilung etwaiger dysarthrophoner Störungen
(Nota-Bouakline, 1997).

Kognitive Flexibilität

Geistige Leistungen, die Planung, problemlösendes Denken, Handlungsentwurf und Handlungskontrolle sowie eine situationsadäquate
Verhaltensanpassung erfordern, können unter
dem Begriff der kognitiven Flexibilität subsummiert werden.

Bei der Anwendung von solchen Aufgabentypen im Rahmen von MS-Studien zeigte sich,
dass insbesondere das zerebrale Befallsmuster
und nicht das Läsionsvolumen eine Rolle zu
spielen scheint. So konnten Arnett und Mitarbeiter (1994) herausstellen, dass bei gleich
großen Läsionsvolumina diejenigen MS-Pat.
größere Schwierigkeiten im Wisconsin Card
Sorting Test hatten, deren Herde im Frontal-
hirnbereich überwogen. Insgesamt bestätigen
auch die Untersuchungen an MS-Patienten
die für sowohl koordinative als auch abstrakte
Denkoperationen notwendige Funktionsinte-
grität des Frontalhirns (Feil, 1997).

Das „multiple Diskonnektionssyndrom" der MS

Untersuchungen, die sich mit dem Zusammenhang zwischen Läsionsmuster und kognitivem
Leistungsprofil bei MS beschäftigen, zeigen,
dass extensive, vornehmlich periventrikulär
lokalisierte Entmarkungsherde zwar zu einer

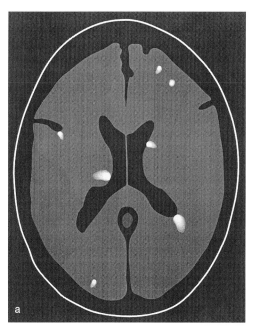 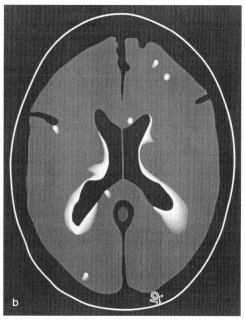

Abb. 4. Schematische Darstellung der „Schwellenhypothese". Dargestellt sind unterschiedliche zerebrale Befallsmuster im Rahmen einer MS. Während Läsionsmuster *a* (je nach Lokalisation der Demyelinisierungsherde) zu distinkten neuropsychologischen Teildefiziten führen kann, mündet Befallsmuster *b* aufgrund der topographisch multiplen Diskonnektionen in eine globale kognitive Leistungsbeeinträchtigung.

globalen neuropsychologischen Leistungsreduktion führen, jedoch das Läsionsvolumen alleine nicht für die spezifischen neuropsychologischen Symptome verantwortlich ist. Kritisch scheint hier vielmehr die Läsionsverteilung zu sein (Arnett et al., 1994). Insbesondere kumulierte, multiple kortexnahe Demyelinisierungsherde, die sich neurologisch nicht funktionsbehindernd auswirken (sog. „silent lesions"), vermögen die kognitive Leistungsfähigkeit negativ zu beeinflussen (Damian et al., 1994), da ein räumlich disseminiertes und zeitlich aufeinanderfolgendes, kortexnahes Entmarkungsmuster langfristig zu multiplen Unterbrechungen kortiko-kortikaler Verbindungen führt und damit den netzwerkartigen Informationsverarbeitungsmodus des kognitiven Systemgefüges empfindlich stört (vgl. hierzu Calabrese et al., 1998). Aus der Zusammenschau pathoanatomischer Daten sowie auf der Grundlage eigener Untersuchungen (Calabrese et al., 1993; Haupts et al., 1994) wird ein „Schwellenmodell" abgeleitet, nach welchem eine Kompensation nur bis zu einem bestimmten Läsionsausmaß möglich ist. Tatsächlich zeigt sich bei einem Vergleich der kognitiv-mnestischen Leistungen einzelner Subgruppen von MS-Patienten, dass Patienten mit einem chronisch-progredienten Krankheitsverlauf deutlichere Gedächtnisstörungen sowie eine homogene, global-intellektuelle Leistungsbeeinträchtigung aufweisen, während bei Patienten mit einem schubförmigen Verlaufstyp eine große Leistungsvariabilität zwischen den Partialleistungen zu verzeichnen ist. Das Schwellenmodell erklärt die kognitiv-mnestischen Leistungsunterschiede der MS-Subtypen durch die unterschiedlichen zerebralen Befallsmuster (vgl. Abb. 4).

Großflächige, periventrikulär-konfluierende Läsionsmuster (die beim chronisch-progredienten Verlaufstyp nach langer Krankheitsdauer häufiger anzutreffen sind) führen durch die Affektion periventrikulär-limbisch sowie mesiotemporal lokalisierter (und damit gedächtnisrelevanter) Verarbeitungsschleifen sowohl zu mnestischen Störungen als auch zu einer allgemeinen intellektuellen Leistungsnivellierung (Calabrese et al., 1993; Paulesu et al., 1996). Vereinzelte Läsionen verursachen dagegen je nach Größe und Lokalisation („strategische Läsionen") im Einzelfall distinkte, neuropsychologische Teilleistungsstörungen (Prosiegel, 1997) und führen jedoch erst ab einer quantitativen „Schwelle" zu einem generalisierten Leistungsdefizit. Vor diesem Hintergrund können die neuropsychologischen Defizite bei der MS nicht nur unter dem syndromatologischen Begriff der „subkortikalen Demenz" zusammengefasst, sondern beschreibend als Folge eines „multiplen Diskonnektionssyndroms" aufgefasst werden. Die Annahme eines kumulativen Diskonnetionseffektes mit einer desintegrativen Wirkung auf funktionell relevante, neuronale Netzwerke kommt den klinisch-neuropsychologisch vorgefundenen Symptomkonstellationen bei dieser Patientengruppe am nächsten.

5.4 Neuropsychologie bei Epilepsie

CHRISTOPH HELMSTAEDTER

Zusammenfassung

Die kognitiven Leistungen bei Epilepsien reflektieren die Erkrankung als solche (idiopathische Epilepsien) oder zugrundeliegende morphologisch strukturelle Schädigungen (symptomatische/kryptogene) Epilepsien in Interaktion mit der epileptischen Funktionsstörung und der antikonvulsiven Medikation. Abhängig von der Hemisphärendominanz, die bei früher Schädigung bzw. Epilepsie eine Veränderung erfahren kann, zeigen sich bei den symptomatischen Epilepsien spezifische Defizite entsprechend der Lateralisation, Lokalisation und Ausbreitung der epileptischen Funktionsstörung iktual, postiktual und interiktual.

Die Medikation kann in ihrer Dosierung und Interaktion mit anderen Pharmaka zu lokalen wie unspezifischen Veränderungen der Leistungsfähigkeit führen, wobei in Abhängigkeit von der erzielten Anfallskontrolle Leistungssteigerungen wie Verschlechterungen möglich sind.

Epilepsiechirurgisch behandelte Patienten können abhängig vom kognitiven Ausgangsstatus, dem Alter und der Operationsart operationsbedingte Defizite zeigen. Nach Operationen lassen sich allerdings auch Leistungssteigerungen verzeichnen, insbesondere dann, wenn durch die Operation eine dauerhafte Anfallsfreiheit erzielt wurde.

Vorbemerkung

Die interdisziplinäre Zusammenarbeit von Neurophysiologie, -pathologie, -radiologie und -psychologie hat in der Epileptologie von Beginn an wesentliche Beiträge zur Hirnforschung geleistet. Während Epilepsie lange Zeit pauschalisierend mit einer Wesensänderung und progredienten Demenz assoziiert wurde, hat man heute ein differenzierteres Bild von der Epilepsie, wonach kognitive, psychosoziale und psychiatrische Aspekte eine gesonderte Beachtung finden. Maßgeblich stimuliert durch die Epilepsiechirurgie ist nun auch in Deutschland ein gesteigertes Interesse an der Neuropsychologie bei Epilepsie zu verzeichnen. Traditionell bedeutete Neuropsychologie in der Epileptologie immer auch schon Lateralisations- und Lokalisationsdiagnostik. Verstärkt stehen mittlerweile allerdings auch Fragen der Qualitätskontrolle und Qualitätssicherung bei der konservativen und operativen Epilepsiebehandlung im Mittelpunkt des Interesses (Trenerry, 1996). Diese Entwicklung steht im Einklang mit Bestrebungen, die Patienten nicht nur symptomorientiert zu behandeln, sondern darüber hinaus ihre Leistungsfähigkeit zu wahren und damit einen Beitrag zur Verbesserung der psychosozialen und sozioökonomischen Situation des Patienten zu leisten. Insgesamt gesehen lässt sich feststellen, dass sich heute neuropsychologische Kriterien zusammen mit neurologischen und psychosozialen als unverzichtbarer Bestandteil der Diagnostik und Therapiekontrolle bei Epilepsien etabliert haben.

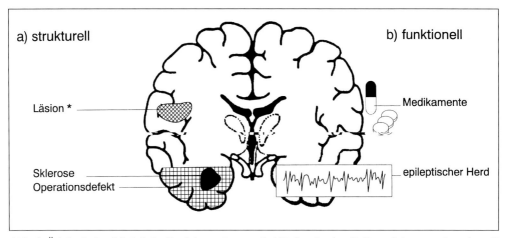

Abb. 1. Ätiologisches Modell der Funktionsstörungen bei Epilepsie, das die Interaktion von a) strukturell morphologisch bedingten und b) funktionell dynamisch durch die Epilepsie und die Medikation bedingten Funktionsstörungen annimmt.
* „Läsion" umfasst hier jegliche Art von Schädigung, d.h. posttraumatische, Residuen entzündlicher Prozesse und zerebrovaskulärer Schädigungen, Tumore und zerebrovaskuläre Malformationen sowie reifungs- und anlagebedingte Schädigungen. „Epileptischer Herd" steht für den Einfluß der Epilepsie (iktual, interiktual)

Ätiologie neuropsychologischer Störungen bei Epilepsie

Epilepsien werden in ihrer Vielfalt hinsichtlich ihrer Ätiologie, Topographie und Ausbreitung typisiert. Klassifikatorisch wird übergeordnet zwischen idiopathischen Epilepsien und symptomatischen bzw. kryptogenen Epilepsien unterschieden. Bei ersteren ist bislang kein morphologisches Korrelat identifiziert worden und es wird eine starke genetische Komponente angenommen, bei letzteren ist ein morphologisch strukturelles Korrelat nachweisbar (symptomatisch) beziehungsweise eine Läsion ist zu vermuten, lässt sich aber nicht zur Darstellung bringen (kryptogen).

Wesentlich für die Neuropsychologie ist die Tatsache, dass sich Epilepsien im Unterschied zu anderen Erkrankungen des Zentralnervensystems auch durch dynamische epilepsieassoziierte Funktionsstörungen auszeichnen. Neuropsychologisch relevanter ist insofern eher die Nomenklatur von Epilepsien hinsichtlich ihrer Topographie bzw. Ausbreitung. Diese bezieht sich auf elektroenzephalograpische Merkmale epilepsietypischer Aktivität im Anfall und zwischen Anfällen. Danach sind fokale, lokale, partielle Epilepsien mit bzw. ohne sekundäre Generalisierung zu unterscheiden von primär generalisierten Epilepsien, bei denen generalisierte epileptische Aktivität keinen fokalen Ausgang nimmt (vgl. zur internationalen Klassifikation epileptischer Anfälle und Syndrome: Stefan 1995, S.17 ff).

Hirnleistungsstörungen bei symptomatischen bzw. kryptogenen Epilepsien können folglich einmal aus eher unveränderlichen morphologisch/strukturellen Veränderungen des Gehirns resultieren, andererseits aus eher veränderlichen und weitgehend reversiblen Störungen, die sich aus der epileptischen Funktionsstörung und ihrer medikamentösen Behandlung ergeben (Abb. 1).

Im Vergleich zu den symptomatischen Epilepsien sind Hirnleistungsstörungen bei idiopathischen Epilepsien direkt mit der epileptischen Aktivität assoziiert (vgl. Absenceepilepsie) bzw. sie erscheinen als Korrelat der Erkrankung (vgl. Rolandoepilepsie).

Mit den möglichen ätiologischen Faktoren und deren Interaktion sind bereits auch die Einsatzgebiete neuropsychologischer Untersuchungsverfahren und die Fragestellungen an die Neuropsychologie angezeigt, die bei Epi-

Tabelle 1. Fragen an die Neuropsychologie

Allgemein:
– Liegen Leistungsstörungen vor?
– Lassen sich diese plausibel mit der Epilepsie bzw. den zugrundeliegenden neurologischen Störungen in Verbindung bringen?
– Welche Störungen zeigen sich im Anfall (iktual) und insbesondere nach dem Anfall (postiktual), und wie lange halten postiktuale Störungen an?
– Gibt es ein Verhaltenskorrelat epilepsietypischer EEG-Aktivität (Paroxysmale oder kontinuierliche Aktivität, Spike Wave Komplexe etc.)?
– Lassen sich Einflüsse der Medikation auf die Leistungsfähigkeit objektivieren?

Epilepsiechirurgie:
– Lassen sich die Leistungsstörungen mit bekannten strukturellen Läsionen bzw. der Lokalisation des epileptischen Herdes in Verbindung bringen?
– Verweisen die Defizite über die Läsion hinaus auf andere Hirnregionen?
– Ergeben sich Hinweise auf eine atypische Hemisphärendominanz?
– Welche kognitiven Konsequenzen hat ein epilepsiechirurgischer Eingriff?
– Welche Ressourcen hat das Gehirn zur Kompensation eines Eingriffs (Plastizität und Umwegsleistung)?

Übergeordnet:
– Welche Auswirkungen haben die Defizite auf den Alltag, Schule, Beruf und die Lebensqualität?
– Vorschläge zur Therapie oder postoperativen Rehabilitation kognitiver Teilleistungsstörungen?

lepsie diagnostisch von Bedeutung sein können (vgl. Tabelle 1).

Neuropsychologische Diagnostik

Hinsichtlich der testdiagnostischen Untersuchung bei Epilepsie ist prinzipiell zu unterscheiden, ob ein neuropsychologischer Status oder ob eine Leistungsdynamik bei der differentialdiagnostischen Fragestellung des Einflusses von Anfällen oder der Medikation erfasst werden soll. Ein neuropsychologischer Status sollte nach Möglichkeit bei einer stabilen Medikation und Anfallssituation erhoben werden, desgleichen nicht in zeitlicher Nähe zum letzten Anfall.

Tabelle 2. International häufig genutzte Testverfahren# und Beispiele aus der Testbatterie des Bonner Epilepsiezentrums* (weitere Untersuchungsverfahren finden sich in den Kap. 4.1-4.11)

Funktionsbereich	Testverfahren
IQ	WAIS# bzw. HAWIE (R)* od. WIP* MWT-B* (als Schätzmaß)
Sprache	Boston Diagnostic Aphasia Examination#
	Token Test (AAT)#*
	Benennen (AAT)*
	Nachsprechen (AAT)*
Auditiv	Seashore (Rhytmus)#
Räumlich-Visuell,	Hooper Visual Organization
Visuokonstruktion	Test (VOT)#
	Benton Judgement Line Orientation (JLO)#
	LPS UT 7, 8*
	Mosaik Test#*
	Porteus Maze Test#, Labyrinth-Test von Chapuis*
Aufmerksamkeit	Trail Making Test#
	Letter Cancellation Tests (various)#
	d-2 Aufmerksamkeitsbelastungstest*
	c.I.-Test (UT Symbole Zählen)*
Motorik,	Reaktionszeiten#*
Psychomotorik	Pegboard#
	Fingeroszillation#*
	Koordination und Sequenzierung (Luria)*
Flexibilität, Inter-	Wisconsin Card Sorting Test#
ferenzvermeidung	Controlled Oral Word Association (FAS)#
Abstraktion,	Wortflüssigkeit (LPS UT 6)*
Fluency	Design Fluency#*
	Stroop Test#*
	c.I.-Test (UT Interferenzen)*
	IST-70 (UT´s WA und GE)*
Gedächtnis	Story recall (WMS logical
(sprachlich)	memory)#
	Word List Learning: CVLT#, AVLT#, VLMT*
	Buschke Selective Reminding#
	Digit Span#*
Gedächtnis	Visual Reproduction (WMS)#
(bildhaft visuell)	Rey-Osterrieth Complex Figure#
	Benton Visual Retention#*
	Design Learning (various)#
	DCS teilrevidiert*
	Corsi Block Sequence Learning#*
Hemisphären-	Händigkeit Oldfield Edinburgh
dominanz	Questionnaire #*
	Dichotischer Hörtest (Fused Rhyme o. Minimalpaare)#*
	Tachistoskopie #*
	WADA Test #*

(vgl. M. Jones Gotman 1993)

Für die Diagnostik von Teilleistungsstörungen zum Zwecke der Lokalisations- und Differentialdiagnostik, ist die Anwendung spezieller neuropsychologischer Verfahren inklusive von Maßen zur Sprachdominanz indiziert. In den meisten Epilepsiezentren kommen Testbatterien zum Einsatz. Sie dienen der Groborientierung und je nach Fragestellung und Symptomatik wird gezielt weiteruntersucht. Die untersuchten Bereiche ähneln sich stark, und trotz der Vielfalt möglicher Testverfahren zeichnen sich erste Standards in der Untersuchung ab. Ein ausgezeichneter Überblick über die weltweit an den verschiedensten Epilepsiezentren durchgeführten Verfahren findet sich bei M. Jones-Gotman et al. (1993). Tabelle 2 gibt auszugsweise die international gebräuchlichsten Verfahren wieder. Zusätzlich sind dort auch die Verfahren aufgeführt, die im Bonner Epilepsiezentrum als Standard bei konservativen und operativen Patienten mit Epilepsie zur Anwendung kommen.

Weitere Informationen zu Testverfahren bei Erwachsenen und Kindern können englischsprachigen Übersichten zur Neuropsychologie bzw. neuropsychologischen Diagnostik bei Epilepsie sowie den Kap. 4.1-4.11 entnommen werden (Meinardi et al., 1993; Sackellares & Berent, 1996).

Die meisten Erfahrungen und die dementsprechend verlässlichsten Testverfahren liegen für Patienten mit Temporallappenepilepsie vor (vorrangig Tests zum sprachlichen und figuralen Gedächtnis) bzw. auch für Patienten mit Frontallappenepilepsie (Tests zur motorischen Koordination, Planung, Flüssigkeit, Aufmerksamkeit, Umstellungsfähigkeit bzw. Interferenzvermeidung etc.). Parietale und okzipitale Epilepsien sind weniger gut erforscht. Prinzipiell können bei Epilepsien jedweder Lokalisation solche Tests angewandt werden, die sich auch bei prozesshaften, traumatischen oder gefäßbedingten Schädigungen der entsprechenden Hirngebiete als sensitiv erweisen. Tests, die syndromorientiert anhand anderer Patientenkollektive validiert wurden (bspw. der Aachener Aphasietest für Patienten mit zerebrovaskulärer Schädigung) erfassen allerdings nicht notwendigerweise die oft nur schwachen und umschriebenen Funktionsstörungen bei Epilepsie.

Bei jüngeren Kindern gilt es, die Entwicklungsaspekte, v.a. die motorische, sprachliche Entwicklung zu berücksichtigen. Bei Kindern ist eine Erhebung von Leistungs- und Anpassungsverhalten über eine genaue Verhaltensbeobachtung bzw. in Zusammenarbeit mit den Eltern obligatorisch, da die bei Epilepsien des Kindesalters häufig anzutreffenden Aufmerksamkeitsstörungen die Gefahr einer Unterschätzung der tatsächlichen Leistungsfähigkeit mit sich bringen (Performanz-Kompetenz Diskrepanz).

Neuropsychologische Befunde bei Epilepsien

Idiopathische Epilepsien

Wenn auch bei den idiopathischen Epilepsien (z.B. Absence-Epilepsien und Epilepsien mit Aufwach-Grand-Mal) keine morphologische Hirnveränderung faßbar ist, wird bei diesen Epilepsien dennoch den retikulären und thalamischen Strukturen eine besondere Beteiligung zugeschrieben (Swartz et al. 1996; Prevett et al. 1995). Neuropsychologisch fassbare Leistungsdefizite sind eher selten und zumeist unspezifisch. Sie betreffen vorrangig den Aufmerksamkeisbereich, visuo-motorische Leistungen und das Arbeitsgedächtnis.

Symptomatische und kryptogene Epilepsien

Verglichen mit den idiopathischen Epilepsien sind kognitive Beeinträchtigungen bei symptomatischen und kryptogenen Epilepsien schon aufgrund der nachgewiesenen bzw. zu vermutenden Schädigung des Gehirns fast die Regel. Es gibt zahlreiche Studien, die bereits auf der Basis gängiger und etablierter Intelligenz- und Leistungstests unspezifisch einen Zusammenhang zwischen Epilepsie und einer geminderten Hirnleistungsfähigkeit belegen. Bei fokalen Epilepsien kann jedoch nur für eine Minderheit der Patienten eine generelle intellektuelle Leistungsminderung angenommen werden. Zumeist sind dies solche Patienten, deren Epilepsie eine ausgedehnte anlagebedingte oder erworbene Hirnschädigung zugrundeliegt. Ansonsten sind Störungen in Teilleistungsbereichen vorherrschend, die sich gut mit lokalen strukturell-funktionellen Veränderungen in Verbindung bringen lassen.

Temporallappenepilepsie

Am besten erforscht sind derzeit die Epilepsien im Bereich des temporo-limbischen Systems bei Erwachsenen. Die Temporalregion, d.h. die mesialen Strukturen Amygdala/Hippokampus/Parahippokampus) und assoziierte kortikale Areale sind wesentliche Mediatoren von gedächtnisbildenden Prozessen. Insofern stellen Gedächtnisdefizite die vorrangige kognitive Störung dieser Form der Epilepsie dar. Bei der mesialen Form der Temporallappenepilepsie, die mit Hippokampussklerose einhergeht, aber auch bei kortikalen Temporallappenepilepsien ist speziell das deklarative Gedächtnis (intendiertes Lernen und Abrufen) betroffen. Entsprechend der funktionalen Hemisphärenspezialisierung ermöglichen sprachliche bzw. figural-räumliche Gedächtnisleistungen Aussagen hinsichtlich der Lateralisation des epileptischen Herdes in der linken sprachdominanten bzw. der rechten sprachlich nichtdominanten Hemisphäre (Elger et al., 1995). Diese Beziehung ist sehr stabil und deutlicher für linksseitige Epilepsien als für rechtsseitige. Darüber hinaus finden sich bei Temporallappenepilepsie abhängig von der Lateralisation des Herdes auch Störungen von sprachlichen bzw. visuell-räumlichen Funktionen, die sich in einer Intelligenzminderung niederschlagen können. Diese Störungen lassen sich zum Teil über eine indirekte epileptische Beteiligung angrenzender Hirnareale erklären. Funktionen der Aufmerksamkeit und exekutive Funktionen sind selten betroffen. Diese Defizitkonstellation wird mittlerweile als charakteristisch für das Syndrom der mesialen Temporallappenepilepsie mit Hippokampussklerose angesehen (Hermann et al., 1997).

Frontallappenepilepsie

Während die Fortschritte bei der Erforschung der Temporallappenepilepsie beachtlich sind, gibt es zwar theoretisch geleitete Annahmen, welche Teilleistungsstörungen bei Epilepsien in extratemporalen Hirnregionen (z.B. frontal, parietal etc.) zu erwarten sind, die weitaus meisten neuropsychologischen Befunde zu diesen Hirnregionen stammen jedoch aus Läsionsstudien. Für Frontallappenepilepsien zeichnet sich ab, dass exekutive Funktionen wie die motorische Koordination und Sequenzierung, Aufmerksamkeit und Tempo, Arbeitsgedächtnis, Antizipation, Umschaltvermögen und Interferenzvermeidung Funktionen sind, in denen sich frontale Störungen gesondert niederschlagen. Vergleichbar der oftmals bilateralen Manifestation frontaler Epilepsien im EEG lassen sich assoziierte frontale Funktionsstörungen schlecht lateralisieren. Aufgrund der übergeordneten Steuerfunktion des Frontalhirns, die sich in der mannigfaltigen neuronalen Vernetzung zu anderen Hirnstrukturen widerspiegelt, ist eine frontale Funktionsstörung oft nur im Gesamtleistungsprofil identifizierbar (Jasper et al., 1995; Helmstaedter et al., 1996).

Epilepsien anderen Ursprungs

Die klassischen bei parietalen und okzipitalen Läsionen beobachteten neuropsychologischen Ausfälle (Aphasie, Apraxie, etc. bzw. Neglect und Anopsien) sind bei fokalen Epilepsien meist nur bei entsprechend ausgedehnter morphologischer Schädigung oder im Kontext von Anfällen als iktuale oder postiktuale Symptomatik zu beobachten. Abgesehen von einer retrospektiven Untersuchung operierter Epilepsiepatienten mit parietalen Tumoren, für die Störungen der Zweipunktdiskrimination und der Stereognosie berichtet werden, sind keine größeren Kollektive mit Epilepsien in diesen Hirnregionen untersucht wurden, die eine weitergehende Systematik erlaubten (Salanova et al., 1995). Vergleichbar Beobachtungen im Anfall (vgl. Anfallssemiologie Tabelle 3) und entsprechend EEG-Befunden, die häufig nach temporal und frontal ausgedehnte epileptische Aktivität zeigen, mutet auch das neuropsychologische Profil posterior lokalisierter Epilepsien häufig frontal oder temporal an (vgl. Beispiele zur Anfallspropagation in Stefan, 1995).

Differentialdiagnostik neuropsychologischer Störungen bei Epilepsie

Wie eingangs erwähnt, resultieren kognitive Leistungsstörungen bei fokalen Epilepsien aus dem Bedingungsgefüge zwischen epileptischer Funktionsstörung, medikamentöser Behandlung und zugrundeliegender morphologisch struktureller Hirnschädigung. Der Einfluss dieser Faktoren ist im einzelnen nachweisbar, es ist bislang jedoch wenig darüber bekannt, wie diese Faktoren hinsichtlich der kognitiven Leistungsfähigkeit interagieren.

Epiletische Funktionsstörung und Anfälle

Von Seiten der Epilepsie lässt sich davon ausgehen, dass neben Lokalisation und Ausbreitung der epileptischen Funktionsstörung, der Erkrankungsbeginn, die Dauer und die Schwere der Epilepsie von wesentlicher Bedeutung für die kognitive Leistungsfähigkeit sind.

Eine direkte Beziehung zwischen elektroenzephalographisch erfassten epileptischen Potentialen und Leistungsdefiziten ist bislang nur bei ideopathischen primär generalisierten Epilepsien nachgewiesen worden (Aarts et al., 1984). Bei fokalen Epilepsien ist die Korrelation zwischen epileptischer Aktivität und klinischen Auffälligkeiten schwach und die Frage, inwieweit interiktuale fokale epilepsietypische Aktivität im EEG Hirnleistungen direkt beeinflusst, ist äusserst umstritten.

Der Einfluss der epileptischen Störung auf die Leistungsfähigkeit lässt sich gut im Umfeld von manifesten oder „subklinischen" Anfällen erkennen. Die Symptomatik im Anfall und nach dem Anfall lässt sich auch diagnostisch verwerten. Wie Tabelle 3 zu entnehmen ist, erlaubt z. B. das Anfallsgeschehen als solches oft eine Einschätzung, welche Hemisphäre und welche Hirnareale primär bzw. sekundär in der Anfallsentwicklung betroffen sind (vgl. auch Stefan, 1995). Postiktual stehen die Dauer der Reorientierung, Art, Ausmaß und Dauer der Leistungsstörungen in einer deutlichen Beziehung zum Anfallsgeschehen. Postiktuale aphasische Symptome, Desorientiertheit und Paresen verweisen z.B. auf die Lateralisation des Anfallsursprungs (siehe Tabelle 3).

Tabelle 3. Lokalisatorische Hinweise aus der Anfallssemiologie

Anfallsart	Semiologie und postiktuale Symptome
Frontal/Zentral/SMA (suppl. motor. Areal)	
– iktual	kontralaterale Kloni, bilaterale motor. Schablonen (oft repetitiv), hypermotorische Entäußerungen, Versivbewegung, okuläre Deviation Bewußtsein oft erhalten (SMA: Haltebewegung, Vokalisation, Spracharrest)
– postiktual	schnelle Reorientierung, kontralaterale Paresen
Temporal	
– iktual	oroalimentäre Automatismen, kontralateral. Tonus, starrer Blick, Vokalisationen (dominant: unverständlich, nondominant: verständlich), akustische Sensationen, sensor. Aphasie, oft umdämmert,
– postiktual	langsame Reorientierung und Aphasie je nach Lateralisation
Parietal	
– ikutal	sensorische und visuelle Störungen, je nach Propagation auch wie bei frontal u. temporal Bewusstseinslage abhängig von Anfallspropagation nach temporal
– postiktual	lokale Symptomatik, ansonsten propagationsabhängig
Okzipital	
– iktual	visuelle stationäre oder bewegte Phänomene wie Photopsien, Metamorphopsien, visuelle Fehlwahrnehmungen, Halluzinationen je nach Propagation auch wie bei frontal u. temporal Bewusstseinslage abhängig von Anfallspropagation nach temporal
– postiktual	lokale Symptomatik, ansonsten propagationsabhängig

Die Dauer des Anfalls, die iktuale Bewusstseinslage und der Grad der postiktualen Umdämmerung scheinen entscheidend von der Anfallspropagation in temporale-mesiale Strukturen bestimmt. Selbst wenn die Patienten vollkommen reorientiert scheinen, lassen sich mit wiederholten Testungen zum Teil noch Stunden nach dem Anfall Teilleistungsdefizite nachweisen. Sekundär generalisierte Anfälle führen zu stärkeren und länger andauernden Defiziten als Anfälle, die nicht generalisieren. Die postiktualen Defizite sind entsprechend der Lokalisation und der Lateralisation des Anfallsgeschehens spezifisch, und die Herdseite erholt sich langsamer als die nicht primär betroffene Seite (Helmstaedter et al., 1995; Aldenkamp, 1997).

Medikation

Von Seiten der Medikation sind es Substanz, Art der Medikation (Mono- versus Polytherapie), Dosierung und der Grad der Anfallskontrolle, die sich in der kognitiven Leistungsfähigkeit niederschlagen. Soweit eine Polytherapie vermieden wird, und sich die Dosierung innerhalb der therapeutischen Grenzen bewegt, halten sich die kognitiven Nebenwirkungen der gängigen Antiepileptika in Grenzen. Von den klassischen Medikamenten erscheinen Bromide, Benzodiazepine oder Phenobarbital (PB) eher mit negativen kognitiven Effekten behaftet sind als Phenytoin (PHT) Valproinsäure (VPA) oder Carbamazepin (CBZ) (Blank, 1990; Meador, 1990). Die sogenannten „neuen Antiepileptika" Vigabatrin (GVG), Lamotrigen (LTG), Gabapentin (GBP) etc. werden eher positiv und als nebenwirkungsarm beurteilt. Hier fehlt es jedoch zum Teil noch an Erfahrung, insbesondere auch hinsichtlich des Zusammenwirkens in der Kombinationstherapie (Scollo-Lavizzari & Marugg, 1995). Am ehesten finden sich Einflüsse der Medikation auf Aufmerksamkeitsfunktionen und auf das psychomotorische Tempo. Inkonsistente Befunde gibt es zu der Vorstellung, dass Antiepileptika eine unterschiedliche Wirkung auf epileptisches bzw. nichtepileptisches Gewebe haben und dadurch auch zu hirnlokalen Leistungsveränderungen führen. Abgesehen von möglichen negativen Auswirkungen der Medikation auf die Leistungsfähigkeit sollte immer berücksichtigt werden, dass die erfolgreiche medikamentöse Kontrolle von Anfällen und epileptischer Aktivität auch leistungssteigernd sein kann. Ebenso

gibt es Anhaltspunkte dafür, dass das Ausmaß der zugrundeliegenden Hirnschädigung mit der Medikamentenwirkung interagiert. Im Zweifelsfall ist beim Patienten individuell durch Wiederholungstestungen zu prüfen, inwieweit kognitive Störungen mit der Veränderung der Medikation und der Anfälle variieren.

Pathologie

Von morphologischer Seite sind Lokalisation und Ausmaß der Läsion, fraglich auch die Art der Läsion für die kognitive Leistungsfähigkeit von Bedeutung. Bei der Temporallappenepilepsie finden sich beispielsweise unterschiedliche Störungen von Gedächtnisleistungen bei der Hippokampussklerose im Vergleich zu temporo-mesialen und temporo-lateralen Tumoren (Helmstaedter et al., 1997).

Die Pathologie ist aber allein schon deshalb von Bedeutung, als späte Läsionen (meist Traumata oder Tumore) mit einer kürzeren Dauer der Epilepsie einhergehen. Ferner besitzt das Gehirn bei später Schädigung andere Kompensationsmechanismen als bei frühen Läsionen, Anlage- oder Reifungsschäden.

Epilepsiechirurgische Eingriffe

Seit der Einführung der Epilepsiechirurgie finden sich mehr und mehr operierte Patienten bzw. solche, die hinsichtlich eines epilepsiechirurgischen Eingriffs abzuklären sind. Epilepsiechirurgische Eingriffe führen bei einem hohen Prozentsatz der Patienten zur Anfallskontrolle. Dabei besteht allerdings auch ein Risiko, zusätzliche Beeinträchtigungen in Kauf nehmen zu müssen. So können sich operationsabhängig postoperative Defizite ergeben, die nicht nur quantitativ sondern auch qualitativ über die bereits präoperativ gestörten Leistungen hinausgehen.

Die funktionelle Integrität der von der Epilepsie betroffenen bzw. nichtbetroffenen Hirnregionen lässt prognostische Aussagen hinsichtlich der erzielbaren Anfallskontrolle und der Leistungsentwicklung nach operativen Eingriffen zu. Vergleichbar den Ergebnissen zum EEG, dass ausgedehnte und bilaterale Epilepsien operativ schwer kontrollierbar sind, ergeben sich auch Beziehungen zwischen der Begrenztheit von kognitiven Defiziten und der erzielbaren Anfallskontrolle.

Operativ bedingte kognitive Einbußen stehen in einem deutlichen Verhältnis zur Ausgangsleistung, indem bei besserer Ausgangsleistung mit stärkeren Verlusten zu rechnen ist. Dies erklärt sich aus dem Umstand, dass die Entfernung vorgeschädigter Strukturen weniger Defizite zur Folge hat als die Entfernung epileptogenen Gewebes, das zum Teil noch in Funktionen eingebunden ist. Neben dem Ausmaß der Resektion noch in Funktionen eingebundenen Gewebes ist das Alter des Patienten zum Zeitpunkt der Operation entscheidend für den postoperativen Outcome (Helmstaedter & Elger, 1998). Von besonderer Bedeutung sind hier die Plastizitätsgrenze um die Pubertät und die Altersgrenze, ab der Reservekapazitäten und Kompensationsmöglichkeiten altersbedingt stagnieren bzw. dann auch abnehmen. Präoperativ sekundär mit einem temporalen Herd assoziierte kontra- und ipsilaterale Leistungsstörungen erholen sich bei erfolgreicher Operation durch die Kontrolle irradiierender epileptischer Aktivität (Helmstaedter & Elger, 1996, 1998).

Auch für extratemporale Operationen lässt sich annehmen, dass sich zusätzliche Defizite begrenzen lassen soweit sich die Operation auf vorgeschädigtes Gewebe beschränkt und eloquente Hirnareale nicht tangiert. Bei frontalen Resektionen und bei subpialen Transsektionen kortikaler Sulci (statt Resektion werden in eloquenten Arealen die kortikokortikalen Querverbindungen durchtrennt) sind bspw. negative Auswirkungen auf motorische Leistungen, Tempo, Response Inhibition und Sprachleistungen möglich, wenn supplementärmotorische Areale, die Zentralregion oder sprachmotorische Areale mit in die Operation einbezogen werden.

Vergleichbar der postoperativen Erholung extratemporaler Funktionen nach Temporallappenresektionen können sich extrafrontale Leistungen durch eine erfolgreiche Anfallskontrolle verbessern. Ältere Studien an frontalen Patienten beschreiben nur den postoperativen Zustand und lassen die OP-bedingte Veränderung nicht erkennen. (vgl. zur Epilepsiechirurgie Engel, 1993)

Befunde zur Hemisphärendominanz bei fokalen Epilepsien

Die neuropsychologische Identifikation gestörter Funktionsbereiche und deren topische Zuordnung zu neuronalen Strukturen erfordert die Kenntnis der zerebralen Dominanzmuster für die geprüften Leistungen. Die verlässlichsten Daten zur Hemisphärendominanz bei Epilepsie stammen aus intrakarotidalen Amobarbital Tests, die in Anlehnung an ihre Erstbeschreibung durch J. Wada auch WADA tests genannt werden (Loring, 1992) (vgl. hierzu auch Kap. 2.1). Gerade bei früh einsetzenden Störungen kann es schädigungsbedingt zur globalen aber auch partiellen interhemisphärischen Verlagerung von Funktionen kommen. Neben der interhemisphärischen gibt es allerdings auch die intrahemisphärische Reorganisation von Sprachfunktionen in Regionen, die in Nachbarschaft zur Schädigung liegen (Ojemann et al., 1993). Die intrahemisphärische Lokalisation von Sprachfunktionen lässt sich, soweit erforderlich, über Elektrokortikostimulation bestimmen. Während diese früher in der Tradition Penfields intraoperativ beim wachen Patienten vorgenommen wurde, geschieht die elektrische Kortexstimulation heute mehrheitlich über subdurale Mehrkontaktelektroden (Streifenelektroden mit 4-8 Kontakten oder Grids mit 16 bis 64 Elektroden). Die Subduralelektroden werden über Bohrlöcher auf den Kortex aufgelegt und dienen primär der chronischen Registrierung von Anfallsaktivität direkt von der Kortexoberfläche.

Entsprechend WADA-Testbefunden liegt die Inzidenz einer atypischen Sprachdominanz bei linkshemisphärischen Epilepsien bei ca. 30 %. Die Plastizitätsgrenze für Sprache liegt beim Abschluss der Sprachentwicklung und reicht maximal in die Pubertät (Helmstaedter et al., 1997a). Der Grad der rechtshemisphärischen Sprachbeteiligung ist zum Erkrankungsbeginn und zur Ausdehnung der strukturellen oder funktionellen Schädigung korreliert. Linkshändigkeit ist bei früher linkshirniger Schädigung ein guter Indikator für eine atypische Sprachdominanz (>80 %), wobei Rechtshändigkeit eine atypische Sprachdominanz allerdings nicht ausschliesst (s. Kap. 1.4).

Tabelle 4

Epilepsien im Kindes und Jugendalter	Mani-festation	Ausgangs-situation	kognitive Entwicklung
Idiopathsche Epilepsien frühkindl. Epilepsie mit ton. klon. Anfällen und hemi-Grand Mal	5.-15. Lj.	normal	ungünstig/Demenz
Benigne Myoklonus Epilepsie	bis 3. Lj.	normal	gut/Retardierung möglich
Schwere Myoklonus Epilepsie	1. Lj.	normal	ungünstig/Demenz
Myoklonisch-astatische Epilepsie	bis 5. Lj.	überwiegend normal	verlaufsabh. Partialausfälle bis Demenz
Absence-Epilepsien – frühkindlich – Pyknolepsie – juvenil	1.-4. Lj. 5.-8. Lj. 9.-12. Lj.	normal normal normal	Teilleistungsstörungen möglich Teilleistungsstörungen möglich Teilleistungsstörungen möglich
Juvenile Myoklonus Epilepsie	12.-25. Lj.	normal	Teilleistungsstörungen (frontal?)
Juvenile Epilepsie mit ton. klon. Anfällen	12.-25. Lj	normal	Teilleistungsstörungen (frontal?)
Symptomatische bzw. kryptogene Epilepsien Fokale Epilepsien	jedes Alter	normal oder geschädigt	Beginn- u. lokalisationsabhängige Teilleistungsstörungen
Epilepsia partialis continua	jedes Alter	meist geschädigt	ungünstig progredient, Demenz
Enzephalopathien West-Syndrom	1. Lj.	meist geschädigt	ungünstig/Retardierung
Lennox Gastaut Syndrom	2.-7. Lj.	meist geschädigt	ungünstig/Retardierung
Benigne Partialepilepsien und verwandte Krankheitsbilder Rolando-Epilepsie	2. -12. Lj.	Hirnreifungsstörung (hereditär)	Teilleistungsstörungen
Pseudo Lennox Syndrom	2. - 7. Lj.	Hirnreifungsstörung (hereditär)	Sprachentwicklungs- und andere Teilleistungsstörungen
Bioelektrischer Status im Schlaf (ESES)	2. -10. Lj.	Hirnreifungsstörung (hereditär)	verlaufsabh. Teilleistungsstörungen bis Demenz
Landau-Kleffner Syndrom	4.-10. Lj.	Hirnreifungsstörung (hereditär)	auditorische Agnosie und Aphasie

(Modifiziert nach Doose, 1995)

Wesentlich ist die Erkenntnis, dass frontale und posteriore Schädigungen auch zu einer hemisphärischen Dissoziation von expressiver und rezeptiver Sprache führen kann (Kurthen et al., 1992). Diagnos- tisch ist von Bedeutung, dass eine atypische Sprachdominanz häufig mit einer Defizitkonstellation einhergeht, die aufgrund von „Crowding" und „Suppression" (Transferbedingte Unterdrückung originär rechtshemisphärischer Funktionen) im Widerspruch zur Lateralisation der Schädigung bzw. Epilepsie steht. Bei rechtshirnigen Epilepsien liegt die Inzidenz für eine atypische Sprachdominanz bei über 20%. Die rechtshirnige Sprachrepräsentanz bei diesen Patienten erscheint eher genuin. Auch bei diesen Patienten ergeben sich Anhaltspunkte für die Annahme eines schädigungsbedingten Sprachtransfers bei früher Schädigung. Im Gegensatz zum links-rechts Transfer scheint der Transfer von Sprachfunktionen von der rechten in die linke Hemisphäre allerdings nicht mit besonderen neuropsychologischen Auffälligkeiten einherzugehen (Helmstaedter et al., 1997 a/b)

Befunde bei Kindern mit Epilepsie

Anders als im Erwachsenenalter finden wir bei Kindern ein weites Spektrum von leichten bis sehr schweren Formen der Epilepsie, wobei die assoziierten kognitiven Störungen von Teilleistungsdefiziten über Entwicklungsbehinderungen bis hin zu progredienten Abbauprozessen reichen (Doose, 1995; Hermann et al., 1989; Janz, 1997). Tabelle 4 gibt eine Zusammenfassung der kindlichen Epilepsien wieder, wie sie Doose 1995 nach Epilepsietyp, Erkrankungsalter, Ausgangssituation und kognitiver Entwicklung systematisiert hat.

Kinder mit fokalen Epilepsien zeigen häufig ähnliche lokalisationsbezogene Teilleistungsdefizite wie Erwachsene. Dies ist für die Temporallappenepilepsien weitgehend gesichert und wird bei frontalen Epilesien ebenfalls angenommen.

Bei den idiopathischen Formen liegen meist leichtere neuropsychologische Beeinträchtigungen v.a. der Aufmerksamkeit vor, so zum Beispiel bei den Absenceepilepsien, die mit deutlichen Schulschwierigkeiten einhergehen können. Allerdings gibt es hier auch schwere Formen der Epilepsie, wie etwa die schwere myoklonus Epilepsie, die im Verlauf eher ungünstig sind und mit ausgeprägten kognitiven Defiziten im Sinne einer dementiellen Entwicklung einhergehen.

Epilepsien, die durch ausgedehnte interiktale epileptische Aktivität charakterisiert sind, haben nachgewiesenermaßen einen ungünstigen Einfluss auf die psychomentale Entwicklung (Stagnation, Regression). Hierzu gehören v.a. das West-Syndrom und das Lennox-Gastaut Syndrom, bei denen in der überwiegenden Zahl der Fälle zusätzlich schwere morphologische Hirnschädigungen vorliegen. Bei Epilepsieformen mit einem hirnlokalen Schwerpunkt der kontinuierlichem epileptischen Aktivität können die Funktionsdefizite relativ ortsspezifisch ausfallen. Hierzu gehört das aphasische Störungsbild des Landau-Kleffner Syndroms, das bei Rückgang der pathologischen EEG-Aktivität bzw. der Anfälle auch nach der Pubertät häufig persistiert. Inwiefern auch bei anderen, bzgl. der Anfallssituation gutartig verlaufenden kindlichen Epilepsien (z.B: Rolando-Epilepsie) die Teilleistungsdefizite längerfristig bestehen bleiben, ist derzeit noch ungeklärt.

5.5 Neuropsychologische Defizite nach HWS-Schleudertrauma

MATTHIAS KEIDEL

Zusammenfassung

Patienten mit einer Beschleunigungsverletzung der HWS (HWS-BV) geben häufig neuropsychologische Defizite im Rahmen des posttraumatischen Syndroms an. Neuropsychologische Defizite beziehen sich auf Aufmerksamkeitsfunktionen, mnestische Funktionen und weitere kognitive Bereiche. Defizite in diesen Leistungsbereichen können mit Hilfe neuropsychologischer Diagnostik dargestellt werden. Am häufigsten werden Störungen der Aufmerksamkeit aufgezeigt. Ein Zusammenhang der neuropsychologischen Defizite mit der posttraumatischen Nacken- und Kopfschmerzstärke sowie mit beeinträchtigter Stimmung und Befindlichkeit ist gegeben. Morphologische und funktionelle Zeichen einer HWS-BV-spezifischen zerebralen Schädigung als mögliches Korrelat neuropsychologischer Defizite lassen sich in der bildgebenden Diagnostik nicht nachweisen. Mitunter sind intraindividuelle Längsschnittuntersuchungen zur Erfassung subjektiv erlebter Leistungsdefizite sensitiver als einmalige Querschnittsuntersuchungen. Prospektive Untersuchungen zeigen, dass sich die neuropsychologischen Defizite nach HWS-BV in der Regel innerhalb eines Vierteljahres zurückbilden. Auch wenn die als multifaktoriell anzunehmende Pathogenese der posttraumatischen Defizite noch nicht ausreichend geklärt ist, zeigen neuropsychologische Untersuchungen, dass nicht von einem „unfallneurotischen Syndrom" ausgegangen werden sollte. Dies gilt es auch in der Begutachtung zu berücksichtigen. Eine frühzeitige posttraumatische neuropsychologische Zusatzuntersuchung bei Patienten, die über Leistungsstörungen klagen, wird empfohlen. Eine Objektivierung einzelner Leistungsdefizite in der posttraumatischen Akutphase erlaubt den ggf. erforderlich werdenden Einsatz neuropsychologischer oder klassisch psychotherapeutischer Therapieverfahren zusätzlich zur physikalischen und medikamentösen Therapie oder zur Physiotherapie. Möglicherweise können hierdurch gutachterlich und medizinisch problematische Langzeitverläufe mit Chronifizierung des posttraumatischen Syndroms vermieden werden. Erste Untersuchungsergebnisse zeigen, dass die neuropsychologischen Untersuchungen, insbesondere mit Selbsteinschätzungsfragebögen zur Befindlichkeit und Stimmung eine Hilfestellung zur Prädiktion der posttraumatischen Beschwerdedauer abgeben.

Vorbemerkung

Häufig wird bei einem chronischen posttraumatischen Syndrom nach einer HWS-Beschleunigungsverletzung (HWS-BV) davon ausgegangen, dass die subjektiven Beschwerden im Rahmen einer Begehrenshaltung bzw. nach Rechtsberatung aggraviert oder simuliert werden. Dies gilt insbesondere, da bildmorphologisch fassbare Substanz- oder Funkti-

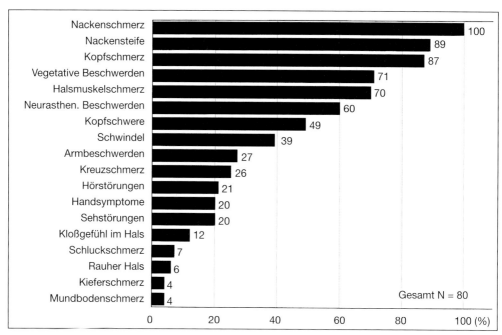

Abb. 1. Prozentuale Häufigkeit der posttraumatischen Beschwerden in der Akutphase nach einer leicht-gradigen HWS-Beschleunigungsverletzung (in absteigender Häufigkeit von oben nach unten (aus Keidel, 1995). Die Häufigkeitsangaben variieren in Abhängigkeit von den Selektionskriterien der untersuchten Stichproben und den posttraumatischen Untersuchungszeitpunkten (Ettlin et al., 1992; Keidel & Pearce, 1996; Kischka et al., 1991; Krajewski & Wolff, 1990; Pearce, 1989; Wiesner & Mumenthaler, 1975).

onsdefekte im cranialen CT oder NMR oder in der funktionellen Bildgebung (PET, SPECT, NMR), die als Erklärung für die Beschwerden herangezogen werden könnten, nicht bzw. nicht unumstritten aufgezeigt werden können (Bicik et al., 1998; Karlsborg et al., 1997).

Gerade vor diesem Hintergrund ist der Klinische Neuropsychologe besonders gefordert, mögliche Störungen im Leistungsbereich frühzeitig zu überprüfen und zu objektivieren und somit eine Hilfestellung zur klinischen und gutachterlichen Einordnung des posttraumatischen Beschwerdebildes zu leisten.

Klinik

Die Beschleunigungsverletzung der Halswirbelsäule (sog. ‚HWS-Schleudertrauma') entspricht dem whiplash injury (‚Peitschenschlagverlet-

zung') des angelsächsischen Sprachgebrauches. Dieses war ursprünglich auf eine Schleuderung des Kopfes mit Kopfhalteapparat in der anterio-posterioren Ebene (z.B. bei Heckauffahrunfall) beschränkt. Das derzeitige Verständnis der HWS-Beschleunigungsverletzung (HWS-BV) erlaubt eine Schleuderung in beliebiger Richtung (auch bei Seitaufprall). Diese wird durch eine indirekte Energieeinwirkung (meist am Rumpf) ausgelöst und beinhaltet definitionsgemäß nicht direkte Kontaktverletzungen des Schädels (Schlag, Aufprall) oder des Nackens (Tritt) als mögliche Ursachen der Schleuderung.

Der posttraumatische Zustand nach einer Halswirbelsäulen-Beschleunigungsverletzung (HWS-BV) ist von einem Schmerzsyndrom geprägt. Im Vordergrund stehen Nacken- und Kopfschmerzen mit schmerzhafter Verspannung der Nackenmuskulatur und Nackensteife (Abb. 1).

Ein weiterer Symptomkomplex tritt in 2/3 der Fälle hinzu (Keidel, 1995, 1998; Wiesner & Mumenthaler, 1975). Er ist gekennzeichnet durch Angaben von somatischen, vegetativen, psychischen und kognitiven Beschwerden. Die angegebenen Symptome müssen sich nicht gleichzeitig auf sämtliche angesprochenen Bereiche beziehen. Dieser Symptomkomplex (in der Literatur oft unscharf als „neurasthenisch" bezeichnet) bleibt in der klinischen Untersuchung meist ohne fassbare Korrelate.

Als neuropsychologische Störungen, die thematisch von besonderem Interesse sind, werden von den Patienten unter anderem angegeben: Beeinträchtigung von Konzentration, Aufmerksamkeit, Auffassung, Gedächtnis, Merkfähigkeit und Arbeitstempo sowie eine rasche Erschöpf- und Ermüdbarkeit mit Minderung der Spannkraft bei subjektiv beeinträchtigten kognitiven und intellektuellen Fähigkeiten. Die Patienten klagen häufig über begleitende vegetative Beschwerden wie initiale Übelkeit, Brechreiz, orthostatische Dysregulation, Schweißausbrüche oder Unregelmäßigkeiten der Herzrate. Als zusätzliche Beschwerden können ein diffuser Schwindel, Störungen der Befindlichkeit und eine depressive Verstimmung verbunden mit Affektlabilität, Dysphorie, Ein- bzw. Durchschlafstörungen oder vermehrter Reizbarkeit auftreten. Die aufgeführten Beschwerden sind nicht pathognostisch für die HWS-Beschleunigungsverletzung, da diese auch nach Schädel-Hirn-Traumata auftreten oder bei zahlreichen anderweitigen Erkrankungen (u.a. ‚chronic fatigue syndrome', ‚posttraumatic stress disorder', ‚burned out syndrome', chronischem Schmerzsyndrom, Genussmittel- oder Medikamentenabhängigkeit, allgemeiner Rekonvaleszenz) beobachtet werden können.

In dem vorliegenden Beitrag wird anhand von Literaturberichten der derzeitige Kenntnisstand bezüglich neuropsychologischer Auffälligkeiten nach einer HWS-BV wiedergegeben. Eigene Untersuchungsergebnisse werden eingebunden. Die Ausführungen zu den neuropsychologischen Defiziten sind gegliedert nach Aufmerksamkeitsfunktionen, Lernen und Gedächtnis sowie weiteren kognitiven Funktionen. Diese Gliederung basiert auf den typi-schen Beschwerdeangaben der Patienten, die einen wichtigen Ausgangspunkt der neuropsychologischen Diagnostik darstellen. Sie hat sich im klinischen und neuropsychologischen Alltag als pragmatisch sinnvoll erwiesen, da anhand der Explorationsergebnisse in jedem Einzelfall entschieden werden muss, ob eine neuropsychologische Untersuchung erforderlich ist, und wenn ja, auf welche Inhalte die neuropsychologische (Test-)Untersuchung fokussiert werden kann. Abschließend werden Hypothesen zur Pathogenese neuropsychologischer Defizite nach HWS-BV diskutiert. Forensisch relevante Belange werden angesprochen.

Neuropsychologische Defizite

Aufmerksamkeitsfunktionen

Über Konzentrationsstörungen als Ausdruck defizitärer fokussierter Aufmerksamkeit wird im Rahmen des Beschwerdekomplexes nach HWS-BV am häufigsten geklagt. Die einzelnen Verfahren zur Überprüfung unterschiedlicher Aufmerksamkeitsbereiche werden eingehend in Kapitel 4.1 besprochen.

Unauffällige Testergebnisse schließen jedoch Einbußen in den Aufmerksamkeitsleistungen nicht aus, da diese mitunter lediglich bei anhaltender Belastung bzw. längerdauernder kognitiver Beanspruchung in Berufs- oder Alltagssituationen mit einem transienten Nachlassen von Aufmerksamkeitsintensität, -selektivität oder -flexibilität manifestieren.

Frühe Untersuchungen von Aufmerksamkeitsfunktionen reichen bis 1975 zurück. Berstad et al. (1975) berichteten über Defizite der geteilten Aufmerksamkeit bei Patienten mit HWS-BV im Trail-Making-Test sowie bei psychomotorischen Fähigkeiten. Caprez (1986) fand Defizite im selektiven Aufmerksamkeitsbereich bei intakten höheren kognitiven Funktionen. Über Aufmerksamkeitslücken nach HWS-BV berichtete 1987 Perret. Einen Überblick über die neueren neuropsychologischen Untersuchungsergebnisse hinsichtlich der Aufmerksamkeitsleistungen gibt Tabelle 1. Es kann entnommen werden, dass Aufmerksamkeitsstörungen die häufigsten neuropsychologischen Defizite bei ‚HWS-Schleudertrauma'-Patienten darstellen. Direkt nach dem Ereignis sind vorwiegend einfache Reaktionsleistungen und die Aufmerksamkeitsprozesse bei leichten Routineaufgaben beeinträchtigt (Ettlin et al., 1992). Diskrete Einbußen der Aufmerksamkeitsfunktionen lassen sich mit wiederholten neuropsychologischen Untersuchungen im prospektiven Längsschnitt aufzeigen, selbst wenn sich in einer einmaligen Querschnittsuntersuchung keine Auffälligkeiten bezogen auf die Testnormen der Eichpopulation nachweisen lassen (Keidel et al., 1992, 1995, 1996).

Ein Zusammenhang zwischen den posttraumatischen zervikozephalen Schmerzen und den Leistungseinbußen ist anzunehmen, da sich eine Korrelation der Ergebnisse in den Aufmerksamkeitstests mit der subjektiv, auf einer visuellen Analogskala skalierten Schmerzstärke nachweisen lässt (Keidel et al., 1992, Yagüez et al., 1992). Patienten mit stärkeren Schmerzen zeigten schlechtere Aufmerksam-

keits- und Konzentrationsleistungen. Wenngleich der korrelative Zusammenhang keine Aussagen zur Kausalität erlaubt, erscheint es als wahrscheinlicher, dass die posttraumatischen Nacken- und Kopfschmerzen Aufmerksamkeitsleistungen beeinträchtigen, als dass Einbußen in Aufmerksamkeit und Konzentration somatischen Schmerz verursachen. Auch Radanov et al. konnten in einer prospektiven Studie nachweisen, dass bei komplexen Aufmerksamkeitsaufgaben gerade diejenigen Patienten Defizite zeigten, die neben multiplen, zusätzlichen Beschwerden besonders unter intensiven Schmerzen litten (Radanov et al., 1993). Die untersuchte Patientengruppe zeigte im Vergleich mit der beschwerdeärmeren Patientengruppe auch eine verzögerte Rückbildung der Defizite, die allerdings durch die Einnahme zentral-wirksamer Medikamente konfundiert wurde (Di Stefano & Radanov, 1995). Auf den Zusammenhang von Schmerz und Leistungsminderung weist auch die Studie von Schwartz et al. (1987) hin. In dieser Studie

Tabelle 1. Neuropsychologische Befunde verschiedener Arbeitsgruppen bezüglich genereller Aufmerksamkeitsfunktionen, selektiver Aufmerksamkeit sowie mnestischer und weiterer, nicht gedächtnisbezogener kognitiver Funktionen. Bei der Auflistung besteht kein Anspruch auf Vollständigkeit. + = signifikante Beeinträchtigung; (+) = nicht signifikante Beeinträchtigung (bzw. keine Angabe über Signifikanz); - = keine Beeinträchtigung; leeres Feld = nicht untersucht; Spalte „Kognition": teilweise CFQ (Cognitive Failures Questionnaire) als Grundlage. *Konzentration = selektive oder fokussierte Aufmerksamkeit (siehe Kapitel 4.1).

Autoren	Jahr	n	Aufmerksamkeit	Konzentration*	Gedächtnis (visuell)	Gedächtnis (verbal)	Kognition (sonstige)
Radanov	1999	21					+
Schmand et al.	1998	108	+	+		+	+
Kessels et al.	1998	24	+				
Smed	1997	29	-	-		-	-
Karlsborg et al.	1997	30					(+)
Di Stefano et al.	1995	21	+			(+)	+
Radanov et al.	1993	117	(+)				+
Krajewski et al.	1993	14	(+)		(+)	(+)	(+)
Keidel et al.	1992	30	+	+	+	+	+
Ettlin et al.	1992	21	+	+	-	(+)	-
Radanov et al.	1992	92	+			-	+
Kischka et al.	1991	18	+	+	(+)	(+)	(+)
Krajewski et al.	1990	20		-		+	
Radanov et al.	1990	73	(+)	(+)			(+)
Olsnes et al.	1989	34	-		+	-	-
Yarnell et al.	1988	16	(+)			(+)	(+)

wurden Patienten mit einem schmerzhaften Cervikalsyndrom nach HWS-BV mit einer Gruppe von Patienten mit Rückenschmerzen ohne Trauma verglichen. Bei sämtlichen untersuchten Patienten wurden Leistungsdefizite gefunden, die sich jedoch zwischen den beiden ‚Schmerz'-Gruppen nicht signifikant voneinander unterschieden. Die Studie zeigt, dass die beschriebenen Leistungsdefizite nicht Trauma- sondern Schmerzkorrelate sind, d.h. nicht unmittelbare sondern allenfalls mittelbare (schmerzbedingte) Traumafolge.

Yarnell und Rossie (1988) wiesen bei 85% der untersuchten Patienten mit posttraumatischen Beschwerden Beeinträchtigungen der Vigilanz, Informationsverabeitungsgeschwindigkeit und der fokussierten Aufmerksamkeit nach. Kischka et al. (1991) konnten noch im Mittel 7 Jahre nach einer HWS-BV im Vergleich zu Normalpersonen reduzierte neuropsychologische Leistungsparameter bei einfachen Routineaufgaben aufzeigen. Untersucht wurde eine selektierte Subgruppe von Patienten höheren Alters (N = 18; mittleres Alter = 47 Jahre) mit isolierter, allerdings nicht graduierter HWS-BV ohne Begleit-Schädel-Hirn-Trauma oder traumatische Wurzelschädigung, die über anhaltende kognitive Störungen klagten. Auf zusätzliche klinische Auffälligkeiten der neuropsychologisch untersuchten Patienten wurde nicht eingegangen. Für die Gesamtgruppe waren die Störungen kognitiver Leistungen positiv korreliert mit erhöhter Ermüdbarkeit und Erschöpfbarkeit, mit einer depressiven Verstimmung und mit bestehenden Kopfschmerzen. Auch bei komplexen Aufmerksamkeitsleistungen konnten in Querschnittsuntersuchungen noch Jahre nach dem Ereignis Leistungseinbußen und damit korrelierte subjektive kognitive Beeinträchtigungen objektiviert werden (Radanov et al., 1990). Bei großer individueller Leistungsvariabilität konnten Reduktionen der kognitiven Informationsverarbeitungsgeschwindigkeit und der geteilten Aufmerksamkeit ermittelt werden (Kessels et al., 1998). Diese Untersuchungen weichen von der von Krajewski und Wolff (1990) durchgeführten retrospektiven Untersuchung ab, bei der mehrere Jahre nach der Beschleunigungsverletzung bei einfachen Routinetätigkeiten keine Defizite mehr im Bereich der selektiven Aufmerksamkeit nachgewiesen werden konnten.

Lernen und Gedächtnis

Während der größte Anteil der bisherigen Untersuchungen auf die Erfassung von Aufmerksamkeitsstörungen und von Beeinträchtigungen nicht gedächtnisbezogener kognitiver Funktionen ausgerichtet war (Olsnes, 1989; Radanov et al., 1992, 1993), wurden mögliche posttraumatische Störungen mnestischer Funktionen vernachlässigt bzw. methodisch unzufriedenstellend untersucht (Berstad et al., 1975; Kischka et al., 1991; Krajewski, 1993; Olsnes, 1989). Erst in jüngerer Zeit wurden zahlreiche prospektive neuropsychologische Studien zur Überprüfung möglicher Lern- und Gedächtnisdefizite nach HWS-BV durchgeführt (Keidel et al., 1992; Ettlin et al., 1992; Di Stefano & Radanov, 1995). Bei früheren Untersuchungen (Berstad et al., 1975; Kischka et al., 1991; Krajewski & Wolff, 1990; Olsnes, 1989; Yarnell & Rossie, 1988) ist die Aussagekraft der Ergebnisse eingeschränkt, da das Studiendesign retrospektiv war, die Patienten zu einem sehr späten Zeitpunkt nach dem Trauma untersucht wurden und in den untersuchten Patientengruppen viele Patienten mit noch anhängigen Rechtsstreitigkeiten und noch nicht abgeschlossener medizinischer Begutachtung eingeschlossen wurden.

In einem prospektiven Untersuchungsdesign mit 3 testpsychologischen Untersuchungen innerhalb von 3 Monaten konnten Keidel et al. (1992) zeigen, dass in der Akutphase nach der HWS-BV verbale Gedächtnisstörungen (Münchener Version des California Verbal Learning Test, CVLT) und Störungen des visuellen Gedächtnisses (Recurring Figures Test) vorliegen und sich innerhalb von 12 Wochen wieder vollständig zurückbilden. In einer prospektiven Folgestudie unter Einschluss einer Kontrollgruppe gesunder Normalpersonen konnten diese Befunde bestätigt werden (Keidel et al., 1996). Die Verbesserung der neuropsychologischen Leistungen im prospektiven Längsschnitt beruht auf einem patientenspezifischen Defizit und nicht auf einem unspezifischen

Lerneffekt im Rahmen der Testwiederholung. Zu vergleichbaren Ergebnissen gelangten Di Stefano und Radanov (1995). Initiale verbale Gedächtnisstörungen remittierten über einen Zeitraum von 2 Jahren weitgehend. Eine die Ergebnisse konfundierende Variable war allerdings die Einnahme zentral-wirksamer Pharmaka (Muskelrelaxantien) bei den untersuchten Patienten. In einer nachfolgenden Untersuchungsreihe der Arbeitsgruppe um Radanov haben sich auch bei BV-Patienten mit chronischen Beschwerden ohne Einnahme von Medikamenten Einbußen des Arbeitsgedächtnisses nachweisen lassen (Radanov et al., 1999). Auch in der prospektiven Studie von Ettlin et al. (1992) fanden sich 3-7 Tage nach akuter HWS-BV Gedächtnisdefizite mit gestörter Wiedergabe der Aufgaben zum logischen Gedächtnis in der WMS (Wechsler Memory Scale).

Diese prospektiven Studien (Di Stefano & Radanov, 1995; Ettlin et al., 1992; Keidel et al., 1992) zeigen, dass nach HWS-Distorsion Gedächtnisstörungen mit neuropsychologischer Diagnostik objektivierbar sind. Posttraumatische (verbale) Lern- und Gedächtnisdefizite verbessern sich in der Regel meist innerhalb eines Vierteljahres auf ein normales Niveau (Keidel et al., 1992; Keidel, 1995). Die Ergebnisse der Untersuchungen zu den Gedächtnisstörungen sind in Tabelle 1 zusammengefasst. Eine ausführliche Übersicht der relevanten Studien ist in Keidel et al. (1997) wiedergegeben.

Die Genese der Gedächtnisdefizite ist bislang unklar. Zu diskutieren ist eine kaskadenhafte Verkettung einzelner Funktionsstörungen, die ihren Ursprung in einem posttraumatischen Schmerzsyndrom haben. So führen Schulter-/ Nacken- und Kopfschmerzen nach einer HWS-BV zu einer Beeinträchtigung von Aufmerksamkeitsfunktionen, die wiederum Einbußen in den Lern- und Gedächtnisfunktionen bedingt. Diese können bei den Patienten eine Überforderung im Berufs- und Alltagsleben sowie eine erlebnisreaktive depressive Verstimmung nach sich ziehen. Im Rahmen der depressiven Verstimmung können die Aufmerksamkeitsfunktionen wiederum eingeschränkt sein und auch die posttraumatischen Schmerzen als beeinträchtigender erlebt werden. Wei-

tere Überlegungen zur Pathogenese neuropsychologischer Defizite nach HWS-BV sind am Ende des Kapitels wiedergegeben.

Weitere kognitive Funktionen

In zahlreichen Untersuchungen mit Selbsteinschätzungs- und Beurteilungsfragebögen wurden subjektiv erlebte posttraumatische Einbußen weiterer, nicht nur aufmerksamkeits- oder gedächtnisbezogener kognitiver Funktionen untersucht (Radanov et al., 1990, 1993, 1994; Schwartz et al., 1987; Smed, 1997). Über eine mit 68 % erhöhte Inzidenz kognitiver Defizite bei Patienten mit HWS-BV oder SHT berichteten Schwartz et al. (1987). Die Inzidenz der Kontrollgruppe von Patienten mit chronischen Schmerzen bei Lumbago lag dagegen nur bei 26 %. Hieraus schlussfolgerten die Autoren, dass die kognitiven Einbußen in der nicht homogen selektierten Patientengruppe nicht allein auf einer schmerzbedingten Beeinträchtigung des Leistungsbereiches beruhen und diskutierten trauma-spezifische Faktoren. Die Studie bleibt jedoch deskriptiv. Es muss betont werden, dass sich bezüglich der Gruppenmittel der einzelnen Test-Scores keine signifikant voneinander abweichenden Ergebnisse aufzeigen ließen. Die Schlussfolgerungen der Autoren sind somit nicht statistisch abgesichert und gehen über hypothetische Annahmen nicht hinaus. Schrader und Mitarbeiter (1996) führten in Litauen eine retrospektive Fragebogenuntersuchung ein bis drei Jahre nach Heckauffahrunfall durch. Sie berichten chronische subjektive Konzentrationsstörungen bei 13 % und chronische subjektive Gedächtnisstörungen bei 21 % von Pkw-Verunfallten mit Nacken- und/oder Kopfschmerzen (nicht ‚Schleudertrauma'-Patienten). In einem Kontrollkollektiv nicht-verunfallter Personen mit Nacken- und/oder Kopfschmerzen lagen die Häufigkeiten bei 10 % (Konzentration) bzw. 15 % (Gedächtnis). Die Unterschiede zwischen den 2 Gruppen waren nicht signifikant. Testpsychologisch validierte und standardisierte Selbsteinschätzungs-Fragebögen zur Erhebung der kognitiven Defizite wurden nicht angewandt. Angaben zum möglichen Vorliegen eines begleitenden Schädel-Hirn-Traumas durch Schädelkontaktverletzung und insbesondere zur Kopfschmerzcharakterisierung und -typisierung (primär-idiopathisch versus sekundär-traumatisch) werden vermisst. Auffällig und den bekannten Literaturangaben widersprechend sind die niedrigen, nicht signifikant von der unfallfreien, aber nicht schmerzfreien Referenzgruppe abweichenden Häufigkeiten der in dieser Arbeit angegebenen posttraumatischen Nackenschmerzen, Kopfschmerzen und kognitiven Defizite nach einem Heckaufprall. Ursachen hierfür sind in dem speziellen Studiendesign zu vermuten, da es sich um den Einschluss von Verunfallten (polizeiliches Unfallregister) und nicht von Erkrankten (klinisches Patientenregister) handelt. So besteht die Möglichkeit, dass auch Verunfallte mit Schleuderung aber ohne Beschleunigungsverletzung in die Analyse eingingen. Andererseits werden höhergradige Beschleunigungsverletzungen mit komplizierteren Beschwerdeverläufen in der Studie vermisst, wenn sich z.B. Pkw-Unfälle unter Alkoholeinfluss ereigneten und deshalb polizeilich nicht gemeldet wurden. Insgesamt zeigt sich lediglich bei 60-80 % der polizeilich erfassten Verkehrsunfälle eine HWS-BV oder ein HWS-Trauma (Münker et al., 1995). Versicherungsregister zeigen, dass darüber hinaus weniger als die Hälfte der PKW-Unfälle überhaupt polizeilich gemeldet werden (Knipling et al., 1993). Abweichend von westlichen Verhältnissen war nur die Hälfte der Verunfallten (54 %) angegurtet und in nur 22 % der Unfälle war die Nackenstütze korrekt positioniert. Somit konnte durch gemeinsames Schwingen von Rumpf und Kopf nach vorne eine relative Re- bzw. Inklination des Kopfes zum Rumpf als pathogenetischer Faktor für ein Zervikalsyndrom aufgrund einer Distorsion der Nackenmuskulatur vermieden werden. Eine Zunahme der Häufigkeit von Beschleunigungsverletzungen bei Verkehrsunfällen nach Einführung der gesetzlichen Angurtpflicht ist in der Literatur belegt (in Keidel & Pearce, 1996). Darüber hinaus lag der Anteil an Frauen an der untersuchten Unfallpopulation mit < 25 % deutlich unter den Prozentsätzen der Vergleichsstudien. Dies ist bedeutsam, da Frauen im Vergleich zu männlichen Verunfallten häufiger, stärker und länger unter anhaltenden postraumatischen Kopf- und Nackenschmerzen (mit assoziierten kognitiven Funktionsstörungen) leiden. Sämtliche aufgeführten Faktoren führen zu einer Unterschätzung der unfallbedingten Beschwerden im Schmerz- und Kognitionsbereich. Aufgrund der beschriebenen Studiendesigns- und Populationsspezifika sind somit die berichteten Ergebnisse nur mit Zurückhaltung zu interpretieren und nicht direkt mit den vorliegenden Literaturangaben bezüglich posttraumatischer Kopf- und Nackenschmerzen sowie kognitiver Funktionsstörungen nach HWS-BV vergleichbar. Zahlreiche weitere Untersuchungen anhand von Patientenregistern belegen jedoch die von den Patienten mit HWS-BV empfundenen Einschränkungen kognitiver Funktionen. Entsprechend fanden sich erhöhte Testergebnisse in den Selbsteinschätzungsfragebögen wie z. B. im ,Cognitive Failure Questionaire' (CFQ; Radanov et al., 1990, 1993). Der CFQ gibt 25 unterschiedliche Alltagssituationen vor, anhand derer der Patient seine kognitiven Fähigkeiten selbst einschätzen kann. In Abweichung von Schwartz et al. (1987) sehen Radanov et al. (1993, 1994) einen Zusammenhang zwischen kognitiven Einbußen und schmerzbedingter somatischer Beeinträchtigung, da kognitive Funktionseinbußen mit schlechter Befindlichkeit (Befindlichkeitsskala) und dem Faktor Nervosität des Freiburger Persönlichkeitsinventars korrelierten. In einer kleinen Gruppe von Schleudertrauma-Patienten (N = 9) fanden Berstad et al. (1975) bis 74 Monate nach dem Ereignis einen erniedrigten Handlungs-IQ im Wechsler-Intelligenztest. Diese Differenz zwischen verbalem IQ und Handlungs-IQ war im Vergleich zu einer Kontrollgruppe von Patienten ohne Hinweis auf organische ZNS-Schädigung (N = 20) signifikant erhöht. Zusätzliche Beeinträchtigungen intellektueller, psychomotorischer und mnestischer Funktionen in der Patientengruppe mit HWS-BV werden angegeben, jedoch ohne Angaben zu Signifikanz. Die von Berstad et al. (1975) berichteten Auffälligkeiten im Wechsler-Test konnten von Olsnes (1989) im Vergleich mit einer Kontrollgruppe von Patienten mit nicht-traumatischen, meist osteochondrotisch bedingten zervikalen und zerviko-brachialen Schmerzen nicht bestätigt werden. Olsnes fand lediglich in dem Bereich visuell-motorischer Koordination im Benton-Test signifikante Einbußen bei Patienten mit HWS-BV. Zu vergleichbaren Ergebnissen gelangten Ettlin et al. (1992) und Kischka et al. (1991). Es fanden sich bei Patienten mit HWS-BV, die 7-11 Jahre nach dem Trauma untersucht wurden, trotz subjektiv erlebter kognitiver Einbußen keine objektivierbaren Auffälligkeiten kognitiver Funktionen. Ebenso waren das visuell-räumliche Vorstellungsvermögen (Leistungsprüfsystem, LPS Subtest 9) und die Form- und Gestalterfassung (LPS 10) unbeeinträchtigt (Ettlin et al., 1992). Keidel et al. (1992) fanden auch in der Akutphase nach HWS-BV keine visuell-kognitiven Defizite anhand des LPS nach Horn. Trotz fehlender individueller Leistungseinbußen bezogen auf die Eichpopulation des LPS zeigte sich in einer prospektiven, intra-individuellen Verlaufsanalyse über 12 Wochen mit 3 Untersuchungsterminen (< 14 Tage, nach 6 und 12 Wochen nach der HWS-BV) eine signifikante Besserung visuell-kognitiver Leistungen, die auf eine initiale kognitive Beeinträchtigung rückschließen lässt (Keidel et al., 1992; Keidel, 1995; Yagüez et al., 1992). Neuere prospektive Studien mit einer Kontrollgruppe gesunder Normalpersonen bestätigen diesen Befund (Keidel et al., 1996). Eine Übersicht über die testpsychologischen Untersuchungsergebnisse bezüglich der nicht gedächtnisbezogenen kognitiven Funktionsstörungen nach HWS-BV ist in Tabelle 1 zusammenfassend wiedergegeben.

Pathogenese

Die pathogenetischen Mechanismen posttraumatischer neuropsychologischer Leistungsdefizite nach HWS-BV sind nicht eindeutig bekannt und werden kontrovers diskutiert. Unterschiedliche, mitunter spekulative Erklärungsmodelle oder Hypothesen sind möglich und werden nachfolgend besprochen.

Zerebrale Schädigung

Als verantwortlich für kognitive Funktionsstörungen nach einer leichten HWS-BV wurden über lange Zeit diskutiert: eine Erschütterung des Gehirns (Delank, 1988), eine Reizung der Nervengeflechte um die Arteriae vertebrales (Barre, 1926) oder eine Durchblutungsstörung im vertebro-basilären Stromgebiet (Bärtschi-Rochaix, 1949). Diese Hypothesen sind zwischenzeitlich verlassen worden (Poeck, 1999). Auch zerebrale Läsionen im Sinne einer diffusen axonalen Hirnschädigung (Alexander, 1998; Borchgrevink et al., 1997) oder spezifische Funktionsdefizite im SPECT oder PET (Bicik, 1998; Radanov et al., 1999) als Ausdruck einer organischen Bedingtheit neuropsychologischer Leistungsdefizite ließen sich nicht nachweisen.

Schmerzsyndrom

Zahlreiche Untersuchungen geben Evidenz, dass zumindest ein Teil der neuropsychologischen Defizite in Zusammenhang mit dem posttraumatischen Schmerzsyndrom, d. h. mit Nacken- und Kopfschmerz, stehen. Ein Zusammenhang zwischen Kopf- und Nackenschmerzstärke einerseits und Aufmerksamkeitseinbußen sowie schlechter Befindlichkeit und somatischer Beeinträchtigung andererseits wurden von Yagüez et al. (1992) und Keidel et al. (1992) beschrieben. In diesen Studien korrelierte auch die Nackenschmerzdauer mit dem Ausmaß der initialen Defizite in der selektiven Aufmerksamkeit. Entsprechende Kovariationen von Kopf- und Nackenschmerzstärke mit Aufmerksamkeitsstörungen und verbalen Gedächtnisleistungen fanden Di Stefano und Radanov (1995) und Radanov et al. (1999). Auch die Beeinträchtigung weiterer kognitiver Funktionen werden von Radanov et al. (1994) als möglicher Ausdruck somatischer Beschwerden (wie z. B. Kopf- oder Nackenschmerzen) angesehen. Patienten mit traumatischem cervikalem Schmerzsyndrom nach HWS-BV, die vergleichend zu Patienten mit nicht traumatischem cervikalem Schmerzsyndrom untersucht wurden, zeigten keine signifikanten Unterschiede in den neuropsychologischen Leistungen. Postuliert man eine schmerzbedingte Leistungsminderung, so kann angenommen werden, dass der fehlende Unterschied darauf beruht, dass die neuropsychologischen Leistungen in beiden Gruppen schmerzbedingt gleichsinnig beeinflusst bzw. reduziert wurden (vgl. Olsnes, 1989).

Der Schmerz und vegetative Beschwerden (Keidel, 1995) verschlechtern die auf visuellen Analogskalen skalierte oder mit Selbsteinschätzungsfragebögen quantifizierte Befindlichkeit der Patienten, so dass neuropsychologische Beeinträchtigungen auch auf gestörte Befindlichkeit zurückgeführt werden können (Wallis, 1998). Diese Annahme wird durch Untersuchungen von Keidel et al. (1992), Yagüez et al. (1992) sowie Di Stefano und Radanov (1995) in kontrollierten Studien belegt. In diesem Zusammenhang wird auf die Monographie von Di Stefano (1999) hingewiesen. Es konnte eine Korrelation zwischen schlechter Befindlichkeit einerseits und schlechten Aufmerksamkeitsleistungen, eingeschränkten verbalen Abstraktionsleistungen und visuellem Vorstellungs- und Analysevermögen andererseits belegt werden. Bei Patienten mit chronischen Beschwerden nach einer HWS-BV korreliert vermehrte Angstsymptomatik (State-Trait-Angstinventar) mit schlechterer geteilter Aufmerksamkeit (Radanov et al., 1999). Eine verzögerte Beschwerderückbildung nach HWS-BV war auch von einer verlängerten Befindlichkeitsstörung begleitet (Di Stefano & Radanov, 1995).

Auf der anderen Seite weisen Studien darauf hin, dass von einer alleinigen schmerzbedingten Verursachung der neuropsychologischen Defizite nicht ausgegangen werden kann,

1. da einzelne kognitive Funktionsdefizite wie verbale Gedächtnisleistungen nicht mit der Stärke des zervikozephalen Schmerzsyndroms korrelierten und
2. da neuropsychologische Defizite bei HWS-Schleudertrauma-Patienten auch nach Abklingen des Schmerzsyndromes noch nachgewiesen werden konnten (Ettlin et al., 1992; Radanov et al., 1993).

Medikation

Da viele Patienten in der frühen posttraumatischen Phase mit zentral-wirksamen Analgetika oder Muskelrelaxantien zusätzlich zu der Antiphlogistika-Gabe behandelt werden, ist eine medikamentös bedingte Beeinträchtigung neuropsychologischer Leistungen denkbar. Hierfür spricht eine signifikante Korrelation der Medikation mit Einbußen in Aufmerksamkeitfunktionen und verbalem Gedächtnis (Di Stefano & Radanov, 1995). In den meisten vorliegenden Studien wurde der Medikationseffekt als Störvariable nicht kontrolliert oder es fehlen hierzu Angaben. Erst in jüngeren Studien wurde der Medikationseffekt systematisch ausgeschlossen (Keidel et al., 1992) oder kontrolliert (Di Stefano & Radanov, 1995). So konnten neuropsychologische Defizite nach HWS-BV auch bei medikamentös unbehandelten Patienten (Keidel et al., 1992; Yagüez et al., 1992) bzw. in einer Gruppe, in der die meisten Patienten unbehandelt waren (Ettlin et al., 1992), nachgewiesen werden. In Subgruppen-Analysen hat sich gezeigt, dass die neuropsychologischen Testergebnisse von behandelten und unbehandelten Patienten vergleichbar waren (Keidel et al., 1992; Yagüez et al., 1992).

Vegetatives Syndrom

Ein Einfluss der individuellen vegetativen Ausgangslage auf neuropsychologische Untersuchungsergebnisse ist anzunehmen. Dies gilt insbesondere für das posttraumatische Syndrom nach einer HWS-BV. Hier sind vegetative Beschwerden häufig. Die physiologische ‚Balance' sympathischer und parasympathischer Funktionen des vegetativen Nervensystems kann als Traumafolge hypothetisch durch nachstehende Faktoren verändert werden: durch das zervikozephale Schmerzsyndrom, durch die akute Schrecksituation in der Unfallsituation (initiale Adrenalinausschüttung), aufgrund der unfallbedingten situativen Belastungssituation oder aufgrund sekundärer Schlafstörungen (Vagotonie). Wird eine depressive Verstimmung berichtet, so wird diese nach der Erfahrung häufig von vegetativen Beschwerden begleitet. Neue Untersuchungen der posttraumatischen spontanen Varianz der Herzrate ergaben Hinweise auf über 6 Monate anhaltende autonome Störungen nach HWS-BV mit einem relativen Sympatikusdefizit oder einem alterierten Baroreflex (Keidel, 1995). Korrelationsanalysen vegetativer Parameter mit neuropsychologischen Untersuchungsergebnissen liegen noch nicht vor.

Dysregulation durch zervikale propriozeptive Afferenzen

Es wird bei diesem Modell davon ausgegangen, dass es nach HWS-BV zu einer Störung der Transmission propriozeptiver Afferenzen aus den oberen cervikalen Segmenten zum Hirnstamm kommt (Wolff, 1983), welche eine Dysregulation monaminerger Bahnen vom Hirnstamm zu höheren zerebralen Arealen verursacht (Kerr, 1961). Noradrenerge, serotonerge und dopaminerge Bahnsysteme, die von den Kernen im Hirnstamm zum Hypothalamus, Hippokampus und Kortex projizieren, können Aufmerksamkeit, Gedächtnis, Stimmung, Schmerzempfinden und auch zerebrale Durchblutung beeinflussen (Keidel et al., 1994; Lance, 1992; Role & Kelly, 1991). Diese Annahmen stützen sich vorwiegend auf Tierversuche. Bei Patienten mit persistierenden Symptomen nach HWS-BV wurden vorwiegend parieto-okzipital lokalisierte, zerebrale Minderperfusionen in SPECT-Untersuchungen gefunden und unter Stützung auf diese Hypothese interpretiert (Kischka et al., 1994; Otte et al., 1997). Bicik et al. (1998) konnten diese Befunde jedoch nicht bestätigen. Der in den SPECT-Untersuchungen aufgezeigte frontopolare Hypometabolismus bei Patienten mit chronischen Beschwerden nach HWS-Beschleunigungsverletzung korrelierte mit dem jeweiligen Testergebnis des Beckschen Depressionsinventars und wurde als Begleitphänomen einer depressiven Verstimmung angesehen. Auch Radanov et al. (1999) fanden bei Patienten mit einem chronischen posttraumatischen Syndrom nach einer HWS-BV mit Aufmerksamkeits- und Gedächtnisstörungen keine hierzu korrelierenden, spezifischen morpholo-

gischen oder funktionellen Korrelate der zerebralen Schädigung in der bildgebenden Diagnostik (SPECT, PET).

Neurohumorale Dysregulation

Die Hypothese des veränderten propriozeptiven Zustroms aufgrund einer beschleunigungsbedingten Distorsion des Kopfhalteapparates implizierte eine sekundäre Dysregulation monaminerger Bahnen vom Hirnstamm zu höheren zerebralen Arealen (s.o.). In Rattenversuchen konnte eine postakzeleratorische zentrale Katecholaminerniedrigung im Liquor gezeigt werden (Boismare et al., 1985). Diskutiert werden auch eine Störung der Aufmerksamkeit durch traumatisch bedingte Funktionsänderungen des retikulären Systems mit Einbeziehung zentral-nervöser dienzephaler Projektionssysteme nach Einwirken von Scherkräften longitudinal der Neuraxis (Perret, 1987). Darüber hinaus wird eine Funktionsstörung des noradrenergen Systems mit Ursprung im Locus coeruleus als ein möglicherweise zugrunde liegender Entstehungsmechanismus des zerviko-enzephalen Syndroms nach HWS-BV diskutiert (Radanov et al., 1990; vgl. Kap. 4.1). Postakzeleratorische Auffälligkeiten antinozizeptiver Hirnstammreflexe lassen auf eine Alteration des serotonergen Transmitter-Systems im Rahmen einer veränderten zentralen Schmerzverarbeitung schließen (Keidel et al., 1994).

Psychogenie

Meist in Begutachtungsfragen, aber auch in Studien und zahlreichen Literaturberichten wird gerade bei Patienten mit einem chronifizierenden posttraumatischen Syndrom nach HWS-BV eine Tendenz zur bewusstseinsfernen oder bewusstseinsnahen Aggravation oder Simulation angenommen (Schmand et al., 1998). Es wird von einem unterliegenden sekundären Krankheitsgewinn in Familie und Beruf bzw. finanzieller Art ausgegangen. Bei behandelnden und insbesondere begutachtenden Ärzten ist die Annahme der Demonstration von Schmerzen häufig (Pearce, 1989,

1994). In der Mehrheit der Fälle sollte hiervon jedoch nicht ausgegangen werden (Ettlin et al., 1992; Keidel et al., 1992; Kischka et al., 1991).

Bei einer Minderheit der Patienten konnte in der neuropsychologischen Untersuchung eine Aggravation aufgezeigt werden, z. B. wenn bei der Untersuchung der selektiven Aufmerksamkeit systematisch die ungewünschten anstelle der gewünschten Zeichen angestrichen werden, was hier eher für eine gute Aufmerksamkeitsleistung spricht (Ettlin et al., 1989). Diese Beobachtung kann jedoch nicht verallgemeinert werden (Radanov et al., 1990).

Begutachtung

In der neuropsychologischen Begutachtungssituation gilt es, die von dem Patienten erlebten Leistungseinbußen über die Exploration und Verhaltensbeobachtung hinausgehend psychometrisch zu erfassen. Darüber hinaus können im Rahmen der Abklärung eines posttraumatischen Syndroms nach HWS-BV auch Beschreibungen von Persönlichkeitsstruktur, psychopathologischen Gegebenheiten (wie z. B. Stimmung, Affektivität, Emotionalität) sowie von verhaltenspsychologischen Gegebenheiten (Unfall-/Schmerzeinstellung, Schmerzbewältigung oder -erwartung, Coping-Strategien etc.), die aus standardisierten Untersuchungsverfahren abzuleiten sind, erforderlich werden. Die (neuro-)psychologischen gutachterlichen Untersuchungsergebnisse müssen im Rahmen der hauptgutachterlichen Gesamtbeurteilung synoptisch gewürdigt werden. Hierbei nimmt der ärztliche Sachverständige zu der Zusammenhangsfrage mit dem Unfall Stellung (vgl. Kapitel 3.2).

Lassen sich subjektive Leistungsminderungen nicht neuropsychologisch objektivieren, so gehen diese nicht gesondert in die Bemessung der jeweiligen Entschädigungshöhe ein. Die subjektiven Beschwerden können dann lediglich unter das akute posttraumatische Syndrom mit Nacken/Kopfschmerz und vegetativen sowie depressiven Beschwerden subsummiert werden, falls zuvor klinisch die Diagnose einer HWS-BV mit entsprechender Schweregradeinteilung gestellt wurde.

Forensisch muss bezüglich der Unfallkausalität die Körperverletzung mit an Sicherheit grenzender Wahrscheinlichkeit nachgewiesen sein und der Zusammenhang zwischen Körperverletzung und vorliegenden Beschwerden mit erheblicher Wahrscheinlichkeit gegeben sein. Bei den meist vorliegenden leicht- bis mittelgradigen HWS-Beschleunigungsverletzungen (Grad I und II nach Erdmann, d.h. ohne knöcherne HWS-Verletzung und ohne neurologische Ausfallserscheinungen) wird der Patient ärztlicherseits in der Regel bis 4 Wochen (Grad I) bzw. bis 6 Wochen (Grad II) krankgeschrieben. Nach Beendigung der Arbeitsunfähigkeit kann die Minderung der Erwerbsfähigkeit (MdE) bei Grad I für 1-3 Monate auf 20 % geschätzt werden sowie bei Grad II für 3-6 Monate auf 20 % und für ein weiteres halbes Jahr auf 10 % (Keidel, 1999).

Lassen sich in der neuropsychologischen gutachterlichen Untersuchung Funktionsbeeinträchtigungen objektivieren, so sollte differenziert werden, ob diese unabhängig von Schmerzen, Befindlichkeit, Stimmung oder Aggravation sind. Bestehen aufgrund positiver Anamnese einer posttraumatischen Amnesie (PTA), neurologischer Fokalzeichen und/oder kernspintomographisch nachgewiesener intrakranieller Traumafolgen Hinweise auf das Vorliegen eines zu der HWS-BV hinzu kommenden Schädel-Hirn-Traumas, so erfolgt die Beurteilung neuropsychologischer Defizite entsprechend der gutachterlichen Beurteilungskriterien des Schädel-Hirn-Traumas. Andere, unfallunabhängige und damit nicht entschädigungspflichtige Ursachen hirnorganischer Leistungsminderung wie etwa Zustand nach Enzephalitis, Hypoxie, zerebraler Ischämie, Hirnblutung, hirnatrophische Prozesse oder Alkoholismus sind im Rahmen der Würdigung des Unfallzusammenhanges auszuschließen.

Höhere Anforderungen an die Begutachtung stellen Patienten mit chronischen, meist über Jahre anhaltenden Beschwerden eines zerviko-zephalen Schmerzsyndroms und Angaben von Leistungsminderung, vegetativen Störungen und depressiver Verstimmung. Hier wird meist eine interdisziplinäre Begutachtung zusätzlich zu der neuropsychologischen gutachterlichen Untersuchung erforderlich. Diese

beinhaltet Stellungnahmen zu muskulo-ske-
lettalen und disko-ligamentären Auffälligkeiten durch das unfallchirurgische und orthopä-
dische Fachgebiet; zudem Stellungnahmen zu
Schädigungen des zentralen und/oder peripheren Nervensystems sowie sekundärer ischämischer zerebraler Unfallfolgen durch traumatische Gefäßdissekate (z.B. der A. vertebralis
oder A. carotis interna) seitens des neurologischen Fachgebietes. Eine Berücksichtigung
psychischer Beschwerden mit Angaben von
Defiziten in einzelnen Leistungen kann dann
trotz unauffälliger neuropsychologischer Testergebnisse evtl. (wenngleich selten) im Rahmen einer psychiatrischen oder psychosomatischen Begutachtung möglich werden. Hierbei
können subjektive Leistungsdefizite unter ein
psychopathologisches Syndrom subsummiert

werden. Es gilt unter Zugrundelegung der
ICD- oder DSM-Kriterien zu differenzieren,
ob objektivierbare neuropsychologische Defizite vorliegen oder aber eine Belastungsreakti-
on auf das Unfallgeschehen, eine Anpassungsstörung mit psychogener Fixation oder ein
‚posttraumatic stress disorder‘. In der Regel
werden für letztere Diagnose die Kriterien bei
fehlendem katastrophalen Ausmaß des Unfal-
les, der zu einer HWS-BV geführt hat, nicht erfüllt. Lassen sich nach DSM-Kriterien psychische Folgestörungen nach einer HWS-BV
diagnostizieren, so können diese im Rahmen
der gesetzlichen Unfallversicherung oder nach
geltendem Haftpflichtrecht entschädigt werden. Private Unfallversicherungen entschädigen psychische Unfallfolgen nicht.

5.6 Neuropsychologische Defizite nach akuten und chronischen Intoxikationen

Zusammenfassung

Von den fünf Klassen neurotoxischer Chemikalien – Metalle, Lösemittel, Agrarchemikalien, natürliche Neurotoxine und Arzneimittel – werden aus Gründen ihrer praktischen Bedeutung für Arbeitsplatz und Umwelt einerseits sowie für die neuropsychologische Begutachtung andererseits nur die toxischen Metalle (Blei, Quecksilber, Mangan) und die organischen Lösemittel (aliphatische, aromatische, und halogenierte Kohlenwasserstoffe, sowie Alkohole und Ketone) unter dem Aspekt neuropsychologischer Defizite behandelt. Im Vordergrund der Darstellung stehen die toxischen Enzephalopathien aufgrund mehrjähriger, im Falle der Lösemittel meist mindestens zehnjähriger Arbeitsplatzbelastung. Dabei wird auf differentialdiagnostische Aspekte (Alkoholkonsum, depressive Verstimmungen) und missbrauchbedingte Defizite im Leistungs- und Persönlichkeitsbereich besonders eingegangen. Das internationale Klassifikationsschema der toxischen Enzephalopathie durch mehrjährige Lösemittelbelastung am Arbeitsplatz wird erläutert. Abschließend wird auf das Problem umweltbezogener Körperbeschwerden (UKB) oder „Umweltsyndrome" eingegangen, die in ihren toxikologisch-naturwissenschaftlichen Grundannahmen umstritten sind. Als Beispiel wird das Syndrom der „Multiplen Chemikalien-Sensitivität (MCS)" im Zusammenhang mit vermuteten Pyrethroid-Vergiftungen genauer behandelt. Hier, wie auch bei vielen anderen UKB-Fällen, sind medizinisch-psychiatrische Erklärungsmuster allein nicht ausreichend; vielmehr muss der Klinische Neuropsychologe Persönlichkeitsmerkmale, Stressverarbeitungs- und Attributionsmodelle im Prozess seiner diagnostischen Urteilsbildung zusätzlich berücksichtigen.

Vorbemerkung

Die Nutzung neuroaktiver Wirkstoffe, meist pflanzlicher Herkunft, zum Zwecke der absichtlichen Herbeiführung rauschhafter bzw. halluzinatorisch-bewusstseinserweiternder Zustände ist Bestandteil der Kulturgeschichte der Menschheit. Hierbei handelt es sich um akute, reversible Wirkungen. Die negativen Auswirkungen im Sinne irreversibler Veränderungen im emotionalen sowie Leistungs- und Persönlichkeitsbereich bei chronischem Missbrauch vieler Rauschmittel gehört ebenfalls seit Jahrhunderten zum tradierten und immer wieder aktualisierten Kulturwissen.

Neben diesen absichtlich zur gezielten Induktion erwünschter Zustände genutzten Substanzen kennt die Menschheitsgeschichte auch Beispiele für ungewollte massenhafte Vergiftungen durch natürliche Stoffe mit primär neurotoxischem Wirkungsprofil. Besonders eindrucksvoll, weil in die Kunstgeschichte eingegangen, sind die seit dem Mittelalter bis in das vorige Jahrhundert bekannten Lebensmittelvergiftungen durch Mutterkorn- bzw. Ergotalkaloide in Mehl und Brot. Neben der gangränösen Symptomatik dominieren das Vergiftungsbild zentralnervöse Wirkungen in Form sexuell oder alptraumhaft gefärbter Halluzinationen, deren meisterhafte Gestaltung noch heute in den Schreckensvisionen des Heiligen Antonius von Padua auf dem Isenheimer Altar des Matthias Grünewald in Colmar zu bewundern ist (Forth, 1996).

Trotz dieser jahrhundertealten Kenntnis über neuroaktive Stoffwirkungen ist mit systematischen Humanuntersuchungen neurotoxischer Wirkungen von Chemikalien am Arbeitsplatz oder in der Umwelt unter Verwendung neuropsychologischer Theorien und Methoden erst spät, nämlich erst Ende der 60er Jahre begonnen worden (Hartmann, 1988). Seitdem hat sich das Gebiet der Verhaltenstoxikologie (Behavioral Toxicology) als eigenständiger Untersuchungsansatz in der Neurotoxikologie derart etabliert, dass verhaltenstoxikologische Befunde auf der Basis psychologischer Daten auch bei Grenzwertfestlegungen für Umwelt- und Arbeitsstoffe genutzt werden (Seeber, 1998). Vertiefende Darstellungen neurotoxikologischer Fragen finden sich in Standardwerken (Chang & Dyer, 1995; Triebig & Lehnert, 1997).

Neben dem Beitrag der Verhaltenswissenschaften zur Grenzwertfestlegung (Prävention) spielen neuropsychologische Beiträge eine wichtige Rolle bei Begutachtungsfällen im Zuge von Anerkennungsverfahren zur Frage einer toxischen Enzephalopathie im Rahmen der Berufskrankheiten-Verordnung. Hierbei ist primär der klinische Neuropsychologe gefragt, der Defizite im Sinne der haftungsausfüllenden Kausalität kompetent zu beschreiben und lege artis unter Berücksichtigung differentialdiagnostischer Aspekte und unter dem Gesichtspunkt der Prämorbidität zu bewerten hat. Dem Defizitmuster ist zwingend eine nach Art, Ausmaß und Dauer zu spezifizierende Expositionsbeschreibung zuzuordnen, die im Regelfalle vom Arbeitsmediziner geliefert wird, und ohne die eine Ableitung der haftungsbegründenden Kausalität nicht zu leisten ist.

Der Anteil von Begutachtungsfällen zur Frage einer toxisch bedingten psychischen Alteration ist im Patientengut eines Neuropsychologen erfahrungsgemäß gering. Um so wichtiger ist es, auf die Möglichkeit einer toxischen Verursachung psychischer Auffälligkeiten aufmerksam zu machen, damit diese wegen ihrer Seltenheit nicht übersehen wer-

den. Diesem Ziel dient das vorliegende Kapitel. Die Stoffauswahl ist naturgemäß nicht erschöpfend, sondern konzentriert sich auf diejenigen Substanzen und Substanzgruppen, die bis heute oder bis vor wenigen Jahren an industriell-gewerblichen Arbeitsplätzen ein Expositionsrisiko darstellen und daher auch heute noch zur Begutachtung auf neuropsychologische Defizite Anlass geben können.

Klassen neurotoxischer Stoffe

Entsprechend der Gliederung eines neueren Standardwerkes zu Neurotoxikologie (Chang & Dyer, 1995) lassen sich folgende Gruppen von Stoffen bilden, die in Abhängigkeit von Konzentration und/oder Einwirkungsdauer Struktur oder Funktion des Nervensystems dauerhaft oder reversibel schädigen können und damit eine notwendige (aber nicht hinreichende) Voraussetzung für das Auftreten neuropsychologischer Defizite darstellen (Tabelle 1).

Aus dieser umfangreichen Liste sollen im vorliegenden Zusammenhang nur solche Stoffe und Stoffgruppen behandelt werden, die bei industriell-gewerblichen Prozessen – und vereinzelt auch in der Umwelt – ein Expositionsrisiko mit der dokumentierten Wahrscheinlichkeit neuropsychologischer Defizite darstellen. Dies trifft auf einige Metalle und vor allem auf die meisten organischen Lösemittel zu.

Neuropsychologische Defizite nach Exposition gegenüber Metallen und Lösemitteln

Obwohl selbstverständlich Vergiftungsfälle mit neurotoxischer Komponente durch Pestizide und Insektizide, durch natürliche Neurotoxine und durch Arzneimittel in der Literatur dokumentiert sind, ist doch die Wahrscheinlichkeit dafür, dass der klinische Neuropsychologe hiermit konfrontiert wird so gering, dass eine Beschränkung auf die Stoffgruppen der toxischen Metalle und der organischen Lösemittel aus pragmatischer Sicht vertretbar erscheint.

Tabelle 1. Klassifikation neurotoxischer Stoffe (nach Chang & Dyer, 1995)

Metalle und Metallverbindungen

Aluminium
Anorganisches Blei
Cadmium
Quecksilber und Quecksilberverbindungen
Mangan
Organometalle

Organische Lösungsmittel

Aliphatische Kohlenwasserstoffe
Aromatische Kohlenwasserstoffe
Halogen-Kohlenwasserstoffe
Alkohole
Ketone
„Narkosegase" (z.B. Halothan, halogenierte Äther; auch Lachgas, obwohl kein Kohlenwasserstoff)

Agrarchemikalien

Pestizide vom Phosphorsäureestertyp
Insektizide vom Organochlortyp
Insektizide vom Pyrethroidtyp
Carbamate und Thiocarbamate

Natürliche Neurotoxine

Neurotoxische Bakteriengifte
Neurotoxische Pilzgifte
Neurotoxische Pflanzengifte
Neurotoxische Schlangengifte
Neurotoxische Spinnen- und Skorpiongifte

Arzneimittel und Suchtstoffe

Opium und Opioide
Barbiturate und Benzodiazepine
Nikotin
Amphetamin, Metamphetamin und verwandte Stoffe
Marihuana

Metalle und Metallverbindungen

Metalle sind natürlicher Bestandteil der Erdkruste. Etwa 40 in unserem Ökosystem auffindbare Elemente gelten als Metalle. Viele davon, z.B. Eisen, Kupfer und Zink, werden als essentiell bezeichnet, weil sie für den geordneten Ablauf biochemischer Vorgänge unverzichtbar sind. Ein Mangel an essentiellen Elementen führt zu Mangelerkrankungen, die oft durch Substitution behebbar sind.

Die in Tabelle 1 aufgelisteten Metalle sind nicht essentiell und können im Falle von Überexposition toxisch wirken. Vielfach ist das Nervensystem betroffen, wenn die betreffenden Metalle mit Nerven- oder Gliazellen in Kontakt treten. Das ist unter normalen in vivo-Bedingungen für Aluminium und Cadmium praktisch nicht möglich, da entweder eine effektive Blut-Hirnschranke einen Eintritt in das Nervensystem verhindert (Cadmium), oder aber die Aufnahme über den Magen-Darmtrakt (Bioverfügbarkeit) so gering ist, dass wirksame Organkonzentrationen nicht auftreten können (Aluminium).

Im Falle des Aluminiums sind allerdings, unter Umgehung der enteralen Aufnahme, während der Blutwäsche schwere neurotoxisch geprägte Vergiftungen, sogenannte „Dialyse-Demenzen", beschrieben worden, die mit Aluminium im Dialysewasser oder im Filtrations-Gel in Zusammenhang gebracht werden konnten. Seit Aufklärung des Sachverhalts und realisierten Gegenmaßnahmen sind keine derartigen Vergiftungen mehr aufgetreten. Ein Beitrag von Aluminium zur Ätiopathogenese des Morbus Alzheimer wird diskutiert, kann aber nicht als bewiesen gelten.

Blei (Pb) ist wahrscheinlich das am besten untersuchte toxische Element überhaupt. Es kann in organischer Form (Alkylblei) und in Form anorganischer Salze vorliegen. Zwar sind die organischen Bleiverbindungen aufgrund ihrer Fettlöslichkeit bei akuter Exposition stark neurotoxisch, jedoch stellt die chronische Exposition gegenüber anorganischem Blei im Niedrigdosisbereich das bei weitem wichtigere berufliche und umweltbezogene Gesundheitsrisiko dar. Die innere Belastung wird als Blutbleigehalt = Pb-Blut in µg/100 ml Blut (µg/dl) gemessen. Ein breites Spektrum biomedizinischer Wirkungen ist dokumentiert, jedoch sind Wirkungen auf die Biosynthese des Hämoglobins, Wirkungen auf die Bildung der roten Blutzellen und auf Nervenfunktionen besonders kritisch (WHO 1995). Gerade die Neurotoxizität von Blei in Form neuropsychologischer Defizite hat bei arbeitsplatz- und umweltbezogenen Belastungen besondere Beachtung gefunden.

Bei Arbeitern in Akkumulatorenfabriken, Blei-Zinkhütten oder in Druckereibetrieben wurden expositionskorrelierte kognitive und sensomotorische Funktionsdefizite ab etwa 30-40 µg/dl Blut festgestellt, wobei globale Intelligenzminderung ohne prägnante Profildifferenzierung und eine eher allgemeine Verlangsamung kognitiver Funktionen im Wahrnehmungs- und Aufmerksamkeitsbereich anstelle eines bleispezifischen Defizitprofils auffällt (WHO, 1995).

Akute Bleivergiftungen klinischer Relevanz sind typischerweise mit dem Bild einer Bleienzephalopathie (Enzephalopathia saturnina) verbunden, die, wenn die Vergiftung überlebt wird, häufig mit neurologischen und neuropsychologischen Spätfolgen bis hin zur Demenz einhergeht. Dies trifft besonders auf Kinder bei Blutbleikonzentrationen (Pb-Blut) ab 80-100 µg/dl zu. Diese klinischen Beobachtungen haben zu der Hypothese geführt, dass auch eine chronisch-geringgradige Bleiexposition im Kleinkind- und Kindesalter mit subklinisch-neuropsychologischen Defiziten bei sonst asymptomatischen Kindern einhergehen könnte.

Dies hat sich in einer großen Zahl von Quer- und Längsschnittuntersuchungen bei Kindern bis ins Schulalter hinein und bis hinunter zu Blutbleiwerten um 10 µg/dl weitgehend bestätigt (WHO, 1995). Dieser Wert von 10 µg/dl für Kinder kontrastiert mit dem entsprechenden Wert von 40 µg/dl für Erwachsene (s. oben) und weist damit Kinder als Risikogruppe für Bleischäden aus. Metaanalysen zeigten, dass eine Verdoppelung des Pb-Blut von z.B. 10 nach 20 µg/dl gruppenstatistisch mit einer IQ-Minderung von 2-3 Punkten einhergeht (WHO, 1995); diese Aussage trifft auf das einzelne Kind nur im stochastischen Sinne zu. Ergebnisse der Europäischen Multizentrischen Studie zur Neurotoxizität von Blei bei Kindern (Winneke et al., 1990) lassen den Schluss zu, dass elementarere Maße neuropsychologischer Funktionen von Aufmerksamkeit, Wahrnehmung und Motorik noch konsistenter und empfindlicher durch Blei betroffen sind als die globale psychometrische Intelligenz.

Quecksilber (Hg) gehört, wie Blei, zu den Metallen, die der Mensch seit dem Altertum kennt und nutzt. Quecksilber kommt in drei oxidativen Stufen vor, nämlich als metallisches Quecksilber oder Quecksilberdampf, sowie als einwertiges, Hg(I) und zweiwertiges Ion, Hg(II). Jede dieser Formen weist Besonderheiten hinsichtlich der Exposition und der Zielorgantoxizität auf. Eine Exposition gegenüber Hg-Dämpfen findet ausschließlich an bestimmten Arbeitsplätzen (z.B. Batterieherstellung) und im Mundraum durch Amalgamfüllungen bei der Allgemeinbevölkerung statt. Organische Hg-Verbindungen, z.B. Methyl-Quecksilber, spielen vorrangig für Bevölkerungsgruppen mit hohem Fischverzehr in einigen Küstenregionen und Inselgruppen eine Rolle. Die klassischen Symptome der Exposition gegenüber Quecksilberdampf weisen auf ZNS-Beteiligung hin, während die Niere das Zielorgan für Hg(I)- und Hg(II)-Salze darstellt (WHO, 1991).

In mehreren Arbeitsplatzstudien sind mittels computergestützter psychometrischer Tests folgende neuropsychologische Defizite im Zusammenhang mit Expositionen gegenüber metallischem Hg erhoben worden: Zunahme von Intentions- und Haltetremor, Verlangsamung von Wahrnehmungsgeschwindigkeit, Störung von Aufmerksamkeitsleistungen, Verlangsamung von Wahlreaktionszeiten und Fingertapping, aber auch Beeinträchtigung von Rechenfertigkeiten (WHO, 1991). Aus diesen Beobachtungen wurde der Schluss gezogen, dass eine Quecksilberexposition am Arbeitsplatz neuropsychologische Defizite sowie Befindlichkeitsstörungen hervorrufen können und dass die Festlegung „Maximaler Arbeitsplatzkonzentrationen (MAK)" und korrespondierender „Biologischer Arbeitsstoff-toleranzwerte (BAT)" auch hieran zu orientieren sei (WHO, 1991).

Für die Allgemeinbevölkerung ist eine Exposition gegenüber Hg-Dämpfen vorrangig durch Amalgamfüllungen gegeben. Das in den Füllungen enthaltene Hg verdampft im Mundraum und wird über die Atemwege inkorporiert. Je nach Zahl und Zustand der Füllungen können auf diese Weise Hg-Ausscheidungswerte um 5 µg/l Urin resultieren. Mit diesen Belastungen verbinden sich vielfältige gesundheitsbezogene Symptomnennungen, die unter dem Stichwort „Amalgamismus" zusammengefasst werden. Abgesehen von (seltenen) allergischen Reaktionen konnten bislang ge-

Tabelle 2. Hauptklassen organischer Lösemittel mit ihren wichtigsten neurotoxischen Vertretern (nach Konietzko, 1997)

Kohlenwasserstoffe			Alkohole	Ketone
Aliphaten	Aromaten	Halogene		
n-Hexan	Benzol	Dichlormethan	Methanol	Methyl-Ethyl-
n-Heptan	Toluol	1,1,1-Trichlorethan	Äthanol	Keton (MEK)
	Styrol	Trichlorethen	Methylglycol	Methyl-Butyl-
	Xylole	Tetrachlorethen		Keton (MBK)

sundheitliche, speziell neurotoxische Wirkungen mit Hg-Belastungen aus Amalgamfüllungen nicht in Zusammenhang gebracht werden. Auch neuropsychologische Untersuchungen an Schulkindern blieben in dieser Hinsicht negativ (Walkowiak et al., 1998).

Mangan (Mn) ist ein essentielles Spurenelement, das bei Überexposition Zeichen und Symptome zentralnervöser Beeinträchtigung induziert, die denen des M. Parkinson ähneln. Der derzeitige Kenntnisstand zur Humanneurotoxizität des Mangans resultiert weitgehend aus neurologischen und neuropsychologischen Untersuchungen von Arbeitern aus der Produktion von Alkalibatterien. Dabei wurden u.a. verlängerte Reaktionszeiten (Entscheidung), verlangsamtes Klopftempo, eine verkürzte Aufmerksamkeitsspanne (Zahlennachsprechen), beeinträchtigte Hand-Augekoordination (Nachführaufgaben) und erhöhter Tremor festgestellt (Winneke, 1997). Diese Ergebnisse sind insoweit konsistent, als sie Mn-abhängige Defizite fanden, die mit dem Bild gestörter extrapyramidal-motorischer Funktionen vereinbar sind. Zwar ist eine Interpretation solcher Befunde im Sinne eines Parkinsonismus im Frühstadium verlockend, jedoch sprechen neuropathologische Lokalisationen und Unterschiede im Ansprechen auf L-DOPA (bei Mn-Patienten kein Effekt) eher gegen eine vergleichbare Ätiopathogenese von Mn-Enzephalopathie und M.Parkinson.

Organische Lösemittel

Lösemittel (LM) repräsentieren eine große, chemisch heterogene Gruppe von Stoffen, die zwischen Null und 250°C flüssig sind und überwiegend zur Extraktion, Lösung oder Suspension wasserunlöslicher Substanzen (z.B. Öle, Fette, Wachse, Kunststoffe) verwendet werden. Sie lassen sich 5 Stoffklassen zuordnen, nämlich den Aliphaten, den Aromaten, den Halogenkohlenwasserstoffen, den Alkoholen und den Ketonen. Nach heutigen Wissen gelten die in Tabelle 1 genannten Lösemittel als neurotoxisch (Konietzko, 1997).

Neben, oder noch vor den Einzelverbindungen sind Lösemittelgemische aus Farben, Lacken und Klebstoffen für berufliche Expositionen bedeutsam, wobei allerdings durch die zunehmende Verwendung LM-armer oder LM-freier Arbeitsstoffe in Form wasserbasierter Farben/Kleber/Lacke toxische Expositionsmöglichkeiten an Bedeutung abnehmen. Patienten, die heute zur Begutachtung oder Rehabilitation anstehen, sind somit überwiegend Exponierte länger zurückliegender Arbeitsplatzbelastungen, was den Kausalitätsnachweis erschwert. Expositionsrisiken sind vorrangig bei folgenden Tätigkeiten gegeben (Konietzko, 1997): Bei Reinigungs- und Entfettungsarbeiten in der Metallindustrie und in Chemischreinigungsbetrieben, bei Klebearbeiten für Boden- und Parkettleger, in der Leder- und Holzverarbeitung, sowie bei der Oberflächenbehandlung für Spritz- und Tauchlackierer, Laminierer und Tiefdrucker.

Aufgrund ihrer Fettlöslichkeit ist das Nervensystem das wichtigste Zielorgan für inhalierte und perkutan aufgenommene LM. Zwischen neurotoxischen Wirkungen nach akuten und chronischen Expositionen unter experimentellen oder Arbeitsplatzbedingungen einerseits und solchen nach wiederholten Expo-

Tabelle 3. Ausgewählte Wirkungskategorien, Leistungstests und Funktionen aus humanexperimentellen Untersuchungen (nach Winneke, 1996)

Wirkungsbereich	Test	Funktion
Psychomotorik	Einfache Reaktionszeit Wahlreaktionszeit Klopftempo Nachführ-Bewegung Handruhe, Zielpunktieren	Reaktions- und Informations- verarbeitungsgeschwindigkeit Motorisches Tempo, Auge-Hand-Koordination Tremor
Aufmerksamkeit	Geteilte Aufmerksamkeit Monotone Signalentdeckungsaufgaben	Aufmerksamkeits-Verteilung Daueraufmerksamkeit
Visuelle Wahrnehmung	Tachistoskop-Erkennung Kritische Flimmerschwelle	Wahrnehmungstempo Zeitliche Auflösung
Kognition	Muster-Gedächtnis Lernen und Erinnern von Wortpaaren Zahlenreihen Nachsprechen	Visuelles Gedächtnis Sprachgedächtnis Kurzzeitgedächtnis (Merkspanne)
Affekt, Symptome	Eigenschaftswörter-Liste, Psychologisch-Neurologischer Fragebogen (PNF)	Befindlichkeit Symptome

sitionen gegenüber hohen Dosen im Rahmen inhalativer Selbstapplikation („Schnüffeln") ist zu unterscheiden. Auch ist die Befundlage für einzelne LM-Spezies unterschiedlich (Arlien-Soeborg, 1992); auf derartige Besonderheiten kann in diesem Abschnitt jedoch nicht näher eingegangen werden.

Allgemeine Neurotoxizität: Akute LM-Einwirkung hoher Dosen

Aufgrund ihrer anaesthetischen Wirkung können alle LM dämpfend auf ZNS-abhängige Funktionen wirken. Akut LM-exponierte Personen reagieren zunehmend unempfindlich auf Aussenreizung bis hin zu Bewusstlosigkeit, Koma und Tod. Daneben können Benommenheit, Trunkenheitsgefühle und Gangstörungen auftreten. Zusammenfassend stellt jedoch Hartmann (1988) fest, dass nur für wenige LM bleibende neurologisch-neuropsychologische Spätfolgen nach akuten Intoxikationen beschrieben wurden, und zwar für n-Hexan, Methylethylketon (MEK), Methylbutylketon (MBK), für Schwefelkohlenstoff, Trichlorethen und für missbräuchlich inhaliertes Toluol.

Neuropsychologische Defizite: Akute LM-Einwirkung im Niedrigdosis-Bereich

Hierzu liegen Erfahrungen aus experimentellen Expositionsversuchen im Bereich maximaler Arbeitsplatzkonzentrationen in größerer Zahl vor, wobei stoffseitig Untersuchungen zu Halogenkohlenwasserstoffen (Dichlormethan, Tetrachlorethen, Trichlorethen), aromatischen Kohlenwasserstoffen (Toluol, Xylol, Styrol) und Ketonen (Aceton, MEK) dominieren (Übersicht: Dick, 1995).

Die in solchen Humanuntersuchungen eingesetzten Testverfahren variieren, jedoch sind bevorzugt die in Tabelle 3 aufgeführten Funktionen und die ihnen zugeordneten Tests erfasst.

In Abhängigkeit von Expositionshöhe und/oder Dauer kann man für eine Gruppe von LM, insbesondere die Halogenkohlenwasserstoffe, als typische Befunde beeinträchtigte Vigilanzleistung (Daueraufmerksamkeit) und Verlangsamung von Wahrnehmungsprozessen und von psychomotorischen Prozessen feststellen, die sich als ZNS-depressive, pränarkotische Wirkung interpretieren lassen. Die be-

Tabelle 4. Kategorien LM-induzierter ZNS-Störungen (nach Hartmann, 1988)

Kategorisierung der ZNS-Störung		
Schweregrad des Bildes	Festlegung durch eine Arbeitsgruppe der WHO und des Nordischen Ministerrates, Kopenhagen, Juni 1985	Internationaler Lösemittel-Workshop Raleigh, N.C. October 1985
Leicht	Organisch-affektives Syndrom	Typ 1
Mäßig	Leichte chronisch-toxische Enzephalopathie	Typ 2A oder 2B
Ausgeprägt	Schwere chronisch-toxische Enzephalopathie	Typ 3

obachteten Wirkungen sind reversibel. Dennoch haben derartige Befunde in einigen Fällen zur Bestätigung oder Modifikation von Arbeitsplatzgrenzwerten beigetragen.

Neuropsychologische Defizite: Chronische LM-Einwirkungen am Arbeitsplatz

Zum Zwecke der konzeptuellen Systematisierung der nach mehrjähriger LM-Exposition auftretende Symptome und Defizite wurden die Krankheitsbilder „Toxische Polyneuropathie" einerseits und „Toxische Enzephalopathie" andererseits unter der Nummer 1317 in die Berufskrankheitenverordnung aufgenommen (Konietzko, 1997). Vorausgesetzt wird im Regelfall eine mindestens 10-jährige LM-Exposition ausreichender Intensität.

Die Polyneuropathie ist neurologisch definiert, durch symmetrisch-distale beinbetonte, sensomotorische Ausfälle (Sensibilitätsstörung) mit strumpf- bzw. handschuh-förmiger Verteilung gekennzeichnet, zeigt in der Regel einen engen zeitlichen Expositionsbezug und ist typischerweise nach Absetzen restfrei reversibel. Demgegenüber ist die Reversibilität der vorrangig neuropsychologisch definierten Enzephalopathie vom Schweregrad der Erkrankung abhängig. Unter einer Enzephalopathie versteht man eine diffuse Hirnfunktionsstörung, die u.a. mit Konzentrations- und Merkfähigkeitsstörungen, Auffassungsschwierigkeiten, Denkstörungen sowie Persönlichkeitsverände-

rungen einhergeht. Ordnungsschemata zur Klassifikation des Schweregrades der toxischen Enzephalopathie sind von internationalen Gremien entwickelt und partiell auf deutsche Verhältnisse adaptiert worden (Tabelle 4).

Die leichteste Form, Typ 1, in früheren Diagnoseversuchen auch als „Neurasthenisches Syndrom" bezeichnet, ist durch Fehlen objektiver Leistungsbeeinträchtigungen und stattdessen ausschließlich durch Symptome oder Beschwerden über Erschöpfung, Ermüdbarkeit, Konzentrations- und Merkfähigkeitsstörungen, sowie Antriebsminderung und Reizbarkeit gekennzeichnet. Zu ihrer Erfassung, insbesondere aber zur Erfassung neurologischer Zeichen, eignet sich im deutschsprachigen Raum der „Psychologisch-neurologische Fragebogen = PNF" (Seeber, 1998). Typ-I-Symptome gelten als reversibel.

Typ-2, im älteren Schrifttum gern als „Psychoorganisches Syndrom" bezeichnet, entwickelt sich bei verlängerter oder intensivierter LM-Exposition. Die Formen 2A und 2B werden unterschieden. Unter 2A fallen in diesem Schema gegenüber Typ 1 verstärkte Stimmungs- und Persönlichkeitsveränderungen, Störung der Impulskontrolle und Antriebsschwäche, während Typ 2B zusätzlich objektive neuropsychologische Defizite in kognitiven (Lernen, Gedächtnis), psychomotorischen und aufmerksamkeitsbezogenen Funktionen beinhaltet. Neuropsychologische Defizite vom Typ 2 gelten als bedingt reversibel; eine Verstärkung des Erkrankungsbildes nach Expositionsende spricht aber gegen eine LM-Verursachung und für das Vorliegen eines anders gearteten Krankheitsprozesses (z.B. einer neurodegenerativen Erkrankung).

Der Syndromtyp 3 umfasst besonders schwerwiegende Beeinträchtigungen im emotionalen und Leistungsbereich, die die klinischen Kriterien der Demenz erfüllen. Störungen dieses Schweregrades werden auch nach mehrjähriger intensiver Arbeitsplatzexposition kaum beobachtet, wohl aber im Zusammenhang mit inhalativem LM-Missbrauch oder aber schweren endogenen (z.B. hepatische Demenz) oder exogenen Intoxikationen (z.B. Alkoholismus).

Das in Tabelle 4 unter „Internationaler LM Workshop" genannte Syndromschema wurde mit einer bemerkenswerten Änderung in die Berufskrankheitenverordnung (BeKV) übernommen (Konietzko, 1997). Für Deutschland gilt demnach, dass bereits in 2A neben ausgeprägten Persönlichkeitsveränderungen, depressiv getönten Stimmungsschwankungen und Affektlabilität auch der testpsychologische Nachweis neuropsychologischer Funktionsstörungen gelingen muss. Für 2B sind zusätzlich neurologische Zeichen (z.B. Tremor, Ataxie, Koordinationsstörungen) erforderlich.

Neuropsychologische Defizite: Inhalativer LM Abusus

Eine Vielzahl von LM und LM-Gemischen werden vorwiegend von Kindern und Jugendlichen missbräuchlich inhaliert (Hartmann, 1989). Als Gemisch dominieren Benzin, sowie Lack- und Klebstoffverdünner. Unter den Einzelstoffen dominiert das Toluol.

Bekannt geworden sind die Berliner Fälle jugendlicher Schnüffler, die wiederholt hoch konzentrierte Dämpfe von Klebstoffverdünnern aus Plastiktüten inhaliert hatten (Altenkirch et al., 1977). Es wurden schwere Polyneuropathien mit schlaffer Lähmung der Extremitäten, vor allem der Beine, beobachtet. Die Wirkungen waren nach Absetzen über viele Monate hinweg persistierend, aber letztlich weitgehend reversibel. Die der klinisch-epidemiologischen Beobachtung folgende neuro-

toxikologische Bedingungsanalyse ergab, dass ein überadditives Zusammenwirken von n-Hexan und MEK (s. Tab. 2) für das Vergiftungsbild verantwortlich war, eines der eher seltenen Beispiele für synergistische Kombinationswirkungen in der Neurotoxikologie. MEK war dem Klebstoffverdünner als Vergällungsmittel hinzugefügt worden, um dem inhalativen Missbrauch entgegenzuwirken.

Zu neuropsychologischen Aspekten chronisch-inhalativen LM-Missbrauchs liegen nur relativ wenig gut kontrollierte Studien vor, was vorrangig mit der Vielfalt verwendeter LM-Gemische, der Schwierigkeit der Gewinnung gut vergleichbarer Kontrollgruppen, aber auch mit der höchst problematischen Erfassung des prämorbiden Status zusammenhängen dürfte (Hartmann, 1988). Nach chronischem Äther-Missbrauch sind dem Alkoholismus vergleichbare Folgeerscheinungen beschrieben worden, u.z. rascher Persönlichkeitsverfall, Wesensänderung sowie Demenzen. Neurologische und neuropsychologische Defizite, häufig in Verbindung mit CT-Befunden (Sulcus- und Ventrikelerweiterung), wurden bislang hauptsächlich nach mehrjährigem Toluolschnüffeln beschrieben: Neurologisch imponieren vor allem motorische Auffälligkeiten (Gangstörungen, Ataxien), Intentionstremor und Hörverlust, neuropsychologisch Intelligenz- und Gedächtnisdefizite, sowie Störungen im Bereich von Aufmerksamkeits- und visuokonstruktiven Funktionen; daneben zeigen sich häufig Affektverarmung und Apathie als typische Begleitsymptome (Zusammenfassung aus Hartmann, 1988).

Neuropsychologische Defizite: Abgrenzungsprobleme

Alkohol ist das in unserem Kulturkreis am weitesten verbreitete Lösemittel. Auch bei nachgewiesener mehrjähriger Lösemittelexposition am Arbeitsplatz ergeben sich differential-diagnostische Probleme, wenn gleichzeitiger Alkoholmissbrauch vorliegt. In einem solchen Fall wird man etwaige neuropsychologische Defizite eher dem Alkohol anlasten, da die zugeführten Stoffmengen wirkungsseitig fast immer die LM-Exposition übertreffen.

Depressionen können ebenfalls eine differentialdiagnostische Herausforderung darstellen. Das Beschwerdebild einer LM-bedingten Enzephalopathie vom Typ 2A/B zeigt durchaus oft eine depressiv getönte Färbung: Ständige Müdigkeit, Vergesslichkeit, traurige Grundstimmung, Kraftlosigkeit, Interessenverarmung, Initiativverlust und soziale Isolation sind häufige Symptome bei mehrjährig stark LM-exponierten Personen. Auch im Leistungsbereich gehört Verlangsamung kognitiver Funktionen zum chronischen Vergiftungsbild. In einem solchen Fall wird man aber eher eine Kausalinterpretation im Sinne eines LM-Schadens wagen, sofern die Expositionsdaten dies erlauben und die Analyse der prämorbiden Persönlichkeit keine andere Deutung erzwingt. In kritischen Fällen ist die Mitbeteiligung eines Psychiaters und die Auseinandersetzung mit dessen Deutung zwingend erforderlich – und vom Auftraggeber der Begutachtung in der Regel auch vorgesehen.

Ein weiteres allgemeineres Problem bei der Begutachtung neuropsychologischer Defizite infolge langjähriger Chemikalien-Exposition ist die Berücksichtigung der Prämorbidität. Im Bereich kognitiver Leistungen wird konventionell die Erfassung verbaler Intelligenzleistungen durch Wortschatz- oder Worterkennungstests empfohlen (Seeber, 1998). Dass daneben, sofern verfügbar, weitere anamnestisch gewonnene Informationen herangezogen werden sollten, wie bei jeder anderen neuropsychologischen Untersuchung auch, versteht sich fast von selbst.

Schlussbemerkungen:
Umweltbezogene Körperbeschwerden

Es gehört zum Geist unserer Zeit, zur Vermeidung von Erklärungsnotständen körperliche Beschwerden auf Umweltfaktoren, speziell aber auf chemische Faktoren unserer Umwelt zurückzuführen. Man spricht ausdrücklich von „Umweltbezogenen Körperbeschwerden = UKB" wenn folgende drei Kriterien erfüllt sind (Henningsen & Sack, 1998):
1. Geklagt wird über körperlich attribuierte Beschwerden spezifischer oder allgemeiner Art;

2. Die Ursachen dieser Beschwerden werden in der physikalisch-chemischen Umwelt gesehen und psychologisch-psychiatrische Erklärungen werden abgelehnt;
3. Wiederholt werden Ärzte konsultiert, ohne dass ein objektiver Expositionsnachweis oder ein Nachweis organisch begründbarer Erkrankung erbracht werden kann, der die Beschwerden erklären könnte. Es besteht Ähnlichkeit zu dem psychiatrischen Bild der „somatoformen Störung", ohne dass allerdings Identität zwischen diesen und den UKB bestünde.

Eine Einteilung der UKB nach Symptommustern in wirkungsseitig definierte Syndrome ist unbefriedigend, da die geklagten Symptome durchweg äusserst unspezifisch sind und ihre Kombination meist extrem willkürlich erscheint. Deshalb hat sich eine Klassifikation nach den angeschuldigten Auslösebedingungen allgemein durchgesetzt (Henningsen & Sack, 1998). So spricht man z.B. von Amalgamismus oder Merkurialismus, wenn Amalgamfüllungen als Ursache der UKB angegeben werden (s. oben), von Holzschutzmittelsyndrom, wenn Pentachlorphenol und/oder Lindan aus Holzanstrichen in Innenräumen für die geklagten vielfältigen UKB verantwortlich gemacht werden, oder vom „Sick Building Syndrom (SBS)", wenn nicht näher spezifizierte raumklimatische Faktoren in Büroräumen mit den geklagten Beschwerden in Zusammenhang gebracht werden.

Im vorliegenden Zusammenhang sollen die sog. „Multiple Chemikalien-Sensitivität (MCS)", neutraler auch als „Idiopathic Environmental Intolerance (IEI)" bezeichnet, und das sog. Pyrethroid-Syndrom auf der Grundlage einer kürzlich publizierten klinisch-neurologischen Untersuchung (Altenkirch et al., 1996) etwas genauer beleuchtet werden. Beiden Syndromen ist, wie übrigens den oben genannten auch, gemeinsam, dass der dem Theophrastus Bombastus von Hohenheim = Paracelsus zugeschriebene toxikologische Grundsatz der dosis-abhängigen Giftwirkung ausser Kraft gesetzt zu sein scheint: Beschwerden sollen bereits bei errechneten oder gemessenen Dosen auftreten, die aus wissenschaftlich-toxikologischer Sicht wirkungsfrei sein müssten.

Pyrethroide sind synthetische, dem natürlichen Gift der Chrysantheme nachgebildete
Insektizide, die vorwiegend in Innenräumen
zur akuten oder vorbeugenden Schädlings-
bekämpfung eingesetzt werden. In der genannten klinisch-neurologischen Untersuchung von Altenkirch und Mitarbeitern (1996)
waren aus insgesamt 64 gemeldeten Fällen
vermuteter Pyrethroidvergiftung insgesamt 38
mit plausiblem Pyrethroidkontakt zur nachge-
henden Untersuchung eingeladen worden, von
denen sich 23 zur mehrtägigen stationär-neu-
rologischen Untersuchung einfanden. Von diesen zeigten neun eine psychiatrisch-neurologi-
sche Erkrankung ohne jeden Bezug zur
Pyrethroidbelastung, für sechs konnte ein
möglicher Zusammenhang zwischen den geklagten Beschwerden und einer Pyrethroid-
Exposition nicht sicher ausgeschlossen werden, während in acht Fällen das Vorliegen
eines MCS-Syndroms auf der Grundlage der
Cullen-Kriterien (Henningsen & Sack, 1998)
angenommen wurde. Diese Kriterien sind:
1. Ein zeitlicher Bezug zwischen Erwerb des
   MCS-Syndroms und einer dokumentierten
   Umweltexposition;
2. Vorliegen Organsystem-übergreifender Symptome;

3. Auslösung der Beschwerden durch extrem
   geringe Chemikaliendosen;
4. Der rein subjektive Charakter der MCS-
   Manifestationen.

Die Diskussion über die Realität von MCS,
Pyrethroid-Syndrom und den anderen genannten Umwelt-Syndromen ist im Fluss. Weder rein toxikologische noch rein psychia-
trisch-psychologisch orientierte Deutungen
erscheinen bei dem derzeitigen Wissensstand
allein zielführend, jedoch sollte der mit einem
entsprechenden Fall konfrontierte Neuropsychologe sein psychologisches Wissen über
Stressverarbeitungs-Mechanismen, über Persönlichkeitsmerkmale und über Mechanismen
der Ursachenzuschreibung (Attributionsmodelle) in seine Urteilsbildung einbringen.
Immerhin ist die hohe Korrelation zwischen
Umweltsyndromen und psychischen Auffälligkeiten wie Merkmalsangst, depressiven
Verstimmungen und somatoformen Störungen ausreichend gut dokumentiert, ohne
dass allerdings die genauen Bedingungskon-
stellationen und Interaktionen gesichert
wären. Hier besteht zweifellos Forschungsbedarf, auch und gerade aus psychologischer
Sicht.

5.7 Neuropsychologische Defizite nach Schädel-Hirn-Trauma

CLAUDIUS BARTELS & CLAUS-W. WALLESCH

Zusammenfassung

Schädel-Hirntraumata sind häufig (ca. 200.000/Jahr in Deutschland) und betreffen v.a. jüngere Personen. Die Stellung einer individuellen Prognose hinsichtlich des Behandlungs- und Rehabilitationsergebnisses ist initial und in den ersten Wochen nach SHT schwierig. Grundlage dafür ist die Verschiedenheit der Schädigungsmechanismen (umschriebene Contusion nach coup und contrecoup, Schädigung mittelliniennaher Strukturen, diffuse axonale Schädigung, posttraumatisches Ödem, intrakranielle Blutungen).

Hinsichtlich kognitiver Defizite stehen Störungen von Gedächtnis, frontal-exekutiven Funktionen sowie eine psychomotorische Verlangsamung im Vordergrund. Hinzu treten häufig emotional-affektive Störungen, Verhaltensauffälligkeiten und Persönlichkeitsänderungen. Die Therapie muss daher neben leistungskritischen kognitiven Defiziten auch die Gesamtheit psychosozialer Folgen berücksichtigen („holistischer Therapieansatz"), sich jedoch auf differenzierte neuropsychologische Diagnostik und Therapieplanung stützen.

Es besteht weiterer Forschungsbedarf hinsichtlich der pathogenetischen Ursachen von Defiziten nach SHT, des Stellenwerts differenzierter neuropsychologischer Diagnostik in der Rehabilitationsplanung, der Effektstärke neuropsychologisch begründeter Therapie sowie medikamentöser Behandlungsmöglichkeiten.

Vorbemerkung

In Deutschland erleiden jährlich etwa 200.000 Personen ein Schädeltrauma mit Hirnbeteiligung. Wegen der unterschiedlichen Schädigungsmechanismen, die dabei das Gehirn betreffen können, lässt sich vor allem für leichtere Schädel-Hirntraumata (SHT) kein einzelner Parameter für ihren Schweregrad und für die Wahrscheinlichkeit des Auftretens posttraumatischer neuropsychologischer Defizite definieren. So beruht die Diagnose einer Gehirnerschütterung (Commotio cerebri) auf dem Vorhandensein einer posttraumatischen Bewusstseinsstörung und/oder einer amnestischen Lücke, während eine Gehirnquetschung (Contusio cerebri) und auch offene Hirnverletzungen ohne Bewusstseinsstörung einhergehen können („Contusio sine commotio"). Da jedoch vor allem bei schwereren und folgenreichen SHT die diffuse Schädigung und die Schädigung mittelliniennaher Strukturen im Vordergrund stehen und diese sowohl mit der Komadauer als auch mit der Dauer der posttraumatischen Amnesie korrelieren, haben sich Parameter wie die Glasgow Coma Scale (Teasdale & Jennett, 1974), die Koma- und die Amnesiedauer (z.B. Katz & Alexander, 1994) als Schweregradmaße bewährt. Weiterhin einschränkend ist anzumerken, dass die meisten Patienten mit schwerem SHT bereits kurz nach der Initialversorgung einer intensivmedizinischen Behandlung einschließlich Beatmung und Sedierung unterzogen werden, was die Beurteilung der Komatiefe im Verlauf, der traumatisch bedingten Komadauer und der

Tabelle 1. Glasgow Coma Scale (Teasdale & Jennett, 1974).

	Punkte
Augenöffnung:	
spontan	4
auf Ansprechen	3
auf Schmerzreize	2
keine	1
Beste verbale Reaktion:	
orientiert	5
verwirrt	4
unangemessen	3
unverständlich	2
keine	1
Beste motorische Reaktion:	
auf Aufforderung	5
gezielte Abwehrbewegung	4
Beugen auf Schmerz	3
Strecken auf Schmerz	2
keine	1

posttraumatischen Amnesie unmöglich machen kann. Entsprechend erschwert wird die auf diese Parameter gestütze Prognostik hinsichtlich des anstehenden Rehabilitationsbedarfs.

Schädigungsmechanismen

Die auf den Schädel beim SHT einwirkenden Kräfte bewirken einen lokalen Impuls und eine Beschleunigung des Kopfes.

Vereinfachend (und nicht unumstritten) führt der lokale Impuls zu einer durch das Gehirn laufenden Druckwelle, die an Inhomogenitäten (Oberflächen) zu lokalen Kontusionen führt (Coup am Einwirkungsort und Contrecoup auf der gegenüberliegenden Seite, jeweils an der Gehirnoberfläche in Kontakt zu Schädel, Falx und Tentorium; s. Abb. 1). Weiterhin führt die Druckwelle in Zonen, in denen die Welle zu grösseren mechanischen Dislokationen bzw. Druckschwankungen führt (mittelliniennahe Strukturen in der Umgebung des Tentoriumschlitzes und des Hinterhauptsloches) zu lokalen Gewebszerreißungen und Einblutungen mit prognostisch ungünstigen Folgen (traumatische Mittelhirn-/Ponsläsion,

Firsching et al., 1998). Folgen des lokalen Impulses sind somit umschriebene, oberflächennahe Kontusionen mit lokaler Nekrose und Ödem sowie, bei Gefäßverletzung, Einblutung und die beschriebenen Schädigungen mittelliniennaher Strukturen. Die umschriebenen Kontusionen betreffen vor allem den basalen und polaren Frontal- und den basalen und lateralen Temporallappen (Levin et al., 1985).

Ebenfalls vereinfachend führen Beschleunigungen, vor allem rotationale (Gennarelli, 1993), zum Auftreten regionaler Scherkräfte im Hemisphärenmark, insbesondere in Zonen physikalischer Inhomogenität im Gehirn, z.B. der Mark-Rindengrenze, und ausgespannter Faserzüge (z.B. Corpus callosum, Fornix, lange Projektionsbahnen). Pathologisches Korrelat der Schädigung ist eine „diffuse axonale Schädigung" (diffuse axonal injury (DAI) vergleiche Povlishock & Christman (1995) und Maxwell et al. (1997) für Übersichten). Zwar scheint ein Teil der Axonschädigung bereits initial zu entstehen, der grössere Anteil entwickelt sich jedoch im Rahmen sekundärer Prozesse, wie anhaltender Depolarisation, einem verminderten axonalen Transport, Schädigungen des Zytoskeletts und Aktivierung von Apopto-

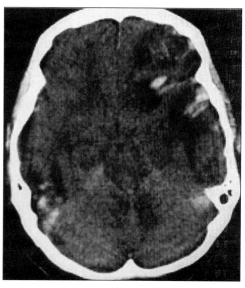

Abb. 1. Ausgedehnte links frontale und bitemporale Kontusionen

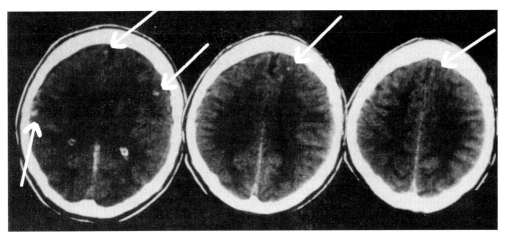

Abb. 2. DAI mit kleinen punktförmigen Einblutungen an der Mark-Rindengrenze

segenen (Genarelli, 1993). Diese Schädigung hat im CT (s. Abb. 2) nur diskrete und häufig indirekte Korrelate – multiple kleine Einblutungen ins Marklager, vor allem an der Mark-Rinden-Grenze, intraventrikuläre und subarachnoidale Blutungen oder ein diffuses Hirnödem.

Katz und Alexander (1994) werteten die Konstellation eines unauffälligen CTs in Verbindung mit einer gravierenden Klinik als hinweisend für das Vorliegen einer DAI. Nach unserer Erfahrung ist diese Position akzeptabel, sofern nur ein einzelnes CT aus der Akutphase wenige Stunden nach Trauma vorliegt, während sich aus CTs im Verlauf der ersten Tage und Wochen nach SHT positive Hinweise für das Vorliegen einer DAI im Sinne multipler kleiner Läsionen oder eines transienten Ödems finden lassen. Multiple kleine Läsionen im Marklager und an der Mark-Rindengrenze als Korrelat der DAI lassen sich im MR wesentlich besser als im CT darstellen (Gentry et al., 1988), wobei jedoch aus praktischen Gründen (24h-Verfügbarkeit, Untersuchungsaufwand bei intensivbehandlungspflichtigen Patienten) das CT noch auf Jahre die Standardmethode der zerebralen Bildgebung bei SHT bleiben dürfte. Bedeutung für den Nachweis einer DAI dürfte dem MR auch in der Diagnostik leichterer SHT zukommen, nachdem Mittl et al. (1994) bei 30% ihrer Patienten mit leichtem SHT vom Grade der

Commotio und unauffälligem CT im MR Zeichen der DAI fanden und diese mit dem klinischen „Postcommotionssyndrom" in Beziehung setzten. Mittels PET können möglicherweise sogar Patienten nach leichtem SHT identifiziert werden, die langanhaltende neuropsychologische Defizite trotz unauffälligem CT und MR aufweisen (Ruff et al., 1994), hier ist die Diskussion der Validität der Befunde jedoch noch nicht abgeschlossen (Problem der Darstellung rein funktionaler Störungen im PET). Hinsichtlich der neuropsychologischen Defizite, die aus der DAI resultieren erscheint bedeutsam, dass auch die DAI vorwiegend den Frontal- und Temporallappen betrifft (Gentry et al., 1988).

Vor allem bei jüngeren Patienten und Kindern entwickelt sich innerhalb von Stunden nach SHT ein umschriebenes (bei ausgedehnten Contusionen) oder diffuses (bei DAI) Hirnödem, das zu einem intrakraniellen Druckanstieg führt. Das Auftreten eines posttraumatischen Hirndruckanstiegs ist prognostisch ungünstig, in welchem Umfang jedoch die Drucksteigerung als solche im Vergleich zu anderen möglichen Ursachen (ibs. DAI) an der verbleibenden Behinderung beteiligt ist, ist noch unklar. Lediglich für Hirndruckspitzen, die die zerebrale Perfusion beeinträchtigen, also dem diastolischen Blutdruck nahekommen, ist ein eigenständiger Schädigungsmechanismus naheliegend.

Schließlich kann das SHT durch traumatische Gefäßschädigungen zu intrakraniellen Blutungen führen. Von diesen ist das Epiduralhämatom unmittelbar lebensbedrohlich. Da seine Pathogenese (meist Einriss einer Hirnhautarterie) jedoch nicht mit der Schwere der Hirnschädigung korreliert, ist seine Prognose hinsichtlich verbleibender Behinderungen bei rascher neurochirurgischer Versorgung günstig. Ähnliches gilt für das traumatische Subduralhämatom, das aus dem Einriss subduraler Venen entsteht. Die übrigen traumatischen Blutungen (traumatische Subarachnoidalblutung, intrazerebrale, intraventrikuläre Blutung) weisen hingegen auf eine schwerere Hirnverletzung hin, wobei die traumatische SAB möglicherweise ein Korrelat der DAI darstellt (Katz & Alexander, 1994).

Neuropsychologische Defizite

Aus den Ausführungen über Schädigungsmechanismen ergibt sich, dass sowohl die umschriebene kontusionelle Schädigung als auch die DAI vorwiegend Frontal- und Temporallappen betreffen. Bei sehr schwerer Gewalteinwirkung treten Schädigungen von Mittelhirn- und Hirnstammstrukturen hinzu, die wesentliche pathoanatomische Korrelate für die psychomotorische Verlangsamung, Tetraspastik, Ataxie und Hypokinese bei Patienten mit schweren posttraumatischen Folgezuständen darstellen. Die ebenfalls bei Patienten nach schweren Traumata häufigen Gedächtnisstörungen scheinen mit Schädigungen der – ebenfalls mittelliniennahen – Fornixfasern korreliert zu sein (Gale et al., 1995).

Das Konzept der DAI erklärt, warum „frontalhirnassoziierte Defizite" bei Patienten mit gedeckten (nicht mit Eröffung der Dura einhergehenden) SHT überaus häufig sind, auch wenn Frontalhirncontusionen nur in einem Teil der Fälle in CT oder MR dargestellt werden können. So fanden Stuss et al. (1985) bei SHT-Patienten vermehrte Interferenzanfälligkeit ohne Bezug zu Läsionen im CT und Levin et al. (1991) Defizite im Wisconsin Card Sorting, im Tower of London, in der Wortflüssigkeit und im Mosaik-Test sowohl bei Patienten

mit als auch bei solchen ohne frontale Kontusion. Auch frontalhirnassoziierte Verhaltensauffälligkeiten fanden sich bei SHT-Patienten ohne im CT nachweisbare Frontalhirnläsionen (Levin et al., 1987).

Nach Mazaux et al. (1997) tragen vor allem Ermüdbarkeit, motorische Verlangsamung, Gedächtnisdefizite und Störungen exekutiver Funktionen zum Outcome hinsichtlich Hilfsbedürftigkeit und Defiziten sozialer Funktionen nach SHT bei. Es liegt daher nahe, in die neuropsychologische Diagnostik vor allem Aufmerksamkeits-, Gedächtnis- und exekutive Funktionen einzubeziehen. Die Aufmerksamkeitsstörungen können erhebliche intraindividuelle Fluktuationen aufweisen (Bleiberg et al., 1997), daher sollten Untersuchungen der Aufmerksamkeitsfunktionen mehrfach wiederholt werden. Zusätzlich sollten Verhaltensauffälligkeiten erfasst werden (Levin et al., 1987), die sich auf die soziale Reintegration besonders störend auswirken können.

Es gibt bislang keine systematischen Untersuchungen der Bedeutung früh (in den ersten Wochen nach Trauma) erhobener neuropsychologischer Befunde auf den langfristigen kognitiven Outcome. Gut belegt ist hingegen der prädiktive Wert von Komadauer, Amnesiedauer, initialer Schwere des neurologischen Defizits sowie des Vorhandenseins von Hirnstammsymptomen (gestörte Pupillenreaktion, Augenbewegungsstörungen), ausserdem von Alter und Bildungsniveau auf den neuropsychologischen Outcome, während dem Vorliegen einer Hemiparese allenfalls geringe Bedeutung zukommt (Levin, 1995). Ein Großteil der Outcome-Varianz bei leichten bis mittelschweren Schädelhirntraumen (Komadauer unter 24 Studen) wird durch diese Parameter jedoch nicht abgedeckt. Auch den Befunden bildgebender und neurophysiologischer Untersuchungen kommt nach der bisherigen Literatur nur begrenzter (auf Teilkollektive beschränkter) prädiktiver Wert zu, während die Untersuchung von neuronalen und Gliaproteinen im Blut möglicherweise eine einfach durchzuführende frühe Prognosestellung erlaubt (Herrmann et al., 1999).

In einer bislang unpublizierten Untersuchung haben wir 60 Patienten mit SHT 8 bis 21

Tage nach Trauma und nach 6 Monaten neuropsychologisch untersucht. Die Forderung nach neuropsychologischer Untersuchbarkeit innerhalb der ersten 3 Wochen nach SHT führte zum Ausschluss von Patienten mit schwerem Trauma.

Beim ersten Untersuchungszeitpunkt fanden sich signifikante Beziehungen zwischen dem Glasgow Coma Score am Unfallort und psychomotorischer Geschwindigkeit, Gedächtnisleistungen, Interferenzanfälligkeit und Verhaltensauffälligkeiten, erfasst z.B. mit der Neurobehavioral Rating Scale (NBRS, Levin et al., 1987). Das Vorliegen von Symptomen einer DAI in bildgebenden Untersuchungen war mit einem deutlich niedrigeren initialen GCS sowie mit Defiziten vor allem exekutiver Funktionen sowie vermehrter Interferenzanfälligkeit (Go/NoGo, Stroop) assoziiert, signifikante Defizite in den Verhaltensskalen fanden sich hingegen nicht. Bei Patienten mit frontalen Kontusionen standen hingegen Verhaltensauffälligkeiten im NBRS im Vordergrund, daneben fanden sich Defizite in Tests zur Konzeptbildung (nonverbale Konzeptbildung nach Kramer (1977), Gemeinsamkeiten Finden, Wortflüssigkeit nach semantischem Kriterium). Die Auswirkungen fokaler Läsionen ausserhalb des Frontalhirns konnten wegen zu geringer Gruppenbesetzung nicht analysiert werden.

Zum 6-Monatszeitpunkt fanden sich weiterhin signifikante Beziehungen zwischen initialem GCS und Gedächtnisleistungen (CVLT), Konzeptbildung und Verhaltenssauffälligkeiten (NBRS). Das Vorliegen von Zeichen einer DAI in der Bildgebung korrelierte lediglich noch mit verlängerten Reaktionszeiten unter Interferenzbedingungen. Patienten mit frontalen Kontusionen wiesen auch nach 6 Monaten noch Defizite im NBRS auf.

Unsere vorläufigen Ergebnisse legen nahe, dass die neuropsychologischen Defizite nach leichtem bis mittelschwerem SHT in der Postakutphase (ca. 2 Wochen nach Trauma) überwiegend durch die Folgen der DAI determiniert sind, langfristig jedoch Verhaltensauffälligkeiten als Folge fokaler, ibs. frontaler Läsionen in den Vordergrund treten. Eine neurobiologische Erklärung dafür liefert die

Theorie von Povlishock und Christman (1995), dass die Deafferentierung bei mäßiggradiger DAI durch neuroplastische Reorganisation kompensiert wird. Bei schwerer DAI soll es nach diesen Autoren hingegen zu maladaptiver Reorganisation kommen, wofür bislang jedoch klinische Belege ausstehen.

Neuropsychologische Therapieansätze

Die neurochirurgische Literatur verwendet für den weiteren Verlauf nach SHT meist die Glasgow Outcome Scale (Jennett & Bond, 1975) (s. Tabelle 2), in der die Mehrzahl überlebender Patienten meist eine „gute" Restitution aufweist, wobei gute Erholung als Selbständigkeit im häuslichen Alltag definiert wird. In einer konsekutiven Serie von Patienten, die nach SHT länger als 2 Tage stationär behandelt wurden, fanden Dombovsky und Olek (1996), dass 60 % nach einem halben Jahr nicht in einem Beschäftigungsverhältnis standen und 1/3 nach 6 Monaten kognitiv beeinträchtigt waren, während die motorische Behinderung nur eine untergeordnete Rolle spielte. Der neuropsychologischen Rehabilitation kommt somit nach SHT eine herausragende Bedeutung zu.

Es stellt sich die Frage, für welche neuropsychologischen Behandlungsansätze bei Patienten nach SHT Wirksamkeit belegt ist. Mazaux und Richer (1998) weisen darauf hin, dass die Rehabilitation nach SHT sich in mehrfacher Hinsicht von der neurologischen Rehabilitation bei anderen ZNS-Erkrankungen unterscheidet. Die Folgen des SHT betreffen die physische, kognitive, soziale, Persönlichkeits-

Tabelle 2. Glasgow Outcome Scale (Jennett & Bond, 1975).

Patient verstorben	1
persistierender vegetativer Status	2
schwer behindert (zur Bewältigung des täglichen Lebens auf ständige fremde Hilfe angewiesen	3
mäßig behindert	4
keine/minimale Behinderung	5

und Verhaltensebene, wobei die Störungen interagieren. Eine valide Prognose kann zunächst nicht gestellt werden. Die Arbeitsgruppe Neurologische Rehabilitation des Verbandes Deutscher Rentenversicherungsträger (ANR, 1994) unterscheidet folgende Phasen der neurologischen Rehabilitation nach SHT:

A) Akutbehandlungsphase

B) Behandlungs-/Rehabilitationsphase, in der noch intensivmedizinische Behandlungsmöglichkeiten vorgehalten werden müssen

C) Behandlungs-/Rehabilitationsphase, in der die Patienten bereits in der Therapie mitarbeiten können, jedoch weiterhin medizinischer und hoher pflegerischer Aufwand besteht

D) Rehabilitationsphase nach Ablauf der Frühmobilisation

E) Nachgehende Rehabilitationsleistungen und berufliche Rehabilitation

F) Unterstützende, betreuende und/oder zustandserhaltende Massnahmen

Das Defizitprofil von Patienten in Phase C und danach ist gekennzeichet durch psychomotorische Verlangsamung, Aufmerksamkeits-, Gedächtnis- und exekutive Defizite, emotional-affektive Störungen sowie Störungen der Defizitwahrnehmung und Selbstkritik (z.B. Kreutzer et al., 1993, Prigatano & Altman, 1990). Diese Defizite bestimmen mittel- und langfristig den psychosozialen Outcome.

Mazaux und Richer (1998) unterscheiden restorative und kompensatorische Behandlungsansätze. Restorative Ansätze zielen auf eine Wiederherstellung gestörter Funktionen in Annäherung auf das prämorbide Niveau ab, setzen also auf der Impairment-Ebene an. Sie sind vor allem bei annähernd isolierten Störungen kognitiver Funktionen wirksam. Neben dem Sonderfall der posttraumatischen Aphasie werden positive Behandlungsergebnisse vor allem bei Aufmerksamkeitsstörungen (Sohlberg & Mateer, 1987; Gray et al., 1992, s. Kapitel 4.1) sowie bei psychomotorischer Verlangsamung (Tromp & Mulder, 1991) berichtet. In der Literatur finden sich Hinweise, dass frontal-exekutive Störungen nach SHT durch neuropsychologische Intervention (Prigatano et al., 1984; Burgess & Alderman,

1990), aber auch durch die Gabe von Dopaminergika (McDowell et al., 1998) positiv beeinflusst werden können. Eine verbesserte Kontrolle des Sozialverhaltens konnte durch verhaltenstherapeutisch orientierte Behandlungsprogramme erzielt werden (Alderman & Burgess, 1990; Hopewell et al., 1990).

Kompensatorische Strategien zielen auf Fertigkeiten und Copingstrategien, die dem Patienten eine Teilnahme am Alltagsleben trotz weiterhin bestehender kognitiver und emotional-affektiver Defizite erlauben (Mazaux & Richer, 1998). Hier werden z.B. in der Tradition Lurias kognitive Zwischenschritte, Umwegstrategien (z.B. prozedurales Training zum Einsatz von Gedächtnishilfen) und externe Hilfen zur Kompensation (z.B. Terminplaner) eingesetzt. Auch für die Anwendung kompensatorischer Ansätze ist die differenzierte neuropsychologische Analyse hinsichtlich leistungskritischer kognitiver, emotional-affektiver und Verhaltensdefizite unabdingbare Voraussetzung. Zusätzlich sind psychosoziale Rahmenbedingungen bei der Therapieplanung zu berücksichtigen. Der kompensatorische Ansatz, der nicht auf die weitgehende Behebung vorhandener Defizite setzt, muss in der Regel auch Affektivität, Persönlichkeitsänderungen und psychosoziale Belastungen von Patienten und Angehörigen sowie am Arbeitsplatz berücksichtigen. Auch hier ist unseres Erachtens zunächst kompetente neuropsychologische Diagnostik gefordert, wobei geeignete Instrumente noch zu entwickeln und zu evaluieren wären.

Die aktuelle Entwicklung geht zu unserer Besorgnis jedoch in eine andere Richtung. Grundsätzlich begrüssen wir die Entwicklung holistischer Therapieprogramme insbesondere für Patienten nach SHT, bei denen in der Regel Störungen auf einer Vielzahl von Ebenen (Kognitiv, kommunikativ, emotional-affektiv, Persönlichkeit, psychosozial) vorliegen und bei denen aufgrund ihres meist jüngeren Alters soziale/berufliche/familiäre Unterstützungsstrukturen nicht gefestigt sind. Wir bezweifeln jedoch, dass die Anwendung von Gruppentherapieprogrammen ohne differenzierte neuropsychologische Diagnostik einer auf die individuellen Bedürfnisse zugeschnittenen, modular auf der

Grundlage von Gruppen- und Einzelbehandlung organisierten Therapie überlegen ist. Aus methodischen und ökonomischen Gründen wurden bislang nur holistische Programme ohne differenzierte Diagnostik evaluiert, Erfolge wurden auf den Ebenen emotionaler Belastung sowie des sozialen und beruflichen Outcomes belegt (Prigatano et al., 1994; Mazaux & Richer, 1998). Hier ist die „Klinische Neuropsychologie" gefordert, die Effektstärke diagnostikbasierter Therapie zu belegen. Die Anwendung psychometrischer Verfahren allein ist zur Evaluation des Rehabilitationserfolges wenig geeignet (Teasdale et al., 1997).

Begleitstörungen

Patienten nach schwerem SHT mit prolongiertem Koma und/oder nach apallischem Syndrom weisen häufig ein charakteristisches Störungsmuster mit psychomotorischer Verlangsamung, Gedächtnisstörung, exekutiven Störungen, Ataxie, Akinese und Tetraspastik auf. Die Begleitsymptome erschweren die differenzierte neuropsychologische Diagnostik erheblich.

Depressionen und Angststörungen nach SHT scheinen häufig zu sein, systematische Studien fehlen allerdings. In der Literatur werden Inzidenzraten von 10-77% angegeben, wobei die Stichproben meist unzureichend charakterisiert sind (Rosenthal et al., 1998) und die Abgrenzung von nicht depressionsbedingten neuropsychologischen Defiziten oft unklar bleibt. Eine neuere Untersuchung von Satz et al.(1998) gibt für Patienten mit einem GCS von unter 13 bei Aufnahme die Häufigkeit von manifesten Depressionen nach 6 Monaten mit 18-31% (je nach Messinstrument) an. Die Autoren fanden keinen Zusammenhang zwischen dem Vorliegen einer Depression und neuropsychologischen Parametern. Depressionen sollen auch nach leichtem SHT (Bewusstlosigkeit unter 15 Minuten) auftreten (Alexander, 1992). Ein Zusammenhang mit der Läsionslokalisation scheint nur in den ersten Wochen nach Trauma zu bestehen (Jorge et al., 1993). Das Vorliegen einer manifesten Depression ist mit einem signifikant schlechteren funktionalen Outcome assoziiert. Die Ergebnisse einer antidepressiven Medikation werden in der Literatur unterschiedlich beurteilt. Hier besteht weiterer Forschungsbedarf an gut charakterisierten Patienten-Stichproben und mit Instrumenten, die eine Abgrenzung depressiver von nichtdepressiven neuropsychologischen Defiziten ermöglichen.

6 Entwicklungsneuropsychologie

6.1 Neuropsychologie des Kindes- und Jugendalters

Peter Melchers & Gerd Lehmkuhl

Zusammenfassung

Im vorliegenden Kapitel zur Neuropsychologie des Kindes- und Jugendalters wird zunächst der in allen Zusammenhängen bedeutsame Entwicklungsaspekt hervorgehoben. Dieser erfordert die Berücksichtigung inter- und intraindividueller Variabilität der unfertigen Entwicklung im diagnostischen und therapeutischen Zugang zum Kind oder Jugendlichen als Patienten der Klinischen Neuropsychologie. Entwicklung stellt sich als vielschichtiger und oft sehr differenziert zu erfassender Prozess dar, was am interdependenten Zusammenhang neuroanatomischer, neurophysiologischer und neuropsychologischer Aspekte veranschaulicht werden soll. In Abgrenzung zur „normalen" Entwicklung gehören hierzu auch die pathologische Entwicklung und Störung zerebraler Funktionen, die speziellen, morphologisch fassbaren Formen abweichender Hirnentwicklung sowie die möglicherweise sehr spezifischen, häufiger aber unspezifischen Schädigungen dieser Entwicklung, z.B. durch Schädel-Hirn-Traumen oder Substanzmissbrauch.

Störungsspezifische Abschnitte dieses Kapitels befassen sich mit Sprachentwicklungsstörungen, Störungen des Fertigkeitenerwerbs und neuropsychologischen Befunden bei psychiatrischen Störungsbildern. Zur neuropsychologischen Diagnostik bei Kindern und Jugendlichen werden einerseits spezifische und theoriegeleitete Konzepte und andererseits Vorgehensweisen mit eher pragmatischer Orientierung besprochen.

Im Bereich neuropsychologischer Therapie nehmen die Modelle neurokognitiver Interventionsstrategien und die Rehabilitation nach Schädel-Hirn-Traumen breiteren Raum ein, während spezielle Methoden, die zur Anwendung bei Kindern und Jugendlichen oft adaptiert werden können, z.T. in diesem Kapitel und eingehender in den Ausführungen zu bestimmten Interventionen bei Erwachsenen beschrieben sind.

Vorbemerkung

Cecil Reynolds formulierte den Satz, das Wichtige und Schwierige an der Neuropsychologie des Kindes- und Jugendalters sei, dass sie Kenntnisse und Möglichkeiten zur Intervention bei den „sich bewegenden Zielobjekten erarbeiten müsse, die wir Kinder nennen". Sicherlich darf der Entwicklungsaspekt bei allen psychologischen und psychomedizinischen Disziplinen über die gesamte Lebensspanne des Menschen hinweg nicht vernachlässigt werden, aber in keinem anderen Lebensabschnitt sind Entwicklungstempo und Entwicklungsdynamik – und damit die Gefahr verpasster Entwicklungschancen – so groß wie in Kindheit und Jugend, auch wenn von der Konzeption bis zur Adoleszenz ein extremes Abbremsen dieser Entwicklungsgeschwindigkeit festzustellen ist. Innerhalb des Raumes, den die Neuropsychologie des Kindes- und Jugendalters in diesem Lehrbuch einnehmen kann, wird es nicht möglich sein, sie in allen Facetten darzustellen. Daher soll besonderes

Gewicht auf klinische und Entwicklungsaspekte gelegt werden, während bestimmte,
spezifische Störungsbilder und Therapieverfahren, die auch im Erwachsenenalter relevant
sind, in anderen Beiträgen eingehender beschrieben werden.

Mit der Einführung der Computertomographie und der Kernspintomographie in die
klinische Medizin hat sich auch die Aufgabe
neuropsychologischer Untersuchungen ge-
wandelt: Anstelle der früher häufig vordring-
lichen Frage nach der „organischen Bedingtheit" von Auffälligkeiten ist heute die
differenzierende und umfassende Untersuchung kognitiver Fähigkeiten im Kontext
emotionaler und situativer Bedingungen in
den Vordergrund getreten. Diese grundsätzlich
Integration und interdisziplinären Austausch
erfordernde Aufgabe ist im Bereich des Kin-
des- und Jugendalters noch facettenreicher,
müssen hier doch auch entwicklungsneurologische, entwicklungsphysiologische sowie
entwicklungspsychologische und -psychopa-
thologische Bedingungen eines sich möglicherweise rasch verändernden „Zielobjekts"
mit berücksichtigt werden.

Die Entwicklung von Gehirn und Verhalten

Die Entwicklungspsychologie lehrt, dass das
Kind mehr und vor allem etwas anderes ist als
ein kleiner Erwachsener. Ergebnisse der Neuropsychologie belegen, dass die Funktionen
des in Entwicklung befindlichen kindlichen
Gehirns nicht denen des adulten Gehirns auf
einer unreifen Entwicklungsstufe entsprechen, sondern qualitativ und topographisch
unterschiedlich organisiert sind. Zwei Beispiele sollen dies verdeutlichen. Jugendliche
Rhesus-Affen mit einer Frontalhirnläsion in
ihrer frühen postnatalen Entwicklung können
Reaktionen ausführen, die nach einer entsprechenden Läsion im adulten Alter nicht möglich sind, aber sie verlieren diese Fähigkeit im
Verlauf ihrer weiteren Reifung. Diese Befunde von Goldman (1974) können vermutlich
darauf zurückgeführt werden, dass das betreffende Reaktionsverhalten ursprünglich
nicht vom frontalen Kortex, sondern vom

Striatum kontrolliert wird. Im natürlichen
Entwicklungsverlauf wird diese Funktion irgendwann vom frontalen Kortex übernommen, während die ursprünglich verantwortliche Struktur andere Aufgaben übernimmt. Da
dies beim Vorliegen einer frontalen Läsion
nicht gelingt, geht die ursprünglich vorhandene Fähigkeit verloren. Daraus kann abgeleitet
werden, dass funktional-topographische Zuordnungen, die für ein bestimmtes Alter gelten, in anderen Entwicklungsabschnitten völlig unzutreffend sein können. Auch die
Gegenüberstellung reifes vs. unreifes Gehirn
ist eine unzulässige Verkürzung, da es sicherlich mehr als ein Stadium oder eine Funk-
tionsform des unreifen Gehirns gibt.

Die Plastizität des sich entwickelnden Gehirns ist ursächlich für die häufige Feststellung, dass im Kindesalter erworbene Hirnschädigungen zu völlig anderen Verhaltens-
auswirkungen führen können als identisch lokalisierte Läsionen des adulten Gehirns, da
die frühe Schädigung auch zu grundlegenden
Veränderungen der zerebralen Organisation
geführt hat. Eine Läsion der in der Regel
links-hemisphärisch lokalisierten Sprachzo-
nen im Säuglingsalter kann zu einer Entwicklung von Sprachfunktionen in der rechten Hemisphäre führen. Eine ähnlich lokalisierte
Läsion im Alter von 5 Jahren kann zu einer
räumlichen Verlagerung der Sprachareale innerhalb der linken Hemisphäre führen. In beiden Fällen belegen die Sprachfunktionen dann
Kortexfelder, die im Fall unbeeinträchtigter
Entwicklung andere Funktionen ausführen,
wodurch sich eine dauerhafte Funktionsbeeinträchtigung beispielsweise in der räumlichen
Orientierung bemerkbar machen kann, obwohl die Läsion in dem normalerweise
sprachlichen Funktionen dienenden Kortex-
feld lag. Topographisch identische Läsionen
können also (unter anderem) altersabhängig
zu völlig unterschiedlichen Defiziten führen.
Diese Variation möglicher Folgen einer Läsion zeigt sich beim Erwachsenen in ungleich
geringerem Ausmaß.

Neuroanatomische und neurophysiologische Aspekte der Entwicklung

Die Entwicklung der verschiedenen „Bauteile" des Nervensystems kann in vier unterscheidbare Phasen gegliedert werden:

1. Neurogenese – Bildung von Neuronen durch Zellteilung
2. Migration – Wanderung der Neurone zu einer bestimmten Lokalisation
3. Differenzierung und Reifung – Weiterentwicklung der gebildeten Neurone zu verschiedenen Arten sowie dadurch bedingte Ausbildung und Reifung von Verbindungen (Dendriten, Axone und Synapsen)
4. Zelltod und Synapsenreduktion

In der typischen Neurogenese der Säugetiere bildet sich zunächst ein Neuralrohr um einen einzelnen Ventrikel. An dessen Wand findet die Teilung der Zellen statt, die dann zu ihrem Bestimmungsort wandern. Während die Zellproliferation bis etwa zur 20. Schwangerschaftswoche abgeschlossen ist, dauert die Migration wesentlich länger, wahrscheinlich bis in die postnatale Entwicklung, und führt schließlich zur Ausformung der typischen Zellarchitektur des Kortex sowie der für den Menschen charakteristischen Hirnmorphologie. (Zur strukturellen und funktionellen Neuroanatomie sei auf Kap 1.2 verwiesen.) Der zeitliche Ablauf von Zellteilung und -migration ist für verschiedene Regionen und Zellagen unterschiedlich. Zu jedem Zeitpunkt der Kortexentwicklung sind die an der Ventrikelwand gebildeten Zellen für verschiedene Regionen und Schichten bestimmt, wodurch sich toxische Einflüsse (Alkohol, bestimmte Drogen und Pharmaka) in Abhängigkeit vom Zeitpunkt nicht generalisiert, sondern unterschiedlich auf verschiedene Bereiche und Zellschichten auswirken. Weiter wandern unterschiedliche Zellarten zu verschiedenen Zeitpunkten in die gleichen Schichten des Kortex ein, wodurch toxische und andere Schädigungen die Entwicklung einer bestimmten Zellpopulation in einem bestimmten Gebiet der Zytoarchitektur schädigen können. Während die Dicke des Kortex zunimmt und die charakteristischen Furchen (Sulci) ausgebildet werden, wandern

die Neurone entlang bestimmter spezialisierter Gliafasern und bilden dabei die Axone, die später als funktionale Verbindung zu subkortikalen oder anderen kortikalen Regionen dienen bzw. als Kommissurenbahnen (z.B. das Corpus callosum) die Mittellinie kreuzen und den interhemisphärischen Informationsaustausch gewährleisten. Im Gegensatz zum Axon beginnt die Ausbildung des Dendriten als afferente Seite des Neurons in der Regel erst, wenn das Neuron seine endgültige Position im Kortex erreicht hat. Beim Menschen beginnt die Ausbildung der Dendriten pränatal, setzt sich aber über lange Zeit postnatal fort und unterliegt nicht nur einem Einfluss der Geschlechtshormone, sondern auch und in hohem Maße dem Einfluss umweltabhängiger Stimulation. Der Einfluss dieses Aspektes auf die Entwicklung des Kindes kann kaum überschätzt werden und bedeutet letztlich eine Schnittstelle zwischen biologischen und psychosozialen Entwicklungsfaktoren. Die Beeinflussung der Dendritenentwicklung durch die Geschlechtshormone setzt sich bis ins Erwachsenenalter fort, führt zur Ausbildung typisch weiblicher respektive männlicher zerebraler Strukturen und spielt möglicherweise eine bedeutsame Rolle bei Entwicklungsprozessen im höheren Lebensalter.

Synapsen bilden sich in aller Regel vom Axon eines Neurons zu einem Dendriten, dem Zellkörper oder dem Axon eines anderen Neurons oder zu einer bereits vorhandenen anderen Synapse. Synapsenbildung ist etwa ab dem 5. Lunarmonat feststellbar, also deutlich vor Ende der Neurogenese. Postnatal steigt die Synapsenbildung mit der massiven Ausbildung von Dendriten an, aber in den verschiedenen Kortexbereichen wiederum in sehr unterschiedlichem Ausmaß. Im visuellen Kortex findet zwischen dem 2. und 4. Lebensmonat eine Verdopplung der Synapsendichte statt, das Maximum wird mit etwa einem Jahr erreicht. Danach beginnt der Abbau von Synapsen hin zum adulten Niveau, das mit etwa 11 Jahren erreicht wird. Dagegen wird im Frontallappen des Kortex die maximale Dichte ebenfalls mit einem Jahr erreicht, diese ist aber doppelt so hoch wie im visuellen Kortex, der Abbau beginnt erst mit 5 bis 7 Jahren und erreicht erst im Alter von 16 Jahren adultes Niveau. Rakic (1976) schätzte, dass in „Spitzenzeiten" der Synapsenreduktion ein Abbau von etwa 100.000 Synapsen pro Sekunde stattfindet, was auch andere Autoren als neuroanatomisches Korrelat der schnellen Verhaltensänderungen und Entwicklungssprünge im Kindesalter gesehen haben. Hinsichtlich des Zusammenhangs von Synapsendichte und zerebralen Funktionsaspekten besteht kein klares Bild. Generell wurde angenommen, dass größere Synapsendichte wegen der höheren Zahl von möglichen neuronalen „Schaltungen" und somit Reaktionsmöglichkeiten mit einer größeren funktionalen Kapazität einhergehe. Dieser Annahme widerspricht die Parallelität von kognitivem Leistungszuwachs und Synapsenreduktion im Entwicklungsverlauf ebenso, wie vorliegende Befunde zu hoher Synapsendichte bei Menschen mit geistiger Behinderung. Möglicherweise ist also in dem Prozess der Synapsenreduktion eine qualitative Weiterentwicklung funktionaler Aspekte zu sehen.

Im Entwicklungsverlauf kommt es aber nicht nur zur Synapsenreduktion, sondern auch zum Absterben von zuvor in höherer Zahl gebildeten Neuronen. In der Steuerung beider Prozesse sind vermutlich ähnliche Faktoren bedeutsam, dazu gehören neben der genetischen Programmierung auch Einflüsse durch Geschlechtshormone und die Umwelt, wie z.B. „Stress". Für den Zusammenhang von Gehirn und Verhalten ist die mögliche Einflussnahme durch psychologische Wirkfaktoren aus der Umwelt besonders interessant, impliziert sie doch die unzweifelhafte biologische Persistenz wenigstens einiger Anteile frühkindlicher Erfahrungen.

Unter Myelinisierung wird das Überziehen des Axons mit einer Myelinscheide verstanden. Dabei handelt es sich um eine Funktion spezialisierter Gliazellen, die zu einer Isolation der Nervenfaser führt, durch die u.a. eine höhere Nervenleitgeschwindigkeit erreicht wird. Die früher im Vordergrund stehende Sicht, dass das Neuron adultes Funktionsniveau erst nach vollständiger Myelinisierung erreicht, ist stark vereinfachend, aber dennoch ein guter Orientierungspunkt für die zerebrale Reifung. Die Myelinisierung beginnt erst nach

dem Abschluss von Neurogenese und Migration und endet in den zeitlich letzten Bereichen, z.B. in den frontalen und parietalen Assoziationsarealen, erst mit etwa 15 Jahren.

Neurotransmitter sind der wichtigste Weg zur Informationsübertragung zwischen Neuronen, was in Kapitel 1.3 ausführlich dargestellt ist. Über die Entwicklung des Neurotransmittersystems im menschlichen Neokortex ist bislang wenig bekannt, die vorliegenden Befunde weisen auf große Unterschiede in den verschiedenen Kortexbereichen hin. Relativ am besten erforscht ist die Entwicklung der katecholaminergen Systeme (vgl. Kap. 1.2 und 1.3), die eine große Parallelität zur Funktionsentwicklung im präfrontalen Kortex über die ersten zwei bis drei Lebensjahre aufweisen. Es ist davon auszugehen, dass Katecholamine wesentlichen Einfluss auf die Aktivität im frontalen Kortex und verschiedene neuronale Entwicklungsprozesse haben. Neurogenese, Migration, Differenzierung und Reifung sowie Rückbildungsprozesse werden durch ein komplexes und in wesentlichen Anteilen unbekanntes System von Wachstumsfaktoren, Hormonen und anderen Proteinen, die z.B. als „Botenstoffe" Neuronen bei der Migration den Weg weisen, gesteuert. Es ist davon auszugehen, dass in diesem komplexen Steuerungssystem auch die pathophysiologische Grundlage zerebraler Entwicklungsstörungen zu suchen ist, die in der Folge verschiedener Stoffwechselstörungen auftreten.

Die postnatale Massenzunahme des Gehirns erfolgt nicht kontinuierlich, sondern in Wachstumsschüben. Die Proliferation von Neuronen und Gliazellen, die zum Zeitpunkt der Geburt zumindest ganz überwiegend abgeschlossen ist, ist nicht als Ursache der Massenzunahme anzusehen, sondern vermutlich die Ausbildung von Dendriten sowie die Myelinisierung der Axone. Die Annahme, dass die hierdurch bedingte Zunahme neuronaler Komplexität mit einer ebensolchen in den Verhaltensmöglichkeiten einhergeht, dürfte berechtigt sein und findet eine Teilbestätigung in der zeitlichen Parallelität von solchen zerebralen Wachstumsschüben mit den vier wesentlichen Stadien der Intelligenzentwicklung nach Piaget (1948).

Die Hirnentwicklung und ihre Verhaltenskorrelate: Motorik, Sprache, Hemisphärenspezialisation

Tabelle 1 gibt in einer Auswahl einen parallelen Überblick über verschiedene Entwicklungsbereiche: Soziale und sprachliche Funktionen, visuelle und motorische Funktionen, durchschnittliches Hirngewicht und Myelinisierungsgrad verschiedener zerebraler Strukturen (nach Kolb & Fantie, 1997).

Der Zusammenhang von Hirnentwicklung und davon abhängiger Verhaltenskorrelate kann am Beispiel der motorischen Entwicklung dargestellt werden. In der Regel erfolgt die Entwicklung von der Unfähigkeit zu eigenständiger Bewegung über das Krabbeln zum Laufen. Allerdings wird die „Krabbelphase" von vielen Kindern ausgelassen und stellt daher einen wenig geeigneten Entwicklungsindikator dar. Nicht alle motorischen Verhaltensmuster sind in der Entwicklung so gut beschrieben wie die des Greifens: Pränatal ist der Fötus nur zu Ganzkörperbewegungen in der Lage, aber bereits in der frühen postnatalen Phase können alle Gelenke eines Armes so bewegt werden, dass das Heranziehen von Gegenständen möglich wäre, wenngleich diese Bewegungen nicht eindeutig unabhängig von Ganzkörperbewegungen möglich sind. Zwischen dem ersten und dritten Lebensmonat ist das Ausrichten der Hand und Tasten/Greifen nach Gegenständen möglich, die die Hand berührten. Im 8. bis 11. Lebensmonat erfolgt die Entwicklung des Pinzettengriffs als höchst bedeutsames Entwicklungsmaß (Brandt, 1983), da damit präzise Greifbewegungen unter Augenkontrolle zur Manipulation kleiner Gegenstände möglich werden. Diese sukzessive Entwicklung bis hin zur unabhängigen Bewegung einzelner Finger kann u.a. in Parallelität zur Myelinisierung gesehen werden: Während die Myelinisierung der feinen motorischen Fasern zeitlich mit der Entwicklung von Tast- und Greifbewegungen mit der ganzen Hand einhergeht, erfolgt die Myelinisierung der Betz-Riesenzellen des motorischen Kortex etwa zur Zeit der Entwicklung des Pinzettengriffs. Tabelle 1 gibt weitere Beispiele für die zeitliche Parallelität von Myelinisierung und Entwicklung motorischer Verhaltensmuster, wobei die Bedeutung anderer paralleler struktureller Veränderungen, wie z.B. die Ausbildung der Dendritenbäume, nicht ausser Acht zu lassen ist.

Die sprachliche Entwicklung umfasst das konsekutive Auftreten neuer Funktionen innerhalb der ersten drei Lebensjahre. Die sprachliche Entwicklung hängt nicht nur von der Entwicklung adäquater Wahrnehmungsfähigkeiten ab (z.B. Identifizierung und Kategorisierung von Sprachlauten), sondern auch von der Entwicklung motorischer Funktionen, speziell der Kontrolle von Lippen- und Zungenmotilität, die zeitlich deutlich vor der Entwicklung der Handmotorik erfolgt. Die Befunde, dass eine deutlich verzögerte Sprachentwicklung nicht zwangsläufig später mit einer ungünstigen Entwicklung von Intelligenz und Funktionen der Ganzkörperkoordination einhergehen muss, dürften auf die individuell höchst variable Reifung der Temporal- und Frontallappen zurückzuführen sein. Trotz des unzweifelhaft sehr hohen Einflusses umweltabhängiger Stimulation auf die Sprachentwicklung dürfen zerebrale Reifungsprozesse gerade in Berücksichtigung der individuell hoch unterschiedlichen Wege des Spracherwerbs nicht ausser Acht gelassen werden. In Anbetracht der Komplexität zerebraler Steuerungsanteile sprachlicher Funktionen ist es allerdings schwierig, einzelne verantwortliche Reifungsprozesse ausfindig zu machen. In den sprachassoziierten Kortexarealen finden die umfassendsten postnatalen Veränderungen der Dendritenstruktur statt. Während diese zum Zeitpunkt der Geburt sehr einfach ist und eine langsame Entwicklung innerhalb der ersten 15 Lebensmonate zeigt, erfolgt zwischen dem 15. und 24. Lebensmonat eine massive Dichtezunahme, die somit mit den schnellen sprachlichen Entwicklungsfortschritten in diesem Lebensabschnitt einhergeht und deren neuroanatomisches Substrat darstellen dürfte. Dabei kann der bereits beschriebene Einfluss umweltabhängiger Stimulation auf die Entwicklung der Dendritenstruktur als Beeinflussung der Reifungsgeschwindigkeit innerhalb dieser Areale verstanden werden.

Die Annahme, dass Hemisphärenunterschiede anlagebedingt sind, wird durch Befun-

Tabelle 1. Postnatale Entwicklung über 5 Jahre

Alter	Grundlegende sozial-emotionale und sprachliche Funktionen	Visuelle und motorische Funktionen	Durchschnittliches Gehirngewicht in g	Myelinisierungsgrad → minimal ↘ gering ↗ mittel ↑ hoch
Geburt	Schreien bei Beschwerden und Hunger, differenzierbare Schreie am Ende des 1. Monats, sprachähnliche Laute meist beim Füttern. Wird beruhigt durch menschliche Stimme, reflexives Lächeln.	Reflexhaftes Saugen, Blinzeln; Moro-Reflexe, ungesteuertes Greifen, Blinzeln bei Licht.	350	Motorische Wurzeln ↑, sensorische ↗, Lemniscus medialis ↗, Pedunculus cerebellaris Sehbahn ↗, Sehstrahlung →
6 Wochen	Lächelt spontan mit Augenkontakt; Beruhigung durch menschliche Stimme und gehalten werden; schreit, um Hilfe/Aufmerksamkeit zu bekommen; lächelt beim Spiel mit anderen; gurrende Laute bei Zufriedenheit.	Streckt Hals und dreht Kopf in Bauchlage; reagiert auf Gesicht der Mutter; verfolgt Objekte visuell.	400	Sehbahn ↗, Sehstrahlung ↗, Pedunculus cerebellaris medialis ↓, Pyramidenbahn ↗
3 Monate	Unterscheidet Menschen, erkennt Mutter; selektives Lächeln; dreht Kopf zu Stimme; vokale Reaktion auf Sprache; Beginn der „Lallphase".	Willkürliche Modifikation des ungesteuerten Greifens und Saugens; kann Kopf länger hochhalten; dreht Kopf zu Objekten im visuellen Feld.	510	Sensorische Wurzeln ↑, Sehbahn und -strahlung ↑; Pyramidenbahn ↗, Pedunculus cerebellaris medialis ↗, Corpus callosum →, Formatio reticularis →
6 Monate	Lautes Lachen; lächelt Spiegelbild an; vermittelt Wohlbefinden/Unbehagen mit Prosodie; imitiert Geräusche/Laute anderer. Prosodische Imitation tritt lange vor artikulierter Sprache auf; bleibt primäre linguistische Aktivität durch das zweite Lebensjahr hindurch.	Greift mit beiden Händen; legt Gewicht in Bauchlage auf beide Hände und Unterarme; kann kurz sitzen; rollt von Supination in Pronation.	650	Lemniscus medialis ↑, Pedunculus cerebellaris superior ↗-medialis ↗, Pyramidenbahn ↗, Corpus callosum ↗, Formatio reticularis ↗, Hörstrahlung ↗
9 Monate	Winkt „auf Wiedersehen"; produziert unterscheidbare Intonationsmuster; Auftreten sozial bedeutungshaltiger Gesten.	Sitzt stabil, kann sich aufsetzen; Pinzettengriff; ggf. krabbeln.	750	Cingulum ↗, Fornix ↗
12 Monate	Wortschatz von ~10 Wörtern, der sich in den folgenden 6 Monaten verdoppelt. Beginn des Satzverständnisses.	Kann Objekte loslassen, gehen an einer Hand. Plantarbeugereflex bei 50% der Kinder.	925	Lemniscus medialis ↑, Pyramidenbahn ↑, Fornix ↑, Corpus callosum ↗, intrakortikales Neuropil →, Assoziationsfelder ↓, Hörstrahlung ↗
24 Monate	Vokabular bis zu 200-300 Wörtern, kann viele Alltagsobjekte benennen. Verbalisation ganz überwiegend in Einzelwörtern. Der Aufbau eines morphologisch-syntaktischen Systems dauert bis etwa zum 6. Lebensjahr.	Kann Treppen auf- und abwärts gehen, 2 Schritte pro Stufe. Beugt sich, um Dinge aufzuheben, ohne zu fallen. Kann sich teilweise anziehen und Türklinken bedienen. Plantarbeugereflex bei 100% der Kinder.	1050	Hörstrahlung ↑, Corpus callosum ↗, Assoziationsfelder ↗
36 Monate	Wortschatz 900-1000 Wörter, einfache Satzkonstruktionen aus 3-4 Wörtern. Kann zweischrittige Anweisungen ausführen.	Geht Treppen mit einem Schritt pro Stufe, Dreirad fahren. Kann sich bis auf Schnürriemen, Gürtel und Knöpfe vollständig anziehen.	1150	Pedunculus cerebellaris medialis ↑
60 Monate	Wortschatz 1500-2200 Wörter, verbalisiert Gefühle. Fortgeschrittene fein- und graphomotorische Entwicklung.	Kann hüpfen und springen, einfache geometrische Figuren kopieren und das Alter korrekt angeben.	1250	Formatio reticularis ↗, Corpus callosum ↑, intrakortikales Neuropil und Assoziationsfelder ↗

(nach Kolb & Fantie, 1997)

de zu pränatalen anatomischen Asymmetrien gestützt, die also entstanden sein müssen, bevor es zur Ausbildung von Verhaltensweisen gekommen sein kann. Dennoch ist der Nachweis der Übereinstimmung von funktionalen und anatomischen Asymmetrien schwierig. Zum einen sind die bei Erwachsenen in besonders hohem Ausmaß lateralisierten Funktionen bei Kindern nur sehr begrenzt zu erheben, was das Beispiel der Händigkeit verdeutlichen mag. Zum anderen sind solche korrelativen Übereinstimmungen auch beim Erwachsenen recht eingeschränkt. So ist die Sprachfunktion zwar bei etwa 99 % der Rechtshänder linkshemisphärisch zu lokalisieren, aber das linke Planum temporale, das als anatomisches Substrat von Sprachfunktionen angesehen wird, ist nur bei etwa 70 % der Rechtshänder größer als in der rechten Hemisphäre. Während Lateralisationsaspekte in Kapitel 1.4 dieses Buches umfassend dargestellt werden, soll hier nur kurz auf einige entwicklungsneuropsychologische Aspekte eingegangen werden. Zur Entstehung von Hemisphärenunterschieden existieren zwei alternative Hypothesen. Während die eine eine invariable und konstante Lateralisation annimmt, geht die andere davon aus, dass geistige Funktionen generell und sprachliche Funktionen im Besonderen in früheren Entwicklungsstufen kombinierte Leistungen beider Hemisphären sind, und sich die Lateralisation verbaler und sequentieller Funktionen zur linken Hemisphäre sowie die räumlicher, simultaner und emotionaler Funktionen zur rechten Hemisphäre erst im Verlauf der Entwicklung in der Kindheit ausbildet. Hieran anknüpfend lässt sich die häufig in den Vordergrund gerückte Frage stellen, ob topographische Anomalien lateralisierter Funktionen als Charakteristikum bestimmter Entwicklungsstörungen angesehen werden können, also ursächlich sind für die dann festzustellenden Verhaltensdefizite.

Die Ausgestaltung der Handpräferenz erfolgt bei regelhafter Entwicklung im Vorschulalter und bleibt dann unverändert, sofern nicht soziokulturelle Einflüsse oder Traumen auf einen Wechsel hinwirken. Dabei scheinen jedoch auch genetische Faktoren eine Rolle zu spielen. So sind schon beim Säugling Massen-

asymmetrien der Muskeln und Knochen zugunsten der rechten Seite festzustellen, die folglich nicht sekundäre Auswirkung von Funktionspräferenzen sein können. Nach der Entwicklung der Greiffunktion ist zunächst die Tendenz des Kleinkindes ausschlaggebend, beim Greifen nach Objekten nicht die Mittellinie zu kreuzen, sondern die Hand in Abhängigkeit von der Seite der Stimulation zu wählen. Das fehlende Kreuzen der Mittellinie scheint dabei eine Folge der zerebralen Organisation zu sein, die bei fehlender Entwicklung einer Handpräferenz bei entwicklungsretardierten Kindern zu berücksichtigen ist. Diese verbleiben offensichtlich unter dem Einfluss einer Bewegungseinschränkung, die bei normaler Entwicklung im Verlaufe des Säuglingsalters verschwindet. Auch nachdem sich eine Handpräferenz beobachtbar herausgebildet hat, verbleibt beim jüngeren Kind zunächst häufig eine Inkonsistenz, welche Hand es für welche Aktivität benutzt, was weitgehend unabhängig davon ist, welche Hand das Kind am häufigsten benutzt.

In Bezug auf Kinder mit Entwicklungsstörungen wurde immer wieder die Vermutung geäussert, dass abnormale oder ausbleibende Lateralisation die Ursache der festzustellenden Defizite sei. In einer Reihe von Studien wurde gezeigt, das bei Kindern mit geistiger Retardation, frühkindlichem Autismus, Stottern, Sprachentwicklungsverzögerung oder Dyslexie das Fehlen der Handlateralisation nach Rechts, was nicht gleichbedeutend ist mit Linkshändigkeit, weitaus häufiger festzustellen ist als in der Allgemeinbevölkerung. Bei einigen dieser Entwicklungsstörungen scheint dieses Phänomen überproportional häufig mit besonders ausgeprägten Defiziten einherzugehen. Während zur Begründung dieser Befunde teilweise recht widersprüchliche Hypothesen angeführt wurden, sind als konsistentes Gegenargument die Befunde zur zentralen Lateralisation anzuführen, nach denen die wesentlichen Funktionen der beiden Hemisphären nur eine sehr geringe Variabilität ihrer Lateralisation zeigen (Kinsbourne, 1997). Zur fehlenden Lateralisation bei üblicherweise hemisphärenspezifisch zuzuordnenden Funktionen wurde die These aufgestellt, dass eine dann bihemisphärisch lokalisierte kognitive Verarbeitungsfunktion relativ einfach strukturiert und somit notwendigerweise ineffizient sein müsse. Diese These setzt die Annahme voraus, dass Lateralisation ein progressives Entwicklungsgeschehen ist, dessen Beeinträchtigung zu kognitiven Defiziten führt. Gegen die Annahme einer progressiven Lateralisation sprechen viele Befunde, die auf eine frühe und invariable Seitenspezifität sowohl bei links- als auch bei rechtshemisphärischen Funktionen hinweisen (Kinsbourne, ebd.), so dass die im Entwicklungsverlauf nur sukzessiv zu messende kognitiv-funktionale Lateralisation – und damit wahrscheinlich die kognitive Entwicklung – eher auf intrahemisphärische Differenzierungsvorgänge zurückzuführen ist als auf ein progressives Lateralisationsgeschehen.

Die Entwicklung höherer kortikaler Funktionen

Die Entwicklung höherer kortikaler Funktionen bei Kindern erfolgt in definierten Stufen. Piaget (1948) erarbeitete eines der bedeutendsten Modelle dieser Entwicklung (s. Tabelle 2) und verstand es in engem Zusammenhang zu zerebralen Entwicklungsaspekten. Wenn unser Wissen um die neuroanatomischen, neurophysiologischen, neurochemischen und metabolischen Prozesse, die einen Einfluss auf die zerebrale Entwicklung haben, auch noch sehr begrenzt ist, so lassen sich doch evidente Zusammenhänge feststellen. So wäre aus neuroanatomischer Sicht abzuleiten, dass motorische Reaktionen vor der Entwicklung von Wahrnehmungsfähigkeiten entstehen, weil die Neurone der tiefsten Kortexschichten zuerst myelinisieren und diese die Efferenzen bilden, also das Substrat des „Outputs". Nach Piaget müssen motorische Funktionen zuerst auftreten, da diese die Muster bilden, anhand derer sich Wahrnehmungsfunktionen entwickeln.

Gebstein zeigte (Kolb & Fantie, 1997), dass die oben beschriebenen Stadien der zerebralen Entwicklung (siehe Seite 615) zeitlich eng mit den Altersgrenzen der Stufen kognitiver Entwicklung in Piagets Modell korrespondieren.

Tabelle 2. Piagets Modell der kognitiven Entwicklung

I.	Stadium sensomotorischer Funktionen: (Geburt bis 18. Lebensmonat)	Das Kind lernt die Differenzierung der eigenen Person von der äusseren Welt. Es versteht, dass Objekte auch existent bleiben, wenn sie nicht sichtbar sind, und es entwickelt ein basales Verständnis für Ursache – Wirkungszusammenhänge.
II.	Stadium präoperationaler Funktionen: (18 Monate bis 7 Jahre)	Verstehen und Ausführen der Repräsentation von Objekten und Zusammenhängen durch Symbole, z.B. Zeichnungen oder Worte.
III.	Stadium konkret operationalen Denkens: (7-11 Jahre)	Das Kind kann konkrete Inhalte kognitiv verarbeiten und manipulieren.
IV.	Stadium formal operationalen Denkens: (ab 11 Jahren)	Das Kind erwirbt die Möglichkeit zu abstrakt-logischem Denken.

In der kognitiven Entwicklung des Kindes spielen die Frontallappen eine entscheidende Rolle. Sie haben wenig mit der Ausbildung von bestimmten Verhaltensmöglichkeiten und Reaktionsmustern zu tun, sind aber entscheidend für den Entwurf und die Erfolgskontrolle kognitiver Strategien, die Kontrolle des eigenen Verhaltens und seiner Auswirkungen auf andere Menschen. Im Alter von 1,5 bis 5 Jahren und erneut zwischen 5 und 10 Jahren finden komplexe Veränderungen im Verhalten des Kindes statt, die auf eine weitgehende Umgestaltung von Aufmerksamkeitsprozessen und Exekutivfunktionen schließen lassen, wobei auch Zusammenhänge mit neurophysiologischen Veränderungen im Frontallappen festzustellen sind. Die Bedeutung und relativ späte Entwicklung von Frontallappenfunktionen wurde in einer Vielzahl von Studien belegt, die z.B. Tests wie den Wisconsin-Card-Sorting-Test (s. Seite 639) heranzogen, die diese Funktionen spezifisch erfassen, oder Parallelitäten zu der sehr divergenten Testleistung von erwachsenen Patienten mit Läsionen der Frontallappen untersuchten (Kolb & Fantie, 1997).

Die seit langem bekannten sozialen Adaptationsprobleme von Patienten mit Frontalhirnstörungen wurden auch speziell hinsichtlich ihrer Fähigkeit untersucht, den mimischen Ausdruck anderer zu verstehen. Kinder im Alter von 5 bis 6 Jahren zeigen beim Wiedererkennen von Gesichtern ein Leistungsvermögen, das dem gesunder Erwachsener entspricht, sie haben aber bis zum Alter von etwa 14 Jahren deutlich geringere Möglichkeiten, den Gesichtsausdruck in einem gegebenen Kontext zu verstehen. Bei dieser zweiten Anforderung zeigen auch Erwachsene ein äusserst schwaches Ergebnis, die in ihrer frühen Kindheit eine Frontallappenläsion erlitten haben. Diese Ergebnisse stimmen mit der häufigen Beobachtung überein, dass Kinder mit frühen frontalen Läsionen kaum Möglichkeiten haben, normale und adäquate soziale Verhaltens- und Reaktionsstrategien zu entwickeln. Die Frontallappenfunktion des Generierens kognitiver Strategien wurde von Luria (1973, 1980) als „Handlungs- und Planungskomponente" bezeichnet. Es ist mit hoher Wahrscheinlichkeit davon auszugehen, dass solche kognitiven Strategien nicht nur Prozesse wie visuelles Suchen, Erkennen, Abspeichern und Erinnern steuern, sondern eine Vielzahl kognitiver Funktionen in den Bereichen Wahrnehmung, Gedächtnis, Aufmerksamkeit und Verarbeitung, die in ihrem komplexen Zusammenwirken die Entwicklung intellektueller Funktionen des Menschen ausmachen.

Pathologische Entwicklung und Störung zerebraler Funktionen

Die Entwicklung neuronaler Strukturen ist nicht nur durch eine Zunahme der Elemente und ihrer Verbindungen, d.h. eine Zunahme der funktionellen Komplexität gekennzeich-net, sondern es treten auch Reduktionen und regressive Prozesse auf, die sich sowohl morphologisch als auch funktionell nachweisen lassen. Als Ausdruck qualitativer Änderungen gehören sie zu den adaptiven Prozessen an bestimmte Lebensbedingungen entsprechend den jeweiligen Entwicklungsstufen. Hierbei beeinflussen sich strukturelle Reife und funktionelle Entwicklung wechselseitig entsprechend dem Konzept der vulnerablen Periode, das die Verletzbarkeit von Entwicklungsprozessen in Beziehung zur Reifungsgeschwindigkeit bringt. Bei einem stark beschleunigten Entwicklungstempo besteht eine besonders hohe Störanfälligkeit der sich im Umbau befindenden zerebralen Strukturen. Dieser Zeitraum besonderer Vulnerabilität in der Entwicklung des Nervensystems wird auch als „sensitive Phase" oder kritische Periode bezeichnet. Creutzfeldt (1983) führt aus, dass Entwicklungsdefekte davon abhängig sind, inwieweit ein bestimmter Schritt für die weitere Entwicklung eine Schlüsselposition einnimmt, wie allgemein die Störung ist und ob andere Strukturen für die gestörte Funktion ersatzweise eintreten können. Denn eine solche Übernahme von Funktionen ist nur solange möglich, wie es hierfür Ersatzstrukturen gibt. Das Konzept der Vulnerabilität steht also in enger Beziehung zur Plastizität des Nervensystems. Schneider (1979) interpretiert neurophysiologische und neuropsychologische Untersuchungsergebnisse dahingehend, dass spezifische Läsionen im menschlichen Fötus und im Neugeborenen ein spezifisches Muster alterierten Wachstums der neuroanatomischen Bahnen verursachen. Seine kritische Analyse sowie die o.a. Befunde zu Störungen der Zellmigration und -differenzierung führten zu einer Revision des Kennard-Prinzips, das die Folgen früher Hirnläsionen wegen der dann noch möglichen plastischen Kompensationsvorgänge des Kortex als weniger ungünstig für die weitere kognitive Entwicklung einschätzte. Das Auftreten umschriebener neuropsychologischer Ausfälle ist im Kindesalter eher selten. Morphologisch unterschiedliche Läsionen können zu ähnlichen Leistungsdefiziten führen, so dass spezifische Syndrome seltene Phänomene darstellen.

Spezielle Formen abweichender Hirnentwicklung

Eine der wichtigsten Fortschritte für die klinische Neurowissenschaft besteht in der Anwendung der neueren bildgebenden Verfahren wie Computertomographie, Kernspintomographie (Magnetresonanztomographie) sowie Positronemissionstomographie. Mit ihrer Hilfe lassen sich sowohl morphologische als auch funktionelle Informationen über den Entwicklungsstand des zentralen Nervensystems erhalten. Die so gewonnenen diagnostischen Informationen ergänzen neuropsychologische und psychopathologische sowie klinische Untersuchungsergebnisse und erlauben differenzierte prognostische Beurteilungen sowie Behandlungsindikationen. Insbesondere abweichende neuronale Strukturen können auf diese Weise frühzeitig festgestellt werden.

Die *Mikrozephalie* ist durch ein zu geringes Hirnvolumen definiert. Die Diagnose wird gestellt, wenn der Kopfumfang 2 bis 3 Standardabweichungen unter der für das Alter und Geschlecht zu erwartenden Norm liegt. Mikrozephalie kann mit Epilepsie und einer leichten bis deutlichen geistigen Behinderung mit verzögerten Sprach- und motorischen Funktionen einhergehen, überraschenderweise können die kognitiven Leistungen auch unbeeinträchtigt sein. Als Ursachen werden Strahlenschäden sowie Mangelernährung diskutiert, ebenso intrauterine Infektionen wie Röteln, Toxoplasmose, Cytomegalie und Herpes simplex. Metabolische Störungen wie die Phenylketonurie können ebenso zu einer Mikrozephalie führen wie genetische Defekte, z.B. Trisomien.

Eine *Megalozephalie* ist durch die Hyperplasie von Hirngewebe bedingt. Diese besteht sowohl aus neuronalen als auch glialen Strukturen. Im Säuglingsalter kann sich diese Störung innerhalb der ersten vier Monate zeigen, wenn das Kopfwachstum überdurchschnittlich zunimmt. Die klinischen Symptome variieren und können mit geistiger Behinderung, epileptischen Anfällen und neurologischen Auffälligkeiten assoziiert sein. In einer Studie wiesen 13 % der Kinder mit einer Megalozephalie eine geistige Behinderung oder neurologische Auffälligkeiten auf. Andererseits sind über die Hälfte der Kinder durchschnittlich oder besonders begabt.

Verhaltensauffälligkeiten treten in Abhängigkeit vom Vorliegen kognitiver Ausfälle verstärkt auf (Hynd & Willis, 1988). Bei einer Jungen-Mädchen-Relation von 4:1 liegt ein autosomal-dominanter sowie autosomal-rezessiver Erbgang vor. Verlässliche Prävalenzzahlen liegen nicht vor, da viele Fälle klinisch asymptomatisch verlaufen und damit nicht diagnostiziert werden.

Die *Agenesie des Corpus callosum* kann ebenfalls asymptomatisch verlaufen, vor allem dann, wenn die hintere Commissur hypertrophiert ist und damit eine funktionelle Kompensation ermöglicht. Andererseits kann eine Corpus callosum-Agenesie mit anderen neurodegenerativen Veränderungen auftreten wie Spina bifida, Mikrozephalie, Hydrozephalus u.a.. Eine geistige Retardierung ist häufig, ebenso epileptische Anfälle. Auch bei klinisch asymptomatischen Verläufen lassen sich kognitive Defizite feststellen. Die Funktion des Corpus callosum wird zur Entwicklung der semantischen linguistischen Dominanz der linken Hemisphäre benötigt und entsprechend haben Patienten mit einer Agenesie schlechte syntaktische und semantische Leistungen. Hynd und Mitarbeiter berichteten über eine signifikante Verschmälerung des vorderen umgebogenen Endes des Corpus callosus bei dyslektischen Patienten. Andere neuropsychologische Auffälligkeiten bestehen in einem insgesamt verlangsamten Reaktionsverhalten.

Agyrie und *Pachygyrie* stellen Missbildungen des Gehirns dar, bei denen es zu einer Aufhebung bzw. Verringerung der Hirnsulci kommt. Agyrie geht typischerweise mit Mikrozephalie und einer Verringerung der weißen Hirnsubstanz einher. Die klinische Symptomatik zeigt sich in einer schweren geistigen Behinderung, motorischer Entwicklungsverzögerung, Diplegie, Hypotonie, einer geringen spontanen Aktivität sowie zerebralen Krampfanfällen. Mangelndes Wachstum und Fütterstörungen sind häufig, die Lebenserwartung ist deutlich eingeschränkt.

Fokale Dysplasien bedeuten das Vorhandensein ektopischen Gewebes in den zerebralen Hemisphären. Häufig assoziiert mit anderen Missbildungen wie Agenesie des Corpus callosum oder Mikrozephalie, finden sich klinisch Lern- und Aufmerksamkeitsstörungen oder eine Dyslexie.

Die Inzidenz eines *Hydrozephalus* wird mit 0,9 bis 1,5 auf 1.000 Geburten angegeben. Es kann sowohl zu einer Ausweitung der Ventrikel (Hydrozephalus internus) als auch der Subarachnoidalräume (Hydrozephalus externus) kommen, wobei häufig andere kongenitale Missbildungen mit vorhanden sind, wie Porenzephalie oder Dandy-Walker-Syndrom. Eine Vielzahl von Studien hat gezeigt, dass die sonst vorhandene geistige Behinderung nicht oder weniger ausgeprägt auftritt, wenn rechtzeitig eine das Hirngewebe entlastende Shuntoperation durchgeführt wird. Die Einschränkung der nonverbalen Intelligenz ist häufig deutlich ausgeprägter als die der verbalen Leistungsfähigkeit. Darüber hinaus bestehen visuelle und motorische Ausfälle. Eine frühzeitige neurochirurgische Behandlung vermag die kognitiven Ausfälle zu verhindern oder abzumildern und damit auch die sonst vorhandenen Verhaltensauffälligkeiten, die in einer verstärkten Hyperaktivität und Unaufmerksamkeit bestehen.

Missbildungssyndrome des zentralen Nervensystems lassen sich hinsichtlich ihrer morphologischen Auswirkungen mit bildgebenden Verfahren frühzeitig erkennen. Ihre funktionellen Auswirkungen können vielfältig sein und neben einer allgemeinen kognitiven Leistungsverminderung auch umschriebene Teilleistungsstörungen wie Dyslexie betreffen. Psychische Auffälligkeiten nehmen mit dem Ausmaß der geistigen Behinderung zu.

Neuropsychologische Befunde bei Kindern nach Schädel-Hirn-Trauma

Die Schwierigkeiten, eine einheitliche und zusammenfassende Beurteilung der akuten Folgen, der langfristigen Rückbildungsergebnisse sowie der prognostischen Kriterien abzugeben, besteht in der wechselseitigen Beeinflussung verschiedener Einflussvariablen. Hierbei stellt die Schwere des Traumas den wesentlichen limitierenden Faktor für die Folgen bzw. die Wiederherstellung dar, insbesondere wenn die Bewusstlosigkeit über eine Woche dauerte bzw. eine posttraumatische Amnesie von 2 bis 3 Wochen vorlag. Nicht einheitlich wird die Bedeutung des Alters beim Schädigungszeit-

punkt eingeschätzt: Während verschiedene Autoren keine Altersabhängigkeit feststellen konnten, bestätigen andere Katamnesen, dass die Prognose bei Säuglingen und Kleinkindern insgesamt ungünstiger ist als bei älteren Kindern und Jugendlichen (Rutter et al., 1984). Längsschnittuntersuchungen von Kindern und Jugendlichen mit Schädel-Hirn-Trauma belegen, dass im frühen Lebensalter schwerverletzte Kinder ausgeprägtere psychoorganische Restschäden aufweisen als ältere Kinder. Remschmidt et al. (1980) versuchen, diese unterschiedlichen Ergebnisse durch die Unterscheidung von mehr lokalisierten bzw. globalen Läsionen zu erklären. Während sich umschriebene Ausfälle, wie z.B. die Aphasien, bei jungen Kindern relativ rasch und meist vollständig zurückbilden, bleiben die Kompensationsmöglichkeiten des sich noch entwickelnden Gehirns bei diffusen Traumen deutlich zurück. Chadwick und Mitarbeiter (1981, 1985) konnten jedoch zeigen, dass der Lokalisation für die Ausbildung späterer psychopathologischer und neuropsychologischer Störungen im Kindesalter keine wesentliche Bedeutung zukommt. Neben Schwere, Alter und Lokalisation ist es notwendig, zwischen Verhaltens- und Leistungsstörungen als Folge nach einem Schädel-Hirn-Trauma zu differenzieren. Die Leistungsausfälle betreffen generell stärker den visuomotorischen als den verbalen Bereich, ohne dass ein spezifisches Muster kognitiver Defizite generell beschrieben werden kann (Lehmkuhl & Thoma, 1987).

Traumatisch bedingte Aphasien besitzen je nach dem Alter des Kindes einen unterschiedlichen Verlaufstyp. Insgesamt ist die Remission günstiger als im Erwachsenenalter und von folgenden Faktoren abhängig:

– Art des Schädel-Hirn-Traumas. Offene Hirnverletzungen haben eine ungünstigere Prognose als gedeckte.
– Schweregrad des initialen Sprachdefizits.
– Initiale Rückbildungsgeschwindigkeit der Aphasie.
– Aphasietyp und Symptomatologie: In einer Untersuchung von Remschmidt und Stutte (1980) hatten Kinder mit einer gemischten, vorwiegend sensorischen Aphasie die ungünstigste Prognose.

Andere Untersuchungen deuten darauf hin, dass Restaphasien bei älteren Kindern über einen längeren Zeitraum bestehen bleiben können und eine schlechtere Prognose besitzen. Kinder mit Aphasien weisen in anderen kognitiven Bereichen nicht unbedingt größere Einschränkungen auf als Nicht-Aphasiker. Der Token-Test stellt ein gutes Maß zur Einschätzung des Schweregrades sowie des Rückbildungsverlaufes dar.

Während in der frühen posttraumatischen Phase ein enger Zusammenhang zwischen neuropsychologischen und psychopathologischen Auffälligkeiten besteht, nimmt dieser mit größer werdendem Abstand zum Unfall deutlich ab, weil sich die kognitiven Defizite im Kindesalter rascher zurückbilden als die Verhaltensauffälligkeiten. Die neuropsychologische Diagnostik sollte Bereiche der allgemeinen Lernfähigkeit, Gedächtnis, Aufmerksamkeit, Visuomotorik und Sprache gezielt überprüfen. Generell sind Prozesse der Informationsverarbeitung und -speicherung, die post-traumatisch neu erlernt werden müssen, besonders gestört. In unterschiedlich zusammengesetzten Testbatterien zeigte sich, dass vor allem Gedächtnisleistungen eingeschränkt sind, die handlungsgebundene Intelligenz gegenüber der verbalen schlechter abschneidet und eine allgemeine Reaktionsverlangsamung häufig vorkommt. Diese kann massive Auswirkungen auf Schulleistung und Sozialverhalten besitzen. Somit kann eine relativ isolierte Störung wie die Verlangsamung des Arbeitstempos erhebliche Konsequenzen auf die weitere Entwicklung haben und zu Resignation, Rückzug aus Sozialbezügen, Schulwechsel usw. führen. Während ein gezieltes Training von Wahrnehmungsstörungen gut möglich ist, lässt sich die allgemeine psychische Verlangsamung wesentlich schlechter therapeutisch angehen.

Sprachentwicklungsverzögerungen, Lese-Rechtschreibstörungen und Rechenstörungen

Sprachentwicklungsverzögerungen

Die Prävalenz von Sprachentwicklungsverzögerungen wird mit bis zu 5 % angegeben. In der Internationalen Klassifikation Psychischer Störungen (ICD-10) werden umschriebene Entwicklungsstörungen des Sprechens und der Sprache wie folgt definiert: Das normale Muster des Spracherwerbs in frühen Stadien der Entwicklung ist beeinträchtigt, wobei die Auffälligkeiten nicht direkt neurologischen Veränderungen, Störungen des Sprachablaufs, sensorischen Beeinträchtigungen, einer Intelligenzminderung oder Umweltfaktoren zugeordnet werden können. Die Hauptschwierigkeit bei der Diagnosestellung ist die Differenzierung von normalen Variationen in der Entwicklung, da der Erwerb sprachlicher Fertigkeiten eine breite Altersstreuung aufweist. Normvarianten haben keine oder nur eine geringfügige klinische Signifikanz. Kinder mit einer umschriebenen Entwicklungsstörung des Sprechens und der Sprache haben häufig eine Vielzahl von begleitenden Schwierigkeiten, hierzu gehören auch andere Teilleistungsstörungen beim Lesen und Rechtschreiben, in der Kommunikation sowie im emotionalen und Verhaltensbereich. Aus diesen Gründen ist eine frühzeitige genaue Diagnose notwendig, auch unter Einbeziehung der hohen Komorbidität mit anderen Störungen. In der ICD-10 werden vier Hauptkriterien für das Vorhandensein einer klinisch relevanten Störung genannt:

– Schweregrad
– Verlauf
– Muster
– Begleitende Probleme

Als allgemeine Regel gilt, dass eine ausserhalb von zwei Standardabweichungen liegende Sprachentwicklungsverzögerung als auffällig bezeichnet wird. Bei der Beurteilung des Musters von Sprach- und Sprechfunktion ist vor allem auf das Auftreten qualitativ abnormer Elemente zu achten sowie die Abgrenzung von einer globalen Entwicklungsverzögerung. Tabelle 3 fasst die Hauptkategorien sowie die diagnostischen Leitlinien für Artikulationsstörungen, expressive Sprachstörungen und rezeptive Sprachstörungen zusammen. In einer Übersichtsarbeit weist Bishop (1994) auf die Möglichkeiten einer neurolinguistischen Klassifikation hin, wobei zwischen einem phonologischen/syntaktischen Syndrom, einem lexi-

Tabelle 3. Klassifikation umschriebener Entwicklungsstörungen des Sprechens und der Sprache nach ICD-10 (F 80)

Diagnosegruppe	Definition	Diagnostische Leitlinien	dazugehörige Begriffe
Artikulations-störungen (F 80.0)	Artikulation des Kindes unterhalb des seinem Intelligenz-alter angemessenen Niveaus mit sprach-lichen Fertigkeiten im Normbereich	Die Diagnose darf nur ge-stellt werden, wenn das Aus-maß der Artikulationsstörung, bezogen auf das Intelligenz-alter ausserhalb der Grenzen der Normvarianz liegt und die nonverbale Intelligenz sowie die expressiven und rezepti-ven Sprachfertigkeiten inner-halb des Normbereiches liegen.	Dyslalie, phonologische Entwicklungsstörungen, funktionelle Artikulations-störungen, Lallen
Expressive Sprachstörung (F 80.1)	Die Fähigkeit, expressiv gesprochene (nicht ge-schriebene) Sprache zu verwenden, liegt deutlich unterhalb des Intelligenz-alters, wobei das Sprach-verständnis unauffällig ist. Artikulationsstörungen können begleitend vor-handen sein.	Die Diagnose darf nur gestellt werden, wenn die Schwere der Entwicklungsverzögerung be-züglich der expressiven Sprache ausserhalb der Grenzen der Norm-varianz für das Alter des Kindes und die rezeptiven Sprachfer-tigkeiten innerhalb der normalen Grenzen für das Alter des Kindes liegen. Der Gebrauch nicht-sprachlicher Zeichen und einer inneren Sprache muss relativ ungestört sein.	Entwicklungsbedingte Dysphasie oder Aphasie
Rezeptive Sprach-störung (F 80.2)	Das Sprachverständnis liegt unterhalb des Intelligenzalters, die expressive Sprache ist häufig deutlich mitbe-einträchtigt, ebenso die Wortlautproduktion.	Die Diagnose ist nur zu stellen, wenn der Schweregrad der Ent-wicklungsverzögerung der rezep-tiven Sprache ausserhalb der Gren-zen der Normvarianz für das Alter des Kindes liegt und wenn die Kriterien für eine tiefgreifende Entwicklungsstörung nicht erfüllt sind. Unter allen Entwicklungs-störungen des Sprechens und der Sprache geht diese Störung mit der höchsten Rate begleitender sozialer, emotionaler und Verhal-tensstörungen einher. Solche Störungen sind nicht spezifisch, es finden sich jedoch relativ häufig Hyperaktivität und Auf-merksamkeitsstörungen, soziale Unangepasstheit und Isolation sowie Angstlichkeit und Scheu.	Entwicklungsbedingte rezeptive Aphasie oder Dysphasie, Worttaubheit, angeborene fehlende akustische Wahrneh-mung, entwicklungsbe-dingte Wernicke-Aphasie.
Erworbene Aphasie mit Epilepsie (Landau-Kleffner-Syndrom F 80.3)	Primär normale Sprach-entwicklung sowohl rezeptiver als auch ex-pressiver Fertigkeiten, die verlorengehen, wobei die allgemeine Intelli-genz erhalten bleibt. Es treten paroxysmale Auffäl-ligkeiten im EEG, ge-wöhnlich temporal bila-teral und in der Mehrzahl epileptische Anfälle auf.	Typischerweise liegt der Beginn der Erkrankung im Alter von 3 bis 7 Jahren, in einem Viertel der Fälle entwickelt sich der Sprachverlust schrittweise in einem Zeitraum von einigen Monaten, wobei der zeitliche Zusammenhang zwischen dem Beginn der Krampfanfälle und dem Verlust der Sprache sehr varia-bel ist. Besonders charakteristisch ist die schwere Beeinträchtigung der rezeptiven Sprache. Einige Kin-der werden stumm, andere beschrän-ken sich auf Jargon-ähnliche Laute.	

kalischen/syntaktischen Defizitsyndrom und
einem semantischen/pragmatischen Syndrom
unterschieden wird. Beziehungen zu Dyspra-
xie und feinmotorischen Auffälligkeiten sind
häufig, wobei neben der neurologisch-körper-
lichen Untersuchung elektroenzephalographi-
sche Veränderungen in der Regel festgestellt
werden können, während CT- und magnet-
resonanztomographische Ergebnisse oft unauffällig sind. Eine gründliche Untersuchung
der auditorischen Fähigkeiten ist immer notwendig. Testpsychologisch sollten die nonverbalen Fähigkeiten den verbalen Leistungen
gegenübergestellt werden und sequentielle
Verarbeitungsfähigkeiten den simultanen (vgl.
Preis et al., 1997). Genetische Untersuchungen
konnten zeigen, dass eine Häufung von
Sprech- und Sprachstörungen in Familien genotypisch angetroffen werden kann, wobei
bislang nur bestimmte chromosomale Anomalien mit Sprech- und Sprachstörungen assoziiert werden konnten.

Kritisch muss angemerkt werden, dass die
für eine differentialdiagnostische Zuordnung
einer Sprachstörung notwendigen Testverfahren, die altersbezogene quantitative Bewertungen von Artikulation, Sprachproduktion und
Sprachverständnis ermöglichen, bislang nicht
zur Verfügung stehen. Die vorliegenden Un-
tersuchungsinstrumente, insbesondere für die
Dimension Artikulation, sind unzureichend
normiert und teilweise wenig reliabel. Auch
die Validität bei der Erfassung sprachlicher
Defizite ist für die meisten Verfahren bislang
nur unzureichend überprüft (v. Suchodoletz &
Höfler, 1996).

Die Ursache von Sprachentwicklungsstörungen (Dysphasie) ist häufig nicht feststellbar. Sie ist Ausdruck einer Hirnreifungs-
störung, insbesondere des temporalen und
parietalen linken Kortex. Neuere Studien zeigen eine geringere Ausbildung des Planum
temporale. Hierbei besteht die Dominanz der
linken Hirnhälfte bereits von Beginn an. Mit
evozierten Potentialen konnte nachgewiesen
werden, dass kurz nach der Geburt die linke
Hemisphäre des Gehirns besser auf Schallfre-
quenzen aus dem Bereich der Sprache reagiert
als die rechte. Eine Dysfunktion des Corpus
callosum erschwert den Informationsaustausch des rechten auditiven Systems mit dem
linken Kortex. Eine Differenzierung nach phonologischen, syntaktischen und semantischen
Leistungen erlaubt auf neuropsychologischer
Grundlage, folgende klinische Syndrome zu
definieren (Rapin, 1982):

– *Phonologic Programming Deficit Syndrome*: Die expressiven Ausfälle sind so
  schwer, dass die Sprachproduktion der Kinder weitgehend unverständlich ist bei unauffälligem Sprachverständnis.
– *Lexical-Syntactic Deficit Syndrome*: Hier
  sprechen die Kinder deutlich, aber haben
  Probleme mit der Wortfindung und Satzfor-
  mulierung.
– *Verbal-Auditory-Agnosia*: Es bestehen
  schwere Verständnisprobleme, die mit einer
  ungenügenden Interpretation von sprachlichen Lauten zusammenhängen.
– *Semantic-Pragmatic-Syndrome*: Das Defizit besteht hierbei, dass Kinder Sprachin-
  halte und deren Gebrauch nicht verstehen
  bzw. anwenden können bei einer deutlichen
  Artikulation und nicht eingeschränkter
  Sprachproduktion, die jedoch ungewöhnlich und unpassend ist.

Lese-Rechtschreibstörungen (Dyslexie)

Für die Lese-Rechtschreibstörung liegt eine
Vielzahl von Befunden über den interhemi-
sphärischen Transfer einschließlich anatomischer und elektrophysiologischer Befunde vor.
PET-Untersuchungen weisen auf eine höhere
Aktivierung in Arealen hin, die zur visuellen
Diskrimination notwendig sind. Darüber hinaus besteht eine geringere Rechts-Links-
Asymmetrie des frontalen Kortex als bei unauffälligen Kindern. Differenzen bestehen
ebenfalls im Planum temporale und im parieto-
okzipitalen Kortex. Visuelle und auditorische
Gedächtnisfunktionen sind bei Kindern mit
Lese-Rechtschreibstörung häufig vermindert,
allerdings zeigen neuere Untersuchungen (u.a.
Rohrer, 1996), dass Störungen des auditorischen Kurzzeitgedächtnisses der häufigste
neuropsychologische Teilleistungsbefund sind.
Es fällt ihnen schwer, Wörter zu revisualisie-
ren und die Sequenz der korrekten Schreibung
aufzubauen. Definitionsgemäß müssen Lese-

und Rechtschreibleistung des Kindes signifikant unterhalb des Niveaus liegen, welches aufgrund des Alters, der allgemeinen Intelligenz und der Schulklasse zu erwarten ist.

Rechenstörungen

Bei der Rechenstörung handelt es sich um eine umschriebene Beeinträchtigung von Rechenfertigkeiten, die nicht allein durch eine allgemeine Intelligenzminderung oder eine eindeutig unangemessene Beschulung erklärbar ist (s. Kap. 4.11). Das Defizit betrifft die Beherrschung grundlegender Rechenfertigkeiten wie Addition, Subtraktion, Multiplikation und Division, weniger höhere mathematische Fertigkeiten (Internationale Klassifikation psychischer Störungen ICD-10). Verschiedene Autoren unterteilten die Rechenstörung je nach Symptomatik in Untergruppen, wobei zwischen Verstehen und Erinnern von Zahlen sowie von Durchführen und Erinnern von Rechenoperationen unterschieden wird. Weitere neuropsychologische Defizite von Kindern mit Rechenstörungen bestehen in psychomotorischen und taktilen Leistungen, wobei insbesondere entsprechende Funktionen gestört sind, die über die rechte Hemisphäre gesteuert werden.

Neuropsychologische Befunde bei psychiatrischen Störungen: Autismus, Depression, Angststörungen, Störung des Sozialverhaltens

Der frühkindliche Autismus manifestiert sich vor dem 3. Lebensjahr und ist gekennzeichnet durch eine gestörte Funktionsfähigkeit in den folgenden drei Bereichen: In der sozialen Interaktion, der Kommunikation und im eingeschränkten repetitiven Verhalten. Obwohl die Mehrzahl der Kinder eine deutliche Lernbehinderung aufweist, ist er nicht über die Intelligenzminderung definiert. Neurologische Auffälligkeiten wie zerebrale Anfallsleiden und motorische Koordinationsstörungen sind häufig. Strukturelle Hirnveränderungen betreffen sowohl linksseitige als auch beidseitige Defekte und insbesondere frontale und temporale Regionen. Subkortikale Strukturen wie die Basalganglien, Hirnstamm und Kleinhirn können

ebenfalls betroffen sein. Diesen morphologischen Veränderungen entsprechen Auffälligkeiten im EEG mit einer Vermehrung langsamer Aktivitäten und einem beidseitig verminderten Alpha-Rhythmus. Veränderungen der auditiv bzw. visuell evozierten Potentiale weisen auf eingeschränkte zentralnervöse Verarbeitungskapazitäten hin. Neuropsychologisch fällt eine geringere motorische Imitationsfähigkeit auf, eine Einschränkung von sequentiellen Fähigkeiten und ein vermindertes Gedächtnis für sinnfreies Material, wobei visuell perzeptive Leistungen besser als sprachgebundene Fähigkeiten entwickelt sind. Neuropsychologische Studien legen darüber hinaus eine umgekehrte Präferenz für sprachliche Reize bei dichotischen Aufgaben nahe sowie eine atypische Hemisphärenspezialisierung bei ungefähr 70 % der Kinder, die eine Sprachdominanz der rechten Hemisphäre zeigten. Dieser Befund wird mit der häufigen Sprachentwicklungsverzögerung autistischer Kinder in Zusammenhang gebracht.

Depressive Kinder besitzen ein erhöhtes Risiko für neurologische „soft signs", wobei insgesamt internalisierende Symptome enger mit neuropsychologischen Ausfällen in Beziehung stehen. Rutter und Mitarbeiter (1983) wiesen darauf hin, dass depressive Störungen, wenn sie als Folge von Schädel-Hirn-Traumen auftreten, den Langzeitverlauf belasten können. Andererseits fanden die Autoren keine spezifischen Muster von Verhaltensstörungen in Abhängigkeit vom Schädigungsalter und der Schwere des Traumas. Hingegen standen depressive Symptome mit Funktionen der rechten Hemisphäre in Zusammenhang. In einer Reihe von empirischen Untersuchungen konnte belegt werden, dass nonverbale Leistungen von depressiven Kindern wesentlich schlechter ausgeführt werden können als verbale. So waren höhere Werte in einem Depressionsinventar mit einer schlechteren Leistung in den Wechsler-Subtests Mosaik-Test, Zahlen-Symbol-Test und Zahlennachsprechen assoziiert. Auch frontale Leistungen besserten sich unter einer antidepressiven Medikation bzw. Rückbildung der Symptomatik. Diese Beobachtungen können jedoch auch den Rückschluss zulassen, dass nonverbale Leistungen von depressiven Kindern deswegen schlechter ausgeführt werden können als verbale, weil sie im Gegensatz zu den sprachlichen Anforderungen unter Zeitdruck durchgeführt werden müssen und „Speedleistungen" unabhängig vom verwendeten Material bei Depressiven beeinträchtigt sind.

Die Beziehung zwischen Angststörungen und neuropsychologischen Veränderungen ist komplex. Rechtsseitige parahippokampale Auffälligkeiten konnten mit Panikstörungen in Zusammenhang gebracht werden, ebenso wurde eine Beziehung zwischen Strukturen der Basalganglien, des Thalamus und des orbito-frontalen Kortex mit Angst- und Zwangssymptomen gefunden. Rechtshemisphärische Veränderungen mit räumlich-visuellen Defiziten traten ebenfalls bei depressiven Störungen gehäuft auf.

Beim posttraumatischen Stresssyndrom konnte eine verringerte Aufmerksamkeitsleistung speziell bei visuellen Aufgaben gefunden werden. Das neurobiologische Modell des posttraumatischen Stresssyndroms betont die Bedeutung eines Hyperarousals im fronto-subkortikalen System. Andere Befunde sprechen für den Zusammenhang von extremer Stressbelastung und dem Defizit in Gedächtnisfunktionen. Traumatische Erfahrungen wie sexueller Missbrauch und Misshandlung könnten aufgrund struktureller Veränderungen im Hippocampus zu langfristigen neuropsychologischen Ausfällen führen.

Bei Kindern und Jugendlichen mit Störungen des Sozialverhaltens wurden ebenfalls eine Reihe neuropsychologischer Veränderungen gefunden. Diese betreffen speziell die verbalen Fähigkeiten, insbesondere erscheint die Kapazität des „verbal reasoning" eingeschränkt. Entsprechend besitzen Kindern mit Sozialstörungen eine deutlich schlechtere verbale Intelligenz gegenüber handlungsbezogenen Aufgaben. Diese Diskrepanz wird mit einer erhöhten Impulsivität in Zusammenhang gebracht. Darüber hinaus bestehen Schwierigkeiten mit der Lösung von visuomotorischen Prozessen, während Gedächtnis und grobmotorische Leistungen unauffällig sind. Auswirkungen dieser Beeinträchtigungen zeigen sich auch im Bereich expressiver Sprache und schulischer Leistungen, geringerer Intelli-

genz und eingeschränkter motorischer Fertigkeiten. In diesem Zusammenhang erhobene Befunde zur Intelligenz sind – sowohl in Studien als auch in der Einzelfalldiagnostik – stark vom Konzept der verwendeten Testverfahren abhängig. So werden unidimensionale Verfahren, die den g-Faktor der Intelligenz (sensu Spearman) zu erfassen versuchen, diesen differentialdiagnostischen Überlegungen zur Intelligenzstruktur nicht gerecht werden können. Andererseits wird bei Verfahren wie den Wechsler-Tests, die verarbeitungsunabhängig und eher inhaltsbezogen verbale von nonverbalen Intelligenzanteilen unterscheiden, die Abgrenzung verbaler Intelligenz von erworbenen bzw. gelehrten, verbal gebundenen Fertigkeiten stets schwierig bleiben (Kaufman, 1979). Dieses grundsätzliche Problem erhält besondere Bedeutung, wenn der Fertigkeitenerwerb – wie bei den Störungen des Sozialverhaltens – schon aus Verhaltensgründen beeinträchtigt ist.

Neuropsychologische Befunde bei Lernstörungen und hyperkinetischen Störungen

Lernstörungen

Lernstörungen stellen eine heterogene Diagnosegruppe und einen verwirrenden Bereich dar. Auf die offensichtlichen und vielfältigen Probleme bei der klinischen Evaluation, Diagnose und Behandlung kann hier nur ansatzweise eingegangen werden. Neuropsychologische Erklärungsmuster folgten zunächst einem 1-Faktor-Konzept. Diese bezogen sich auf eine verzögerte Entwicklung der zerebralen Dominanz, visuell-perzeptive Defizite, auditive Ausfälle, Mängel der intersensorischen Integration sowie Störungen der Aufmerksamkeit und des Gedächtnisses. Klassifikationsansätze zeigten jedoch, dass einerseits eine Vielzahl von Subtypen besteht und andererseits funktionale Systeme in ihrer Entwicklung stärker beachtet werden müssen. Eine Vielzahl von unspezifischen morphologischen und funktionellen Veränderungen, wie sie in bildgebenden Verfahren sowie elektrophysiologisch nachgewiesen werden können, stellen den bio-

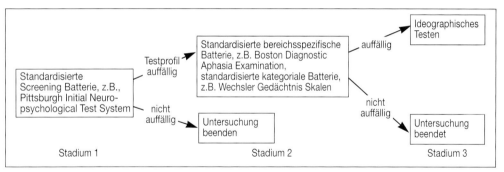

Abb. 1. Neuropsychologische Untersuchung nach Tarter & Edwards (1986)

logischen Hintergrund allgemeiner Lern- und Leistungsstörungen dar. Faktoren wie niedriges Geburtsgewicht, neurologische Defizite, Anfallsleiden sowie peri- und postnatale Belastungsfaktoren werden ebenfalls häufiger bei Kindern mit Lernstörungen beobachtet. Ausgehend von den klinischen Daten ist bei der neuropsychologischen Untersuchung die Heranziehung umfassender Testbatterien unumgänglich, da nur durch die Anwendung verschiedenartiger, sich ergänzender Messverfahren die Möglichkeit gegeben ist, den Funktionszustand zerebraler Strukturen umfassend und differenziert zu beschreiben. Dieses Vorgehen bedingt eine Schritt-für-Schritt-Diagnostik, wobei während des Untersuchungsprozesses Entscheidungen darüber getroffen werden, welche Verfahren aufgrund der festgestellten Defizite weiter angewendet werden. Flexible Batterien haben eine eher qualitative Analyse der Funktionsausfälle zum Ziel und führen zu einer beinahe optimalen Informationsausschöpfung für die klinische Praxis. Kombiniert werden sollten sie mit standardisierten Verfahren, wie es Tarter und Edwards (1986; siehe Abb. 1) empfehlen. Die neuropsychologische Untersuchung wird hierbei als ein dreistufiger Prozess aufgefasst, der von der Vorgabe von Standardscreeningbatterien zur Feststellung von Ausfällen in bestimmten Funktionsbereichen über die Anwendung von standardisierten Subbatterien für Einzelbereiche bis hin zu einer vollkommen individualisierten Form der Testung verläuft. Hinsichtlich der Auswahl geeigneter Screeningverfahren steht die Diagnostik in einem gewissen Dilemma. Kurze Screeningtests, die häufig als „ökonomisch" bezeichnet werden, haben häufig eine unzureichende Sensitivität, führen also ggf. zu falsch-negativen Entscheidungen. In der Konsequenz bedeutet das den Ausschluss von (unerkannt) auffälligen Probanden von weiterer und differenzierterer Diagnostik. Verfahren, die dieses Problem unzureichender Sensitivität nicht aufweisen, haben häufig einen Umfang, der sie von der Verwendung als Screeningtest allzuoft ausschließt.

Die Treffsicherheit neuropsychologischer Einzeltests zur Feststellung einer Hirnschädigung (wie z.B. der Göttinger Form-Reproduktionstest oder der Benton-Test) ist als ungenügend einzustufen. So erwies sich z.B. die Diskriminationsfähigkeit des Göttinger Form-Reproduktionstests zur Unterscheidung von verhaltensgestörten Kindern mit einem Hirnschädigungshinweis von solchen ohne einen solchen Befund als wenig befriedigend. In Abhängigkeit von den klinischen Aussenkriterien für eine Hirnschädigung sowie den zu untersuchenden Stichproben variiert die Klassifikationsgenauigkeit beträchtlich und verbessert sich entscheidend, wenn ein differenziertes Instrumentarium, das verschiedene Teilleistungen erfasst, eingesetzt wird.

Entsprechend der Heterogenität von Lernstörungen ist ein prozessorientiertes Vorgehen notwendig, wobei generell zwei unterschiedliche Arten neuropsychologischer Testbatterien zu unterscheiden sind:

– Intermodale bzw. multifunktionale Batterien, die eine Reihe von unterschiedlichen psychischen Prozessen erfassen und

– intramodale Batterien, die die Erfassung eines bestimmten Funktionsbereiches zum
Ziel haben.

In diesem Zusammenhang ist speziell auf das
von verschiedenen Autoren berichtete Ergebnis zu verweisen, dass die neuropsychologischen Profile von Kindern, die unter spezifischen neuropathologischen Störungen bzw.
Lernstörungen litten, eine beträchtliche interindividuelle Variabilität aufwiesen. Es ist also
nicht möglich, von „typischen" diagnose- bzw.
syndrombezogenen neuropsychologischen
Testprofilen zu sprechen, zu bedeutsam sind
individuelle Abweichungen. Dies gilt in besonderem Maße für Kinder mit entwicklungsbedingten Lernschwierigkeiten.

Hyperkinetische Störungen

Hyperkinetische Störungen mit bzw. ohne
Aufmerksamkeitsstörungen haben eine Prävalenz von 3 bis 5% im Vor- und Grundschulalter, wobei Jungen 4 bis 9mal häufiger betroffen sind als Mädchen. Die ICD-10 setzt für die
Diagnose einer hyperkinetischen Störung voraus, dass sowohl Symptome der Aufmerksam-
keitsstörung als auch der Hyperaktivität
vorliegen. Die Symptomatik muss in mindestens zwei Lebensbereichen (situationsüber-
greifend) auftreten. Im DSM-IV werden hingegen drei Subtypen näher spezifiziert: Der
Mischtyp einer Aufmerksamkeits-/Hyperakti-
vitätsstörung beinhaltet sowohl Aufmerksamkeitsstörungen, Hyperaktivität und Impulsivität; der vorherrschend unaufmerksame Typ
ist durch ausgeprägte Aufmerksamkeitsstörungen gekennzeichnet, während Hyperaktivität
und Impulsivität nicht stark ausgeprägt sind,
und der vorherrschend hyperaktiv-impulsive
Typ ist durch ausgeprägte Hyperaktivität und
Impulsivität charakterisiert.

Eine Vielzahl von Befunden befasst sich
mit der neurobiologischen Ätiologie dieser
Störung, wobei die Hypothesen stark variieren
und neuroanatomische Dysfunktionen auf fast
jeder Stufe zwischen Frontalhirn und Hirnstamm annehmen. Veränderungen der Neurotransmitter Dopamin und Noradrenalin weisen
auf Veränderungen des zentralnervösen Stoff-

wechsels hin, wobei aufgrund der verschiedenen Reaktionen auf eine pharmakologische
Behandlung verschiedene Subtypen postuliert
werden (Shaywitz & Shaywitz, 1987).

Neuerdings wurden Beziehungen zwischen
dem Dopamin-Transportergen (DAT1) und der
Aufmerksamkeits-/Defizitstörung postuliert,
wobei Stimulanzien den Dopamin-Transport
inhibieren.

Während in der cranialen Computertomographie keine strukturellen Differenzen festgestellt werden konnten, konnten Hynd und Mitarbeiter (1991) bei Kindern mit Aufmerksamkeitsstörungen nicht die frontale Asymmetrie zugunsten der rechten Seite in der Magnetresonanz-Tomographie finden, die bei unauffälligen Kindern den Regelbefund darstellt.
Darüber hinaus konnte ein Zusammenhang
zwischen anatomischen Aspekten des rechten
Frontallappens und der Funktion Daueraufmerksamkeit festgestellt werden, so dass die
neuroanatomischen Differenzen eine theoretische Relevanz besitzen.

Elektrophysiologische Befunde gehen von
einem erniedrigten Arousal, d.h. einer Unter-
stimulierung des zentralen Nervensystems
aus, zumindest bei einer Untergruppe der hyperaktiven Kinder. Entsprechend wurde eine
verringerte frontale Durchblutung gefunden,
die sich unter Stimulanziengabe verbesserte.
In diesem Kontext sind auch Befunde zu sehen, die von einer verminderten Vigilanz und
einer eingeschränkten Daueraufmerksamkeit
in Continuous-Performance-Tests berichten.

Die Hemmungs-Defizithypothese, insbesondere bei motorischen Leistungen und in anderen kognitiven Tests, bezieht sich ebenfalls
auf die funktionellen Störungen des frontalen
Kortex. Kinder mit hyperkinetischen Störungen weisen mehr Fehler im Matching-Famili-
ar-Figures-Test auf und zeigen im Stroop-Test
sowie im Trail-Making-Test auffällige Leistungen. Die Einschränkung der motorischen
Hemmung konnte mit dem Go-/No-Go-Para-
digma, der Stopping- sowie der Conflict-Mo-
tor-Task ebenfalls nachgewiesen werden.
Hierbei handelt es sich hauptsächlich um eine
gering ausgeprägte motorische Hemmung,
wobei jedoch auch sequentielle Funktionen
betroffen sind. Insbesondere das sequentielle

Gedächtnis ist bei Kindern mit hyperkinetischen Störungen deutlich schlechter ausgebildet, während das verbale Gedächtnis
nicht betroffen ist. Darüber hinaus ist die Leistungsfähigkeit in schulischen Fertigkeiten
(was in der vorherrschenden angloamerikanischen Literatur als „academic achievement"
bezeichnet wird) deutlich geringer als bei nicht
betroffenen Kindern und auch bei Aufgaben,
die eine erhöhte Wahrnehmungsgeschwindigkeit verlangen, finden sich vergleichbare Unterschiede.

Pennington und Ozonoff (1996) stellen die
neuropsychologischen Befunde von hyperaktiven Kindern den von Kindern mit Störungen
des Sozialverhaltens gegenüber. Neuere Untersuchungen gehen von einer Kombination
genetischer und sozialer Faktoren aus, wobei
für die Pathogenese neurochemische, psychophysiologische, entwicklungsneurologische
und neuropsychologische Befunde zunehmend an Bedeutung gewinnen. Ein eindeuti-
ges Merkmal besteht in einem verminderten
Serotonin- und Noradrenalin-Spiegel bei Jugendlichen mit Sozialstörungen. In Neuroima-
gingstudien konnte eine Dysfunktion des
Frontallappens festgestellt werden. Auch eine
Verminderung des psychophysiologischen
Arousals mit einer verminderten Herzfrequenz
im Ruhezustand war bei Jugendlichen mit
Störungen des Sozialverhaltens zu beobachten. Höhere Raten von Risikofaktoren in der
Entwicklung sowie geringere IQ-Werte, insbesondere der verbalen Leistungen, fanden sich
in mehreren Studien. Andere kognitive Parameter wie Merkfähigkeit und räumliche Wahrnehmung differenzieren hingegen nicht zwischen Kontrollgruppen und Patienten mit
sozialen Auffälligkeiten.

Neuropsychologische Diagnostik bei Kindern und Jugendlichen

Diagnostische Aufgaben haben innerhalb der
Neuropsychologie besonderen Stellenwert,
und das gilt für das Kindes- und Jugendalter in
besonderem Maße, sollen doch nicht nur differenzierte Aussagen über verschiedene Funktionen gemacht werden, sondern auch Be-

ziehungen zwischen Gehirn und Verhalten
ebenso berücksichtigt werden wie die anhaltenden entwicklungsbedingten Veränderungen in diesem Lebensabschnitt. Zu dieser
äusserst schwierigen Aufgabe gibt es naturgemäß sehr unterschiedliche Zugänge. Eine
Grundüberlegung kann dabei für die diagnostische Entscheidungsfindung hilfreich sein.

Unter neuropsychologischen Diagnostikern
besteht relativ wenig Konsens bezüglich der
Frage, ob der Verwendung größerer Testbatterien, die dann ggfs. durch spezifische Teilleis-
tungstests zu ergänzen sind, der Vorzug zu
geben ist, oder ob von vornherein eine individuell auf den Einzelfall zugeschnittene Zusammenstellung vieler solcher Teilleistungs-
tests zum Einsatz kommen sollte. Dieser
eklektische Ansatz zur Funktionsdiagnostik
hat zweifellos den Vorteil höherer Flexibilität,
möglicherweise größerer individueller Angemessenheit und damit größerer ökologischer
Validität. Andererseits ist einschränkend zu
berücksichtigen, dass die jeweils gewählte Zusammenstellung in hohem Maße vom Funk-
tionsverständnis des Diagnostikers abhängig
ist und die normative Vergleichbarkeit – sofern standardisierte Verfahren verwendet werden – häufig stark eingeschränkt ist. Weiter
kann dieser oft stark defizitorientierte Ansatz
wichtige Informationen über Leistungsstärken
des Patienten, die wichtig sind zur Rehabilita-
tions- oder Förderplanung, vielfach nicht hinreichend erfassen, weil dies schließlich nur auf
der Basis einer intraindividuellen Vergleichbarkeit der Ergebnisse möglich ist. Generell
kann Einzeltests die normative Vergleichbarkeit nicht abgesprochen werden, sofern sie an
repräsentativen Stichproben normiert wurden,
was nicht die Regel ist. Allerdings erfordert die
differenzierende Betrachtung von Einzelaspekten kognitiver Leistungen im Sinne einer
Profilinterpretation ein besonders hohes Maß
normativer Vergleichbarkeit, wenn intraindividuelle Besonderheiten nicht durch normie-
rungsbedingte Differenzen verzerrt oder über-
deckt werden sollen. Dieses Maß an Vergleichbarkeit ist letztlich nur bei Testbatterien
gewährleistet, bei denen eine Reihe von „Einzeltests" an eben nur einer Stichprobe und zu
einem Zeitpunkt normiert wurden. Schließlich

müssen Aspekte von Inhalts- und Konstruktvalidität bei diesem eklektischen Diagnostik-
ansatz hohe Beachtung finden. So kann die
Diagnose einer Lese-Rechtschreibstörung
nach den Kriterien der ICD-10 durchaus davon
abhängen, welches Verfahren zur Feststellung
des in der Regel als „IQ" operationalisierten
„allgemeinen Entwicklungsstandes" des Kindes verwendet wird: Je weniger Dimensionen
und Aspekte intellektueller Leistungsfähigkeit
das verwendete Verfahren erfassen kann, umso größer ist die Gefahr, dass es mehr oder weniger zufallsabhängig und wenig repräsentativ
in einem „Hoch" oder „Tief" des individuellen
Leistungsprofils misst. Auf die Darstellung
diesbezüglich beeindruckender Fallbeispiele
muss hier leider aus Platzgründen verzichtet
werden. In jedem Fall fordert ein eklektischer
Untersuchungsansatz die fachliche Kompetenz und Erfahrung des Diagnostikers in besonderem Maße.

Nach unserer Auffassung ist die systematische und theoriegeleitete Untersuchung mit Hilfe einer vorgegebenen Testbatterie zu bevorzugen. Diese führt zu einer psychometrisch wie
inhaltlich meist besser abgesicherten Basisdiag-
nostik, da bei Einzeltests nur selten ein vergleichbarer Aufwand zur Evaluation und Normierung möglich ist. Sie bietet häufig schon
weitreichenden Aufschluss, fast immer aber Hypothesen zu Teilleistungsfunktionen, die dann
mit Hilfe spezifisch auszuwählender zusätzlicher Untersuchungsmaßnahmen geprüft oder
ergänzt werden müssen. Im folgenden sollen daher zunächst einige Konzepte von Testbatterien
besprochen werden, um danach zu Einzeltests
zu kommen, die bei gegebenen psychometrischen Qualitäten spezifische Untersuchungsauf-
gaben im Teilleistungsbereich haben. Bevor einzelne Testverfahren besprochen werden, soll
aber auf die Bedeutung einer neurologischen
Untersuchung unter Einschluss feinneurologi-
scher Zeichen, z.B. nach Tupper (1987), die hier
nicht eingehend dargestellt werden kann, ausdrücklich hingewiesen werden. Diese sollte
fester Bestandteil umfassender Untersuchungen
von Kindern und Jugendlichen sein, da sie wertvolle Ergänzungen, Bestätigungen, aber auch er-
klärungsbedürftige Widersprüche zur neuropsychologischen Diagnostik liefern kann. Die

bildgebende Diagnostik morphologisch-struktu-
reller Veränderungen, auf deren immer größer
gewordene Bedeutung eingangs schon hingewiesen wurde, kann demgegenüber nur bei bestimmten Problemstellungen Bestandteil der
Routinediagnostik sein.

Die neuropsychologische Testbatterie von Halstead und Reitan

Dieses Verfahren gehört zu den am häufigsten
verwendeten neuropsychologischen Diagnos-
tika und liegt für den englischen Sprachraum
in drei Versionen für Kinder von 5 bis 8 Jahren, von 9 bis 14 Jahren sowie für Erwachsene
vor (Reitan & Davison, 1974; Reitan & Wolfson, 1985), eine deutschsprachige Fassung
existiert jedoch nicht. Die Verfahren haben insoweit Modellfunktion, als es sich um die ersten Entwürfe „großer" neuropsychologischer
Testbatterien handelte. Sie entstanden in der
Annahme, dass jedes Verhalten eine organische Basis hat und somit die gemessene Leistungsfähigkeit auf der Verhaltensebene auch
herangezogen werden kann, um zerebrale
Funktionen zu beurteilen. Die theoretische
Grundlage beruht auf Modellen, die ausgehend von in der Regel traumatischen Hirnschädigungen entworfen wurden. Folgerichtig
erfolgte die Validierung des Verfahrens auch
vornehmlich anhand seiner Differenzierungs-
fähigkeit zwischen Kindern mit und ohne
erworbene Hirnschädigung. Das zugrundeliegende Konzept der Verhaltenskorrelate von zerebralen Funktionen ist in Abbildung 2 wiedergegeben und zeigt einige Parallelen zu der
weiter unten zu besprechenden zentralen
Denktheorie von Luria. Ein wesentlicher Unterschied auf Theorieebene besteht darin, dass
Aufmerksamkeit, Konzentration und Gedächtnis als gemeinsame Grundvoraussetzungen von Verarbeitungsprozessen verstanden
werden, die in die dichotome Differenzierung
sprachlicher vs. visuell-räumlicher Fähigkeiten (bzw. sequentiell/serieller vs. simultaner
Verarbeitungsfähigkeiten oder auditiver vs. visueller Verarbeitung nach anderen Konzepten)
nicht einbezogen werden. Dies ist ebensowenig mit Lurias Konzept in Einklang zu bringen

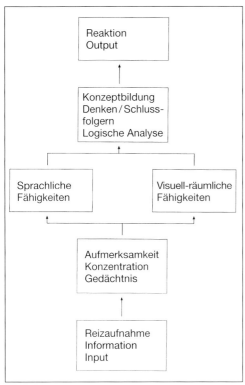

Abb. 2. Das Halstead-Reitan Konzept der Verhaltenskorrelate zerebraler Funktionen

wie mit unserer heutigen Sicht des Zustandekommens von Teilleistungsfunktionen.

In Tabelle 4 soll ein kurzer Überblick über die Untertests des Verfahrens und ihre Messaufgaben gegeben werden.

Der neuropsychologische Ansatz von Luria

Der russische Neurologe Alexander Luria beeinflusste mit seinem Lebenswerk maßgeblich die Entwicklung der Neuropsychologie in den USA. Seine Theorien umfassten in beeindruckender Weise eine differenzierte Analyse der zerebralen Organisation und Funktion, mit parallel dazu entwickelten fassettenreichen Untersuchungsmethoden und Ansätzen zur Rehabilitation.

Lurias (1980) zentrale Denk- oder Verarbeitungstheorie besteht aus drei funktionalen

Tabelle 4. Halstead-Reitan Battery: Untertests und ihre Messaufgaben

Category Test:	Maß zur Konzeptbildung; erfordert die Abstraktion von Prinzipien mit Bezug zu Zahlenkonzepten und räumlicher Anordnung
Tactual Performance Test:	Maß für taktile, motorische, räumliche und Gedächtnisfunktionen
Speech Sounds Perception Test:	auditorische Diskrimination, Verbindung von Geräuschen und Symbolen sowie Aufmerksamkeitsfunktionen
Seashore Rhythm Test:	Nonverbale auditive Wahrnehmung, Aufmerksamkeit und Konzentration
Trails A:	visuelle Wahrnehmung, motorische Verarbeitungsgeschwindigkeit, Fähigkeiten zu Reihenbildung und Wiedererkennen von Symbolen
Trails B:	wie Trails A; zusätzlich Maß simultanen Verarbeitens und kognitiver Flexibilität
Strength of Grip Test:	dynamometrische Untersuchung der Kraft in den Händen als Lateralisationsfrage
Sensory Perceptual Exam:	differenzierende taktile, auditive und visuelle Wahrnehmung unter Einschluss von Lateralitätsaspekten
Tactile Finger Localization Test:	taktile Wahrnehmung, taktile Lokalisation und Aufmerksamkeit unter Lateralitätsaspekten
Fingertip Number Writing Test:	komplexe taktile Wahrnehmung und Konzentration unter dem Aspekt der Lateralität
Tactile Form Recognition Test:	seitenspezifische Messung von Aufmerksamkeit, taktiler Wahrnehmung und Reaktionszeiten
Aphasia Screening Test:	Screeningmethode zur Erfassung dyspraktischer, dysgraphischer, dyslektischer oder damit assoziierter Probleme

Haupteinheiten. Block 1 wird als die Aktivierungseinheit verstanden, deren anatomisches Korrelat die Formatio reticularis im Hirnstamm ist und die eine Regulation von Tonus,

Aktivierung, Wachheit und Bewusstheit vornimmt. Block 2 definierte Luria als Aufnahme-, Verarbeitungs- und Speichereinheit, die er wiederum in drei Funktionsbereiche untergliederte: Unter „primären Projektionsarealen" verstand er die kortikale Empfangsstation der sensorischen Information, während „sekundäre Assoziationsareale" als Verbindungsneurone gesehen wurden, die eine modalitätsspezifische sequentielle Analyse und Synthese der Information gestatten. „Tertiäre Rindenzonen" haben schließlich die Aufgaben einer simultanen und/oder multimodalen Integration von verschiedenen Informations- und Verarbeitungskomponenten. Aus diesen Aspekten ergibt sich, dass bei Block 2-Störungen praktisch alle Formen von Wahrnehmungs- und Teilleistungsstörungen vorzufinden sind. Block 3 definierte Luria als Programmierungs-, Regulations- und Verifikationseinheit, die präfrontal lokalisiert ist und vor allem Planungs- und Vergleichsprozesse steuert. Modifikation des eigenen Verhaltens und Fehlerkorrektur sind hier ebenso anzusiedeln wie Motivationsprozesse oder Impulskontrolle. Störungen dieses Blocks sind dem Kliniker als „Frontalhirnsyndrom" geläufig. Eine knappe aber prägnante Darstellung der hier nur umrissenen Theorie von Luria sowie der damit assoziierten Untersuchungsmöglichkeiten findet sich im Handbuch zur TÜKI (Deegener et al., 1992) sowie in umfassender Form bei Christensen (1975), die eng mit Luria zusammenarbeitete.

Luria hatte in seinem Untersuchungsvorgehen eine hochgradig qualitative Orientierung. Die differenzierende Beurteilung von Leistungs- und Teilleistungsfähigkeit auf einer normativen Grundlage interessierte ihn wesentlich weniger als die intraindividuelle Ausgestaltung von Teilleistungsstörungen, da er aus dieser regelmäßig Interventionsstrategien für die Rehabilitation ableitete. Aus diesem Grund wurden früh Versuche unternommen, Lurias Diagnostik auf eine standardisierte und normierte Basis zu stellen, um interindividuelle Vergleichbarkeit herzustellen und Versuchsleitereffekte zu reduzieren. Eine bedeutende Umsetzung von Lurias Diagnostik in eine standardisierte Testbatterie gelang mit der Luria Nebraska Neuropsychological Battery –

Children's Revision (Golden et al., 1980). Dieses Verfahren wurde in zwei unterschiedlichen Ansätzen für die deutsche Sprache adaptiert: Während das Berliner-Luria neuropsychologische Verfahren für Kinder (BLN-K; Neumärker & Bzufka, 1989) wegen der nur recht eingeschränkt nachgewiesenen Testgütekriterien und einer unzureichenden Normierung nur eine sehr geringe Verbreitung erfuhr, ist auf das andere Verfahren näher einzugehen.

Tübinger Luria-Christensen neuropsychologische Untersuchungsreihe für Kinder (TÜKI)

Die TÜKI (Deegener et al., 1992) ist eine stark differenzierende neuropsychologische Untersuchungsreihe für Kinder im Alter von 4 bis 16 Jahren, wobei Normwerte für alle Funktionsbereiche in Jahresstufen sowie zusammengefasst für 6- bis 8-jährige und 9- bis 16-jährige vorliegen. Weitere normative Zuordnungen finden sich in Abhängigkeit von dem Geschlecht der Probanden sowie für diagnostische Untergruppen, wie kinderpsychiatrische Inanspruchnahmestichprobe mit und ohne Hirnschädigung, Kinder aus Kindergärten, sprachgestörte, lernbehinderte und verhaltensgestörte sowie lese- und rechtschreibgestörte Kinder.

Die Aufteilung der Aufgaben auf insgesamt 16 Teilfunktionsbereiche „darf nicht als Trennschärfesystematik aufgefasst werden: Sie hat in erster Linie Ordnungscharakter und stellt jeweils die zentralen Untersuchungsziele heraus" (ebd. S. 39). Luria hat 11 komplexe Funktionsbereiche als essentielle Bestandteile neuropsychologischer Diagnostik differenziert, von denen die TÜKI acht abdeckt (siehe Tabelle 5).

Die eingehende Beschreibung des Untersuchungsvorgehens bei der TÜKI würde an dieser Stelle erheblich zu weit führen. Deshalb sei diesbezüglich auf das bereits erwähnte Handbuch zur TÜKI verwiesen (Deegener et al., 1992), das weit über die Funktionen eines Testhandbuchs hinausgeht: Es bietet nicht nur eine sehr informative Kurzdarstellung der Theorie und des praktischen Vorgehens von Luria, sondern in die Beschreibung des Untersuchungsvorgehens zu den einzelnen Funkti-

Tabelle 5.   Elf Bereiche neuropsychologischer Funktionsdiagnostik nach LURIA

1. Motorische Funktionen:	Ganzkörperkoordination, Feinmotorik, Handmotorik, orale Praxie, sprachliche Regulation motorischer Vollzüge.
2. Akustisch-motorische Koordination:	Wahrnehmung und Reproduktion von Tonhöhenverhältnissen und rhythmischen Strukturen.
3. Höhere hautkinästhetische Funktionen:	Hautempfindung, Muskel- und Gelenksensibilität, Stereognosie.
4. Höhere visuelle Funktionen:	einfacher Farbtest, visuelle Wahrnehmung, räumliche Orientierung und räumliches Denken.
5. Rezeptive Sprache:	Wortverständnis, Verständnis einfacher Sätze und logisch-grammatikalischer Strukturen.
6. Expressive Sprache:	Artikulation von Sprachlauten, reproduzierende Sprache, nominative Funktion des Sprechens und erzählende Sprache.
7. Mnestische Prozesse:	Lernen, Behalten und Wiedererinnern.
8. Denkprozesse:	Verständnis für Situationsbilder und Texte sowie Begriffsbildung.
9. Lesen	
10. Schreiben	
11. Rechnen	

onsbereichen ist in vorbildlicher Weise eingearbeitet, mit welchen Untersuchungsmethoden respektive Untertests anderer Verfahren die jeweiligen Teilfunktionen ebenfalls untersucht werden können.

In Lurias Untersuchungsvorgehen ist die gezielte und theoretisch geleitete Variation der Aufgabenstellung ein Grundprinzip, das zur Feststellung von Teilleistungsstärken und -schwächen dient. Diese beständige Aufgabenvariation ist letztlich als ein logisches Ausschlussverfahren zu verstehen, das schließlich

– zumindest theoretisch – zum Kern einer Teilleistungsproblematik führt. Damit liegt die eindeutige Stärke der TÜKI darin, dass Lurias qualitative „Tiefenschärfe" der Diagnostik trotz der erfolgten Standardisierung ganz überwiegend erhalten geblieben ist. Als generelles Leistungsdiagnostikum, was als Aufgabe des Verfahrens auch nicht angestrebt wurde, ist die TÜKI hingegen wenig brauchbar, was vor allem auf Schwächen in der Normierung und eine unzureichende Differenzierung im mittleren Leistungsbereich zurückzuführen ist.

Einsatz der Kaufman-Assessment Battery for Children (K-ABC) in der neuropsychologischen Diagnostik

Die K-ABC (Kaufman & Kaufman, 1983; Melchers & Preuß, 1991) ist im Gegensatz zur TÜKI nicht als neuropsychologisches Verfahren, sondern als generell einsatzbarer Test zur differenzierten Erfassung intellektueller Fähigkeiten und erworbener Fertigkeiten zu verstehen. In ihrer theoretischen Grundlage stützt sich die K-ABC (neben kognitionspsychologischen Theorien und Erkenntnissen) jedoch ebenfalls speziell auf die zentrale Denktheorie von Luria sowie darüber hinaus auf die Arbeiten von Sperry und Mitarbeitern (1969, 1974) zur Hemisphärenspezialisation.

Wie die TÜKI deckt auch die K-ABC acht der elf von Luria definierten Funktionsbereiche neuropsychologischer Diagnostik ab. Im Gegensatz zur TÜKI erfasst die K-ABC auch die Bereiche Lesen und Rechnen, aber nicht die Bereiche akustisch-motorische Koordination sowie höhere Haut- und kinästhetische Funktionen. Beide Verfahren lassen den Funktionsbereich Schreiben aus, der somit ggfs. durch ergänzende Einzeltests berücksichtigt werden muss. Abbildung 3 zeigt den Skalenaufbau der K-ABC.

Um die bei anderen Testkonzepten häufig kritisierte Vermischung und Überschneidung beider Bereiche möglichst zu vermeiden und ihre interpretative Gegenüberstellung zu ermöglichen, werden die Bereiche intellektuelle Fähigkeiten und erworbene Fertigkeiten in getrennten Skalen erhoben, aus denen auch kein gemeinsames Maß gebildet wird. Gestützt auf

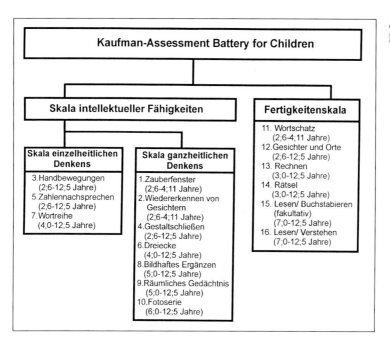

Abb. 3. Aufbau der K-ABC

Lurias zentrale Denktheorie und verschiedene Ergebnisse der Kognitionspsychologie erfolgt die eigentliche Messung intellektueller Fähigkeiten in getrennten Skalen zu einzelheitlichem Denken (sequentielle, serielle, analytische Verarbeitung) und ganzheitlichem Denken (simultane, parallele, räumliche Verarbeitung). Die sprachfreie Skala als Sonderform des Verfahrens beinhaltet die Untertests der vorgenannten Skalen, die sprachfrei durchgeführt werden können. Sie wurde vorgesehen, um auch sprech-, sprach- und hörgestörte Kinder auf der Basis einer breit normierten Testreihe untersuchen zu können. Die K-ABC ermöglicht damit ein mehrstufiges Interpretationsvorgehen: Auf der Ebene der Gesamttestergebnisse können Intelligenz und erworbene Fertigkeiten einander gegenübergestellt werden, was auch Rückschlüsse auf die Förderung des Kindes gestattet. Auf der Ebene der Verarbeitungsdichotomie sequentiell vs. simultan werden oft bedeutsame Unterschiede festgestellt, die dann Anlass für weiterreichende Untersuchungsmaßnahmen sein oder direkte Umsetzung in Förderungsmaßnahmen nahelegen können. Auf Untertestebene lässt sich

schließlich häufig ein Profil signifikanter Stärken und/oder Schwächen ermitteln, aus dem Hypothesen über Teilleistungsbesonderheiten abgeleitet werden können, die ggfs. wiederum direkt zu bestimmten Fördermaßnahmen führen.

Die K-ABC ist für einen Altersbereich von 2;6 bis 12;5 Jahren vorgesehen und umfasst 16 Untertests, von denen maximal 13 mit einem Kind durchgeführt werden. Die Durchführungsdauer liegt altersabhängig zwischen 30 und 90 Minuten. Auf eine detaillierte Darstellung der Untertests und ihrer Durchführung soll wiederum verzichtet werden, diese findet sich bei Melchers (1996). Über das standardisierte Vorgehen hinaus gestatten auch die K-ABC Untertests in begrenztem Umfang eine Variation der Aufgabenstellung im Sinne Lurias, aber der Hauptaspekt der K-ABC liegt im Gegensatz zur TÜKI eindeutig auf einer quantitativen und normativ gut abgesicherten Beurteilung kognitiver Fähigkeiten. Damit ist die qualitativ ausdifferenzierte Untersuchung innerhalb einzelner Teilleistungen nur in begrenztem Umfang möglich. Die Eignung der K-ABC in neuropsychologischen Untersuchungen wurde für die Originalfassung in einer Vielzahl von Studien belegt (Reynolds et al., 1997; Melchers & Preuß, 1991). Für den deutschsprachigen Raum sind diesbezüglich zwei Studien aus jüngster Zeit erwähnenswert, die spezifische Skalen- und Teilleistungsprofile bei sprachentwicklungsverzögerten Kindern (Preis et al., 1997) sowie Kindern mit einer sorgfältig vordiagnostizierten Lese-Rechtschreibstörung (Rohrer, 1996) nachweisen konnten.

Entwurf eines neuropsychologischen Diagnostikkonzepts bei Kindern und Jugendlichen unter Einschluss ergänzender Teilleistungsverfahren

Der neuropsychologische Disput zu den Fragen eklektische Untersuchungsansätze vs. Verwendung von Testbatterien und Betonung intramodaler qualitativer Differenzierung vs. Betonung intermodaler quantitativer Differenzierung lässt sich ebensowenig entscheiden, wie die Frage, ob therapeutisch das direkte Angehen neuropsychologischer Defizite effektiver ist oder das Nutzen und Weiterentwickeln neuropsychologischer Stärken. Daher ist Rourke et al. (1983) beizupflichten, die für diese Fragen stets ein kombiniertes Vorgehen vorschlagen mit dem Versuch, die positiven Aspekte der jeweiligen Ansätze zu verbinden. Um dieses Ziel zu erreichen, kann nach den vorliegenden Erfahrungen und unter Berücksichtigung der im deutschen Sprachraum verfügbaren diagnostischen Materialien ein gestuftes Vorgehen für die neuropsychologische Diagnostik im Kindes- und Jugendalter empfohlen werden. Während sich die Wechsler-Tests (HAWIVA, HAWIK-R, HAWIE-R) aufgrund ihrer theoriefernen inhaltlichen Dichotomisierung verbaler Leistungsanteile gegenüber nonverbalen prinzipiell weniger eignen (bzw. nur nach spezifischer, konzeptgeleiteter Reorganisation und Neuinterpretation der Untertestprofile, da die Verfahren kein entsprechendes Interpretationsmuster vorgeben, was einen über die üblicherweise zu fordernden Qualifikationen weit hinausgehenden praktischen wie theoretischen Kenntnisstand des Diagnostikers voraussetzt), liegt mit der K-ABC ein Verfahren vor, das auf solider theoretischer wie normativer Grundlage nicht nur generell kognitive Leistungen erfassen, sondern auch neuropsychologisch relevante Hypothesen zu Teilleistungsschwächen und -stärken liefern kann. Hierzu dient eine im Testkonzept vorgegebene Interpretationsstruktur, Alternativen dazu wurden von Kamphaus und Reynolds (1987) beschrieben. Diese damit herausgestellten Funktionsbereiche können dann mit Verfahren wie der TÜKI einer sorgfältigen qualitativen intramodalen Exploration unterzogen werden, wobei gleichzeitig eine Hypothesenprüfung möglich ist. Zur Vervollständigung dieses kombiniert hypothesengenerierenden und hypothesenprüfenden diagnostischen Vorgehens, an dessen Ende konkrete Ideen zu therapeutischen Interventionen entstanden sein sollten, sind aber in der Regel noch weitere Untersuchungsmethoden/Testverfahren zur Erfassung einzelner Funktionsbereiche erforderlich. Deren Einsatz erfolgt dann aber nicht eklektisch, sondern hypothesengeleitet. Im folgenden sollen einige solcher Einzeltests zu bestimmten Teilleistungen exemplarisch dargestellt werden. Quellenangaben zu Testverfahren sind in Tabelle 6 zusammengestellt.

Diagnostik von Lern- und Gedächtnisfunktionen

Zur Diagnostik visueller und auditiver Kurzzeitgedächtnisfunktionen, die intraindividuell häufig hoch unterschiedlich ausgebildet sind, stehen eine Vielzahl von Untertests aus bekannten und bewährten Leistungsverfahren wie dem HAWIK-R, dem Adaptiven Intelligenz Diagnostikum (AID), dem Psycholinguistischen Entwicklungstest (PET), dem Heidelberger Sprachentwicklungstest (HSET), der K-ABC oder der Testbatterie zur Aufmerksamkeitsprüfung (TAP; Untertest Arbeitsgedächtnis) zur Verfügung.

Das Altgedächtnis lässt sich im Hinblick auf semantische oder prozedurale Gedächtnisfunktionen in der Regel gut mit Verfahren zu schulischem Wissen oder erworbenen Fertigkeiten untersuchen.

Tabelle 6. Eine Auswahl (neuro)psychologischer Testverfahren

Testbatterien

Halstead-Reitan Neuropsychological Test Battery: Theory and Clinical Interpretation. Reitan, R. & Wolfson, D. (1985). Tucson: Neuropsychology Press.

Luria-Nebraska-Neuropsychological Battery. Golden, C., Hammeke, T. & Purisch, A. (1980). Los Angeles: Western Psychological Services.

TÜKI. Tübinger Luria-Christensen neuropsychologische Untersuchungsreihe für Kinder. Deegener, E., Dietel, B., Kassel, H., Matthaei, R. & Nödl, H. (1992). Weinheim: Psychologie Verlags Union.

K-ABC. Kaufman-Assessment Battery for Children. Melchers, P. & Preuß, U. (1991). Deutschsprachige Fassung. Frankfurt: Swets & Zeitlinger.

HSET. Heidelberger Sprachentwicklungstest. Grimm, H. & Schöler, H. (1991). Göttingen: Hogrefe.

HAWIK-R. Hamburg-Wechsler-Intelligenztest für Kinder. Tewes, U. (1983). Göttingen: Hogrefe.

HAWIE-R. Hamburg-Wechsler-Intelligenztest für Erwachsene. Tewes, U. (1991). Göttingen: Hogrefe.

AID. Adaptives Intelligenz Diagnostikum. Kubinger, K. & Wurst, E. (1991). Weinheim: Beltz.

Lern- und Gedächtnisfunktionen

Leertest voor etnische Minderheden. Hamers, J., Hessels, M. & van Luit, J. (1991). Lisse: Swets & Zeitlinger.

Leipziger Lerntest. Guthke, J., Huber, W., Willmes, K. & Wolschke, P. (In Vorbereitung). Göttingen: Hogrefe.

LMT. Lern- und Merkfähigkeitstest. Seyfried, H. (1990). Göttingen: Hogrefe.

NVLT, Nonverbaler Lerntest. VLT, Verbaler Lerntest. Sturm, W. & Willmes, K. (1994, 1999). Mödling: Schuhfried; Göttingen: Hogrefe

WMS-R. Wechsler-Gedächtnis Test. Deutsche Adaptation. Härting, C., Markowitsch, H., Neufeld, H., Calabrese, P., Deisinger, K. & Kessler, J. (In Vorbereitung). Göttingen: Hogrefe.

Aufmerksamkeitsfunktionen

Test d2. Aufmerksamkeitsbelastungstest. Brickenkamp, R. (1994). Göttingen: Hogrefe.

TAP. Testbatterie zur Aufmerksamkeitsprüfung. Zimmermann, P. & Fimm, D. (1994). Herzogenrath: Psytest.

ZVT. Zahlenverbindungstest. Oswald, W. & Roth, E. (1987). Göttingen: Hogrefe.

Exekutivfunktionen

WCST. Wisconsin Card Sorting Test. Grant, D. & Berg, E. (1993). Göttingen: Hogrefe.

Turm von Hanoi. Simon, H. (1975). The functional aquivalence of problem solving skills. Cognitive psychology, 7, 268-288.

Mehrdimensionale Gedächtnistests wie der Lern- und Merkfähigkeitstest LMT (Seyfried, 1990; Tab. 6), die wiederum eine differenzierende und normativ gestützte Untersuchung visueller und auditiv-verbaler Gedächtnisfunktionen zulassen, liegen nur für Jugendliche vor, aber nicht für Kinder.

Die Untersuchung der Lernfähigkeit, die unter dem Aspekt dynamischer Leistungsdiagnostik zunehmend an Bedeutung gewinnt, ist ein schwieriges Problem, da sie über die Untersuchung von Intelligenz- und Gedächtnisfunktionen hinausgeht. Der Leipziger Lerntest (Guthke et al., in Vorbereitung) ist hier ein wichtiger Ansatz, der allerdings nur für einen sehr schmalen Altersbereich vorgesehen ist. Ein interessantes Verfahren zur Lernpotentialdiagnostik im Sinne des diagnostisch wie therapeutisch relevanten Konzepts der „Zone nächster Entwicklung, ZNE" (Vygotsky, 1978) ist der niederländische „Leertest voor etnische Minderheden" (Hamers et al., 1991; Tab 6). Der Test operationalisiert ein interaktives Test-Training-Test-Paradigma und wird gegenwärtig für die deutsche Sprache adaptiert. Eine bedeutende Rolle in der Diagnostik materialspezifischer Lernfähigkeit spielen auch der Nonverbale Lerntest NVLT und der Verbale Lerntest VLT (Sturm & Willmes, 1994, 1999, s. Tab. 6). Beide Verfahren gestatten die Darstellung von Lernzuwachsraten, liegen sowohl in einer Kartenform wie in einer computergestützten Form innerhalb des Wiener Testsystems vor und sind neuropsychologisch gut erforscht (Sturm, 1995; Lehmkuhl et al., 1984). Obwohl beide Verfahren (noch) nicht in einer Normierung für Kinder und Jugendliche vorliegen, dürfen von ihrer Anwendung wertvolle differentialdiagnostische Hinweise erwartet werden.

Diagnostik von Aufmerksamkeitsfunktionen

Bezüglich einer differenzierten Beschreibung der Problematik in der Diagnostik von Aufmerksamkeitsstörungen ist auf Kap. 4.1 zu verweisen. Auch für Kinder und Jugendliche ist davon auszugehen, dass die Testbatterie zur Aufmerksamkeitsprüfung von Zimmermann und Fimm (1992) hier das differenzierteste und umfassendste Verfahren darstellt. In diesem Zusammenhang ist speziell auf die vorläufige Normierung des Verfahrens für Kinder im Alter von 9-12 bzw. 6-10 Jahren hinzuweisen (Kunert et al., 1996; Földényi et al., 1999). Als Beispiele für papiergestützte Konzentrationsleistungsmaße seien der Zahlenverbindungstest (ZVT; s. Tab. 6) sowie der Aufmerksamkeitsbelastungstest d2 (s. Tab. 6) erwähnt, die auch über große, einen weiten Altersbereich umfassende Normierungen verfügen. Die zur Differentialdiagnostik wie als Forschungsmethode hoch interessanten, computergestützten Continuous Performance Tests liegen in recht unterschiedlichen und überwiegend nicht normierten Versionen vor, wodurch eine einheitliche und knappe Beschreibung an dieser Stelle unmöglich erscheint.

Diagnostik von Exekutivfunktionen

Eine eingehende Beschreibung der Exekutivfunktionen bzw. der „Handlungs- und Planungskomponente" nach Luria findet sich in Kap. 4.4 dieses Buches. Zur Beurteilung von Zielorientierung, Planen, Problemlösen, Handlungsausführung sowie Handlungskontrolle und -regulation scheinen auch im Kindes- und Jugendalter neben der entsprechenden Interpretation der Testprofile größerer Batterien vor allem zwei Verfahren geeignet:
Der Wisconsin-Card-Sorting-Test (WCST; s. Tab. 6) sowie der Turm von Hanoi (s. Tab. 6), mit dem vor allem vorausschauendes Problemlöseverhalten beurteilt werden kann.

Stand der Diagnostik

Die Beschreibung neuropsychologisch-diagnostischer Vorgehensweisen in diesem Kapitel erhebt keinen Anspruch auf Vollständigkeit und mag als stärker differenzierbar erscheinen. Sie ist aber auch ein Ausdruck der nicht befriedigenden Verfügbarkeit geeigneter Verfahren für Kinder und Jugendliche im deutschen Sprachraum. Damit soll der qualitativ-klinische oder forschungsbezogene Wert vieler neuer Testentwürfe keinerlei Missachtung erfahren. Andererseits darf nicht übersehen werden, dass viele dieser Verfahren nur einen sehr

begrenzten Aussagebereich haben, hinsichtlich ihrer Reliabilität und Validität unzureichend evaluiert sind oder schlicht nicht über eine Normierung verfügen, die den Ansprüchen einer Diagnostik auf der Grundlage wissenschaftlicher Methodik genügt. Die angestrebte Aufgabe dieser Bemerkungen in einem Lehrbuch ist es, den praktisch-klinisch tätigen Neuropsychologen zu einer kritischen Würdigung seiner Diagnostik zu veranlassen und vor allem dazu zu motivieren, das Fach durch Neu- oder Weiterbearbeitungen voranzubringen.

Neuropsychologische Therapie und Rehabilitation

Die Vielzahl der Ansätze und Strategien zu neuropsychologischen Interventionen bei sehr unterschiedlichen Störungsbildern kann in diesem Beitrag sicher nicht erschöpfend behandelt werden. Im folgenden sollen daher nur einige Aspekte kurz angesprochen werden, während andere Behandlungsformen im Kapitel 4 ausführlicher abgehandelt werden.

Biofeedback-Methoden bei neurologischen und neuropsychologischen Störungen

Biofeedback gehört letztlich zu den verhaltenstherapeutischen Interventionen, mit deren Hilfe das Individuum zu einer verbesserten Kontrolle physiologischer Abläufe kommen soll. Die verwendete Technik versorgt den Patienten mit unmittelbarer und präziser Information über physiologische Prozesse, die für ihn sonst nicht beobachtbar oder beurteilbar sind. Die zugrundeliegenden Mechanismen sind weitgehend ungeklärt, theoretische Erklärungen reichen vom operanten Konditionieren diskreter physiologischer Antworten über das Lernen generalisierter Entspannungsreaktionen bis zur Hypothese, dass kognitive Veränderungen erreicht werden, die zu einer verstärkten Bewusstwerdung der eigenen Möglichkeiten zur Selbstkontrolle führen. Obwohl über die theoretischen Grundlagen noch keine Einigkeit erzielt worden ist und die

Biofeedback-Methode speziell bei Kindern und Jugendlichen als völlig unzureichend erforscht gelten muss, besteht doch Einigkeit darüber, dass genügend motivierte Patienten mit Hilfe dieser Methode eine willentliche Kontrolle über eine Vielzahl physiologischer Abläufe erlernen können.

Rigor und Spastik stehen bei der zerebralen Lähmung im Vordergrund und wurden mit Biofeedback-Methoden unter einem EMG-Paradigma behandelt. Dabei zeigte sich, dass Kinder eine Reduktion der EMG-Aktivität initial erlernen können, diese ist aber nicht stabil oder es kommt nach Beendigung der initialen Therapiephase sogar zu einer Steigerung des Muskeltonus, wobei es sich in einer zweiten Trainingsphase als häufig schwieriger erwies, die bereits erlernte Kontrollfunktion erneut zu erreichen. Die Wirksamkeit konnte durch den Einsatz unmittelbarer realer Verstärker verbessert werden, und die untersuchten Kinder zeigten dann in der initialen Trainingsphase signifikante Verbesserungen in sprachlichen und motorischen Funktionen.

EEG-Biofeedback-Methoden, z.B. zur Reduktion extrem langsamer (1-5 Hz) oder hoher (20-25 Hz) Frequenzen unter paralleler Steigerung der Aktivität in den mittleren Frequenzbereichen, wurden bei Patienten eingesetzt, deren epileptische Anfälle durch pharmakologische Methoden nur unzureichend kontrolliert werden konnten. Die Nützlichkeit des Biofeedback als adjuvante Therapie der Epilepsie fand in verschiedenen Studien Unterstützung. Sogar Kinder mit geistiger Behinderung profitierten von den komplizierten Feedback-Paradigmen und erreichten eine Veränderung ihrer Frequenzverteilung im EEG sowie eine Verminderung der Anfallshäufigkeit. In Anbetracht unzureichender Stichprobengrößen und fehlender Vergleichsuntersuchungen zu verschiedenen Biofeedback-Paradigmen befindet sich die Methode allerdings bis auf weiteres in einem Erprobungsstadium und kann noch nicht als routinemäßiges Adjuvans bei schwer einstellbaren Epilepsien angesehen werden.

Die Verhaltensauffälligkeiten beim hyperkinetischen Syndrom lassen sich durch die Medikation mit Stimulanzien in der weit überwiegenden Zahl der Fälle effektiv reduzieren, aber diese Erfolge sind nach Absetzen der Medikation nicht persistent, was dann oft langjährige medikamentöse Intervention erfordert, und die Langzeitergebnisse lassen sich allenfalls durch relativ aufwendige parallele verhaltenstherapeutische Interventionen verbessern. Das Syndrom wird von den meisten Autoren als eine Störung der Impulskontrolle verstanden. Vor allem in den 70er Jahren wurden Biofeedback-Methoden als primäre oder adjuvante Intervention beim hyperkinetischen Syndrom vorgeschlagen. Entsprechende Untersuchungen bezogen sich auf das EMG-Paradigma unter der Überlegung, dass reduzierter Muskeltonus zu einer generalisierten Entspannung führt, die schließlich in eine Reduktion der Überaktivität mündet. In einer Vielzahl von Studien konnte durchgängig gezeigt werden, dass die betroffenen Kinder nach drei bis dreißig Trainingseinheiten regelmäßig zu einer Reduktion ihrer EMG-Aktivität kommen, aber deren Auswirkungen auf das hyperaktive Verhalten der Kinder sowie ihre neuropsychologischen Test- und schulischen Leistungen bleiben unklar und uneinheitlich. In Übereinstimmung mit dem Befund, dass hyperaktive Kinder elektrophysiologisch gesehen kein überdurchschnittliches, sondern ein unterdurchschnittliches Erregungs- und Aktivitätsniveau aufweisen (Satterfield & Dawson, 1971), verbesserten sich in einer Studie nur die Kinder auf der Verhaltensebene, die ein EMG-Training zur Steigerung der Aktivität erfahren hatten. Nur eine der Studien, die eine Verminderung der Verhaltensauffälligkeiten nach Biofeedback gefunden hatten, verfolgte die Stabilität dieser Veränderungen über die Zeit (Bhatara et al., 1979). Danach verlor sich der Therapieeffekt innerhalb von zwölf Wochen nach Interventionsende, und die Kinder kehrten in der Beurteilung ihrer Eltern zu der gleichen Auffälligkeitsrate wie vor Behandlungsbeginn zurück. Auch Studien zur Biofeedback-Methodik unter Einsatz von EEG-Paradigmen erbrachten bisher widersprüchliche Ergebnisse, die allenfalls zu weiteren Forschungsbemühungen Anlass geben, aber keinesfalls eine abschließende (positive) Bewertung dieser Interventionsstrategie zulassen.

Im Rahmen der Migränebehandlung bei Kindern hat die Biofeedback-Methodik einen festen Stellenwert erreicht. Frühe Studien zu diesen Interventionen gründeten auf der jetzt diskreditierten vasculären Theorie der Migräne, die annahm, dass der Migräneschmerz durch eine Vasodilatation der intrakraniellen Arterien bedingt ist, die ihrerseits durch eine vorhergehende Phase exzessiver Vasokonstriktion ausgelöst wird. In den frühen Studien wurden die Patienten hinsichtlich einer Erhöhung der Hauttemperatur an den Händen trainiert, wobei die dadurch bedingte Vasodilatation eine generalisierte Abnahme des Sympathicotonus bedingen sollte, die eine Minimierung der initialen vasokonstriktiven Phase bewirkt und somit den Beginn des Migräneschmerzes vermeiden hilft. Kontrollierte Interventionsstudien zeigten die hohe Effektivität dieser Maßnahmen bei einer Reduktion der Kopfschmerzhäufigkeit um 50 bis 60 %. In einer Vielzahl von Studien wurde biofeedbackgestütztes Training der peripheren Vasodilatation mit autogenem Training verbunden, aufgrund einiger methodischer Probleme konnte der isolierte Stellenwert der Biofeedback-Methode dabei bislang nicht geklärt werden. Unabhängig davon darf biofeedbackgestütztes autogenes Training heute als effektive Behandlungsmethode kindlicher Migräne angesehen werden, die teilweise zu Symptomfreiheit führt, teilweise zu erheblicher Symptomminderung oder zu einer Reduktion der erforderlichen Medikation. Der Behandlungserfolg ist weitgehend stabil über die Zeit und tritt auch dann auf, wenn die Methode unter entsprechenden Modifikationen in die häusliche Umgebung verlegt wird. Alle Studien (z.B. Allen & McKeen, 1991) haben diese Methode im Kontext eines multimodalen verhaltenstherapeutischen Trainings zum Schmerzmanagement angewandt, was die aktuelle Sicht chronischer Schmerzproblematik als multifaktorielle Reaktion reflektiert.

Neurokognitive Interventionsstrategien

Der enorme Zuwachs unseres Wissens über zerebrale Funktionen in ihrer Beziehung zum beobachtbaren Verhalten innerhalb der letzten 15 Jahre führt auch zu einem wachsenden Interesse an neurokognitiven, neuropsychiatrischen und neurobehavioralen Interventionsprogrammen, die eine Umsetzung neuropsychologischer Erkenntnisse über das Zustandekommen bestimmter Funktionen in Behandlungsstrategien bei Störungen dieser Funktionen versuchen. Solche Interventionen erfordern Informationen über den neuropsychologischen, kognitiven, schulischen und psychosozialen Status, um zu integrativen Behandlungsplänen zu kommen, z.B. für Lese- und/oder Rechtschreibstörungen, nonverbale Lernstörungen, Aufmerksamkeitsstörungen, tiefgreifende Entwicklungsstörungen, Epilepsie-assoziierte Funktionsstörungen, Schädel-Hirn-Traumen, Funktionsstörungen nach zerebralen Malignomen oder Störungen der Exekutivfunktionen. Dabei sollte die Evaluation des Erfolgs immer ein wesentlicher Bestandteil solcher Behandlungsprogramme sein, was sowohl für den Effektivitätsnachweis in Therapiestudien gilt als auch für den klinischen Einzelfall. Die Wiederholung einer identischen oder nachweislich vergleichbaren Diagnostik nach einer konzeptuell begründbaren Zahl von Therapieeinheiten erscheint als Methode der Wahl. Die unterlassene Effektivitätsprüfung im Einzelfall wird nicht nur häufig eine unangemessene Verwendung zeitlicher und finanzieller Ressourcen bedeuten, sondern möglicherweise auch einen Motivationsverlust auf Seiten des Patienten. Dies würde aber die Erfolgsaussichten alternativer und ggf. effektiverer Strategien vermindern.

Als wesentliche theoretische und teilweise inhaltlich ausgestaltete Grundlage solcher Behandlungsansätze sind vier Interventionsmodelle hervorzuheben:

1. das vielstufige neuropsychologische Untersuchungs-Interventionsmodell von Teeter & Semrud-Clikeman,
2. das entwicklungsneuropsychologische Förderungs- und Rehabilitationssystem von Rourke,
3. die Rehabilitationsmaßnahmen nach Reitan und Wolfson,
4. das phänomenologische Modell von Levine.

Um den Rahmen dieses Beitrags nicht zu sprengen, können diese Modelle hier nur skizziert werden.

Zu 1.:

Im „Multistage Neuropsychological Model (MNM)" von Teeter und Semrud-Clikeman (1997) werden in der ersten Stufe strukturierte Techniken zur Verhaltensbeobachtung benutzt, woraus systematische Interventionen auf Verhaltensebene abgeleitet werden. Falls diese nicht zu einer deutlichen Verbesserung der Problematik führen, werden umfassendere kognitive, psychosoziale, neuropsychologische und/oder neuroradiologische Untersuchungen erwogen, wobei auf jeder Stufe die Ableitbarkeit von Behandlungsmaßnahmen zu prüfen ist. Tabelle 7 gibt einen groben Überblick über die 8 Stufen des Modells.

Die Autoren heben hervor, dass auf jeder Stufe effektive Interventionen weitere und intensive Untersuchungen erübrigen können, speziell wenn eine Störung nicht sehr schwerwiegend oder chronisch ist (Beispiel: Dyslexie versus einfache Verzögerung der Lese-(Rechtschreib-) Entwicklung). Dies erfordert die wiederholte Prüfung, ob die gestellte Diagnose und die erfolgte inhaltliche Beschreibung der Störung, die zur Erstellung eines Behandlungsplans gleichermaßen bedeutsam sind, noch zutreffen. Ebenso wird die periodische Evaluation der geplanten und durchgeführten Interventionen gefordert, da nur so die Fortsetzung ineffektiver und motivational ggf. schädlicher Strategien verhindert werden kann.

Zu 2.:

Das „Developmental Neuropsychological Remediation/Rehabilitation Model (DNRR)" von Rourke (1994) wurde mit Bezug auf die Probleme lernbehinderter Kinder entworfen, bietet aber auch für andere Störungen einen geeigneten Arbeitsrahmen. Es besteht aus 7 Stufen: In Stufe 1 werden die Interaktionen zwischen neuropsychologischen Stärken und Defiziten, dem Ausmaß der Beeinträchtigung, dem bildungsbezogenen Lernen und psychosozialen Funktionen erfasst, wobei immer ein

Tabelle 7. Stufen und Inhalte des Multistage Neuropsychological Model (MNM; Teeter & Semrud-Clikeman, 1997)

Stufe	Beschreibung des Vorgehens
1. Identifizierung des Problems	Strukturierte Verhaltensbeobachtung
2. Interventionen auf Verhaltensebene	Selbstkontrolltechniken, Kontingenzmanagement, Lernstrategien, „Lernbetreuung" durch peer-group
3. Kognitionsbezogene Diagnostik	Umfassende kognitionspsychologische, schul-/bildungsbezogene und Untersuchung psychosozialer Funktionen
4. Kognitionsgestützte Interventionen	Analyse von Leistungsmustern, phonologische Bewusstheit, Aktivierungsschemata, Organisationsstrategien
5. Neuropsychologische Diagnostik	Umfassende neurokognitive Untersuchung
6. Integrierte neuropsychologische Intervention	Kompensatorische Fähigkeiten und Fertigkeiten, psychopharmakologische Interventionen
7. Neurologische/neuroradiologische Diagnostik	Grob- und feinneurologische Untersuchung, EEG, evozierte ereigniskorrelierte Potentiale, Computertomographie, Magnetresonanztomographie
8. Medizinische Rehabilitation	Neurologische Behandlung und Rehabilitation

Bezug zu entwicklungspsychologischen Erwägungen gegeben sein sollte. Stufe 2 umfasst auch die Beurteilung der Anforderungen der Umwelt an das Kind, so dass seine in verschiedenen Dimensionen erfasste Funktionsfähigkeit in Bezug gesetzt werden kann zu speziellen Anforderungen im Entwicklungskontext unter Berücksichtigung des soziokulturellen Hintergrundes. In Stufe 3 werden kurz- und langfristige Prognosen und Pläne erstellt: Welche Defizite werden sich interventionsunabhängig vermindern, welche Behandlungsstrategien können zu anderen Defiziten angewandt werden, welche Ressourcen können – speziell auch im psychosozialen Rahmen – mobilisiert werden? Während in Stufe 4 Idealvorstellungen kurz- und langfristiger Behandlungspläne erstellt werden, sollen in Stufe 5 unter Berücksichtigung der verfügbaren Möglichkeiten die Therapieziele, die Interventionsdauer und eine Prognose des Behandlungsergebnisses spezifiziert werden. Stufe 6 erfordert die Integration der vorausgegangenen Schritte, um zu einem realistischen und realisierbaren Interventionsplan zu kommen. Stufe 7 umfasst schließlich die fortgesetzte, therapiebegleitende Evaluation, die auch von Rourke als unverzichtbare Basis zur Modifikation neuropsychologischer Interventionen gesehen wird.

Zu 3.:

Reitans REHABIT-Programm (Reitan & Wolfson, 1992) stützt sich in Diagnostik und Intervention primär auf die Halstead-Reitan Testbatterie (siehe Seite 632), um auf Grundlage des neuropsychologischen Testprofils ein individualisiertes Behandlungsschema für das Kind zu erstellen. Das Programm umfasst spezielle Anteile für ein Training in den Bereichen verbal-sprachliche Defizite, abstraktes und logisches Denken, visuell-räumliche Fähigkeiten und hemisphärenspezifische Defizite.

Zu 4.:

Das Modell von Levine (1993, 1994) stützt sich auf die Beobachtung und Beschreibung von 26 Phänomenen, die das Lernen und die schulischen Leistungen von Kindern beeinträchtigen können. Viele von Levines „observable phenomena" sind entwicklungs(neuro)psychologischer Genese, aber psychosoziale und spezifische situative Bedingungen des Kindes werden dabei nicht ausgeblendet. Gegenüber der Erforschung der Ursache einer Lernstörung und somit diagnostischen Einordnung des Kindes hebt Levine die Bedeutung des deskriptiven Zugangs hervor, an dem ein spezifisches und individualisiertes Interven-

tionsprogramm abgeleitet werden soll. Dieses umfasst 7 Komponenten:

1. Entmystifizierung: Das Kind benötigt Hilfe, um seine Problematik zu verstehen, was zum Abbau von Furcht, Frustration und negativen Selbstattributionen beitragen kann.
2. Umleitungs- („Bypass"-) Strategien sollen es insbesondere im schulischen Kontext ermöglichen, ein spezifisches Problem zu umgehen, um so dennoch angestrebte Erfolge zu erzielen.
3. Direkte Förderung dysfunktionaler Fähigkeiten.
4. Direkte Förderung von Fertigkeitsbereichen.
5. Medizinische Interventionen.
6. Schutz vor sekundärer psychischer Beeinträchtigung und Entwicklung eines gesunden, positiven Selbstkonzepts.
7. Langfristige Begleitung und Unterstützung des Kindes („child advocacy").

Die vorstehend skizzierten Modelle bieten differenzierte und strukturierte Rahmen für die Untersuchung, Behandlung und Betreuung von Kindern mit verschiedensten Störungen. Sie umfassen zum Teil auch sehr spezifische Einzelinterventionen, die hier nicht im Einzelnen dargestellt werden können. Interventionen lassen sich in der Regel drei Gruppen zuordnen, je nachdem ob sie

– die direkte Förderung neurokognitiver Defizite
– das Erschließen und Einsetzen neurokognitiver Stärken oder
– eine Kombination dieser Ansätze versuchen.

Psycholinguistische Fördermethoden, sensorische Integration, motorisches Wahrnehmungstraining und modalitätsspezifische Wahrnehmungsförderung sind typische Vertreter der ersten Gruppe, die eine lange Anwendungsgeschichte haben, für die aber wenig Erfolge im Bereich Lern- und Schulleistungsfähigkeit nachgewiesen werden konnten (Teeter & Semrud-Clikeman, 1997). Eine Ausnahme bilden sehr spezifische Problemstellungen. So profitieren Kinder mit Lesestörungen häufig von einer Förderung des verbalen Verständnisses und der auditiven Wahrnehmung.

Methoden der zweiten Gruppe, die sich auf neurokognitive Stärken stützen, um Schwächen zu umgehen, bieten sich vor allem bei Kindern mit Motivationsdefiziten an. Sie zeigten sich weiter als hilfreich, wenn rechtshemisphärisch zu lokalisierende Stärken bei Kindern mit bilateralen zerebralen Dysfunktionen, Retardierung oder Sprachentwicklungsverzögerung angesprochen wurden (ebd.).

Die dritte Gruppe umfasst Ansätze zur Kombination der beiden vorgenannten und wurde v.a. von Rourke (1994) und Levine (1994) vertreten. Nach Rourke ist dabei auch das Alter des Kindes unter Berücksichtigung neuroanatomischer und neurophysiologischer Entwicklungsprozesse (siehe Seite 615) bei der Entscheidung heranzuziehen, mit welcher dieser Ausrichtungen therapeutisch zu beginnen ist. So werden junge Kinder mit Entwicklungsstörungen, bei denen Migration, Synapsenreduktion und somit die Architektur der neuronalen Vernetzung noch nicht abgeschlossen sind, häufig von einer direkten Förderung der Defizite profitieren. Dagegen werden ältere Kinder mit persistierenden Defiziten eher durch Kompensationsstrategien zu Fortschritten kommen. Levine hob die Bedeutung von Kompensationstechniken in seinem Ansatz noch wesentlich stärker hervor: „Bypass strategies ... allow the child to continue to acquire skill, knowledge, and a sense of competency ... (and) ... must be part of the management of every child with significant learning problems" (1994, S. 260).

Teeter und Semrud-Clikeman (1997), Rourke (1994) und Levine (1994) geben in ihren Ansätzen neben den beschriebenen Interventionsmodellen auch differenzierte Therapieanleitungen hinsichtlich einzelner Defizite. Auf diese kann hier aus Platzgründen nicht umfassend eingegangen werden. In verschiedenen Kapiteln dieses Buchs, die sich mit einzelnen neuropsychologischen Funktionsbreichen und deren Therapie beschäftigen, finden sich differenzierte Interventionsbeschreibungen, die zur Anwendung bei Jugendlichen, speziell aber bei Kindern, natürlich oft einer Anpassung hinsichtlich Umfang, Inhalten, motivierenden Materials und anderer Aspekte bedürfen. Grundsätzlich ist festzuhalten, dass es in der

klinischen Neuropsychologie des Kindes- und Jugendalters noch wesentlichen Handlungsbedarf in der Erforschung und Publikation detailliert ausgearbeiteter, spezifischer und evaluierter Behandlungsmodule gibt.

Rehabilitation nach Schädel-Hirn-Traumen

Das Schädel-Hirn-Trauma (SHT) ist in vielen Ländern weiterhin eine der führenden Ursachen für Todesfälle oder Invalidität bei Kindern und Jugendlichen, wenn auch die Zahl der schweren Traumen in den letzten Jahren aufgrund verschiedener Maßnahmen, insbesondere zur Verkehrssicherheit, deutlich zurückgegangen ist.

Mittelschwere und schwere Traumen führen in der Regel zu funktionalen und psychopathologischen Störungen, die auch einer neuropsychologischen Rehabilitation bedürfen (s. Kap. 5.7). Dabei weisen die Disziplinen Neuropsychologie und Rehabilitationsmedizin traditionell und methodisch Unterschiede auf, die nicht unberücksichtigt bleiben dürfen. Während die Neuropsychologie ihre Aufgabe lange Zeit in der Durchführung von Studien zu Art, Lokalisation und Ausmaß von Beeinträchtigungen sah und erst später mit der Klinischen Neuropsychologie therapeutische Aufgaben übernahm, beschäftigte sich die Rehabilitationsmedizin früh mit der Rückführung von Beeinträchtigungen und dem Vermitteln von Strategien zum Umgang mit verbleibenden Behinderungen, häufig jedoch mit wenig theoretischer und methodischer Grundlage. Ylvisaker et al. (1990) sehen das Fehlen einer grundlegenden, den beiden Disziplinen gemeinsamen Auffassung von Gegenstand, Inhalt und Methode als Ursache für ihre oft bruchstückhaften und mangelnd integrierten Beiträge zur Rehabilitation. Dabei bedeuten die wichtigen Fortschritte der Neurowissenschaften im Verhältnis der Beziehung von Gehirn und Verhalten, der Erkenntnisfortschritt in kognitiver Psychologie und kognitiver Neuropsychologie, der sich im Prozess der Integration in die Klinische Neuropsychologie befindet, sowie der Kostendruck im Gesundheitswesen und das wachsende Bemühen um

Qualitätssicherung Grundlage und Aufforderung zu einer progressiven Integration. Aufgabe der Klinischen Neuropsychologie als therapeutischer Disziplin ist die theoretisch wie methodisch fundierte Behandlung neuropsychologischer Funktionsstörungen (s. Kap. 3.4). Dazu sind sorgfältig ausgearbeitete, evaluierte und praxisbezogene Therapieprogramme unverzichtbar. Effektive neuropsychologische Behandlung wird sehr oft nicht ohne den eher körperorientierten Beitrag der Rehabilitationsmedizin zur Wiederherstellung auskommen. Aber auch innerhalb der Rehabilitationsmedizin wird zunehmend deutlich, dass diese nicht auf den essentiellen Beitrag der Klinischen Neuropsychologie verzichten kann. Jedes Behandlungsparadigma sollte Interdisziplinarität, aber auch unterschiedliche Schwerpunktsetzungen in den einzelnen Stadien des Verlaufs berücksichtigen, die den jeweils aktuellen Bedürfnissen des Patienten entsprechen.

Biologisch-medizinische und neuropsychologische Aspekte gründen auf einer relativ umfangreichen Forschungsgrundlage hinsichtlich erwachsener SHT-Patienten, für Kinder mit vergleichbaren Verletzungsmustern liegen wesentlich weniger Ergebnisse vor. Frowein et al. (1993) sowie Lehmkuhl und Thoma (1987) lieferten diesbezüglich grundlegende Arbeiten für den deutschsprachigen Raum. Die Unterschiede zwischen Behandlungsprogrammen für Erwachsene und Kinder sind umfassend und beziehen sich primär auf das Problem, eine differenzierende Diagnose der Defizite, die zu geeigneten Interventionen führen sollte, sowie eine prognostische Einschätzung für Patienten zu erstellen, die sich im Entwicklungsprozess befinden. So sind die Betreuung und Einbeziehung von Familienmitgliedern unter vollkommen anderen Prämissen zu sehen. Sie müssen auch den Bildungsaspekt des jugendlichen Patienten berücksichtigen und führen somit zwangsläufig zu einem interdisziplinären Rehabilitationsansatz. Die Festlegung, welche schulische Plazierung angemessen ist, erscheint ebenfalls häufig äusserst schwierig, zumal die meisten Lehrpersonen wenig theoretisches Wissen und noch weniger praktische Erfahrung in der Betreuung und Förderung von SHT-Patienten haben. Auch sonderpädagogische Beschulung stellt in der Regel keine geeignete Alternative dar, da sich SHT-Patienten aufgrund ihrer differenzierten Störungsbilder oft auch langfristig kaum einer der klassischen Sonderschulformen zuordnen lassen. Schulen für Kranke könnten aufgrund ihres hochgradig differenzierten und individualisierten Betreuungskonzeptes eine geeignete Alternative darstellen, sie sind aber relativ selten und zudem meist stationären Behandlungsformen zugeordnet.

Eine angemessene Beschreibung von Behandlungsprogrammen für Kinder und Jugendliche als Schädel-Hirn-Patienten ist im Rahmen dieses Beitrages nicht machbar. Zum Überblick ist auf grundlegende amerikanische Arbeiten hinzuweisen, die (verschiedene) in Phasen organisierte Rehabilitationsprogramme für Kinder und Jugendliche beschreiben, die stationäre, teilstationäre und ambulante Bedingungen sowie die Einbeziehung der sozialen Umgebung des Kindes berücksichtigen (Ben-Yishay & Prigatano, 1990; Ylvisaker, 1985; Ylvisaker et al., 1990).

In einem vom BMBF getragenen Verbund-Forschungsprojekt zur Neurotraumatologie und neuropsychologischen Rehabilitation wird seit 1996 ein multimethodales und mehrstufiges Konzept zur sehr früh einsetzenden Rehabilitation von Kindern und Jugendlichen nach schwerem Schädel-Hirn-Trauma evaluiert, das im Folgenden kurz umrissen werden soll. Die Intervention beginnt mit einer sensorischen Stimulationstherapie, während sich der Patient noch im Koma befindet und in aller Regel intensivmedizinisch betreut wird. Die zweite Stufe beginnt mit der Wiedererlangung eines hinreichenden Bewusstseinsgrades und besteht aus einem neuropsychologisch- und psychotherapeutisch orientierten Therapieprogramm, das nicht nur die Patienten, sondern auch deren Eltern und ggf. weitere Angehörige berücksichtigt.

Die Stimulation im Koma setzt ein, sofern der Patient mehr als 48 Stunden in einem komatösen Zustand verbleibt, keine wesentliche Sedierung mehr erforderlich ist und keine Kontraindikationen vorliegen, wie z.B. Zeichen erhöhten intracraniellen Druckes oder sogenannte Streckreaktionen. Unter möglichst weitreichender Einbeziehung der Eltern wird die Stimulationsbehandlung in zwei täglichen Einheiten von je 45 Minuten Dauer durchgeführt. Taktile, olfaktorische, gustatorische, auditorische und visuelle Stimulation werden jeweils in Einheiten von 5 Minuten durchgeführt, sofern keine spezifischen Ausschlusskriterien wie verletzte Hautareale oder maschinelle Beatmung vorliegen, dazwischen liegen Pausen von ebenfalls 5 Minuten Dauer.

Da die psychische Situation der Angehörigen bei Kindern als wesentlicher Faktor während der ganzen Dauer der Rückbildung zu sehen ist, erhalten die Angehörigen bereits in dieser Phase psychosoziale Beratung bis hin zur psychotherapeutischen Unterstützung, um zu adäquaten Coping-Strategien in Anbetracht des erschreckenden Ereignisses und des schwer verletzten Kindes zu gelangen. Wesentliche Gesichtspunkte dabei sind neben der Informationsvermittlung über Eigenarten und Behandlungsmöglichkeiten bei Schädel-Hirn-Traumen die empathische Unterstützung und Entlastung der Angehörigen, Förderung und Vermittlung von Kommunikation zwischen den Angehörigen und dem medizinischen Personal der Intensivbetreuung, Aufrechterhaltung realistischer Hoffnung und Vermeidung sowohl unrealistischer Erwartungen wie auch fatalistischer Resignation.

Das neuropsychologisch orientierte Rehabilitationsprogramm nach Wiedererlangung des Bewusstseins ist vornehmlich auf die folgenden Hauptgebiete ausgerichtet:
– Orientierung
– Wahrnehmung und motorische Integration
– Aufmerksamkeit und Konzentration
– Lernen und Gedächtnisfunktionen
– Organisationsfunktionen
– Denken und Problemlösungsverhalten sowie
– Soziale Wahrnehmung

Behandlungsmanuale sind ein wesentlicher Bestandteil der Therapie in dieser Phase, damit zwischen den einzelnen Therapiesitzungen unterstützende und ergänzende Maßnahmen von Seiten der Eltern durchgeführt werden können, nachdem diese ausgiebig angeleitet wurden und im Verlauf auch supervidiert werden. Ein

wesentlicher Aspekt bei der Entwicklung dieses Therapiekonzepts war es, seine Eignung auch für postakut ambulante Behandlungsformen sicherzustellen. Dies ist bei Kindern und Jugendlichen von besonderer Bedeutung, da sie bei vergleichbarer Verletzungsschwere wesentlich seltener stationärer Rehabilitation zugeführt werden als erwachsene SHT-Patienten.

Neben der Verlaufsdiagnostik neuropsychologischer Leistungsfunktionen erfolgt eine engmaschige Überwachung des psychopathologischen Status des verunfallten Kindes, um bei den nicht selten anzutreffenden Alterationen hier frühzeitig therapeutisch intervenieren zu können. Grundsätzlich stellen aber auch die Traumaverarbeitung und die Einstellung des Kindes oder Jugendlichen auf die aktuelle Situation sowie mögliche, darüber hinaus gehende Veränderungen in der Zukunft einen wesentlichen Aspekt der psychotherapeutischen Arbeit dar.

Zur Entwicklung adäquater Coping-Strategien wird die mit den Angehörigen schon begonnene psychotherapeutische Unterstützung auch in dieser Phase der Behandlung fortgesetzt. Dazu gehört neben der Bearbeitung ihrer eigenen Emotionen im Umgang mit dem Unfall und dem verletzten Kind auch die Anleitung, mit den eigenen Kräften im möglicherweise langdauernden Rehabilitationsprozess schonend umzugehen. Weiter beinhaltet diese Anleitung ihre kotherapeutische Einbeziehung in den Behandlungsprozess, den Umgang mit prätraumatisch vorhandenen oder neu entstandenen psychopathologischen Auffälligkeiten des Kindes, den familiären Umgang mit verbliebenen oder weiter verbleibenden Einschränkungen und ggf. ihre Vorbereitung auf langfristig bleibende Folgen des Traumas. Eine weiterführende Beschreibung des Behandlungskonzepts findet sich bei Melchers und Lehmkuhl (im Druck).

Zusammenfassend ist zum gegenwärtigen Zeitpunkt festzuhalten, dass deutliche Hinweise auf eine Effektivität des angewendeten Rehabilitationsprogrammes für Kinder und Jugendliche mit schweren Schädel-Hirn-Traumen vorliegen hinsichtlich der Verbesserung kognitiver Fähigkeiten, der Vermeidung oder Reduzierung psychopathologischer Auffälligkeiten und der Verbesserung ihrer Lebensqualität (Melchers et al., 1999). Die inferenzstatistische Prüfung und Evaluation dieses Behandlungskonzepts in Follow-up Untersuchungen bis zu 2 Jahren nach dem Trauma steht jedoch noch aus.

Neuropsychologische Aspekte des Substanzmissbrauchs

Die wissenschaftliche Erforschung dieses Problembereichs trifft auf ausserordentliche methodische Herausforderungen. Die Mehrzahl der Studien zu den neuropsychologischen Folgen des Drogenmissbrauchs bei Jugendlichen, die über ein akzeptables methodisches Niveau verfügen, ergaben keine konsistenten Befunde zu beeinträchtigten Funktionen. Dennoch sind Langzeitkonsequenzen bei einigen Drogen gesichert und bei anderen anzunehmen. Die meisten der mit diesem Problem befassten Kliniker verfügen über Kasuistiken von Jugendlichen mit drogenbedingtem Amotivationssyndrom oder gravierend beeinträchtig-

ten zerebralen Funktionen. Diese gravierenden Auswirkungen zeigen sich aber bei Gruppenuntersuchungen keinesfalls in gleichem Ausmaß. Chronische neuropsychologische Defektzustände als Folge des Substanzmissbrauchs finden die umfassendste Bestätigung für Alkohol, Sedativa und Barbiturate, Kokain und vor allem den polyvalenten Substanzmissbrauch (Elliott, 1997). Bei den häufig als Folge des Opiatmissbrauchs anzutreffenden Persönlichkeitsveränderungen muss zum gegenwärtigen Zeitpunkt als völlig offen angesehen werden, ob es sich dabei um eine direkte, also pharmakogene Wirkung handelt, oder ob hier sekundäre, psychologische wie soziologische Faktoren die entscheidende Rolle spielen. Neben anderen Feldern besteht auch im Bereich des Substanzmissbrauchs für die klinische Neuropsychologie noch erheblicher Forschungsbedarf. Dennoch sollte in der Praxis die Möglichkeit eines Substanzmissbrauchs bedacht werden, wenn bei Jugendlichen Funktionsdefizite oder Störungen auftreten, die schwer einzuordnen oder im betreffenden Altersbereich üblicherweise nicht vorhanden sind.

6.2 Gerontoneuropsychologie – Grundlagen und Pathologie

Joseph Kessler & Elke Kalbe

Zusammenfassung

Die demographische Struktur unserer Gesellschaft hat sich geändert, und es ist mit einer weiteren Zunahme der Lebenserwartung bei gleichzeitigem Geburtenrückgang zu rechnen. Das bedeutet, dass immer mehr ältere Menschen jüngeren gegenüberstehen und auch, dass wir unsere Kenntnisse über die – normalen wie pathologischen – psychologischen und körperlichen Veränderungen im Alter erweitern müssen.

Viele kognitive und mnestische Funktionen lassen mit zunehmendem Alter – und besonders deutlich ab einem Alter von 70 Jahren – nach (s. Tabelle 1; Salthouse, 1996a), dies allerdings mit einer erheblichen interindividuellen Heterogenität. Insgesamt wird der Einfluss des normalen Alterns auf kognitiv-mnestische Funktionen als geringer eingeschätzt als früher (Schaie, 1994), und zunehmend machen defizitorientierte Modelle differentiellen und positiveren Sichtweisen Platz (Chapell, 1996). Verschiedene kognitive Bereiche lassen sich je nach Lebensstil auch im Alter noch steigern. Ältere Menschen können ausserdem ihre kognitiven Leistungsveränderungen durch Bündelung noch vorhandener kognitiver Strategien kompensieren (Konzept der Fähigkeitskonzentration, Rott, 1993, bzw. Modell der selektiven Optimierung und Kompensation, Baltes, 1990) und somit bis ins hohe Alter ihre Alltagskompetenz behalten. Neben den primär kognitiven Variablen sind auch andere Faktoren wesentlich für den „geistigen" Zustand älterer Menschen, wie der soziale Status und die soziale Eingebundenheit, das persönliche Aktivitätsniveau und auch der Gesundheitszustand.

Vor allem die Früherkennung von Demenzen setzt Kenntnisse über neuropsychologische Profile von Menschen verschiedener Altersstufen voraus, die bislang nur unzureichend vorhanden sind. Bei der Demenzklassifikation findet zunehmend eine Differenzierung in Unterformen statt, die möglicherweise einmal eigenständige nosologische Einheiten darstellen können. Eine Gruppe von älteren Menschen, die über 85-jährigen (die „ältesten Alten"), wird in den nächsten Jahrzehnten zunehmen, und notwendigerweise wird sich eine interdisziplinäre Altersforschung bevorzugt dieser Gruppe zuwenden.

Vorbemerkung

Alle mehr- und vielzelligen Organismen altern und müssen sterben. Der Altersprozess beim Menschen geht mit mannigfaltigen körperlichen, sozialen und kognitiv-mnestischen Änderungen einher, die sich inter- und intraindividuell erheblich unterscheiden können. Die kognitiv-mnestischen Änderungen werden auf Prozesse im Zentralnervensystem zurückgeführt, aber auch durch genetisch dispositionelle Faktoren, Bildung, Beruf, Lebensstil, geistige wie physische Aktivität und – in besonderem Maße – vom allgemeinen Gesundheitszustand determiniert. Um der Heterogenität alter Menschen zu genügen, wird in der gerontopsychologischen Literatur zuweilen eine Aufteilung in „junge Alte" (65-75 Jahre), „alte Alte" (75-85 Jahre) und in „älteste Alte" (> 85 Jahre) vorgenommen. Die dort publizierten Befunde gelten in der Regel für ältere Menschen in Industriestaaten, so dass eine Generalisierung und Schlussfolgerungen auf andere Kulturen und Länder problematisch sein können.

Gegenstand dieses Kapitels sind kognitiv-mnestische Änderungen „nomaler Alter", zentralnervöse Prozesse des Alterungsprozesses sowie ein Überblick über dementielle Erkrankungen und mögliche Übergangsformen zur Demenz.

Kognitiv-mnestische Änderungen

Die Erforschung altersabhängiger kognitiver Veränderungen stößt methodisch auf einige Probleme. Es liegen kaum verlässliche Normen für entsprechende neuropsychologische Verfahren vor, und in vielen Tests werden Scores der Altersgruppe über 60 Jahren zusammengefasst. Weiterhin wird die Normierung durch die erhebliche Heterogenität der kognitiven und mnestischen Leistungen bei älteren Menschen erschwert. Hinzu kommen studiendesignbedingte Probleme. Während altersabhängige Beeinträchtigungen bei Querschnittstudien aufgrund zum Teil ausgeprägter Kohorten- bzw. Generationseffekte oftmals überschätzt werden (Diskussion z.B. in Katzman & Terry, 1983), werden sie bei Längsschnittstudien – bedingt durch die Selektion geeigneter Versuchspersonen – eher unterschätzt.

Intelligenz

Aussagen über Veränderungen intellektueller Fähigkeiten im Alter hängen stark vom Intelligenzkonzept ab. Orientiert man sich an der von Cattell (1963) vorgeschlagenen Unterscheidung in fluide (flüssige) und kristalline (kristallisierte) Intelligenz, so zeigt sich sehr konsistent, dass Komponenten der letzteren Kategorie bis ins hohe Alter erhalten bleiben bzw. noch gesteigert werden können, während die der ersteren schon ab dem frühen Erwachse-

nenalter sukzessive abbauen. Dies bedeutet, dass ältere Menschen ihr Wissen im Alter behalten oder erweitern und Routinehandlungen mühelos durchführen können (kristalline Intelligenz), während zunehmend eine Verlangsamung in der Verarbeitung von neuen Umweltreizen eintritt und Probleme bei der flexiblen Adaptation an neue Situationen und bei neuartigen Aufgaben entstehen (fluide Fähigkeiten) (für einen Überblick s. z.B. La Rue, 1992).

Auch Querschnittstudien mit standardisierten Intelligenztests zeigen, dass die Dimensionen der Intelligenz unterschiedlich vom Alter betroffen werden. In der Wechsler-Adult-Intelligence-Scale (WAIS bzw. WAIS-R) (Wechsler, 1981) zeigt sich z.B. eine Diskrepanz zwischen sogenannten „beständigen Tests" (Subtests Allgemeines Wissen, Allgemeines Verständnis, Figurenlegen, Bilderergänzen, Wortschatztest), die relativ altersstabil sind, und den „nicht-beständigen Tests" (Subtests Zahlennachsprechen, Rechnerisches Denken, Zahlen-Symbol-Test, Mosaik-Test, Gemeinsamkeitenfinden), bei denen sich die Leistungen ab einem Alter von 60 Jahren deutlich verschlechtern. Ferner ist festzustellen, dass die Fähigkeiten, die durch die sogenannten Handlungstests des WAIS erfasst werden, bedeutend schneller abnehmen als die Leistungen in den Verbaltests. Als wesentliche (aber nicht einzige) Ursache für diesen altersabhängigen Abbau des „Handlungs-IQ" im Gegensatz zum „Verbal-IQ" wird eine reduzierte Verarbeitungsgeschwindigkeit angesehen.

Ein anderes vielbachtetes, mehrdimensionales Intelligenzkonzept wurde von Thurstone (1938) eingeführt, der Intelligenz als ein Zusammenspiel mehrerer „primärer mentaler Fähigkeiten" ansah. Entsprechend diesem Konzept wurde z.B. von Schaie et al. die Intelligenzentwicklung über die Lebensspanne in der „Seattle Longitudinal Study" (vgl. Schaie, 1990) anhand der fünf Intelligenz-Dimensionen verbale Bedeutung (*verbal meaning*), räumliche Orientierung (*spatial orientation*), induktives Denken (*inductive reasoning*), rechnerisches Denken (*number*) und Wortflüssigkeit (*word fluency*) überprüft. Hierbei zeigte sich eine Leistungssteigerung in allen Dimensionen bis zu einem Alter von Ende 30 bzw.

Tabelle 1. Veränderungen kognitiver Leistungen im Alter (modifiziert nach La Rue, 1992)

Parameter	Richtung der Veränderung	Kommentar
Intelligenz		
kristalline	unverändert/ Zunahme	kann mit fortgeschrittenem Alter leicht abnehmen
fluide	Abnahme	beginnt zwischen 55 und 70, variabler Beginn bei Kohorten und Individuen
Aufmerksamkeit		
einfache Aufmerksamkeitsspanne	unverändert	
selektive Aufmerksamkeit	Abnahme	
Daueraufmerksamkeit	Abnahme	
Flexibilität	Abnahme	steht in Beziehung zur fluiden Intelligenz
geteilte Aufmerksamkeit	inkonsistent	
Sprache		
Alltagskommunikation	unverändert	ausser bei sensorischen Defiziten
phonologisches, syntaktisches Wissen	unverändert	weniger Gebrauch von komplexer Syntax
lexikalisches Wissen	unverändert	
Benennen	erschwert	Schwierigkeiten beim Zugriff auf das Lexikon
Wortflüssigkeit	Abnahme	
Diskursverständnis	unverändert	etwas schlechter bei erhöhter Komplexität
Lernen und Gedächtnis		
sensorisches Gedächtnis	Abbau	Enkodierungszeit erhöht
primäres Gedächtnis	unverändert	
sekundäres Gedächtnis	Abbau	weniger optimales Enkodieren, Abrufprobleme
tertiäres Gedächtnis	inkonsistent	
Visuospatiale Fähigkeiten		
Erkennen eingebetteter oder fragmentierter Bilder	Verschlechterung	
Kopieren komplexer Figuren	Verschlechterung	
dreidimensionale konstruktive Leistungen	Verschlechterung	
Schlussfolgerndes Denken und Problemlösen		
Fähigkeit zur Selbstbeurteilung	Verbesserung	
Konzeptidentifikation	Verschlechterung	weniger Verschlechterung für praktische Konzepte
Formulierung von Fragen	Verschlechterung	redundante Fragen
logisches Problemlösen	Verschlechterung	
praktisches Denken	variabel	Unterschiede für neue und vertraute Aufgaben

Anfang 40 Jahren und eine stabile Phase bis zu einem Alter von Mitte 50 Jahren. In der Altersgruppe zwischen 53 und 60 Jahren wurden signifikante Leistungseinbußen bei den Subtests „Rechnerisches Denken" und „Wortflüssigkeit" festgestellt. Eine Leistungsreduktion in allen Dimensionen zeigte sich dann sukzessive ab einem Alter von 60 Jahren, dies allerdings mit einer erheblichen inter- und intraindividuellen Variabilität.

Von zunehmendem Interesse in der Intelligenzforschung ist das Konzept der „praktischen Intelligenz". Diese impliziert die Alltagskompetenz und das Wissen in bezug auf lebenspraktische Fragen, also die Fähigkeit, intellektuelle Ressourcen bei alltäglichen Anforderungen „intelligent" und pragmatisch zu nutzen (Baltes, 1990). Die praktische Intelligenz nimmt im Laufe des Lebens durch Erfahrungen und Interessenvertiefungen zu und bekommt mit zunehmendem Alter einen höheren Stellenwert. Bislang aber ist das Konzept der praktischen Intelligenz sowohl theoretisch als auch empirisch unausgereift, und der Zusammenhang praktischer Intelligenz zu basaleren kognitiven Fähigkeiten und den „klassischen" Dimensionen der Intelligenz (fluid vs. kristallin) ist unklar (Schaie, 1990).

Es lässt sich somit relativ unabhängig vom zugrundeliegenden Konzept der Intelligenz feststellen, dass eine Minderung von spezifischen Intelligenzleistungen frühestens (und nicht zwingend) ab einem Alter von 60 Jahren zu erwarten ist. Es ist zu beobachten, dass gegenüber einer lange Zeit defizitorientierten Forschung hinsichtlich der Entwicklung intellektueller Leistungen über die Lebensspanne zunehmend eine differentielle und damit auch positivere Sichtweise favorisiert wird und Aspekte wie Intelligenzsteigerung im Alter, die Plastizität der Intelligenz und Trainingsmöglichkeiten intellektueller Leistungen von zunehmendem Interesse sind (Chapell, 1996).

Gedächtnis

Die häufigsten Beschwerden älterer Menschen über den Abbau ihrer „geistigen" Fähigkeiten sind Gedächtnisprobleme. Querschnitt- und Längsschnittstudien bestätigen, dass viele – wenn auch nicht alle – Ältere ab einem Alter von 70 Jahren Gedächtnisprobleme bekommen (Katzman & Terry, 1983), die sich nicht auf alle Gedächtnisbereiche gleichermaßen erstrecken.

Eine wesentliche Unterscheidung ist die Trennung impliziter Gedächtnisinhalte, d.h. solche, die wenig bewusst sind und nicht verbalisiert werden können, von expliziten, d.h. bewussten bzw. bewusst erlernten Informationen. Während das explizite Gedächtnis – testbar z.B. mit dem freien Abruf zuvor erlernter Information – eindeutig Alterseffekte zeigt, bleibt das implizite Gedächtnis (eruierbar z.B. durch Primingexperimente) weitgehend vom Alterungsprozess verschont (z.B. Jelicic et al., 1996). Neuere Studien weisen darauf hin, dass sich die Leistungen beim konzeptuellen Priming (nicht aber perzeptuellen Priming) mit zunehmendem Alter verschlechtern (vgl. Jelicic, 1995).

Viele Befunde sprechen dafür, dass das sensorische (Ultrakurzzeit-) Gedächtnis im Alter (wenn auch nur minimal) nachlässt. Ältere Menschen benötigen längere Darbietungszeiten, um Informationen adäquat aufzunehmen (s. La Rue, 1992). Auch die Leistungen des primären (Kurzzeit-) Gedächtnisses – operationalisiert z.B. durch das Zahlennachsprechen – verschlechtern sich bis zu einem hohen Alter höchstens minimal, es sei denn, sie erfordern eine aktive Manipulation der Information oder eine Teilung der Aufmerksamkeit, also die Exekutivfunktion des Arbeitsgedächtnisses (Craik, 1977). Die Funktionsweise des Arbeitsgedächtnisses – z.B. überprüfbar mit dem Dual-Task-Paradigma – nimmt im Alter substantiell ab (s. Craik & Jennings, 1992). Dieses Defizit wirkt sich auf verschiedenste kognitive Leistungen aus, wie z.B. deklarative Gedächtnisleistungen oder Prozesse der Sprachverarbeitung. Hasher und Zacks (1988) diskutieren, dass im Alter möglicherweise kontrollierende Hemmechanismen des Arbeitsgedächtnisses beeinträchtigt sind und somit irrelevante Information weitergeleitet und die Verarbeitung relevanter Information behindert wird. Eine substantielle Verschlechterung des sekundären (Langzeit-) Gedächtnisses im Alter ist vielfach belegt. Das Ausmaß des Alterseffektes hängt jedoch stark vom Alter selbst, vom zu lernenden Material und vom Aufgabentyp ab. So sind die Gedächtnisleistungen bei abstraktem Material im Vergleich zu alltagsnahem, vertrautem Material ungleich stärker vom Abbau betroffen. Probleme beim freien Abruf zeigen sich im allgemeinen schon früh, während die Leistungen bei Rekognitionsaufgaben erst später und in geringerem Maße abfallen, und beim Lernen unter Zeitdruck erzielen ältere Menschen wesentlich schlechtere Leistungen als jüngere (s. La Rue, 1992). Die Beeinträchtigungen des sekundären Gedächtnisses werden eher auf Defizite von Enkodierungs- und Abrufprozessen als auf Speicherprobleme zurückgeführt (Überblick in Craik & Jennings, 1992). Craik (1977) vermutet eine nachlassende Informationsverarbeitungstiefe (Levels-of-Processing-Ansatz), bei der Informationen nur unzureichend konsolidiert und somit schwieriger abgerufen werden können. Auch wird ein weniger intensiver bzw. effektiver Gebrauch von Memostrategien für Alterseffekte verantwortlich gemacht. Wenngleich die alltägliche Erfahrung einen langen Erhalt des tertiären (Alt-) Gedächtnisses nahelegt, da alte Menschen gerne „von früher" erzählen, sind die diesbezüglichen wissenschaftlichen Befunde widersprüchlich (vgl. La Rue, 1992). Auch Alterseffekte auf das prospektive Gedächtnis, d.h. das Gedächtnis für noch zu erledigende Dinge oder Ereignisse in der Zukunft, sind nicht hinreichend geklärt. Eine Reihe von Studien legt jedoch nahe, dass die Erinnerung für noch zu erledigende Dinge bei älteren Menschen nicht nachlässt oder sogar besser ist als bei jüngeren, insbesondere durch einen effektiven Gebrauch von Erinnerungshilfen (z.B. Einstein & McDaniel, 1990).

Neben dieser zeitlich orientierten Gedächtnistaxonomie kann das Gedächtnis auch nach inhaltlichen Kriterien differenziert werden (semantisch, episodisch, prozedural und perzeptuelles Repräsentationssystem). Das semantische Gedächtnis wird im allgemeinen als sehr altersstabil angesehen und kann sich je nach persönlichem Lebensstil und intellektueller Aktivität über die Altersspanne auch erheblich vergrößern (z.B. der Wortschatz oder bereichsspezifisches Wissen). Eindeutige altersassozi-

ierte Defizite lassen sich hingegen im episodischen Gedächtnis nachweisen (z.B. Korten et al., 1997). Zum Beispiel schneiden ältere Menschen beim verzögerten Abruf zuvor erlernter Wortlisten oder abgezeichneter Figuren wesentlich schlechter ab. Das prozedurale Gedächtnis bleibt im Alter in der Regel gut erhalten, und auch Primingeffekte verändern sich über die Lebensspanne nicht wesentlich (s.o.).

Aufmerksamkeit

Aufmerksamkeit ist eine wesentliche Voraussetzung für viele kognitive Leistungen. Sie setzt sich aus mehreren Komponenten zusammen, die in unterschiedlichem Maße vom Alterungsprozess betroffen werden (für einen Überblick s. McDowd & Birren, 1990). Die Befunde hinsichtlich altersassoziierter Veränderungen der Daueraufmerksamkeit – eruierbar durch Vigilanztests – sind zwar widersprüchlich, eine substantielle Verschlechterung der Vigilanzleistungen scheint jedoch nicht die Regel zu sein. Leistungseinbußen der selektiven Aufmerksamkeit konnten hingegen mit verschiedenen Versuchsdesigns nachgewiesen werden. Hierbei zeigt sich, dass irrelevante Information ältere Menschen stärker ablenkt und die Verarbeitung relevanter Information verlangsamt. Ausserdem wird eine im Alter verminderte Diskriminationsfähigkeit für relevante und irrelevante Information diskutiert. Auch bei der geteilten Aufmerksamkeit – operationalisierbar mit Dual-Task-Aufgaben – zeigen sich eindeutige Alterseffekte, wenngleich nicht hinreichend geklärt ist, inwieweit jeweilige Beeinträchtigungen der einzelnen Aufgabenkomponenten für die Alterseffekte verantwortlich sind. Defizite des Aufmerksamkeitswechsels, die bei einer Reihe visueller Aufgaben, nicht aber bei auditiven Aufgaben festgestellt werden konnten, werden v.a. auf Defizite des Arbeitsgedächtnisses zurückgeführt.

Sprache

Hör- und Sehverluste beeinträchtigen im Alter häufig die verbale Kommunikation sowie das

Lesen und Schreiben. Neben diesen peripheren Störungen können sprachsystematische, zentral bedingte Veränderungen auftreten, die im folgenden skizziert werden (für einen Überblick s. Bayles & Kaszniak, 1987; Light, 1993; Kemper, 1992).

Schwierigkeiten beim Wortabruf gehören zu den häufigsten Beeinträchtigungen. Wortfindungsstörungen zeigen sich sowohl in der Spontansprache als auch bei Aufgaben wie dem konfrontativen Benennen oder verbalen Flüssigkeitsaufgaben. Hingegen bleibt das lexikalische Wissen im Alter erhalten und kann sich sogar erweitern (z.B. Korton et al., 1997). Auch für Defizite der semantischen Struktur bzw. des semantischen Netzwerks gibt es kaum Hinweise (Überblick in Light, 1993). Allerdings deutet z.B. eine Untersuchung von Brosseau und Cohen (1996) zumindest auf (eventuell kohortenbedingte) Unterschiede in der Repräsentation semantischer Information bei jüngeren und älteren Menschen hin.

Die Verarbeitung syntaktischer Strukturen ist bei älteren Menschen immer dann problematisch, wenn sie hohe Anforderungen an das Arbeitsgedächtnis stellt, dessen Kapazität im Alter häufig reduziert ist (s.o.). Dies zeigt sich sowohl bei der Sprachproduktion als auch bei der Sprachrezeption (für eine kritische Diskussion vgl. Light, 1993). Je komplexer die syntaktischen Strukturen werden, umso deutlicher sind die Alterseffekte beim Sprachverständnis (z.B. Kemper, 1997). Die Sprachproduktion älterer Menschen – in der Spontansprache sowie bei Bildbeschreibungen – ist quantitativ reduziert, syntaktisch weniger komplex und weniger kohäsiv. Inhaltlich kann die Sprachproduktion durchaus komplexer und elaborierter sein als die jüngerer Menschen, wie sich z.B. bei einer Analyse von Tagebüchern von Kemper (1990) zeigte.

Die phonologischen Fähigkeiten bleiben in der Regel bis ins hohe Alter erhalten.

Altersbedingte Veränderungen in der zerebralen Repräsentation von Sprache, die zu Änderungen der sprachlichen Performanz und zu unterschiedlichen Störungsmustern der Sprache nach Hirnschädigung (Aphasien) bei alten und jungen Menschen beitragen können, werden z.B. von Ceccaldi et al. (1993) in einer Übersichtsarbeit diskutiert. Vor allem sei festzustellen, dass die Wahrscheinlichkeit einer Aphasie bei linkshemisphärischen Läsionen bei Rechtshändern im Alter ansteigt und Schweregrad und Prognose invers mit dem Alter korrelieren. Ferner scheinen bei älteren Menschen mehr flüssige Aphasieformen (v.a. Wernicke-Aphasie) als bei jüngeren Patienten aufzutreten.

Exekutive Funktionen und Problemlösefähigkeit

Der Begriff des Problemlösens, und noch mehr der Begriff der „exekutiven Funktionen", umfasst eine ganze Reihe von Fähigkeiten, die ein Individuum dazu befähigen, planmäßig, zielgerichtet und effektiv zu handeln. Eine Beeinträchtigung exekutiver Funktionen kann die bei älteren Menschen zuweilen zu beobachtende mangelnde Flexibiliät erklären, die sich in verstärkt routinemäßigem Handeln, Widerwillen gegen Veränderungen und mangelnder Initiative und Aktivität äussern kann (Grigsby et al., 1995).

Bei „klassischen" Überprüfungsmethoden exekutiver Funktionen wie dem Turm-von-Hanoi-Problem und dem Wisconsin Card Sorting Test lassen sich eindeutige Alterseffekte nachweisen (z.B. Brennan et al., 1997 resp. Fristoe et al., 1997), welche partiell auf eine mangelnde Verwertung von Feedback und auf Perseverationstendenzen zurückzuführen sind. Das Abstraktionsvermögen sowie die kognitive Flexibilität sind reduziert (z.B. Levine et al., 1995), und es besteht eine erhöhte Interferenzanfälligkeit (z.B. Beauchemin et al., 1996). Auch das Interpretieren von Sprichwörtern sowie das Sprachverständnis bei Aufgaben, die Interferenzbildung erfordern, bereiten älteren Menschen größere Probleme als jüngeren (s. La Rue, 1992).

Visuell-räumliche Fertigkeiten

Altersassoziierte Leistungseinbußen verschiedener visuell-räumlicher Fähigkeiten sind durch eine Reihe von Studien belegt (Überblick in La Rue, 1992). So werden visuelle Perzeptionsaufgaben (z.B. das Identifizieren fragmentierter Bilder oder das Erkennen von „embedded figures") von älteren Menschen schlechter gelöst. Defizite visuokonstruktiver Fähigkeiten zeigen sich z.B. beim Abzeichnen von Figuren und beim Mosaiktest des HAWIE, und auch eine Abnahme der visuell-räumlichen Aufmerksamkeit wurde (wenn auch nicht konsistent) in einer Reihe von Studien beschrieben (z.B. Greenwood et al., 1993).

Verarbeitungsgeschwindigkeit

Die Verlangsamung von Reaktionszeiten und der kognitiven Informationsverarbeitung ist ein universell beobachtetes Phänomen bei alten Menschen und gilt als eine der Hauptursachen kognitiver Leistungseinbußen im Alter (Überblicke in Birren & Fischer, 1995; Salthouse, 1996b). Fleischmann (1994) sieht die kognitive Verarbeitungsgeschwindigkeit als wesentlichsten Faktor fluider Intelligenzleistungen an. Defizite sprachlicher Fähigkeiten, verschiedener Komponenten des Gedächtnisses, exekutiver und anderer kognitiver Funktionen können teilweise auf eine Verlangsamung zurückgeführt werden. Die Verlangsamung beginnt in der Regel im Alter von 20 Jahren und setzt sich sukzessive und mit zunehmender Geschwindigkeit über die Lebensspanne fort. Man nimmt an, dass die Reaktionsgeschwindigkeit mit 60 Jahren um etwa 20% reduziert ist (Carman, 1997). Diese Geschwindigkeitsveränderungen werden hauptsächlich auf eine Verlangsamung zentraler Informationsverarbeitungsprozesse als Ursache degenerativer neurobiologischer Prozesse zurückgeführt und weniger auf periphere, sensomotorische Veränderungen.

Zentralnervöse Änderungen im Alter
(Überblick in McGeer & McGeer, 1997)

Zellen des menschlichen Körpers können sich verschieden oft teilen. Neurone des Zentralnervensystems befinden sich im postmitotischen Zustand und haben die Fähigkeit zur Replikation verloren, was zu einer Kumulation

von nicht mehr kompensierbaren destruktiven Prozessen im Laufe des Lebens führen kann. Ab dem dritten Lebensjahrzehnt ist eine Gewichtsabnahme des Gehirns zu verzeichnen, die sich sowohl in CT als auch MR nachweisen lässt. Eine Untersuchung von Coffey et al. (1998), in der an 330 älteren Menschen zwischen 66 und 96 Jahren Kernspintomographien durchgeführt wurden, zeigte bei Männern vom 65. bis zum 95. Lebensjahr eine 32%ige Zunahme des peripheren CSF (ein Marker für kortikale Atrophie), während bei Frauen nur eine 1%ige Zunahme feststellbar war. Auch nahm das laterale (sylvische) CSF-Volumen bei Männern um 80% vom 65. bis zum 95. Lebensjahr zu, und Frauen zeigten ungefähr eine 37%ige Volumenzunahme. Die parieto-okzipitale Region schrumpfte bei Männern in diesem Zeitraum um etwa 15%, bei Frauen um etwa 4%. Das Ausmaß des neuronalen Verlusts wird kontrovers diskutiert. Wegen der unregelmäßigen Formen und der Größe von Kortex und Zerebellum sind quantitative Änderungen sehr schwer zu bestimmen, während sich bei umschriebenen subkortikalen Nuclei die Anzahl von Neuronen besser erfassen lässt. Es lassen sich qualitative Änderungen innerhalb der Nervenzellen, die aus einer Ansammlung abnormen Materials im Zytoplasma bestehen, und extrazelluläre Änderungen beschreiben. Zu den Inklusionen zählen z.B. Hirano-Körperchen und Lewy-Körperchen oder granulovakuoläre Degenerationen. Vermehrte Neurofibrillendegenerationen (Tangles) und Amyloidablagerungen, sowohl im Nervengewebe als Plaques als auch in den Gefäßen des Gehirns, sind nicht nur die histopathologischen Zeichen der Alzheimerschen Erkrankung sondern auch zum Altersprozess gehörende zentralnervöse Änderungen. Im Alter kommt es zu einer Reduktion der Synapsendichte und einer Verarmung der Neuritenverästelungen. Bei den Neurotransmittersystemen sind Änderungen im cholinergen und dopaminergen System beschrieben worden. Über die Alterssensitivität der etwa 50 bekannten Transmitter ist insgesamt wenig bekannt. Die Glukoseutilisation, gemessen mit PET und 18-FDG, nimmt um etwa 0,2% pro Jahr, also um etwa 2% pro Dekade, ab. Die immer wieder beschriebenen Gefäßänderungen im Alter sind häufig schwierig von beginnenden Krankheitsprozessen zu trennen.

Demenzen

Nach der ICD-10 (World Health Organization, 1994) geht eine Demenz mit einer Abnahme des Gedächtnisses und des Denkvermögens und mit Einschränkungen der Aktivitäten des täglichen Lebens bei Bewusstseinsklarheit einher. Diese Beeinträchtigungen müssen die Folge einer Krankheit des Gehirns sein, deren Verlauf chronisch oder fortschreitend ist. Nach dem DSM-IV (American Psychiatric Association, 1996) ist das Hauptmerkmal einer Demenz die Entwicklung multipler kognitiver Defizite, wobei eine Gedächtnisstörung und mindestens eine weitere kognitive Einschränkung vorhanden sein muss. In Tabelle 2 sind verschiedene dementielle Erkrankungen klassifiziert. Solche Klassifikationen sind immer autorenabhängig, so dass auch andere Gewichtungen und Einordnungen vorstellbar sind.

Insgesamt wird die Klassifikation von Demenzen kontrovers diskutiert. Die vier Kriterien zur Demenzklassifikation – Ort der Läsion, Histopathologie, klinische Symptomatik und Ätiologie – können nach unterschiedlicher Gewichtung zu verschiedenen Diagnosen führen (für eine ausführliche Diskussion s. Stuss & Levine, 1996).

Demenz vom Alzheimer Typ

Etwa 50-60 % aller dementiellen Erkrankungen sind dem Formenkreis der Alzheimerschen Erkrankung, einer 1906 erstmalig von Alois Alzheimer histopathologisch beschriebenen und von Kraepelin später so benannten Erkrankung, zuzuordnen (für einen Überblick s. Mielke & Kessler, 1994). Makropathologisch stellt sich die Alzheimersche Erkrankung mit einer Erweiterung der inneren und äusseren Liquorräume und mit einer temporo-parietal und frontal betonten Atrophie dar. Histopathologisch sind neurofibrilläre Bündel – Anhäufungen abnormaler Filamente im Zyto-

plasma von Neuronen – und neuritische Plaques mit abnormer Proteineinlagerung und spezifischem Verteilungsmuster nachweisbar. Von den verschiedenen Neurotransmittersystemen ist neben dem noradrenergen und serotonergen Transmittersystem das cholinerge System am nachhaltigsten gestört. Die Alzheimersche Erkrankung ist eine progressive, neurodegenerative Erkrankung mit einem kontinuierlichen Abbau kognitiver und mnestischer Funktionen, die bis zu einem Dahindämmern ohne reflektierendes Bewusstsein führt. Häufig treten auch Persönlichkeitsänderungen oder Verhaltensänderungen auf. Die Gründe für diese Erkrankung sind unklar. Eine Gruppe, die sogenannten „Baptisten", favorisiert die Einlagerung von Beta-Amyloid, das ein Abbauprodukt des Beta-Amyloid-Precursor-Proteins (APP) darstellt und den Kern der Plaques bildet, während eine andere Gruppe, die sogenannten „Tauisten", die Bildung von Tau-Protein-haltigen Neurofibrillenbündeln als ursächlich für die Krankheitsentstehung postuliert. Die meisten Erkrankungen treten sporadisch auf, es sind jedoch bislang vier gesicherte und zwei mögliche genetische Änderungen, die mit der Alzheimerschen Erkrankung assoziiert sind, beschrieben worden (s. Tabelle 3; Roses, 1997). Eine definitive Diagnosestellung kann nur neuropathologisch durch Hirnbiopsie oder -autopsie erfolgen. Eine antemortem Diagnostik muss sich vorläufig auf die Diagnose einer möglichen oder wahrscheinlichen Alzheimerschen Erkrankung beschränken (McKhann et al., 1984).

Bei Patienten mit der Alzheimerschen Erkrankung sind zu Krankheitsbeginn insbesondere episodische Gedächtnisleistungen beeinträchtigt. Mit Fortschreiten der Erkrankung lassen sich auch Kurzzeitgedächtnisstörungen nachweisen, und auch das Altgedächtnis zeigt sich beeinträchtigt. Räumliche und zeitliche Orientierungsstörungen lassen sich bereits zu Beginn der dementiellen Entwicklung nachweisen. Bei schwerer Demenz kann auch eine Orientierungsstörung zu Personen vorkommen. Visuo-konstruktive Störungen machen sich z.B. beim Autofahren, beim Anziehen oder beim Zeichnen bemerkbar. Apraxien sind bei fast allen Patienten im fortgeschrittenen

Tabelle 2. Klassifikation der dementiellen Erkrankungen (nach Wallin, 1996)

Primär degenerative dementielle Erkrankungen (primär oder idiopathisch)	Vaskuläre dementielle Erkrankungen	Sekundäre dementielle Erkrankungen	Verschiedene Demenzen
Überwiegend frontotemporale Dominanz	Multiinfarkt-Demenz	Hydrozephalus	Kombinationen von verschiedenen dementiellen Störungen
– Picksche Erkrankung			
– Frontallappen-Degenerierung vom non-Alzheimer-Typ	Strategisch lokalisierte Infarkte mit Demenz	Metabolische Störungen	
– Amyotrophe Lateralsklerose mit Demenz		Mangelernährungen	
– Atypische Alzheimersche Erkrankung	Subkortikale Small-vessel-Demenz		
– Familiär, eher selten vorkommend	– Status lacunaris – Binswangersche Erkrankung	Intoxikationen	
Überwiegend temporoparietale Dominanz		Infektionen – Creutzfeldt-Jakob-Erkrankung	
– Früh beginnende Alzheimer Demenz	Ischämische hypoxische Demenz	– Borrelie und Demenz	
– Spät beginnende Alzheimer Demenz		– Neurosyphilis – AIDS-Demenz	
– Down's Syndrom mit Alzheimer-typischer Demenz	Andere Erkrankungen, die mit der vaskulären Demenz einhergehen	– andere Infektionen	
– Traumatische Alzheimer-typische Demenz			
	Demenz vom gemischten Typus		
Überwiegend subkortikale Prädominanz		Hirntumoren	
– Chorea Huntington			
– Progressive supranukleare Paralyse		Traumata	
– Shy-Drager-Syndrom			
– Multiple Systematrophie mit Demenz		Andere sekundäre Demenzen	
– Progressive subkortikale Gliose			
– Hallervorden-Spatz-Syndrom			
Andere Prädominanz oder Typen der Demenz			
– Parkinsonismus mit Demenz			

Krankheitsstadium nachweisbar. Wortfindungsstörungen sind die ersten Zeichen einer sprachlichen Beeinträchtigung, die sich in der Spontansprache feststellen lassen. Phonologie und Syntax sind lange bewahrt. Der Zugriff auf das semantische Gedächtnis/Lexikon, welches Bedeutung und Wissen von Gegenständen, Wörtern, Fakten, Konzepten und deren Beziehungen zueinander beinhaltet, ist erschwert, was sich vor allem in sprachlichen Beeinträchtigungen wie Wortfindungsstörungen äussert. Ob es sich hierbei um Zugriffs-

Tabelle 3. Genetische Korrelationen der Alzheimerschen Erkrankung (nach Roses, 1997)

Klinisches Erscheinungsbild	Chromosomen	Gene
früher Beginn, familiär, autosomal dominante Mutationen (AD1)	21	APP*
später Beginn (Alter > 50 Jahre), familiär, sporadisch (AD2)	19	ApoE** Anfälligkeit Polymorphismus
früher Beginn, familiär, autosomal dominante Mutationen (AD3)	14	Präsenelin 1
früher Beginn, familiär, autosomal dominante Mutationen (AD4)	1	Präsenelin 2
später Beginn, familiär, sporadische Anfälligkeit, Gen-Polymorphismus	12	noch zu bestimmen
frontotemporale Demenzen, häufig als AD diagnostiziert	17	noch zu bestimmen
übrige autosomal dominante Mutationen	in mehreren großen Familien mit keiner bekannten Region verknüpft	
übrige Erkrankungen, polymorphe Loci	noch zu bestimmen	

* Amyloid Vorläufer Protein
** Apolipoprotein E

oder auch um Repräsentationsstörungen handelt, ist bislang nicht geklärt. Aufmerksamkeitsstörungen lassen sich vor allem bei geteilten Aufmerksamkeitsleistungen nachweisen.

Vaskuläre Demenz

Bei der vaskulären Demenz führen Änderungen oder Unterbrechungen des zerebralen Blutflusses zu einer Schädigung des Gehirns. Diagnostische Kriterien für eine vaskuläre Demenz wurden sowohl 1992 von den Alzheimer's Disease Diagnostic Treatment Centers (ADDTC) als auch 1993 vom National Institute for Neurological Disorders and Stroke (NINDS) mit Unterstützung der Association Internationale pour la Recherche et l'Enseignement en Neurosciences (AIREN) formuliert (zusammengefasst in Wetterling et al., 1996). Die klinische Manifestation der vaskulären Demenz variiert von Patient zu Patient und wird von dem Ausmaß und den Orten der Schädigung bestimmt. Die Begriffe „vaskuläre Demenz" und „Multiinfarkt-Demenz" werden häufig synonym gebraucht; der Begriff der vaskulären Demenz ist jedoch vorzuziehen, da auch singuläre Infarkte an kritischen Stellen oder chronische Minderperfusionen des Marklagers Ursachen einer Demenz sein können. Zu den strategischen Infarktdemenzen lassen sich Infarkte im Gyrus angularis, Nucleus caudatus, Globus pallidus und Thalamus zählen. Die neuropsychologischen Defizite sind in Tabelle 4 beschrieben. Der Status lacunaris und Morbus Binswanger werden als Small-vessel-Variante der vaskulären Demenz beschrieben. Die Zuordnungen von Schädigungsort und neuropsychologischem Defizit in Tabelle 4 wurden in der Regel aufgrund von Gruppenuntersuchungen vorgenommen. Selbstverständlich können auch andere neuropsychologische Defizite bei einzelnen Patienten vorkommen und die aufgeführten Beeinträchtigungen nicht

Tabelle 4. Klassifikation und neuropsychologische Merkmale vaskulärer Demenzen (McPherson & Cummings, 1996)

Typus der vaskulären Demenz	Neuropsychologische Defizite
MID	
kortikal	Aphasie, Agnosie, Amnesie, Apraxie
vermischt (kortikal und subkortikal)	unterschiedliche Schädigungsmuster, incl. Sprache und Gedächtnis
Strategische Infarktdemenz	
Gyrus angularis Syndrom	Benennstörungen, Alexie mit Agraphie, konstruktive Störungen
Nucleus caudatus Infarkt	Defizite des Gedächtnisses, der Aufmerksamkeit, kognitiven Flexibilität, verbalen Flüssigkeit; in Planung, Organisation, Durchführung
Globus pallidus Infarkt	Störungen des Gedächtnisses und herabgesetzte kognitive Flexibilität
Thalamus Infarkt	Störungen des Gedächtnisses, der verbalen Flüssigkeit, mentalen Kontrolle, kognitiven Flexibilität, des schlussfolgernden Denkens; motorische Defizite
Small-vessel-Erkrankung	
Status lacunaris	Defizite der kognitiven Flexibilität, verbalen Flüssigkeit, Aufmerksamkeit, Abstraktion
Morbus Binswanger	Defizite des Gedächtnisses, der Aufmerksamkeit und der kognitiven Flexibilität, Haltungs- und Gangstörungen, motorische Störungen

obligat vorhanden sein. Die Diagnose einer vaskulären Demenz setzt voraus, dass ein ischämischer Gefäßprozess nachgewiesen wird, der mit Sicherheit für die kognitiven Einbußen pathogenetisch wirksam ist. Häufig lassen sich bei Patienten mit vaskulären Demenzen auch neurodegenerative Änderungen nachweisen. Die vaskuläre Demenz beginnt oft akut und verläuft schrittweise. Mit neuropsychologischen Tests lässt sich eine vaskuläre Demenz nicht von einer Alzheimerschen Erkrankung trennen.

Frontotemporale Demenzen

Die frontotemporalen Demenzen sollen die zweithäufigsten neurodegenerativen Erkrankungen nach der Alzheimerschen Erkrankung darstellen. Es ist eine heterogene Klasse von dementiellen Erkrankungen mit unterschiedlicher klinischer und pathologischer Manifestation. Unter dieser Demenzklasse werden zuweilen so verschiedene Begriffe wie „Picksche Erkrankung", „progressive, subkortikale Gliosis", „frontale Demenz vom non-Alzheimer Typ", „Demenz vom frontalen Typ", „dementia lacking distinctive histology", „Pick-complex disorder" and „disinhibition-dementia-parkinsonism-amyotrophy syndrome" subsummiert. Der Begriff „frontotemporale Demenz" wurde von einer Arbeitsgruppe aus Lund und Manchester formuliert (Brun et al., 1994). Die klinischen Zeichen dieser langsamen und progressiven Demenz sind Persönlichkeitsänderungen, Verhaltensänderungen und ein verlangsamtes Sprechen. Häufig beginnen diese Erkrankungen im Präsenium mit einer mittleren Krankheitsdauer von ungefähr sieben Jahren. Die diagnostischen und klinischen Kriterien werden durch einen frontalen Hypometabolismus, der sich im regionalen zerebralen Blutfluss und im SPECT zeigt, gestützt. Bei der frontotemporalen Demenz ist das cholinerge System im Vergleich zu der Alzheimerschen Erkrankung weniger beeinträchtigt. Eher scheint das frontale, kortikale dopaminerge System beeinträchtigt zu sein. Patienten mit dieser Erkrankung zeigen nur wenige Zeichen einer Hirnatrophie. Unter diesem Aspekt unterscheiden sie sich klar von der Pickschen Erkrankung, bei der sich eine ausgeprägte, frontotemporal umschriebene Atrophie zeigt, so dass man diese Erkrankung auch als Lappenatrophie bezeichnen kann. Auch ist zu erwähnen, dass die charakteristischen Änderungen bei der Alzheimerschen Erkrankung, die Plaques, Tangles und Amyloidangiopathie, bei Patienten mit frontotemporaler Demenz fehlen. Ausserdem lassen sich keine Lewy-Körperchen oder Pickschen Änderungen nachweisen.

Im Gegensatz zu den AD-Patienten kommen bei Patienten mit frontotemporaler Demenz Persönlichkeits- und Verhaltensänderungen vor, deren sie sich in der Regel nicht bewusst sind. Die Patienten können apathisch und zurückgezogen wirken oder alternativ sozial enthemmt sein. Störungen der Handlungsplanung und der exekutiven Funktionen lassen sich immer nachweisen. Sprachliche Beeinträchtigungen sind anfänglich wenig ausgeprägt, viele der Patienten entwickeln jedoch eine Echolalie, und im fortgeschrittenen Stadium sind viele Patienten stumm. Gedächtnis und visuo-spatiale Fertigkeiten bleiben lange erhalten (Gregory & Hodges, 1996).

Unlängst wurde auf einer Konsensuskonferenz (Neary et al., 1998) der Oberbegriff „Frontotemporallappen-Degeneration" definiert, zu dem drei prototypische neurobehaviorale Syndrome gehören sollen: die hier beschriebene frontotemporale Demenz, die progressive flüssige Aphasie und die semantische Demenz. Ob sich diese Einteilung etabliert, kann derzeit nicht entschieden werden.

Senile Demenz vom Lewy-Körperchen-Typ

In den neuen Klassifikationsschemata von ICD-10 und DSM-IV werden keine diagnostischen Kriterien für diese Demenzform genannt. In verschiedenen Publikationen (z.B. McKeith et al., 1996) wurden jedoch Kriterien erstellt, in denen die senile Demenz vom Lewy-Körperchen-Typ (SDLT) als eigenständige Demenzform postuliert wird, wenngleich eine breite Akzeptanz bislang nicht erreicht werden konnte. Lewy-Körperchen sind Zytoplasmaeinschlüsse, die bei der SDLT im Hirnstamm, der Substantia nigra und im Locus coeruleus vorkommen. Weitere bevorzugte Orte sind die Temporallappen und das limbische System. Bei Parkinson-Patienten ist ihre Anzahl in der Substantia nigra hoch mit der neuronalen Degeneration korreliert. Den Namen erhielten sie nach dem Beschreiber Fritz Heinrich Lewy (1913) nach einem Vorschlag von Tretiakoff (s. Sweeney et al., 1997). Bei dieser Demenzform imponieren fluktuierende kognitive Störungen, ein leichtes Parkinson-Syndrom sowie psychotische Symptome. Manche Schätzungen gehen davon aus, dass etwa 10-30 % aller klinisch diagnostizierten Patienten mit AD eine Demenz vom Lewy-Körperchen-Typ haben. Der Verlauf dieser Erkrankung wird in drei Stadien beschrieben. Etwa 1-3 Jahre vor der stationären Aufnahme zeigen die Patienten klinisch kurze Episoden der Vergesslichkeit, es werden auch häufig Konzentrationsstörungen und kurze delirante Episoden beschrieben. Mit Fortschreiten dieser Erkrankung treten gehäufte Phasen kognitiver Beeinträchtigung mit Verwirrtheit und Bewusstseinstrübung auf. Im Stadium 3 stärkt sich die genannte Symptomatik, die Fluktuationen werden seltener, ein chronisch progressiver Verlauf wird deutlich. Es lassen sich mindestens zwei Typen einer Lewy-Körperchen-Erkran-kung unterscheiden: zum einen Patienten, bei denen extrapyramidale, motorische Kompo-nenten deutlicher und die kognitiven Beein-trächtigungen geringer sind, und zum anderen Patienten, bei denen der Kortex von Lewy-Körperchen betroffen ist und daher die kogni-tiven Defizite im Vordergrund stehen. Lewy-Körperchen lassen sich auch bei der amyotro-phen Lateralsklerose, bei der Hallervorden-Spatz-Krankheit und beim Parkinsonismus nachweisen (für einen Überblick s. Zaudig, 1997). Wie schon erwähnt zeigen diese Patien-ten eine stark fluktuierende Beeinträchtigung in Gedächtnis, Sprache und Denken. Häufig lassen sich auch optische und/oder akustische Halluzinationen und Bewusstseinstrübungen nachweisen. Die genannten Symptome beste-hen länger als beim Delir und sind im fortge-schrittenen Stadium der Krankheit immer ma-nifest.

Demenz bei der Parkinsonschen Erkrankung

Bei Patienten mit der Parkinsonschen Erkran-kung treten dementielle Symptome häufiger auf als in der allgemeinen Bevölkerung (s. Kap. 5.2). Das Vorkommen einer Demenz wird mit einer Prävalenz von 30-40 % angegeben (Brown & Marsden, 1984), wobei das Alter der Patienten enger mit dem Entstehen einer Demenz korreliert ist als die Krankheitsdauer (Mayeux, Stern, Rosenstein et al., 1988). Bei der Erkrankung kommt es zu einer Schädigung in der Substantia nigra mit einem Verlust von dopaminergen Neuronen, die zum Striatum projizieren. Weitere Degenerationen sind im Locus coeruleus, im Nucleus basalis von Mey-nert, im Hypothalamus und im Kortex nachzu-weisen. Die Hirne von Parkinson-Patienten weisen häufig eine allgemeine Atrophie und diffus im Kortex verteilte Lewy-Körperchen auf, die auch gehäuft in der Substantia nigra vorkommen können. Bei Morbus-Parkinson zeigen sich die klinischen Symptome Tremor, Rigor, Hypokinese, Bradyphrenie und vegeta-tive Störungen in unterschiedlicher Ausprä-gung. Die Demenz bei Parkinson-Patienten wird häufig als subkortikal bezeichnet, da

Denkverlangsamung und mangelnde geistige Flexibilität im Vordergrund stehen, während Aphasien, Agnosien oder Apraxien seltener vorkommen (Cummings, 1990). Gedächtnis-störungen sind fast obligat, und häufig sind auch depressive Symptome und Apathie zu be-obachten. Das Steele-Richardson-Olszewski-Syndrom als weitere Erkrankung der Basal-ganglien gilt als häufigste Form des atypischen Parkinson-Syndroms. Diese Patienten zeigen häufig Vergesslichkeit, Denkverlangsamung, Apathie, Depression und mangelnde Flexibi-lität. Die genannten Änderungen unterstützen jedoch nur die Diagnose des Steele-Richard-son-Olszewski-Syndroms; kognitive Änderun-gen oder Persönlichkeitsänderungen sind für die Diagnose nicht obligat. Auch bei Multisys-tematrophien mit vorwiegend striato-nigraler Degeneration kann es zu den genannten Be-einträchtigungen kommen. Trotz auffallend unterschiedlicher Symptomatik bei der Parkin-sonschen Erkrankung, des Steele-Richardson-Olszewski-Syndroms oder Multisystematro-phie mit vorwiegend striato-nigraler Degene-ration zeigen diese Patienten ein ähnliches neuropsychologisches Profil (Robbins et al., 1994). Die neuropsychologischen Unterschie-de zwischen Alzheimer-Patienten und Parkin-son-Patienten mit Demenz (PD) liegen darin, dass AD-Patienten Apraxien, stärkere Beein-trächtigungen der Sprache, Gedächtnis- und Orientungsstörungen zeigen, die PD-Patienten dagegen sind verlangsamt und in ihrer Stim-mung beeinträchtigt.

Die Dichotomie subkortikale versus korti-kale Demenz ist nicht unumstritten, da Patien-ten mit kortikaler Demenz auch subkortikal pathologische Änderungen aufweisen und um-gekehrt, und da auch in einem Patienten beide Demenzformen existieren können.

Neuropsychologische Unterscheidung verschiedener Demenzen

Eine Differenzierung dementieller Syndrome durch das neuropsychologische Profil ist pro-blematisch, da dieses innerhalb der Demenz-gruppe und zwischen den Demenztypen er-heblich variieren kann und somit auch eine

Tabelle 5. Neuropsychologische Symptome verschiedener dementieller Erkrankungen

	Gedächtnis	Sprache	Konzentration/ Aufmerksamkeit	Problemlösen, exekutive Funktionen	Orientierungs-störungen	Verhaltens-störungen	affektive Symptome	Beginn und Verlauf
Alzheimer Demenz	Neulernen erheblich beeinträchtigt; beeinträchtigtes episodisches Gedächtnis	Wortfindungs-störungen; semantisch-lexikalische Beeinträchti-gungen; auch Aphasien	basale Aufmerk-samkeitsleistung ungestört, geteilte Aufmerksamkeit beeeinträchtig	beeinträchtigt beeinträchtigt	räumlich-örtlich	selten	gelegentlich	langsam, progressive Verschlech-terung
frontotemporale Demenz	wenig beeinträchtigt	zu Beginn wenig beein-trächtigt, aber manchmal Echolalie oder Patient wird stumm	beeinträchtigt	ausgeprägt beeinträchtigt	selten	häufig	häufig	langsam, progressive Verschlech-terung
Demenz bei Parkinson	beeinträchtigt	Wortfindungs-störungen	wenig beein-trächtigt, jedoch verlangsamt	beeinträchtigt	räumlich-örtlich, stadienabhängig	selten; mentale Rigidität	häufig Depressionen	langsam progressive Verschlech-terung
vaskuläre Demenz:								
large vessel disease	beeinträchtigt	lokalisations-abhängig	beeinträchtigt	lokalisations-abhängig	lokalisations-abhängig	selten	selten	rascher Beginn, oft fluktu-ierender Verlauf
small vessel disease	wenig beein-trächtigt	wenig beein-trächtigt, Wort-findungsstörun-gen	beeinträchtigt	beeinträchtigt	wenig beein-trächtigt	selten	eher häufig	
senile Demenz vom Lewy-Körperchen Typ	wenig beein-trächtigt, jedoch fluktuierende Leistungen	wenig beein-trächtigt, jedoch fluktuierende Leistungen	beeinträchtigt	wenig beein-trächtigt, jedoch fluktuierende Leistungen	gelegentlich	häufig Depressionen	Verwirrtheit, Halluzina-tionen	fluktuie-render Be-ginn, lang-samer Ver-lauf

direkte Vergleichbarkeit des Demenzschwere-
grades nicht gegeben ist. So sind AD-Patienten
im fortgeschrittenen Stadium immer verlangsamt, Patienten mit einer fronto-tempora-
len Demenz zeigen Gedächtnisstörungen, Patienten mit Parkinson-Demenz können
Sprachstörungen zeigen. Die Interpretation
von Demenzstudien wird durch die Mittel-
wertbildung neuropsychologischer Werte erschwert. So werden häufig Patienten mit leichter und schwerer Demenz gemischt, und somit
ist kein Demenzstadium repräsentiert. Krankheitsspezifische Symptome zeigen sich bei
früher bis mittlerer Demenzausprägung, bei
fortgeschrittenen Demenzen ähneln sich die
verschiedenen Demenzformen. In Tabelle 5 ist
das neuropsychologische Profil verschiedener
Demenzen dargestellt, wobei die frühen Symptome der jeweiligen Demenz berücksichtigt
wurden.

Prodrome einer Demenz?

Sieht man von einigen Subtypen der vaskulären Demenz ab, so beginnt der geistige
Abbau bei dementiellen Erkrankungen schlei-
chend, und die Grenzziehung zwischen vorge-
gebenem Leistungsabbau im Alter und dem
Beginn einer Demenz gestaltet sich schwierig.
Dieser Umstand schlägt sich in verschiedenen
diagnostischen Klassifikationsschemata nieder, bei der die letztliche diagnostische Unsicherheit mit Begriffen wie „altersbezogener
kognitiver Abbau (age related cognitive decline, ARCD)", „leichte neurokognitive Störungen (mild neurocognitive disorder, MNCD)"
oder „leichte kognitive Störungen", die nicht
so schwerwiegend sein dürfen, dass die Diagnose einer Demenz gerechtfertigt ist, umschrieben wird. Besonders kritisch sind die
„altersassoziierten Gedächtnisbeeinträchtigungen (age associated memory impairment,
AAMI)" zu sehen, wie sie von Crook et al.
(1986) formuliert wurden (Diskussion s. Kessler & Kalbe, 1996). Nach Crook müssen
Menschen mit altersassoziierten Gedächtnisbeeinträchtigungen älter als 50 Jahre sein und
das Gefühl haben, dass sich ihr Gedächtnis
gegenüber früher verschlechtert hat; ihre Gedächtnisleistungen müssen mindestens eine
Standardabweichung unter den Gedächtnisleistungen von jungen Erwachsenen liegen. Sie
dürfen nicht dement sein, und die Gedächtnisbeeinträchtigungen dürfen nicht medizinisch
oder psychiatrisch begründet sein. Sehr präg-
nant formulierte Rosen (1990), dass das AA-
MI-Konzept nicht als klinische Diagnose verwendet werden kann. Die Kriterien seien ungeeignet, selektive Gedächtnisstörungen bei älteren Menschen zu isolieren, und die Ergebnisse
aus Longitudinalstudien seien bei Erstellung
des Konzepts ignoriert worden. Die Kriterien
seien vage, willkürlich und nicht reliabel.

6.3 Gerontoneuropsychologie – Diagnostik, Therapie und Intervention

Ulrich M. Fleischmann

Zusammenfassung

Das Kapitel liefert zunächst einen Überblick über grundlegende psychodiagnostische Annahmen und Konzepte zu Hirnleistungsstörungen im Alter. Ausgehend von syndromatologischen Klassifikationsschemata von Demenzen werden die spezifischen Zugangsweisen und Beiträge einer neuropsychologischen Diagnostik von Hirnleistungsstörungen im Alter dargelegt.

In Ergänzung tradierter, wenig aussagekräftiger Demenzscreenings wird die Bedeutung psychometrischer Testverfahren für eine differenzierte, interventionsorientierte Funktions- und Kompetenzdiagnostik von Hirnleistungsstörungen im Alter sowie zum Zwecke der Erfassung resultierender alltagsrelevanter Folgen erörtert.

Auf Möglichkeiten der psychometrischen Abgrenzung von Demenzen unterschiedlicher Ätiologie sowie der Differentialdiagnose depressionsbedingter Hirnleistungsstörungen wird eingegangen.

Am Beispiel kontrollierter Studien mit Alzheimer-Patienten werden sodann Interventionsansätze vorgestellt, die auf eine Aufrechterhaltung der Selbständigkeit abzielen. Ansätze, welche eine Verbesserung der Orientierung und Alltagskompetenz zum Inhalt haben sowie auf eine Unterstützung von betreuenden Angehörigen bzw. Pflegekräften abzielen, kommen abschließend zur Sprache.

Vorbemerkung

Neuropsychologische Diagnostik, Therapie und Intervention bei Probanden im höheren Lebensalter haben sich in den letzten Jahren zu einem umfänglichen Wissens- und Tätigkeitsfeld entwickelt. Aufbauend auf angloamerikanischen Konzepten, finden sich seit den 80er Jahren auch im deutschsprachigen Raum speziell für Ältere entworfene neuropsychologische Testverfahren zur Abklärung altersspezifischer bzw. organisch bedingter kognitiver Veränderungen. Auch seitens der Therapie bzw. Intervention kann die Gerontoneuropsychologie mittlerweile auf spezifische Konzepte zurückgreifen.

Die Bedeutung der Neuropsychologie für die Diagnostik alterskorrelierter und hirn-pathologisch bedingter Veränderungen ergibt sich vor allem aus ihrem empirisch fundierten Faktenwissen zur strukturellen und diagnostischen Abgrenzung einzelner kognitiver Funktionen und damit aus der Möglichkeit, erhaltene kognitive Teilleistungen zu erkennen, um diese interventionistisch für den älteren Patienten nutzbar zu machen.

Große praktisch-diagnostische Bedeutung kommt weiterhin jenen neuropsychologischen Ansätzen zu, die auf Vorhersagen demenzieller Entwicklungen abzielen. Vor allem längsschnittliche Studien haben den prognostischen Stellenwert einer differenzierten neuropsychologischen Diagnostik deutlich gemacht (z.B. Jacobs et al., 1995). Auch mit Blick auf die Fortentwicklung bestehender

syndromatologischer Ansätze der Demenzdiagnostik kommt der Neuropsychologie Gewicht zu. Während syndromorientierte Diagnoseschemata (s.u.) kognitive Veränderungen im Alter in kanonisierter Weise zu erfassen
versuchen, liegt der Schwerpunkt einer neuropsychologischen Demenzdiagnostik auf einer hypothesenorientierten, empiriegeleiteten
Vorgehensweise, was eine kritische Überprüfung und ggf. Modifikation existierender diagnostischer Schemata begünstigt.

Die Befassung der Neuropsychologie mit
Therapie- und Interventionsansätzen bei Patienten höheren Lebensalters ist vor dem Hintergrund der genannten diagnostischen
Schwerpunkte zu sehen. Grundlage einer auf
kognitive Funktionen abzielenden Intervention bildet eine möglichst differenzierte Funktionsdiagnostik. Strategien der Kompensation
eingeschränkter kognitiver Funktionen stehen
dabei im Mittelpunkt der interventionistischen
Bemühungen. In jüngster Zeit haben sich neuropsychologische Interventionsansätze vermehrt der psychosozialen Begleitung und Unterstützung von Patienten höheren Lebensalters angenommen.

Grundlegende Annahmen und die Bedeutung einer neuropsychologischen Diagnostik bei Patienten im höheren Lebensalter

Alterskorrelierte Hirnleistungsstörungen werden im folgenden als organisch bedingte kognitive Einbußen gefasst, welche nach abgeschlossener intellektueller Entwicklung beobachtet werden können. Hirnleistungsstörungen in diesem Sinne beinhalten keine Aussage
bezüglich ihres Verlaufes und ihrer spezifischen Ätiologie. Entsprechend kognitiven Al-
ternsprozessen im allgemeinen sind auch Hirnleistungsstörungen als ein multidimensionales
quantitatives Veränderungsgeschehen im Verhalten und Erleben zu verstehen. Hirnleistungsstörungen sind damit durch jene Dimensionen zu beschreiben, welche sich zur Kennzeichnung kognitiver Alterung im allgemeinen
bewährt haben.

Entsprechend derzeit gängiger diagnostischer Algorithmen können alterskorrelierte

Hirnleistungsstörungen wenigstens unterteilt
werden in die verwandten Beschreibungs-
ansätze „altersassoziierte Gedächtnisbeeinträchtigungen" (Age associated memory impairment: Crook, 1989) und „leichte kognitive
Beeinträchtigung" (Zaudig, 1995) sowie in
Demenzen.

„Altersassoziierte Gedächtnisbeeinträchtigungen" im Sinne von Crook betonen eine auf
Gedächtnisleistungen begrenzte, alltagsrelevante kognitive Einbuße, die vom Umfang her
mit –1 Standardabweichung, bezogen auf junge Erwachsene, festgelegt ist. Unter „leichten
kognitiven Beeinträchtigungen" (Zaudig,
1995) werden hinsichtlich Art und Umfang
nicht näher spezifizierte kognitive Einbußen
verstanden, welche nicht von erkennbaren
psychosozialen Auswirkungen begleitet sind.
Beide Ansätze sind strittig.

Der Begriff „Demenz" steht für nicht-uniforme, multivariate kognitive Einbußen bestimmten Schweregrades, also für Hirnleistungsstörungen spezifischer Qualität und
Quantität. Ein Blick in die aktuellen syndromatologischen Klassifikationssysteme macht
deutlich, dass bis heute die Bezeichnung „senile Demenz" an der Beschreibung von E.
Bleuler (1916) orientiert ist, welcher diese mit
der Ausbildung eines „organischen Psychosyndroms" charakterisierte. Globale kognitive
Beeinträchtigungen und eine Veränderung der
Persönlichkeit stehen nach Bleuler im Mittelpunkt des sog. „organischen Psychosyndroms". Diese klinisch-intuitiv verankerte
Syndromatologie der Demenz (vgl. Kap. 1.6
und 6.2) hat im Rahmen der stetigen Überar-
beitung diagnostischer Klassifikationsschemata neue Akzentsetzungen erfahren; eine schlüssige multivariat-statistische Überprüfung des
Demenzsyndroms im derzeitigen Verständnis
steht allerdings aus. Kernkriterien der im ICD
10 (WHO, 1990) und im DSM IV (Sass et al.,
1996) enthaltenen Demenzklassifikationen
finden sich zusammenfassend in Tabelle 1 wieder.

Es ist hier nicht der geeignete Ort, grundlegende wie spezielle die Klassifikation von Demenzen betreffende Probleme dieser Diagno-
sesysteme zu erörtern. Wichtig erscheint jedoch hervorzuheben, dass trotz eines Bezuges

Tabelle 1. Demenzdiagnostische Kriterien im ICD 10 und DSM IV im Überblick

ICD 10 (Diagnostic Criteria for Research)
- Gedächtnisbeeinträchtigung über wenigstens 6 Monate hinweg (G1.1, G4)
- Nachlassen intellektueller Fähigkeiten über wenigstens 6 Monate hinweg (G1.2, G4)
- Alltagsaktivitäten nachweisbar beeinträchtigt
- Verschlechterung der emotionalen Kontrolle, des Sozialverhaltens oder des Antriebs, der Motivation (G 3)
- keine Bewusstseinstrübung (G 2)

DSM IV
- Gedächtnisbeeinträchtigung (A1)
- Aphasie, Agnosie, Apraxie, Beinträchtigung exekutiver Funktionen (A2) (mindestens eine Störung)
- bedeutsame psychosoziale Beeinträchtigung (B)
- Verlauf: schleichender Beginn, progredienter Abbau (C)
- Ausschluss: andere Erkrankungen des ZNS, systemische und substanzinduzierte Erkrankungen, Delir, Störungen auf Achse I (E, F)

auf umfängliche Literaturreviews, Datenanalysen und Feldstudien das Konstruktionsrational der vorgeschlagenen Demenzklassifikationen im Dunkeln bleibt. Dies stellt nicht nur einen unbefriedigenden Ausgangspunkt für eine empiriegeleitete Überprüfung dieser Diagnosealgorithmen dar. Zu bemängeln sind auch die wenig präzisen Angaben, wie einzelne Diagnosekriterien einzulösen sind. Operationalisierungen der genannten diagnostischen Kriterien können somit in recht unterschiedlicher Weise erfolgen und in entsprechend unterschiedliche Resultate münden.

Im Rahmen der Neuropsychologie wurden „Demenzen" als eigenständiges Konstrukt bislang nicht erarbeitet. Gleichwohl stellt die Neuropsychologie grundlegende Konstrukte zur detaillierten Erfassung kognitiver Funktionseinbußen und daraus abgeleitete diagnostische Ansätze zur Verfügung, um bestehende Demenzklassifikationsschemata zu operationalisieren, zu präzisieren und zu ergänzen.

Die grundlegenden Ansatzpunkte und Beiträge einer neuropsychologischen Diagnostik im Bereich von Hirnleistungsstörungen des

höheren Lebensalters lassen sich in sechs Punkten zusammenfassen:

- *Differenzierte Statusdiagnostik:* Die Neuropsychologie stellt ein umfängliches Repertoire an psychometrischen Testverfahren zur Verfügung, welches auch im Bereich des höheren Lebensalters eine differenzierte Erfassung spezifischer kognitiver Funktionsbereiche gestattet.
- *Kompetenzdiagnostik:* Neuropsychologische Diagnostik verfolgt neben einer Erkennung und Schweregradbestimmung spezifischer kognitiver Einbußen das Ziel, ein individuelles Profil kognitiver Leistungen zu erstellen, welches verfügbare individuelle Ressourcen und Kompetenzen als Ansatzpunkte für kognitive Interventionen umfasst.
- *Differentialdiagnostik und Früherkennung:* Unter Einsatz entsprechend validierter Verfahren trägt die neuropsychologische Diagnostik wesentlich dazu bei, altersgemäße von pathologischen Entwicklungsverläufen zu differenzieren. Dieser Aufgabe kommt im Rahmen einer frühzeitigen Erkennung dementiellen Geschehens besondere Bedeutung zu.
- *Beurteilung der Folgen:* Aus dem Profil kognitiver Einbußen und Möglichkeiten ergeben sich spezifische Begrenzungen („Disabilities") und Chancen im Bereich des Alltags, welche soziale Beeinträchtigungen („Handicaps") und unterschiedliche Formen des individuellen Erlebens und der inneren Auseinandersetzung nach sich ziehen. In interventionistischer Absicht umfasst neuropsychologische Diagnostik eine Erhebung dieser Folgen von Hirnleistungsstörungen.
- *Evaluation von Intervention und Verlaufskontrollen:* Durch den Einsatz streng parallelisierter neuropsychologischer Verfahren ist es möglich, sowohl Angaben über therapeutisch herbeigeführte Veränderungen in ausgewählten Funktionsbereichen zu gewinnen als auch die Progression von Hirnleistungsstörungen im Alter zu objektivieren.
- *Forschung:* Neuropsychologische Testverfahren eignen sich in besonderer Weise für

die Demenzforschung. Ihre Verankerung in allgemein- und neuropsychologischen Modellen zur kognitiven Leistungsfähigkeit gestattet es, die Entwicklungen von Hirnleistungsstörungen im Kontext einer Lebensspannenperspektive und im Hinblick auf bekannte neuropsychologische Störungen zu erörtern.

Methoden und Problemfelder der neuropsychologischen Diagnostik von Hirnleistungsstörungen

Aus diagnostisch-pragmatischer Perspektive erscheint es sinnvoll, die für eine Hirnleistungsdiagnostik bei Älteren gegenwärtig zur Verfügung stehenden neuropsychologischen Verfahren entsprechend ihrer theoretischen Absicherung und Messqualität zu unterscheiden in psychometrische Testverfahren, in orientierende Screening-Verfahren sowie in experimentelle bzw. ad hoc-Ansätze.

Psychometrische Testverfahren

Psychometrische Testverfahren sind Verfahren abgesicherter Messgenauigkeit und bekannter Gültigkeit, nehmen idealiter explizit auf allgemein- bzw. neuropsychologische Modelle Bezug und stehen in engem Zusammenhang zu entsprechenden experimentellen Untersuchungsparadigmen. Sie stellen den eigentlichen Kern neuropsychologischer Hirnleistungsdiagnostik bei Probanden höheren Lebensalters dar. Aufgrund ihrer großen Bedeutung sei hier auf die besonderen formalen Anforderungen an diese Verfahren hingewiesen.

Altersfairness: Neuropsychologische Testverfahren haben mit Blick auf Instruktion, Testlänge bzw. Abnahmedauer und Vorgabeformat den alterstypisch veränderten Gegebenheiten Älterer Rechnung zu tragen.

Bandbreite: Der Schwierigkeitsgrad der Testaufgaben hat so festgelegt zu sein, dass ein breites Spektrum von Ausprägungsgraden der erhobenen Leistungsdimensionen erfasst werden kann.

Parallelversionen: Zur Abbildung von Entwicklungsverläufen bzw. von interventionistisch erzielten Veränderungen sind parallele Testversionen von großer Bedeutung.

Normwerte: Die Verfügbarkeit von Vergleichswerten aus Untersuchungsgruppen, welche für die anstehende diagnostische Fragestellung relevant sind, kann den Aussagewert von Testverfahren wesentlich erhöhen. Neben Altersnormen sowie entsprechenden Vergleichswerten aus Patientengruppen kommt aus geeigneten Stichproben (nicht Extremgruppen) gewonnenen Grenzwerten bzw. -bereichen zur Differenzierung altersgemäßer und pathologischer Entwicklungen besondere Bedeutung zu.

Psychometrische Testverfahren zu einzelnen kognitiven Funktionen

Ohne Anspruch auf Vollständigkeit sind in Tabelle 2 im deutschsprachigen Raum häufig eingesetzte neuropsychologische Testverfahren mit demenzdiagnostischer Relevanz wiedergegeben. Ausgewählt wurden nur solche Verfahren, die explizit auf theoretisch fundierte kognitive Funktionsbereiche abzielen. Verfahren, welche über eine leistungspsychologische Globalstörung hinaus ihren Geltungsbereich nicht theoretisch verankern und spezifizieren, werden nicht weiter ausgeführt (z. B. C.I., Lehrl & Fischer, 1989; SKT, Erzigkeit, 1992; AKT, Gatterer, 1990).

Tabelle 2 ist als ein heuristischer Ordnungsvorschlag insofern zu sehen, als die dimensionale Eigenständigkeit der unterschiedenen kognitiven Funktionen in Abhängigkeit von der Schwere der Hirnleistungsstörung nicht als gesichert gelten kann. Er geht über die derzeit in der Literatur und in der klinischen Praxis zu findenden diagnostischen Ansätze dort hinaus, wo die Bereiche Aufmerksamkeit und kognitives Verarbeitungstempo einbezogen wurden. Soweit für die Altersgruppe der über 65-jährigen verfügbar, wurden untere Grenzen der Reliabilität angegeben. In der Spalte „Normwerte" ist des weiteren aufgelistet, ob für den Altersbereich der über 65-jährigen differenzierende Altersnormen vorliegen, ob separate Normen für Patienten mit Hirnleistungsstörun-

Tabelle 2. Neuropsychologische Testverfahren zu demenzrelevanten kognitiven Funktionsbereichen

Kognitive Funktion	Testverfahren	Version/ Autor	Theoretische Grundlage	Reliabilität	Normwerte nach Alter	HLS	Rep.	Parallel-version	Sonstiges
Primär-gedächtnis	Zahlennach-sprechen	HAWIE-R NAI	Mehr-Speicher-Modell	r = .64	√ √	- √	√ √	- 5	geringe Rohwert-Streuungen
	Satznachspr.	NAI	,,	r = .81	√	-	-	2	
	Block Tapping	Schellig	,,	r = .80	√	√	-	√	visuell-räuml. Merkspanne
Working memory	Arbeits-gedächtnis	TAP	Baddeley-Ansatz	für mittleres Alter belegt	-	-	-	nicht erford.	in 3-Ziffern-Vers.schwer
Sekundär-gedächtnis	Wortliste	NAI	Verbal.-Ged.	r > .64	√	√	√	5	
	Wortliste	CERAD	,,		√	√	√		
	CVLT	CVLT Ilmberger	Merk- und Lernfähigkeit	k.A.	√	-	-	5	nur i.R der Früherkenn.
	Verbaler Lerntest	VLT	Verbales Lernen	r = .74-.91	√	-	√	2	Früherkenn., Verlauf
	Gedächtnistest	Demenz-Test	Duale Enkod.-theorie	k.A.	√	√	-	-	
	Bildertest	NAI	,,	r = .60	√	-	-	5	
	Benton	Benton-Wahlform	„Visuelles Gedächtnis"	r > .72	√	-	-	3	Normen: NAI, 1982
	Nonverbaler Lerntest	NVLT	Nonverbales Lernen	r = .79-.91	√	-	√	2	Früherkenn., Verlauf
Selektive Aufmerk-samkeit	Farb-Wort-Interferenz-Test	NAI	Antwort-Konflikt-Ansatz	r > .69	√	-	-	nein	vor allem im Rahmen der Früherkenn.
Geteilte Aufmerk-samkeit	Geteilte Auf-merksamkeit	TAP	„time sharing", „shift"- Mod.		-	-	-	nicht erford.	,,
	Zahlen-Symbol-Test	NAI	fluide kogn. Leistung	r > .88	√	√	√	5	stark tempo-gebunden
Alertness	Alertness, ton., phas.	TAP	Posner-Modell		-	-	-	nicht erford.	
Kognitives Verarbeit.-Tempo	ZVT-G TMT A	NAI Raitan	Informations-Theorie, fluide Intellig. i.S. Cattell	r > .84	√	√	√	5	
Praxie und Handlungs-planung	Konstruktive Praxis	CERAD	Rosen-Ansatz ('84)		√	√	-		
	Labyrinth-Test	NAI	Chapuis ('59)	r > .74	√	√	√	5	stark tempo-gebunden
	Praxie I u. II	Demenz-Test		k.A.	√	√	-	-	
Verbale Flüssigkeit	Verbale Flüssigkeit	CERAD	Intelligenz-Struktur-Mod.	k.A.	√	√	-		
Wort-findung	Boston Naming Test	CERAD		k.A.	√	√	-		
Intelligenz	LPS 50+	Sturm et al.	Thurstone-Modell	günstig	√	-	-	-	nur i.R. der Früherkenn.

HAWIE-R: Hamburg-Wechsler-Intelligenztest für Erwachsene Revision 1991 (Tewes, 1994).
NAI: Nürnberger-Alters-Inventar (Oswald & Fleischmann, 1995).
TAP: Testbatterie zur Aufmerksamkeitsprüfung (Zimmermann & Fimm,1994).
CVLT: California Verbal learning Test; deutsche Fassung (Ilmberger, 1988).
TMT A: Trail Making Test (Reitan, 1956).
CERAD: The Consortium to Establish a Registry for Alzheimer's Disease; deutsche Fassung: Tahlmann & Monsch, 1997.
LPS 50+: Leistungs-Prüfsystem für 50-90-jährige (Sturm et al., 1993).
ZVT-g: Zahlen-Verbindungstest Version g
k.A.: keine Angaben

gen verfügbar sind bzw. ob Normwerte für eine repräsentativ quotierte Altersstichprobe (Rep.) angeboten werden.

Testbatterien zur Diagnostik von Hirnleistungsstörungen

Testbatterien, welche auf die Erfassung eines breiten Spektrums kognitiver Leistungen unter Einbeziehung demenzdiagnostisch relevanter klinischer Skalen abzielen, nehmen einen breiten Raum in der Diagnostik von Hirnleistungsstörungen bei Älteren ein. Der Fokus dieser Testverfahren liegt darauf, aus einem zusammengesetzten Testscore den Schweregrad einer Hirnleistungsstörung ableiten zu können. Fragen der theoretischen Fundierung, der Dimensionalität und der Messgenauigkeit stehen dabei nicht im Vordergrund.

Zu den bekanntesten Testbatterien in diesem Sinne ist der Demenz-Test (Kessler et al., 1988) zu rechnen. Neben objektiven Leistungsprüfungen (Gedächtnis, Praxie, Orientierung, vgl. Tabelle 2) umfasst diese Batterie klinische Skalen zur Abschätzung der prämorbiden Intelligenz, zur Beurteilung kognitiver und nicht-kognitiver Funktionen sowie der Demenzätiologie (Hachinski-Skala; Hachinski et al., 1975). Der Demenz-Test beinhaltet mit dem MMST (Folstein et al., 1975) das derzeit am häufigsten eingesetzte Demenzscreening (s.u.). Knappe Angaben zur Messgenauigkeit und inneren Gültigkeit, eine unbefriedigende Normierung sowie fehlende Parallelversionen schränken die Brauchbarkeit des Demenztests als neuropsychologisches Verfahren ein.

Ein weiteres zusammengesetztes demenzdiagnostisches Testverfahren ist die Alzheimer's Disease Assessment Scale (ADAS) in der von Ihl und Weyer (1993) vorgestellten deutschsprachigen Fassung. Auch dieses Verfahren schließt objektive Leistungsprüfungen (zu den Bereichen Verbalgedächtnis und Orientierung/Praxie), ein klinisches Interview (zu den Bereichen Motorik, Depressivität und psychotische Symptome) sowie Verhaltensbeobachtungen (zu den Bereichen Kommunikation, Kooperation und Sprache) ein. Da das Verfahren neben aggregierten Testwerten (kognitiver

Bereich, nicht-kognitiver Bereich) auch Reliabilitätswerte und orientierende Normen zu den Bereichen Gedächtnis und Orientierung/Praxie im einzelnen liefert sowie nach gedächtnispsychologischen Gesichtspunkten parallelisierte Wortlisten vorliegen (jeweils 10 Substantive), lassen sich einzelne Untertests auch separat einsetzen und können der Abklärung neuropsychologischer Hypothesen zu spezifischen Funktionseinschränkungen dienen.

Die CAMDEX (Cambridge Examination of Mental Disorders of the Elderly, Roth et al., 1994) stellt ein weiteres breit angelegtes Instrument zur Demenz-Diagnostik mit dem Ziel, Demenzen hinsichtlich ihres Schweregrades und ihrer Ätiologie zu klassifizieren, dar. Neben klinischen Erhebungen und Interviews enthält auch die CAMDEX den MMST sowie acht kurze Aufgaben zur orientierenden Überprüfung der kognitiven Leistungsfähigkeit (zu den Bereichen Orientierung, Sprache, Gedächtnis, Aufmerksamkeit, Praxie, Wahrnehmung, Rechnen, Denken). In der CAMDEX werden auf der Basis der erhobenen Symptomhäufigkeiten eine „Organskala" (SDAT-Pat), eine „MID-Skala" und eine „Depressionsskala" als eigenständige Skalen vorgeschlagen. Die in der deutschen Übersetzung der CAMDEX (Roth et al., 1994) wiedergegebenen psychometrischen Kennwerte beruhen auf den Untersuchungen zur Original-CAMDEX. Eine revidierte, im europäischen Raum harmonisierte Fassung (CAMDEX-R) ist in Vorbereitung.

Zu nennen ist hier auch das „Strukturierte Interview für die Diagnose der Demenz vom Alzheimer Typ, der Multiinfarkt- (oder vaskulären) Demenz und Demenzen anderer Ätiologie nach DSM-III-R, DSM-IV und ICD-10" (Zaudig & Hiller, 1996). Dieses Interview zielt auf eine strikte „Übersetzung" demenzdiagnostischer Kriterien der genannten syndromalen Klassifikationsschemata ab, schließt mit der Hachinski-Skala eine Beurteilung der Demenzätiologie ein und gestattet eine Abschätzung des Schweregrades dementieller Veränderungen mittels Aufgaben des MMST (Kessler et al., 1990) sowie weiterer demenzrelevanter Verhaltensproben (SISCO).

Klinische Beurteilungsskalen zu
nicht-kognitiven Symptomen

Depressive Verstimmungen, Antriebsstörungen, wahnhafte Vorstellungen, Halluzinationen oder aggressives Verhalten begleiten Hirnleistungsstörungen im Alter sehr häufig, sind mit einer beschleunigten Demenzprogression verknüpft und stehen mit einer verminderten Lebenszufriedenheit der Betroffenen und einem erhöhten Pflegebedarf in Zusammenhang. Dies macht deutlich, dass neben einer differenzierten Erfassung kognitiver Funktionen eine Erhebung nicht-kognitiver Störungen von großer Bedeutung ist.

Im Rahmen der Überprüfung von neuropsychologischen Hypothesen im klinischen Einzelfall als auch im Zuge der Entwicklung eines neuropsychologischen Demenzmodells stellen Beurteilungsskalen zur Erfassung nicht-kognitiver Symptome einen wichtigen methodischen Zugang dar.

Als häufig eingesetzte Skalen bekannter Messgüte seien hier beispielhaft genannt:

- Selbst- und Fremdeinschätzung der Depressivität (z.B. Geriatric Depression Scale GDS, Yesavage, 1983; Hamilton Depression Scale, Hamilton, 1960),
- Quantifizierung von Alltagsaktivitäten (z.B. NOSIE, Honigfeld et al., 1976; Barthel-Index, Mahoney & Barthel, 1965; NAB, Fleischmann & Oswald, 1995),
- Beurteilung psychotischer Symptome (z.B. SCAG, Shader et al., 1974).

Screening-Verfahren

Demenz-Screenings lassen sich unterteilen in jene, die eine unmittelbare Einschätzung kognitiver Leistungen mittels Leistungsprüfungen zum Inhalt haben (z.B. Mini-Mental-Status-Test, Kessler et al., 1990), und solche, die auf der Grundlage von klinischem Interview und Verhaltensbebachtungen demenzrelevante Veränderungen systematisieren (z.B. Reisberg-Skalen; Ihl & Fröhlich, 1991), also eine Fremdbeurteilung des kognitiven Leistungsstatus darstellen. Erstgenannte Verfahren versuchen auf der Basis knapper, demenzrelevante Verhaltensstichproben mittels eines aggre-

gierten Testwerts eine globale Einschätzung der Demenzschwere vorzunehmen. Bei unbekannter innerer Struktur erfüllen sie psychometrische Anforderungen in der Regel nur ungenügend. Die ungenügende Sensitivität solcher Demenzscreenings, vor allem die Gefahr falsch negativer Diagnosen, sowie ihre mangelnde Eignung, im Einzelfall spezifische Einschränkungen aufdecken zu können, sind hier kritisch zu bedenken.

Während der Mini-Mental-Status-Test (Kessler et al., 1990) mittels Leistungsprüfungen zu den Bereichen „Orientierung", „Aufnahmefähigkeit", „Aufmerksamkeit und Rechnen", „Gedächtnis", „Sprache", „Ausführen eines Befehls", „Lesen", „Schreiben" und „Kopieren" eine überschlägige Schweregradbeurteilung von Hirnleistungsstörungen vorsieht, beinhaltet die Global Deterioration Skale GDS nach Reisberg (Ihl & Fröhlich, 1991) ein 7-stufiges Schweregrad-Fremd-Rating kognitiver Leistungseinbußen auf der Grundlage beobachtbarer alltagsrelevanter Verhaltensänderungen. Eine detailliertere Operationalisierung des Schweregrades kognitiver Einbußen innerhalb der Bereiche „Konzentration", „Kurzzeitgedächtnis", „Langzeitgedächtnis", „Orientierung", „Alltagskompetenz und selbstständige Versorgung", „Sprache", „Psychomotorik", „Stimmung", „Konstruktive Zeichenfähigkeit" und „Rechenfähigkeit" bietet die Brief Cognitive Rating Scale BCRS nach Reisberg (Ihl & Fröhlich, 1991).

Experimentelle Ansätze

Als experimentell-diagnostische Untersuchungsansätze sind all jene Bemühungen zu bezeichnen, die über bestehende diagnostische Verfahren bzw. Klassifikationsschemata hinaus theoriegeleitet auf einzelne kognitive Teilleistungen abzielen. Experimentell-diagnostische Ansätze stellen eine wesentliche Erkenntnisquelle der Grundlagenforschung dar, können jedoch auch im Kontext klinischer Anwendung wertvolle diagnostische Zusatzinformationen liefern.

Zwei Beispiele mögen die Bedeutung experimentell-diagnostischer Ansätze im Rahmen der Diagnostik zu Hirnleistungsstörungen im Alter illustrieren:

• Auf der Grundlage einer Unterscheidung impliziter und expliziter Gedächtnisleistungen konnten Monti et al. (1996) mit Hilfe eines Priming-Experimentes zeigen, dass nicht-pathologische Gedächtnisveränderungen alleine durch Einbußen im expliziten Merken zu charakterisieren sind, während Alzheimer-Patienten auch im Bereich impliziter Gedächtnisleistungen deutliche Einschränkungen aufweisen. Dementielle Alternsprozesse sind demnach durch einen Verlust semantischer Strukturen zu kennzeichnen. Die große Bedeutung der Sprache im Rahmen einer Früherkennung pathologischer Entwicklungen belegen auch neuere Arbeiten von Romero et al. (1994). Eine geeignete psychometrische „Übersetzung" dieses Ansatzes steht noch aus.

• Auch die demenzdiagnostische Bedeutung der Informationsverarbeitungsgeschwindigkeit geht aus experimentell-diagnostisch orientierten Studien hervor (vgl. Oswald, 1979). Eine altersfaire Erhebung der kognitiven Tempoleistung führt im Kontext einer Differentialdiagnose unauffälliger und dementieller Alternsprozesse zu Trennschärfen bis zu W = .88 (Fleischmann & Oswald, 1995). Eine explizite Aufnahme dieser Leistungskomponente in demenzdiagnostische Ansätze fehlt bis heute.

Spezielle diagnostische Probleme

Zur Abgrenzung von Hirnleistungsstörungen unterschiedlicher Ätiologie

Nicht-uniforme kognitive Einbußen der am häufigsten anzutreffenden Demenzformen der Demenz vom Alzheimer Typ (DAT) und der Multi-Infarkt-Demenz (MID) (vgl. Kap. 6.2) sowie methodische Probleme ihrer Erstmanifestations- und Progressionsbestimmung stehen einer statusdiagnostischen neuropsychologischen Abgrenzung dieser Demenzformen entgegen (vgl. z.B. Fleischmann et al., 1992). Gleiches gilt auch, was eine neuropsychologische Charakterisierung frontotemporaler De-

menzen betrifft. Zur Unterscheidung von kortikalen und subkortikalen Demenzformen kann die neuropsychologische Diagnostik hingegen einen Beitrag leisten.

Tabelle 3 stellt charakteristische neuropsychologische Defizite von Alzheimer-Patienten jenen von Morbus Parkinson- und Chorea Huntington-Patienten gegenüber. Den Angaben liegen sieben unabhängige Studien zugrunde, welche überwiegend alle drei Patientengruppen einschlossen sowie mittels klinischer Skalen und ergänzender objektiver Maße eine Parallelisierung der klinischen Gruppen hinsichtlich der Demenzschwere beinhalteten. Die bei Alzheimer-Patienten bekannten Defizite im Gedächtnisbereich gehen demnach mit Defiziten im Bereich der Sprache einher (vgl. z.B. Zec, 1993).

Romero et al. (1994) verweisen auf die große frühdiagnostische Bedeutung von Störungen des pragmatischen Sprachsystems. Patienten mit subkortikalen Demenzen sind von entsprechenden sprachlichen Einbußen weniger stark betroffen.

Die Abgrenzung depressionsbedingter Hirnleistungsstörungen

Eine neuropsychologische Differenzierung von hirnorganisch bedingten Leistungseinbußen Älterer von solchen, die aus einer depressiven Stimmungslage resultieren, kann diagnostisch in unterschiedlicher Weise erfolgen:

• Da neuropsychologische Verfahren eine präzise Abbildung von Veränderungen kognitiver Leistungen gestatten, sind sie geeignet, die mit einer depressiven Grundsymptomatik einhergehenden Leistungsschwankungen abzubilden. Die verlaufsdiagnostisch zu erkennende Leistungsfluktuation bei depressiven Patienten steht progredienten Leistungseinbußen bei Patienten mit dementiellen Prozessen gegenüber.

• Eine weitere Möglichkeit der Differenzierung kann in dem allgemein höheren Lerngewinn depressiver Patienten bei wiederholter Darbietung von Gedächtnisaufgaben gesehen werden (z.B. Lachner & Engel, 1994).

Tabelle 3. Abgrenzung von kortikalen und subkortikalen Demenzen mittels neuropsychologischer Verfahren

Neuropsychologische Testverfahren	kortikale Demenz Morbus Alzheimer	Subkortikale Demenzen Morbus Parkinson	Chorea Huntington	Quelle
Wortliste (WL): unmittelbare freie Reproduktion	sehr deutlich reduziert	deutlich reduziert	deutlich reduziert	Dellis et al., 1987
WL: Unmittelbare minus verzögerte freie Reprod.: „Vergessen"	deutlich	weniger deutlich	weniger deutlich	Tröster et al., 1993
WL: Wiedererkennen	deutlich reduziert	kaum reduziert	kaum reduziert	Pillon et al.,1993
WL: Wiedererkennen bei Vorgabe semant. Hilfen	nicht verbessert	verbessert	verbessert	Randolph et al., 1993
WL: Antwortverhalten beim Wiedererkennen	„JA"- Tendenz, semantisches Netz defizient	semantisches Netz intakt	semantisches Netz intakt	Brandt et al., 1992
semantisches Priming	ineffizient	effizient	effizient	Heindel et al., 1989
WL: Fehler	erhöhte Anzahl von Intrusionsfehlern	Intrusionsfehler seltener	Intrusionsfehler seltener	Kramer et al., 1989
senso-motorisches Lernen (Pursuit Rotor)	Lernfortschritt durchschnittlich	Lernfortschritt unterdurchschnittlich	Lernfortschritt unterdurchschnittl.	Heindel et al., 1989

- Weiterhin verweisen verschiedene Studien auf fehlende oder geringe sprachliche Einschränkungen bei depressiven Patienten gegenüber Demenz-Patienten (z.B. Kurz et al., 1991). Wortflüssigkeit, Wortfindung, Dysnomien, Konfabulationen oder Intrusionen werden hierbei als differenzierende Maße genannt.
- Für depressive Patienten wird zugleich ein vergleichsweise geringer Anteil falsch-positiver Antworten in Wiedererkennungsprüfungen diskutiert, dem ein unkritisches Antwortverhalten („Ja"-Tendenz) von Demenzpatienten gegenübersteht.

Grundlagen neuropsychologischer Therapie- und Interventionsansätze

Zu den Zielen und Prinzipien einer neuropsychologischen Intervention

Neuropsychologische Therapie und Intervention haben die Nutzung verfügbarer kognitiver Leistungen zum Zwecke der Erhaltung der Selbständigkeit und Kompetenz zum Ziel. Kompetenz ist dabei als ein transaktionales Konstrukt zu fassen (vgl. Olbrich, 1987), das sowohl gegebene kognitive, emotionale und unmittelbar verhaltensbezogene Veränderungen als auch die jeweiligen Anforderungen der Lebenssituation der Betroffenen reflektiert. Kompetenzerhaltung in diesem Sinne zielt darauf ab, individuelle Möglichkeiten mit den jeweiligen situativen Anforderungen abzugleichen. Da mit Blick auf dementielle Entwicklungen im Alter kausale Therapieansätze nicht zur Verfügung stehen und die Wiedererlangung des ursprünglichen Leistungsniveaus der Betroffenen nicht zu erwarten ist, soll folgend nicht der Begriff „Therapie" Verwendung finden, sondern von neuropsychologischer „Intervention" die Rede sein.

Neuropsychologische Interventionen als Bestandteil einer auf Kompetenzerhaltung abzielenden Förderung folgen dem Prinzip der Kompensation und nicht dem der Restitution. Eine Aufrechterhaltung des bestehenden Leistungsniveaus sowie eine Verlangsamung drohender defizitärer Entwicklungen sind neben Verbesserungen einzelner Funktionsbereiche zu nennen. Unspezifischen übenden Ansätzen kommt dabei im günstigen Falle nur ein allgemeiner Aktivierungseffekt zu. Die Vermittlung einfacher kognitiver Techniken, reflexive Strategien der Informationsaufnahme und -verarbeitung, der Einsatz externer Hilfen, konkretes Umsetzen kognitiver Strategien „vor Ort" sowie selbstwertstützende Interventionsschritte stehen hingegen im Mittelpunkt. Zwingende Voraussetzung für eine gezielte Intervention sind detaillierte Kenntnisse zu den kognitiven Funktionseinbußen bzw. Ressourcen einschließlich deren Bedeutung im Alltag der Betroffenen. Generell fordern die Zielsetzungen einer spezifischen Förderung eine stetige Anpassung im Laufe des Entwicklungs- und Interventionsgeschehens. Nicht-kognitive Ziele treten im Zuge fortschreitender kognitiver Einbußen zunehmend in den Vordergrund.

Neuropsychologische Intervention am Beispiel kontrollierter Studien

Zur Beurteilung des spezifischen Effektes neuropsychologischer Interventionsmaßnahmen seien folgende Interventionsstudien mit DAT-Patienten genannt, die Kontrollgruppen einschlossen und damit unspezifische Aktivierungseffekte von spezifischen Interventionseffekten zu trennen in der Lage waren.

Gezielte kognitive Fördermaßnahmen im Sinne einer Vermittlung von Gedächtnisstrategien erweisen sich in einer Arbeit von

Yesavage et al. (1981) einer unspezifischen Aktivierung überlegen. Ein ähnliches, allerdings nicht überdauerndes Ergebnis berichten Zarit et al. (1982) für eine Gruppe dementer Patienten, welchen ebenfalls Merkstrategien vermittelt wurden. Auch Heiss et al. (1994) weisen in ihrer Studie positive, jedoch nicht überdauernde Interventionseffekte nach. Eine interventionsbedingte Verlangsamung der dementiellen Entwicklung wird weiterhin aus einer kompetenzorientierten Studie berichtet, welche neben kognitiven Strategien auf die Vermittlung von Bewältigungsverhalten abzielte (Ermini-Fünfschilling, 1995; Meier et al. 1996).

Steinwachs et al. (1999) berichten von signifikanten, überdauernden Effekten (5-Jahres-Intervall) eines kombinierten 1-jährigen Gedächtnis-Psychomotorik-Trainings auf die dementielle Symptomatik einer Stichprobe von 75- bis 93-jährigen Probanden, die allerdings initial weitgehend frei von dementiellen Einschränkungen waren. Oswald et al. (1999) können im Rahmen dieser Studie signifikante Fördereffekte in verschiedenen kognitiven Leistungsparametern nachweisen. Die Autoren weisen darauf hin, dass die beobachteten Effekte auf die Spezität des durchgeführten Gedächtnis-Trainings zurückzuführen seien.

Zusammenfassend kann die prinzipielle Wirksamkeit spezifischer kognitiver Förderangebote bei zumeist begrenzter Wirkungsdauer und wenig abgesichertem Transfer in den Alltag der Betroffenen als belegt gelten.

Zur differenziellen Wirksamkeit kognitiver Förderansätze

Wie eine Metaanalyse von 33 gedächtnisbezogenen Interventionsstudien bei 61- bis 78-jährigen hirnorganisch nicht beeinträchtigten Probanden aufzeigt (Verhaeghen et al., 1992), begünstigen vor allem ein geringes Alter, sowie ein günstiges Leistungsniveau der Teilnehmer, ein gezieltes gedächtnisbezogenes Förderangebot, ein Arbeiten in Gruppen sowie relativ kurze Trainingssitzungen die Fördereffekte kognitiver Angebote.

Eine positive Ausgangsniveau-Fördereffekt-Beziehung findet sich auch in Studien, die demente Patienten einschlossen (z.B. Kunz, 1990). Ältere Patienten mit fortgeschrittener dementieller Entwicklung und solche mit ungünstigem gesundheitlichen Zustand profitieren demnach am wenigsten von kognitiven Förderangeboten.

Es ist weiterhin davon auszugehen, dass mit zunehmenden kognitiven Einschränkungen individualisierte Interventionsangebote gegenüber mehr oder minder kanonisierten Förderprogrammen günstigere Effekte aufweisen.

Orientierungstraining, psychosoziale Unterstützung der Betroffenen und der Pflegenden

Mit dem Ziel, die räumliche, zeitliche und personale Orientierung von Demenzpatienten zu erhalten und damit ihre Selbstständigkeit zu stärken, wurde erstmals in den 70er Jahren das sog. „Realitätsorientierungstraining" eingesetzt und untersucht (z.B. Barnes, 1974). Speziell für Demenzpatienten konzipiert, steht eine auf verhaltenstherapeutischen Annahmen basierende fortwährende Vermittlung von Orientierungsinformationen im Mittelpunkt dieser im stationären Bereich eingesetzten Programme („24-Stunden-Realitätsorientierungstraining"). Ergänzt werden Angebote dieser Art häufig durch tägliche Gruppensitzungen, welche auf eine Reaktivierung und Erhaltung von einfachen alltagsrelevanten Fertigkeiten abzielen (vgl. Günther et al., 1997). Elemente einer kognitiven Milieutherapie oder aktivierende Pflegemaßnahmen

werden den genannten Realitätsorientierungsansätzen häufig hinzugefügt.

In einer großen Anzahl von Studien werden Verbesserungen in den trainierten Orientierungsleistungen und Alltagsfertigkeiten berichtet (vgl. Haag & Noll, 1991). Verbesserte bzw. stabilisierte kognitive Leistungen als Folge von Realitätsorientierungsprogrammen als auch die Dauerhaftigkeit der erzielten Effekte gelten hingegen als strittig.

Mit zunehmender Demenzschwere gewinnen über kognitive Basisfunktionen und Selbstständigkeit hinausreichende Interventionsziele an Gewicht. Kognitive Einbußen münden in einem bedrohten Identitätsgefühl, einem zunehmenden Verlust des Wissens über die eigene Person und der Unfähigkeit, sich mit den Folgen der Erkrankung auseinanderzusetzen. Psychotherapeutische Stützung zur Bewältigung der entstandenen Verluste und zur Aufrechterhaltung des Selbst rücken damit in den Mittelpunkt neuropsychologischer Bemühungen (z.B. Romero & Eder, 1992).

In den letzten Jahren wurde weiterhin damit begonnen, psychosoziale Unterstützungsangebote für Angehörige und Pflegekräfte von Demenzkranken zu entwickeln und zu untersuchen (z.B. Bayer-Feldmann & Greifenhagen, 1995). Es wird Gegenstand künftiger Bestrebungen sein, solche Ansätze der psychosozialen Entlastung als Bestandteil eines umfassenden Angebotes der Versorgung von Patienten mit Hirnleistungsstörungen im Alter weiterzuentwickeln und zu evaluieren.

7 Psychotherapie

7.1 Psychotherapeutische Interventionen bei Patienten mit Erkrankungen oder Verletzungen des Zentralnervensystems

Siegfried Gauggel & Karin Schoof-Tams

Zusammenfassung

In diesem Kapitel werden psychologische Interventionen für ausgewählte psychische Störungen bei hirngeschädigten Patienten vorgestellt. Insbesondere wird auf die Behandlung von emotionalen Störungen, Störungen der Einsicht, Verhaltensauffälligkeiten und auf die Behandlung von familiären Problemen eingegangen. Darüber hinaus beschreiben wir jeweils kurz mögliche ätiologische Prozesse und stellen die Rahmenbedingungen für die Durchführung dieser Interventionen dar.

Neuropsychologische Rehabilitation und Psychotherapie[1]

Lange Zeit gab es zwischen Klinischen Neuropsychologen und Psychotherapeuten kaum Berührungspunkte. Beide Bereiche nahmen gar nicht oder nur wenig voneinander Kenntnis. Während sich auf dem Gebiet der Psychotherapie seit Anfang dieses Jahrhunderts zahlreiche unterschiedliche therapeutische Richtungen etablierten sowie die verschiedensten auf psychologischen Erkenntnissen basierenden Interventionstechniken erprobt und evaluiert wurden, wurde erst in den letzten zwei Jahrzehnten innerhalb der Klinischen Neuropsychologie das Augenmerk auf die Behandlung der nach einer Erkrankung oder Schädigung auftretenden kognitiven, emotionalen, motivationalen und Verhaltensstörungen gelegt.

Mit dem aufkommenden Interesse an der Hirnforschung und aufgrund der großen Zahl hirngeschädigter Patienten erhielt die Behandlung und Rehabilitation dieser organisch bedingten psychischen Störungen[2] aber Ende der 70er Jahre großen Auftrieb und Beachtung (Diller & Gordon, 1981). Seither erlebt dieses Forschungsfeld einen ungeahnten Aufschwung, und die Neuropsychologie konnte sich als eigenständiges und wichtiges Forschungs- und klinisches Arbeitsfeld etablieren. Wesentliche Termini im Kontext psychotherapeutischer Interventionen in der Neuropsychologie sind in Abbildung 1 dargestellt.

Für die Behandlung von Patienten mit organisch bedingten psychischen Störungen wurde seit dieser Zeit eine Vielzahl von spezifischen Behandlungsprogrammen entwickelt und im Hinblick auf ihre Effektivität evaluiert. Während sich anfangs diese Behandlungsprogramme sehr stark am reinen Üben („drill")

---

[1] Zur rechtlichen Problematik Psychotherapie-Neuropsychologie siehe Kapitel 9.2

[2] Wir verwenden in diesem Beitrag einheitlich den umfassenden Begriff organisch bedingte psychische Störungen. Hierunter subsummieren wir nicht nur emotionale, motivationale und Verhaltensstörungen sondern auch Störungen einzelner kognitiver Funktionen (z.B. Gedächtnis, Sprache) für die in der Literatur häufig auch die Bezeichnung kognitive oder neuropsychologische Störungen verwendet wird.

der gestörten Funktion orientierten, wurden die Therapieprogramme später zunehmend auf der Grundlage von Erkenntnissen und Modellen der kognitiven Neuropsychologie entwickelt (Wilson, 1997). Die computergestützte Darbietung solcher Therapieprogramme sorgte zusätzlich für eine weite Verbreitung und eine hohe Akzeptanz bei Patienten und Therapeuten.

Durch die Schwerpunktsetzung auf die Behandlung bestimmter kognitiver Funktionen (z.B. Gedächtnis, Aufmerksamkeit) kam es allerdings zu einer Vernachlässigung der emotionalen, sozialen und behavioralen Folgen der

---

Definition wichtiger Begriffe

Die Behandlung von Patienten mit Erkrankungen oder Verletzungen des Zentralnervensystems ist ein komplexes und langwieriges Unterfangen, an dem unterschiedliche Berufsgruppen mit unterschiedlichen Ausbildungen beteiligt sind. Für ein konzeptuelles Verständnis der Behandlung ist es zentral, sich die nachfolgenden Begriffsdefinitionen vor Augen zu halten.

Wir sprechen von **seelische** Krankheit, wenn es sich um eine „ ... krankhafte Störung der Wahrnehmung, des Verhaltens, der Erlebnisverarbeitung, der sozialen Beziehungen und der Körperfunktionen" handelt. Es gehört zum Wesen dieser Störungen, dass sie der willentlichen Steuerung durch den Patienten nicht mehr oder nur zum Teil zugänglich sind. Krankhafte Störungen können durch seelische oder körperliche Faktoren verursacht werden. Sie werden in seelischen und körperlichen Symptomen und in krankhaften Verhaltensweisen erkennbar, denen aktuelle Krisen seelischen Geschehens, aber auch pathologische, seelische und körperliche Strukturen und Funktionen zugrunde liegen können." (Meyer, Richter, Grawe, Schulenburg & Schulte, 1991, S. 26)

Von **Behinderung** ist dann die Rede, wenn die Auswirkungen der Schädigung auf die Fähigkeiten der Person umfänglich (Beruf, Schule, Alltag), schwer (stark normabweichend) und längerfristig sind. Eine Behinderung liegt vor, wenn der Patient durch eine Krankheit, ein angeborenes Leiden oder durch eine äussere Schädigung (Verletzung) mit funktionellen Einschränkungen körperlicher, geistiger oder seelischer Art in seiner persönlichen, familiären, beruflichen und gesellschaftlichen/sozialen Entfaltung beeinträchtigt ist.

„**Psychotherapie** ist ein bewusster und geplanter interaktioneller Prozess zur Beeinflussung von Verhaltensstörungen und Leidenszuständen, die in einem Konsensus (möglichst zwischen Patient, Therapeut und Bezugsgruppe) für behandlungsbedürftig gehalten werden, mit psychologischen Mitteln (durch Kommunikation) meist verbal aber auch averbal, in Richtung auf ein definiertes, nach Möglichkeit gemeinsam erarbeitetes Ziel (Symptomminimalisierung und/oder Strukturänderung der Persönlichkeit) mittels lehrbarer Techniken auf der Basis einer Theorie des normalen und pathologischen Verhaltens. In der Regel ist dazu eine tragfähige emotionale Bindung notwendig" (Strotzka, 1975, Seite 4).

Rehabilitation umfasst „alle Bemühungen, eine Funktionsstörung nicht zu einer dauerhaften Einschränkung/Beeinträchtigung der persönlichen, sozialen und beruflichen Lebensumstände werden zu lassen oder zumindestens die Auswirkungen auf die genannten Lebensbereiche auf ein Minimum zu reduzieren. (...) Ein solches Rehabilitationsverständnis zielt darauf ab, mit Leistungen der medizinischen, beruflichen, schulisch-pädagogischen und psychosozialen Rehabilitation chronisch kranken und behinderten Menschen dazu zu verhelfen, die Erkrankung und Behinderung sowie deren Folgen zu bewältigen, um möglichst weitgehend und selbständig am normalen Leben in Familie, Beruf und Gesellschaft teilnehmen zu können. Da wegen der Chronizität der Erkrankung nur selten eine vollständige Heilung zu erreichen ist, besteht das Ziel rehabilitativer Leistungen häufig in einer Verringerung der Einschränkungen/ Beeinträchtigungen, (...) einer Schadensbegrenzung und Stabilisierung des gegenwärtigen Zustandes, (...) einer Adaptation an einen mehr oder weniger stabilen Endzustand mit oder technische Hilfen, einer Vermeidung der Maladaptation, einem Lernen und Trainieren von kompensatorischen Leistungen oder einer funktionsgünstigen Gestaltung der persönlichen Umwelt." (Bundesarbeitsgemeinschaft für Rehabilitation, 1994, S. 26)

Abb. 1. Definition wichtiger Begriffe

Hirnschädigung, obwohl solche Störungen ebenfalls schwere Behinderungen und funktionelle Einschränkungen bewirken können.

Es half auch nicht, dass vermehrt Behandlungsmethoden der Klinischen Psychologie eingesetzt und mit den Trainingsverfahren kombiniert wurden (Goldstein, 1992). Die Ergebnisse von Langzeitstudien machten zunehmend deutlicher, dass solche isolierten Programme den spezifischen und weitreichenden Bedürfnissen hirngeschädigter Patienten häufig nicht gerecht werden. Viele der entwickelten kognitiven Trainingsprogramme sind sehr spezialisiert und erscheinen ohne Einbettung in ein umfassendes Behandlungskonzept nur bei Patienten mit isolierten und klar umschriebenen Störungen sinnvoll anwendbar zu sein. Verschiedene Autoren weisen deshalb darauf hin, dass bei hirngeschädigten Patienten neben der Behandlung spezifischer kognitiver Störungen auch immer noch übergreifende Aspekte (z.B. bleibende Behinderung, Zukunftsperspektive, Lebensqualität) in der Therapie aufgegriffen werden sollten. Dies gilt vor allem für Patienten in der postakuten Phase. Diese Patienten fragen sich häufig, warum so etwas mit ihnen passiert ist, ob sie wieder gesund und normal werden und ob das Leben mit einer Behinderung noch lebenswert ist.

Prigatano (1994) geht deshalb davon aus, dass die neuropsychologische Behandlung nicht nur aus der Therapie einzelner kognitiver Störungen bestehen kann, sondern immer auch noch umfassendere psychologische (psychotherapeutische) Interventionen, eine spezifische Behandlungsumwelt (therapeutisches Milieu), einen beschützten Arbeitsversuch und den Einbezug der Angehörigen beinhalten sollte.

Auch Ben-Yishay (1996) vertritt einen umfassenden (holistischen) Behandlungsansatz, da seiner Meinung nach nur holistische Programme gute Behandlungsergebnisse liefern. Solche holistischen Programme wurden bereits von Diller (1976) gefordert und bestehen aus „.... well-integrated interventions that exceed in scope, as well as in kind, those highly specific and circumscribed interventions which are usually subsumed under the term cognitive remediation." (Ben-Yishay & Priga-

tano, 1990, S. 400). Die Aufgabe der Therapeuten besteht also nicht nur in der gezielten Verbesserung gestörter kognitiver Funktionen, sondern auch darin, den Patienten durch eine Abfolge von verschiedenen Bewältigungsstadien zu führen.

Es sind häufig die übergreifenden psychologischen Aspekte, die im Rahmen von psychotherapeutischen Interventionen aufgegriffen und behandelt werden (Miller, 1993)[3]. Emotionale und Verhaltensprobleme stehen dabei genauso im Mittelpunkt wie beispielsweise die Krankheitsbewältigung, die Anpassung an die Krankheit und deren Folgen, der Umgang mit Stress, motivationale Probleme, Störungen der Krankheitseinsicht, die Lebenszufriedenheit, familiäre, schulische und berufliche Probleme sowie Rollenveränderung und -erwartungen.

Im folgenden stellen wir verschiedene psychotherapeutische Interventionen und die Rahmenbedingungen für deren Durchführung bei ausgewählten organisch bedingten psychischen Störungen vor. Im einzelnen gehen wir auf die Behandlung von emotional-affektiven Störungen, Störungen der Einsichtsfähigkeit und des Verhaltens sowie auf die Behandlung familiärer Probleme ein.

Emotional-affektive Störungen

Die Vermittlung von Kompensationsstrategien und das Wissen über die Erkrankung sowie die Durchführung rehabilitativer Maßnahmen kann nur dann für Patienten hilfreich sein, wenn es diesen gelingt, mit den krankheitsbe-

---

[3] An dieser Stelle scheint es uns wichtig zu betonen, dass eine Unterscheidung in neuropsychologische und psychotherapeutische Interventionen wenig sinnvoll erscheint. Der Begriff „Psychotherapeutische (oder besser psychologische) Interventionen" ist als Abgrenzung zu dem Begriff „Somatische/ pharmakologische Interventionen" geprägt worden. Da der Neuropsychologe genauso wie der klassische Psychotherapeut psychische Störungen (genauer gesagt: organisch bedingte) diagnostiziert und mit psychologischen Mitteln behandelt, übt er nach der Definition des Psychotherapeutengesetzes Psychotherapie aus.

dingten Veränderungen in ihrem Leben zurechtzukommen. Sie müssen eine größere Toleranz gegenüber vorhandenen Defiziten entwickeln und sich trotz der teilweise chronischen Einschränkungen eine Zukunftsperspektive aufbauen.

Hirngeschädigte Patienten in der postakuten Rehabilitationsphase zeichnen sich nicht nur durch eine große Heterogenität in bezug auf die vorhandenen Störungen aus, sondern unterscheiden sich auch erheblich hinsichtlich ihrer emotionalen Reaktionen auf die Erkrankung und deren Folgen.

Die Wahrnehmung der vorhandenen Beeinträchtigungen, tägliche Schmerzen, die eingeschränkte psychische und physische Leistungsfähigkeit, Ungewissheit bezüglich des weiteren Krankheitsverlaufs, Veränderung des Lebensrhythmus durch Arbeitsunfähigkeit, Reaktionen der Umwelt auf die Erkrankung und Behinderung stellen emotionale und psychische Belastungen dar, die in Abhängigkeit von dem Schweregrad der Beeinträchtigungen und dem Störungsbewusstsein die Anpassung und den Umgang mit einer Hirnschädigung beeinflussen. Ferner sind prämorbide Persönlichkeitsmerkmale, individuelle Ressourcen und die soziale Unterstützung des Patienten wichtige Moderatoren der Krankheitsverarbeitung.

Depression

Eine der häufigsten Störungen des emotionalen Erlebens nach Hirnschädigungen stellen Depressionen dar. Die Prävalenzrate depressiver Störungen variiert in Abhängigkeit von der Ätiologie der Erkrankung und den verwendeten diagnostischen Verfahren; generell wird sie jedoch mit 20 bis 30% angegeben.

Insbesondere nach zerebrovaskulären Erkrankungen sind depressive Störungen häufig, und es finden sich zahlreiche neuere Forschungsarbeiten zum Themenkomplex der sogenannten „Poststroke-Depression". Die kontroversen Diskussionen zur Ätiopathogenese der Poststroke-Depression sollen hier nicht aufgegriffen werden. Statt dessen weisen wir auf die Übersichtsarbeit von Herrmann und Wallesch (1993) hin.

Über die Behandlung affektiver Störungen nach einer Hirnschädigung liegen bislang nur wenige kontrollierte Gruppenstudien vor. So wurde in der Literatur die psychopharmakologische Behandlung mit klassischen Antidepressiva lange Zeit kontrovers diskutiert, da beispielsweise die Gabe trizyklischer Antidepressiva bei Schlaganfallpatienten zu zentral anticholinergen Begleiteffekten, wie Müdigkeit, Unruhe und Verwirrtheit führen kann (vgl. Kapitel 8).

Mittlerweile wird aber in den meisten Studien eine frühzeitige Behandlung mit Antidepressiva bei depressiven Störungen nach zerebrovaskulären Insulten bei entsprechender Überwachung der zentralnervösen und peripheren Begleiteffekte favorisiert, da sich die Medikation offensichtlich sowohl positiv auf die Befindlichkeit des Patienten als auch auf seine Rehabilitationsfortschritte auswirkt (Chalmers, 1990).

Noch weniger ist bezüglich der Wirksamkeit psychotherapeutischer Interventionen bekannt. Von verschiedenen Autoren werden kognitive Behandlungsmethoden empfohlen. Aufgrund der oft eingeschränkten kognitiven und sprachlichen Fähigkeiten muss sich die Behandlung aber häufig auf dem systematischen Aufbau von verstärkenden Aktivitäten konzentrieren. Aber auch der Aktivitätsaufbau kann sich bei hirngeschädigten Patienten durch die Überlagerung mit einem organisch bedingten Antriebsmangel oder einer Ideenarmut als besonders schwierig erweisen. Hier kommt der sorgfältigen Auswahl von Verstärkern eine besondere Funktion zu.

Angsterkrankung

Kinsella und Mitarbeiter (1988) fanden, dass 26% einer Stichprobe von Patienten mit einem Schädelhirntrauma zwei Jahre nach dem Ereignis unter krankheitswertigen Ängsten litten. Ferner entwickeln viele hirngeschädigte Patienten, vor allem Patienten mit aphasischen Störungen, Ängste vor sozialen Situationen, die letztlich in sozialem Rückzugsverhalten münden können. Beispielsweise berichteten Newton und Johnson (1985), dass 72 % der von ihnen untersuchten Patienten fünf Jahre nach einer Hirnschädigung unter „Sozialangst" litten. Die Autoren vermuten, dass sich diese Unsicherheit aufgrund einer anfänglichen partiellen sozialen Isolierung im Klinikalltag entwickeln konnte. In der Folge versuchen die Patienten dann häufig, Situationen zu vermeiden, die Ängste auslösen (z.B. in der Öffentlichkeit zu sprechen, ohne fremde Hilfe zu laufen, alleine einkaufen zu gehen). Dieses Vermeiden trägt aber mit dazu bei, dass die Ängste weiter aufrechterhalten werden.

Für die Behandlung von Angststörungen nach einer Hirnschädigung empfiehlt sich ein „konfrontatives" Vorgehen. Das Behandlungsziel sowohl bei agora- als auch bei sozialphobischen Ängsten besteht dabei in der Aufhebung des Vermeidungsverhaltens durch Exposition mit den angstauslösenden Situationen.

Anpassungsstörung

Hierbei handelt es sich um einen Zustand von subjektivem Leiden und emotionaler Beeinträchtigung, der nach einer entscheidenden und belastenden Lebensveränderung oder nach einer Erkrankung auftreten kann und die sozialen Funktionen und Leistungen behindert. Die Diagnose einer Anpassungsstörung hängt ab von einer sorgfältigen Bewertung der Beziehung zwischen:

1. Art, Inhalt und Schwere der Symptomatik,
2. Anamnese und Persönlichkeit, und
3. belastendem Ereignis, Situation oder Lebenskrise.

Die im ICD-10 vorgeschlagene zeitliche Begrenzung der Symptomatik auf sechs Monate nach dem Ereignis sollte bei hirngeschädigten Patienten aufgrund ihrer anfänglich häufig stark eingeschränkten kognitiven Fähigkeiten und des in der Regel sich erst langsam entwickelnden Störungsbewusstseins nicht als diagnostisches Kriterium verwendet werden.

Anpassungsstörungen finden sich in der Regel bei Patienten mit leicht- bis mittelgradigen kognitiven Defiziten bei guter Einsicht in die

bestehenden Defizite. Der Verlust der prämorbiden Leistungsfähigkeit wird von diesen Patienten als besonders belastend empfunden. Schwierig ist die differentialdiagnostische Abgrenzung zu einer organisch bedingten affektiven Störung; die Übergänge sind hier fließend. Ein Kennzeichen der Anpassungsstörung ist jedoch, dass die Patienten, befragt nach der Ursache für ihre Traurigkeit, in der Regel den Lebensqualitätsverlust durch die Erkrankung beklagen, während Patienten mit organisch bedingten Depressionen häufig keine Ursache für ihre Traurigkeit angeben können.

Die psychotherapeutische Behandlung von Anpassungsstörungen ist vergleichbar mit der Behandlung affektiver Störungen, wobei ein stärkerer Fokus auf kognitiven Interventionstechniken liegt. In schweren Fällen muss die Behandlung während einer Übergangszeit auch durch eine antidepressive Medikation unterstützt werden.

Krankheitsbewältigung

Zwar gibt es mittlerweile eine Vielzahl von Studien und standardisierten Verfahren zur Erfassung von Bewältigungsstilen bei chronischen körperlichen Erkrankungen, aber nur eine kleine Anzahl an empirischen Studien hat sich mit der Krankheitsverarbeitung nach einer Hirnschädigung beschäftigt.

In einer aktuellen Studie konnten Malia und Mitarbeitern (1995) zeigen, dass in einer Stichprobe von 74 hirngeschädigten Patienten sechs Monate bis 2 1/2 Jahre nach dem Ereignis „emotionsfokussiertes" Coping (wie z.B. Hoffen, dass ein Wunder geschieht; Versuch, alles zu vergessen; Versuch, so zu tun, als sei nichts geschehen), Vermeidung und Wunschdenken signifikant mit einer schlechteren kurz- und längerfristigen psychosozialen Anpassung korrelierten.

Weitgehend ungeklärt ist bislang die Frage, welche Strategien für die Bewältigung von chronischen Erkrankungen hilfreich und wie diese zu verbessern oder zu verändern sind. Erprobte und empirisch evaluierte Behandlungsansätze existieren momentan nur für andere Krankheiten (z.B. Diabetes mellitus).

Verbesserung der emotionalen Anpassung in der Gruppe

Generell gilt, dass viele hirngeschädigte Patienten aufgrund ihrer kognitiven Defizite nicht in dem Maße von „klassischen" psychotherapeutischen Methoden profitieren können wie andere Patienten. Als Hauptprobleme, die ein psychotherapeutisches Vorgehen erschweren können, sind zu nennen:

1. Aufmerksamkeits- und Gedächtnisprobleme,
2. mangelndes Abstraktionsvermögen und rigides Denken,
3. Planungs- und Problemlösedefizite,
4. mangelnde Selbstkontrolle,
5. Mangel an Einsicht und
6. Sprach- und Sprechstörungen.

Deshalb ist bei der Anwendung psychotherapeutischer Techniken bei hirngeschädigten Patienten besonders auf ein stark strukturiertes Vorgehen mit vielen Redundanzen und Wiederholungen, auf die Verwendung von schriftlichen Hilfen und auf eine Fokussierung konkreter Gedanken und kurzer Verhaltenssequenzen zu achten. Für die Behandlung empfiehlt sich eine Mischung aus Aufklärung und Informationsvermittlung, Strategien im Umgang mit Antriebsmangel, sozialem Rückzugsverhalten und Befindlichkeitsstörungen sowie der Vermittlung von Selbstinstruktionstechniken im Umgang mit nicht-kontrollierten Affekten, wie z.B. Aggressionen. Sie stellen jedoch nur eine subjektive Auswahl aus einer Vielzahl von möglichen Interventionsstrategien dar (Gauggel et al., 1998).

Ausgewählte kognitive Interventionsstrategien

In der gesamten Literatur zur neuropsychologischen Behandlung wird der Einsatz kognitiver Methoden bislang weitestgehend vernachlässigt (siehe aber Schefft et al., 1997). Dies erscheint zunächst berechtigt, setzen diese Techniken doch zumindest ein Minimum an Selbstreflexions- und Handlungsregulationsfähigkeit voraus, über das zahlreiche hirngeschädigte Patienten nicht verfügen.

Dennoch treffen wir gerade im postakuten Rehabilitationsbereich immer wieder auf Patienten, die von ihrer intellektuellen Leistungsfähigkeit die Voraussetzungen für die Anwendung kognitiver Therapieverfahren erfüllen. Insbesondere bei motivationalen Störungen bieten sich diese Techniken an, um beispielsweise Reaktanz- und Widerstandsphänomene zu vermeiden. Aber auch bei Depressionsbehandlungen und bei Problemlösestörungen wird die erfolgreiche Anwendung insbesondere des Selbstmanagement-Ansatzes beschrieben (Matthes-von Cramon, von Cramon & Mai, 1994).

Störung der Einsicht

Vielfach wurde versucht, eine Trennung des organisch bedingten verminderten Störungsbewusstseins von den reaktiven Erscheinungsformen theoretisch und empirisch zu untermauern. So vermutet Prigatano (1986) beispielsweise, dass ein Awareness-Training nur bei der Gruppe hirngeschädigter Patienten erfolgreich ist, deren mangelndes Störungsbewusstsein durch einen psychologischen Verdrängungsmechanismus als durch eine Schädigungen spezifischer neuronaler Systeme erklärt werden kann. Bisher existiert jedoch keine einheitliche Theorie in bezug auf das Phänomen eines mangelnden Störungsbewusstseins nach einer Hirnschädigung (Prigatano & Schacter, 1991).

Es ist auch nicht zu erwarten, dass beide Phänomene diagnostisch exakt voneinander abgegrenzt werden können, zumal eine derartige Trennung für therapeutische Interventionen nicht unbedingt eine notwendige Voraussetzung darstellt (Deaton, 1986). Die diagnostische Untersuchung kann sich vielmehr auf die Ebene der Symptome konzentrieren und mangelndes Störungsbewusstsein als Teil der Erkrankung ansehen, den es durch entsprechende Interventionen zu behandeln gilt. Dieses Vorgehen entspricht gängigen Ansichten bei der Behandlung anderer Patientengruppen, bei denen ebenfalls Awarenessdefizite zu beobachten sind (z.B. bei Schizophrenie oder Anorexia nervosa).

Die schwierige Balance zwischen Konfrontation und Unterstützung

Eine wichtige Frage, die sich bei einem verminderten Störungsbewusstsein stellt, ist die Frage nach der Schädlichkeit oder Nützlichkeit dieses Symptoms zum aktuellen Zeitpunkt. Während der ersten akuten Phase einer Krankheit stellt es sicherlich einen zu erwartenden, adaptiven psychologischen Mechanismus dar, so dass entsprechende Interventionen verfrüht erscheinen. Dennoch ist ein Minimum an Realitätsanpassung auch in der Frühphase der Rehabilitation notwendig. Im Rahmen einer Realitätsorientierung können hier neben Informationen zu Zeit, Ort und Person auch Angaben zum Krankheitsgeschehen gegeben werden. Therapeuten und Angehörige sind dazu angehalten, immer wieder den Bezug zur Realität herzustellen und den Patienten auf mögliche Hilfen für diese Wahrnehmung zu verweisen (Rollstuhl, Uhr, Kalender, Tageszeitung usw.).

Problematisch wird es, wenn die Symptomatik auch noch Monate nach Krankheitsbeginn vorhanden ist oder die Rehabilitation dadurch behindert wird. Eine Überschätzung der eigenen Leistungsfähigkeit kann im Alltag (z.B. beim Autofahren) zu einer akuten Gefährdung führen.

Der Versuch, Patienten mit einer verminderten Einsichtsfähigkeit direkt (konfrontativ) von ihren augenscheinlichen Defiziten zu überzeugen, führt meist dazu, dass diese unruhig, ärgerlich oder unsicher reagieren, die fehlerhafte Bewertung ihres Zustands jedoch beibehalten.

Reaktanzphänomene können hier sicher eine Rolle spielen, oft muss aber tatsächlich erst eine gewisse Zeit vergehen, in der die Patienten mit vielen alltäglichen Anforderungen nicht nur in der Klinik, sondern auch in ihrem sozialen Umfeld konfrontiert werden, damit sie ein Bewusstsein für die Auswirkungen der Erkrankung oder Schädigung entwickeln können.

Es ist eine schwierige Aufgabe für die Therapeuten, die richtige Balance zwischen unterstützenden und konfrontativen Interventionen zu finden. Dies setzt ein gutes Störungswissen auf Seiten der Therapeuten voraus. So kann es für Patienten zunächst eine Hilfe sein, wenn ihre Äusserungen, die der eigenen wahrgenommenen Realität entstammen und äusseren Gegebenheiten nicht entsprechen, nicht sofort falsifiziert und abgelehnt werden. Patienten, die zunächst verzweifelt ihre Wahrnehmung zu verteidigen suchen, erleben bei Zustimmung emotionale Entlastung und können in der Folge ihre Fähigkeiten darauf verwenden, sich mit vorhandenen Defiziten auseinanderzusetzen.

Allerdings wird es immer wieder Patienten geben, die auch nach langer Zeit nicht in der Lage sein werden, objektive Realitäten richtig einzuschätzen. In verschiedenen chronischen Fällen, in denen entweder für den Patienten selbst eher negative Folgen des mangelnden Störungsbewusstseins zu befürchten sind (z.B. im Straßenverkehr) oder die Belastung für die Bezugspersonen offensichtlich zu groß wird, wird ein konfrontatives Vorgehen unumgänglich sein.

Psychologische Interventionen

Kennzeichnend für neuropsychologische Therapieansätze ist, dass sie eine kontinuierliche Realitätsprüfung verlangen. Patienten müssen bestimmte Aufgaben bearbeiten und kontinuierlich Einschätzungen der eigenen Leistungsgüte und -qualität abgeben. Nach Beendigung der Aufgabe wird die Einschätzung mit der erzielten Leistung verglichen und Abweichungen thematisiert.

Für die Praxis bedeutet dies, dass der Vergleich zwischen selbstgesetztem Ziel und erbrachter Leistung zentral ist. Durch Visualisierungshilfen lassen sich diese dokumentieren und können dann thematisiert und diskutiert werden. Entsprechende Übungen beinhalten Rollenspiele, innerhalb derer der Patient für ihn relevante Alltagssituationen durchspielen kann. Eventuell kann ein Rollenwechsel und damit die Veränderung der Perspektive eingesetzt werden (z.B. Übung eines Bewerbungsgespräches für die neue Arbeitsstelle: Was würde der Chef vom Bewerber erwarten?).

Ratsam ist der Einsatz eines Videogerätes, um das Verhalten des Patienten auch nachträglich analysieren zu können. Die Mitpatienten und der Therapeut sind angehalten, Rückmeldung über das Verhalten zu geben. Es ergibt sich auch die Möglichkeit, den Patienten sein eigenes Verhalten rückblickend hinsichtlich Effektivität, Angemessenheit und Wirkung gegebenenfalls anhand von Fragebögen oder Kriteriumslisten beurteilen zu lassen.

Kurze Vorträge vor der Gruppe über die eigenen Stärken und Schwächen sowie über die erlebte Krankheit können die Einsicht fördern und das Selbstwertgefühl steigern.

Das Üben alltäglicher Anforderungssituationen und unmittelbare Rückmeldungen über die erzielten Leistungen hält die Patienten zu kontinuierlicher Realitätstestung an.

Oft kann auch das kognitive Training am Computer zur Verbesserung des Störungsbewusstseins verwendet werden. Eine kontinuierliche Rückmeldung durch den Computer bezüglich der erbrachten Leistung wird oft eher angenommen und akzeptiert als hartnäckige Überzeugungsversuche während Visiten.

Ein genaues Benennen relevanter Problembereiche kann in Kombination mit entsprechender Wissensvermittlung (Edukation) zu einer differenzierten Sicht der Störung auf seiten des Patienten führen und so ebenfalls Einsicht fördern. Auch bei anfänglich komplett ausgeprägtem Fehlen jeglicher Einsicht zeigt sich mit zunehmendem Verlauf der Erkrankung, dass die Patienten durch entsprechende Leistungsrückmeldungen und Information zumindest kurzzeitig ein besseres Bewusstsein für vorhandene Defizite erlangen können.

Bei schweren Formen der Störung muss allerdings damit gerechnet werden, dass alle oben genannten Interventionen erfolglos bleiben. Hier bleibt nur eine externe Kompensation durch Umweltmodifikationen übrig. Die engsten Bezugspersonen werden in solchen Fällen zum wichtigsten Ansprechpartner für den Therapeuten. Im Vordergrund steht dann nicht mehr das Ziel, dem Patienten eine größtmögliche Einsicht in die eigenen Defizite zu vermitteln, sondern für alle Beteiligten negative Konsequenzen möglichst gering zu halten.

Verhaltensauffälligkeiten

Obwohl Hirnschädigungen mit den unterschiedlichsten Störungen einhergehen können, stellen Verhaltensauffälligkeiten (z.B. aggressives Verhalten, lautes Schreien) für Angehörige und Therapeuten die größte Belastung und Herausforderung dar. Solche Verhaltensauffälligkeiten können nicht nur die Durchführung von Rehabilitationsmaßnahmen erschweren, sondern auch die familiäre, soziale und berufliche Wiedereingliederung gefährden oder verhindern.

Zur Behandlung von Verhaltensstörungen werden seit den 70er Jahren mit großem Erfolg Techniken und Methoden eingesetzt, die aus der experimentell-psychologischen Lernforschung abgeleitet wurden. Mit Hilfe dieser Techniken ist es möglich,

1. den Erwerb und den Aufbau sozial akzeptierter und adaptiver Verhaltensweisen zu fördern und
2. das Auftreten sozial unangemessener Verhaltensweisen zu reduzieren.

Hierzu wurden beispielsweise Interventionen wie „shaping, modeling, programmed instruction, task analysis, errorless learning, stimulus control, reinforcement" oder „method of vanishing cues" eingesetzt (McGlynn, 1990; Seron, 1987).

Ergänzt werden solche behavioralen Interventionen häufig noch durch andere therapeutische Maßnahmen. Hierzu zählen

1. Veränderungen oder Anpassungen der Umwelt,
2. pharmakologische Interventionen und/oder körperliche Zwangsmaßnahmen,
3. Behandlung kognitiver Defizite und
4. Vermittlung von wichtigen krankheitsrelevanten Informationen und die unterstützende Beratung der Angehörigen und des Betroffenen (Eames et al., 1990).

Die Auswahl der entsprechenden Methode richtet sich nach der Art und Schwere der Verhaltensstörung sowie nach dem Ziel der Behandlung und der möglichen Ätiologie der Störung. Dazu müssen Informationen über

1. die Auswirkungen der Hirnschädigung,
2. den körperlichen Zustand,

3. die prämorbide Persönlichkeit und
4. Informationen über die Umwelt, in der die Verhaltensstörung auftritt, gewonnen werden (Eames et al., 1990).

Entstehung und Arten von Verhaltensstörungen

Verhaltensstörungen können sowohl in der Akut- und der Postakutphase als auch bei der Entlassung aus der Rehabilitationsklinik unmittelbar als Folge einer Hirnschädigung (vgl. Kap. 1.7), mittelbar als dysfunktionale Reaktion der Person auf die vorhandenen Probleme oder die Kliniksituation oder als eine Mischung aus beiden auftreten. Die Unfähigkeit, selbst einfache alltägliche Verrichtungen nicht mehr allein ausführen zu können, kann für den Patienten mit großer Frustration verbunden sein. Aggressives, ablehnendes oder ärgerliches Verhalten kann die Folge sein. Genauso kann lautes Schreien bei eingeschränkten intellektuellen Funktionen Ausdruck von allgemeinem körperlichem Unwohlsein bedeuten und durch die Zuwendung des Pflegepersonals oder der Angehörigen operant verstärkt werden.

Als weitere Beispiele für disinhibitorische Verhaltensauffälligkeiten lassen sich hier lautes Schreien, hypersexuelles Verhalten, emotionale Labilität, Ruhelosigkeit, exzessive Einforderung von Zuwendung und Aufmerksamkeit, sozialer Rückzug, Lethargie, aggressives Verhalten und Wutausbrüche anführen (vgl. Kap. 1.7, Tabelle 1). Je nach Krankheitsstadium gibt es Unterschiede in der Art und Ausprägung der Verhaltensstörung (siehe Eames et al., 1990).

Grob vereinfacht lassen sich die Verhaltensstörungen in zwei große Kategorien einteilen. Während „positive" Verhaltensstörungen primär durch gesteigertes, überschießendes Verhalten (z.B. sexuelle Enthemmung, Affektlabilität, Ruhelosigkeit, motorische Unruhe, lautes Schreien) gekennzeichnet ist, dominieren bei „negativen" Verhaltensauffälligkeiten Verhaltensdefizite (z.B. Antriebsmangel, Affektarmut, Interesselosigkeit, Verlangsamung).

Es ist offensichtlich, dass „positive" Verhaltensauffälligkeiten in weit größerem Umfang als „negative" Verhaltensstörungen den zwischenmenschlichen Kontakt und Umgang mit anderen Personen erschweren oder unmöglich machen.

Eine akute Gefährdung besteht vor allem dann, wenn die Verhaltensstörung von einem gestörten Urteilsvermögen und einer mangelnden Einsichtsfähigkeit begleitet wird. Patienten tendieren dann dazu, ihr aktuelles Leistungsvermögen zu überschätzen oder verharmlosen die vorhandenen Probleme. Besonders problematisch werden solche Störungen, wenn die Patienten wieder in ihr vertrautes Umfeld zurückkommen und größere Freiheiten und Möglichkeiten (z.B. Zugang zum Auto oder zu Alkohol) haben.

Behandlung von Verhaltensstörungen

Die bauliche und soziale Umwelt

Da die Behandlung von Verhaltensstörungen meistens in stationären Einrichtungen stattfindet, kommt der baulichen und sozialen Umwelt und deren Gestaltung eine große Bedeutung zu.

Eames und Mitarbeiter (1990) empfehlen nachdrücklich die Abkehr von einer typischen Krankenhausatmosphäre, da die Selbständigkeit und Eigenverantwortlichkeit in einem solchen Umfeld nur schwer betont werden kann und die Patienten in einer solchen Umgebung dazu tendieren, in eine „Krankenrolle" zu verfallen. In der klinischen Praxis lässt sich ein solcher Einfluss beispielsweise dann beobachten, wenn die Therapien nicht in enger Koordination mit der Pflege, sondern räumlich getrennt davon durchgeführt werden. Es finden sich immer wieder Patienten, die während der Therapie viele Aktivitäten schon weitgehend selbstständig durchführen können. Zurückgekehrt auf die Station wird dann wieder das Pflegepersonal oder die Hilfe von Angehörigen in Anspruch genommen oder teilweise sogar massiv eingefordert.

Aus diesem Grund sollte eine klinische Einrichtung so wenig Krankenhauscharakter wie möglich haben und auch die architektonische Gestaltung sollte mit dazu beitragen, die Interaktion aller beteiligten Personen zu erleichtern (Heeg, 1994).

Es versteht sich, dass auch dem Verhalten aller Mitarbeiter einer solchen Einrichtung eine zentrale Rolle zukommt. Ihr Verhalten kann dem Patienten als Modell dienen, und die Entwicklung eines selbständigen und eigenverantwortlichen Verhaltens kann durch ein entsprechendes Mitarbeiterverhalten systematisch gefördert und verstärkt werden.

Nur wenn die Lernumwelt für den Patienten ausreichend und adäquate Verstärker bereithält, kann über Lernprinzipien adaptives und angemessenes Verhalten aufgebaut werden. Ebenfalls ist es nur in einer solchermaßen angereicherten und verstärkenden Atmosphäre möglich, Lernprinzipien wie die Auszeit-Methode („time out"-Prozedur) zur Reduktion dysfunktionalen Verhaltens (z.B. lautes Schreien) anzuwenden. Wenn die Umwelt für den Patienten nicht verstärkend ist, dann kann ein Verstärkerentzug („time out from positive reinforcement") auch nicht effektiv sein.

Medikamentöse Behandlung und körperliche Zwangsmaßnahmen

Obwohl Psychopharmaka bei hirngeschädigten Patienten wegen ihrer möglichen Nebenwirkungen (z.B. Begünstigung epileptischer Anfälle, Verschlechterung kognitiver Leistungen) bei der Behandlung von Verhaltensstörungen vorsichtig eingesetzt werden sollten, kann auf sie nicht verzichtet werden. Es ist aber wichtig, sich vor Augen zu halten, dass die medikamentöse Behandlung bei hirngeschädigten Patienten immer von psychologischen Maßnahmen begleitet werden muss, da Medikamente nicht zum Aufbau sozial akzeptierter Verhaltensweisen beitragen (Haffey & Scibak, 1989).

Gerade bei aggressiven Patienten kann es unumgänglich sein, Psychopharmaka einzusetzen, um den Umgang mit dem Patienten zu erleichtern oder eine mögliche Fremd- und Selbstgefährdung zu verhindern.

Körperliche Zwangsmaßnahmen (z.B. Fixierung im Bett) sind Maßnahmen, bei denen eine Person gegen ihren Willen oder ohne ihre Zustimmung festgehalten wird. Solche Zwangsmaßnahmen werden in psychiatrischen Einrichtungen angewendet, um das Pflegepersonal, die Therapeuten und Mitpatienten vor Risikoverhalten (z.B. körperlicher Gewalt) oder um die Patienten vor sich selbst (z.B. Haareausreissen im Rahmen von autoaggressivem Verhalten) zu schützen. Glücklicherweise müssen bei hirngeschädigten Patienten solche Maßnahmen nur selten angewendet werden, oder ihre Anwendung ist subtilerer Natur. So kann beispielsweise durch das Anbringen von Bettgittern verhindert werden, dass ein orientierungsloser und agitierter Patient ohne Aufsicht das Zimmer verlässt.

Behaviorale Methoden

In zahlreichen Studien konnte die Effektivität behavioraler Methoden zur Reduktion von „positiven" Verhaltensstörungen und zum Aufbau angemessener und funktionaler Verhaltensweisen nachgewiesen werden (McGlynn, 1990). Darüber hinaus wurden lerntheoretisch fundierte Methoden aber auch erfolgreich mit funktionellen Behandlungsprogrammen zur Verbesserung von Aufmerksamkeits-, Gedächtnis- und Sprachstörungen kombiniert (Seron, 1987).

Bei der Anwendung behavioraler Methoden darf nicht vergessen werden, dass Lernprozesse bei hirngeschädigten Patienten erheblich langsamer und nur mit größerem Aufwand (z.B. durch kontinuierliche Verstärkerpläne) zu erreichen sind. Ausserdem können Aufmerksamkeits-, Gedächtnis- und Wahrnehmungsdefizite sowie die Beeinträchtigung von exekutiven Funktionen die Aufnahme und Verarbeitung von Umweltreizen erschweren.

Motivations- und Antriebsdefizite im Sinne von Apathie und Interesselosigkeit können dazu führen, dass das Zielverhalten generell nur sehr selten gezeigt wird oder dass typische Verstärker ihren Verstärkerwert verlieren. Aus diesem Grund plädieren Eames und Mitarbeiter (1990) dafür, funktionelles und adaptives Verhalten wann immer möglich zu verstärken. Leider wird dies im klinischen Alltag häufig nicht umgesetzt, weil viele Therapeuten in der Anwendung von Lernprinzipien nicht geschult sind, und es oft auch nicht für angemessen halten, die Patienten für aus ihrer Sicht „banale" und selbstverständliche Verhaltensweisen zu verstärken.

Tabelle 1. Übersicht über klassische behaviorale Techniken zur Verhaltensmodifikation

Allgemeine Methoden		Methoden zum Aufbauen von Verhalten		Methoden zur Reduktion von Problemverhalten	
Gelenktes Üben („guidance")	Direkte Anleitung und Unterstützung einer Person bei der Durchführung einer Aufgabe	positive Verstärkung („positive reinforcement")	Kontingente Darbietung eines Reizes (Ereignisses), der die Wahrscheinlichkeit für das Auftreten einer Reaktion erhöht	Stimuluskontrolle („stimulus change")	Kontingente Veränderung von Umweltreizen auf ein Verhalten hin, die die Wahrscheinlichkeit für das Auftreten dieses Verhaltens verringert
Modell-Lernen („modeling")	Reaktion einer Person, die mit der Reaktion einer Modellperson vergleichbar ist	Verstärkerpläne („reinforcement schedule")	Art der Darbietung von Verstärkern (Zeit und/oder Rate)	Extinktion („extinktion")	Zurückhalten von Verstärkern für ein Verhalten, das die Wahrscheinlichkeit für das Auftreten dieses Verhaltens verringert
Reizausblendung („fading")	Graduelle Veränderung eines Reizes, die dazu führt, dass die Reizkontrolle von dem Reiz auf einen anderen Reiz übergeht	Verhaltensformung („shaping")	Differentielle Verstärkung von Verhaltensweisen, die sich einem Zielverhalten annähern	Differentielle Verstärkung („differential reinforcement")	Durch die Verstärkung alternativer Verhaltensweisen wird nicht akzeptiertes Verhalten gelöscht
Reaktionsverkettung („chaining")	Eine Sequenz von diskriminativen Reizen und Reaktionen. Jede Reaktion verursacht Veränderungen in der Umwelt, die dann wiederum als diskriminative Reize für eine erfolgreiche Reaktion dienen und ebenfalls als konditionierter Verstärker für die vorausgehende Reaktion wirkt	Münzverstärkung („token economies")	Ein Verhaltensmodifikationssystem, bei dem dem generalisierte Verstärker ausgetauscht werden	Auszeit-Methode („time out from positive reinforcement")	Eine Methode, bei der eine Person in eine Situation gebracht wird, in der sie keinen Zugang zu bestimmten Reizen oder Konsequenzen hat
		negative Verstärkung („negative reinforcement")	Kontingente Wegnahme eines Verstärkers, die die Wahrscheinlichkeit für das Auftreten einer Reaktion erhöht	Bestrafung („punishment")	Kontingente Darbietung eines Reizes auf ein Verhalten hin, die die Wahrscheinlichkeit für das Auftreten dieses Verhaltens verringert
				Reaktionskosten („response cost")	Kontingente Wegnahme eines positiven Verstärkers
				Kompensation („overcorrection")	Ein Pat. muss die Folgen seines unangemessenen Verhaltens großzügig wiedergutmachen

Besonders kritisch für die Behandlung hirngeschädigter Patienten sind Störungen der Krankheitseinsicht. Häufig tendieren hirngeschädigte Patienten dazu, die vorhandenen Störungen und Beeinträchtigungen zu bagatellisieren oder nur selektiv wahrzunehmen. In selteneren Fällen werden offensichtlich vorhandene Defizite ganz abgestritten (Anosognosie). Aufgrund solcher Störungen ist die Kooperation des Patienten in der Therapie vermindert, und Therapieprogramme, die die Selbstkontrolle und Eigeninitiative (z.B. therapeutische Hausaufgaben) betonen, können nur in modifizierter Form und mit Einschränkungen durchgeführt werden.

Den breitesten Anwendungsbereich unter den behavioralen Verfahren hat die Methode der *positiven Verstärkung.* Die Verstärker müssen hierbei immer kontingent auf ein zuvor eindeutig identifiziertes Verhalten folgen. Die häufigsten positiven Verstärker sind Süßigkeiten, Geld, Token, Zigaretten, Fernsehen, Extratherapiestunden oder soziale Verstärker.

Ein Beispiel für komplexe positive Verstärkungssysteme sind die *„Token Economy"-Programme,* bei denen gleichzeitig auf verschiedene Verhaltensweisen Einfluss genommen wird. Unter Token versteht man Objekte mit Tauschwert, wie z.B. Spielmünzen, die gegen andere Verstärker, wie Süßigkeiten, eingetauscht werden können. Zuvor muss festgelegt werden, welches Verhalten erwünscht ist und wieviele Token auf das erwünschte Verhalten folgen sollen.

„Token Economy"-Programme wurden vor allem für chronisch schizophrene Patienten, für Demenzpatienten oder auch für Strafgefangene entwickelt. Ihre Anwendung ist nicht unumstritten; beispielsweise befürchten Kritiker eine Reduktion und Fixierung auf den Erhalt von Plastikmünzen, die ihnen aus ethischen Gesichtspunkten nicht vertretbar erscheint. Ferner besteht eine große praktische Schwierigkeit in dem hohen Organisationsaufwand, der mit der Aufrechterhaltung einer kontingenten 24-Stunden-Token-Economy verbunden ist.

Eine andere bekannte Methode zur Beeinflussung unerwünschten Verhaltens ist die *Löschung.* Diese wird in der klinischen Praxis häufig in Form des bewussten Ignorierens durchgeführt. Ist es in der Situation, in der das Problemverhalten auftritt, jedoch schwierig, den sozialen Verstärker zu entziehen, so können *Time-Out-Methoden* („Auszeitmethoden") zur Anwendung kommen. Hierzu zählt beispielsweise das „Aus-dem-Kontakt-Gehen", das Verlassen des Raumes oder die Einrichtung eines Time-Out-Raumes. Wichtig ist, dass diese Time-Out-Prozeduren konsequent, aber nicht in einer aggressiven Art und Weise durchgeführt werden und dass keine Diskussion über das unerwünschte Verhalten stattfindet.

Bei den *Bestrafungsprozeduren* können direkte Bestrafungsprozeduren und indirekte Methoden wie z.B. das Response-Cost-Verfahren unterschieden werden. Bei der *direkten Bestrafung* folgt kontingent auf das unerwünschte Verhalten ein aversiver Reiz (z.B. lauter Ton oder Ammoniakgeruch). Beispielsweise kann bei Patienten mit pathologischem Lachen immer auf die inadäquate Reaktion mittels eines Kassettenrecorders das Lachen übermäßig laut als aversiver Reiz eingesetzt werden. Auch Ammoniakgeruch kann als aversiver Reiz eingesetzt werden.

Bei *Response-Cost-Verfahren* werden zuvor erhaltene Verstärker bei Auftreten des unangemessenen Verhaltens entzogen. Diese Methode hat sich vor allem bei der Behandlung hirngeschädigter Patienten mit Störungen des Sozialverhaltens bewährt. Darüber hinaus bieten sich hier insbesondere *differentielle Verstärkungspläne* an, die konsequent das Problemverhalten löschen und gleichzeitig alle prosozialen Verhaltensweisen verstärken.

Gegenüber Bestrafungsmethoden bestehen ähnliche ethische Bedenken wie gegenüber den Token-Economy-Programmen. Es sollte bei der Anwendung deshalb unbedingt beachtet werden, dass sich die Anzahl positiver Verstärker auf keinen Fall für den Patienten reduziert.

Weitere behaviorale Verfahren sind *Stimuluskontrolle* und Methoden des Verhaltensaufbaus. Von Stimuluskontrolle spricht man, wenn das Zielverhalten durch vorangehende Reizbedingungen kontrolliert wird (z.B. an einer roten Ampel halten).

Zu den *Methoden des Verhaltensaufbaus* zählen beispielsweise das Prompting, Fading, Shaping und Chaining: Unter *Prompting* versteht man Hilfestellungen, die die Aufmerksamkeit auf das gewünschte Verhalten lenken sollen. Dies kann verbal (etwa durch eine kurze Aufforderung, wie z.B. „Lauter Sprechen") oder über das Verhalten, beispielsweise durch sanftes Schieben (z.B. in die angstauslösende Situation), erfolgen.

Bei der Generalisierung von Interventionseffekten auf das häusliche Umfeld kommt ferner dem *Fading* eine besondere Bedeutung zu. Mit dem Begriff Fading wird dabei das graduelle Ausblenden von Hilfsstimuli beschrieben, die zuvor die Auftretenswahrscheinlichkeit des Zielverhaltens beeinflusst haben.

Beim *Shaping* werden durch positive Verstärkung sukzessive einzelne Verhaltenselemente aufgebaut, die bisher gar nicht oder sehr unzureichend vorhanden waren. Ein Beispiel für die Anwendung des Shapings ist das Wiedererlernen selbständiger Tätigkeiten (wie z. B. alleine Anziehen oder Essen) bei schwerstbeeinträchtigten Patienten. Während zunächst jede Annäherung an die angestrebte Endform bekräftigt wird, wird nach und nach nur noch die Ausführung des Gesamtablaufes verstärkt.

Sehr ähnlich läuft die Verkettung einzelner Verhaltensweisen beim *Chaining* ab, allerdings geschieht dies hier in umgekehrter Reihenfolge, d. h. es wird zunächst das letzte Glied in der Verhaltenskette verstärkt, die dann rückwärts aufgebaut wird.

Vermittlung von Informationen und unterstützende Beratung

Da behaviorale Interventionen nur dann erfolgreich sind, wenn diese Methoden von allen beteiligten Personen angewendet werden, ist es unerlässlich, Angehörige oder andere Bezugspersonen in der Anwendung solcher Techniken zu schulen (Jacobs, 1993).

Auswirkungen auf die Familie

Eine Schädigung des Gehirns trifft nie einen Menschen allein, sondern beeinflusst immer auch ein komplexes soziales Netzwerk, in das der Betroffene eingebunden ist. Vor allem Ehepartner, Lebensgefährten, Eltern oder Geschwister als nächste Bezugspersonen werden von einem Tag auf den anderen mit der Hirnschädigung und ihren Konsequenzen konfrontiert. Oft stehen sie plötzlich einer scheinbar fremden und doch vertrauten Person gegenüber. Nicht zuletzt deshalb wird in der Fachliteratur auch von den sekundären Opfern einer Hirnschädigung oder von der hirngeschädigten Familie gesprochen (Brooks, 1991).

Angehörige spielen nach dem stationären Rehabilitationsaufenthalt eine zentrale Rolle für den Patienten. Aber auch noch während des Rehabilitationsprozesses können sie die Funktion von Co-Therapeuten übernehmen und so die Therapiefrequenz und -intensität erhöhen. Ausserhalb des therapeutischen Umfeldes sind sie es, die oft als Fürsprecher des Patienten in der Öffentlichkeit auftreten und geduldiger und ausdauernder als andere im Umgang mit ihm sind. Sie geben emotionale Zuwendung und Unterstützung im Alltag und ermöglichen so häufig erst ein Leben Zuhause. Sie kümmern sich um Behördengänge, beispielsweise bei der Beantragung von Versorgungsleistungen, und tun all dies freiwillig zu einem Preis, zu dem professionelle Hilfe nie zu erhalten wäre.

In der Regel fällt den Angehörigen die Übernahme einer solchen Rolle aber alles andere als leicht. Die Anforderungen der neuen Situation rufen oft Gefühle der Hilflosigkeit und der Unsicherheit hervor. Viele Untersuchungen zeigen, dass ein Großteil der unmittelbaren Bezugspersonen hirngeschädigter Patienten in der Folgezeit des Ereignisses Symptome entwickeln, die teilweise die Kriterien einer behandlungsbedürftigen psychischen Störung erfüllen (Brooks, 1991).

Die genannten Folgen einer Hirnschädigung tragen dazu bei, dass ein Leben mit schwer hirngeschädigten Patienten von vielen Angehörigen langfristig als Bürde und Last empfunden wird. Im Unterschied zu primär körperlich erkrankten Personen, bei denen die emotionale Belastung für die Bezugspersonen vor allem in der Akutphase maximal ist, erfahren Angehörige hirngeschädigter Patienten erst im Verlauf der Erkrankung zunehmend mehr psychische Belastung, die sich über die Zeit kaum verringert (Muir et al., 1990).

Anfänglich schätzen die Angehörigen die Erholung des Patienten oft sehr optimistisch ein und orientieren sich dabei häufig an der Remission sensorischer oder motorischer Defizite. Viele medizinische Lehrbücher implizieren auch heute noch, dass die Erholung psychischer Funktionen in gleicher Weise verläuft, obwohl die entsprechende Forschung gegenteilige Befunde erbracht hat.

Unerfahrene Kliniker können den Angehörigen so zusätzlich Hoffnung machen, zumal auch sprachliche Formulierungen in die Irre führen können. Wo der Begriff der Verbesserung für die Mitglieder des Rehabilitationsteams mit dem Erreichen der Selbstständigkeit gleichgesetzt wird, kann er für die Angehörigen eine völlige Wiederherstellung implizieren. Wenn der Hirngeschädigte die stationäre Einrichtung dann verlässt und wieder nach Hause zurückkehrt, ist die Erwartungshaltung bei den Angehörigen entsprechend hoch. In einer solchen Situation wird das Angebot psychologischer Beratung und Hilfe oft abgelehnt und als unnötig befunden.

Beratungen bieten sich oft erst im späteren Krankheitsverlauf an, wo das Konfliktpotential innerhalb der Familie am größten ist. Hier können eigene schmerzhafte Vermutungen der Angehörigen über die Irreversibilität der Symptomatik durch entsprechende Information vorsichtig konkretisiert werden.

Behandlungsansätze bei familiären Problemen

Es ist sehr wichtig, sich vor Augen zu halten, dass die Reaktionen einer Familie oder die Reaktionen von unmittelbaren Bezugspersonen auf die Hirnschädigung sehr unterschiedlich sein können. Sie hängen nicht nur von der Art und dem Schweregrad der Schädigung sowie den vorhandenen Verhaltensproblemen ab, sondern auch von den Copingfähigkeiten der einzelnen Familienmitglieder und der prämorbiden Familienstruktur.

Hinzu kommt, dass nicht alle betroffenen Patienten unmittelbare Bezugspersonen oder Angehörige besitzen. Gerade bei älteren Patienten kommt es häufig vor, dass der Ehepartner, Kinder oder andere Verwandte nicht mehr leben oder aus gesundheitlichen Gründen nicht in die Therapie miteinbezogen werden können.

Daher muss genau überprüft werden, ob die Indikation für eine psychologische Familienintervention überhaupt gegeben ist und wie diese Intervention aussehen soll und kann. Nicht alle Familien benötigen umfangreiche professionelle psychologische Hilfe.

In verschiedenen Befragungen und Interviews gaben bis zu 50 % der befragten Angehörigen an, dass sie sich (anfangs) mehr Informationen/Schulung über die Erkrankung und deren Folgen sowie eine bessere Kommunikation mit den beteiligten Personen (Ärzte, Pflegepersonal usw.) gewünscht hätten. Auch wurden von den Angehörigen teilweise die medizinische Versorgung und die Rehabilitationsmaßnahmen als wenig transparent bemängelt.

Da heutzutage die Rehabilitation in einem multiprofessionellen Team stattfindet, ist es wichtig, dass alle Teammitglieder im Umgang mit den Sorgen und Bedürfnissen der Angehörigen geschult sind. Muir und Mitarbeiter (1990) schlagen hierzu ein vierstufiges Modell (PLISSIT-Modell) vor.

Das Akronym PLISSIT steht für „permission", „limited information", „specific suggestions", und „intensive therapy". Permission bedeutet, dass die Angehörigen grundsätzlich die Möglichkeit haben, sich mit ihren Sorgen, Ängsten, Fragen und Bedürfnissen an jedes Mitglied des Rehabilitationsteams zu wenden und diese – so gut es geht – emotionale Unterstützung geben sollen. Auch sollen die Teammitglieder versuchen, den Angehörigen alle notwendigen Informationen (z.B. Therapieinhalte, Stundenplan, Art der Störung, Fortschritte in der Behandlung, Prognose) zu geben. Spezifische Vorschläge (z.B. über den Umgang mit dem Patienten) müssen aber von den wichtigsten Bezugstherapeuten gegeben werden. Intensive therapeutische Interventionen werden dagegen von erfahrenen und entsprechend ausgebildeten Therapeuten vorgenommen.

Folgende Formen der Hilfe für die betroffenen Familien lassen sich unterscheiden:
1. Patient-Familien-Edukation,
2. Familienberatung,
3. Familientherapie,
4. befristete Pflege/Betreuungsentlastung und
5. Selbsthilfegruppen für Patienten und Familienangehörige.

Patient-Familien-Edukation

Da sich viele Angehörige Informationen über die Erkrankung und deren Folgen wünschen, gehört die Patient-Familien-Edukation heute fast schon zum festen Standard eines Behandlungsprogramms. Sie ist sicherlich die häufigste Hilfe, wenn es um die Behandlung oder den Einbezug der Angehörigen in die Therapie geht. Aus ökonomischen Gründen werden solche Patient-Familien-Edukationen meist in einer offenen Gruppe durchgeführt, die sich mehrmals während des Klinikaufenthaltes treffen kann. An solchen Familienkonferenzen nehmen meistens alle Therapeuten teil, die dabei den Angehörigen einen Einblick in ihren Arbeitsbereich und die Therapieschwerpunkte geben.

Neben solchen Familienkonferenzen sind aber auch formalere Schulungstermine in einer geschlossenen Gruppe möglich. Während der Schulungstermine erhalten die Bezugspersonen grundlegende Informationen zu der Erkrankung oder Schädigung. Das Ziel dieser Schulung ist es, durch Informationsvermittlung und das Trainieren von speziellen Fertigkeiten ein besseres Verständnis und eine bessere Akzeptanz der Situation und damit verbunden eine Reduktion der Unsicherheit und der Hilflosigkeit zu erreichen.

Relevante Themen können in Form von kurzen Vorträgen referiert werden. Bei der Vorstellung des konkreten therapeutischen Vorgehens sollten die Angehörigen immer darauf hingewiesen werden, dass sie gern an den entsprechenden Therapiestunden teilnehmen können. Video- und Tonbandaufnahmen gestalten die Informationsvermittlung lebendiger und die Verteilung von Vorlagen zum Ende jeder Sitzung kann eine bessere Strukturierung des neu erworbenen Wissens ermöglichen. In diesem Rahmen ist auch eine Demonstration relevanter Techniken und Prozeduren (beispielsweise die sachgerechte Anwendung verschiedener Hilfsmittel für den Patienten) möglich.

Bei der Vermittlung von Informationen und bei der Edukation sollte aber darauf geachtet werden, die Angehörigen nicht zu überfordern. Aufgrund der emotionalen Belastung und ganz unterschiedlicher Bildungshintergründe werden viele Informationen schnell vergessen oder nur selektiv wahrgenommen.

Familienberatung

In der Familienberatung wird auf die speziellen Probleme einzelner Familien eingegangen. Primäres Ziel der Familienberatung ist es, diesen bei der Bewältigung von Ängsten, Hilflosigkeit und Trauer zu helfen (Muir et al., 1990). In der Familienberatung kann der Therapeut auch einen genaueren Einblick in das System „Familie" erhalten und so Möglichkeiten einer Intervention besser abschätzen.

Auch sollte die Familienberatung die Angehörigen bei der Planung der Zukunft und bei der Antizipation möglicher Probleme nach der Entlassung unterstützen. Ebenfalls gehört die Planung der Entlassung zur Familienberatung. Der frühzeitige Beginn dieser Planung ist sehr wichtig, signalisiert sie doch den Angehörigen indirekt, dass die Therapien abgeschlossen sind und momentan keine weiteren substanziellen Verbesserungen mehr zu erreichen sind. Dies ist gerade für solche Angehörige eine schmerzhafte Erfahrung, bei denen der Betroffene noch erhebliche Defizite und Beeinträchtigungen aufweist.

Schwerwiegende familiäre Konflikte (z.B. Trennungswünsche) können in einer Familienberatung, die oft nur über wenige Stunden durchgeführt wird, nicht behandelt werden. Hierzu ist eine Familientherapie notwendig.

Familientherapie

Psychotherapeutische Interventionen mit den Familien hirngeschädigter Patienten unterscheiden sich von den klassischen familientherapeutischen Interventionen, da sie die Art und den Umfang der neuropsychologischen Störungen der Patienten sowie deren eingeschränkte kognitive, soziale und emotionale Fähigkeiten mit einbeziehen und berücksichtigen müssen. Aufgrund der Schädigung des Patienten ist es oft nicht möglich, eine dyadische und gleichgewichtete Interaktion während der Therapie und im Leben der Familie herzustellen.

In vielen Fällen sind solche Interventionen bei Familien hirngeschädigter Patienten dann indiziert, wenn sich nach der Rückkehr des Patienten in die Familie eine dysfunktionale Kommunikation und dysfunktionale Interaktionsstile entwickelt haben. Sie sind aber auch indiziert bei Familien, bei denen schon prämorbid Dysfunktionen offensichtlich waren und bei denen es durch die Erkrankung eines Familienmitgliedes zu einer Eskalation der „latenten" Probleme gekommen ist.

Häufig kann die Interaktion in einer Familie und deren Belastung verbessert werden, wenn die „gesunden" Familienmitglieder effektive Verhaltensstrategien erwerben, um mit den Verhaltensproblemen des betroffenen Familienmitgliedes umgehen zu können. Der Nutzen solcher Interventionen ist auch bei anderen Störungen (z.B. Rückfallprophylaxe bei Schizophrenie) bekannt. Angehörige erlernen in einem solchen Training grundlegende Techniken der Verhaltensmodifikation und werden im Problemlösen geschult (Jacobs, 1989; 1993).

Befristete Pflege und Betreuungsentlastung

Trotz dieser Maßnahmen kann die Bürde und die Belastung durch die Pflege eines Angehörigen nicht vollständig reduziert werden. Um den Angehörigen die Möglichkeit zu einer Pause oder zum Führen eines eigenen Lebens neben der Pflege zu geben, bieten sich kurz- oder längerfristige Unterbringungen des betroffenen Familienmitgliedes in speziellen Einrichtungen an. Neben beschützenden Werkstätten und Tagesstätten, in denen die Betroffenen während des Tages betreut werden und einer Beschäftigung nachgehen können, sind stationäre oder teilstationäre Aufenthalte in Rehabilitationseinrichtungen oder Tagespflegeeinrichtungen möglich.

Darüber hinaus kann die Hilfe durch Sozialstationen oder ambulante Dienste eine Entlastung, Beruhigung, Sicherheit, Erleichterung, Rückhalt und große Hilfe sein. Für die meisten ist das Vorhandensein der ambulanten Dienste die Voraussetzung dafür, die Pflege zu Hause überhaupt durchführen zu können.

Selbsthilfegruppen für Patienten und Familienangehörige

Emotionale Unterstützung sowie wichtige Informationen erhalten Angehörige aber nicht nur von professioneller Seite, sondern auch von anderen betroffenen Familien. Viele Familien empfinden eine solche Unterstützung durch „Gleichbetroffene" als sehr wertvoll, und es ist eine erhebliche Erleichterung für sie, wenn sie Erfahrungen mit anderen teilen können. Insbesondere Familien oder Angehörige von sehr schwer beeinträchtigten Angehörigen finden sich in solchen Selbsthilfegruppen wieder. Selbsthilfegruppen sind aber auch deshalb wichtig, weil hirngeschädigte Patienten kaum in der Lage sind, für ihre Rechte einzutreten. Nur durch den Zusammenschluss der Angehörigen kann sich eine schlagkräftige Interessenvertretung aufbauen, die auch in der Lage ist, auf die Bedürfnisse und Probleme dieser Personen hinzuweisen.

Spezielle Themen in der Angehörigenberatung und -therapie

Trennung und Scheidung

Die Angaben zur Rate der Paare, die sich nach einer traumatischen Hirnschädigung trennen, schwanken von 11% in einer Gruppe von Patienten mit unterschiedlicher Schwere der Schädigung (Walker, 1972) bis 40% in einer Gruppe schwerstgeschädigter (Panting & Merry, 1972). Vor allem die Ehefrauen traumatisch geschädigter Männer fühlen sich im Vergleich mehr als jedes andere Familienmitglied beeinträchtigt (Rosenbaum & Najeson, 1976).

Sie leiden vor allem unter der sozialen Isolation und der Tatsache, dass sie sich nicht frei für eine alternative Partnerschaft entscheiden können. Die Ehepartner schienen sich zunehmend mit der Rolle des Fürsorgers und nicht mehr mit der des Ehepartners zu identifizieren. Auch die Verschlechterung der Beziehung der hirngeschädigten Personen zu ihren Kindern führte dazu, dass der Ehepartner sich immer mehr in der Rolle des einzigen Erwachsenen im Hause wahrnahm.

Peters und Mitarbeiter (1990) zeigten ausserdem, dass Ehefrauen schwer traumatisch geschädigter Patienten eher von ehelichen Problemen in den Bereichen Konsens, emotionaler Ausdruck und generelle eheliche Anpassung berichteten als Ehefrauen moderat oder leicht geschädigter Patienten.

Allerdings sind oben genannte Befunde vorsichtig zu interpretieren, da angloamerikanische Studien darauf hinweisen, dass zumindest Schädelhirntraumatiker häufiger als die Normalbevölkerung schon prämorbid soziale Fehlanpassungen mit Substanzabusus und deviantem Verhalten aufweisen. Auch ohne Vorliegen einer Hirnschädigung könnte die Scheidungsrate innerhalb dieser Gruppe erhöht sein. Die Beratung ist in diesem Fall für den Therapeuten alles andere als leicht. Ehepartner hirngeschädigter Patienten erleben nach einer Trennung oder Scheidung sehr oft Schuldgefühle, den kranken Partner im Stich gelassen zu haben. Häufig bleiben Paare auch zusammen, obwohl die Qualität der Beziehung offensichtlich erheblich unter den Folgen der Hirnschädigung leidet. Erinnerungen an frühere glückliche Zeiten, dem betreuenden Partner entgegengebrachte Dankbarkeit, aber auch Angst vor sozialer Verurteilung führen dazu, dass Paare sich dazu entschließen, zusammenzubleiben. Da jede Lösung – die Trennung oder das weitere Zusammenleben – in diesem Fall eine starke Belastung sowohl für den Angehörigen als auch für den Patienten darstellen kann, ist es Aufgabe des Therapeuten, gemeinsam mit beiden Partnern abzuwägen, welche Alternative für alle Beteiligten längerfristig die günstigere ist.

Eltern hirngeschädigter Patienten

Die Reaktionen von Eltern hirngeschädigter Kinder und Jugendlicher unterscheiden sich in vielfacher Hinsicht von denen der Ehepartner. Es scheint den Eltern leichter zu fallen, regressive Verhaltensweisen zu akzeptieren, weil die Beziehung zwischen ihnen und dem hirngeschädigten Kind auch vor dem Ereignis schon durch Abhängigkeit geprägt war.

Im Vergleich zu Ehepartnern haben Eltern viel häufiger eine unrealistische Vorstellung über mögliche Verbesserungen. Sie glauben viel länger, dass noch Verbesserungen eintreten werden. Vermutlich ist diese Erwartungshaltung dafür verantwortlich, dass sie insgesamt depressiver und frustrierter auf den chronischen Verlauf der Erkrankung reagieren als Ehepartner (Brooks, 1991). Zudem eröffnet sich ihnen im Verlauf der Zeit häufig die Perspektive einer lebenslangen Versorgung und Pflege ihres Kindes.

Die häufigsten Fragen an das Rehabilitationsteam

Glennon & Smith (1990) untersuchten, welche Fragenkomplexe von Angehörigen während Angehörigengruppen in stationären Rehabilitationseinrichtungen zur Sprache kamen. Am häufigsten wurde nach der primären Diagnose gefragt (17 % aller Fragen). Fragen nach der Entlassung und der weiteren Planung interessierten an zweiter Stelle (16 %). Insgesamt bezogen sich 31 % aller Fragen auf medizinische Aspekte.

Übergreifende Aspekte bei psychotherapeutischen Interventionen

Anhand der bisherigen Übersicht ist sicherlich deutlich geworden, dass die Behandlung hirngeschädigter Patienten ein sehr komplexes Unterfangen darstellt, das sich über einen langen Zeitraum erstrecken und eine Vielzahl unterschiedlicher Maßnahmen beinhalten kann. Ausserdem sind häufig viele Personen mit ganz unterschiedlichen Kenntnissen und Ausbildungen direkt oder indirekt involviert.

Die in diesem Kapitel beschriebenen Interventionen zielen primär auf die emotionalen, psychosozialen sowie motivationalen Probleme der Betroffenen ab und ergänzen klassische neuropsychologische Therapieprogramme. Sie betonen die Eigeninitiative, das Selbstmanagement und die Eigenverantwortlichkeit des hirngeschädigten Patienten, der nach der Erkrankung mit den verbliebenen Fähigkeiten einen Weg zurück in die Familie und den Beruf finden muss (Scheff et al., 1997).

Durch die organisch bedingten kognitiven und emotionalen Einschränkungen ist die Anwendung klassischer psychotherapeutischer Interventionen bei hirngeschädigten Patienten nur eingeschränkt möglich. Trotzdem stimmen die bislang in diesem Bereich vorliegenden Untersuchungen optimistisch.

Es wird aber eine wichtige zukünftige Aufgabe Klinischer Neuropsychologinnen und Neuropsychologen sein, effektive psychologische Behandlungsverfahren auf der Grundlage neuropsychologischer Erkenntnisse zu entwickeln oder bereits vorhandene Verfahren entsprechend zu modifizieren. Ausserdem müssen längerfristig genaue differentielle Indikationsstellungen erarbeitet und formuliert werden.

8 Pharmakologie

8.1 Pharmakologische Interventionen in der neuropsychologischen Rehabilitation

ULRICH MÜLLER, MARKUS ULLSPERGER und D. YVES VON CRAMON

Zusammenfassung

Pharmakologische Interventionen sind in der neurologisch-neuropsychologischen Rehabilitation von theoretischer und therapeutisch-praktischer Relevanz. Insbesondere die Kombination von übenden Verfahren und medikamentöser Therapie stellt einen richtungsweisenden Ansatz dar. Ausgehend von Modellen der neurochemisch vermittelten Modulation von Aufmerksamkeit, Motivation, Emotion und Gedächtnis werden Strategien der kognitiven und neuropsychiatrischen Pharmakotherapie dargestellt. Mit Verweis auf aktuelle Übersichtsarbeiten werden neurobiologische Modelle der Neurotoxizität, Neuroplastizität und der Stressforschung skizziert und im Hinblick auf ihre klinische Relevanz diskutiert.

Pharmakologie für klinische Neuropsychologen

Klinische Neuropsychologinnen und Neuropsychologen werden mit pharmakologischen Interventionen immer dann konfrontiert, wenn die Änderung einer medikamentösen Therapie zu kognitiven oder Verhaltensänderungen geführt hat bzw. führen soll. Alle in der neurologisch-neuropsychologischen Rehabilitation tätigen Therapeuten sollten die Indikationen, Wirkungsmechanismen und Nebenwirkungen der gebräuchlichen Arzneimittel kennen und kritisch beurteilen können, auch wenn die Verordnung von Medikamenten in den ärztlichen Verantwortungsbereich fällt.

Neben den *Psychopharmaka* im engeren Sinn – also Medikamenten, die zur Behandlung psychiatrischer Erkrankungen entwickelt wurden – gibt es weitere Substanzgruppen, die von klinisch-neuropsychologischer Bedeutung sind. Im Zusammenhang mit kognitiven Nebenwirkungen wird in diesem Kapitel näher auf *Suchtmittel und Drogen* mit zentralnervöser Wirkung, auf *Neuropharmaka*, d.h. zentralnervös wirksame Medikamente zur Behandlung neurologischer Erkrankungen, sowie auf *sekundär psychotrope Substanzen* – insbesondere internistische Medikamente – eingegangen, soweit sie für die Neurorehabilitation von Bedeutung sind.

Auf eine Einführung zur Geschichte der Psychopharmakologie, zu Arzneimittelentwicklung, präklinischen und klinischen Prüfstudien, Placebo-Problematik, Pharmakoepidemiologie und Pharmakokinetik (siehe Übersichten in Benkert & Hippius, 1998; Laux, Dietmaier & König, 1997; Riederer, Laux & Pöldinger, 1992-97) soll hier zugunsten der ausführlicheren Darstellung kognitiver Nebenwirkungen sowie der Neurochemie und speziellen Pharmakotherapie kognitiver Funktionen verzichtet werden.

Auf der Grundlage zahlreicher Einzelbefunde wurden in den letzten Jahren die theoretischen Konzepte zur Neurotransmitter-Modulation kognitiver Funktionen verfeinert (Hasselmo, 1995; Metcalfe & Jacobs, 1998; Schultz, 1998). Das sich abzeichnende Modell beschreibt wie durch Einwirkung auf neurofunktionale Systeme folgende Prozesse neurochemisch moduliert werden:

- Aufmerksamkeit (bottom-up und top-down Steuerung von Wahrnehmungsprozessen),

- Motivation (Optimierung präfrontaler und striataler Funktionen),
- Emotion (Aktivierung amygdalo-hippo-kampaler Mechanismen).

Neben komplexen Feinabstimmungs- und Integrationsfunktionen werden auch basale Mechanismen wie

- Gedächtniskonsolidierung (long-term potentiation, post-synaptische Prozesse),
- Schlaf-/Wach-Regulation (Steuerung der „inneren Uhr"),
- Glukosestoffwechsel und
- kapillarer Blutfluss

neurochemisch reguliert. Bislang gibt es allerdings kein ausformuliertes Hirnmodell, das diese unterschiedlichen Modulationsprinzipien und teilweise widersprüchliche Details integriert.

Kognitive Arzneimittel-Nebenwirkungen

Eine Reihe von primär oder sekundär psychotropen Subtanzen sind bei hirngeschädigten Patienten gefürchtet, da bereits gestörte kognitive Funktionen (z.B. Gedächtnis- und Aufmerksamkeitsdefizite) kritisch verschlechtert werden können. Besonders problematisch sind Neuro-Psychopharmaka mit anticholinerger, antihistaminerger und dopaminerger Wirkung:

- Antihistaminerg (niederpotente Neuroleptika, trizyklische Antidepressiva): Sedierung
- Anticholinerg (trizyklische Antidepressiva, Neuroleptika, Antiparkinsonmittel): Gedächtnisstörungen
- Dopaminerg (Neuroleptika / Dopaminagonisten): Parkinsonismus / Psychosen

Typische Nebenwirkungsprofile gebräuchlicher Substanzgruppen sind in Tabelle 1 und 2 zusammengefasst. Zu einzelnen Medikamenten kann man sich in zahlreichen Lehrbüchern und Monographien (z.B. Benkert & Hippius, 1998; Laux et al., 1997; Riederer et al., 1992-97) sowie in systematischen Nachschlagewerken wie *Martindale – The Complete Drug Reference* (Parfitt, 1999) oder der *Roten Liste* informieren. In der *Roten Liste* sind in einem

Hauptteil sämtliche in Deutschland verfügbaren Arzneimittel nach Indikationsgruppen geordnet, außerdem gibt es alphabetische Verzeichnisse der Fertigarzneimittel (*trade marks*) und chemischer Kurzbezeichnungen von Wirkstoffen (*generic names*) sowie ausführliche Neben- und Wechselwirkungsprofile. Die *Rote Liste* erscheint jährlich neu und kann beim „Editio Cantor Verlag, Postfach 1255, 88322 Aulendorf/Württemberg" (für Ärzte kostenlos) bestellt werden. Informationsbroschüren zu einzelnen Medikamenten können beim Hersteller oder beim „Bundesverband der Pharmazeutischen Industrie, Postfach 1255, 88322 Aulendorf" angefordert werden.

Kritisch ist anzumerken, dass in der *Roten Liste* keine prozentualen Angaben zum Risiko einzelner Nebenwirkungen mitgeteilt werden und dass nicht unterschieden wird zwischen Nebenwirkungen, die in kontrollierten Wirksamkeitsstudien und solchen, die bei offener Anwendung beobachtet wurden. Dabei ist zu berücksichtigen, dass der Zusammenhang zwischen Medikamenteneinnahme und Nebenwirkung oft nur vermutet wird. Nur in doppelblinden und kontrollierten Prüfstudien mit größeren Fallzahlen kann das über die Placebowirkung hinausgehende Nebenwirkungsrisiko genau erfasst werden. Angaben über kognitive Nebenwirkungen sind wenig differenziert und beschränken sich meist auf allgemeine Aussagen wie „Müdigkeit". In den Tabellen sind neben kognitiven Nebenwirkungen auch Angaben zum der Wirkungsmechanismus und Hinweise auf Alternativpräparate oder Dosierungsempfehlungen aufgeführt.

Kognitive Nebenwirkungen sind auch im Zusammenhang mit Suchtmitteln und Rauschdrogen von klinisch-neuropsychologischer Relevanz (Tabelle 3). Bei kurzzeitiger Einnahme ist die Beeinflussung kognitiver Funktionen in der Regel dosisabhängig, bei chronischem Missbrauch verschiedener Suchtmittel entstehen neurotoxische Encephalopathien und es kommt zu einer Abhängigkeitsentwicklung. Auch nach dem Absetzen von Substanzen mit Suchtpotential sind psychische Veränderungen im Sinne von Entzugserscheinungen zu beobachten. Die klinische Symptomatik beginnt mit Kopfschmerzen, Benommenheit und Sucht-

Tabelle 1. Kognitive Nebenwirkungen (KNW) von Neuro-Psychopharmaka

Substanzklasse	Wirkstoff(e)	KNW	Kommentar
Anticholinergika	Biperiden, Trihexyphenidyl	retrograde Amnesie, Sedierung, Delir	Budipin bevorzugen?
Antidepressiva (trizyklische)	Amitriptylin, Nortriptylin	retrograde Amnesie, Sedierung, Delir	SSRI bevorzugen
Antiepileptika	Carbamazepin, Phenytoin, Phenobarbital	Verlangsamung, Sedierung	PhB > PHE > CBZ? neuartige Antikonvulsiva (Gabapentin) bevorzugen?
Benzodiazepin-Tranquilizer	Diazepam, Lorazepam, Chlorazepat	anterograde Amnesie, Verlangsamung, Sedierung,	nur BZD mit kurzer HWZ verwenden, Buspiron bevorzugen?
Neuroleptika (hochpotente)	Haloperidol	Sedierung, Hypokinese	niedrig dosieren, atypische Neuroleptika (Risperidon) bevorzugen?
Neuroleptika (nieder-/mittel-potent)	Dipiperon, Levomepromazin, Melperon, Perazin	starke Sedierung, Verlangsamung	nicht zur Sedierung verwenden
Phasen-prophylaktika	Lithium	Verwirrtheit	bei Überdosierung

BZD: Benzodiazepine; CBZ: Carbamazepin; HWZ: Halbwertszeit; PhB: Phenobarbital; PHE: Phenytoin; SSRI: selektive Serotoninwiederaufnahmehemmer

Tabelle 2. Kognitive Nebenwirkungen (KNW) sekundär psychotroper Arzneimittel

Substanzklasse	Wirkstoff(e)	KNW	Kommentar
Analgetika (zentral wirksame)		Sedierung, Aufmerksamkeits-defizite	
Antibiotika	Aminoglykoside	ototoxisch (Hörstörungen)	
	Sulfonamine	Sedierung, selten hirn-fokale Symptome	
Antihypertensiva/ Betablocker	Propranolol	Sedierung, Verlangsamung, Gedächtnisstörungen	Ca-Antagonisten + ACE-Hemmer günstiger
Antispastika	Baclofen	Sedierung, Verwirrtheit Depressionen	Suchtpotential
Glukokortikoide	Dexamethason, Prednisolon	akut: Euphorie; chronisch: Depression, Gedächtnisstörungen?	
Malariamittel	Chloroquin, Mefloquin	Unruhe, Benommenheit, Psychosen	
Virostatika	Aciclovir	Sedierung, Verwirrtheitszustände, Psychosen	

ACE: Angiotensin Converting Enzym

Tabelle 3. Kognitive Nebenwirkungen (KNW) gebräuchlicher Suchtmittel und Drogen

Substanzklasse	Wirkstoff(e)	KNW	Kommentar
Alkohol (akut)	Methylalkohol	Verlangsamung, Aufmerksamkeitsdefizite, Gedächtnislücken, Sedierung	dosisabhängig, chronisch: toxische Encephalopathie
Amphetamin und -derivate	D-Amphetamin, MDMA	Hyperarousal, Euphorie, Störung der Inhibitionskontrolle	
Barbiturate	Pentobarbital	Sedierung	
Benzodiazepine	Rohypnol	Sedierung, anterograde Amnesie	
Cannabis	THC	Aufmerksamkeitsdefizite, Bewusstseinsstörungen	
Coca(in)	Cocain	Hyperarousal	
Kaffee, Tee	Coffein	Hyperarousal	dosisabhängig
Opiate	Heroin, Dihydrocodein	Sedierung, Bewusstseinsstörungen	häufig neurotoxische Verunreinigungen
Narkosemittel	GHB	Euphorie, Bewusstseinsstörungen,	Wirkungspotenzierung anderer Suchtmittel
Psychedelika	LSD	Bewusstseinsstörungen	
Tabak	Nikotin	Hyperarousal	

LSD: Lysersäurediäthylamid; MDMA: Methylendioxymethamphetamin („Ecstasy");
GHB: Gammahydroxybuttersäure („Liquid Ecstasy"); THC: (Δ-9-Tetrahydrocannabinol)

(craving-)Verhalten, in Abhängigkeit vom Schweregrad kommt es zu vermehrtem Schwitzen, Tremor und zuletzt zum Vollbild eines Entzugdelirs mit Verwirrtheit und zumeist visuellen Halluzinationen. Der vorbestehende oder fortgesetzte Missbrauch von Alkohol und anderen Suchtmitteln erschwert die neuropsychologische Diagnostik und Therapie erheblich und muss rechtzeitig erkannt werden.

Die *neuropsychologische Toxikologie* beschäftigt sich mit kognitiven und emotionalen Störungen, die durch chronische Einwirkungen von Metallen, Lösungsmitteln, Pestiziden, Konservierungsmitteln und Umweltgiften hervorgerufen werden. Bei beruflicher oder häuslicher Schadstoff-Exposition sind neurotoxikologische Zusammenhänge immer öfter auch gutachterlich zu klären (Hartman, 1995).

Eine weitere gutachterliche Fragestellung an den Klinischen Neuropsychologen oder an den behandelnden Arzt ist die *Beurteilung der*

Fahrtauglichkeit während therapeutischer Medikamenteneinnahme. Bei der Verordnung sedierender Medikamente ist wegen beeinträchtigter Aufmerksamkeit und Reaktionszeitverlangsamung generell ein Fahrverbot auszusprechen. Nur in begründeten Einzelfällen nach eingehender neuropsychologischer Testung und gegebenenfalls nach einer Fahrprüfung sind Ausnahmeregelungen zulässig.

Pharmakologie der Neuroplastizität

Die neuronalen Mechanismen der funktionellen Restitution nach einer Hirnschädigung sind bislang nur unvollständig aufgeklärt. In der Akutphase sind geeignete medizinische Maßnahmen (z.B. Stabilisierung des Blutdrucks, des Blutzuckers und der Blutgase) zur Verringerung des Ausmaßes der Läsion erforderlich. Im Tiermodell können neurotoxische Folgeschäden in den Gewebsarealen um das nekrotische Hirngebiet (Penumbra) pharmakologisch beeinflusst werden durch Verminderung der Ausschüttung exzitatorischer Neurotransmitter (Glutamatantagonisten), durch Reduktion des Kalziumeinstromes in die Zellen (Kalziumantagonisten) oder durch Abfangen freier oxidativer Radikale (*radical scavengers*). In der klinischen Praxis scheitert die Anwendung dieser Therapieprinzipien bislang jedoch daran, dass die Substanzen nur wirksam sind, wenn sie vor oder spätestens innerhalb der ersten halben Stunde nach Eintreten der Hirnschädigung verabreicht werden (Feeney, 1997).

In der Frührehabilitation und Postakutphase der Neurorehabilitation (bis ca. 4. Monat) können redundante Netzwerke in Anspruch genommen (*unmasking*) oder neuronale Funktionssysteme umorganisiert werden, um funktionelle Defizite zu kompensieren. Die pharmakologische Modulierbarkeit dieser Mechanismen muss im Tierexperiment und in klinischen Studien nachgewiesen werden. Ideale Tiermodelle bieten nach einer kontrollierten Läsion des motorischen Kortex ein umschriebenes Funktionsdefizit, das eine mittels motorischer Rating-Skalen gut messbare Spontanremission innerhalb eines Zeitraums von wenigen Tagen bis Wochen aufweist. Nach Verabreichung noradrenerg stimulierender Substanzen (z.B. D-Amphetamin, Methylphenidat, Yohimbin) findet sich eine beschleunigte motorische Restitution, allerdings nur dann, wenn ein gleichzeitiges motorisches Training möglich ist. Aktuelle tierexperimentelle Studien konnten zudem zeigen, dass das Ausmaß der funktionellen Restitution mit dem Anstieg von wachstumsassoziierten Proteinen (GAP-43 und Synaptophysin) in der lädierten Hemisphäre korreliert (Feeney, 1998).

Inzwischen liegen erste klinische Untersuchungen vor, die einen beschleunigenden Einfluss von Methylphenidat und D-Amphetamin auf die Wiederherstellung motorischer Funktionen nach Hirnläsion bestätigen konnten

Tabelle 4. Übersicht zur Pharmakologie der Neuroplastizität (nach Goldstein, 1998 und Müller, 1998).

Substanz	Wirkung	Einfluss auf die Restitution motorischer Funktionen	
		Tierversuch	Klin. Studie
D-Amphetamin	sympathomimetisch	+	+/0
Methylphenidat	sympathomimetisch	+	+
Prazosin	α_1-Antagonist	–	(–)
Clonidin	α_2-Agonist	–	(–)
Yohimbin	α_2-Antagonist	+	
Propranolol	β-Antagonist	0	
Apomorphin	DA-Agonist	+	
Haloperidol	DA-Antagonist, 5HT-Antagonist	–	(–)
Droperidol	DA-Antagonist, 5HT-Antagonist	–	
Desipramin	NARI, ACh-Antagonist	+	
Amitriptylin	SRI, NARI, ACh-Antagonist	0	
Trazodon	SRI, 5HT-Antagonist, α_1-Antagonist	–	+
Fluoxetin	SSRI	0	+
Diazepam	BDZ-Agonist	–	(–)
Flumazenil	BDZ-Antagonist	+	
Physostigmin	ACh-Agonist	+	
Scopolamin	ACh-Antagonist	–	
Phenytoin	Antiepileptikum	–	(–)
Phenobarbital	Antiepileptikum	–	
Carbamazepin	Antiepileptikum	0	
Vigabatrin	Antiepileptikum, GABA-Agonist	0	

+: plastizitätsfördernd; –/(–): plastizitätsmindernd / (Ergebnisse retrospektiver Studien);
0: kein nachweisbarer Effekt; DA: Dopamin; 5HT: Serotonin; GABA: (-Aminobuttersäure;
BDZ: Benzodiazepin, NARI: Noradrenalin-Wiederaufnahmehemmer,
(S)SRI: (selektiver) Serotonin-Wiederaufnahmehemmer.

(Feeney, 1997; Goldstein, 1998). Aufgrund teilweise gefährlicher Nebenwirkungen sollte eine noradrenerge Stimulation in der Akutphase jedoch nur von pharmakologisch erfahrenen Ärzten durchgeführt werden. Neben der noradrenergen Stimulation der zerebralen Reorganisation hat sich als weiteres Therapieprinzip die Verbesserung der Stimmungslage durch serotonerge Medikamente (Fluoxetin, Trazodon) klinisch bewährt (siehe Seite 701). Eine Reihe von Substanzen, die häufig in der Klinik verabreicht werden (z.B. Diazepam, Haloperidol, Phenytoin), verzögern im Tiermodell die Rückbildung der Hemiparese und haben sich als prognostisch ungünstig erwiesen (Tabelle 4). Daher sollte bei der Therapie hirngeschädigter Patienten – wann immer es die Situation erlaubt – auf potentiell plastizitätsmindernde Substanzen verzichtet werden. Weitere klinische Studien (in Kombination mit funktioneller Bildgebung) sind erforderlich, um die Pharmakologie der Neuroplastizität besser zu verstehen um klare Therapieempfehlungen zu erarbeiten.

Die chronische Phase der Rehabilitation (ab 4. Monat) ist durch weitgehend stabile sensomotorische und kognitive Defizite mit minimaler Spontanremission charakterisiert (Wallesch et al., 1996), die durch neurologische Fehladaptationen (z.B. Krampfanfälle, Spastik) und psychosoziale Anpassungsstörungen (z.B. Depression, fehlerhaftes Lernen) kompliziert werden. Bislang gibt es keine Tiermodelle zur pharmakologischen Beeinflussung der in diesem Stadium erforderlichen „kompensatorischen Plastizität". Das aus der Klinik kommende Konzept besagt, dass durch pharmakologische Interventionen (z.B. antriebssteigernde oder antidepressive Medikation) die Voraussetzungen für effektive Trainingsstrategien und kompensatorischen Hilfsmittelgebrauch verbessert werden können.

Spezielle Pharmakotherapie

In der neurologischen Rabilitation ist die Therapie mit Psychopharmaka wegen weitgehend fehlender Therapiestandards und des gehäuften Auftretens unerwünschter Arzneimittel-

wirkungen nach wie vor umstritten. Ausgehend von einer aktuellen Literaturübersicht und eigenen Vorarbeiten werden wissenschaftlich gesicherte Ergebnisse, bewährte klinische Erfahrungen und zukunftsweisende Therapieprinzipien vorgestellt.

Neuropsychiatrische Störungen

Die präzise Festlegung von zu behandelnden Zielsymptomen ist Voraussetzung für eine erfolgreiche neuropsychiatrische Pharmakotherapie. Die differenzierte Auswahl geeigneter Medikamente muss sich zudem am Nebenwirkungsspektrum der Substanzen orientieren. Besonders die kognitiven und plastizitätsmindernden Arzneimittel-Nebenwirkungen, auf die bereits oben eingegangen wurde, können den Therapieerfolg in der Rehabilitation Hirngeschädigter beeinträchtigen. Im Folgenden werden die Einsatzmöglichkeiten von Psychopharmaka bei erworbener Hirnschädigung unabhängig von der Ätiologie und geordnet nach Zielsymptomen beschrieben. Eine Zusammenfassung der pharmakologischen Therapieansätze gibt Tabelle 5.

Depressivität

Unabhängig von der Ätiologie einer Hirnschädigung sind depressive Verstimmungszustände die häufigsten psychischen Störungen und von besonderer Relevanz für das Rehabilitationsergebnis. Schwere körperliche Erkrankungen sind häufig Auslöser für Depressionen, insbesondere wenn sie eine lebenslange Behinderung zur Folge haben. Bei neurologischen Patienten tragen auch die Art, Größe und Lokalisation der Hirnschädigung sowie daraus resultierende Neurotransmitterdefizite, neuroendokrine Dysregulationen und kognitive Defizite zur Entstehung und Ausprägung affektiver Störungen bei (siehe Kapitel 1.7) und müssen bei diagnostischen und therapeutischen Entscheidungen berücksichtigt werden.

Vor dem Beginn einer antidepressiven Medikation sollte überprüft werden, ob depressiogene Antihypertensiva (z.B. lipophile Betablocker) abgesetzt werden können. Wegen

Tabelle 5. Spezielle Pharmakotherapie in der neurologisch-neuropsychologischen Rehabilitation

Zielsymptom	Substanzen		Wirkungs-mechanismus	Kommentar
	generic name	*trade mark (z.B.)*		
Depressivität	Amitriptylin	Saroten	NARI, SRI	TAD, nur bei Major Depression, zahlreiche UAW
	Citalopram	Cipramil, Sepram	SSRI	Medikament der ersten Wahl
	Fluoxetin	Fluctin	SSRI	lange Halbwertszeit
	Moclobemid	Aurorix	RIMA	aktivierend, Vorsicht bei Suizidalität
	Sertralin	Gladem, Zoloft	SSRI	Medikament der ersten Wahl
	Trazodon	Thombran	SRI, 5HT-Antagonist, α_1-Antagonist	eher sedierend
Emotionale Instabilität Ängstlichkeit/ Agitiertheit	Citalopram	Cipramil, Sepram	SSRI	keine sedierende Wirkung
	Sertralin	Gladem, Zoloft	SSRI	keine sedierende Wirkung
	Buspiron	Bespar	5HT-Agonist, (D2-Antagonist)	langsamer Wirkungseintritt
	Doxepin	Aponal	NARI, SRI, H-Antagonist	sedierendes TAD
	Thioridazin	Melleril	ACh-, α_1-, H-, 5HT-Antagonist	niederpotentes Neuroleptikum, Blutbildkontrollen
Aggressivität	Carbamazepin	Tegretal, Timonil	Membran-stabilisierung	Mittel der Wahl, kognitive Nebenwirkungen
	Buspiron	Bespar	$5HT_{1A}$-Agonist, (D-Antagonist)	langsamer Wirkungseintritt
	Lithium	Hypnorex, Quilonum	5HT-Agonist etc.	engmaschige Laborkontrollen erforderlich
	Propranolol	Dociton, Obsidan	β-Antagonist	zahlreiche UAW, langsam titrieren
Apathie/ Hypobulie	Pergolid	Parkotil	D1-, D2-Agonist	atypische Indikation, langsam hochtitrieren
	Bromocriptin	Pravidel	D2-Agonist, D1-Antagonist	atypische Indikation, langsam hochtitrieren
	Methylphenidat	Ritalin	zentrales Sympathomimetikum	BTM-rezeptpflichtig
	Modafinil	Vigil	α_1-Agonist, Sympathomimtikum	atypische Indikation, BTM-rezeptpflichtig
	Amantadin	PK-Merz	Glutamat (NMDA)-Antagonist	kontroverse Studienergebnisse
Org. Halluzinose/wahnhafte Störung	Haloperidol	Haldol	D2-, $5HT_2$-, α_1-, H-Antagonist	niedrig dosieren
	Clozapin	Leponex	D4-, $5HT_2$-Antagonist,	langsam titrieren, Blutbildkontrollen
	Risperidon	Risperdal	D2-, $5HT_2$-Antagonist	
Schlafstörungen	Trimipramin	Stangyl	H-Antagonist, (D2-Antagonist)	atypisches TAD
	Zolpidem	Stilnox, Bikalm	BDZ-Agonist	Suchtpotential?
	Zopiclon	Ximovan	BDZ-Agonist	Suchtpotential?

Tabelle 5. Spezielle Pharmakotherapie in der neurologisch-neuropsychologischen Rehabilitation (Forts.)

Zielsymptom	Substanzen		Wirkungs-mechanismus	Kommentar
	generic name	*trade mark (z.B.)*		
Zentrale Schmerzsyndrome	Carbamazepin	Tegretal, Timonil	Membranstabilisierung	kognitive Nebenwirkungen
	Amitriptylin	Saroten	NARI, SRI	TAD, niedrig dosieren
	Gabapentin	Neurontin	GABA-Agonist (?), Na-Kanal-Blockade	atypische Indikation
	Mirtazapin	Remergil	α_2-, $5HT_{2/3}$-Antagonist	leicht anticholinerg, epileptogen
Gedächtnisstörungen	Piracetam	Normabraïn	metabolotrop	Unruhe
	Donepezil	Aricept	AChE-Hemmer	atypische Indikation
	Rivastigmin	Exelon	zentraler AChE-Hemmer	atypische Indikation

NARI: Noradrenalin-Wiederaufnahmehemmer, (S)SRI: selektiver Serotonin-Wiederaufnahmehemmer, TAD: trizyklisches Antidepressivum, RIMA: reversibler MAO-A-Hemmer, 5HT: Serotonin, H: Histamin, D: Dopamin, BDZ: Benzodiazepin, GABA: (γ-Aminobuttersäure, AChE: Acetylcholinesterase

anticholinerger Nebenwirkungen (Gedächtnisstörung, Mundtrockenheit, Miktionsstörung u.a.) und Komplikationen (Delir) sollte man bei depressiven Störungen, die nicht die Kriterien einer Major-Depression erfüllen, auf trizyklische Antidepressiva verzichten und selektive Serotonin-Wiederaufnahmehemmer (SSRI) als Medikamente der ersten Wahl einsetzen (Gustafson et al., 1995). Bei antriebsarmen Depressionen ist ein Therapieversuch mit dem reversiblen Monoaminoxidase-A-Hemmer Moclobemid, bei agitierten Depressionen mit dem eher dämpfenden Trazodon empfehlenswert.

Emotionale Instabilität

Hirngeschädigte Patienten beginnen oft unvermittelt zu weinen, ohne dass eine depressive Grundstimmung vorliegen muß. Anstelle der uneinheitlichen Terminologie (Affektlabilität, Affektinkontinenz, pathologisches Weinen etc.) wird in der anglo-amerikanischen Literatur für dieses Syndrom die Bezeichnung emotionalism verwendet, was wir als „emotionale Instabilität" übersetzt haben. Obwohl eine deutliche Tendenz zu Spontanremissionen bekannt ist, kann das unkontrollierbare Weinen für den Patienten und seine Angehörigen sozial so störend sein, dass eine pharmakologische Behandlung indiziert ist. Zahlreiche Fallberichte und erste kontrollierte Therapiestudien belegen eine rasche Wirksamkeit von Antidepressiva. SSRI bieten auch bei dieser Differentialindikation den Vorteil eines günstigeren Nebenwirkungsprofils (Andersen, 1995).

Ängstlichkeit/Agitiertheit

Angststörungen nach erworbener Hirnschädigung sind in ihrer psychosomatischen Komplexität bislang nur unzureichend untersucht und verstanden. In der Praxis werden bei ängstlicher Unruhe wegen einer hohen Wirkungssicherheit häufig Benzodiazepine wie Lorazepam, sedierende trizyklische Antidepressiva wie Amitriptylin oder niederpotente Neuroleptika verschrieben. Die dabei in Kauf genommenen kognitiven Beeinträchtigungen oder Spätkomplikationen sind jedoch bei hirngeschädigten Patienten besonders ungünstig, da läsionsbedingte Defizite potenziert und rehabilitative Bemühungen behindert werden können. Als Behandlungsansatz bietet sich das serotonerge Anxiolytikum Buspiron an, da es in pharmakopsychologischen Probandenstudien deutlich geringere kognitive Beeinträchtigungen als beispielsweise Anxiolytika vom Benzodiazepin-Typ hervorrief.

Aggressivität/Impulsivität

Aggressivität und disinhibiertes Verhalten sind die häufigste Indikation für sedierende Medikamente in der Neurorehabilitation. Akute Bewegungsunruhe und aggressives Verhalten in der Aufwachphase können notwendige medizinische Maßnahmen (z.B. Beatmung, Infusionstherapie) gefährden, so dass es oft keine Alternative zur medikamentösen Sedierung gibt. Hochpotente Neuroleptika und Benzodiazepine, die die Mittel der Wahl bei solchen, nach DSM-IV als „Delir" zu klassifizierenden Störungen darstellen, sollten in Anbetracht der für Haloperidol und Diazepam gezeigten plastizitätsmindernden und amnestischen Wirkung möglichst kurzfristig und möglichst niedrig dosiert eingesetzt werden.

In der chronischen Phase der Neurorehabilitation sind unkontrollierte Aggressionen eher selten. Dabei kann das aggressive Verhalten direkte Folge verhaltensregulierender Hirnareale sein oder situativ durch kognitive Überforderung ausgelöst werden. Bei anfallsartigen Gewaltausbrüchen gibt es überzeugende Therapieansätze mit Antikonvulsiva wie Carbamazepin. Maniforme Zustände gesteigerter Reizbarkeit erfordern den Einsatz von in der Psychiatrie bewährten Behandlungsregimen mit Lithium oder Carbamazepin unter klinisch-stationärer Kontrolle. Störungen der Impulskontrolle sprechen auch auf hochdosierte Betablocker wie Propranolol an (Fogel, 1996).

Organische Halluzinose/wahnhafte Störung

Verwirrtheitszustände mit Halluzinationen und Wahnvorstellungen treten nicht selten als Folge einer forcierten Therapie mit Psychopharmaka auf. Bei Verdacht auf ein anticholinerges Delir sollten entsprechende Medikamente unter klinischer Überwachung abgesetzt werden.

Organisch bedingte Halluzinationen und wahnhafte Störungen im engeren Sinn sind in subakuten und chronischen Stadien der Neurorehabilitation selten. Meist kann man bei der antipsychotischen Medikation auf hochpotente Neuroleptika nicht verzichten, jedoch sind oft schon niedrige Dosierungen erfolgreich. Für moderne, atypische Neuroleptika wie Risperidon konnte bei schizophrenen Patienten sogar eine Verbesserung kognitiver Funktionen im Therapieverlauf gezeigt werden. Ob sich die Ergebnisse auch auf hirngeschädigte Patienten übertragen lassen, muss noch in kontrollierten Studien geprüft werden.

Antriebsstörungen

Eine Antriebsminderung findet sich bei hirngeschädigten Patienten auch unabhängig von psychotischen Symptomen und Depressivität. Sie werden in uneinheitlicher Terminologie als Apathie oder Hypobulie konzeptualisiert. Eine Reihe von Einzelfallstudien und Fallserien beschreiben Therapieerfolge mit Dopaminagonisten, NMDA-Antagonisten oder katecholaminergen Psychostimulanzien. Wirksamkeitsstudien gibt es bislang nur zur Therapie mit Methylphenidat nach traumatischer Hirnschädigung. Dopaminagonisten und Psychostimulanzien sollten zu Beginn einschleichend dosiert und zügig hochtitriert werden, solange keine unerwünschten Arzneimittelwirkungen auftreten, um die *down*-Regulation postsynaptischer Rezeptoren mit möglichem Wirksamkeitsverlust zu vermeiden. Medikamenteninduzierte Halluzinosen oder Wahnsymptome müssen rechtzeitig erkannt werden und sind nach Dosisreduktion oder Absetzen reversibel. Differentialdiagnostisch bedeutsam ist die Abgrenzung einer depressiven Antriebshemmung, die besser mit stimulierenden Antidepressiva behandelt wird (Müller, 1998).

Schlafstörungen

Im Frühstadium der Rehabilitation sind gestörte Schlaf-Wach-Rhythmen sowie ein vermehrtes Schlafbedürfnis bei hirngeschädigten Patienten häufig. Systematische Untersuchungen dazu liegen bislang nicht vor. Zur Be-

handlung empfiehlt sich das bei nicht hirngeschädigten Patienten bewährte, abgestufte
Vorgehen mit Beratung zur Schlafhygiene,
pflanzlichen Sedativa oder sedierenden Antidepressiva (z.B. Trimipramin). Hypnotika mit
Abhängigkeitspotential sollten nur kurzfristig
verordnet werden. Dabei ist neueren Substanzen wie Zolpidem oder Zopiclon der Vorzug zu
geben, da sie im Vergleich zu anderen Schlafmitteln eine größere therapeutische Breite aufweisen, die Schlafarchitektur nicht beeinträchtigen und aufgrund einer kurzen Halbwertszeit
selten zu *hangover*-Effekten führen. Dennoch
ist darauf hinzuweisen, dass auch bei diesen
Substanzen in Einzelfällen bei längerfristiger
Einnahme Toleranzentwicklungen und Ent-
zugssyndrome beobachtet wurden. Wegen ungünstiger Auswirkungen auf kognitive und
motorische Funktionen sollte man Benzodiazepine mit längerer Halbwertszeit und Dopa-
minantagonisten grundsätzlich vermeiden.

Zentrale Schmerzsyndrome

Eine weitere Indikation für eine rationale
Psychopharmakotherapie stellen zentrale
Schmerzsyndrome dar, wie sie beispielsweise
nach Thalamusläsionen zu beobachten sind.
Diese oft mit schwer beschreibbaren Miss-
empfindungen verbundenen und den Alltag
äußerst beeinträchtigenden Beschwerden sprechen mitunter gut auf Carbamazepin an – als
Monotherapie oder in Kombination mit trizyklischen Antidepressiva (z.B. Amitriptylin) in
niedriger Dosierung. Desweiteren wurden
Therapieerfolge bei der Behandlung zentraler
und peripherer Schmerzsyndrome mit Gabapentin berichtet, so dass bei Versagen der oben
genannten Therapieansätze ein Versuch mit
dieser Substanz angezeigt sein kann.

Neuropsychologische Defizite

In den folgenden drei Abschnitten werden Ansätze zu einer symptomorientierten Pharmakotherapie neuropsychologischer Defizite vor
dem Hintergrund aktueller neuro-biologischer
Modelle der gestörten kognitiven Funktionen
dargestellt.

Sprachstörungen

Aphasien sind typischerweise nach Mediainfarkt oder traumatischer Hirnschädigung der
dominanten Hemisphäre zu beobachten. Die
hohe Inzidenz und Prävalenz von Aphasien hat
dazu beigetragen, dass erste kontrollierte Therapiestudien durchgeführt wurden. Nach hoch-
dosierter Gabe von Piracetam bei gleichzeitiger Sprachtherapie zeigte sich in zwei place-
bo-kontrollierten Studien eine leicht beschleunigte Symptomremission in mehreren Parametern des Aachener Aphasietests. Da bezüglich der Art der Sprachstörung nicht weiter
differenziert wurde, lassen sich die Effekte am
besten als unspezifische Restitutionsbeschleu-
nigung erklären (Deberdt, 1994; Wallesch et
al., 1997).

In der modernen Aphasietherapie werden
symptomorientierte und auf den individuellen Patienten abgestimmte Behandlungskonzepte empfohlen (Albert, 1998); dies gilt
auch für die Pharmakotherapie. Patienten
mit Störungen der *Sprachproduktion* (nicht-
flüssige Aphasien, vermindertem Sprachantrieb) profitieren möglicherweise mehr
von einer medikamentösen Therapie mit
Psychostimulantien oder Dopaminagonisten.
Die kontroversen Ergebnisse der Studien mit
Bromocriptin zeigen jedoch, dass differen-
tialtherapeutische Überlegungen und eine
symptomorientierte Patientenauswahl erforderlich sind (Wallesch et al., 1997). Bei *amnestischen Aphasien* kann eine cholinerge
Stimulation mit modernen Cholinesterase-
Hemmern versucht werden (Albert, 1998).
Zur pharmakologischen Beeinflussung des
Sprachverstehens gibt es bislang nur erste
Hinweise aus Studien mit Parkinson-Patienten. Die Verarbeitung syntaktische komplexer
Sätze verlangt ein intaktes Arbeitsgedächtnis.
Die medikamentöse Kompensation des Do-
pamindefizits führt bei Parkinsonpatienten
zur Verbesserung von Arbeitsgedächtnisleistungen und davon abhängigen Sprachverste-
hensprozessen. In der Behandlung von Schulkindern mit *Lesestörungen* (Dyslexie) wurde
erfolgreich eine Kombination von Piracetam
und Verhaltenstherapie eingesetzt (Deberdt,
1994).

Gedächtnisstörungen

Ein weiteres Zielsymptom pharmakologischer Interventionen sind Gedächtnisstörungen, die nicht den Schweregrad einer Demenz erreichen. Klinisch relevante Amnesien sind nach Läsionen des mediobasalen Temporallappens (z.B. Epilepsie, Amygdala-Hippokampektomie, Hypoxie, Blutung, Herpes-simplex-Enzephalitis), des dorsalen Thalamus (Korsakow-Syndrom, Thalamusinfarkte, Tumore), des basalen Vorderhirns (ACoA-Aneurysma, Tumore), des lateralen präfrontalen Kortex (traumatische Hirnschädigung, Tumore) und bei diffuser Hirnschädigung (traumatische Hirnschädigung, Meningoenzephalitis, Mikroangiopathie) zu beobachten. Nach DSM-IV werden sie als „Amnestische Störung aufgrund eines medizinschen Krankheitsfaktors" (294.0) klassifiziert.

Erste Anwendungsbeobachtungen deuten darauf hin, dass bei ausgewählten amnestischen Patienten mit Läsionen des *septo-hippokampalen Systems* und daraus resultierendem hippokampalen *Acethylcholin*-Mangel die cholinerge Stimulation mit Cholinesterase (ChE)-Hemmern zu deutlicheren Verbesserungen von Aufmerksamkeits- und Gedächtnisleistungen führt als bei Patienten mit Alzheimer-Demenz (Müller, 1998). Durch längerfristige cholinerge Stimulation können Prozesse der Gedächtniskonsolidierung über eine Steigerung der hippokampalen LTP (*long-term potentiation*) optimiert werden (Hasselmo, 1995). Die verfügbaren ChE-Hemmer (Donepezil, Rivastigmin) sind für diese Indikation allerdings (noch) nicht zugelassen. Da es bei schweren Amnesien bislang kaum therapeutische Alternativen gibt, ist die Verabreichung nicht-zugelassener Substanzen im Rahmen eines wissenschaftlich begründeten Heilversuchs auch ethisch und rechtlich vertretbar. Notwendig sind natürlich das informierte Einverständis des Patienten oder betreuender Angehöriger sowie die sorgfältige Dokumentation von Wirkungen und insbesondere Nebenwirkungen (z.B. erhöhte Schweißsekretion, Hypersalivation, Diarrhöe und Bronchospasmen). Eine Kombination mit einer verhaltenstherapeu-

tisch orientierten Gedächtnisrehabilitation erscheint auch hier sinnvoll (Schuri et al., 1996). Im Sinne „kompensatorischer Plastizität" könnten ChE-Hemmer oder antriebssteigernde Medikamente den Einsatz externer Hilfsmittel optimieren.

Pharmakopsychologische Untersuchungen mit zentralwirksamken β-Rezeptorenblokkern deuten darauf hin, dass die Abspeicherung emotional bedeutsamer Episoden im „heißen" *amygdalo-hippokampalen System* durch *Noradrenalin* moduliert wird (Metcalfe & Jacobs, 1998). Bislang haben sich daraus jedoch keine pharmakotherapeutischen Konzepte ableiten lassen. Bei der Optimierung von *striatalen* (procedurales Lernen) und *präfrontalen Gedächtnisfunktionen* (Arbeitsgedächtnis und strategische Gedächtnisfunktionen) spielt Dopamin eine zentrale Rolle (D'Esposito & Alexander, 1995). Durch belohnungsabhängige, phasische Dopaminausschüttung kann ein tonisches Dopamindefizit bei Parkinsonpatienten und im Alter kurzfristig kompensiert werden (Schultz, 1998). Im präfontalen Kortex erfolgt die dopaminerge Neuromodulation vorwiegend über D1-Rezeptoren. Dabei wurde ein umgekehrt U-förmiger Dosis-Wirkungs-Zusammenhang beschrieben (Abb. 1). Eine Überstimulation präfrontaler Dopamin-Rezeptoren ist vermutlich die Ursache für kognitive Funktionsstörungen bei akutem Stress und Psychosen. Erste experimentelle Studien deuten darauf hin, dass neben exekutiven Funktionen im Arbeitsgedächtnis auch inhibitorische und intentionale Prozesse im präfrontalen Kortex durch Dopamin (und Noradrenalin) moduliert werden (Arnsten, 1998). Bei der therapeutischen Anwendung von Dopaminagonisten (und -antagonisten) müssen die bidirektionalen Dosis-Wirkungs-Zusammenhänge berücksichtigt werden.

Aufmerksamkeitsdefizite

Aufmerksamkeit ist eine äußerst komplexe kognitive Funktion. Normalerweise wird damit eine Erhöhung der Selektivität, Intensität und Dauer neuronaler Antworten auf Ereignisse beschrieben, die emotional oder motivational bedeutsam sind (Mesulam, 1998). Nach Mesu-

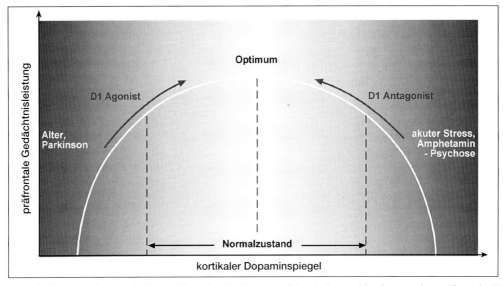

Abb. 1. Zusammenhang zwischen präfrontaler D1-Rezeptor-Stimulation und Performanz in „präfrontalen" Gedächtnisaufgaben

lam wird die attentionale Komponente einer neuronalen Antwort durch einen Vektor beschrieben, der eine bestimmte Größe und Richtung hat, wobei die Richtung durch die Modalitätsspezifität der jeweiligen Neurone festgelegt wird. Die Größe des attentionalen Vektors kann durch aus dem Hirnstamm und basalen Vorderhirn aufsteigende monoaminerge Projektionen (*bottom-up*) und durch *top-down* Prozesse aus dem präfrontalen Kortex moduliert werden. Nach diesem Konzept führt die neurochemische Verstärkung der emotionalen (Noradrenalin), motivationalen (Dopamin) und wissensbasierten (Acetylcholin) Gewichtung von kortikalen Informationsverarbeitungsprozessen erst indirekt (*top-down*) zu attentionalen Veränderungen. Auf direktem Weg werden thalamische und kortikale Aufmerksamkeitsprozesse (*arousal*) durch folgende Neurotransmitter (in Klammer: Kerngebiete) geregelt:
- Acetylcholin (Nucleus basalis Meynert)
- Histamin (Hypothalamus)
- Dopamin (Substantia nigra/ventrales tegmentales Areal)
- Serotonin (Raphé-Kerne)
- Noradrenalin (Locus coeruleus)

Störungen der Fokusierung, Aufrechterhaltung und Teilung von Aufmerksamkeit sind ein häufiger Befund bei hirngeschädigten Patienten. Vor allem bei kurzfristiger Behandlung mit dopaminerg, noradrenerg oder cholinerg stimulierenden Substanzen und nach Absetzen antihistaminerger und anticholinerger Medikamente wurde eine Verbesserung von Aufmerksamkeitsleistungen beobachtet (Whyte, 1992). Die längerfristige Pharmakotherapie von Aufmerksamkeitsdefiziten ist wegen der beschriebenen Zustandsabhängigkeit problematisch. Auch in diesem Bereich gibt es bislang zu wenig gesicherte Erkenntnisse, um klare Therapieempfehlungen zu geben (Elovic, 1996).

Stress, Hormone und Kognition

Akuter Stress führt dazu, dass vermehrt Noradrenalin und Dopamin ausgeschüttet werden. Dadurch werden amygdalo-hippokampale (Gedächtnis für emotional bedeutsame Ereignisse) und striatale Gedächtnisprozesse (Gedächtnis für automatisierte Handlungen) optimiert. Für präfrontale Funktionen scheint ein niedrigeres Aktivierungsniveau optimal zu sein, durch maximalen Stress wird der präfrontale Kortex funktional ausgeschaltet. Dies wird evolutionsgeschichtlich damit erklärt, dass komplizierte und zeitaufwendige Überlegungen und Entscheidungsprozesse bei akuter Gefahr schnellen Kampf- oder Fluchtreaktionen unterlegen sind (Arnsten, 1998).

Für den diagnostischen und therapeutischen Alltag sind diese seltenen Ereignisse mit maximalem Stress von untergeordneter Bedeutung. Viele Erkrankungen gehen jedoch mit einer dauerhaften psychosozialen Belastung und *chronischem Stress* einher. Wie in Abbildung 2 schematisch dargestellt kann es insbesondere nach einer akuten Hirnschädigung zur stressbedingten Verstärkung kognitiver Defizite kommen. Es gibt viele Hinweise darauf, dass chronischer Stress zu dauerhaftem Hyperkortisolismus führt. Über die Wirkung auf Glukokortikoidrezeptoren führt das Cortisol letztlich zu einer hippokampalen Atrophie und nachweisbaren Gedächtnisstörungen (McEwen & Sapolsky, 1995). Hieraus abgeleitete Therapieansätze müssen einerseits darauf abzielen, dem Entstehen von chronischem Stress entgegenzuwirken, z.B. durch lärmreduzierende Maßnahmen auf Intensivstationen. Andererseits sind pharmakologische Strategien denkbar, insbesondere die Gabe von Antidepressiva, da sowohl der mit Depressionen einhergehende Stress als auch die schädigende Wirkung von Glukokortikoiden reduziert werden können.

Abschließend ist festzustellen, dass im Bereich der Neuropharmakologie in der Neurorehabilitation dringender Forschungsbedarf

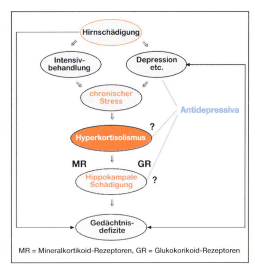

Abb. 2. Stress-Modell kognitiver Defizite nach erworbener Hirnschädigung und mögliche medikamentöse Beeinflussung.

besteht. Tierexperimentelle Befunde zur plastizitätsfördernden und restitutionsbeschleunigenden Wirkung der Kombination übender und pharmakologischer Therapieverfahren sowie empirisch und theoretisch fundierte Modelle der Grundlagenforschung zur Neurotransmittermodulation kognitiver Funktionen müssen in praktikable Interventionskonzepte umgesetzt werden. Die teilweise ermutigenden Ergebnisse erster klinischer Studien müssen in besser kontrollierten Studien mit größeren Fallzahlen überprüft werden, damit auch bei hirngeschädigten Patienten aus der „Kunst der Psychopharmakotherapie" eine klinische Wissenschaft wird.

9 Rahmenbedingungen klinisch neuropsychologischer Tätigkeit

9.1 Interdisziplinäre Zusammenarbeit

RENATE DRECHSLER

Zusammenfassung

Interdisziplinäre Zusammenarbeit in der Neurorehabilitation zeichnet sich aus:
1. durch ein Abstimmen von Vorgehensweisen der verschiedenen Bereiche auf gemeinsame Zielsetzungen hin, wobei
2. jede berufliche Disziplin Schwerpunkte setzt, die innerhalb des eigenen fachlichen Gebiets liegen.

Im ersten Punkt unterscheidet sich der interdisziplinäre Ansatz von multidisziplinärer, im zweiten Punkt von transdisziplinärer Zusammenarbeit. Wie gut interdisziplinäre Teams funktionieren, hängt von institutionellen Faktoren ebenso ab wie von den Organisationsstrukturen, die die Zusammenarbeit regeln. Es werden verschiedene Maßnahmen vorgestellt, die den Aufbau und die Weiterentwicklung von interdisziplinären Teams fördern können. Dazu gehören verschiedene Formen der Fort- und Weiterbildung, Projektmanagement, der Umgang mit Teamkonflikten, das Finden von Lösungsstrategien sowie die Sicherung von Kontinuität bei Veränderungen im Team.

Vorbemerkung

In der Neurorehabilitation sind Spezialisten unterschiedlicher Fachrichtungen tätig. Es gibt verschiedene Möglichkeiten, diese Zusammenarbeit zu gestalten und die gewählte Form der Teamarbeit ist meist ein deutliches Indiz für zugrundeliegende Rehabilitationskonzepte – oder auch für deren Fehlen. Konzeptuelle und organisatorische Aspekte sind letztlich nicht zu trennen und greifen ineinander. Interdisziplinären Teamarbeit ist gekennzeichnet durch einen strukturierten Austausch von Informationen, die Bezogenheit von Interventionen aufeinander und das Berücksichtigen von Aspekten aus allen Bereichen in Hinblick auf gemeinsame Zielsetzungen.

Interdisziplinäre Zusammenarbeit als Konzept der Neurorehabilitation

Formen der Zusammenarbeit

Interdisziplinäre Zusammenarbeit setzt bei jedem der beteiligten Fachbereiche die Bereitschaft voraus, das eigene therapeutische Handeln mit dem anderer Fachbereiche abzustimmen, Informationen und Perspektiven anderer Disziplinen teilweise zu übernehmen und in Hinblick auf ein übergreifendes Behandlungsziel in die eigene Arbeit zu integrieren (vgl. Diller, 1990). Man unterscheidet – je nach Grad der Aufgabenintegration – zwischen multi-, inter- und transdisziplinärer Zusammenarbeit (vgl. Melvin, 1980, 1989; Finset et al., 1995).

Multidisziplinär

In einem multidisziplinär arbeitenden Team informiert zwar jeder Bereich über Diagnose und Vorgehen, verfolgt aber seine fachspezifischen therapeutischen Ziele völlig unabhängig von den anderen Bereichen.

Beispiel:

In der Krankengymnastik wird ein funktionelles Behandlungsziel für einen bestimmten Patienten definiert, z.B. Mobilisation innerhalb der nächsten drei Wochen, in der Sprachtherapie wird in dieser Zeit an der Verbesserung des Sprachverständnisses gearbeitet. Mehr als eine gegenseitige Information über jeweiligen Behandlungsschwerpunkte und ein organisatorisches Koordinieren von Abläufen und Terminen findet jedoch nicht statt.

Unter Umständen wird es auch als ausreichend erachtet, den Arzt über den Stand der Therapie zu informieren, ohne direkt in Kontakt mit den anderen Disziplinen zu treten.

Interdisziplinär

In einem interdisziplinären Team berücksichtigen die verschiedenen Fachbereiche Informationen aus anderen Ressorts in ihrem Handeln und orientieren sich an gemeinsamen Zielsetzungen. Der Arbeitsschwerpunkt bleibt dabei im eigenen fachlichen Aufgabenbereich.

Beispiel:

Die Krankengymnastin berichtet, sie rechne damit, den Patienten Herrn N. innerhalb der nächsten Wochen zu mobilisieren. Die zuständige Mitarbeiterin der Pflege hat beobachtet, dass Herr N. zeitweilig desorientiert wirkt und dann versucht, die Abteilung zu verlassen, um nach Hause zu gelangen. Dies wird von verschiedenen Therapeuten bestätigt. Die Neuropsychologin erklärt den Hintergrund für das aktuelle Verhalten und gibt Hinweise, wie man mit dem Patienten in diesen Situationen am besten umgehen soll. Es wird im Team vereinbart, mit der Mobilisation von Herrn N. noch zu warten, bis die

Weglauftendenzen geringer sind. Die Krankengymnastin wird in dieser Zeit andere physiotherapeutische Ziele verfolgen und zugleich – wie alle anderen Teammitglieder – darauf achten, die Desorientierung des Patienten zu verringern, z.B. durch regelmässige Abläufe, durch das Schaffen einfacher, überschaubarer Situationen, durch wiederholtes Erklären der Situation usw.

Transdisziplinär

Mitglieder der verschiedenen Fachbereiche eines transdisziplinären Teams verfolgen nicht nur fachspezifische Ziele, sondern überschreiten ihre Berufsrollen und nehmen auch berufsfremde Aufgaben wahr.

Beispiel:

In einem Programm zur Behandlung verhaltensauffälliger Patienten nach Schädelhirntrauma arbeiten sowohl Mitarbeiter aus der Pflege, Ärzte, Psychologen und Sozialpädagogen mit. Für die Patienten ist anhand der Interventionen allerdings kaum erkennbar, welcher Berufsgruppe ein Mitarbeiter angehört. Alle Teammitglieder orientieren sich an einem gemeinsamen Behandlungskonzept. Sie bringen zwar Wissen aus den verschiedenen Disziplinen ein, niemand ist aber in seinen therapeutischen Aktivitäten auf die eigene berufliche Rolle festgelegt.

Alle Ansätze haben Vor- und Nachteile: Die Gefahr der Rollenkonfusion und unklarer Kompetenzen beim transdisziplinären Ansatz, Zeitaufwand für Diskussionen und Absprachen bei der interdisziplinären Arbeit (vgl. Mullins et al., 1994; Bakheit, 1996). Ein ganzheitliches therapeutisches Vorgehen wird aber erst auf inter- oder transdisziplinärer Ebene möglich. Im Mittelpunkt dieses Artikels soll daher die Arbeit im interdisziplinären Neurorehabilitationsteam stehen, die in einem medizinisch orientierten Setting meist die anzustrebende Form der Zusammenarbeit darstellt.

Interdisziplinäre Zusammenarbeit mag den Teammitgliedern zeitweilig als eine Erschwernis der eigenen Arbeit erscheinen, die nicht unabhängig vom Gesamtvorgehen bestimmt werden kann: Fachspezifische Ziele müssen manchmal zugunsten von übergreifenden Zielen zurücktreten (vgl. Keith, 1991; Nagi, 1976). Dies erfordert von allen Beteiligten ein Verständnis für Zusammenhänge, eine Bereitschaft, sich mit fachfremden Inhalten auseinanderzusetzen, sowie eine realistische Einschätzung der Aufgaben und Möglichkeiten anderer Fachdisziplinen. Interdisziplinäre Zusammenarbeit sollte wegführen von starren therapeutischen Standardprogrammen und flexible, auf die Bedürfnisse einzelner Patienten zugeschnittene Vorgehensweisen ermöglichen (vgl. Diller, 1990). Dazu gehören auch Absprachen, mit welcher therapeutischen Haltung einem Patienten in verschiedenen Behandlungsphasen zu begegnen ist, ob er z.B. verstärkt konfrontiert werden sollte, mehr Rückmeldung benötigt oder eher Unterstützung und Hilfe bei der Suche neuer Zukunftsperspektiven. Auch hier sind Aufgabenverteilungen denkbar.

Bedeutung neuropsychologischer Aspekte für die interdisziplinäre Arbeit

Inhaltlich aufeinander bezogene Teamarbeit und Verständnis für Zusammenhänge sind besonders von Bedeutung, wenn neuropsychologische Störungen im Mittelpunkt stehen und psychosoziale Aspekte der Rehabilitation in den Vordergrund rücken. Neuropsychologische Störungen und Probleme der Krankheitswahrnehmung und -verarbeitung lassen sich kaum zugunsten von therapeutischen Einzelaspekten ausblenden. Ob ein Patient depressiv reagiert, verwirrt ist oder antriebslos, wird das

Tabelle 1. Merkmale des interdisziplinären Ansatzes

- Gemeinsames Formulieren von Zielsetzungen und Prioritäten im Behandlungsteam
- Integration von Informationen aus anderen Disziplinen in die eigene Arbeit
- Absprachen über methodische Vorgehensweisen
- Absprachen über eine therapeutische Haltung gegenüber dem Patienten
- Absprachen über inhaltliche Aufgabenaufteilungen

---

therapeutische Vorgehen aller Disziplinen beeinflussen. Werden verhaltenstherapeutische Maßnahmen durchgeführt, sind verlässliche Absprachen im gesamten Team und ein inhaltliches Verständnis der Methode absolut notwendig. Im anderen Fall können unerwünschte Verhaltensweisen des Patienten sogar verstärkt werden und es besteht die Gefahr, dass überforderte Teammitglieder Maßnahmen falsch einsetzen, etwa als Bestrafung, wenn sie mit ihrer Geduld am Ende sind.

Die Bedeutung einer ganzheitlich-systemischen Sichtweise in der Behandlung von neuropsychologisch beeinträchtigten Schädelhirntrauma-Patienten wird im milieutherapeutischen Ansatz (vgl. Ben Yishay, 1996; Prigatano, 1989; Ben Yishay & Prigatano, 1990) betont: Nach diesem Ansatz gehören alle Mitglieder eines therapeutischen Teams zur Lebensumwelt eines Patienten und müssen sich in konsistenter Weise verhalten, damit er aus den Rückmeldungen anderer lernen kann. Denn bei vielen Patienten mit erworbener Hirnschädigung sind Selbstwahrnehmung und die Fähigkeit, Konsequenzen aus Erfahrungen zu ziehen, beeinträchtigt, weshalb sie dringend auf das Feedback anderer angewiesen sind. Ein therapeutisches Milieu verschafft ihnen systematisch die Bedingungen, unter denen Lernen für sie möglich wird. Zur Umwelt gehören aber auch Angehörige und Freunde des Patienten. Sie alle sollten daher ebenfalls in den therapeutischen Prozess einbezogen werden.

Der Begriff „Milieutherapie" wird häufig auch in einem etwas anderen Sinn gebraucht, mit Schwerpunkt auf „ökologisch valide". Damit ist gemeint, dass man eine Trennung zwischen Alltags- und Therapiebereichen vermeidet und möglichst keine artifiziellen Therapiesituationen schafft. „Ökologisch valide" kann auch bedeuten, dass das in der Therapie Geübte einen unmittelbaren Bezug zur Alltagsrealität besitzt.

Beispiel:

In einem therapeutischen Setting mit geringer ökologischer Validität ist folgendes Szenario denkbar: Ein Patient wird auf der Bettenstation in aller Eile von der Pflege gewaschen und angezogen, um pünktlich in die Ergotherapie gebracht zu werden. Dort erhält der Patient „Selbsthilfetraining" und übt, sich zu waschen und anzuziehen, in einem optimal behindertengerechten Rahmen, der ihm zuhause natürlich nicht zur Verfügung steht. In einem milieutherapeutisch ausgerichteten Setting beginnt dagegen das Selbsthilfetraining auf der Bettenstation, in einer natürlichen Lebenssituation des Patienten, am Morgen beim Aufstehen, wobei Ergotherapie und Pflege eng zusammenarbeiten und sich austauschen.

Eine weitere Bedeutung neuropsychologischer Aspekte für die Teamarbeit ist konzeptueller Art. Es sollte angestrebt werden, dass sich die verschiedenen Disziplinen auf eine Auswahl therapeutischer Methoden einigen, die in Einklang mit neuropsychologischen und neurophysiologischen Grundannahmen stehen und die im Einzelfall so kombiniert werden können, dass sie sich in ihrer Wirkungsweise ergänzen und nicht behindern. Dies ist in Anbetracht der ungenügenden theoretischen Fundierung vieler gängiger Therapiemethoden sicher erst noch Zukunftsmusik.

Teamorganisation und -strukturen

Der institutionelle Rahmen

Interdisziplinäre Teamarbeit ist abhängig von institutionellen Rahmenbedingungen. Existiert in der Institution ein übergreifendes Rehabilitationskonzept, stehen konkrete Probleme der Umsetzung und Optimierung im Vordergrund, während die Notwendigkeit von Teamarbeit als solcher nicht in Frage gestellt ist. Schwieriger wird es, wenn in einer Institution entsprechende konzeptuelle Vorgaben fehlen und Mitarbeiter sich für jede Minute rechtfertigen müssen, die sie nicht mit Patienten verbringen, sondern für Planung, Vorbereitung und Absprachen aufwenden. Man kann versuchen, die Notwendigkeit von interdisziplinärer Zusammenarbeit mit Argumenten der Qualitätskontrolle zu vertreten, wobei eindeutige wissenschaftliche Belege bislang fehlen und entsprechende Nachweise daher innerhalb der jeweiligen Institutionen zu erbrin-

gen wären. So sind etwa die Ergebnisse wissenschaftlicher Untersuchungen zur Effizienz von interdisziplinärer Teamarbeit nicht einheitlich (vgl. Bakheit, 1996). Einige Untersuchungen finden eine erhöhte Effizienz aufgrund des therapeutischen Milieus, höherer Behandlungsintensität und Professionalität im Team (z.B. Garraway et al., 1980; Kalra et al., 1993), andere Autoren ziehen dies in Zweifel (Johnston & Miller, 1986). Zu bedenken ist hier, dass sich die Messung von Rehabilitationserfolgen meist an funktionellen Verbesserungen orientiert („Der Patient kann jetzt 50 m mit Stock gehen") und nicht an Handicap-Variablen, d.h. an Parametern, die etwas über die langfristige psychosoziale Situation und die soziale Integration aussagen. Ausserdem lassen die verschiedenen Variationen von interdisziplinärer Zusammenarbeit, die in der Literatur beschrieben werden, kaum Vergleiche zu. Ein weiteres Argument wäre die Patientenzufriedenheit. Viele Patienten registrieren sehr gut, ob Pflege, Therapeuten und Mediziner kooperieren, beklagen den fehlenden Austausch und fühlen sich verloren in einer anonymen Maschinerie. Als drittes Argument ist die Zufriedenheit der Mitarbeiter anzuführen (zur Evaluation vgl. Strasser et al., 1994). Natürlich hängt diese nicht allein von der Interdisziplinarität ab, sondern wird von vielen weiteren Faktoren beeinflusst. Grundsätzlich ist es jedoch befriedigend für Mitarbeiter, wenn sie ihre Arbeit als sinnvolles Teil eines Gesamtprozesses erfahren und dafür im Team Anerkennung und Verständnis finden. Genügend Zeit für gemeinsame Planung und Reflektion des therapeutischen Handelns fördert Engagement und Kreativität im Team, während Mitarbeiter durch wiederholte Kriseninterventionen und „Feuerwehrübungen", die man mit besserer Vorbereitung hätten vermeiden können, verbraucht und demotiviert werden (vgl. Arokiasamy et al., 1993).

Auch wenn interdisziplinäre Zusammenarbeit in einer Institution begrüsst wird, können eine Reihe von äusseren Bedingungen die Zusammenarbeit erschweren. Dazu gehören die Grösse der Teams und Wechsel in den Teamzusammensetzungen. Sind Fachteams einzelner Berufsgruppen sehr dominant, ist es schwer, daneben einen interdisziplinären Teamgeist zu entwickeln. In einigen Kliniken

Tabelle 2. Günstige und ungünstige institutionelle Voraussetzungen für interdisziplinäre Teamarbeit

günstig	ungünstig
– überschaubare Teamgrösse	– Fehlen übergreifender Rehabilitationskonzepte in der Institution
– klar definierte Zuständigkeit für Patienten / Patientengruppe, z.B. Bezugspersonensystem)	– sehr enge Zeitvorgaben
– klar definierte Aufgabenbereiche	– Rechtfertigungsdruck für interdisziplinären Austausch
– einfache Möglichkeit der Kontaktaufnahme untereinander	– sehr grosse Teams
– persönliches Arbeitsklima	– Dominanz von Fachteams
– Zeitrahmen für interdisziplinären Austausch	– hohe Personalfluktuation
– interdisziplinäre Fortbildungsmöglichkeiten	– große räumliche Entfernungen
– Supervisionsmöglichkeiten	– starre, hierarchische Strukturen
	– anonymes Arbeitsklima
	– fehlendes Feedback in der Institution, keine Anerkennung für gute Teamarbeit
	– Aufteilung der Mitarbeiter in „Denker" und „Arbeiter"

existiert zudem eine Art Aufteilung der Therapeuten in „Denker" und „Arbeiter", wobei es üblich ist, dass nicht der behandelnde Therapeut selbst Informationen im interdisziplinären Team erhält und weitergibt, sondern der jeweilige Vorgesetzte, der somit für die eigentliche Planung zuständig ist, ohne den Patienten im Detail zu kennen. Zwar lässt sich unter diesen erschwerten Bedingungen insofern interdisziplinär arbeiten, als dass eine Entscheidungsfindung unter Berücksichtigung aller fachlichen Aspekte erfolgt. Doch die Gruppe der daran beteiligten Mitarbeiter bildet sicher kein funktionierendes Team.

Mitglieder des interdisziplinären Teams

In der Neurorehabilitation besteht in der Regel ein Kernteam von Mitarbeitern, die sich alle unmittelbar mit derselben Gruppe von Patienten beschäftigen, neben einem erweiterten Team, dessen Mitglieder konsiliarisch hinzugezogen werden oder, je nach Bedarf und Situation, nur mit einem Teil der Patienten zu tun haben. Welche Berufsgruppen in den jeweiligen Teams vertreten sind, hängt von der Art und Ausrichtung der Institution ab; in einer Neurorehabilitation für Kinder und Jugendliche werden andere Schwerpunkte zu setzen sein als etwa in einer geriatrischen Rehabilitation (zu Teamzusammensetzungen vgl. etwa Nieuwenhuis, 1993; Kühn, 1996; American Congress of Rehabilitation Medicine, 1992; Runge & Rehfeld, 1995). Am häufigsten anzutreffen sind vermutlich Kernteams aus Pflege, Medizin, Ergotherapie und Krankengymnastik. Auch gehören Vertreter aus Psychologie/

Tabelle 3. Berufsgruppen im Kernteam, erweiterten Team und Kontaktfeld

Kernteam	Erweitertes Team
– Pflege	– Musiktherapie
– Medizin	– Maltherapie
– Krankengymnastik	– rekreative Therapien
– Ergotherapie	– Aktivierungstherapie
	– Berufstherapie
– Neuropsychologie	– Werktherapie
– Sprachtherapie	– Beschäftigungstherapie
– Sozialdienst	– konsiliarische Ärzte usw.
– Sozialpädagogik	

Berufsgruppen im Kontaktfeld

– Seelsorge
– Ernährungsberatung/ Diätassistentin
– Bademeister/Masseure
– medizinisch-technisches Personal (EEG, Labor) usw.

Neuropsychologie, Sprachtherapie, Sozial-
dienst und Sozialpädagogik oft den Kernteams an. Interdisziplinäre Zusammenarbeit
und Gruppenprozesse spielen sich vorrangig in
Kernteams ab und es bedarf guter Organisation, um die Mitglieder der erweiterten Teams
in angemessener Weise einzubeziehen. Es
empfiehlt sich, eindeutig zu definieren, wer
zum Kernteam und wer zum erweiterten Team
gehört und bei welchen Anlässen Mitglieder
des erweiterten Teams hinzugezogen werden
sollen. Bestehen hier Unklarheiten, werden
sich Mitglieder des erweiterten Teams über-
gangen und in ihrer Arbeit nicht gewürdigt
fühlen, während dem Kernteam relevante Informationen verloren gehen.

Verschiedenheit berücksichtigen

Mitglieder interdisziplinärer Teams in der
Neurorehabilitation verfügen in der Regel über
sehr unterschiedlichen Ausbildungshinter-
grund und -dauer, unterschiedlichen Grad der
Spezialisierung und unterschiedliche Berufs-
erfahrung (vgl. z.B. Becker et al., 1993; Rothberg, 1992). Oft wissen die verschiedenen
Teammitglieder kaum, welche neurorehabilitativen Kenntnisse andere Berufsgruppen mitbringen und was sie von den anderen erwarten
können. Bislang ist für viele Disziplinen Neurorehabilitation ein Teilgebiet, über das man
erst während der Berufstätigkeit, eventuell
durch Kurse oder Postgraduierten-Ausbildun-
gen tieferes Wissen erwirbt. Dazu kommt, dass
die einzelnen Berufsfelder inzwischen durch
eine Reihe von unterschiedlichen Ausbil-
dungsgängen abgedeckt werden. So kann z.B.
eine Sprachtherapeutin von ihrer Ausbildung
her etwa Logopädin, Sprachheilpädagogin
oder Linguistin sein. Auch wird die Fähigkeit,
im Team zu arbeiten, in den verschiedenen Berufsfeldern unterschiedlich bewertet und geschult. Während Psychologen, Sozialpädagogen z.T. auch Ergotherapeuten von ihrer
Ausbildung her meist eine ausgesprochene
„Diskussionskultur" mitbringen, lernen Mediziner und Pflege eher, sich in hierarchischen
Systemen zu bewegen und werden auf rasche
Entscheidungsfindung hin trainiert. Um eine

gemeinsame Basis zu finden, müssen diese unterschiedlichen Voraussetzungen berücksichtigt und gewürdigt werden, damit keine Berufsgruppe in Teamprozessen benachteiligt
wird. Dies beinhaltet die Einigung auf einen
gemeinsamen Sprachgebrauch, auf Kommunikationsregeln im Team, sowie die Notwendigkeit interdisziplinärer Fortbildungen, in denen
die Teammitglieder einander Einblick in ihre
Arbeit geben.

Teamleitung

Auch interdisziplinäre Teams benötigen eine
Teamleitung, die Abläufe strukturiert, koordiniert und die Übersicht behält. Es gibt sehr unterschiedliche Auffassungen, welche Kompetenzen der Leitung im interdisziplinären Team
zukommen soll: Die Palette reicht von einer
klaren Entscheidungs- und Weisungsbefugnis,
über eine Teamleitung mit koordinierenden
Funktionen eines case-managers, bis hin zu einer geteilten oder wechselnden Leitungs-
verantwortung, die von allen Teammitgliedern
übernommen wird (vgl. Campell, 1992; Halstead et al., 1986; Josefczyk, 1994). Für das
Funktionieren des Teams ist von grundlegender Bedeutung, dass über die Kompetenzen
und Aufgaben der Leitung Klarheit und Konsens herrscht. Im Idealfall ist aber davon auszugehen, dass sich interdisziplinäre Teams aus
hochqualifizierten Spezialisten zusammensetzen, deren Fachwissen sich nicht oder nur zum
Teil überschneidet: Kein Teammitglied sollte
daher die Arbeit des anderen fachlich vollständig beurteilen können und wäre daher auch
nicht befähigt, Weisungen zu geben, die fachliche Details anderer Berufsgruppen regeln
(vgl. Schneider & Knebel, 1995).

Ein weiterer Aspekt ist die Frage, welche
Berufsgruppe das Team leiten sollte. Im
deutschsprachigen Raum, in dem Neurorehabilitation mehrheitlich in medizinisch-sta-
tionärem Rahmen stattfindet, wird diese Aufgabe in der Regel von Ärzten, meist von
Stationsärzten, übernommen. Bakheit (1996)
spricht in diesem Fall von einer Leitung durch
„rational authority", d.h. unter den gegebenen
Voraussetzungen zweckdienlich, im Interesse

der Patienten und daher auch allgemein akzeptiert. Schwierig wird es dagegen für ein interdisziplinäres Team, wenn sich diese Funktion aus einer „informellen und institutionalisierten Machtposition in der Klinik" (vgl. Runge & Rehfeld, 1995, S.505) oder gar einem charismatischen Führungsanspruch des ärztlichen Bereichs ableitet und weniger von sachlichen Erwägungen getragen wird. Auch kann der häufige Wechsel von Assistenzärzten, die gerade dann das Team verlassen, wenn sie gut in ihre Aufgaben eingearbeitet sind, zu Ermüdungserscheinungen im übrigen Team führen. Je mehr unter „Teamleitung" lediglich eine Reihe von Fertigkeiten verstanden wird, die erlernt werden müssen, eine gute Einführung und ein gewisses Training benötigen sowie Rückmeldungen durch Vorgesetzte und Teammitglieder, desto einfacher ist es für ein interdisziplinäres Team, sich auf wechselnde ärztliche Leitungen einzustellen. In vielen Einrichtungen kann es aber auch zweckdienlicher sein, die Teamleitung anderen Berufsgruppen zu übertragen, z.B. Neuropsychologen oder der Pflege, die dann genauso erst lernen müssen, wie man von einem disziplinübergreifenden Standpunkt aus ein Team leitet.

Kommunikation und Dokumentation

Es empfiehlt sich, über die Organisation des Informationsaustausches verbindliche Absprachen zu treffen. Dies umfasst äussere Rahmenbedingungen, wie einen ungestörten Ort, Frequenz, Pünktlichkeit, Verbindlichkeit der Teilnahme. Es ist ärgerlich, wenn Teammitglieder den Sitzungen fernbleiben, womöglich mit der Entschuldigung, sie hätten soviel zu tun oder sie könnten gerade die Abteilung nicht verlassen (ausser natürlich in echten Notfällen). Klare und verbindliche Regelungen, in welcher Form Informationen vermittelt werden sollen, ob in mündlicher oder schriftlicher Form, frei formuliert oder anhand eines Erfassungsbogens, sind hilfreich. Entsprechende Schemata sind für Teamkonferenzen entwickelt und erprobt worden (Jelles et al., 1996a, 1996b). Entscheidungsprozesse sollten jedoch nicht zu formalisiert ablaufen, damit

Tabelle 4. Regelung von Rahmenbedingungen, Dokumentation und Kommunikation

Rahmen-bedingungen	– Ort, Häufigkeit – Verbindlichkeit der Teilnahme (Abmeldung, Vertretung) – Pünktlichkeit – Dauer (Ende)

Dokumentation	– Aufnahmeinformationen (vor Eintritt)
	– Dokumentation von Untersuchungen und Therapieverlauf
	– Sitzungsprotokolle
	– Ablaufschema der Teambesprechung, z.B.:
	  * Phase der Informationssammlung (Einweisungsgrund, Zusammenfassung der Krankengeschichte, sozialer Hintergrund, Diagnosen und Verlaufsbeobachtungen aus den verschiedenen Disziplinen, usw.)
	  * Diskussionsphase (Zusammenfassen von Problemen, Sammeln von Lösungsvorschlägen, usw.)
	  * Entscheidungsphase (Formulieren kurz- und längerfristiger Ziele mit Zeitvorgaben, Einigung auf therapeutische Vorgehensweisen, Planung konkreter nächster Schritte, z.B. Organisation von Angehörigenkontakten, Anpassung des Therapieprogramms, usw.)

Kommunikations-regeln	– gemeinsame Fachsprache – begrenzte Redezeit pro Beitrag – gleichberechtigte Beiträge – inhaltliche Strukturierung der Beiträge – Vermeiden unsachlicher Kommentare – Zulassen von Fragen – Zulassen von Rückmeldungen (positive und negative) – unterstützende und konstruktive Haltung – Einigung auf Ausmaß der Strukturierung durch die Gesprächsleitung

Tabelle 5. Formen der Entscheidungsfindung im Team (nach Varney, 1989; vgl. American Congress of Rehabilitation Medicine, 1992).

– Individuelle Dominanz
– Einfluss einer Minderheit
– Mehrheitsentscheidungen
– Konsensentscheidungen
– Einstimmigkeit

genügend Raum zum Entwickeln von Ideen bleibt. Generell ist es sinnvoll, die Teambesprechung nach einem klaren Schema zu strukturieren. Die Teilnahme von Patienten an den Sitzungen wird in den Institutionen sehr unterschiedlich gehandhabt. Aber auch hier sind klare Regelungen wichtig, wie und durch wen Patienten und Angehörige, deren Wünsche und Bedürfnisse ja die Grundlage aller Planung bilden, einbezogen und informiert werden.

Es empfiehlt sich, Kommunikationsregeln für Besprechungen im Team zu erarbeiten. Dazu kann etwa gehören, dass Fragen und Rückmeldungen erlaubt sind, dass alle Teammitglieder Redezeit gleicher Dauer beanspruchen dürfen, wenn von der Sache her erforderlich, und in der Diskussion gleichermaßen das Wort ergreifen können, unabhängig, welchem Berufsfeld sie angehören. Besprechungen können so strukturiert sein, dass in der Diskussionsphase alle direkt miteinander kommunizieren oder aber der Teamleiter nacheinander jedem das Wort erteilt. Diese Regeln innerhalb einer Gruppe einmal explizit zu formulieren, kann sehr hilfreich sein, da hier große Unterschiede zwischen den Institutionen bestehen und den verschiedenen Berufsgruppen in ihren Ausbildungen andere Normen vermittelt wurden (vgl. Rintala et al., 1986).

Es ist wichtig, dass im interdisziplinären Team Klarheit herrscht, auf welche Weise Teamentscheidungen zustandekommen und über welche Entscheidungskompetenzen das Team verfügt. In einem interdisziplinären Team aus Fachspezialisten wären Konsentscheidungen anzustreben, d.h. dass alle Teammitglieder die Entscheidung als einem guten Kompromiss mittragen, auch wenn sie viel-

leicht selbst im Einzelfall etwas andere Schwerpunkte gesetzt hätten. In vielen Teams kommen Entscheidungen jedoch anders zustande, etwa als individuelle Entscheidung der Leitung auf der Grundlage der zusammengetragenen Informationen oder als Entscheidung einer meinungsbildenden Gruppe.

Interdisziplinäre Teams sind oft eingebettet in medizinische Hierarchien, wobei die eigentliche Entscheidungskompetenz dann bei demjenigen Vorgesetzten liegt, der die Behandlungsverantwortung trägt. Teams müssen sich in diesem Fall des Vorschlagscharakters ihrer Beschlüsse bewusst sein und sollten lernen, ihre Argumente klar und überzeugend zu präsentieren.

Teamaufbau, Teamtraining und Teamkultur

Der Aufbau eines interdisziplinären Teams ist ein Prozess, der sich über längere Zeit erstreckt. Auch in bestehenden Teams sind immer wieder Standortbestimmungen und Anpassungen erforderlich. Diese Prozesse können durch verschiedene Maßnahmen gefördert und unterstützt werden. Nach der ersten Aufbauphase, in der Rollen abgesteckt, Organisationsstrukturen und Kommunikationsregeln definiert werden, sind die Schwerpunkte von Teamaufbau und -konsolidierung in folgenden Bereichen anzusiedeln: Wissensbereich, Projektmanagement, Konflikt- und Problemlösung und Umgang mit Veränderungen im Team.

Wissensbereich:
Teamtraining, Fort- und Weiterbildung

Die Einigung auf gemeinsame inhaltliche Grundlagen ist eine Voraussetzung für interdisziplinäre Teamarbeit. Dieses Wissen muss von den Teammitgliedern zunächst erworben und später erneut auf seine Gültigkeit überprüft werden (vgl. Wesolowski & Zencius, 1994; Skeil, 1994). Wissensvermittlung kann stattfinden durch:
– Interne theoretische Fortbildungen: Hier stellen Mitarbeiter Grundlagen ihres Fachbereichs vor.

– Fallvorstellungen: Teammitglieder verschiedener Disziplinen berichten im Detail über ihre Arbeit mit einem gemeinsamen Patienten, möglichst anhand von Videoaufnahmen oder anderen Dokumenten. Es werden interdisziplinär Vorgehensweisen und Schlussfolgerungen für die Zusammenarbeit diskutiert.
– Fortbildungen durch externe, geladene Sprecher
– Möglichkeit der Teilnahme an Fachfortbildungen anderer Disziplinen
– Gemeinsame Bibliothek, in der Literatur aller Disziplinen frei zugänglich ist
– Lektüregruppen: gemeinsame Lektüre, Zusammenfassungen grundlegender Artikel
– Teilnahme an externen Fortbildungen, Austausch mit anderen Institutionen
– Teamtraining: Ein Training enthält neben einem theoretischen auch praktische Übungsteile, mit Feedback für den einzelnen Teilnehmer am Arbeitsplatz („near-" und „on-the-job"-Training), was sehr viel effizienter ist als eine rein theoretische Einführung.

Beispiel (vgl. Ylvisaker et al., 1993):

In einem Workshop präsentiert die Sprachtherapeutin des Teams eine Fortbildung über verständigungsorientierte Kommunikation mit sprachgestörten Patienten. Die Fortbildung setzt sich zusammen aus folgenden Teilen:
1. Theoretische Einführung in die wichtigsten kommunikativen Schwierigkeiten von Patienten
2. Praktischen Übungsteil mit Rollenspielen und Feedback in Kleingruppen
3. Diskussion von Patientenbeispielen im Plenum und Analyse häufiger Fehler
4. Praktischer Feedback-Teil. Die Sprachtherapeutin beobachtet, wie der Kursteilnehmer mit einem Patienten kommuniziert und gibt ihm Feedback bzw. zeigt ihm konkret, wie er optimaler kommunizieren kann. Dies geschieht „on-the-job", in den Tagen oder Wochen, die auf den Workshop folgen.
5. Fortgesetztes Trainingsangebot: Die Kursgeberin steht den Teilnehmern weiterhin als Ansprechpartnerin zur Verfügung, wenn Schwierigkeiten auftreten.

Es ist wichtig, im Team Organisationsformen zu finden, die eine regelmäßige Teilnahme der Mitglieder an Fortbildungen sicherstellen. Oft nehmen sonst überwiegend Schüler und Praktikanten an Fortbildungen teil, was nicht der Teamarbeit zugute kommt. Über alle intern abgehaltenen Veranstaltungen sollten kurze Dokumentationen angelegt und Teilnahmebescheinigungen ausgestellt werden.

Projektmanagement

Gemeinsame Projekte (z.B. „Konzept für Angehörigenarbeit") sind wichtig für die interdisziplinäre Arbeit, doch sie scheitern im Klinikbetrieb häufig an unzureichender Planung, Zeitmangel und einer gewissen Unverbindlichkeit. Die Art und Weise, wie Teams gemeinsame Projekte durchführen, kann die Bereitschaft zur Zusammenarbeit sehr beeinflussen. Zu beachten sind daher folgende Punkte:
– Zieldefinition : Was soll mit dem Projekt erreicht werden?
– Zeitvorgaben: Wieviel Zeit steht zur Verfügung (Stunden pro Woche?), wann soll das Projekt abgeschlossen sein?
– Teilnehmer: Welche Disziplinen und welche Personen nehmen verbindlich an dem Projekt teil?
– Leitung: Wer ist für die Leitung oder Koordination verantwortlich?
– Hindernisse: Welche Schwierigkeiten sind bei dem Projekt zu erwarten und wie lassen sie sich lösen?
– Akzeptanz: Ist das Projekt realistisch und von der Klinikleitung akzeptiert und unterstützt?

Es kann hilfreich sein, einen entsprechenden Projektplan zu erstellen und den Vorgesetzten vorzulegen.

Konflikt- und Problemlösung

Lokalisation der Ursache von Konflikten

In jedem Team treten Konflikte auf und sind Probleme zu lösen. Gut funktionierende Teams zeichnen sich dadurch aus, dass sie Konflikte rechtzeitig erkennen – d.h. bevor die Arbeitsqualität darunter leidet –, offen ansprechen und eine Reihe von Lösungsstrategien zur Verfügung haben. Dazu ist es hilfreich, Konflikte näher zu bestimmen und mögliche Ursachen zu lokalisieren:

– Zwischen welchen Personen oder Gruppen bestehen Probleme und Konflikte? (Zwischen Gruppen im Team, zwischen Angehörigen bestimmter Berufsgruppen, zwischen einzelnen Personen, zwischen einer Einzelperson und dem Rest des Teams, zwischen Mitgliedern des Teams und Vorgesetzten?)
– Wodurch wird der Konflikt ausgelöst? (Liegt die Ursache bei bestimmten Patienten, bei der Teamorganisation, bei der Aufgabenüberschneidung und Konkurrenz, bei der Kompetenz und Zuverlässigkeit von einzelnen Teammitgliedern, bei den institutionellen Bedingungen?)
– Welche Lösungsstrategien stehen zur Verfügung; sind diese innerhalb oder ausserhalb des Teams zu suchen?

Auslöser von Teamkonflikten und Lösungsstrategien

Patienten
Oft sind es ganz bestimmte Patienten, die in einem Team Konflikte auslösen, Teammitglieder gegeneinander ausspielen und Ablehnung oder Überengagement provozieren. Eine detailliertere Fallbesprechung kann helfen, diese Vorgänge genau wahrzunehmen, zu verstehen und zu verändern. Dies kann so ablaufen, dass alle Mitglieder der Reihe nach von den Schwierigkeiten berichten, die sie im Umgang mit dem Patienten oder in Bezug auf diesen Patienten mit anderen Teammitgliedern haben. Es wird dann gemeinsam nach Erklärungen und Lösungen gesucht. Sind Teammitglieder jedoch in Gegenübertragungsmechanismen (vgl. Pepping, 1993; Prigatano, 1989) befangen oder wirkt das ganze Team bei der Behandlung eines Patienten „festgefahren", dann ist eine Fallsupervision mit einem externen Supervisor angebracht.

Beispiel:

Eine junge aphasische Patientin mit Hemiplegie signalisiert verschiedenen Therapeuten, die anderen Mitglieder des Behandlungsteams würden nicht richtig auf sie eingehen. Daraufhin bemüht sich praktisch jeder im Team, allen anderen zu erklären, wie man sich mit der Patientin verhalten solle. Es ändert sich jedoch nichts: Die Patientin fühlt sich nach wie vor vernachlässigt und unverstanden. Im Team reagiert man daraufhin zunehmend hilflos und schließlich gereizt. In einer Fallsupervision wird erarbeitet, dass die Patientin in dieser Phase der Krankheitsverarbeitung das Gefühl hat, niemand könne ihr wirklich helfen, d.h. niemand könne sie wieder gesund machen, was sie auf das Team überträgt. Ihre Unzufriedenheit ist also nicht als eine konkrete Kritik an der Behandlung, sondern als Ausdruck ihrer Trauer und berechtigten Zukunftsangst zu verstehen. Dies macht es nun für die Teammitglieder einfacher, auf die Gefühle der Patientin einzugehen.

Teamorganisation
Konflikte zwischen Teammitgliedern gehen erstaunlich oft auf unzureichende oder unklare organisatorische Abläufe zurück, z.B. geben Teammitglieder keine schriftlichen Verlaufsberichte ab oder erscheinen nicht oder unpünktlich auf Sitzungen. Die Gründe dafür liegen manchmal in organisatorischen Mängeln. Es kann sein, dass die Dokumentationsformen nicht zweckmäßig, zu umständlich, zu zeitaufwendig sind, die Sitzungsfrequenz zu häufig und dass von der Leitung keine klaren Strukturen eingehalten werden. Mündlich getroffene Vereinbarungen, die in keinem Protokoll fixiert und nachlesbar sind, verschwinden rasch wieder aus dem kollektiven Gedächtnis. Alle Teammitglieder sollten das Recht haben, Kritik zu äußern und Verbesserungsvorschläge einzubringen. In der Regel genügen interne Sitzungen, um diese Abläufe zu klären. Ansonsten kann eine Teamberatung für organisatorischen Fragen weiterhelfen.

Aufgabenüberschneidung und Konkurrenz
Konflikte entstehen, wo immer Kompetenzen unklar sind und sich Bereiche überschneiden (vgl. Mullins, 1989; Gans, 1983; McLellan,

1992; Sands et al., 1990; Feiger & Schmitt, 1979). Fast jede Berufsgruppe kennt solche Schnittflächen. So kann etwa Schlucktraining von Ergotherapie, Krankengymnastik, Pflege oder Sprachtherapie durchgeführt werden. Einige Berufsdisziplinen sind von ihrer Ausbildung her eher Generalisten, wie Ergotherapie und Pflege, andere sind hochspezialisiert für Aufgaben, die in der Ausbildung der übrigen Berufe höchstens gestreift werden, z.B. Neuropsychologen und Sprachtherapeuten. Es ist daher nachvollziehbar, dass ein Überschreiten der fachlichen Grenzen gerade von den Spezialisten als eine Entwertung der eigenen Ausbildung gesehen wird und als eine Gefährdung fachlicher Standards. Um so wichtiger ist es, Kompetenzen und Aufgaben der verschiedenen Disziplinen genau abzustecken. Werden hier keine Vorgaben seitens der Institution gemacht, z.B. durch Stellenbeschreibungen, dann sollte dasjenige Fachressort eine Aufgabe ausführen, das die besten Ausbildungsvoraussetzungen dafür mitbringt. Es ist wichtig, dass Fachdisziplinen hier lernen, sich nicht als Konkurrenz, sondern als Partner, die sich entlasten und ergänzen können, zu sehen. Das ist im heutigen Gesundheitssystem, in dem jeder Bereich um seine Nische kämpfen muss, nicht einfach. Teamsupervision oder auch spezielle Arbeitssitzungen, in denen zwei Fachdisziplinen ihre Zusammenarbeit definieren und die Gebiete abstecken, können helfen, verhärtete Fronten zu klären.

Arbeitsqualität einzelner Teammitglieder

Teamsupervision ist auch hilfreich, wenn es darum geht, einander Rückmeldungen zu geben. Dies kann in Form von Feedback-Runden geschehen: Die einzelnen Mitglieder erhalten nacheinander Rückmeldung vom gesamten übrigen Team, wobei positive Aspekte des Teamverhaltens genauso genannt werden wie Aspekte, die in Zukunft in der Zusammenarbeit verbessern werden sollen. Erweisen sich einzelne Teammitglieder als besonders unzuverlässig oder bestehen Zweifel an ihrem fachlichen Vorgehen, ist es meist sinnvoll, dies zunächst mit dem Betroffenen selbst anzusprechen. Je nach Grösse des Teams und nach Art des Problems, kann dies in der Gruppe oder im Zweiergespräch mit der Teamleitung geschehen. Wenn dies nicht hilft, bestehen in Spezialistenteams wenig Möglichkeiten, interne Lösungen zu finden und es bleibt oft nur der Weg, die jeweiligen Vorgesetzten einzuschalten.

Umgang mit Veränderungen im Team

Teams werden zwar von Personen geprägt, sollten aber nicht von einzelnen Persönlichkeiten abhängen, damit sie auch nach deren Fortgehen weiterbestehen. Macht sich ein Teammitglied unersetzlich, da es als einziges gewisse Aufgaben durchführen kann und Abläufe kennt, erweist es dem Team dadurch keinen Dienst. Häufiger personeller Wechsel gefährdet die Stabilität von Teams, eröffnet aber immer wieder die Chance, neue Impulse zu erhalten. Je besser man neue Teammitglieder in ihre Aufgaben und in Teamregeln einführt, desto schneller kann ein Team wieder funktionell arbeiten. Hilfreich sind dabei:

– ein Ansprechpartner im interdisziplinären Team (aus einer anderen Berufsgruppe)
– ein Einführungsprogramm, in dem der neue Teamkollege in den verschiedenen Disziplinen hospitiert und dabei deren Arbeitsweise kennenlernt
– schriftliche Dokumentationen über im Team erarbeitete Konzepte

9.2 Rechtliche Grundlagen und institutionelle Rahmenbedingungen

Manfred E. Laufer

Zusammenfassung

Die berufsrechtliche Grundlage für eine Berufstätigkeit im Bereich der Klinischen Neuropsychologie bildete bis zum 31.12.98 das Heilpraktikergesetz (HPG). Nach der bis dahin gültigen Rechtsauffassung fällt jede Ausübung der Psychotherapie – unter die nach dem bestehenden Rechtsverständnis auch die Klinische Neuropsychologie gerechnet wird – unter den Erlaubnisvorbehalt des HPG; gleichgültig ob diese in freier Praxis oder im Angestellten- bzw. Beamtenverhältnis erfolgt. Die Regelung über das HPG wird seit dem 1.1.99 durch das Psychotherapeutengesetz (PsychThG) im Bereich dessen Gültigkeit ersetzt; die Art der Einbeziehung der Klinischen Neuropsychologie in den Geltungsbereich des PsychThG ist derzeit noch nicht geregelt.

Die Klinische Neuropsychologie als Leistung im Gesundheitswesen ist Teil eines komplexen, gegliederten Systems der sozialen Sicherung, dessen Wurzeln bis in die Anfänge der Sozialgesetzgebung im 19. Jahrhundert zurückreichen. Die wichtigsten Gesetze als Grundlage für entsprechende Leistungen sind:
- Sozialgesetzbuch (SGB), insbesondere SGB V (Krankenversicherung) und SGB VI (Rentenversicherung);
- Reha-Angleichungsgesetz;
- Reichsversicherungsordnung (RVO), 3. Buch: Unfallversicherung. Leistungen der Klinischen Neuropsychologie werden im Wesentlichen im Rahmen der Akutversorgung sowie der medizinischen, medizinisch-beruflichen und beruflichen Rehabilitation erbracht.

Gemäß dem gegliederten Sozialsystem können Kostenträger dieser Leistungen sein:
- Krankenversicherung;
- Rentenversicherung;
- Gesetzliche Unfallversicherung;
- Bundesanstalt für Arbeit;
- Träger der Sozialhilfe u.a.

Die Regelung der Zuständigkeit folgt dem Prinzip der Risikozuordnung: derjenige Träger ist zuständig, der das Leistungsrisiko bei einem Scheitern der Maßnahme trägt.

Aktuelle Entwicklungstendenzen der Rehabilitation in dem derzeit in einem Umbruch begriffenen Sozialsystem betreffen z.B. die neurologisch-neuropsychologische Frührehabilitation, Modelle der ambulanten/teilstationären Rehabilitation und Konzepte einer medizinisch-berufsorientierten Rehabilitation sowie die Abkehr von biomedizinischen und die Hinwendung zu psychosozialen Rehabilitationskonzepten.

Vorbemerkung

Die Rahmenbedingungen und die rechtlichen Grundlagen für die klinisch neuropsychologische Tätigkeit – insbesondere in allen Bereichen der Rehabilitation – sind derzeit in einem tiefgreifenden Wandel begriffen, der auf dem Hintergrund reformerischer Bemühungen um das Gesundheitssystem in Deutschland zu sehen ist. Diesem Umstand wird im vorliegenden Kapitel dahingehend Rechnung getragen, dass ergänzend zu den aktuell bestehenden und gültigen Rahmenbedingungen einige Entwicklungstendenzen und Kritikpunkte am bestehenden System skizziert werden; die Auswahl und Darstellung dieser Aspekte können nur die subjektive Einschätzung des Autors widerspiegeln und erheben keinen Anspruch auf Vollständigkeit oder gar künftige Gültigkeit. Eine Darstellung der historischen Entwicklung rechtlicher und allgemeiner Rahmenbedingungen kann an dieser Stelle nicht erfolgen; sie würde den zur Verfügung stehenden Rahmen sprengen.

Die Rahmenbedingungen für die „kurative" Tätigkeit im Bereich der klinischen Neuropsychologie lassen sich gliedern hinsichtlich der „individuellen" rechtlichen Grundlage für diese Tätigkeit durch Neuropsychologen einerseits und andererseits hinsichtlich der Bedingungen des institutionellen Rahmens in der diese Tätigkeit ausgeübt wird.

Die berufs- und sozialrechtlichen Grundlagen für die klinisch neuropsychologische Tätigkeit wird auf den Seiten 725 ff. dargestellt. Auf den Seiten 728 ff. wird auf die Rahmenbedingungen für die Klinische Neuropsychologie in Einrichtungen zur akutmedizinischen Versorgung und zur neurologisch-neuropsychologischen Rehabilitation eingegangen. Die neuropsychologische Versorgung durch niedergelassene Neuropsychologen wird in allen Aspekten in Kapitel 9.3 gesondert behandelt und findet hier keine weitere Erwähnung.

Auf die Definition von sozialrechtlich relevanten Begriffen (wie z.B. Erwerbsunfähigkeit, Berufsunfähigkeit, Minderung der Erwerbsfähigkeit (MdE), Grad der Behinderung (GdB) etc.) wird von Hennies (1995) und in Kap. 3.2 eingegangen, hier auch auf deren Bedeutung für die Beiträge zur sozialmedizinischen Beurteilung aus neuropsychologischer Sicht.

Berufs- und sozialrechtliche Grundlagen für die heilkundliche Tätigkeit von Neuropsychologen in klinischen Einrichtungen

Hinsichtlich der rechtlichen Grundlagen, die für den berufstätigen Neuropsychologen relevant sind, können

1. berufsrechtliche und
2. sozialrechtliche Grundlagen unterschieden werden.

1. Das Berufsrecht regelt die Zulassung zur Ausübung eines Berufs, definiert die Zulassungsbedingungen und -verfahren sowie die Berufsinhalte. Mit dem In-Kraft-treten des Psychotherapeutengesetzes (PsychThG) am 01.01.1999 besteht erstmals in der Bundesrepublik ein Berufsrecht, das die heilkundliche Tätigkeit von Diplom-Psychologen mit entsprechender psychotherapeutischer Ausbildung regelt. Die Klinische Neuropsychologie wird im Zusammenhang mit den Regelungen zum PsychThG bisher (Januar 1999) nicht als „wissenschaftlich anerkanntes Verfahren" behandelt; die klinisch neuropsychologische Tätigkeit dürfte nach dem bisherigen Rechtsverständnis und nach dem Gesetzestext jedoch unter den Geltungsbereich des PsychThG fallen. Da hierfür derzeit noch keine Regelungen oder Bestimmungen bestehen, sind die folgenden Ausführungen zum PsychThG im Zusammenhang mit der Ausübung klinisch neuropsychologischer Tätigkeit unter Vorbehalt zu sehen.

Vor In-Kraft-treten des PsychThG existierte für heilkundlich tätige Psychologen als berufsrechtliche Regelung einzig die Zulassung nach dem Heilpraktikergesetz (HPG). Diese Regelung ist auf Seite 726 erläutert, da sie auch nach In-Kraft-treten des PsychThG noch Gültigkeit behält und darüber hinaus wichtig für das Verständnis der bisherigen Rechtsauffassung ist. Die Grundzüge des Psychotherapeutengesetzes werden dann auf den Seiten 726 ff. umrissen.

2. Die sozialrechtlichen Regelungen betreffen u.a. die Zuständigkeiten für Leistungen im Gesundheitswesen; behandeln also u.a. die Frage, für welche Leistungen unter welchen Voraussetzungen für welche Patienten in welcher Form bei welchem Kostenträger eine Leistungspflicht (und für den Leistungserbringer eine Abrechnungsmöglichkeit) besteht.

Für Neuropsychologen in fester Anstellung in klinischen Einrichtungen sind sozialrechtliche Aspekte hinsichtlich Abrechnungsfragen in der Regel irrelevant, da deren Leistungen direkt über die Gehaltszahlungen und indirekt über die Vergütungssysteme, die die klinischen Institutionen mit dem jeweiligen Kostenträger aushandeln, abgegolten werden. Sozialrechtliche Aspekte einer selbstständigen Ausübung der Klinischen Neuropsychologie werden in Kapitel 9.3 abgehandelt; durch die in Verbindung mit dem PsychThG verabschiedeten Änderungen der Sozialgesetzbücher werden sich die bisherigen Abrechnungsmöglichkeiten sicher erheblich verändern. Fragen, die die Liquidation von Gutachten betreffen, werden im Kapitel 3.2 behandelt.

Das Heilpraktikergesetz

Bis zum In-Kraft-treten des Psychotherapeutengesetzes am 01.01.1999 war die Regelung über das Heilpraktikergesetz die einzige berufsrechtliche Regelung zur psychotherapeutischen Tätigkeit. Sie bleibt auch weiterhin gültig, soweit der Geltungsbereich des PsychThG nicht berührt wird.

Nach dem Urteil des Bundesverwaltungsgerichtes vom 10.02.1983 und des Beschlusses des Bundesverfassungsgerichtes vom 10.05.1988 hat sich die Rechtsauffassung durchgesetzt, dass die Ausübung von Psychotherapie durch Diplom-Psychologen grundsätzlich und in jedem Fall unter den Erlaubnisvorbehalt des Heilpraktikergesetzes fällt.

Dabei ist der Beschäftigungsstatus des heilkundlich tätigen Diplom-Psychologen unerheblich; d.h., es ist irrelevant, ob die Tätigkeit in einer freien Praxis oder in einem Angestellten- bzw. Beamtenverhältnis ausgeübt wird. In

jedem Falle ist eine psychotherapeutische Tätigkeit nach dem HPG erlaubnispflichtig, wenn sie nicht ausschließlich unter ständiger Anleitung und unter ständiger Aufsicht eines HPG-zugelassenen Kollegen oder eines approbierten Arztes durchgeführt wird (dies würde jedoch die ständige, unmittelbare Anwesenheit eines solchen „Supervisors" notwendig machen).

Nach der gültigen Rechtsauffassung, die aus zahlreichen Urteilen im Zusammenhang mit dem HPG resultiert, fällt die Klinische Neuropsychologie in den Bereich der psychotherapeutischen Tätigkeit im Sinne des Heilpraktikergesetzes, so dass das oben dargestellte auch für klinische Neuropsychologen gilt (vgl. Pulverich, 1996).

Die Zulassung eines Diplom-Psychologen nach dem Heilpraktikergesetz wird durch die Gesundheitsbehörde des Kreises oder der kreisfreien Stadt, wo man psychotherapeutisch tätig ist bzw. sein wird, ausgesprochen. Das Zulassungsverfahren ist nach Bundesländern unterschiedlich, verlangt jedoch überwiegend nur eine Entscheidung nach Aktenlage (ausführliche Informationen in Pulverich, 1996). Die Zulassung gilt jeweils bundesweit, ist in der Regel jedoch beschränkt auf die Ausübung der Psychotherapie. Diplom-Psychologen sind nicht dazu verpflichtet, nach einer HPG-Zulassung die Berufsbezeichnung „Heilpraktiker" zu tragen.

Die Zulassung eines Diplom-Psychologen nach dem HPG hat keine sozialrechtliche Relevanz in dem Sinne, dass durch die HPG-Zulassung bestimmte Abrechnungsmodalitäten Gültigkeit erhielten oder gar Rechte auf Gebührenerhebungen mit der HPG-Zulassung erworben würden.

Das Psychotherapeutengesetz

Das „Gesetz über die Berufe des Psychologischen Psychotherapeuten und des Kinder- und Jugendlichenpsychotherapeuten" (Psychotherapeutengesetz – PsychThG) wurde am 12.2.1998 vom Bundestag und am 6.3.1998 abschließend vom Bundesrat verabschiedet und trat am 1.1.1999 in Kraft. Damit konstituiert der Gesetzgeber einen rechtlich verankerten akademischen Heilberuf zur Ausübung der Psychotherapie, der ordnungspolitisch dem ärztlichen Heilberuf gleichgestellt ist und berufsrechtlich über eine entsprechende Approbation wirksam wird.

Das Psychotherapeutengesetz trifft u.a. die folgenden wesentlichen berufsrechtlichen Regelungen:

– Die Titel des „Psychologischen Psychotherapeuten" und des „Kinder- und Jugendlichenpsychotherapeuten" werden strafrechtlich geschützt.

– „Die Ausübung von Psychotherapie im Sinne dieses Gesetzes ist jede mittels wissenschaftlich anerkannter psychotherapeutischer Verfahren vorgenommene Tätigkeit zur Feststellung, Heilung oder Linderung von Störungen mit Krankheitswert, bei denen Psychotherapie indiziert ist." (§1, Abs. (3), Satz 1).

– Die Berufszulassung erfolgt über eine staatliche Approbation. Die Approbation wird nach Bestehen einer staatlichen Prüfung ausgesprochen, der eine mindestens dreijährige Ausbildung vorausgeht. Zu der Ausbildung zum Psychologischen Psychotherapeuten werden nur Diplom-Psychologen, die im Fach Klinische Psychologie ausgebildet wurden, bzw. Personen mit äquivalenter Ausbildung, zugelassen.

– Es werden Übergangsregelungen geschaffen, die die Voraussetzungen für die Approbation derjenigen Personen festlegen, die bei In-Kraft-treten des Gesetzes bereits berufsmäßig Psychotherapie ausüben; dies betrifft sowohl freiberuflich als auch angestellt oder beamtet Tätige.

Das Psychotherapeutengesetz lässt auch nach seinem In-Kraft-treten eine Vielzahl von Detailfragen offen; insbesondere die Kriterien zur Definition von „wissenschaftlich anerkannten psychotherapeutischen Verfahren" sind inhaltlich und rechtlich umstritten; treffen doch hier (gesundheits-)ökonomische Interessen und sachlich-inhaltliche Aspekte aufeinander.

Als wissenschaftlich anerkannte Verfahren im Sinne des Psychotherapeutengesetzes sind derzeit nur tiefenpsychologische, psychoanalytische und verhaltenstherapeutische Verfah-

ren zugelassen. Die Integration der Klinischen Neuropsychologie in die Regelungen des Psychotherapeutengesetzes kann auf zwei Wegen erfolgen:

1. Klinische Neuropsychologie wird als spezifische Richtung der Verhaltenstherapie verstanden. Dies würde bedeuten, dass die Ausbildung in Klinischer Neuropsychologie in ein verhaltenstherapeutisches Curriculum mit dessen feststehenden inhaltlichen und zeitlichen Rahmenbedingungen integriert werden müsste und die Klinische Neuropsychologie als Spezialisierung betrachtet würde. Dabei müssten zwangsläufig zahlreiche spezifisch neuropsychologische Wissensinhalte aus der Ausbildung herausfallen.

2. Die Klinische Neuropsychologie wird im Rahmen des Psychotherapeutengesetzes als wissenschaftlich fundiertes Verfahren anerkannt. Für dieses Anerkennung sprechen eine Reihe von Argumenten:

   – die klare Definition des Gegenstandsbereichs,
   – die umschriebene diagnostische und therapeutische Methodik,
   – die – zumindest in Teilbereichen – nachgewiesene spezifische Wirksamkeit,
   – eine etablierte, curricular geregelte Weiterbildung und schließlich
   – die in den letzten Jahrzehnten stattgefundene wissenschaftliche und klinische Etablierung der Neuropsychologie im Fach.

Gegen eine Zulassung der Klinischen Neuropsychologie als Verfahren spricht die grundsätzliche Konzeption des Psychotherapeutengesetzes, die eine fach- und/oder indikationsspezifische Qualifikation – wie z.B. die Klinische Neuropsychologie – nicht vorsieht sondern nur eine unspezifische Qualifikation, die wohl an der „allgemeinen" Psychotherapie orientiert ist. Mögliche Lösungsmöglichkeiten dieses Problems wie z.B. eine berufsrechtliche Zulassung spezifischer Verfahren und eine Steuerung der klinischen Anwendung der Verfahren am Patienten über sozialrechtliche Regelungen werden derzeit noch nicht breit diskutiert.

Zum jetzigen Zeitpunkt (Januar 1999) ist absehbar, dass bereits tätige klinische Neuropsychologen über die festgelegten Übergangsregelungen eine Approbation erhalten können; es ist jedoch noch offen, in welcher Form die Klinische Neuropsychologie zukünftig in die Regelungen des PsychThG hinsichtlich der Ausbildung zum Psychologischen Psychotherapeuten integriert werden wird.

Rechtliche Grundlagen der neurologisch-neuropsychologischen Rehabilitation

In Deutschland besteht ein komplexes, gegliedertes System der sozialen Sicherung, das historisch gewachsen ist und dessen Wurzeln bis in die Anfänge der Sozialgesetzgebung in der 2. Hälfte des vorigen Jahrhunderts zurückreichen.

Für die Leistungen der Klinischen Neuropsychologie sind fast ausschließlich die Regelungen für die Behandlung akuter Erkrankungen und die Regelungen für die Rehabilitation relevant. Während die Rechtsgrundlagen zur Akutbehandlung im klinischen Alltag kaum Fragen aufwerfen, entstehen aus den vielfältigen Regelungen über Gesetze, Verordnungen und Vereinbarungen zur Rehabilitation häufig Problemstellungen, die u.a. für die Planung und Durchführung längerfristiger Rehabilitationsmaßnahmen bedeutsam sind. Im folgenden liegt deshalb der Schwerpunkt der Darstellungen auf den rechtlichen Grundlagen zur Rehabilitation.

Die wichtigsten Gesetze, die die Grundlage für die Rehabilitation bilden, sind die folgenden:
- Sozialgesetzbuch (SGB):

SGB I	Allgemeiner Teil
SGB IV	Gemeinsame Vorschriften für die Sozialversicherung
SGB V	Gesetzliche Krankenversicherung
SGB VI	Gesetzliche Rentenversicherung
SGB VIII	Kinder- und Jugendhilfe
SGB X	Verwaltungsverfahren, Schutz der Sozialdaten, Zusammenarbeit der Leistungsträger und ihre Beziehungen zu Dritten
SGB XI	Soziale Pflegeversicherung

- Reha-Angleichungsgesetz (RehaAnglG): Gesetz über die Angleichung der Leistungen zur Rehabilitation
- Reichsversicherungsordnung (RVO), 3. Buch: Unfallversicherung
- Arbeitsförderungsgesetz (AFG)
- Bundessozialhilfegesetz (BSHG).

Ergänzend zu den o.g. Gesetzen existieren zahlreiche Rechtsverordnungen und darüber hinaus Vereinbarungen und gemeinsame Rundschreiben von Rehabilitationsträgern, die Rehabilitationsleistungen und Verfahrensweisen regeln.

Derzeit sind Bestrebungen im Gange, die Regelungen zur Rehabilitation, die über die o.g. Gesetze gestreut sind, soweit dies zweckmäßig und durchführbar ist, in einem eigenen Sozialgesetzbuch zur Rehabilitation (SGB IX) zusammenzufassen.

Nach dem Verständnis der bestehenden Sozialgesetzgebung ist das Ziel der Rehabilitation, körperlich, geistig oder seelisch Behinderte möglichst auf Dauer in Arbeit, Beruf und Gesellschaft einzugliedern (s. hierzu §10 SGB I und §1 RehaAnglG). Die Leistungen zur Rehabilitation werden entsprechend dem gegliederten System der sozialen Sicherung von verschiedenen Leistungsträgern im Rahmen ihrer jeweiligen Hauptaufgabenstellung wahrgenommen. Träger von Rehabilitationsmaßnahmen können sein:
- Träger der gesetzlichen Krankenversicherung (Ortskrankenkassen, Betriebskrankenkassen, Ersatzkassen, etc.)
- Träger der Rentenversicherung (Landesversicherungsanstalten, Bundesversicherungsanstalt für Angestellte, Bundesknappschaft, etc.)
- Träger der gesetzlichen Unfallversicherung (Gewerbliche Berufsgenossenschaften, Gemeindeunfallversicherungen, etc.)
- Bundesanstalt für Arbeit
- Träger der sozialen Entschädigung bei Gesundheitsschäden (Landesversorgungsämter, Hauptfürsorgestellen, etc.)
- Träger der Sozialhilfe
- Träger der öffentlichen Jugendhilfe.

Die Regelung der Zuständigkeit eines Leistungsträgers für Rehabilitationsmaßnahmen folgt dem Prinzip der Risikozuordnung: derjenige Sozialleistungsträger ist für eine Rehabilitationsmaßnahme zuständig, der im Falle eines Scheiterns der Maßnahme leistungspflichtig ist; oder umgekehrt betrachtet: der im Falle einer erfolgreichen Rehabilitation Leistungen im Rahmen seiner Hauptaufgabenstellung einspart. Hierzu zwei Beispiele: Der Rentenversicherungsträger ist bei drohender Berufs- oder Erwerbsunfähigkeit für rehabilitative Maßnahmen leistungspflichtig, da bei erfolgreicher Rehabilitation Rentenzahlungen vermieden bzw. zeitlich verschoben werden. Das Arbeitsamt ist für Rehabilitationsmaßnahmen Kostenträger, wenn bei deren Gelingen Leistungen der Arbeitsverwaltung, wie z.B. Arbeitslosengeld oder Arbeitslosenhilfe, vermieden werden können.

Eine Sonderstellung im gegliederten Sozialsystem nehmen die Träger der gesetzlichen Unfallversicherung (z.B. Berufsgenossenschaften, Gemeindeunfallversicherung) ein. Sind diese Träger leistungspflichtig (z.B. bei Arbeitsunfall, Wegeunfall, Berufskrankheit, etc.), so werden alle Maßnahmen und Leistungen von der Akutversorgung über die Rehabilitation bis hin zu Pflegeleistungen und anderen Sachleistungen ausschließlich von diesem Versicherungsträger finanziert.

Auf dem Hintergrund des o.g. allgemeinen Prinzips ist im konkreten Einzelfall die Klärung der Zuständigkeitsfrage für Rehabilitationsmaßnahmen oft dennoch schwierig. In dieser Situation sehr hilfreich ist die Regelung des Rehabilitationsangleichungsgesetzes aus dem Jahre 1977, die besagt, dass bei Zweifeln über die Zuständigkeit oder in Fällen einer kurzfristigen Einleitung erforderlicher Rehabilitationsmaßnahmen für bestimmte Maßnahmen Leistungsträger in Vorleistung treten müssen (z.B. die Rentenversicherungsträger für die medizinische Rehabilitation, die Arbeitsämter für die berufliche Rehabilitation). Zu „Unrecht" getragene Leistungen werden ggf. zu einem späteren Zeitpunkt vom tatsächlich zuständigen Leistungsträger zurückerstattet.

Die häufigsten Leistungen zur Rehabilitation lassen sich nach dem allgemeinen Phasenmodell des Verbands der Rentenversicherungsträger (VDR) wie folgt aufgliedern:

– Maßnahmen der Phase I:
  Medizinische Rehabilitation,
– Maßnahmen der Phase II:
  Medizinisch-berufliche Rehabilitation,
– Maßnahmen der Phase III:
  Berufliche Rehabilitation.

Die Rehabilitationsträger gewähren darüber hinaus ergänzende Leistungen, wie z.B. Übergangsgeld, Hilfsmittelfinanzierung, Sachleistungen und anderes.

Medizinische Rehabilitation der Phase I

Diese Rehabilitationsleistungen umfassen Maßnahmen wie Heilbehandlungen, Anschlussheilbehandlungen (AHB), Anschlussgesundheitsmaßnahmen (AGM), Entwöhnungsbehandlungen und Nachsorgemaßnahmen. Die medizinische Rehabilitation hat das Ziel, die Erwerbsfähigkeit des Rehabilitanden wiederherzustellen oder wesentlich zu verbessern, um damit eine Berentung zu verhindern oder hinauszuschieben. Kostenträger für die medizinische Rehabilitation ist in der Regel der jeweilige Rentenversicherungsträger (§ 9, § 10 SGB VI). Dieser ist nach dem Prinzip „Reha vor Rente" verpflichtet, Rehabilitationsmaßnahmen – wenn sie überwiegend erfolgversprechend sind – durchführen zu lassen, um Rentenzahlungen einzusparen bzw. aufzuschieben. Für Personen, die keinen Anspruch auf Leistung eines Rentenversicherungsträgers haben oder für Personen, deren Berentung auch durch medizinische Rehabilitationsmaßnahmen nicht beeinflusst werden kann oder für Personen, die bereits berentet sind, ist in der Regel die Krankenversicherung für medizinische Rehabilitationsmaßnahmen zuständig (s. § 40 SGB V).

Im Bereich der medizinischen Rehabilitation kommt der Anschlussheilbehandlung (AHB) (für Versicherte der gesetzlichen Krankenkassen, bzw. die Anschlussgesundheitsmaßnahme (AGM) für privat Versicherte) eine besondere Bedeutung zu. Die 1977 eingeführte Behandlungsform schließt sich möglichst unmittelbar an einen stationären Krankenhausaufenthalt an und soll ohne Zeitverlust zu einer optimierten Ausschöpfung des Rehabilitationspotentials bei bestimmten Erkrankungen führen.

Medizinisch-berufliche Rehabilitation der Phase II

Die medizinisch-berufliche Rehabilitation ergänzt und kombiniert die Leistungen der medizinischen Rehabilitation um spezifische alltags- und insbesondere berufsbezogene Diagnostik- und Therapieformen, wie die Belastungserprobung, die Arbeitstherapie, die Berufsfindung u.a. Derartige Maßnahmen sind immer dann indiziert, wenn für einen Rehabilitanden die berufliche Wiedereingliederung deutlich erschwert, aber grundsätzlich möglich ist und das Leistungsangebot der medizinischen Rehabilitation zur Erreichung des Rehabilitationsziels nicht ausreichend ist. Die medizinisch-berufliche Rehabilitation wird regelhaft vom zuständigen Rentenversicherungsträger finanziert, ggf. in Abstimmung mit der zuständigen Arbeitsverwaltung. Die Rehabilitation der Phase II wird in der Regel in stationären Einrichtungen erbracht, die neben den therapeutischen Möglichkeiten der medizinischen Rehabilitation entsprechende berufstherapeutische Infrastrukturen vorhalten.

Berufliche Rehabilitation der Phase III

Berufliche Rehabilitationsmaßnahmen werden in der Regel dann durchgeführt, wenn die medizinische Rehabilitation abgeschlossen ist, die verbliebene Leistungsfähigkeit des Rehabilitanden jedoch noch nicht ausreicht, um ohne weitere Förderung ins Erwerbsleben integriert werden zu können. Häufig eröffnen berufliche Rehabilitationsmaßnahmen dem Rehabilitanden neue Berufsbereiche im alten Tätigkeitsfeld oder gar – durch entsprechende Qualifizierungsmaßnahmen – völlig neue Tätigkeitsfelder. Berufliche Rehabilitationsmaßnahmen werden gelegentlich von den Rentenversicherungsträgern, in der Mehrzahl der Fälle jedoch von der Bundesanstalt für Arbeit finanziert. Sie findet in für diese Rehabilitationsform spezifisch installierten Einrichtungen wie Berufsförderungswerken oder Berufsbildungswerken statt.

Einen differenzierten Überblick zur medizinischen, medizinisch-beruflichen und beruflichen Rehabilitation geben Dippel et al. (1997). Die spezifischen Leistungen der Rentenversicherung beschreibt umfassend Tiedt (1995). Die persönlichen Voraussetzungen und die Rahmenbedingungen zur Leistungserbringung stellt die Bundesarbeitsgemeinschaft für Rehabilitation (1995) dar, mit Schwerpunkt auf dem Bereich der Rentenversicherung (Legner, 1998).

Über die o.g. Rehabilitationsmaßnahmen hinaus werden in seltenen Fällen Rehabilitationsmaßnahmen durch die Sozialhilfeträger oder die Träger der sozialen Entschädigung bei Gesundheitsschäden getragen. Die sehr speziellen Bedingungen und Voraussetzungen für diese Leistungen werden von der Bundesarbeitsgemeinschaft für Rehabilitation (1995) beschrieben. Schulte (1988) gibt einen Überblick zu den Rahmenbedingungen zur Rehabilitation Behinderter mit besonderem Schwerpunkt auf dem Behindertenrecht.

Für die Wiedereingliederung von Kindern und Jugendlichen existieren bundesweit spezifische Einrichtungen, in denen Maßnahmen der medizinischen, schulischen, beruflichen und sozialen Rehabilitation durchgeführt werden. Diese Maßnahmen unterliegen in der Regel der Trägerschaft der gesetzlichen Krankenversicherung, häufig auch der Gemeindeunfallversicherung (z.B. bei Schul- oder Schulwegeunfall) und privatrechtlichen Versicherungen für Unfälle, seltener der Rentenversicherung oder der öffentlichen Jugendhilfe.

Die Arbeitsgruppe „Neurologische Rehabilitation" des Verbandes Deutscher Rentenversicherungsträger (VDR) hat in Erweiterung des o.g. allgemeinen Phasenmodells ein Konzept der Phaseneinteilung für die neurologische Behandlung und Rehabilitation vorgelegt. Das Modell ist am typisierten Rehabilitationsverlauf nach neurologischen Schädigungen orientiert und differenziert insbesondere im frühen Rehabilitationsprozess. Genaue Kriterien zur ausreichend sicheren Zuordnung von Rehabilitanden zu den einzelnen Phasen existieren derzeit noch nicht, das Konzept ist jedoch für die Beschreibung von jeweils notwendigen Rehabilitationsleistungen und die Zuordnung von zuständigen Kostenträgern hilfreich. Es werden folgende 6 Phasen unterschieden:

Phase A: Phase neurologischer Akutbehandlung.

Phase B: Behandlungs- und Rehabilitationsphase, in der erste Rehabilitationsmaßnahmen eingeleitet werden können, jedoch intensivmedizinische Behandlungsmöglichkeiten noch notwendig sind; die aktive Mitarbeit durch den Rehabilitanden ist noch nicht möglich.

Phase C: Behandlungs- und Rehabilitationsphase mit noch hohem medizinischem und pflegerischem Behandlungsaufwand; der Rehabilitand kann bereits aktiv bei Rehabilitationsmaßnahmen mitarbeiten.

Phase D: Rehabilitationsphase nach Abschluss der Frühmobilisation (entspricht der medizinischen Rehabilitation der Phase I im allgemeinen Phasenmodell).

Phase E: Rehabilitationsphase nach Abschluss der medizinischen Rehabilitation (entspricht der Rehabilitation der Phasen II und III im allgemeinen Phasenmodell).

Phase F: Behandlungs- und Rehabilitationsphase, in der langfristig zustandserhaltende und fördernde (Pflege-)Maßnahmen notwendig sind.

Entwicklungstendenzen in der neurologisch-neuropsychologischen Rehabilitation

Die Vielfalt möglicher Störungen nach Hirnschädigungen und die weitreichenden Handicaps, die für den Betroffenen hieraus resultieren können, hat in den zurückliegenden Jahrzehnten zur Entwicklung vielfältiger Untersuchungs- und Behandlungskonzepte in der neurologischen Rehabilitation und insbesondere in der Klinischen Neuropsychologie geführt. Dieser fachlich inhaltlichen Diversifikation der neurologisch-neuropsychologischen Rehabilitation steht ein eher statisches sozialrechtliches Ordnungsgefüge gegenüber, das sich in seinen Grundzügen seit Jahrzehnten nicht geändert hat. Die zentralen Kritikpunkte am derzeit bestehenden Rehabilitationswesen

finden ihren Ausdruck in der Forderung nach einem flexiblen, gestuften System der Rehabilitation mit unterschiedlichen Rehabilitationsformen sowie individualisierten Zugangsmöglichkeiten und Verweilzeiten. Im folgenden sind einige Entwicklungstendenzen, die in diesem Gesamtzusammenhang zu sehen sind, kurz umrissen.

Rehabilitation in der Akut-Versorgung (Phase A) und Frührehabilitation der Phase B

Ziel dieser Konzepte ist eine möglichst frühe „rehabilitative" Befundung und Behandlung von Patienten mit Schädigungen des Gehirns, um frühestmöglich Rehabilitationspotentiale zu nutzen. Die Behandlungsplanung und -durchführung soll schon in den Phasen A und B auf einer optimierten Basis interdisziplinären – insbesondere auch neuropsychologischen – Expertenwissens erfolgen. Die Umsetzung dieses Konzeptes erfordert eine qualifizierte Personal- und Sachausstattung der Einrichtungen zur Akutversorgung in der Neurologie. Ökonomischer, von der Organisation des Rehabilitationsprozesses günstiger und vom vorhandenen Fachwissen her naheliegender ist eine enge Kooperation von Akut- und Frühreha-Einrichtungen, um im Regelfall eine frühe Rehabilitation durch die Verlegung in eine „Phase B-Einrichtung" einzuleiten. Dies würde die Anpassung und Entwicklung entsprechender sozialrechtlicher Regelungen nach sich ziehen.

Ambulante und teilstationäre Rehabilitation

Zur Rehabilitation von Betroffenen mit minder schweren Beeinträchtigungen oder für spätere Rehabilitationsphasen wurden in den letzten Jahren überwiegend interdisziplinär organisierte Modelle der ambulanten und teilstationären neurologisch-neuropsychologischen Rehabilitation entwickelt, die eine wohnortnahe Versorgung vorsehen. Diese Rehabilitationskonzepte bieten den – für die neuropsychologische Rehabilitation besonders wichtigen – Vorteil, dass die diagnostischen und

therapeutischen Maßnahmen in der Alltags-
umgebung stattfinden und damit für den Rehabilitanden und das Rehabilitationsteam einen
größeren Bezug zum „normalen Leben" des
Betroffenen gewinnen. Die Rehabilitanden erleben Defizite und Probleme bezogen auf ihren
gewohnten Lebenskontext und bewerten diese
entsprechend; bei therapeutischen Maßnahmen sind die Transferprobleme deutlich niedriger als in der stationären, wohnortfernen Rehabilitation. Darüber hinaus sind als Vorteile
zu nennen:
- bessere Möglichkeiten zur Einbindung des
  sozialen Umfelds in den Rehaprozess;
- verbesserte Kooperationsmöglichkeiten zu
  anderen betreuenden Stellen;
- verringerte Abwesenheit des Rehabilitanden
  von der Familie; etc.

Für die Leistungen der Rentenversicherung
besagt §15 des SGB VI, dass Rehabilitationsleistungen „vor allem stationär" erbracht werden,
was jedoch auch die Bewilligung ambulanter
und teilstationärer Maßnahmen ermöglicht.
Seit der Neufassung des SGB V im Jahr 1989
ist für den Zuständigkeitsbereich der Krankenkassen das Prinzip „ambulante vor stationärer
Rehabilitation" sogar gesetzlich festgeschrieben. Dennoch ist die nichtstationäre neurologisch-neuropsychologische Rehabilitation derzeit noch auf sehr wenige Einrichtungen, die
oft Modellcharakter haben, beschränkt. Die
Ergebnisse einer Studie zur Versorgungssituation und Bedarfslage in diesem Bereich in
Süddeutschland (Herrmann et al., 1997a,
1997b) belegen, dass von Experten in der neurologisch-neuropsychologischen Versorgung
ein hoher Bedarf an nichtstationären Rehabilitationsleistungen gesehen wird, insbesondere
für eine wohnortnahe Versorgung. Die gesund-
heitspolitische und inhaltliche Forderung nach
einer flexibilisierten, effektiven und effizienten neurologischen Rehabilitation macht die
Weiterentwicklung und Realisierung von wohnortnahen ambulanten und teilstationären Rehabilitationseinrichtungen schon kurzfristig
dringend notwendig.

Medizinisch-berufsorientierte Rehabilitation

Die Konzepte einer medizinisch-berufsorientierten (MBO-) Rehabilitation sehen vor, zu einem möglichst frühen Zeitpunkt der Rehabilitation die bestehenden Einschränkungen des
Rehabilitanden zu den spezifischen Anforderungen seines beruflichen Umfeldes, in das er
zurückkehren soll, in Beziehung zu setzen (in
der Regel ist dies in der Phase I bzw. Phase D
möglich). Daraus resultiert eine sehr frühe
Ausrichtung des gesamten Rehabilitationsprozesses auf die berufliche Wiedereingliederung,
was eine Voraussetzung für eine effektive und
effiziente Erreichung dieses Zieles darstellt.
Durch den veränderten Ablauf der Rehamaß-
nahmen, die in Abkehr von der üblichen Pha-
senabfolge Elemente der beruflichen Rehabilitation (Phase III) in die Phase I integrieren,
wird die Gesamtdauer der Rehabilitation verkürzt und es werden sog. Schnittstellen-
Probleme beim Übergang zwischen verschiedenen Einrichtungen vermieden. Die MBO-
Rehabilitation ist ein Beispiel für die im nächsten Abschnitt grundsätzlich dargestellten zielorientierten Rehabilitationskonzepte.

Zielorientierte statt ursachenorientierte Rehabilitation

Das derzeit bestehende Gesundheitssystem,
und damit auch die Grundlagen der Rehabilitation, folgt grundsätzlich einem biomedizinischen Modell, das mit der Betrachtung von
Krankheitsursache und Krankheitsentstehung
„kausal" orientiert ist (ihm entspricht die ICD
– International Classification of Diseases).
Konkurrierend akzentuieren psychosoziale
Modelle die Folgen von Erkrankungen (ihnen
entspricht die ICIDH – International Classification of Impairments, Disabilities and Handicaps) und verfolgen so eine finale, zielgerichtete Orientierung. Übertragen auf die Rehabilitation bedeutet dies, dass entscheidend für
die Einleitung und Ausgestaltung von Rehabi-
litationsprozessen nicht mehr die Grunderkrankung ist, sondern die im individuellen Fall
vorliegenden Rehabilitationsziele. Diese resultieren jeweils aus der Gegenüberstellung

von bestehenden Störungen und Handicaps auf der Personenseite einerseits und den korrespondierenden Anforderungen im alltäglichen und beruflichen Umfeld andererseits. Die sinnvolle Umsetzung psychosozialer Modelle in geeigneten Bereichen des Gesundheitssystem würde eine Reihe von Reformen erfordern, die von der Änderung rechtlicher Grundlagen bis hin zur Entwicklung alternativer Vergütungsformen reicht, die den unterschiedlichen Leistungsaufwand zur Erreichung verschiedener Rehabilitationsziele widerspiegeln. Dennoch haben in einigen Teilbereichen der neurologisch-neuropsychologischen Rehabilitation erste Umsetzungen zielorientierter Modelle (wie z.B. die MBO-Rehabilitation) stattgefunden, die sich in Zukunft weiter ausweiten dürften.

9.3 Rahmenbedingungen der Niederlassung als Klinischer Neuropsychologe

HEINER HOLZAPFEL

Zusammenfassung

Unzureichende berufs- und sozialrechtliche Rahmenbedingungen lassen eine Niederlassung als Neuropsychologe bis heute zu einem riskanten Unterfangen werden. Dennoch bedeutet dieser Schritt im Hinblick auf zukünftige Entwicklungen die Chance auf eine kreative und gesicherte selbständige Existenz. Reizvoll ist insbesondere der vergleichbar hohe Grad an fachlicher und organisatorischer Autonomie. Voraussetzungen einer erfolgreichen Niederlassung sind eine abgeschlossene Zusatzausbildung zum Klinischen Neuropsychologen sowie hohe psychische Belastbarkeit und Frustrationstoleranz. Der selbstständige Neuropsychologe begreift sich als Leiter eines kundenorientierten Dienstleistungsunternehmens und sollte als solcher nicht nur fachliche Qualifikationen besitzen, sondern auch über Kenntnisse des Managements in wesentlichen Unternehmensbereichen verfügen.

Vorbemerkung

Das Ziel der neurorehabilitativen Versorgung besteht in der Realisierung einer geschlossenen Rehabilitationskette vom Stadium der Frührehabilitation bis zur vollständigen beruflichen und sozialen Wiedereingliederung.

Während im vollstationären Bereich von ausreichenden und flächendeckenden Behandlungsangeboten ausgegangen werden kann, bestehen erhebliche Defizite in der rehabilitativen Nachsorge. Das Deutsche Medizin Forum (1997) nennt bundesweit 79 Spezialkliniken für die Rehabilitation von Schlaganfallpatienten. In der Schweiz und in Österreich werden weitere 13 Grosseinrichtungen aufgeführt. Während für die neurologische Akutversorgung, die Frührehabilitation sowie tagesklinische Einrichtungen Konzepte und Bedarfszahlen existieren (vgl. z.B. Wallesch et al., 1995), gibt es im Hinblick auf die teilstationäre und ambulante Nachsorge bislang nur wenig empirische Daten zum Bedarf sowie über die Anzahl der Einrichtungen, die ambulante neuropsychologische Therapie anbieten. In einer Analyse der Versorgungssituation in Süddeutschland (Herrmann et al., 1997b) gaben nur 8,1% von insgesamt 937 angesprochenen Institutionen (Neurologische Reha-Kliniken, Neurologische Akutkliniken, Neuropsychologische u. Nervenärztliche Praxiseinrichtungen) an, Versorgungsleistungen im Bereich der ambulant/teilstationären Neurorehabilitation zu erbringen.

Eine differenzierte Bedarfsanalyse wurde von Herrmann et al. (1997a) durchgeführt. In die Untersuchung wurden Fragebogendaten von ca. 200 ambulanten, teilstationären und stationären Institutionen der neurorehabilitativen Versorgung einbezogen. Hierdurch sollten Bedarfsdaten aus der Sicht der verschiedenen Leistungserbringer gewonnen werden. Die Autoren kommen zu dem grundlegenden Ergebnis, dass die berufliche und psychosoziale Eingliederung von Patienten mit hirnorganischen Beeinträchtigungen in erheblichem

Maße von neuropsychologischen Störungen unterschiedlicher Gewichtung beeinträchtigt wird. Gleichzeitig zeigen die Untersuchungsdaten, dass gerade in denjenigen Bereichen der neuropsychologischen Rehabilitation, in welchen der höchste Bedarf an Behandlungsmaßnahmen artikuliert wurde, auch die geringsten Möglichkeiten zur Deckung dieses Bedarf unter aktuellen Versorgungsbedingungen gesehen wird. „Dies gilt nicht nur für ambulante neuropsychologische Diagnostik und Behandlungsmaßnahmen, sondern auch für die psychosoziale Betreuung von Patienten und deren Familien unter Alltagsbedingungen" (Herrmann et al., 1997a). Interessanterweise zeigten sich in dieser Beurteilung keine wesentlichen Unterschiede zwischen stationären und ambulanten Behandlern. 72 % der in die Untersuchung einbezogenen Institutionen zeigten Interesse an der aktiven Mitarbeit in der ambulanten/teilstationären Versorgung. Die überwiegende Mehrheit der befragten Einrichtungen präferierte Gruppenpraxen bzw. ambulante therapeutische Gemeinschaften als optimales Modell einer wohnortnahen, ambulanten Neurorehabilitation. Insgesamt ziehen die Autoren die Schlussfolgerung, „dass von allen Versorgungsanbietern in der neurologischen Rehabilitation ein Bedarf an ambulanten und teilstationären neurologisch-neuropsychologischen Rehabilitationsmassnahmen gesehen wird, der unter den aktuellen Versorgungsbedingungen nicht oder nur rudimentär gedeckt werden kann" (Herrmann et al., 1997a).

Die neurorehabilitative Arbeit zeichnet sich durch einen hohen Grad interdisziplinärer Zusammenarbeit aus. Neben Klinischen Neuropsychologen sind insbesondere Neurologen, Logopäden, Ergotherapeuten und Krankengymnasten mit unterschiedlichen therapeutischen Schwerpunkten beteiligt.

Die Klinische Neuropsychologie als sehr junge Disziplin gehört im Rahmen der stationären Behandlung zerebral geschädigter oder erkrankter Patienten inzwischen zum unverzichtbaren Bestandteil des therapeutischen Gesamtspektrums. Hier konnten Strukturen geschaffen werden, welche die inhaltlichen und formalen Arbeitsbedingungen des Neuropsychologen definieren.

Die Kliniken wurden meist außerhalb der Ballungsräume errichtet. Eine Einbindung des therapeutischen Geschehens in das berufliche und familiäre Umfeld der Patienten ist nicht möglich. Gerade in der besonders schwierigen Phase der Rückkehr in den Alltag und an den Arbeitsplatz entsteht eine Versorgungslücke. Dies hat oft zur Folge, dass das in der Rehabilitationsklinik aufgebaute Potential gefährdet und der für den Gesamterfolg der Maßnahme entscheidende Transfer in die Lebensrealitäten der Patienten in Frage gestellt ist. Die unmittelbare, wohnortnahe Weiterführung neuropsychologischer Therapie ist daher für das Ergebnis der gesamten Rehabilitationsbemühungen von entscheidender Bedeutung. Die fachärztliche, sprachtherapeutische und ergotherapeutische Weiterbehandlung ist in dieser letzten Phase der Wiedereingliederung mit Ausnahme stark ländlich strukturierter Regionen ausreichend möglich. Diese Versorgung findet überwiegend in entsprechenden Einzelpraxen statt. Die Finanzierung ist auf der Grundlage ärztlicher Verordnung geregelt und bietet den beteiligten Berufsgruppen eine gesicherte und kalkulierbare Arbeitsgrundlage.

Für die *Niederlassung* des Klinischen Neuropsychologen gibt es demgegenüber auch nach Inkrafttreten des Psychotherapeutengesetzes (PsychThG) zum 1.1.1999 eine Vielfalt berufs- und sozialrechtlicher Fragen. Aus dieser Tatsache erklärt sich auch die geringe Zahl von Anbietern. Die freiberufliche Ausübung neuropsychologischer Therapie ist mit hohen persönlichen und betriebswirtschaftlichen Risiken verbunden und erfordert darüber hinaus eine langjährige Zusatzqualifikation. Im Vergleich mit anderen psychologischen Arbeitsfeldern bedarf der Vergleich von erforderlichem Aufwand und zu erwartendem Nutzen einer besonders eingehenden Prüfung. Zeichnet sich die freiberufliche Ausübung heilkundlicher Tätigkeit des Diplompsychologen insgesamt durch vielfältige Risiken aus, so gilt dies um so mehr für den Neuropsychologen. Das hohe Ausbildungsniveau des Klinischen Neuropsychologen sowie der unbestritten hohe Bedarf für neuropsychologische Therapie haben aber dazu geführt, dass bei Kostenträgern großes Interesse an dieser Arbeit besteht und auch prinzipielle Kooperationsbereitschaft vorhanden ist. Mit regionalem Schwerpunkt wurde lang vor dem Inkrafttreten des PsychThG ausserhalb gesetzlicher Regelungen versucht, neuropsychologische Angebote über individuelle Vereinbarungen zwischen Kostenträgern und Neuropsychologe zu schaffen.

Unter Berücksichtigung der neuen gesetzlichen Situation und durch die Orientierung an bestehenden Modellen soll im Folgenden versucht werden, Wege aufzuzeigen, die trotz der schwierigen Ausgangsbedingungen den Aufbau einer tragfähigen Existenz als niedergelassener Neuropsychologe ermöglichen können. Die Darstellung der juristischen Voraussetzungen kann sich hierbei allerdings nur auf die Gegebenheiten zum Erscheinungszeitpunkt dieses Buches beziehen. Zwar wurde im Zusammenhang mit dem PsychThG die zukünftige Ausübung von heilkundlicher Psychotherapie geregelt, jedoch bleibt das Gesetz einem Denken verhaftet, das sich an therapeutischen Schulen orientiert und damit indikationsspezifische Methoden wie die Klinische Neuropsychologie zunächst unberücksichtigt läßt. Gerade im Zusammenhang mit diesem Sachverhalt wird es auch in nächster Zukunft zu berufspolitischen Entwicklungen kommen, welche noch nicht abzusehen sind und deshalb hier noch keine Erwähnung finden können.

Grundlagen der ambulanten neuropsychologischen Arbeit

Gesetzliche Grundlagen vor dem Psychotherapeutengesetz

Zurückgehend auf ein Urteil des Bundesverwaltungsgerichts aus dem Jahre 1983 (AZ 3 C 21.82) stellte klinisch-psychologische Tätigkeit und damit auch neuropsychologische Tätigkeit bis zum 1.1.99 eine Ausübung von Heilkunde dar und war somit genehmigungspflichtig. Bis zu diesem Zeitpunkt fand das „Gesetz zur berufsmässigen Ausübung der Heilkunde ohne Bestallung" (Heilpraktikergesetz von 1939!) Anwendung. Heilkundliche (therapeutische) Tätigkeit des Neuropsychologen bedurfte sowohl stationär als auch in frei-

er Niederlassung einer Erlaubnis zur berufsmässigen Ausübung der Heilkunde ohne Bestallung auf dem Gebiet der Psychotherapie. Diese Genehmigung wurde sofern die entsprechenden Bedingungen gegeben waren von der zuständigen Ordnungsbehörde erteilt. Obwohl damit eine Zulassung nach dem „Heilpraktikergesetz" erfolgte, war die Erlaubnis ausdrücklich auf das Gebiet der Psychotherapie beschränkt und erlaubte keine Betätigung ausserhalb des psychotherapeutischen Gebietes. Voraussetzungen für die Genehmigung waren mit geringfügigen regionalen Unterschieden das Hochschuldiplom in Psychologie, polizeiliches Führungszeugnis, Gesundheitszeugnis sowie die Vollendung des 25. Lebensjahres. Eine Prüfung war nicht abzulegen.

Auch seit dem 1. Januar 1999 sind vor der Niederlassung Meldungen an die zuständige Berufsgenossenschaft, das zuständige Gesundheitsamt sowie an das Finanzamt zu tätigen. Die selbständige Ausübung heilberuflicher Tätigkeit ist inzwischen als freiberufliche Tätigkeit anerkannt. Dies bedeutet unter anderem, dass kein Gewerbe vor Ort angemeldet werden muss und die anfallenden Honorare keiner Umsatzsteuerpflicht unterliegen. Die Befreiung von der Umsatzsteuerpflicht bezieht sich allerdings nur auf genuin therapeutische Arbeit.

Bis zur Gültigkeit des PsychThG konnte der Neuropsychologe seine Dienste somit nach einem einfachen Zulassungsverfahren am Markt anbieten.

Die Konsequenzen des Psychotherapeutengesetzes

Das Gesetz über die Berufe des Psychologischen Psychotherapeuten und des Kinder- und Jugendlichenpsychotherapeuten wurde am 16.06.1998 vom Bundespräsidenten unterzeichnet. Am 23.06.1998 wurde es im Bundesgesetzblatt verkündet und trat wie vorgesehen am 1.1.1999 in Kraft. Damit ist erstmals eine bundeseinheitliche Regelung für psychotherapeutisch tätige Psychologen geschaffen worden.

Wer unter der Berufsbezeichnung Psychologischer Psychotherapeut heilkundlich Psychotherapie ausüben will, bedarf der Approbation; diese ist Voraussetzung zur Integration in die kassenärztliche Versorgung (§§ 1-3 PsychThG). Nach § 3 Abs. 3 des PsychThG ist die Ausübung von Psychotherapie „jede mittels wissenschaftlich anerkannter psychotherapeutischer Verfahren vorgenommene Tätigkeit zur Feststellung, Heilung oder Linderung von Störungen mit Krankheitswert, bei denen Psychotherapie indiziert ist". nach den Psychotherapie-Richtlinien des Bundesausschusses der Ärzte und Krankenkassen kann Psychotherapie erbracht werden, „soweit und solange eine seelische Krankheit vorliegt. Als seelische Krankheit gilt auch eine geistige oder seelische Behinderung, bei der Rehabilitationsmaßnahmen notwendig werden". Da das erstrangige Ziel neuropsychologischer Therapie die Feststellung und Heilung oder Linderung von geistigen und seelischen Behinderungen bzw. Störungen mit Krankheitswert ist, fällt neuropsychologische Behandlung unter den Begriff der Psychotherapie. Sie dient der Therapie von hirnorganisch verursachten Störungen der Wahrnehmung, des Verhaltens und der Erlebnisverarbeitung sowie der damit verbundenen Störungen der sozialen Beziehungen.

Nach Inkrafttreten des PsychThG zum 1.1.99 bedarf also auch der ambulant arbeitende Neuropsychologe einer Approbation als Psychologischer Psychotherapeut. Diese ist bei der zuständigen Approbationsbehörde des jeweiligen Bundeslandes zu beantragen und setzt den erfolgreichen Abschluss der Ausbildung zum Psychologischen Psychotherapeuten nach der Ausbildungs- und Prüfungsordnung für Psychologische Psychotherapeuten (PsychTh-APrV) voraus. Nach Vorliegen der Approbation kann eine bedarfsabhängige Zulassung zur kassenärztlichen Versorgung erfolgen. Diese muss bei der zuständigen Kassenärztlichen Vereinigung beantragt werden.

Berufsrechtlich werden Psychologische Psychotherapeuten (und damit zunächst auch Neuropsychologen) in das System der Heilberufe eingebunden. Sozialrechtlich erhalten die zur ambulanten Versorgung zugelassenen Psychologischen Psychotherapeuten dadurch dieselben Rechte und Pflichten wie die Vertragsärzte; die Rechtsstellung der ermächtigten Psychologischen Psychotherapeuten entspricht der der ermächtigten Ärzte. Durch das PsychThG wird

Psychologischen Psychotherapeuten endlich eine sichere berufsrechtliche Position im Gesundheitswesen eingeräumt. Dieses ist zu begrüßen und war längst überfällig.

Die ambulante Behandlung hirngeschädigter Patienten kann gegenwärtig demnach von allen approbierten und kassenzugelassenen Psychologischen Psychotherapeuten erbracht werden. Problematisch erscheint hierbei aus fachlicher und berufspolitischer Sicht die Tatsache, dass diese Leistungen nun von Therapeuten erbracht werden können, die hierfür nicht spezifisch ausgebildet sind, weil in der Ausbildungs- und Prüfungsordnung für Psychologische Psychotherapeuten (PsychTh-APrV) keine umfassenderen neuropsychologischen Inhalte vorgesehen sind. Da indikationsspezifische Methoden, zu denen die Klinische Neuropsychologie zählt, bislang keine explizite Berücksichtigung finden, sind verschiedene langfristige Auswirkungen auf die Situation der Klinischen Neuropsychologie denkbar. In Anlehnung an eine Stellungnahme des Vorstandes der Gesellschaft für Neuropsychologie (GNP) vom August 1998 (GNP intern, Rundbrief 3/98) sollen die wichtigsten Alternativen dargestellt werden.

Das berufspolitisch interessanteste Modell bezieht sich auf Neuropsychologie als *eigenständige Methode der Psychotherapie*. Das PsychThG fordert die Ausbildung in einem wissenschaftlich anerkannten psychotherapeutischen Verfahren als Voraussetzung für die Approbation. Neben den bisher anerkannten Richtlinienverfahren sollen weitere Verfahren bezüglich ihrer wissenschaftlichen Fundierung von einem wissenschaftlichen Beirat beurteilt werden. Um neue, wissenschaftlich anerkannte Verfahren in den Leistungskatalog der gesetzlichen Krankenversicherung aufnehmen zu lassen, muss ein Antrag auf Anerkennung beim „Bundesausschuss Ärzte/Krankenkassen" gestellt werden. Von der GNP als der zuständigen Fachgesellschaft wird dieser Weg für die Neuropsychologie präferiert. Eine Expertengruppe ist im Auftrag der GNP mit der Vorbereitung und Einleitung entsprechender Antragsverfahren befasst.

Eine weitere Vorstellung sieht *Neuropsychologie als Weiterbildung nach der Ausbil-*

dung in einer anerkannten Psychotherapieme-thode. Nach der Berufsausbildung zum Psychologischen Psychotherapeuten in einer anerkannten Methode der Wahl kann eine Weiterbildung zum Klinischen Neuropsychologen erfolgen. Die immense Verlängerung der Aus- und Weiterbildungszeit auf 6-8 Jahre erscheint jedoch wenig akzeptabel.

Realistischer erscheint der Weg, *Neuropsychologie als Spezialisierung einer bereits anerkannten Therapiemethode* zu etablieren. Vorteilhaft ist hier, dass die Anerkennung als Methode (z.B. Verhaltenstherapie) bereits erfolgt wäre. Hierbei würde jedoch die Gefahr bestehen, dass die Identität des neuropsychologischen Zuganges verloren gehen könnte. Dieser Weg wäre nach Einschätzung der GNP nur dann relevant, wenn alle anderen Versuche der Einbindung der Neuropsychologie in das PsychThG gescheitert sein sollten.

Da mit dem PsychThG weder das Heilpraktikergesetz abgeschafft wurde noch die Kostenerstattung therapeutischer Leistungen prinzipiell unterbunden wird, wäre es vorstellbar, dass *Neuropsychologie weiterhin berufsrechtlich im Rahmen des Heilpraktikergesetzes, sozialrechtlich im Rahmen der Kostenerstattung* erbracht wird. Die würde einer Beibehaltung des Zustandes vor dem PsychThG entsprechen und kann berufspolitisch nur als Rückschritt gewertet werden.

Der gelegentlich diskutierte Weg, *eine eigene gesetzliche Regelung für Neuropsychologen* zu schaffen erscheint unwahrscheinlich und politisch kaum durchsetzbar.

Insgesamt sind die angestrebten Bemühungen der GNP die Klinische Neuropsychologie als eigenständige Methode der Psychotherapie zu etablieren gleichermaßen sinnvoll wie realistisch. Die Aktivitäten der GNP in dieser Richtung seien jedem (zukünftigen) Neuropsychologen zur aufmerksamen Beobachtung empfohlen.

Träger der Rehabilitation

Träger der gesetzlichen Krankenversicherung	Träger der Rentenversicherung	Bundesanstalt für Arbeit	Träger der gesetzlichen Unfallversicherung	Träger der sozialen Entschädigung bei Gesundheitsschäden	Träger der Sozialhilfe	Träger der öffentlichen Jugendhilfe
Ortskrankenkassen	Landesversicherungsanstalten	Landesarbeitsämter	Gewerbliche Berufsgenossenschaften	Landesversorgungsämter	Überörtliche Träger der Sozialhilfe	Überörtliche Träger der öffentlichen Jugendhilfe
Betriebskrankenkassen	Bahnversicherungsanstalt	Arbeitsämter	See-Berufsgenossenschaften	Versorgungsämter	Örtliche Träger der Sozialhilfe	Örtliche Träger der öffentlichen Jugendhilfe
Innungskrankenkassen	Seekasse		Landwirtschaftliche Berufsgenossenschaft	Hauptfürsorgestellen		
See-Krankenkasse (Seekasse)	Bundesversicherungsanstalt für Angestellte		Gemeinde-unfallversicherungsverbände	Fürsorgestellen		
Ersatzkassen	Bundesknappschaft		Ausführungsbehörden für Unfallversicherung des Bundes, der Länder und Gemeinden			
Bundesknappschaft	Landwirtschaftliche Alterskasse		Feuerwehr-Unfallversicherungskassen			
Landwirtschaftliche Krankenkassen						

Abb.1. Übersicht über Rehabilitationsträger (aus Segreff, 1997, S. 49)

Die Kostenträger neuropsychologischer Leistungen

Für den Versicherten lassen sich auf der dargestellten Grundlage Behandlungsansprüche gegenüber verschiedenen Kostenträgern ableiten. Nach Herrmann et al. (1997b) sind die Kostenträger neuropsychologischer Behandlung überwiegend die gesetzlichen Krankenkassen (82,0 %), in geringem Ausmaß Berufsgenossenschaften (10,9 %) und sehr selten Rentenversicherungsträger (2,7 %).

Die Zuständigkeit der *Rehabilitationsträger ist* nach Segreff (1997) durch folgende gesetzliche Vorschriften geregelt

- das Sozialgesetzbuch (SGB I, IV, V, VI, VII, X)
- das Gesetz über die Altershilfe für Landwirte (GAL)
- das Bundesversorgungsgesetz (BVG)
- das Arbeitsförderungsgesetz (AFG)
- das Bundessozialhilfegesetz (BSHG)

Unterschieden werden Leistungen zur medizinischen, sozialen und zur beruflichen Rehabilitation. Für alle drei Bereiche gilt der Grundsatz „Rehabilitation vor Rente" (Segreff, 1997).

Die Bewertung neuropsychologischer Leistungen und deren Bedeutsamkeit für die Rehabilitation von Versicherten unterliegt jedoch durchaus auch dem Interpretationsspielraum der jeweiligen Kostenträger. Hierbei wird insbesondere die Frage bedeutsam, ob im Einzelfall wirtschaftliche Alternativen zur neuropsychologischen Therapie bestehen (etwa eine Ergotherapie).

Im Hinblick auf die Vorbereitung ambulanter therapeutischer Maßnahmen wird dem Neuropsychologen ein hohes Geschick im Umgang mit den beteiligten Instanzen abverlangt. Geduld, rechtliches Grundwissen sowie die Bereitschaft zu umfassendem Casemanagement sind unerlässliche Erfolgsvoraussetzungen.

Der Neuropsychologe auf dem Gesundheitsmarkt

Der niedergelassene Neuropsychologe unterscheidet sich von seinen angestellten Kollegen vor allem durch sein Selbstverständnis als unabhängiger Teil des Gesundheitsmarktes. Er begreift sich als Leiter eines kundenorientierten Dienstleistungsunternehmens, dessen Ziel letztlich in der Gewinnmaximierung besteht. Der Erfolg des Unternehmens „ambulante neuropsychologische Praxis" (Ambulanz) hängt von der eigenen Kreativität sowie der Analyse und dem systematischen Umgang mit strukturellen Gegebenheiten des Gesundheitsmarktes zusammen. Der selbständige Neuropsychologe kann sich also nicht auf die ausschließlich fachlichen Aspekte seiner Arbeit begrenzen, sondern muss sich permanent in der Interaktion mit seiner gesamtgesellschaftlichen, marktdefinierten und betriebswirtschaftlichen Umwelt begreifen.

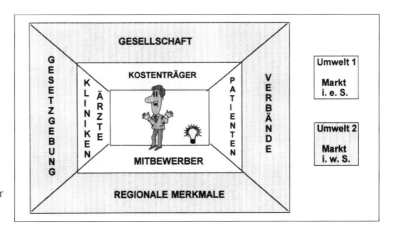

Abb. 2. Die Umwelt der Ambulanz (Schreiweis & Holzapfel, 1997)

Wie aus der Abbildung ersichtlich, lässt sich die Marktsituation in Segmente unterschiedlichen Generalisierungsgrades darstellen.

Die gesundheitliche Versorgungssituation mit allen Konsequenzen für Betroffene und Leistungsanbieter ist direkt von gesamtgesellschaftlichen Entwicklungen abhängig. Medizinhistorisch kann gezeigt werden, dass besonders die Versorgung bzw. Behandlung psychisch Kranker und „Hirngeschädigter" vernachlässigte Bereiche des Gesundheitssystems darstellen. Dies hat eine hohe Abhängigkeit der zur Verfügung stehenden finanziellen Mittel vom gesamtgesellschaftlichen Wohlstand zur Folge. Nicht umsonst wird gerade im Bereich der Psychotherapie die Zuzahlungsfrage für Patienten besonders intensiv diskutiert. Im Hinblick auf die gesellschaftliche Wertigkeit ist für die Neuropsychologie von einer vergleichbaren Situation auszugehen.

Die unbefriedigende Gesetzessituation führte bislang dazu, dass regionale Gegebenheiten für die Ambulanz besonders bedeutsam waren. Im persönlichen Kontakt mit überweisenden Stellen und deren direkte Teilnahme am therapeutischen Geschehen werden die Vorteile und spezifischen Merkmale neuropsychologischer Behandlung am ehesten wahrgenommen und akzeptiert. Basierend auf der fachlichen Anerkennung durch Ärzte und Fachkliniken im Einzugsgebiet einer Ambulanz konnten daher insbesondere auf regionaler Ebene tragfähige Kostenvereinbarungen mit Kostenträgern aufgebaut werden. Die „Kundschaft" bzw. die „Lieferanten" des Neuropsychologen bestehen neben den Patienten selbst in erster Linie aus der Ärzteschaft und den Kliniken seiner Region. Deren Erwartung ist eine qualifizierte Begleit- oder Weiterbehandlung gemeinsamer Patienten. So erwächst die Zufriedenheit des Patienten mit seinem Arzt nicht nur aus dessen eigener Behandlungskompetenz, sondern auch aus seiner Bereitschaft ergänzende Behandlungsmöglichkeiten aufzuzeigen und zu ermöglichen. Gerade hierdurch kann der Arzt dem Anspruch einer ganzheitlichen Betreuung „seines" Patienten gerecht werden und eine langfristige Beziehung zum Patienten begründen. Bestehende Konkurrenzängste treten daher durch erfolg-

reich verlaufende Kooperationen zwischen Arzt und Neuropsychologe auf der Grundlage der Zufriedenheit des Patienten mit der vom Arzt empfohlenen Begleitmassnahme meist bald in den Hintergrund. Der Neuropsychologe betrachtet mitbehandelnde Ärzte und Kliniken nicht als Mitbewerber sondern als Partner bei der Lösung eines gemeinsamen Problems, welches in der Realisierung optimaler Rehabilitation für den Patienten besteht. Eine erfolgreiche Problemlösung dient beiden Professionen. Nur durch konstruktive Kooperation auf dieser Ebene kann sich auch beim Kostenträger die Überzeugung vom Nutzen neuer fachlicher Ansätze bilden.

Schwieriger ist die fachliche und formale Abgrenzung gegenüber Behandlungskonzepten ergotherapeutischer Mitbewerber auf dem Gesundheitsmarkt. MDK und Krankenkassen verweisen gerne auf Ergotherapie als kostengünstige und ausreichende Behandlungsalternative zu einer neuropsychologischen Behandlung. Häufig kommt es dabei auch zu Irritationen im Zusammenhang mit dem Begriff „Hirnleistungstraining". Im Hinblick auf den Begriff des Hirnleistungstrainings besteht Einigkeit unter den Anbietern neuropsychologischer Leistungen und den Fachverbänden, dass dieser der Gesamtheit neuropsychologischer Therapieansätze nicht gerecht wird. Diese früher oft verwendete Bezeichnung trägt zur unzulässigen Reduzierung neuropsychologischer Therapie auf den Aspekt des reinen Funktionstrainings bei und sollte in der Diskussion mit Kostenträgern im Interesse einer angemessenen Einordnung neuropsychologischer Methoden vermieden werden. Hier ist darauf zu verweisen, dass neuropsychologische Behandlung nicht mit ergotherapeutischem Hirnleistungstraining gleichzusetzen ist. Während im Rahmen eines ergotherapeutischen Hirnleistungstrainings ausschnittsweise einzelne Fähigkeiten geübt werden, umfasst eine neuropsychologische Behandlung den gesamten Bereich des Erlebens und Verhaltens, die familiäre und berufliche Situation eines Menschen sowie die Anpassung an Krankheit und Behinderung. Wichtig ist in diesem Zusammenhang auch der Hinweis auf die grundlegende Bedeutung neuropsychologischer

Diagnostik für den gesamten Rehabilitationsprozess. So kann die Indikation für eine ergotherapeutische Behandlung bzw. ein Funktionstraining nur nach einer ausführlichen neuropsychologischen Untersuchung gestellt werden. Erst wenn deutlich ist, welche Defizite in welchem Umfang vorliegen, kann mit entsprechend ausgewählten übenden Verfahren begonnen werden. Dies erfordert eine spezielle Zusatzqualifikation im Bereich Neuropsychologie (vgl. Seite 743 ff.). Psychotherapeutische Zusatzqualifikationen vermitteln diese Spezialkenntnisse nicht. Kostenträgern und Ärzten gilt es zu verdeutlichen, dass Neuropsychologie in der Lage ist, fundierte diagnostische Verfahren bereitzustellen und diese konsequent in umfassende Behandlungskonzepte umzusetzen, welche weit über ein Hirnleistungstraining und eine ergotherapeutische Betreuung hinausgehen.

Die inhaltliche Erläuterung neuropsychologischer Konzepte sowie die damit verbundene Abgrenzung gegenüber anderen Professionen sollte keinesfalls übersehen, dass eine optimale Problemlösung im genannten Sinne nur unter Einbeziehung aller therapeutischen Professionen möglich sein wird. Intensiver Austausch und enge interdisziplinäre Kooperation vor Ort gehören daher zum konzeptionellen Bestandteil jeder Ambulanz (vgl. Seite 744).

Wesentlichster und dem Neuropsychologen nächstgelegener Ansprechpartner sind natürlich seine Patienten.

Prinzipiell ist eine Behandlungsindikation dann anzunehmen, wenn eine Erkrankung oder Schädigungen des Zentralnervensystems zu Beeinträchtigungen der geistigen Leistungsfähigkeit sowie des Befindens und Erlebens geführt hat. Es können dann die Bereiche der Wahrnehmung, der Orientierung, des Denkens, der Aufmerksamkeit, des Gedächtnisses, der Sprache, aber auch die Emotionen, die Motivation, die Persönlichkeit und das Sozialverhalten betroffen sein. Krankheitsbedingte Veränderungen in diesen Bereichen werden als neuropsychologische Störungen bezeichnet.

Hier lassen sich unabhängig von der zugrundeliegenden Erkrankung verschiedene Zielgruppen differenzieren:

- Patienten der poststationären Rehabilitationsphase. Schwerpunkt: Alltags- Wohnort- und Familiennähe
- Patienten, welche sich nicht in einen stationären Behandlungskontext integrieren können oder wollen
- Kinder und Jugendliche mit Trennungsproblemen im Zusammenhang mit längeren stationären Aufenthalten
- Geriatrische Patienten und Patienten mit degenerativen Erkrankungen
- Patienten, welche vor allem eine Begleitung in der beruflichen Neuorientierung und der letzten beruflichen Wiedereingliederung benötigen
- Patienten zwischen verschiedenen stationären Behandlungsphasen (z.B. 1.AHB/ 2.AHB)

So wird das ambulante Angebot keinesfalls nur nach einer stationären Maßnahme bedeutsam, sondern kann eine solche durchaus für bestimmte Patientengruppen auch sinnvoll ersetzen.

Perspektiven der Niederlassung

Trotz fachlicher Kompetenzbeschneidung und ökonomischer Verunsicherung machen sich zunehmend mehr Neuropsychologen selbstständig. Welches sind die Gründe für die Selbstständigkeit? Neben der offensichtlichen Stellenknappheit für Psychologen in allen Arbeitsfeldern scheint hier vor allem das Autonomiestreben institutionell arbeitender Kollegen erwähnenswert. Aufgerieben durch vielfältige Hierarchie- und Kompetenzkonflikte nehmen diese Kollegen lieber die Ungewissheit einer beruflichen Selbstständigkeit in Kauf, als sich einer institutionellen Perspektivlosigkeit zu beugen. So wählen sowohl die arbeitslosen als auch die institutionsmüden Neuropsychologen oft den Weg in die beruflichen und ökonomische Selbstständigkeit – wenn auch nicht immer ganz freiwillig. Unter Berücksichtigung entsprechender persönlicher und ökonomischer Voraussetzungen muss niedergelassene neuropsychologische Arbeit aber nicht zwangsläufig Ersatzlösung sein sondern kann durchaus eine attraktive Möglichkeit beruflicher Selbstverwirklichung darstellen.

Die Existenz rentabler und leistungsfähiger Ambulanzen beweist, dass der erfolgreiche Aufbau einer ambulanten neuropsychologischen Praxis trotz der beschriebenen widrigen Umstände möglich ist. Eine Existenzgründung zum gegenwärtigen Zeitpunkt bedeutet zunächst, ein attraktives Arbeitsfeld mit langfristig positiver Entwicklungsprognose – also einen interessanten Markt – rechtzeitig kompetent zu besetzen. Die neuropsychologische Existenzgründung ist insofern als Investition in einen Markt der Zukunft zu verstehen. Grundlage der positiven Beurteilung dieser „Zukunftsinvestition" ist die Erwartung, dass ambulante Unterversorgung, die Qualität des Angebotes sowie wachsendes Kostenbewusstsein im Gesundheitssystem irgendwann tragfähige berufs- und sozialrechtliche Regelungen zur Folge haben werden. Durch regionale Bekanntheit und bereits erfolgte fachliche Profilierung werden bestehende Ambulanzen dann einen entscheidenden Vorsprung haben und bei der Einführung vertraglicher Vereinbarungen erster Ansprechpartner der Kostenträger sein.

Es muss davon ausgegangen werden, dass sich zukünftig nicht nur der *bessere* Anbieter am Markt behaupten wird, sondern vor allem auch der *schnellere*.

Merkmale und Voraussetzungen der Niederlassung

Mögliche Arbeitsbereiche des niedergelassenen Neuropsychologen

Nur wenige niedergelassene Neuropsychologen begrenzen sich im Angebot ihrer Einrichtung ausschließlich auf genuin neuropsychologische Arbeitsfelder. Meist findet sich eine Kombination verschiedener Dienstleistungsangebote welche dem neuropsychologischen Gebiet verwandt sind. Neben der *neuropsychologischen Therapie*, auf deren inhaltliche Aspekte in diesem Zusammenhang nicht näher eingegangen werden soll, sind folgende Arbeitsgebiete bedeutsam:

Neuropsychologische Diagnostik und Begutachtung

Unabhängig von der Durchführung einer Therapie wird der Neuropsychologe gerne zur diagnostischen Abklärung beispielsweise von Fragen der Erwerbsminderung, der Fahrtauglichkeit oder der Schuldfähigkeit hinzugezogen. Hier wird der Neuropsychologe zum wichtigen, häufig unverzichtbaren Partner der verschiedenen Fachärzte bzw. der institutionellen Auftraggeber.

Fort- und Weiterbildung

Seit einiger Zeit besteht ein von der Gesellschaft für Neuropsychologie erarbeitetes Curriculum für die Ausbildung zum „Klinischen Neuropsychologen (GNP)". Speziell im Rahmen dieses Ausbildungkonzeptes engagieren sich niedergelassene Neuropsychologen in Form von Fortbildungsangeboten. Aber auch bei anderen Fortbildungsträgern stoßen neuropsychologische Themen auf Interesse.

Verkehrspsychologische Beratung

Neben der bereits erwähnten diagnostisch-gutachterlichen Tätigkeit des Neuropsychologen im Zusammenhang mit Fragen der Fahrtauglichkeit stellt die verkehrspsychologische Beratung ein dem Gebiet der Neuropsychologie nahestehendes Arbeitsfeld dar. Verkehrsteilnehmer, die im Zusammenhang mit Alkohol oder anderen Verstössen gegen die Straßenverkehrsordnung auffällig geworden sind, müssen zur Wiedererlangung der Fahrerlaubnis eine Medizinisch-Psychologische Untersuchung (MPU) beim TÜV oder einer anerkannten Obergutachtenstelle absolvieren. Die MPU bezieht sich auf die Frage der persönlichen Eignung des Probanden zum Fahren eines KFZ. Verkehrspsychologische Beratung setzt im Vorfeld bzw. bei erforderlicher Wiederholung der MPU an. Das Ziel besteht in der Bearbeitung und Reflexion der vorliegenden Problematik und in einer Kompetenzsteigerung im Hinblick auf die Fahreignung des Probanden. Eine erfolgreiche Bewältigung der MPU steht hiermit im Zusammenhang. Die

Leistungsdiagnostik in der MPU greift weitgehend auf testdiagnostische (auch apparative) Verfahren aus der Neuropsychologie zurück. So kann der Neuropsychologe mit seiner spezifischen Qualifikation und Ausstattung sowohl ein diagnostisches Screening als auch ein vorbereitendes Leistungstraining durchführen.

Psychotherapie

Neben der neuropsychologischen Qualifikation verfügen Neuropsychologen oft über eine „klassische" psychotherapeutische Zusatzausbildung. Dies ermöglicht eine begleitende psychotherapeutische Tätigkeit.

Mobiler Neuropsychologischer Dienst

Manche Ambulanzen unterhalten einen sogenannten Mobilen Dienst. Dieser nimmt konsiliarisch neuropsychologische Diagnostik und Therapie in Kliniken oder Heimen wahr, die selbst keinen Neuropsychologen beschäftigen können oder wollen.

Casemanagement

Mit dem Ziel der Sicherstellung einer optimalen Kontinuität über den gesamten Rehabilitationsprozess werden die Möglichkeiten eines klinischen Koordinators oder Case Managers zunehmend diskutiert und auch in Deutschland vereinzelt modellhaft erprobt. Die Aufgabe des Case Managers umfasst die Planung, Koordination und Kostenübernahmesicherung der gesamten therapeutischen und sozialrechtlichen Maßnahmen im Einzelfall. Der Case Manager übernimmt die Verantwortung dafür, dass auch komplexe therapeutische Erfordernisse effizient angegangen werden können und regelmäßig evaluiert werden. Insofern wird Case Management zur Methode der Planung und Zuweisung von Leistungen sowie zum Instrument der Qualitätssicherung von neurorehabilitativen Massnahmen. Klinische Neuropsychologen sind für die Aufgaben des Case Managers grundsätzlich qualifiziert und haben sich vereinzelt auch bereits auf dieses Tätigkeitsfeld spezialisiert. Hierbei ist zu bedenken, dass der Case Manager sinnvollerweise meist

außerhalb des eigentlichen Reha-Teams angesiedelt ist und somit selbst nicht therapeutisch tätig wird.

Entwicklung neuer Medien für Therapie und Diagnostik

Neue Medien und hierbei insbesondere computergestützte Verfahren haben zunehmend an Bedeutung in der neuropsychologischen Therapie und Diagnostik gewonnen. Einerseits wurden langjährig bewährte apparative Verfahren (z.B. Wiener Determinationsgerät „WDG") in moderne computergesteuerte Darbietungsformen umgesetzt, andererseits wurden eine Vielzahl neuer computergestützter Therapie- und Diagnoseprogramme entwickelt. Gerade auch freiberuflich tätige Neuropsychologen waren an diesen Entwicklungen massgeblich beteiligt (vgl. Holzapfel, 1993a,b). Die Verbindung von praktischer Erprobung und theoretischer Entwicklungsarbeit hat sich als besonders effizient erwiesen. Inzwischen gibt es bereits zwei ambulante neuropsychologische Ambulanzen, die sich gezielt in Technologiezentren niedergelassen haben. Diese Ambulanzen kümmern sich neben der therapeutischen Arbeit schwerpunktmässig um neue technologische Entwicklungen. So ist beispielsweise eine der führenden Firmen für die Entwicklung von Neuroreha-Programmen an eine Ambulanz in einem Technologiezentrum angeschlossen. Der innovative Charakter dieser Entwicklungen wird auch dadurch unterstrichen, dass die Aufnahme in ein Technologiezentrum nur nach eingehender Überprüfung der Zukunftsaspekte dieser neuen Produkte möglich ist.

Die persönlichen und fachlichen Voraussetzungen für eine Niederlassung

Unverzichtbare *fachliche* Voraussetzung für die Niederlassung ist eine entsprechende Zusatzqualifikation auf dem Gebiet der Neuropsychologie. In den verschiedenen Fachgesellschaften besteht Einigkeit darüber, dass das Curriculum der Gesellschaft für Neuropsychologie alle erforderlichen Fortbildungsinhalte einschließlich entsprechender praktischer Erfahrungen in verschiedenen Gebieten abdeckt. Bezogen auf die ergänzenden Arbeitsbereiche ist eine Ausbildung auf dem Gebiet der Psychotherapie (möglichst in einem Richtlinienverfahren) wünschenswert und momentan ja auch für Approbation und Kassenzulassung unverzichtbar.

Kennzeichnend für die *persönliche* Arbeitssituation des Niedergelassenen ist der deutlich höhere Leistungs- und Erwartungsdruck. Dabei spielt sicherlich die Tatsache der direkten Entlohnung des Freiberuflers durch den Patienten selbst oder dessen Krankenklasse eine wesentliche Rolle. Die ökonomische Abhängigkeit des Freiberuflers von seinem „Auftraggeber" provoziert in besonderem Maße diese, die eigene Persönlichkeit stark tangierende, „Erfolgsorientierung" in der Patient-Therapeut-Beziehung.

In der Auseinandersetzung mit Problemsituationen, welche vom Patienten selbst nicht zu bewältigen sind, muss sich der Therapeut seiner eigenen Belastungsfähigkeit, Frustrationstoleranz und psychischen Stabilität in hohem Maße sicher sein, stellt sie doch die wichtigste Grundlage seiner beruflichen Existenz dar. Wie alle therapeutisch tätigen Berufsgruppen wird der freiberuflich arbeitende Neuropsychologe immer bemüht sein müssen, die Kriterien zwischenmenschlicher Interaktion wie Sensibilität, Verstehen, Geduld u.a. neu zu hinterfragen und zu optimieren. Er wird diese als Gütekriterien seiner Arbeit betrachten, will er seine psychische und wirtschaftliche Unabhängigkeit nicht verlieren.

Konzeptionelle Grundlagen

Die Darstellung muss sich hier auf Konzeption und Aspekte des Managements der neuropsychologischen *Einzelpraxis* beschränken. Auf teilstationäre Konzepte wird nicht näher eingegangen.

Konzeptionelle Gemeinsamkeiten bestehender neuropsychologischer Ambulanzen

Konzeptionelle Gemeinsamkeiten bestehender Ambulanzen zeichnen sich vor allem durch die beschriebenen Arbeitsbereiche und die damit verbundenen Ziele aus:

- Schaffung einer kostengünstigen ambulanten Patientenversorgung mit hoher Qualität
- Wissens- und Technologietransfer zwischen Forschung und Praxis
- Beitrag zur Deckung des wachsenden Fortbildungsbedarfs in spezialisierten Bereichen des Gesundheitswesens
- Innovation durch neue Technologien in der Klinischen Neuropsychologie

Darüberhinaus wird explizit auf die Notwendigkeit der interdisziplinären Vernetzung verschiedener Anbieter hingewiesen. Es wird davon ausgegangen, dass die meist erforderliche interdisziplinäre Patientenbetreuung von der neuropsychologischen Einzelpraxis nur durch ausgeprägte Vernetzungsstrukturen mit Anbietern anderer therapeutischer Berufsgruppen zu leisten ist. Eine konzeptionelle Konkretisierung erfährt dieser Ansatz in Form regelmäßiger Besprechungsstrukturen aller am therapeutischen Prozess Beteiligten (Qualitätszirkel) sowie ein detailliertes und aufwendiges Berichts- und Dokumentationswesen.

Der Standort der Einrichtungen wird bewusst in zentraler geographischer Lage gewählt. So kann die wohnortnahe Versorgung möglichst vieler Patienten sowie ein großes Einzugsgebiet des Dienstleistungsanbieters erreicht werden. Die Dichte an Akut- und Rehabilitationskliniken ist wesentlichstes Standortkriterium.

Weiteres gemeinsames Konzeptionselement ist die intensive Zusammenarbeit mit Selbsthilfeorganisationen und Patienten- bzw. Angehörigenverbänden. Alle Anbieter legen Wert auf spezielle Angehörigenangebote.

Auch im Hinblick auf die konzeptionellen Vorstellungen zur Behandlung selbst zeigt sich ein hoher Grad an Übereinstimmung unter den Anbietern. So finden sich weitgehend übereinstimmende Angaben zu Behandlungsumfang und -inhalt. Hammer (1996) geht im Regelfall von einem Behandlungsumfang von 40 Stunden aus. Verlängerungen um weitere 20 Sitzungen sind manchmal erforderlich. „Damit liegt der Behandlungsaufwand in der Regel zwischen 5000,– und 7000.– DM. Auch von der Kosteneinsparungsseite her ist das Unternehmen also durchaus konkurrenzfähig" (Hammer, 1996). Die Therapie findet meist zweimal wöchentlich im Umfang von jeweils 50 Minuten statt. Die Sitzungshäufigkeit wird mit zunehmender Selbstständigkeit ausgeschlichen.

Der *inhaltliche* Behandlungsschwerpunkt wird im Bereich der Krankheitsverarbeitung sowie der Angehörigenarbeit gesehen. Darüber hinaus muss die neuropsychologische Behandlung auf die individuellen Defizite und Möglichkeiten des Patienten abgestimmt werden. Durch das Erlernen kompensatorischer Strategien soll es dem Patienten möglich werden, sich wieder im täglichen Leben und am Arbeitsplatz zurechtzufinden. Hierzu werden verschiedenste Übungen und Medien, wie z.B. PC-Programme bei Aufmerksamkeitsstörungen oder externen Gedächtnishilfen bei Gedächtnisstörungen eingesetzt.

Neben den therapeutischen Inhalten werden strukturbedingte Vorteile ambulanter Behandlung hervorgehoben. Hammer (1996) weist darauf hin, dass der Schritt in die Realität des Alltags nicht die Atmosphäre einer Klinik erforderlich mache, sondern dass hier gerade die Betreuung in einer Praxis sinnvoll sei. Für die Einübung und den Wiederaufbau tragfähiger Alltagsstrukturen sei ein klinisches Setting nicht nur überflüssig sondern kontraindiziert.

Maßnahmen der Qualitätssicherung

Gerade durch die Notwendigkeit der Vernetzung mit anderen am Rehabilitationsprozess beteiligten Professionen erlangen qualitätssichernde Maßnahmen für die neuropsychologische Einzelpraxis besondere Bedeutung. Bezogen auf die Evaluation der therapeutischen Prozesse im engeren Sinne wurden in der Befragung von Herrmann et al. (1997b) folgende Maßnahmen genannt: Vergleich aktueller Befunde mit Vorbefunden, Vergleich von Eingangs- und Verlaufsdiagnostik und die Durchführung mittelfristiger oder langfristiger Katamnesen (s.a. Kap. 2.5)..

Nach Wallesch & Herrmann (1998) umfasst die neurologische Rehabilitation folgende Bereiche, die analog auch auf die Inhalte ambulanter Arbeit übertragbar sind:

- Assessment der Defizite des Rehabilitanden auf den Ebenen von Impairment, Disability und Handicap
- Identifizierung kritischer Defizite
- Analyse der individuellen Ressourcen
- Analyse der sekundären Auswirkungen von Disability und Handicap
- Analyse der psychosozialen Ressourcen
- Festlegung von Therapiezielen
- Entwicklung eines Rehabilitationsplanes
- Durchführung einzelner Interventionen
- Evaluation der Behandlungen
- Reorientierung und Adaptation des Therapieplans

Hierbei handelt es sich nach Wallesch und Herrmann (1998) um einen spezifischen Zyklus der Qualitätssicherung welcher die enge Zusammenarbeit aller am Rehabilitationsprozess Beteiligten erfordert. Um die sowohl durch die räumliche Trennung als auch durch unterschiedliche Ausbildung verursachten Kooperationsprobleme zwischen unterschiedlichen Berufsgruppen und Arbeitsstrukturen zu beherrschen, ist es erforderlich, Teamstrukturen zu schaffen und die Intensität der gegenseitigen Information weiterzuentwickeln. Im Bereich der neurologisch-neuropsychologischen Rehabilitation gibt es wenig interdisziplinäre und berufsgruppenübergreifende, fest eingerichtete und regelmäßig tagende Teams. Zwar werden fallbezogen und im Zusammenhang mit einzelnen Fragestellungen Mitbehandler gezielt hinzugezogen, aber für einen strukturierten Informationsfluss ist das unzureichend. Für die konstruktive Abwicklung des oben dargestellten Zyklus empfehlen sich daher interdisziplinäre Projektgruppen oder Qualitätszirkel, wie sie u.a. von Deppe (1992) oder Bahrs (1994) beschrieben wurden. Qualitätszirkel sind danach längerfristig angelegte Kleingruppen, in denen unter Anleitung eines

Moderators (z.B. Case Managers) und mit Hilfe spezieller Problemlösungs- und Kreativitätstechniken Lösungsvorschläge erarbeitet und umgesetzt werden. Berufsgruppenübergreifende Qualitätszirkel sind insbesondere durch ihr Bemühen um Kontextsensibilisierung (Verständnis für andere Bereiche und Gruppen) sowie durch ausgeprägte Zielorientierung im Hinblick auf die gemeinsame Lösung des individuellen Rehabilitationsproblems gekennzeichnet. Die Themenwahl für problemorientierte Qualitätszirkel sollte nach Kriterien der Relevanz für die tägliche Arbeit, der Häufigkeit des Problems sowie dessen praktische Beeinflussbarkeit erfolgen. Niedergelassene Ärzte haben bereits eine erwähnenswerte Anzahl von Qualitätszirkeln eingerichtet, welche auch für den Bereich der ambulanten Rehabilitation modellhaften Charakter haben könnten.

Über diese berufsübergreifenden Maßnahmen hinausgehend sollte der in Einzelpraxis arbeitende Neuropsychologe regelmäßig fachliche Supervision und Fortbildung als Instrument der Qualitätssicherung begreifen und in Anspruch nehmen.

Kostenmanagement in der neuropsychologischen Ambulanz

Um eine vorzeitige Insolvenz, wie sie heute auch bei gut abgesicherten Berufsgruppen im ambulanten Sektor keine Seltenheit mehr ist, zu vermeiden, sind Grundkenntnisse des Managements in den wichtigen unternehmerischen Bereichen Controlling, Organisation und Personal unverzichtbar. Auch dazu kann hier nur auszugsweise auf wenige wesentliche Aspekte eingegangen werden. Die Führung einer Praxis als Dienstleistungsunternehmen mit allen sich daraus ergebenden wirtschaftlichen Erfordernissen ist nicht Gegenstand der universitären Ausbildung des Psychologen. Erst in der Zusatzausbildung zum Neuropsychologen wird versucht, auch derartige Kenntnisse zu vermitteln.

Grundlage des Einkommensvergleiches etwa zwischen Freiberufler und Angestelltem ist das jeweils zu versteuernde Einkommen. Das zu versteuernde Einkommen des niedergelassenen Neuropsychologen ist dem Praxisgewinn gleichzusetzen. Der Gewinn ergibt sich aus dem Praxisumsatz abzüglich der Praxiskosten. Je nach personeller und räumlicher Ausstattung der Praxis liegt der Praxisgewinn im Bereich der Neuropsychologie zwischen 45 und 55 Prozent des Umsatzes. Ein wesentliches Ziel besteht in der Ausweitung der Behandlungsmenge/Jahr um einen möglichst hohen Umsatz zu erzielen. Dieser Teil ist zwar durch gezieltes Marketing zu beeinflussen, hängt insgesamt aber in erster Linie von der fachlichen Qualität der Dienstleistung ab. Für die Erfolgsbilanz ist die bewusste Handhabung und Analyse der Praxiskosten daher besonders bedeutsam. Neuropsychologischen Leistungen sind mehrheitlich zeitgebunden, d.h., der Leistungserbringer erhält für eine definierte zeitliche Einheit (z.B. 50 min. Therapie) ein festes Honorar. Dies bedeutet unter Berücksichtigung der begrenzten zur Verfügung stehenden Arbeitszeit, dass Umsatzerhöhungen durch Leistungsausweitung nicht beliebig möglich sind. Dies ist ein wesentlicher Unterschied etwa zur ärztlichen Niederlassung. Entsprechende Nachfrage vorausgesetzt, können hier beispielsweise apparative Leistungen sehr variabel ausgeweitet und gegebenenfalls an Hilfspersonal delegiert werden. Der Neuropsychologe kann auch bei Vollauslastung seiner Praxis kaum mehr als 8 Therapieeinheiten pro Tag leisten und damit seinen Umsatz nur bedingt steigern. Neben einer möglichst hohen Praxisauslastung durch qualifizierte Arbeit wird das Kostenmanagement zum entscheidenden Instrument der Gewinnmaximierung. Möglichkeiten der Kostensenkung ergeben sich insbesondere im Personalbereich aber auch durch kostengünstige Materialbeschaffung.

Erst eine Gesamtkostenrechnung in welcher die gesamten Erlöse einer bestimmten Periode den gesamten Kosten gegenübergestellt werden, gibt Aufschluss über die Frage, welchen Mindestumsatz die Praxis erzielen muss, um die Kosten zu decken oder Gewinn zu erzielen. Durch eine sogenannte Break-even-Analyse (Durchbruch-Analyse) wird ermittelt, bei welchem Umsatz und bei welcher Behand-

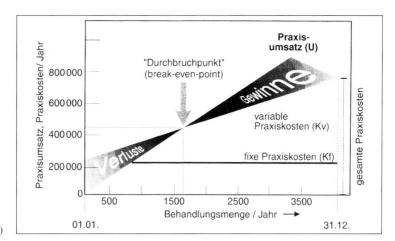

Abb. 3. Break-even-Analyse für die Arztpraxis (aus Frodl, 1996)

lungsmenge die Verlustzone verlassen wird. Die folgende Abbildung veranschaulicht das Prinzip der Analyse des Break-even-points am Beispiel einer Arztpraxis.

Der Anspruch an das persönliche Einkommen des Niedergelassenen muss sich unter Berücksichtigung des vergleichbar hohen Risikos und Aufwandes am Einkommen und der Altersversorgung des leitenden Angestellten orientieren. Beim persönlichen Einkommensvergleich sollte keinesfalls übersehen werden, dass der Freiberufler sämtliche Abgaben zur Alters- und Sozialversorgung in voller Höhe d.h. ohne Arbeitgeberanteile zu erbringen hat. Um eine vergleichbare Altersversorgung zu erzielen ist deshalb ein erheblicher finanzieller Aufwand zu leisten. Dieser Aspekt wird gerade zu Beginn der freiberuflichen Tätigkeit gerne zurückgestellt oder gänzlich ignoriert. Bezogen auf die persönliche Einkommenserwartung lässt sich folgende vereinfachte Grundregel formulieren: Um ein vergleichbares Einkommen wie sein im öffentlichen Dienst angestellter Kollege zu erzielen, muss der Freiberufler *mindestens* das Doppelte des vergleichbaren Jahresbruttogehaltes (BAT II/I od. A13/14) pro Jahr an Umsatz erzielen.

Abschließend sei noch auf eine weitere Gefahr der Selbsttäuschung im Hinblick auf die persönliche finanzielle Situation hingewiesen. Während des ersten Praxisjahres – gelegentlich auch länger – hat noch keine dem Gewinn

angemessene steuerliche Veranlagung stattgefunden, diese muss erst nach einer Anlaufphase erfolgen. Rückwirkend wird dann für alle bislang erzielten Gewinne eine Veranlagung getroffen, welche mit den sofort damit verbundenen Vorauszahlungen meist eine schmerzliche Gesamtzahlung zur Folge hat, die in Ihrer Höhe so nicht erwartet und durch entsprechende Rücklagen eingeplant war.

Erforderliche Ausstattung und Investitionsplanung

Die Praxisräume sollten eine Mindestgröße von 80 qm Grundfläche haben. Es sollten wenigstens drei voneinander akustisch abgeschirmte Räume vorhanden sein. Notwendige sanitäre Einrichtungen müssen gegeben sein. Auf eindeutige Trennung zwischen privaten und Praxisräumen ist zu achten. Sogenannte Wohnzimmer-Praxen entsprechen in keiner Weise den Ausstattungsanforderungen eines modernen Dienstleistungsunternehmens. Ansprechendes Mobiliar und entsprechende Gestaltung des Ambientes sollten selbstverständlich sein. Jeder Raum benötigt einen modernen PC-Arbeitsplatz welcher sowohl für Verwaltungsarbeiten als auch für computergesteuerte Trainingsprogramme genützt werden kann. Ein mobiler PC-Arbeitsplatz ist für Heimtraining oder konsiliarische Tätigkeiten des mobilen Dienstes erforderlich. Jeder Arbeitsplatz sollte über die wesentlichste am Markt verfügbare Software für Diagnostik und Behandlung verfügen. Über mögliche Grundausstattungen informieren die auf das Gebiet der Rehabilitation spezialisierten Softwarehäuser. Zur Grundinformation kann hier auch auf einen vom Kuratorium ZNS erstellten Softwarekatalog (1994) verwiesen werden. Aufgrund der dynamischen Entwicklungen dieses Marktes befindet sich dieses Verzeichnis inzwischen allerdings nicht mehr auf dem aktuellsten Stand und kann daher nur einen groborientierenden Ersteindruck vermitteln. Zumindest finden sich hier die wesentlichsten Händleradressen. Bei umfassender Softwareausstattung kann weitgehend auf ergänzende apparative Verfahren verzichtet werden, da diese computergesteuert zur Verfügung stehen werden. Anderenfalls ist die Anschaffung eines Wiener Determinationsgerätes (WDG) und eines Wiener Reaktionsgerätes (WRG) erforderlich. Je nach Klientel der Ambulanz wird ein apparatives Verfahren zur Diagnostik des motorischen Leistungsniveaus erforderlich sein (z.B. Motorische Leistungsserie MLS).

Für eine effiziente und personalsparende Verwaltung der Ambulanz ist entsprechende moderne Verwaltungssoftware dringend zu empfehlen. Sowohl für fachliche als auch für bürokratische Aufgaben sind die modernen Möglichkeiten der Telekommunikation unbedingt einzubeziehen. So verfügen wichtige Ambulanzen inzwischen sowohl über eigene e-Mail Adressen als auch über Homepages im Internet. Hierdurch wird sowohl die Informationsbeschaffung als auch der kollegiale Austausch beschleunigt und erleichtert. Neue Möglichkeiten des Marketings können erschlossen werden. Voraussetzung für die sinnvolle Teilnahme an den Möglichkeiten des internationalen Datennetzes ist die Installation einer ISDN-Telefonanlage sowie entsprechende Hardwarekomponenten im PC. Eine zunehmende Vernetzung aller Anbieter und Fachorgane zeichnet sich ab. Daran zu partizipieren sollte auch Bestandteil der Investitionsplanung sein.

Jede Ambulanz wird über eine umfassende Bibliothek aller erprobten und gängigen neuropsychologischen Testverfahren verfügen müssen. Darüber hinaus hat sich der schrittweise Aufbau einer neurologisch-neuropsychologischen Fachbibliothek bewährt. Auch zur neuropsychologischen Literatur existiert ein Verzeichnis relevanter Litaraturangaben (auch auf CD-ROM) vom Kuratorium ZNS (1996).

Will der zukünftige Anbieter eine ansprechende und nach fachlichen Kriterien gut ausgestattete Ambulanz einrichten, muss er mit einem Finanzierungsbedarf zwischen 50.000 und 70.000 DM im Bereich der Sachinvestitionen rechnen. Auch beim Erreichen des Ziels einer Vollauslastung der Ambulanz muss bis dahin mit einer Anlaufzeit von ca. 1 Jahr gerechnet werden. Dies bedeutet für den Existenzgründer, dass er mehr oder weniger grosse Anteile seines Lebensunterhaltes zwischenfinanzieren muss. Ein bei der Finanzierungsplanung oft vernachlässigter Kostenfaktor.

9.4 Berufsethische Normen

Georg Lamberti

Zusammenfassung

Ausgehend von Wundt's Anspruch (1887), dass „der Prüfstein einer jeden Ethik ihre praktische Brauchbarkeit ist", wird versucht, die in der Berufsordnung für Psychologen (1986) enthaltenen Standards und Empfehlungen auf ihre Anwendung im neuropsychologischen Arbeitsbereich hin zu überprüfen.

Die bei der Stellung zum Patienten besonderen Maßstäbe von *Schweigepflicht* und Vertrauensverhältnis erscheinen für den Neuropsychologen ebenso unverzichtbar wie die *Aufklärungspflicht*. Die bei der Abfassung von Berichten und Gutachten ethisch gebotene *Sorgfaltspflicht* erweist sich in der klinischen Praxis möglicherweise als nicht immer gewährleistet, da z.B. die Auswahl von Tests häufig noch eher nach ökonomischen als nach psychometrischen Kriterien erfolgt. Für die Qualitätskontrolle bei der neuropsychologischen Behandlung sind ethisch im übrigen die gleichen Maßstäbe wie bei der psychotherapeutischen Behandlung anzulegen: dabei erscheint bei der Verpflichtung zu lebenslanger Fort- und Weiterbildung für den Neuropsychologen die *kontrollierte Fallsupervision* wichtig.

Die in der Berufsordnung aufgeführten Regeln zum *Datenschutz* lassen sich auch auf den Arbeitsbereich des Neuropsychologen übertragen. Im Hinblick auf die Anwendung ethischer Grundsätze auf die neuropsychologische Forschung bleiben dem Autor allerdings erhebliche Zweifel, ob eine Berufsordnung und eine Ethik-Kommission allein ausreichen, um bei schwierigen Fragestellungen in jedem Fall Würde und Persönlichkeitsrechte der betroffenen Patienten zu wahren: hier dürfte in vielen Fällen noch ein erhebliches Maß an Selbstbeschränkung notwendig sein.

Trotz der gelegentlichen Kritik, dass die *BDP-Berufsordnung* in ihrer Ausformulierung zu unklar und zu wenig konkret ist, z.B. bei Aufklärungs- und Sorgfaltspflicht, um im klinischen Alltag Entscheidungshilfen geben zu können, so erscheint doch ihre „praktische Brauchbarkeit" für den Neuropsychologen bei näherer Betrachtung darin zu liegen, dass ein erster verbindlicher ethischer Verhaltenskodex für den Neuropsychologen als Grundorientierung gegeben ist. Spezifizierungen und Verbesserungen – wie dies z.B. in den USA regelmäßig von Seiten der APA (1992) vorgenommen wird – erscheinen aber in der Zukunft notwendig.

Vorbemerkung

Ethische Grundsätze galten seit Menschengedenken – und nicht erst seit den Zeiten des Asklepios von Epidaurus oder des Hippokrates von Kos – als Richtschnur heilkundlicher Tätigkeit. Die diesen Grundsätzen innewohnenden Wertvorstellungen, wie Fürsorge, Verantwortung, Schadensabwehr oder Wohlergehen für den betroffenen Kranken, haben sich im Kern bis zum heutigen Tage erhalten. Auch für die noch junge Disziplin der Neuropsychologie als nicht ärztliche Heilkunde sind ethische Grundsätze unverzichtbar. Sie beinhalten eine elementare Basis für die eigenverantwortliche heilkundliche Tätigkeit des/der Neuropsychologen(in). Die Ausübung der (neuropsychologischen) Heilkunde ist dabei als Anwendung wissenschaftlicher Erkenntnisse, diagnostischer Methoden und Interventionen auf den Einzelfall des hirngeschädigten Patienten zum Zwecke von Linderung, Besserung oder sogar Heilung von neuropsychologischen Störungen mit Krankheitswert aufzufassen. Berufsethische Verpflichtungen wurden vom Berufsverband Deutscher Psychologen erstmals 1967 publiziert und dann 1986 durch die *Berufsordnung für Psychologen* abgelöst. Diese Berufsordnung beinhaltet im wesentlichen ethische Standards in Bezug auf *die Stellung zum Klienten/Patienten, die Stellung zu anderen Berufsgruppen, die Ausstellung von Berichten und Gutachten, den Umgang mit Dateien, Werbemaßnahmen und das Verhalten für in Forschung und Lehre Tätige.*

Wenn nun der Gründungsvater der experimentellen Psychologie, Wilhelm Wundt (1887) in einer moralphilosophischen Streitschrift davon spricht, dass *„der Prüfstein einer jeden Ethik ihre praktische Brauchbarkeit ist"* so läßt sich dies auch leicht auf berufsethische Prinzipien heilkundlicher, d.h. neuropsychologischer Tätigkeit beziehen. Insofern sollen nachfolgend die in der Berufsordnung für Psychologen (BDP, 1986) enthaltenen berufsethischen Grundsätze auf ihre praktische Brauchbarkeit in der Klinischen Neuropsychologie hin überprüft und auch an aktuellen Beispielen erläutert werden.

Berufsbezeichnung

Laut Berufsordnung führt die Bezeichnung „Psychologe" derjenige, der über ein abgeschlossenes Hauptfachstudium der Psychologie verfügt. Die Bezeichnung „Klinischer Neuropsychologe/in GNP", die keine rechtliche Verbindlichkeit hat und lediglich eine spezielle Weiterbildung ausdrückt, führt derjenige Diplom-Psychologe[1], der mit Erfolg eine

---

[1] Zur Vereinfachung der Schreibweise werden im weiteren Text keine geschlechtsspezifischen Doppelbezeichnungen mehr verwendet. Bei jeder Angabe sind jeweils beide Geschlechter gemeint.

postgraduierte Weiterbildung nach dem Curriculum der GNP (1995) abgeschlossen hat. Über das Berufsbild des Klinischen Neuropsychologen liegt mittlerweile auch eine ausführliche Tätigkeitsbeschreibung vor (vgl. Dick et al.,1996).

Stellung zu Klienten/Patienten

Aufgrund seines heilkundlichen Auftrages ist das Verhältnis des Neuropsychologen zum Klienten/Patienten durch ein besonderes *Vertrauensverhältnis* geprägt. Der Wert dieses Vertrauensverhältnisse kann gar nicht hoch genug eingeschätzt werden, da nur auf einer solchen Basis Heilerfolge möglich sind und tragfähige, vertrauensvolle persönliche Beziehungen erst die Grundlage für erfolgreiche psychotherapeutische Prozesse darstellen.

Das für die Behandlung so wichtige Vertrauensverhältnis erscheint im Grunde erst durch die *Schweigepflicht* (§203 StGB) möglich, wobei diese zu den *elementarsten Standespflichten* eines jeden Psychologen und Therapeuten zählt. Selbst in schwierigen Einzelfällen, etwa bei der möglichen Abwendung von weiterem sexuellem Mißbrauch von Abhängigen (vgl. Keßler, 1997), wird von juristischer Seite aus bez. der Einhaltung der Schweigepflicht wenig Ermessensspielraum zugebilligt. Auch das Bundesverfassungsgericht scheint die Bedeutung der „ärztlichen Schweigepflicht" zu würdigen, wenn es in einem Beschluß vom März 1972 feststellt

„Wer sich in ärztliche Behandlung begibt, muss und darf erwarten, dass alles, was der Arzt im Rahmen seiner Berufsausübung über seine gesundheitliche Verfassung erfährt, geheim bleibt und nicht zur Kenntnis Unbefugter gelangt. Nur so kann zwischen Patient und Arzt jenes Vertrauen entstehen, das zu den Grundvoraussetzungen ärztlichen Wirkens zählt, weil es die Chance der Heilung vergrößert und damit der Aufrechterhaltung einer leistungsfähigen Gesundheitsfürsorge dient" (zitiert n. Mönning et al.,1997, S. 69).

Auch der Neuropsychologe ist verpflichtet, über alle ihm anvertrauten Tatsachen zu schweigen (§ 203 StGB). Jedoch sind im Bereich der Neuropsychologie Ausnahmen denkbar, in denen „ein höherwertiges Rechtsgut" bedroht ist. Dies läßt sich am Beispiel der Fahreignungsdiagnostik erläutern, wo z.B. durch einen als nicht fahrtüchtig begutachteten Patienten eine Gefährdung anderer durch unverantwortliches Fahren eintreten kann und der Gutachter in eine Notstandslage („Offenbarungsrecht vs. Schweigepflicht") gerät. Dies stellt sicherlich eine Extremsituation des übergesetzlichen Notstandes (ultima ratio) dar, verdeutlicht aber auch die Verantwortung des Psychologen anderen gegenüber (vgl. Mönning et al., 1997). Im übrigen gilt die Schweigepflicht natürlich auch gegenüber den engsten Angehörigen, was im Falle von notwendigen Fremdanamnesen in Form entsprechender Einwilligung der Betroffenen zu beachten ist.

Eng verbunden mit dem Vertrauensverhältnis erscheint beim Umgang mit dem Klienten/Patienten auch die *Aufklärungspflicht* des Neuropsychologen dem betroffenen Patienten gegenüber. Sie beginnt bereits bei der Durchführung psychodiagnostischer Routineuntersuchungen, beinhaltet auch die Aufklärung über die erhaltenen Befunde sowie deren Konsequenzen für den Betroffenen und erstreckt sich dann weiterhin auf die Information zu eventuell notwendigen Behandlungsmaßnahmen. Im Einzelfall, z.B. bei Aufklärung über kritische Testbefunde im Hinblick auf eine mögliche belastende Diagnose, kann diese Aufklärungspflicht natürlich sehr viel Fingerspitzengefühl und enge Abstimmung mit dem behandelnden Arzt (vgl. auch Seite 754) erfordern. Nach Rechtslage obliegt natürlich die Krankheitsaufklärung – abgesehen von der diagnostischen Wertigkeit diverser neuropsychologischer Befunde – dem Neurologen (vgl. auch Clementsen, 1992). Im übrigen dürften die im Rahmen von psychotherapeutischen Curricula erlernten „Basisfertigkeiten", wie etwa die uneingeschränkte Wertschätzung, Empathie und Echtheit in der klientenzentrierten Gesprächspsychotherapie n. Rogers, dem Neuropsychologen im adäquaten (d.h. auch

ethisch vertretbaren) Umgang mit schwierigen hirngeschädigten Patienten eine große Hilfe sein. Schließlich ist in der Stellung zum Klienten/Patienten auch noch die *Wahrung der Unabhängigkeit* (d.h. der Ausschluß einer persönlichen Bindung) zu beachten. Dieser Maßstab erscheint angesichts der in den letzten Jahren öffentlich verstärkt bekannt gewordenen Fälle von sexuellem Missbrauch von Abhängigen auch für die Neuropsychologie nicht ganz unwichtig.

Die Sorgfaltspflicht bei der Abfassung von Berichten und Gutachten

In der Berufsordnung wird bei der Erstellung von Gutachten für externe Auftraggeber von einer besonderen Sorgfaltspflicht ausgegangen. So trivial und verständlich eine solche Forderung auf den ersten Blick erscheinen mag, um so schwieriger stellt sich aber häufig seine praktische Umsetzbarkeit in der neuropsychologischen Diagnostik heraus.

Der Neuropsychologe orientiert sich bei der Abfassung von Berichten und Gutachten an wissenschaftlichen und fachlichen Standards, wobei seine durch postgraduierte Weiterbildung geförderte Kompetenz u.a. auch durch die Verpflichtung zu lebenslanger Fortbildung erhalten wird (vgl. Präambel zur Berufsordnung). Dies erscheint angesichts der Tatsache, dass Berichte und Gutachten über hirngeschädigte Patienten für den Betroffenen im Einzelfall erhebliche Konsequenzen haben (z.B. bei der Indikation eines Funktionstrainings bei Begutachtungen von Fahreignung, Arbeitsfähigkeit oder Sorgerecht) evident, plausibel und selbstverständlich.

Allerdings erscheint die diagnostisch-gutachterliche Praxis noch nicht in allen Bereichen solchen Forderungen zu entsprechen: solange noch aktuelle Umfragen zum Einsatz psychologischer Testverfahren in der Praxis (vgl. Steck, 1997) aufzeigen, dass für den Testanwender die Auswahl eher nach ökonomischen als nach psychometrischen Kriterien erfolgt, weist das nicht nur auf die Notwendigkeit ethischer Prinzipen im diagnostischen Prozess hin, sondern zeigt auch ein ethisches

Dilemma auf: der diagnostische Alltag scheint eher von zeitökonomischen Zwängen als von psychometrischer Qualität bestimmt.

Auch im Bereich der expandierenden Demenzforschung (vgl. auch Kap. 6.2 und 6.3) erscheinen ethische Maßstäbe bei diagnostischen Untersuchungsmethoden angebracht, was durch ein Zitat aus einem einschlägigen Lehrbuch verdeutlicht werden soll:

„Es ist nicht besser, einen Patienten mit einem schlechten Kurzverfahren, wie etwa dem oberflächlichen „Mini-Mental-State" (Folstein et al., 1975) zu untersuchen, wenn die Möglichkeiten einer fachgerechten neuropsychologischen Untersuchung nicht oder nur schwer zu verwirklichen sind ... Auch auf anderen Gebieten der Medizin wird man nicht mehr auf vorwissenschaftliche Verfahren zurückgreifen, weil man wissenschaftlich begründete nicht beherrscht" (Poeck, 1989, S.339).

Qualitätssichernde Maßnahmen, die gleichermaßen für Diagnostik und Therapie gelten, stellen daher im Bereich der neuropsychologischen Diagnostik bei der rasanten Entwicklung des Faches innerhalb der Neurowissenschaften ein obligatorisches Muss dar. Die Zunahme umfangreicher und kritischer Testrezensionen in leicht zugänglichen Fachzeitschriften (z.B. Report Psychologie, Diagnostica, Zeitschrift für Neuropsychologie) mag das verdeutlichen, wobei mittlerweile auch verwendbare Beurteilungskriterien von Seiten des Testkuratoriums (1986) geschaffen wurden. Bei der Begutachtung bestimmter Fragestellungen, wie z.B. der Arbeitsfähigkeit bzw. Minderung der Erwerbsfähigkeit, kann sich der Neuropsychologe mittlerweile auch an Gutachten-Empfehlungen, die als Qualitätsstandard dienen, orientieren (Gesellschaft für Neuropsychologie, 1990).

Auch die in den letzten Jahren zu beobachtende verstärkte Entwicklung und Einsatz von computergestützten neuropsychologischen Testsystemen, u.a. auch im Bereich der Pharmakopsychologie, erfordert parallel zu deren Anwendung fortlaufend qualitätssichernde Maßnahmen, um nicht in die Grauzone der unseriösen und damit ethisch nicht vertretbaren

Diagnostik zu geraten (vgl. u.a. Lamberti & Linke, 1989; Linke & Lamberti, 1989). Schließlich muß in Zusammenhang mit der begrenzten Validität von Testinstrumenten auch immer wieder auf die notwendigerweise begrenzte Kompetenz des urteilenden bzw. diagnostizierenden Neuropsychologen hingewiesen werden, was besonders im *forensischen Bereich* von Bedeutung ist (vgl. Shapiro, 1988; Weiner, 1989). Im Hinblick auf die neuropsychologische Gutachtenerstellung erscheint es ethisch von grundsätzlicher Bedeutung, dass der begutachtende Psychologe für die Richtigkeit und Qualität seines Gutachtens haftet. Die Haftungsnormen, aufgrund derer der Neuropsychologe gegenüber seinen Patienten zu Schadensersatz verpflichtet sein kann, liegen im Behandlungs- bzw. Beratungsvertrag selbst, in den allgemeinen Bestimmungen zum Vertragsrecht des BGB sowie in den Bestimmungen über das Recht der unerlaubten Handlung (vgl. Pulverich (1996). So weist Pulverich (1996) darauf hin, dass das Werksvertragsrecht nach den §§ 631 ff. BGB anzuwenden ist, wenn ein Psychologe/Neuropsychologe einen bestimmten „Erfolg" wie die Erstellung und Lieferung eines Gutachtens schuldet. Bei fehlerhafter Werkleistung kann z.B. der Klient u.a. auch Nachbesserung, Wandlung (= Rückgängigmachung des Vertrages) oder Minderung (= Herabsetzung der Vergütung) gemäß § 634 BGB verlangen.

Qualitätskontrolle bei der neuropsychologischen Behandlung

Von Seiten des Gesetzgebers ist die Qualitätssicherung in der Psychotherapie bereits seit dem 1.1.1989 im Fünften Sozialgesetzbuch (SGB V § 135 ff.) verankert (vgl. Fiegenbaum et al., 1997), jedoch sind für die Umsetzung der gesetzlichen Richtlinien für das jeweilige Fachgebiet im Gesundheitswesen Modelle erforderlich, die Rahmenbedingungen und Ziele dieses Fachgebietes berücksichtigen. Im Hinblick auf die Anwendung neuropsychologischer Behandlungsprogramme wäre es somit auch Aufgabe eines entsprechenden postgraduierten Curriculums, Rahmenbedingungen zu benennen und Behandlungsziele bzw. Behandlungsstandards zu definieren. Prinzipiell gelten aber für die neuropsychologische Behandlung die gleichen ethischen Grundsätze wie im Fall der psychotherapeutischen Behandlung. In der psychotherapeutischen Qualitätskontrolle haben sich im Hinblick auf eine Bewertung inzwischen drei Ebenen herausgebildet (vgl. Schulte, 1993), nämlich Struktur-, Prozess- und Ergebnisqualität (s.a. Kap. 2.5). Während sich Strukturqualität auf die Ausstattung der Institution sowie die Ausbildung und Qualifikation der dort tätigen Fachkräfte bezieht, zielen Prozess- und Ergebnisqualität auf die Qualität der Behandlungsmaßnahmen selbst. Trotz der Schwierigkeit, valide, praktikable und überprüfbare Kriterien für diese Bereiche zu finden, lassen sich ad hoc für den Bereich der Neuropsychologie explorativ einige Vorschläge machen, die in Tabelle 1 zusammengefasst sind.

Im klinischen und rehabilitativen Alltag ist der Neuropsychologe bei der Indikation und Anwendung bestimmter Behandlungsprogramme – mögen Sie nun Wahrnehmungs-, Aufmerksamkeits- oder Gedächtnisstörungen betreffen – derzeit allerdings noch in einer eher schwierigen Situation, da evaluierte und überprüfte, d.h. ethisch vertretbare Behandlungsprogramme – etwa im Gegensatz zu bereits evaluierten Behandlungsprogrammen aus der Psychotherapieforschung – immer noch nicht ausreichend verfügbar sind. Im Falle von hirngeschädigten Patienten – die über Art, Zweck, Dauer, Erfolgsaussichten und Risiken einer Behandlung natürlich auch aufzuklären sind (Aufklärungspflicht!) – sind neben der Qualität der eingesetzten Programme von ethischer Seite aus auch mögliche *Kunstfehler*, z.B. gegen das Persönlichkeitsrecht, zu beachten (vgl. Sponsel, 1997). Dies bedeutet, dass z.B. *Behandlungsziele gegen den Willen des Patienten* verfolgt werden. Gerade in der klinischen Neuropsychologie erscheint es daher wichtig, „mit der Hirnschädigung und nicht gegen sie zu arbeiten" (vgl. Mattes-von Cramon & von Cramon, 1995). Praktisch impliziert dies in der Regel die Behandlungsstrategie, auf erhaltenen Hirnleistungen zur Kompensation irreversibler Defizite aufzubauen, was zuvor entsprechend ressourcenorientierte Diagnostik erfordert (vgl. z.B. die Kap. 3.1 und 3.4).

Aufgrund der noch begrenzten in ihrer Wirksamkeit wissenschaftlich evaluierten Behandlungsprogramme erscheint es zur Sicherung der Qualitätskontrolle besonders wichtig, dass sich der ambulant und stationär tätige Klinische Neuropsychologe regelmäßig einer *Fallsupervision* unterzieht, um bei schwierigen oder stagnierenden Behandlungsverläufen ein besonderes Augenmerk auf *Technikvariablen* (z.B. fehlerhafte Methoden durch unzureichende Diagnostik), auf *Patientenvariablen* (Fehlende Motivation, Abwehr, Überforderung etc.) und auf *Behandlervariablen* (Kompetenzbeschränkung) richten zu können. Auch den Kostenträgern gegenüber (z.B. Krankenkassen, Rentenversicherungsträger etc.) wird es in Zukunft verstärkt notwendig werden, die Effektivität und Wirksamkeit von Behandlungsprogrammen entsprechend zu dokumentieren.

Tabelle 1. Kriterien zur Qualitätskontrolle der neuropsychologischen Behandlung

Strukturqualität	**Prozessqualität**	**Ergebnisqualität**
– Ausstattung von diagnostisch und therapeutisch einsetzbaren Geräten (Computer u.ä.) – Verfügbarkeit von Therapiematerial – Verfügbarkeit von qualifiziertem Personal im Hinblick auf die Therapiedichte	– Intermittierende Überprüfung von Therapiezielen (War das bisherige Ziel realistisch oder muss es neu definiert werden?) – Überprüfung von Motivation und Compliance beim Patienten – Supervisionsmöglichkeit auf Seiten des Behandlers	– Prä-Post-Test-Vergleich bestimmter kognitiver oder affektiver Funktionen – Befindlichkeitseinschätzungen – Fremdrating zu Verhaltensänderungen (durch vertraute Angehörige)

Umgang mit Daten

Der *Datenschutz* dient dem Zweck, den einzelnen davor zu schützen, dass er im Umgang mit seinen personenbezogenen Daten (§ 3 Abs.1 BDSG) in seinem *Persönlichkeitsrecht* beeinträchtigt wird (vgl. Pulverich, 1996). Der sorgsame und verantwortungsvolle Umgang mit patientenbezogenen Daten, der eng mit der bereits erwähnten Schweigepflicht verbunden ist, stellt daher eine weitere ethische Grundforderung für den Neuropsychologen dar. Dies betrifft alle auf unterschiedlichste Bild-, Ton- und Schriftträger gespeicherten personenbezogenen Daten. Beim Einsatz von computergestützten Testbatterien oder bei Verhaltensaufzeichnungen mit Video-Technik muss sichergestellt sein, dass eine personbezogene Speicherung nur mit Zustimmung des Klienten/Patienten erfolgt und ausschließlich wissenschaftlichen Zwecken oder später notwendigen diagnostischen/therapeutischen Verlaufskontrollen dient. Im Hinblick auf die Speicherung wichtiger klinischer Daten wird in Kliniken und Rehabilitationseinrichtungen unter Beachtung einschlägiger Datenschutzbestimmungen bisher so verfahren, dass z.B. diagnostische Befunde bzw. Testunterlagen mindestens 10 Jahre lang entsprechend gesichert aufgehoben und dann nach Bedarf vernichtet werden können. Dies gilt auch analog für die Speicherung mit elektronischer Datenverarbeitung (vgl. Pulverich, 1996). In den Vereinigten Staaten wird mit 15 Jahren für eine deutlich längere Aufbewahrungszeit plädiert (Binder & Thompson, 1995).

Stellung zu anderen Berufsgruppen

Gemäß ihrem Selbstverständnis versteht sich die Neuropsychologie als interdisziplinäres Arbeitsgebiet, das besonders eng an der Schnittstelle von Biologie/Medizin und Psychologie/Verhaltenswissenschaft angesiedelt ist. Dies erfordert im klinischen wie auch ambulanten Bereich eine enge Kooperation mit den jeweils beteiligten Disziplinen bzw. Berufsvertretern (s. Kap. 9.1), was am Beispiel eines Schlaganfallpatienten mit multiplen Funktionsstörungen leicht zu erläutern ist: neben einer ärztlichen Betreuung mit evtl. medikamentöser Prophylaxe (Neurologe/Psychiater) wären im Falle von Lähmungen (Krankengymnastik), Sprachstörungen (Neurolinguistik) und kognitiven sowie affektiven Einbußen (Neuropsychologie) immerhin noch drei weitere verschiedene berufliche Kompetenzen gefordert. Die Kooperation mit anderen Berufsgruppen ergibt sich aus dem Störungsbild des betroffenen Patienten selbst. Wallesch und Herrmann (1997) beschreiben Aufgaben, Funktionen und Ausbildungsgänge der im multiprofessionellen Rehabilitationsteam beteiligten Berufsgruppen – wie Neurologen, Klinische Neuropsychologen, Physiotherapeuten, Ergotherapeuten, Logopäden, Rehabilitationsschwester/-pfleger und Sozialarbeiter – sehr ausführlich und gehen auch auf deren eigenverantwortliche Tätigkeitsbereiche ein. Dabei werden von den Autoren jeweils auch die von der Reha-Kommission des VdR vorgegebenen Personalschlüssel von Berufsgruppe und Patienten erwähnt. Der klinische Neuropsychologe, der im interdisziplinären Rehateam nun eine wichtige Position einnimmt, ist aus ethischer Sicht aber gehalten, die für die Optimierung des Behandlungsverlaufes notwendige Kooperation in Form von regelmäßigem Informationsaustausch zu gewährleisten. Dass allerdings berufspolitische Aspekte oder konkurrierende Rollen diese Kooperation beeinträchtigen können, gehört zu den Selbstverständlichkeiten des klinischen Alltags. Es erscheint in diesem Zusammenhang auch erwähnenswert, dass sogar der Gesetzgeber bei manchen Fragestellungen eine Kooperation vorsieht: so ist z.B. bei der Wiedererteilung der Fahrerlaubnis nach der StVZO die gemeinsame Erstellung eines medizinisch-psychologischen Gutachtens, an der Mediziner und Psychologe gleichberechtigt beteiligt sind, vorgeschrieben. Im Falle von hirngeschädigten Patienten betrifft diese Kooperation dann den Neurologen/Psychiater und den Neuropsychologen.

Ethik in Forschung und Lehre

Während die Beachtung ethischer Grundsätze in der Lehre und bei der Vermittlung neuropsychologischen Wissens relativ unproblematisch erscheint, ergeben sich hingegen in bestimmten neuropsychologischen Forschungsgebieten konfliktreiche Berührungspunkte. Dies soll kurz an einem aktuellen Beispiel erläutert werden, nämlich am Problem der „*Einwilligungsunfähigkeit*" in der Demenzforschung.

Die starke Zunahme dementieller Erkrankungen in den letzten Jahren führte fast zwangsläufig zu erhöhter Forschungsaktivität, besonders in Zusammenhang mit Früherkennungsmethoden (vgl. auch Helmchen et al., 1989; Helmchen, 1995). Während sich ethische Konflikte häufig schon dadurch ergeben, dass zwischen dem Wohl des älteren Patienten und dem *Recht auf Selbstbestimmung* im Einzelfall abzuwägen ist, kommt bei bereits dement erkrankten Patienten oft das Problem der Einwilligungsfähigkeit hinzu, was z.B. bei Teilnahme an pharmakologischen Behandlungsstudien mit ungewissem Ausgang nicht unerheblich ist. So weist z.B. Bülau (1996) besonders auf die auf der ärztlichen Aufklärung beruhende Einwilligung des Patienten als unentbehrliche Grundlage für die rechtliche Zulässigkeit eines ärztlichen Eingriffs hin. Bei Fehlen dieser Voraussetzung sieht die Autorin bei vielen dementen, bewusstseinsgetrübten oder aphasischen Patienten stark eingeschränkte Forschungsmöglichkeiten. In diesem Zusammenhang verweist Bülau (1996) auch auf die ethisch und rechtlich problematische Unterstellung der „mutmaßlichen Einwilligung" (nach § 41 Nr. 7 des Arzneimittelgesetzes möglich) bei der Akutbehandlung von Schlaganfallpatienten hin, wenn bei diesen ein medikamentöser Therapiebeginn innerhalb von 90 Minuten nach dem Ereignis wünschenswert ist. Das Problem des nicht einwilligungsfähigen Patienten wird von Klinikern und Forschern häufig durch Bevollmächtigung von Angehörigen in gesundheitlichen Fragen oder aber durch Einrichtung einer Betreuung umgangen. In jedem Fall wird ethisch nach der notwendigen *Aufklärung* über zu erwartende Behandlungseffekte und mögliche unerwünschte Nebenwirkungen der mögliche Nutzen bzw. das verbleibende Risiko abzuwägen sein, was für Angehörige von Demenzkranken

u.U. eine schwierige Entscheidung darstellen kann. Das Recht auf Selbstbestimmung erscheint bei einem hirnorganisch erst leicht veränderten älteren Patienten, der vielleicht noch zusätzlich paranoide Ängste entwickelt hat und sich gegen jede Veränderung zu sperren scheint, möglicherweise besonders schwer zu akzeptieren zu sein, zumal bei eingeschränkter Compliance die Freiwilligkeit der Behandlung an ihre Grenzen stößt.

Andererseits ergeben sich auch im Bereich der neurochirurgischen Rehabilitationsforschung, z.B. bei Verlaufsstudien mit neurochirurgisch behandelten Temporallappenepileptikern oder bei der Nachbehandlung von neurochirurgisch behandelten Parkinson-Kranken, vielfältige ethische Fragen, die aber zunächst die Neuropsychologen nur am Rande tangieren dürften, es sei denn, dass sie als eigenverantwortlich Tätige aktiv in den Untersuchungsplan eingebunden sind. Dieser Bereich unterstreicht aber besonders deutlich die Notwendigkeit von klaren ethischen Grundsätzen bzw. von Ethik-Kommissionen (neben dem Bundesausschuß „Berufsethik" des BDP existiert auch eine *Ethik-Kommission* von Seiten der Deutschen Gesellschaft für Psychologie), die im Falle von Hirngewebstransplantationen natürlich zunächst die Medizin bzw. Neurochirurgie betreffen. So weist z.B. Linke (1991) im Falle von Hirngewebstransplantation besonders auf die Gefahr hin, dass durch verpflanztes Hirngewebe das gesamte System des Empfängerhirns schwerwiegend verändert wird. Da aber der Neurotransplantation gute Zukunftschancen zur Behandlung auch anderer Hirnkrankheiten (Alzheimer, Chorea Huntington, Multiple Sklerose) eingeräumt werden (vgl. Linke, 1991) ist die ethische Diskussion hierüber im Fluss. Im Zeitalter der Gentechnologie bzw. der aufkommenden Gentherapie sollten daher in den Neurowissenschaften tätige und forschende Psychologen besonders wachsam sein, was die Sicherung von Würde und Persönlichkeitsrechten von hirngeschädigten Patienten betrifft.

Die Ehrengerichtsbarkeit

In der Berufsordnung des BDP e. V. ist auch eine Schieds- und Ehrengerichtsordnung festgeschrieben, der alle Mitglieder unterliegen. Das Ehrengericht des BDP e. V. ist zur Wahrung und Sicherung der Berufsehre und der berufsständischen Verpflichtungen der Diplom-Psychologen, die sich aus den allgemeinen Gesetzen und der Berufsordnung für Psychologen ergeben, eingerichtet. Obgleich es Hinweise gibt, dass Berufsethik und die zur Durchsetzung initiierten Ehrengerichtsverfahren weniger dazu dienen, Missbräuche bei der Ausübung psychologischer Berufstätigkeit zu verhindern als die Seriösität standespolitischer Bemühungen gegenüber der Öffentlichkeit zu demonstrieren (vgl. Stech, 1986), erscheint die Akzeptanz dieser Gerichtsbarkeit von Seiten der Neuropsychologie aus Gründen einer ethischen Selbstkontrolle auf jeden Fall sinnvoll und angebracht.

Literaturverzeichnis

Aarts, J.H.P., Binnie, C.D., Smit, A.M. & Wilkins, A.J. (1984). Selective cognitive impairment during focal and generalized epileptiform EEG activity. *Brain*, 107, 293-308.

Ackermann, H., Gräber, S., Hertrich, I. & Daum, I. (1997). Categorical speech perception in cerebellar disorders. *Brain and Language, 60,* 323-331.

Ackermann, H. & Wildgruber, D. (1997). Der Beitrag des Stirnhirns zur Sprachproduktion. *Neurolinguistik, 11,* 77-119.

Ackermann, H. & Ziegler, W. (1992). Die zerebelläre Dysarthrie: Eine Literaturübersicht. *Fortschritte der Neurologie und Psychiatrie, 60,* 28-40.

Adams, K.M. & Rourke, B.P. (1992). *The TCN Guide to professional practice in clinical neuropsychology.* Amsterdam: Swets & Zeitlinger.

Adams, M.A. & Ferraro, F.R. (1997). Acquired immunodeficiency syndrome dementia complex. *Journal of Clinical Psychology, 53,* 767-778.

Ader, R., Cohen, N. & Felten, D. (1995). Psychoneuroimmunology: Interactions between the nervous system and the immune system. *Lancet,* 345, 99-103.

Aguayo, A.J. (1985). Axonal regeneration from injured neurons in the adult mammalian central nervous system. In C.W. Cotman (Ed.), *Synaptic plasticity* (pp. 457-484). New York: The Guilford Press.

Aguirre, G.K. & Desposito, M. (1997). Environmental knowledge is subserved by separable dorsal/ventral neural areas. *Journal of Neuroscience, 17,* 2512-2518.

Aichner, F. (1984). Die Phänomenologie des nach Klüver und Bucy benannten Syndroms beim Menschen. *Fortschritte der Neurologie, Psychiatrie und ihrer Grenzgebiete, 52,* 375-397.

Alajouanine, T., Ombredane, A. & Durand, M. (1939). *Le syndrome de désintégration phonétique dans l'aphasie.* Paris: Masson.

Albert, M.L. (1998). Treatment of aphasia. *Archives of Neurology, 55,* 1417-1419.

Albert, M.L., Feldman, R.G. & Willis, A.L. (1974). The 'subcortical dementia' of Progressive Supranuclear Palsy. *Journal of Neurology, Neurosurgery, and Psychiatry, 37,* 121-130.

Albert, M.L., Goodglass, H. & Helm, N.A. (1981). *Clinical aspects of dysphasia.* Wien: Springer.

Albert, M.S. (1988). Cognitive function. In M.S. Albert & M.B. Moss (Eds.), *Geriatric Neuropsychology.* New York: Guilford Press.

Aldenkamp, A.P. (1997). Effect of seizures and epileptiform discharges on cognitive function. *Epilepsia,* 38, 52-55.

Alderman, N. (1996). Central executive deficit and response to operant conditioning methods. (1996). *Neuropsychological Rehabilitation, 6,* 161-186.

Alderman, N. & Burgess, P.W. (1990). Integrating cognition and behaviour: A pragmatic approach to brain injury rehabilitation. In R.L. Wood & I. Fussey (Eds.), *Cognitive rehabilitation in perspective* (pp. 204-228). London: Taylor & Francis.

Alderman, N. & Burgess, P. (1994). A comparison of treatment methods for behaviour disorder following herpes simplex encephalitis. *Neuropsychological Rehabilitation, 4,* 31-48.

Alderman, N. Fry, R.K. & Youngson, H.A. (1995). Improvement of self-monitoring skills, reduction of behaviour disturbance and the dysexecutive syndrome: Comparison of response cost and a new programme of self-monitoring training. *Neuropsychological Rehabilitation, 5,* 193-221.

Alexander, G., DeLong, M.R. & Strick, P.L. (1986). Parallel organization of functionally segregated circuits linking basal ganglia and cortex. *Annual Review of Neuroscience, 9,* 357-381.

Alexander, M.P. (1992). Neuropsychiatric correlates of persistent postconcussive syndrome. *Journal of Head Trauma Rehabilitation, 7,* 60-69.

Alexander, M.P. (1998). In the pursuit of proof of brain damage after whiplash injury. *Neurology, 51,* 336-340.

Allen, K. & McKeen, L. (1991). Home-based multicomponent treatment of pediatric migraine. *Headache, 31,* 467-472.

Allport, G. W. (1937). *Personality: A psychological interpretation.* New York: Holt.

Allport, D.A. (1980). Attention and performance. In G.L. Claxton (Ed.), *New directions in cognitive psychology.* London: Routledge.

Altenkirch, H., Hopmann, D., Brockmeier B. & Walter, G. (1996). Neurological investigation in 23 cases of the pyrethroid intoxication reported to the German Federal Health Office. *Neurotoxicology, 17,* 645-652.

Altenkirch, H., Mager, J., Stoltenburg, G. & Helmbrecht, J. (1977). Toxic polyneuropathies after sniffing a glue thinner. *Journal of Neurology, 214,* 137-143.

Amato, M.P., Ponziani, G., Pracucci, G., Bracco, L., Siracusa, G. & Amaducci, L. (1995). Cognitive impairment in early-onset multiple sclerosis. *Archives of Neurology, 52,* 168-172.

American Academy of Neurology AIDS Task Force (1991). Nomenclature and research case definitions for neurologic manifestations of the human immunodeficiency virus-type 1 (HIV-1) infection. *Neurology, 41,* 778-785.

American Congress of Rehabilitation Medicine (1992). *Guide to interdisciplinary practice in rehabilitation settings.* Skokie, IL.

American Psychiatric Association. (1994). *Diagnostic and statistical manual of mental disorders (4th ed).* Washington, DC: American Psychiatric Press.

American Psychological Association (1992). Ethical principles of psychologists and code of conduct. *American Psychologist, 47,* 1597-1611.

Amunts, K., Schlaug, G., Jäncke, L., Steinmetz, H., Schleicher, A. & Zilles, K. (1997). Hand skills covary with the size of motor cortex: A macro-structural adaptation. *Human Brain Mapping, 5,* 206-215.

Anastasi, A. (1968). *Psychological testing.* New York: Macmillan Publishing Co., Inc.

Andersen, G. (1995). Treatment of uncontrolled crying after stroke. *Drugs and Aging, 6,* 105-111.

Andersen, R.A. (1995). Encoding of intention and spatial location in the posterior parietal cortex. *Cerebral Cortex, 5,* 457-469.

Anderson, J.R.& Lebiere, Ch. (1998). *The atomic components of thought.* Mahwah NJ: Lawrence Erlbaum Associates.

Annett, M. (1992). Five tests of hand skill. *Cortex, 28,* 583-600.

Annett, M. (1996). The right shift theory of a genetic balanced polymorphism for cerebral dominance and cognitive processing. *Current Psychology of Cognition, 14,* 427-480.

Appollonio, I.M., Grafman, J., Schwartz, V, Massaquoi, S. & Hallett, M. (1993). Memory in patients with cerebellar degeneration. *Neurology, 43,* 1536-1544.

Arbeitsgruppe Neurologische Rehabilitation des VDR (1994). *Weiterentwicklung der neurologischen Rehabilitation: Teil I: Versorgungsdefizite, Phasenkonzept, Frührehabilitation.* Frankfurt: VDR.

Arlien-Söborg, P. (1992). *Solvent neurotoxicity.* Boca Raton: CRC-Press.

Arnett, P.A., Rao, S.M., Bernardin, L.,Grafman, J., Yetkin, F.Z. & Lobeck, L. (1994). Relationship between frontal lobe lesions and Wisconsin Card Sorting Test performance in patients with multiple sclerosis. *Neurology, 44, 4.*

Arnold, U. & Pössl, J. (1993). Psychopathologische Diagnostik. In D.Y. v. Cramon, N. Mai & W. Ziegler (Eds.), *Neuropsychologische Diagnostik.* Weinheim: VCH.

Arnsten, A.F.T. (1998). Catecholamine modulation of prefrontal cortical cognitive function. *Trends in Cognitive Sciences, 2,* 436-447.

Arokiasamy, C.V. & Millington, M.J. (1994). The many stakeholders in return to work. *NeuroRehabil, 4,* 45-52.

Arokiasamy, C.V., Robertson, J.E., & Guice, S.E. (1993). Effective strategies for directing and managing change in the rehabilitation setting. In

C.J. Durgin, N.D. Schmidt & L.J. Fryer (Eds.), *Staff development and clinical intervention in brain injury rehabilitation.* Gaithersburg, ML, Aspen.

Aronson, A.E. (1985). *Clinical voice disorders. An interdisciplinary approach.* 2nd ed. Stuttgart: Thieme.

Artola, A. & Singer, W. (1993). Long-term depression of excitatory synaptic transmission and its relationship to long-term potentiation. *Trends in Neuroscience, 16,* 480-487.

Aston-Jones, G., Chiang, C. & Alexinsky, T. (1991). Discharge of noradrenergic locus coeruleus neurons in behaving rats and monkeys suggests a role in vigilance. In C.D. Barnes & O. Pompeiano (Eds.), *Progress in brain research, Vol. 88.* (pp. 501-520). Amsterdam: Elsevier.

Åström, M., Adolfsson, R. & Asplund, K. (1993). Major depression in stroke patients – A 3-year longitudinal study. *Stroke, 24,* 976-982.

Atkinson, R.C. & Shiffrin, R.M. (1968). Human memory: A proposed system and its control processes. In Spence, K.W. (Ed.), *The psychology of learning and motivation: Advances in research and theory, Vol. 2.* (pp. 89-195). New York: Academic Press.

Babineau, J.L. (1998). The value of early placement in a supported employment program for individuals with traumatic brain injury. *Work, 10,* 137-146.

Babinsky, R. & Markowitsch, H.J. (1996). Lernen in neuronalen Strukturen. In J. Hoffmann & W. Kintsch (Eds.), *Enzyklopädie der Psychologie, Band C/II/7: Lernen* (pp. 1-84). Göttingen: Hogrefe.

Baddeley, A.D. (1986). *Working memory* . Oxford: Clarendon Press.

Baddeley A.D. (1995). The psychology of memory. In A.D. Baddeley, B.A. Wilson & F.N. Watts (Eds.), *Handbook of memory disorders* (pp. 3-25). Chichester: Wiley.

Baddeley, A.D. (1997). *Human memory: Theory and practice (revised edition).* Hove: Psychology Press.

Baddeley, A.D., Bressi, S. & Della Sala, S. (1991). The decline of working memory in Alzheimer's disease. *Brain, 113,* 2521-2642.

Baddeley, A.D. & Hitch, G. (1974). Working memory. In G.A. Bower (Ed.), *Recent advances in motivation and learning, Vol. 8 (*pp. 47-90). New York: Academic Press.

Baddeley, A.D. & Wilson, B.A. (1994). When implicit learning fails: Amnesia and the problem of error elimination. *Neuropsychologia, 32,* 53-68.

Bahrs, O. (1994). *Ärztliche Qualitätszirkel.* Köln: Deutscher Ärzteverlag.

Bailey, C.H. & Kandel, E.R. (1993). Structural changes accompanying memory storage. *Annual Revue of Physiology, 55,* 397-426.

Bakheit, A.M.O. (1996). Effective teamwork in rehabilitation. *International Journal of Rehabilitation Research, 19,* 301-306.

Baldeweg, T., Catalan, J., Pugh, K., Gruzelier, J., Lovett, E., Scurlock, H., Burgess, A., Riccio, M. & Hawkins, D. (1997). Neurophysiological changes associated with psychiatric symptoms in HIV-infected individuals without AIDS. *Biological Psychiatry, 41,* 474-487.

Baldeweg, T. & Gruzelier, J.H. (1997). Alpha EEG activity and subcortical pathology in HIV infection. *International Journal of Psychophysiology, 26,* 431-442.

Baltes, P.B. (1990). Entwicklungspsychologie der Lebensspanne: Theoretische Ansätze. *Psychologische Rundschau, 41,* 1-23.

Baltissen, R. & Sartory, G. (1998). Orientierungs-, Defensiv- und Schreckreaktionen. Grundlagenforschung und Anwendung. In F. Rösler (Ed.), *Enzyklopädie der Psychologie: Themenbereich C Theorie und Forschung, Serie 1 Biologische Psychologie, Band 5 Ergebnisse und Anwendungen der Psychophysiologie* (pp. 1-45). Göttingen: Hogrefe.

Barbieri, C. & De Renzi, E. (1988). The executive and ideational components of apraxia. *Cortex, 24,* 535-544.

Barbizet, J., Bindefeld, N., Moaty, F. & Le Goff, P. (1967). Persistances de possibilites de calcul elementaire au cours des aphasies massives. *Revue Neurologique, 116,* 170-178.

Barker, A.T., Freeston, I.L. & Jalinous, R. (1985). Noninvasive magnetic stimulation of human motor cortex. *Lancet, 2,* 1106-1107.

Barnes, J. (1974). Effect of reality orientation classroom on memory loss, confusion and disorientation in geriatric patients. *Gerontologist, 14,* 138-142.

Barre, N. (1926). Sur un syndrome sympathique cervical postérieur et sa cause fréquente, l'arthrite cervical. *Revue Neurologique, 33,* 1246-1248.

Bartenstein, P.A., Duncan, J.S., Prevett, M.C., Cunningham, V.J., Fish, D.R., Jones, A.K., Luthra, S.K., Sawle, G.V. & Brooks, D.J. (1993). Investigation of the opioid system in absence seizures with positron emission tomography. *Journal of Neurology, Neurosurgery, and Psychiatry 56,* 1295-1302.

Bartling, G., Echelmeyer, L., Engberding, M. & Krause, R. (1992). *Problemanalyse im therapeutischen Prozeß. Leitfaden für die Praxis* (3.Aufl.). Stuttgart: Kohlhammer.

Bartok, J.A., Martin, E.M., Pitrak, D.L., Novak, R.M., Pursell, K.J. Mullane, K.M. & Harrow, M. (1997). Working memory deficits in HIV-seropositive drug users. *Journal of the International Neuropsychological Society, 3,* 451-456.

Bärtschi-Rochaix, W. (1949). *Migraine cervicale, das encephale Syndrom nach Halswirbelsäulen-Trauma.* Bern: Huber.

Basso, A., Capitani, E., Della Sala, S., Laiacona, M. & Spinnler, H. (1987). Recovery from ideomotor apraxia – a study on acute stroke patients. *Brain, 110,* 747-760.

Basso, A., Faglioni, P. & Luzzatti, C. (1985). Methods in neuroanatomical research and an experimental study of limb apraxia. In E. A. Roy (Ed.), *Neuropsychological studies of apraxia and related disorders* (pp. 179-202). Amsterdam New York Oxford: North Holland.

Bauer, H., Birbaumer, N. & Rösler, F. (in press). Slow scalp recorded brain potentials, sensory processing and cognition. In P. Laming, Sykova, Reichenbach, Hatton, & H. Bauer (Eds.), *Glial cells and their role in behaviour.* Cambridge, Mass: Cambridge University Press.

Baumgarten, F. (1928). *Die Berufseignungsprüfungen. Theorie und Praxis.* München: Oldenbourg.

Bavry, J.L. (1991). *STAT-POWER: Statistical design analysis system – User's guide* (2nd ed.). Chicago IL: Scientific Software Inc.

Bayles, K.A. & Kaszniak, A.W. (1987). *Communication and cognition in normal aging and dementia.* Boston: Little, Brown.

Bayer-Feldmann, C. & Greifenhagen, A. (1995). Gruppenarbeit mit Angehörigen von Alzheimer-Kranken – ein systemischer Ansatz. *Psychotherapie, Psychosomatik, Medizinische Psychologie, 45,* 1-7.

Beauvois, M.F. (1982). Optic aphasia: A process of interaction between vision and language. *Philosophical Transactions of the Royal Society of London, B, 298,* 35-47.

Beatty, W.W., Goodkin, D., Beatty, P.A. & Monson, N. (1988). Anterograde and retrograde amnesia in patients with progressive multiple sclerosis. *Archives of Neurology, 45,* 611-619.

Beatty, W.W., Goodkin, D., Monson, N. & Beatty, P.A. (1990). Implicit learning in patients with chronic progressive multiple sclerosis. *International Journal of Clinical Neuropsychology, 12,* 166-172.

Beauchemin, M.J., Arguin, M. & Desmarais, G. (1996). Increased nonverbal Stroop interference in aging. *Brain & Cognition, 32,* 255-257.

Bechara, A., Damasio, H., Tranel, D. & Damasio, A.R. (1997). Deciding advantageously before knowing the advantageous strategy. *Science, Reprint Series, 275,* 1293-1295.

Bechara, A., Tranel, D., Damasio, H., Adolphs, R., Rockland, C. & Damasio, A.R. (1995). Double dissociation of conditioning and declarative knowledge relative to the amygdala and hippocampus in humans. *Science, 269,* 1115-1118.

Becker, H., Harrell, W.T. & Keller, L.(1993). A survey of professional and paraprofessional training needs for traumatic brain injury rehabilitation. *Journal of Head Trauma Rehabilitation, 8,* 88-101.

Bender, M. & Jung, R. (1948). Abweichungen der subjektiven optischen Vertikalen und Horizontalen bei Gesunden und Hirnverletzten. *Archiv für Psychiatrie, 181,* 193-212.

Benecke, R., Rothwell, J.C., Dick, J.P.R., Day, B.L. & Marsden, C.D. (1987). Disturbance of sequential movements in patients with Parkinson's disease. *Brain, 110,* 361-379.

Bengel, J. (1990). Empirische Kriteriumsanalyse am Beispiel der Evaluation eines Modellversuchs zur ärztlichen Gesundheitsberatung. In U. Koch & W.W. Wittmann (Eds.), *Evaluationsforschung – Bewertungsgrundlage von Sozial- und*

Gesundheitsprogrammen (pp. 125-133). Berlin: Springer.

Bengel, J. & Bührlen-Armstrong, B. (1997). Evaluationsforschung am Beispiel einer Präventionskampagne. In B. Strauß & J. Bengel (Eds.), *Forschungsmethoden der Medizinischen Psychologie (Jahrbuch der Medizinischen Psychologie, Bd. 14)* (pp. 77-97). Berlin: Springer.

Benkert, O. (1995). *Psychopharmaka: Medikamente, Wirkungen, Risiken.* München: Beck.

Benkert, O. & Hippius, H. (1998). *Kompendium der Psychiatrischen Pharmakotherapie.* Berlin: Springer.

Benson, D.F. (1994). *The neurology of thinking.* New York: Oxford University Press.

Benson, D.F. & Denckla, M.B. (1969). Verbal paraphasia as a source of calculation disturbance. *Archives of Neurology, 21,* 96-102.

Benson, D.F. & Greenberg, J.P. (1969). Visual form agnosia - a specific defect in visual discrimination. *Archives of Neurology, 20,* 82-89.

Benton, A.L. (1981). *Der Benton-Test.* Bern: Huber

Benton, A.L., Hamsher, K.D., Varney, N.R. & Spreen, O. (1983). *Contributions to neuropsychological assessment. A clinical manual.* Oxford: Oxford University Press.

Benton, A.L., Hamsher, K. deS, Varney, N.R. & Spreen, O. (1983). *Judgement of line orientation. Contributions to neuropsychological assessment.* New York: Oxford University Press.

Ben-Yishay, Y. (1996). Reflections on the evolution of the therapeutic mileu concept. *Neuropsychological Rehabilitation, 6,* 327-343.

Ben-Yishay, Y. & Gold, J. (1990). Therapeutic milieu approach to neuropsychological rehabilitation. In R.L. Wood (Ed.), *Neurobehavioral Sequelae of Traumatic Brain Injury.* New York: Taylor & Francis.

Ben-Yishay, Y. & Lakin, P. (1989). Structured group treatment for brain injury survivors. In D.W. Ellis & A.L. Christensen (Eds.). *Neuropsychological treatment after brain injury.* Boston: Kluwer Academic Publisher.

Ben-Yishay, Y., Piasetzky, B. B. & Rattok J.(1987). A systematic method for ameliorating disorders in basic attention. In M. J. Meier, A. L. Benton & L. Diller (Eds.), *Neuropsychological Rehabilitation.* Edinburgh: Churchill-Livingstone.

Ben-Yishay, Y. & Prigatano, G. P. (1990). Cognitive remediation. In M. Rosenthal, E. R. Griffith, M. R. Bond & J. D. Miller (Eds.), *Rehabilitation of the adult and child with traumatic brain injury* (pp. 393-409). Philadelphia: F. A. Davis.

Ben-Yishay, Y., Silver, S.M. Piasettsky, E. & Rattok, J. (1987). Relationship between employability and vocational outcome after intensive holistic cognitive rehabilitation. *Journal of Head Trauma Rehabilitation, 2,* 35-48.

Berg, E.A. (1948). A simple objective test for measuring flexibility in thinking. *Journal of General Psychology, 39,* 15-22.

Berg, I.J., Koning-Haanstra, M. & Deelman, B.G. (1991). Long-term effects of memory rehabilitation: A controlled study. *Neuropsychological Rehabilitation, 1,* 97-111.

Bergego, C., Bradat-Diehl, P., Taillefer, C. & Migeot, H. (1994). Evaluation et rééducation de l'apraxie d'utilisation des objets. In Le, D. Gall & G. Aubin (Eds.), *L'apraxie* (pp. 214-223). Marseille: SOLAL éditeurs.

Berger, H. (1921). *Psychophysiologie.* Jena: Fischer.

Berger, H. (1926). Über Rechenstörungen bei Herderkrankungen des Großhirns. *Archiv für Psychiatrie und Nervenkrankheiten, 78,* 238-263.

Berntson, G.G., Bigger, J.T., Eckberg, D.L., Grossman, P., Kaufman, P.G., Malik, M., Nagaraja, H.N., Porges, S.W., Soul, J.P., Stone, P.H. & van der Molen, M.W. (1997). Heart rate variability: Origins, methods, and interpretive caveats. *Psychophysiology, 34,* 623-648.

Berstad, J.R., Bærum, B., Löchen, E.A., Mogstad, T.E. & Sjaastad, O. (1975). Whiplash: Chronic organic brain syndrome without hydrocephalus ex vacuo. *Acta Neurologica Scandinavia, 51,* 268-284.

Berufsverband Deutscher Psychologinnen und Psychologen (1986). *Berufsordnung für Psychologen.* Bonn: Deutscher Psychologen Verlag GmbH.

Beukelmann, D. & Mirenda, P. (1999). *Augmentative and alternative communication.* Baltimore: Paul H. Brookes Publishing Co.

Bhatara, V., Arnold, L., Lorance, T. & Gupta, D. (1979). Muscle relaxation therapy in hyperkinesis: Is it effective? *Journal of Learning Disabilities, 12,* 49-53.

Bicik, I., Radanov, B.P., Schäfer, N., Dvorak, J., Blum, B., Weber, B., Burger, C., von Schulthess, G.K. & Buck, A. (1998). PET with 18-fluoro-deoxyglucose and hexamethylpropylene amine oxime SPECT in late whiplash syndrome. *Neurology, 51*, 345-350.

Biesalski, P. & Frank, F. (1982). *Phoniatrie – Pädaudiologie. Physiologie, Pathologie, Klinik, Rehabilitation.* Stuttgart: Thieme.

Binder, J.R., Rao, S.M., Hammeke, T.A., Frost, J.A., Bandettini, P.A., Jesmanowicz, A. & Hyde, J.S. (1995). Lateralized human brain language systems demonstrated by task subtraction functional magnetic resonance imaging. *Archives of Neurology, 52*, 593-601.

Binder, L.M. & Thompson, L.L. (1995). The ethics code and neuropsychological assessment practices. *Archives of Clinical Neuropsychology, 10*, 27-46.

Binet, A. & Henri, V. (1896). La psychologie individuelle. *L'année psychologique, 2*, 411-465.

Binet, A. & Simon, T. (1905). Application des méthodes nouvelles au diagnostic du niveau intellectuel chez les enfants normaux et anormaux d'hospice et d'école primaire. *L'année psychologique, 11*, 245-336.

Biniek, R. (1993). *Akute Aphasie.* Stuttgart: Thieme.

Birbaumer, N. & Schmidt, R.F. (1997). *Biologische Psychologie (4. Aufl.).* Berlin: Springer.

Birner, U. (1995). Qualitätssicherung in Organisationen des Gesundheitswesens. *Psychomed, 7*, 85-92.

Birren, J.E. & Fisher, L.M. (1995). Aging and speed of behaviour: Possible consequences for psychological functioning. *Annual Review of Psychology, 46*, 329-353.

Bishop, D. (1994). Developmental disorders of speech and language. In M. Rutter, E. Taylor & L. Hersov (Eds.), *Child and adolescent psychiatry*, 3rd ed. Oxford: Blackwell Science Ltd.

Bishop, D. (1997). *Uncommon understanding. Development and disorders of language comprehension in children.* Hove (UK): Psychology Press.

Bisiach, E. & Luzzatti, C. (1978). Unilateral neglect of representational space. *Cortex, 14*, 129-133.

Bisiach, E., Mini, M., Sterzi, R. & Vallar, G. (1982). Hemispheric lateralization of the decisional stage in choice reaction times to visual unstructured stimuli. *Cortex, 18*, 191-198.

Björklund, A. (1992). Neuronal replacement by intracerebral neural transplants. In *Plasticity and pathology in the damaged brain* (pp. 5-11). New York: Raven Health Care Communications.

Blaettner, U. & Goldenberg, G. (1994). Hören. In D.Y. von Cramon, N. Mai & W. Ziegler (Eds.), *Neuropsychologische Diagnostik.* London: Chapman & Hall.

Blank, R. (1990). Anticonvulsiva und ihre psychischen Wirkungen – Eine Übersicht. *Fortschritte der Neurologie Psychiatrie, 58*, 1-50.

Blanken, G. (1988). Anmerkungen zur Methodologie der kognitiven Neurolinguistik. *Neurolinguistik, 2*, 127-147.

Blanken, G. (1991). *Einführung in die linguistische Aphasiologie. Theorie und Praxis.* Freiburg (Breisgau): Hochschul-Verlag.

Blanken, G. (1996). *Materialien zur neurolinguistischen Aphasiediagnostik.* Hofheim: NAT-Verlag.

Blanken, G., Dittmann, J., Grimm, J. Marshall, J.C. & Wallesch, C.W. (1993). *Linguistic disorders and pathologies. An international handbook.* Berlin: de Gruyter.

Blanken, G., Dorn, M. & Sinn, H. (1997). Inversion errors in arabic number reading: Is there a non-semantic route? *Brain and Cognition, 34*, 404-423.

Bleiberg, J., Garmoe, W.S., Halpern, E.L., Reeves, D.L. & Nadler, J.D. (1997). Consistency of within-in-day and across-day performance after mild brain injury. *Neuropsychiatry, Neuropsychology, and Behavioral Neurology, 10*, 247-253.

Bleuler, E. (1916). *Lehrbuch der Psychiatrie. 1. Auflage.* Berlin: Springer.

Blumstein, S. (1994). Impairments of speech production and speech perception in aphasia. *Philosophical Transactions of the Royal Society of London, B 346*, 29-36.

Bodamer, J. (1947). Die Prosop-Agnosie (Die Agnosie des Physiognomieerkennens). *Archiv für Psychiatrie und Nervenkrankheiten, 179*, 6-53.

Boismare, F., Boquet, J., Moore, N., Chretien, P., Saligaut, C. & Daoust, M. (1985). Hemodynamic, behavioural and biochemical disturbances induced by experimental craniocervical injury (whiplash) in rats. *Journal of the Autonomous Nervous System, 13,* 137-147.

Boiten, F. (1996). Autonomic response patterns during voluntary facial action. *Psychophysiology, 33,* 123-131.

Boller, F. und Grafman, J. (1985). Acalculia. In J.A.M. Frederiks (Ed.), *Handbook of clinical neurology, Vol. 1 (45): Clinical neuropsychology* (pp. 473-481). Amsterdam: Elsevier.

Bonhoeffer, K. (1899). Pathologisch-anatomische Untersuchungen an Alkoholdeliranten. *Monatsschrift für Psychiatrie und Neurologie, 5,* 265-284.

Borchgrevink, G., Smevik, O., Haave, I., Haraldseth, O., Nordby, A. & Lereim, I. (1997). MRI of cerebrum and cervical columna within two days after whiplash neck sprain injury. *Injury, 28,* 331-335.

Bortz, J. (1993). *Statistik für Sozialwissenschaftler* (4. Aufl.). Berlin: Springer.

Bortz, J. & Döring N. (1995). *Forschungsmethoden und Evaluation* (2. Aufl.). Berlin: Springer.

Botez-Marquard, Th. & Botez, M.I. (1997). Olivopontocerebellar atrophy and Friedreich's ataxia: Neuropsychological consequences of bilateral versus unilateral cerebellar lesions. *International Review of Neurobiology, 41,* 387-389.

Boucsein, W. (1992). *Electrodermal activity.* New York: Plenum Press.

Bourassa, D.C., McManus, I.C. & Bryden, M.P. (1996). Handedness and eye-dominance: A meta-analysis of their relationship. *Laterality, 1,* 5-34.

Boyeson, M.G. & Jones, J.L. (1996). Theoretical mechanisms of brain plasticity and therapeutic implications. In L.J. Horn & N.D. Zasler (Eds.), *Medical rehabilitation of traumatic brain injury* (pp. 77-102). St. Loius: Mosby.

Braak, H. (1984). Architectonics as seen by lipofuscin stains. In A. Peters & E.G. Jones (Eds.), *Cerebral cortex (Vol. 1),* (pp. 59-104). New York: Plenum Publ. Comp.

Braff, D.L. (1994). Information processing and attention dysfunctions in schizophrenia. *Schizophrenia Bulletin, 19,* 233-255.

Brandimonte, M., Einstein, G.O. & McDaniel, M.A. (1996). *Prospective memory: Theory and applications.* Mahwah, New Jersey: Lawrence Erlbaum Associates.

Brandt, I. (1983). *Griffiths Entwicklungsskalen (GES) zur Beurteilung der Entwicklung in den ersten beiden Lebensjahren. Deutsche Bearbeitung.* Weinheim: Beltz.

Brandt, J. (1991). Cognitive impairments in Huntington's disease: Insights into the neuropsychology of the striatum. In F. Boller & J. Grafman (Eds.). *Handbook of neuropsychology. Volume 5.* (pp. 241-264). Amsterdam: Elsevier.

Brandt, J., Corwin, J. & Krafft, L. (1992). Is verbal recognition memory really different in Huntington's and Alzheimer's disease? *Journal of Clinical and Experimental Neuropsychology, 14,* 773-784.

Brandt, T., Dieterich, M. & Danek, A. (1994). Vestibular cortex lesions affect the perception of verticality. *Annals of Neurology, 35,* 403-412.

Brandt, Th., Dichgans, J. & Diener, H.Ch. (1998). *Therapie und Verlauf neurologischer Erkrankungen,* 3.Aufl. Stuttgart: Kohlhammer.

Brannon, E.M. & Terrace, H.S. (1998). Ordering of the numerosities 1 to 9 by monkeys. *Science, 282,* 746-749.

Bremner, J.D. & Marmar, C.R. (1998). *Trauma, memory, and dissociation.* Washington, DC: American Psychiatric Press.

Brennan, M., Welsh, M.C. & Fisher, C.B. (1997). Aging and executive function skills – an examination of a community-dwelling older adult population. *Perceptual & Motor Skills, 84,* 1187-1197.

Brennen, T., David, D., Fluchaire, I. & Pellat, J. (1996). Naming faces and objects without comprehension – a case study. *Cognitive Neuropsychology, 13,* 93-110.

Broadbent, D.E. (1954). The role of auditory localization in attention and memory span. *Journal of Experimental Psychology, 47,* 191-196.

Broadbent, D.E. (1958). *Perception and communication.* London: Pergamon Press.

Broca, M. (1861). Perte de la parole, ramollissement chronique et destruction partielle du lobe antérieur gauche du cerveau. *Bulletins de la Société d'Anthropologie, Paris, 2* (Séance du 18 Avril 1861), 235-238.

Brodmann, K. (1909). *Vergleichende Lokalisations-lehre der Grosshirnrinde in ihren Prinzipien dargestellt aufgrund des Zellenbaues.* Leipzig: Barth.

Brodmann, K. (1912). Ergebnisse über die vergleichende histologische Lokalisation der Großhirnrinde mit besonderer Berücksichtigung des Stirnhirns. *Anatomischer Anzeiger (Ergänzungsheft), 41,* 157-216.

Brodmann, K. (1914). Physiologie des Gehirns. In P. von Bruns (Ed.), *Neue deutsche Chirurgie (Bd. 11, Tl. 1)* (S. 85-426). Stuttgart: Enke.

Broks, P., Young, A.W., Maratos, E.J., Coffey, P.J., Calder, A.J. Isaac, C.L., Mayes, A.R., Hodges, J.R., Montaldi, D., Cezayirli, E., Roberts, N. & Hadley, D. (1998). Face processing impairments after encephalitis: Amygdala damage and recognition of fear. *Neuropsychologia, 36,* 59-70.

Brooke, S., Chan, R., Howard, S. & Sapolsky, R. (1997). Endocrine modulation of the neurotoxicity of gp120: Implications for Aids-related dementia complex. *Proceedings of the National Academy of Science of the USA, 94,* 9457-9462.

Brooks, D.N. (1991). The head-injured family. *Journal of Clinical and Experimental Neuropsychology, 13,* 155-188.

Brooks, D.N., McKinlay, W., Symington, C., Beati, A. & Campsie, L. (1987). Return to work within the first seven years of severe head injury. *Brain Injury, 1,* 5-19.

Brösamle, C. (1998). The making, changing, and breaking of contacts. *Trends in Neuroscience, 21,* 91-95.

Brosseau, J. & Cohen, H. (1996). The representation of semantic categories in aging. *Experimental Aging Research, 22,* 381-391.

Brouwer, W.H., Rothegatter, J.A. & Van Wolffelaar, P.C. (1988). Compensatory potential in elderly drivers. In J.A. Rothengatter & R.A. de Bruin (Eds.), *Road user behaviour: Theory and research (*pp. 296-301*).* Assen: Van Gorcum.

Brown, G.D.A. & Ellis, N.C. (1994), *Handbook of spelling: Theory, process and intervention.* Chichester: Wiley.

Brown, M. E. (1960). Patient's motion ability: Evaluation methods, trends, and principles. *Rehabilitation Literature, 21,* 46-58,78-96.

Brown, P. & Marsden, C.D. (1998). What do the basal ganglia do? *Lancet, 351,* 1801-1804.

Brown, R.G. & Marsden, C.D. (1984). How common is dementia in Parkinson's disease. *Lancet, ii,* 1262-1265.

Brown, R.G. & Marsden, C.D. (1990). Cognitive function in Parkinson's disease: From description to theory. *TINS, 13,* 21-28.

Brown, R.G. & Marsden, C.D. (1991). Dual task performance and processing resources in normal subjects and patients with Parkinson's disease. *Brain, 114,* 215-231.

Bruce, V. & Young, A.W. (1986). Understanding face recognition. *British Journal of Psychology, 77,* 305-327.

Brun, A., Englund, B., Gustafson, L., Passant, U., Mann, M.M.A., Neary, D. (1994). Clinical and neuropathological criteria for frontotemporal dementia. *Journal of Neurology, Neurosurgery, and Psychiatry, 57,* 416-418.

Bruyer, R. (1993). Failures of face processing in normal and brain damaged subjects. In F. Boller & J. Grafman (Eds.), *Handbook of Neuropsychology* (Vol. 8) (pp. 411-435). Amsterdam: Elsevier.

Bryer, J.B., Starkstein, S.E., Votypka, V., Parikh, R.M., Price, T.R. & Robinson, R.G. (1992). Reduction of CSF monoamine metabolites in post-stroke depression: A preliminary report. *Journal of Neuropsychiatry and Clinical Neurosciences, 4,* 440-442.

Bryden, M.P. (1988). An overview of the dichotic listening procedure and its relation to cerebral organization. In K. Hugdahl (Ed.), *Handbook of dichotic listening: Theory, methods and research.* (pp. 1-44). Chichester: John Wiley and Sons.

Bryden, M.P., Bulman Fleming, M.B. & MacDonald, V. (1996). The measurement of handedness and its relation to neuropsychological issues. In E. Digby & E. A. Roy (Eds.), *Manual asymmetries in motor performance.* (pp. 57-81). CRC Press Inc.

Bryden, M.P., Hecaen, H. & DeAgostini, M. (1983). Patterns of cerebral organization. *Brain and Language, 20,* 249-262.

Bublak, P. & Kerkhoff, G. (1995). Praktische Erfahrungen mit Tangram in der Behandlung visuell-räumlicher und räumlich-konstruktiver Störungen bei Patienten mit Hirnschädigung. *praxis ergotherapie, 8,* 340-358.

Büchel, C., Coull, J.T. & Friston, K.J. (1999). The predictive value of changes in effective connectivity for human learning. *Science, 283,* 1538-1541.

Büchel, C. & Friston, K.J. (1997). Modulation of connectivity in visual pathways by attention: Cortical interactions evaluated with structural equation modeling and fMRI. *Cerebral Cortex, 7,* 768-778.

Buckner, R.L. (1998). Event-related fMRI and the hemodynamic response. *Human Brain Mapping, 6,* 373-377.

Bühler, K. (1934). *Sprachtheorie. Die Darstellungsfunktion der Sprache.* Jena: Fischer. 2nd ed. Stuttgart: Fischer 1965).

Bührlen-Armstrong, B. & Bengel, J. (1997). Qualitätsindikatoren in Prävention und Gesundheitsförderung – nationale und internationale Erfahrungen. *Prävention, 20,* 42-46.

Bülau, B. (1996). Forschung mit nicht einwilligungsfähigen Patienten. *Neurologie & Rehabilitation, 1,* 38-39.

Bulman Fleming, M.B. & Bryden, M.P. (1994). Simultaneous verbal and affective laterality effects. *Neuropsychologia, 32,* 787-797.

Bundesarbeitsgemeinschaft für Rehabilitation (1994). *Rehabilitation Behinderter.* Köln: Deutscher Ärzte-Verlag.

Bundesarbeitsgemeinschaft für Rehabilitation (1995). *Wegweiser Eingliederung von Behinderten in Arbeit, Beruf und Gesellschaft.* Frankfurt.

Bundesarbeitsgemeinschaft Rehabilitation (1996). Rahmenempfehlungen zur ambulanten medizinischen Rehabilitation. *Rehabilitation, 35,* 86-92.

Bundesministerium für Verkehr (1996). Krankheit und Verkehr & Begutachtungs-Leitlinien des Gemeinsamen Beirats für Verkehrmedizin. *Schriftenreihe Heft 73*

Bundesversicherungsanstalt für Angestellte (1997). *KTL – Klassifikation therapeutischer Leistungen in der stationären medizinischen Rehabilitation.* Berlin: BfA.

Bundesversicherungsanstalt für Angestellte (1997). *Der ärztliche Reha-Entlassungsbericht. Leitfa-*den zum einheitlichen Entlassungsbericht in der medizinischen Rehabilitation der gesetzlichen Rentenversicherungen.* Berlin: BfA.

Burgess, P.W. & Alderman, N. (1990). Rehabilitation of dyscontrol syndromes following frontal lobe damage: A cognitive neuropsychological approach. In R.L. Wood & I. Fussey (Eds.), *Cognitive rehabilitation in perspective* (pp. 183-203). London: Taylor & Francis.

Burgess, P.W., Alderman, N., Evans, J., Emslie, H. & Wilson, B. (1998). The ecological validity of tests of executive function. *Journal of the International Neuropsychological Society, 4,* 547-558.

Butters, N. & Barton, M. (1970). Effect of parietal lobe damage on the performance of reversible operations in space. *Neuropsychologia, 8,* 205-214.

Butters, N., Wolfe, J. Martone, M., Granholm, E. & Cermak, L. S. (1985). Memory disorders associated with Huntington's disease: Verbal recall, verbal recognition, and procedural memory. *Neuropsychologia, 23,* 729-743.

Buxbaum, L.J., Schwartz, M.F. & Carew, T.G. (1997). The role of semantic memory in object use. *Cognitive Neuropsychology, 14,* 219-254.

Buxbaum, L.J., Schwartz, M.F. & Montgomery, M.W. (1998). Ideational apraxia and naturalistic action. *Cognitive Neuropsychology, 15,* 617-644.

Bzoch, K.R. (1989). *Communicative disorders related to cleft lip and palate.* Boston, MA: College-Hill.

Cacioppo, J.T. & Tassinary, L.G. (Eds.). (1990). *Principles of psychophysiology. Physical, social, and inferential elements.* Cambridge: Cambridge University Press.

Calabrese, P. (1997). Klinisch-neuropsychologische Gedächtnisdiagnostik: Grundlagen und Verfahren. In H.J. Markowitsch (Ed.), *Klinische Neuropsychologie.* Enzyklopädie der Psychologie, Theorie und Forschung, Ser. 1, Biologische Psychologie, Bd. 2 (pp. 1051-1113). Göttingen: Hogrefe.

Calabrese, P., Haupts, M., Babinsky, R., Markowitsch, H.J. & Gehlen, W. (1993). Alltagsgedächtnisleistungen bei Multipler Sklerose. *Zeitschrift für Neuropsychologie, 4,* 4-16.

Calabrese, P., Markowitsch, H.J., Durwen, H.F., Widlitzek, B., Haupts, M., Holinka, B. & Gehlen, W. (1996). Right temporofrontal cortex as critical locus for the ecphory of old episodic memories. *Journal of Neurology, Neurosurgery, and Psychiatry, 61*, 304-310.

Calabrese, P., Markowitsch, H.J. & Tulving, E. (1998). Where in the cortex does cognition take place? In A. Neugebauer (Ed.), *Macromolecular interplay in brain associative mechanisms* (pp. 104-110). Singapore: World Scientific.

Calabresi, P., Pisani, A., Mercur, N.B., Bernardi, G. (1996). The corticostriatal projection: From synaptic plasticity to dysfunctions of the basal ganglia. *Trends in Neuroscience, 19,*19-24.

Carlesimo, G.A., Sabbadini, M., Loasses, A. & Caltagirone, C. (1998). Analysis of the memory impairment in a post-encephalitic patient with focal retrograde amnesia. *Cortex, 34*, 449-460.

Campbell, J.I.D. (1994). Architectures for numerical cognition. *Cognition, 53*, 1-44.

Campbell, J.I.D. (1999). The surface form problem size interaction in cognitive arithmetic: Evidence against an encoding locus. *Cognition, 70*, 825-833.

Campbell, J.I.D. & Clark, J.M. (1992). Cognitive number processing: An encoding complex perspective. In J.I.D. Campbell (Ed.), *The nature and origins of mathematical skills* (pp. 457-491). Amsterdam: North-Holland.

Campbell, L.J.(1992). Team leadership. In American Congress of Rehabilitation Medicine (Ed.), *Guide to interdisciplinary practice in rehabilitation settings*. Skokie, IL.

Caplan, D. (1987). *Neurolinguistics and linguistic aphasiology: An introduction*. Cambridge: Cambridge University Press.

Caplan, I.R. (1984). Clinical features of sporadic (Dejerine-Thomas) olivopontocerebellar atrophy. In R. C. Duvoisin & A. Plaitakis (Eds.), *The olivopontocerebellar atrophies*. New York: Raven Press.

Cappa, S.F., Perani, D., Grassi, F., Bressi, S., Alberoni, M., Franceschi, M., Bettinardi, V., Todde, S. & Fazio, F. (1997). A PET follow up study of recovery after stroke in acute aphasics. *Brain and Language, 56*, 55-67.

Caprez, G. (1986). *Neuropsychologische Befunde beim Schleudertrauma*. Fortbildungsreihe der Gesellschaft zum Studium des Schmerzes, Bellikon.

Caramazza, A. (1984). The logic of neuropsychological research and the problem of patient classification in aphasia. *Brain and Language, 21*, 9-20.

Caramazza, A. (1986). On drawing inferences about the structure of normal cognitive systems from the analysis of patterns of impaired performance: The case for single-patient studies. *Brain and Cognition, 5*, 41-66.

Caramazza, A. (1989). Cognitive neuropsychology and rehabilitation: An unfulfilled promise? In X. Seron & G. Deloche (Eds.), *Cognitive approaches in neuropsychological rehabilitation* (pp. 383-398). Hillsdale NJ: Lawrence Erlbaum Associates.

Caramazza, A. (1992). Is cognitive neuropsychology possible? *Journal of Cognitive Neuroscience, 4*, 80-95.

Caramazza, A. (1998). The interpretation of semantic category-specific deficits: What do they reveal about the organization of conceptual knowledge in the brain? *Neurocase, 4*, 265-272.

Caramazza, A. & McCloskey, M. (1987). Dissociations of calculation processes. In Deloche, G. & Seron, X. (Eds.), *Mathematical disabilities. A cognitive neuropsychological perspective* (pp. 221-256). Hillsdale, NJ: Lawrence Erlbaum Associates.

Caramazza, A. & McCloskey, M. (1988). The case for single-patient studies. *Cognitive Neuropsychology, 5*, 517-528.

Caramazza, A. & Shelton, J.R. (1998). Domain specific knowledge systems in the brain: The animate-inanimate distinction. *Journal of Cognitive Neuroscience, 10*, 1-34.

Carey, S. (1998). Knowledge of number: Its evolution and ontogeny. *Science, 282*, 641-642.

Carew, T.J. (1996). Molecular enhancement of memory formation. *Neuron 16*, 5-8.

Carlsson, A., Svensson, A. & Carlsson, M.L. (1993). Future strategies in the discovery of new antipsychotic agents: Focus on dopamine-glutamate interactions. In N. Brunello, J. Mendlewicz & G. Racagni (Eds.), *New generation of antipsychotic drugs: Novel mechanisms of action: Vol 4. International Academy of Biomedical Drug Research* (pp. 118-129). Basel: Karger.

Carman, M.B. (1997). The psychology of normal aging. *The Psychiatric Clinics of North America, 20*, 15-24.

Carter, M. & Kemp, C.R. (1996). Strategies for task analysis in special education. *Educational Psychology, 16*, 155-170.

Case, R. (1992). The role of the frontal lobes in the regulation of cognitive development. *Brain and Cognition, 20*, 51-73.

Cattell, J.M. (1890). Mental tests and their measurements. *Mind (London), 15*, 373-380.

Cattell, R.B. (1963). Theory of fluid and cristallized intelligence: A critical experiment. *Journal of Educational Psychology, 54*, 1-22.

Ceccaldi, M., Joanette, Y., Ska, B. & Poncet, M. (1993). Aging and cerebral representation of language. *Acta Neurologica Belgica, 93*, 245-267.

Cerchetto, D.F. & Saper, C.B. (1990). Role of the cerebral cortex in autonomic function. In A.D. Loewy & K.M. Spyer (Eds.), *Central regulation of autonomic functions* (Chapter 12). New York: Oxford.

Cermak, L.S., Butters, N. & Moreines, J. (1974). Some analyses of the verbal encoding deficit of alcoholic Korsakoff patients. *Brain & Language, 1*, 141-150.

Chadwick, O. (1985). Psychological sequelae of head injury in children. *Developmental Medicine and Child Neurology, 27*, 72-75.

Chadwick, O., Rutter, M., Thompson, J. & Shaffer, D. (1981). Intellectual performance and reading skills after localized head injury in childhood. *Journal of Child Psychology and Psychiatry, 22*, 117-139.

Chalmers, G.L. (1990). Post-stroke depression. *International Clinical Psychopharmacology, 5*, 21-31.

Chang, L.W. & Dyer, R.S. (1995). *Handbook of neurotoxicology*. New York, Basel, Hong Kong: Marcel Dekker.

Chapell, M.S. (1996). Brief report – Changing perspectives on aging and intelligence – an empirical update. *Journal of Adult Development, 3*, 233-239.

Chapey, R. (1994). *Language intervention strategies in adult aphasia*. 3rd ed. Baltimore: Williams & Wilkins.

Cholewa, J. (1996). Modellorientierte Therapieforschung. Ein Vorschlag zur Verbesserung der Infrastruktur. *Neurolinguistik, 10*, 67-101.

Cholewa, J., Tabatabaie, S., Stadie, N. & De Bleser, R. (1994). Das Programm PHONO: Computerunterstützte Analyse expressiv-phonologischer Fehlleistungen. *Neurolinguistik, 8*, 27-40.

Christensen, A. (1975). *Lurias neuropsychological investigation*. New York: Spectrum.

Cifu, D.X., Keyser-Marcus, L., Lopez, E., Wehman, P., Kreutzer, J.S., Englander, J. & High, W. (1997). Acute predictors of successful return to work 1 year after traumatic brain injury: A multicenter analysis. *Archives of Physical and Medicine Rehabilitation, 78*, 125-131.

Cipolotti, L. & Butterworth, B. (1995). Toward a multiroute model of number processing: Impaired number transcoding with preserved calculation skills. *Journal of Experimental Psychology, General, 124*, 375-390.

Clahsen, H. (1991). *Child language and developmental dysphasia. Linguistic studies of the acquisition of German.* Amsterdam: Benjamins.

Claros Salinas, D. (1988), Zahlenverarbeitung und Arithmetik. In D.von Cramon, & J. Zihl, (Eds.), *Neuropsychologische Rehabilitation* (pp. 306-318). Berlin: Springer.

Claros Salinas, D. (1991). *Untersuchungsprotokoll zu Störungen des Rechnens und der Zahlenverarbeitung. EC-301. Deutsche Adaptation.* München: KMB.

Claros Salinas, D. (1993a). Umgang mit Zahlen. In von Cramon, D., Mai, N., Ziegler, W. (Eds.), *Neuropsychologische Diagnostik*. Weinheim: VCH.

Claros Salinas, D. (1993b). Relations between calculation and number processing impairments and other higher cortical function deficits – Implications for rehabilitation design. In F. Stachowiak, R. De Bleser, G. Deloche, R. Kaschel, H. Kremin, P. North, L. Pizzamiglio, I. Robertson & B. Wilson, B. (Eds.). *Developments in the assessment and rehabilitation of brain-damaged patients* (pp. 417-428). Tübingen: Narr.

Claros Salinas, D. (1994). *EC 301 R: Untersuchungsmaterial zu Störungen des Rechnens und der Zahlenverarbeitung. Deutsche Adaptation von: Deloche et al. (1993), The EC301 assessment battery for brain damaged adults.* Konstanz: Kliniken Schmieder.

Claros Salinas, D. & von Cramon, D. (1987). Diagnostik von Störungen im Umgang mit Zahlen (Akalkulie). *Fortschritte der Neurologie und Psychiatrie, 55*, 239-248.

Clay, R.A. (1998). A new definition of disability, *APA-Monitor, 29*, 18.

Cleeland, C. S. (1981). Biofeedback as a clinical tool: Its use with the neurologically impaired patient. In S. B. Filskov & T. J. Boll (Eds.), *Handbook of clinical neuropsychology* (pp. 734-753). New York: John Wiley & Sons.

Clementsen, H. (1992). Aufklärung bei unsicherer, belastender Diagnose – der Arzt braucht einen Beurteilungsspielraum. *Ethik in der Medizin, 4*, 144-145.

Coffey, C.E., Lucke, J.F., Saxton, J.A., Ratcliff, F.R., Unitas, L.J., Billig, B. & Bryan, N. (1998). Sex differences in brain aging. *Archives of Neurology, 55*, 169-178.

Cohen, J. (1988). *Statistical power analysis for the behavioral sciences* (2nd ed.) Hillsdale: Lawrence Erlbaum Associates.

Cohen, L. & Dehaene, S. (1996). Cerebral networks for number processing: Evidence from a case of posterior callosal lesion. *Neurocase, 2*, 155-174.

Cohen, L., Dehaene, S. & Verstichel, P. (1994). Number words and number non-words: A case of deep dyslexia extending to arabic numerals. *Brain, 117*, 267-279.

Cohen, L., Verstichel, P. & Dehaene, S. (1997). Neologistic jargon sparing numbers: A category-specific phonological impairment. *Cognitive Neuropsychology, 14*, 1029-1061.

Cohen, M.S., Kosslyn, S.M., Breiter, H.C., DiGirolamo, G.J., Thompson, W.L., Anderson, A.K., Bookheimer, S.Y., Rosen, B.R. & Belliveau, J.W. (1996). Changes in cortical activity during mental rotation – A mapping study using functional MRI. *Brain, 119*, 89-100.

Cohn, R. (1961). Dyscalculia. *Archives of Neurology, 4*, 301-307.

Colby, C.L. & Duhamel, J.R. (1996). Spatial representations for action in parietal cortex. *Cognitive Brain Research, 5*, 105-115.

Coles, M.G.H. (1989). Modern mind-brain reading: Psychophysiology, Physiology, and Cognition. *Psychophysiology, 26*, 251-269.

Coltheart, M. (1983). Aphasia therapy research: A single-case study approach. In C. Code & D.J. Müller (Eds.), *Aphasia therapy.* London: Edward Arnold.

Coltheart, M. (1999). Modularity and cognition. *Trends in Cognitive Sciences, 3*, 115-120.

Coltheart, M., Curtis, B., Atkins, P. & Haller, M. (1993). Models of reading aloud: Dual-route and parallel-distributed-processing approaches. *Psychological Review, 100*, 589-608.

Coltheart, M., Inglis, L., Cupples, L., Michie, P., Bates, A. & Budd, B. (1998). A semantic subsystem of visual attributes. *Neurocase, 4*, 353-370.

Conrad, K. (1949). Über aphasische Sprachstörungen bei hirnverletzten Linkshändern. *Nervenarzt, 20*, 148-154.

Cooper, J.R., Bloom, F.E. & Roth, R.H. (1996). *The Biochemical Basis of Neuropharmacology, 7th ed.* New York: Oxford University Press.

Cooper, J.A., Sagar, H.J., Jordan, N., Harvey, N.S. & Sullivan, E.V. (1991). Cognitive impairment in early, untreated Parkinson's disease and its relationship to motor disability. *Brain, 114*, 2095-2122.

Cope, D.N. (1994). An integration of psychopharmacological and rehabilitation approaches to traumatic brain injury rehabilitation. *Journal of Head Trauma Rehabilitation, 9*, 1-18.

Cope, D.N., Cole, J.R, Hall, K.M. & Barkans, H. (1991). Brain injury: Analysis of outcome in a post-acute rehabilitation system. Part 1: General analysis. *Brain Injury, 5*, 111-125.

Corbetta, M., Miezin, F. M., Shulman, G. L. & Petersen, S. E. (1993). A PET study of visuospatial attention. *Journal of Neuroscience, 13*, 1202-1206.

Corballis, M.C. (1991). *The lopsided ape. Evolution of the generative mind.* New York: Oxford University Press.

Corbetta, M. (1998). Frontoparietal cortical networks for directing attention and the eye to visual locations: Identical, independent, or overlapping neural systems? *Proceedings of the National Academy of Science, 95*, 831-838.

Corbetta, M., Miezin, F.M., Dobmeyer, S., Shulman, G.L. & Petersen, S.E. (1990). Attentional modulation of neural processing of shape, colour and velocity in humans. *Science, 248*, 1556-1559.

Corbetta, M., Miezin, F.M., Dobmeyer, S., Shulman & G.L., Petersen, S.E. (1991). Selective and divided attention during visual discriminations of shape, color, and speed: Functional anatomy by positron emission tomography. *Journal of Neuroscience, 11*, 2383-2402.

Corbetta, M., Miezin, F.M., Shulman, G. L. & Petersen, S.E. (1993). A PET study of visuospatial attention. *Journal of Neuroscience, 13*, 1202-1226.

Corbetta, M., Shulman, G. L., Miezin, F. M. & Petersen, S. E. (1995). Superior parietal cortex activation during attention shifts and visual feature conjunction. *Science, 270*, 802-805.

Cording, C. (1995). Qualitätssicherung mit der Basisdokumentation. In H.J. Haug & R. D. Stieglitz (Eds.), *Qualitätssicherung in der Psychiatrie.* (pp. 169-183). Stuttgart: Enke.

Cording, C. (1997). Basisdokumentation als Grundlage qualitätssichernder Massnahmen. In M. Berger & W. Gaebel (Eds.), *Qualitätssicherung in der Psychiatrie* (pp. 33-49). Berlin: Springer.

Coslett, H.B. & Saffran, E.M. (1989). Preserved object recognition and reading comprehension in optic aphasia. *Brain, 112*, 1091-1110.

Coslett, H.B. & Saffran, E.M. (1992). Optic aphasia and the right hemisphere: A replication and extension. *Brain and Language, 43*, 148-161.

Coslett, H.B. & Saffran, E.M. (1994). Mechanisms of implicit reading in pure alexia. In Farah, M.J. & Ratcliff, G. (Eds.), *The neuropsychology of high-level-vision.* Hillsdale: Lawrence Erlbaum Associates.

Costello, A. de L. & Warrington, E.K. (1987). The dissociation of visuospatial neglect and neglect dyslexia. *Journal of Neurology, Neurosurgery, and Psychiatry, 50*, 1110-1116.

Cotman, C.W., Monaghan, D.T. & Ganong, A.H. (1988). Excitatory amino acid neurotransmission: NMDA receptors and Hebb-type synaptic plasticity. *Annual Review of Neuroscience, 11*, 61-80.

Craik, F.I.M. (1977). Age differences in human memory. In J.E. Birren & K.W. Schaie (Eds.), *Handbook of the Psychology of Aging.* New York: Van Nostrand Reinhold.

Craik, F.I.M. & Lockhart, R.S. (1972). Levels of processing: A framework for memory research.

Journal of Verbal Learning and Verbal Behavior, 11, 671-684.

Craik, F.I.M. & Jennings, J.M. (1992). Human memory. In F.I.M. Craik & T.A. Salthouse (Eds.), *The Handbook of Aging and Cognition.* Hillsdale, New Jersey: Lawrence Erlbaum Associates.

Cramon, D.Y. von (1992). Focal cerebral lesions damaging (subcortical) fiber projections related to memory and learning functions in man. In G. Vallar, S.F. Cappa & C.W. Wallesch (Eds.), *Neuropsychological disorders associated with subcortical lesions* (pp. 132-142). New York: Oxford University Press.

Cramon, D.Y. von (1996). Neurobiologie des Arbeitsgedächtnisses. In H.J. Möller, F. Müller-Spahn & G. Kurtz (Eds.), *Aktuelle Perspektiven der Biologischen Psychiatrie* (pp. 1-11). Wien: Springer.

Cramon, D. von & Kerkhoff, G. (1993). On the cerebral organization of elementary visuo-spatial perception. In B. Bulyas, D. Ottoson & P. Roland (Eds.), *Functional organisation of the human visual cortex.* Oxford: Pergamon.

Cramon, D.Y. von & Matthes-von Cramon, G. (1992). Reflections on the treatment of brain-injured patients suffering from problem-solving disorders. *Neuropsychological Rehabilitation, 2*, 207-229.

Cramon, D.Y. von, Matthes-von Cramon, G. & Mai, N. (1991). The influence of a cognitive remediation programme on associated behavioural disturbances in patients with frontal lobe dysfunction. In N. von Steinbüchel, D.Y. von Cramon & E. Pöppel E (Eds.), *Neuropsychological Rehabilitation* (pp. 203-214). Berlin: Springer Verlag.

Cramon, D.Y. von & Matthes-von Cramon, G. (1993). Problemlösendes Denken. In D.Y. von Cramon, N. Mai & W. Ziegler (Eds.). *Neuropsychologische Diagnostik.* Weinheim: VCH.

Cramon, D.Y. von, N. Mai, N. & Ziegler, W. (1995). *Neuropsychologische Diagnostik.* London: Chapman & Hall.

Crawford, T.J., Henderson, L. & Kennard, C. (1989). Abnormalities of nonvisually-guided eye movements in Parkinson's disease. *Brain, 112*, 1573-1586.

Crepeau, F., & Scherzer, B.P. (1993). Predictors and indicators of work status after traumatic brain injury: A meta-analysis. *Neuropsychological Rehabilitation, 3*, 5-35.

Crepeau, F., Scherzer, B.P., Belleville, S. & Desmarais, G. (1997). A qualitative analysis of central executive disorders in a real-life situation. *Neuropsychological Rehabilitation, 7*, 147-165.

Creutzfeldt, O.D. (1983). *Cortex cerebri. Leistung, strukturelle und funktionelle Organisation der Hirnrinde.* Berlin: Springer.

Creutzfeldt, O.D. (1995). *Cortex cerebri.* Oxford, UK: Oxford University Press.

Cripe, L.I. (1997). Personality assessment of brain-impaired patients. In M.E. Mariush & J.A. Moses, Jr. (Eds.), *Clinical neuropsychology: Theoretical foundations for practitioners* (pp. 119-142). Mahwah, NJ: Erlbaum.

Critchley, M. (1949). The problem of awareness or non-awareness of hemianoptic field defects. *Transactions of the Ophthalmological Society UK, 69*, 95-109.

Cronbach, L.J. (1949). *Essentials of psychological testing.* (4th edition 1984). New York: Harper & Row.

Crook, T.H., Bartus R., Ferris S.H., Whitehouse P., Cohen D.D. & Gershon S. (1986). Age-associated memory impairment: Proposed diagnostic criteria and measures of change. *Developmental Neuropsychology, 2*, 261-276.

Crooks, T.H. (1989). Diagnosis and treatment of normal and pathologic memory impairment in later life. *Seminars in Neurology, 9*, 20-30.

Crosson, B., Barco, P., Velozo, C.A., Bolesta, M.M., Cooper, P.V., Werts, D. & Brobeck, T.C. (1989). Awareness and compensation in postacute head injury rehabilitation. *Journal of Head Trauma Rehabilitation, 4*, 46-54.

Cummings, J.L. (1990). *Subcortical Dementia.* New York: Oxford University Press.

Cummings, J.L. (1997). The neuropsychiatric inventory: Assessing psychopathology in dementia patients. *Neurology, 48 (Suppl 6)*, 10-16.

Dahmen, W., Hartje, W., Büssing, A. & Sturm, W. (1982). Disorders of calculation in aphasic patients - spatial and verbal components. *Neuropsychologia, 20*, 145-153.

Dallal, G.E. (1988). PITMAN: A FORTRAN program for exact randomization tests. *Computers and Biomedical Research, 21*, 9-15.

Dalton, P. & Hardcastle, W. (1989). *Disorders of fluency. Studies in disorders of communication.* London: Whurr Publishers Limited.

Dam, H., Pedersen, H.E., Dige-Petersen, H. & Ahlgren, P. (1994). Neuroendocrine tests in depressive stroke patients. *Progress in Neuro-Psychopharmakology and Biological Psychiatry, 18*, 1005-1013.

Damasio, A.R. (1979). The frontal lobes. In K.M. Heilman & E. Valenstein (Eds.), *Clinical Neuropsychology* (pp. 123-132). New York, Oxford University Press.

Damasio, A.R. (1989). Time-locked multiregional retroactivation: A systems-level proposal for the neural substrates of recall and recognition. *Cognition, 33*, 25-62.

Damasio, A.R. (1995). *Descartes' Irrtum.* München: List.

Damasio, H.C. & Damasio, A.R. (1989). *Lesion analysis in neuropsychology.* New York: Oxford University Press.

Damasio A.R., Tranel D. & Damasio, H.C (1991). Somatic markers and the guidance of behavior: Theory and preliminary testing. In H.S. Levin, H.M. Eisenberg & A.L. Benton (Eds.), *Frontal lobe function and dysfunction* (pp. 217-228). New York: Oxford University Press.

Damian, M.S., Schilling, G., Bachmann, G., Simon, C., Stoppler, S. & Dorndorf, W. (1994). White matter lesions and cognitive deficits: relevance of lesion pattern? *Acta Neurologica Scandinavica 90*, 430-436.

Damos, D.L., John, R.S., Parker, E.S. & Levine, A.M. (1997). Cognitive function in asymptomatic HIV infection. *Archives of Neurology, 54*, 179-185.

Dandekar, T. (1996). Warum altern wir? In Deutsches Institut für Fernstudienforschung an der Universität Tübingen (Eds.), *Funkkolleg Altern, Studienbrief 2.* Tübingen: DIFF.

Dannenbauer, F.M. (1983). *Der Entwicklungsdysgrammatismus als spezifische Ausprägungsform der Entwicklungsdysphasie.* München: Ladewig.

Darley, F.L., Aronson, A.E. & Brown, J.R. (1975). *Motor speech disorders.* Philadelphia: Saunders.

Daum, I. & Ackermann, H. (1995). Cerebellar contributions to cognition. *Behavioural Brain Research, 67*, 201-210.

Daum, I. & Ackermann, H. (1997). Neuropsychological abnormalities in cerebellar syndromes – fact or fiction? *International Review of Neurobiology, 41*, 455-471.

Daum, I., Ackermann, H., Schugens, M.M., Reimold, C., Dichgans, J. & Birbaumer, N. (1993). The cerebellum and cognitive functions in humans. *Behavioral Neuroscience, 107*, 411-419.

Daum, I. & Schugens, M.M. (1996). On the cerebellum and classical conditioning. *Current Directions in Psychological Science, 5*, 58-61.

Davidoff, J. & De Bleser, R. (1993). Optic aphasia: A review of past studies and reappraisal. *Aphasiology, 7*, 135-154.

Davidson, R.A., Fedio, P., Smith, B.D., Aureille, E. & Martin, A. (1992). Lateralized mediation of arousal and habituation: Differential bilateral electrodermal activity in unilateral temporal lobectomy patients. *Neuropsychologia, 30*, 1053-1063.

Davidson, R.J. & Hugdahl, K. (1994). *Brain asymmetry.* Cambridge, MA: MIT Press.

Deaton, A.V. (1986). Denial in the aftermath of traumatic head injury: Its manifestations, measurement, and treatment. *Rehabilitation Psychology, 31*, 231-240.

Deberdt, W. (1994). Interaction between psychological and pharmacological treatment in cognitive impairment. *Life Sciences, 55*, 2057-2066.

De Bleser, R., Cholewa, J., Stadie, N. & Tabatabaie, S. (in press). *Modell-orientierte Einzelfalldiagnostik bei Aphasie, Dyslexie und Dysgraphie. Der Testteil Lexikon.* Göttingen: Hogrefe.

De Boo, G.M., Tibben, A., Lanser, B.K., Jennekens-Schinkel, A., Hermans, J., Maat-Kievit & Roos, R.A.C. (1997). Early cognitive and motor symptoms in identified carriers of the gene for Huntington disease. *Archive of Neurology, 54*, 1353-1357.

Deegener, E., Dietel, B., Kassel, H., Matthaei, R. & Nödl, H. (1992). *Neuropsychologische Diagnostik bei Kindern und Jugendlichen: Handbuch zur TÜKI. Tübinger Luria-Christensen neuropsychologische Untersuchungsreihe für Kinder.* Weinheim: Psychologie Verlags Union.

Dehaene, S.(1992). Varieties of numerical abilities. *Cognition, 44*, 1-42.

Dehaene, S. (1997). *The number sense: How the mind creates mathematics.* New York: Oxford University Press.

Dehaene, S. & Cohen L. (1991). Two mental calculation systems: A case study of severe acalculia with preserved approximation. *Neuropsychologia, 29*, 1045-1074.

Dehaene, S. & Cohen, L. (1995). Towards an anatomical and functional model of number processing. *Mathematical Cognition, 1*, 83-120.

Dehaene, S. & Cohen, L. (1997). Cerebral pathways for calculation: Double dissociation between rote verbal and quantitative knowledge of arithmetic. *Cortex, 33*, 219-250.

Dehaene, S., Dehaene-Lambertz, G. & Cohen, L. (1998). Abstract representations of numbers in the animal and human brain. *Trends in Neuroscience, 21*, 355-361.

Dehaene, S., Spelke, E., Pinel, P., Stanescu, R. & Tsivkin, S. (1999). Sources of mathematical thinking: Behavioral and brain-imaging evidence. *Science, 284*, 970-974.

Déjerine, J. (1882). Contribution à l'étude anatomopathologique et clinique des différentes variétés de cécité verbale. *Mémoires de la Société Biologique, 4*, 61-90.

Delank, H.W. (1988). Das Schleudertrauma der HWS. *Unfallchirurg, 91*, 381-387.

Dellis, D.C., Kramer, J.H., Kaplan, E. & Ober, B.A. (1987). *The California Verbal Learning Test.* San Antonio: The Psychological Corporation.

Delazer, M. & Denes, G. (1998). Writing arabic numerals in an agraphic patient. *Brain and Language, 64*, 257-266.

Delazer, M. & Girelli, L. (1997). When 'Alfa Romeo' facilitates 164: Semantic effects in verbal number production. *Neurocase, 3*, 461-475.

Delazer, M., Girelli, L., Semenza, C. & Denes, G. (1999). Numerical skills and aphasia. *Journal of the International Neuropsychological Society, 5*, 213-221.

Delerue, O., Houdart, P., & Destée, A. (1990). Troubles de la mémoire dans une encephalite de la varicelle. *Revue Neurologique, 146*, 301-303.

Dell, G.S., Schwartz, M.F., Martin, N., Saffran, E.M. & Gagnon, D.A. (1997). Lexical access in aphasic and nonaphasic speakers. *Psychological Review, 104*, 801-838.

Deloche, G., Ferrand, I., Naud, E., Baeta, E., Vendrell, J. & Claros Salinas, D. (1992). Differential effects of covert and overt training of the syntactical component of verbal number processing and generalisations to other tasks: A single-case study. *Neuropsychological Rehabilitation, 2*, 257-281.

Deloche, G. & Seron, X. (1982a). From one to 1: An analysis of transcoding by means of neuropsychological data. *Cognition, 12*, 119-149.

Deloche, G. & Seron, X. (1982b). From three to 3: A differential anlysis of skills in transcoding quantities between patients with Broca's and Wernicke's aphasia. *Brain, 105*, 719-733.

Deloche, G. & Seron, X. (1987). Numerical Transcoding: A General Production Model. In G. Deloche & X. Seron (Eds.), *Mathematical disabilities. A cognitive neuropsychological perspective* (pp. 137-170). Hillsdale, NJ: Lawrence Erlbaum Associates.

Deloche, G. & Seron, X. (1989). *Protocole de dépistage des troubles du calcul et du traitement des nombres. EC-301.* Paris: Hôpital La Salpêtrière.

Deloche, G., Seron, X. & Ferrand, I. (1989). Reeducation of number transcoding mechanisms: A procedural approach. In X. Seron & G. Deloche (Eds.), *Cognitive approaches in neuropsychological rehabilitation* (pp. 249-287). Hillsdale, NJ: Erlbaum.

Deloche, G., Seron, X., Larroque, C., Magnien, C., Metz-Lutz, M.N., Noël, M.P., Riva, I., Schils, J.P., Dourdain, M., Ferrand, I., Baeta, E., Basso, A., Cipolotti, L., Claros Salinas, D., Howard, D., Gaillard, F., Goldenberg, G., Mazzucchi, A., Stachowiak, F., Tzavaras, A., Vendrell, J., Bergego, C. & Pradat-Diehl, P. (1994). Calculation and number processing: Assessment battery; role of demographic factors. *Journal of Clinical and Experimental Neuropsychology, 16*, 195-208.

Deloche, G., Seron, X., Metz-Lutz, M.N., Baeta, E., Basso, A., Claros Salinas, D., Gaillard, F., Goldenberg, G., Stachowiak, F., Temple, C., Tzavaras, A. & Vendrell, J. (1993). Calculation and number processing: The EC301 Assessment battery for brain-damaged adults. In F. Stachowiak (Ed.), *Developments in the assessment and rehabilitation of brain-damaged patients.* Tübingen: Narr.

Demaerel, P., Wilms, G., Robberecht, W., Johannik, K., Van Hecke, P., Carton, H. & Beart, A.L. (1992). MRI of herpes simplex encephalitis. *Neuroradiology, 34,* 490-493.

Demonet, J.F., Chollet, F., Ramsay, S., Cardebat, D., Nespoulous, J.L., Wise, R., Rascol, A. & Frackowiak, R. (1992). The anatomy of phonological and semantic processing in normal subjects. *Brain, 115,* 1753-1768.

Denes, G., Semenza, C. & Bisiacchi, P. (1988). *Perspectives on cognitive neuropsychology.* Hove: Lawrence Erlbaum Associates.

Denker; S.J. & Löfving, B. (1958). A psychometric study of identical twins discordant for closed head injury. *Acta Psychiatrica et Neurologica Scandinavica, 33,* (Suppl. 122).

Denny Brown, D. (1958). The nature of apraxia. *Journal of Nervous and Mental Disease, 126,* 9-32.

Deppe, J. (1992). *Quality circle und Lernstatt.* Wiesbaden: Gabler Verlag.

Depue, R.A. & Iacono, W.G. (1989). Neurobehavioral aspects of affective disorders. *Annual Review of Psychology, 40,* 457-492.

De Renzi, E. (1982). *Disorders of space exploration and cognition.* Chichester: Wiley.

De Renzi, E. (1985). Disorders of spatial orientation. In J.A.M. Frederiks (Ed.), *Handbook of clinical neurology.* Amsterdam: Elsevier Science Publishers.

De Renzi, E. (1990). Apraxia. In F. Boller & J. Grafman (Eds.), *Handbook of clinical neuropsychology Vol 2.* (pp. 245-263). Amsterdam New York Oxford: Elsevier.

De Renzi, E., Colombo, A., Faglioni, P. & Gibertoni, M. (1982). Conjugate gaze paresis in stroke patients with unilateral damage. An unexpected instance of hemispheric asymmetry. *Archives of Neurology, 39,* 482-486.

De Renzi, E., Faglioni, P. & Scotti, G. (1971). Judgment of spatial orientation in patients with focal brain damage. *Journal of Neurology, Neurosurgery, and Psychiatry, 34,* 489-495.

De Renzi, E., Faglioni, P., Grossi, D. & Nichelli, P. (1991). Apperceptive and associative forms of prosopagnosia. *Cortex, 27,* 213-222.

De Renzi, E. & Luchelli, F. (1988). Ideational apraxia. *Brain, 111,* 1173-1185.

De Renzi, E., Motti, F. & Nichelli, P. (1980). Imitating gestures – A quantitative approach to ideomotor apraxia. *Archives of Neurology, 37*, 6-10.

De Renzi, E., Pieczuro, A. & Vignolo, L.A. (1966). Oral apraxia and aphasia. *Cortex, 2*, 50-73.

De Renzi, E., Pieczuro, A. & Vignolo, L.A. (1968). Ideational apraxia: A quantitative study. *Neuropsychologia, 6*, 41-55.

De Renzi, E. & Saetti, M.C. (1997). Associative agnosia and optic aphasia: Qualitative or quantitative difference? *Cortex, 33*, 115-130.Desimone, R. & Ungerleider, L.G. (1989). Neural mechanisms of visual processing in monkeys. In F. Boller & F. Grafman (Eds.), *Handbook of Neuropsychology, Vol. 2* (pp. 267-299). Amsterdam: Elsevier.

D'Esposito, M. & Alexander, M.P. (1995). The clinical profiles, recovery, and rehabilitation of memory disorders. *Neurorehabilitation, 5*, 141-159.

D'Esposito, M. & Grossmann, M. (1998). The physiological basis of executive function and working memory. *The Neuroscientist, 2*, 345-352

Dettmers, C., Fink, G.R., Lemon, R.N., Stephan, K.M., Passingham, R.E., Silbersweig, D., Holmes, A., Ridding, M.C., Brooks, D.J. & Frackowiak, R.S. (1995). Relation between cerebral activity and force in the motor areas of the human brain. *Journal of Neurophysiology, 74*, 802-15.

Dettmers, C., Stephan, K.M., Rijntjes, M., Fink, G.R. (1996). Reorganisation des motorischen kortikalen Systems nach zentraler oder peripherer Schädigung. *Neurologie & Rehabilitation, 3*, 137-148.

Deutsche Gesellschaft für Verhaltenstherapie (1995). *Verhaltenstherapie.* Tübingen: DGVT.

Deutsches Medizin Forum (1997). *Verzeichnis von Rehabilitationseinrichtungen für Schlaganfallpatienten.* http://www.medizin-forum.de/forum/reha_neuro.html.

Deuschl, G., Krack, P., Lauck, M. & Timmer, J. (1996). Clinical neuropsychology of tremor. *Journal of Clinical Neurophysiology, 13*, 110-121.

Dichgans, J. & Diener, H.C. (1984). Clinical evidence for functional compartmentalisation of the cerebellum. In J. Bloedel, J. Dichgans & W. Precht (Eds.), *Cerebellar Functions.* Berlin: Springer.

Dichgans, J., Diener, H.C. & Klockgether, T. (1989). Zu den Heredoataxien. In P.A. Fischer, H. Baas & W. Enzensberger (Eds.), *Verhandlungen der Deutschen Gesellschaft für Neurologie.* Berlin: Springer.

Dick, F., Gauggel, S., Hättig, H. & Wittlieb-Verpoort, E. (1996). *Klinische Neuropsychologie. Gegenstand, Grundlagen, Aufgaben.* Bonn: dpv

Dick, R.B. (1995). Neurobehavioral assessment of occupationally relevant solvents and chemicals in humans. In L.W. Chang & R.S. Dyer (Eds.), *Handbook of Neurotoxicology* (pp. 217-322). New York, Basel, Hong Kong.

Dickmann, C., Flossmann, I., Klasen, R., Schrey-Dern, D., Stiller, U. & Tockuss, C. (1994). *Logopädische Diagnostik von Sprachentwicklungsstörungen. Sprachsystematisch konzipierte Prüfverfahren.* Stuttgart: Thieme.

Dietrich, M. & Goll, M. (1990). *Handwerklich-Motorischer-Eignungstest (HAMET-R).* Vertrieb: Testzentrale des Berufsverbandes Deutscher Psychologen. Göttingen.

Diller, L. (1968). Brain damage, spatial orientation, and rehabilitation. In S. J. Freedman (Ed.), *The neuropsychology of spatially oriented behavior* (pp. 265-279). Homewood, Ill.: The Dorsey Press.

Diller, L. (1976). A model for cognitive retraining in rehabilitation. *Clinical Psychologist, 29*, 13-15.

Diller, L. (1990). Fostering the interdisciplinary team, fostering research in a society in transition. *Archives of Physical Medicine and Rehabilitation, 71*, 275-278 .

Diller, L. & Gordon, W.A. (1981). Interventions for cognitive deficits in brain injured adults. *Journal of Consulting and Clinical Psychology, 49*, 822-834.

Di Stefano, G. & Radanov, B.P. (1995). Course of attention and memory after common whiplash: A two-years prospective study with age, education and gender pair-matched patients. *Acta Neurologica Scandinavia, 91*, 346-352.

Di Stefano, G. (1999). *Das sogenannte Schleudertrauma. Neuropsychologische Defizite nach Beschleunigungsmechanismus der Halswirbelsäule.* Bern: Huber.

Doll, E. (1951). *Measurement of social competence: A manual for the Vineland Social Maturity Scale.* Minneapolis: Educational Testing Bureau.

Dombovsky, M.L. & Olek, A.C. (1996). Recovery and rehabilitation following traumatic brain injury. *Brain Injury, 11*, 305-318.

Donabedian, A. (1966). Evaluating the quality of medical care. *The Milbank Memorial Fund Quarterly, 44*, 166-203.

Donabedian, A. (1978). The quality of medical care. Methods for assessing and monitoring the quality of care for research and for quality assurance programs. *Science, 200*, 856-864.

Donchin, E. & Coles, M.G.H. (1988). Is the P300 component a manifestation of context updating? *Behavioral and Brain Sciences, 11*, 355-372.

Donoghue, J.P., Hess, G., Sanes, J.N. (1996). Substrates and mechanisms for learning in motor cortex. In J. Bloedel, T. Ebner, & S.P. Wise (Eds.): *Acquisition of motor behavior in vetebrates* (pp. 363-386). Cambridge MA: MIT Press.

Doose, H. (1995). *Epilepsien im Kindes- und Jugendalter.* 10te Auflage. Hamburg: Desitin Arzneimittel GmbH.

Downes, J.J., Sharp, H.M., Costall, B.M., Sagar, H.J. & Howe, J. (1993). Alternating fluency in Parkinson's disease. *Brain, 116*, 887-902.

Doyon, J., Gaudreau, D., Laforce, R., Castonguay, M., Bedard, P.J., Bedard, F. & Bouchard, J.P. (1997). Role of the striatum, cerebellum and frontal lobes in the learning of a visuomotor sequence. *Brain and Cognition, 34*, 218-245.

Drechsler, R. (1999). Interdisziplinäre Teamarbeit in der Neurorehabilitation. In P. Frommelt & H. Grötzbach (Eds.), *NeuroRehabilitation – Grundlagen, Praxis, Dokumentation* (pp. 54-64). Berlin: Blackwell.

Drechsler, R., Padovan, F., Di Stefano, G., & Conti, F.M. (1995). Ein integriertes Konzept zur beruflichen Wiedereingliederung von hirnverletzten Patienten – eine Katamnesestudie zum beruflichen Outcome 1 bis 2 Jahre später. *Rehabilitation, 34*, 193-202.

Drevets, W.C., Price, J.L., Simpson Jr, J.R., Todd, R.D., Reich, T., Vannier, M. & Raichle, M.E. (1997). Subgenual prefrontal cortex abnormalities in mood disorders. *Nature, 386*, 824-827.

Drevets, W.C. & Raichle, M.E. (1992). Neuroanatomical circuits in depression: Implications for treatment mechanisms. *Psychopharmacological Bulletin, 28*, 261-273.

Driver, J. & Spence, C. (1998). Attention and the crossmodal construction of space. *Trends in Cognitive Sciences, 2*, 254-262.

Drühe-Wienholt, C.M. (1996). *Der veränderte Wisconsin Kartensortiertest und seine Relevanz für neuropsychologische Diagnostik und Theapie.* Egelsbach: Hänsel-Hohenhausen.

Dubois, B., Boller, F., Pillon, B. & Agid, Y. (1991). Cognitive deficits in Parkinson's disease. In F. Boller & J. Grafman (Eds.), *Handbook of neuropsychology. Volume 5* (pp. 195-240). Amsterdam: Elsevier.

Dubois, B. & Pillon, B. (1997). Cognitive deficits in Parkinson's disease. *Journal of Neurology, 244*, 2-8.

Duensing, F. (1953). Raumagnostische und ideatorisch-apraktische Störung des gestaltenden Handelns. *Deutsche Zeitschrift für Nervenheilkunde, 170*, 72-94.

Dunn J.C., & Kirsner K. (1988). Discovering functionally independent mental processes: The principle of reversed association. *Psychological Review, 95*, 91-101.

D'Zurilla, T.J. & Goldfried, M.R. (1971). Problem-solving and behavior modification. *Journal of Abnormal Psychology, 78*, 107-126.

Eames, P., Haffey, W.J. & Cope, D.N. (1990). Treatment of behavioral disorders. In M. Rosenthal, E.R. Griffith, M.R. Bond & J.D. Miller (Eds.), *Rehabilitation of the adult and child with traumatic brain injury*, 2nd ed. (pp. 410-432). Philadelphia: F. A. Davis.

Eames, P. & Wood, R. (1985). Rehabilitation after severe brain injury: A follow-up study of a behaviour modification approach. *Journal of Neurology, Neurosurgery, and Psychiatry, 48*, 613-619.

Ebbinghaus, H. (1897). Über eine neue Methode zur Prüfung geistiger Fähigkeiten und ihre Anwendung bei Schulkindern. *Zeitschrift für Psychologie, 13*, 401-459.

Ebersbach, G., Trottenberg, T., Hättig, H., Schelosky, L., Schrag, A. & Poewe, W. (1996). Directional bias of initial visual exploration. A symptom of neglect in Parkinson's disease. *Brain, 119*, 79-87.

Ebert, U. & Löscher, W. (1995). Differences in mossy fibre sprouting during conventional and rapid amygdala kindling of the rat. *Neuroscience Letters, 190,* 199-202.

Economo, C. von & Koskinas, G.N. (1925). *Die Cytoarchitektonik der Hirnrinde des erwachsenen Menschen.* Wien: Springer.

Edelman, G.M., Gall, W.E. & Cowan, W.M. (1987). *Synaptic function.* New York: John Wiley.

Edgington E.S. (1995). *Randomization tests* (3rd ed.). New York: Marcel Dekker.

Egner, U., Gerwinn, H., Müller-Fahrnow, W. & Schliehe, F. (1998). Das Qualitätssicherungsprogramm der gesetzlichen Rentenversicherung für den Bereich der medizinischen Rehabilitation. *Die Rehabilitation, 37* (Suppl.1), 2-7.

Ehrenwald, H. (1931). Störung der Zeitauffassung, der räumlichen Orientierung, des Zeichnens und des Rechnens bei einem Hirnverletzten. *Zeitschrift für die gesamte Neurologie und Psychiatrie, 132,* 518-569.

Einstein, G.O. & McDaniel, M.A. (1990). Normal aging and prospective memory. *Journal of Experimental Psychology: Learning, Memory, and Cognition, 16,* 717-726.

Elbert, T., Pantev, C. Wienbruch, C., Rockstroh, B. & Taub, E. (1995). Increased cortical representation of the fingers of the left hand in string players. *Science, 270,* 305-307.

Elbert, T., Rockstroh, B., Kowalik, Z.J. & Hoke, M. (1996). Chaos in the brain. In F. Angelieri, S.R. Butler, S. Giaquinto, J. Majkowski (Eds.), *Analysis of the electrical activity of the brain.* London: John Wiley & Sons.

Elble, R.J. & Koller, W.C. (1991). *Tremor.* Baltimore: Johns Hopkins University Press.

Elger, C.E., Grunwald, Th., Helmstaedter, C. & Kurthen, M. (1995). Cortical localization of cognitive functions. In T.A. Pedley, S. Brian & S. Meldrum (Eds.), *Recent advances in epilepsy, No. 6.* New York: Churchill Livingstone Inc.

Elliott, R. (1997). Neuropsychological sequelae of substance abuse by children and youth. In C. Reynolds, *Handbook of clinical child neuropsychology.* New York: Plenum Press.

Ellis, A.W. (1987). Intimations of modularity, or, the modelarity of mind: Doing cognitive neuropsychology without syndromes. In M. Coltheart, G.

Sartori & R. Job (Eds.), *The cognitive neuropsychology of language* (Kap. 17). Hillsdale NJ: Lawrence Erlbaum Associates.

Ellis, A.W. & Young, A.W. (1996). *Human cognitive neuropsychology: A textbook with readings.* Hove: Psychology Press.

Ellis, R. & Humphreys, G. (1999). *Connectionist psychology: A text with readings.* Hove: Psychology Press.

Ellis, R.J., Deutsch, R., Heaton, R.K, Marcotte, T.D, McCutchan, J.A., Nelson, J.A., Abramson, I., Thal, L.J., Atkinson, J.H., Wallace, M.R. & Grant, I. (1997). Neurocognitive impairment is an independent risk factor for death in HIV infection. San Diego HIV Neurobehavioral Research Center Group. *Archives of Neurology, 54,* 416-424.

Elovic, E. (1996). Pharmacology of attention and arousal in the low lewel patient. *Neurorehabilitation, 6,* 57-67.

Enderby, P. (1991). *Die Frenchay Dysarthrie-Untersuchung.* Stuttgart: Gustav Fischer Verlag.

Enderby, P., Wood, V.A., Wade, D.T. & Langton Hewer, R. (1987). The Frenchay aphasia screening test: A short, simple test for aphasia appropriate for the non-specialist. *International Rehabilitation Medicine, 8,* 166-170.

Engel Jr., J. (1993). *Surgical Treatment of the Epilepsies.* New York: Raven Press.

Engelkamp, J. & Zimmer, H. (1994). *Human memory: A multimodal approach.* Toronto: Hogrefe.

Engl-Kasper, E.M. (1993). Verfahren zur Therapie bei Sprechapraxie bei aphasisch-apraktischen Patienten. *Neurolinguistik, 7,* 69-89.

England, M.A. & Wakely, J. (1991). *A colour atlas of the brain & spinal cord.* Aylesbury, England: Wolfe Publ.

Enzensberger, W. (1999). AIDS und mnestische Störungen. In P. Calabrese (Ed.), *Gedächtnis und Gedächtnisstörungen.* Lengerich: Pabst.

ERGOS™ (1991). *Training Manual.* Work Recovery Inc. Ohne Ortsangabe.

Ermini-Fünfschilling, D. (1995). Was bringt kognitives Training für Demenzpatienten? In C. Wächtler, R.D. Hirsch, R. Kortus, G. Stoppe (Eds.), *Demenz. Die Herausforderung* (pp. 77-86). Singen: Egbert Ramin.

Erzigkeit, H. (1992). SKT – *Ein Kurztest zur Erfassung von Gedächtnis- und Aufmerksamkeitsstörungen.* Weinheim: Beltz.

Eslinger, P.J. & Damasio A.R. (1985). Severe disturbance of higher cognition after bilateral frontal lobe ablation: Patient EVR. *Neurology, 35,* 1731-1741.

Ettlin, T. & Kischka, U. (1999). Bedside frontal lobe testing. In B.L. Miller & J.L. Cummings (Eds.), *The human frontal lobes.* New York: The Guilford Press.

Ettlin, Th.M., Kischka, U. & Kaeser, H.E. (1989). Kognitive und psychische Störungen nach HWS-Schleudertrauma. *Schweizer Rundschau Medizinische Praxis, 78,* 967-969.

Ettlin, Th.M., Kischka, U., Reichmann, S., Radii, E.W., Heim, S., Wengen, D. & Benson, D.F. (1992). Cerebral symptoms after whiplash injury of the neck: A prospective clinical and neuropsychological study of whiplash injury. *Journal of Neurology, Neurosurgery, and Psychiatry, 55,* 943-948.

European Federation of Neurological Societies – Task Force. (1997). Minimum standards in neurological rehabilitation. *World Neurology, 3,* 7.

Evans, D.L., Leserman, J., Perkins, D.O., Stern, R.A. & Murphy, C. (1997). Severe life stress as a predictor of early disease progression in HIV infection. *American Journal of Psychiatry, 154,* 630-634.

Eysenck, H.J. (1967). *The biological basis of personality.* Springfield, Illinois: Thomas.

Eysenck, M.W. & Keane, M.T. (1995). *Cognitive psychology: A student's handbook* (3rd ed.). Hove: Psychology Press.

Ezrachi, O., Ben-Yishay, Y., Kay, T., Diller, L. & Rattok, J. (1991). Predicting employment in traumatic brain injury following neuropsychological rehabilitation. *Journal of Head Trauma Rehabilitation, 6,* 71-84

Faglioni, P., Scotti, G. & Spinnler, H. (1971). The performance of brain-damaged patients in spatial localization of visual and tactile stimuli. *Brain, 94,* 43-454.

Fahrenberg, J. (1987). Zur psychophysiologischen Methodik: Konvergenz, Fraktionierung oder Synergismen? *Diagnostica, 33,* 272-287.

Fahrenberg, J. (1992). Psychophysiology of neuroticism and anxiety. In A. Gale & M.W. Eysenck (Eds.), *Handbook of individual differences. Biological perspectives* (pp. 179-225). Chicester: Wiley.

Fahrenberg, J. (1995). Biopsychologische Unterschiede. In M. Amelang (Ed.), *Enzyklopädie der Psychologie: Themenbereich C: Theorie und Forschung, Serie 8 Differentielle Psychologie und Persönlichkeitsforschung, Band 2 Verhaltens- und Leistungsunterschiede* (pp. 140-193). Göttingen: Hogrefe.

Fahrenberg, J. (in press). Physiologische Grundlagen und Meßmethoden der Herz-Kreislauftätigkeit. In F. Rösler (Ed.), *Enzyklopädie der Psychologie: Themenbereich C: Theorie und Forschung, Serie 1 Biologische Psychologie, Band 4 Grundlagen und Methoden der Psychophysiologie.* Göttingen: Hogrefe.

Fahrenberg, J., Foerster, F., Smeja, M. & Müller, W. (1997). Assessment of posture und motion by multichannel piezoresistive accelerometer recordings. *Psychophysiology, 34,* 607-612.

Fahrenberg, J. & Myrtek, M. (1996). *Ambulatory assessment. Computer-assisted psychological and psychophysiological methods in monitoring and field studies.* Seattle, WA: Hogrefe & Huber Publishers.

Fahrenberg, J. & Myrtek, M. (in press). Ambulantes Monitoring und Assessment. In F. Rösler (Ed.), *Enzyklopädie der Psychologie: Themenbereich C: Theorie und Forschung, Serie 1 Biologische Psychologie, Band 4 Grundlagen und Methoden der Psychophysiologie.* Göttingen: Hogrefe.

Faissner, A. & Steindler, D. (1995). Boundaries and inhibitory molecules in developing neural tissues. *Glia, 13,* 233-254.

Farah M.L. (1994). Neuropsychological inference with an interactive brain: A critique of the 'locality' assumption. *Behavioral and Brain Sciences, 17,* 43-104.

Farah, M.J. (1990). *Visual agnosia – disorders of object recognition and what they tell us about normal vision.* Cambridge: MIT Press.

Farah, M.J. & McClelland, J.L. (1991). A computational model of semantic memory impairment: Modality specific and emergent category specificity. *Journal of Experimental Psychology: General, 120,* 339-357.

Farah, M.J., Levinson, K.L. & Klein, K.L. (1995). Face perception and within-category discrimination in prosopagnosia. *Neuropsychologia, 33,* 661-674.

Farnsworth, D. (1943). The Farnsworth-Munsell 100-hue and dichotomous tests for colour vision. *Journal of the Optical Society of America, 33,* 568-578.

Faust, C. (1947). Partielle Seelenblindheit nach Occipitalverletzung mit besonderer Beeinträchtigung des Physiognomieerkennens. *Nervenarzt, 18,* 294-297.

Fawcett, J.W. & Geller, H.M. (1998). Regeneration in the CNS: Optimism mounts. *Trends in Neuroscience, 21,* 179-180.

Fechner, G.T. (1860). *Elemente der Psychophysik.* (of 1907 ed.). Leipzig: Breitkopf & Härtel.

Feeney, D.M. (1997). From laboratory to clinic: Noradrenergic enhancement of physical therapy for stroke or trauma patients. In H.J. Freund, B.A. Sabel & O.W. Witte (Eds.), *Brain Plasticity (Advances in Neurology 73)* (pp. 383-394). Philadelphia: Lippincott-Raven.

Feeney, D.M. (1998). Editorial comment. *Stroke, 29,* 2393-2395.

Feeney, D.M., Gonzales, A. & Law, W.A. (1982). Amphetamine, haloperidol, and experience interact to affect rate of recovery after motor cortex injury. *Science, 217,* 855-857.

Feiger, S.M. & Schmitt, M.H. (1979). Colleguiality in interdisciplinary health teams: Its measurement and its effects. *Social Sciences and Medicine, 13A,* 217-229.

Feil, C. (1997). Impairments of planning in patients with multiple sclerosis. In P. Ketelaer, M. Prosiegel, M. Battaglia & M. Messmer (Eds.), *A problem-oriented approach to multiple sclerosis* (pp. 95-104). Leuven: Acco.

Feldman, R.S., Meyer, J.S. & Quenzer, L.F. (1997). *Principles of Neuropsychopharmacology.* Sunderland: Sinauer Associates.

Ferber, S., Bahlo, S., Ackermann, H. & Karnath, H.O. (1998). Vibration der Nackenmuskulatur als Therapie bei Neglectsymptomatik ? – Eine Fallstudie. *Neurologie & Rehabilitation, 4,* 21-24.

Fernandez-Duque, D. & Posner, M. I. (1997). Relating the mechanisms of orienting and alerting. *Neuropsychologia, 35,* 477-486.

Ferrier, D. (1886). *The functions of the brain.* New York: Putnam.

Ferro, J.M. & Botelho, M.A.S. (1980). Alexia for arithmetical signs. A cause of disturbed calculation. *Cortex, 16,* 175-180.

Feser, H. (1996). Die Entwicklung qualitätssichernder Maßnahmen in Prävention und Gesundheitsförderung. *Prävention, 19 (Suppl. 1),* 4-9.

Fiegenbaum, W., Tuschen, B. & Florin, I. (1997). Qualitätssicherung in der Psychotherapie. *Zeitschrift für Klinische Psychologie, 26,* 138-149

Fields, R.D. & Itoh, K. (1996). Neural cell adhesion molecules in activity-dependent development and synaptic plasticity. *Trends in Neuroscience, 19,* 473-480.

Fiez, J. A., Petersen, S. E., Cheney, M. K. & Raichle, M. E. (1992). Impaired non-motor learning and error detection associated with cerebellar damage. *Brain, 115,* 155-173.

Filskov, S. B. & Boll, T. J. (1981). *Handbook of clinical neuropsychology.* New York: John Wiley & Sons.

Fimm, B., Bartl, G., Zimmermann, P. & Wallesch-CW. (1994). Different mechanisms underlying shifting set on external and internal cues in Parkinson's disease. *Brain and Cognition, 25,* 287-304.

Finger, S. (1978). *Recovery from brain damage. Research and theory.* London: Plenum Press.

Finger, S. (1998). A happy state of mind: A history of mild elation, denial of disability, optimism, and laughing in multiple sclerosis. *Archives of Neurology, 55,* 241-250.

Finger, S. & Stein, D. G. (1982). *Brain damage and recovery. Research and clinical perspectives.* New York: Academic Press.

Fink, G.R., Dolan, R.J., Halligan, P.W., Marshall, J.C. & Frith, C.D. (1997). Space-based and object-based visual attention: Shared and specific neural domains. *Brain, 120,* 2013-2028.

Fink, G.R., Halligan, P.W., Marshall, J.C., Frith, C.D., Frackowiak, R.S. & Dolan, R.J. (1996). Where in the brain does visual attention select the forest and the trees? *Nature, 382,* 626-628.

Finset, A., Krogstadt, J.M., Hansen, H., Berstadt, J., Haarberg, D, Kristiansen, G., Saether, K., & Wang, D. (1995). Team development and memory training in traumatic brain injury rehabilitation. Two birds with one stone. *Brain Injury, 9,* 495-507.

Firsching, R., Woischneck, D., Diedrich, M., Klein, S., Rückert, A., Wittig, H. & Döhring, W. (1998). Early magnetic resonance imaging of brainstem lesions after severe head injury. *Journal of Neurosurgery, 89,* 707-712.

Fischer, T. (1987). *Berufsfindung und Arbeitserprobung. Berufliche Rehabilitation Behinderter.* Dortmund: Verlag modernes Lernen.

Fischer, T., Landau, K., Maas, E. & Marquard, E. (1998). Rechnergesteuerte Belastungsanalyse in der Rehabilitation mit ABBA. *Rehabilitation, 37,* 28-35.

Flechsig, P. (1901). Developmental (myelogenetic) localization of the cerebral cortex in the human subject. *Lancet, 2,* 1027-1029.

Fleischmann, U.M. (1994). Cognition in humans and the borderline to dementia. *Life Sciences, 55,* 2051-2056.

Fleischmann, U.M. & Oswald, W.D. (1995). *Nürnberger-Alters-Inventar – Testmanual und -Textband.* Göttingen: Hogrefe.

Fleischmann, U.M., Oswald, W.D., Kanowski, S. & Deutsch, H. (1992). Senile Demenz vom Typ Alzheimer und Multi-Infarkt-Demenz – Eine explorative Analyse zur psychometrischen Differentialdiagnostik. *Zeitschrift für Gerontopsychologie und -psychiatrie, 4,* 143-160.

Fletcher, D.J., Raz, J. & Fein, G. (1997). Intra-hemispheric alpha coherence decreases with increasing cognitive impairment in HIV patients. *Electroencephalography and Clinical Neurophysiology, 102,* 286-294.

Fletcher P.C., Frith, C.D. & Rugg, M.D. (1997). The functional neuroanatomy of episodic memory. *Trends in Neurosciences, 20,* 213-218.

Flor, H., Elbert, T., Knecht, S., Wienbruch, C., Pantev, C., Birbaumer, B., Larbig, W., Traub, E. (1995). Phantom-limb pain as a perceptual correlate of cortical reorganization following arm amputation. *Nature, 375,* 482-484.

Flourens, P. (1846). *Phrenology examined* (Meigs, C., Trans.). Philadelphia: Hogan & Thompson.

Fodor, J.A. (1983). *The modularity of mind.* Cambridge MA: MIT Press.

Foerster, F. & Smeja, M. (1999). Joint amplitude and frequency analysis of tremor activity. *Electromyography and Clinical Neurophysiology 39,* 11-19.

Fogassi, L., Gallese, V., di Pellegrino, G., Fadiga, L., Gentilucci, M., Luppino, G., Matelli, M., Pedotti, A. & Rizzolatti, G. (1992). Space coding by premotor cortex. *Experimental Brain Research, 89,* 686-690.

Fogel, B.S. (1996). Drug therapy in neuropsychiatry. In B.S. Fogel, R.B. Schiffer & S.M. Rao (Eds.), *Neuropsychiatry* (pp. 223-256). Baltimore: Williams & Wilkins.

Föhres, F., Kleffmann, A., Müller, B., & Weinmann, S. (1997). *MELBA-Merkmalprofile zur Eingliederung Leistungsgewandelter und Behinderter in Arbeit.* Arbeitsmaterialien für das Verfahren Melba. Siegen.

Földényi, M., Tagwerker-Neuenschwander, F., Giovandi, A., Schallberger, U. & Steinhausen, H. (1999). Die Aufmerksamkeitsleistungen von 6-10-jährigen Kindern in der TAP. *Zeitschrift für Neuropsychologie, 10,* 87-102.

Folstein, M.F., Folstein, S.E. & Hugh, P.R. (1975). Mini-Mental-State: A practical method for grading the cognitive state of patients of the clinician. *Journal of Psychiatric Research, 12,* 189-198.

Fontenot, D.J. & Benton, A.L. (1971). Tactile perception of direction in relationship to hemispheric locus of lesion. *Neuropsychologia, 9,* 83-88.

Foong, J., Rozewicz, L., Thompson, A.J., Miller, D.H. & Ron, M.A. (1997). Frontal lobe disturbance and cognitive functioning in patients with multiple sclerosis. In P. Ketelaer, M. Prosiegel, M. Battaglia & M. Messmer (Eds.), *A problem-oriented approach to multiple sclerosis* (pp. 88-94). Leuven: Acco.

Ford, N. (1988). *So denken Maschinen.* München: R. Oldenbourg Verlag.

Forth, W. (1996). Toxikologische Risikobewertung und -vermeidung: Rationalismen und Irrationalismen. *Zentralblatt für Hygiene und Umweltmedizin, 199,* 227-239.

Frackowiak, R.S.J. & Friston, K.J. (1994). Functional neuroanatomy of the human brain: Positron emission tomography – a new neuroanatomical technique. *Journal of Anatomy, 184,* 211-225.

Frackowiak, R.S.J., Friston, K.J., Frith, C.D., Dolan, R.J. & Mazziotta, J.C. (1997). *Human brain function.* San Diego CA: Academic Press.

Frahm, J., Merboldt, K.D. & Hänicke, W. (1993). Functional MRI of human brain activation at high spatial resolution. *Magnetic Resonance in Medicine, 29*, 139-144.

Franklin, R.D., Allison, D.B., Gorman, B.S. (Eds.). (1996). *Design and analysis of single-case research.* Mahwah NJ: Lawrence Erlbaum Associates.

Fraser, R.T. (1991). Vocational evaluation. *Journal of Head Trauma Rehabilitation, 6*, 46-58.

Freal, J.E., Kraft, G.H. & Coryell, J.K. (1984). Symptomatic fatigue in multiple sclerosis. *Archives of Physical Medicine and Rehabilitation 65*, 135-138.

Freud, S. (1891). *Zur Auffassung der Aphasien – Eine kritische Studie.* Wien, Leipzig: Franz Deuticke.

Freund, C.S. (1889). Ueber optische Aphasie und Seelenblindheit. *Archiv für Psychiatrie und Nervenkrankheiten, 20*, 276-297, 371-416.

Freund, H.J. (1987). Abnormalities of motor behavior after cortical lesions in humans. In V. B. Mountcastle, F. Plum & S. R. Geiger (Eds.), *Handbook of physiology section 1: The nervous system volume 5: Higher functions of the brain part 2.* (pp. 763-810). Bethesda Maryland: American Physiological Society.

Frieling, E., Facaoaru, C., Bendix, J., Pfaus, H., & Sonntag, Kh. (1993). *Tätigkeits-Analyse-Inventar.* Landsberg/Lech: Ecomed.

Frieling, E. & Hoyos, C.G. (1978). Fragebogen zur Arbeitsanalyse (FAA): *Deutsche Bearbeitung des Position Analysis Questionnaire (PAQ).* Bern: Huber.

Fries, W. & Seiler, S. (in press). Erfolg ambulanter neurologischer/neuropsychologischer Rehabilitation: Berufliche Wiedereingliederung nach erworbener Hirnschädigung. *Neurologie & Rehabilitation.*

Fristoe, N.M., Salthouse, T.A. & Woodard, J.L. (1997). Examination of age-related deficits on the Wisconsin Card Sorting Test. *Neuropsychology, 11*, 428-436.

Friston, K.J. (1997). Transients, metastability, and neuronal dynamics. *Neuroimage, 5*, 164-71.

Friston, K.J. (1998). Imaging neuroscience: Principles or maps? *Proceedings of the National Academy of Science, 95*, 796-802.

Friston, K.J., Fletcher, P., Josephs, O., Holmes, A., Rugg, M.D. & Turner R. (1998). Event-related fMRI: Characterizing differential responses. *Neuroimage, 7*, 30-40.

Friston, K.J., Holmes, A.P., Worsley, K.J., Poline, J.B., Frith, C.D. & Frackowiak, R.S.J. (1995). Statistical parametric maps in functional imaging: A general approach. *Human Brain Mapping, 2*, 189-210.

Friston, K.J., Malizia, A.L., Wilson, S., Cunningham, V.J., Jones, T. & Nutt, D.J. (1997). Analysis of dynamic radioligand displacement or „activation" studies. *Journal of Cerebral Blood Flow and Metabolism, 17*, 80-93.

Friston, K.J., Passingham, R.E., Nutt, J.G., Heather, J.D., Sawle, G.V. & Frackowiak, R.S. (1989). Localisation in PET Images: Direct fitting of the intercommisural (AC-PC) line. *Journal of Cerebral Blood Flow and Metabolism, 9*, 690-695.

Friston, K.J., Price, C.J., Fletcher, P., Moore, C., Frackowiak, R.S. & Dolan, R.J. (1996). The trouble with cognitive subtraction. *Neuroimage, 4*, 97-104.

Frith, C.D. Friston, K.J., Herold, S., Silbersweig, D., Fletcher, P., Cahill, C. Dolan, R.J., Frackowiak, R.S. & Liddle, P.F. (1995). Regional Brain Activity in Chronic Schizophrenic Patients during the performance of a verbal fluency task. *British Journal of Psychiatry, 167*, 343-349.

Frith, C.D., Friston, K., Liddle, P.F. & Frackowiak, R.S.J. (1991). Willed action and the prefrontal cortex in man: A study with PET. *Proceedings of the Royal Society Series B 244*, 241-246.

Frith, U. (1989). *Autism: Explaining the enigma.* Oxford: Basil Blackwell.

Fritsch, G. & Hitzig, E. (1870). Über die elektrische Erregbarkeit des Großhirns. *Arch. Anat. Physiol. Wiss. Med.*, 300-332.

Frodl, A. (1996). *Kostenmanagement in der Arztpraxis.* Stuttgart/New York: Georg Thieme Verlag.

Froeschels, E. (1915). Übungsschulen für Gehirnkrüppel. *Münchner Medizinische Wochenschrift, 27*, 913.

Frost, J.A., Springer, J.A., Binder, J.R., Hammecke, T.A., Bellgowan, P.S.F., Rao, S.M. & Cox, R.W. (1997). Sex does not determine functional lateralization of semantic processing: Evidence from fMRI [Abstract]. *Neuroimage, 5*, 564

Frowein, R., Terhaag, D., auf der Haar, K., Richard, K., Firsching, R. & Stammler, U. (1993). Schädel-Hirn-Traumen: Erholungslatenz von Kindern und Jugendlichen nach Koma III. Verlaufsbeobachtungen 1974 bis 1988. In K. von Wild (Ed.), *Spektrum der Neurorehabilitation. Frührehabilitation. Rehabilitation von Kindern und Jugendlichen.* München: W. Zuckschwerdt.

Fuchs, A. (1918). *Die heilpädagogische Behandlung der durch Kopfschuß verletzten Krieger.* Halle a.S.: Carl Marhold.

Fuchs, M., Wagner, M., Wischmann, H.A., Ottenberg, K. & Dössel, O. (1994). Possibilities of functional brain imaging using a combination of MEG and MRT. In C. Pantev, T. Elbert, & B. Lütkenhöner (Eds.), *Oscillatory event related brain dynamics* (pp. 435-457). London: Plenum Press.

Furnell, J., Flett, S. & Clarke, D.F. (1987). Multidisciplinary clinical teams: Some issues in establishment and function. *Hospital Health Service Revue, 1,* 15-18.

Fuster, J.Q. (1997). *The prefrontal cortex. Anatomy, physiology and neuropsychology* (3rd ed.). Philadelphia, PA: Lippincott-Raven.

Gainotti, G. (1997). Emotional disorders in relation to unilateral brain damage. In T.E. Feinberg & M.J. Farah (Eds.), *Behavioral neurology and neuropsychology* (pp.691-698). New York: McGraw-Hill.

Galaburda, A.M., Rosen, G.D. & Sherman, G.F. (1990). Individual variability in cortical organization: Its relationship to brain laterality and implications to function. *Neuropsychologia, 28,* 529-546.

Gale, S.D., Johnson, S.C., Bigler, E.D. & Blatter, D.D. (1995). Nonspecific white matter degeneration following traumatic brain injury. *Journal of the International Neuropsychological Society, 1,* 17-28.

Galletti, C., Battaglini, P.P. & Fattori, P. (1993). Cortical mechanisms of visual space representation. *Biomedical Research, 14,* 47-54

Gallistel, C.R. & Gelman, R. (1992). Preverbal and verbal counting and computation. *Cognition, 44,* 43-74.

Galton, F. (1883). *Inquiries into human faculty and its development.* London: Macmillan.

Gamper, E. (1926). Bau und Leistungen eines menschlichen Mittelhirnwesens (Arhinencephalie mit Encephalocele), zugleich ein Beitrag zur Teratologie und Fasersystematik, II. *Zeitschrift für die gesamte Neurologie und. Psychiatrie, 104,* 49-120.

Gans, J.S. (1982). Hate in the rehabilitation setting. *Archives of Physical Medicine and Rehabilitation, 64,* 176-179.

Garraway, W.M., Ahktar, A.J., Prescott, R.J., & Hockey, L.(1980). Management of acute stroke in the elderly: Preliminary results of controlled trial. *British Medical Journal, 280,* 1040-1043

Gatterer. G. (1990). *Alters-Konzentrations-Test (AKT).* Göttingen: Hogrefe.

Gauggel, S., Konrad, K. & Wietasch, A.K. (1998). *Neuropsychologische Rehabilitation – Ein Kompetenz- und Kompensationsprogramm.* Weinheim: Beltz.

Gebstein, H. (1979). Correlated brain and intelligence development in humans. In M. Hahn; C. Jensen & B. Dudek (Eds.), *Development and evaluation of brain size: Behavioral implications.* New York: Academic Press.

Gelb, A. & Goldstein, K. (1920). *Psychologische Analysen hirnpathologischer Fälle.* (Vol. 1). Leipzig: Johann Ambrosius Barth.

Gelman, R. & Gallistel, C.R. (1978). *The child's understanding of number.* Cambridge, MA: Harvard University Press.

Gemeinsame Kommission Klinische Neuropsychologie. (1998). Postgraduale Weiterbildung Klinische Neuropsychologie. *Zeitschrift für Neuropsychologie, 9,* 88-97.

Genarelli, T.A. (1993). Cerebral concussion and diffuse brain injuries. In P.R. Cooper (Ed.), *Head injury* 3rd ed. (pp.137-158). Baltimore: Williams & Wilkins.

Gentry, L.R., Godersky, J.C. & Thompson, B. (1988). MR imaging of head trauma: Review of the distribution and radiopathologic features of traumatic lesions. *American Journal of Radiology, 150,* 663-672.

George, M.S., Wassermann, E.M., Williams, W.A., Callahan, A., Ketter, T.A., Basser, P., Hallett, M. & Post, R.M. (1995). Daily repetitive transcranial magnetic stimulation (rTMS) improves mood in depression. *Neuroreport, 6,* 1853-1856.

Gerstmann, J. & Schilder, P. (1926). Ueber eine besondere Gangstoerung bei Stirnhirnerkrankungen. *Wiener Medizinische Wochenschrift, 76*, 97-102.

Geschwind, N. (1965). Disconnexion syndromes in animals and man. *Brain, 88*, 237-294, 585-644.

Geschwind, N. & Galaburda, A.M. (1985). Cerebral lateralization. Biological mechanisms, associations, and pathology: I. A hypothesis and a program for research. *Archives of Neurology, 42*, 428-521.

Geschwind, N. & Galaburda, A.M. (1987). *Cerebral lateralization: Biological mechanisms, associations, and pathology.* Cambridge, MA: MIT Press.

Geschwind, N. & Kaplan, E. (1962). A human cerebral deconnection syndrome. *Neurology, 12*, 675-685.

Geschwind, N. & Levitsky, W. (1968). Human brain: Left-right asymmetries in temporal speech region. *Science, 161*, 186-187.

Geschwind, N., Quadfasel, F.A. & Segarra, J.M. (1968). Isolation of the speech area. *Neuropsychologia, 6*, 327-340.

Gesellschaft für Neuropsychologie (1990). Empfehlungen der GNP zur Erstellung neuropsychologischer Gutachten. *Zeitschrift für Neuropsychologie, 1*, 70-71.

Gesellschaft für Neuropsychologie (1995a). Akkreditierungsrichtlinien „Weiterbildungsinstitution für Klinische Neuropsychologie/GNP" und „Postgraduierte Weiterbildungsveranstaltungen in Klinischer Neuropsychologie/GNP". *Zeitschrift für Neuropsychologie, 6*, 155-157.

Gesellschaft für Neuropsychologie (1995b). Postgraduierte Weiterbildung in Klinischer Neuropsychologie. *Zeitschrift für Neuropsychologie, 6*, 47-53.

Gesetzesbeschluss des Deutschen Bundestages (1997). *Gesetz über die Berufe des Psychologischen Psychotherapeuten und des Kinder- und Jugendlichenpsychotherapeuten, zur Änderung des Fünften Buches Sozialgesetzbuch und anderer Gesetze.* Bonn: Bundesanzeiger Verlagsgesellschaft. Drucksache 927/97.

Geuter, U. (1984). *Die Professionalisierung der deutschen Psychologie im Nationalsozialismus.* Frankfurt/Main: Suhrkamp Verlag.

Giese, F. (1925). *Theorie der Psychotechnik. Grundzüge der praktischen Psychologie I.* Braunschweig: Friedr. Vieweg & Sohn.

Giese, F. (1935). *Psychologie der Arbeitshand.* Berlin, Wien: Urban & Schwarzenberg.

Gilbert, A.N. & Wysocki, C.J. (1992). Hand preference and age in the United States. *Neuropsychologia, 30*, 601-608.

Giometto, B., An, S.F., Groves, M., Scaravilli, T. & Geddes, J.F. (1997). Accumulation of beta-amyloid precursor protein in HIV encephalitis: Relationship with neuropsycholgical abnormalities. *Annuals of Neurology, 42*, 34-40.

Girelli, L. & Delazer, M. (1996). Subtraction bugs in an acalculic patient. *Cortex, 32*, 547-555.

Gleitmann, L.R. (1994). Words words words. *Philosophical Transactions of the Royal Society, B 346*, 71-77.

Glennon, T.P. & Smith, B.S. (1990). Questions asked by patients and their support groups during family conferences on inpatient rehabilitation units. *Archives of Physical Medicine and Rehabilitation, 71*, 699-702.

Glisky, E.L., Schacter, D.L. & Tulving, E. (1986). Learning and retention of computer-related vocabulary in memory-impaired patients: Method of vanishing cues. *Journal of Clinical and Experimental Neuropsychology, 8*, 292-312.

Gloning, I., Gloning, K., Haub, G. & Quatember, R. (1969). Comparison of verbal behavior in right-handed and nonright-handed patients with anatomically verified lesion of one hemisphere. *Cortex, 5*, 43-52.

Gloning, K. (1965). *Die cerebral bedingten Störungen des räumlichen Sehens und des Raumerlebens.* Wien: W. Maudrich Verlag.

Gluck, M.A. & Myers, C.E. (1997). Psychobiological models of hippocampal function in learning and memory. *Annual Review of Psychology, 48*, 481-514.

Gmelin, A. (1996). Innovative Wege zur beruflichen Eingliederung von Behinderten – Ergebnisse der europäischen Gemeinschaftsinitiative HORIZON. *Rehabilitation, 35*, 44-48.

GNP intern (1998). *Rundbrief 3/98.* Meerbusch: Gesellschaft für Neuropsychologie.

Golden, C., Hammeke, T. & Purisch, A. (1980). *Manual for the Luria-Nebraska-Neuropsychologi-*

cal Battery. Los Angeles: Western Psychological Services.

Goldenberg, G. (1995a). Transient global amnesia. In A.D. Baddeley, B.A. Wilson & F.N. Watts (Eds.), *Handbook of memory disorders* (pp. 109-133). Chichester: Wiley.

Goldenberg, G. (1995b). Imitating gestures and manipulating a mannikin – the representation of the human body in ideomotor apraxia. *Neuropsychologia, 33,* 63-72.

Goldenberg, G. (1996). Defective imitation of gestures in patients with damage in the left or right hemisphere. *Journal of Neurology, Neurosurgery, and Psychiatry, 61,* 176-180.

Goldenberg, G. (1997). Störungen des Objekterkennens und des bildlichen Vorstellens. In W. Hartje & K. Poeck (Eds.), *Klinische Neuropsychologie, 3. Auflage* (pp. 240-254). Stuttgart, New York: Georg Thieme Verlag.

Goldenberg, G. (1998). *Neuropsychologie, 2. Aufl.* Stuttgart: Gustav Fischer Verlag.

Goldenberg, G. (1999). Apraxie. In H. C. Hopf, G. Deuschl, H.C. Diener & H. Reichmann (Eds.), *Neurologie in Praxis und Klinik, Band 1.* (pp. 150-156). Stuttgart, New York: Georg Thieme Verlag.

Goldenberg, G. & Hagmann, S. (1997). The meaning of meaningless gestures: A study of visuoimitative apraxia. *Neuropsychologia, 35,* 333-341.

Goldenberg, G. & Hagmann, S. (1998a). Tool use and mechanical problem solving in apraxia. *Neuropsychologia, 36,* 581-589.

Goldenberg, G. & Hagmann, S. (1998b). Therapy of activities of daily living in patients with apraxia. *Neuropsychological Rehabilitation, 8,* 123-142.

Goldenberg, G. & Karlbauer, F. (1998). The more you know the less you can tell: Inhibitory effects of visuo-semantic activation on modality specific visual misnaming. *Cortex, 34,* 471-492.

Goldman, P. (1974). An alternative to developmental plasticity: Heterology of CNS structures in infants and adults. In D. Stein, J. Rosen & N. Butters (Eds.), *Plasticity and recovery of function in the central nervous system.* New York: Academic Press.

Goldman-Rakic, P.S (1987). Circuitry of primate prefrontal cortex and regulation of behavior by representational memory. In F. Plum (Ed.), *Handbook of physiology, 5: Higher functions of the brain.* Bethesda: American Physiological Society.

Goldstein, G. (1992). Behavioral neuropsychology. In A. S. Bellack, M. Hersen & A. E. Kazdin (Eds.), *International handbook of behavior modification and therapy* (pp. 139-149). New York: Plenum Press.

Goldstein, K. (1916). Übungsschulen für Hirnverletzte. *Zentralblatt chir. mech. Orthop., 10,* 4-7.

Goldstein, K. (1919). *Die Behandlung, Fürsorge und Begutachtung der Hirnverletzten (Zugleich ein Beitrag zur Verwendung psychologischer Methoden in der Klinik).* Leipzig: F.C.W.Vogel.

Goldstein, K. (1923). Die Topik der Großhirnrinde in ihrer klinischen Bedeutung. *Deutsche Zeitschrift für Nervenkrankheiten, 77,* 7-124.

Goldstein, K. (1942). *Aftereffects of brain injuries in war. Their evaluation and treatment: The application of psychological methods in the clinic.* New York: Grune & Stratton.

Goldstein, K. (1948). *Language and language disturbances. Aphasic symptom complexes and their significance for medicine and theory of language.* New York: Grune & Stratton.

Goldstein, K. (1952). The effect of brain damage on the personality. *Psychiatry, 15,* 245-260.

Goldstein, K. & Scheerer, M. (1941). *Abstract and concrete behavior: An experimental study with special tests.* (Vol. 53). Evanston, Ill.: American Psychological Association.

Goldstein, L.B. (1998). Potential effects of common drugs on stroke recovery. *Archives of Neurology, 55,* 454-456.

Goltz, F.C. (1881). *Über die Verrichtungen des Großhirns.* Bonn: G. Strauss.

Goodglass, H. & Quadfasel, F. (1954). Language laterality in left-handed aphasics. *Brain, 77,* 523-548.

Goran, D.A., Fabiano, R.J. & Crewe, N. (1997). Employment following severe traumatic brain injury: The utility of the individual ability profile system (IAP). *Archives of Clinical Neuropsychology, 12,* 691-698.

Gorno Tempini M.L., Price C.J., Josephs O., Vandenberghe R., Cappa S.F., Kapur N. & Frackowiak R.S.J. (1998). The neural systems sustaining face and proper-name processing. *Brain, 121*, 2103-2118.

Graeber, M.B. & Kreutzberg, G.W. (1988). Delayed astrocyte reaction following facial nerve axotomy. *Journal of Neurocytology, 17*, 209-220.

Graff-Radford, N.R., Damasio, H., Yamada, T., Eslinger, P.J. & Damasio, A.R. (1985). Nonhaemorrhagic thalamic infarction. Clinical, neurophysiological and electrophysiological findings in four anatomical groups defined by computerized tomography. *Brain, 108*, 485-516.

Grafman, J. (1988). Acalculia. In F. Boller & J. Grafman (Eds.), *Handbook of neuropsychology, Vol. 1* (pp. 414-430). Amsterdam, Elsevier.

Grafman J. (1994). Alternative frameworks for the conceptualization of prefrontal lobe functions. In F. Boller, H. Spinnler & J.A. Hendler (Eds.), *Handbook of Neuropsychology, Vol 9*. Amsterdam: Elsevier.

Grafman J. (1999). Experimental assessment of adult frontal lobe function. In B.L. Miller & J.L. Cummings (Eds.), *The human frontal lobes* (pp. 321-344). New York: The Guilford Press.

Grafman, J., Litvan, I. Massaquoi, S., Stewart, M., Sirigu, A. & Hallett, M. (1992). Cognitive planning deficit in patients with cerebellar atrophy. *Neurology, 42*, 1493-1496.

Grafman, J. & Rickard, T. (1997). Acalculia. In T.E. Feinberg und M.J. Farah (Eds.), *Behavioral neurology and neuropsychology* (pp. 219-225). New York: McGraw-Hill.

Grant, D.A. & Berg, E.A. (1948). A behavioral analysis of degree of impairment and ease of shifting to new responses in a Weigl-type card sorting problem. *Journal of Experimental Psychology, 39*, 404-411.

Grassi, M.P., Perin, C., Clerici, F., Zocchetti, C., Borella, M., Cargnel, A. & Mangoni, E. (1997). Effects of HIV seropositivity and drug abuse on cognitive function. *European Neurology, 37*, 48-52.

Grawe, K. (1998). *Psychologische Therapie*. Göttingen: Hogrefe.

Grawe, K. & Baltensperger, C. (1998). Figurationsanalyse – ein Konzept und Computerprogramm für die Prozess- und Ergebnisevaluation in der Therapiepraxis. In A.R. Laireiter & H.Vogel (Eds.), *Qualitätssicherung in der Psychotherapie und psychosozialen Versorgung. Ein Werkstattbuch*. Tübingen: DGVT-Verlag.

Gray, J.A., Feldon, J., Rawlins, J.N.P., Hemsley, D.R. & Smith, A.D. (1991). The neuropsychology of schizophrenia. *Behavioral and Brain Sciences, 14*, 1-84.

Gray, J.M., Robertson, I., Pentland, B. & Anderson, S. (1992). Microcomputer-based attentional retraining after brain damage: A randomized group controlled trial. *Neuropsychological Rehabilitation, 2*, 97-115.

Graziano, M.S.A. & Gross, C.G. (1993). A bimodal map of space: Somatosensory receptive fields in the macaque putamen with corresponding visual receptive fields. *Experimental Brain Research, 97*, 96-109.

Greenough, W.T. & Bailey, C.H. (1988). The anatomy of a memory: Convergence of results across a diversity of tests. *Trends in Neuroscience, 11*, 142-147.

Greenwood, P.M., Parasuraman, R. & Haxby, J.V. (1993). Changes in visuospatial attention over the adult lifespan. *Neuropsychologia, 31*, 471-485.

Gregory, C.A. & Hodges, J.F. (1996). Frontotemporal dementia: Use of consensus criteria and prevalence of psychiatric features. *Neuropsychiatry, Neuropsychology, and Behavioral Neurology, 9*, 145-153.

Grice, H.P. (1975). Logic and Conversation. In P. Cole & J. Morgan (Eds.), *Studies in syntax and semantics* (pp. 41-58). New York: Academic Press.

Griffiths, K. & Cook, M. (1986). Attribute processing in patients with graphical copying disability. *Neuropsychologia, 24*, 371-383.

Grigsby, J., Kaye, K. & Robbins, L. (1995). Behavioral disturbances and impairment of executive functions among the elderly. *Archives of Gerontology and Geriatrics, 21*, 167-177.

Grilly, D.M. (1994). *Drugs and human behavior*. Boston: Allyn and Bacon.

Grimm, H. & Weinert, S. (1993). Patterns of interaction in language development disorders. In G. Blanken, J. Dittmann, H. Grimm, J.C. Marshall, & C.W. Wallesch (Eds.), *Linguistic disorders and pathologies. An international handbook*. (pp. 697-711). Berlin: de Gruyter.

Gröne, B. (1998). Physiologische, aerodynamische und akustische Verfahren in der Dysarthriediagnostik. In W. Ziegler, M. Vogel, B. Gröne & H. Schröter-Morasch (Eds.), *Dysarthrie. Grundlagen – Diagnostik – Therapie.* (pp. 73-98). Stuttgart: Thieme.

Grohnfeld, M. (1999). *Störungen der Sprachentwicklung.* 7th ed. Rieden: Spiess.

Gronwall, D. (1977). Paced Auditory Serial Addition Task: A measure of recovery from concussion. *Perceptual and Motor Skills, 44,* 367-373.

Grossman, M. (1988). Drawing deficits in brain-damaged patients' freehand pictures. *Brain and Cognition, 8,* 189-205.

Grossmann, M., Robinson, M.K., Onieshi, K., Thompson, H., Cohen, J. & D'Esposito, M. (1995). Sentence comprehension in multiple sclerosis. *Acta Neurologica Scandinavica, 92,* 324-331.

Grüsser, O.J., & Landis, Th. (1991). *Visual agnosias and other disturbances of visual perception and cognition.* Boca Raton: CRC Press.

Gudden, B. von (1886). Über die Frage der Localisation der Functionen der Grosshirnrinde. *Allgemeine Zeitschrift für Psychiatrie und psychischgerichtliche Medizin, 42,* 478-499.

Gudden, H. (1896). Klinische und anatomische Beiträge zur Kenntnis der multiplen Alkoholneuritis nebst Bemerkungen über die Regenerationsvorgänge im peripheren Nervensystem. *Archiv für Psychiatrie und Nervenkrankheiten, 28,* 643-741.

Guillot, G. & Willmes, K. (1993). *CASE123: Ein Programmpaket zur Analyse von Testdaten mit Methoden der Psychometrischen Einzelfalldiagnostik.* Neurologische Klinik: RWTH Aachen.

Guillery, R.W., Feig, S.L. & Lozsádi, D.A. (1998). Paying attention to the thalamic reticular nucleus. *Trends in Neuroscience, 21,* 28-32.

Guldin, W. (1996). Einzelzellableitungen. In H. J. Markowitsch (Ed.), *Grundlagen der Neuropsychologie. Enzyklopädie der Psychologie. Themenbereich C, Serie I, Band 1* (pp. 363-421). Göttingen: Hogrefe.

Günther, V., Haller, C., Holzner, B. & Kryspin-Exner, I. (1997). Kognitive Therapieansätze. In S. Weis & G. Weber. *Handbuch Morbus Alzheimer.* Weinheim: Beltz.

Gustafson, Y., Nilsson, I., Mattsson, M., Aström, M. & Bucht, G. (1995). Epidemiology and treatment of post-stroke depression. *Drugs and Aging, 7,* 298-309.

Guthke, J. (1996). *Intelligenz im Test. Wege der psychologischen Intelligenzdiagnostik.* Göttingen: Vandenhoeck & Ruprecht.

Guyard, H., Masson, V., Quiniou, R. & Siou, E. (1997). Expert knowledge for acalculia assessment and rehabilitation. *Neuropsychological Rehabilitation, 7,* 419-439.

Haag, E., Huber, W., Hündgen, R., Stiller, U. & Willmes, K. (1985). Repetitives sprachliches Verhalten bei schwerer Aphasie. *Nervenarzt, 56,* 543-552.

Haag, G., & Noll, P. (1991). Das Realitätsorientierungstraining (ROT) – eine spezifische Intervention bei Verwirrtheit. In G. Haag & J.C. Brengelmann (Eds.), *Alte Menschen – Ansätze psychosozialer Hilfen* (pp. 127-164). München: Röttger.

Haaland, K.Y. (1984). The different types of limb apraxia errors made by patients with left versus right hemisphere damage. *Brain and Cognition, 3,* 370-384.

Habib, M., & Sirigu, A. (1987). Pure topographical disorientation: A definition and anatomical basis. *Cortex, 23,* 73-85.

Hachinski, V.C., Iliff, L.D., Cihak, E., du Boulay, G.H., McAllister, V.L., Marshall, J., Rusell, R.W. & Symon, L. (1975). Cerebral blood flow in dementia. *Archives of Neurology, 32,* 632-637.

Hacker, W. (1995). *Arbeitstätigkeitsanalyse. Analyse und Bewertung psychischer Arbeitsanforderungen.* Heidelberg: Asanger.

Hacker, W. (1998). *Allgemeine Arbeitspsychologie. Psychische Regulation von Arbeitstätigkeiten.* Bern: Huber.

Haffey, W.J. & Scibak, J.W. (1989). Management of aggressive behavior following traumatic brain injury. In D. W. Ellis & A. L. Christensen (Eds.), *Neuropsychological treatment of head injury* (pp. 317-360). Boston: Martinus Nijhoff.

Hageböck, J. (1994). *Computerunterstützte Diagnostik in der Psychologie.* Göttingen: Hogrefe.

Hagg, T., Louis, J.C., Longo, F.M., Varon, S. (1994). Neurotrophic factors, growth factors, and central nervous systm trauma. In S.K. Salzman, A.I. Faden (Eds.). *The neurobiology of central nervous system trauma.* (pp. 245-265). New York Oxford University Press.

Hales, R.E., Silver, J.M. & Yudofsky, S.C. (1996). Aggression and agitation. In J.R. Rundell & M.G. Wise (Eds.), *Textbook of consultation-liaison psychiatry* (pp. 163-177). Washington, DC: American Psychiatric Press.

Hallett, M. & Grafman, J. (1997). Executive function and motor skill learning. *International Review of Neurobiology, 41,* 297-323.

Halstead, L.S., Rintala, D.H., Kanellos, M., Griffith, B., Higgins, L., Rheinecker, S., Whiteside, W. & Healy, J.E. (1986). The innovative rehabilitation team: An experiment in team building. *Archives of Physical Medicine and Rehabilitation, 67,* 357-361.

Halstead, W.C. (1947). *Brain and intelligence.* Chicago: University of Chicago Press.

Halstead, W.C. (1951). *Cerebral mechanisms of behavior.* New York: Wiley.

Hamann, S.B. & Squire, L.R. (1997). Intact perceptual memory in the absence of conscious memory. *Behavioral Neuroscience, 111,* 850-854.

Hamburger Arbeitsassistenz (1997). *Analyse des finanziellen Mitteleinsatzes und der Einsparungen für die Unterstützte Beschäftigung von Menschen mit Behinderungen auf dem allgemeinen Arbeitsmarkt.* Hamburg: Landesarbeitsgemeinschaft Eltern für Integration e.V.

Hamilton, M. (1960). A rating scale for depression. *Journal of Neurology, Neurosurgery, and Psychiatry, 23,* 56-62.

Hammer, M.U. (1996). Modell ambulante neuropsychologische Rehabilitation. In Fries,W. (Ed.), *Ambulante und teilstationäre Rehabilitation von Hirnverletzten.* München/Bern: Zuckschwerdt Verlag.

Hannay, H.J. (1986). *Experimental techniques in human neuropsychology.* New York: Oxford University Press.

Hannen, P., Hartje, W. & Skreczek, W. (1998). Beurteilung der Fahreignung nach Hirnschädigung – Neuropsychologische Diagnostik und Fahrprobe. *Nervenarzt, 69,* 864-872.

Hannover, B. (1997). *Das dynamische Selbst.* Bern: Huber.

Hardcastle, W.J. (1976). *Physiology of speech production. An introduction for speech scientists.* London: Academic Press.

Harding, A.E. (1984). *The hereditary ataxias and related disorders.* Edinburgh: Churchill Livingston.

Härter, M. (1998). Qualitätszirkel in der ambulanten psychiatrisch-psychotherapeutischen Versorgung. In T. Giernalczyk & R. Freytag (Eds.), *Qualitätsmanagement von Krisenintervention und Suizidprävention.* (pp. 114-125). Göttingen: Vandenhoeck & Ruprecht.

Hageböck, J. (1991). PSYMEDIA. *Programmsystem für die Psychometrische Einzelfalldiagnostik. Handanweisung und Disketten.* Göttingen: Hogrefe.

Hartje W. (1987). Verfahren des intraindividuellen Profilvergleichs. In H. Coper, H. Heimann, S. Kanowski, H. Künkel (Eds.). *Hirnorganische Psychosyndrome im Alter III* (pp. 181-188). Berlin: Springer.

Hartje, W. (1987). The effect of spatial disorders on arithmetic skills. In G. Deloche & X. Seron (Eds.), *Mathematical disabilities. A Cognitive neuropsychological perspective* (pp. 121-135). Hillsdale, NJ: Lawrence Erlbaum Associates.

Hartje, W. (1989). Psychologische Begutachtung in der Neurologie. In P. Jacobi (Ed.), *Psychologie in der Neurologie. Jahrbuch der medizinischen Psychologie.* Berlin / Heidelberg: Springer.

Hartje, W. (1997). Funktionelle Asymmetrie der Grosshirnhemisphären. In W. Hartje & K. Poeck (Eds.), *Klinische Neuropsychologie.* 3rd ed. (pp. 36-58). Stuttgart: Thieme.

Hartje, W., Pach, R., Willmes, K., Hannen, P. & Weber, E. (1991). Fahreignung hirngeschädigter Patienten. *Zeitschrift für Neuropsychologie, 2,* 100-114.

Hartje, W., Ringelstein, E.B., Kistinger, B., Fabianek, D. & Willmes, K. (1994). Transcranial Doppler ultrasonic assessment of middle cerebral artery blood flow velocity changes during verbal and visuo-spatial cognitive tasks. *Neuropsychologia, 32,* 1443-1452.

Hartje, W. & Sturm, W. (1997). Amnesie. In W. Hartje & K. Poeck (Eds.), *Klinische Neuropsychologie, 3. Auflage* (pp. 208-239). Stuttgart: Thieme

Hartmann, D.E. (1988, 1995). *Neuropsychological toxicology. Identification of human neurotoxic syndromes.* New York: Plenum Press.

Hartmann, F. (1915). Übungsschulen für Gehirnkrüppel. *Münchner Medizinische Wochenschrift, 23,* 769-771.

Harvarik, R. & Müller-Jensen, A. (1992). Nichtherpetische virale Enzephalitiden Erwachsener mit unauffälligem zerebralen MRT. *Aktuelle Neurologie, 19,* 171-174.

Hasher, L. & Zacks, R.T. (1988). Working memory, comprehension, and aging: A review and a new view. In G.H. Bower (Ed.), *The psychology of learning and motivation* (Vol. 22). New York: Academic Press.

Hasselmo, M.E. (1995). Neuromodulation and cortical function: Modeling the physiological basis of behavior. *Behavioural Brain Research, 67,* 1-27.

Hassler, R. (1982). Architectonic organization of the thalamic nuclei. In G. Schaltenbrand & A.E. Walker (Eds.), *Stereotaxy of the human brain* (pp. 140-180). Stuttgart: Thieme.

Hatton, G.I. (1985). Reversible synapse formation and modulation of cellular relationships in the adult hypothalamus under physiological conditions. In C.W. Cotman (Ed.), *Synaptic plasticity* (pp. 373-404). New York: The Guilford Press.

Haupts, M., Calabrese, P., Babinsky, R., Markowitsch, H.J. & Gehlen, W. (1994). Everyday memory impairment, neuroradiological findings and physical disability in multiple sclerosis. *European Journal of Neuropsychology, 1,* 159-163.

Head, H. (1926). *Aphasia and kindred disorders of speech. Vol. 1.* New York: Hafner.

Hebb, D.O. (1945). Man's frontal lobes: A critical review. *Archives of Neurology and Psychiatry, 49,* 10-24.

Hebb, D.O. (1949). *Organization of behavior.* John Wiley.

Hebb, D.O. & Penfield, W. (1940). Human behavior after extensive bilateral removal from the frontal lobes. *Archives of Neurology and Psychiatry, 44,* 421-428.

Hécaen, H. & Ajuriaguerra, J. D. (1949). *Le cortex cérébral. Etude neuropsycho-pathologique.* Paris: Masson.

Hécaen, H., Angelergues, R. & Houillier, S. (1961). Les variétés cliniques des acalculies au cours des lésions rétrorolandiques: Approche statistique du probleme. *Revue Neurologique, 105,* 85-103.

Hécaen, H. & Assal, G. (1970). A comparison of constructive deficits following right and left hemispheric lesions. *Neuropsychologia, 8,* 289-303.

Heckhausen, H. (1989). *Motivation und Handeln.* Berlin: Springer-Verlag.

Heeg, S. (1994). Zur Bedeutung des architektonischen Milieus in der stationären Psychotherapie und Rehabilitation. In M. Zielke & J. Sturm (Eds.), *Handbuch stationäre Verhaltenstherapie* (pp. 85-106). Weinheim: Psychologie Verlags Union.

Heilman, K.M., Coyle, J.M., Gonyea, E.F. & Geschwind, N. (1973). Apraxia and agraphia in a left-hander. *Brain, 96,* 21-28.

Heilman, K.M., Maher, L.M., Greenwald, M.L. & Rothi, L.J.G. (1997). Conceptual apraxia from lateralized lesions. *Neurology, 49,* 457-464.

Heilman, K.M. & Rothi, L.J.G. (1993). Apraxia. In K. M. Heilman & E. Valenstein (Eds.), *Clinical Neuropsychology.* (pp. 141-164). New York Oxford: Oxford University Press.

Heilmann, K.M. & Valenstein, E. (1993). *Clinical Neuropsychology.* New York: Oxford University Press.

Heindel, W.C., Salmon, D.P., Shults, C.W., Walicke, P.A. & Butters, N. (1989). Neuropsychological evidence for multiple implicit memory systems: A comparison of Alzheimer's, Huntington's and Parkinson's disease patients. *Journal of Neuroscience, 9,* 582-587.

Heinze, H.J., Mangun, G.R., Burchert, W., Hinrichs, H., Scholz, M., Münte, T.F., Gös, A., Scherg, M., Johannes, S., Hundeshagen, H., Gazzaniga, M.S. & Hillyard, S.A. (1994). Combined spatial and temporal imaging of brain activity during visual selective attention in humans. *Nature, 372,* 543-546.

Heiss, W.D., Kessler, J., Karbe, H., Fink, G.R. & Pawlik, G. (1993). Cerebral glucose metabolism as a predictor of recovery from aphasia in ischemic stroke. *Archives of Neurology, 50,* 958-964.

Heiss, W.D., Kessler, J., Mielke, R., Szelies, B. & Herholz, K. (1994). Long-term effects of phosphatidylserine, pyritinol and cognitive training in Alzheimers disease. *Dementia, 5,* 88-98.

Helbig, P., Polnitzky-Meißner, M., Krause, M., Ringleb, P., Ackl, N., Reichert, K., Obhof, W. & Hacke, W. (1997). Rehabilitation nach Schlaganfall – I. Eine Studie zur Evaluation von Rehabilitationsmaßnahmen im Rahmen einer Anschlußheilbehandlung bei Schlaganfallpatienten. *Neurologie & Rehabilitation, 3,* 159-164.

Helmchen, H., Kanowski, S. & Koch, H.G. (1989). Forschung mit dementen Kranken: Forschungsbedarf und Einwilligungsproblematik. *Ethik in der Medizin, 1,* 83-98.

Helmchen, H. (1995). Ethische und rechtliche Probleme in der Demenzforschung. *Zeitschrift für Gerontopsychologie und -psychiatrie, 8,* 57-64

Helmstaedter, C. & Elger, C.E. (1996). Cognitive consequences of two thirds anterior temporal lobectomy on verbal memory in 144 patients: A three month follow-up study. *Epilepsia, 37,* 171-180.

Helmstaedter, C. & Elger, C.E. (1998). Functional plasticity after left anterior temporal lobectomy: Substitution and compensation of verbal memory impairment. *Epilepsia, 39,* 399-406.

Helmstaedter, C., Elger, C.E. & Lendt, M. (1994). Postictal courses of cognitive deficits in focal epilepsies. *Epilepsia, 35,* 1073-1078.

Helmstaedter, C., Kemper, B. & Elger, C.E. (1996). Neuropsychological aspects of frontal lobe epilepsy. *Neuropsychologia, 34,* 399-406.

Helmstaedter, C., Kurthen, M., Linke, D.B. & Elger, C.E. (1997a). Patterns of language dominance in left and right hemisphere epilepsies. *Brain and Cognition, 33,* 135-150.

Helmstaedter, C., Kurthen, M., Linke, D.B. & Elger C.E. (1997b). Natural atypical language dominance and language-shifts from the right to the left hemisphere in right hemispheric pathology. *Naturwissenschaften, 84,* 1-3.

Helmstaedter, C., Lehnertz, K., Grunwald, Th., Gleißner, U., Schramm, J. & Elger, C.E. (1997). Differential involvement of left temporo-lateral and temporo-mesial structures in verbal declarative learning and memory: Evidence from temporal lobe epilepsy. *Brain and Cognition, 35,* 110-131.

Helmuth, L., Ivry, R. & Shimizu, N. (1997). Preserved performance by cerebellar patients on tests of word generation, discrimination learning and attention. *Learning and Memory, 3,* 456-474.

Hennies, G. (1995). Sozialmedizinisch relevante Begriffe. In Verband Deutscher Rentenversicherungsträger (Ed.), *Sozialmedizinische Begutachtung in der gesetzlichen Rentenversicherung.* Stuttgart: Gustav Fischer.

Hennig, J., Ernst, T., Speck, O., Deuschl, G. & Feifel, E. (1994). Detection of brain activation using oxygenation sensitive functional spectroscopy. *Magnetic Resonance in Medicine, 31,* 85-90.

Henningsen, P. & Sack, M. (1998). Diagnostik und Therapie umweltbezogener Körperbeschwerden – eine Übersicht der empirischen Literatur. *Zeitschrift für psychosomatische Medizin, 44,* 251-267.

Henschen, S.E. (1919). Über Sprach-, Musik- und Rechenmechanismen und ihre Lokalisation im Großhirn. *Zeitschrift für die gesamte Neurologie und Psychiatrie, 52,* 273-298.

Henschen, S.E. (1920). *Klinische und anatomische Beiträge zur Pathologie des Gehirns.* Stockholm: Nordiska Bokhandeln.

Henschen, S.E. (1925). Clinical and anatomical contributions on brain pathology. *Archives of Neurology and Psychiatry, 13,* 226-249.

Hermann, B.P. & Seidenberg, M. (1989). *Childhood epilepsies: Neuropsychological, psychosocial and intervention aspects.* New York: Wiley.

Hermann, B.P., Seidenberg, M., Schoenfeld, J. & Davies, K. (1997). Neuropsychological characteristics of the syndrome of mesial temporal lobe epilepsy. *Archives of Neurology, 54,* 369-376.

Hermann, B.P., Wyler, A.R. & Richey, E.T. (1988). Wisconsin card sorting test performance in patients with complex partial seizures of temporal lobe origin. *Journal of Clinical and Experimental Neuropsychology, 10,* 467-476.

Herrmann, M. (1992). Depressive Veränderungen nach cerebrovaskulären Insulten. *Zeitschrift für Neuropsychologie, 3,* 25-43.

Herrmann, M., Bartels, C., Schumacher, M. & Wallesch, C.W. (1995). Poststroke depression: Is there a pathoanatomical correlate for depression following the postacute stage of stroke? *Stroke, 26,* 850-856.

Herrmann, M., Bartels, C. & Wallesch, C.W. (1993). Depression in acute and chronic aphasia

– Symptoms, pathoanatomo-clinical correlations, and functional implications. *Journal of Neurology, Neurosurgery, and Psychiatry, 56,* 672-678.

Herrmann, M., Curio, N., Jost, St., Wunderlich, M.T., Synowitz, H. & Wallesch, C.W. (1999). Protein S-100B and neurone specific enolase as early biochemical markers of the severity of traumatic brain injury. *Restorative Neurology and Neuroscience, 14,* 109-114.

Herrmann, M., Hermstein, B. & Ausschuß „Organisation Weiterbildung, Curriculum, Akkreditierung" (1997). Ausbildungssituation und Fortbildungsbedarf in Klinischer Neuropsychologie. *Zeitschrift für Neuropsychologie, 8,* 32-43.

Herrmann, M., Laufer, M.E., Kohler, J. & Wallesch, C.W. (1997a). Ambulante/teilstationäre neurologisch-neuropsychologische Rehabilitation. Teil I: Ergebnisse einer Bedarfsanalyse in Süddeutschland. *Nervenarzt, 68,* 647-652.

Herrmann, M., Laufer, M.E., Kohler, J.& Wallesch, C.W. (1997b). Ambulante/teilstationäre neurologisch-neuropsychologische Rehabilitation. Teil II: Ergebnisse einer Analyse der Versorgungssituation in Süddeutschland. *Nervenarzt, 68,* 801-805.

Herrmann, M. & Wallesch, C.W. (1993). Depressive changes in stroke patients. *Disability and Rehabilitation, 15,* 55-66.

Herrmann, M. & Wallesch, C.W. (1998). Aufgabenfelder der Neuropsychologie in der Neurologie. In W. Gaebel & P. Falkai (Eds.), *Im Spannungsfeld zwischen Spezialisierung und Integration – Perspektiven der Psychiatrie, Psychotherapie und Nervenheilkunde* (pp. 218-222). Wien / New York: Springer.

Herrmann, M., Wallesch, C.W. & Starkstein, S.E. (1999). Neuropsychiatrische Probleme in der Neurorehabilitation. In P. Frommelt & H. Grötzbach (Eds.), *Neurorehabilitation: Grundlagen, Praxis, Dokumentation.* (pp. 337-346). Berlin: Backwell.

Hess, R.F., Zihl, J., Pointer, S. & Schmid, Ch. (1990). The contrast sensitivity deficit in cases with cerebral lesions. *Clinical Vision Sciences, 5,* 203-215.

Heubrock, D. (1990). Anamnese und Exploration in der Neuropsychologie. *Zeitschrift für Neuropsychologie, 1,* 114-128.

Heubrock, D. (1995). Neuropsychological assessment of suspected malingering – research results

and evaluation techniques. *Diagnostica, 41,* 303-321.

Hiller, W., Zaudig, M. & Mombur, W. (1995). ICDL *Internationale Diagnosen Checkliste für ICD-10.* Bern: Huber.

Hillier, S. L. (1997). Awareness and perceptions of outcomes after traumatic brain injury. *Brain Injury, 11,* 525-536.

Hillis, A.E. & Caramazza, A. (1995). Cognitive and neural mechanisms underlying visual and semantic processing: Implications from „optic aphasia". *Journal of Cognitive Neuroscience, 7,* 457-478.

Hillyard, S.A. & Hansen, J.C. (1986). Attention: Electrophysiological approaches. In M.G.H. Coles, E. Donchin, & S.W. Porges (Eds.), *Psychophysiology: Systems, processes, and applications* (pp. 227-243). New York: Guilford.

Hinse, P., Leplow, B., Humbert, T., Lamparter, U., Junge, A. & Emskötter, T. (1996). Impairment of visuospatial function in idiopathic spasmodic torticollis. *Journal of Neurology, 243,* 29-33.

Hinton, G.E., McClelland, J.L. & Rumelhart, D.E. (1986). Distributed representations. In D. E. Rumelhart & J. L. McClelland (Eds.), *Parallel distributed processing – Explorations in the microstructure of cognition Volume 1: Foundations* (pp. 77-109). Cambridge Mass London: MIT Press.

Hinton, G.E. & Sejnowski, T.J. (1986). Learning and relearning in Boltzmann machines. In D.E. Rumelhart & J.L. McClelland (Eds.), *Parallel distributed processing: Explorations in the microstructure of cognition* (Vol.1.). Cambridge MA: MIT Press.

Hirsch, J., DeLaPaz, R.L., Relkin, N.R., Victor, J., Kim, K., Li, T., Borden, P., Rubin, N. & Shapley, R. (1995). Illusory contours activate specific regions in human visual cortex: Evidence from functional magnetic resonance imaging. *Proceedings of the National Academy of Science of the United States of America, 92,* 6469-6473.

Hittmair-Delazer, M., Sailer, U. & Benke, T. (1995). Impaired arithmetic facts but intact conceptual knowledge – A single-case study of dyscalculia. *Cortex, 31,* 139-147.

Hittmair-Delazer, M., Semenza, C. & Denes, G. (1994). Concepts and facts in calculation. *Brain, 117,* 715-728.

Hodges, J.R. & McCarthy, R.A. (1993). Autobiographical amnesia resulting from paramedian thalamic infarction. *Brain, 116*, 921-940.

Hodges, J.R., Patterson, K., Graham, N. & Dawson, K. (1996). Naming and knowing in dementia of Alzheimer's type. *Brain and Language, 54*, 302-325.

Hoff, H. & Pötzl, O. (1937). Über eine optisch-agnostische Störung des „Physiognomie-Gedächtnisses". (Beziehungen zur Rückbildung einer Wortblindheit.). *Zeitschrift für die gesamte Neurologie und Psychiatrie, 159*, 367-395.

Hoffmann, R.E. (1993). Linguistic aspects of language behavior in schizophrenia. In G. Blanken, J. Dittmann, H. Grimm, J.C. Marshall, & C.W. Wallesch (Eds.), *Linguistic disorders and pathologies. An international handbook.* (pp. 534-543). Berlin: de Gruyter.

Hokkanen, L. & Launes, J. (1997a). Cognitive recovery instead of decline after acute encephalitis: A prospective follow up study. *Journal of Neurology, Neurosurgery, and Psychiatry, 63*, 222-227.

Hokkanen, L. & Launes, J. (1997b). Duration of transient amnesia correlates with cognitive outcome in acute encephalitis. *Neuroreport, 8*, 2721-2725.

Hokkanen, L., Launes, J., Poutiainen, E., Valanne, L., Salonen, O., Siren, J. & Iivanainen, M. (1997). Subcortical type cognitive impairment in herpes zoster encephalitis. *Journal of Neurology, 244*, 239-245.

Holm, S. (1979). A simple sequentially rejective multiple test procedure. *Scandinavian Journal of Statistics, 6*, 65-70.

Holmes, G. & Horrax, G. (1919). Disturbances of spatial orientation and visual attention, with loss of stereoscopic vision. *Archives of Neurology and Psychiatry, 1*, 385-407.

Holmes, G.P., Kaplan, J.E. & Gantz, N.M. (1988). Chronic fatigue syndrome: A working case definition. *Annals of Internal Medicine, 108*, 387-389.

Holst, E. von & Mittelstaedt, H. (1950). Das Reafferenzprinzip (Wechselwirkungen zwischen Zentralnervensystem und Peripherie.). *Die Naturwissenschaften, 37*, 464-476.

Holzapfel, H. (1993a). Vorstellung des neuropsychologischen Therapieprogramms Percept One zum Training von Wahrnehmung und Aufmerksamkeit. *Zeitschrift für Neuropsychologie, 4*, 65-67.

Holzapfel, H. (1993b). Computergestütztes Hirnleistungstraining. *Pflegen Ambulant, 4*, 30-31.

Honigfeld, G., Gillis, R.D. & Klett, C.J. (1976). 039 NOSIE Nurses' observation scale for inpatient ecaluation. In W. Guy (Ed.), *ECDEU Assessment manual for psychopharmacology* (pp. 265-273). Rockville: Ml.

Hopewell, C.A., Burke, W.H., Weslowski, M. & Zawlocki, R. (1990). Behavioral learning therapies for the traumatically brain-injured patient. In R.L. Wood & I. Fussey (Eds.), *Cognitive rehabilitation in perspective* (pp. 229-245). London: Taylor & Francis.

Hörhold, M. (1998). Die Analyse psychophysiologischer Kopplungs-Entkopplungs-Prozesse. *Psychologische Rundschau, 49*, 2-9.

Horizon-Arbeitsgruppe (1995). *Unterstützte Beschäftigung. Handbuch zur Arbeitsweise von Integrationsfachdiensten für Menschen mit geistiger Behinderung.* Integrationsfachdienste Hamburg: Horizon.

Horn, W. (1983). *Leistungsprüfsystem L-P-S.* Göttingen: Hogrefe.

Hossmann, K.A. (1994). Viability thresholds and the penumbra of focal ischemia. *Annals of Neurology, 36*, 557-565.

Howard, D. (1986). Beyond randomized controlled trials: The case for effective studies of the effects of treatment in aphasia. *British Journal of Disorders of Communication, 21*, 89-102.

Howard, D. & Hatfield, F.M. (1987). *Aphasia therapy. Historical and contemporary issues.* Hove (U.K.): Lawrence Erlbaum.

Howes, D. & Boller, F. (1975). Simple reaction time: Evidence for focal impairments from lesions of the right hemisphere. *Brain, 98*, 317-332.

Hoyer, D. & Martin, G.R. (1996). Classification and nomenclature of 5-HT receptors: A comment on current issues. *Behavioural Brain Research, 73*, 263-268.

Hubel, D.H. & Wiesel, T.N. (1970). The period of susceptibility to the physiological effects of unilateral eye closure in kittens. *Journal of Physiology, 206*, 419-436.

Huber, A. (1998). Retrochiasmale Läsionen. In A. Huber & D. Kömpf (Eds.), *Klinische Neuroophthalmologie* (pp. 350-366). Stuttgart: Thieme.

Huber, A. & Kömpf, D. (1998). *Klinische Neuroophthalmologie.* Stuttgart: Thieme.

Huber, H.P. (1973). *Psychometrische Einzelfalldiagnostik.* Weinheim: Beltz.

Huber, H.P. (1992). Einzelfalldiagnostik. In R.S. Jäger & F. Petermann (Eds.). *Psychologische Diagnostik,* 2. Aufl. (pp. 208-216). Weinheim: Psychologie Verlags Union.

Huber, W. (1991). Ansätze in der Aphasietherapie. *Neurolinguistik, 5,* 71-92.

Huber, W. (1999). The role of piracetam in the treatment of acute and chronic aphasia. *Pharmacopsychiatry, 32 (Suppl.),* 38-43.

Huber, W., Lüer, G. & Lass, U. (1988). Sentence-processing strategies of brocas's aphasics and normal speakers as reflected by gaze movement. In G. Denes, C. Semenza & P. Bisiacchi (Eds.), *Perspectives on cognitive neuropsychology.* Hove: Lawrence Earlbaum Assoc.

Huber, W., Poeck, K. & Springer, L. (1991). *Sprachstörungen.* Stuttgart: TRIAS.

Huber, W., Poeck, K, Weniger, D. & Willmes, K. (1993). *Der Aachener Aphasie Test (AAT).* Göttingen: Hogrefe.

Huber, W., Poeck, K. & Weniger, D. (1997). Aphasie. In W. Hartje & K. Poeck (Eds.), *Klinische Neuropsychologie.* 3rd ed. (pp. 80-143). Stuttgart: Thieme.

Huber, W. & Springer, L. (1988). Sprachstörungen und Sprachtherapie. In U. Ammon, N. Dittmar, & K.J. Mattheier (Eds.), *Sociolinguistics. An international handbook of the science of language and society.* (pp. 1744-1767). Berlin: de Gruyter.

Huber, W., Springer, L. & Willmes, K. (1993). Approaches to aphasia therapy in Aachen. In A. Holland & M. Forbes (Eds.), *World perspectives on aphasia.* (pp. 55-86). San Diego, CA: Singular.

Hugdahl, K., Satz, P., Mitrushina, M. & Miller, E.N. (1993). Left-handedness and old age: Do left-handers die earlier? *Neuropsychologia, 31,* 325-333.

Hummelsheim, H. (1996). Die Rehabilitation zentraler Lähmungen – eine Standortbestimmung. *Aktuelle Neurologie, 23,* 7-14.

Humphreys, G.W. & Riddoch, M.J. (1988). On the case of multiple semantic systems: A reply to Shallice. *Cognitive Neuropsychology, 5,* 143-150.

Humphreys, G.W. & Riddoch, M.J. (1993). Visual object processing in normality and pathology: Implications for rehabilitation. In M.J. Riddoch & G.W. Humphreys (Eds.), *Cognitive neuropsychology and rehabilitation* (pp. 39-76). Hove: Lawrence Erlbaum Associates.

Humphreys, G.W., Riddoch, M.J. & Price, C.J. (1997). Top-down processes in object identification: Evidence from experimental psychology, neuropsychology and functional anatomy. *Philosophical Transactions of the Royal Society of London, B, 352,* 1275-1282.

Humphreys, G.W., Riddoch, G.W. & Quinlan, P.T. (1988). Cascade processing in picture identification. *Cognitive Neuropsychology, 5,* 67-104.

Hund, M. & Huber, W. (1991). Eye Movement behaviour of patients with cerebral microangiopathy and macroangiopathy in simple visual detection tasks. *Brain, 114,* 1315-1321.

Hunt, E. (1989). Cognitive science: Definition, status, and questions. *Annual Review of Psychology, 40,* 603-629.

Hynd, G. & Willis, W. (1988). *Pediatric neuropsychology.* Boston: Allyn & Bacon.

Hynd, G., Semrud-Clikeman, M., Lorys, A., Novey, E., Eliopulos, D. & Lyytinen, H. (1991). Corpus callosum morphology in attention deficit-hyperactivity disorder: Morphometric analysis of MRI. *Journal of Learning Disability, 24, 3,* 141-146.

Iacoboni, M., Woods, R.P., Lenzi, G.L., & Mazziotta, J.C. (1997). Merging of oculomotor and somatomotor space coding in the human right precentral gyrus. *Brain, 120,* 1635-1645.

Ifrah, G. (1985). *From one to zero: A universal history of numbers.* New York: Viking Press.

Ihl, R. & Fröhlich, L. (1991). *Die Reisberg-Skalen (GDS; BCRS; FAST).* Weinheim: Beltz Test.

Ihl, R. & Weyer, D. (1993). *ADAS. Alzheimer's Disease Assessment Scale.* Manual. Weinheim: Beltz.

Ilmberger, J. (1988). *Münchner Verbaler Gedächtnistest.* München: Institut für Medizinische Psychologie.

Inglis, J. & Lawson, J.S. (1984). Handedness, sex and intelligence. *Cortex, 20,* 447-451.

Irle, E. & Markowitsch, H.J. (1982). Connections of the hippocampal formation, mamillary bodies, anterior thalamus and cingulate cortex. A retrograde study using horseradish peroxidase in the cat. *Experimental Brain Research, 47,* 79-94.

Isaacson, R.L., Douglas, R.J., Lubar, J.F. & Schmaltz, L.W. (1971). *A primer of physiological psychology.* New York: Harper & Row.

Ito, M. (1993). Movement and thought: Identical control mechanisms by the cerebellum. *Trends in the Neurosciences, 16,* 448-450.

Ivry, R.B. (1993). Cerebellar involvement in the explicit representation of temporal information. *Annals of the New York Academy of Sciences, 682,* 214-230.

Jäckel, W.H., Protz, W., Maier-Riehle, B. & Gerdes, N. (1997). Qualitätsscreening im Qualitätssicherungsprogramm der gesetzlichen Rentenversicherung. *Deutsche Rentenversicherung, 10,* 575-591.

Jackson, J.H. (1878). On affections of speech from disease of the brain. *Brain, 1,* 304-330.

Jackson, J.H. (1915). Hughlings Jackson on aphasia and kindred disorders of speech. *Brain, 38,* 1-90.

Jackson, M. & Warrington, E.K. (1986). Arithmetic skills in patients with unilateral cerebral lesions. *Cortex, 22,* 611-620.

Jacobs, D.M., Sano, M., Dooneief, G., Marder, K., Bell, K.L. & Stern, Y. (1995). Neuropsychological detection and characterization of preclinical Alzheimer's disease. *Neurology, 45,* 957-962.

Jacobs, H.E. (1989). Long-term family intervention. In D. W. Ellis & A. L. Christensen (Eds.), *Neuropsychological treatment of head injury* (pp. 297-316). Boston: Martinus Nijhoff.

Jacobs, H.E. (1993). *Behavior analysis guidelines and brain injury rehabilitation.* Gaithersburg, Maryland: Aspen.

Jäger, R.S. & Petermann, F. (1992). *Psychologische Diagnostik.* Weinheim: Psychologie Verlags Union.

Jahanshahi, M. & Marsden, C.D. (1992). Psychological functioning before and after treatment of torticollis with botulinum toxin. *Journal of Neurology, Neurosurgery, and Psychiatry, 55,* 229-231.

Jäncke, L. (1996a). About genes and random factors. *Current Psychology of Cognition, 14,* 550-557.

Jäncke, L. (1996b). The Hand Performance Test with a modified time limit instruction enables the examination of hand performance asymmetries in adults. *Perceptual and Motor Skills, 82,* 735-738.

Jäncke, L., Schlaug, G., & Steinmetz, H. (1997a). Hand skill asymmetry in professional musicians. *Brain and Cognition, 34,* 424-432.

Jäncke, L., Staiger, J.F., Schlaug, G., Huang, Y. & Steinmetz, H. (1997b). The relationship between corpus callosum size and forebrain volume. *Cerebral Cortex, 7,* 48-56.

Jäncke, L. & Steinmetz, H. (1999). Brain size: A possible source of interindividual variability in corpus callosum morphology. In E. Zaidel, M. Iacoboni & A. P. Pascual-Leone (Eds.), *The role of the human corpus callosum in sensory motor integration: Anatomy, physiology, and behavior; individual differences and clinical applications.* New York: Plenum Press.

Jänig, W. (1997). Vegetatives Nervensystem. In R.F. Schmidt & G. Thews (Eds.), *Physiologie des Menschen* (27. Aufl.). Heidelberg: Springer.

Jansen, Ch., Sturm, W. & Willmes, K. (1992). Sex specific ‚activation'-dominance of the left hemisphere for choice reactions: An experimental study regarding lateralization of attention functions. *Zeitschrift für Neuropsychologie, 3,* 44-51.

Jasper, H.H., Riggio, S. & Goldmann-Rakic, PS (1995). Epilepsy and the functional anatomy of the frontal lobe, *Advances in Neurology Vol. 66.* New York: Raven Press.

Janz, D. (1997). Progress in Epilepsy Research: The ideopathic generalized epilepsies of adolescence with childhood and juvenile age of onset. *Epilepsia, 38,* 4-11.

Jeannerod, M., Arbib, M.A., Rizzolatti, G. & Sakata, H. (1995). Grasping objects: The cortical mechanisms of visuomotor transformation. *Trends in Neuroscience, 18,* 314-320.

Jelicic, M. (1995). Aging and perfomance on implicit memory tasks: A brief review. *International Journal of Neuroscience, 82*, 155-161.

Jelicic, M., Craik, F.I.M. & Moscovitch, M. (1996). Effects of ageing on different explicit and implicit memory tasks. *European Journal of Cognitive Psychology, 8*, 225-234.

Jelles, F., Van Bennekom, C.A.M. , Lankhorst, G.J., Bouter, L.M., & Kuik, D.J. (1996a). Introducing an innovative method in team conferences. *Disability and Rehabilitation, 18*, 374-379.

Jelles, F., Van Bennekom, C.A.M. , Lankhorst, G.J., Bouter, L.M. (1996b). Staff satisfaction with team conferences: Development of a questionnaire. *Clinical Rehabilitation, 10*, 49-57.

Jenkins, W.M. & Merzenich, M.M. (1987). Reorganization of neocortical representations after brain injury: A neurophysiological model of the bases of recovery from stroke. *Progress in Brain Research, 71*, 249-266.

Jenkins, W.M., Merzenich M.M. (1992). Cortical representational plasticity: Some implications for the bases of recovery from brain damage. In N. von Steinbüchel, D.Y. von Cramon, Pöppel, E. (Eds.), *Neuropsychological rehabilitation* (pp. 20-35.) Berlin: Springer.

Jenkins, W.M., Merzenich, M.M., Ochs, M.T., Allard, T. & Guic-Robies, E. (1990). Functional reorganization of primary somatosensory cortex in adult owl monkeys after behaviorally controlled tactile stimulation. *Journal of Neurophysiology, 63*, 82-104.

Jennett, B. & Bond, M. (1975). Assessment of outcome after severe brain damage: A practical scale. *Lancet, 1*, 480-484.

Johnson, R. (1998). How do people get back to work after severe head injury? A 10 years follow-up study. *Neuropsychological Rehabilitation, 8*, 61-79.

Johnson, R.H., Lambie, D.G. & Spalding, J.M.K. (1984). *Neurocardiology: The interrelationship between dysfunction in the nervous and cardiovascular systems* (pp. 66–70). London: Saunders.

Johnston, M.V., Hall, K., Carnevale, G. & Boake, C. (1994). Funtional assessment and outcome evaluation in traumatic brain injury rehabilitation. In J. Silver, S. Yudofsky, & R. Hales (Eds.). *Neuropsychiatry in TBI*. Washington DC: American Psychiatric Press.

Johnstone, M.V. & Miller, L.S. (1986). Cost-effectiveness of the Medicare three-hour regulation. *Archives of Physical Medicine and Rehabilitation. 67*, 581-585.

Jones, G.V. (1984). Deep dyslexia, imageability, and ease of predication. *Brain and Language, 24*, 1-19.

Jones-Gotman, M., Smith, M.L. & Zatorre, R.J. (1993). Neuropsychological testing for localizing and lateralizing the epileptogenic region. In J. Engel Jr. (Ed.), *Surgical Treatment of the Epilepsies*. New York: Raven Press.

Joravsky, D. (1974). A great soviet psychologist. *The New York Review, 16*, 22-25.

Jorge, R.E., Robinson, R.G. & Arndt, S.V. (1993). Are depressive symptoms specific for a depressed mood in TBI? *Journal of Nervous and Mental Disease, 181*, 91-99.

Jozefczyk, P.B.(1994). Interdisciplinary team approach to rehabilitation. In D.C. Good & J.R. Condri (Eds.), Handbook of Rehabilitation. New York: Dekker.

Jueptner, M. & Weiller, C. (1995). Does measurement of regional cerebral blood flow reflect synaptic activity ? – Implications for PET and fMRI. *Neuroimage, 2*, 148-156.

Jussen, H. & Kröhnert, O. (1982). *Pädagogik der Gehörlosen und Schwerhörigen*. Berlin: Marhold.

Just, M.A. & Carpenter, P.A. (1980). A theory of reading: From eye fixations to comprehension. *Psychological Review, 87*, 329-354.

Just, M.A., Carpenter, P.A., Keller, T.A., Eddy, W.F. & Thulborn, K.R. (1996). Brain activation modulated by sentence comprehension. *Science, 274*, 114-116.

Kahn, H.J. & Whitaker, H.A. (1991). Acalculia: An historical review of localization. *Brain and Cognition, 17*, 102-115.

Kahneman, D. (1973). *Attention and effort*. Englewood Cliffs NJ: Prentice-Hall.

Kaiser, R., Vollmer, H., Schmidtke, K., Rauer, S. & Berger, W. (1997). Verlauf und Prognose der FSME. *Nervenarzt, 68*, 324-330.

Kalra, L., Dale, P. & Crome, P. (1993). Improving stroke rehabilitation. A controlled study. *Stroke, 24,* 1462-1467.

Kammer, Th. & Spitzer, M. (1996). Getriggerte transkranielle Magnetstimulation bei höheren kognitiven Funktionen. *Fortschritte der Neurologie und Psychiatrie, 64,* 205-211.

Kamphaus, R. & Reynolds, C. (1987). *Clinical and research applications of the K-ABC.* Circle Pines: American Guidance Service.

Kandel, E.R., Schwartz, J.H., Jessell, T.M. (1991). *Principles of neural science.* New York: Elsevier

Kandel, E.R., Schwartz, J.H. & Jessell, T.M. (1996). *Neurowissenschaften.* Heidelberg: Spektrum Akademischer Verlag.

Kanfer, F.H., Reinecker, H. & Schmelzer, D. (1990, 1996). *Selbstmanagement-Therapie.* Berlin: Springer-Verlag.

Kano, M. (1995). Plasticity of inhibitory synapses in the brain: A possible memory mechanism that has been overlooked. *Neuroscience Research, 21,* 177-182.

Kaplan, E., Goodglass, S. & Weintraub, S. (1983). *The Boston naming test.* Philadelphia: Lea und Febiger.

Kaplan, J., & Hier, D.B. (1982). Visuospatial deficits after right hemisphere stroke. *American Journal of Occupational Therapy, 36,* 314-321.

Kapur, N. (1997). How can we best explain retrograde amnesia in human memory disorder? *Memory, 5,* 115-129.

Karlsborg, M., Smed, A., Jespersen, H., Stephensen, S., Cortsen, M., Jennum, P., Herning, M., Korfitsen, E. & Werdelin, L. (1997). A prospective study of 39 patients with whiplash injury. *Acta Neurologica Scandinavia, 95,* 65-72.

Karnath, H.O. (1993). Blickbewegungsmuster während der visuellen Exploration einfacher Zeichnungen bei einem Patienten mit visuellem Neglect. *Zeitschrift für Neuropsychologie, 4,* 113-124.

Karnath, H.O. (1994). Disturbed coordinate transformation in the neural representation of space as the crucial mechanism leading to neglect. *Neuropsychological Rehabilitation, 4,* 147-150.

Karnath, H.O. (1997). Spatial orientation and the representation of space with parietal lobe lesions. *Philosophical Transactions of the Royal Society, B352,* 1411-1419.

Kaslow, R.A., Ostrow, D.G., Detels, R., Phair, J.P., Polk, B.F. & Rinaldo, C.R. Jr. (1987). The multicenter AIDS cohort study: Rationale, organization, and selected characteristics of the participants. *American Journal of Epidemiology, 126,* 310-318.

Katz, D.I. & Alexander, M.P. (1994). Traumatic brain injury. Predicting course of recovery and outcome for patients admitted to rehabilitation. *Archives of Neurology, 51,* 661-670.

Katz, L.C., Shatz, C.J. (1996). Synaptic activity and the construction of cortical circuits. *Science, 274,* 1133-1138.

Katzman, R. & Terry, R. (1983). Normal aging of the nervous sytem. In R. Katzman & R. Terry (Eds.), *The Neurology of Aging.* Philadelphia: Davis Company.

Kaufman, A. (1979). *Intelligent Testing with the WISC-R.* New York: Wiley.

Kaufman, A. & Kaufman, N. (1983). *Kaufman-Assessment Battery for Children K-ABC.* Circle Pines: American Guidance Service.

Kay, J., Lesser, R. & Coltheart, M. (1992). *Psycholinguistics assessments of language processing in aphasia.* Hove (UK): Lawrence Erlbaum.

Kazdin A.E. (1992). *Methodological issues and strategies in clinical research.* Washington: American Psychological Association.

Keele, S.W. & Ivry, R. (1991). Does the cerebellum provide a common computation for diverse tasks. A timing hypothesis. *Annals of the New York of Academy Science, 608,* 179-211.

Keidel, M. (1995). Der posttraumatische Verlauf nach zerviko-zephaler Beschleunigungsverletzung. Klinische, neurophysiologische und neuropsychologische Aspekte. In Kügelgen, B. (Ed.), *Neuroorthopädie VI.* (pp.73-113). Berlin: Springer.

Keidel, M. (1998). Schleudertrauma der Halswirbelsäule. In Th. Brandt, J. Dichgans & H.C. Diener (Eds.), *Therapie und Verlauf neurologischer Erkrankungen,* 3. Aufl. (pp. 69-84). Stuttgart: Kohlhammer.

Keidel, M. (in press). Beschleunigungsverletzung der Halswirbelsäule. In H.H. Rauschelbach, K.A.

Jochheim & B. Widder (Eds.), *Das neurologische Gutachten*. 4. Aufl.. Thieme: Stuttgart.

Keidel, M. & Pearce, J.M.S. (1996). Whiplash injury. In Th. Brandt, L.R. Caplan, J. Dichgans, H.C. Diener & Ch. Kennard. (Eds.), *Neurological disorders: Course and treatment* (pp. 65-76). San Diego: Academic Press.

Keidel, M., Freihoff, J., Yagüez, L., Eisentraut, R., Wilhelm, H. & Diener H.C. (1996). A prospective follow-up of neuropsychological deficits due to whiplash injury. *Journal of the International Neuropsychological Society, 2,* 194.

Keidel, M., Kischka, U., Schäfer-Krajewski, C., Di Stephano, G. & Radanov, B. (1997). Neuropsychologische Aspekte der Beschleunigungsverletzung der Halswirbelsäule. In M. Hülse, W. Neuhuber & H.D. Wolff, (Eds.), *Der kranio-zervikale Übergang. Aktuelle Gesichtspunkte aus Grundlagenforschung und Klinik zur Pathophysiologie von HWS-Weichteiltraumen* (pp. 99-127). Heidelberg: Springer,.

Keidel, M., Rieschke, P., Jüptner, M. & Diener, H.C. (1994). Pathologischer Kieferöffnungsreflex nach HWS-Beschleunigungsverletzung. *Nervenarzt, 65,* 241-249.

Keidel, M., Yagüez, L., Wilhelm, H. & Diener, H.C. (1992). Prospektiver Verlauf neuropsychologischer Defizite nach zervikozephalem Akzelerationstrauma. *Nervenarzt, 63,* 731-740.

Keith, R.A. (1991). The comprehensive treatment team in rehabilitation. *Archives of Physical Medicine and Rehabilitation, 72,* 269-274.

Keller, M., & Kohenof, M. (1997). Die Effektivität neuropsychologischer Rehabilitation nach rechtshemisphärischem Insult – Ein Vergleich zweier Therapiemethoden unter besonderer Berücksichtigung der Valenser L-Form. *Neurologie & Rehabililiation, 1,* 41-47.

Kelly, J.P. (1985). Anatomical basis of sensory perception and motor coordination. In E.R. Kandel & J.H. Schwartz (Eds.), *Principles of neural science* (2nd. ed.) (pp. 222-243). New York: Elsevier.

Kelly, R.B. (1993). Storage and release of neurotransmitters. *Cell, 72 (Suppl.),* 43-53.

Kelso, J.A.S. (1995). *Dynamic patterns.* Cambridge, MA.: MIT Press.

Kemper, S. (1990). Adults'diaries: Changes made to written narratives across the life span. *Discourse Processes, 13,* 207-223.

Kemper, S. (1992). Language and aging. In F.I.M. Craik & T.A. Salthouse (Eds.), *The handbook of aging and cognition.* Hillsdale, New Jersey: Lawrence Erlbaum Associates.

Kemper, S. (1997). Metalinguistic judgements in normal aging and Alzheimer's disease. *Journals of Gerontology, Series B, Psychological Sciences & Social Sciences, 52,* 247-155.

Kennedy, J.G. & Kuehn, D.P. (1989). Neuroanatomy of speech. In D.P. Kuehn, M.L. Lemme, & J.M. Baumgartner (Eds.), *Neural bases of speech, hearing, and language.* (pp. 111-145). Boston: Little, Brown and Company.

Kerkhoff, G. (1988). Visuelle Raumwahrnehmung und Raumoperationen. In D.v. Cramon & J. Zihl (Eds.), *Neuropsychologische Rehabilitation.* Berlin: Springer.

Kerkhoff, G. (1993). Displacement of the egocentric visual midline in altitudinal postchiasmatic scotomata. *Neuropsychologia, 31,* 261-265.

Kerkhoff, G. (1998). Rehabilitation of visuospatial deficits and visual exploration in neglect: A crossover study. *Restorative Neurology and Neuroscience, 10,* 12, 27-40.

Kerkhoff, G. & Heldmann, B. (1997). Effizienz visuell-räumlicher und visueller Neglect-Therapie: Eine Cross-Over-Studie mit 13 Patienten. *Zeitschrift für Neuropsychologie, 8,* 44-61.

Kerkhoff, G. & Marquardt, C. (1998). Standardized analysis of visual-spatial perception with VS. *Neuropsychological Rehabilitation, 8,* 171-189.

Kerkhoff, G., Münßinger, U., Eberle-Strauß, G. & Stögerer, E. (1992a). Rehabilitation of hemianopic alexia in patients with postgeniculate visual field disorders. *Neuropsychological Rehabilitation, 2,* 21-42.

Kerkhoff, G., Münßinger, U., Haaf, E., Eberle-Strauß, G. & Stögerer, E. (1992b). Rehabilitation of homonymous scotomata in patients with postgeniculate damage of the visual system: Saccadic compensation training. *Restorative Neurology and Neuroscience, 4,* 245-254.

Kerkhoff, G., Münßinger, U. & Schneider, U. (1997). Seh- und Gedächtnisstörung. In S. Gauggel & G. Kerkhoff (Eds.), *Fallbuch der Klinischen Neuropsychologie. Praxis der Neurorehabilitation.* Göttingen: Hogrefe.

Kerr, F.W.L. (1961). Trigeminal and cervical volleys. *Archives of Neurology, 5,* 171-178.

Kertesz, A. (1985). Apraxia and aphasia. Anatomical and clinical relationship. In E. A. Roy (Ed.), *Neuropsychological studies of apraxia and related disorders.* (pp. 163-178). Amsterdam New York Oxford: North Holland.

Kertesz, A. & Dobrowolski, S. (1981). Right-hemisphere deficits, lesion size and location. *Journal of Clinical Neuropsychology, 3,* 283-299.

Kertesz, A., Ferro, J.M. & Shewan, C.M. (1984). Apraxia and aphasia: The functional-anatomical basis for their dissociation. *Neurology, 34,* 40-47.

Kertesz, A. & Wallesch, C.W. (1993). Cerebral organization of language. In G. Blanken, J. Dittmann, H. Grimm, J.C. Marshall, & C.W. Wallesch (Eds.), *Linguistic disorders and pathologies. An international handbook.* (pp. 120-137). Berlin: de Gruyter.

Keßler, R. (1997). Die strafrechtliche Schweigepflicht des Berufspsychologen bei sexuellem Mißbrauch. *Praxis der Rechtspsychologie, 7,* 67-75

Kessler, J. & Kalbe, E. (1996a). Written numeral transcoding in patients with Alzheimer's disease. *Cortex, 32,* 755-761.

Kessler, J. & Kalbe, E. (1996b). Gedächtnisstörungen im Alter. Prodrom einer Demenz? In Weis, R. (Ed.), *Handbuch der Alzheimerschen Erkrankung.* Weinheim: Beltz-Verlag.

Kessler, J., Denzler, P.E. & Markowitsch, H.J. (1988). *Demenz-Test.* Weinheim: Beltz.

Kessler, J., Markowitsch, H.J. & Denzler, P.E. (1990). *Mini-Mental-Status-Test.* Weinheim: Beltz

Kessels, R.P.C., Keyser, A., Verhagen, W.I.M. & van Luijtelaar, E.L.J.M. (1998). The whiplash syndrome: A psychophysiological and neuropsychological study towards attention. *Acta Neurologica Scandinavia, 97,* 188-193.

Kiefer, M. & Dehaene, S. (1997). The time course of parietal activation in single-digit multiplication: Evidence from event-related potentials. *Mathematic Cognition, 3,* 1-30.

Kihlstrom, J.F. & Schacter, D.L. (1995). Functional disorders of autobiographical memory. In A.D. Baddeley, B.A. Wilson & F.N. Watts (Eds.), *Handbook of memory disorders* (pp. 338-364). Chichester: Wiley.

Kim, Y., Morrow, L., Passafiume, D. & Boller, F. (1984). Visuoperceptual and visuomotor abilities and locus of lesion. *Neuropsychologia, 22,* 177-185.

Kimura, D. (1967). Functional asymmetry of the brain in dichotic listening. *Cortex, 3,* 163-178.

Kimura, D. (1987). Are men's and women's brains really different. *Canadian Journal of Psychology, 28,* 133-147.

Kinsbourne, M. (1971). Cognitive deficit: Experimental analysis. In J.L. McGaugh (Ed.), *Psychobiology.* New York: Academic Press.

Kinsbourne, M. (1977). Hemi-neglect and hemisphere rivalry. *Advances in Neurology, 18,* 41-49.

Kinsbourne, M. (1997). Mechanisms and development of cerebral lateralization in children. In C. Reynolds & E. Fletcher-Janzen (Eds.), *Handbook of clinical child neuropsychology.* New York: Plenum Press.

Kinsella, G., Moran, C., Ford, B. & Ponsford, J. (1988). Emotional disorder and its assessment within severe head injured population. *Psychological Medicine, 18,* 57-63.

Kiresuk, T.J. & Lund, S.H. (1975). Process and outcome measurement using goal attainment scaling. In J. Zusman & C.R. Wursten (Eds.), *Program evaluation* (pp. 207-239). Lexington: Lexington Books.

Kirusek, T.J., Smith, A. & Cardillo, J.E. (1994). *Goal attainment scaling. Applications, theory, and measurement.* Hillsdale, N J: Erlbaum.

Kischka, U., Ettlin, Th., Heim & S., Schmid, G. (1991). Cerebral symptoms following whiplash injury. *European Neurology, 31,* 136-140.

Kischka, U., Ettlin, Th., Plohmann, A. & Stahl, H. (1994). SPECT findings in patients with whiplash injury of the neck. *Neurology, (Suppl 2),* 763.

Kish, S. J., El-Awar, M., Stuss, D., Nobrega, J., Currier, R., Aita, J.F., Schut, L., Zoghbi, H.Y. & Freedman, M. (1994). Neuropsychological test performance in patients with dominantly inherited spinocerebellar ataxia: Relationship to ataxia severity. *Neurology, 44,* 1738-1746.

Klauer, K.J. (1987). *Kriteriumsorientierte Leistungsmessung.* Göttingen: Hogrefe.

Kleinschmidt, A., Bear, M.F., Singer, W. (1987). Blockade of NMDA receptors disrupts experience-dependent plasticity of kitten striate cortex, *Science, 238,* 355-358

Kleist, K. (1934). *Gehirnpathologie. Vornehmlich auf Grund der Kriegserfahrungen.* Leipzig: Verlag von Johann Ambrosius Barth.

Knipling, R.R., Wang, J.S. & Yin, H.M. (1993). *Rear-end crashes: Problem size assessment and statistical description (DOT-HS-807-994).* Washington DC: National Highway Traffic Safety Administration.

Koch, Ch. & Davis, J.L. (1994). *Large-scale neuronal theories of the brain.* Cambridge MA: MIT Press.

Koch, U. & Bürger, W. (1996). *Ambulante Rehabilitation - Ziele Voraussetzungen und Angebotsstruktur.* Bonn: Schriftenreihe zum Gesundheits- und Sozialwesen, Bundesverband Deutscher Privatkrankenanstalten e.V.

Koch, U. & Schulz, H. (1997). Qualitätssicherung in der psychotherapeutischen Medizin. In S. Ahrens (Eds.), *Lehrbuch der psychotherapeutischen Medizin* (pp. 14-25). Stuttgart: Schattauer.

Kohler, K.J. (1977). *Einführung in die Phonetik des Deutschen.* Berlin: Schmidt.

Kolb, W. & Fantie, B. (1997). Development of the child's brain and behavior. In C. Reynolds & E. Fletcher-Janzen (Eds.), *Handbook of clinical child neuropsychology.* New York: Plenum Press.

Kolk, H.H.J. & Heeschen, C. (1990). Adaptation and impairment symptoms in Broca's aphasia. *Aphasiology, 4,* 221-232.

Konietzko, J. (1997). Polyneuropathie oder Enzephalopathie durch organische Lösemittel oder deren Gemische. *Arbeitsmedizin – Sozialmedizin – Umweltmedizin, 32,* 404-407.

Kopelman, M.D., Stanhope, N. & Kingsley, D. (1997). Temporal and spatial context memory in patients with focal frontal, temporal lobe and diencephalic lesions. *Neuropsychologia, 35,* 1533-1545.

Kornecki, E., Wieraszko, A., Chan, J. & Ehrlich, Y.H. (1996). Platelet activating factor (PAF) in memory formation: Role as a retrograde messenger in long-term potentiation. *Journal of Lipid Mediators & Cell Signalling, 14,* 115-126.

Kornhuber, J. & Weller, M. (1996). Neue therapeutische Möglichkeiten mit niederaffinen NMDA-Rezeptorantagonisten. *Nervenarzt, 67,* 77-82.

Korten, A.E., Henderson, A.S., Cristensen, H., Jorm, A.F., Rodgers, B., Jacomb, P. & Mackin-non, A.J. (1997). A prospective study of cognitive function in the elderly. *Psychological Medicine, 27,* 919-930.

Kosslyn, S.M. (1994). *Image and brain: The resolution of the imagery debate.* Cambridge MA: MIT Press.

Kosslyn, S.M. & Andersen, R.A. (1992). *Frontiers in cognitive neuroscience.* Cambridge MA: MIT Press.

Kosslyn, S.M. & Intriligator, J.M. (1992). Is cognitive neuropsychology plausible? The perils of sitting on a one-legged stool. *Journal of Cognitive Neuroscience, 4,* 96-106.

Kosslyn, S.M. & Koenig, O. (1992). *Wet mind: The new cognitive neuroscience.* New York: Free Press.

Kraepelin, E. (1895/96). Der psychologische Versuch in der Psychiatrie. *Psychologische Arbeiten, 1,* 1-95.

Krajewski, C. (1989). *Untersuchung von HWS-Schleudertrauma-Patienten unter besonderer Berücksichtigung von Konzentrations- und Gedächtnisstörungen.* Unveröffentlichte Diplomarbeit, Universität Trier.

Krajewski, C. (1993). Psychologische Untersuchungen an HWS-Schleudertrauma-Patienten. In G. Thomalske, E. Schmitt & M. Gross (Eds.), *Schmerzkonferenz. Handbuch für Pathogenese, Klinik und Therapie des Schmerzes* (pp. 1-13). Stuttgart: Fischer.

Krajewski, C. & Wolff, H.D. (1990). Psychodiagnostische Untersuchung von HWS-Schleudertrauma-Patienten. *Manuelle Medizin, 28,* 35-39.

Kramer, J. (1977). *Kurze Anleitung zum Kramer-Test.* Solothurn: Antonius.

Kramer, J.H., Levin, B., Brandt, J. & Delis, D.C. (1989). Differentiation of Alzheimer's, Huntington's and Parkinson's diseases on the basis of verbal learning characteristics. *Neuropsychology, 3,* 111-120.

Krapf, E. (1937). Über Akalkulie. *Neurologie und Psychiatrie, 39,* 330-334.

Kratochwill T.R. & Levin J.R. (1992). *Single-case research design and analysis: New directions for psychology and education.* Hillsdale NJ: Lawrence Erlbaum Associates.

Kreutzberg, G.W. (1996). Microglia: A sensor for pathological events in the CNS. *Trends Neuroscience, 19*, 312-318.

Kreutzer, J.S., Devany, C.W., Myers, S.L. & Marwitz, J.H. (1991). Neurobehavioral outcome following traumatic brain injury. In J.S. Kreutzer & P.H. Wehman (Eds.), *Cognitive rehabilitation for persons with traumatic brain injury*, Baltimore: Paul H. Brookes.

Kreutzer, J.S., Gordon, W.A., Rosenthal, M. & Marwitz, J. (1993). Neuropsychological characteristics of patients with brain injury. *Journal of Head Trauma Rehabilitation, 8*, 47-59.

Kreutzer, J.S., Wehman, P., Morton, M.V. & Stronnington, H.H. (1988). Supported employment and compensatory strategies for enhancing vocational outcome following traumatic brain injury. *Brain Injury, 2*, 205-223.

Kreutzer, J.S. & Witol, A.D. (1996). Supported employment as an option for return to competitive employment. *i. e. Magazin, 4*, 8-11.

Kroll, N.E.A., Markowitsch, H.J., Knight, R.T. & von Cramon, D.Y. (1997). Retrieval of old memories: The temporofrontal hypothesis. *Brain, 120*, 1377-1399.

Krupp, L.B., Alvarez, L.A., LaRocca, N.G. & Scheinberg, N.C. (1988). Fatigue in multiple sclerosis. *Archives of Neurology, 45*, 435-470.

Krupp, L.B., Sliwinski, M., Masur, D.M., Friedberg, F. & Koyle, P.K. (1994). Cognitive functioning and depression in patients with chronic fatigue syndrome and multiple sclerosis. *Archives of Neurology, 51*, 705-710.

Kühn, E.(1996). Logopäden/Sprachtherapeuten im therapeutischen Team. *Sprache Stimme Gehör, 20*, 46-50.

Kühne, W. Döring, U. von Hahn, U., & Frommelt, P. (1996). Berufliche und soziale Wiedereingliederung von Schädel-Hirn-Verletzten nach einem Training metakognitiver und sozialer Kompetenz. *Neurologie & Rehabilitation (Suppl.), 4*, 4.

Kujala, P., Portin, R., Revonsuo, A. & Ruutiainen, J. (1995). Attention related performance in two cognitively different subgroups of patients with multiple sclerosis. *Journal of Neurology, Neurosurgery, and Psychiatry, 59*, 77-82.

Kujala, P., Portin, R. & Ruutiainen, J. (1996). Memory deficits and early cognitive deterioration in MS. *Acta Neurologica Scandinavica, 93*, 329-335.

Kunert, H., Derichs, G. & Irle, E. (1996). Entwicklung von Aufmerksamkeitsfunktionen im Kindesalter: Ergebnisse einer vorläufigen Normierung der computergestützten Testbatterie zur Aufmerksamkeitsprüfung (TAP) an 9- bis 12-jährigen Kindern. *Zeitschrift für Neuropsychologie, 7*, 92-113.

Kunz, I.O. (1990). *Demenz, Alter und Gedächtnis*. Frankfurt: Haag und Herrchen.

Kuratorium ZNS (1994). *Beschreibung computergestützter neuropsychologischer Therapieprogramme*. Bonn: Eigenverlag Kuratorium ZNS.

Kuratorium ZNS (1996). *ZNS-Literaturservice. Literatur zur neuropschologischen Rehabilitation 1974-1994*. Bonn: Eigenverlag Kuratorium ZNS.

Kurthen, M., Helmstaedter, C., Linke, D.B., Solymosi, L., Elger, C.E. & Schramm, J. (1992). Interhemispheric dissociation of expressive and receptive language functions in patients with complex-partial seizures: An amobarbital study. *Brain and Language, 43*, 694-712.

Kurz, A., Haupt, M., Romero, B. (1991). Kognitive Störungen bei Depression oder bei beginnender Alzheimerscher Krankheit? Ein Beitrag zur Differentialdiagnose. *Zeitschrift für Gerontopsychologie und -psychiatrie, 4*, 35-40.

Kussmaul, A. (1881). *Die Störungen der Sprache*. (2nd ed.). Leipzig: Vogel.

Kwong, K.K., Belliveau, J.W., Chesler, D.A., Goldberg, I.E., Weisskoff, R.M., Poncelet, B.P., Kennedy, D.N., Hoppel, B.E., Cohen, M.S. & Turner, R. (1992). Dynamic magnetic resonance imaging of human brain activity during primary sensory stimulation. *Proceedings of the National Academy of Science, 89*, 5675-5679.

LaBar, K.S., LeDoux, J.E., Spencer, D.D. & Phelps, E.A. (1995). Impaired fear conditioning following unilateral temporal lobectomy in humans. *Journal of Neuroscience, 15*, 6846-6854.

La Rue, A. (1992). *Aging and neuropsychological assessment*. New York: Plenum Press.

Lacey, J.I. (1967). Somatic response patterning and stress: Some revisions of activation theory. In

M.H. Appley & R. Trumbull (Eds.), *Psychological stress: Issues in research* (pp. 14-42). New York: Appleton-Century Crofts.

Lachner, G. & Engel, R.R. (1994). Differenzierung von Demenz und Depression anhand von Gedächtnistests: Der Einfluß von Ablenkungsdauer und Schwierigkeit der Ablenkungsaufgabe. *Zeitschrift für Gerontopsychologie und -psychiatrie, 7,* 1-16.

Ladavas, E. (1987). Is hemispatial deficit produced by right parietal lobe damage associated with retinal or gravitational coordinates? *Brain, 110,* 167-180.

Laiacona, M., Capitani, E. & Barbarotto, R. (1997). Semantic category dissociations: A longitudinal study of two cases. *Cortex, 33,* 441-461.

Laireiter, A.R. (1997). Qualitätssicherung von Psychotherapie: Struktur-, Prozeß- und Ergebnisqualität in der ambulanten Praxis. *Psychotherapie Forum, 5,* 203-218.

Laireiter, A.R. (1998). Qualitätssicherung der psychotherapeutischen Praxis: Möglichkeiten für Psychotherapeuten. *Verhaltenstherapie und Verhaltensmedizin, 19,* 9-38.

Laireiter, A.R., Lettner, K., & Baumann, U. (1996). Dokumentation ambulanter Psychotherapie. Elemente, Strukturen und offene Fragen. In F. Caspar (Ed.), *Psychotherapeutische Problemanalyse* (pp. 315-343). Tübingen: Deutsche Gesellschaft für Verhaltenstherapie.

Laireiter, A.R. & Vogel, H. (1998). *Qualitätssicherung.* Tübingen: DGVT-Verlag.

Lakke, J.P.W.F. (1985). Axial apraxia in Parkinson's disease. *Journal of the Neurological Sciences, 69,* 37-46.

Lamberti, G. & Linke, D. (1989). *Das Diamed-Testsystem – Eine Rezension. Rehabilitation, 28,* 27-29.

Lammertsma, A.A., Cunnigham, V.J., Deiber, M.P., Heather, J.D., Bloomfield, P., Nutt, J., Frackowiak, R.S. & Jones, T. (1990). Combination of dynamic and integral methods for generating reproducible functional CBF images. *Journal of Cerebral Blood Flow and Metabolism 9,* 461-470.

Lampl, Y., Eshel, Y., Gilad, R. & Sarova-Pinhas, I. (1994). Selective acalculia with sparing of the subtraction process in a patient with left parieto-temporal hemorrhage. *Neurology, 44,* 1759-1761.

Lamprecht, F., Nübling, R. & Schmidt, J. (1992). Möglichkeiten klinikinterner Qualitätssicherung (QS) auf der Grundlage eines Basis-Dokumentationssystems sowie erweiterter Evaluationsstudien. *Gesundheitswesen, 54,* 70-80.

Lance, W.J. (1992). Headache and migraine. In A.K. Asbury, G.M. McKhann & W.I. McDonald (Eds.), *Diseases of the nervous system. Clinical neurobiology, Vol. II* (pp. 873-883), Philadelphia: W.B. Saunders.

Landis, T., Cummings, J.L., Benson, D.F. & Palmer, E.P. (1986). Loss of topographic familiarity. An environmental agnosia. *Archives of Neurology, 43,* 132-136.

Landis, T., Regard, M., Bliestle, A. & Kleihues, P. (1988). Prosopagnosia and agnosia for noncanonical views – an autopsied case. *Brain, 111,* 1287-1297.

Lang, P., Rice, D.G. & Sternbach, R.A. (1972). The psychophysiology of emotion. In N.S. Greenfield & R.A. Sternbach (Eds.), *Handbook of psychophysiology* (pp. 623-643). New York: Holt.

Lange, K.W., Kornhuber, J. & Riederer, P. (1997). Dopamine/glutamate interactions in Parkinson's disease. *Neuroscience and Biobehavioral Reviews, 21,* 393-400.

Larsen, J.P., Hoien, T., Lundberg, I. & Odegaard, H. (1990). MRI evaluation of the size and symmetry of the planum temporale in adolescents with developmental dyslexia. *Brain and Language, 39,* 289-301.

Lashley, K.S. (1929). *Brain mechanisms and intelligence.* Chicago: University of Chicago Press.

Laux, G., Dietmaier, O., König, W. (1997). *Pharmakopsychiatrie.* Stuttgart: Fischer.

Lawrence, A.D., Sahakian, B.J., Hodges, J.R., Rosser, A.E., Lange, K.W. & Robbins, T.W. (1996). Executive and mnemonic functions in early Huntington's disease. *Brain, 119,* 1633-1645.

Lecours, A.R. (1993). Glossomania and glossolalia in schizophasia and their linguistic kinships to the jargon aphasias. In G. Blanken, J. Dittmann, H. Grimm, J.C. Marshall, & C.W. Wallesch (Eds.), *Linguistic disorders and pathologies. An international handbook.* (pp. 543-549). Berlin: de Gruyter.

Lecours, A.R., Lhermitte, F. & Bryans, B. (1983). *Aphasiology*. Eastborne: Tindall.

LeDoux, J.E. (1996). *The emotional brain*. New York: Simon and Schuster.

Legner R. (1998). Rechtliche und sozialmedizinische Aspekte der Neurorehabilitation. In Frommelt, P. & Grötzbach, H. *Neurorehabilitation*. Berlin: Blackwell.

Lehmann, D. (1987). Principles of spatial analysis. In A. S. Gevins & A. Rémond (Eds.), *Method of analysis of brain electrical and magnetic signals* (pp. 309-356). North Holland: Elsevier.

Lehmkuhl, G., Büssing, A. & Hartje, W. (1984). Normierung des Recurring-Figures-Test von Kimura für Kinder und Jugendliche zwischen 4 und 18 Jahren. *Zeitschrift für Kinder-und Jugendpsychiatrie, 12*, 53-61.

Lehmkuhl, G., Poeck, K. & Willmes, K. (1983). Ideomotor apraxia and aphasia: An examination of types and manifestations of apraxic symptoms. *Neuropsychologia, 21*, 199-212.

Lehmkuhl, G. & Thoma, W. (1987). Langfristige Verhaltens- und Leistungsänderungen nach einem Schädel-Hirn-Trauma im Kindesalter. *Monatsschrift Kinderheilkunde, 135*, 402-405.

Lehrl, S. & Fischer, B. (1989). *Kurztest für cerebrale Insuffizienz (c.I-Test)*. Ebersberg: Vless.

Leiner, H.C., Leiner, A.L. & Dow, R.S. (1989). Reappraising the cerebellum: What does the hindbrain contribute to the forebrain? *Behavioral Neuroscience, 100*, 998-1008.

Leischner, A. (1957). *Die Störungen der Schriftsprache. Agraphie und Alexie*. Stuttgart: Thieme.

Leischner, A. (1987). *Aphasien und Sprachentwicklungsstörungen. Klinik und Behandlung*. 2nd ed. Stuttgart: Thieme.

Leitner, K., Lüders, E., Greiner, B., Ducki, A., Niedermeier, R., & Volpert, V. (1993). *Analyse psychischer Anforderungen und Belastungen in der Büroarbeit. Das RIHA/VERA-Büro-Verfahren. Handbuch, Manual und Antwortblätter*. Göttingen: Hogrefe.

Lenneberg, E.H. (1967). *Biological foundations of language*. New York: John Wiley.

Leonard, L.B. (1998). *Children with specific language impairment*. Cambridge, MA: MIT Press.

Lesser, R. & Milroy, L. (1993). *Linguistics and aphasia. Psycholinguistic and pragmatic aspects of intervention*. London: Longman.

LeVay, S., Stryker, M.P. & Shatz, C.J. (1978). Ocular dominance columns and their development in layer IV of the cat's visual cortex: A quantitative study. *Journal of Comparative Neurology, 179*, 223-244.

Levelt, W.J.M. (1989). *Speaking – From intention to articulation*. Cambridge, MA: MIT Press.

Levenson, R.W., Ekman, P. & Friesen, W.V. (1990). Voluntary facial action generates emotion-specific autonomic nervous system activity. *Psychophysiology, 27*, 363-384.

Levin, H.S. (1995). Prediction of recovery from traumatic brain injury. *Journal of Neurotrauma, 12*, 913-922.

Levin, H.S., Goldstein, F.C. & Spiers, P.A. (1993). Acalculia. In K. M. Heilman & E. Valenstein (Eds.), *Clinical neuropsychology* (pp. 91-122). New York: Oxford University Press.

Levin, H.S., Goldstein, F.C., Williams, D.H. & Eisenberg, H.M. (1991). The contribution of frontal lobe lesions to the neurobehavioral outcome of closed head injury. In H.S. Levin, H.M. Eisenberg & A.L. Benton (Eds.), *Frontal lobe function and dysfunction* (pp. 318-338). New York: Oxford University Press.

Levin, H.S., Handel, S.F., Goldman, A.M., Eisenberg, H.M. & Guinto, F.C. (1985). Magnetic resonance imaging after „diffuse" nonmissile head injury. *Archives of Neurology, 42*, 963-968.

Levin, H.S., High, W.M., Goethe, K.E., Sisson, R.A., Overall, J.E., Rhoades, H.M., Eisenberg, H.M., Kalisky, Z. & Gary, H.E. (1987). The neurobehavioural rating scale: Assessment of the behavioural sequelae of head injury by the clinician. *Journal of Neurology, Neurosurgery, and Psychiatry, 50*, 183-193.

Levine, B., Stuss, D.T. & Milberg, W.P. (1995). Concept generation: Validation of a test of executive functioning in a normal aging population. *Journal of Clinical and Experimental Neuropsychology, 17*, 740-758.

Levine, M. (1993). *Developmental variations and learning disorders*. Cambridge: Educators Publishing Service.

Levine, M. (1994). *Educational care*. Cambridge: Educators Publishing Service.

Levitt, J.B., Lewis, D.A., Yoshioka, T. & Lund, J.S. (1993). Topography of pyramidal neuron intrinsic connections in macaque monkey prefrontal cortex (areas 9 & 46). *Journal of Comparative Neurology, 338,* 360-376.

Levy, J., Trevarthen, C. & Sperry, R.W. (1972). Perception of bilateral chimeric figures following hemispheric deconnexion. *Brain, 95,* 61-68.

Lewandovsky, M. & Stadelmann, E. (1908). Über einen bemerkenswerten Fall von Hirnblutung und über Rechenstörungen bei Herderkrankungen des Gehirns. *Zeitschrift für Neurologie und Psychiatrie, 2,* 249-265.

Lewis, L. & Rossenberg, S.J. (1990). Psychoanalytic psychotherapy with brain injured adult psychiatric patients. *Journal of Nervous and Mental Disease, 178,* 69-77.

Lewrenz, H. & Friedel, B. (1996). *Krankheit und Kraftverkehr. Begutachtungs-Leitlinien des Gemeinsamen Beirats für Verkehrsmedizin beim Bundesministerium für Verkehr und beim Bundesministerium für Gesundheit.* Bonn: Bundesministerium für Verkehr.

Lewy, F.H. (1913). Zur pathologischen Anatomie der Paralysis agitans. *Deutsche Zeitschrift für Nervenheilkunde, 50,* 50-55.

Lezak, M. (1987). Assessment for rehabilitation planning. In R. J. Meier, A. C. Benton & L. Diller (Eds.), *Neuropsychological rehabilitation.* Edinburgh: Churchill Livingstone.

Lezak, M.D. (1995). *Neuropsychological assessment (3rd ed.).* New York: Oxford University Press.

Lhermitte, F. & Beauvois, M.F. (1973). A visual-speech disconnection syndrome. Report of a case with optic aphasia, agnosic alexia and colour agnosia. *Brain, 96,* 695-714.

Lichtheim, L. (1885). On aphasia. *Brain, 8,* 433-484.

Liepmann, H. (1900). *Das Krankheitsbild der Apraxie („motorischen Asymbolie").* Berlin: S. Karger.

Liepmann, H. (1908). *Drei Aufsätze aus dem Apraxiegebiet.* Berlin: Karger.

Liepmann, H. (1908). Ueber die agnostischen Stoerungen. *Neurologisches Centralblatt, 27,* 609-617,664-675.

Light, L.L. (1993). Language changes in old age. In G. Blanken, J. Dittmann, H. Grimm, J.C., Marshall & C.W. Wallesch (Eds.), *Linguistic disorders and pathologies.* Berlin: Walter de Gruyter.

Lindvall, O. (1998). Update on fetal transplantation: The swedish experience. *Movement Disorders 13,* (Suppl. 1), 83-87.

Linebarger, M.C., Schwartz, M.F. & Saffran, E.M. (1983). Sensitivity to grammatical structure in so-called agrammatic aphasics. *Cognition, 13,* 361-392.

Linke, D. & Lamberti, G. (1989). Welche Methode begründet die Praxis ? – Stellungnahme zu den Entgegnungen von Kinzel, Laros und Lehrl zu „Das Diamed-Testsystem – Eine Rezension". *Rehabilitation, 28,* 207-208.

Linke, D.B. (1991). Hirngewebetransplantation als ethisches Problem. *Ethik in der Medizin, 3,* 59-67.

Lissauer, H. (1890). Ein Fall von Seelenblindheit nebst einem Beitrag zur Theorie derselben. *Archiv für Psychiatrie und Nervenkrankheiten, 21,* 222-270.

Loewy, A.D. & Spyer, K.M. (1990). Central regulation of autonomic functions. New York: Oxford.

Lohaus, A. (1992). Kontrollüberzeugungen zu Gesundheit und Krankheit. *Zeitschrift für Klinische Psychologie, 21,* 76-87.

Loring, D.W. (1992). *Amobarbital effects and lateralized brain function: The Wada test.* New York: Springer.

Lubar, J. (1982). EEG-operant conditioning in severe epileptics: Controlled multidimensional studies. In L. White & B. Tursky (Eds.), *Clinical biofeedback: Efficacy and mechanisms.* New York: Guilford Press.

Ludolph, E., Lehmann, R. & Schürmann, J. (1998). *Kursbuch der ärztlichen Begutachtung.* Landsberg: ecomed.

Luria, A.R. (1966/1980). *Higher cortical functions in man.* New York: Basic Books.

Luria, A.R. (1968). *The mind of a mnemonist. A little book about a vast memory.* New York: Basic Books.

Luria, A.R. (1970). *Die höheren kortikalen Funktionen des Menschen und ihre Störungen bei örtlichen Hirnschädigungen.* Berlin: VEB Deutscher Verlag der Wissenschaften.

Luria, A.R. (1972a). The functional organization of the brain. *Scientific American*, 66-71.

Luria, A.R. (1972b). *The man with a shattered world. A history of a brain wound.* New York: Basic Books, Inc.

Luria, A.R. (1973). The frontal lobes and the regulation of behavior. In A.R. Luria & K. Pribram (Eds.), *The behavioral psychology and physiology of the frontal lobes.* New York: Academic Press.

Luria, A.R. (1974). *The working brain.* New York: Basic Books.

Luria, A.R., Naydin, V.L., Tsvetkova, L.S. & Vinarskaya, E.N. (1969). Restoration of higher cortical functions following local brain damage. In P. J. Vinken & G. W. Bruyn (Eds.), *Handbook of clinical neurology* (Vol. 3, pp. 368-433). Amsterdam: North-Holland.

Lurija, A.R. (1929). Die Methode der abbildenden Motorik bei der Kommunikation der Systeme und ihre Anwendung auf die Affektpsychologie. *Psychologische Forschung, 12*, 127-179.

Lurija, A.R. (1993). *Romantische Wissenschaft – Forschungen im Grenzbezirk von Seele und Gehirn.* Reinbek bei Hamburg: Rowohlt.

Lutzenberger, W., Elbert, T., Rockstroh, B. & Birbaumer, N. (1985). *Das EEG.* Berlin: Springer.

Lynch, G. Matthews, D.A., Mosko, S., Parks, T. & Cotman, C. (1972). Induced acetylcholinesterase-rich layer in rat dentate gyrus following entorhinal lesions. *Brain Research, 42*, 311-318.

Macaruso, P., Harley, W. & McCloskey, M. (1992), Assessment of acquired dyscalculia. In D.I. Margolin (Ed.), *Cognitive neuropsychology in clinical practice* (pp. 405-434). New York: Oxford University Press.

Mack, J.L. & Levine, R.N. (1981). The basis of visual constructional disability in patients with unilateral cerebral lesions. *Cortex, 17*, 515-532.

Madden, D.J., Turkington, T.G., Provenzale, J.M., Hawk, T.C., Hoffman, J.M. & Coleman, R.E. (1997). Selective and divided visual attention: Age related changes in regional cerebral blood flow measured by $H_2{}^{15}O$ PET. *Human Brain Mapping, 5*, 389-409.

Maguire, E.A., Frackowiak, R.S.J. & Frith, C.D. (1996). Learning to find your way – A role for the human hippocampal formation. *Proceedings of the Royal Society of London Series B – Biological Sciences, 263*, 1745-1750.

Mahoney, F.J. & Barthel, D.W. (1965). Functional evaluation Barthel Index. *Maryland State Medical Journal, 14*, 61-65.

Malia, K., Powell, G. & Torode, S. (1995). Coping and psychosocial function after brain injury. *Brain Injury, 9*, 607-618.

Manning, L. & Campbell, R. (1992). Optic aphasia with spared action naming: A description and possible loci of impairment. *Neuropsychologia, 30*, 587-592.

Mantovan, M.C., Delazer, M., Ermani, M. & Denes, G. (1999). The breakdown of calculation procedures in Alzheimer's disease. *Cortex, 35*, 21-38.

Marie, P. (1906). Révision de la question de l'aphasie: La troisième circonvolution frontale gauche ne joue aucun role spécial dans la fonction du langage. *Semaine Médicale (Paris), 26*, 241-247.

Marin, R.S. (1990). Differential diagnosis and classification of apathy. *American Journal of Psychiatry, 147*, 22-30.

Margraf, J. (1996). *Lehrbuch der Verhaltenstherapie.* (Bd.1). Berlin: Springer.

Markowitsch, H.J. (1988). Anatomical and functional organization of the primate prefrontal cortical system. In H.D. Steklis & J. Erwin (Eds.), *Comparative primate biology, Vol. IV: Neurosciences* (pp. 99-153). New York: Alan R. Liss.

Markowitsch, H.J. (1992). *Intellectual functions and the brain. An historical perspective.* Toronto: Hogrefe & Huber Publs.

Markowitsch, H.J. (1995). Which brain regions are critically involved in the retrieval of old episodic memory? *Brain Research Reviews, 21*, 117-127.

Markowitsch, H.J. (1997a). The functional neuroanatomy of episodic memory retrieval. *Trends in Neurosciences, 20*, 557-558.

Markowitsch, H.J. (1997b). Gedächtnisstörungen. In H.J. Markowitsch (Ed.), *Klinische Neuropsychologie. Enzyklopädie der Psychologie, Theorie und Forschung Ser.1, Biologische Psychologie, Bd. 2* (pp. 495-739). Göttingen: Hogrefe.

Markowitsch, H.J. (1999a). *Gedächtnisstörungen.* Stuttgart: Kohlhammer.

Markowitsch, H.J. (1999b). The limbic system. In R. Wilson & F. Keil (Eds.), *The MIT encyclopedia of cognitive sciences* (pp. 472-475). Cambridge, MA: MIT Press.

Markowitsch, H.J. & Calabrese, P. (1996). Commonalities and discrepancies in the relationships between behavioural outcome and the results of neuroimaging in brain damaged patients. *Behavioural Neurology, 9,* 45-55.

Markowitsch, H.J., Emmans, D., Irle, E., Streicher, M. & Preilowski, B. (1985). Cortical and subcortical afferent connections of the primate's temporal pole. A study using rhesus monkeys, squirrel monkeys, and marmosets. *Journal of Comparative Neurology, 242,* 425-458.

Marr, D. (1976). Early processing of visual information. *Philosophical Transactions of the Royal Society, London, B 275,* 483-524.

Marr, D. (1982). *Vision.* San Francisco CA: W.H. Freeman.

Marsden, C.D. (1982). The mysterious motor function of the basal ganglia: The Robert Wartenberg Lecture. *Neurology, 32,* 514-539.

Marshall, J.C. (1984). Multiple perspectives on modularity. *Cognition, 17,* 209-242.

Marshall, J.C. & Newcombe, F. (1966). Syntactic and semantic errors in paralexia. *Neuropsychologia, 4,* 169-176.

Marshall, J.C. & Newcombe, F. (1973). Patterns of paralexia: A psycholinguistic approach. *Journal of Psycholinguistic Research, 2,* 175-199.

Martin, R.C., Haut, M.W., Goeta-Kreisler, K. & Blumenthal, D. (1996). Neuropsychological functioning in a patient with paraneoplastic limbic encephalitis. *Journal of the International Neuropsychological Society, 2,* 460-466.

Masliah, E., Fagan, A.M., Terry, R.D., DeTeresa, R., Mallory, M. & Gage, F.H. (1991). Reactive synaptogenesis assessed by synaptophysin immunoreactivity is associated with GAP-43 in the dentate gyrus of the adult rat. *Experimental Neurology, 113,* 131-142.

Masliah, E., Heaton, R.K., Marcotte, T.D., Ellis, R.J., Wiley, C.A., Mallory, M., Achim, C.L., McCutchan, J.A., Nelson, J.A., Atkinson, J.H. & Grant, I. (1997). Dendritic injury is a pathological substrate for human immunodeficiency virus-related cognitive disorders. *Annals of Neurology, 42,* 963-972.

Massaro, D.W. (1998). *Perceiving talking faces: From speech perception to a behavioral principle.* Cambridge MA: MIT Press.

Massaro, D.W. & Cowan, N. (1993). Information processing models: Microscopes of the mind. *Annual Review of Psychology, 44,* 383-425.

Masur, H. (1995). *Skalen und Scores in der Neurologie.* Stuttgart / New York: Thieme.

Mateer, C. M. & Mapou, R. L. (1996). Understanding, evaluating and managing attention disorders after traumatic brain injury. *Journal of Head Trauma Rehabilitation, 11,* 1-16.

Matthes-von Cramon, G. (1996). Der Wisconsin Cardsorting Test. *Zeitschrift für Neuropsychologie, 7,* 119-132.

Matthes-von Cramon, G. (1999). Exekutivfunktionen. In P. Frommelt & H. Grötzbach (Eds.), *NeuroRehabilitation* (pp. 259-272). Berlin: Blackwell.

Matthes-von Cramon, G., von Cramon, D.Y. & Mai, N. (1994). Verhaltenstherapie in der neuropsychologischen Rehabilitation. In M. Zielke & J. Sturm (Eds.), *Handbuch stationäre Verhaltenstherapie* (S. 164-175). Weinheim: Psychologie Verlags Union.

Matthes-von Cramon, G. & von Cramon D.Y., (1995). Kognitive Rehabilitation. *Zeitschrift für Neuropsychologie 6,* 116-127.

Matthesius, R.G., Jochheim, K.A., Barolin, G.S. & Heinz, Chr. (1995). *Die internationale Klassifikation der Schadensbilder, Fähigkeitsstörungen und Beeinträchtigungen – Deutschsprachige Übersetzung und Kommentierung der „International Classification of Impairments, Disabilities, und Handicaps (ICIDH) der WHO.* Berlin: Ullstein Mosby.

Matthew, W., Nordahl, T. Schut, L., King A.C. & Cohen, R. (1993). Metabolic and cognitive changes in hereditary ataxia. *Journal of the Neurological Sciences, 119,* 134-140.

Matzeder, K. (1998). Integrationsfachdienste – Eine Chance für moderne Konzepte zur verbesserten beruflichen Eingliederung Schwerbehinderter. *Behindertenrecht, 2,* 29-52.

Maxwell, W.L., Povlishock, J.T. & Graham, D.L. (1997). A mechanical analysis of nondisruptive axonal injury. *Journal of Neurotrauma, 14,* 419-440.

Mayberg, H.S. (1993). Neuroimaging studies of depression in neurologic disease. In S.E. Starkstein & R.G. Robinson (Eds.), *Depression in neurologic disease* (pp. 186-210). Baltimore: The Johns Hopkins University Press.

Mayberg, H.S., Robinson, R.G., Wong, D.F., Parikh, R., Bolduc, P., Starkstein, S.E., Price, T., Dannals, R.F., Links, J.M., Wilson, A.A., Ravert, H.T. & Wagner, H.N. (1988). PET imaging of cortical S2-serotonin receptors after stroke – lateralized changes and relationship to depression. *American Journal of Psychiatry, 145,* 937-943.

Mayer, K. & Rahf, B. (1993). *Zur Geschichte der Rehabilitation Hirnverletzter in Forschung und Praxis – von der Hirnpathologie zur klinischen Neuropsychologie.* Paper presented at the Landestagung des BDH Baden-Württemberg, Friesenheim.

Mayes, A.R. & Downes, J.J. (1997). Theories of organic amnesia. *Memory, 5,* 1-315.

Mayeux, R., Stern, Y., Rosenstein, R., Marder, K., Hauser, A., Cote, L. & Fahn, S. (1988). An estimate of the prevalence of dementia in idiopathic Parkinson's disease. *Archives of Neurology, 45,* 260-262.

Mazaux, J.M., Masson, F., Levin, H.S., Alaoui, P., Maurette, P. & Barat, M. (1997). Long-term neuropsychological outcome and loss of social autonomy after traumatic brain injury. *Archives of Physical Medicine and Rehabilitation, 78,* 1316-1320.

Mazaux, J.M. & Richer, E. (1998). Rehabilitation after traumatic brain injury in adults. *Disability & Rehabilitation, 20,* 435-447.

McCaffrey, R.J., Williams, A.D., Fisher, J.M. & Laing, L.C. (1997). *The practice of forensic neuropsychology – Meeting challenges in the courtroom.* New York: Plenum Press.

McCloskey, M., Aliminosa. D. & Macaruso, P. (1991). Theory-based assessment of acquired dyscalculia. *Brain and Cognition, 17,* 285-308.

McCloskey, M., Aliminosa, D. & Sokol, S.M. (1991). Facts, rules, and procedures in normal calculation: Evidence from multiple single-patient studies of impaired arithmetic fact retrieval. *Brain and Cognition, 17,* 154-203.

McCloskey, M. & Caramazza, A. (1987), Cognitive mechanisms in normal and impaired number processing. In G. Deloche & X. Seron (Eds.), *Mathematical disabilities. A cognitive neuropsychological perspective.* Hillsdale, NJ: Lawrence Erlbaum Associates.

McCloskey, M., Caramazza, A. & Basili, A. (1985). Cognitive mechanisms in number processing and calculation: Evidence from dyscalculia. *Brain and Cognition, 4,* 171-196.

McCloskey, M., Sokol, S.M. & Goodman R.A. (1986). Cognitive processes in verbal-number production: Inferences from the performance of brain-damaged subjects. *Journal of Experimental Psychology: General, 115,* 307-330.

McCloskey, M. (1993). Theory and evidence in cognitive neuropsychology: A „radical" response to Robertson, Knight, Rafal, and Shimamura (1993). *Journal of Experimental Psychology: Learning, Memory, and Cognition, 19,* 718-734.

McDaniel, J.S., Purcell, D.W. & Farber, E.W. (1997). Severe mental illness and HIV-related Neuropsychiatric sequelae. *Clinical Psychology Review, 17,* 311-325.

McDowd, J.M. & Birren, J.E. (1990). Aging and attentional processes. In J.E. Birren & K.W. Schaie (Eds.), *Handbook of the psychology of aging.* New York: Academic Press.

McDowd, J.M., Filion, D.L., Harris, M.J. & Braff, D.L. (1994). Sensory gating and inhibitory function in late-life schizophrenia. *Schizophrenia Bulletin, 19,* 733-746.

McDowell, S., Whyte, J. & D'Esposito, M. (1997). Working memory impairments in traumatic brain injury: Evidence from a dual-task paradigm. *Neuropsychologia, 35,* 1341-1353.

McDowell, S., Whyte, J. & D'Esposito, M. (1998). Differential effect of a dopaminergic agonist on prefrontal functions in traumatic brain injury. *Brain, 121,* 1155-1164.

McEwen, B.S. & Sapolsky, R.M. (1995). Stress and cognitive function. *Current Opinion in Neurobiology, 5,* 205-216.

McFie, J. & Zangwill, O.L. (1960). Visual-constructive disabilities associated with lesions of the left cerebral hemisphere. *Brain, 83,* 260.

McGeer, E.F. & McGeer, P.L. (1997). Aging, neurodegenerative disease and the brain. *Canadian Journal on Aging, 16,* 218-236.

McGlone, J. (1980). Sex differences in human brain asymmetry: A critical survey. *Behavioral and Brain Sciences, 3,* 215-263.

McGlynn, S. M. (1990). Behavioral approaches to neuropsychological rehabilitation. *Psychological Bulletin, 108,* 420-441.

McGurk H.& MacDonald J. (1976). Hearing lips and seeing voices. *Nature, 264,* 746-748.

McIntosh, A.R., Grady, C.L., Ungerleider, L.G., Haxby, J.V., Rapoport, S.I. & Horwitz, B. (1994). Network analysis of cortical visual pathways mapped with PET. *Journal of Neuroscience, 14,* 655-666.

McKeever, W.F., Seitz, K.S., Krutsch, A.J. & Van Eys, P.L. (1995). On language laterality in normal dextrals and sinistrals: Results from the bilateral object naming latency task. *Neuropsychologia, 33,* 1627-1635.

McKeith, I.G., Glasko, D., Kosaka, K., Kosaka, K., Perry, E.K., Dickson, D.W., Hansen, L.A., Salmon, D.P., Lowe, J., Mirra, S.S., Byrne, E.J., Lennox, G., Quinn, N.P., Edwardson, J.A., Ince, P.G., Bergeron, C., Burns, A., Miller, B.L., Lovestone, S., Collerton, D., Jansen, E.N., Ballard, C., de Vos, R.A., Wilcock, G.K., Jellinger, K.A. & Perry, R.H. (1996). Consensus guidelines for the clinical and pathological diagnosis of dementia with Lewy bodies (DLB): Report of the consortium on DLB international workshop. *Neurology, 47,* 1113-1124.

McKenna, P., Clare, L. & Baddeley, A.D. (1995). Schizophrenia. In A.D. Baddeley, B.A. Wilson & F.N. Watts (Eds.), *Handbook of memory disorders* (pp. 271-292). Chichester: Wiley.

McKhann, G., Drachmann, D., Folstein, M.F., Katzmann, R., Price, D. & Stadlan, E.M. (1984). Clinical diagnosis of Alzheimer's disease. *Neurology, 34,* 939-944.

McLean, A., Temkin, N.R., Dikmen, S. & Wyler, A. R. (1983). The behavioral sequelae of head injury. *Journal of Clinical Neuropsychology. 5,* 361-376.

McLelland, D.L. (1992). Neurology or rehabilitation medicine? *Journal of Neurology, Neurosurgery, and Psychiatry, 55 (Suppl.),* 47-50.

McLoughlin, C., Garner, B. & Callahan, M. (1987). *Getting employed, staying employed. Job development and training for persons with severe handicaps.* Baltimore: Brookes.

McMordie, W.R., Barker, S.L. & Paolo, T.M. (1990). Return to work after head injury. *Brain Injury, 7,* 45-51.

McPherson, S.E. & Cummings, J.L. (1996). Neuropsychological aspects of vascular dementia. *Brain, 31,* 269-282.

Meador, K.J., Loring, D.W., Huh, K., Gallagher, B.B. & King, D.W. (1990). Comparative cognitive effects of anticonvulsants. *Neurology, 40,* 391-394.

Meehl, P.E. (1954). *Clinical vs. statistical prediction.* Minneapolis: University of Minnesota Press.

Mega, M.S. & Cummings, J.L. (1994). Frontal-subcortical circuits and neuropsychiatric disorders. *Journal of Neuropsychiatry and Clinical Neurosciences, 6,* 358-370.

Mehler, M.F. (1987). Visuo-imitative apraxia. *Neurology, 37 (Suppl. 1),* 129-129.

Mehta, C. & Patel, N. (1999). *StatXact4 for Windows – User manual.* Cambridge MA: CYTEL Software Corporation.

Meichenbaum, D.H. (1977). Methoden der Selbstinstruktion. In F.H. Kanfer & A.P. Goldstein (Eds.), *Möglichkeiten der Verhaltensänderung* (pp. 407-450). München: Urban & Schwarzenberg.

Meier, D., Ermini-Fünfschilling, D., Monsch, A.U. & Stähelin, H.B. (1996). Kognitives Kompetenztraining mit Patienten im Anfangsstadium einer Demenz. *Zeitschrift für Gerontopsychologie, 9,* 207-217.

Meinardi, H., Cramer, J.A., Baker, G. & Martins da Silva, A. (1993). *Quantitative assessment in epilepsy care.* New York: Plenum Press.

Melamed, S., Groswasser, Z. & Stern, M.J. (1992). Acceptance of disability, work involvement and subjective rehabilitation status of traumatic brain-injured patients. *Brain Injury, 6,* 233-243.

Melchers, P. (1996). Anwendung der Kaufman-Assessment-Battery for Children (K-ABC) in Neuropädiatrie und Neuropsychologie. *Der Kinderarzt, 27,* 191-201.

Melchers, P. & Lehmkuhl, G. (in press). Neuropsychologische Rehabilitation im Kindes- und Jugendalter. In R. Quester; E. Schmitt & M. Lippert-Grüner (Eds.), *Stufen zum Licht. Therapieschritte für Schädel-Hirn-Patienten.* Leimersheim: Fachverlag Weber.

Melchers, P., Maluck, A.; Suhr, L., Scholten, S. & Lehmkuhl, G. (1999). An early onset rehabilitation program for children and adolescents after traumatic brain injury (TBI): Methods and first results. *Restorative Neurology and Neuroscience, 14*, 153-160.

Melchers, P. & Preuß, U. (1991). *K-ABC. Kaufman-Assessment Battery for Children. Deutschsprachige Fassung.* Frankfurt: Swets & Zeitlinger.

Melchitzky, D.S., Sesack, S.R., Pucak, M.L. & Lewis, D.A. (1998). Synaptic targets of pyramidal neurons providing intrinsic horizontal connections in monkey prefrontal cortex. *Journal of Comparative Neurology, 390*, 211-224.

Melvin, J.L. (1980). Interdisciplinary and multidisciplinary activities and the ACRM. *Archives of Physical Medicine and Rehabilitation, 61*, 379-380.

Melvin, J.L. (1989). Status report on interdisciplinary medical rehabilitation. *Archives of Physical Medicine and Rehabilitation, 70*, 273-276.

Menon, R.S., Luknowsky, D.C. & Gati, J.S. (1998). Mental chronometry using latency-resolved functional MRI. *Proceedings of the National Academy of Science, 95*, 10902.

Menzel, R. (1996). Neuronale Plastizität, Lernen und Gedächtnis. In J. Dudel, R. Menzel & R.F. Schmidt (Eds.), *Neurowissenschaft. Vom Molekül zur Kognition* (pp. 485-518). Heidelberg: Springer.

Mesulam, M.M. (1985). Attention, confusional states, and neglect. In M.M. Mesulam (Ed.), *Principles of Behavioral Neurology* (pp. 125-168). Philadelphia: Davis.

Mesulam, M.M. (1986). Frontal cortex and behaviour. *Annals of Neurology, 19*, 320-324.

Mesulam, M.M. (1998). From sensation to cognition. *Brain, 121*, 1013-1052.

Metcalfe, J. & Jacobs, W.J. (1998). Emotional memory: The effects of stress on „cool" and „hot" memory systems. In D.L. Medin (Ed.), *The psychology of learning and motivation: Advances in research and theory, 38* (pp. 187-222), San Diego: Academic.

Methé, S., Huber, W. & Paradis, M. (1993). Inventory and classification of rehabilitation methods. In M. Paradis (Ed.), *Foundations of aphasia rehabilitation.* (pp. 4-30). Oxford: Pergamon Press.

Meumann, E. (1901). Entstehung und Ziele der experimentellen Pädagogik. *Die Deutsche Schule, 5*, 65-92, 139-153, 213-223, 272-288.

Meyer, A.E., Richter, R., Grawe, K., Schulenburg, J.M. von der & Schulte, D. (1991). *Forschungsgutachten zu Fragen eines Psychotherapeutengesetzes.* Bonn: Bundesministerium für Gesundheit.

Meynert, T. (1867). Der Bau der Grosshirnrinde und seine örtlichen Verschiedenheiten. *Vierteljahresschrift für Psychiatrie, 1*, 77-93, 126-170, 198-217.

Mieck, Th., Bartels, C., Herrmann, M. & Wallesch, C.W. (1997). Frührehabilitation in neurologischen Akutkliniken in Deutschland. Teil I: Strukturen und Versorgungsprofil neurologischer Akutkliniken. *Aktuelle Neurologie, 24*, 253-258.

Mielke, R. & Kessler, J. (1994). *Alzheimersche Erkrankung und andere Demenzen.* Göttingen: Hogrefe Verlag für Psychologie.

Miller, L. (1993). *Psychotherapy of the brain-injured patient.* New York: W. W. Norton & Company.

Milner, A.D. (1995). Cerebral correlates of visual awareness. *Neuropsychologia, 33*, 1117-1130.

Milner, A.D. & Goodale, M.A. (1995). *The Visual Brain in Action.* Oxford, Oxford University Press.

Milner, A.D. & Harvey, M. (1995). Distortion of size perception in visuospatial neglect. *Current Biology, 5*, 85-89.

Milner, A.D., Perrett, D.I., Johnston, R.S., Benson, P.J., Jordan, T.R., Heeley, D.W., Bettucci, D., Mortara, F., Mutani, R., Terazzi, E. & Davidson, D.L.W. (1991). Perception and action in „visual form agnosia". *Brain, 114*, 405-428.

Milner, B. (1954). Intellectual functions of the temporal lobes. *Psychological Bulletin, 51*, 42-62.

Milner, B. (1965). Memory disturbance after bilateral hippocampal lesions. In P.M. Milner & S.E. Glickman (Eds.), *Cognitive processes and the brain* (pp. 97-111). Princeton, NJ: Van Nostrand.

Milner, B. (1972). Disorders of learning and memory after temporal lobe lesions in man. *Clinical Neurosurgery, 19*, 421-446.

Milner, B. (1982). Some cognitive effects of frontal-lobe lesions in man. In D.E. Broadbent & L. Weiskranz (Eds.), *The neuropsychology of cognitive function* (pp. 211-226). London: The Royal Society.

Milner, B., Corkin, S. & Teuber, H.L. (1968). Further analysis of the hippocampal amnesic syndrome: 14-year follow-up study of H.M. *Neuropsychologia, 6*, 215-234.

Mittl, R.L., Grossman, R.I., Hiehle, J.F., Hurst, R.W., Kauder, D.R., Gennarelli, T.A. & Alburger, G.W. (1994). Prevalence of MR evidence of diffuse axonal injury in patients with mild head injury and normal head CT findings. *American Journal of Neuroradiology, 15*, 1583-1589.

Moede, W. (1917). *Die Untersuchung und Übung des Gehirngeschädigten nach experimentellen Methoden*. Langensalza: Hermann Beyer & Söhne.

Mohr, D.C., Goodkin, D.E., Likosky, W., Beutler, L., Gatto, N. & Langan, M.K. (1997). Identification of Beck Depression inventory items related to multiple sclerosis. *Journal of Behavioral Medicine, 20*, 407-414.

Molinari, M., Leggio, M.G. & Silveri, M.C. (1997). Verbal fluency and agrammatism. *Inernational Review of Neurobiology, 41*, 325-339.

Mönning, M., Sabel,O. & Hartje,W. (1997). Rechtliche Hintergründe der Fahreignungsdiagnostik. *Zeitschrift für Neuropsychologie, 8*, 62-71.

Monakow, C. von (1914). *Die Lokalisation im Großhirn und der Abbau der Funktion durch corticale Herde*. Wiesbaden: J. F. Bergmann.

Monnier, M. & Willi, H. (1953). Die integrative Tätigkeit des Nervensystems beim mesorhombospinalen Anencephalus (Mittelhirnwesen). I. Physiologisch-klinischer Teil. *Monatsschrift für Psychiatrie und Neurologie, 126*, 239-273.

Monti, L.A., Gabrieli, J.D., Reminger, S.L. (1996). Differential effects of aging and Alzheimer's disease on conceptual implicit and explicit memory. *Neuropsychology, 10*, 101-112.

Morel, A. & Bullier, J. (1990). Anatomical segregation of two cortical visual pathways in the macaque monkey. *Visual Neuroscience, 4*, 555-578.

Morgane, P.J., Jacobs, M.S. & Galaburda, A. (1986). Evolutionary morphology of the dolphin brain. In R. Schusterman, J. Thomas & F. Wood (Eds.), *Dolphin cognition and behavior. A comparative approach* (pp. 5-29). Hillsdale, NJ: LEA.

Morlaas, J. (1928). *Contribution à l'étude de l'apraxie*. Paris: Amédée Legrand.

Morris, C.D., Bransford, J.D. & Franks, J.J. (1977). Levels of processing versus transfer appropriate processing. *Journal of Verbal Learning and Verbal Behavior, 16*, 519-533.

Mueller, J. & Fogel, B.S. (1996). Neuropsychiatric examination. In B.S. Fogel, R.B. Schiffer & S.M. Rao (Eds.), *Neuropsychiatry* (pp. 11-28. Baltimore-Philadelphia-London: Williams and Wilkins.

Müller, C.M. (1995). Glial cells and activity-dependent central nervous system plasticity. In H. Kettenmann & B.R. Ransom (Eds.), *Neuroglia*. (pp. 805-814). New York: Oxford University Press.

Müller, S. (1996). Birmingham Object Recognition Battery (BORB). Testbesprechung. *Zeitschrift für Neuropsychologie, 7*, 125-132.

Müller, U. (1998). Pharmakologie. In P. Frommelt & H. Grötzbach (Eds.), *Neurorehabilitation: Grundlagen, Praxis, Dokumentation*. (pp. 541-551). Berlin: Blackwell.

Müller, U. & von Cramon, D.Y. (1994). Therapie mit Psychopharmaka bei erworbener Hirnschädigung. *Münchener Medizinische Wochenschrift, 136*, 51-55.

Müller, U. & von Cramon, D.Y. (1995). Stellenwert von Neuro-Psychopharmaka in der Neurorehabilitation. *Nervenheilkunde, 14*, 327-332.

Müller, W. (1996). Erarbeitung von Leitlinien für Diagnostik und Therapie im Rahmen der AWMF. In Bundesärztekammer (Ed.), *Curriculum Qualitätssicherung – Ärztliches Qualitätsmanagement*. Köln: Eigenverlag.

Münker, H.K. Langwieder, E. Chen & W. Hell (1995). Verletzungen der Halswirbelsäule bei PKW-Unfällen. *Versicherungsmedizin, 47*, 26-32.

Münßinger, U. & Kerkhoff, G. (1993). *Therapiematerial zur Behandlung visuell-räumlicher und räumlich-konstruktiver Störungen*. Dortmund: Borgmann.

Münsterberg, H. (1891). Zur Individualpsychologie. *Centralblatt der Nervenheilkunde und Psychiatrie, 14*, 196-198.

Münsterberg, H. (1912). *Psychologie und Wirtschaftsleben. Ein Beitrag zur angewandten Experimental-Psychologie*. Leipzig: Barth.

Münsterberg, H. (1914). *Grundzüge der Psychotechnik*. Leipzig: Barth.

Muir, C.A., Rosenthal, M. & Diehl, L.N. (1990). Methods of family intervention. In M. Rosenthal, E.R. Griffith, M.R. Bond & J.D. Miller (Eds.), *Rehabilitation of the adult and child with traumatic brain injury* (2nd ed., pp. 433-448). Philadelphia: Davis.

Mullins, LL, (1989). Hate revisited: Power, envy, and greed in the rehabilitation setting. *Archives of Physical Medicine and Rehabilitation, 70,* 740-744.

Mullins, LL., Keller, J.R. & Chaney, J.M. (1994). A system and social cognitive approach to team functioning in physical rehabilitation setting. *Rehabilitation Psychology, 39,* 161-178.

Munk, H. (1890). *Über die Funktionen der Grosshirnrinde.* Berlin: August Hirschwald.

Murre, J.M. (1997). Implicit and explicit memory in amnesia: Some explanations and predictions by the trace link model. *Memory, 5,* 213-232.

Musso, M., Weiller, C., Kiebel, S., Müller, S.P., Bülau, P. & Rijntjes, M. (in press). Training induced brain plasticity in aphasia. *Brain.*

Myers, R. E. (1955). Interocular transfer of pattern discrimination in cats following section of crossed optic fibers. *Journal of Comparative and Physiological Psychology, 48,* 470-473.

Myrtek, M. (1980). *Psychophysiologische Konstitutionsforschung. Ein Beitrag zur Psychosomatik.* Göttingen: Hogrefe.

Myrtek, M. (1998). Metaanalysen zur Psychophysiologischen Persönlichkeitsforschung. In F. Rösler (Ed.), *Enzyklopädie der Psychologie: Themenbereich C: Theorie und Forschung, Serie 1 Biologische Psychologie, Band 5 Ergebnisse und Anwendungen der Psychophysiologie* (pp. 285-344). Enzyklopädie der Psychologie. Göttingen: Hogrefe.

Myrtek, M., Brügner, G. & Müller, W. (1996). Interactive monitoring and contingency analysis of emotionally induced ECG changes: Methodology and appplications. In J. Fahrenberg & M. Myrtek (Eds.), *Ambulatory assessment.* Seattle, WA: Hogrefe & Huber Publishers.

Näätänen, R. (1992). *Attention and brain function.* Hillsdale: Erlbaum.

Nadeau, S.E., Roeltgen, D.P., Sevush, S., Ballinger, W.E. & Watson, R.T. (1994). Apraxia due to a pathologically documented thalamic infarction. *Neurology, 44,* 2133-2137.

Nagi, S.Z. (1976). Teamwork in health care in the US: A sociological perspective. *Milbank Memorial Fund Quarterly, 53,* 75-91.

Nass, R., Baker, S., Speiser, P., Virdis, R., Balsamo, A., Cacciari, E., Loche, A., Dumic, M., & New, M. (1987). Hormones and handedness: Left-hand bias in female congenital adrenal hyperplasia patients. *Neurology, 37,* 711-715.

Nauta , W.J.H. & Feirtag, M. (1979). Die Architektur des Gehirns. *Spektrum der Wissenschaft, 11,* 69-79.

Neary, D., Snowden, J.S., Gustafson, L., Passant, U., Studd, D., Black, S., Freedman, M., Kertesz, A., Robert, P.H., Albert, M., Boone, K., Miller, B.L., Cummings, J. & Benson, D.F. (1998). Frontotemporal lobar degeneration. A consensus on clinical diagnostic criteria. *Neurology, 51,* 1546-1554.

Neisser, U. (1967). *Cognitive Psychology.* New York: Appleton Century Crofts.

Nelson, H.E (1976). A modified card sorting task sensitive to frontal lobe defects. *Cortex, 12,* 313-324.

Neumärker, K. & Bzufka, M. (1988). *Berliner Luria-neuropsychologisches Verfahren für Kinder.* Berlin: Psychodiagnostisches Zentrum.

Neundörfer, B. (1990). *Die EEG-Fibel.* Stuttgart: Fischer.

Newcombe, F. (1969). *Missile wounds of the brain. A study of neuropsychological deficits.* London: Oxford University Press.

Newcombe, F. & Marshall, J.C. (1988). Idealisation meets psychometrics: The case for the right groups and the right individuals. *Cognitive Neuropsychology, 5,* 549-564.

Newton, A. & Johnson, D. A. (1985). Social adjustment and interaction after severe head injury. *British Journal of Clinical Psychology, 24,* 225-234.

Nieuwenhuis, R. (1993). *Teamwork in neurology.* London: Chapman & Hall.

Nieuwenhuys, R. (1985). *Chemoarchitecture of the brain.* Berlin: Springer.

Nieuwenhuys, R., Voogd, J. & van Huijzen, Chr. (1991). *Das Zentralnervensystem des Menschen* (2. Aufl.). Berlin: Springer.

Nobre, A.C., Sebestyen, G.N., Gitelman, D.R., Mesulam, M.M., Frackowiak, R.S. & Frith, C.D. (1997). Functional localization of the system for visuospatial attention using positron emission tomography. *Brain, 120*, 515-533.

Noël, M.P. & Seron, X. (1993). Arabic number reading deficit: A single case study or when 236 is read (2306) and judged superior to 1258. *Cognitive Neuropsychology, 10*, 317-339.

Noël, M.P. & Seron, X. (1995). Lexicalization errors in writing arabic numerals: A single-case study. *Brain and Cognition, 29*, 151-179.

Norman, D.A. & Bobrow, D.G. (1975). On data-limited and resource-limited processes. *Cognitive Psychology, 7*, 44-64.

Norman D.A. & Shallice T. (1986). Attention to action: Willed and automatic control of behaviour. In R.J. Davidson, G.E. Schwartz & D. Shapiro (Eds.), *Consciousness and self-regulation*. New York: Plenum Press.

North of England Study of Standards and Performance in General Practice (1992). Medical audit in general practice: II: Effect on health of patients with common childhood conditions. *British Medical Journal, 304*, 1484-1483.

Nota-Bouakline, A. (1997). Dysarthrie in multiple sclerosis. In P. Ketelaer, M. Prosiegel, M. Battaglia & M. Messmer (Eds.). *A problem-oriented approach to multiple sclerosis* (pp. 304-312). Leuven: Acco.

Nudo, R.J., Milliken, G.W., Jenkins, W.M. & Merzenich, M.M. (1996). Use-dependent alterations of movement representations in primary motor cortex of adult squirrel monkeys. *Journal of Neuroscience, 16*, 785-807.

Ochipa, C., Rothi, J.G. & Heilman, K.M. (1989). Ideational apraxia: A deficit in tool selection and use. *Annals of Neurology, 25*, 190-193.

Ochipa, C., Rothi, L.F.G. & Heilman, K.M. (1992). Conceptual apraxia in Alzheimer's disease. *Brain, 115*, 1061-1071.

Ojemann, A., Sutherling, W.W., Lesser, R.P., Dinner, D.S., Jayakar, P., & Saint-Hilaire, J.M. (1993). Cortical Stimulation. In J. Engel Jr., (Ed.), *Surgical treatment of the epilepsies*. New York: Raven Press.

Olbrich, E. (1987). Kompetenz im Alter. *Zeitschrift für Gerontologie, 20*, 319-330.

Oldfield, R.C. (1971). The assessment and analysis of handedness: The Edinburgh Inventory. *Neuropsychologia, 9*, 97-113.

O'Leary, D.D.M. (1992). Development of connectional diversity and specificity in the mammalian brain by the pruning of collateral projections. *Current Opinion in Neurobiology, 2*, 70-77.

Oliveri, M., Denier, F. & Hallmark Itty, M.L. (1996). Evaluation der funktionellen Leistungsfähigkeit (EFL) nach Susan Isernhagen. *Medizinische Mitteilungen, 69*, 15-30.

Olivier, E., Edgley, S.A., Armand, J. & Lemon, R.N. (1997). An electrophysiological study of the postnatal development of the corticospinal system in Macaque monkey. *Journal of Neuroscience, 17*, 267-276.

Olmos-Lau, N., Ginsberg, M.D. & Geller, J.B. (1977). Aphasia in multiple sclerosis. *Neurology, 39*, 623-626.

Olsnes, B.T. (1989). Neurobehavioral findings in whiplash patients with long-lasting symptoms. *Acta Neurologica Scandinavia, 80*, 584-588.

Olson, A. & Caramazza, A. (1991). The role of cognitive theory in neuropsychological research. In F. Boller und J. Grafman (Eds.), *Handbook of neuropsychology*, Vol. 5 (pp. 287-309). Amsterdam: Elsevier.

Onghena, P. & Edgington, E.S. (1994). Randomization tests for restricted alternating treatment designs. *Behavioral Research and Therapy, 32*, 783-786.

Oppen, M. (1995). *Qualitätsmanagement: Grundverständnisse, Umsetzungsstrategien und ein Erfolgsbericht: Die Krankenkassen*. Berlin: Edition Sigma.

Orgass, B. (1976). Eine Revision des Token Tests: I. Vereinfachung der Auswertung, Itemanalyse und Einführung einer Alterskorrektur. II. Validitätsnachweis: Normierung und Standardisierung. *Diagnostica, 22*, 70-87,141-156.

Oswald, W.D. (1979). Psychometrische Verfahren und Fragebogen für gerontopsychologische Untersuchungen. *Zeitschrift für Gerontologie, 12*, 341-350.

Oswald, W.D., Hagen, B. & Rupprecht, R. (1999). Bedingungen der Erhaltung und Förderung der Selbständigkeit im höheren Lebensalter (SIMA) – Teil 10: Verlaufsanalyse des kognitiven Status. *Zeitschrift für Gerontopsychologie und -psychiatrie, 11*, 202-221.

Orton, S.T. (1925). „Word-blindness" in school children. *Archives of Neurology and Psychiatry, 14*, 581-615.

Orton, S.T. (1937). *Reading, writing and speech problems in children*. New York: Norton.

Otte, A., Ettlin, T.M., Nitzsche, E.U., Wachter, K., Hoegerle, S., Simon, G.H., Fierz, L., Moser, E. & Mueller-Brand, J. (1997). PET and SPECT in whiplash syndrome: A new approach to a forgotten brain? *Journal of Neurology, Neurosurgery, and Psychiatry, 63*, 368-372.

Paivio, A. (1986). *Mental representations: A dual coding approach*. New York: Oxford University Press.

Paller, K.A. (1997). Consolidating dispersed neocortical memories: The missing link in amnesia. *Memory, 5*, 73-88.

Pandya, D.N. & Barnes, C.L. (1987). Architekture and connections of the frontal lobe. In E. Perecman (Ed.), *The frontal lobes.* (pp. 41-72). IRBN Press: New York.

Pantev, C., Bertrand, O., Eulitz, C., Verkindt, C., Hampson, S., Schuierer, G. & Elbert, T. (1995). Specific tonotopic organizations of different areas of the human auditory cortex revealed by simultaneous magnetic and electric recordings. *Electroencephalography and Clinical Neurophysiology, 94*, 26-40.

Panting, A. & Merry, P. (1972). The long-term rehabilitation of severe head injuries with particular reference to the need of social and medical support for the patient's family. *Rehabilitation, 38*, 33-37.

Papastrat, L.A. (1992). Outcome and value following brasin injury. A financial provider's perspective. *Journal of Head Trauma Rehabilitation, 7*, 11-23.

Paradis, M. (1987). *The assessment of bilingual aphasia.* Hillsdale, NJ: Lawrence Erlbaum.

Pardo, J.V., Fox, P.T. & Raichle, M.E. (1991). Localization of a human system for sustained attention by positron emission tomography. *Nature, 349*, 61-64.

Parent, J.M. & Lowenstein, D.H. (1997). Mossy fiber reorganization in the epileptic hippocampus. *Current Opinion in Neurology, 10*, 103-109.

Parenté, R., Stapleton, M.C. & Wheatley, C.J. (1991). Practical strategies for vocational reentry after traumatic brain injury. *Journal of Head Trauma Rehabilitation, 6*, 35-45.

Parenté, R., Twum, M. & Zoltan, B. (1994). Transfer and generalization of cognitive skill after traumatic brain injury. *NeuroRehabilitation, 4*, 25-35.

Parfitt, K. (1999). *Martindale – The complete drug reference* 32nd Edition. London: Pharmaceutical Press.

Parkin, A.J. & Leng, R.C. (1993). *Neuropsychology of the amnesic syndrome*. Hove: Lawrence Erlbaum Associates.

Parkin, A.J. (1996). *Explorations in cognitive neuropsychology*. Oxford: Blackwell.

Partridge, T.M. (1996). An investigation into the vocational rehabilitation practices provided by brain injury services troughout the united kingdom. *Work, 7*, 63-72.

Pascual-Leone, A. & Torres, F. (1993). Plasticity of the sensorimotor cortex representation of the reading finger in Braille readers. *Brain, 116*, 39-52.

Pascual-Leone, A., Gomez-Tortosa, E., Grafman, J., Alway, D., Nichelli, P. & Hallett, M. (1994). Induction of visual extinction by rapid-rate transcranial magnetic stimulation of parietal lobe. *Neurology, 44*, 494-498.

Pastor, M.A., Artieda, J., Jahanshahi, M. & Obeso, J.A. (1992). Time estimation and reproduction is abnormal in Parkinson's disease. *Brain, 115*, 211-225.

Paterson, A. & Zangwill, O. (1944). Disorders of visual space perception associated with lesions of the right cerebral hemisphere. *Brain, 67*, 331-358.

Patterson, K. & Hodges, J. (1995). Disorders of semantic memory. In A.D. Baddeley, B.A. Wilson & F.N. Watts (Eds.), *Handbook of memory disorders* (pp. 167-186). Chichester: Wiley.

Paul, R.H., Blanco, C.R., Hames, K.A. & Beatty, W.W. (1997). Autobiographical memory in multiple sclerosis. *Journal of the International Neuropsychological Society, 3,* 246-251.

Paus, T., Zatorre, R. J., Hofle, N., Caramanos, Z., Gotman, J., Petrides, M. & Evans, A.C. (1997). Time-changes in neural systems underlying attention and arousal during the performance of an auditory vigilance task. *Journal of Cognitive Neuroscience, 9,* 392-408.

Pawlik, K. (1967). *Dimensionen des Verhaltens.* Bern: Huber.

Pearce, J.M.S. (1989). Whiplash injury: A reappraisal. *Journal of Neurology, Neurosurgery, and Psychiatry, 52,* 1329-1331.

Pearce, J.M.S. (1994). Polemics of chronic whiplash injury. *Neurology, 44,* 1993-1997.

Peatfield, R.C. (1987). Basal ganglia damage and subcortical dementia after possible insidious coxsackie virus encephalitis. *Acta Neurologica Scandinavia, 76,* 340-345.

Peiffer, J. (1998). Zur Neurologie im „Dritten Reich" und ihren Nachwirkungen. *Nervenarzt, 69,* 728-733.

Penfield, W. & Roberts, L. (1977). *Speech and Brain Mechanisms.* Princeton: Princeton University Press.

Pennington, B. & Ozonoff, S. (1996). Executive Functions and Developmental Psychopathology. *Journal of Child Psychology and Psychiatry, 37,* 51-87.

Peper, M. (in press). Awareness of emotions: A neuropsychological perspective. In N. Newton & R. Ellis (Eds.), *The caldron of consciousness: Motivation, affect and self-organization.* Philadelphia: John Benjamins.

Peper, M. & Irle, E. (1997). Die Neuropsychologie der Emotionen. In H.J. Markowitsch (Ed.), *Enzyklopädie der Psychologie: Themenbereich C: Theorie und Forschung, Serie 1 Biologische Psychologie, Band 2 Klinische Neuropsychologie* (pp. 741-896). Göttingen: Hogrefe.

Peper, M., & Karcher, S. (in press). Differential conditioning to preattentive emotional stimuli: Effects of hemispheric asymmetries and CS-identification. *Psychophysiology.*

Peper, M., Karcher, S., Saar, J., Wohlfarth, R., Martin, P., & Reinshagen, G. (1997). Differential conditioning of autonomic responses to lateralised preattentive emotional stimuli in patients with medial temporal lobe lesions. *Experimental Brain Research, 117,* 41.

Pepping, M. (1993). Transference and countertransference issues in brain injury rehabilitation: Implication for staff training. In C.J. Durgin, N.D. Schmidt & L.J. Fryer (Eds.), *Staff development and clinical intervention in brain injury rehabilitation.* Gaithersburg: Aspen.

Perfetti, C. (1997). *Der hemiplegische Patient. Kognitiv-therapeutische Übungen.* München: Pflaum Verlag.

Peritz, G. (1918). Zur Pathopsychologie des Rechnens. *Deutsche Zeitschrift für Nervenheilkunde, 61,* 234-340.

Perret, E. (1973). *Gehirn und Verhalten. Neuropsychologie des Menschen.* Bern: Verlag Hans Huber.

Perret, E. (1987). Neuropsychologische Folgen von Traumen der HWS. *Manuelle Medizin, 25,* 1-4.

Pesenti, M., Seron, X. & van der Linden, M. (1994). Selective impairment as evidence for mental organisation of arithmetic facts: BB, a case of preserved subtraction? *Cortex, 30,* 661-671.

Peterhans, E. & von der Heydt, R. (1991). Subjective contours – bridging the gap between psychophysics and physiology. *Trends in Neurosciences, 14,* 112-119.

Petermann, F. (1978). *Veränderungsmessung.* Stuttgart, Kohlhammer.

Petermann, F. (1986). Probleme und neuere Entwicklungen der Veränderungsmessung – ein Überblick. *Diagnostica, 32,* 4-16.

Petermann, F. (1992/1996). *Einzelfalldiagnose und klinische Praxis* . München: Quintessenz.

Peters, L.C., Stambrook, M., Moore, D. & Esses, L. (1990). Psychosocial sequeale of closed head injury: Effects on the marital relationship. *Brain Injury, 4,* 39-47.

Peters, M. (1988). Footedness: Asymmetries in foot preference and skill and neuropsychological assessment of foot movement. *Psychological Bulletin, 103,* 179-192.

Petersen, S.E., Fox, P.T., Posner, M.I., Mintun, M. & Raichle, M.E. (1988). Positron emission tomographic studies of the cortical anatomy of single-word processing. *Nature, 331*, 585-589.

Petrides, M. & Pandya, D.N. (1994). Comparative architectonic analysis of the human and the macaque frontal cortex. In J. Grafman & F. Boller (Eds.), *Handbook of neuropsychology* (pp. 17-58). Amsterdam: Elsevier Science Publisher.

Piaget, J. (1948). *Psychologie der Intelligenz.* Zürich: Rascher.

Piasetzky, E.B., Rattok, J., Ben-Yishay, Y., Lakin, P., Ross, B. & Diller, L. (1983). Computerized ORM: A manual for clinical and research uses. In Y. Ben-Yishay (Ed.), *Working approaches to remediation of cognitive deficits in brain damaged persons.* Rehabiliation NYU Medical Center: Monograph Nr. 66.

Pillon, B., Blin, J., Vidailhet, M., Deweer, B., Sirigu, A., Dubois, B. & Agid, Y. (1995a). The neuropsychological pattern of corticobasal degeneration: Comparison with progressive supra-nuclear palsy and Alzheimer's disease. *Neurology, 45*, 1477-1483.

Pillon, B., Deweer, B., Agid, Y. & Dubois, B. (1993). Explicit memory in Alzheimer's, Huntington's and Parkinson's diseases. *Archives of Neurology, 50*, 374-379.

Pillon, B., Dubois, B., Ploska, A. & Agid, Y. (1991). Severity and specificity of cognitive impairment in Alzheimer's, Huntington's, and Parkinson's diseases and progressive supranuclear palsy. *Neurology, 41*, 634-643.

Pillon, B., Gouider-Khouja, N., Deweer, B., Vidailhet, M., Malapani, C., Dubois, B. & Agid, Y. (1995b). Neuropsychological pattern of striatonigral degeneration: Comparison with Parkinson's disease and progressive supranuclear palsy. *Journal of Neurology, Neurosurgery, and Psychiatry, 58*, 174-179.

Pizzamiglio, L., Antonucci, G., Judica, A., Montenero, P., Razzano, C. & Zoccolotti, P. (1992). Cognitive rehabilitation of the hemineglect disorder in chronic patients with unilateral right brain damage. *Journal of Clinical and Experimental Neuropsychology, 14*, 901-923.

Pizzamiglio, L., Caltagirone, C., Mammucari, A., Ekman, P. & Friesen, W.V. (1987). Imitation of facial movements in brain damaged patients. *Cortex, 23*, 207-222.

Plath, H.E. & Richter, P. (1984). *Ermüdung-Monotonie-Sättigung-Streß (BMS). Handanweisung.* Berlin: Psychodiagnostisches Zentrum/ Fachbereich Psychologie der Humboldt-Universität.

Plaut, D.C., McClelland, J.L., Seidenberg, M.S. & Patterson, K.E. (1996). Understanding normal and impaired reading: Computational principles in quasi-regular domains. *Psychological Review, 103*, 56-115.

Plaut, D.C. & Shallice, T. (1993). Perseverative and semantic influences on visual object naming errors in optic aphasia: A connectionist account. *Journal of Cognitive Neuroscience, 5*, 89-117.

Pliszka, S.R., McCracken, J.T. & Maas, J.W. (1996). Catecholamines in attention-deficit hyperactivity disorder: Current perspectives. *Journal of the American Academy of Child & Adolescent Psychiatry, 35*, 261-272.

Plohmann, A.M., Kappos, L., Ammann, W., Thordai, A., Wittwer, A., Huber, S., Bellaiche, Y. & Lechner-Scott, J. (1998). Computer assisted retraining of attentional impairments in patients with multiple sclerosis. *Journal of Neurology, Neurosurgery, and Psychiatry, 64*, 455-462.

Poeck, K. (1982). The two types of motor apraxia. *Archives Italiennes de Biologie, 120*, 361-369

Poeck, K. (1983). What do we mean by „aphasic syndromes"?: A neurologist's view. *Brain and Language, 20*, 79-89.

Poeck, K. (1989). *Klinische Neuropsychologie.* Stuttgart: Thieme.

Poeck, K. (1997). Motorische Apraxie. In W. Hartje & K. Poeck (Eds.), *Klinische Neuropsychologie.* 3rd ed. (pp. 191-200). Stuttgart: Thieme.

Poeck, K. (1999). Kognitive Störungen nach traumatischer Halswirbelsäulen-Distorsion? *Deutsches Ärzteblatt, 96 (Heft 41)*, A2596-A2601.

Poeck, K. & Goeddenhenrich, S. (1988). Standardized tests for the detection of dissociations in aphasic language performance. *Aphasiology, 2*, 375-380.

Poeck, K. & Hacke, W. (1998). *Neurologie.* Berlin: Springer.

Poeck, K., Huber, W. & Willmes, K. (1989). Outcome of intensive speech therapy in aphasia. *Journal of Speech and Hearing Disorders, 54*, 471-479.

Poeck, K. & Lehmkuhl, G. (1980). Ideatory apraxia in a left-handed patient with right-sided brain lesion. *Cortex, 16,* 273-284.

Poeck, K. & Luzzatti, C. (1988). Slowly progressive aphasia in three patients. The problem of accompanying neurological deficit. *Brain, 111,* 151-168.

Poizner, H., Klima, E.S. & Bellugi, U. (1987). *What the hands reveal about the brain.* Cambridge, MA: MIT Press.

Ponsford, J.L. & Kinsella, G. (1988). Evaluation of a remedial program for attentional deficits following closed head injury. *Journal of Clinical and Experimental Neuropsychology, 10,* 693-708.

Ponsford, J.L. & Kinsella, G. (1991). The use of a rating scale of attentional behaviour. *Neuropsychological Rehabilitation, 1,* 241-257.

Poppelreuter, W. (1916). Aufgaben und Organisation der Hirnverletzten-Fürsorge. Erweiterte zweite Auflage der Erfahrungen und Anregungen zu einer Kopfschuß-Invaliden-Fürsorge. *Zeitschrift für Krüppelfürsorge* (Ergänzungsheft 2).

Poppelreuter, W. (1917). *Die psychischen Schädigungen durch Kopfschuß im Kriege 1914/16.* (Band I: Die Störungen der niederen und höheren Sehleistungen durch Verletzungen des Okzipitalhirns). Leipzig: Verlag von Leopold Voss.

Poppelreuter, W. (1918). *Die psychischen Schädigungen durch Kopfschuß im Kriege 1914/17.* (Band II: Die Herabsetzung der körperlichen Leistungsfähigkeit und des Arbeitswillens durch Hirnverletzung im Vergleich zu Normalen und Psychogenen). Leipzig: Verlag von Leopold Voss.

Poppelreuter, W. (1923). *Allgemeine methodische Richtlinien der praktisch-psychologischen Begutachtung.* Leipzig: A. Kröner Verlag.

Poppelreuter, W. (1928). Psychologische Begutachtung der Erwerbseingeschränkten. In E. Abderhalden (Ed.), *Handbuch der biologischen Arbeitsmethoden* (Vol. Abt. IV: Methoden der experimentellen Psychologie Teil C/I: Methoden der angewandten Psychologie (Band 1), pp. 369-552). Berlin: Urban & Schwarzenberg.

Poppelreuter, W. (1933). *Psychokritische Pädagogik. Zur Überwindung von Scheinwissen, Scheinkönnen, Scheindenken usw.* München: C.H. Beck'sche Verlagsbuchhandlung.

Poppelreuter, W. (1934). *Hitler der politische Psychologe.* Langensalza: Hermann Beyer & Söhne (Beyer & Mann).

Poser, U., Kohler, J., Sedlmeier, P. & Strätz, A. (1992). Evaluierung eines neuropsychologischen Funktionstrainings bei Patienten mit kognitiver Verlangsamung nach Schädelhirntrauma. *Zeitschrift für Neuropsychologie, 3,* 3-24.

Posner, M.I. (1978). *Chronometric explorations of mind.* Hillsdale NJ: Erlbaum.

Posner, M.I. (1980). Orienting of attention. *Quarterly Journal of Experimental Psychology, 32,* 3-25.

Posner, M.I. & Boies, S.W. (1971). Components of attention. *Psychological Review, 78,* 391-408.

Posner, M.I., Inhoff, A.W. & Friedrich, F.J.(1987). Isolating attentional systems: A cognitive-anatomical analysis. *Psychobiology, 15,* 107-121.

Posner, M.I. & Petersen S.E. (1990). The attention system of the human brain. *Annual Review of Neuroscience, 13,* 182-196.

Posner, M.I. & Rafal, R.D. (1987). Cognitive theories of attention and the rehabilitation of attentional deficits. In R. J. Meier, A. C. Benton & L. Diller (Eds.), *Neuropsychological Rehabilitation. Edinburgh*: Churchill Livingstone.

Posner, M.I., Walker, J.A., Friedrich, F.A. & Rafal, R.D. (1987). How do the parietal lobes direct covert attention? *Neuropsychologia, 25,* 135-145.

Posner, M.I., Walther, J.A., Friedrich, F.J. & Rafal, R.D. (1984). Effects of parietal lobe injury on covert orienting. *Journal of Neuroscience, 4,* 1863-1874.

Pötzl, O. (1928). *Die optisch-agnostischen Störungen.* Leipzig: F. Deuticke.

Poutiainen, E. & Elovaara, I. (1996). Subjective complaints of cognitive symptoms are related to psychometric findings in memory deficits in patients with HIV-1 infection. *Journal of the International Neuropsychological Society, 2,* 219-225.

Povlishock, J.T. & Christman, C.W. (1995). The pathobiology of traumatically induced axonal injury in animals and humans: A review of current thoughts. *Journal of Neurotrauma, 12,* 555-564.

Prange, H. (1995). Infektionskrankheiten des ZNS. Weinheim: Chapman & Hall.

Preilowski, B. (1972). Possible contribution of the anterior forebrain commissures to bilateral motor coordination. *Neuropsychologia, 10,* 267-277.

Preilowski, B. (1984). Gehirn, Geist und Wertsysteme. *Naturwissenschaftliche Rundschau, 37,* 213-218.

Preis, S., Schittler, P., Richter-Werkle, R., Sterzl, U. & Lenard, H. (1997). Typical pattern of the Kaufman-Assessment Battery for children with developmental language disorder. *Neuropediatrics, 28,* 328-332.

Prevett, M.C., Duncan, J.S., Jones, T., Fish, D.R. & Brooks, D.J. (1995). Demonstration of thalamic activation during typical absence seizures using H2(15)O and PET. *Neurology, 45,* 1396-1402.

Previc, F.H. (1991). A general theory concerning the prenatal origins of cerebral lateralization in humans. *Psychological Review, 98,* 299-334.

Pribram, K.H. (1973). The primate frontal cortex – Executive of the brain. In K. H. Pribram & A.R. Luria, (Eds.), *Psychophysiology of the frontal lobes.* New York: Academic Press.

Price, C.J. (1998). The functional anatomy of word comprehension and production. *Trends in Cognitive Sciences, 2,* 281-288.

Price, C.J. & Friston, K.J. (1997). Cognitive conjunction: A new approach to brain activation experiments. *Neuroimage, 5,* 261-70.

Price, C.J., Wise, R.J.S., Ramsay, S., Friston, K., Howard, D., Patterson, K. & Frackowiak, R. (1992). Regional response differences within the human auditory cortex when listening to words. *Neuroscience Letters, 146,* 179-182.

Prigatano, G.P. (1989). Bring it up to milieu: Toward effective traumatic brain injury rehabilitation interaction. *Rehabilitation Psychology, 34,* 135-143.

Prigatano, G.P. (1994). Individuality, lesion location, and psychotherapy after brain injury. In A.L. Christensen & B.P. Uzzell (Eds.), *Brain injury and neuropsychological rehabilitation* (pp. 173-186). Hillsdale, NJ: Erlbaum.

Prigatano, G.P. & Altman, I.M. (1990). Impaired awareness of behavioral limitations after traumatic brain injury. *Archives of Physical Medicine and Rehabilitation, 71,* 1058-1064.

Prigatano, G.P., Fordyce, D.J., Zeiner, H.K., Roueche, J.R., Pepping, M. & Wood, B.C. (1984). Neuro-psychological rehabilitation after closed head injury in young adults. *Journal of Neurology,. Neurosurgery, and Psychiatiatry, 47,* 505-513.

Prigatano, G.P., Fordyce, D.J., Zeiner, H.K., Roueche, J.R., Pepping, M. & Wood, B. (1986). *Neuropsychological rehabilitation after brain injury.* Baltimore, London: The Johns Hopkins University Press.

Prigatano, G.P., Klonoff, P., O'Brien, K.P., Altman, I.M., Amin, K., Chiapello, D., Sheperd, J., Cunningham, M. & Mora, M. (1994). Productivity after neuropsychologically oriented milieu rehabilitation. *Journal of Head Trauma Rehabilitation, 9,* 91-102.

Prigatano, G.P. & Schacter, D.L. (1991). *Awareness of deficit after brain injury.* New York: Oxford University Press.

Prosiegel, M. (1997). Rare cognitive syndromes in patients with multiple sclerosis. In P. Ketelaer, M. Prosiegel, M. Battaglia & M. Messmer, (Eds.), *A problem-oriented approach to multiple sclerosis* (pp. 64-66). Leuven: Acco.

Prosiegel, M. & Ehrhardt, W. (1990). Rehabilitation neuropsychologischer Störungen nach Schlaganfall. *Prävention und Rehabilitation, 2,* 48-55.

Provins, K.A. (1997). Handedness and speech: A critical reappraisal of the role of genetic and environmental factors in the cerebral lateralization of function. *Psychological Review, 104,* 554-571.

Pulverich, G. (1996). *Rechts-ABC für Psychologinnen und Psychologen.* Bonn: Deutscher Psychologen Verlag.

Pulvermüller, F. & Schönle, P. (1993). Behavioral and neuronal changes during treatment of mixed transcortical aphasia: A case study. *Cognition, 48,* 139-161.

Rabacchi, S., Bailly, Y., Delhaye-Bouchaud, N. & Mariani, J. (1992). Involvement of the N-methyl D-aspartate (NMDA) receptor in synapse elimination during cerebellar development. *Science, 256,* 1823-1825.

Rabbit, P. (1997). *Methodology of frontal and executive function.* Hove: Psychology Press.

Radanov, B.P., Bicik, I., Dvorak, J., Antinnes, J., Schulthess, K. von & Buck, A. (1999). Relation between neuropsychological and neuroimaging findings in patients with late whiplash syndrome *Journal of Neurology, Neurosurgery, and Psychiatry, 66,* 485-489.

Radanov, B.P., Di Stefano, G., Schnidrig, A. & Sturzenegger, M. (1993). Psychosocial stress, cognitive performance and disability after common whiplash. *Journal of Psychosomatic Research, 37,* 1-10.

Radanov, B.P., Di Stefano, G., Schnidrig, A., Sturzenegger, M. & Augustiny, K.F. (1993). Cognitive functioning after common whiplash: A controlled follow-up study. *Archives of Neurology, 50,* 87-91.

Radanov, B.P., Di Stefano, G., Schnidrig, A. & Ballinari, P. (1993). Welches sind die Prädiktoren der Erholung nach HWS-Beschleunigungsverletzung. Eine prospektive Studie. In U. Moorahrend (Ed.), *Die Beschleunigungsverletzung der Halswirbelsäule* (pp. 137-156). Stuttgart: Fischer.

Radanov, B.P., Di Stefano, G., Schnidrig, A. & Sturzenegger, M. (1994). Common whiplash: Psychosomatic or somatopsychic? *Journal of Neurology, Neurosurgery, and Psychiatry, 57,* 486-490.

Radanov, B.P., Dvorak, J. & Valach, L. (1990). Folgezustände der Schleuderverletzung der Halswirbelsäule. Mögliche Erklärung unter Berücksichtigung der klinischen und neuropsychologischen Befunde. *Manuelle Medizin, 28,* 28-34.

Radanov, B.P., Dvorak, J. & Valach, L. (1992). Cognitive deficits in patients after soft tissue injury of the cervical spine. *Spine, 17,* 127-131.

Radanov, B.P., Hirlinger, I., Di Stefano, G. & Valach, L. (1992). Attentional processing in cervical spine syndromes. *Acta Neurologica Scandinavia, 85,* 358-362.

Radanov, B.P. Sturzenegger, M., Di Stefano, G., Schnidrig, A. & Mumenthaler, M. (1993). Ergebnisse der einjährigen Verlaufsstudie nach HWS-Schleudertraumen. *Schweizer Medizinische Wochenschrift, 123,* 1545-1552.

Radanov, B.P., Sturzenegger, M., Di Stefano, G. & Schnidrig, A. (1994). Relationship between early somatic, radiological, cognitive and psychosocial findings and outcome during a one-year follow-up in 117 common whiplash patients. *British Journal of Rheumatology, 33,* 442-448.

Rafal, R.D., Posner, M.I., Friedman, J.H., Inhoff, A.W. & Bernstein, E. (1988). Orienting of visual attention in Progressive Supranuclear Palsy. *Brain, 111,* 267-280.

Raisman, G. & Field, P.M. (1990). Synapse formation in the adult brain after lesions and after transplantation of embryonic tissue. *Journal of Experimental Biology, 153,* 277-287.

Raitan, R.M. (1956). *Trail Making Test. Manual for administration, scoring and interpretation.* Indianapolis: Indiana University Press.

Raivich, G. & Kreutzberg, G.W. (1993). Peripheral nerve regeneration: Role of growth factors and their receptors. *International Journal of Developmental Neuroscience, 11,* 311-324.

Rakic, P. (1981). Developmental events leading to laminar and areal organization of the neocortex. In F. Schmitt, F. Worden, G. Edelman & S. Dennis (Eds.), *The organization of the cerebral cortex.* Cambridge: MIT Press.

Ramig, L.O., Countryman, S., O'Brian, C., Hoehn, M. & Thompson, L. (1996). Intensive speech treatment for patients with Parkinson's disease. Shortterm and longterm comparison of two techniques. *Neurology, 47,* 1496-1504.

Ramon-Cueto, A., Plant, G.W., Avila, J. & Bunge, M.B. (1998). Long-distance axonal regeneration in the transected adult rat spinal cord is promoted by ensheathing olfactory glia transplants. *Journal of Neuroscience, 18,* 3803-3815.

Randolph, C., Braun, A.R., Goldberg, E.E. & Chase, T.N. (1993). Semantic fluency in Alzheimer's, Parkinson's and Huntington's disease: Dissociation of storage and retrieval failures. *Neuropsychology, 7,* 82-88.

Rao, S.M. (1990). *Neurobehavioural aspects of multiple sclerosis.* Oxford: Oxford University Press.

Rapin, I. (1982). *Children with brain dysfunction.* New York: Raven Press.

Rasmussen, T. & Milner, B. (1977). The role of early left-brain injury in determining lateralization of cerebral speech functions. *Annals of the New York Academy of Sciences, 299,* 355-369.

Ratcliff, G. & Newcombe, F. (1982). Object recognition: Some deductions from the clinical evidence. In A. W. Haydn (Ed.), *Normality and Pathology in Cognitive Funcions* (pp. 147-171). New York: Academic Press.

Rattok, J., Ben-Yishay, Y., Ross, B., Lakin, P., Silver, S., Thomas, L. & Diller, L. (1982). A diagnostic remedial system for basic attentional disorders in head trauma patients undergoing rehabilitation: A preliminary report. In Y. Ben-Yishay (Ed.), *Working approaches to remediation of cognitive deficits in brain damaged persons.* Rehabiliation NYU Medical Center, New York: Monograph Nr. 64.

Rauschecker, J.P. (1991). Mechanisms of visual plasticity: Hebb synapses, NMDA receptors, and beyond. *Physiological Review, 71,* 587-615.

Rauschecker, J.P. (1995). Compensatory plasticity and sensory substitution in the cerebral cortex. *Trends in Neuroscience, 18,* 36-43.

Rauschelbach, H.H. & Jochheim, K.A. (1996). *Das neurologische Gutachten.* Stuttgart: Thieme.

Reding, M.J., Orto, L.A., Winter, S.W., Fortuna, I.M., DiPonte, P. & McDowell, F.N. (1986). Antidepressant therapy after stroke: A double-blind trial. *Archives of Neurology, 43,* 763-765.

Reed, J.M. & Squire, L.R. (1998). Retrograde amnesia for facts and events: Findings from our new cases. *Journal of Neuroscience, 18,* 3943-3954.

Reha-Kommission. (1991). *Kommission zur Weiterentwicklung der Rehabilitation in der gesetzlichen Rentenversicherung. Abschlußberichte – Band III. Arbeitsbereich „Rehabilitationskonzepte" Teilband 3: Bericht der Arbeitsgruppe „Neurologie".* Frankfurt: Verband Deutscher Rentenversicherungsträger.

Reichsminister für Wissenschaft, E. u. V. (1941). Prüfungsordnung für Studierende der Psychologie, vom 16. Juni 1941. *Deutsche Wissenschaft, Erziehung und Volksbildung, 7,* 255-259.

Reitan, R.M. (1958). Validity of the trailmaking test as an indication of organic brain damage. *Perceptual and Motor Skills, 8,* 271-276.

Reitan, R.M. & Davison, L.A. (1974). *Clinical neuropsychology: Current status and applications.* Washington, DC: V.H. Winston & Sons.

Reitan, R. & Wolfson, D. (1985). *The Halstead-Reitan neuropsychological test battery: Theory and clinical interpretation.* Tucson: Neuropsychology Press.

Reitan, R. & Wolfson, D. (1992). *Neuropsychological evaluation of older children.* Tucson: Neuropsychology Press.

Remschmidt, H. & Stutte, H. (1980). *Neuropsychiatrische Folgen nach Schädel-Hirn-Traumen bei Kindern und Jugendlichen.* Bern: Huber.

Rendtorff-Wagner, N. (1997). *Psychophysiologische Indikatoren automatischer Aufmerksamkeit im Wachkoma.* Frankfurt: Lang.

Reynolds, C., Kamphaus, R., Rosenthal, B. & Hiemenz, J. (1997). Applications of the Kaufman-Assessment Battery for Children (K-ABC) in neuropsychological assessment. In C.Reynolds & E. Flechter-Janzen (Eds.), *Handbook of clinical child neuropsychology.* New York: Plenum Press.

Riddoch, M.J. & Humphreys, G.W. (1987). Visual object processing in optic aphasia: A case of semantic access agnosia. *Cognitive Neuropsychology, 4,* 131-185.

Riddoch, M.J. & Humphreys, G.W. (1992). *BORB: Birmingham object recognition battery.* Hove: Lawrence Erlbaum Associates.

Riddoch, M.J. & Humphreys, G.W. (1994). *Cognitive neuropsychology and cognitive rehabilitation.* Hove: Lawrence Erlbaum Associates.

Riederer, P., Laux, G. & Pöldinger, W. (1992-97). *Neuro-Psychopharmaka: Ein Therapie-Handbuch,* 6 Bände. Wien: Springer.

Riemann, K. (1993). Begleitforschung als Beitrag zur Qualitätssicherung in der Gesundheitsförderung: Anmerkungen aus der Sicht eines begleitforschenden Instituts. *Prävention, 16,* 28-29.

Rihs, F., Gutbrod, K., Gutbrod, B., Steiger, H.J., Sturzenegger, M. & Mattle, H.P. (1995). Determination of cognitive hemispheric dominance by „stereo" transcranial doppler sonography. *Stroke, 26,* 70-73.

Rijntjes, M., Dettmers, C., Rzanny, R., Kiebel, S. & Weiller C. (in press). A blueprint for movement. Functional and anatomical representations in the human motor system. *Journal of Neuroscience.*

Rintala, D.H. Hanover, D., Alexander, J.L., Sanson-Fisher, R.W., Willem, E.P., & Halstead, L.S. (1986). Team care: An analysis of verbal behavior during patients rounds in a rehabilitation hospital. *Archives of Physical Medicine and Rehabilitation, 67,* 118-122.

Robbins, T.W., James, M., Lange, K.W., Owen, A.M., Quinn, N.P. & Marsden, C.D. (1992). Cognitive performance in multiple system atrophy. *Brain, 115,* 271-291.

Robbins, T.W., James, M., Owen, A.M., Lange, K.W., Lees, A.J., Leigh, P.N., Marsden, C.D., Quinn, N.P. & Summers, B.A. (1994). Cognitive deficits in progressive supranuclear palsy, Parkinson's disease, and multiple system atrophy in tests sensitive to frontal lobe dysfunction. *Journal of Neurology, Neurosurgery, and Psychiatry, 57,* 79-88.

Robbins, T.W., James, M., Owen, A.M., Sahakian, B.J., Lawrence A.D., Mcinnes, L. & Rabbit P.M.A. (1998). A study of performance on tests from the CANTAB battery sensitive to frontal lobe dysfunction in a large sample of normal volunteers: Implications for theories of executive functioning and cognitive aging. *Journal of the International Neuropsychological Society, 4,* 474-490.

Robertson, I.H. & North, N. (1993). Active and passive activation of left limbs: influence on visual and sensory neglect. *Neuropsychologia, 31,* 293-300.

Robertson, I.H., Ridgeway, V., Greenfield, E. & Parr, A. (1997). Motor recovery after stroke depends on intact sustained attention: A 2-year follow-up study. *Neuropsychology, 11,* 290-295.

Robertson, I.H., Tegnér, R., Tham, K. & Nimmo-Smith, I. (1995). Sustained attention training for unilateral neglect: Theoretical and rehabilitation implications. *Journal of Clinical and Experimental Neuropsychology, 17,* 416-430.

Robinson, R.G. (1998). *The clinical neuropsychiatry of stroke.* Cambridge: University Press.

Robinson, R.G., Bolduc, P.L. & Price, T.R. (1987). A two-year longitudinal study of poststroke mood disorders: Diagnosis and outcome at one and two years. *Stroke, 18,* 837-843.

Robinson, R.G. & Travella, J.I. (1996). Neuropsychiatry of mood disorders. In B.S. Fogel, R.B. Schiffer & S.M. Rao (Eds.), *Neuropsychiatry* (pp. 287-305). Baltimore-Philadelphia-London: Williams and Wilkins.

Rockstroh, B., Elbert, T., Canavan, A., Lutzenberger, W. & Birbaumer, N. (1989). *Slow cortical potentials and behaviour.* Baltimore: Urban & Schwarzenberg.

Rockstroh, S., Emre, M., Tarral, A. & Pokorny, R. (1996). Effects of the novel NMDA-receptor antagonist SDZ EAA 494 on memory and attention in humans. *Psychopharmacology, 124,* 261-266.

Rode, C., Wagner, M. & Güntürkün, O. (1995). Menstrual cycle affects functional cerebral asymmetries. *Neuropsychologia, 33,* 855-865.

Roediger, H.L., Weldon, M.S. & Challis, B.H. (1989). Explaining dissociations between implicit and explicit measures of retention: A processing account. In H.L. Roediger & F.I.M. Craik (Eds.), *Varieties of memory and consciousness: Essays in honour of Endel Tulving.* Hillsdale, NJ: Lawrence Erlbaum Associates.

Röhrenbach, C. & Markowitsch, H.J. (1997). Störungen im Bereich exekutiver und überwachender Funktionen – der Präfrontalbereich. In H.J. Markowitsch (Eds.), *Enzyklopädie der Psychologie, Themenbereich C, Serie I, Band 2: Klinische Neuropsychologie* (pp. 329-493). Göttingen: Hogrefe.

Rohrer, A. (1996). *Die K-ABC bei Kindern mit Lese-Rechtschreibschwäche.* Unveröffentlichte Lizentiatsarbeit am Psychologischen Institut der Universität Zürich.

Roland, P.E. (1976). Astereognosis. Tactile discrimination after localized hemispheric lesions in man. *Archives of Neurology, 33,* 543-550.

Role, L.W. & Kelly, J.P. (1991). The brain stem: Cranial nerve nuclei and the monoaminergic system. In E.R. Kandel, J.H. Schwartz & Th.M. Jessell (Eds.), *Principles of neural science.* 2nd ed. (pp. 683-699). New York: Elsevier.

Rolls, E.T. & Treves, A. (1998). *Neural networks and brain function.* Oxford: Oxford University Press.

Romero, B. & Eder, G. (1992). Konzept einer neuropsychologischen Therapie bei Alzheimer-Kranken: Selbst-Erhaltungs-Therapie (SET). *Zeitschrift für Gerontopsychologie und -psychiatrie, 5,* 267-282.

Romero, B., Eder, G., Neumann-Zielke, L., Pagel, S., Riepe, J., Roschmann, R., Schötzau-Fürwentsches, P. & Wilhelm, H. (1994). Rahmenbedingungen neuropsychologischer Gutachten. *Zeitschrift für Neuropsychologie, 5,* 180-186.

Romero, B., Haupt, M. & Kurz, A. (1994). Spontansprachstörungen im frühen Stadium der Alzheimer Krankheit: Gibt es Unterformen oder ein einheitliches Erscheinungsbild? *Zeitschrift für Neuropsychologie, 5,* 55-68.

Rosen, J.T. (1990). ‚Age-associated memory impairment': A critique. *European Journal of Cognitive Psychology, 2,* 275-287.

Rosenbaum, M. & Najenson, T. (1976). Changes in life patterns and symptoms of low mood as reported by wives of severely brain-injured soldiers. *Journal of Consulting and Clinical Psychology, 44,* 881-888.

Rosenthal, M., Christensen, B.K. & Ross, T.P. (1998). Depression following traumatic brain injury. *Archives of Physical Medicine and Rehabilitation, 79,* 90-103.

Roses, A.D. (1997). Genetic testing for Alzheimer Disease. *Archives of Neurology, 54,* 1226-1229.

Rösler, F. (1996). Methoden der Psychophysiologie. In E. Erdfelder, R. Mausfeld, T. Meise & G. Rudinger (Eds.), *Handbuch Quantitative Methoden* (pp. 491-514). Weinheim: Beltz.

Rösler, F. (in press). *Enzyklopädie der Psychologie: Themenbereich C: Theorie und Forschung, Serie 1 Biologische Psychologie, Band 4 Grundlagen und Methoden der Psychophysiologie.* Göttingen: Hogrefe.

Rösler, F., Heil, M. & Röder, B. (1997). Slow negative brain potentials as reflections of specific modular resources of cognition. *Biological Psychology, 45,* 109-141.

Rossetti, Y., Rode, G., Pisella, L., Farné, A., Li, L., Boisson, D. & Perenin, M.T. (1998). Prism adaptation to a rightward optical deviation rehabilitates left hemispatial neglect. *Nature, 395,* 166-169.

Rost, J. (1996). *Lehrbuch Testtheorie, Testkonstruktion.* Bern: Huber.

Roth, Huppert, F.A., Tym, E. & Mountjoy, C.Q. (1994). *CAMDEX The Cambridge examination for mental disorders of the elderly.* Deutsche Ausgabe. Heidelberg: Dexter Verlag.

Roth, V.M. & Katz, R.C. (1998). The role of computers in aphasia rehabilitation. In B. Stemmer & H.A. Whitaker (Eds.), *Handbook of neurolinguistics.* (pp. 586-596). San Diego, CA: Academic Press.

Rothberg, J.S.(1992). Knowledge of disciplines, roles, and functions of team members. In American Congress of Rehabilitation Medicine (Ed.), *Guide to interdisciplinary practice in rehabilitation settings.* Skokie, IL.

Rothi, L.J.G., Ochipa, C. & Heilman, K.M. (1991). A cognitive neuropsychological model of limb praxis. *Cognitive Neuropsychology, 8,* 443-458.

Rothi, L.J.G., Raymer, A.M. & Heilman, K.M. (1997). Limb praxis assessment. In L. J. G. Rothi & K. M. Heilman (Eds.), *Apraxia – The neuropsychology of action* (pp. 61-74). Hove: Psychology Press.

Rott, C. (1993). Ein Drei-Komponenten-Modell der Intelligenzentwicklung im Alter. *Zeitschrift für Gerontologie, 26,* 184-190.

Rourke, B. (1994). Neuropsychological assessment of children with learning disabilities: Measurement issues. In R. Lyon (Ed.), *Frames of reference for the assessment of learning disabilities: New Views of Measurement Issues.* Baltimore: P.H. Brookes.

Rourke, B., Bakker, D., Fisk, J. & Strang, J. (1983). *Child Neuropsychology: An Introduction to Theory, Research and Clinical Practice.* New York: Guilford Press.

Rousseaux, M., Godefroy, O, Cabaret, M, Benaim, C. & Pruvo, J.P. (1996). Analyse et évolution des déficits cognitifs après ruture des anéurysmes de l'artère communicante antérieure. *Revue Neurologique, 152,* 517-527.

Rovet, J., Netley, C., Keenan, M., Bailey, J. & Stewart, D. (1996). The psychoeducational profile of boys with Klinefelter syndrome. *Journal of Learning Disabilities, 29,* 180-196.

Roy, E.A. & Hall, C. (1992). Limb Apraxia: A Process Approach. In L. Proteau & D. Elliott (Eds.), *Vision and motor control* (pp. 261-282). Amsterdam: Elsevier.

Roy, E.A., Square-Storer, P., Hogg, S. & Adams, S. (1991). Analysis of task demands in apraxia. *International Journal of Neuroscience, 56,* 177-186.

Rozelle, G.R. & Budzynski, T.H. (1995). Neurotherapy for stroke rehabilitation: A single case study. *Biofeedback and Self Regulation, 20,* 211-228.

Rubin, N., Nakayama, K. & Shapley, R. (1996). Enhanced perception of illusory contours in the lower versus upper visual hemifields. *Science, 271,* 651-653.

Ruff, R.M., Crouch, J.A., Troster, A.I., Marshall, L.F., Buchsbaum, M.S., Lottenberg, S. & Somers, L.M. (1994). Selected cases of poor outcome following a minor brain trauma: Comparing neuropsychological and positron emission tomography assessment. *Brain Injury, 8*, 297-308.

Ruff, R.M., Hersh, N.A. & Pribram, K.H. (1981). Auditory spatial deficits in the personal and extrapersonal frames of reference due to cortical lesions. *Neuropsychologia, 19*, 435-443.

Rugg, M.D. (1997). *Cognitive neuroscience.* Hove: Psychology Press.

Rumelhart, D.E. & McClelland, J.L. (1986). *Parallel distributed processing: Explorations in the microstructure of cognition.* Vol. 1: Foundations. Cambridge MA: MIT Press.

Runge, M. & Rehfeld, G. (1995). *Geriatrische Rehabilitation im therapeutischen Team.* Stuttgart: Thieme.

Rutter, M., Chadwick, O., Shaffer, D. (1984). Head injury. In M. Rutter (Ed.), *Developmental neuropsychiatry.* Edinburgh: Churchill Livingstone.

Sackellares, J. Ch., Berent, S. (1996). *Psychological disturbances in epilepsy.* Boston: Butterworth Heinemann.

Saffran, E.M. (1982). Neuropsychological approaches to the study of language. *British Journal of Psychology, 73*, 317-337.

Saint-Cyr, J.A. & Taylor, A.E. (1992). The mobilization of procedural learning: The „key signature" of the basal ganglia. In L. Squire & N. Butters. (Eds.), *Neuropsychology of memory. Second edition* (pp. 188-202). New York: The Guildford Press.

Sakata, H., Shibutani, H., Ito, Y., Tsurugai, K., Mine, S. & Kusunoki, M. (1994). Functional properties of rotation-sensitive neurons in the posterior parietal cortex of the monkey. *Experimental Brain Research, 101*, 183-202.

Sakata, H., Taira, M., Murata, A. & Tanaka, Y. (1997). The parietal association cortex in depth perception and visual control of hand action. *Trends in Neurosciences, 20*, 350-357.

Sakurai, Y., Kurisaki, H., Takeda, K., Iwata, M., Bandoh, M., Watanabe, T. & Momose, T. (1992). Japanese crossed Wernicke's aphasia. *Neurology, 42*, 144-148.

Salanova, V., Andermann, F., Rasmussen, T., Olivier, A. & Quesney, L.F. (1995). Tumoral parietal lobe epilepsy. Clinical manifestations and outcome in 34 patients treated between 1934 and 1988. *Brain, 118*, 1289-30.

Salthouse, T.A. (1996a). Constraints on theories of cognitive aging. *Psychonomic Bulletin & Review, 3*, 287-299.

Salthouse, T.A. (1996b). The processing-speed theory of adult age differences in cognition. *Psychological Review, 103*, 403-428.

Sands, R.G., Stafford, J. & McClelland, M. (1990). 'I beg to differ': Conflict in the interdisciplinary team. *Social Work Health Care, 14*, 55-72.

Sanides, F. (1962). *Die Architektonik des menschlichen Stirnhirns.* Berlin: Springer Verlag.

Sanides, F. (1964). The cyto-myeloarchitecture of the human frontal lobe and its relation to phylogenetic differentiation of the cerebral cortex. *Journal für Hirnforschung, 6*, 269-282.

Sanides, F. (1969). Comparative architectonics of the neocortex of mammals and their evolutionary interpretation. *Annals of the New York Academy of Science, 167*, 404-423.

Sanides, F. (1970). Functional architecture of motor and sensory cortices in primates in the light of a new concept of neocortex evolution. In C. Noback & W. Montagnu (Eds.), *The primate brain* (pp. 137-208). New York: Appleton-Century-Crofts.

Sara, S.J., Vankov, A. & Herve, A. (1994). Locus coeruleus-evoked responses in behaving rats: A clue to the role of noradrenaline in memory. *Brain Research Bulletin, 35*, 457-465.

Säring, W., Prosiegel, M. & von Cramon, D. (1988). Zum Problem der Anosognosie bei hirngeschädigten Patienten. *Nervenarzt, 59*, 129-137.

Sarter, M. & Bruno, J.P. (1997). Cognitive functions of cortical acetylcholine: Toward a unifying hypothesis. *Brain Research – Brain Research Reviews, 23*, 28-46.

Sarter, M. & Markowitsch, H.J. (1985). The amygdala's role in human mnemonic processing. *Cortex, 21*, 7-24.

Sass, H., Wittchen, H.U. & Zaudig, M. (1996). *Diagnostisches und Statistisches Manual Psychischer Störungen DSM-IV.* Übersetzt nach der vierten Auflage des Diagnostic and Statistical Manual of Mental Disorders der American Psychiatric Association. Göttingen: Hogrefe.

Satterfield, J. & Dawson, M. (1971). Electrodermal correlates of hyperactivity in children. *Psychophysiology, 8*, 191-197.

Satz, P., Forney, D.L., Zaucha, K., Asarnow, R.R., Light, R., McCleary, C., Levin, H., Kelly, D., Bergsneider, M., Hovda, D., Martin, N., Namerow, N. & Becker, D. (1998). Depression, cognition, and functional correlates of recovery outcome after traumatic brain injury. *Brain Injury, 12*, 537-553.

Satz, P. & Lewis, R. (1993). Acquired aphasia in children. In G. Blanken, J. Dittmann, H. Grimm, J.C. Marshall, & C.W. Wallesch (Eds.), *Linguistic disorders and pathologies. An international handbook.* (pp. 646-659). Berlin: de Gruyter.

Sbordone, R.J., Seyranian, R.M. & Ruff, R.M. (1998). Are the subjective complaints of traumatically brain injured patients reliable? *Brain Injury, 12*, 505-516.

Schacter, D.L., Rich, S. & Stampp, M.S. (1985). Remediation of memory disorders: Experimental evaluation of the spaced-retrieval technique. *Journal of Clinical & Experimental Neuropsychology, 7*, 79-96.

Schacter, D.L. & Tulving, E. (1994). What are the memory systems of 1994? In D.L. Schacter & E. Tulving (Eds.), *Memory systems, 1994* (pp. 1-38). Cambridge, MA: MIT Press.

Schaie, K.W. (1990). Intellectual development in adulthood. In J.E. Birren & K.W. Schaie (Eds.), *Handbook of the psychology of aging.* San Diego: Academic Press Inc.

Schaie, K.W. (1994). The course of adult intellectual development. *American Psychology, 49*, 304-313.

Schandry, R. (1989). *Lehrbuch der Psychophysiologie* (2. Aufl.). München: Psychologie Verlags Union.

Schauenburg, H. & Dressler, D. (1992). Das Gilles-de-la-Tourette-Syndrom. *Nervenarzt, 63*, 453-461.

Schefft, B.K., Malec, J.F., Lehr, B.K. & Kanfer, F.H. (1997). The role of self-regulation therapy with the brain-injured patient. In M. E. Maruish & J. A. Moses (Eds.), *Clinical neuropsychology* (pp. 237-282). Mahwah, NJ: Erlbaum.

Scheibel, M.E. & Scheibel, A.B. (1958). Structural substrates for integrative patterns in the brain stem reticular core. In H.H. Jasper, L.D. Proctor, R.S. Knighton, W.C. Noshay & R.T. Costello (Eds.), *Reticular formation of the brain* (pp. 31-55). London: J. & A. Churchill.

Schellig, D. (1997). *Block-Tapping-Test. Materialien zur neuropsychologischen Diagnostik und Therapie.* Frankfurt: Swets & Zeitlinger.

Schenck, E. (1992). *Neurologische Untersuchungsmethoden,* 4. Aufl. Thieme: Stuttgart.

Schlaug, G., Jäncke, L., Huang, Y. & Steinmetz, H. (1995). In vivo evidence of structural brain asymmetry in musicians. *Science, 267*, 699-701.

Schlenck, K.J., Huber, W. & Willmes, K. (1987). „Prepairs" and repairs: Monitoring functions in aphasic language production. *Brain and Language, 30*, 226-244.

Schmahmann, J.D. (1991). An emerging concept: The cerebellar contribution to higher function. *Archives of Neurology, 48*, 1178-1187.

Schmahmann, J.D. (1997). Rediscovery of an early concept. *International Review of Neurobiology, 41*, 3-27.

Schmand, B., Lindeboom, J., Schagen, S., Heijt, R., Koene, T. & Hamburger, H.L. (1998). Cognitive complaints in patients after whiplash injury: The impact of malingering. *Journal of Neurology, Neurosurgery, and Psychiatry, 64*, 339-343.

Schmidt, J. & Nübling, R. (1994). Qualitätssicherung in der Psychotherapie – Teil 1: Grundlagen, Hintergründe und Probleme. *GwG-Zeitschrift, Heft 96*, 15-25.

Schmidt, R.F. & Thews, G. (1997). *Physiologie des Menschen* (27. Aufl.). Heidelberg: Springer.

Schmitt, J.J., Hartje, W. & Willmes, K. (1997). Hemispheric asymmetry in the recognition of emotional attitude conveyed by facial expression, prosody and propositional speech. *Cortex, 33*, 65-81.

Schneider, G.E. (1979). Is it really better to have your brain lesions early? A revision of the „Kennard Principle". *Neuropsychologia, 17*, 557-583.

Schneider, H. & Knebel, H. (1995). *Team und Teambeurteilung. Neue Trends in der Arbeitsorganisation.* Köln: Wirtschaftsverlag Bachem.

Schneider, W. & Weinert, F.E. (1990). *Interactions among aptitudes, strategies, and knowledge in cognitive performance.* New York: Springer.

Schneider-Janessen, K. (1990). *Biochemische Persönlichkeitsforschung.* Berlin: Springer.

Schnell, L. & Schwab, M.E. (1990). Axonal regeneration in the rat spinal cord produced by an antibody against myelin-associated neurite growth inhibitors. *Nature, 343,* 269-272.

Schnider, A., Benson, D.F., & Scharre, D.W. (1994). Visual agnosia and optic aphasia: Are they anatomically distinct? *Cortex, 30,* 445-458.

Schoen, S.W., Kreutzberg, G.W. & Singer, W. (1993). Cytochemical redistribution of 5'-nucleotidase in the developing cat visual cortex. *European Journal of Neuroscience, 5,* 210-222.

Schoen, S.W. & Kreutzberg, G.W. (1994). Synaptic 5'-nucleotidase activity reflects lesion-induced sprouting within the adult rat dentate gyrus. *Experimental Neurology, 127,* 106-118.

Schoen, S.W. & Kreutzberg, G.W. (1995). Evidence that 5'-nucleotidase is associated with malleable synapses – an enzyme cytochemical investigation in the olfactory bulb of adult rats. *Neuroscience, 65,* 37-50.

Schrader, H., Obelieniene, D., Bovim, G., Surkiene, D., Mickeviciene, D., Miseviciene, I. & Sand, T. (1996). Natural evolution of late whiplash syndrome outside the medicolegal context. *Lancet, 347,* 1207-1211.

Schreiweis, R. & Holzapfel, H. (1997). *Medien in der Unternehmensberatung.* Münsingen: Eigenverlag der Fa. Seminare und Managementberatung Dipl. Kaufmann Rainer Schreiweis.

Schröter-Morasch, H. (1998). Beurteilung der Sprechorgane und ihrer sensomotorischen Funktionen. In W. Ziegler, M. Vogel, B. Gröne, & H. Schröter-Morasch (Eds.), *Dysarthrie. Grundlagen – Diagnostik – Therapie.* (pp. 53-72). Stuttgart: Thieme.

Schubert, D. (1991). The possible role of adhesion in synaptic modification. *Trends in Neuroscience, 14,* 127-130.

Schubert, H. & Zink, K.J. (1995). Umfassendes Qualitätsmanagement in Krankenhäusern. In H. Spörkel, U. Birner, B. Frommelt & T.P. John (Eds.), *Total Quality Management: Forderungen an Gesundheitseinrichtungen* (pp. 95-109). Berlin: Quintessenz.

Schuler, H. (1998). *Psychologische Personalauswahl.* Göttingen: Verlag für Angewandte Psychologie.

Schuler, H. & Funke, U. (1995). Diagnose beruflicher Eignung und Leistung. In H. Schuler (Ed.), *Lehrbuch Organisationspsychologie,* 2. Auflage (pp. 235-283). Bern: Huber.

Schulte, B. (1988). Rechtliche Rahmenbedingungen der Rehabilitation. In U. Koch, G. Lucius-Hoene & R. Stegie (Eds.), *Handbuch der Rehabilitationspsychologie.* Berlin: Springer.

Schulte, D. (1993). Wie soll Therapieerfolg gemessen werden? *Zeitschrift für Klinische Psychologie, 22,* 374-393.

Schultz, W. (1998). Predictive reward signal of dopamine neurons. *Journal of Neurophysiology, 80,* 1-27.

Schuntermann, M.F. (1998). *Internationale Klassifikation der Schäden, Aktivitäten und Partizipation. Ein Handbuch der Dimensionen von gesundheitlicher Integrität und Behinderung.* Beta-1 Entwurf zur Erprobung. Deutschsprachiger Entwurf der WHO. www.ifrr.vdr.de

Schuri, U. (1993). Gedächtnis. In D.Y. von Cramon, N. Mai & W. Ziegler (Eds.), *Neuropsychologische Diagnostik* (pp. 91-122). Weinheim: VCH.

Schuri, U. (1998). Gedächtnisstörungen: Intervention. In U. Baumann & M. Perrez (Eds.), *Lehrbuch Klinische Psychologie-Psychotherapie,* 2. Aufl. (pp. 593-605). Bern: Huber.

Schuri, U., Wilson, B.A. & Hodges, J.R. (1996). Memory disorders. In T. Brandt, L.R. Caplan, J. Dichgans, H.C. Diener & C. Kennard (Eds.), *Neurological disorders: Course and treatment* (pp. 223-230). San Diego: Academic Press.

Schwab, M.E. (1992). Inhibitors of CNS neurite regeneration. In *Plasticity and pathology in the damaged brain* (pp. 15-22). New York: Raven Health Care Communications.

Schwartz, A., Kischka, U. & Rihs, F. (1997). Funktionelle bildgebende Verfahren. In U. Kischka, C.W. Wallesch & G. Wolf (Eds.), *Methoden der Hirnforschung.* Heidelberg: Spektrum Akademischer Verlag.

Schwartz, D.P., Barth, J.T., Dane, J.R., Drenan, S.E., DeGood, D.E. & Rowlingson, J.C. (1987). Cognitive deficits in chronic pain patients with and without history of head/neck injury: Development of a brief screening battery. *Clinical Journal of Pain, 3,* 94-101.

Schwartz, F.W. (1990). Aufgaben und Schwerpunkte einer zeitgemäßen Evaluation im Gesundheitswesen. *Öffentliches Gesundheitswesen, 52,* 559-566.

Schwartz, F.W. (1992). Schwerpunkte einer Evaluation im Gesundheitswesen. In R. Brennecke (Ed.), *Sozialmedizinische Ansätze der Evaluation im Gesundheitswesen, Bd. 1, Grundlagen und Versorgungsforschung* (pp. 9-25). Berlin: Springer.

Schwartz, M.F. (1984). What the classical aphasia categories can't do for us, and why. *Brain and Language, 21,* 3-8.

Schwartz, M.F., Buxbaum, L.J., Montgomery, M.W., Fitzpatrick-DeSalme, E.J., Hart, T., Ferraro, M., Lee, S.S. & Coslett, H.B. (1999). Naturalistic action production following right hemisphere stroke. *Neuropsychologia, 37,* 51-66.

Schwartz, M.F., Lee, S.S., Coslett, H.B., Montgomery, M.W., Buxbaum, L.J., Carew, T.G., Ferraro, M., Fitzpatrick-DeSalme, E.J., Hart, T. & Mayer, N. (1998). Naturalistic action impairment in closed head injury. *Neuropsychology, 12,* 13-28.

Schwartz M.F., Reed, E.S., Montgomery M., Palmer C. & Mayer, N.H. (1991). The Quantitative description of action disorganisation after brain damage: A case study. *Cognitive Neuropsychology, 8,* 381-414.

Schweich, M. & Bruyer, R. (1993). Heterogeneity in the cognitive manifestations of prosopagnosia: The story of a group of single cases. *Cognitive Neuropsychology, 10,* 529-547.

Scollo-Lavizzari, G. & Marugg, A. (1995). Epilepsie-Therapie: Trends und Stellenwert von neuen Antiepileptika. *Schweizer Archiv für Neurologie und Psychiatrie, 146,* 168-17.

Scoville, W.B. & Milner, B. (1957). Loss of recent memory after bilateral hippocampal lesions. *Journal of Neurology, Neurosurgery, and Psychiatry, 20,* 11-21.

Searle, J.R. (1969). *Speech acts. An essay in the philosophy of language.* Cambridge: Cambridge University Press.

Seeber, A. (1998). Grundlagen der Verhaltenstoxikologie. *Arbeitsmedizin – Sozialmedizin – Umweltmedizin, 25, 6-14.*

Segreff, C. (1997). Der Anspruch auf Rehabilitation. *Neurologie & Rehabilitation, 3,* 46-49.

Seitz, D. (1991). Entzündliche Erkrankungen des zentralen Nervensystems. In H.C. Hopf, K. Poeck & H. Schliack (Eds.). *Neurologie in Praxis und Klinik (Bd.I).* Stuttgart: Thieme.

Seitz, R.J., Huang, Y., Knorr, U., Tellmann, L., Herzog, H. & Freund, H.F. (1995). Large-scale plasticity of human motor cortex. *Neuroreport 6,* 742-744.

Selbmann, H.K. (1990). Konzeption, Voraussetzung und Durchführung qualitätssichernder Maßnahmen im Krankenhaus. *Das Krankenhaus,* 470-474.

Selnes, O.A., Miller, E., McArthur, J., Gordon, B., Munoz, A., Sheridan, K., Fox, R. & Saah, A.J. (1990). HIV-1 infection: No evidence of cognitive decline during the asymptomatic stages. *Neurology, 40,* 204-208.

Sergent, J. (1988). Some theoretical and methodological issues in neuropsychological research. In F. Boller & J. Grafman (Eds.), *Handbook of neuropsychology,* Vol. 1 (pp. 69-81). Amsterdam: Elsevier.

Seron, X. (1987). Operant procedures and neuropsychological rehabilitation. In M.J. Meier, A.L. Benton, & L. Diller (Eds.), *Neuropsychological rehabilitation* (pp. 132-161). Edinburgh: Churchill Livingstone.

Seron, X. & Deloche G. (1983). From 4 to four: A supplement of „From three to 3". *Brain, 106,* 735-744.

Seron, X. & Deloche, G. (1989). *Cognitive approaches in neuropsychological rehabilitation.* Hillsdale NJ: Lawrence Erlbaum Associates.

Seron, X. & Deloche, G. (1994). From 2 to two: An analysis of a transcoding process by means of neuropsychological evidence. *Journal of Psycholinguistic Research, 13,* 215-235.

Seron, X. & Noël, M.P. (1992). Language and numerical disorders: A neuropsychological approach. In J. Alegria, D. Holender, J. Junça de Morais & M. Radeau (Eds.), *Analytic approaches to human cognition* (pp. 291-309). Amsterdam: Elsevier.

Shader, R.I., Harmatz, J.S. & Salzman, C. (1974). A new scale for clinical assessment in geriatric populations: Sandoz Clinical Assessment – Geriatric (SCAG). *Journal of the American Geriatrics Society, 22,* 107-113.

Shalev, R.S., Manor, O. & Gross-Tsur, V. (1997). Neuropsychological aspects of developmental dyscalculia. *Mathematical Cognition, 3,* 105-120.

Shallice, T. (1979). Case study approach in neuropsychological research. *Journal of Clinical Neuropsychology, 1,* 183-211.

Shallice, T. (1982). Specific impairments of planning. In D.E. Broadbent & L. Weiskrantz, (Eds.), *The neuropsychology of cognitive function.* London: The Royal Society.

Shallice, T. (1988). *From neuropsychology to mental structure.* Cambridge: Cambridge University Press.

Shallice, T. (1991). Prècis of „From neuropsychology to mental structure". *Behavioral and Brain Sciences, 14,* 429-469.

Shallice, T. & Burgess, P. (1991). Higher-order cognitive impairments and frontal lobe lesions in man. In H.S. Levin, H.M. Eisenberg & A.L. Benton (Eds.). *Frontal lobe function and dysfunction* (pp. 125-138). New York: Oxford University Press.

Shapiro, D.L. (1988). Ethical constraints in forensic settings: Understanding the limits of our expertise. *Psychotherapy in Private Practice, 6,* 71-86.

Shaywitz, S. & Shaywitz, B. (1987). Attention deficit disorder: Current perspectives. *Pediatric Neurology, 3,* 129-135.

Shaywitz, B.A., Shaywitz, S.E., Pugh, K.R., Constable, R.T., Skudlarski, P., Fulbright, R.K., Bronen, R.A., Fletcher, J.M., Shankweiler, D.P., & Katz, L. (1995). Sex differences in the functional organization of the brain for language. *Nature, 373,* 607-609.

Shelton, J.R., Fouch, E. & Caramazza, A. (1998). The selective sparing of body part knowledge: A case study. *Neurocase, 4,* 339-351.

Shepherd, G.M. (1994). *Neurobiology, 3rd ed.* London: Oxford University Press.

Sherer, M., Oden, K., Bergloff, P., Levin, E. & W.M. High, Jr. (1998). Assessment and treatment of impaired awareness after brain injury: implications for community reintegration. *NeuroRehabilitation, 10,* 25-37.

Shiffrin, R.M. & Schneider, W. (1977). Controlled and automatic human information processing. II. Perceptual learning, automatic attending and general theory. *Psychological Revue, 84,* 127-190.

Shimamura, A.P. (1995). Memory and frontal lobe function. In M.S. Gazzaniga (Ed.), *The cognitive neurosciences* (pp. 803-813). Cambridge: MIT Press.

Sidtis, J.J. & Price, R. (1990). Early HIV-infection and the AIDS dementia complex. *Neurology, 40,* 323-326.

Siegel, G.T., Agranoff, B.W., Albers, R.W. & Molinoff, P.B. (1998). *Basic neurochemistry. Molecular, cellular and medical aspects, 5th ed.* New York: Raven Press.

Siemerling, E. (1890). Ein Fall von sogenannter Seelenblindheit nebst anderweitigen cerebralen Symptomen. *Archiv für Psychiatrie und Seelenkrankheiten, 21,* 284-299.

Silver, S.M., Ezrachi, O., Kay, T., Rattok, J., Piasetsky, E. & Ben-Yishay, Y. (1988). *N.Y.U. Prevocational Checklist. Administration Manual. Version 1.0.* The Head Trauma Programm. Rusk Institute of Rehabilitation Medicine. New York: University Medical Center.

Simon, H. (1975). The functional equivalence of problem solving skills. *Cognitive Psychology, 7,* 268-288.

Singer, W. (1995). Development and plasticity of cortical processing architectures. *Science 270,* 758-64.

Sirigu, A., Cohen, L., Duhamel, J.R., Pillon, B., Dubois, B. & Agid, Y. (1995). A selective impairment of hand posture for object utilization in apraxia. *Cortex, 31,* 41-56.

Sirigu, A., Duhamel, J.R. & Poncet, M. (1991). The role of sensorimotor experience in object recognition – a case of multimodal agnosia. *Brain, 114,* 2555-2573.

Sittig, O. (1919). Über Störungen des Ziffernschreibens bei Aphasischen. *Zeitschrift für Pathopsychologie, 3,* 298-306.

Sittig, O. (1920). Störung des Ziffernschreibens und Rechnens bei einem Hirnverletzten. *Monatsschrift Psychiatrie Neurologie, 49,* 299-306.

Sivak, M., Hill, C. & Olson, P. (1984). Computerized video tasks as training techniques for driving related perceptual deficits in persons with brain damage: A pilot evaluation. *International Journal of Rehabilitation Research, 7*, 389-398.

Skeil, D.A (1994). Individual and staff professional development in a multidisciplinary team: Some needs and solutions. *Clinical Rehabilitation, 9*, 28-33.

Smed, A. (1997). Cognitive function and distress after common whiplash injury. *Acta Neurologica Scandinavia, 95*, 73-80.

Smeja, M., Foerster, F., Fuchs, G., Emmans, D., Hornig, A. & Fahrenberg, J. (in press). 24 hr assessment of tremor activity and posture in Parkinson's disease by multichannel accelerometry. *Journal of Psychophysiology.*

Smith, E.E. & Jonides, J. (1999). Storage and executive processes in the frontal lobes. *Science, 283*, 1657-1660.

Smith, D.S. & Clark, M.S. (1995). Competence and performance in activities of daily living of patients following rehabilitation from stroke. *Disability and Rehabilitation, 17*, 15-23.

Smith, K.U. & Akelaitis, A.J. (1942). Studies on the corpus callosum: I. Laterality in behavior and bilateral motor organization in man before and after section o the corpus callosum. *Archives of Neurology and Psychiatry, 47*, 519-543.

Sohlberg, M.M. & Mateer C.A. (1987). Effectiveness of an attention-training program. *Journal of Clinical and Experimental Neuropsychology, 9*, 117-130.

Sokol, S.M., McCloskey, M., Cohen, N.J. & Aliminosa, D. (1991). Cognitive representations and processes in arithmetic: Inferences from the performance of brain-damaged subjects. *Journal of Experimental Psychology: Learning, Memory, and Cognition, 17*, 355-376.

Sorra, K.E. & Harris, K.M. (1998). Stability in synapse number and size at 2 hr after long-term potentiation in hippocampal area CA1. *Journal of Neuroscience, 18*, 658-671.

Specht, K., Herzog, H., Hesselmann, V., Jäncke, L., Krause, B.J., Perk, Y., Radermacher, I., Schmidt, P., de Simone, A., Sliwka, U. & Huber, W. (1998). Transkortikale Aphasie als Kompensationssyndrom der rechten Hemisphäre? Untersuchungen eines Einzelfalls mittels neurolinguistischer und bildgebender Methoden und Vergleiche mit einer Kontrollgruppe. In M. Hielscher, P. Clarenbach, S. Elsner, W. Huber, &

B. Simons (Eds.), *Beeinträchtigungen des Mediums Sprache. Aktuelle Untersuchungen in der Neurolinguistik* (pp. 37-56). Tübingen: Stauffenburg.

Sperry, R. W. (1950). Neural basis of the spontaneous optokinetic response produced by visual inversion. *The Journal of Comparative and Physiological Psychology, 43*, 482-489.

Sperry, R.W. (1974). Lateral specialization in the surgically separated hemispheres. In F.O. Schmitt & F.G. Worden (Eds.), *The Neurosciences Third Study Program.* New York: Rockefeller University Press.

Sperry, R.W. (1982). Some effects of disconnecting the cerebral hemispheres. Nobel Lecture, 8 December 1981. *Bioscience Reports, 2*, 265-276.

Sperry, R., Gazzaniga, M. & Bogen, J. (1969). Interhemispheric relationships: The neocortical commissures: Syndromes of hemispheric disconnection. In R. Vinken & G. Breuyn (Eds.), *Handbook of clinical neurology.* New York: Wiley-Interscience.

Spiers, P.A. (1981). Have they come to praise Luria or to bury him? The Luria-Nebraska Battery controversy. *Journal of Consulting and Clinical Psychology, 49*, 331-341.

Spitz, R.A. (1945). Hospitalism: An inquiry into the genesis of psychiatric conditions in early childhood. *Psychoanalytical Study of the Child 1*, 52-74.

Spivack, G., Platt, J.J. & Shure, M.B. (1976). *The problem-solving approach to adjustment.* San Francisco: Jossey-Bass.

Sponsel, R. (1997). Potentielle Kunst-Fehler aus der Sicht der allgemeinen und Integrativen Psychologischen Psychotherapie. *Report Psychologie, 22*, 97.

Spörkel, H., Birner, U., Frommelt, B. & John, T.P. (1995). *Total Quality Management: Forderungen an Gesundheitseinrichtungen.* Berlin: Quintessenz.

Spreen, O. (1978). Neuropsychologische Störungen. In L. J. Pongratz & K.H. Wewetzer (Eds.), *Handbuch der Psychologie.* (pp. 154-254). Göttingen: Hogrefe.

Spreen, O. (1983). *Contributions to neuropsychological assessment. A clinical manual.* New York: Oxford University Press.

Spreen, O. & Strauss, E. (1998). *A compendium of neuropsychological tests.* Oxford University Press, Oxford 1998.

Sprengelmeyer, R., Lange, H. & Hömberg, V. (1995). The pattern of attentional deficits in Huntington's disease. *Brain, 118,* 145-152.

Springer, L. (1986). Behandlungsphasen einer syndromorientierten Aphasietherapie. *Sprache – Stimme – Gehör, 10,* 22-29.

Springer, L., Huber, W., Schlenck, K.J. & Schlenck, C. (in press). Agrammatism: Deficit or compensation? Consequences for aphasia therapy. *Neuropsychological Rehabilitation.*

Squire, L.R. (1992). Memory and the hippocampus: A synthesis from findings with rats, monkeys, and humans. *Psychological Review, 99,* 195-231.

Squire, L.R.& Knowlton, B.J. (1995). Memory, hippocampus, and brain systems. In M.S. Gazzaniga (Ed.), *The cognitive neurosciences* (pp. 825-837). Cambridge: MIT Press.

Stadie, N., Cholewa, J., De Bleser, R. & Tabatabaie, S. (1994). Das neurolinguistische Expertensystem LeMo. I. Theoretischer Rahmen und Konstruktionsmerkmale des Testteils Lexikon. *Neurolinguistik, 8,* 1-25.

Starace, F., Baldassarre, C., Biancolilli, V., Fea, M., Serpelloni, G., Bartoli, L. & Maj, M. (1998). Early neuropsychological impairment in HIV-seropositive intravenous drug users: Evidence from the Italian multicentre neuropsychological HIV study. *Acta Psychiatrica Scandinavica, 97,* 132-138.

Starkstein, S.E. & Robinson, R.G. (1997). Mechanism of disinhibition after brain lesions. *Journal of Nervous and Mental Diseases, 185,* 108-114.

Starkstein, S.E., Robinson, R.G. & Price, T.R. (1987). Comparison of cortical and subcortical lesions in the production of poststroke mood disorders. *Brain, 110,* 1045-1059.

Starkstein, S.E., Bolduc, P.L., Mayberg, H.S., Preziosi, T.J. & Robinson, R.G. (1990). Cognitive impairments and depression in Parkinson's disease: A follow-up study. *Journal of Neurology, Neurosurgery, and Psychiatry, 53,* 597-602.

Stech, F. (1986). Berufsethik und Ehrengerichtsbarkeit. *Verhaltenstherapie und psychosoziale Praxis, 18,* 26-34.

Steck, P. (1997). Psychologische Testverfahren in der Praxis. Ergebnisse einer Umfrage unter Testanwendern. *Diagnostica, 43,* 267-284.

Steele, J.C., Richardson, J.C. & Olszewski, J. (1964). Progressive supranuclear palsy: A heterogenous degeneration involving the brain stem, basal ganglia, and cerebellum with vertical gaze and pseudobulbar palsy, nuclear dystonia, and dementia. *Archives of Neurology, 10,* 333-359.

Stefan, H. (1995). *Epilepsien: Diagnose und Behandlung.* 2. Auflage. Weinheim: Chapman & Hall.

Steinmetz, H. (1996). Structure, function, and cerebral asymmetry: In vivo morphometry of the planum temporale. *Neuroscience and Biobehavioral Reviews, 20,* 587-591.

Steinwachs, K.C., Oswald, W.D., Hagen, B. & Rupprecht, R. (1999). Bedingungen der Erhaltung und Förderung von Selbständigkeit im höheren Lebensalter (SIMA) – Teil 11: Verlaufsanalyse des psychopathologischen Status. *Zeitschrift für Gerontopsychologie und -psychiatrie, 11,* 222-233.

Stemmer, B. & Whitaker, H.A. (1998). *Handbook of neurolinguistics.* San Diego, CA: Academic Press.

Stemmler, G. (1992). *Differential psychophysiology: Persons in situations.* Heidelberg: Springer.

Stemmler, G. (1998). Emotionen. In F. Rösler (Ed.), *Enzyklopädie der Psychologie: Themenbereich C: Theorie und Forschung, Serie 1 Biologische Psychologie, Band 5 Ergebnisse und Anwendungen der Psychophysiologie* (pp. 95-163). Göttingen: Hogrefe.

Stemmler, G. (in press). Grundlagen psychophysiologischer Methodik. In F. Rösler (Ed.), *Enzyklopädie der Psychologie: Themenbereich C: Theorie und Forschung, Serie 1 Biologische Psychologie, Band 4 Grundlagen und Methoden der Psychophysiologie.* Göttingen: Hogrefe.

Stemmler, G. & Fahrenberg, J. (1989). Psychophysiological assessment: Conceptual, psychometric, and statistical issues. In G. Turpin (Ed.), *Handbook of clinical psychophysiology* (pp. 71-104). Chichester: Wiley.

Stephan, H. (1975). *Allocortex (Handbuch der mikroskopischen Anatomie des Menschen, Bd. 4, Teil 9).* Berlin: Springer.

Stern, W. (1900). *Über Psychologie der individuellen Differenzen. Ideen zu einer Differenziellen Psychologie.* Leipzig: Barth.

Stern, W. (1918). Über eine psychologische Eignungsprüfung für die Straßenbahnfahrerinnen. *Zeitschrift für Angewandte Psychologie, 13,* 91-104.

Sternberg, S. (1969). The discovery of processing stages: Extensions of Donder's method. In W.G. Koster (Ed.), *Attention and performance II. Acta Psychologica, 30,* 276-315.

Sternberg, S. (1998). Discovering mental processing stages: The method of additive factors. In D. Scarborough & S. Sternberg (Eds.), *An invitation to cognitive science, Vol. 4: Methods, models, and conceptual issues* (2nd ed.) (pp. 703-863). Cambridge MA: MIT Press.

Steward, O. (1994). Reorganization of neuronal circuitry following central nervous system trauma: Naturally occurring processes and opportunities for therapeutic intervention. In S.K. Salzman & A.I. Faden (Eds.), *The neurobiology of central nervous system trauma* (pp. 266-287). New York: Oxford University Press.

Stichel, C.C. & Müller, H.W. (1998). Die Läsionsnarbe - ein unüberwindbares Hindernis für regenerierende Axone? Neuroforum, 3, 236-241.

Stober, T. (1990). *Neurokardiologie.* Weinheim: VCH Verlagsgesellschaft.

Stöhr, M., Dichgans, J., Diener, H.C. & Büttner. U.W. (1982). *Evozierte Potentiale. SEP – VEP – AEP.* Berlin: Springer.

Strasser, D.C., Falconer, J.A. & Martino-Salzmann, D.(1994). The rehabilitation team: Staff perceptions of the hospital environment. The interdisciplinary team environment, and interprofessional relations. *Archives of Physical Medicine and Rehabilitation, 75,* 177-182.

Straube, A., Mennicken, J.B., Riedel, M., Eggert, T. & Muller, N. (1997). Saccades in Gilles de la Tourette's syndrome. *Movement Disorders, 12,* 536-546.

Strauss, A. & Lehtinen, L. (1947). *Psychopathology and education of the brain-injured child.* New York: Grune & Stratton.

Strauss, H. (1924). Über konstruktive Apraxie. *Monatsschrift für Neurologie und Psychiatrie, 56,* 65-124.

Stroebel, H. (1996). Qualitätsentwicklung – Qualitätssicherung – Qualitätsmanagement. *Rehabilitation, 35,* 14-18.

Strotzka, H. (1978). Was ist Psychotherapie? In H. Strotzka (Eds.), *Psychotherapie: Grundlagen, Verfahren, Indikation* (pp. 3-6). München: Urban & Schwarzenberg.

Sturm, W. (1995). *Neuropsychologische Diagnose materialspezifischer Lernstörungen.* Habilitationsschrift. Aachen: RWTH.

Sturm, W. & Büssing, A. (1986). Einfluß der Aufgabenkomplexität auf hirnorganische Reaktionsbeeinträchtigungen – Hirnschädigungs- oder Patienteneffekt? *European Archives of Psychiatry and Neurological Sciences, 235,* 214-220.

Sturm, W., De Simone, A., Krause, B., Specht, K., Hesselmann, V., Radermacher, I., Herzog, H., Tellmann, L., Müller-Gärtner, H.W. & Willmes, K. (1999a). Functional anatomy of intrinsic alertness: Evidence for a fronto-parietal-thalamic-brainstem network in the right hemisphere. *Neuropsychologia, 37,* 797-805.

Sturm, W., Fimm, B., Zimmermann, P., Deloche, G. & Leclercq, M. (1999b). Computerized training of specific attention deficits in stroke and TBI patients. In M. Leclercq & P. Zimmermann (Eds.), *Applied neuropsychology of attention.* Hove: Psychology Press.

Sturm, W., Hartje, W., Orgass, B. & Willmes, K. (1993). Computer-assisted rehabilitation of attention impairments. In F.J. Stachowiak & R. De Bleser (Eds.), *Developments in the assessment and rehabilitation of brain-damaged patients. Perspectives from a European concerted action* (pp. 49-52). Tübingen: Gunter Narr Verlag.

Sturm, W., Hartje, W., Orgaß, B. & Willmes, K. (1994). Effektivität eines computergestützten Trainings von vier Aufmerksamkeitsfunktionen. *Zeitschrift für Neuropsychologie, 5,* 15-28.

Sturm, W. & Willmes, K. (1983). LPS-K – Eine LPS-Kurzform für hirngeschädigte Patienten mit Anleitung zur psychometrischen Einzelfalldiagnostik. *Diagnostica, 29,* 346-359.

Sturm, W. & Willmes K. (1991). Efficacy of a reaction training on various attentional and cognitive functions in stroke patients. *Neuropsychological Rehabilitation, 1,* 259-280.

Sturm, W., Willmes K. (1999). *Verbaler und Nonverbaler Lerntest (VLT/NVLT).* Göttingen: Hogrefe.

Sturm, W., Willmes, K. & Horn, W. (1993). *Leistungs-Prüfsystem für 50-90jährige (LPS 50+)*. Göttingen: Hogrefe.

Sturm, W., Willmes, K., Orgass, B. Hartje W. (1997). Do specific attention deficits need specific training? *Neuropsychological Rehabilitation, 6*, 81-103.

Stuss, D.T. & Benson, D.F. (1986). *The frontal lobes*. New York: Raven Press.

Stuss, D.T., Ely, P. & Hugenholtz, H. (1985). Subtle neuropsychological deficits in patients with good recovery after closed head injury. *Neurosurgery, 17*, 41-47.

Stuss, D.T. & Levine, B. (1996). The dementias: Nosological and clinical factors related to diagnosis. *Brain and Cognition, 31*, 99-113.

Suchenwirth, R.M.A. & Ritter, G. (1994). *Begutachtung der hirnorganischen Wesensänderung*. Stuttgart: Gustav Fischer.

Suchodoletz, W. von & Höfler, C. (1996). Stellenwert des Heidelberger Sprachentwicklungstests (HSET) in der Diagnostik von Kindern mit Sprachentwicklungsstörungen. *Zeitschrift für Kinder- und Jugendpsychiatrie, 24*, 4-11.

Sullivan, K.S., Macaruso, P. & Sokol, S.M. (1996). Remediation of arabic numeral processing in a case of developmental dyscalculia. *Neuropsychological Rehabilitation, 6*, 27-53.

Swartz, B.E., Simpkins, F., Halgren, E., Mandelkern, M., Brown, C., Krisdakumtorn, T. & Gee, M. (1996). Visual working memory in primary generalized epilepsies: An 18FDG-PET study. *Neurology, 47*, 1203-1212.

Sweeney, P.J., Lloyd, M.F. & Daroff, R.B. (1997). What's in a name? Dr. Lewey and the Lewy body. *Neurology, 49*, 629-630.

Swerdlow, N.R. & Koob, G.F. (1987). Dopamine, schizophrenia, mania, and depression: Toward a unified hypothesis in cortico-striato-pallido-thalamic function. *Behavioral and Brain Sciences, 10*, 197-245.

Tahlmann, B. & Monsch, A.U. (1997). *CERAD – The consortium to establish a registry for Alzheimer's disease. Autorisierte deutsche Fassung*. Basel: Memory Clinic Basel.

Talairach, J. & Tournoux, P. (1988). *Coplanar stereotaxic atlas of the human brain*. New York, Georg Thieme Verlag.

Tallal, P., Miller, S.L., Byma, G., Wang, X., Najarajan, S.S., Schreiner, C., Jenkins, W.M. & Merzenich, M.M. (1996). Language comprehension in language-learning impaired children improved with acoustically modified speech. *Science, 271*, 81-84.

Tartaglione, A., Cocito, L., Bino, G., Pizio, N. & Favale, E. (1983). Further evidence for asymmetry of point localisation in normals and unilateral brain damaged patients. *Neuropsychologia, 21*, 407-412.

Tarter, R. & Edwards, K. (1986). Neuropsychological batteries. In T. Incagnoli, G. Goldstein & C. Golden (Eds.), *Clinical application of neuropsychological test batteries*. New York: Plenum.

Tausch, R. & Tausch, A. (1981). *Gesprächspsychotherapie* (8. Aufl.). Göttingen: Hogrefe.

Tavaré, S. & Altham, P.M.E. (1983). Serial dependence of observations leading to contingency tables and corrections to chi-squared statistics. *Biometrica, 70*, 139-144.

Taylor, A.E., Saint-Cyr, J.A. & Lang, A.E. (1990). Memory and learning in early Parkinson's disease: Evidence for a „Frontal Lobe Syndrome". *Brain and Cognition, 13*, 211-232.

Teasdale, G. & Jennett, B. (1974). Assessment of coma and impaired consciousness: A practice scale. *Lancet, 2*, 81-84.

Teasdale, T., Skovdahl Hansen, H., Gade, A. & Christensen, A.L. (1997). Neuropsychological test scores before and after brain-injury rehabilitation in relation to return to employment. *Neuropsychological Rehabilitation, 7*, 23-42.

Teeter, P. & Semrud-Clikeman, M. (1997). *Child clinical neuropsychology: Assessment and interventions for neuropsychiatric and neurodevelopmental disorders of childhood*. Boston: Allyn & Bacon.

Temple, C.M. (1989). Digit dyslexia: A category specific disorder in developmental dyscalculia. *Cognitive Neuropsychology, 6*, 93-116.

Temple. C.M. (1991). Procedural dyscalculia and number fact dyscalculia: Double dissociation in developmental dyscalculia. *Cognitive Neuropsychology, 8*, 155-176.

Tesak, J. (1997). *Einführung in die Aphasiologie.* Stuttgart: Thieme.

Tesak, J. (1999). *Grundlagen der Aphasietherapie.* Idstein: Schulz-Kirchner.

Tessier-Lavigne, M. & Goodman, C.S. (1996). The molecular biology of axon guidance. *Science 274*, 1123-1132.

Testa, M.A. & Simonson, D.C. (1996). Assessment of quality-of-life outcomes. *The New England Journal of Medicine, 334,* 835-840.

Testkuratorium der Föderation Deutscher Psychologenverbände (1986). Beschreibung der einzelnen Kriterien für die Testbeurteilung. *Diagnostica, 32,* 358-360.

Teuber, H.L. (1955). Physiological psychology. *Annual Review of Psychology, 6,* 267-296.

Teuber, H.L. (1964). The riddle of frontal lobe function in man. In J. M. Warren & K. Akert (Eds.), *The frontal granular cortex and behavior* (pp. 410-444). New York: McGraw-Hill.

Teuber, H.L. (1969). Wahrnehmung, Willkürbewegung und Gedächtnis: Grundfragen der Neuropsychologie. *Studium Generale, 22,* 1135-1178.

Teixeira-Ferreira, C., Giusiano, B., Ceccaldi, M. & Poncet, M. (1997). Optic aphasia: Evidence of the contribution of different neural systems to object and action naming. *Cortex, 33,* 499-514.

Tewes, U. (1994). *Hamburg-Wechsler-Intelligenztest für Erwachsene – Revision 1991* (HAWIE-R). Bern: Huber.

Thioux, M., Pillon, A., Samson, D., de Partz, M.P., Noël, M.P. & Seron, X. (1998). The isolation of numerals at the semantic level. *Neurocase, 4,* 371-389.

Thomas, C., Harer, C. & Altenmüller, E. (1994). Simultane bilaterale transkranielle Doppler-Sonographie. Eine einfache Methode zur Erfassung aufgabenspezifischer Hemisphärenaktivierung. *Ultraschall Klinische Praxis, 9,* 23-26.

Thomas, D.F., & Botterbusch, K.F. (1997). The vocational assessment protocol for school to work transition programms. *Journal of Head Trauma Rehabilitation, 12,* 48-66.

Thurstone, L.L. (1938). *Primary Mental Abilities.* Chicago: University of Chicago Press.

Tiedt, G.(1995). Leistungen zur Rehabilitation. In Verband Deutscher Rentenversicherungsträger (Ed.), *Sozialmedizinische Begutachtung in der gesetzlichen Rentenversicherung.* Stuttgart: Gustav Fischer.

Tognola, G. & Vignolo, L.A. (1980). Brain lesions associated with oral apraxia in stroke patients: A clinico-neuroradiological investigation with the CT scan. *Neuropsychologia, 18,* 257-272.

Tootell, R.B.H., Dale, A.M., Sereno, M.I. & Malach, R. (1996). New images from human visual cortex. *Trends in Neurosciences, 19,* 481-489.

Tramm, K.A. (1920). Über psychotechnische Bewegungsstudien an Straßenbahnnotbremsen. *Praktische Psychologie, 1,* 252-256.

Tranel, D. & Damasio, H. (1994). Neuroanatomical correlates of electrodermal skin conductance responses. *Psychophysiology, 31,* 427-438.

Tranel, D. & Hyman, B.T. (1990). Neuropsychological correlates of bilateral amygdala damage. *Archives of Neurology, 47,* 349–355.

Trenerry, M.R. (1996). Neuropsychologic assessment in surgical treatment of epilepsy. *Mayo Clinic Proceedings, 71,* 1196-20.

Triebig, G. & Lehnert, G. (1998). *Neurotoxikologie in der Arbeitsmedizin und Umweltmedizin.* Heidelberg: Gentner-Verlag.

Tromp, E. & Mulder, T. (1991). Slowness of information processing after traumatic head injury. *Journal of Clinical and Experimental Neuropsychology, 13,* 821-830.

Tröster, A.I., Butters, N., Salmon, D.P., Cullum, C.M., Jacobs, D., Brandt, J. & White, R.F. (1993). The diagnostic utility of savings scores: Differentiating Alzheimer's and Huntington's diseases with the Logical Memory and Visual Reproduction subtests. *Journal of Clinical and Experimental Neuropsychology, 5,* 773-788.

Tucker, B.P. (1998). *Cochlear implants: A handbook.* Jefferson, NC: Mc Farland.

Tucker, G.J. (1996). Current diagnostic issues in neuropsychiatry. In B.S. Fogel, R.B. Schiffer & S.M. Rao (Eds.), *Neuropsychiatry* (pp. 1009-1014). Baltimore-Philadelphia-London: Williams and Wilkins.

Tulving, E. (1983). *Elements of episodic memory.* Oxford: Oxford University Press.

Tulving, E., Kapur, N., Craik, F.I.M., Moscovitch, M. & Houle, S. (1994). Hemispheric encoding/retrieval asymmetry in episodic memory: Positron emission tomography findings. *Procee-dings of the National Academy of Sciences of the USA, 91*, 2016-2020.

Tupper, D. (1987). *Soft neurological signs.* Orlando: Grune & Stratton.

Turner, R., Howseman, A., Rees, G.E., Josephs, O. & Friston, K. (1998). Functional magnetic resonance imaging of the human brain: Data acquisition and analysis. *Experimental Brain Research, 123*, 5-12.

Turner, R., Jezzard, P., Wen, H., Kwong, K.K,. Le Bihan, D., Zeffiro, T. & Balaban, R.S. (1993). Functional mapping of the human visual cortex at 4 and 1.5 tesla using deoxygenation contrast EPI. *Magnetic Resonance in Medicine, 29*, 277-279.

Tunturi, A.R. (1946). A study on the pathway from the medial geniculate body to the acoustic cortex in the dog. *American Journal of Physiology, 147*, 311-319.

Ulrich, R., Stapf, K.H. & Giray M. (1996). Faktoren des Einprägens und Erinnerns. In D. Albert & K-H. Stapf (Eds.), *Theorie und Forschung, Serie II: Kognition.* Enzyklopädie der Psychologie, Bd. 4 (pp. 95-179). Göttingen: Hogrefe.

Ungerleider, L.G., Courtney, S.M. & Haxby, J.V. (1998). A neural system for human visual working memory. *Proceedings of the National Academy of Science 95*, 883-890.

Ungerleider, L.G. & Haxby, J.V. (1994). „What" and „where" in the human brain. *Current Opinion in Neurobiology, 4*, 15-165.

Ungerleider, L.G. & Mishkin, M. (1982). Two cortical visual systems. In D.J. Ingle, M.A. Goodale & R.J.W. Mansfield (Eds.), *Analysis of visual behavior.* Cambridge, MA: MIT Press.

Unverhau, S. (1994). Strategien der Gedächtnistherapie bei neurologischen Erkrankungen. In M. Haupts, H.F. Durwen, W.Gehlen & H.J. Markowitsch (Eds.)., *Neurologie und Gedächtnis* (pp. 106-121). Bern: Huber.

Utley, T.F., Ogden, J.A., Gibb, A., McGrath, N. & Anderson, N.E. (1997). The long-term neuropsychological outcome of herpes simplex encephali-tis in a series of unselected survivors. *Neuropsychiatry, Neuropsychology, and Behavioral Neurology, 10*, 180-189.

Vaina, L.M. & Jaulent, M.C. (1991). Object structure and action requirements: A compatibility model for functional recognition. *International Journal of Intelligent Systems , 6*, 313-336.

Vallar, G., Guariglia, C., Magnotti, L. & Pizzamiglio, L. (1995). Optokinetic stimulation affects both vertical and horizontal deficits of position sense in unilateral neglect. *Cortex, 31*, 669-683.

Van Essen, D., Anderson, C.H. & Felleman, D.J. (1992). Information processing in the primate visual system: An integrated systems perspective. *Science, 255*, 419-423.

Van Essen, D.C., & De Yoe, E.A. (1995). Concurrent processing in the primate visual cortex. In M.S. Gazzaniga (Ed.), *The Cognitive Neurosciences.* Cambridge, Massachusetts: MIT Press.

Van Petten, C. & Kutas, M. (1991). Electrophysiological evidence for the flexibility of lexical processing. In G. B. Simpson (Ed.), *Understanding Word and Sentence* (pp. 129-174). Amsterdam: Elsevier.

Van Wolffelaar, P., Brouwer, W.H. & van Zomeren, A.H. (1990). Driving ability 5 to 10 years after severe head injury. In T. Benjamin (Ed.), *Driving behaviour in a social context* (pp. 564-574). Caen: Paradigme.

Van Wolffelaar, P, van Zomeren, A.H., Brouwer, W.H. & Rothengatter, T. (1988). Assessment of fitness to drive of brain-damaged persons. In J. A. Rothengatter & R. A. de Bruin (Eds.), *Road user behaviour: Theory and research* (pp. 296-301). Assen: Van Gorcum.

Van Zomeren, A.H. (1981). *Reaction time and attention after closed head injury.* Rijksuniversiteit Groningen: Dissertation.

Van Zomeren, A.H. & Brouwer, W.H. (1994). *Clinical neuropsychology of attention.* New York: Oxford Univ. Press.

VanZomeren, A.H. & van den Burg, W. (1985). Residual complaints of patients two years after severe head injury. *Journal of Neurology, Neurosurgery, and Psychiatry, 48*, 21-28.

Vandenberghe, R., Dupont, P., De Bruyn, B., Bormans, G., Michiels, J., Mortelmans, L. & Orban, G.A. (1996). The influence of stimulus location on the brain activation pattern in detection and orientation discrimination. A PET study of visual attention. *Brain, 119,* 1263-1276.

Varney, G.H.(1989). *Building productive teams: An action guide and resource book.* San Francisco: Jossey-Bass.

VDR-Koordinierungsausschuß „Qualitätssicherung" (1995). *Qualitätssicherungsprogramm der gesetzlichen Rentenversicherung – Bericht für die Rehabilitationskliniken zum Stand der Umsetzung.* Frankfurt: VDR.

Ventre, J., Flandrin, J.M. & Jeannerod, M. (1984). In search for the egocentric reference. A neurophysiological hypothesis. *Neuropsychologia, 22,* 797-806.

Verband Deutscher Rentenversicherungsträger. (1992). *Bericht der Reha-Kommission des Verbandes deutscher Rentenversicherungsträger. Empfehlungen zur Weiterentwicklung der medizinischen Rehabilitation der gesetzlichen Rentenversicherung.* Frankfurt: VDR.

Verband Deutscher Rentenversicherungsträger (1994). Das Reha-Qualitätssicherungsprogramm der gesetzlichen Rentenversicherung – Perspektiven und Ziele. *Rentenversicherung, 65,* 745-750.

Verhaeghen, P., Marcoen, A. & Goossens, L. (1992). Improving memory performance in the aged through mnemonic training: A meta-analytic study. *Psychology and Aging, 7,* 242-251.

Verstichel, P., Cambier, J., Masson, C., Masson, M. & Robine, B. (1994). Apraxie et autotopagnosie sans aphasie ni agraphie, mais avec activité compulsive de langage au cours d'une lésion hémisphérique droite. *Revue Neurologique, 150,* 274-281.

Viethen, G. (1995). Qualitätssicherung in der Medizin (Teil II). *QualiMed, 3,* 10-22.

Villa, G., Gainotti, G. & Di Bonis, C. (1986). Constructive disabilities in focal brain-damaged patients. Influence of hemisperic side, locus of lesion and coexistent mental deterioration. *Neuropsychologia, 24,* 497-510.

Vincent, C. (1936). Neurochirurgische Betrachtungen über die Funktionen des Frontallappens. *Deutsche Medizinische Wochenschrift, 62,* 42-45.

Vollmer-Haase, J., Kinke, K. & Hartje, W. (1998). Hemispheric dominance in the processing of J.S. Bach fugues: A transcranial Doppler sonography (TCD) study with musicians. *Neuropsychologia, 36,* 857-867.

Voyer, D. (1996). On the magnitude of laterality effects and sex differences in functional lateralities. *Laterality, 1,* 51-83.

Vygotsky, L. (1978). *Mind in society: The development of higher psychological processes.* Cambridge: Harvard University Press.

Wada, J. & Rasmussen, T. (1960). Intracarotid injection of sodium amytal for the lateralization of cerebral speech dominance. *Journal of Neurosurgery, 17,* 266-282.

Wagensonner, M. & Zimmermann, P. (1991). Die Fähigkeit zur länger anhaltenden Aufmerksamkeitszuwendung nach cerebraler Schädigung. *Zeitschrift für Neuropsychologie, 2,* 41-50.

Walker, A.E. (1972). Long term evaluation of the social and family adjustment to head injuries. *Scandinavian Journal of Rehabilitation Medicine, 4,* 5-8.

Walkowiak, J., Altmann, L., Krämer, U., Sveinsson, K., Turfeld, M., Weishoff-Houben, M. & Winneke, G. (1998). Cognitive and sensorimotor functions in 6-year-old children in relation to lead and mercury levels: Adjustment for intelligence and contrast sensitivity in computerized testing. *Neurotoxicology & Teratology, 20,* 511-521.

Wallesch, C.W., Bartels, C., Kischka, U., Herrmann, M. (1996). Rehabilitation bei neuropsychologischen Störungen. *Nervenheilkunde, 15,* 209-213.

Wallesch, C.W., Frank, B., Bartels, C. & Herrmann, M. (1995). Erhebung zu Ausstattung mit, Bedarf an und Anforderungsprofil von Neuropsychologen, Logopäden und Ergotherapeuten an neurologischen Kliniken der Akutversorgung in Deutschland. *Nervenarzt, 66,* 455-461.

Wallesch, C.W. & Herrmann, M. (1998). Berufsgruppen und interdisziplinäre Kooperation in der Neurologischen Rehabilitation. *Aktuelle Neurologie, 25,* 139-146

Wallesch, C.W. & Horn, A. (1990). Long-term effects of cerebellar pathology on cognitive functions. *Brain and Cognition, 14*, 19-25.

Wallesch, C.W., Müller, U. & Herrmann, M. (1997). Aphasia: Role of pharmacotherapy in treatment options. *CNS Drugs, 7*, 200-213.

Wallin, A. (1996). Current definition and classification of dementia diseases. *Acta Neurologica Scandinavia, 94* (Suppl. 168), 39-44.

Wallis, B.J. (1998). Psychological distress following whiplash injury. *Spine: State of the Art Reviews, 12*, 409-418.

Walsh, V., Ashbridge, E. & Cowey, A. (1998). Cortical plasticity in perceptual learning demonstrated by transcranial magnetic stimulation. *Neuropsychologia, 36*, 45-49.

Warburton, E., Wise, R.J.S., Price, C.J., Weiller, C., Hadar, U., Ramsay, S. & Frackowiak, R.S. (1995) Noun and verb retrieval by normal subjects. Studies with PET. *Brain, 119*, 105-110.

Warrington, E.K. (1982). The fractionation of arithmetical skills: A single case study. *Quarterly Journal of Experimental Psychology, 34A*, 31-51.

Warrington, E.K. & James, M. (1992). *Visual object and space perception battery VOSP*. Suffolk: Thames Valley Test Company.

Warrington, E.K. & McCarthy, R. (1983). Category specific access dysphasia. *Brain, 106*, 859-878.

Warrington, E.K. & McCarthy, R.A. (1987). Categories of knowledge – further fractionations and an attempted integration. *Brain, 110*, 1273-1296.

Warrington, E.K. & Shallice, T. (1984). Category specific semantic impairments. *Brain, 107*, 829-854.

Warrington, E.K. & Weiskrantz, L. (1970). Amnesic syndrome: Consolidation or retrieval. *Nature, 228*, 628-630.

Warrington, E.K. & Weiskrantz, L. (1973). An analysis of short-term and long-term memory deficits in man. In J. A. Deutsch (Ed.), *The physiological basis of memory*. New York: Academic Press.

Watts, F.N. (1995). Depression and anxiety. In A.D. Baddeley, B.A. Wilson & F.N. Watts (Eds.), *Handbook of memory disorders* (pp. 293-317). Chichester: Wiley.

Wechsler, D. (1981). *Wechsler Adult Intelligence Scale – Revised*. New York: The Psychological Corporation, Hartcourt Brace Jovanovich, Inc

Weddell, R.A. & Davidoff, J.B. (1991). A dyscalculic patient with selectively impaired processing of the numbers 7,9, and 0. *Brain and Cognition, 17*, 240-271.

Wegener, H.W. & Steller, M. (1986). Psychologische Diagnostik vor Gericht – Methodische und ethische Probleme forensisch-psychologischer Diagnostik. *Zeitschrift für Differentielle und Diagnostische Psychologie, 7*, 103-126.

Wehman, P. (1990). Supported employment: Model implementation and evaluation. In Kreutzer, J.S., & Wehman, P. (Eds.). *Community intergration following traumatic brain injury*. Baltimore: Paul H. Brooks.

Wehman P., Kregel, J., Sherron, P., Nguyen, S., Kreutzer, J.S., Fry, R. & Zasler, N. (1993). Critical factors associated with the successful supported employment placement of patients with severe traumatic brain injury. *Brain Injury, 7*, 31-44.

Wehman, P., Kregel, J., West, M. & Cifu, D. (1994). Return to work for patients with traumatic brain injury; Analysis of costs. *American Journal of Physical Medicine and Rehabilitation, 73*, 280-282.

Wehman, P., West, M., Kregel, J., Sherron, P. & Kreutzer, J.S. (1995). Return to work for persons with severe traumatic brain injury: A data based approach to program developmen.. *Journal of Head Trauma Rehabilitation, 10*, 27-39.

Weigl, E. (1927a). Zur Psychologie sogenannter Abstraktionsprozesse. I. Untersuchungen über das Ordnen. *Zeitschrift für Psychologie, 103*, 1-45.

Weigl, E. (1927b). Zur Psychologie sogenannter Abstraktionsprozesse. II. Wiedererkennungsversuche mit Umrißfiguren. *Zeitschrift für Psychologie, 103*, 257-322.

Weigl, E. (1929). Psychotechnische Untersuchungen von Büroangestellten. *Zeitschrift für Angewandte Psychologie, 33*, 465-481.

Weigl, E. (1941). On the psychology of so-called processes of abstraction. *Journal of Abnormal and Social Psychology, 36*, 3-33.

Weigl, E. (1961). The phenomenon of temporary deblocking in aphasia. *Z. Phonet. Sprachwiss. Komm., 14*, 337-364.

Weiller, C., Isensee, C., Rijntjes, M., Huber, W., Müller, S., Bier, D., Dutschka, K., Woods, R.P., Noth, J. & Diener, H. (1995). Recovery from Wernicke's aphasia: A positron emission tomographic study. *Annals of Neurology, 37,* 723-732.

Weiller, C., Ringelstein, E.B., Reiche, W., Thron, A. & Buell, U. (1990). The large striatocapsular infarct. A clinical and pathophysiological entity. *Archives of Neurology, 47,* 1085-1091.

Weiner, I.B. (1989). On competency and ethicality in psychodiagnostic assessment. *Journal of Personality Assessment 53,* 827-831.

Weintraub, S. & Mesulam, M.M. (1987). Right cerebral dominace in spatial attention: Further evidence based on ipsilateral neglect. *Archives of Neurology, 44,* 621-625.

Weisenburg, T. & McBride, E. (1935). *Aphasia. A clinical and psychological study.* New York: Hafner.

Weiskrantz, L. (1982). Comparative aspects of studies of amnesia. In D. E. Broadbent & L. Weiskrantz (Eds.), *The Neuropsychology of cognitive function* (pp. 97-109). London: The Royal Society.

Weiskrantz, L. (1986). *Blindsight: A case study and implications.* New York: Oxford University Press.

Wendt, W.R. (1997). *Casemanagement im Sozial- und Gesundheitswesen.* Freiburg: Lambertus-Verlag.

Weniger, D. (1997). Nichtaphasische Störungen der Kommunikationsfähigkeit. In W. Hartje & K. Poeck (Eds.), *Klinische Neuropsychologie.* 3rd ed. (pp. 304-309). Stuttgart: Thieme.

Wenning, G.K. & Quinn, N. (1994). Multisystematrophie. *Aktuelle Neurologie, 21,* 120-126.

Wernicke, C. (1874). *Der aphasische Symptomencomplex.* Breslau: Cohn & Weigert.

Wesolowski, M.D. & Zencius, A.H. (1994). *A practical guide to head injury rehabilitation. A focus on postacute residential treatment.* New York & London: Plenum Press.

Westermann R. & Hager, W. (1986). Error probabilities in educational and psychological research. *Journal of Educational Statistics 11,* 117-146.

West, M.D. (1995). Aspects of the workplace and return to work for persons with brain injury in supported employment. *Brain Injury, 9,* 301-313.

Wetterling, T., Kanitz, R.D. & Borgis, K.J. (1996). Comparison of different diagnostic criteria for vascular dementia (ADDTC, DSM-IV, ICD-10, NINDS-AIREN). *Stroke, 27,* 30-36.

Wildberger, H. (1998). Kontrastwahrnehmung. In A. Huber & D. Kömpf (Eds.), *Klinische Neuroophthalmologie* (pp. 150-152). Stuttgart: Thieme.

Wilson, B.A. (1997). Cognitive rehabilitation: How it is and how it might be? *Journal of the International Neuropsychological Society, 3,* 487-496.

Wilson, B. (1991). *The Rivermead behavioural memory test RBMT.* Bury St. Edmunds: Thames Valley Test Company.

Wilson, B.A., Alderman, N., Burgess, P.W., Emslie, H. & Evans, J. (1996). *Behavioural assessment of the dysexecutive syndrome.* Manual. Bury St. Edmunds: Thames Valley Test Company.

Whalen, J., McCloskey, M., Lesser, R.P. & Gordon, B. (1997). Localizing arithmetic processes in the brain: Evidence from a transient deficit during cortical stimulation. *Journal of Cognitive Neuroscience, 9,* 409-417.

White, D.A., Taylor, M.J., Butters, N., Mack, C., Salmon, D.P., Peavy, G., Ryan, L., Heaton, R.K., Atkinson, J.H. & Grant, I. (1997). Memory for verbal information in individuals with HIV-associated dementia complex. HNCR Group. *Journal of Clinical and Experimental Neuropsychology, 19,* 357-366.

White, R.F., Feldman, R.G. & Proctor, S.P. (1996). Behavioral syndromes in neurotoxicology. In B.S. Fogel, R.B. Schiffer, & S.M. Rao (Eds.), *Neuropsychiatry* (pp. 959-971). Baltimore: Williams & Wilkins.

Whitehouse, P.J. (1993). *Dementia.* Philadelphia: F.A. Davis.

Whyte, J. (1992). Neurologic disorders of attention and arousal: Assessment and treatment. *Archives of Physical Medicine and Rehabilitation, 73,* 1094-1103.

Wiart, L., Bon Saint Come, A., Debelleix, X., Petit, H., Joseph, P.A., Mazaux, J.M. & Barat, M. (1997). Unilateral neglect syndrome rehabilitation by trunk rotation and scanning training. *Archives of Physical Medicine and Rehabilitation, 78,* 424-429.

Wickelgren, I. (1997). Getting a grasp on working memory. *Science, 275,* 1580-1582.

Wickens, C.D. (1984). Processing resources in attention. In R. Parasuraman & D.R. Davies (Eds.), *Varieties of attention.* New York: Academic Press.

Wieland, K., Schian, H.M., & Weinmann, S. (1996). *IMBA – Integration von Menschen mit Behinderung in die Arbeitswelt. Arbeitsmaterialien für Arbeitsgestalter, Arbeitsmediziner, Arbeitspsychologen und andere Fachkräfte der beruflichen Rehabilitation.* Bundesministerium für Arbeit und Sozialordnung: Bonn.

Wiesner, H. & Mumenthaler, M. (1975). Schleuderverletzungen der Halswirbelsäule. Eine katamnestische Studie. *Archiv für Orthopädie und Unfall-Chirurgie, 81,* 13-36.

Wilbertz, A., Cholewa, J., Huber, W. & Friederici, A. (1991). Processing of prepositions as reflected by gaze durations. In R. Schmid & O. Zambarbieri (Eds.), *Oculomotor control and cognitive processes.* Amsterdam: Elsevier.

Wilbrand, H. (1887). *Die Seelenblindheit als Herderscheinung und ihre Beziehungen zur homonymen Hemianopsie.* Wiesbaden: J.F. Bergmann.

Wilhelm, H., Eder, G., Neumann-Zielke, L., Pagel, S., Riepe, J., Romero, B., Roschmann, R. & Schötzau-Fürwentsches, P. (1995). Richtlinien zur Beurteilung neuropsychologischer Gutachten im Rahmen der Zertifizierung als „Klinischer Neuropsychologe GNP". *Zeitschrift für Neuropsychologie, 6,* 159-16

Wilkie, F.L., Goodkin, K., Eisdorfer, C., Feaster, D., Morgan, R., Fletcher, M.A., Blaney, N., Baum, M. & Szapocznik, J. (1998). Mild cognitive impairment and risk of mortality in HIV-1 infection. *Journal of Neuropsychiatry and Clinical Neuroscience, 10,* 125-132.

Williams, P.L. & Warwick, R. (1975). *Functional neuroanatomy of man.* Edinburgh: Churchill Livingstone.

Willmes, K. (1985). An approach to analyzing a single subject's scores obtained in a standardized test with application to the Aachen Aphasia Test (AAT). *Journal of Clinical and Experimental Neuropsychology, 7,* 331-352.

Willmes, K. (1990). Statistical methods for a single-case study approach to aphasia therapy research. *Aphasiology, 4,* 415-436.

Willmes, K. (1992). Psychometric evaluation of neuropsychological test performances. In N. von Steinbüchel, D.Y. von Cramon & E. Pöppel (Eds.). *Neuropsychological Rehabilitation* (pp. 103-113). Berlin: Springer.

Willmes, K. (1993). Diagnostic methods in aphasiology. In G. Blanken, J. Dittmann, H. Grimm, J.C. Marshall, & C.W. Wallesch (Eds.), *Linguistic disorders and pathologies. An international handbook* (pp. 137-153). Berlin: de Gruyter.

Willmes, K. (1995). Aphasia therapy research: Some psychometric considerations and statistical methods of the single-case approach. In C. Code & D. Müller (Eds.), *Treatment of aphasia: From theory to practice* (pp. 286-308). London: Whurr.

Willmes, K. & Poeck, K. (1984). Ergebnisse einer multizentrischen Untersuchung über die Spontanprognose von Aphasien vaskulärer Ätiologie. *Nervenarzt, 55,* 62-71.

Willmes, K. & Poeck, K. (1993). To what extent can aphasic syndromes be localized? *Brain, 116,* 1527-1540.

Wilson, B. (1997). Cognitive rehabilitation: How it is and how it might be. *Journal of the International Neuropsychological Society, 3,* 487-496.

Wilson, B.A., Emslie, H. & Malinek, V. (1997). Evaluation of NeuroPage: A new memory aid. *Journal of Neurology, Neurosurgery, and Psychiatry, 63,* 113-115.

Wilson, B.A., Clare, L., Young, A.W. & Hodges, J.R. (1997). Knowing where and knowing what: A double dissociation. *Cortex, 33,* 529-541.

Wingruber, M. (1997). Arbeitsassistenz für Menschen mit erworbenen Hirnschäden: Das Mutabor-Konzept. *Rehabilitation, 36,* 250-255.

Winneke, G. (1996). Behavioural toxicology. In J.H. Duffus & H.G.J. Worth (Eds.), *Fundamental toxicology for chemists* (pp. 161-180). Cambridge: The Royal Society of Chemists.

Winneke, G., Brockhaus, A., Ewers, U., Krämer, U. & Neuf, M. (1990). Results from the European multicenter study on lead neurotoxicity in children: Implications for risk assessment. *Neurotoxicology and Teratology, 12,* 553-559.

Wise, R.J.S., Chollet, F., Hadar, U., Friston, K.J., Hoffner, E. & Frackowiak, R.S.J .(1991). Distribution of cortical neural networks involved in word comprehension and word retrieval. *Brain 114,* 1803-1817.

Witelson, S.F. & Goldsmith, C.H. (1991). The relationship of hand preference to anatomy of the corpus callosum in men. *Brain Research, 545,* 175-182.

Woldorff, M.G., Fox, P.T., Matzke, M., Laucester, J.L., Veeraswamy, S., Zamerripa, F., Seabolt, M., Glass, T., Gao, J.H., Martin, C.C. & Jarabek, P. (1997). Retinotopic organization of early visual spatial attention effects as revealed by PET and ERPs. *Human Brain Mapping, 5,* 280-286.

Wolff, H.D. (1983). *Neurophysiologische Aspekte der manuellen Medizin.* 2.Aufl. Berlin: Springer.

Wong, P.K.H. (1991). *Introduction to brain topography.* New York: Plenum Press.

Wood, R.L. & Fussey, I. (1987). Computer assisted cognitive retraining: A controlled study. *International Disability Studies, 9,* 149-153.

Woods, R.P. & Cherry, S.R., Mazziotta J.C. (1992). Rapid automated algorithm for aligning and reslicing PET images. *Journal of Computer Assisted Tomography, 16,* 620-633.

World Health Organization (1980). *International classification of impairments, disabilities and handicaps.* Genova: Author.

World Health Organization (1990). *ICD-10. 1990 Draft of chapter V: Mental and behavioral disorders. Revision IV. Diagnostic criteria for research.* WHO: Genf.

World Health Organization (1991). *Environmental health criteria for inorganic mercury.* Geneva: International Program on Chemical Safety (IPCS), Vol. 118.

World Health Organisation (1994). *International statistical classification of diseases and health related problems, tenth revison (ICD-10), Volume III alphabetical index.* Geneva: World Health Organisation.

World Health Organization (1995). *Environmental health criteria for lead.* Geneva: International Programme on Chemical Safety (IPCS), Vol. 165.

Wundt, W. (1874-1875). *Grundzüge der physiologischen Psychologie.* Leipzig: Wilhelm Engelmann.

Wundt, W. (1887). *Zur Moral der Literarischen Kritik – Eine moralphilosophische Streitschrift.* Leipzig: Verlag Wilhelm Engelmann.

Wynn, K. (1998). Psychological foundations of number: Numerical competence in human infants. *Trends in Cognitive Sciences, 2,* 296-303.

Yagüez, L., Keidel, M., Wilhelm, H. & Diener, H.C. (1992). Nachweis neuropsychologischer Defizite nach HWS-Schleudertrauma: Relevanz für die Rehabilitation. In K.H. Mauritz & V. Hömberg (Eds.), *Neurologische Rehabilitation 2* (pp. 54-60). Bern: Huber,.

Yarnell, P.R. & Rossie, G.V. (1988). Minor whiplash head injury with major debilitation. *Brain Injury, 2,* 255-258.

Yesavage, J.A., Westphal, J. & Rush, L. (1981). Senile dementia: Combined pharmacological and psychologic treatment. *Journal of the American Geriatrics Society, 4,* 164-171.

Yesavage, J.A. Brink,T.L., Rose,T.L., Lum, O., Huang, V., Adey, M. & Leirer, V.O. (1983). Development and validation of a geriatric depression scale. *Journal of Psychiatric Research, 17,* 37-49.

Yeterian, E.H. & Pandya, D. N. (1988). Architectonic features of the primate brain: Implications for information processing and behavior. In H.J. Markowitsch (Ed.), *Information processing by the brain. Views and hypotheses from a physiological-cognitive perspective* (pp. 7-37). Toronto: H. Huber.

Ylvisaker, M. (1985). *Head injury rehabilitation. Children and adolescents.* San Diego: College Hill Press.

Ylvisaker, M., Chorazy, A., Cohen, S., Mastrilli, J., Molitor, C., Nelson, J., Szekeres, S., Valko, A. & Jaffe, K. (1990). Rehabilitative assessment following head injury in children. In M.Rosenthal, E. Griffith, M. Bond & J. Miller (Eds.), *Rehabilitation of the adult and child with traumatic brain injury.* Philadelphia: Davis.

Ylvisaker, M., Feeney, T.J. & Urbanczyk, B. (1993). Developing a positive communication culture for rehabilitation: Communication training for staff and family members. In C.J. Durgin, N.D. Schmidt & L.J. Fryer (Eds.), *Staff development and clinical intervention in brain injury rehabilitation.* Gaithersburg: Aspen.

Young, A.W. (1998). *Face and mind.* Oxford: Oxford University Press.

Young, A.W. & Burton A.M. (1999). Simulating face recognition: Implications for modelling cognition. *Cognitive Neuropsychology, 16,* 1-48.

Young, G.C., Collins, D. & Hren, M. (1983). Effect of pairing scanning training with block design training in the remediation of perceptual problems in left hemiplegics. *Journal of Clinical Neuropsychology, 5,* 201-212.

Young, L.R. & Sheena, D. (1975). Survey of eye movement recording methods. *Behavioral Research Methods and Instruments, 7,* 397-429.

Zaidel, E. (1978). Language comprehension in the right hemisphere following cerebral commissurotomy. In A. Caramazza & E. Zurif (Eds.), *Language acquisition and language breakdown: Parallels and divergencies.* Baltimore: Johns Hopkins University Press.

Zaidel, E. (1998). Language in the right hemisphere following callosal disconnection. In B. Stemmer & H.A. Whitaker (Eds.), *Handbook of neurolinguistics.* (pp. 370-383). San Diego, CA: Academic Press.

Zarit, S.H., Zarit, J.M. & Reever, K.E. (1982). Memory training for severe memory loss: Effects on senile dementia patients and their families. *The Gerontologist, 22,* 373-377.

Zarski, J.J. & De Pompei, K. (1991). Family therapy as applied to head injury. In J.M. Williams & T. Kay (Eds.), *Head injury: A family matter* (pp. 283-297). Baltimore: Brookes.

Zatorre, R.J., Jones Gotman, M., Evans, A.C. & Meyer, E. (1992). Functional localization and lateralization of human olfactory cortex. *Nature, 360,* 339-340.

Zaudig, M. (1995). *Demenz und leichte kognitive Beeinträchtigung im Alter. Diagnose, Früherkennung und Therapie.* Bern: Huber.

Zaudig, M. (1997). Die „Senile Demenz vom Lewy-Körperchen-Typ" (SLDT). *Psycho, 23,* 84-93

Zaudig, M. & Hiller (1996). *SIDAM – Strukturiertes Interview für die Diagnose einer Demenz vom Alzheimer Typ, Multi-Infarkt-Demenz und Demenz anderer Ätiologie nach DSM IV und ICD 10.* Göttingen: Testzentrale BDP.

Zec, R.F. (1993). Neuropsychological functioning in Alzheimer's disease. In R.W. Park, R.F. Zec & R.S. Wilson (Eds.). *Neuropsychology of Alzheimer's disease and other dementias* (pp. 3-80). New York: Oxford University Press.

Ziegler, W. (1991). Sprechapraktische Störungen bei Aphasie. In G. Blanken (Ed.), *Einführung in die linguistische Aphasiologie. Theorie und Praxis.* (pp. 89-119). Freiburg (Breisgau): Hochschul-Verlag.

Ziegler, W. (1993). Assessment methods in neurophonetics: Speech production. In G. Blanken, J. Dittmann, H. Grimm, J.C. Marshall, & C.W. Wallesch (Eds.), *Linguistic disorders and pathologies. An international handbook.* (pp. 432-443). Berlin: de Gruyter.

Ziegler, W. (1997). Die Rolle der Stammganglien in der Sprachproduktion. *Neurolinguistik, 11,* 133-166.

Ziegler, W. & Ackermann, H. (1994). Mutismus und Aphasie – eine Literaturübersicht. Fortschritte der Neurologie. *Psychiatrie, 62,* 366-371.

Ziegler, W. & Cramon, D. von (1987). Differentialdiagnostik der traumatisch bedingten Dysarthrophonie. In L. Springer & G. Kattenbeck (Eds.), *Aktuelle Beiträge zur Dysarthrophonie und Dysprosodie.* (pp. 81-100). München: tuduv.

Ziegler, W. & Hoole, P. (in press). Neurologic disease. In R.D. Kent & M. Ball (Eds.), *Handbook of voice quality measurement.* San Diego, CA: Singular.

Ziegler, W., Vogel, M., Gröne, B. & Schröter-Morasch, H. (1998). *Dysarthrie. Grundlagen – Diagnostik – Therapie.* Stuttgart: Thieme.

Ziegler, W. & Wessel, K. (1996). Speech timing in ataxic disorders. Sentence production and rapid repetitive articulation. *Neurology, 47,* 208-214.

Ziemann, U., Steinhoff, B.J., Tergau, F., & Paulus, W. (1998). Transcranial magnetic stimulation: Its current role in epilepsy research. *Epilepsy Research, 30,* 11-30.

Zihl, J. (1988). Sehen. In D. von Cramon & J. Zihl (Eds.), *Neuropsychologische Rehabilitation. Grundlagen-Diagnose-Behandlungsverfahren* (pp. 105-131). Berlin: Springer-Verlag.

Zihl, J. (1990). Zur Behandlung von Patienten mit homonymer Hemianopsie. *Zeitschrift für Neuropsychologie, 2,* 95-101.

Zihl, J. (1995a). Visual scanning behavior in patients with homonymous hemianopia. *Neuropsychologia, 33,* 287-303.

Zihl, J. (1995b). Eye movement patterns in hemianopic dyslexia. *Brain, 118,* 891-912.

Zihl, J. (1997). Zerebrale Sehstörungen. In H.J. Markowitsch (Ed.), *Enzyklopädie der Psychologie, C/I/Bd 2, Klinische Neuropsychologie* (pp. 209-294). Göttingen: Hogrefe.

Zihl, J. & Kennard, C. (1996). Disorders of higher visual function. In Th. Brandt, L. Caplan, J. Dichgans, C. Diener & C. Kennard (Eds.), *Therapy and course of neurological disorders* (pp. 201-212). New York: Academic Press.

Zihl, J. & von Cramon, D. (1986). *Zerebrale Sehstörungen.* Stuttgart: Kohlhammer.

Zimmermann, E. (1934). *Scientific instruments and laboratory devices. Catalogue 201.* Leipzig-Berlin: E. Zimmermann Eigenverlag.

Zimmermann, P. & Fimm, B. (1994). *Testbatterie zur Aufmerksamkeitsprüfung (TAP).* Herzogenrath: Psytest.

Zimmermann, P., Sprengelmeyer, R., Fimm, B. & Wallesch, C.W. (1992). Cognitive slowing in decision tasks in early and advanced Parkinson's disease. *Brain and Cognition, 18,* 60-69.

Zoccolotti, P., Scabini, D. & Violani, C. (1982). Electrodermal responses in patients with unilateral brain damage. *Journal of Clinical Neuropsychology,* 4, 143-150.

Zola-Morgan, S.M. & Squire, L.R. (1990). The neuropsychology of memory. Parallel findings in humans and nonhuman primates. *Annals of the New York Academy of Sciences, 608,* 434-456.

Zollinger, B. (1997). *Die Entdeckung der Sprache.* Bern: Haupt.

Zuschlag, B. (1992). *Das Gutachten des Sachverständigen.* Bern: Hogrefe.

Stichwortverzeichnis

Autorenverzeichnis

Prof. Dr. med. Hermann Ackermann
Neurologische Universitätsklinik
Eberhard-Karls-Universität Tübingen
Hoppe-Seyler-Str. 3
72076 Tübingen

Dipl.-Psych. Ralf Babinsky
Kamillus-Klinik
Abteilung Neurologie
Hospitalstr. 6
53567 Asbach

Dr. med. Claudius Bartels
Klinik für Neurologie
Otto-von-Guericke-Universität
Leipziger Str. 44
39120 Magdeburg

Prof. Dr. phil. Dr. med. Jürgen Bengel
Abteilung für Rehabilitationspsychologie
Psychologisches Institut
Universität Freiburg
Belfortstr. 16
79085 Freiburg i.Br.

Prof. Dr. Ria de Bleser
Institut für Linguistik/Allgemeine Sprach-
wissenschaft
Patholinguistik/Kognitive Neurolinguistik
Universität Potsdam
Postfach 601553
14415 Potsdam

Dr. Pasquale Calabrese
Knappschaftskrankenhaus
Bochum-Langendreer
Neurologische Klinik/Neuropsychologie
In der Schornau 23-25
44892 Bochum

Dolores Claros Salinas
Kliniken Schmieder
Postfach 5040
78429 Konstanz

Prof. Dr. Yves von Cramon
Max-Plank-Institut für
neuropsychologische Forschung
Stephanstr. 1
04103 Leipzig

Prof. Dr. Irene Daum
AE Klinische Neuropsychologie
Fakultät für Psychologie
Ruhr-Universität Bochum
44780 Bochum

Dr. phil. Renate Drechsler
Abteilung Neuropsychologie
Klinik Bethesda
CH-3233 Tschugg

Prof. Dr. Jochen Fahrenberg
Psychologisches Institut der
Albert-Ludwigs-Universität Freiburg
Forschungsgruppe Psychophysiologie
Belfortstr. 20
79085 Freiburg i.Br.

Dr. phil. Bruno Fimm
Neurologische Klinik
Lehr- und Forschungsgebiet
Neuropsychologie
Universitätsklinikum der RWTH Aachen
Pauwelsstr. 30
52074 Aachen

Dipl.-Psych. Stefan Fischer
Helene-Maier-Stiftung
Schloss Steinach
August-Schmieder-Str. 21
94377 Steinach

Prof. Dr. Ulrich M. Fleischmann
Kindinger Str. 15a
90453 Nürnberg

Priv.-Doz. Dr. phil. Siegfried Gauggel
Institut für Medizinische Psychologie
und Medizinische Soziologie
Klinikum der RWTH Aachen
Pauwelsstr. 30
52074 Aachen

Dipl.-Psych. Anne Glodowski
Goethestr. 19
53474 Bad Neuenahr/Ahrweiler

Prof. Dr. med. Georg Goldenberg
Städtisches Krankenhaus
München-Bogenhausen
Abt. Neuropsychologie
Englschalkinger-Str. 77
89125 München

Dr. Martin Heil
Fachbereich Psychologie
Philipps-Universität Marburg
Gutenbergstr. 18
35037 Marburg

Priv.-Doz. Dr. phil. Christoph Helmstaedter
Universitätsklinik für Epileptologie
Sigmund-Freud-Str. 25
53105 Bonn

Priv.-Doz. Dr. med. Dr. phil. Manfred Herrmann
Otto-von-Guericke-Universität Magdeburg
Medizinische Fakultät
Sektion Neuropsychologie
Leipziger Str. 44
39120 Magdeburg

Dr. Heiner Holzapfel
Praxis für Psychotherapie u. Neuropsychologie
Dottingerstr. 34
72525 Münsingen

Prof. Dr. phil. Walter Huber
Neurologische Klinik
Lehr- und Forschungsgebiet Neurolinguistik
Universitätsklinikum der RWTH Aachen
Pauwelsstr. 30
D-52074 Aachen

Prof. Dr. rer. nat. Lutz Jäncke
Institut für Allgemeine Psychologie
Otto-von-Guericke-Universität
Fakultät für Naturwissenschaften
Lennéstr. 6
39112 Magdeburg

Dr. phil. Elke Kalbe
Max-Plank-Institut für Neurologische
Forschung
Gleueler Str. 50
50931 Köln

Priv.-Doz. Dr. med. Dr. phil.
Hans-Otto Karnath
Neurologische Universitätsklinik
Eberhard-Karls-Universität
Hoppe-Seyler-Str. 3
72076 Tübingen

Priv.-Doz. Dr. med. Matthias Keidel
Neurologische Klinik
Universitätsklinikum Essen
Hufelandstr. 55
45147 Essen

Dr. phil. Georg Kerkhoff
Städtisches Krankenhaus Bogenhausen
(EKN)
Dachauer Str. 164
80992 München

Priv.-Doz. Dr. phil. Joseph Kessler
Max-Plank-Institut für Neurologische
Forschung
Gleueler Str. 50
50931 Köln

Dr. rer. nat. Georg Lamberti
Psychologisches Labor
Rheinische Landesklinik Bonn
Kaiser Karl-Ring 20
53111 Bonn

Prof. Dr. med. Klaus W. Lange
Abteilung für Neuropsychologie und
Rehabilitationspsychologie
Philosophische Fakultät II
Universität Regensburg
93040 Regensburg

Dipl.-Psych. Manfred Laufer
Reha-Consult
Hauptstr. 24
83629 Großseeham

Prof. Dr. med. Gerd Lehmkuhl
Klinik für Kinder-und Jugendpsychiatrie
Universität Köln
Robert-Koch-Str. 10
50931 Köln

Prof. Dr. Hans J. Markowitsch
Physiologische Psychologie
Universität Bielefeld
Postfach 100131
33501 Bielefeld

Dipl.-Psych. Gabriele Matthes-v. Cramon
Universität Leipzig
Tagesklinik für kognitive Neurologie
Liebigstr. 22a
04103 Leipzig

Dr. rer. nat. Peter Melchers
Klinik für Kinder-und Jugendpsychiatrie
Universität Köln
Robert-Koch-Str. 10
50931 Köln

Dr. med. Ulrich Müller
Max-Plank-Institut für
neuropsychologische Forschung
Stephanstr. 1
04103 Leipzig

Priv.-Doz. Dr.phil. Martin Peper
Psychologisches Institut der
Albert-Ludwigs-Universität Freiburg
Abt. Persönlichkeitspsychologie
Niemensstr. 10
79085 Freiburg i.Br.

Prof. Dr. Bruno Preilowski
Universität Tübingen
Aussenstelle Weissenau
Rasthalde 3
88214 Ravensburg

Dr. phil. Sybille Rockstroh
Robert-Koch-Str. 26
79106 Freiburg

Prof. Dr. phil. Frank Rösler
Fachbereich Psychologie
Philipps-Universität Marburg
Gutenbergstr. 18
35037 Marburg

Priv.-Doz. Dr. med. Siegfried Schoen
Glaxo Wellcome
FB-Leiter ZNS
Alsterufer 1
20354 Hamburg

Dr. rer. nat. Karin Schoof-Tams
Neurologische Klinik Westend
Dr. Bornstr. 9
34537 Bad Wildungen

Dr. Markus M. Schugens
AE Klinische Neuropsychologie
Fakultät für Psychologie
Ruhr-Universität Bochum
44780 Bochum

Dr. rer. nat. Uwe Schuri
Neuropychologie
Städtisches Krankenhaus Bogenhausen
Englschalkinger-Str. 77
81925 München

Priv.-Doz. Dr. rer. nat. Walter Sturm
Neurologische Klinik
Klinische Neuropsychologie
Universitätsklinikum der RWTH Aachen
Pauwelsstr. 30
52074 Aachen

Dr. med. Markus Ullsperger
Max-Plank-Institut für neuropsychologische
Forschung
Stephanstr. 1
04103 Leipzig

Dipl.-Psych.Sabine Unverhau
Neurologisches Therapiecentrum
Hohensandweg 37
40591 Düsseldorf

Dipl.-Psych. Theo Vorländer
Reha-Consult
Hauptstr. 24
83629 Großseeham

Prof. Dr. med. Claus-W. Wallesch
Otto-von-Guericke-Universität Magdeburg
Medizinische Fakultät
Klinik für Neurologie
Leipziger Str. 44
39120 Magdeburg

Prof. Dr. med. Cornelius Weiller
Neurologische Universitätsklinik
Friedrich-Schiller-Universität Jena
Philosophenweg 3
07740 Jena

Dr. rer. nat. Hans Wilhelm
Neurologische Klinik
GHS-Universität Essen
Hufelandstrasse 55
45147 Essen

Prof. Dr. rer. nat.
Klaus Willmes von Hinckeldey
Neurologische Klinik
Lehr- und Forschungsgebiet
Neuropsychologie
Universitätsklinikum
Pauwelsstr. 30
52074 Aachen

Prof. Dr. rer. nat. Gerhard Winnecke
Medizinisches Institut für Umwelthygiene
Heinrich-Heine Universität Düsseldorf
Aufm Hennekamp 50
40225 Düsseldorf

Dr. phil. Wolfram Ziegler
Entwicklungsgruppe
Klinische Neuropsychologie (EKN)
Dachauer Str. 164
80992 München

Prof. Dr. Josef Zihl
Klinisches Institut
Max-Plank-Institut für Psychiatrie
Kraepelinstr. 2/10
80804 München

Dr. phil. Peter Zimmermann
Persönlichkeitspsychologie
Psychologisches Institut
Niemenstr. 10
79098 Freiburg